储波

相约草原

人民出版社

草原情怀

刘云山

中共中央政治局委员、中央书记处书记、中宣部部长刘云山为本书题词

储波简历

　　储波，安徽桐城人，1944年10月生。1967年9月毕业于天津大学水利工程系河川枢纽及水电站建筑专业，同年9月参加工作。1969年10月加入中国共产党。历任解放军2348工程指挥部助理员，总后化工生产管理局办公室秘书，湖南岳阳化工总厂办公室副主任，副厂长、党委副书记；湖南省岳阳市市长，湖南省岳阳市委书记，湖南省副省长，湖南省委常委、常务副省长，湖南省委副书记，湖南省省长；内蒙古自治区党委书记、人大常委会主任；现任全国人大财政经济委员会副主任委员。中共十五届中央候补委员，十六届、十七届中央委员。

相约草原

目　　录

上　　卷

第一篇　发展战略

第二篇　宏观经济

第五篇　新型工业化

第八篇　生态和基础设施建设

下　卷

第九篇　民主政治建设

第十篇　先进文化建设

第十二篇　党的建设

前　言

　　美丽富饶的内蒙古,是令人神往的地方。1991 年 8 月,我曾率领湖南省政府代表团到呼和浩特出席了内蒙古自治区的那达慕大会,但因公务较忙来去匆匆,未能对内蒙古有深入了解,心中总觉得是件憾事。好像我与草原有个约定,十年之后的 8 月,我被中央任命到自治区党委工作,正式成为内蒙古的一员。八年多来,内蒙古各族干部群众质朴勤劳、聪明智慧的优良品格,开放开明、豪爽豁达的宽阔胸襟,团结拼搏、奋勇争先的进取精神,顾全大局、无私奉献的高尚风范,始终激励我为振兴和发展内蒙古努力工作。

　　内蒙古是我国最早成立的省级少数民族自治区。这里有光荣的革命传统,有坚实的工作基础,有良好的发展条件,是大有作为的广阔天地。改革开放以来,自治区历届党委、政府认真贯彻党的路线方针政策,积极探索符合内蒙古实际的发展路子,全区改革开放和现代化建设不断迈上新台阶。进入新世纪新阶段特别是党的十六大以来,在以胡锦涛同志为总书记的党中央领导下,全区上下坚持以邓小平理论和"三个代表"重要思想为指导,深入贯彻落实科学发展观,逐步完善了科学发展的新思路,初步奠定了科学发展的新基础,开始形成了科学发展的新机制,同全国一样实现了从加快发展到又快又好发展到又好又快发展的重大转变,开创了经济社会全面发展、重点领域实现赶超的新局面。在这一历史进程中,我和自治区党委一班人，紧紧依靠全区各族干部群众，在推动全区经济社会又好又快发展方面进行了积极探索和实践。

本书所收录的文稿，就是这一时期我和区党委领导集体在党的科学理论指引下，从内蒙古实际出发，认真贯彻落实党中央各项方针政策和决策部署，对自治区社会主义经济、政治、文化、社会建设以及生态文明建设和党的建设进行的思考与探索。如果说本书能够从一个侧面反映内蒙古这一时期科学发展的轨迹，对自治区今后发展有所借鉴和启示，这是党的科学理论指引的结果，是中央正确领导的结果，是自治区党委团结带领全区各族干部群众不懈努力的结果。

当前，内蒙古正处在科学发展的关键时期。我坚信，在党中央的正确领导下，在自治区党委、政府的团结带领下，通过全区 2400 多万各族人民的团结奋斗，在不远的将来，邓小平同志期盼的"走进前列"、江泽民同志希望成为的"重要支点"、胡锦涛同志提出的"建设两个屏障"的目标一定能够早日实现。

储　波

2011 年 3 月

热爱内蒙古
建设和发展内蒙古

(2001 年 8 月 14 日)

　　中央关于我的工作变动，说实话我是毫无思想准备的，感到比较突然。但是我向中央领导同志、中央组织部领导同志表态，作为一个党员，作为一个党员领导干部，无条件服从中央的决定，这是起码应该做到的。中央领导同志找我谈话之后，我感到责任重大，同时也感到有很大的压力。对我来说面临两个转变，一个是工作环境的转变，从湖南到内蒙古，省情和区情有很大的差异；一个是工作岗位的转变，从省政府到区党委工作，工作性质和任务也有很大的不同。无论是工作环境还是工作岗位，都要尽快适应这两个转变。对内蒙古我可以说是一张白纸，对区情一点也不了解，对干部一个也不熟悉。但是我想事情总有两重性，长期在一个地方工作容易产生惰性，到一个新的环境则可以逼迫自己从头学起。对情况不熟悉、不了解，这固然不利，但是相对来说又比较超脱，没有历史包袱。从现在开始，我就是内蒙古人民的一员，今后有机会和内蒙古干部群众一起工作，这是一种缘分，我一定十分珍惜这个机会。我对自己提出三点要求：

　　第一，我一定要热爱内蒙古。这就是要实现从服从组织决定到感情投入的转变。最近，我看了一些关于内蒙古的资料，好多情况对大家来说十分熟悉，对我来说每看一份资料都感到非常新鲜，看完以后也感到很振奋。给我的第一印象，内蒙古地大物博，大有希望。过去说我们国家地大物博，现在看来，其实不很准确，但内蒙古确实可以说是地大物博。

全区总面积118.3万平方公里,占全国国土面积的八分之一;资源特别丰富,人均耕地面积、草原面积、森林面积都居全国首位;矿产资源有120多种,位居国家前五位的有43种,其中煤炭储量全国第2位,石油、天然气资源也很丰富。如何把资源优势变为经济优势,现在已经开始做这方面工作,这就非常有希望。内蒙古不仅是资源宝地,而且是战略要地,有4200公里边境线,是首都的边防屏障,同时也是首都的生态屏障。

第二,我要和大家一起建设和发展内蒙古。到内蒙古来,一不是做客;二不是为做官,而是要来做事、做人。我感到这里做事的条件很好。我看了资料分析了一下:第一是有基础。内蒙古这些年来在历届区党委、政府的领导下,打下了一个很好的基础。特别是"九五"期间GDP年均增长达到10%,比全国年均增长8.3%的速度高了1.7个百分点。体现效益的指标增长也较快,地方财政收入年均增长20.4%,大大高于GDP的年均增长速度;城镇居民人均可支配收入年均增长9.7%,农牧民人均收入年均增长9.4%。内蒙古还有不少好的企业,鄂尔多斯、鹿王、伊利、仕奇是国家驰名商标,这是好多省都没有的。还有19家上市公司,这是非常不容易的,上市公司多说明股份制改造比较好,效益比较好。所以说经济上有了比较好的基础。同时在精神文明建设、民主法制建设,特别是民族团结、边疆稳定等方面基础很好,政治和社会基础也很好。有了这些好的基础,将来的发展就更有希望。第二是有个好的思路。自治区九届人大四次会议通过了自治区"十五"计划纲要,这是自治区党委、政府集中全区各族人民的智慧精心编制的,提出的奋斗目标、主要任务、战略思路是很好的。思路决定出路,有了这么一个好的思路,按照这个思路认真抓下去,内蒙古一定会发展得更快更好。第三是有一个现实的良好机遇,这就是内蒙古正式被国家列为西部大开发范围。这个机遇,是现实的、具体的。对如何抓住西部大开发机遇,自治区党委、政府已经有了很好的考虑。有这样好的基础、好的思路和现实的良好发展机遇,我有幸能在"十五"起始之年,与内蒙古干部群众一道来为实施自治区"十五"计划而奋斗,感到非常高兴。

第三,向内蒙古的广大干部群众郑重表态。中央决定我到内蒙古来工作,我深知自己的能力、经验、水平与所担负的工作有很大的差距。到内蒙古来工作是个全新的环境,也是个新的起点。在今后的工作中,我将努力做到以下几点。

一是认认真真地学习。我将牢记江泽民同志"学习、学习、再学习"的教诲,尽快适应新的环境和新的工作岗位。要切实加强理论学习,努力在融会贯通、联系实际和指导实践上下功夫。要努力向实践学习,注重调查研究,明实情,认真研究区情、外情、内情和下情,力争做好上下内外情结合的文章。要虚心向内蒙古的各族人民学习,向老同志和各位领导学习,向科技人员和行家里手学习。要以群众的智慧来营养自己,以老同志的经验来丰富自己,以他人的长处来补充自己。

二是求实创新地工作。要坚持党的解放思想、实事求是的思想路线,做到求真务实,开拓创新。摸实情,讲实话,办实事,求实效,不做表面文章,不搞形式主义,不搞短期行为。坚持一切从实际出发,把内蒙古的实际与中央的精神紧密地结合起来,创造性地开展工作,大胆探索,勇于创新,不断研究新情况,解决新问题。

三是科学民主地做决策。认真贯彻党的民主集中制原则,坚持重大问题集体讨论,紧紧依靠常委一班人,充分调动各方面的积极性。要全力支持以乌云其木格同志为班长的自治区政府班子的工作。充分发挥自治区人大、政协的作用,不断增强区党委班子的凝聚力和战斗力。不断加强各民族之间的团结,切实维护和巩固边疆安定团结的大好局面。增强党性原则和法制观念,坚持按规矩办事。尊重客观经济规律和自然规律,坚持按规律办事。

四是清清白白地做人。牢记党的宗旨,忠实地代表好人民群众的根本利益,多为人民群众办实事,做好事。要严以律己,以身作则,做到堂堂正正地做人,公道正派地处事。要严格执行领导干部廉洁自律的各项规定,决不利用党和人民赋予的权利谋私利。从我到内蒙古第一天起,就要把自己置于党组织和人民的监督之下。

(选自在全区领导干部大会上的讲话)

第一篇　发展战略

全面贯彻"三个代表"要求
努力把内蒙古社会主义现代化
建设推向新阶段

——在中国共产党内蒙古自治区第七次代表大会上的报告

（2001年11月30日）

同志们：

　　我受中国共产党内蒙古自治区第六届委员会的委托，向大会报告工作。

一、七年来工作的回顾

　　自治区第六次党代会召开七年来，在以江泽民同志为核心的党中央领导下，全区各级党组织团结带领广大干部群众，积极推进我区的改革开放和现代化建设事业，在实现"八五"计划的基础上，完成了"九五"计划和自治区第六次党代会确定的各项任务，并为"十五"计划的实施开了个好头。

　　——国民经济持续快速健康发展，综合经济实力明显增强。从1995年到2000年全区国内生产总值年均增长9.9%，是改革开放以来经济增长最快的时期。财政收入年均增长14.7%。农牧业综合生产能力有较大提高，基础地位进一步巩固。工业得到较快发展，优势产业和骨干企业不断壮大，涌现出一批国内知名品牌。第三产业持续发展，成为新的经济增长点。产业结构不断优化。固定资产投资力度加大，交通、能源、通信、水利、城建等基础设施建设步伐加快，一批生态建设工程全面启动。"三七"扶贫攻坚计划基本完成，城乡居民收入明显提高。

　　——体制改革向纵深推进，对外开放进一步扩大。农村牧区土地延包和草牧场承包到户工作基本完成。国有大中型企业改革与脱困"三年两大目标"基本实现,中小企业放开搞活焕发了生机。个体、私营、"三资"等非公有制经济发展较快。计划、财税、科技、教育、金融、投资、外贸和流通等项改革不断推进,社会保障制度、住房制度改革和党政机构改革初见成效。社会主义市场经济体制初步建立,市场在资源配置中的基础性作用日益增强。招商引资有新的突破,对外贸易、横向经济技术合作取得新的成果,口岸的基础设施和功能得到改善。

——精神文明建设迈出新步伐,各项社会事业全面发展。思想道德教育不断加强,群众性精神文明创建活动广泛开展。积极实施科教兴区战略,科技对经济增长的贡献率有所提高。基础教育进一步巩固,民族教育、高等教育和职业教育有较快发展。人口与计划生育工作成效显著,人口自然增长率低于全国平均水平。文化、卫生、体育、新闻出版、广播电视等各项社会事业取得新的成绩,人民群众的健康水平和文化生活水平有较大提高。

——党的民族政策得到落实,民主法制建设取得新进展。深入进行马克思主义民族理论和党的民族政策教育,各族干部群众维护团结的自觉性不断增强,民族团结进一步巩固和发展。认真贯彻《民族区域自治法》,大力发展民族经济、文化、教育事业,促进了各民族的共同繁荣进步。各级人大作为地方国家权力机关的地位和作用进一步加强,立法和监督工作取得明显成效。新时期爱国统一战线不断发展壮大,共产党领导的多党合作和政治协商制度日益巩固和完善。工会、共青团、妇联等群众团体的桥梁和纽带作用得到更好的发挥。依法治区有了良好的开端,法制建设全面推进。严厉打击各种违法犯罪活动,强化社会治安综合治理,维护了全区社会政治稳定。

——党的建设不断加强,各级党组织的凝聚力和战斗力进一步提高。深入开展邓小平理论和"三讲"、"三个代表"学习教育活动,党员、干部的思想政治素质有新的提高。适时调整和充实各级领导班子,积极推进干部人事制度改革,一大批优秀中青年干部走上领导岗位。党的基层组织建设不断加强,广大党员较好地发挥了先锋模范作用。党风廉政建设和反腐败斗争取得阶段性成果。

七年来所取得的成就,是在党中央的正确领导下,全区各级党组织、广大共产党员和各族人民群众团结奋斗的结果。在此,我代表中共内蒙古自治区第六届委员会,向所有为内蒙古改革开放和现代化建设做出贡献的同志们,向所有关心和支持内蒙古建设的朋友们,表示崇高的敬意和衷心的感谢!

回顾和总结过去的工作,我们的主要体会是:

第一,必须坚持解放思想、实事求是的思想路线,积极探索符合内蒙古实际的发展思路。近年来,全区深入开展了以解放思想为主要内容的社会主义市场经济理论大学习大讨论,促进了广大干部群众思想观念的转变。在加深对区情认识的基础上,积极探索并逐步形成了加快发展的新思路。这些思路的提出和实施,对我区的改革和发展起到了重要的推动作用。实践证明,只有立足于内蒙古的实际,把解放思想作为先导工程,坚持探索和创新,才能不断开创自治区改革开放和现代化建设的新局面。

第二,必须坚持以经济建设为中心,在发展中不断提高人民群众生活水平。发展是硬道理。对于我们这样一个经济欠发达的地区,无论是解决目前存在的困难和问题,还是缩小与发达地区的差距,都要坚持以经济建设为中心,始终把发展生产力作为根本任务,全力加快经济和社会发展。在加快生产力发展的同时,努力提高城乡居民的生活水平,使人民群众在发展中得到更多的实惠。

第三,必须坚持和贯彻民族区域自治制度,大力促进各民族的团结和繁荣进步。加强民族团结是全区各族人民共同利益所在,也是维护国家大局的根本要求。必须十分珍惜并不断发扬民族团结的光荣传统,教育和引导各族人民牢固树立"谁也离不开谁"的思想,始终不渝地维护各民族的团结,巩固和发展社会主义新型民族关系,把各族人民的精力凝聚到经济建设上来,促进各民族的共同繁荣进步,保持祖国北部边疆的长期稳定。

第四,必须坚持经济、社会、环境相互协调,走可持续发展的路子。在现代化建设中,要正确处理眼前利益与长远利益的关系,转变传统的资源开发模式,合理开发和保护资源。特别是在我区干旱少雨、生态脆弱的情况下,必须加强生态环境的保护和建设,实现经济效益、社会效益、生态效益相统一的目标。多年来,我们为此付出了代价,同时也进行了有益的探索和实践。认真总结和完善这方面的经验,对我区经济、社会、环境的协调可持续发展具有重要的指导作用。

第五,必须坚持在改革开放中加强和改进党的领导,为经济社会发展提供根本保证。在社会主义市场经济的条件下,既要坚持和发扬党的优良传统,又要用改革的思路和办法,积极探索解决新形势下党的建设出现的新问题,按照新时期党的建设的总目标,不断加强党的自身建设。要认真贯彻"两手抓、两手都要硬"的方针,切实加强社会主义精神文明建设和民主法制建设,创造良好的人文环境和稳定的社会政治环境。

在充分肯定成绩的同时,也要清醒地看到,我区的发展步伐还不够快,不少制约发展的深层次矛盾和问题尚未解决。主要表现是:经济结构性矛盾仍然突出,国民经济整体素质不高;生态环境恶化的趋势尚未得到有效遏制,基础设施建设滞后;农牧业防灾抗灾能力弱,基础不够稳固;工业化、城镇化水平较低,对国民经济发展的带动力不强;城乡居民收入水平不高,少数群众的生活还比较困难;改革开放的力度不够大,经济发展环境不能令人满意;党的建设和精神文明建设还存在一些薄弱环节,某些消极腐败现象仍然比较严重。对这些问题必须引起高度重视,在今后的工作中采取有效的措施,认真加以解决。

二、新世纪初的形势与任务

进入新世纪,国际国内形势正在发生深刻变化。经济全球化成为当今世界不可逆转的趋势,新的科技革命迅猛发展,世界范围的产业结构调整加快,综合国力的竞争日趋激烈。经过二十多年的改革和发展,我国已进入全面建设小康社会、加快推进社会主义现代化建设的新阶段,经济发展的市场环境、体制环境和对外开放环境都发生了重大变化。国际国内形势的发展和变化,使我区既面临前所未有的历史机遇,也面临经受巨大风险考验的严峻挑战。经济全球化趋势和我国加入世贸组织,将使我区经济在更大范围和更高程度上融入世界经济体系,有利于扩大利用外资,发展外向型经济,充分发挥后发优势,促进产业升级和经济整体素质的提高。同时,我们也将直接面对更为激烈的竞争,政府传统的管理体制、方式和部分产业、企业会受到严重的冲击。国内市场供求关系的变化和社会主义市场经济体制的初步建立，有利于我区加快经济结构调整，拓展新的发展空间。特别是国家实施西部大开发战略，逐步加大对西部地区的支持力度，必将为我区今后的发展提供强大的动力。但同时也面临更加激烈的竞争态势，沿海和发达地区依托改革开放以来已有的实力和基础，加快了率先实现现代化的进程；西部地区借助西部大开发战略的实施，改革开放和经济建设也将呈现强劲的发展势头。我们必须审时度势，把握机遇，应对挑战，加快发展的步伐。

从新世纪起，我区开始进入实现社会主义现代化建设第三步战略目标的新阶段。实现这一新的目标，路程更长，任务更艰巨。党中央一直十分关心和支持内蒙古的发展，邓小平同志希望内蒙古发展起来"走进前列"，江泽民同志希望内蒙古在新世纪"成为我国经济增长的重要支点"。这是中央对我区的关怀和厚望，也是全区各族人民的共同心愿。在新的历史征程中，我们要把党中央的殷切期望作为新世纪努力奋斗的方向，加快推进内蒙古改革开放和现代化建设，为中华民族伟大复兴做出应有的贡献。

今后五年全区工作的总体要求是：**高举邓小平理论伟大旗帜，全面贯彻"三个代表"要求，牢牢把握西部大开发和加入世贸组织的历史机遇，以加快生产力发展为根本任务，以提高人民生活水平为根本出发点，深化改革，扩大开放，积极推进社会主义文化建设和民主法制建设，切实加强和改进党的建设，充分发挥全区各族人民的积极性和创造性，解放思想，实事求是，与时俱进，开拓创新，全面完成"十五"计划的各项任务，努力把内蒙古社会主义现代化建设推向新阶段。**

全区经济社会发展的目标和重点是：全面实施"十五"计划纲要，确保国内生产总值和城乡居民人均可支配收入增长速度高于全国平均水平，为2010年人均国内生产总值达到全国平均水平奠定基础。坚持整体推进、重点突破的原则，突出抓好生态建设、基础设施建设、农牧业产业化、工业化和城镇化五个重点，推动经济建设和社会事业全面发展。

实现上述目标和任务，要坚持贯穿"一条主线"、加快"两个转变"、强化"三大动力"的工作思路，并在实践中努力付诸实施。

——要始终贯穿经济结构调整这一主线。针对我区产业结构层次较低、所有制结构较单一、生产力布局较分散的实际情况,突出抓好三个方面的结构调整:调整产业结构,培育和发展具有地区比较优势的特色产业,加快形成有较强市场竞争力的优势产业群体,促进产业结构的优化升级;调整所有制结构,进一步加快国有经济的战略性调整和重组,鼓励多种所有制主体投资兴业,放手发展非公有制经济,有效动员和组织各种社会经济资源参与我区的开发建设;调整生产力的区域布局,按照"适度收缩、相对集中"的原则,推动生产力向优势区域集中,实现生产要素的优化配置和资源优势的重新整合。

——要加快实现思想观念和经济增长方式的转变。转变观念是加速发展的先导和前提。要进一步解放思想,以勇于创新的精神,冲破各种阻碍生产力发展的思想桎梏。经济增长方式特别是生产经营方式粗放,仍然是我区经济发展中存在的一个突出问题。要改变传统的农牧业生产经营方式,改变高投入、高消耗、低质量、低效益的工业生产方式,改变忽视生态环境保护的资源开发方式。以生产经营方式的转变,促进经济增长方式由粗放型向集约型转变。

——要以改革、开放和科技进步为动力。进一步深化改革,培育市场主体,完善市场机制,转变政府职能,全面推进体制创新,消除制约经济发展的体制性障碍。适应新的国际竞争环境,增强开放意识,以大开放带动大开发,在开放中求发展,在竞争中上水平。加大实施科教兴区战略的力度,大力促进科技进步和创新,加快人才资源的开发,充分发挥科技第一生产力的作用。

实现新世纪初的目标,归结到一点,就是要全面贯彻"三个代表"要求。在加快生产力发展的同时,坚持先进文化的前进方向,加强社会主义文化建设和民主法制建设,推动社会全面进步。坚持把人民的根本利益作为一切工作的出发点和归宿,不断满足人民群众日益增长的物质和文化生活需求,促进人的全面发展。紧紧抓住党的建设这个关键,全面推进党的建设新的伟大工程,不断增强各级党组织的创造力、凝聚力和战斗力,为改革开放和现代化建设提供政治和组织保证。

三、集中精力把经济建设搞上去

按照先进生产力的发展要求,以实施西部大开发战略为契机,集中力量,突出重点,加速发展,进一步加快资源优势向经济优势的转换,努力在关系经济发展全局的重点领域取得突破,推动全区国民经济持续快速健康发展。

(一)加强生态和基础设施建设,增强经济社会发展的保障能力。加强生态环境保护和建设,遏制生态恶化,不仅关系我区生产和生活环境的改善,而且关系首都乃至全国生态环境的大局。要把生态建设作为最重要的基础建设来抓,努力把我区建设成为我国北方最重要的生态防线。全面抓好"五个重点区域"和"八项重点工程"建设,力争到"十五"期末,初步遏制生态环境恶化的局面。坚持生态建设与发展地区经济、促进农牧民脱贫致富相结合,进一步完善生态建设政策,鼓励和支持广大农牧民、各类企业和其他投资主体参与生态建设。突出抓好草原生态环境治理,按照有效保护、合理利用、积极建设、依法管理的原则,对现有草场区别不同情况,有计划地推行划区轮牧或休牧,退化和沙化严重的地区实行禁牧。同时,要加大对草原建设的投入,保护和恢复草原生态。对生存条件恶化和重点生态保护地区,有组织地实施生态移民工程。提高全民环保意识,采取切实有效的措施,加强对重点城市、流域和区域的污染防治工作。

加快基础设施建设,突破制约经济发展的瓶颈。"十五"期间,公路建设要按照"三横九纵十二出口"的总体规划,以畅通区内外通道为核心,重点是加快建设国道主干线、东西公路大通道、国边防公路以及旗县联网公路,大幅度提高干线公路等级和公路网密度。铁路建设要加快现有铁路扩能改造,完善路网布局,提高运行速度。民航以建立区域支线航空运输网络为目标,完善机场建设布局,提高综合配套能力。通信要建设和完善电信、广电基础传输网和市话交换支撑网络,发展移动通讯网络,力争使干线光缆传输网延伸至苏木乡镇,微波和卫星通信网覆盖全区。水利建设要进一步抓好水源开发,增强水资源供给能力;加大大江大河干流及主要支流的治理力度,建设一批重大水利建设工程,提高防汛抗旱能力;坚持开源与节流并重,广泛推广节水措施;基本解决干旱缺水地区和高砷、高氟地区的人畜饮水问题。电力建设要加快实施"西电东送"战略,建设一批大型坑口、路口电站,搞好城乡电网建设和改造。

（二）加快工业化发展进程，推动产业结构战略性调整。工业化是现代化不可逾越的阶段。只有加快推进工业化，才能促进农牧业产业化、城镇化和服务业的发展。加速工业化进程，要坚持以市场为导向，以企业为主体，提质与增量并举，提高工业经济在国民经济中的比重。积极采用先进适用技术，加快改造提升现有传统产业和骨干企业，突出发展具有我区优势的农畜产品加工业、能源工业、冶金工业、化学工业、机械工业等支柱产业。在稀土、生物技术、新材料、电子信息等重点领域，积极培育具有我区优势的高新技术产业。抓紧落实以煤制油为重点的煤炭转化和天然气开发等重点建设工程，加快建设百余个对经济发展全局具有重大带动作用的工业项目。重点支持优势产业和强势企业，着力培育一批核心竞争能力强的大公司和企业集团，通过资产重组，促进生产要素向优势企业集中。积极扶持中小企业发展，发挥中小企业在活跃城乡经济、满足社会需要和吸纳劳动力就业等方面的作用。继续实施名牌战略，培植知名品牌，积极开发具有良好市场前景的新产品。

发展产业化经营是实现农村牧区现代化的现实途径。农牧业结构调整要与推进农村牧区工业化结合起来，以农牧业产业化经营为主攻方向，以绿色农畜产品加工业为依托，努力把我区建设成为全国重要的绿色农畜产品基地。积极引导农牧民转变生产经营方式，大力发展生态畜牧业。要把农区畜牧业作为全区畜牧业发展新的增长点。草原畜牧业要走建设养畜、科学养畜的路子。种植业要重点发展优质专用粮经品种和其它绿色、特色农产品，扩大饲草饲料种植，形成粮、经、饲、草等多元种植结构。继续实施农牧业"种子工程"，全面推进农村牧区科技进步。加快优质农畜产品基地建设，形成各具特色的集约型、规模化高效农牧业产业带。着力培育和发展"龙头企业"，充分发挥其在农牧业产业化经营中的主导作用。积极引导乡镇企业加快结构调整、技术进步和体制创新。进一步巩固和加强农牧业基础地位，保证农牧业在提高整体素质和效益的基础上持续稳定发展。

大力发展具有我区特色和优势的服务业，使其成为推动经济增长的重要力量和扩大就业的重要渠道。以草原风光、历史文化、民族风情为主题，尽快开发出一批特色鲜明、内涵丰富、吸引力强的旅游产品，加大旅游市场促销力度，使旅游业成为我区服务业发展的重要增长点。进一步发展壮大商贸流通、交通运输、房地产等服务业，改造、提升和扩大传统服务业。积极发展信息、金融、会计、咨询、法律服务等现代服务业，以及非义务教育、文体娱乐、市政和社区服务等新兴服务业。

(三)积极推进城镇化，培育和发展区域经济。推进城镇化，对促进产业结构和生产力布局调整，保护生态环境，加快工业化进程，扩大有效需求和社会就业，推动经济社会全面发展，具有全局性的战略意义。从我区区域经济的特点出发，要突出发展区域性中心城市，扩大城市人口和建成区规模，增强吸引力、辐射力和综合服务能力，成为带动地区经济发展的重要增长极。加快发展中小城市，进一步强化优势，突出特色，完善城市功能，不断增强要素集聚和扩散能力。依托现有旗县政府所在地和有条件的中心镇，积极发展小城镇，使其成为"生态移民"、移民扶贫开发和转移农村牧区剩余劳动力的主要载体。城镇发展要突出重点，合理布局，科学规划，逐步形成符合我区经济社会发展要求的城镇格局。充分发挥市场机制的作用，积极推行城镇建设和运营市场化。改革城镇管理体制，破除影响城镇化发展的体制性和政策性障碍，促进人口和生产要素向城镇聚集。加快城镇产业发展，扩大城镇经济规模。

积极培育和发展区域经济，调整和优化生产力布局。充分利用地缘关系，积极参与国内邻近各大经济区域的经济协作和分工。以大、中城市为中心，构筑若干带动全区经济增长的优势区域，实现局部地区的跨越式发展。加快发展县域经济，从旗县情实际出发，培育具有比较优势的主导产业，形成特色经济；抓好县城的扩容提质，提高旗县所在地经济占县域经济的比重；加快非公有制经济和乡镇企业的发展，增强旗县综合经济实力。

(四)进一步深化改革、扩大开放，增强经济发展活力。加快推进国有企业战略性改组，鼓励国有大型企业通过规范上市、法人参股、中外合资、减持国有股等方式，实现投资主体多元化，积极发展混合所有制经济。采取多种有效形式，进一步放开搞活国有中小企业。大力发展非公有制经济，进一步放宽市场准入，完善服务，使非公有制经济占国民经济总量的比重有较大幅度的提高。以建立现代企业制度为目标，加快规范的公司制改革,完善法人治理结构,转变企业经营机制。继续深化农村牧区改革,稳定和完善以家庭承包经营为基础、统分结合的双层经营体制,搞好承包经营的规范化管理和法制化建设,积极探索土地、草牧场流转制度。培育和壮大各种专业化合作经济组织,健全社会化服务体系。按照中央的部署,认真搞好农村牧区税费改革。积极推进国有农、牧、林、渔场的改革。要高度重视现代流通在经济发展中的作用,进一步深化流通体制改革。建立和完善开放的市场体系,重点培育和发展各类要素市场,提高国民经济市场化程度。深化财税体制改革,广辟财源,调整支出结构,强化预算管理,逐步建立与社会主义市场经济体制相适应的公共财政框架,增强财政保障能力。改善金融服务,进一步加大金融对经济发展的支持力度。综合运用计划、财税、金融等手段,引导和促进经济结构调整,保证经济稳定增长。

适应对外开放新阶段的要求,大力发展开放型经济。充分发挥沿边开放的地缘优势,落实江泽民同志关于"使内蒙古成为我国向北开放的前沿阵地"的重要指示,依托"欧亚大陆桥",加快口岸建设,构建我国向北开放的国际经贸大通道。积极扩大利用外资领域,拓宽利用外资的渠道,探索利用外资的新形式,把利用外资与西部大开发、经济结构调整和国有企业改组、改造紧密结合起来,吸引国外投资者扩大投资,尤其要注意加强与国际跨国公司的合作。大力发展对外经济贸易,积极培育和扶持优质产品出口,努力开拓国际市场。鼓励有条件的企业扩大对外工程承包和劳务合作,发展境外加工贸易。进一步加强与国内发达地区的经济技术协作,主动接受邻近各大城市的辐射。抓住北京申奥成功的机遇,加强与北京市多领域的经济技术合作。以减少行政审批、转变政府职能为突破口,下大气力整治和改善投资环境,建立廉洁高效、运转协调、行为规范的行政管理体制,以良好的形象增强开放引进的吸引力。加大对外宣传力度,提高我区在国内外的知名度。

(五)大力促进科技进步和创新,加快国民经济和社会信息化。要牢固确立"科学技术是第一生产力"的思想,依靠科技推动经济增长方式的根本转变,提高科技对经济增长的贡献率。面向经济建设主战场,紧紧围绕推进农牧业科技革命、改造提升传统工业、发展高新技术产业等重点项目,积极引进、消化和吸收国内外先进技术。继续推进科技体制改革,加强以企业为主体的技术创新体系建设,推动产学研结合,完善科技中介服务体系,积极发展民营科技企业。进一步优化科技政策,创造良好的体制环境,促进科技投入多元化、科技成果产业化。

推进国民经济和社会信息化。要把加快推进信息化摆到经济社会发展的优先位置,以信息化带动工业化,发挥后发优势,推动经济社会的快速发展。要坚持统筹规划,资源共享,加强现代信息基础设施建设。大力推进信息技术的广泛应用,提高计算机网络的普及应用程度,加强信息资源的开发利用。以提高企业信息化水平为重点,全面创新企业管理,增强企业的市场应变能力,提高生产经营管理水平。加快政府行政管理、社会公共服务和经济、科技、教育等重点领域的信息化步伐。积极发展具有我区优势的信息产业,大力发展各类信息服务业。

(六)以全面进入小康为目标,千方百计提高人民生活水平。从代表人民群众的根本利益出发,采取得力措施,千方百计改善群众生活。通过调整结构、产业化经营,推动农牧业向工业和服务业延伸,实现农牧民增收。继续加强农村牧区扶贫开发工作,加大开发式扶贫力度,以实施"千村扶贫开发工程"、"生态移民工程"、"小康住房工程"为重点,加快农牧民脱贫致富达小康的步伐。广开就业门路,完善就业服务体系,扩大就业规模,为城镇下岗职工、失业人员提供更多的就业岗位。以推行和完善养老、失业、医疗保险制度为重点,加快社会保障制度建设,逐步建立独立于企业事业单位之外、资金来源多元化、保障制度规范化、管理服务社会化的社会保障体系。切实抓好城镇扶困工作,健全和完善城镇居民最低生活保障制度,发展社会福利、社会救济、优抚安置和社会互助等保障事业,逐步提高社会保障水平。积极发展卫生、体育事业,提高全民健康水平。坚持不懈地抓好计划生育工作,继续保持低生育水平,不断提高人口素质。

四、大力加强社会主义文化建设

在集中力量加快经济建设的同时,要按照代表先进文化前进方向的要求,大力发展社会主义先进文化,为经济发展和社会进步提供精神动力和智力支持。

加强思想道德建设,在全社会形成共同理想和精神支柱。坚持以马克思主义为指导,着眼于改革开放和发展社会主义市场经济的要求,进一步加大思想教育工作的力度，使各族人民牢固树立建设有中国特色社会主义的共同理想。坚持依法治国与以德治国相结合，深入开展社会主义思想道德教育。认真贯彻《公民道德建设实施纲要》，大力倡导"爱国守法、明礼诚信、团结友善、勤俭自强、敬业奉献"的基本道德规范，努力提高公民道德素质。做好关心下一代工作，加强对青少年的思想道德教育。深入开展"热爱内蒙古、建设内蒙古"教育活动，使全区各族人民进一步增强"发扬民族团结的优良传统，把内蒙古建设得更加美好"的责任感，树立新世纪内蒙古人的新形象。

推动经济和社会发展，科技是动力，教育是基础，人才是关键。坚持把教育摆在优先发展的战略地位，确保教育适度超前发展。全面实施素质教育，加快基础教育的改革与发展，基本普及九年制义务教育，扩大高中阶段教育。深化高等院校管理体制改革，优化教育结构与布局，改善办学条件，建设高素质的教师队伍，加快培养自治区急需的高素质专门人才。贯彻"优先、重点"发展民族教育的方针，提高民族教育质量和效益。大力发展职业技术教育，培养高素质的劳动者。进一步完善以政府投入为主、多渠道筹措教育经费的教育投入保障机制，鼓励社会力量办学。提高全民科学素质，倡导科学精神，宣传科学思想，普及科技知识，在全社会形成爱科学、学科学、用科学的良好风尚，提高群众的科学文化素质。确立"人才资源是第一资源"的观念，采取更加灵活、务实的人才政策，深化用人制度和分配制度改革，建立有利于优秀人才脱颖而出、充分施展才华的机制，营造以市场为导向的育才、聚才、用才的良好环境。充分挖掘区内人才资源潜力，切实用好区内现有人才。积极做好引智工作，以多种方式吸引国内外各类人才参与我区开发建设。

大力弘扬优秀民族文化，全面推进文化事业发展。内蒙古有悠久的历史和灿烂的文化，有独特的优秀民族艺术和丰富多彩的人文资源。保护民族文化遗产，发挥民族文化优势，特别是要大力弘扬民族团结进步的优秀文化，在继承的基础上，结合时代精神加以创新和发展。坚持"二为"方向，贯彻"双百"方针，大力实施文化精品工程。积极生产具有浓郁民族特色和地域特色、体现时代要求、催人奋进的精神产品，推出一批在全国有影响的优秀文艺、影视作品，造就一批德艺双馨的文化艺术名家。精心设计和组织好重大地区性文化节、艺术节,积极参加国内外各种文化艺术活动,以文化艺术的知名品牌,扩大我区在国内外的影响。增强我区旅游景点、经贸活动、产品开发等方面的文化内涵,把人文资源优势转化为文化经济优势。积极发展社会科学、文学艺术、新闻出版、广播影视等事业,把握正确的舆论导向,推动先进文化的传播。加强基层文化阵地建设,积极发展各具特色的社区文化、企业文化、校园文化,丰富和活跃全社会的文化生活。加强文化市场管理,坚持开展"扫黄"、"打非"斗争,培育健康繁荣的文化市场。认真落实国家有关文化经济政策,加大政府投入与发挥市场机制作用相结合,搞好各类文化基础设施建设,重点建设一批高起点的标志性文化载体工程。不断深化改革,增强文化企事业单位的活力,积极发展文化产业。

深入持久地开展群众性精神文明创建活动,努力形成良好的社会风貌。切实抓好与群众生产和生活密切相关的窗口行业、执法部门的精神文明创建活动,充分发挥党政机关在精神文明建设中的示范带头作用。以"讲文明、树新风"为主要内容,以创建文明城市、文明村镇、文明行业活动为载体,以提高人的文明素质和城乡文明程度为目标,把群众性精神文明创建活动不断引向深入。文明城市创建活动要与加强城市建设管理、优化投资环境相结合,文明村镇建设要与农牧民强志增智、脱贫致富达小康相结合,文明行业建设要与深化改革、规范管理相结合,积极探索精神文明创建活动的新途径。

五、积极推进民主法制建设

扩大社会主义民主,健全社会主义法制,建设社会主义法治国家,是党领导人民治理国家的基本方略。要把坚持党的领导、发扬人民民主和严格依法办事统一起来,切实加强民主政治建设,大力推进依法治区进程。

进一步加强民主政治建设。坚持人民代表大会制度,保证人民代表大会及其常务委员会依法履行立法、监督、决定重大事项和人事任免等职权,充分发挥国家权力机关的作用。坚持共产党领导的多党合作和政治协商制度,充分发挥人民政协和民主党派政治协商、民主监督、参政议政的作用,积极推进与党外人士的合作共事,巩固和发展最广泛的爱国统一战线。切实加强党对群众工作的领导,充分发挥工会、共青团、妇联等群众组织和社会团体参与管理国家、社会事务和联系群众的桥梁纽带作用。把扩大基层民主作为推进民主政治建设的重要内容,进一步加强城乡基层政权机关和自治组织建设,坚持和完善职工代表大会制度,健全民主选举、民主管理和民主监督制度,大力推进政务公开、村务公开、厂务公开。加强党对推进民主政治建设的领导,坚决克服违背民主原则的行为,依法保护人民群众正确行使民主权利。

认真贯彻《民族区域自治法》,继续坚持和完善民族区域自治制度,进一步做好民族工作。结合我区实际,抓紧制定贯彻实施自治法的自治条例和相关法规,用好法律赋予的自治权利。要把加快经济建设作为民族工作的中心任务,特别是要结合西部大开发和"兴边富民行动",加快边境地区、牧区、"三少"民族自治旗及其它少数民族聚居地区的基础设施建设,推动经济社会发展,缩小地区差距。加大对少数民族贫困人口的扶持力度,尽快使他们脱贫致富。坚持不懈地开展马克思主义民族理论和党的民族政策教育,广泛深入开展民族团结进步表彰活动,不断提高各族干部群众维护民族团结的自觉性和坚定性。进一步巩固和发展平等、团结、互助的社会主义民族关系,维护祖国统一、民族团结和边疆稳定。加强党对宗教工作的领导,全面正确贯彻党的宗教信仰自由政策,依法加强对宗教事务的管理,积极引导宗教与社会主义社会相适应。

进一步加快依法治区进程,努力为经济社会发展营造良好的法制环境。加强地方立法工作,建立健全适应加入世贸组织和发展社会主义市场经济需要的地方性法规和规章。各级行政机关要自觉实现由注重依靠行政手段管理向注重运用法律手段管理的转变,依法行政,从严治政,推进政府工作法制化。加大司法改革力度,保障司法机关依法独立行使职权,确保司法公正。按照国家"四五"普法的总体要求,深入开展法制宣传教育,提高广大干部和群众的法律意识,增强学法、守法、用法的自觉性。加强监督,坚决防止和纠正行政执法、司法中的违法违纪行为,切实维护法制尊严。健全法律服务体系,提高法律服务的质量和水平。

认真贯彻落实党中央关于维护稳定的一系列决策部署,在深化改革、加快发展中全力维护社会政治稳定。正确处理新形势下的人民内部矛盾,综合运用经济、行政、法律等手段调整社会关系,积极探索解决新时期人民内部矛盾的方法和途径。搞好矛盾纠纷排查调处,把矛盾化解在基层和萌芽状态。按照分级负责、归口管理的原则,切实做好信访工作。继续加强政法队伍建设,充分发挥人民民主专政职能。严密防范和严厉打击境内外敌对势力的阴谋破坏活动。反对伪科学,依法打击"法轮功"等邪教组织的违法犯罪活动,做好教育转化工作。加强社会治安综合治理,增强全社会预防和控制违法犯罪的能力,严厉打击各种危害社会和国家安全的犯罪行为。加强市场管理,规范市场行为,打击各种扰乱、破坏市场经济秩序的犯罪活动,维护市场主体的合法权益和市场信用。关心和重视国防建设,搞好国防教育,广泛开展"双拥"和军警民共建活动,做好民兵预备役工作,切实维护边疆稳定。

六、全面加强和改进党的建设

推进内蒙古的改革开放和现代化建设事业,关键在于进一步把党建设好。要认真贯彻"党要管党"和"从严治党"的方针,以党的作风建设为切入点,围绕提高党的执政水平和领导水平、提高拒腐防变和抵御风险能力两大历史课题,全面加强和改进党的建设。

(一)加强党的思想政治建设。要始终把用马列主义、毛泽东思想、邓小平理论武装全党摆在党的建设的首要位置,作为思想政治建设的根本任务来抓。特别要深入学习江泽民同志在庆祝中国共产党成立八十周年大会上的重要讲话,深刻领会和把握其精神实质,以"三个代表"重要思想武装头脑,指导工作实践。广大党员、干部要进一步坚定建设有中国特色社会主义的信念,切实增强贯彻党的基本理论、基本路线、基本纲领的自觉性、坚定性,坚决与党中央保持高度一致。各级干部特别是领导干部,要在认真学习政治理论的同时,下功夫学习当代经济、法律、科技、金融等方面的知识,努力拓宽知识领域,提高在复杂形势下抵御各种风险和驾驭市场经济的能力。

加强党的思想建设,关键是坚持党的解放思想、实事求是的思想路线,发扬理论联系实际的优良作风,解决我区改革开放和现代化建设的现实问题。全区广大党员和各级干部要自觉站在时代的前列,做解放思想、实事求是的表率。进一步冲破前进道路上的各种思想障碍,发扬开拓创新、敢闯敢试、奋发有为的精神,把解放思想、更新观念落实到抢抓机遇、迎难而上、加快发展上来。

(二)加强干部队伍和领导班子建设。全面贯彻干部队伍"四化"方针和德才兼备的原则,选贤用能,培养和造就一支高素质干部队伍,是我们的事业不断取得成功的关键。加快干部人事制度改革步伐,完善制度,健全机制,真正做到用好的作风选人、选作风好的人。拓宽用人视野,广开用人渠道。进一步扩大群众在选人用人上的知情权、参与权、选择权和监督权,继续完善民主推荐、民主测评和民主评议,加大公开选拔和竞争上岗的力度,推行党政领导干部任前公示制和任职试用期制,逐步实行盟市、旗县党政领导班子正职的拟任人选和推荐人选无记名投票表决制。进一步完善干部考察制度和方法,提高干部考察工作的质量。加强对干部选拔任用工作的监督,建立和完善推荐、考察、决定责任制和用人失误责任追究制,防止和纠正用人上的不正之风和腐败现象。积极探索从制度上解决干部能上能下问题,增强干部队伍的生机和活力。进一步调整和优化干部队伍结构。要把培养和选拔优秀中青年干部作为战略任务,加快干部队伍年轻化步伐。认真做好培养选拔少数民族干部、妇女干部和非中共党员干部工作。注意选拔熟悉工业经济、对外经贸、科技、金融等方面业务知识,具有较强管理现代经济能力的干部。加强干部教育培训工作,进一步提高干部的理论水平、实践能力和综合素质。切实做好老干部工作,在政治上、生活上关心和照顾好离退休老干部。

建设高素质的干部队伍,关键是要把各级领导班子建设好。要配好配强各级领导班子特别是"一把手",把优化领导班子结构与提高领导班子整体功能结合起来。民主集中制是党的根本组织制度和领导制度,各级党组织必须严格执行。按照"集体领导、民主集中、个别酝酿、会议决定"的原则,进一步完善党委的议事和决策机制,不断推进决策的科学化、民主化,提高决策水平。坚持集体领导下的个人分工负责制,切实维护领导班子团结,克服独断专行和软弱涣散。按照"总揽全局、协调各方"的原则,进一步加强和改善党的领导体制,更好地发挥各级党委的核心领导作用。扩大党内民主,切实保障党员的民主权利,充分发挥广大党员的积极性、主动性和创造性。

(三)加强党的基层组织建设。党的基层组织是党的全部工作和战斗力的基础。要按照党的先进性要求,坚持分类指导,积极探索创新,把基层党组织建设成为落实"三个代表"要求、贯彻党的方针政策、团结带领群众不断前进的坚强战斗堡垒。深入开展"三个代表"重要思想学习教育活动,继续加强农村牧区基层组织建设,进一步提高苏木乡镇党委和嘎查村党支部领导班子的思想政治素质和带领群众脱贫致富的本领。按照建立现代企业制度的要求,进一步加强国有企业党的建设,充分发挥党组织在企业中的政治核心作用。加强机关、学校、科研院所、城市街道、社区和民间组织党的建设,进一步拓宽党组织的工作领域。高度重视非公有制经济组织党的建设,努力扩大党组织的覆盖面,积极探索与其特点相适应的党组织活动内容和方式。以增强党性、提高素质为重点,加强党员队伍建设,强化对党员的教育、管理和监督,使广大党员在各自的工作岗位上为实现党在现阶段的基本纲领而不懈努力,在各条战线上充分发挥先锋模范作用。积极稳妥地做好发展党员工作,严格标准,把好入口关,真正把社会各阶层中的优秀分子吸收到党的队伍中来,不断增强党的阶级基础,扩大党的群众基础,提高党的社会影响力。

(四)加强党的作风建设。党的作风关系党的形象,关系人心向背,关系党的生死存亡。要全面贯彻党的十五届六中全会精神,按照"八个坚持、八个反对"的要求,集中解决党的思想作风、学风、工作作风、领导作风和干部生活作风中的突出问题。

加强和改进党的作风建设,核心问题是保持党同人民群众的血肉联系。各级干部特别是领导干部要进一步增强为人民服务的宗旨意识,提高贯彻党的群众路线的自觉性。以"民事未妥、寝食难安"的精神勤政为民。要用更多的时间深入基层,特别要深入条件艰苦和群众困难多的地方,加强调查研究,倾听群众呼声,关心群众疾苦,为群众多办好事、实事。要始终以人民群众拥护不拥护、高兴不高兴、满意不满意、答应不答应,作为我们想问题、作决策、办事情的根本出发点,真正把代表最广大人民根本利益的要求体现到党的各项工作中,以实际行动改善党群、干群关系。要坚决反对和克服形式主义、官僚主义,树立脚踏实地、埋头苦干的工作作风。从健全、完善制度和机制入手,下决心精简会议和文件,集中精力研究重大问题,抓好工作落实。坚决取消一切劳民伤财的达标升级活动,反对华而不实和脱离实际的"形象工程"、"政绩工程",坚决刹住弄虚作假、欺上瞒下的歪风。各级领导干部要适应新形势、新任务的要求,把改进领导作风、工作作风与改进领导方式结合起来,努力提高驾驭全局、领导各项事业的能力和水平。

进一步加大党风廉政建设和反腐败斗争力度。坚持不懈地抓好领导干部廉洁自律、查处大案要案、纠正部门和行业不正之风工作。加强廉洁从政教育,使各级领导干部牢固树立正确的世界观、人生观、价值观,自觉加强思想道德修养,发扬艰苦奋斗的优良传统,养成良好的生活作风,正确对待权力、地位和利益,抵御各种腐朽思想的侵蚀,做到自重、自省、自警、自励,从思想上筑起反腐倡廉、拒腐防变的堤防。要坚持标本兼治、综合治理,加强从源头上预防和治理腐败。深化干部人事、财政管理、行政审批等制度改革,加强对权力运行的监督和制约,推进制度和体制创新,铲除腐败现象赖以滋生的土壤。把党内监督、法律监督、群众监督、舆论监督结合起来,建立有效的防范机制。严格执纪执法,重点查处发生在党政机关、司法机关、行政执法机关、经济管理部门的严重违法违纪案件,严厉惩处腐败行为和腐败分子,决不姑息养奸。加强对遵守党的政治纪律的监督检查,维护党的政治纪律的严肃性。要把反腐败斗争作为系统工程,严格执行党风廉政建设责任制,加大对领导班子和领导干部的党风廉政建设责任考核和责任追究的力度,有关方面各负其责,齐抓共管,形成合力,真正以党风廉政建设的实际成果取信于民。

同志们,二十世纪内蒙古各族人民创造了宏伟的业绩,新的世纪一定能够再创辉煌。让我们高举邓小平理论伟大旗帜,更加紧密地团结在以江泽民同志为核心的党中央周围,全面贯彻"三个代表"要求,团结和带领全区各族人民,同心同德,扎实苦干,锐意进取,奋发图强,为胜利完成这次代表大会确定的各项任务而努力奋斗!

在保证质量前提下
努力保持较快的发展速度
尽快实现全面建设小康社会目标

(2002年11月25日)

进入新世纪,在胜利实现现代化建设"三步走"战略前两步目标的基础上,我国现代化建设的奋斗目标如何确定,是全党和全国人民十分关注的问题。党的十六大提出,要在本世纪头二十年,集中力量,全面建设惠及十几亿人口的更高水平的小康社会。贯彻落实十六大精神,最现实最紧迫的任务,就是团结和带领全区各族人民,为全面建设小康社会而努力奋斗。

第一,以全面建设小康社会目标统揽全局,增强加快发展的紧迫感。十六大报告提出的全面建设小康社会的奋斗目标,与我们过去所讲的"小康水平"是有差异的。"小康社会"的内涵十分丰富,正如十六大报告所描绘的那样,是一个"经济更加发展、民主更加健全、科教更加进步、文化更加繁荣、社会更加和谐、人民生活更加殷实"的社会。到2000年底,我区同全国一道,总体上从温饱跨入了小康。但是,这个小康是低水平的、不全面的、发展很不平衡的。按照小康水平综合评分方法测算,目前全国小康实现程度为96%,而我区只有90.8%,比全国低5个多百分点。就经济指标而言,到去年年底,我区人均国内生产总值是全国平均水平的86%,城镇居民人均可支配收入为全国平均水平的80.6%, 农牧民人均可支配收入是全国平均水平的83.3%。我区目前经济生活中的一个突出问题,就是老百姓的收入水平不高,城乡仍有为数不少的群众生活比较困难,农村牧区尚有近100万人的温饱问题没有完全解决,城镇有近60万人生活在最低生活保障线下。我们要在今后18年里保持高速增长态势,到2020年国内生产总值接近6000亿元,人均国内生产总值达到3000美元,任务相当艰巨。

十六大提出全面建设小康社会的奋斗目标后,全国很快出现了一个千帆竞发、百舸争流的发展局面。一些沿海发达省市在全面建设小康社会的基础上,已朝着率先基本实现现代化的目标前进;不少西部省区市在西部大开发中大显身手,国民经济呈现出加快发展的良好态势。就内蒙古来说,纵向比,这些年来我们的发展步伐不算慢,但横向比特别是与沿海发达地区比,我们的差距还很大。1979年至2000年,我区国内生产总值平均增长9.8%,虽然比全国平均水平高0.3个百分点,但与中部地区的河南、安徽、湖北、江西比低0.7——0.9个百分点,与沿海地区的广东、浙江、江苏比低2.6——3.8个百分点。我区经济总量较小,但近几年经济增长平均速度没有超过两位数,而一些经济总量很大的省市,经济发展速度却一直保持了两位数增长。这说明,我们与沿海发达地区的差距不是在缩小,而是在拉大。形势逼人,不进则退,慢进也是退。我们必须增强紧迫感和责任感,以全面建设小康社会统揽工作全局,千方百计加速推进我区全面建设小康社会的进程。在新世纪的头十年,我区必须也完全有可能实现两位数的增长,在有条件的几个盟市和某些领域实现跨越式发展,以此带动和促进全区加快发展。

第二,突出经济建设的重点,把实现全面建设小康社会目标同贯彻落实自治区第七次党代会精神紧密结合起来。十六大报告在论述全面建设小康社会目标后提出,为完成党在新世纪新阶段的奋斗目标,发展要有新思路,改革要有新突破,开放要有新局面,各项工作要有新举措。各地各部门都要从实际出发,采取切实有效的措施,努力实现这个目标。在自治区第七次党代会上,我们提出要实现"两个高于、一个达到"的近期奋斗目标。这一目标,是一个追赶型的目标,符合我区实际,也与十六大提出的分两步全面建设小康社会的步骤相吻合。实现这一目标,必须充分发挥我区的资源和区位两大优势,抓住西部大开发和我国加入世贸组织两大机遇,全面贯彻落实好第七次党代会确定的坚持"一条主线"、狠抓"两个转变"、强化"三大动力"、抓好"五个重点"的工作思路,促进我区国民经济持续、快速、健康发展。具体来讲,要突出抓好四个方面的工作。一是不断加快生态和基础设施建设步伐，增强全面建设小康社会的基础。生态环境恶化，基础设施建设滞后，是我区经济社会发展的重要制约因素。十六大报告提出，西部大开发要"重点抓好基础设施和生态环境建设，争取十年内取得突破性进展"，这为我区搞好"两大建设"创造了良好条件，也提出了新的更高的要求。我们一定要抓住国家实施西部大开发战略、实施积极财政政策和对少数民族地区特殊扶持政策等有利时机，在过去工作的基础上，进一步加大工作力度，力争用五到十年的时间，遏制生态环境恶化的局面，改变交通、水利、通信等基础设施落后的面貌，增强我区经济社会的可持续发展能力。二是走出一条具有我区特色的新型工业化道路，进一步加快工业化进程。实现全面建设小康社会目标，一个重要标志就是基本实现工业化。目前，我国已进入工业化中期阶段，而我区尚处于工业化中期的初始阶段，在全区101个旗县市区中仍有61个一产业增加值高于二产业，完成工业化的任务十分艰巨。我们要按照十六大提出的走新型工业化道路的要求，完善思路，发挥优势，扬长避短，正确处理提高质量与扩张总量、搞活国有企业与发展非公有制经济、集中力量发展大企业与加快发展中小企业、改造提升传统产业与发展高新技术产业、工业化与信息化、工业化与城镇化的关系，努力走出一条科技含量高、经济效益好、资源消耗低、环境污染少、人力资源优势得到充分发挥的新型工业化路子。三是以农牧业产业化和城镇化为突破口，发展和繁荣农村牧区经济。我区农牧民占全区总人口60%左右。没有农村牧区和农牧民的小康，就不可能实现全面建设小康社会的目标。推动农牧业和农村牧区经济发展，比较现实的途径就是以农牧业产业化和城镇化为突破口，带动农村牧区经济的全面发展和繁荣。要以绿色农畜产品加工业为依托，使农牧业在产业化经营中增效、发展，让农牧民在产业化经营中增收、致富。要把调整农村牧区生产力布局、发展乡镇企业、发展农村牧区服务业同城镇化结合起来，加速推进农村牧区城镇化进程。四是把关注民生、兴区富民放在更加突出位置，全面提高城乡居民生活水平。我区属经济欠发达地区，城乡居民收入水平普遍偏低，有相当一部分人民群众的生活比较困难，特别是农牧民和城镇部分居民的收入增长缓慢，失业人员增多。因此，要始终把解决民生问题作为各级党委、政府的重要职责，作为我们一切工作的出发点和归宿。要在发展经济的基础上，逐步提高城乡居民收入水平，特别是高度关注困难群众的生活，努力提高他们的收入水平。要将这个要求同财政收入一样，作为考核各级领导班子实绩的硬指标。要建立健全同经济发展水平相适应的社会保障体系，这是社会稳定和国家长治久安的重要保障。要坚持社会统筹和个人帐户相结合，完善城镇职工基本养老保险制度和基本医疗保险制度，健全失业保险制度和城镇居民最低生活保障制度。要把促进就业作为经济社会发展的重要目标，努力促进充分就业。继续抓好扶贫开发工作，切实帮助尚未解决温饱问题的农牧民尽快脱贫。继续推进"千村扶贫开发工程"，加大贫困地区的基础设施建设，努力改善农牧民的生产生活条件。抓住农村牧区税费改革的有利时机，切实减轻农牧民负担。

第三，坚持经济与社会协调发展，大力加强社会主义政治文明和精神文明建设。小康社会不仅包括经济发展和人民生活目标，而且包括政治、社会和人的全面发展，是一个经济和社会全面协调发展的综合目标。全面建设小康社会，既要求我们把经济建设作为第一要务抓紧抓好，也要求我们把其他各项事业的发展抓紧抓好。

十六大提出建设社会主义政治文明的目标和要求，这在我们党的历史上是第一次。我们要紧紧围绕十六大确立的政治文明建设的总目标，把坚持党的领导、人民当家做主和依法治国有机统一起来，切实加强社会主义政治文明建设。要坚持在四项基本原则的前提下，积极稳妥地推进政治体制改革，进一步改革和完善党的领导方式和执政方式。要适应发展社会主义市场经济和加入世贸组织的新形势，加强地方立法工作，进一步完善地方性法规和规章。要改革和完善决策机制，健全重大决策的规则和程序，推进决策的民主化、科学化。要把保持长期和谐稳定的政治环境作为全面建设小康社会的基础和前提来抓，在深化改革、加快发展中保持社会政治稳定。

大力发展社会主义先进文化，建设社会主义精神文明，是全面建设小康社会的重要组成部分。十六大报告在全面建设小康社会奋斗目标中明确提出了文化发展的具体目标，要求全民族的思想道德素质、科学文化素质和健康素质明显提高，形成比较完善的现代国民教育体系、科技和文化创新体系、全民健身和医疗卫生体系,促进人的全面发展。弘扬先进文化,大力加强文化建设,是全面建设小康社会的题中应有之义,只有在推动经济快速发展的同时,进一步加快文化发展,才能全面实现建设小康社会的目标。在我国进入全面建设小康社会的新阶段,人民群众必然会提出日益增长的多方面、多层次的精神文化需求,为发展社会主义文化提出了更高、更迫切的要求,同时也为社会主义文化发展提供了更加广阔的前景。我们必须适应新的形势,抓住良好发展机遇,牢牢把握先进文化的前进方向,坚持弘扬和培育民族精神,切实加强思想道德建设,大力发展教育和科技事业,实施科教兴区战略,积极发展文化事业和文化产业,推动社会主义文化的发展繁荣。

　　第四,把改革开放贯穿于全面建设小康社会的全过程。十六大报告指出,全面建设小康社会的一个目标,就是"建成完善的社会主义市场经济体制和更具活力、更加开放的经济体系",并指出,全面建设小康社会的阶段是一个"完善社会主义市场经济体制和扩大对外开放的关键阶段"。深化改革、扩大开放,既是全面建设小康社会的动力所在,也是全面建设小康社会的目标要求。我们要继续坚定不移地深化改革、扩大开放,把改革开放贯穿于全面建设小康社会的全过程,为全面建设小康社会增添新的动力、注入新的活力。

　　在全面建设小康社会进程中,改革是全方位的,涉及经济、政治、文化等各个领域,是一个制度和机制全面创新的过程。对于我区来讲,改革的核心任务是继续推进市场取向的经济体制改革。要按照十六大报告提出的经济体制改革总要求,坚持和完善公有制为主体、多种所有制经济共同发展的基本经济制度,毫不动摇地巩固和发展公有制经济,毫不动摇地鼓励、支持和引导非公有制经济发展。要继续调整和完善所有制结构,在探索公有制实现形式、提高国有经济控制力和影响力的同时,积极发展多种所有制经济,让各种所有制经济在市场竞争中发挥各自的优势,相互促进,共同发展。要深化国有企业改革,进一步探索公有制特别是国有制的多种有效实现形式,大力推进企业体制、技术和管理创新。积极探索和尝试国有资产管理体制改革的有效途径和办法,建立和完善国有资产管理、监督、营运体系。健全现代市场体系,在更大程度上发挥市场在资源配置中的基础性作用。推进资本市场的改革开放和稳定发展。大力发展产权、土地、劳动力、技术等市场。创造各类市场主体平等使用生产要素的环境。

我区资金、技术、人才缺乏，扩大对外合作与交流，对于我区实现全面建设小康社会目标意义尤为重大。要认真落实江泽民同志关于"使内蒙古成为我国向北开放的前沿阵地"的重要指示，充分发挥我区毗邻俄蒙、横跨"三北"的地缘优势，用足用好国家西部大开发的政策措施，加大对外开放力度，抓好口岸建设，正确处理"引进来"与"走出去"、开发内部资源与利用外部资源、开拓国内市场与开辟国际市场的关系，提高对外开放的质量和水平。

（选自在自治区党委七届三次全委会议上的讲话）

在国内外发展的
大格局、大背景下谋划经济建设

(2002年12月26日)

　　当前国际形势仍处在复杂深刻的变动之中，世界多极化和经济全球化的趋势在曲折中发展。在这样的情况下，我们必须正确认识形势，把我区经济发展置于国际国内形势发展的大格局、大背景中来思考和把握。

　　第一，要着重把握全面建设小康社会这一目标，以此统领经济工作全局。2002年我国人均国内生产总值接近1000美元。国际经验表明，人均1000美元是一个国家经济发展非常重要的战略关口。在这个关口上，有的国家跃起腾飞，有的国家则长期徘徊。比如，从人均国内生产总值1000美元到4000美元，美国用了100年，日本用了70年，韩国只用了25年。而印尼、菲律宾比韩国起点要高，但速度却慢得多，人均国内生产总值长期在低水平徘徊。按照十六大报告要求，我国到2020年，人均国内生产总值达到3000美元。按照本世纪前二十年的增长速度，到2024年，人均国内生产总值可达4000美元，这样我国人均国内生产总值由1000美元到4000美元需用22年，与韩国走过的路相当。从我区来看，今年我区人均国内生产总值接近900美元。按照自治区第七次党代会提出的"两个高于、一个达到"的目标，今后我区保持高于全国2个百分点以上的增长速度，到2010年前赶上全国人均国内生产总值的平均水平，到2020年前实现人均国内生产总值3000美元的目标，与全国同步建成小康社会。我们要用全面建设小康社会这一总目标统领全部工作，把年度工作任务与实现长远奋斗目标有机衔接起来。

　　第二，要着重把握执政兴国的第一要务，突出发展这个主题。发展是硬道理。加快发展是大局,是全区人民的根本利益所在,也是解决所有问题的关键。这些年来,我区的经济发展从纵向比,发展速度较快,但横向比,与发达地区的差距还在扩大。东部11个省市去年人均国内生产总值已达到1600美元,我区人均国内生产总值为786美元,不及东部的一半。国内生产总值在全国位居第24位,人均国内生产总值是全国平均水平的86%,排在第16位。从发展态势看,东部地区在经济总量较大的情况下继续保持快速发展,中西部地区也在奋力追赶。如果我们不能加快发展,与发达地区的差距会继续拉大。目前,我区的经济总量不大、产业层次不高,正处在总量扩张和产业结构调整优化升级的阶段。经验表明,在这个过程中,经济发展的速度效益型特征仍比较明显。从一定意义上讲,没有速度就没有效益,不加快发展,好多问题包括扩大社会就业、增加财政收入、改善人民生活等都不能很好解决,经济结构的战略性调整也难以进行。因此,必须在提高质量、效益的基础上加快发展。切实把全区各族人民的积极性和创造性凝聚到经济建设这一中心上来,真正做到聚精会神搞建设,一心一意谋发展。

第三,要紧紧抓住新世纪头二十年这一重要战略机遇期,加快发展步伐。党中央提出,本世纪头二十年是一个必须紧紧抓住并且可以大有作为的重要战略机遇期。这是中央基于对国际政治经济形势新变化的深刻分析而作出的正确判断。从我区来看,面临着诸多有利于加快发展的重要战略机遇。最主要的,一是党的十六大在理论和实践上的一系列创新,带来了新一轮更加深刻的思想解放,这必将有力地推进我区经济、政治和文化体制改革的进程,扩大和提高对外开放的水平,不断为我区经济发展注入新的动力和活力。二是有国家实施西部大开发战略提供的机遇。西部大开发是国家的一个大战略。十六大报告明确指出:"国家要在投资项目、税收政策和财政转移支付等方面加大对西部地区的支持,逐步建立长期稳定的西部开发资金渠道。着力改善投资环境,引导外资和国内资本参与西部开发。"中央经济工作会议对这个问题作了进一步强调,胡锦涛同志指出"要进一步用好国债资金。调整和优化国债资金的使用方向和结构,着力提高使用效益。一要集中力量办大事,确保重大项目的投入和建设。二要向农村倾斜,改善农村生产生活条件和教育设施,增加农民收入。三要向结构调整倾斜,促进技术进步和企业技术改造,增强经济发展的后劲。四要向中西部特别是西部地区倾斜，继续为加快西部地区经济发展创造条件。五要向生态环境建设倾斜，加快实施退耕还林，促进可持续发展。"这几个倾斜都与我们有关，都对我们有利。按照十六大报告要求，国家也在考虑，积极财政政策逐步淡出后，要为西部大开发建立一种加大投入的长期稳定机制。同时，西部大开发顺应了我国生产力布局调整的趋势。据一些经济专家分析，沿海地区利用其区位和设施等综合优势虽然在对外开放中已经抢占了先机，但投资成本也越来越高。国内外投资者的投资重点由南向北转移已是必然趋势。这将有利于我区把区外资本、技术、人才等方面的优势与区内的资源优势和区位优势结合起来，加快资源优势向经济优势的转化。机遇相对于一定的时空和区域来讲是平等的，关键是看谁能够捷足先登。对此，我们一定要保持清醒的头脑，眼明手快，抢抓机遇，切不可与大好机遇失之交臂。

第四，要全面落实扩大内需的方针政策。扩大内需是我们必须长期坚持的一项战略方针。在当前世界经济不景气、不确定因素增多的情况下，国内市场需求是我们保持经济持续增长最主要的动力。中央提出，要继续实施积极的财政政策和稳健的货币政策，这既体现了中央宏观政策的连续性和稳定性，又体现了用发展的办法解决前进中问题的重要思想。对此，我们一定要深刻理解，切实把扩大内需这篇大文章做好。第一，要掌握国家产业政策，抓好项目前期工作。产业政策是国家在市场经济条件下实施宏观调控的重要手段，如果我们不熟悉、不了解、不研究，就容易陷于盲目和被动。对国家支持、鼓励或禁止、限制的行业和项目，我们要做到心中有数，以更好地把投资方向同国家产业政策对接起来，把投资项目抓准抓好。扩大投资需求，推进结构调整，最终要落实到项目上。各地都要在抓项目上下功夫，切实做好项目前期工作。第二，要用足用好积极的财政政策和稳健的货币政策，搞好重点项目建设。2003年国家将发行1400亿元国债资金，加上2002年结转的100亿元，实际上仍保持1500亿元的规模。国家对国债项目已开始安排，我们的工作要及时跟上去。要进一步加大生态建设的投入，要进一步加快以水利、交通、能源为重点的基础设施建设。要强化管理和监督，确保重点项目的进度、质量和资金使用效益。第三，要培育和完善投资增长的内在机制，全面启动社会投资。要进一步深化投融资体制改革，加快建立符合市场经济要求的投融资体制,出台更加优惠的投资政策,充分发挥财政和金融资金对社会投资的启动和导向作用,激活区内外各类投资主体,特别是要把民间投资真正启动起来,进入广泛的社会投资领域。第四,要大力改善消费环境,努力扩大消费需求。扩大消费需求,最主要的是要提高人民群众的收入,特别是中低收入人群的收入,这批人的收入增加,很快转为即期消费。要切实改善消费环境,清理和废除限制消费的政策,引导和鼓励消费。要千方百计搞活流通,努力开拓城乡市场。同时,注意改善供给结构。通过采取多种综合性措施,切实使消费需求成为拉动经济增长的另一支重要力量。

(选自在全区经济工作会议上的讲话)

对发展目标、优势和重点的再认识

(2003年4月16日)

抓好发展第一要务,必须按照十六大提出的"发展要有新思路、改革要有新突破、开放要有新局面、各项工作要有新举措"的要求,紧密结合区情、盟市情和旗县情,进一步调整完善发展思路。

第一,对发展目标的再认识。自治区第七次党代会以来,我们在实践中逐步形成并提出了近期、远景和中期三个发展目标。近期目标就是自治区第七次党代会提出的"两个高于,一个达到"。现在看来,这个目标还需要进一步完善。"两个高于",指的是"十五"期间我区GDP增长速度和城乡居民人均收入的增长速度要高于全国平均水平;"一个达到",指的是到2010年全区人均GDP达到全国平均水平,这个提法还不够完善,只是人均GDP的增长目标,还应有人均收入的目标。去年,"两个高于"只有GDP增长速度高于全国3个多百分点,只实现"一个高于",城乡居民收入增幅低于全国平均水平,没有达到目标。远景目标一个是邓小平同志在会见美国前总统卡特谈到民族地区经济发展时指出的,"内蒙古自治区,那里有广大的草原,人口又不多,今后发展起来很有可能走进前列";另一个是1999年初江泽民同志视察我区时,希望"内蒙古能够成为我国下个世纪经济增长的重要支点"。这两句话体现了中央领导同志对内蒙古的期望和关心,现在我们把它作为一个远景目标。但这个远景目标到底远到什么时候,也需要具体化。我们提出到2020年与全国同步实现全面建设小康社会的中期目标,那么这个远景目标就应从2020年开始实施,到2050年实现;否则全国都实现现代化了,我们这个远景目标还有什么意义呢?所以,究竟怎样"走进前列",如何成为"重要支点",也需要量化。我觉得,到2050

年内蒙古首先要进入西部12省区市前列,在全国至少要进入二十位以前,经济总量、经济增长量要占全国的一定份额,否则就不可能成为我国经济增长的"重要支点",更不可能"走进前列"。所以,远景目标也要具体一些,包括目标要求和时限要求都必须明确。中期目标是在十六大之后提出来的。就是到2020年与全国同步达到全面建设小康社会的目标。这个中期目标也要进一步完善和具体化。全面小康不仅有经济发展指标,也有社会发展指标,包括人的全面发展及科技、教育、文化、卫生等很多方面的内容。按照目前的发展趋势,人均GDP这项指标2010年以前就可以达到,如果搞得快的话3至5年就能达到。2000年我区人均GDP是全国的84%,2001年是86%,2002年是90%,2年赶上了6个百分点。照此速度发展,快则在2005年、慢则在2007年人均GDP就能达到全国平均水平。但仅实现这一项指标还不等于我区的经济发展就达到了全国平均水平,还要看其他很多指标。所以,关于发展目标,目前只是笼统地提出一个近期目标、一个中期目标和一个远景目标,没有真正经过深入讨论,还需要综合经济部门把这些目标进一步细化和具体化,同时把相应的措施进一步细化和具体化。

第二,对发展优势的再认识。所谓优势,主要是比较优势,就是与其他地方相比有自己的特点或特色。任何优势都是相对而言、比较而言的,你有的别人没有,大家都有的但你比别人的强那就是优势。这几年我们谈到比较多的是两大优势,一个是资源优势,一个是区位优势。通过近两年的调查研究,我认为内蒙古还有一个方面的比较优势,那就是地广人少优势。我区118万平方公里,2300多万人,平均每平方公里只有20人。人少,人均占有资源就多,人均水平就可以高;人少,有利于生产力布局适当收缩和相对集中;人少,有利于劳动力的转移和城镇化水平的提高。人少的好处还有很多。比如,鄂尔多斯市共有130多万人,所辖一个东胜区和7个旗县,由于人少,生产力完全可以相对集中,130多万人完全有可能慢慢地集中到城镇去。这样分散在沟沟壑壑的农牧民可以陆续地搬出来,到城里搞二、三产业,或到城镇周边地区搞农牧业集约化经营,退出来的大量的土地就可以恢复生态。再就是地广。地广,人均耕地就多,有利于退耕还林,退牧还草;地广,有利于我们搞建设,城市框架可以拉得开一些,开发区建设也相对好搞;地广,有地形、生态、生物的多样性,如草原、沙漠、森林、冰雪,再加上口岸等,有利于发展旅游业。所以,地广人少也是我区的一大比较优势,过去这方面讲得不多,对这个问题要重新认识。此外,后发优势也是我们的比较优势,这方面过去我们谈得也不多。经济欠发达地区亦称后来者,但后来者具有明显的后发优势。单从技术跨越层面来讲,后来者可以引进最先进的技术和装备,而引进先进技术的成本大大低于技术创新的成本。对我区的一些科研单位来说,受各方面条件的制约,单凭他们自主研发新成果是很难的。在目前企业研究开发经费普遍不足的情况下,最现实、最便捷的途径就是直接引进先进技术设备和成果。这方面我区一些企业已经取得了明显成效。如伊利、蒙牛一流的设备和工艺全部是引进的,包铝、包钢的先进技术装备也是引进的。我们好多企业由于引进了先进的技术和设备,实现了技术上的跨越。国内外利用后发优势实现跨越式发展的例子很多。比如战后日本迅速发展,一个直接的原因就是它没有把钱花在开发上,而是直接引进别人的技术然后进行创新。近几年日本经济徘徊不前,主要是日本的技术水平已经进入了世界前沿,要继续创新,就需要自主研发,而这样的成本就大多了。作为后来者,我们可以直接采用国际最新实用技术,并且跨越某些技术的发展阶段。当今世界已经进入知识爆炸性增长的年代,为发展中国家获取、传播、利用知识和信息提供了空前的机遇。知识和信息不仅是重要的生产要素,而且是最重要的改革因素。我们一定要充分利用知识和信息迅速传播的有利条件,加快引进先进技术的步伐,努力增强后发优势。虽然我们有些企业技术改造晚了一些,但只要坚持高起点、高标准,加快引进新技术、新装备,完全可以实现技术跨越。

第三,对发展重点的再认识。一是要突出重点区域。现代经济学理论告诉我们,区域经济发展不平衡是绝对的,平衡是相对的,这是不以人的意志为转移的客观规律。不同的地区有不同的自然地理条件和经济社会基础,不可能在同一个水平上均衡发展、齐头并进,必然存在发展不平衡和梯度推进的问题。因此要坚持重点论,突出区域经济发展的重点。从一个国家、一个省、一个地区来看,都是这样。如果不遵从规律,想均衡发展,结果只能是都发展不好;想都发展快一点,结果谁都发展不快。我国对外开放和区域经济发展梯度推进战略的成功实践,正是尊重客观规律正确决策的结果。对我区来说，区域重点就是呼、包、鄂地区，因为这三个地区已经具备了率先加快发展的经济基础和社会基础。现在呼和浩特、包头市和鄂尔多斯三个市人口共555万，占全区总人口的23.5%；2002年的三个市GDP共是789.8亿元，占全区GDP的42.3%；三个市人均GDP已经达到1.42万元，折合1700多美元，是全区人均900美元的近2倍。过去三个市的水平是比较失衡的，只有包头市一家比较大，而且总量很小，现在呼和浩特市赶了上来。去年包头市GDP是303.8亿元，呼和浩特市是281.7亿元，基本齐头并进。另外，鄂尔多斯市近年来发展迅猛，去年GDP比赤峰市只少1个亿，比通辽市多1个亿，而赤峰市和通辽市的人口分别是鄂尔多斯市的3.3和2.3倍，所以人均水平鄂尔多斯市约是赤峰市的3.3倍，是通辽市的2.3倍。今年，鄂尔多斯市经济总量肯定超过赤峰市，成为全区的老三。呼、包、鄂三个市的发展来势好、后劲足，都有重要的经济增长点。呼和浩特市提出今年新增加财政收入10个亿，包头市也提出要新增10个亿争取达到13个亿。如果这两个市新增20个亿，就相当于全区确定今年新增财政收入40亿的50%。所以，这三个市作为自治区的重点地区和优势地区，是符合规律的。二是要抓好重点旗县。旗县市区一级首先要重点抓县级市和城区，包括满洲里和二连两个准地级市，共32个，占全部旗县市区的30%左右。去年这32个市或市辖区财政收入过亿的有24个，占县级市、市辖区的75%。如果确定其中80%的市、区为重点，就是26个，现在已经有24个过亿。另外的69个旗县，去年有15个旗县财政收入过了亿，占旗县的21.8%。如果我们重点抓三分之一，就是23个。这样，80%的城区、县级市和1/3的旗县加在一起就是49个，我们抓住这49个重点就将近占了101个旗县市区的一半。不具备条件的旗县不要笼统地提搞工业化、城镇化，否则必然要搞低水平重复建设，会出现饥不择食，背上沉重的包袱。三是关于重点行业和重点企业。从我区一些产业成长发展的趋势看，煤炭、电力、钢铁、电解铝、羊绒加工、乳业、牛羊肉加工等优势产业无疑是发展重点，同时汽车、医药、稀土等产业潜力很大，前景广阔，也应重点抓。重点企业就是要抓自治区确定的45户骨干企业。这45户企业总资产为1186亿元，占全区全部工业资产的55.35%；销售收入占52.08%，实现利润占55.02%。全区共有企业1573户，这45户就占了半壁江山。当然，对这45户企业要重新排队，有的亏损大户要淘汰，一些新的企业要纳入重点范围。将来至少要搞60户以上的重点企业，这60户占的比重要达到全区工业的60%以上，甚至还要多。四是关于重点开发区。我们搞工业，不能全面开花，必须向园区集中。对目前全区的开发区要进行认真摸底，确定扶持和发展的重点。通过对几个主要城市的了解，呼和浩特市可以确定为重点的除金川、如意两个经济技术开发区和和林盛乐经济园区外，将要搞的托克托大唐工业园区也可以作为重点。包头市可以作为重点的除稀土高科技园区外，还有正在建设的新希望园区。乌海市的乌达、海南两个园区，鄂尔多斯市的蒙西、棋盘井两个园区，目前是旗县规模，要重点抓好。其他盟市也要分类排队，不能遍地搞开发区。总的看，全区要重点抓的园区不宜过多，大概抓20个左右即可。对确定的重点园区一定要有相应的政策、有好的项目，使这些重点园区真正形成气候，在当地乃至全区的经济发展中拥有较大的份额。

（选自在自治区党委中心组集体学习会上的讲话）

在优化结构提高效益基础上
努力做大经济总量

（2003年7月15日）

　　党的十六大之后，自治区党委按照实现全面建设小康社会的奋斗目标，对全区的发展思路不断进行完善，目的就是想发展得更快、更好一些。在自治区党委七届三次全委会上，我们统一了两个方面的认识，一是在近年内全区经济可以实现两位数增长，二是有条件、有优势的地区可以实现跨越式发展。在最近一次党委中心组读书会上，我们在对区情的认识上有所深化，认识到我区不仅有资源优势和区位优势，还有地广人稀优势和后发优势。我们通过对经济发展形势的分析，提出今后全区经济应该也能够发展得快一些、好一些。一是西部大开发已实施三年，三年应该初见成效；二是从投入产出看，近三年全区共投入2200多亿元，这些投入都是有效投入，而且有些本身就是产业投入，有投入就应该有产出；三是从世界经济发展的规律看，工业化阶段是一个国家经济快速发展的时期，现在自治区正在大力推进工业化，我区经济也处在快速发展时期；四是从经济发展的微观基础看，我区企业发展态势很好，速度、效益同步增长，结构优化，后劲增强，具备了进一步加快发展的基础。在刚刚举办的党委中心组读书会上，我们感到，我区经济发展不能仅仅满足于发展速度和人均水平，而要在优化结构、提高效益的基础上，努力把经济总量做大。我区人口不多，但拥有很大的国土面积和丰富的自然资源，理应为国家做出更大的贡献。现在，我区人均GDP排在全国第16位，而GDP

总量排在全国第24位,这与我区的国土面积和丰富的资源是不对称的。我区经济总量小,即使每年增加10个百分点,也只有部分沿海省份增加1个多百分点得到的增量。邓小平同志提出的"走进前列",江泽民同志提出的"重要支点",都包含了经济总量的概念。没有一定的经济总量,就谈不上"走进前列"和成为"重要支点"。因此,我们不能满足于人均的某些指标,也不能满足于近几年较快的增长速度,必须在提高效益的前提下,尽快做大经济总量。从沿海地区走过的发展历程看,从我区呼、包、鄂等一些发展较快的地区看,把经济总量尽快做大,并不是天方夜谭、可望不可及。只要找准发展路子和抓好切入点,充分发挥地区比较优势,完全可以把我区经济做大做强。

(选自在自治区党委七届四次全委会议上的讲话)

努力保持一个较长的快速增长期

(2003年10月29日)

　　党的十六大以后，自治区党委按照全面建设小康社会的奋斗目标，不断完善发展思路。在七届三次全委会上，我们在加快发展的问题上统一了思想，提出近年内全区经济可以实现两位数增长，有条件、有优势的地区可以实现跨越式发展，今后全区经济应该也能够发展得快一些、好一些。在七届四次全会上，大家认为我区经济不能满足于较快的发展速度和人均水平，要在优化结构、提高效益的基础上，努力把经济总量做大。最近，自治区党委召开的第三季度经济形势分析会和常委民主生活会上，常委们根据目前全区经济发展态势，认真分析、深入探讨了今后我区经济的走势，就事关全区经济发展的重大问题，进一步形成共识。概括起来，主要有三点：

　　一是要把握当前大好来势，争取经济发展有一个较长的快速增长期。我区经济发展继去年实现12.1%的增长之后，今年前三季度又达到了15.5%的较高发展速度。这说明，我区经济已开始进入一个快速发展时期。经济发展有其自身的规律和周期，这种快速发展的势头内在地要持续一个时期。我区广大干部群众思发展、谋发展、促发展的积极性已充分调动起来，各地区不甘落后、奋力争先的精神状态和工作劲头，也会外在地加速这种发展势头。可以说，目前这种发展态势是势不可挡。势来了，我们就要乘势而上，争取一个较长的快速增长期。当年珠江三角洲地区的发展，就是抓住了国家实施沿海发展战略的有利时机，把20%的经济高速增长的势头连续保持了20年，才进入了今天这样的良性循环发展轨道。我区鄂尔多斯市的经济总量由1993年的25.4

亿元做到2002年的204.8亿元，翻了3番。呼和浩特市近两年经济总量每年增加近100亿元，也是保持了30%左右的高速度。如果我区能够以现在这样的较高速度连续发展五年，经济总量就可以达到一定的规模，经济运行质量就会进一步提高，经济发展也就有了一定的抗风险能力。现在，我们面临的发展机遇很好，本世纪头二十年是我们国家发展的重要战略机遇期，我区还面临着西部大开发、我国加入世贸组织、国家重视加强与俄蒙经济技术合作的现实机遇。机不可失、时不再来。我们一定要强化机遇意识，牢牢把握住目前这种经济开始高速增长的大好来势，进一步完善发展思路，充分发挥比较优势，抓好特色产业，完全可以在今后若干年里继续保持较快较好的发展来势。只有这样，才能不辜负邓小平同志对内蒙古走进前列的希望，实现江泽民同志关于内蒙古要成为重要支点的要求。同时，越是形势大好，越要保持清醒的头脑，尊重市场经济规律和客观自然规律，按规律办事。要按照十六届三中全会要求，树立科学的发展观，正确处理经济社会生活中的几个重大关系，促进经济社会等方面的协调发展。不能因为我们决策和工作上的失误，使经济社会发展遭受挫折，损伤广大干部群众加快发展的积极性。作为欠发达地区来讲，是付不起这个学费，经不起这种折腾的。

二是要突出发展重点，推动优势地区和优势产业加速发展。非均衡发展是世界各国经济发展的一般规律。改革开放以来，我国的发展就是最先发展沿海地区，然后逐步梯度推进的。对于我区来讲，也有一个正确认识和对待区域发展不平衡的问题，如果不讲条件地要求各地齐步走，结果必然是谁也发展不快、发展不好。只有在有优势、有基础、有条件的地方率先发展，才能更好地带动全局的发展。最近，自治区党委、政府在经过认真调查研究、反复论证的基础上，提出了自治区优先发展的重点。在区域发展上，重点抓好呼包鄂优势地区，推动它们不断调整产业结构，优化经济环境，加快技术进步，实现跨越式发展，尽快做大经济总量，使这三个市成为全区经济持续高速发展的重要支撑。在城市的发展上，在继续重点抓好呼和浩特市、包头两个中心城市的同时，创造条件逐步把区域人口多的赤峰市，建成百万以上城市人口规模中心城市,同时,要把盟、市所在地的中心城区抓好,发挥中心城市的辐射带动作用。在推进工业化上,重点选择支持14个市辖区、12个市、24个旗县加快发展工业。在产业发展上,突出具有我区特色和优势的能源、冶金、农畜产品加工、机械、化工、高科技等产业,以大企业、大项目为支撑,以拳头产品和知名品牌为龙头,尽快形成具有明显竞争力的优势产业群。在企业发展上,通过自由发展、市场竞争、择优选择、动态管理的办法,重点抓好一定数量销售收入高、经济效益好、主业突出、有发展后劲的重点企业,支持它们做大做强,提高竞争力和市场占有率。在经济园区建设上,突出抓好20个左右基础较好、有一定潜力的重要工业开发区和工业园区,使之尽快成为全区工业经济发展的重要载体和新的增长点。在坚持重点优先的同时,充分兼顾非重点地区的发展,把非均衡发展与全面协调发展有机结合起来,一方面要鼓励有条件的地区发展得更快一些、更好一些,另一方面要帮助其他地区发挥各地优势,因地制宜,扬长避短。同时,要高度关注贫困地区、边境地区的发展和政策扶持。

三是要在经济发展的薄弱环节上尽快取得突破性进展。第三产业发展滞后,对外开放力度不大,城乡居民增收缓慢,这三大问题,是我区经济发展中的三根软肋,对此,我们必须认真研究,采取更加得力的措施,尽快在这三个薄弱环节上取得突破性进展。要在推进工业化进程中加快第三产业的发展。长期以来,我区第三产业发展不快,总量小,水平低。服务业在发达国家是经济增长的中坚力量,服务业通过其各种服务功能,有机联结社会生产、分配和消费诸环节,加速人流、物流、信息流和资金流运转,对推进工业化和现代化进程具有重要作用。服务业在我国不发达,这与我国还处于工业化的中期有关。我区工业化滞后于全国,在这段时间内服务业发展不会太超前,但应与工业的进展同步。据中国人民大学竞争力与评价研究中心分析,我区服务业虽然综合竞争力排第25位,但成长竞争力方面位居全国31个省市区第三位。自治区有关部门要在充分调研的基础上,尽快研究加快我区服务业发展的思路、规划和重点,拿出具体可行的操作办法和措施,像推进工业化进程那样推动服务业的发展。要在进一步搞好对内开放的同时,加快对外开放步伐。这几年我区对内开放、横向联合已经取得了一些进展,前三季度到位国内资金252.7亿元,同比增长75.4%。但对国外开放很不理想,这几年进出口贸易额一直徘徊不前,2002年海关进出口总额排在全国第26位;直接利用外资很少,2002年为2.28亿美元,几乎没有一家国外著名大企业、大集团到我区直接投资;利用境外资源特别是俄、蒙资源,没有迈出实质性步伐;口岸这一稀缺资源利用得不好,还没有充分发挥出其在带动全区对外开放中的应有作用。为此,我们必须要把对外开放提到更加突出的位置来抓,以向北开放为重点,以我区资源开发、基础设施建设、国有企业改组改造、农牧业产业化的大项目为依托,把"引进来"与"走出去"紧密结合起来,尽快构筑起我区对外开放的基本框架。抓住国家实施"大通关"工程的有利时机,认真研究口岸经济问题,积极创造条件争取在满洲里、二连口岸率先建设进出口加工体系和经济园区。要在经济持续快速增长的同时,努力提高城乡居民收入水平。生产的目的是满足人们日益增长的物质文化需求。经济发展了,效益提高了,相应地要提高老百姓的收入水平。2002年我区城镇居民人均可支配收入和农牧民人均纯收入分列全国29位和22位,今年虽有较大提高,但与全国平均水平相比还有很大差距。我区GDP2002年增长12.1%,城镇居民人均可支配收入和农牧民人均纯收入分别增长9.3%和5.7%,各地要切实把增加城乡居民收入当作一件大事来抓。

(选自在自治区党委七届五次全委会议上的讲话)

全面理解把握、
深入贯彻落实科学发展观

（2004年2月28日）

一

科学发展观是在坚持毛泽东、邓小平和江泽民同志关于发展的重要思想，充分肯定新时期特别是十三届四中全会以来我国举世瞩目的发展成就的基础上，从新世纪新阶段的实际出发，适应现代化建设需要，努力把握发展的客观规律，汲取国际现代发展的有益成果，着眼于丰富发展内涵、创新发展观念、开拓发展思路、破解发展难题提出来的。提出科学发展观，是我们党对社会主义市场经济条件下经济社会发展规律在认识上的重要升华，是我们党执政理念的一个飞跃，进一步明确了中国要发展、为什么要发展和怎样发展等重大问题，进一步明确了新世纪新阶段我国现代化建设的发展道路、发展模式和发展战略。

第一，树立和落实科学发展观是贯彻落实"三个代表"重要思想的具体体现。"三个代表"重要思想开创性地回答了为什么我们党执政兴国的第一要务是发展，在社会主义初级阶段我们党应当如何认识和怎样领导发展的问题。树立和落实科学发展观，就是要把"三个代表"重要思想贯彻到现代化建设各个领域，更好地推进发展这个我们党执政兴国第一要务的伟大实践。树立和落实科学发展观，是在发展问题上对邓小平理论和"三个代表"重要思想的最好坚持和最好实践，也是对能否真正做到"三个代表"的最好检验。

第二，树立和落实科学发展观是全面建设小康社会的必然要求。全面建设小康社会，是一个经济、政治、文化、社会、生态和人的全面发展的系统集成目标体系，体现了科学发展观的重要内涵。只有牢固树立和认真落实科学发展观，坚持按照科学发展观的要求想问题、办事情、作决策，才能使全面建设小康社会真正建立在求真务实的基础上，才能真正做到在经济发展基础上促进社会全面进步，不断提高人民生活水平，保证人民共享发展成果。

第三，树立和落实科学发展观是妥善应对我国经济社会发展关键时期可能遇到的各种风险和挑战的正确选择。我国人均国内生产总值突破1000美元，这在我国发展史上具有里程碑的意义。国际经验表明，一国人均国内生产总值达到1000美元即意味着经济社会发展进入一个新的关键阶段。在这个阶段，有四个特点：一是经济结构变动深刻，技术进步、产业升级和城市化进程加快，第一、第二产业比重明显降低，第三产业处于加速发展的转折点。如果能够顺利实现经济转型和结构优化，经济发展就会跃上一个新的台阶，否则有可能停滞不前。二是城乡之间、区域之间、产业之间以及占有资源不同的人群之间的收入差距还会拉大，而随着收入提高及差距拉大，各种利益关系愈益复杂，如果处理不当，容易引发社会不稳定。三是社会消费升级并且日益多样化，而经济发展是个渐进的过程，满足人们的需求也有个过程。与此同时，人们对社会政治生活的参与要求愈益提高，而新的制度体系的完善和定型同样需要一个较长的过程。如果把胃口吊得过高而发展跟不上，新的体制、机制的衔接不及时、不到位，就有可能产生社会无序、行为失范等问题。四是一方面经济总量比过去大得多，另一方面粗放增长方式还没有得以根本转变，造成资源消耗增加，加之我国资源相对短缺，会对国外资源和国际市场的依赖程度加强，可能使来自国际的经济摩擦高发并呈常态化。在这个阶段，只有牢固树立和认真落实科学发展观，才能为妥善应对和解决经济社会发展中各种各样的矛盾提供重要的指导思想和工作的基本原则。

第四，树立和落实科学发展观是提高党的执政能力和执政水平的迫切需要。面对经济全球化和"四个多样化"的新形势，我们既要深化改革、消除制约生产力发展的体制性障碍，又要考虑人们的承受能力、维护社会稳定；既要保护发达地区、优势产业和通过辛勤劳动与合法经营先富起来的人们的发展活力，又要高度重视和关心欠发达地区以及比较困难的行业和群众;既要发展党内民主、推动人民民主,又要维护党和国家的团结统一、保证中央的政令畅通;既要满足人民群众日益增长的多样化的精神文化需求,又要确保马克思主义在意识形态领域的指导地位,等等。这些,既是我们党加强执政能力建设亟待解决的问题,也是树立和落实科学发展观亟待解决的问题。因此,我们要把树立和落实科学发展观同加强党的执政能力建设紧密结合起来,把提高科学发展的能力作为提高党的执能能力的一个重要方面,通过树立和落实科学发展观,进一步促进解决提高党的领导水平和执政水平,提高拒腐防变和抵御风险的能力这两大历史性课题。

二

科学发展观的第一要义是发展。离开发展,就无所谓发展观。讲科学发展观,其根本着眼点是要用新的发展思路实现更快更好地发展。

以人为本是科学发展观的核心和本质。以人为本,就是一切从人民群众的需要出发,促进人的全面发展,实现人民群众的根本利益。坚持以人为本,一要不断满足人民群众日益增长的物质文化需要,不断提高人们的思想道德素质、科学文化素质和身体健康素质;二要为充分发挥人的聪明才智创造良好环境;三要尊重和保障人权,保障公民的政治、经济和文化权益;四要在我们所有的工作中始终全面贯彻执政为民理念。

全面、协调、可持续发展是科学发展观的基本内容。全面是指各个方面都要发展,协调是指各个方面的发展要相互适应,可持续强调发展进程的持久性、接续性。实现全面、协调、可持续发展,一要正确处理速度和结构、质量、效益的关系,二要正确处理经济社会和人口、资源、环境的关系,三要正确处理经济发展、社会发展和人的全面发展之间的关系,四要正确处理社会主义物质文明、政治文明和精神文明之间的关系。

统筹兼顾是科学发展观的根本要求。统筹兼顾,就是总揽全局、科学筹划、协调发展、兼顾各方,最为重要的是做好"五个统筹",即统筹城乡发展、统筹区域发展、统筹经济社会发展、统筹人与自然和谐发展、统筹国内发展和对外开放。坚持统筹兼顾,一是要充分调动一切积极因素,二是要妥善处理各种利益关系,三是要注重实现城乡、区域、经济社会、人与自然、国内与国外良性互动,四是要着力加强发展经济社会的薄弱环节。

更加注重发展的人文本质,更加注重发展的整体协调,更加注重发展的持久永续,更加注重发展的多样性是科学发展观的重要特点。

三

在新的历史条件下,牢固树立和贯彻落实科学发展观,是提高各级党委、政府和领导干部领导水平和执政能力的重要方面。

一要努力提高贯彻落实科学发展观的自觉性。第一,必须加强学习,增强运用科学发展观推进经济社会发展的自觉性和坚定性;第二,必须正确处理好当前与长远的关系,局部与全局的关系,物质文明、政治文明与精神文明的关系,政府与市场的关系;第三,必须把积极进取精神同科学求实态度很好结合起来。

二要正确把握宏观调控目标。树立和落实科学发展观,必须全面把握宏观调控目标的内涵和要求。一是促进经济增长。要保持经济较快增长。全面看待经济增长,既要看增长速度,还要看增长的结构、投入产出效益以及资源和环境的代价,努力达到经济增长与资源供给和市场需求相协调。二是增加就业。就业是民生之本。要实施积极的就业政策,广开就业门路,努力把失业率控制在社会可承受的限度内。三是稳定物价。保持商品与服务价格总水平基本稳定。既要防止通货膨胀,又要防止通货紧缩。当前要重视防止通货膨胀。四是国际收支平衡。要保持经常项目、资本项目和金融交易在内的国际收支基本平衡。坚持国际收支基本平衡、略有结余的方针。

三要全面履行政府职能。在社会主义市场经济条件下,政府的主要职能是经济调节、市场监管、社会管理、公共服务四个方面。经济调节,就是对社会总需求和总供给进行总量调控,并促进经济结构调整和优化,保持经济持续、快速、协调、健康发展。市场监管,就是依法对市场主体及其行为进行监督和管理,维护公平竞争的市场秩序,形成统一、开放、竞争、有序的现代市场体系。社会管理,就是通过制定社会政策和法规,依法管理和规范社会组织、社会事务,协调社会矛盾,调节收入分配,保证社会公正,维护社会秩序和社会稳定。公共服务,就是提供公共产品和服务,包括加强城乡公共设施建设,发展社会就业、社会保障服务和教育、科技、文化、卫生、体育等公共事业,发布公共信息等,为社会公众生活和参与社会经济、政治、文化活动提供保障和创造条件,努力建设服务型政府。

四要树立正确的政绩观。要用全面的、实践的、群众的观点看待政绩。所谓用全面的观点看政绩,就是既要看经济指标,又要看社会指标、人文指标和环境指标;既要看城市变化,又要看农村发展;既要看当前的发展,又要看发展的可持续性;既要看经济总量增长,又要看人民群众得到的实惠;既要看经济发展,又要看社会稳定;既要看"显绩",又要看"潜绩";既要看主观努力,也要看客观条件。所谓用实践的观点看政绩,就是重实干、办实事、求实效,各项政绩应该经得起实践检验和历史检验。所谓用群众的观点看政绩,就是倾听群众呼声,忠实履行全心全意为人民服务的宗旨,把实现人民群众的利益作为追求政绩的根本目的。衡量干部政绩,最根本的是看人民群众拥护不拥护、赞成不赞成、高兴不高兴、答应不答应。

五要抓紧研究制定统筹兼顾的政策和规划。要合理调整与完善有利于促进经济社会全面、协调、可持续发展的政策措施,同时加强与落实科学发展观相适应的体制、制度、机制和法制的建设。"十一五"规划要成为充分体现科学发展观的五年规划,以更好地推进全面建设小康社会和现代化建设。

四

(一)落实科学发展观,必须把握好重要战略机遇期。第一,把握二十年的战略机遇期关键是抓住头十年特别是当前的四年。中央提出,本世纪头二十年是我国应当抓住,并且可以大有作为的战略机遇期。这二十年,最为关键的是头十年,是"十五"和"十一五"两个五年计划时期。而这十年当中,当前的四年又是最重要的,今年和明年涉及到"十五"计划的圆满完成,2006、2007年搞得如何,关系到"十一五"计划能否顺利开局,这四年对"十五"计划的完成和"十一五"计划的开局非常关键。在这十年当中,我们已经走过了三年,且抓住了机遇、取得了一定的发展成就,如果再把当前的四年抓好,十年的机遇就基本抓住了,实现二十年抓紧机遇发展的战略构想和目标就大有希望。对我们自治区来讲，2007年是自治区成立60周年，我们应当给人民一份满意的答卷。我区的经济发展应该更快更好一些，人民得到的实惠应该更多一些，城乡变化应该更大一些。

第二，我国经济发展正处于重要关口。2003年我国人均GDP达到1000美元，这是一个重要的关口。人均GDP在650美元以下为低收入国家，650—2555美元为中等收入国家，2555—7911美元为中上等收入国家，7911美元以上为高收入国家。我国GDP在1996年超过了650美元，迈出了低收入国家行列，去年又迈上了1000美元的台阶。按照现在的目标规划，到2020年全面实现小康社会的时候，人均GDP将达到3000美元，进入中等收入国家行列，开始向中上等收入国家水平迈进。国际发展经验表明，人均GDP在1000—3000美元从低收入国家水平向中等收入国家水平迈进的阶段，是极为重要的历史阶段。其突出的特点是，经济可能会保持一个较长时期的持续快速增长和国民整体素质的明显提高，可称之为黄金发展时期。在这个时期，人们日益变化和增长的物质文化需求，是经济增长的主要内在动因。随着人们温饱问题的解决，人们由为生存而奋斗转向求发展，求享受，要吃得更好，住得更舒适，行得更方便，精神文明方面消费的需求也越来越高，消费升级的速度将会是以往的几倍、几十倍。从以手表、自行车、缝纫机为标志的百元级消费阶段到以电视机、电冰箱、洗衣机为标志的千元级消费阶段，到以电脑、保健器械为标志的万元级消费阶段，少数人已进入了以汽车、住房为标志的几十万元级消费阶段。消费结构的升级会引起产业结构的大幅度调整。在这个时期，如果我们把握得好，抓住了机遇，就能够使经济社会发展上一个新的台阶。但是，这个时期也往往是人口、资源、环境矛盾突出，"瓶颈"制约加重的时期，如果处理不当，也可能丧失发展机遇，导致经济增长的徘徊。因此，许多经济学家提醒，要防止"拉美现象"在我国重演。巴西、阿根廷等国家经济曾经出现过比较快速的增长，人们的收入水平也比较高，但是各种社会矛盾也相继出现，由于处理失当，引发了较长时间的社会动荡，造成严重的金融危机，导致经济停滞。总之，当前我们处在黄金发展时期，一定要头脑冷静，面对发展机遇，要抓住不放，面对社会矛盾，要处理得当，努力排除干扰，争取保持经济长周期快速增长。

第三，内蒙古当前面临着良好的发展机遇。当前，我区面临着良好的发展机遇，除了我们经常讲的几大优势、几大机遇外，我认为，当前最为现实的一个机遇就是内蒙古可以为缓解国家国民经济"瓶颈"制约做贡献。去年以来，我国经济发展加速之后，出现了煤、电、油、运四大发展"瓶颈"制约。我区煤炭资源富有，2002年煤炭产量1亿吨，去年1.5亿吨，超过了山东，成为名副其实的全国第二产煤大省。明年我们计划达到3亿吨，到2010年前要达到5亿吨。我区电力建设成本比较低，发电成本低，具有很强的竞争力。我区建设1千瓦大概需要3000多元，而南方则需要6000-7000元，水电建设1千瓦超过10000元。在发电成本方面，我区吨煤到电厂价不到100元，而南方至少要300元。另外，我们搞的是大机组或较大机组，竞争力强。即使将来国家电力过剩，我区也可以通过市场竞争机制，竞价上网，结果肯定是有煤的地方挤垮没煤的地方，大电厂挤垮小电厂。目前我国已经成为世界第二大石油消费国，进口多，国际依存度很大，蕴含的风险也很大。我区呼伦贝尔市有石油资源，近期可以形成100万吨的能力，远期可能达到300万吨，但是并不能解决太大的问题，现在看来搞好煤制油具有很强的战略意义。神华集团煤制油项目经过大量的前期准备，今年正式动工，一期工程规模250万吨，全部建成之后将会在鄂尔多斯形成1000万吨级的生产规模，相当于一个大油田。我们应当凭借我区煤炭和电力成本较低的优势，搞深加工，可以搞煤化工、高耗能工业等，要不断延伸产业链，使我们的煤炭、电力产品就地转化一半。这样做可以缓解煤炭受运输制约太大，电受电网制约的问题，主动积极地防止煤炭、电力市场可能产生的风险。我区还要大力加强交通基础设施建设，除我们规划的公路建设要抓紧落实外，还要注重铁路的建设，要抓紧铁路项目的落实。总之，在缓解煤、电、油、运等"瓶颈"制约上，内蒙古应该也能够为国家做出贡献，这对内蒙古来讲也是一个现实的发展机遇。

第四，内蒙古的经济现在进入了一个快速增长期。经济的快速增长有其内在的规律。去年，自治区规模以上工业经济增长31.5%，今年一、二月份规模以上工业仍增长29.4%，说明来势具有延续性。去年自治区固定资产投资完成1202亿元，增长了68%，今年计划完成固定资产投资1500亿元，政府是按1800亿元目标制定的，要比去年增长50%左右；去年自治区城镇以上固定资产投资绝对量排名全国第15位,总量可观,并且投资方向合理,投资主体多元化,固定资产投资实现了可持续增长,现在许多在建、续建、新开工项目建设都有投资业主,符合国家产业方向。可以看出,我区的经济增长是经济内在规律起作用的结果,经济发展的好势头来了,就要乘势而上。沿海发达地区就是在较短的时期内,抓住机遇,乘势而上,经济实现了超常规发展。改革开放以前,广东的经济发展水平并不高,但广东抓住了改革开放的大好机遇,使珠江三角洲的经济发展乘势发展上去了。鄂尔多斯市原来有5个国贫县,千沟万壑,很贫困,但近年来鄂尔多斯市紧紧抓住机遇,使经济增长保持了一个较长时期的快速增长,9年翻了三番,现在的发展势头仍有增无减,去年GDP超过270亿元,财政收入超过28亿元,今年预计财政收入超过40亿元。包头市的发展态势也是如此,今年包头市的财政收入预计达到65—68亿元,比2003年增长18亿元,城镇居民可支配收入预计增加2000元,农牧民收入增加700元。包头市达茂旗原来是国贫县,2003年财政收入超过亿元,今年在此基础上还要翻一番;包头市九原区财政收入今年预计增加2亿元,昆区、青山区今年财政收入都力争超过10个亿。这说明,经济发展到一定程度,进入比较良性的循环阶段,各种生产要素相对集聚,新的经济增长点就会多起来。现在,从自治区到各个盟市、旗县,加快发展的积极性和热情非常高,同时,尊重规律,按照规律办事,科学求实的精神也在加强,这种外在的因素也会加大内在规律的作用。因此,内蒙古只要抓住当前的重要战略机遇期,经济还会有一个较快、较好的发展。

(二)落实科学发展观,必须以十六大精神为指导,不断完善我区的发展思路。自治区第七次党代会提出的五年整体发展思路,是符合科学发展观要求的。比如,提出以经济结构调整为主线,现在看来是符合科学发展观的。当时根据自治区的实际,提出要突出调整三个结构,一是调整产业结构,主要针对我区产业结构不合理,第一产业比重大大高于全国平均水平,第二产业比重比全国低10多个百分点的状况,提出要大力发展第二、三产业;二是调整所有制结构,针对我区所有制结构比较单一,提出要大力发展民营经济、非公有制经济和提高外资企业比重;三是调整生产力布局,内蒙古118.3万平方公里,只有2300多万人口,如果生产力布局不调整,经济社会事业无法发展。比如阿拉善盟,27万平方公里,不到20万人口,把人口相对集中起来,牧民转到城镇,生产的水平提高了,人民的生活水平提高了,生态也得到了恢复。采取适当收缩,相对集中的生产力布局,符合内蒙古的实际。宋平同志当年来视察内蒙古时,对调整生产力布局就给予充分肯定。再比如,"两个转变",其中一个是要转变生产经营方式,即转变农牧业的生产经营方式,转变工业的生产经营方式,转变资源开发利用的方式,这都是符合科学发展观的要求的。转变农牧业的生产经营方式,拿锡林郭勒盟来讲,连续三年干旱,再加上过牧现象严重,造成草原严重沙化。2001年我第一次去锡林郭勒草原,惨不忍睹,完全变成了沙漠。锡林郭勒盟盟委、行署痛定思痛,提出实施"围封转移"战略,自治区党委支持这一战略举措,并把直属机关全部动员起来,帮助锡林郭勒盟搞"围封转移"。在中央的支持下,去年我区实施了退牧还草战略,采取围封、休牧等方式,在生态恶劣的地方禁牧,其余的地方轮牧,搞以草定畜,控制载畜量,大力发展农区畜牧业,从而使牧业增长方式得以转变。在保证每年生产270亿斤粮食、100亿斤商品粮的同时,大力发展农区畜牧业,使我区的农牧业有了一个大的发展,农牧民的收入有了一个大的提高。转变工业生产经营方式,就是要改变过去那种高投入、高消耗、高排放、不协调、难循环、低效率的生产经营方式,转变资源开发利用方式。内蒙古作为国家的资源富集地区,必须搞好资源的保护和利用,必须承担可持续发展的义务,要学习国外搞循环经济。实践证明,这些都符合科学发展观的要求。

党的十六大召开之后,我们按照全面建设小康社会的要求,不断完善发展思路。在自治区七届三次全委会上,提出"近几年内经济可以保持两位数的增长",并且在总结经验的基础上提出"优势地区可以实现跨越式发展"。鄂尔多斯市九年经济总量翻了三番,呼和浩特市近三年每年保持30%的增长速度。实践证明,自治区的优势地区已经实现了跨越式发展。自治区七届四次全委会提出,不能满足于人均水平,不能满足于较快的增长速度,要在优化结构、提高效益的前提下,努力做大经济总量。自治区七届五次全委会提出,要正确处理快增长与长周期的关系,努力争取保持一个较长的快速增长期,保持经济平稳、持续增长,防止大起大落,防止起伏,要理性推进工业化,像我们这样的相对落后的地方是经不起折腾,付不起学费的。同时,进一步明确了工业化不是所有地方都搞的思路,重点抓14个区、12个市、24个旗县、20个重点工业园区、60个重点企业,这些都与科学发展观要求相吻合。各地区、各部门一定要按照十六大精神和稳定、协调、全面、可持续发展的科学发展观要求,与时俱进,不断地完善发展思路,认真研究当前经济社会生活中不断出现的新矛盾、新问题,千方百计保持经济稳定、协调发展,不出现波折和起伏。

(三)落实科学发展观,必须搞好"五个统筹"。关于统筹区域发展。地区经济发展不平衡是各国经济发展过程中的普遍规律。发达国家在发展过程中都出现过地区发展不平衡的问题。中国自古以来地区经济发展就存在不平衡问题,发展的中心也不固定。我国黄河流域曾经很发达,后来是长江流域,现在又是珠江流域。德国经济最先发展的是鲁尔地区,后来南移到了巴伐利亚一带,一些大公司、现代的新兴加工业都在那里。德意志统一之后,东德经济显著落后,为了解决发展不平衡问题,西德每年拿1000多亿马克支持东德,10年花费1万多亿马克,相当于5万多亿元人民币,所以东德近几年经济发展也逐步赶了上来。我国面临的区域发展不平衡的问题是正常的,是发展中的一个阶段性现象,我们要正视它,并且努力设法去解决它。要正确处理非均衡发展与协调发展的关系。改革开放之初,小平同志遵循经济发展不均衡规律提出沿海发展战略。实践证明,这个战略创造了巨大的生产力和社会财富,使我们国家的综合国力明显增强,2003年我国GDP达到11.7万亿元,沿海地区占了相当大的比重,进出口和利用外资也主要集中在沿海。沿海比较完善的市场机制,沿海的改革开放,也为中西部地区积累了很多丰富的经验。在沿海发展到一定程度,东西部差距日益扩大的情况下,中央又提出西部大开发战略,这是遵循经济协调发展规律而提出的。区域之间发展不平衡需要引起重视,但这个问题受诸多因素的影响,需要一个较长的时期加以解决。现在看来,影响今后一个时期地区差距变动趋势的有两种相反作用因素。一方面,国家对地区差距扩大问题更加关注,对经济落后地区给予更大的支持,在经济体制、社会经济政策和发展战略方面创造有利于中西部地区的发展环境;中西部地区具有后发优势,可以借鉴先发展地区的经验,实现跨越式发展；东部地区进一步发展，也需要加强与中西部地区的衔接和融合，这给中西部地区带来了新的发展机遇；沿海地区生产要素成本的提高，有利于某些产业向西部地区转移等，这些都是有利于抑制东西部差距进一步扩大的因素。另一方面，自然地理条件、经济发展基础、市场发育程度的差异将继续存在，有些还可能进一步强化；支持西部地区快速发展的某些措施的不确定性显现出来，如进行基础设施建设和退耕还林生态建设等国债资金，由于国债发行的减少而产生了较大影响；西部地区产业发展相对滞后于基础设施建设的问题也影响着下一步我国的协调发展。综合分析我国上世纪九十年代以来的发展轨迹和上述两种相互作用力的影响，可以做出两点判断，一是东、中、西部发展差距近期整体上是呈继续扩大的趋势，二是随着国家经济实力增强，有可能用更大的力量支持落后地区的发展，在抑制地区差距扩大趋势方面存在着较大的选择空间。地区差距不仅表现在东部和中西部之间，不仅表现在省、市、自治区之间，也表现在省、自治区内部。省、自治区内部不同市、县之间的差距，可以看做全国地区发展差距的缩影，也是中国经济发展不平衡的表现。内蒙古也存在着一定程度的区域之间发展不平衡的问题。赤峰市的人口是鄂尔多斯市的三倍半以上，但经济总量比鄂尔多斯市略小；通辽市的经济总量原来和呼和浩特市相差不多，但近年比呼和浩特市少了近四成，而人口却是呼和浩特市的1.5倍。东四盟市原来农业基础比较好，但由于工业化推进相对较慢，发展速度受到影响。地区差距的实质是工业化进程的快慢，我区区域之间的差距也体现在工业化进程的差距上。在处理区域发展问题上，我们要坚持遵循非均衡发展和协调发展两个规律。遵循非均衡发展规律，就是要支持优势地区率先发展，让自治区的整体实力增强，只有这样才能有较大的能力为欠发达的旗县提供财政转移支付。在优势地区率先发展的同时，自治区要采取适当措施支持非优势地区的发展，非优势地区也要从自身实际出发，探索加快发展的路子。如通辽市在农牧业产业化、赤峰市在矿产资源、呼伦贝尔市在旅游经济和口岸经济上都有文章可做。

关于统筹城乡发展。统筹城乡发展的实质是解决"三农"问题，促进二元经济结构的转变。城乡差距拉大体现在诸多方面，最为突出的体现在城乡居民收入差距拉大上。全国上世纪八十年代中期城乡居民收入是1.8:1，九十年代中期为2.5:1，2003年达到3.2:1，呈逐渐拉大差距趋势。我区的城乡收入差距基本上也是这样。在温饱问题没有解决的发展阶段，"三农"问题主要是发展农业生产。在新的发展阶段，农业、农村的现代化任务突出出来，围绕"农"字虽然还有不少文章可做，但我们必须拓宽思路，从"农"字以外找解决"三农"问题的路子。党的十六大明确提出，统筹城乡经济社会发展，改变二元经济结构问题，十六届三中全会把建立有利于逐步改变城乡二元结构经济体制作为完善市场经济体制的一项重要任务。从城乡二元结构向现代社会经济结构转变，是今后几十年中国经济社会发展的基本走向。曾任世界银行副行长、诺贝尔经济奖获得者斯蒂格利茨把中国的城市化和美国的高科技并列为影响21世纪人类发展进程的两大关键因素。改变二元结构的根本途径就是推进城镇化和工业化。按照中央的总体要求，2020年农业增加值在GDP中的比重要降到10%以下，农业劳动力占全部就业者比重要降到1/3以下。我国城市化水平2002年达到39.1%，但比世界平均水平低10个百分点，比中等工业化国家低20个百分点，大体相当于英国1950年、北美1910年、日本1950年的水平。一个国家的城市化水平由30%提高到70%的阶段是城市化发展的加速阶段，但是超过75%就要逆城市化。我区城市化水平比全国平均水平稍高一点，正处在城市化加速阶段。今后，城市在中国经济社会发展中还将发挥更大的作用，人口和经济社会资源将快速向城市集中，经济发展将在更大程度上依赖于城市的发展。现在，地区之间的竞争日益表现为城市之间的竞争，长江三角洲和珠江三角洲城市群人口占全国的比重不足1/13，面积占全国的1.5%，但经济总量占全国的28%。越是经济发达的地区，城市经济所占的比重越大，城市对农村的带动作用越强。所以，要充分发挥城市对农村和整个国民经济的带动作用，培育中心城市，增强城市的实力，带动农村经济的发展。我国已进入了工业化中期，是城乡关系和工农关系调整的关键时期。一方面，经济增长主要来自非农产业，非农产业可以依赖资源积累实现增长；另一方面，农业是弱势产业，农业的增收缺少重要的支撑，加之加入WTO后面临的激烈国际竞争，不可能再为工业化提供积累，而成为需要接受补助的部门。工业化和城市化的推进，决不能以牺牲农民利益为代价。当前,中央突出统筹城乡发展问题,就是要在国家政策上向农业和农村倾斜,以利于"三农"问题的解决。解决"三农"问题,农业本身也要调整结构,大力推进农牧业产业化。总之,要充分发挥城市对农村的带动作用,工业对农业的带动作用,以工业化和城市化来推进"三农"问题的解决。

关于统筹人与自然和谐发展。对内蒙古来讲,生态建设和资源的有效开发、合理利用是两个最现实的问题。当前,我国自然环境脆弱,人与环境的矛盾日趋尖锐。我国干旱、半干旱地区占国土面积的52%,高寒缺氧的青藏高原面积达到240万平方公里,占国土面积的25%,水土流失严重的黄土高原面积达到64万平方公里,荒漠化严重的岩石地区面积达到90万平方公里。内蒙古是国家重要的生态屏障,内蒙古的生态安全,不仅仅关系到我们自身的生存与发展,影响到我们自己的投资环境,而且还涉及到整个国家的生态安全,尤其是首都的生态安全。近年来,我们采取建设与保护并重的措施,加上雨水充足,内蒙古的生态建设和生态恢复取得了明显成效,森林覆盖率有所提高,草原植被得到了较快的恢复。但必须清醒地看到,我区的生态环境仍很脆弱,生态建设的力度、生态保护的力度还要继续加大。草原畜牧业,刚开始好像成本很低,可达到一定程度,草场就会沙化,这个成本最后是无法计算的。草原载畜量和草原沙化成正比,任何国家都是如此。各地区一定要大力发展农区畜牧业,严格控制草原畜牧业,减少草原载畜量。再看资源方面,我国人均资源占有量小,资源利用率很低,主要资源人均占有量不足世界的1/2,但单位GDP的能耗是世界平均水平的3.4倍,这将成为我国未来经济发展的重要制约。内蒙古是资源富集地区,要采用先进的技术和技术装备,提高资源的开发和综合利用水平。神华集团采用世界上最先进的技术装备,回采率可以达到70%以上,而小煤窑只有20-30%。今后,我们规划煤炭发展,要采用最先进的技术装备,搞千万吨级、五千万吨级的大煤炭基地。准格尔露天煤矿今年可达到1800万吨,很快就可以达到2000万吨,只有300多生产人员。我们就是要发展这样的企业。资源利用方面,要在综合利用上做大文章,做好文章,尽量不要搞"原"字号,卖原煤、原料、原粮,无论是矿产资源还是农副产品,包括一些特殊的生物资源,都要搞深度加工,提高综合开发利用水平。

关于统筹经济社会发展。当前，我国经济社会发展不协调的问题较为突出，国内生产总值去年达到11.7万亿元，人均超过1000美元，成为世界第六大经济实体，外贸进出口总额去年达到8500亿美元，成为世界第四大贸易国。但是，联合国发展署公布的2003年的数据表明，中国社会发展仍处于中等偏下的水平，在世界排位第104位。主要因为我们存在着三个相对失衡：第一，经济增长与社会发展相对失衡。教育、科技、文化、卫生相对落后，公共教育体系、科技创新体系、公共卫生体系、文化事业体系与社会救助体系、社会保障体系、社会危机的处理体系没有得以相应的建立和发展。第二，经济增长与分配相对失衡。高收入层和低收入层明显存在，收入分配差距拉大，贫困问题凸现。以收入差距为主的全面性的社会差别也在拉开，城乡居民心理失衡，社会公正问题浮现出来。第三，经济增长与扩大就业相对失衡。我国近13亿人口，年龄在15—64岁的劳动力有9.09亿，比整个发达国家还多了3亿。城镇失业问题相当严重，去年统计登记失业率为4.3%，这是极大的不稳定因素。农村的富余劳动力转移困难，2002年农村劳动力4.9亿人，种养殖业1亿人，乡镇企业1.33亿人，外出务工2.1亿人，剩余劳动力还有1.5亿。而1987年—2001年，全国征用耕地2400多万亩，3400多万人失去了土地或者减少了土地，造成一批"三无"农民，种地无田、就业无岗、低保无份。面对这三个失衡，我们要采取如下四个措施：一是要按照社会主义文化建设的纲领，解决好社会事业发展相对滞后的问题。二是解决好分配差距问题，我们的原则是一部分地区、一部分人先富起来，先富带后富，最后共同富裕。允许先富，但不搞两极分化；允许差别存在，但不能贫富过分悬殊。要扩大中等收入阶层，壮大中产阶级，形成一种很富的人很少，很穷的人也很少的橄榄型社会。现在，国家正在解决二次分配问题，要从体制、机制、政策、税收等方面利于中等收入阶层扩大。同时，要保低调高，对低收入者加强保障措施，对高收入者采取调控措施。三是要高度关注城乡贫困人口，注意解决好城市贫困人口和农村的扶贫问题。四是要注意解决好就业问题。

关于统筹国内发展与对外开放。统筹国内发展和对外开放，全面提高对外开放水平，进一步发展开放型经济，是解决我国经济社会发展突出问题,实现全面建设小康社会目标的现实需要。目前,我国已经成为发展中的市场大国,国内生产总值达到11.7万亿元,消费品零售额达到4.6万亿元。2003年进口达到4128亿美元,三年进口1万亿美元,2003年出口达到4384亿美元,在世界排位已经由1978年的第34位上升到第4位。同时,我国现已成为引资大国,2003年引进直接投资535亿美元,全球500多家跨国公司已有400多家来华投资,到去年底,已经批准的外商企业6万多家,实际利用外资额6800多亿美元,其中直接吸引外商投资5015亿美元。1978年,我国外贸依存度为10%,2003年上升到61%,外汇储备1978年底只有1.7亿美元,2003年已经达到4033亿美元,居世界第二位。2003年,外商投资占固定资产投资的比重为8%,外资企业出口额已经占到整个企业出口额的25%,关税和进口环节税占税收总额的18%,对外开放在国民经济发展中的作用越来越大。我国参与经济全球化具有较多的比较优势。首先,国内市场有规模优势,100万以上人口的城市全国有166个,已经形成巨大的购买力和多层次的消费群体,城乡居民的储蓄存额超过了11万亿,消费升级的潜力巨大。其次,我国劳动力资源丰富,人力资源占有优势,工资成本为发达国家的1/30—1/40。另外,我国产业配套能力很强,具有综合的环境优势。同时,我国也面临着不少挑战。国际资本流动规模扩大,金融风险增加,针对我国的贸易保护主义加剧,反倾销、保障措施、非市场经济地位、特保条款、技术性贸易壁垒对我们的负面影响不容低估。另外,我国经济对外依存度高,风险也大。我国一些重要资源短缺,人均耕地为世界平均水平的四分之一,资本形成不到世界总额的6%,人均石油的可采量只占世界平均值的11%,人均天然气的可采量只占世界平均值的4.3%。2003年,原油、铁矿砂、氧化铝、铜锌矿的进口依赖程度已经高达35-60%,进口增加的同时也带来风险的加大。同时,国内加工能力很大,也需要继续扩大出口。我国600种消费品当中,供过于求的商品在80%左右,不少行业的生产能力远远大于国内的市场容量。例如,2002年DVD产量为8700万台,国内消费只有1400万台,出口依存度高达84%;摩托车产量1430万辆,国内消费仅有500万辆,出口依存度高达63%;服装产量250多亿件,可以供全世界每人消费4件。从内蒙古来讲,我区地理位置优越,对内毗邻八省,对外靠近俄罗斯、蒙古国,有国内"三北"市场和俄蒙市场乃至东欧市场。现在,很多客商到内蒙古来投资,看中的就是我们的"两个市场"的优势。我区本身资源可开发度很强,特别是相邻的俄罗斯、蒙古国资源富集。俄罗斯远东地区260万平方公里,人口不到1000万,石油储量96亿吨,天然气储量14万亿立方米,煤炭储量181亿吨,远东的沿海大陆架还有290亿吨的碳氢化合物。在中蒙边界探明的铜矿,铜金属的含量高达2100万吨,已经大于我国目前全国可采铜储量的总和。如何利用好"两个市场"、"两个资源",对于内蒙古来讲是一个非常现实的问题。目前,自治区有关方面在利用境外资源上已开始做工作,大兴安岭林管局正在利用蒙古国森林资源进行开采,大量进口原木,满洲里也开始搞原木加工,阿拉善盟于去年开始开采蒙古国的焦煤。包钢现正同蒙古国就铁矿联合开采问题,神华集团同蒙古国就焦煤联合开采问题进行商谈。利用俄罗斯、蒙古国的资源,不仅要考虑如何从俄罗斯、蒙古国开采资源,还要考虑如何搞延伸加工。同时,我们也要做好自己同俄罗斯、蒙古国交界地区资源的勘探工作,为进一步开发利用"两个资源"打好基础。

(选自在盟市厅局主要领导干部专题研讨班上的讲话)

正确认识和处理
科学发展观中的重大关系

(2004年7月13日)

党的十六届三中全会提出坚持以人为本,全面、协调、可持续的科学发展观,反映了我们党对社会主义现代化建设规律认识的深化,是我们党执政理念的重大飞跃,具有十分重要的现实意义和深远的历史意义。科学发展观既是经济工作必须长期坚持的重要指导思想,也是解决当前经济社会发展中诸多矛盾和问题必须遵循的基本原则。坚持以科学发展观指导我区的发展,必须正确认识和处理好以下三个关系。

(一)正确认识和处理落实科学发展观与加强宏观调控的关系。加强宏观调控是党中央、国务院为保持全国经济平稳较快发展,针对经济运行中存在的部分行业过热、投资需求过旺、信贷投放过快等突出矛盾,坚持"果断有力、适时适度、区别对待、注重实效"的原则,综合运用经济的、法律的、行政的手段进行调控的重要举措。调控的重点是控制投资过快增长,缓解煤电油运和重要原材料供应紧张的矛盾,加强农业和粮食生产等薄弱环节。

这次宏观调控的特点是"控制"与"加强"并举,是结构性调控,而非全面紧缩。也就是说,加强宏观调控,决不是要人为地放慢经济发展步伐,而是要按照客观规律办事,及时解决经济生活中的突出矛盾和问题,消除不稳定、不健康的因素,促进国民经济既快又好地发展。我们一定要全面、正确、积极地理解和贯彻中央关于宏观调控的决策。全面就是要有保有压,有抑制有发展。既要控制部分行业过度投资和盲目发展,又要加强经济社会发展的薄弱环节,把各方面加快发展的积极性保护好、引导好、发挥好。正确就是要把握加强宏观调控的基本原则,做到"果断有力、适时适度、区别对待、注重实效"。积极就是要通过加强调控,解决经济生活中的突出矛盾,使之有利于当前发展,也有利于长远发展;有利于经济全局的稳定,也有利于地方经济的发展。这种统筹兼顾的调控措施,本身就体现了科学发展观的要求,是以科学发展观为指导的调控,是落实科学发展观的调控。落实科学发展观同加强宏观调控是内在统一的,目的是促进经济社会持续快速协调健康发展。

(二)正确认识和处理加强宏观调控与力争我区经济保持一个较长快速发展期的关系。党的十六大指出,二十一世纪头20年,对我国来说,是一个必须紧紧抓住并且可以大有作为的重要战略机遇期。自治区第七次党代会以来,全区各族人民贯彻落实中央精神,紧紧抓住西部大开发和我国加入世贸组织的历史机遇,按照贯穿"一条主线"、加快"两个转变"、强化"三大动力"、加强"两项建设"、推进"三化"进程的总体要求,贯彻自治区党委七届三次、四次、五次全委会逐步完善的发展思路,与时俱进,开拓创新,经济建设出现了既快又好的发展态势。这种态势,从我区和全国的大局讲,有其必要性;从经济发展的内在规律讲,有其必然性。

在我区这样一个经济欠发达的边疆少数民族地区,力争经济保持较长的快速发展期,具有全局性和战略性的意义。我们要在经济相对落后的基础上与全国同步实现全面建设小康社会的目标,需要保持较长的快速发展期;我们要在收入水平落后于全国的情况下,实现各族人民群众长期以来对美好生活的向往,满足各族人民群众日益增长的物质文化需求,提高各族人民群众的生活水平和质量,需要保持较长的快速发展期;发挥我区的优势,逐步实现"走进前列"和成为我国经济增长的"重要支点"的目标,需要保持较长的快速发展期;我们要在人均GDP超过1000美元、经济社会结构将发生深刻变化的关键阶段,协调好各方面的利益关系,加强民族团结,保持社会稳定,维护祖国统一,需要保持较长的快速发展期。

在全球经济联系日益紧密的条件下,一个国家或地区实现经济较长时期的快速发展乃至跨越式发展,是一个规律性现象,在国内外,既有理论依据,又有实践例证。邓小平同志曾强调,"我们国内条件具备,国际环境有利,再加上发挥社会主义制度能够集中力量办大事的优势,在今后的现代化建设长过程中,出现若干个发展速度比较快、效益比较好的阶段,是必要的,也是能够办到的"。江泽民同志指出,"我国经济发展的有利条件很多,在较长时期内保持经济的快速增长仍有很大空间"。最近,胡锦涛总书记也强调,"在历史发展的关键时期,把握住了机遇,落后的国家和民族就有可能实现跨越式发展,成为时代发展的弄潮儿;而丧失了机遇,原本强盛的国家和民族也会不进则退,成为时代发展的落伍者"。上世纪以来,经济实现较长时期的快速发展或跨越式发展的例证比比皆是。二战以后,日本用47年的时间实现了经济和技术上对美国的赶超。工业化基础较弱的亚洲"四小龙"从上世纪60年代开始,经过30年的高速增长实现了工业化,创造了用时最短的赶超范例。我国沿海一些发达地区,从80年代初开始起步,在基础十分薄弱的条件下,用了20多年的时间,经济就达到和接近世界中等发达国家的水平。这些国家和地区,在实现跨越式发展的过程中都保持了一个较长的快速发展期。韩国经济从1962年到1994年,平均增长10%以上,其中有些年份达到15%以上,保持了30多年高速增长。广东GDP从1000亿元到5000亿元用了5年,年均增长近38%;从5000亿元到10000亿元用了6年,年均增长近15%。浙江GDP从1978年到2002年,年均增长13.4%。国际国内的经验表明,经济发展到一定阶段后,一个国家或地区在特定历史条件下,完全可以实现经济较长时期的快速增长乃至跨越式发展。

当前,我区具备了保持较长时期快速发展的特征和条件。发达国家发展实践证明,人均GDP达到1000美元是一个战略起飞点,城镇化率达到30%—70%是经济快速增长时期,第二产业占GDP比重达到40%—50%,是经济加速发展的阶段。2003年,我区人均GDP突破1000美元,城镇化率达到44.7%,第二产业占GDP的比重为45.3%,主要经济指标满足了快速发展的空间。全球范围新一轮经济结构调整和产业、技术转移以及沿海发达地区投资成本上升导致部分投资外溢,为我区依托资源、区位、地广人少、后发等优势,接纳产业、技术转移,吸引投资,提供了新的机遇。我区固定资产投入加财政收入跟GDP总量的比例表明,我区已属于国民收入的流入区。自治区第七次党代会提出并在实践中不断完善的发展思路,符合科学发展观的要求。各族干部群众的精神面貌发生了深刻变化,加快发展的积极性和热情很高,同时,尊重规律,按规律办事,科学求实的精神在不断增强。当前,国家加强宏观调控,对我区力争保持较长的快速发展期又是一个现实机遇。如前所述,这次宏观调控的一个显著特点是"控制"与"加强"并举。从"加强"看,国家要缓解煤电油运的瓶颈制约,加快电源、电网建设,增加煤炭产量,改善交通运输,以及加强农业和粮食生产等薄弱环节,正是我区发挥得天独厚的资源优势,加快结构调整步伐,做大做强优势产业,形成优势产业集群的机会。从"控制"看,落实宏观调控的政策措施,正是抑制我区一些生产规模小、技术层次低、资源消耗大、环境污染重的企业的好时机。这样做,有利于提高经济运行的质量和效益,有利于生态环境的保护,有利于整体经济持续快速协调健康发展。

（三）正确认识和处理保持较长快速发展期与提高经济素质的关系。提高经济素质,就是在经济发展的过程中,更加注重优化经济结构和提高经济效益,实现速度和结构、质量、效益相统一。

提高经济素质,是落实科学发展观的内在要求,是坚持五个统筹、实现协调发展的基础,是促进经济社会和人的全面发展的保证。全党工作以经济建设为中心,经济建设要以提高效益为中心。坚持以科学发展观指导我区的发展,力争全区经济保持一个较长的快速发展期,就必须进一步增强提高经济素质的意识,把优化经济结构、提高经济效益放在更加突出的位置来抓。

提高经济素质,就要加快经济结构的战略性调整,优化产业结构,提高产业层次。结构调整是我区经济发展的主线,既是经济发展进程中始终要努力解决的长期任务,也是解决当前经济生活中存在的突出矛盾和问题所必须抓好的紧迫任务。

提高经济素质,就要深化经济体制改革,为经济运行创造良好的体制环境。建成完善的社会主义市场经济体制和更具活力、更加开放的经济体系,是实现全面建设小康社会目标的重要任务,也是保持我区经济较长时期快速发展的根本动力。

提高经济素质,就要推进科技进步和创新,加快转变经济增长方式。经济运行的速度、质量和效益,直接取决于经济增长的方式。要努力促进粗放型增长方式向集约型增长方式转变。要进一步增强投入产出意识、成本效益意识、资源环境意识和增长代价意识,充分发挥科学技术第一生产力对经济社会全面发展的关键性作用。

(选自在自治区党委七届六次全委会议上的讲话)

推进三个文明协调发展
努力建设和谐内蒙古

(2005 年 4 月)

构建社会主义和谐社会,是我们党从全面建设小康社会、开创中国特色社会主义事业新局面的全局出发提出的一项重大战略任务。内蒙古是民族区域自治地方,是祖国北部边疆。落实中央提出的战略任务,建设和谐内蒙古,对于实现全面建设小康社会的奋斗目标,促进各民族共同团结奋斗、共同繁荣发展,维护祖国北疆安宁稳定,具有特殊重要的意义。建设和谐社会同建设物质文明、政治文明和精神文明是有机统一的,必须在三个文明协调发展中加以推进。我们要通过发展先进生产力来不断增强建设和谐内蒙古的物质基础,通过发展民主政治来不断增强建设和谐内蒙古的政治保障,通过发展先进文化来不断巩固建设和谐内蒙古的精神支撑,在三个文明协调发展中加快推进和谐内蒙古的建设进程。

加快发展生产力,不断提高人民群众的物质生活水平

胡锦涛总书记指出,保持经济持续快速协调健康发展,创造更丰富的社会物质财富,使国家的整体实力不断增强,使人民群众的生活水平不断提高,是构建社会主义和谐社会的物质基础。近年来,内蒙古党委、政府始终把经济建设作为第一要务来抓,按照自治区第七次党代会确定的贯穿结构调整主线,推进思想观念和增长方式两个转变,强化改革、开放、科技进步三大动力,抓好生态建设、基础设施建设、农牧业产业化、工业化、城镇化五项重点的总体思路,紧紧抓住国家实施西部大开发、我国加入世贸组织、加强宏观调控、振兴东北老工业基地等战略机遇,充分发挥资源优势、区位优势、地广人稀优势和后发优势,推动经济进入了快速发展期。2004 年,生产总值 2712 亿元,增长 19.4%,工业增加值 1015 亿元,增长 29.8%,财政收入 363 亿元,增长 40.7%,城镇居民人均可支配收入 8123 元,增长 15.8%,农牧民人均纯收入 2606 元,增长 14.9%,固定资产投资 1809 亿元,增长 49.6%。越是形势好,我们越要保持清醒、冷静的头脑,高度重视经济社会发展中的矛盾和问题,着力解决产业规模小、城乡发展不协调、区域发展不平衡、城乡居民收入水平较低等问题,促进经济又快又好地发展,为构建和谐社会提供坚实的物质基础。

第一,做大做强优势特色产业。做大做强优势特色产业,是壮大经济实力、增强发展后劲、保持较长的快速发展期的内在需要,是推进新型工业化、加快建设现代化的必然选择。做大,就是要扩大产业规模,在同行业内占有较大的产出规模和市场份额;做强,就是要提升产业层次,提高企业的竞争力;特色,就是要根据我区的资源禀赋和产业基础,体现我区产业特色,突出差异性,避免产业雷同;优势,就是要发挥后发优势,培育产业坚持高起点,采用先进技术和装备,逐步形成我区产业优势。

做大做强优势特色产业,必须充分利用各种资源条件,特别是区内资源、俄蒙资源、口岸资源和人力资源,重点抓好以煤、电、天然气为主的能源工业,以煤化工、天然气化工、氯碱化工为主的化学工业,以钢、铝、硅和有色金属为主的冶金工业,以工程机械、运输机械为主的装备制造业,以乳、肉、绒、粮等为主的农畜产品加工业,以稀土、生物制药、信息制造为主的高新技术产业,力争形成具有我区特色并在国内具有一定影响力的优势产业群体。

做大做强优势特色产业,必须坚持走集群化发展的路子。产业集群化具有企业关联度高、技术进步快、产业链条长、交易成本低、配套能力强、竞争充分、资源配置效率高、就业容量大等优势,是许多国家和地区推进优势产业发展、加快工业化进程的战略选择。我区具备产业集群化发展的环境和条件,近年来产业集群化发展已经具有一定的基础和规模。要进一步加大产业布局调整力度,整合资源配置,使优势特色产业以集群化的形式不断做大做强。在促进产业集群发展过程中,既要抓好大企业和骨干企业,又要按照集群化发展的要求,发展配套中小企业,不能"抓大忘小";既要发展中小企业,又要防止搞低水平重复,搞"五小"(小煤窑、小炼焦、小电石、小水泥、小硅铁),破坏生态,影响经济发展的大环境,不能"因小失大"。

做大做强优势特色产业,必须走发展循环经济的路子。要坚持"政府主导、市场促进、法律规范、社会参与"的推进模式,加强宣传引导和政策扶持,建立和完善促进循环经济发展的法律法规体系,研究、开发循环经济的技术支撑体系,坚持试点示范和不同层面的有序推进。

第二,统筹城乡发展,切实解决好"三农、三牧"问题。从总体上看,近年来我区农牧业和农村牧区经济有了较大发展。农牧业生产条件明显改善,优势特色产业快速发展,出现了一大批龙头企业,其中,国家级龙头企业18个,自治区级40个,荣获国家驰名商标的农畜产品已达11个,农牧业产业化经营的销售收入达500亿元,直接带动农牧户达36%。但是,农牧业基础薄弱、增长方式和经营方式较为粗放的问题没有根本改变,结构性矛盾、农牧民收入不高的问题没有根本改变。农村牧区经济,与目前全区整体经济的良好发展态势相比,与全面建设小康社会的要求相比,仍然是一个薄弱环节。必须高度重视农村牧区经济发展,抓住农牧民增收这一中心环节,切实解决好"三农、三牧"问题。

大力调整农牧业结构,培育和发展新的增长点。从目前我区农牧业资源条件和发展基础看,生产力布局调整、农牧业内部结构调整以及农牧业产业化是农牧业经济发展的几个增长点。要发挥地广人稀的优势,加快生产力布局调整,将农牧业生产要素向条件较好的地区集中。要根据市场需求,围绕乳、肉、绒、粮、薯、草六大产业,调整农业与畜牧业结构,建设产业化基地,把农牧民纳入产业化生产经营体系。要进一步明确农牧业产业化经营的重点,做大做强龙头企业。进一步理顺产业链条之间的关系,建立健全农牧业社会化服务体系,提高农牧业产业化、市场化和农牧民组织化程度,带动农牧业发展和农牧民增收。

坚持以工促农、以城带乡,促进城乡协调发展。城市对农村的辐射带动作用不强,工业反哺农业不够,是造成和加剧城乡差距的重要因素。十六届四中全会提出"两个趋向"的问题,即在工业化初期,农业支持工业,是一个普遍的趋向;在工业化达到相当程度后,工业反哺农业、城市支持农村,也是一个普遍的趋向。中央经济工作会议指出,我国现在总体上已到了以工促农、以城带乡的发展阶段。我们要顺应这一发展趋势,在推进工业化、城镇化进程中,统筹城乡协调发展,逐步建立城乡劳动者平等就业的制度和机制,通过发展二、三产业吸纳更多的农牧民就业,不断减少农牧民数量,发挥工业化、城镇化对农牧民增收的带动作用。

认真落实支农政策,加大支农力度。按照中央要求,各项支农措施力度只能加大,不能减弱。已经实行的政策不能变,已经给农牧民的实惠不能减,随着国家和自治区财力的增强,还要逐步加大支农力度。继续深化农村牧区税费改革,不断巩固和扩大改革成果。在稳定现有各项农牧业投入的基础上,不断开辟新的支农资金渠道,进一步深化农村牧区金融改革,形成农牧业投入稳定增长机制。

第三,统筹区域发展,呼应振兴东北等老工业基地战略,加快东部盟市发展。这是贯彻落实科学发展观、促进区域协调发展的必然要求,也是培育新的经济增长点、做大经济总量的内在需要。近年来,我区的中西部地区发展很快,呼和浩特、包头、鄂尔多斯三市人口占全区 1/4,生产总值、财政收入占全区一半以上,人口较多的东部盟市发展相对滞后。我区东部盟市经济发展相对滞后,除自身因素外,与东北三省的经济活力不强有一定关系。党中央作出振兴东北等老工业基地的决策,不仅为东北三省带来机遇,也为我区地处东北经济区的东部盟市带来机遇。我们要积极呼应国家实施振兴东北老工业基地战略。当前要重点搞好"三个对接":一是搞好重大基础设施建设项目的对接。公路、铁路、电网等重大基础设施项目建设,要与东北三省充分衔接,并积极争取纳入国家振兴东北老工业基地规划。二是搞好产业和项目对接。东北三省工业基础好,但能源等瓶颈制约问题突出。我区东部盟市资源丰富,煤炭、有色金属等矿产资源集中,成矿条件好,与东北三省在资源和产业方面有较强的互补性。要积极同东北三省进行项目实施和产业发展对接,发挥比较优势,把我区东部盟市建设成为东北地区重要的能源和原材料产业接续基地。三是要搞好政策对接。东部盟市与东三省在历史背景和现实困难上很有共性。我们要认真研究国家有关政策,积极争取国家的支持,将符合条件的企业纳入振兴东北老工业基地的政策范围。

要继续增强呼和浩特、包头、鄂尔多斯等地区的优势和活力。优势地区要进一步加大改革开放力度，加快技术创新与进步，促进经济社会协调发展，进一步增强发展活力，不断增强经济发展的内在增长机制，在全面落实科学发展观、优化经济结构和转变增长方式、完善社会主义市场经济体制方面走在全区前面。

第四，大力提高城乡人民的物质生活水平。在经济发展的基础上不断提高人民群众的物质生活水平，让改革发展的成果惠及全体人民，是解决人民内部矛盾的根本途径，是构建和谐社会的必然要求，也是为发展不断凝聚强大力量的根本保证。我们要继续把提高城乡居民收入水平摆上重要日程，作为衡量决策正误、工作优劣的重要标准，加大工作力度，切实提高城乡居民的收入。在城镇，要在扩大经营规模、提高经济效益的前提下切实增加企业职工的收入，要优化财政支出结构，不断提高行政事业单位人员的收入。要切实抓好就业、社会保障、解决弱势群体困难等工作。切实抓好劳动密集型产业、中小企业、非公有制经济和公益性事业的发展，努力创造更多的就业岗位。要加强社会保障制度建设，完善企业职工基本养老保障制度，健全失业保险制度，建立城镇职工医疗保险制度，完善城市居民最低生活保障制度，做好"三条保障线"的衔接工作。在农村牧区，帮助农牧民解决面临的实际困难。坚持开发式扶贫的方针，调整扶贫工作的思路和重点，搞好农村牧区社会保障体系试点工作。加强防灾减灾救灾工作，安排好受灾群众的生产生活问题。

发展社会主义民主政治，不断增强用民主法制协调利益关系的能力

运用民主法制的方式协调利益关系、化解社会矛盾，是时代发展、社会进步的必然趋势，是处理新形势下复杂利益关系的有效途径。近年来，随着依法治区战略的深入落实，我区民主法制建设取得了新的进展。但是，同形势发展的要求相比，仍然存在不少问题。主要是，一些领导干部处理问题、协调关系，习惯于行政命令，不擅长民主法制手段；无法可依、有法不依、执法不严的现象也时有发生。各级领导干部必须积极适应形势发展变化，加强民主法制建设，不断增强运用民主法制协调利益关系的能力，不断增强驾驭复杂社会局面的能力。

第一，坚持发展社会主义民主。制定和实施决策的过程就是协调利益关系的过程，并且，是带有根本性和全局性的利益调整过程。要坚持和完善民主集中制，坚持和完善民主决策机制，对重大决策事项，建立社情民意反映制度，拓宽社情民意反映渠道，对与群众利益密切相关的重大事项，实行社会听证会、社会公示制度，保证群众广泛参与决策，保护和实现群众的合法权益。要坚持和完善人民代表大会制度，坚持和完善共产党领导的多党合作和政治协商制度，坚持和完善民族区域自治制度。要密切人民代表同所在地区群众的联系，密切政协委员同所代表界别群众的联系，畅通人民群众反映利益诉求的民主渠道。要进一步完善基层民主，坚持和完善村民自治和城镇居民自治制度，坚持和完善职工代表大会制度，积极推进政务公开、厂务公开、村务公开，涉及群众切身利益问题，必须充分发扬民主，倾听各方面群众的意见。健全处理人民内部矛盾的机制，完善信访工作责任制，综合运用政策、法律、经济、行政等手段和教育、协商和调解的方法，依法合理及时地解决群众反映的问题。要教育引导群众以理性民主的形式表达利益诉求，解决利益矛盾。

第二，加快推进依法治区进程。坚持有法可依、有法必依、执法必严、违法必究，维护法律的权威和尊严，为运用法律手段协调利益关系创造良好的法制环境。全面推进依法行政，坚持严格执法、公正执法、文明执法，建设法治政府，规范行政行为。加强法制宣传教育，提高公职人员的法律意识和法律素质，增强他们依法行政的能力。落实司法为民的要求，拓展和规范法律服务，积极开展法律援助，畅通群众利益诉求的司法渠道。开展普法教育，提高全民的法律素质，引导群众依法维护自己的正当权益。加强社会治安综合治理工作，严厉打击各种刑事犯罪活动，保障经济社会健康发展和人民群众安居乐业。

第三，建立健全社会管理体制。要深入研究社会管理规律，完善社会管理体系和政策法律，整合社会管理资源，建立健全党委领导、政府负责、社会协同、公众参与的社会管理格局。要充分发挥基层党组织和共产党员凝聚人心、服务群众的作用。党的基层组织和党员要通过发挥党组织的战斗堡垒作用和党员的先锋模范作用，积极地组织和参与社会活动，真正起到联系群众、服务大众、表达诉求、化解矛盾、关怀社会、协调利益的作用,把广大群众团结凝聚起来,有效地实现社会整合,确保党的各项任务的顺利完成。要充分发挥城乡基层自治组织协调利益、化解矛盾、排忧解难的作用。在发挥村民委员会民主选举、民主决策、民主管理和民主监督作用的同时,注意通过民主议事、民主恳谈等形式,做好村民之间协调利益、化解矛盾等工作,使之成为保障人民群众安居乐业的重要载体。要充分发挥社团、行业组织和社会中介组织提供服务、反映诉求、规范行为的作用。按照以人为本的要求,通过积极培育各类社会组织,加强和改进对各类社会组织的管理和监督,完善社会化服务网络,努力形成社会管理和社会服务的合力。

大力发展先进文化,不断满足人民群众日益增长的精神文化需求

胡锦涛总书记指出,一个社会是否和谐,一个国家能否实现长治久安,很大程度上取决于全体社会成员的思想道德素质。没有共同的理想信念,没有良好的道德规范,无法实现社会和谐。建设和谐内蒙古,需要强大的精神动力、思想保证、舆论支持和文化条件。近年来,我们坚持以邓小平理论和"三个代表"重要思想为指导,深入贯彻落实《公民道德建设实施纲要》,深入开展民族文化大区建设,深入实施科教兴区战略,生产了大量积极向上、丰富多彩的精神文化产品,进一步丰富了人们的精神世界,增强了人们的精神力量。但是,同不断发展的形势要求相比,同人民群众日益增长的文化需求相比,仍然存在不少问题。主要是,思想道德建设的针对性和实效性需要进一步增强,科技教育水平相对滞后,对经济发展的支撑能力相对较弱,文化基础设施薄弱,文化产业人才严重不足,文化体制不适应文化产业发展的问题比较突出。在今后的工作中,我们要把先进文化建设摆在更加突出的位置,切实加大思想道德建设力度,切实加大民族文化大区的建设力度,切实加大科教兴区战略的实施力度,为构建社会主义和谐社会提供有力的精神支撑和智力支持。

第一,切实加强思想道德建设。要全面落实用邓小平理论和"三个代表"重要思想武装全党、教育人民的战略任务,加强马克思主义理论研究和建设,着力回答重大理论和实践问题,巩固马克思主义在意识形态领域的指导地位,引导全体人民坚定中国特色社会主义信念。深入开展"热

爱内蒙古、建设内蒙古、振兴内蒙古"的思想教育活动,引导人们正确认识国家和民族的前途命运,正确认识我区经济社会发展的大好形势,始终保持昂扬向上、开拓进取的精神状态,不断巩固聚精会神搞建设、一心一意谋发展的良好局面。要深入开展形势政策教育,引导群众正确理解党和国家的方针政策,理顺群众情绪,调动各方面的积极性,形成有利于激发全社会创造活力,使一切有利于社会进步的创造愿望得到尊重、创造活动得到支持、创造才能得到发挥、创造成果得到肯定,支持人干事业、鼓励人干事业、让人干成事业的思想环境和舆论环境。要坚持以为人民服务为核心、以集体主义为原则、以诚实守信为重点,加强社会公德、职业道德和家庭美德教育,在全社会倡导爱国守法、明礼诚信、团结友爱、勤俭自强、敬业奉献的基本道德规范。

第二,积极推进民族文化大区建设。内蒙古有悠久的历史和灿烂的文化,有独特的优秀民族艺术和丰富多彩的人文资源,特别是要大力弘扬民族团结进步的优秀文化,在继承的基础上加以创新。大力弘扬优秀民族文化,全面推进文化事业发展。坚持"二为"方向,贯彻"双百"方针,坚持贴近实际、贴近生活、贴近群众,大力实施文化精品工程。积极生产具有浓郁民族特色和地方特色,体现时代要求、催人奋进的精神产品,推出一批在全国有影响的优秀文艺、影视作品,造就一批德艺双馨的文化艺术名家。精心设计和组织好重大地区性文化节、艺术节,积极参加国内外各种文化艺术活动,以文化艺术的知名品牌,扩大我区在国内外的影响。努力丰富我区旅游景点、经贸活动、产品开发等方面的文化内涵,把人文资源优势转化为文化经济优势。积极发展繁荣文学艺术创作,活跃哲学社会科学,发展文学艺术、新闻出版、广播影视等事业,把握正确的舆论导向,推动先进文化的传播。加强基层文化阵地建设,积极发展各具特色的社区文化、企业文化、校园文化、广场文化、村镇文化,做好科技、文化、卫生服务和法制下乡村、进社区工作,丰富和活跃全社会的文化生活。认真落实国家有关文化政策,坚持政府投入与发挥市场机制作用相结合,搞好各类文化基础设施建设,重点建设一批高起点的标志性文化载体工程。不断深化改革,增强文化企事业单位的活动,积极发展文化产业。

第三,坚持实施科教兴区战略。坚持把教育摆在优先发展的战略地位,加快现代国民教育体系建设。全面实施素质教育,加快基础教育的改革与发展,基本普及九年义务教育,扩大高中阶段教育。深化高等院校管理体制改革,优化教育结构与布局,改善办学条件,建设高素质的教师队伍,提高教学办学水平。贯彻"优先、重点"发展民族教育的方针,提高民族教育的质量和效益。大力发展职业技术教育,培养高素质的劳动者。进一步完善以政府投入为主、多渠道筹措教育经费的教育投入体制,鼓励社会力量办学。提高全民科学素质,倡导科学精神,宣传科学思想,普及科学知识,在全社会形成爱科学、学科学、用科学的良好风尚,提高群众的科学文化素质。确立人才资源是第一资源的观念,采取更加灵活、务实的人才政策,深化用人制度和分配制度改革,建立有利于优秀人才脱颖而出、充分施展才华的机制,营造以市场为导向的育才、聚才、用才的良好环境。充分挖掘区内人才资源的潜力, 切实用好现有区内人才。积极做好引智工作,以多种方式吸引国内外各类人才参与我区开发建设。建设全民健身和医疗卫生体系, 是十六大提出的重要目标。要加大城乡公共卫生体系的建设力度,着力改善农村牧区医疗卫生条件,深化城市医疗卫生体制改革,推进卫生事业的快速发展。

加强对建设和谐内蒙古的组织领导

建设和谐内蒙古是一项复杂的系统工程,也是各级党委、政府的一项光荣而艰巨的使命。加强对建设和谐内蒙古的组织领导, 既是完成使命的内在需要,也是提高领导水平的必然要求。

第一,把和谐社会建设摆到各级党委、政府工作的重要议事日程上。在考虑谋划时,与经济建设、政治建设、文化建设一同规划,一同部署;在日常工作中,要与经济建设、政治建设、文化建设一同安排,一同检查,形成经济、政治、文化与和谐社会建设同步推进的良好局面。要及时了解和把握和谐社会建设的情况, 认真研究解决重大问题和突出问题。要建立健全构建和谐社会的领导体制和工作机制,强化党委、政府各部门、群众团体及其他社会组织的责任,形成相互协调配合、齐抓共管的格局。要结合正在开展的保持共产党员先进性教育活动,进一步学习领会中央关于构建社会主义和谐社会的重大意义、科学内涵、基本特征、重要原则和主要任务,结合实际深入理解,把各级党组织和党员干部的思想统一到中央精神上来,自觉用中央精神指导建设和谐内蒙古的各项工作。

第二,积极探索建设和谐内蒙古的规律。要坚持解放思想、实事求是的思想路线,保持与时俱进、开拓创新的精神状态,加强调查研究和实践探索,积极探求构建和谐社会的规律、特点和方法,全面分析和把握社会建设和管理的发展趋势,为制定政策、开展工作奠定坚实基础。要加强对社会结构发展变化的调查研究,深入认识和分析阶层结构、城乡结构、区域结构、人口结构、社会组织结构等方面情况的发展变化和发展趋势,更好地推进社会建设和管理。要加强对社会利益关系发展变化的调查研究,深入认识和分析我区社会利益结构、利益关系等方面情况的发展变化和发展趋势,更好地统筹各方面的利益关系和利益要求。要加强对维护社会稳定工作的调查研究,深入认识和分析公共安全、社会治安等方面情况的发展变化和发展趋势,确保广大人民群众安居乐业。

第三,深入做好新形势下党的群众工作。各级领导干部要以牛玉儒同志为榜样,牢固树立"立党为公,执政为民"的思想,保持为民、务实、清廉的作风,着力提高宣传群众、组织群众的本领,善于在服务群众的过程中做好群众工作。在研究问题、作出决策时,注意畅通群众参与渠道,广泛吸收群众的意见,及时总结群众的实践成果,努力使各项政策措施更加符合规律,更加符合群众意愿。要深怀爱民之心,恪守为民之责,经常深入基层,深入群众,了解民意,集中民智,关注民生,从影响和谐的最突出事情入手,为群众诚心诚意办实事,竭尽全力解难事,坚持不懈做好事。要把群众利益作为一切工作的出发点,特别是在处理农村征地、城镇拆迁、企业改制、工程建设、劳资纠纷等问题时,必须把群众利益摆上首位。要加大反腐败工作的力度,坚决遏止腐败现象的蔓延,以实际行动取信于民。

(原载中央党校《理论动态》增刊)

加快发展　协调发展　和谐发展

(2005年7月21日)

今年是"十五"计划的最后一年,做好今年工作,对于圆满完成"十五"计划,为"十一五"发展打好基础,具有十分重要的意义。要坚持以科学发展观统领全局,抓住发展机遇,强化发展理念,保持发展来势,增强发展后劲,努力实现又快又好的发展。

抓住机遇,加快发展

从江泽民同志关于"发展是我们党执政兴国的第一要务",到胡锦涛总书记提出树立和落实科学发展观,我们党始终如一地坚持了邓小平同志"发展是硬道理"的战略思想。对于我区这样的边疆少数民族地区,加快发展更具有全局性、战略性的意义。西部欠发达地区要与全国同步实现全面小康目标,需要加快发展;在居民收入低于全国平均水平的情况下,满足人民群众日益增长的物质文化需求,需要加快发展;加强民族团结,维护边疆稳定,构建和谐内蒙古,需要加快发展。任何时候、任何情况下,我们都要坚持发展不动摇,抓住发展不放松。

要把握来势,顺势而上。"十五"以来特别是近几年,全区经济发展来势很好。这个"势",集中体现在两个方面。一是优势特色产业逐步形成。"十五"以来,全区固定资产累计投入5153亿元,主要用于基础设施和优势特色产业建设。连续几年的大规模投入,不仅使基础设施欠账、落后的局面有所改观,而且奠定了良好的产业发展基础。能源、化工、冶金、装备制造、农畜产品加工、高新技术六大优势特色产业逐步显现出来,不仅具有一定规模,而且具有较高层次和水准,已成为带动我区产业发展、推动我区经济增长的主导力量。二是经济自主增长机制逐步形成。经济的市场化程度明显提高,企业的市场主体地位进一步突出,市场在配置资源中的基础性作用不断增强;发展环境进一步优化,在生态、基础设施等硬环境得以改观的同时,法制、服务、诚信等软环境明显改善;投资主体多元化,企业和社会已成为投资主体。综合判断当前形势,我区正处在经济增长周期的上升阶段。经济快速增长有其内在规律,势来了就要乘势而上。沿海发达地区包括我区呼包鄂地区,都是在较短的时期内,把握来势、乘势而上,实现了经济的超常规发展。我们必须十分珍惜、牢牢把握当前的大好来势,抓住机遇,因势利导,既要保持较快的增长速度,更要保持较长的增长周期,推动我区经济社会更快更好地发展。

要保持清醒,负重前进。越是形势好,越要保持清醒头脑,越要看到差距和不足。就我区经济发展来说,虽然来势不错,但总量偏小,产业规模不大,链条较短,增长方式较为粗放,资源综合开发利用水平有待提高。从总量看,尽管这几年我区GDP增速较快,但在全国的位次只由"十五"初期的24位前移到23位,今年可能前移1到2位,但仍在20位以后,处于全国第三层次,在西部地区也只属中上游水平。去年,我区GDP总量分别是广东、江苏、山东的16.9%、17.4%、17.5%,这些省份一年的增量相当于我区总量的一半。从产业看,这几年我区的电力工业发展较快,但电力装机去年仅占全国的3.34%,今年可能达到5%;冶金行业去年产钢627万吨,只占全国的2.3%,而邻近的河北省已超过5000万吨;化工产业刚刚起步,许多项目还是在规划建设之中;农畜产品加工业除伊利、蒙牛两户企业销售额接近100亿元和鄂尔多斯等8户企业超过10亿元外,其余规模还比较小;高新技术产业中IT业销售收入仅占全国的0.3%,生物制药销售收入还没有过100亿元。目前,我们的产品仍以原料和初级加工品为主,农产品的加工转化率为40%,工业产品大都是初级加工产品。从增长方式看,粗放的生产经营方式尚未根本改变。另外,体现现代化水平的区域中心城市的规模不大,功能不强;对外开放的层次和水平不高。在加快发展问题上,既要看到差距,还要看到压力。目前,全国各地都从实际出发,在发展上各有各的高招和实招。位处全国第一梯队的广东、江苏、山东、浙江四个GDP过万亿的省份,去年增速都在14%以上,今年上半年仍呈现强劲增长势头。我们的周边省区,发展势头也十分迅猛。河北省,近年来大力发展冶金、机械等优势特色产业,现在钢铁生产企业有200多家,钢、成品钢材、生铁产量均居全国第一。去年全省GDP接近9000亿元,今年有望突破万亿大关。仅唐山市的经济总量就达1600多亿元,超过我区呼、包、鄂三市的总量。山西省,以打造国家新型能源和工业基地为目标,以加快延伸煤炭产业链为重点,着力推动煤炭大省向煤炭和煤化工大省转变。目前,山西原煤入洗率由30%提高到56%,重点煤炭企业达到90%;大力开发煤层气、煤炭液化、煤制油、煤制甲醇和焦化等产业,煤炭产业正在由黑变白,附加值显著提高,去年煤炭重点企业非煤产业收入100多亿元。太钢不锈钢产量居全国第一,已进入世界不锈钢企业十强,预计2007年销售收入达到500亿元。陕西省,综合科技实力仅次于北京、上海,居全国第三位,在中西部地区首屈一指。西安高新技术开发区是国家在西部选择的向亚太经合组织开放的唯一高新技术开发区,被科技部确定为国际企业孵化器试点单位;杨凌高新农业示范区是全国唯一的高新农业示范区。1997年以来,陕西的高新技术产业每年以30%的速度增长。邻近我区的陕北地区,煤、气、油资源非常丰富,是我国少有的能源富集地。仅榆林市,去年财政收入就已超过40亿元。新疆,综合优势明显,发展潜力巨大。全区有5000多公里边境线,与8个国家接壤,已建成对外开放口岸21个,为全国之最,是我国通往中亚、西亚及欧洲的桥头堡。新疆的石油资源量占全国陆上石油资源量的30%,天然气资源量占全国陆上天然气资源量的34%,煤炭资源量占全国的40%,在全国的石油、天然气、煤炭资源中,"三分天下有其一"。近年来,新疆发挥良好的区位和资源优势,拟投资1400亿元建设独山子——克拉玛依、乌鲁木齐、吐哈、南疆四个石化基地。到2010年,原油产量超过4500万吨,石化行业产值达到1240亿元,石化工业增加值超过600亿元。黑吉辽三省,作为我国的老工业基地,工业基础好、素质高,城镇化和科教水平高,正在借助国家振兴东北老工业基地战略的实施进行"二次创业",在不远的将来,也将重新崛起。

机不可失,时不我待。面对全国各地喜人、逼人的发展态势,我们没有理由陶醉,没有理由懈怠,没有理由满足,必须保持清醒的头脑,多一些冷静的审视,少一些轻浮的喜悦,不要总是沉醉于过去的辉煌,也不要过于憧憬未来的辉煌,而要扎实创造现实的辉煌。全区各级党委、政府要进一步增强加快发展的危机感、紧迫感和责任感,倍加珍惜全区经济社会发展的良好态势,倍加珍惜全区上下心齐气顺、开拓进取的良好风貌,抓住机遇,加快发展,把自治区的经济社会发展提高到一个新的水平。

统筹兼顾,协调发展

科学发展观要求我们更加注重发展的全面性、协调性和可持续性。我们必须以科学发展观为指导,把加快发展与协调发展有机统一起来,努力推动经济社会又快又好的发展。

1.加快推进东部盟市发展步伐,促进区域协调发展。这既是我区发展大局的需要,同时也具有条件和可能:东北老工业基地振兴战略深入实施,为东部盟市借力发展提供了可能;东部盟市从实际出发,进一步完善了发展思路,增强了加快发展的内在动力。与西部地区相比,东部盟市的差距在工业化,潜力在工业化,出路也在工业化。从目前情况看,加快东部盟市工业化进程,必须认真解决好以下三个问题:

一是借力发展问题。自治区提出东部盟市要与东北三省实现产业、政策和基础设施三个方面的对接。在这三个对接中,重点要在产业发展上与东北三省搞好合作。一要搞好资源开发合作。东北三省工业基础好但资源不足,而我区东部盟市矿产资源具有明显优势。东部盟市要充分发挥自身优势,搞好与东北三省在资源开发利用方面的合作,加快资源转换,延长产业链条,最大限度地提高资源开发利用的附加值。二要搞好特色产业开发合作。东部盟市农牧业特别是畜牧业资源丰富,肉、奶、绒毛等产量居东北地区前列。要依托农牧业资源优势,吸引包括东北三省在内的国内外资金、技术、人才,合作开发绿色食品、保健品、中蒙药,发展农畜产品加工业,形成规模优势。三要搞好开放市场方面的合作。要加大与东北三省在开放市场、劳务输出、物流运输等方面的合作力度,促进商品、资金、劳务、人员、信息等要素充分流动,提高东部盟市与东北三省市场的融合度,加快推进东部盟市的市场化进程。

二是项目带动问题。引进大企业,实施大项目,是加快推进工业化的有效手段。东部盟市工业化滞后,关键是缺少项目特别是大项目的拉动。

要立足资源禀赋和市场需求,加强前期工作,规划一批生产规模大、技术水平高、市场前景好、带动作用强的大项目、好项目。确定了的项目要抓紧落地;已开工项目要加快进度,尽快形成生产能力。自治区要加大对东部盟市项目建设的支持力度,同等条件下要优先在东部盟市布局。

三是营造环境问题。从总体上看,我区东部盟市基础设施、市场发育和开放程度不及西部,需要进一步改善发展环境。要按照"创造良好的政策环境,让投资者、合作者动心;创造良好的法制环境,让投资者、合作者放心;创造良好的体制环境,让投资者、合作者顺心;创造良好的基础设施环境,让投资者、合作者舒心;创造良好的人文环境,让投资者、合作者倾心"的要求,大力加强环境建设,进一步提高招商引资水平。

2.坚持以城带乡、以工促农,逐步改变城乡二元结构。党的十六届四中全会提出了"两个趋向"的重要论断:即在工业化初期,农业支持工业,是一个普遍的趋向;在工业化达到相当程度后,工业反哺农业、城市支持农村,也是一个普遍性的趋向。目前,我国已总体上进入以工促农、以城带乡的发展阶段。我们必须深刻理解"两个趋向"的重要论断,把握城乡发展进入新阶段的特点,逐步做到财政投入向农村牧区倾斜,基础设施建设向农村牧区延伸,现代文明向农村牧区辐射,社会保障网络向农村牧区覆盖,积极探索解决"三农"问题的新路子。

一是在解决农牧业问题上,从非农牧产业上找出路。发达国家的经验证明,在农业现代化进程中,单纯的农畜产品生产最终要向后延伸到加工、销售、储运以及农牧业观光旅游,农牧业的比重持续下降,非农牧产业比重持续上升。产业化经营把农畜产品的加工、转化、增值粘结为一个完整链条,是增加农牧业效益的最直接途径。培育龙头企业,发展农牧业产业化经营,是化解城乡二元结构矛盾,增加农牧民收入的重要途径。在推进农牧业产业化过程中,各地要把企业带动和政府推动有机结合起来。要强化服务、改善环境,从信贷、税收、外贸出口和支农资金等方面大力支持龙头企业的发展。要努力延长产业化经营的链条,大力发展精深加工,切实提高农畜产业加工、转化、增值的能力和水平。要规范龙头企业、基地和农牧户之间的利益关系,约束可能出现的短期行为,建立健全相关规章制度,解决好产业化经营主体之间利益联结机制不紧密、不稳定问题。

二是在解决农村牧区问题上，从推进城镇化上找出路。从某种意义上讲，现代经济就是城市经济，绝大部分经济活动主要集中在城市，尤其是中心城市。中心城市是区域发展的极核，在区域发展中具有举足轻重的地位和作用。中心城市核心竞争力增强后，能够形成高聚集的强"磁力场"。城镇处于较小区域的中心，是加快县域二、三产业发展的有效载体。城镇人流、物流、信息流的聚集与扩散，使城镇在接受大中城市辐射后又向农村延伸，形成接受与辐射的良性互动。各级要充分发挥城镇在资源、产业、技术和信息等方面的集聚功能和带动作用，以城镇为平台，促进工业化与城镇化良性互动。要按照"适度收缩、相对集中"的原则，完善城镇体系，优化城镇布局，走出一条具有我区特色的城镇化路子。要坚持数量扩张与质量提高并重的原则，加强基础设施建设，大力发展优势特色产业，强化综合服务功能，增强城镇的带动力和辐射面。

三是在解决农牧民问题上，从转移和减少农牧民上找出路。国内外经验表明，不减少农村牧区人口，仅靠从农牧业和土地、草场来获得收入，作用极其有限。目前发达国家和地区农牧业人口在总人口中的比重都很低，美国为3%，日本为6%，我国台湾地区为20%，浙江省为28%，而我区仍高达54.5%。现在，我国工业化、城镇化加速推进，国民经济快速发展，为转移和减少农牧民创造了极为有利的条件。我们要抓住这一有利时机，支持和鼓励更多有条件的农牧民进城创业。从我区实际出发，当前最现实的途径是通过大力发展物流运输、商贸流通等第三产业，推动农牧民有序向城镇转移。要把生态移民和城镇化建设有机结合起来，既保护生态环境，又转移农牧民，促进城镇化。要大力发展劳务经济。各地要取消限制农牧民在城镇务工的各种不合理规定，逐步形成城乡劳动力公平竞争的统一就业市场，逐步把农民工纳入工伤、医疗等社会保险范围，建立解决拖欠、克扣农民工工资问题的长效机制。同时，要加大职业培训力度，不断提高外出务工农牧民的素质和创业能力。要加快推进户籍制度改革，积极探索建立以职业划分农业人口与非农业人口、以居住地划分城镇人口与农村人口的户籍登记制度和宽松的户口迁移政策，打破农牧民进城壁垒。

3.坚持"引进来"和"走出去"相结合，进一步提高对外开放的层次和水平。经过这几年的努力，我区与周边国家和国内其它省区的经济技术合作取得一些实质性进展，但与发展外向型经济的要求相比还有很大差距，必须进一步扩大对内对外开放。

一方面，要充分发挥我区的比较优势，吸引沿海加工业向内蒙古转移。我区煤、气资源丰富，这几年集中精力抓煤电转化，形成了明显的低电价成本优势；地广人稀，土地供应充足，具有产业发展的空间容量优势；地处"三北"，又与俄蒙交界，具有明显的市场优势；既享受西部大开发政策，又享受国家支持少数民族和民族地区发展的优惠政策，具有明显的政策优势。当前，沿海发达地区在资源、能源、土地和用工等方面受到制约，不少加工业在当地已失去比较优势，开始向中西部转移。我们要抓住当前的有利时机，充分利用我区在能源、土地、市场、政策等方面的优势，以更加积极的姿态，吸引和承接沿海加工业的转移。一要积极引进非资源型加工制造业。抓住机遇，切实加大非资源型加工制造业引进工作力度，进一步推动我区产业结构优化升级。二要努力提高资源精深加工水平。积极引进区外企业来我区建设资源延伸加工项目，开发下游产品，推动我区能源、冶金、化工、农畜产品加工等资源开发型产业向精深加工转变。在引进过程中，要坚持高标准高起点，防止接受落后生产力转移。

另一方面，要充分利用地缘优势，加强与俄蒙的经贸合作。进一步加强与俄蒙地方政府间的定期互访会晤，与俄蒙毗邻城市建立友城关系，互设联络机构，开展多种形式的产品展销和经贸洽谈，推动双边贸易、经济技术合作、境外投资以及口岸进出口加工的深入开展。在平等互利的基础上，积极开发利用俄蒙资源，努力争取国家支持，尽快实施一批境外资源利用项目。

4.坚持人与自然相协调，努力实现可持续发展。随着我国工业化、城镇化的推进，资源和环境约束日益突出。我区属资源开发型经济，推进增长方式转变尤为重要。在开发利用资源上，要切实做到积极、科学、合理。积极，就是要用足资源条件，充分发挥我区的资源禀赋和开发条件好的优势，服从服务于国家资源和能源发展的战略大局，加快开发利用进程，加速资源优势向经济优势转化。科学，就是要用好资源条件，按自然规律和经济规律办事，鼓励规模化集约化开发，提高加工转化水平，延长产业链条,增加资源开发利用中的技术含量和附加值,提高优化配置资源和加工转化能力。合理,就是有度、有序地利用资源,既不使资源闲置,又不能过度消耗和浪费,要在规范地保护资源过程中发展经济,在规范地发展经济过程中保护资源,实现资源的永续利用和经济的持续发展。同时,要继续加大生态保护和建设力度,生态建设与农牧业结构调整、增加农牧民收入、扶贫开发、生态移民等紧密结合起来,努力走出一条生产发展、生活富裕、生态良好的文明发展道路。

以人为本,和谐发展

以发展求和谐,以和谐促发展,是贯彻落实科学发展观的内在要求。各级必须把和谐社会建设摆到重要位置,着力做好构建和谐内蒙古的各项工作。

要不断提高人民群众的生活水平。这是社会和谐的物质基础。对提高城乡居民收入水平,自治区党委、政府作过多次研究部署,提出了增加城乡居民收入的具体措施和途径,各级要继续抓好落实。当前,要重点抓好三件事:一要抓好各项惠农措施的落实,努力增加农牧民收入。认真兑现退耕还林、退牧还草的各项政策,落实好粮食直补、良种补贴和农机具补贴等各类补贴资金。积极组织农牧民参与农村牧区基础设施建设,提高非农收入比重。千方百计发展退耕还林、退牧还草后的接续产业,为退出来的群众创造和提供新的生产岗位。加快清理拖欠农民工工资进度,按要求在年底前基本清偿完毕。二要抓好扩大就业的各项工作,努力增加城镇居民收入。认真贯彻落实自治区支持第三产业发展的60条优惠政策,充分发挥发展服务业引导资金的作用,努力扩大第三产业就业规模。加强就业服务,指导国有企业做好主辅分离工作,解决好淘汰落后生产能力过程中出现的下岗失业问题。重视做好转业、复员退伍军人、大学毕业生等就业困难人群的就业工作。三要抓好社会保障和救助工作,努力解决好困难群体的生活问题。进一步完善社会保障制度,健全社会保障体系,逐步扩大社会保障的覆盖范围。积极推进农村牧区新型合作医疗试点和医疗救助体系建设,加大对困难人群和低收入群体生活保障力度。采取有效措施,改进扶贫方法,推动贫困地区人口稳定脱贫。

要努力促进人的全面发展。以促进社会主义先进文化建设为抓手，切实提高人民群众的思想道德素质、科学文化素质和健康素质。认真落实用"三个代表"重要思想武装全党、教育人民的战略任务，深入开展党的基本理论、基本路线、基本纲领、基本经验教育。积极实施公民思想道德建设工程，弘扬民族精神和时代精神，使全区各族人民始终保持昂扬向上、开拓进取的精神状态。全面贯彻"四个尊重"的方针，努力形成与社会主义初级阶段基本经济制度相适应的思想观念和创业机制。坚持把教育摆在优先发展位置，保障教育公平，构建科学合理的教育体系，努力建设学习型社会。进一步解放和发展文化生产力，积极推进文化事业的繁荣和文化产业的发展，大力提高农村教育、科技、文化、卫生、体育服务能力，不断满足人民群众日益增长的精神文化需求。

要切实推进和谐社会建设。不断加强社会主义民主政治建设，把坚持党的领导、人民当家作主和依法治国统一起来，健全民主制度，丰富民主形式，扩大公民有序的政治参与。进一步扩大基层民主，完善城乡基层政权、自治组织、企事业单位的民主管理制度，积极开展基层民主实践活动。认真落实依法治区方略，进一步加强和改进立法工作，制定和完善促进经济发展、民主政治建设、社会和谐进步的法律体系。高度重视和妥善处理新形势下的人民内部矛盾，健全工作制度，改进工作方法，从源头上减少矛盾发生，探索形成妥善处理人民内部矛盾的体制机制。认真落实信访工作责任制，加强矛盾纠纷排查、调解、处理工作，把人民调解、司法调解、行政调解有机结合起来，重点解决好在土地征用、城镇拆迁、企业重组改制、农民务工等方面损害群众利益的问题。要加强社会建设和管理，完善社会管理体系和政策法规，整合社会管理资源，建立健全党委领导、政府负责、社会协调、公众参与的社会管理格局。创新社会管理机制，充分发挥城乡基层自治组织协调利益、化解矛盾、排忧解难的作用，增强社会的自我管理和服务能力。

（选自在自治区党委七届十次全委会议上的讲话）

推进"十一五"发展
需要研究解决的重大问题

（2005年11月11日）

　　"十五"以来,在党中央、国务院的正确领导下,我区坚持以邓小平理论和"三个代表"重要思想为指导,认真贯彻落实科学发展观,紧紧围绕贯穿结构调整"一条主线",加快思想观念和经济增长方式"两个转变",强化改革、开放和科技进步"三大动力",推进农牧业产业化、工业化、城镇化"三化"进程,加强生态和基础设施"两项建设"的总体要求,抓住西部大开发等战略机遇,团结奋斗,艰苦创业,经济社会发展取得新的重大成就。优势特色产业快速发展,产业结构进一步优化,经济自主增长机制开始形成,"十五"计划任务超额完成,主要指标实现翻番;固定资产投资快速增长,重点项目建设成效显著,生态环境和基础设施明显改善,经济社会发展的基础和后劲显著增强;财政收入增长较快,人民生活水平稳步提高,社会事业全面发展,政治文明和精神文明建设有新的进步。经过"十五"期间的实践,我区的发展思路进一步完善,发展环境进一步优化,发展基础进一步巩固,发展后劲进一步增强,已经站在一个新的历史起点上。

　　在新的起点上,如何巩固发展来势、提高发展质量、扩大发展成果,这是摆在全区各级党组织和广大干部群众面前的新的重要课题。推动"十一五"时期自治区经济社会发展,在工作指导上必须牢牢把握以下几点:

　　——立足科学发展。突出发展主题,坚持发展是硬道理、能快就不要慢,聚精会神搞建设,一心一意谋发展。把加快发展与科学发展统一起来,抓住机遇,把握来势,保持较长增长周期,努力做大经济总量;更加注重统筹协调,实现速度和结构、质量、效益相统一,经济发展和社会、人口、资源、环境相协调。

——坚持"三化"互动。继续大力推进农牧业产业化、新型工业化和城镇化,以新型工业化为主攻方向,大力发展农牧业产业化经营,稳步推进城镇化进程,在新的更高层次上实现"三化"互动。大力加强生态和基础设施建设,为持续发展创造良好的环境和条件。

——转变增长方式。紧紧抓住结构调整这条主线,切实转变增长方式,提高集约经营水平,大力发展循环经济,加快建立资源节约型、环境友好型社会。通过深化改革、扩大开放、科技进步,增强发展动力、提高自主创新能力。

——实现富民强区。优化经济结构,做大经济总量,提高综合实力、市场竞争力和抗风险能力。坚持以人为本,把实现好、维护好、发展好最广大人民群众的根本利益作为出发点和落脚点,在发展经济的同时不断提高城乡居民收入水平和生活质量。

根据上述原则,要着力研究和解决好以下几个关系发展全局的重大问题:

一、按照建设社会主义新农村的要求,不断加强新形势下的"三农三牧"工作

党的十六届五中全会提出的关于建设社会主义新农村的一个鲜明特点是,要在积极推进城乡统筹发展的前提下建设社会主义新农村。我国现阶段统筹城乡发展,就是要实行"工业反哺农业,城市支持农村"的方针。当前,我区正处在工业化加速发展阶段,这为实现统筹城乡协调发展创造了一些基础条件。我们要顺应这一趋势,坚持解决农牧业问题从非农牧产业上找出路、解决农村牧区问题从加快推进城镇化上找出路、解决农牧民问题从减少和转移农牧民上找出路的发展方向。在具体工作中,一是要抓好产业发展这一关键。因地制宜发展农村牧区产业,是繁荣农村牧区经济、富裕农牧民的基础和关键。要把大力推进产业化经营作为发展农村牧区产业的突破口,积极调整农牧业结构,大力发展农村牧区二、三产业,着力培育壮大龙头企业,建设好规模化、集约化生产基地,创新龙头企业与农牧民的利益分配机制,充分发挥产业化联结城乡、壮大产业、整合利益、富裕群众的重要功能。二是要抓好增加农牧民收入这一核心。切实贯彻"多予、少取、放活"的方针,采取综合措施,广泛开辟农牧民增收渠道,把农牧民产业增收、减负增收与转移增收有机结合起来,引导农村牧区富余劳动力向非农产业和城镇有序转移。同时,要加大扶贫开发力度,加大整村推进扶贫力度,对缺乏生存条件的贫困人口实行易地扶贫,对丧失劳动能力的贫困人口建立救助制度。三是要抓好公共服务这一难点。目前,我区约80%的公共服务资源集中在城镇。一方面要加快农牧民的转移,使其享受城镇的公共服务资源,同时要切实加大政府对农牧业和农村牧区的投入,加强水、电、路、通信等基础设施建设,努力扩大公共财政覆盖农村牧区的范围,不断改善农村牧区生产生活条件。农村牧区发展的滞后还突出地反映在教育、卫生、文化等公共事业方面,要把促进农村牧区社会事业发展作为建设社会主义新农村的重要内容,突出重点,集中攻坚,逐步改变农村牧区社会事业落后状况。四是在着力解决直接关系农民切身利益的各类生产生活问题的基础上,要切实加强乡村的规划。农村各地的发展差异很大,改善村容村貌的工作也必然是起点有差距、过程有快慢、水平有高低,一定要从实际出发,统一规划,分步实施,因地制宜,稳步推进。五是要加强对农牧民的职业教育和技能培训。采取各种有效措施,全面提高农牧民的整体素质,使农牧民成为建设社会主义新农村的主体。

二、加快推进新型工业化,做大做强优势特色产业

党的十六大把基本实现工业化作为我国本世纪头20年全面建设小康社会的重要任务,同时提出了走新型工业化道路的具体要求。"十五"以来,我区工业化长足发展,全区工业经济年均增长20%,工业已成为我区经济持续快速健康发展的主要动力。"十一五"期间,要进一步发挥优势,做大工业经济总量,提高工业经济素质和竞争能力,努力走出一条具有我区特色的新型工业化道路。

推进我区新型工业化,必须把工作着力点放在做大做强优势特色产业上。我区现有的能源、化工、冶金、装备制造、农畜产品加工、高科技六大优势特色产业已有一定的产业基础。目前,国家已把产业开发作为新一轮西部大开发的工作重点,西部城镇密集区、重点资源开发区和边境经济合作区有望得到更多支持。我们要因势利导,抓住有利时机,推动现有的优势特色产业优化升级、做大做强。同时,由于全球产业结构调整转移步伐加快,沿海发达地区资源、环境和劳动用工方面的约束日益突出,有利于我们在承接先进生产力转移过程中,培育新的优势特色产业,形成新的经济增长点。在加快工业发展重点上,要充分发挥我区资源优势,提高资源的综合开发利用水平,延伸产业链条,形成产业集群。同时,有条件的地区,要加大非资源型产业的引进,逐步提高非资源加工业的比重。在项目选择上,坚持大规模、高起点,发挥后发优势,走技术跨越的路子,新上的项目要有经济规模,其技术和技术装备水平要一步达到国际、国内的先进水平。在发展主体上,要坚持培育大企业、大集团,走大产业的路子,不断提高企业和产业的竞争能力。在空间布局上,要坚持走基地化、园区化的路子,进一步提高产业集聚程度,降低产业发展成本。在产业形态上,要大力发展循环经济,走资源节约、环境友好的路子,实现资源永续利用和产业持续发展。

三、调整优化产业结构,推动第三产业快速健康发展

加速发展第三产业,是我区调整优化产业结构、转变经济增长方式、降低单位产值能耗物耗的需要,是适应消费转型、满足人民群众日益增长的服务需求的需要,也是转移农牧业人口、安置城镇待业人员、解决就业难题的需要。要突出抓好"三个结合":一是要把发展服务业和发展非公有制经济结合起来。改革开放以来,我区与全国一样,首先对民营资本开放的是制造业,服务业中除商业、餐饮业、公路运输等少数领域外,基本上处于垄断经营、管制经营和限制经营状态,投资来源和经济成分比较单一,难以满足经济社会发展对服务业的需求,也在一定程度上抑制了服务业发展的活力。要尽快取消不合理的行业限制,打破行政垄断,全面放宽市场准入条件,鼓励民营资本和外资进入服务业,形成多元投资主体和多种经济成分共同发展的格局。二是要把改造提升传统服务业与发展新兴现代服务业结合起来。目前,国际上第三产业包含150多个行业,我国仅有80多个行业,其余行业尤其是一些知识含量高、附加值大的行业,都未达到一定规模。在我区第三产业中,商贸餐饮、交通运输和仓储业等传统服务业比重占一半以上,金融保险、房地产、信息服务、社会中介等新兴服务业和现代服务业比重低于全国平均水平。低端服务业比重高,高

端服务业发展慢,是影响我区第三产业发展的重要原因。随着我区经济社会事业加快发展和人民生活水平的提高,新兴和现代服务业面临着良好的发展机遇。要学习借鉴发达地区的经验,拓宽服务业发展领域,在改造提升传统服务业的同时,以旅游、房地产和社区服务业为重点,大力发展新兴服务业;以金融保险、信息服务、中介服务、会展业为重点,积极发展现代服务业。进一步提高服务业的规模化、专业化和现代化水平。三是要把发展服务业与优化发展环境结合起来。第三产业点多面广,多数是中小企业和民营经济,对发展环境的敏感程度超过其他行业。要继续把环境建设放在重要位置来抓,进一步贯彻落实自治区加快发展第三产业若干政策的规定,努力创造有利于第三产业发展的环境和氛围,不断开创我区第三产业发展的新局面。

四、调整优化生产力布局,加快推进城镇化进程

要结合生产力布局调整,加快城镇化步伐,优化城镇布局,完善城镇体系,逐步形成以城带乡、以工促农、城乡互动、协调发展的体制和机制,实现人口进城,工业入园、产业集中和要素集聚。突出发展大城市,加快发展中小城市,重点发展县城,走出一条具有我区特色的城镇化路子。一要加快构建科学合理的城镇体系。城镇发展水平越高,辐射带动能力就越强。同发达地区相比,我区大城市综合实力不强、辐射带动能力弱;中等城市规模不大、功能不全;县城发展滞后,发挥不了县域中心的作用。提高城镇的辐射带动能力,必须坚持大中小城市和小城镇协调发展的方针,加快构建科学合理的城镇体系,充分发挥不同类型城镇在促进区域发展中的领跑和带动作用。要突出发展大城市。呼和浩特市要进一步强化自治区政治、经济、文化、科技、教育和金融中心功能,努力建设现代化首府城市。包头市要充分发挥工业基础较好的优势,发挥全国文明城市的品牌效应,努力建设我国中西部地区经济强市。赤峰市要进一步加快经济发展和人口集聚步伐,力争尽早形成百万人口城市。要大力发展中小城市,重点发展盟市所在地市(区)和满洲里、二连浩特市,着力打造辐射带动能力较强的区域中心城市和边境口岸城市。要高度重视县城建设。县城是发展县域经济的主要载体,各旗县要全力抓好县城建设。在抓好县城建设的同时,有条件的旗县要抓好一两个有特色、有优势的中心

集镇的发展。二要提高城镇的产业支撑能力。城市是经济发展的重要依托,产业是城市发展的基础和条件。城市化外在表现是人口聚集,而实质是产业发展。各地在推进城镇化进程中,一定要把发展城市产业作为关键来抓。要大力推进新型工业化进程,根据各自基础和条件,发挥比较优势,发展各具特色的优势产业。要加快服务业发展。服务业是加快城镇化的助推器,也是衡量城镇化水平的重要标识,要在积极改造提升传统服务业的同时,大力发展新型和现代服务业。三要强化城镇规划与管理。要加快全区城镇体系规划编制,统筹做好区域规划、城市规划、集镇规划和村庄规划。要把城镇布局规划与吸纳人口转移、促进产业发展、加强基础设施、保护生态环境有机结合起来。要创新管理体制,加强城镇管理。要加快城镇及近郊区无地、少地农民的"村改居"和城中村改造步伐,全面提高城镇文明程度,打造良好的城市品牌。

五、坚持非均衡和均衡发展的统一,促进区域协调发展

统筹区域协调发展,是落实科学发展观、发挥区域优势、增强发展合力的重大任务。当前,我国已进入工业化中期阶段,沿海发达地区有的已接近中等发达国家水平,综合国力和经济实力明显提升,初步具备了统筹协调区域发展的能力。我区属于西部欠发达省区,能够用于协调和平衡区域内部发展的经济社会资源十分有限。因此,必须坚持区域非均衡发展与均衡发展的辩证统一,坚持优势地区和非优势地区共同加快发展的方针,坚持市场导向、互利合作,以发展促协调,在发展中求协调,逐步形成优势互补、相互促进、共同发展的格局。

对于我区来讲,促进区域协调发展,一是鼓励西部优势地区率先发展,二是促进东部地区加快发展。目前,呼包鄂优势地区经济总量占全区一半以上,东部呼伦贝尔市、兴安盟、通辽市、赤峰市、锡林郭勒盟五盟市人口占全区一半以上,抓好这两个重点地区,就抓住了统筹区域协调发展的关键。呼包鄂三市要把握发展机遇,加快发展步伐,在全区率先全面落实科学发展观,率先完善社会主义市场经济体制,率先实现全面建设小康社会目标。要通过统一规划和政策引导,实现资金、技术、人才和信息等生产要素的优化组合,促进三市产业结构调整和布局优化,在转变增长方式、发展循环经济、促进协调发展和构建和谐社会方面为全区作出示范和表率。东部盟市要抓住国家实施振兴东北老工业基地的战略机遇,进一步解放思想、创新体制、扩大开放,充分发挥自身优势,加快与东北三省实现重大基础设施对接、产业对接和政策对接,强化区域内的联合与协作,加强口岸建设,做大口岸经济,加强与俄蒙的经贸合作,开发利用俄蒙资源,以新型工业化为主攻方向,大力发展优势特色产业,早日实现振兴和崛起。促进区域协调发展,必须高度重视发展县域经济。县域作为相对完整的经济社会单元,是区域发展的基本依托。从一定意义上说,区域间的发展差距,说到底是县域间的发展差距。要把发展县域经济放到更加重要位置,按照因地制宜、分类指导、民营主体、突出特色的原则,把产业化经营作为重要抓手,把优势特色产业的培育作为主攻方向,把城镇化建设作为有效载体,不断提高县域经济的发展水平。

六、加强生态和基础设施建设,切实增强可持续发展能力

要把生态环境建设和保护作为实现可持续发展的首要任务来抓。坚持优先保护、积极治理、合理开发、集约利用的原则,以国家重点生态建设工程为依托,进一步加大生态建设和保护力度,提高生态自我修复能力。要探索建立生态建设与保护的长效机制,把生态建设保护同生产力布局调整结合起来,积极实施生态移民工程,促使人口向水土资源较好的地域集中;把生态建设保护同农村牧区产业结构调整结合起来,大力发展农村牧区二、三产业,减少人类对大自然的直接索取;把政府引导同全社会参与结合起来,建立健全政府牵头、多元投入、群众参与的投入模式,努力实现全区生态状况整体遏制、重点治理区域全面好转的奋斗目标。要进一步加强基础设施建设。完善配套的基础设施,是促进经济增长、提高人民生活质量的重要前提,是优化投资环境、提升地区竞争力的先决条件,也是促进经济社会可持续发展的重要保障。要继续把基础设施建设放在突出位置,按照适度超前的原则,加大投入力度,加快建设进度,不断提高基础设施承载产业和保障生活的能力和水平。要以公路铁路为重点,加快运输通道建设,构建"贯通区内、畅通三北、联通俄蒙"的综合交通运输体系。要加快电力出区高压输出通道建设,继续完善区内电力网络建设。要坚持开源与节流并重,加强蓄水、节水和防洪工程建设,满足全区生产、生活和生态用水需求。要积极建设资源节约型环境友好型社会。

我区是资源大区、能源大区,越是能源资源丰富,越要注意节约利用能源资源,实现可持续发展。要大力发展循环经济,从资源开采、生产消耗、废弃物利用和社会消费各环节,促进资源循环式利用,鼓励企业循环式生产,推动产业循环式组合。要发挥市场机制和经济杠杆的作用,建立节约能源资源、保护环境和促进集约发展的新机制,倡导节约型、环保型的消费模式,营造建设资源节约型环境友好型社会的良好氛围。同时,要积极做好以能源、金属矿产和地下水资源为重点的矿产资源勘查工作,摸清家底,提高后备能源资源的保障能力。

七、坚持改革开放和科技创新,为经济社会发展提供强大动力

要进一步深化改革,营造更具活力和更加开放的体制机制。改革要始终坚持社会主义市场经济的改革方向,坚持重点突破、有序推进。从这些年改革的经验看,各项改革能不能顺利推进、取得实效,关键在于政府职能能不能真正转变。要把推进行政管理体制改革和政府职能转变作为突破口,按照建设法治政府和服务型政府的要求,进一步推进政企分开、政资分开、政事分开、政府与市场中介组织分开,减少和规范行政审批,切实履行好经济调节、市场监管、社会管理和公共服务职能。要进一步推动国有企业、产权制度、财税体制、投资体制、事业单位等经济社会各个领域的改革,进一步消除制约生产力发展的体制机制障碍。要继续推进国有经济布局和结构的战略性调整,完善国有资本有进有退、合理流动机制,大力发展非公有制经济,坚持和完善基本经济制度。

要努力扩大开放,提高利用两个市场、两种资源的能力和水平。从我区资源禀赋、产业基础和要素条件出发,把对内开放与对外开放有机结合起来,把"请进来"与"走出去"有机结合起来,进一步提高对外开放的层次和水平。一是要逐步形成要素流入区。依托我区的产业发展,进一步改善创业和就业环境,落实各项政策措施,争取尽早成为人才、技术、管理等要素流入区。二是要充分发挥好口岸优势。认真学习借鉴国际国内发展口岸经济的成功经验,切实开发利用好这一稀缺资源,充分发挥口岸的过货通关、物流贸易和落地加工三大功能,抓好口岸设施建设和进、出口加工,进一步提升口岸经济在地区经济中的地位和比重。三是要开发利用好俄蒙资源。要在互利共赢的前提下,从各个层面加强与俄蒙的协调,支持有资质、有实力的企业实施"走出去"战略,引导和规范"走出去"的企业立足长远、有序发展,推动全区开发利用俄蒙资源取得实质性进展。

要加快科技创新步伐,强化科技对经济社会发展的支撑作用。从我区实际出发,要依托产业发展科技,依靠科技提升产业,实现科技进步与产业发展融合互动。要把吸收引进和自主创新结合起来,在承接先进生产力转移过程中注重承接先进科技的转移,建立引进、消化、吸收和再创新的机制,逐步提高自主创新能力。要强化企业在科技创新中的主体地位,积极支持六大优势特色产业中的骨干企业建立产学研结合的技术创新体系。要推动技术创新与体制创新相融合,大力实施科教兴区和人才强区战略,推进区域创新体系、技术市场体系建设,健全科技成果推广服务体系,加快发展创业风险投资,为科技人才施展才能、科技成果推广应用创造良好的体制环境。

八、坚持以人为本,着力构建社会主义和谐社会

要从事关人民群众切身利益的突出问题着手,努力解决民生问题,提高群众收入和就业水平。城乡居民收入上不去, 很重要的一个原因是就业不充分。要把扩大就业摆在经济社会发展更加突出的位置,坚持劳动者自主择业、市场调节就业、政府促进就业相结合,落实积极促进就业再就业的各项优惠政策,把发展经济和扩大就业有机结合起来,注重发展劳动密集型产业和非公有制经济。要调整和理顺国民收入分配关系,坚持按劳分配与按要素分配相结合,保护各种合法收入,依法调节收入差距。要切实强化政府在扩大就业和调节收入方面的责任,努力营造经济规模与就业规模同向扩大,经济增长与收入增长密切关联的良性互动格局。

要促进人的全面发展,提高社会事业发展水平。教育、文化、卫生等各项社会事业,代表着社会文明和谐的水平,也是促进人的全面发展的重要方面。我国经济总量排名全球第6位,但代表社会发展水平的人类发展指数仅排在85位,我区的社会发展差距更大。要在发展经济的同时,更加注重社会事业的发展,努力使经济社会发展相适应、相协调。要坚持把教育摆在优先发展的位置,优化教育资源配置,构建科学合理的教育体系,全面实施素质教育,重点发展基础教育,积极发展高等教育,有序推进民办教育,大力发展职业技术教育,优先发展民族教育,切实维护教育公平。要加强公共文化事业基础设施建设,完善文化设施网络,积极推进文化事业和文化产业的发展,进一步推进民族文化大区建设。要加强公共卫生设施建设,改革医疗卫生体制,合理配置卫生资源,切实维护人民群众健康权益,全面提高城乡居民健康水平。

要努力维护公平正义,提高社会安全保障水平。市场经济的分配和激励机制,无法避免地在社会上形成一定数量的弱势群体。为他们提供基本社会保障,是社会和谐安全的底线。要增加财政对社会保障的投入,多渠道筹措社会保障基金,不断完善基本保险制度,扩大社会保险覆盖面,逐步构建起与经济社会发展水平相适应的多层次、宽领域、广覆盖的社会安全保障网络。

要激发社会活力,提高社会建设与管理水平。要认真贯彻尊重劳动、尊重知识、尊重人才、尊重创造的方针,营造鼓励人们干事业、支持人们干成事业的社会氛围,放手让一切劳动、知识、技术、管理和资本的活力竞相迸发,让一切创造社会财富的源泉充分涌流。要建立健全党委领导、政府负责、社会协同、公众参与的社会管理格局,坚持工作重心下移,充分发挥好基层组织凝聚人心、服务群众的作用,充分发挥城乡基层自治组织协调利益、化解矛盾、排忧解难的作用,充分发挥社团、行业组织和社会中介组织提供服务、反映诉求、规范行为的作用。要畅通反映社情民意的渠道,完善人民调解机制和信访工作责任制,抓好安全生产和社会治安综合治理工作,保障人民群众安居乐业。

(选自在自治区党委七届十一次全委会议上的讲话)

因应新形势 把握新机遇 迎接新挑战
把改革开放和现代化建设继续推向前进
——在中国共产党内蒙古自治区第八次代表大会上的报告

（2006年11月19日）

同志们：

现在，我代表中共内蒙古自治区第七届委员会向大会作报告。

一、全面建设小康社会良好开局的五年

自治区第七次党代会以来的五年，是我区开始全面建设小康社会的五年。面对肩负的历史重任，全区各级党组织、广大党员和干部群众，认真贯彻党的十六大和十六届三中、四中、五中、六中全会精神，全面贯彻落实科学发展观，抓住机遇、奋发进取，不断推进社会主义经济、政治、文化、社会建设和党的建设，圆满完成了自治区第七次党代会确定的目标任务，开创了经济社会全面发展、重点领域实现赶超的新局面。

经济发展实现新跨越。五年来，地区生产总值增速保持全国领先，总量增长1.2倍，达到3895.6亿元，由全国第24位进入第19位；人均生产总值增长1.19倍，达到2024美元，超过全国平均水平，由全国第16位进入第10位。产业结构调整取得明显成效，三次产业比重演进为15.1∶45.5∶39.4。农牧业综合生产能力稳步提高，产业化经营步伐加快。工业化推进到中期阶段，六大优势特色产业发展势头强劲。服务业比重逐步提高，新兴服务业长足发展。城镇化步伐加快，城镇化率达到47.2%，超过全国平均水平。经济效益显著提高，财政收入增长2.45倍，达到536.36亿元，人均地方财政一般预算收入由全国第14位进入第10位。规模以上工业企业利润增长13倍。城乡居民收入分别增长78.1%和46.7%。居民储蓄存款余额增长1.25

倍。固定资产投资大幅增加,五年累计完成6917.7亿元,比"九五"增长2.9倍。生态保护和建设力度加大,生态恶化趋势有效遏制。公路、铁路、电网"三大通道"建设取得突破性进展,通信、水利、市政等基础设施明显改善。

改革开放迈出新步伐。积极推动国有企业加快建立现代企业制度,不断深化投资、财税、外贸和科技、教育、文化、卫生等领域的改革,政府机构改革、行政审批制度改革和事业单位改革步伐加快,市场体系逐步完善。积极调整所有制结构,非公有制经济比重五年提高11.2个百分点。提前取消农牧业税,农村牧区综合配套改革稳步推进。充分利用两个市场、两种资源,大力优化投资环境,五年累计引进国内资金2655亿元,投资主体实现多元化,经济自主增长机制开始形成。对外贸易和利用外资规模逐年扩大,口岸经济较快发展。

民主政治建设扎实推进。进一步扩大社会主义民主,健全社会主义法制。人民代表大会制度、共产党领导的多党合作和政治协商制度不断加强和完善。坚持贯彻民族区域自治制度,发扬民族团结的光荣传统,巩固发展平等团结互助和谐的社会主义民族关系,民族团结进步事业不断发展。工会、共青团、妇联等人民团体的职能作用得到较好发挥。依法治区进程加快,"四五"普法成效显著,干部群众的法制意识普遍增强,立法、执法、司法和法律监督水平有了新的提高。积极推进村务、厂务和政务公开,推进村民和社区居民自治,基层民主政治建设逐步制度化、规范化和程序化。

文化建设取得丰硕成果。坚持用马克思主义中国化的最新成果武装全党、教育人民,为改革发展稳定提供了强有力的思想保证、舆论支持和精神动力。作出建设民族文化大区的决定,文化基础设施建设进一步加强,文学、出版、歌舞、影视精品大量涌现,成功举办大型文化节庆活动,地区文化形象和民族文化品牌得到提升。公益性文化事业长足进步,经营性文化产业加快发展。广泛开展社会主义荣辱观和"热爱内蒙古,建设内蒙古"等宣传教育活动,全面落实《公民道德建设实施纲要》,每年召开全区两个文明建设会议总结经验、推广典型,社会文明程度普遍提高。开展"北疆文明大通道"创建活动,实施"广播电视村村通"等工程,城乡文明建设协调推进。包头市进入全国首批文明城市行列。

社会事业全面进步。努力推动经济社会协调发展。科教文卫及社会保障等支出占财政总支出的比重超过25%,基本公共服务水平逐步提高。"普九"人口覆盖率提高19.7个百分点,"两基"达标攻坚任务基本完成。民族教育和职业教育健康发展,高等院校五年向社会输送人才20万人。科技创新步伐加快,对经济增长的促进作用明显增强。公共卫生设施建设得到加强,疾病控制、医疗救治、卫生监督体系逐步完善,城乡居民健康水平有了新的提高。就业、扶贫和社会保障工作不断加强,五年累计安置就业101万人,92万农牧民稳定脱贫,70多万城镇低收入人口享受到低保补贴,40多万特困农牧民得到困难补助,零就业家庭就业问题和贫困大学生就学困难有效解决。人口和计划生育、体育、新闻出版、社会科学、环境保护等事业较快发展。

社会稳定局面进一步巩固。坚持把维护社会稳定放在重要位置来抓,深入开展平安创建活动,努力构建"草原110"、城市网格化巡逻等社会治安防控网络,建立完善社会矛盾纠纷排查调处机制、社会利益协调机制和社会预警、应急机制,公众社会安全满意度居全国前列。坚决打击敌对势力的渗透破坏活动,严厉打击严重刑事犯罪,保持了边疆民族地区的社会政治稳定。安全生产工作有效落实。广泛开展双拥共建活动,支持军队和国防现代化建设,形成了军警民共建祖国北疆安全稳定屏障的良好局面。

党的建设不断加强。坚持党要管党原则和从严治党方针,全面推进党的建设新的伟大工程。高度重视理论武装工作,把学习贯彻"三个代表"重要思想引向深入。开展保持共产党员先进性教育活动,建立党员"长期受教育、永葆先进性"工作机制。积极推进干部人事制度改革,切实加强领导班子、干部队伍建设和基层组织建设,认真做好发展党员工作,各级党组织的创造力、凝聚力和战斗力进一步增强。大力加强党的作风建设和制度建设,认真贯彻《建立健全教育、制度、监督并重的惩治和预防腐败体系实施纲要》,党风廉政建设和反腐败斗争取得新进展。

五年来的发展成就来之不易,五年来的创业历程充满艰辛。我们在发展基础比较薄弱、发展环境复杂多变的形势下取得令人鼓舞的成就,归功于党中央的正确领导,归功于全区各级党组织、广大党员和2300多万各族人民的团结奋斗,归功于自治区历届党委打下的良好基础、老同志的关心和各方面的支持。在此,我代表中共内蒙古自治区第七届委员会,向全区广大党员、干部和各族人民,向各民主党派、各人民团体、各界爱国人士,向人民解放军、武警部队指战员,向所有关心和支持内蒙古发展的同志们、朋友们,表示衷心的感谢,致以崇高的敬意!

五年来,我们坚持把中央精神和内蒙古实际紧密结合,在实践中总结积累了一些重要经验和启示。

一是坚持党的思想路线,不断完善发展思路。我们始终坚持以解放思想为先导,坚持从内蒙古的实际出发,按照党和国家的总体工作部署,把自治区的发展放在国际大背景、全国大格局中进行思考谋划。在七次党代会确定的总体思路的基础上,在七届三次全委会上提出,要进一步加快发展步伐,有条件、有优势的地区要努力实现跨越式发展;在四次全委会上提出,不能满足于较快的发展速度,不能满足于某些人均指标,要在优化结构、提高效益的前提下,努力做大经济总量;在五次全委会上提出,要正确处理快增长与长周期的关系,努力使经济发展保持一个较长的快速增长期;在六次全委会上提出,要全面贯彻落实科学发展观,切实做到统筹兼顾协调发展、遵循规律持续发展、以人为本和谐发展,有力地推动经济社会走上加快发展、科学发展的轨道。

二是坚持抓住用好战略机遇,全力抓好发展第一要务。我们坚持以科学发展观统领全局,坚持以经济建设为中心,认真落实"五个统筹"的要求,紧紧抓住、切实用好国家推进西部大开发、振兴东北等老工业基地、加强和改善宏观调控等机遇,赢得了先机、争取了主动,促进了经济持续快速健康发展和经济自主增长机制的逐步形成。

三是坚持打基础与促发展并举、抓重点与抓薄弱环节并重,切实增强可持续发展能力。我们针对内蒙古生态环境脆弱、基础设施薄弱、产业发展滞后的实际,大力加强生态和基础设施建设,努力改善发展环境;大力发展优势特色产业,努力增强可持续发展的产业支撑。同时,坚持统筹兼顾、适度超前、既扬长又补短,下大力抓了经济社会发展各个方面的保障体系建设,有效地缓解了瓶颈制约,使发展的前瞻性和协调性明显增强。

四是坚持以人为本,努力实现好各族人民的根本利益。我们把为各族人民谋利益作为全部工作的出发点和落脚点,作为正确处理改革发展稳定关系的结合点,在发展生产的同时努力提高城乡居民收入水平,改善群众的生产生活条件,维护人民群众的合法权益,让改革发展成果尽可能多地惠及各族人民。

五是坚持维护团结稳定,进一步巩固发展民族团结、边疆安宁的政治局面。我们坚持和完善民族区域自治制度,把维护边疆民族地区的团结稳定作为重大政治责任,深入开展民族团结进步教育和表彰活动,充分发挥各民族团结和睦的政治优势,促进了社会和谐,为改革开放和现代化建设创造了良好的社会环境。

六是坚持加强和改进党的建设,在兴区富民实践中进一步保持和发展党的先进性。我们始终紧紧围绕党的中心任务,以执政能力建设和先进性建设为重点,大力加强党的建设,进一步提高贯彻落实科学发展观、构建社会主义和谐社会的自觉性,认真解决党组织和党员队伍中存在的不适应、不符合的问题,深入推进党风廉政建设和反腐败斗争,不断增强各级党组织的创造力、凝聚力和战斗力,为经济社会发展提供了坚强有力的政治保证。

在看到成绩的同时,更要清醒地看到存在的问题和不足。主要是:农牧业基础薄弱,经济结构性矛盾比较突出,经济增长方式比较粗放;改革开放有待深化,自主创新能力亟待提高;城乡、区域、经济社会发展不平衡,居民增收与经济增长不协调,生态环境脆弱,基础设施和公共服务需要进一步改善;民主法制建设、精神文明建设还存在一些薄弱环节,和谐社会建设面临许多新情况、新问题;干部队伍的素质、作风与新形势新任务的要求存在一定差距,党的基层组织建设需要进一步加强。这些问题,我们要在今后的改革发展中认真加以解决。

二、关键时期的形势与任务

今后五年,是全面贯彻落实科学发展观、加快推进现代化的关键时期,我们面临的任务更加繁重而艰巨。党中央始终对内蒙古各族人民给予亲切关怀,对内蒙古的发展寄予殷切希望。早在1987年,邓小平同志就曾谈到:内蒙古有广大的草原,人口又不多,今后发展起来很可能走进前列。江泽民同志1999年视察我区时希望我们**"发挥资源优势,提高资源的**

综合开发利用水平,加快把资源优势转化为经济优势,力争使内蒙古成为我们国家下一个世纪经济增长的重要支点。"胡锦涛总书记2003年初视察内蒙古时指出:"做好内蒙古的各项工作,不仅关系到内蒙古二千三百多万群众的福祉,而且对党和国家工作的全局具有重要意义",要求我们"因应新形势,把握新机遇,迎接新挑战,把改革开放和现代化建设继续推向前进。"我们一定不负中央领导集体的厚望,不辱时代赋予的使命,把内蒙古的改革开放和现代化建设继续推向前进。

新世纪新阶段,我们面临前所未有的机遇和挑战。和平、发展、合作成为时代潮流,世界多极化和经济全球化趋势深入发展,科技进步日新月异,我国与世界经济的相互联系和影响日益加深,国内国际两个市场、两种资源相互补充,国际环境总体上对我们发展有利。我国已进入改革发展的新阶段,居民消费结构逐步升级,产业结构调整和工业化、城镇化进程加快,生态环境和基础设施得到改善,科技教育事业长足发展,社会主义市场经济体制逐步完善,社会政治保持长期稳定,为经济社会持续发展创造了有利条件。随着科学发展观的全面贯彻和构建和谐社会的深入推进,社会主义新农村建设全面展开,宏观调控顺利实施,西部大开发、振兴东北等老工业基地不断发展,为我区实现又好又快发展提供了良好契机。特别可喜的是,经过不断探索和实践,我们已经走出了一条符合内蒙古实际的发展之路,为继续前进奠定了可靠基础。同时,必须清醒地认识到,面对复杂多变的国际环境,面对社会主义初级阶段生产力不发达的基本国情、区情,面对全国各地加快发展的竞争态势,推进内蒙古现代化建设任重道远。我们必须以高度的历史责任感和强烈的忧患意识,认清形势、抓住机遇、应对挑战,进一步开创我区社会主义现代化建设的新局面,不断推进党的建设新的伟大工程。

今后五年全区工作的总体要求是:高举邓小平理论和"三个代表"重要思想伟大旗帜,以科学发展观统领全局,抓住用好重要战略机遇期,坚持以经济建设为中心,坚持以人为本,深化改革、扩大开放,深入实施科教兴区、人才强区战略,进一步调整经济结构、转变增长方式,加快推进新型工业化、农牧业产业化和城镇化进程,不断加强生态和基础设施建设,保持较长较快的增长期,全面推进社会主义政治建设、文化建设、社会建设,推进党的建设新的伟大工程,圆满完成"十一五"规划各项任务,努力建设富强民主文明和谐内蒙古。

全区经济社会又好又快发展的主要目标是:提高"两个水平",即提高协调发展水平,落实"五个统筹"取得明显进展,发展不平衡问题有效缓解;提高可持续发展水平,资源综合开发利用水平显著提高,生态环境明显改善,单位生产总值能耗下降25%,污染物排放总量稳定达标。保持"两个高于",即地区生产总值、城乡居民人均收入增长速度高于全国平均水平。确保"两个实现",即实现地区生产总值和财政收入翻一番,实现经济总量进入全国中等行列、人均主要经济指标力争进入前列。在本世纪第一个十年结束的时候,一个综合实力较强、经济结构合理、地区特色鲜明、社会稳定和谐、充满生机活力的内蒙古将崛起在祖国北疆。

实现上述总体要求和奋斗目标,必须牢牢把握、坚持贯彻以下原则:

——立足科学发展。科学发展观是指导发展的世界观和方法论,是推进中国特色社会主义事业必须长期坚持的指导方针。要坚持发展是硬道理,坚持抓好发展第一要务,坚持以经济建设为中心,坚持用发展和改革的办法解决前进中的问题。发展必须是科学发展,要着力转变发展观念、创新发展模式、提高发展质量,落实"五个统筹",更好地推动经济社会全面协调可持续发展。

——坚持"三化"互动。推进新型工业化、农牧业产业化和城镇化,是我区经济社会发展的必然选择和成功实践。要按照全面建设小康社会目标要求,更加突出农牧业的基础地位和工业的主导地位。以新型工业化为主攻方向,促进农牧业产业化和现代化,推动社会主义新农村新牧区建设。依托新型工业化,加快人口转移和要素集聚步伐,促进城镇化和服务业快速健康发展。在新的更高层次上实现"三化"互动。

——着力增收富民。社会主义生产的目的是不断满足人民日益增长的物质文化需要。要把富裕人民作为坚持党的宗旨、落实执政为民的首要任务,作为各级干部最重要的政绩。坚持发展经济与造福人民的统一,以增加城乡居民收入为重要任务,努力发展生产、扩大就业、完善保障、减少贫困,让各族人民从改革发展中得到更多实惠,逐步使我区城乡居民收入增长与经济发展步伐相协调。

——促进社会和谐。构建社会主义和谐社会,既是重要的发展目标,也是必要的发展条件。要按照以人为本的要求,以解决人民群众最关心、最直接、最现实的利益问题为重点,更加注重经济社会协调发展,更加注重维护社会公平正义,更加注重民主法制建设,努力形成全体人民各尽其能、各得其所而又和谐相处的局面。

三、努力实现经济又好又快发展

坚持以经济建设为中心,大力发展先进生产力。要紧紧抓住结构调整这条主线,切实转变增长方式,深化改革、扩大开放,推动科技进步,促进经济又好又快发展。

(一)扎实推进社会主义新农村新牧区建设。建设社会主义新农村新牧区,是我区现代化进程中重大而紧迫的任务。要按照生产发展、生活宽裕、乡风文明、村容整洁、管理民主的要求,坚持解决农牧业问题在非农牧产业上下功夫、解决农村牧区问题在加快推进城镇化上下功夫、解决农牧民问题在减少和转移农牧民上下功夫的思路,探索建立以工促农、以城带乡的长效机制,不断提高农村牧区产业化、城镇化水平,逐步改变城乡二元结构。把发展农村牧区生产力放在首要位置,稳定完善农村牧区基本经营制度,用先进适用技术改造农牧业,用先进经营形式发展农牧业,推进传统农牧业向现代农牧业转变。大力发展生态农牧业和农区畜牧业,进一步优化农牧业结构。不断培育壮大龙头企业和优质农畜产品生产基地,创新企业、基地与农牧民的利益联结机制。坚持"多予少取放活",促进财政投入向农村牧区倾斜,基础设施向农村牧区延伸,现代文明向农村牧区辐射,社会保障网络向农村牧区覆盖。引导发展农村牧区经纪中介和合作组织,逐步建立商业金融、合作金融、政策金融共同支撑农村牧区发展的金融服务体系。大力发展县域经济,扩大县级经济社会管理权限,激发县域经济发展活力,争取使更多的旗县进入西部和全国百强县行列。结合生产力布局调整和撤乡并镇,搞好乡村建设规划。加强教育培训,培养造就有文化、懂技术、会经营的新型农牧民,充分发挥广大农牧民在新农村新牧区建设中的主体作用。

(二)大力推进新型工业化。着力推动工业结构优化升级,促进工业经济速度与结构、质量、效益、安全和环境保护相统一。要不断优化产业结构,高水平拓展和做大做强优势特色产业,高标准改造传统产业,高起点承接非资源型产业,努力促进产业多元、产业延伸、产业升级。在优势特色产业培育上,除继续加快能源、冶金、农畜产品加工产业发展外,重点加快以煤化工、天然气化工、盐化工为主的化学工业,以运输机械、工程机械、风力发电设备为主的装备制造业,以稀土高新、生物制药、信息制造为主的高科技等产业的发展。要进一步调整产业布局,坚持集群化、基地化、园区化发展,促进产业集中和要素集聚,提高集约化发展水平。坚持以创新为动力,着力提高重点行业、重点企业的原始创新、集成创新和引进消化吸收再创新能力。发展壮大一批拥有自主知识产权、主业突出、核心竞争力强和带动作用大的大公司、大集团,培育更多的在国内外市场具有重要影响力的优强企业和具有较强竞争力的知名品牌,不断提高名牌产品、高附加值产品、高技术含量产品、精深加工产品的比重。要坚持走资源节约、环境友好的可持续发展路子,大力发展循环经济,鼓励企业循环式生产,推动产业循环式组合,全面推行清洁生产,强化节能降耗,提高资源综合利用水平。要继续加大重点项目建设力度,按照国家产业发展导向和宏观调控的要求,规划建设一批市场前景好、优势突出、特色鲜明的重大项目,组织实施一批提高技术装备水平、延伸产业链条和降低消耗、减少排放的重点技术改造项目,增强产业发展后劲。要加快中小企业和特色园区发展,重点围绕优势特色产业搞延伸,围绕重点项目搞协作,引导和支持中小企业向"专、精、特、新"方向发展。推进专业化特色园区建设,提高特色园区的产业关联度、集中度和影响力,使园区真正成为工业经济发展的主要载体。要积极推进区域工业协调发展。优势地区要进一步加快新型工业化进程,东部地区要抢抓机遇、发挥优势,实现工业经济发展的新突破,成为自治区新的经济增长极。

(三)促进服务业快速健康发展。抓住新型工业化、城镇化加快发展和消费结构升级的机遇,加大改革开放和基础设施建设力度,不断改善服务业发展环境,进一步扩大服务业的产业领域、企业数量、就业规模,提高服务业的质量和效益。大力发展面向生产的服务业,促进现代物流、金融、信息、培训、中介等服务业健康发展。加快发展面向生活的服务业,加强商贸流通和社区服务业,有序发展房地产业,拓展信贷消费领域和规模,促进市场活跃和繁荣。充分发挥我区旅游资源优势,大力发展旅游业。拓展和加强面向农村牧区的服务业,改革农村牧区流通体制,构建城乡消费品和生产资料双向流动、高效顺畅的新型流通网络,更好地为发展农村牧区生产力和满足农牧民需求服务。积极培育面向国际的服务业,加快发展服务贸易,主动承接先进服务业转移,吸引一批跨国公司来内蒙古设立研发、运营中心和地区总部。

(四)积极推进城镇化。按照循序渐进、节约土地、集约发展、合理布局的原则,进一步完善城镇体系。突出发展大城市,加快发展中小城市,有重点地发展小城镇,全面提高城镇的综合承载能力和辐射带动能力,加快农村牧区人口转移和生产要素集聚步伐。呼和浩特、包头市、赤峰等大城市,要进一步壮大实力、优化结构、完善功能,增强吸引力、辐射力和综合服务能力。其它盟市所在地,要把扩大城区规模、完善城市功能和做大经济总量、突出优势特色结合起来,积极调整资源配置和产业布局,不断提高城镇化质量和经济发展水平,逐步建设成为区域中心城市。旗县所在地,要进一步发挥联结城乡的桥梁纽带作用和承接农村牧区二、三产业发展及劳动力转移的载体作用,加强基础设施建设,提质扩容,集聚产业,形成特色,进一步提高县城生产总值占县域经济总量的比重。要积极培育呼、包、鄂城市群,通过布局基地化、产业集群化、城镇组团化,打造"金三角"品牌,形成具有内蒙古特色、在中西部地区有较大影响力的区域核心增长极。要鼓励支持有条件的小城市发展成为中等城市,促进部分县城和重点镇向小城市迈进,扶持一批经济大镇和文化名镇加快发展。统筹做好区域规划、城镇规划,深化户籍、土地、投资、劳动和社会保障制度改革,促进城镇化积极健康有序发展。

(五)继续加强生态环境建设和基础设施建设。以建设祖国北方重要生态屏障为目标,加大生态保护和建设力度,巩固发展生态保护和建设成果。按照优先保护、积极治理、合理开发、集约利用的原则,积极调整人口和生产力布局,最大限度地减少人类活动对自然环境的影响,提高生态自我恢复能力。继续实施退耕还林、退牧还草、京津风沙源治理、"三北"防护林、水土保持等生态建设重点工程,实现重点治理区域全面好转。把生态建设与农牧业结构调整、扶贫开发、生态移民和发展林、沙、草等产业结合起来,建立生态保护与建设的长效机制,实现生态效益、经济效益和社会效益的统一。加强天然林保护,进一步推动森工企业的改革发展。坚持预防为主、综合治理,强化从源头防治污染。以解决危害群众健康和影响可持续发展的环境问题为重点,加大技术改造和行政执法力度,建设环境友好型社会。积极创建环保模范城市、生态示范区和环境友好企业,切实让人民群众喝上干净水、呼吸到新鲜空气,为子孙后代留下蓝天绿地、碧水青山。

按照统筹规划、合理布局、优化配套、完善功能的要求,加强交通、水利、能源、信息和市政基础设施建设,重点加大铁路、高等级公路建设力度,加快形成与我区经济社会发展要求相适应的综合交通运输体系、水利设施体系、能源保障体系和信息网络体系,不断提高基础设施承载产业、保障生活的能力和水平。逐步缩小城乡之间、区域之间基础设施差距,提高公共设施均等化水平。

(六)深入推进改革开放和科技进步。坚持社会主义市场经济改革方向,着力推进行政管理体制改革,转变政府职能,规范行政审批,建设服务型政府;着力推进国有大中型企业改革,建立现代企业制度,完善国有资产监管体系,促进国有资产保值增值;着力推进农村牧区综合配套改革,为新农村新牧区建设提供体制保障、资金支持和动力源泉;着力推进垄断行业改革,实现投资主体和产权多元化,维护市场公平和有序竞争;着力推进财税金融投资体制改革,完善公共财政制度,增强金融服务功能;着力推进现代市场体系建设,积极发展资本、产权、技术、劳动力等要素市场。坚持和完善基本经济制度,毫不动摇地鼓励、支持和引导非公有制经济发展,充分发挥非公有制经济在促进经济增长、扩大就业和活跃市场等方面的重要作用。

大力实施互利共赢开放战略,积极参与国内外经济技术合作,充分利用两个市场、两种资源,把内蒙古建设成为我国向北开放的前沿阵地。进一步优化投资环境,把对外开放与对内开放结合起来,把招商引资与优化经济结构、培育优势产业结合起来,大力引进参与我区优势产业发展、重大基础设施建设的战略投资者,大力引进我区发展急需的先进技术、管理经验和高端人才,尽快使内蒙古成为人才、资本、技术等要素流入区。

支持有条件的企业"走出去",到境外进行资源和产业开发。充分发挥我区毗邻俄蒙、口岸较多的地缘优势,积极拓展与俄蒙的合作领域,大力发展口岸经济。积极创造条件,把满洲里、二连浩特等口岸建设成为我国重要的国际贸易、外向型加工制造和跨境旅游基地。加快策克、甘其毛道、满都拉等新兴口岸建设。

增强创新能力,推动科技进步,是提升地区竞争力的决定性因素。要认真贯彻国家中长期科技发展规划纲要,把增强自主创新能力作为推动科技发展的战略基点和调整产业结构、转变增长方式的中心环节,加快建立以企业为主体、市场为导向、产学研相结合的技术创新体系。面向经济建设主战场,促进科技和经济的渗透与融合,推动科研机构和科技人员投身科技进步和技术创新。坚持自主创新和积极引进相结合,吸收和借鉴国内外先进科技成果,着力解决制约我区经济社会发展的重大科技问题,为建设创新型内蒙古提供有力的科技支撑。

四、全面加强社会主义政治建设、文化建设和社会建设

全面建设小康社会,构建和谐内蒙古,是社会主义经济、政治、文化、社会协调发展的有机整体。必须以经济建设为中心,大力加强社会主义政治建设、文化建设和社会建设,为现代化建设提供强有力的体制保障、智力支持和良好的社会环境。

(一)积极推进社会主义政治建设。坚持党的领导、人民当家作主和依法治国的有机统一,不断推进社会主义民主政治制度化、规范化和程序化。坚持和完善人民代表大会制度、共产党领导的多党合作和政治协商制度,保证人民代表大会及其常务委员会依法履行职能,保证人民政协切实发挥政治协商、民主监督和参政议政作用。充分发挥人民代表作用,提高参与管理国家事务的能力。巩固和发展最广泛的爱国统一战线,充分发挥团结各界、凝聚人心、促进发展的积极作用。按照总揽全局、协调各方的原则,加强党委对同级人大、政府、政协的领导,发挥其党组的领导核心作用。支持工会、共青团、妇联等人民团体依照法律和各自章程创造性地开展工作,更好地引导各族人民为经济社会发展贡献力量。进一步发展基层民主,健全基层自治组织和民主管理制度,扩大公民有序的政治参与,保障人民享有广泛的民主权利。坚持党管武装原则,做好民兵

预备役工作,积极支持国防和军队建设。

贯彻依法治国方略,加快推进依法治区进程。加强和改进地方立法工作,制定和完善符合民族地区特点、促进科学发展与社会和谐的地方法规。坚持依法行政和从严治政,增强政府的执行力和公信力。维护宪法尊严和法律权威,保证审判机关和检察机关依法独立行使审判权和检察权。认真落实司法为民要求,充分发挥司法机关的职能作用。加强对法律实施的监督,严肃查处徇私枉法、执法犯法行为。深入开展社会主义法治理念教育,加强和改进法律援助工作,拓展和规范法律服务,解决好群众打官司难、审判结果执行难等问题。

坚持和完善民族区域自治制度,进一步做好民族工作。全面贯彻落实《民族区域自治法》和中央民族工作会议精神,充分行使民族区域自治权利,用足用好国家支持少数民族和民族地区发展的各项政策,促进各民族共同团结奋斗、共同繁荣发展。加强马克思主义民族理论和党的民族政策教育,坚持开展民族团结进步表彰活动,组织实施好自治区成立六十周年庆祝活动,提高各族干部群众维护民族团结的自觉性和责任感,不断巩固发展平等团结互助和谐的社会主义民族关系。坚持因地制宜、因族举措、分类指导的方针,加大政策倾斜、资金投入、产业扶持力度,切实抓好"三少"民族自治旗、少数民族聚居区和边境旗市的建设与发展。认真贯彻党的宗教政策,依法管理宗教事务,坚持独立自主自办原则,积极引导宗教与社会主义社会相适应。

(二)大力发展社会主义先进文化。牢牢把握先进文化的前进方向,坚持不懈地用党的理论创新成果武装全党、教育人民,使之真正深入头脑、扎根人心。进一步坚定中国特色社会主义共同理想,不断巩固马克思主义在意识形态领域的指导地位。唱响主旋律,坚持正确导向,充分发挥新闻媒体宣传党的主张、弘扬社会正气、通达社情民意、引导社会热点、疏导公众情绪、搞好舆论监督的重要作用,努力营造倍加顾全大局、倍加珍视团结、倍加维护稳定的良好舆论氛围。重视做好舆情信息工作,坚决抵制错误思想言论和腐朽没落思想文化的传播,使宣传思想文化战线成为推进现代化建设的重要阵地。

努力提高公民的思想道德素质和社会文明程度。坚持把社会主义核心价值体系融入国民教育和精神文明建设的全过程,把树立和践行社会主义荣辱观作为引领社会风尚的旗帜，深入开展理想信念和社会公德、职业道德、家庭美德教育,做好关心下一代工作,加强青少年思想道德教育和大学生思想政治工作，打牢各族人民共同团结奋斗的思想道德基础。建设和谐文化,培育和谐精神,推动公民自觉履行社会责任,保持积极健康向上的社会心态。坚持开展群众性精神文明创建活动,弘扬民族精神和时代精神,不断增强各族人民"热爱内蒙古,建设内蒙古"的责任感和使命感。

全面发展教育、文化、卫生等社会事业。坚持教育优先发展,强化政府对义务教育的保障责任,巩固提高九年义务教育,加快普及高中教育,优先重点发展民族教育,积极发展高等教育,突出发展职业技术教育,构建多层次、多形式、多领域的现代职业教育体系。加大教育投入,鼓励社会力量办学,建立有效的教育资助体系,促进各级各类教育协调健康发展。加快民族文化大区建设步伐,努力实现优秀传统文化和时代发展要求的有机结合,实现经济发展与文化发展的互动并进,实现民族文化和现代文明的交相辉映。坚持一手抓公益性文化事业,一手抓经营性文化产业,加强城乡社区、企业、校园文化阵地建设,优先建设关系群众切身利益的公益性文化项目，逐步形成比较完备的公共文化服务体系。注重保护民族文化遗产,开发利用民族文化资源,繁荣发展草原文化,打造民族文化和草原文化品牌,重点扶持发展一批规模大、实力强、有特色的文化骨干企业,提升我区文化产业的整体实力。重点支持对经济社会发展重大问题的研究，繁荣发展我区哲学社会科学。坚持公共医疗卫生的公益性质,完善公共卫生、医疗服务体系,提高重大疾病预防控制能力和医疗救治能力,加快发展蒙医药、中医药事业。全面推行新型农村牧区合作医疗制度,搞好社区卫生服务,建设覆盖城乡居民的基本卫生保健制度,认真解决群众看病难、看病贵问题。坚持计划生育基本国策,增强人口意识和人均观念,建立健全利益导向机制,稳定低生育水平,提高出生人口素质。发展体育事业,开展全民健身运动,提高竞技体育水平和全民健康水平。

(三)努力构建和谐内蒙古。社会和谐是中国特色社会主义的本质属性。要认真贯彻落实党的十六届六中全会精神，努力构建在党的领导下全区各族人民共同建设、共同享有的和谐社会。

千方百计扩大就业、增加收入。就业是民生之本，富民是和谐之基。各级党委和政府必须把促进就业和富裕人民作为和谐社会建设的重要任务，广开就业门路，大力发展劳动密集型产业，扩大服务业、非公有制经济、中小企业就业容量，培育新的就业增长点。引导全社会转变择业观念，推行多渠道就业和多形式灵活就业。加强就业培训和服务，搞好就业援助和就业指导，促进稳定就业。积极探索和建立收入增长、就业增长与经济增长良性互动机制，把就业增收、政策增收、社保增收等有机结合起来，广辟居民增收渠道，促进居民收入来源多样化。高度重视、认真解决困难群众、弱势群体的生活问题，加大扶贫济困力度，着力提高城乡生活困难家庭的收入水平。

建立健全促进社会和谐的制度保障。以保障权利公平、机会公平、规则公平、分配公平为重点，进一步落实和完善民主权利保障制度、公共财政制度、收入分配制度和社会保障制度，保障人民在政治、经济、文化、社会等方面的权益。坚持量力而行与尽力而为，进一步加大公共财政对教育、科技、卫生、文化、就业再就业服务、社会保障等领域的投入，加大财政支出向农村牧区、革命老区和生活困难群众倾斜力度。切实搞好社会保险统筹工作，加快建立社会保险、商业保险、社会救助、社会福利、慈善事业相衔接的覆盖城乡居民的社会保障体系。合理调节收入分配，努力缩小收入差距，促进共同富裕。坚持把创新精神贯穿到治区理政的各个环节，充分发挥人民群众的首创精神，充分发挥生产力作为最活跃、最革命因素的决定性作用，使全社会的创造能量充分释放、创新成果不断涌现、创业活动蓬勃开展。

进一步加强社会建设和管理。健全党委领导、政府负责、社会协同、公众参与的社会管理格局。各级政府要增强服务理念，以发展社会事业和解决民生问题为重点，不断提高公共服务和管理水平。创新公共服务方式，健全社会服务体系，发挥城乡各类社会组织提供服务、反映诉求、规范行为的作用。健全社会管理机制，形成科学有效的利益协调、诉求表达、矛盾调处、权益保障机制。积极探索新形势下处理人民内部矛盾的正确途径和有效方法。以构筑祖国北疆安全稳定屏障为目标，完善维护稳定工作机制和社会治安防控体系，依法严厉打击各种违法犯罪活动，加强安全生产工作，确保各族人民安居乐业。

五、不断推进党的建设新的伟大工程

把全区各族人民的意志和力量凝聚起来，推进全面建设小康社会和现代化进程，必须进一步加强和改进党的建设，更好地发挥党委总揽全局协调各方的领导核心作用、基层党组织的战斗堡垒作用和共产党员的先锋模范作用。

(一)切实加强思想建设，用马克思主义中国化的最新成果武装头脑、指导实践。认真组织广大党员干部深入学习马列主义、毛泽东思想、邓小平理论和"三个代表"重要思想，学习党的十六大以来党中央提出的一系列重大理论创新成果。坚持理论联系实际的学风，提高运用马克思主义立场、观点和方法研究新情况、解决新问题的能力，把科学发展观的要求转化为谋划发展的正确思路、促进发展的政策措施、领导发展的实际能力，使我们的各项工作更好地体现时代性、把握规律性、富于创造性。

(二)切实加强领导班子和干部队伍建设，不断提高执政能力和领导水平。坚持贯彻执行民主集中制，规范决策程序，推进科学决策和民主决策。全面贯彻干部"四化"方针和德才兼备原则，认真落实《党政领导干部选拔任用工作条例》，切实把那些政治坚定、能力突出、作风过硬、群众信任、善于领导科学发展的干部及时选拔到领导岗位上来，特别要加强对党政主要领导的选配、管理和监督。着眼于增强领导班子的整体功能，优化专业、知识和能力结构，提高科学执政、民主执政、依法执政水平。按照《深化干部人事制度改革纲要》的要求，加快推进干部人事制度改革。加大优秀年轻干部培养选拔力度，认真做好妇女干部、少数民族干部和党外干部培养选拔工作。重视做好老干部工作。认真贯彻《干部教育培训工作条例(试行)》，切实抓好干部教育培训"动力工程"，推进学习型社会建设。坚持党管人才原则，大力实施人才强区战略，抓好培养、吸引、使用等关键环节，增加人才总量，优化人才结构，完善人才机制，切实加强党政人才、企业经营管理人才、专业技术人才、社会工作人才队伍建设，抓紧培养高技能人才和农村牧区适用人才，形成各类优秀人才脱颖而出、各得其所、各尽所能的良好局面。

（三）切实加强党的基层组织建设，进一步夯实党执政的组织基础。以先进性建设为重点，按照围绕中心、服务大局，拓宽领域、强化功能的要求，积极探索新形势下基层组织建设新的机制、途径和方法，使基层党组织真正成为贯彻"三个代表"重要思想、全面落实科学发展观的组织者、推动者、实践者。围绕建设社会主义新农村新牧区，以"三级联创"、"双链双推"活动为载体，建立干部经常受教育、农牧民长期得实惠的有效机制。适应完善社会主义市场经济体制和建立现代企业制度的要求，进一步加强和改进国有及国有控股企业党建工作，充分发挥党组织的政治核心作用。加强非公有制企业党建工作，不断扩大党的工作覆盖面。适应城市社会管理和党员分布的新变化，努力构建社区党建工作的新格局。重视做好机关、院校、科研单位、文化团体的党建工作。认真总结和运用先进性教育活动的理论成果、实践成果和制度成果，形成党员"长期受教育、永葆先进性"的长效机制。坚持标准，保证质量，把符合条件的各方面优秀分子及时吸收到党的队伍中来，不断增强党的阶级基础、扩大党的群众基础。

（四）切实加强党风廉政建设，深入开展反腐败斗争。党风廉政建设和反腐败斗争关系党的生死存亡，要旗帜鲜明、毫不动摇地不断加强。认真贯彻"两个务必"和"八个坚持、八个反对"的要求，大力加强党的作风建设，努力培育与党的优良传统相承接、与改革创新的时代精神相符合的好作风。我们党的最大政治优势是密切联系群众，要坚持党的群众路线，大兴求真务实、艰苦奋斗之风，做到清醒、静心、实干，多干群众急需和群众受益的事，多干打基础和利长远的事，坚决防止和克服形式主义、急功近利、劳民伤财，以优良的党风促政风带民风，营造和谐的党群干群关系。坚持标本兼治、综合治理、惩防并举、注重预防的反腐倡廉战略方针，推进教育、制度、监督并重的惩治和预防腐败体系建设。切实加强对落实科学发展观、构建社会主义和谐社会的监督检查，确保党的路线方针政策的贯彻落实。搞好党章、法纪学习和警示教育，加强党员干部党性锻炼和思想道德修养，推进廉政文化建设，筑牢拒腐防变的思想道德防线。以科学配置权力、有效制约权力为重点，健全防范腐败的体制机制，最大限度地从源头上减少腐败发生。继续加大专项治理工作力度，认真开展治理商业贿赂工作，坚决纠正、治理部门和行业不正之风，切实解决好损害群众利益的突出问题。以查办发生在领导机关和领导干部中的违纪、违法、犯罪案件为重点，进一步加大查办案件工作力度，严厉惩治腐败行为。坚持党委统一领导、党政齐抓共管、纪委组织协调、部门各负其责、依靠群众支持和参与的反腐败领导体制和工作机制，认真落实党风廉政建设责任制，不断加强纪检监察机关自身建设。各级领导干部要做廉洁自律的表率，从政要有品格，用权要讲原则，做人要重形象，带头加强思想道德修养，带头接受监督，自觉做到为民、务实、清廉。

同志们，实现这次大会确定的奋斗目标，是时代的要求、人民的愿望，更是全区各级党组织和广大党员的神圣使命。实践必将证明，具有光荣传统的内蒙古各族人民，一定能够再创新的业绩、再铸新的辉煌。让我们紧密团结在以胡锦涛同志为总书记的党中央周围，全面贯彻落实科学发展观，团结带领全区各族人民，把内蒙古的改革开放和现代化建设继续推向前进！

实施西部大开发战略的几点体会

（2007年7月11日）

自治区近年来又好又快发展，主要得益于贯彻落实科学发展观和国家实施西部大开发战略。体会最深的有这样几点：

一是既要改善发展条件，又要培育发展主体。在改善发展条件方面，全力抓好生态建设和基础设施建设。内蒙古地处祖国北部边疆，横跨东北、华北和西北，其生态环境如何，不仅直接关系全区2300多万各族人民的福祉，而且关系首都北京乃至全国的生态安全。近年来，内蒙古把生态建设作为推进西部大开发的切入点和最大的基础建设来抓，采取有效措施，不断加大保护和建设力度，努力构筑祖国北方重要生态屏障。在工作方针上，坚持保护与建设并举，在局部区域内加大投入进行人工建设，在大面积土地上通过各种保护性措施恢复植被。在工作布局上，划分为五大重点治理区域，即黄河中上游水土流失和风沙盐碱治理区，京津周边内蒙古风沙治理区，大兴安岭天然林资源保护区，呼伦贝尔和锡林郭勒草原保护治理区，阿拉善生态自然封育治理区。在工作重点上，全力实施草原生态建设与保护工程、天然林保护工程、退耕还林还草工程、京津风沙源治理工程、"三北"防护林工程和水土保持工程等"九项工程"。西部大开发以来，累计投入资金200多亿元，治理沙化、荒漠化面积2.5亿亩。通过不懈努力，全区森林覆盖率由"九五"初期的13.8%提高到目前的17.57%，8700万亩水土流失面积得到初步治理，6000万亩农田得到有效保护，1亿多亩草牧场恢复了往日生机，全区生态恶化的趋势得到有效遏制。加大基础设施建设力度，重点抓了公路、铁路、电力三大通道建设。全区公路里程达12.88万公里，建成横贯自治区东西2600多公里的大通道，铁路正线里程达到7970公里。每个旗县都建成一座22万伏变电站,每个盟市都建成一座50万伏变电站。在培育发展主体方面,主要是以新型工业化为主攻方向,大力发展优势特色产业。全区工业占GDP的比重由2000年的31.5%提高到去年的41.3%,成为拉动经济增长的主导力量。在推进新型工业化过程中,我们突出强调要努力做到"三个一定要":即一定要按照中央要求,紧密结合内蒙古实际,按照客观规律办事,做大做强优势特色产业;一定要坚持市场导向、企业主体,将政府职能转变到搞好社会管理和公共服务上来;一定要加强自主创新,推进技术跨越,重视人才资源的引进开发,将增长方式转变到依靠科技进步和提高劳动者素质上来。在工作中,着力推进产业多元、产业延伸、产业升级。

推进产业多元,就是要坚持依托资源而又不依赖资源,在继续发展和提升资源型产业的同时,加快发展非资源型加工业,培育新的产业增长点。大力发展能源、冶金、化工、装备制造、农畜产品加工、高新技术六大优势特色产业,2006年六大优势特色产业完成工业增加值1390亿元,是2000年的6.31倍,占全区规模以上工业增加值的85%。优势特色产业不仅具有一定规模,而且具有较高层次,营业收入超过100亿元的企业达到12家,2010年有望达到二十五六家。涌现出鄂尔多斯、伊利、蒙牛等16个中国驰名商标。

推进产业延伸,就是要不断提高资源综合开发利用水平,延长产业链条,大力发展精深加工,逐步由主要生产原材料和中间产品转变到生产直接面向市场和消费的终端产品。自治区明确规定,不能简单地卖资源,对没有下游产品的煤炭企业不予审批。重点发展大煤炭、大煤电、大化工,突出抓好煤制油、煤化工、天然气化工、氯碱化工等延伸产业。国际上第一条煤直接液化生产线、国内第一条煤间接液化生产线均落户我区。目前,全区煤炭转化率已近50%。预计到2010年将实现煤制油1000万吨,煤、气制甲醇1000万吨,PVC1000万吨,电力装机6000万千瓦,并且实现电力就地消耗一半的目标。已经形成规模的钢铁、有色金属、PVC等,也要努力向下游延伸。

推进产业升级,就是要切实抓好"上大、压小、引新"和节能减排工作。"上大"就是着力培育和发展大项目、大企业、大集团,走大产业的发展路子。"压小"就是严格按照国家产业政策的要求,坚决淘汰高耗能、高污染、低水平落后生产能力。"引新"就是立足高起点,加大技术创新、技术引进力度,使新上项目的技术和装备水平努力达到国际国内同行业先进水平。强化节能降耗,推行清洁生产,发展循环经济,促进资源节约和环境友好。自治区要求,新上的重点项目,尽可能采用国际国内最先进的技术装备。现在,我国最大的井工矿和最大的露天矿都在内蒙古。神东煤矿产能2000万吨,只需280多人,准格尔露天煤矿产能2000万吨,直接从事作业只有400多人。新上的火电机组,单机一般都在30万千瓦以上。

二是既要争取外力,又要启动内力和活力。在充分利用国家优惠政策的同时,不断扩大对外开放,培育自主增长机制,增强自身"造血"功能。近年来,自治区在积极争取国家支持的同时,更加注重深化改革和扩大开放,有效启动和激发自身的内力和活力。全面深化各项改革,逐步消除制约发展的体制机制障碍。加快对内对外开放步伐,"十五"以来共引进国内(区外)资金4020亿元。经济自主增长机制开始形成,主要体现在:经济发展的市场化程度明显提高,企业的市场主体地位进一步突出,市场在资源配置中的基础性作用不断增强;发展环境进一步优化,在生态、基础设施等硬环境不断改善的同时,法制、服务、诚信等软环境建设明显加强;投资主体日益多元化,去年在全部固定资产投资中,政府投资、银行贷款比重下降,社会投资成为主体,占全部投资的76.1%。

三是既要加快发展,更要科学发展。内蒙古近几年之所以又好又快发展,得益于落实科学发展观,在今后的发展中,必须坚持以科学发展观为统领,切实推动经济社会转入又好又快的发展轨道。

当然,在发展中我们也存在着一些不容忽视的矛盾、问题和薄弱环节。在总结"十五"发展时,我们总结了八个方面的问题:即从投资、消费、出口三大需求看,我区仍属于投资拉动型经济;从三次产业发展看,我区仍属于工业拉动型经济;从经济的外向度看,我区有效利用外资规模较小,口岸经济发展不快,仍属于内向型经济;从人民群众生产生活情况看,我区经济发展较快,但人民群众生活改善较慢;从经济体制看,我区国有、股份制企业比重大,个体私营企业和外资企业比重小;从产业层次看,传统产业较多,新型产业、现代产业较少;从企业组织结构看,产业集群化发展不够,中小企业发展滞后;从资源开发利用水平看,综合开发利用水平不高,产业链条不长。

在总结去年工作时,又查找了四大问题:一是发展基础较弱,农牧业基础薄弱,抗御自然灾害的能力不强,生态环境比较脆弱,基础设施承载产业、保障生活的能力需要进一步增强。二是增长方式仍较粗放,产业发展层次有待提升,节能降耗、污染减排任务艰巨。三是发展不够协调,区域、城乡发展差距较大,城乡居民收入增长与经济增长不相适应,社会事业发展相对滞后。四是影响社会和谐的因素较多,就业压力增大,社会保障工作需要进一步加强。

今年,我们经过认真分析研究,查找了经济社会发展中的五个薄弱环节,即建筑业、服务业、非公有制经济、中小企业发展和居民收入相对滞后, 直接影响经济社会又好又快发展。这些问题都需要我们在今后的工作中认真有效地加以解决。

（选自接受凤凰卫视采访提纲）

认真学习好贯彻好胡锦涛总书记
视察内蒙古重要讲话精神

(2007年11月26日)

在全区上下认真学习贯彻党的十七大精神之际，中共中央总书记、国家主席、中央军委主席胡锦涛同志于11月17日至19日亲临我区视察。胡锦涛总书记一直对边疆民族地区的内蒙古十分关怀和关心。1994年8月、1995年6月、2000年4月先后三次来我区视察指导。2003年1月，党的十六大闭幕不久，胡锦涛总书记冒着隆冬严寒深入我区通辽市、锡林郭勒盟视察指导。党的十七大胜利闭幕后，胡锦涛总书记第一次到地方视察工作就来到内蒙古，充分体现了党中央对内蒙古各族人民的亲切关怀。视察期间，胡锦涛总书记先后深入鄂尔多斯市、呼和浩特市的农村牧区和工矿企业，亲切看望、慰问了农牧民群众和下岗、离退休职工，亲切接见了驻呼和浩特市人民解放军和武警部队师以上干部，作了许多重要指示。在听取自治区党委、政府的工作汇报后，胡锦涛总书记发表了重要讲话，对深入贯彻党的十七大精神、加快转变经济发展方式、高度重视改善民生、加强和改进党的建设等重大问题进行了深刻阐述。讲话内涵丰富、寓意深刻，具有很强的理论性、指导性，为我们深入贯彻落实党的十七大精神，在新的历史起点上更好地发展进步、开创未来指明了方向。我们要认真学习贯彻胡锦涛总书记重要讲话精神，进一步把学习贯彻党的十七大精神引向深入，进一步把科学发展、和谐发展推向前进，为夺取全面建设小康社会新胜利努力奋斗。

按照胡锦涛总书记"三个狠下功夫"的要求，
不断把学习贯彻党的十七大精神引向深入

党的十七大是在我国改革发展关键阶段召开的一次十分重要的大

会。当前,摆在全区各级党组织面前的首要政治任务,就是学习好、贯彻好党的十七大精神。胡锦涛总书记在讲话中指出,深入学习贯彻党的十七大精神,要在武装头脑上狠下功夫,切实帮助广大干部群众吃透党的十七大精神;在指导实践上狠下功夫,切实按照党的十七大精神研究和解决重大现实问题;在推动工作上狠下功夫,切实把党的十七大精神充分体现到各项工作部署和政策措施中去。我们一定要按照胡锦涛总书记"三个狠下功夫"的要求,在前一段学习贯彻的基础上,不断把我区学习贯彻十七大精神引向深入。

一是要全面准确地学习领会十七大和胡锦涛总书记重要讲话精神,切实把握精神实质。要结合学习胡锦涛总书记重要讲话,原原本本、认真细致地研读党的十七大文件,深刻理解党的十七大的主题,进一步增强高举中国特色社会主义伟大旗帜的自觉性和坚定性;深刻理解改革开放的伟大历史进程和宝贵经验,倍加珍惜、长期坚持、不断发展中国特色社会主义道路和中国特色社会主义理论体系;深刻理解科学发展观的科学内涵、精神实质和根本要求,坚定不移地走科学发展道路;深刻理解实现全面建设小康社会奋斗目标的新要求和社会主义经济建设、政治建设、文化建设、社会建设等方面的重大工作部署,充分激发为全面建设小康社会而奋斗的热情和干劲;深刻理解以改革创新精神全面推进党的建设新的伟大工程的重大任务,为使我们党始终成为中国特色社会主义事业的坚强领导核心而不懈努力。通过学习,使广大干部群众真正理解和把握十七大的精神实质,更好地用党的十七大精神统一思想、统一行动,凝聚力量、凝聚智慧。

二是要突出重点、创新方法,切实做到深入人心。要重点抓好各级领导干部的学习,分级搞好对县处级以上干部的集中轮训。各级党委中心组要把学习贯彻党的十七大和胡锦涛总书记重要讲话精神作为主要内容,制定计划,安排专题,坚持把集中学习与个人自学结合起来、通读文件与专题研讨结合起来、学习理论与思考问题结合起来,带头做到系统学、深入学,为广大党员和干部群众作出表率。同时,要组织宣讲团,利用报刊、电台、电视台等各种媒体,进行广泛深入宣传,全面推动十七大精神进企业、进学校、进社区、进乡村。要组织专家学者和有专长的实际工作者,围绕十七大提出的一系列新思想、新观点、新论断，围绕干部群众提出的难点、热点问题进行深入研究，努力推出一批有深度、有份量的研究成果。要坚持贴近实际、贴近生活、贴近群众，创新学习形式，善于用事实说话、用典型说话、用数字说话，做到既全面准确又深入浅出，切实增强宣传的吸引力和感染力。要根据不同对象、不同群体的需求，从不同角度、不同层次、不同侧面进行宣传，努力做到学习宣传活动使人喜闻乐见、给人教育启迪。

三是要紧密联系实际，切实解决问题。学习贯彻党的十七大和胡锦涛总书记重要讲话精神有没有明显成效，关键看各项工作有没有新进展、各项事业有没有新进步。要发扬理论联系实际的马克思主义学风，坚持学以致用、用以促学，把用党的十七大精神武装头脑、指导实践、推动工作作为学习的出发点和落脚点。要紧密结合思想实际，围绕干部群众提出的深层次思想理论问题和关心的热点、难点问题深入调研，切实做好解疑释惑和统一思想工作。要紧密结合工作实际，着眼中国特色社会主义事业总体布局，抓住制约科学发展、和谐发展的突出问题，找准结合点和切入点，切实拿出加强和改进工作的重大措施。要紧密结合群众愿望，全面把握人民群众的新期待，适应人民群众的新愿望，实现好、维护好、发展好最广大人民的根本利益。

通过深入学习贯彻党的十七大确定的重大理论观点、重大战略思想、重大工作部署和胡锦涛总书记重要讲话精神，真正使学习贯彻的过程成为推动科学发展观贯彻落实的过程，成为推动经济社会又好又快发展的过程，成为推动改善民生的过程，成为推动党的建设全面加强的过程。

按照胡锦涛总书记"五个下大气力"的要求，
努力推动经济又好又快发展

胡锦涛总书记在讲话中谈到，时隔近5年再来内蒙古，我们高兴地看到，"内蒙古各项事业发展很快，城乡面貌变化很大，改革开放和社会主义现代化建设取得新的显著成就。"要求我们加快转变经济发展方式，下大气力推进社会主义新农村新牧区建设，下大气力推进经济结构调整，下大气力推进自主创新，下大气力推进生态环境保护，下大气力推进改革

开放。这"五个下大气力",抓住了推进我区科学发展的关键。我区近年来发展势头良好,越是在这种情况下,越要重视转变经济发展方式,努力推动经济又好又快发展。

一是要在创新发展理念上取得新进展。从加快发展,到又快又好发展,再到又好又快发展,是我们党发展理念的深化和飞跃。特别是又好又快思想的确立,是马克思主义关于发展理念的重大创新。回顾这几年我区的发展历程,也同样经历了这样几个阶段。在深入贯彻落实科学发展观过程中,无论是呼包鄂优势地区,还是东部盟市和其它地区,都要把发展的基点定位在又好又快上,始终坚持好字当先、好为基础。强调好字当先、好为基础,就是要按照科学发展观的要求,进一步转变发展方式,坚持扩大国内需求特别是消费需求的方针,正确处理投资需求与消费需求的关系,促进经济增长由主要依靠投资、出口拉动向依靠消费、投资、出口协调拉动转变;坚持走新型工业化道路,大力发展现代农牧业、现代服务业,努力实现三次产业协调发展,促进经济增长由主要依靠第二产业带动向依靠第一、第二、第三产业协同带动转变;坚持实施科教兴区和人才强区战略,加大建设创新型自治区力度,促进经济增长由主要依靠增加物质资源消耗向主要依靠科技进步、劳动者素质提高、管理创新转变。强调好字当先、好为基础,就是要更加注重优化结构,更加注重提高发展的质量和效益,努力实现速度和结构、质量、效益相统一;更加注重保护环境,更加注重节约资源,努力实现经济发展和人口、资源、环境相协调;更加重视社会事业发展,更加重视民生,努力实现经济发展与社会发展、民生改善相协调。强调好字当先、好为基础,就是要在谋划科学发展过程中,眼界要宽一点,一定要按照中央要求,树立世界眼光和战略思维,更加自觉地把我区的发展置于全国乃至世界的发展大局中来谋划;眼界要远一点,既要立足当前,更要着眼长远,考虑未来、为了未来,不能只顾眼前、不顾长远,干吃祖宗饭、断子孙路的事,要多做打基础、利长远的事。强调好字当先、好为基础,就是要重实际、讲实干、求实效,切实用科学发展观武装头脑、指导实践、推动工作,着力转变不适应不符合科学发展观的思想观念,着力解决影响和制约科学发展的突出问题,切实把科学发展观贯彻落实到经济社会发展的各个方面。

　　二是要在调整优化经济结构上取得新进展。在谈到推进经济结构调整时，胡锦涛总书记指出，内蒙古这些年经济增长速度比较快，没有发展速度的压力，有条件在这些方面下功夫。同时要求我们，要增强经济结构调整的紧迫感，放眼全局推进经济结构调整、立足优势推进经济结构调整、紧扣节约推进经济结构调整。这完全符合我区实际，我们一定要深刻领会、切实执行。要在继续搞好生产力布局、所有制结构调整的同时，把产业结构调整放在突出位置，着力促进产业结构优化升级。要坚持把我区产业发展放到世界经济大背景中去把握、放到全国产业分布大格局中去谋划，紧紧抓住国际产业分工调整重组和我国东部地区产业转移的机遇，坚持以市场为导向，加快建设现代产业体系。要深入推进新型工业化，积极促进产业多元、产业延伸、产业升级，进一步做大做强优势特色产业，使优势更优、特色更特，产业层次更高、产业集中度更高、产业链条更长，市场份额更大，切实把我区优势特色产业培育成市场前景好、发展后劲足的产业。要大力发展现代农牧业。胡锦涛总书记在讲话中指出，内蒙古人均耕地面积和草原总面积居全国之首，是我国重要的粮食、畜牧业生产基地。要按照胡锦涛总书记的要求，毫不放松地抓好粮食生产，加快发展畜牧业特别是农区畜牧业，调整农牧业结构，推进农牧业产业化经营，完善农村牧区市场体系和农牧业服务体系。加快发展服务业，对于推进经济结构调整、转变经济发展方式、有效节能降耗，对于扩大就业、提高人民生活水平，具有极为重要的作用。要大力发展服务业特别是物流、金融、信息等生产性服务业和旅游、文化等新兴服务业。加大对服务业的投入，调整服务业结构和布局，推进服务领域改革，优化服务业发展环境，提高服务业比重和水平。要牢固树立资源基地也要厉行节约的意识，加快转变资源开发利用方式，加强资源开发的科学规划和有效保护，坚持有序开发和合理利用资源，建立健全资源有偿使用制度，大力发展循环经济，提高资源利用效率，逐步形成节约型的产业结构、增长方式、消费模式。

　　三是要在增强发展的协调性和可持续性上取得新进展。要把调整投资结构作为增强发展协调性和可持续性的重要抓手，在继续保持工业经济合理投资增速和规模的同时，着力调整投向，把更多的财力投向农村牧区、生态保护和基础设施建设，投向民生和社会事业。要进一步加大统筹城乡发展力度,加快建立以工促农、以城带乡长效机制,发挥工业对农牧业的支持反哺作用、城市对农村牧区的辐射带动作用,全面推进社会主义新农村新牧区建设,多渠道增加农牧民收入,加快农村牧区社会事业发展,努力形成城乡经济社会一体化新格局。要进一步加大统筹区域发展力度,继续鼓励呼包鄂优势地区率先发展,大力促进东部盟市全面振兴,努力实现全区各地协调发展。要进一步加大统筹经济社会发展力度,大力发展各项社会事业,切实解决经济社会发展存在的不协调问题,不断提高全社会的文明进步水平。要本着对国家、对民族、对子孙后代高度负责的精神,坚持走生态文明的发展道路,按照胡锦涛总书记的要求,把生态建设与生态保护、加强生态教育与健全体制、发挥政府作用与动员全社会力量结合起来,进一步完善政策、加大力度,切实保护好内蒙古这块辽阔草原,保护好大兴安岭这片绿色林海,坚持不懈地建设好祖国北方重要生态屏障。要进一步重申和强调,发展经济决不能以牺牲环境为代价。进一步落实节能减排工作责任制,强化检查考核,确保节能减排目标任务的实现。要进一步加强交通、水利、能源、信息、城镇等基础设施建设,不断提高基础设施承载产业、保障生活的能力。积极推进资源勘探详查工作,进一步摸清矿产资源和国土资源包括环境容量情况,切实提高资源接续能力。

四是要在推进改革开放和自主创新上取得新进展。要按照完善社会主义市场经济体制的要求,进一步加大改革力度,提高改革决策的科学性,增强改革措施的协调性,着力消除制约科学发展的体制机制障碍,更好地发挥市场配置资源的基础性作用。坚持和完善社会主义基本经济制度,加快推进国有企业改革,健全现代企业制度,大力鼓励、支持、引导非公有制经济发展,促进个体、私营经济健康发展。深化行政管理体制改革,减少政府对资源和要素配置的直接干预,强化公共服务职能。要按照胡锦涛总书记"在边字上做文章,在开放上下功夫,在内联上求发展"的要求,加强同兄弟省份的横向联合和协作,加强同区外大企业和企业集团的合作,加快形成与其它地区优势互补、共同发展的格局。充分利用我区毗邻俄蒙的地缘优势,坚持"引进来"和"走出去"相结合,大力加强口岸建设,大力发展边境贸易和口岸经济,积极有序地进行境外能源资源合作开发,切实做好向北开放这篇大文章,加快实现区位优势向开放优势转变。加大自主创新力度,注重发挥后发优势,实现技术跨越,突出企业创新主体地位,有重点地推进原始创新、集成创新和引进消化吸收再创新。要进一步优化发展环境,着力加强法治环境、信用环境和社会环境建设,积极发展各类要素市场,加快从资金流入区向资金、人才、技术和管理等要素流入区迈进。

按照胡锦涛总书记"三个着力"的要求,
切实推进以改善民生为重点的社会建设

胡锦涛总书记在我区考察时,十分关注民生问题,多次深入农牧民和城市困难群众家中,仔细询问生产生活情况,嘱咐我们一定要把民生问题解决好。总书记亲民、爱民、为民的作风,使我们深受教育、深为感动。总书记指出:"改善人民生活,促进社会和谐,是科学发展观的内在要求,也是人民群众的根本利益所在"。要求我们着力保障和改善民生,着力加强民族和宗教工作,着力加强和改进社会管理。这"三个着力"的要求,对我们加强和谐社会建设具有很强的指导意义。我们一定要按照党的十七大的部署和胡锦涛总书记的要求,坚持以人为本,着力保障和改善民生,更加注重社会建设,努力使全区各族人民学有所教、劳有所得、病有所医、老有所养、住有所居,扎实推进和谐内蒙古建设。

一是以增收富民为重点,全力以赴做好保障和改善民生工作。近年来,随着经济的不断发展,我区城乡居民生活水平有了明显改善,但居民增收与经济增长不够协调,城乡人均收入仍低于全国平均水平。为此,自治区第八次党代会明确把"着力增收富民"确定为今后一个时期的重要目标和原则。各级在今后工作中,必须把增收富民作为坚持党的宗旨、落实执政为民的首要任务,作为各级干部最重要的政绩,积极探索、逐步建立收入增长与经济增长良性互动机制,稳步推进收入分配制度改革,着力促进城乡居民收入来源多元化、增收稳定化、分配公平化,切实提高城乡居民收入水平。要把扩大就业作为最大的民生工程来抓,实施积极的就业政策,坚持以创业带动就业,积极培育创业主体。健全面向全体劳动者的职业培训制度,完善面向所有困难群众的就业援助制度,统筹做好

困难群众就业、高校毕业生就业、农村牧区富余劳动力转移就业工作,特别要确保零就业家庭至少实现一人就业。要健全完善社会保障体系,按照广覆盖、保基本、多层次、可持续的方针,以社会保障、社会救助、社会福利为基础,以基本养老、基本医疗、最低生活保障制度为重点,以慈善事业、商业保险为补充,加快建立完善覆盖城乡居民的社会保障体系,全面推行农村牧区低保制度,积极探索建立多种形式的农村牧区养老保险制度。要扎实推进民生工程建设,加大投入力度,切实解决好农牧民饮用安全水问题,推进经济适用住房和廉租房建设,多渠道解决低收入家庭住房困难。要抑制消费品价格过快上涨,重视"菜篮子"工程建设,完善和落实因基本生活必需品价格上涨对低收入群众的补助办法,切实保障群众生活。要正确处理尽力而为与量力而行的关系,多做让群众普遍受益、长期受益的事,坚持不懈地为群众办实事、解难事、做好事。

二是着眼于促进人的全面发展,大力发展各项社会事业。要进一步调整优化公共财政支出结构,努力促进公共服务均等化。要坚持把教育摆在优先发展位置,巩固"两基"达标成果,全面提高义务教育普及水平,逐步提高贫困小学、初中寄宿生的生活费补助标准,保障经济困难家庭、进城务工人员子女平等接受义务教育,保证考上大学的贫困家庭子女都能入学。要大力发展医疗卫生事业,加快推进医疗卫生体制改革,加紧建设覆盖城乡居民的公共卫生服务体系、医疗服务体系、医疗保障体系、药品供应保障体系,全面推进新型农村牧区合作医疗制度,加快推进以大病统筹为主的城镇居民医疗保障试点和普及工作,为群众提供安全、有效、方便、价廉的医疗卫生服务。要按照十七大关于推动社会主义文化大发展大繁荣的要求,切实把文化建设摆在突出位置,加强社会主义核心价值体系建设,加快推进和谐文化建设,深入推进民族文化大区建设,大力发展文化事业和文化产业,充分保障人民群众的基本文化权益,着力提高自治区的文化软实力,不断满足人民群众日益增长的精神文化需求。

三是坚持和谐为贵、稳定为重,努力营造和谐稳定的社会环境。在视察中,胡锦涛总书记对我区的民族团结进步事业给予充分肯定,指出"内蒙古自治区成立60年来,以各族人民共同团结奋斗、共同繁荣发展的不平凡历程,为我国民族团结进步事业发挥了重要作用,为我国实施民族区域自治树立了光辉典范"。这既是对我们的鼓励,也是对我们的鞭策。我们一定要以总书记的勉励为动力,以自治区成立60周年为新的起点,牢牢把握各民族共同团结奋斗、共同繁荣发展的主题,坚持和完善民族区域自治制度,加强民族团结进步教育,不断巩固和发展各民族紧密团结的大好局面,进一步开创我区民族团结进步事业的新局面。要全面贯彻党的宗教工作基本方针,依法管理宗教事务,积极引导宗教与社会主义社会相适应。要加强社会主义民主法制建设,不断扩大人民民主,加快推进依法治区进程。要创新社会管理理念和方式,加快形成科学有效的利益协调机制、诉求表达机制、矛盾调处机制,建立健全应急管理体制机制,最大限度地增加和谐因素、减少不和谐因素。要深刻认识和准确把握新形势下人民内部矛盾的特点和规律,建立健全正确处理人民内部矛盾的工作机制,进一步完善信访制度,健全党和政府主导的维护群众权益机制,努力从源头上减少人民内部矛盾的发生。要加强基层基础工作,深入开展矛盾纠纷排查化解工作,依法及时合理地处理群众反映的问题,努力把影响社会稳定的问题解决在基层和萌芽状态。要切实抓好安全生产,坚决遏制重特大安全事故发生,确保人民生命财产安全。要加强社会治安综合治理,深入开展平安创建活动,严密防范和严厉打击各种敌对势力的分裂、渗透、颠覆活动,确保社会大局稳定和边境安全。

加快推进以改善民生为重点的和谐社会建设,必须切实增强工作的自觉性、主动性和实效性。增强自觉性,就是要牢固树立执政为民的思想,树立群众利益无小事、民生问题大于天的理念,自觉坚持发展为了人民、发展依靠人民、发展成果由人民共享,把群众的生产生活、安危冷暖时刻放在心上、摆在首位,想问题、作决策、办事情都要以是否有利于改善民生、促进和谐为标准。增强主动性,就是要积极主动地研究和思考群众的所思所想、所愿所盼,敏锐把握影响群众生产生活的突出矛盾和关键问题,找准量力而行与尽力而为的结合点,适时出台富民惠民政策措施,及时解决群众生产生活中的实际困难和问题。增强实效性,就是要切实加大抓落实力度,把更多的人力、物力、财力和领导精力投到保障和改善民生上来,真正把改善民生的各项政策措施体现在为民办实事、办好事的实际行动中，以保障和改善民生的实际成效取信于民。关于明年为民办实事和民生工程建设问题，经自治区党委、政府研究后，下个月全区经济工作会议将作出安排。

<h2 style="text-align:center">按照胡锦涛总书记"四个大力加强"的要求，
进一步加强和改进党的建设</h2>

党的十七大提出必须把党的执政能力建设和先进性建设作为主线，确立了思想建设、组织建设、作风建设、制度建设和反腐倡廉建设五位一体的总体布局，提出了使党始终成为立党为公、执政为民，求真务实、改革创新，艰苦奋斗、清正廉洁，富有活力、团结和谐的马克思主义执政党的总目标，明确了党的建设的六项任务。胡锦涛总书记在视察我区时要求我们，要全面贯彻落实十七大关于党的建设的总体部署，切实做到"四个大力加强"，即大力加强以坚定理想信念为重点的思想建设，大力加强领导班子和干部队伍建设，大力加强基层党的建设，大力加强作风建设和反腐倡廉建设。各级一定要按照胡锦涛总书记重要讲话的要求，以改革创新精神加强和改进党的建设，为自治区的改革发展稳定提供坚强的组织保证。

要深入推进理论武装工作。深入学习贯彻中国特色社会主义理论体系，着力用马克思主义中国化最新成果武装头脑。要深入学习贯彻邓小平理论和"三个代表"重要思想，深入学习实践科学发展观，深化广大党员干部对党的基本理论、基本路线、基本纲领、基本经验和十七大报告确立的重大理论观点、重大战略思想、重大工作部署的认识，把科学理论转化为坚定理想信念、改造客观世界和主观世界的强大武器，进一步增强贯彻落实的自觉性和坚定性。要坚持在统一思想中解放思想，积极适应国内外形势的新变化，顺应各族人民过上更好生活的新期待，立足社会主义初级阶段的基本国情和区情，科学分析经济全球化的新机遇新挑战，全面认识工业化、信息化、城镇化、市场化、国际化深入发展的新形势新任务，深刻把握我区发展面临的新课题新矛盾，正确制定符合科学发展观要求、符合内蒙古实际的政策措施，通过思想的大解放促进事业的大发展。

　　要深入推进领导班子和干部队伍建设。深入贯彻落实科学发展观，推动我区经济社会又好又快发展，关键在各级领导班子和领导干部。要按照党的十七大和胡锦涛总书记重要讲话要求，着眼于提高科学执政、民主执政、依法执政水平，增强领导班子整体功能，优化领导班子结构。要把提高领导科学发展能力作为各级领导班子建设的着力点，教育引导各级领导干部自觉学习实践科学发展观，把各级领导班子建设成为坚定贯彻党的理论和路线方针政策、善于领导科学发展的坚强领导集体。认真研究和解决地方党委领导班子配备改革后出现的新情况新问题，健全民主集中制，完善领导班子议事和决策机制，增强班子的创造力、凝聚力、战斗力。深化干部人事制度改革，全面贯彻干部"四化"方针和德才兼备原则，切实把那些德才兼备、实绩突出、群众公认、善于领导科学发展的干部及时选拔到领导岗位上来。

　　要深入推进基层党组织建设。认真落实胡锦涛总书记"抓基层、打基础的工作始终不能放松"的要求，进一步巩固和发展先进性教育活动成果，完善落实"三个切入点、五个载体、一条主线、两个关键"的基层党建工作总体思路。认真落实基层党建责任制，突出抓好基层党组织领导班子建设，优化组织设置，扩大组织覆盖，创新活动方式，充分发挥基层党组织推动发展、服务群众、凝聚人心、促进和谐的作用。扎实抓好党员队伍建设基础工程，组织引导广大党员认真学习和遵守党章，建立党员党性定期分析制度，构建党员联系和服务群众工作体系，健全让党员经常受教育、永葆先进性长效机制。建立健全城乡一体化党员动态管理机制，坚持不懈地提高党员素质，充分发挥党员在促进改革发展稳定中的先锋模范作用。积极推进党内民主建设，以扩大党内民主带动人民民主，以增进党内和谐促进社会和谐。

　　要深入推进作风建设和反腐倡廉建设。胡锦涛总书记在视察中告诫我们："内蒙古是边疆地区，条件比较艰苦，工作难度比较大，加强作风建设尤其重要。"我们一定要把党的作风建设放在更加突出的位置，始终不渝坚持立党为公、执政为民，坚持权为民所用、情为民所系、利为民所谋，切实做到在思想上尊重群众、政治上代表群众、感情上贴近群众、行动上深入群众、工作上为了群众。要大力弘扬求真务实精神，大兴求真务实之风,自觉做到清醒、静心、实干。大力发扬谦虚谨慎的工作作风,大力弘扬艰苦奋斗的革命精神,坚持勤俭节约、勤俭办一切事业,自觉抵制拜金主义、享乐主义、极端个人主义的侵蚀,始终做到"两个务必"。要加强党风廉政建设和反腐败工作,建立健全惩治和预防腐败体系,形成拒腐防变教育长效机制、反腐倡廉制度体系、权力运行监督机制,拓展从源头上防治腐败工作领域。要牢固树立马克思主义的世界观、人生观、价值观,坚持正确的权力观、地位观、利益观,不断增强拒腐防变能力,做到在各种诱惑面前一身正气、一尘不染。广大党员特别是领导干部,要按照胡锦涛总书记要求,一定要居安思危、增强忧患意识,一定要戒骄戒躁、艰苦奋斗,一定要刻苦学习、埋头苦干,一定要加强团结、顾全大局,切实做到思想上始终清醒、政治上始终坚定、作风上始终务实。

党的十七大为我们描绘了新的发展蓝图,胡锦涛总书记视察内蒙古时对我们提出了殷切希望。我们一定要更加紧密地团结在以胡锦涛同志为总书记的党中央周围,高举中国特色社会主义伟大旗帜,以邓小平理论和"三个代表"重要思想为指导,深入贯彻落实科学发展观,团结带领全区各族干部群众,以更加奋发有为的精神状态和求真务实的工作作风,站在新起点,创造新业绩,把自治区的改革开放和现代化建设继续推向前进!

（选自在自治区党委八届四次全委会议上的讲话）

抓好七项工作　实现七个转变

（2007年12月12日）

一

胡锦涛总书记在我区视察时指出，内蒙古的发展同全国一样，正站在新的历史起点上。我们一定要按照总书记的要求，倍加求真务实，倍加锐意进取，倍加奋发有为，在新的历史起点上，把自治区的改革开放和现代化建设继续推向前进。内蒙古发展的新起点，主要表现在以下三个方面。

第一，初步奠定了科学发展的新基础。与2000年相比，经济总量由1539亿元增加到6000亿元，从全国第24位上升到去年的第17位，今年有望达到第16位，人均GDP超过3000美元；财政收入由155.6亿元增加到960亿元，翻了两番半；三次产业结构由22.8∶37.9∶39.3演进为12.7∶50.9∶36.4，二产上升了13个百分点，进入工业化中期阶段。形成了具有相当规模和层次的六大优势特色产业，一批重大产业项目技术装备水平和生产效率达到国内一流。基础设施建设取得显著成效，横贯自治区东西的高等级公路、铁路、电力"三大通道"基本建成。坚持把生态保护和建设作为最大的基础建设来抓，着力构筑我国北方重要生态屏障，生态环境实现了"整体遏制、局部好转"的历史性转变。加大资源勘探力度，有效解决了资源接续问题。今年，我区人均GDP将达到2.5万元、超过3000美元，预计到2010年人均GDP突破4万元、达到5000美元，标志着我区经济发展进入了新阶段。国内外发展经验表明，人均GDP从3000美元到5000美元的发展阶段，是工业化、城镇化加快推进，产业结构、消费结构加速升级，国际化、市场化水平全面提升，社会事业快速发展的阶段，是经济发展的黄金期。

第二，开始形成了科学发展的新机制。近年来，我们在抓住西部大开发等机遇、积极争取国家支持的同时，更加注重通过深化改革消除体制机制障碍,更加注重通过扩大开放增强发展活力动力,更加注重通过自主创新和科技进步推进科学发展,经济自主发展机制开始形成。主要体现在:市场化程度明显提高,企业的市场主体地位日益突出,市场在资源配置中的基础性作用明显增强;发展环境进一步优化,在生态、基础设施等硬环境不断改善的同时,法制、服务、诚信等软环境明显改善;投资主体日益多元化,2006年全部固定资产投资中各类投资主体投资占76.1%,政府投资和当地银行贷款只占23.9%;科技创新能力不断提高,科技进步对经济增长的贡献率达到48%。

第三,逐步完善了科学发展的新思路。同全国一样,近年来我区经济社会发展也经历了由加快发展到又快又好发展再到又好又快发展三个阶段。自治区七届党委先后提出了"快、大、长、好"的要求,自治区第八次党代会把提高协调发展水平和可持续发展水平作为经济社会发展的主要目标,自治区党委八届四次全委会议进一步强调,要把发展的基点定位在又好又快上。现在,各级对科学发展观的认识更加深化,贯彻措施更加有效,行动更加自觉,形成了推进科学发展、促进社会和谐的思想共识和工作合力。

在肯定成绩的同时,也要清醒地看到,我区经济社会发展中还存在诸多矛盾和问题。从三次产业看,主要靠工业拉动;从三大需求看,主要靠投资拉动;从经济的外向度看,仍属于内向型经济;从所有制结构看,非公有制经济发展较慢;从企业组织结构看,中小企业发展不快,等等。分析我区未来经济发展,仍然面临实现"一大"、"一高"、"一增"、"一减"四项艰巨任务。"一大",就是要进一步做大经济总量。2006年,广东、山东、江苏三省GDP超过2万亿元,浙江、河南、河北、上海超过1万亿元。今年广东有望突破3万亿元,辽宁、四川有望超过万亿元。今年我区生产总值刚过6000亿元,与发达地区差距较大,做大总量任务十分艰巨。"一高",就是要进一步提高经济发展的质量和效益。在我区六大优势特色产业中,装备制造、高新技术产业比重低、规模小。从增长方式看,粗放型特征尚未根本改变,发展的资源成本、环境代价、物质消耗仍然较大。从发展的协调性看,城乡二元结构明显,区域发展不够协调,生态环境非常脆弱,提高发展质量和效益的任务十分艰巨。"一增",就是要进一步增加城乡居民收入。目前,我区城乡居民收入尚未达到全国平均水平,城镇居民相差1000多元,农牧民相差200多元,实现自治区第八次党代会确定的到2010年达到全国平均水平的任务十分艰巨。"一减",就是要进一步强化节能减排。目前,我区正处在工业化、城镇化加快推进的发展阶段,工业结构主要以资源开发利用为主,实现能耗稳定下降、排放稳定达标的任务十分艰巨。

要正确认识和把握我区新起点新阶段的规律性特征,更加自觉地用科学发展观统领经济社会发展全局,进一步增强机遇意识、责任意识和忧患意识,妥善应对可能面临的挑战和风险,及时化解前进道路上的各种困难和问题,站在新的历史起点,不断创造科学发展的新业绩。

二

当前和今后一个时期,要着力抓好七项工作、努力实现七个转变。

(一)着力提高现代农牧业发展水平,努力实现由农牧业大区向农牧业强区转变。我区农牧业资源丰富,是国家重要的粮食和农畜产品生产基地,但农牧业产业发展水平较低、农村牧区发展滞后、农牧民收入偏低的局面尚未根本改变。各级一定要把解决好"三农"问题作为全党工作和全部工作的重中之重,按照走中国特色农牧业现代化道路的要求,创新"三农三牧"工作思路,促进农牧业稳定发展、农牧民持续增收、农村牧区全面进步。

一是坚持把发展现代农牧业作为首要任务来抓。要大力调整农牧业结构,在毫不放松粮食生产的同时,加快发展畜牧业特别是农区畜牧业,大力发展优质高产高效种植业,打好内蒙古的特色牌和绿色牌。加快推进农牧业发展方式转变,加强以水利为中心的农田草牧场基本建设,大力发展设施农牧业,不断增强农牧业抵御自然灾害的能力。积极推进农牧业机械化,提高关键生产环节、重点作物、农畜产品集中产区的机械化装备水平和专业化生产水平。切实抓好农牧业科技进步与创新,加强农牧业良种培育、先进种养技术集成、农畜产品精深加工、动植物病虫害防控等先进适用技术的推广应用,提高农牧业科技含量和贡献率。大力推进农牧业产业化经营,提高农牧业的区域化、规模化、专业化、集约化、标准化发展水平。

二是千方百计增加农牧民收入。在充分挖掘农牧业内部增收潜力的同时,大力拓展非农牧业增收空间,切实搞好农牧民外出务工引导和培训服务,大力发展农村牧区二、三产业,壮大县域经济,促进农牧民就地就近转移就业。认真落实国家和自治区对农牧民的各项免补政策,继续加大对农牧业和农村牧区转移支付力度,切实做好扶贫济困工作。

三是大力促进农村牧区社会事业发展。积极开展农牧业生产技能和市场经济知识培训,加快发展农村牧区职业技术教育和成人教育,着力培育有文化、懂技术、会经营的新型农牧民。按照推进城乡基本公共服务均等化的要求,扩大公共财政覆盖农村牧区的领域和范围,加强农村牧区水、电、路、通信、广播电视等基础设施建设,推进农村牧区教育、卫生、文化、计划生育等社会事业发展。

四是进一步深化农村牧区综合改革。继续推进农村牧区义务教育管理体制改革、县乡财政管理体制改革,妥善化解苏木乡镇、嘎查村债务。加快推进农村牧区金融体制改革,积极推进国有农牧场和集体林权制度改革。在稳定和完善农村牧区基本经营制度的基础上,按照依法自愿有偿的原则,规范土地草牧场使用权流转,鼓励有条件的地区发展多种形式的适度规模经营。

(二)着力推进新型工业化进程,努力实现由资源优势向产业优势转变。近年来,我区立足资源优势,大力发展优势特色产业,工业经济有了长足发展。要按照走中国特色新型工业化道路的要求,充分发挥资源优势,调整优化产业结构,提升产业素质。

资源型产业是我区的优势产业和支柱产业,是推动资源优势向产业优势转变的主要依托。加快资源型产业发展,必须找准与国家产业政策和市场需求的结合点,着力在"高、大、长"上下功夫。"高",就是高起点发展。要严把项目准入关,新上资源转化项目的技术和装备水平要一步达到国内外同行业先进水平, 同时注重用现代技术改造提升传统产业,促进产业优化升级。要坚决淘汰落后产能,决不接受落后生产力转移。"大",就是规模化发展。要进一步优化资源配置,着力培育和引进能够引领产业发展、支撑地区经济、注重环保节能、具有较强竞争力的强势企业,加强基地和园区建设,培育和发展优势产业集群,走大项目、大基地、大集群的发展路子。"长",就是长链条发展。要切实抓好产业延伸,大力发展循环经济,改变简单出售原材料和初级产品的做法,着力在"吃干榨尽"上下功夫,努力实现由生产初级产品和半成品向生产终端产品转变,提高资源综合开发利用水平和产业综合经济效益。

非资源型产业发展滞后是我区工业发展的薄弱环节,也是今后发展的潜力所在。要抓住发达国家和地区新一轮产业结构优化重组和产业转移步伐加快的有利时机,积极承接先进非资源型产业转移,着力培育新的发展优势。重点发展以运输机械、工程机械、化工设备及配件、风力发电设施为主的装备制造业,以稀土、电子信息、生物制药、光伏材料为主的高新技术产业等,不断提高非资源型产业的比重和贡献率,构筑多元化的现代产业体系。

(三)着力发展现代服务业,努力实现经济增长主要由二产带动向一、二、三产业协同带动转变。大力发展服务业,是转变经济发展方式、优化经济结构的重要途径,也是改善民生、构建和谐社会的内在要求。近年来我区经济持续快速发展,主要依靠工业带动,去年服务业占GDP的比重和对GDP增长的贡献率分别低于全国平均水平1.6个百分点和5.5个百分点。各级要充分认识加快服务业发展的重要性和紧迫性,进一步拓展领域、优化结构、提升层次,推动服务业又好又快发展。

要加快推进重点服务行业发展。坚持市场化、产业化、社会化发展方向,在改造提升商贸流通业、餐饮业、交通运输业等传统服务业的同时,大力发展现代服务业。积极引进和培育龙头物流企业,培育壮大物流园区,提升物流专业化、市场化、社会化服务水平。大力发展现代金融业,进一步引进、整合金融资源,创新金融服务,提高银行、信托、保险、证券等金融服务水平,促进金融服务多样化和现代化。加快发展信息、咨询、律师、公证、会计、审计、资产评估等咨询服务业,积极发展人才、劳动力、法律服务等市场中介组织,大力推广代理、代办、经纪、拍卖、担保等中介服务方式。适应消费结构的新变化,大力发展教育、文化、体育、旅游、休闲娱乐等服务业,不断满足城乡居民的精神文化需求。

要进一步优化服务业发展环境。认真贯彻落实国家和自治区鼓励服务业发展的政策措施,进一步放宽市场准入条件,提高服务业对外开放水平,促进服务业健康发展。按照政府引导、社会投入、市场化运作的思路,吸引各方面资金投向服务业,形成多元化投资格局。加强规划引导,积极培育中央商务区、创意产业园、科技创新园、现代物流园、产品交易市场等第三产业集聚区和功能区,促进服务业向规模化、集约化方向发展。

　　(四)着力调整优化经济结构,努力实现经济发展由速度扩张型向质量效益型转变。胡锦涛总书记在视察我区时指出:"内蒙古近年来发展态势良好,越是在这种情况下,越要重视转变经济发展方式",要求我们"放眼全局推进经济结构调整,立足优势推进经济结构调整,紧扣节约推进经济结构调整"。各级一定要认真贯彻胡锦涛总书记重要指示精神,加快转变经济发展方式和优化经济结构,着力提高发展的质量和效益。

　　从我区实际出发,要着力在调整产业结构、产品结构、投资结构、所有制结构、企业组织结构和生产力布局上下功夫。要以推进新型工业化带动产业结构调整。按照产业多元、产业延伸、产业升级的要求,进一步做大做强优势特色产业,使优势更优、特色更特,产业层次更高、产业集中度更高、产业链条更长,市场份额更大,切实把我区优势特色产业培育成为市场前景好、发展后劲足的产业。大力发展现代农牧业和现代服务业,促进三次产业相互促进、协调发展。要以推进龙头企业发展和品牌建设带动产品结构调整。依托强势企业,鼓励和引导企业围绕市场需求,以提升产品档次和附加值为重点,切实加强新产品研发,不断增强产品的市场竞争力。大力实施名牌战略,在继续提升现有知名品牌的同时,进一步加大新品牌争创力度,不断丰富产品内涵、提升产品质量、拓展产品市场,努力增强产品的市场影响力和企业的核心竞争力。要以市场导向和国家产业政策带动投资结构调整。充分发挥政府投资的导向作用,进一步突出企业的市场主体地位,发挥市场引导投资的基础性作用,在保持工业经济合理投资规模的同时,鼓励和引导社会资本积极投向新农村新牧区建设、生态环境和基础设施建设、服务业发展和社会事业发展等领域。要以推进非公有制经济发展带动所有制结构调整。坚持"两个毫不动摇",认真落实国家和自治区促进非公有制经济发展的政策措施,推进公平准入,改善融资环境,破除体制障碍,大力促进个体、私营经济发展。要以加快中小企业发展带动企业组织结构调整。制定完善中小企业发展规划，建立健全促进中小企业发展的体制机制、政策措施和服务体系，依托优势特色产业和龙头企业，促进中小企业向"专、精、深、新"方向发展，努力形成大中小企业合理分工、有机联系、协调发展的格局。要以推进城镇化和"收缩转移"战略带动生产力布局调整。科学制定和实施城乡生产力布局规划和农牧业功能区划，加快人口向城镇转移、产业向园区集中、农牧业向条件好的地方发展，统筹推进城乡基础设施、公共服务、劳动力就业、社会建设一体化进程。

（五）着力推进生态文明建设，努力实现生态环境保护和建设由初见成效向明显改善转变。党的十七大明确提出，要走生态文明的发展路子。胡锦涛总书记在视察我区时指出："内蒙古历来是祖国北疆一块绿色宝地。这些年来，经过广大干部群众的艰苦努力，内蒙古生态恢复取得初步成效，但生态环境保护任务依然十分艰巨"，要求我们"本着对国家、对民族、对子孙后代高度负责的精神，坚持不懈地抓下去，切实保护好内蒙古这块辽阔草原，保护好大兴安岭这片绿色林海，为建设祖国北方重要生态屏障作出贡献"。我们一定要按照胡锦涛总书记的要求，坚持不懈地做好生态恢复和环境保护工作。

要继续把生态保护和建设作为最大的基础建设来抓。近年来的实践表明，搞好生态保护和建设，必须坚持"有所为、有所不为"的方针。"有所为"，就是要切实加大局部区域内的人工建设力度，扎实推进退耕还林、退牧还草、天然林保护、京津风沙源治理、水土保持等生态重点工程建设，加强自然保护区、生态功能区的建设和管理，尽快实现重点治理区域生态的全面好转。"有所不为"，就是要通过休牧、禁牧、轮牧、舍饲圈养以及生态移民等保护性措施，最大限度地减少人类对大自然的直接索取，促进生态环境的自我修复。要把生态保护和建设与农牧业结构调整、扶贫开发、生态移民、发展林沙产业结合起来，建立健全生态保护与建设的长效机制，努力实现发展经济与改善生态互动双赢。加大生态保护宣传力度，建立健全生态保护与建设的科技服务体系和法律保障体系，建立健全资源有偿使用制度和生态环境补偿机制，完善生态环境保护考核制度，强化生态环境保护责任追究，不断巩固和扩大生态环境保护与建设成果。

要把加强节能减排作为建设生态文明的紧迫任务来抓。明年是完成"十一五"节能减排约束性目标的关键一年,必须把节能减排作为促进科学发展的重要抓手,尽快形成以政府为主导、企业为主体、全社会共同推进的工作格局。最近,国家出台了关于建立节能减排统计体系、监测体系、考核体系办法,对节能减排工作提出了严格要求。各级要加大力度、迎难而上,严格落实国家和自治区关于节能减排的工作部署。在这方面,既要做好"加法",加快新上一批节能环保、技术含量高的项目;又要做好"减法",坚决淘汰消耗高、污染重、工艺装备水平低的落后产能。要牢固树立能源资源基地也要厉行节约的意识,加强资源开发的科学规划和有效保护,加快转变资源开发利用方式。要建立健全节能减排责任制和问责制,建立完善促进节能减排的地方性法规和相关配套政策,加大监督检查力度,确保节能减排取得明显成效。

(六)着力推进改革开放和科技进步,努力实现由资本流入区向要素流入区转变。现在,我区已经成为资本净流入区。如何在现有基础上,通过深化改革、扩大开放、推进科技进步,使自治区成为资本、人才、技术、管理等生产要素流入区,是实现自治区经济持续快速协调健康发展的重要任务。

要按照党的十七大提出的完善社会主义市场经济体制,构建充满活力、富有效率、更加开放、有利于科学发展的体制机制的要求,进一步加大改革力度。要坚持和完善社会主义基本经济制度,继续推进国有企业改革,优化国有经济布局和结构,大力发展非公有制经济。加快推进行政管理体制改革,着力转变政府职能,努力建设服务政府、责任政府、法治政府。推进社会管理体制改革,完善公共服务体制,创新政府公共服务提供方式。按照统一开放竞争有序的要求,着力健全现代市场体系,积极发展土地、技术、劳动力等各类生产要素市场。深化财税、金融、投资体制改革,加快社会信用体系建设,整顿和规范市场经济秩序,打破行政性垄断和地区封锁。

要立足自身资源和区位优势,统筹对内对外开放,努力实现区位优势向开放优势和经济优势转变。进一步加强同兄弟省份的横向联合和协作,加强同区外大企业和企业集团的合作,积极承接发达地区先进生产力转移,推动产业结构优化升级。充分利用毗邻俄蒙的地缘优势,坚持"引进来"和"走出去"相结合,加强口岸建设,发展边境贸易和口岸经济,广泛开展与俄蒙的经济技术合作,全面提升外向型经济发展水平。

要大力实施科教兴区和人才强区战略,围绕经济社会发展的重点难点问题,有重点地推进原始创新、集成创新和引进消化吸引再创新。强化政府在自主创新中的引导和服务功能,加快建立以企业为主体、市场为导向、产学研相结合的技术创新体系,扶持企业自主创新成果产业化。加大对科技事业的投入,拓宽科技投融资渠道,引导企业增加研发投入,吸引社会资金参与科技开发,培育和发展创业风险投资,形成多元化科技投入体制。高度重视、切实加强创新人才队伍建设,为推动科技进步和创新提供有力的人才支撑。

(七)着力保障和改善民生,努力实现民生工作由应急解难向建立长效机制转变。近年来,自治区和各地区、各部门高度重视保障和改善民生,先后提出并实施了一批应急解难的惠民项目,取得了可喜成效。但同时也要看到,保障和改善民生是一项长期和艰巨的任务,必须高度重视、倍加关注,建立健全长效机制,从制度层面统筹谋划、全面落实,加快构建保障和改善民生的领导体制和工作机制。

要着力抓好增收富民工作。针对城乡居民收入不够协调、不够多元、不够稳固的问题,加快探索建立收入增长与经济增长良性互动机制,稳步推进收入分配制度改革,提高劳动报酬在初次分配中的比重,促进群众收入来源多样化、增收稳定化、分配公平化,逐步使城乡居民收入增长与经济发展步伐相协调。在城镇,要建立健全企业职工工资正常增长机制和支付保障机制,认真落实机关工作人员增资政策,保障各类从业人员收入分配权益。提高最低工资标准,增加低收入者收入。在农村牧区,要认真落实各项支农惠农政策,不断拓宽农牧民增收渠道,特别要提高农牧民非农牧产业收入、财产性收入、工资性收入和转移性收入比重。无论城镇还是乡村,都要突出抓好就业再就业工作,实施积极的就业政策,强化政府促进就业的职能,搞好就业再就业指导、培训、服务。鼓励以创业带动就业,健全创业服务体系,完善支持自主创业和自谋职业的各项政策。突出抓好社会保障工作,健全覆盖城乡居民的社会保障体系,全面推进农村牧区低保制度,积极探索建立多种形式的农村牧区养老保险制度。

要大力发展各项社会事业。坚持教育的公益性、公平性,加大财政对教育事业的投入,特别要认真做好贫困家庭子女就学的保障和扶助工作。进一步深化医疗卫生体制改革,努力改善城乡医疗卫生条件,为群众提供安全、有效、方便、价廉的医疗卫生服务。加快推进民族文化大区建设,大力发展文化事业和文化产业,积极构建覆盖城乡的公共文化服务体系,丰富群众的精神文化生活。切实加强新形势下的社会建设和管理工作,完善突发事件应急管理机制,强化安全生产监督和管理,加强社会治安综合治理,依法防范和打击违法犯罪活动,保障人民生命财产安全,确保社会大局稳定。

要努力为困难群众办实事、办好事。下大气力解决好困难群众就学、看病、住房等基本生计问题,在继续落实"七件实事"、"十项民生工程"的同时,明年着力办好提高城镇居民最低生活保障标准和补助标准、扩大农村牧区最低生活保障范围等八件实事。要高度关注主要农畜产品市场供应和价格变动情况,采取有力措施抑制消费品价格过快上涨,加强"菜篮子"工程建设,完善和落实因基本生活必需品价格上涨对低收入群众的补助办法,切实保障群众基本生活。

三

落实好七项工作,努力实现七个转变,必须切实提高领导科学发展的能力和水平。

一要增强学习的紧迫感和自觉性。把学习贯彻党的十七大精神作为首要政治任务,紧密联系本地区本部门实际,坚持学以致用、用以促学,真正在武装头脑、指导实践、推动工作上狠下功夫,不断把学习贯彻活动引向深入。大力开展学习实践科学发展观活动,深刻领会和准确把握科学发展观的科学内涵、精神实质和根本要求,不断增强贯彻落实的自觉性和坚定性。根据岗位职责要求,本着缺什么、补什么的原则,主动更新知识,努力增强把握规律、按规律办事的能力,增强研究新情况、解决新问题的能力。

二要掌握领导科学发展的根本方法。正确处理发展中国特色社会主义的重大关系,切实把统筹兼顾贯穿于想问题、做决策、干工作的全过程,切实做到总揽全局、兼顾各方。坚持中国特色社会主义事业总体布局,切实兼顾好各方面的发展要求,把经济建设、政治建设、文化建设、社会建设及其各个环节统筹好、协调好,使之相互促进、相互支撑,实现良性互动。在维护中央权威、确保政令畅通的同时,注重从实际出发,因地制宜、创造性地开展工作。要正确处理各方面利益关系,善于从各方面利益的结合点上考虑问题、谋划工作,形成各方面参与改革、推动发展、维护稳定的合力。要正确处理重点和一般的关系,抓住牵动全局的主要工作、事关群众利益的突出问题,着力推进、重点突破。

三要加强对重大问题的研究。紧紧围绕关系经济社会发展全局的突出问题、本地区本部门工作需要解决的重点问题和广大人民群众关心的利益问题,深入开展调查研究,努力使各项政策措施和工作部署更加符合客观实际,更能体现群众意愿。要学会用世界眼光、战略思维观察世界、分析问题,清醒认识和把握当今世界和当代中国的发展大势,不断深化对国情、区情的认识,切实把自身发展置于国内外大局中来谋划。加强对重大经济社会发展问题的研究,着力研究和解决经济社会发展中的突出问题和薄弱环节,不断增强指导发展的科学性、预见性和针对性,牢牢把握又好又快发展的主动权。

四要以良好的作风推动科学发展。各级党委、政府特别是领导干部要始终坚持解放思想、实事求是、与时俱进的思想路线,大力弘扬求真务实精神,努力使各项工作更加切合实际、更加富有成效。要自觉做到清醒、静心、实干,真正把心思用到干事业上,把功夫下到抓落实上,把本领用到求实效上,切实按规律办事、按规矩办事,多干打基础、利长远的事。要坚持党要管党、从严治党的方针,全面加强党的思想、组织、作风、制度和反腐倡廉建设,以为民、务实、清廉的作风推动科学发展、促进社会和谐。当前,各级地方人大、政府、政协正在换届,要严格按照中央要求,切实加强组织领导,周密安排部署,严肃换届纪律,努力营造风清气正的换届环境,切实换出团结、换出正气、换出干劲。

(选自在全区经济工作会议上的讲话)

内蒙古科学发展中
存在的问题和努力方向

(2008年12月1日)

　　自治区党委常委会经过集中学习、调查研究、开展解放思想大讨论，紧密联系思想和工作实际，认真查找影响和制约我区科学发展的突出问题和党性党风党纪方面存在的突出问题，主要有以下方面：

　　第一，在坚持发展这个第一要义方面。这几年，我们坚持发展是硬道理的战略思想不动摇，牢牢抓住发展第一要务不放松，发展速度连续6年全国领先，发展质量和效益明显提高，经济总量由2002年的全国第24位前移至去年的第16位，人均GDP位居全国第10位，人均地方一般预算收入位居全国第8位，逐步走上了又好又快的发展轨道。但是，放在全国竞相发展的大局来看，特别是对照东部沿海发达省区来看，我们既面临进一步做大经济总量的艰巨任务，又面临进一步转变发展方式、增强发展后劲的重大课题。从经济总量看，我区经济总量还不够大，缺乏较强的抗风险能力。2007年，全国GDP过万亿元的省份由2006年的7个扩大到9个，其中广东超过3万亿元，山东、江苏超过2.5万亿元。预计今年还有3-4个省市将突破万亿元。面对这样的发展态势，能否在提高质量和效益的前提下，尽快做大我区经济总量，增强经济实力和抗风险能力，是我区经济发展的一项重要任务。从发展方式看，粗放型的经济增长方式尚未根本改变。农牧业集约化经营水平不高，全区2/3的农田没有灌溉条件，粮食单产低于全国平均水平20%左右，60%左右的农牧民没有进入产业化链条。工业经济结构不够合理，多元化产业格局还没有形成，非资源型产业发展滞后。节能减排压力较大，单位工业增加值能耗和排污量高于全国平均水平。

资源延伸加工、精深加工水平不高,原材料和初加工产品仍占很大比重。从发展后劲看,一方面,我区基础设施建设近年来虽然明显加强,但仍难以满足经济社会发展需要,承载产业、保障生活能力亟待增强。目前,全区铁路、公路网密度分别为全国平均水平的67.2%和31.4%,还有29个旗县区无铁路覆盖,高等级公路仅占总里程的11.1%。我区是国家重要的电力输出大区,但输出通道建设滞后。水利基础设施建设薄弱,部分盟市、旗县的水资源"瓶颈"问题突出,城镇基础设施建设与城镇化快速发展的要求还有较大差距。另一方面,产业接续能力亟待提高。这几年,我区工业经济主要靠能源、农畜产品加工和冶金产业中的黑色金属加工"两个半"产业拉动,化工、有色金属、装备制造、高新技术产业"三个半"产业发育不足。如何在不断提升"两个半"产业素质的同时,加快培育壮大"三个半"产业,尽快形成六大优势特色产业既大又强的发展局面,是我们必须认真研究解决的重要问题。

　　第二,在坚持以人为本这个核心方面。我们坚持发展经济与造福人民相统一,把保障和改善民生作为最大的政绩来认识和对待,努力让改革发展成果充分惠及各族人民,全区城乡居民收入分别从2002年的全国第29位和第22位前移到去年的第10位和第15位。但目前,民生工作仍然是全区经济社会发展中的薄弱环节,存在着"不协调、不充分、不完善"三个方面的问题。一是城乡居民收入与经济发展不协调。这几年,我区城乡居民收入增长明显滞后于经济发展,收入水平低于全国平均水平。"十五"以来,全区城乡居民收入年均增长11.2%和7.0%,分别低于GDP增速6.5和10.7个百分点。现在,城镇居民人均可支配收入与全国平均水平相差1408元,农牧民人均纯收入相差187元,农村牧区还有近100万贫困人口,城镇还有70多万低收入群众,实现自治区第八次党代会确定的城乡居民收入到2010年达到全国平均水平的任务十分艰巨。二是群众享有的基本公共服务不充分。随着经济的发展和投入的增加,我区社会事业发展和公共服务体系建设有了长足进步,但现有公共服务能力和水平仍比较低。教育结构不合理,优质教育资源缺乏,基础教育欠账较多,职业技术教育发展滞后。公共卫生服务体系不完善,城市社区医院和苏木乡镇卫生院基础薄弱,新型农村牧区合作医疗大病统筹有待加强,群众看病难、看病贵仍然是社会极为关注的问题。大中专毕业生就业压力较大，农村牧区富余劳动力转移就业不足，服务业、中小企业和劳动密集型产业等就业型经济发育不够。社会保障覆盖范围小、保障水平低，中低收入群体住房困难等问题比较突出。三是保障和改善民生的长效机制不完善。这几年，我们抓住经济实力和财政实力逐步增强的有利时机，在全区实施了"两项承诺"、"七件实事"、"十项民生工程"等一系列惠民利民工程，取得了可喜成效。但目前这些工作大多属于应急解难的工作层面，长效机制尚未形成，必须进一步加强和改进。

第三，在坚持全面协调可持续这个基本要求方面。这几年，我们按照中国特色社会主义事业的总体布局，在突出抓好经济建设的同时，积极推进社会主义政治建设、文化建设、社会建设和生态文明建设，努力促进几大建设协调发展。但是，与经济发展成效相比，社会文明进步程度还有较大差距。在政治建设上，党的基层组织和基层政权建设有待加强，基层民主不够广泛深入，人民群众的知情权、参与权、表达权、监督权落实不到位。全社会依法治理水平与建设社会主义法治国家的要求还有较大差距，立法、执法、法律监督工作需要加强，个别地方有法不依、执法不严、违法不究的现象依然存在，广大干部群众知法、守法、用法的意识和能力需要进一步增强。在文化建设上，基层公共文化基础设施薄弱，公共文化产品和服务供给能力不强。文化体制改革相对滞后，文化发展的活力和动力不足，民族文化资源优势还没有充分发挥出来。文化产业发展水平较低、规模较小，缺乏有实力和竞争力的龙头文化企业集团。在促进人的全面发展上有许多工作做得不够深入，群众的思想道德素质、科学文化素质、健康素质有待进一步提高。在社会建设上，基层基础工作相对薄弱，利益协调机制、诉求表达机制、矛盾调处机制、权益保障机制不够健全和完善。一些群众来信来访问题没有得到很好解决，群体性事件仍有发生。社会治安综合治理形势不容乐观，影响和谐稳定的因素大量存在。在生态建设上，经过这几年持续不断、大规模保护和建设，我区生态环境实现了"整体遏制、局部好转"的历史性转变，但生态环境脆弱局面尚未根本改变。目前，我区仍是全国荒漠化和沙化土地最为集中、危害最为严重的省区之一，推动生态环境保护建设由初见成效向明显改善转变仍是一项战略任务,还需长期不懈努力。

第四,在坚持统筹兼顾这个根本方法方面。这几年,我们坚持统筹兼顾的方法,在正确处理现代化建设重大关系问题上进行了积极探索,取得了一定成效。但总的看,统筹兼顾、协调发展的步伐不够大,特别是在统筹城乡、区域、对内对外开放上还需进一步加大工作力度。从城乡协调发展看,我们主动顺应以工促农、以城带乡的发展要求,在统筹推进城乡一体化发展上做了大量工作,但城乡二元结构依然明显,城乡发展差距仍在拉大。城乡居民收入比由2000年的2.5:1扩大到2007年的3.1:1,消费支出比由2.4:1扩大到2.9:1。农村牧区生产生活条件需要进一步改善,社会事业发展滞后,公共服务水平低。从区域协调发展看,我们坚持非均衡发展与均衡发展相统一,在积极鼓励呼包鄂优势地区率先发展的同时,大力支持东部盟市加快振兴。现在,呼包鄂地区继续发挥着领跑作用,东部盟市正在成为全区新的经济增长极,但区域发展不协调的问题仍较突出。经过努力,近年来东部盟市的发展速度明显加快,但与呼包鄂地区的差距仍在拉大。2004年东部盟市与呼包鄂GDP相差528.6亿元,2005年扩大到896.6亿元,2006年扩大到1132.1亿元,2007年扩大到1413亿元。区域内部联合、协作发展机制还未建立,无论呼包鄂地区还是东部盟市,统一有序的现代市场体系、互利互惠的资源开发合作体系、互联互通的基础设施建设体系还没有真正建立起来。从对内对外开放看,我区拥有4200多公里边境线,18个陆路口岸,是国家向北开放的前沿阵地,但对外开放的区位优势还没有充分发挥出来,经济发展的外向度较低。2003年—2007年五年间,全区累计引进国内(区外)资金实际到位5279亿元,外商直接投资60.7亿美元,利用内外资比约为11:1。2007年,全区进出口总额77.5亿美元,仅占全国的0.36%,其中直接利用外资额21.5亿美元,仅占全国的2.6%。

第五,在提高领导科学发展能力方面。我们坚持以加强党的执政能力和先进性建设为主线,紧密联系发展第一要务建设党,科学理性推动经济社会发展,特别强调要把发展的基点定位在又好又快上,做到好字优先、好中求快。要求各级领导干部保持清醒的头脑,多一些冷静的审视,少一些轻浮的喜悦,自觉地把内蒙古的发展置于全国乃至世界的发展大局中来谋划，多做打基础、利长远的事，为推动科学发展提供了有力保证。但在有些方面，还存在与领导科学发展要求不完全适应、不完全符合的问题。比如，有的思想不够解放，眼界不够宽广，缺乏改革创新、锐意进取的精神和敢闯敢试、敢为人先的气魄。有的缺乏谋划和推动科学发展的本领，不善于变压力为动力、化挑战为机遇，不善于创造性地开展工作。有的政绩观不正确，重显绩、轻潜绩，不能正确处理局部利益与全局利益、眼前利益与长远利益的关系。有的工作作风不扎实，形式主义和官僚主义严重，存在奢侈浪费和消极腐败现象。

针对上述问题和不足，按照科学发展观的要求，当前和今后一个时期，要重点在以下四个方面不懈努力。

一是抓好理论武装工作，进一步提高贯彻落实科学发展观的自觉性和坚定性。要把深入学习贯彻科学发展观作为提高领导科学发展能力素质、履行好职责的第一需要，作为一种使命、一种责任、一种追求，切实增强学习的自觉性和主动性，在深入学习中领悟真谛，把握规律，掌握方法，不断深化对科学发展观科学内涵、精神实质和根本要求的理解和把握，努力在思想上达到新境界。要坚持理论联系实际的马克思主义学风，结合思想和工作实际，切实加强主客观世界改造，自觉运用科学发展观的立场、观点、方法分析和解决问题，及时改进不适应、不符合科学发展观要求的观念和做法，着力研究解决经济社会发展中的重大问题，切实增强学习贯彻科学发展观的针对性和实效性。

二是抓好制约科学发展突出问题的解决，进一步提高发展的协调性和可持续性。要把学习实践科学发展观与贯彻落实党的十七大精神和中央的一系列重大决策部署紧密结合起来，与贯彻落实自治区第八次党代会确定的目标任务紧密结合起来，紧扣"科学发展、构建和谐、富民强区"的主题，围绕提高"两个水平"、实现"两个转变"、建设"两个屏障"的目标要求，深入研究、着力解决影响和制约自治区实现更长时间、更高水平、更好质量发展的突出问题。要按照科学发展观的要求，深入研究如何进一步转变农牧业发展方式、工业发展方式和资源开发利用方式，增强产业发展后劲和可持续发展能力。深入研究如何调整优化经济结构，在推进新型工业化的同时，大力发展现代农牧业和服务业，着力构建现代产业体系,促进经济增长由主要依靠二产业带动向依靠一、二、三产业协同带动转变。深入研究如何进一步推进城乡协调发展,全面贯彻落实党的十七届三中全会精神,坚持以工促农、以城带乡的方针,统筹推进城镇化和社会主义新农村新牧区建设。深入研究如何推进经济社会协调发展,在发展经济的同时,大力推进政治、文化、社会建设,努力提高全社会的文明进步程度。深入研究如何推进生态文明建设,进一步巩固发展生态保护和建设成果,落实节能减排措施,大力发展循环经济,走生产发展、生活富裕、生态良好的文明发展路子。深入研究如何抓住国家应对国际金融危机冲击、实施新一轮扩大内需政策的重大机遇,加强基础设施和基础产业建设,努力实现经济平稳较快增长,进一步增强我区发展后劲。深入研究如何促进城乡居民持续增收,注重把政策增收、就业增收、产业增收、社会保障增收等措施有机结合起来,促进城乡居民收入来源多元化、增收稳定化、分配公平化,促进经济发展与收入增长良性互动、协调推进。深入研究如何进一步保障和改善民生,下大力解决好人民群众最关心、最直接、最现实的利益问题,落实"五有"要求,努力推动民生工作由应急解难向建立长效机制转变。深入研究如何促进新形势下社会和谐稳定,建立健全社会管理和协调机制,强化工作措施,努力为经济社会发展创造和谐稳定环境。深入研究如何加强新时期党的建设,坚持以党的先进性建设和执政能力建设为主线,着力解决"不适应"、"不符合"的问题,为促进经济社会又好又快发展提供坚强有力的组织保证。

三是抓好体制机制的建立和完善,进一步提高贯彻落实科学发展观的长效性。要把解决现实问题与建立长效机制结合起来,针对管理体制和工作机制中与科学发展不相适应的地方,努力从制度建设上寻找解决问题的途径和办法。要切实加大重点领域和关键环节改革攻坚力度,加快构建充满活力、富有效率、更加开放、有利于科学发展的体制机制。围绕坚持和完善社会主义基本经济制度,继续深化国有企业改革,大力发展非公有制经济,促进多种所有制经济共同发展。围绕促进协调发展和可持续发展,深化财政、金融、投资体制改革,完善社会信用体系,加快要素市场建设。围绕转变政府职能,加快推进政企分开、政资分开、政事分开、政府与中介组织分开,努力建设服务型政府。围绕建设和谐内蒙古,积极推进教育、科技、文化、卫生、社保、社会管理等方面的改革,提高公共服务水平,促进社会公平正义。着眼推动科学发展的实际需要,建立健全经济社会发展综合评价、干部实绩考核等方面的体制机制,加强相关制度的协调衔接,确保科学发展观有效贯彻执行。

四是抓好党性党风建设,进一步提高领导科学发展的能力和水平。要增强政治意识、大局意识,坚定共产主义理想,坚定走中国特色社会主义道路的信念和信心,坚持与以胡锦涛同志为总书记的党中央保持高度一致,始终保持政治上的清醒坚定,自觉在服从大局、服务大局中推进自治区经济社会发展。要坚持科学执政、民主执政、依法执政,进一步完善民主集中制,健全完善领导班子议事规则和决策制度,通过多种渠道和形式广泛集中民智,推进决策的科学化、民主化。要始终坚持立党为公、执政为民,坚持权为民所用、情为民所系、利为民所谋,坚持问政于民、问需于民、问计于民,保持同人民群众的血肉联系。要大兴求真务实之风,自觉做到清醒、静心、实干,坚决反对弄虚作假和急功近利,在真抓实干中开创各项工作的新局面。要进一步加强主观世界改造,牢固树立正确的世界观、人生观、价值观和权力观、地位观、利益观,讲党性、重品行、作表率,自觉把自己置于党组织和人民群众的监督之下。要旗帜鲜明地反对腐败,认真贯彻落实党风廉政建设责任制和中央、中纪委关于加强党风廉政建设和反腐败工作的各项决策部署,进一步加强教育、制度、监督并重的反腐败惩防体系建设,加大案件查办力度,以党风廉政建设和反腐倡廉的实际成果取信于民。

(选自在自治区党委常委开展深入学习实践科学发展观活动
专题民主生活会上的发言)

解近忧与谋长远相结合
努力实现科学发展新突破

(2009年4月1日)

内蒙古党委在开展深入学习实践科学发展观活动中,明确提出把应对危机、促进经济平稳较快增长作为推动科学发展的重要机遇,坚持解近忧与谋长远相结合,努力提高协调发展水平和可持续发展水平,推进经济社会又好又快发展。

立足当前,千方百计促进经济平稳较快发展

在国际金融危机严重冲击和国内经济下行压力增大不利影响下,内蒙古去年经济增长继续保持全国领先,今年一月份经济运行实现平稳开局。应对面临的危机和挑战,促进经济平稳较快增长,必须切实增强工作的预见性、针对性和实效性。要密切关注国内外形势的发展变化,切实加强对经济运行的分析、调度、监测、预警,适时采取有效措施,及时化解矛盾和困局,努力抢抓发展机遇。要坚持综合施策,把发挥政府调控作用与发挥市场机制作用结合起来,把抓好当前工作与促进长远发展结合起来,把实施经济政策与实施社会政策结合起来,发挥好政策推动的组合效应,努力实现政策效益的最大化。要坚持投资和消费双向驱动,在调整优化投资结构的前提下,进一步扩大投资规模,切实加大对经济社会薄弱环节的投入力度,加快培育、尽快形成新的经济增长点。同时,要认真落实国家鼓励消费的政策措施,着力改善消费环境,多方培育消费热点,努力拓宽消费空间,切实增强消费对经济增长的拉动能力。要把保企业作为保增长的重中之重来抓,坚持因

企制宜,确保重点骨干企业稳定发展,加大对中小企业扶持力度,在促进企业发展的同时稳定就业、保障民生。要坚持改革开放和自主创新。在困难增多情况下,更要深化改革、扩大开放、推进自主创新,通过深化改革消除制约科学发展的体制机制障碍,通过扩大开放加强"要素流入区"建设,通过自主创新促进经济复苏和振兴,不断增强经济发展的动力和活力。

着眼长远,努力在解决制约科学发展的深层次矛盾和问题上下功夫

一是要着力推进经济结构的战略性调整。抓好产业结构调整同时,不断提高产业发展层次。把"三农三牧"工作放在更加突出位置,进一步巩固和加强农牧业基础地位。坚持产业多元、产业延伸、产业升级的发展方向,进一步做大做强能源、化工、冶金、农畜产品加工等优势特色产业,着力打造国家重要的能源、冶金、化工基地和绿色农畜产品生产加工基地。认真落实国家和自治区鼓励服务业发展的政策措施,促进现代服务业发展提速、比重提高、结构提升。抓好所有制结构调整,促进多种所有制经济共同发展。抓好企业组织结构调整,建立健全促进中小企业发展的体制机制、政策措施和服务体系,努力形成大中小企业合理分工、有机联系、协调发展的格局。抓好生产力布局结构调整,坚持城镇化和新农村新牧区建设双轮驱动,加大统筹城乡发展力度,促进城乡、区域协调发展。抓好投资结构调整,切实加大对交通、电力通道、水利等重大基础设施建设的投入,加大对生态环境保护与建设的投入,加大对社会事业发展和民生工程建设的投入,加大对服务业、非公有制经济、中小企业以及自主创新、节能减排的投入,努力增强可持续发展能力。二是着力转变发展方式。大力转变农牧业发展方式,提高农牧业现代化发展水平。大力转变工业发展方式,推进信息化与工业化相融合,不断提升产业发展素质和竞争力,推动资源大区向产业强区转变。大力转变资源开发利用方式,科学规划和有序开发保护利用资源,提高资源利用效率,逐步形成节约资源能源的产业结构、增长方式、消费模式。三是着力加强保障能力建设。坚持把生态环境保护和建设作为最大的基础建设来抓,坚持保护与建设并重、保护优先的方针,加强生态重点工程建设,健全生态建设和保护长效机制,推动生态环境保护和建设由初见成效向明显改善转变。建立健全节能减排激励、约束和倒逼机制,加强节能减排重点工程建设,坚决淘汰落后产能,确保完成节能减排任务。以公路、铁路、电网三大通道建设为重点,进一步加大重要基础设施建设力度。

求真务实,切实把中央各项决策部署落到实处

在复杂多变的国际大环境和艰巨繁重的任务面前,要保持经济平稳较快发展,保持社会和谐稳定,一定要树立和弘扬求真务实的优良作风。要认真学习贯彻胡锦涛总书记在中纪委十七届三次全会上的重要讲话精神,切实加强党性修养、树立和弘扬良好作风,以坚强党性和优良作风推动经济平稳较快增长。内蒙古结合开展深入学习实践科学发展观活动,在全区开展了"保增长、惠民生,进百县、促落实"活动,已经组织 30 名省级领导、200 名厅级干部和 1000 名机关同志,深入到全区 101 个旗县市区调查研究、解决问题,以确保中央保增长、保稳定、保民生各项方针政策落到实处、见到实效。

(原载《求是》2009 年第 7 期)

关于内蒙古的发展条件、发展思路、发展目标和发展现状

(2009 年 5 月 22 日)

一、发展条件

内蒙古有较好的发展条件,可以概括为有基础、有优势、有机遇。

有基础。主要是有三个基础比较好。一是社会基础比较好。内蒙古具有民族团结的光荣传统,20 世纪 50 年代曾被周恩来总理誉为"模范自治区",这些年来一直保持了民族团结、边疆安宁、社会稳定的政治局面;二是工作基础比较好。历届自治区党委、政府团结协调,各族干部群众的素质和精神状态好;三是经济基础比较好。自治区成立 60 多年来特别是改革开放以来,工农牧业生产持续稳定发展,形成了一批具有区域特色的优势产业。

有优势。一是资源优势。从地上资源看,森林面积、草原面积、人均耕地面积居全国第一,森林面积 20 多万平方公里,相当于湖南省的国土面积,草原面积 13 亿亩,人均耕地面积是全国平均水平的 5 倍。从地下资源看,稀土储量居世界第一,邓小平同志曾说过,"中东有石油,中国有稀土"。中国稀土储量的 80% 在包头市。近几年,经过勘探,煤炭资源探明储量 7000 亿吨左右,全国第一,全国人均在内蒙古有 500 多吨煤炭储量, 苏里格气田天然气储量 6000 多亿立方米,预测远景储量 4 万亿立方米,海拉尔油田新探明储量 2 亿吨,十种有色金属和贵金属资源丰富,可利用风能总功率 1.5 亿千瓦。二是区位优势。内蒙古北与俄罗斯、蒙古国接壤,有 4200 多公里边境线,有 18 个边境口岸,其中包括我国最大的陆路口岸满洲里和对蒙的最大口岸二连浩特, 有利于扩大

对俄蒙的开放合作;内蒙古横跨"三北",与三个大经济区、八个省区市接壤,其中东北三个省、华北两个省市、西北三个省区,有利于进行广泛的经济技术协作。三是后发优势。相对来讲,后发展地区没有多少历史包袱,产业发展可以坚持高起点,新上项目的设备和工艺可以一步达到国际国内同行业先进水平,通过技术跨越体现后发优势。

有机遇。一是西部大开发的机遇。最初西部大开发战略实施范围就是西北五个省、西南五个省,后来中央考虑到对民族边疆地区的支持,搞了个"10+2",增加了广西和内蒙古。国家实施西部大开发战略,加大生态和基础设施建设力度,加大对西部地区科技教育投入,支持西部地区发展优势特色产业,这对内蒙古来说是最现实的机遇。二是振兴东北等老工业基地的机遇。内蒙古东部盟市与东北紧密相连,经济有互补性,中央把内蒙古东部盟市也纳入了振兴东北范畴。国家实施这一战略,不仅促进了东北地区的发展,也给内蒙古东部盟市带来了良好的发展机遇。三是宏观调控的机遇。国家采取区别对待、有保有压的方针,既有利于内蒙古发挥比较优势,做大做强优势特色产业,也有利于我们调整优化经济结构、转变发展方式,提高协调发展和可持续发展水平。另外,这次应对国际金融危机,国家出台了一系列政策措施,加大了投入力度,加上危机产生的倒逼机制,为内蒙古提升科学发展水平提供了机遇。

二、发展思路

在 2001 年召开的自治区第七次党代会上,提出了"一二三五"发展战略。"一"就是贯穿经济结构调整"一条主线"。结构调整内容很广,突出抓了"三大调整"。一是产业结构调整。当时内蒙古经济总量很小,2000 年全区 GDP 仅 1500 多亿,产业结构又不合理,其中一产业超过了20%,当时在全国只有 5 个省一产业增加值超过 20%,二产业增加值比全国平均水平低了 10 个百分点,工业化水平较低,当时全国工业化已进入中期,内蒙古处在工业化中期初始阶段,实际上是处于工业化初期。二是所有制结构调整。当时尽管经济总量不大,但还是以公有制为主体,民营、非公经济所占比重很小。三是生产力布局结构调整。内蒙古地广人稀,如果把 2400 万人分散在 118.3 万平方公里上,社会事业没法办,基础设施没法搞,必须大力推进生产力布局的相对集中。"二"就是加快思想观念和经济增长方式"两个转变"。一个是转变思想观念,沿海率先发展地区还要与时俱进,作为边疆民族地区,更应该解放思想、转变观念。另一个当时叫转变增长方式,后来叫转变发展方式。在转变发展方式上,重点抓了三个方面。一是转变农牧业发展方式。草原畜牧业和草原沙化成正比,任何国家走过的路都证明了这一点。过去内蒙古牧业采取游牧方式,逐水草而居,对生态破坏很大,后来坚持以草定畜,实行休牧、禁牧、轮牧和舍饲圈养,改变牧业增长方式,调整畜产业结构,稳定发展草原畜牧业,大力发展农区畜牧业。同时,农业发展方式也坚持走集约化的路子。二是转变工业发展方式。内蒙古过去工业少、水平低、增长方式粗放,必须走新型工业化路子。三是转变资源开发利用方式。内蒙古资源富集,这对自治区发展很重要,但必须着力提高资源综合开发利用水平,加快资源优势向经济优势转化。"三"就是强化改革、开放和技术进步"三大动力"。"五"就是推进农牧业产业化、新型工业化、城镇化"三化进程"和生态、基础设施"两项建设"。生态建设对内蒙古极其重要,所以我们把生态建设从基础设施建设中单列出来,摆在基础设施建设前面,这两项建设是发展的重要保障。

七次党代会之后,自治区逐步对"一二三五"战略进行完善,先后在四次全会上分别提出了"快"、"大"、"长"、"好"发展战略。2002 年提出"快"的问题,强调自治区可以也能够连续几年保持两位数以上快速增长,一些优势地区可以实现跨越式发展。我从南方省份到边疆民族地区,开始不敢奢谈"跨越"两个字,因为这样一个欠发达地区,怎么能谈"跨越"。经过一年多调研体会到,像鄂尔多斯这样一些地方,实际上前些年已经开始出现跨越式发展趋势,后来坚定地提出"有条件的优势地区可以实现跨越发展"。2003 年提出"大"的问题,强调要做到"两个不满足",一个是不满足较快的增长速度,因为 2001 年、2002 年就加快了,基数低,可以更快一些、另一个是不满足某些人均指标,因为内蒙古人口较少,人均指标就高一些。"两个不满足"就是要在优化结构、提高效益的前提下进一步做大总量。一个地方如果没有较大的经济总量,就没有影响力和地位。2004 年提出"长"的问题,就是不单纯追求经济一时的过快增长,要使经济保持一个较长较快的增长周期。经济运行最怕的就是忽高忽低,有大的波折和起伏,所以我们提出宁可要较快速度的较长增长周期,也不要过快速度的较短增长周期,防止经济有波折有起伏,尽可能保持10年左右的较快增长。2005年提出"好"的问题,中央提出树立和落实科学发展观后,提出必须贯彻落实科学发展观,切实做到统筹兼顾协调发展、遵循规律持续发展、以人为本和谐发展。内蒙古这些年的发展路子,正如锦涛总书记在十七大江苏代表团讨论会上所说的,经历了从加快发展到又快又好发展再到又好又快发展的阶段。

在2006年召开的自治区第八次党代会上,提出了"三个两",即提高"两个水平",保持"两个高于",确保"两个实现"。提高"两个水平"就是提高协调发展水平和可持续发展水平,这是按照科学发展观要求、结合内蒙古实际提出的推动科学发展、解决突出问题的战略措施;保持"两个高于",就是经济增幅和城乡居民收入增幅高于全国平均增幅;确保"两个实现",就是实现地区生产总值和财政收入翻一番,力争到2010年经济总量进入全国中等行列,人均主要指标进入全国前列。锦涛总书记十七大之后第一次到地方视察就来到内蒙古,在听取内蒙古工作汇报后作了很多重要指示,为了贯彻落实锦涛总书记的重要指示精神,我们结合多年来查找出的经济社会发展中的薄弱环节,提出要着力在调整经济结构、转变发展方式上实现"八个转变",即农牧业由大区向强区转变,工业经济由资源优势向产业优势转变,经济增长主要由二产带动向一、二、三产业协同带动转变,经济发展由速度扩张型向质量效益型转变,生态环境保护和建设由初见成效向明显改善转变,发展环境由资本流入区向要素流入区转变,增长动力由要素驱动向创新驱动转变,民生工作由应急解难向建立长效机制转变。这些一以贯之、不断完善的发展思路,推动自治区经济社会实现了又好又快发展。

三、发展目标

近期目标就是经济总量进入中等行列,在31个省中达到16位左右算中等;人均主要指标进入前列,也就是进入前10位。长期目标是三代中央领导人给我们提出来的。小平同志1987年会见美国前总统卡特时指出,"内蒙古有广大的草原,人口又不多,今后发展起来很有可能走进前列。"1987年提"走进前列",内蒙古人自己也不能相信,当时自治区主要指标都在后列,不敢想,怎么走进前列? 但是伟大政治家、战略家、领袖人物站得高、看得远,指明了内蒙古长远发展目标。江泽民总书记1999年来内蒙古视察时强调,要充分发挥资源优势,提高资源的综合开发利用水平,加快把资源优势转化为经济优势,力争使内蒙古成为我们国家下一个世纪经济增长的重要支点。十六大、十七大之后,锦涛总书记第一次到地方视察都是到的内蒙古。锦涛总书记在十六大之后视察内蒙古时指出,"做好内蒙古的各项工作,不仅关系到内蒙古二千三百多万群众的福祉,而且对党和国家工作的全局具有重要意义。"要求我们建设国家"两个屏障",一个是安全稳定屏障,一个是生态屏障。十七大之后视察内蒙古时还提出,要保护好大兴安岭这片绿色林海,保护好内蒙古这片辽阔草原。所以我们把"走进前列、成为重要支点、建设两个屏障"作为内蒙古长期的奋斗目标。

四、发展现状

现在,内蒙古总体上处在工业化中期阶段。去年二产业已经占到经济总量的55%,一产下降到11%左右,三产占34%左右,形成了以工业为主导的经济结构。在党的十七大上,锦涛总书记提出我国正站在新的历史起点上。内蒙古同全国一样,已经站在了新的历史起点上。这个"新的历史起点",主要体现在"三新"上。一是逐步完善了科学发展的新思路(见前文),我们还要继续完善;二是初步奠定了科学发展的新基础,现在这个基础同当年的基础已不可同日而语了。三是开始形成科学发展的新机制。

初步奠定了科学发展的新基础。从总量上看,2008年,内蒙古经济总量已由2002年全国第24位、倒数第8位跨越了8个省区市,进入到全国16位。这些年内蒙古投入量很大、后劲很足、态势很好,连续7年保持全国增速第一。这不是自然增长,主要是由于新的生产力的形成。以固定资产投资为例,"九五"时期,内蒙古投入1757亿元,从建国到2000年,内蒙古固定资产投资人均水平不到全国平均水平的一半,加上本来人少,所以投入少,欠账多。"十五"期间投入了7000亿元左右,相当于1757亿元的4倍。进入"十一五"以后,2006年投入3400亿元,

2007 年投入 4600 亿元,2008 年投入 5600 亿元, 今年投入预计将超过 7100 亿元, 明年要超过 8000 亿元,"十一五"期间要累计投入超过 28000 亿元以上,这将是"十五"的四倍。今年一年投入 7000 亿元,就相当于"十五"的总和,相当于"九五"的四倍。内蒙古 50 万元以上的固定资产投资总额去年、前年都在全国排在第 10 位,全社会固定资产投资排在全国第 13 位。"十一五"接近 3 万亿元的大规模投入,后劲就会很足。在这些投入当中,超过一半是工业投入,去年 5600 亿元投入中工业超过 2800 亿元,今年 7000 亿元投入中工业投入要超过 3600 亿元,内蒙古工业经济是有后劲、可持续的。**从人均指标上看**,现在有三项主要人均指标进入全国前 10 位,人均 GDP 前年居全国第 10 位,去年超过辽宁省和福建省进入全国第 8 位,达到 4683 美元,按人民币计算人均超过了 3 万元;人均一般预算收入前年和去年均居全国第 8 位,与 GDP 发展是协调的;城镇居民人均可支配收入,在原来很低水平上,前年达到全国第 10 位,去年超过重庆居全国第 9 位。现在只有农牧民人均纯收入还没有进入全国前 10 位,前年超过辽宁省和湖南省,由第 17 位进入第 15 位,去年是比前年进了 1 位,与湖北省并列第 14 位。财政总收入, 去年按照新口径计算是 1100 多亿元, 如果把基金收入算进去与 2002 年同口径统计接近 1400 亿元,6 年时间接近增长 7 倍。去年内蒙古财政总收入仅比湖南差 100 多亿元,湖南有 6800 多万人,内蒙古是 2400 万人,财政总收入大概两年能超过湖南省。

初步形成了科学发展的新机制。内蒙古"十五"以来的发展,可以有很多条经验值得总结,但有一条更值得总结,就是经济自主增长机制开始形成,主要体现为"三化"。一是市场化程度提高,市场配置资源的基础性作用开始发挥, 企业的市场主体地位更加确立。二是投资环境优化,软硬环境都得到明显改善。硬环境方面,包括公路、铁路、电力"三大通道"建设、城市的基础设施等建设力度加大,资源勘探力度加大,对发展的保障水平明显提高。过去基础设施欠账很多,现在内蒙古铁路运营里程超过 10000 公里,横贯东西的公路大通道已经贯通。软环境方面,信用环境、法制环境、社会环境也在明显改善,内蒙古已经成为一块投资的热土。三是投资主体多元化,由于市场化程度提高,投资环境优化,才开始出现投资主体多元化。去年固定资产投资 5600 亿元中,地方政府信贷投资和当地银行贷款占了不到 30%, 大量的资金是企业主体自筹或把从外地银行贷款带进来。今年 35 家中央企业在内蒙古的投入将超过 2000 亿元。所以大量的投资从哪里来? 靠的就是开始形成的经济自主增长机制。

当然,内蒙古发展还存在明显的差距和不足。我们曾经查找过"三条软肋"、"五个方面的不足"、"八大差距"、"四大艰巨任务"。"四大艰巨任务"包括"一大"、"一高"、"一增"、"一减"。"一大"就是做大经济总量,"一高"就是提高发展水平,"一增"就是增加城乡居民收入,"一减"就是强化节能减排。这次开展深入学习实践科学发展观活动,我们又从坚持发展这个第一要义、以人为本这个核心、全面协调可持续这个基本要求、统筹兼顾这个根本方法和领导科学发展能力等方面查找了一系列问题,目前正对照科学发展观要求认真加以改进。

关于如何推进工业化,主要有 5 点感受。第一,工业化是任何国家、任何地区都不可回避、不可跨越的经济发展阶段。由农业社会到工业社会再到知识社会,这是经济发展的规律,不可能回避和跨越。原来内蒙古工业比较弱,抓工业难度很大,但不可能跨越这个阶段,不搞工业,回避工业,这是不现实的。第二,要理性推进工业化。理性推进就是坚持市场导向,确立企业主体地位,优化发展环境。在市场经济条件下,企业是市场的主体,必须坚持市场导向。政府要创造发展条件,决不能办企业。政府不办企业不等于政府不管企业,要为企业发展创造良好的环境和条件,包括项目的争取、优惠政策的制定等等。第三,在推进工业化过程中要坚持技术跨越。就是坚持高起点发展工业,新上项目的装备和技术、工艺要一步达到国内乃至国际同行业先进水平。同时,要淘汰落后的生产力,绝不承接落后生产力转移。2003 年,吴邦国委员长来内蒙古时曾感慨地说,没想到内蒙古企业技术装备水平这么高。现在,内蒙古技术装备和工艺居全国第一套的有 30 多项。比如煤制油,第一条直接液化、第一条间接液化装置都在内蒙古。比如煤制烯烃,都是大装置,MOT 方法、MTP 方法都在内蒙古,煤制乙二醇第一套装置也在内蒙古。还有 PVC、离子膜烧碱,这些装置规模也都是第一。第四,工业布局不能搞村村点火、户户冒烟。工业项目一定要进园区,实行集群式发展。对鄂尔多斯工业,我概括"三个看不见",即煤炭大市看不到煤,产煤超过两亿吨,看不到煤,不像有些煤炭大市到处是煤,乱七八糟;羊绒大市看不到羊,"鄂尔多斯温暖全世界",但沿途从大路走、从小路走都看不到羊,全部舍饲圈养;工业大市沿途基本看不到工业,可是一到园区都是大企业,企业全部进了工业园区。近年来,自治区重点抓了26个工业园区。

第五,坚持产业多元、产业升级、产业延伸发展战略。产业多元就是不能在一两棵树上吊死,工业产业、企业每天都有破产的,每天都有新生的,产业过于单一就容易造成在一两棵树上吊死,要尽可能追求多元,东方不亮西方亮。要依托资源不依赖资源,在积极发展资源型产业的同时,大力发展非资源型产业。我们有那么多地下资源,能源产业只是六大优势产业中的一个,包含着煤、电、油、气。煤炭产业,去年内蒙古煤炭产量超过4亿吨,居全国第二,今年一季度山西停产多一些,我们超过了山西,但这几年山西产量还会很大。发电,内蒙古发电量居全国第三位。天然气,鄂尔多斯有大气田,到2010年外输天然气要超过200亿立方米。尽管资源富集,但是内蒙古牢固树立能源资源基地也要厉行节约的意识,在提高资源综合利用水平上,在发展非资源型产业上做足文章。内蒙古煤炭的销售额只相当于呼和浩特市的两个奶制品企业,"黑白"差不多。我们要求煤炭就地转化一半,一开始搞煤发电,后来就搞煤化工、煤制油,还要搞天然气化工。由于坚持搞产业多元,我们目前形成了六大优势产业。产业升级,就是推进产业的高级化、规模化,现在投入的都是几十亿、上百亿,亿元企业算中小企业。产业延伸,就是要延伸产业链条,多生产下游产品和终端产品。特别是中小企业发展就要靠产业延伸,实施"一个产业带动百户中小企业"工程。比如电解铝产量比较多,内蒙古只有三家大企业,每家产量都在五六十万吨以上,都是大规模发展,过去就卖大铝锭后来搞铝的延伸,搞铝箔、铝轮毂、铝合金、高纯度铝,发展铝后加工,这就延伸了产业链,配套发展了中小企业。比如聚氯乙烯等产业,也要延长产业链,发展中小企业。内蒙古今年聚氯乙烯产量大概要过200万吨,明年可能超过300万吨,不能光卖聚氯乙烯,还要搞板材、管材,搞延伸加工。无论是现在还是将来,产业发展都要走产业多元、产业升级、产业延伸的路子。

（选自在与贵阳市党政代表团座谈时的讲话）

努力开创民族地区科学发展新局面

（2009 年 6 月）

内蒙古作为边疆少数民族地区，发展不充分是主要矛盾，既面临着加快发展、跟上全国发展步伐的紧迫任务，也面临着提高发展质量和效益、实现科学发展的艰巨任务。几年来，内蒙古从地区实际出发，深入贯彻落实科学发展观，坚持好字优先、好中求快，逐步完善了科学发展的新思路，初步奠定了科学发展的新基础，开始形成了科学发展的新机制，开创了科学发展的新局面。

坚持把发展是硬道理的战略思想贯穿于科学发展的全过程。科学发展观的第一要义是发展。胡锦涛总书记视察内蒙古时指出，改革开放以来特别是近年来，内蒙古经济社会取得巨大成就的根本原因，是始终坚持发展是硬道理的战略思想不动摇。这几年，内蒙古紧紧抓住发展这个党执政兴国的第一要务和科学发展观的第一要义，坚持用发展的办法解决前进中的问题，用发展的成效来造福人民、凝聚人心，积极探索符合科学发展观要求、符合内蒙古实际的发展路子。在 2001 年自治区第七次党代会确定的贯穿经济结构调整"一条主线"，实现经济发展方式和思想观念"两个转变"，强化改革、开放、科技创新"三大动力"，推进农牧业产业化、新型工业化、新型城镇化"三化互动"和生态、基础设施"两项建设"总体发展战略的基础上，根据形势任务发展变化，先后提出"快"、"大"、"长"、"好"的要求。"快"，就是进一步加快发展步伐，有条件、有优势的地区努力实现跨越式发展；"大"，就是不满足较快的发展速度，不满足某些人均指标，在优化结构、提高效益的前提下，努力做大经济总量；"长"，就是正确处理快增长与长周期的关系，努力使经济发展保持一个较长较快的发展期;"好",就是认真贯彻落实科学发展观,切实做到统筹兼顾协调发展、遵循规律持续发展、以人为本和谐发展。2006 年召开的自治区第八次党代会,明确把提高协调发展水平和可持续发展水平确定为主要奋斗目标。党的十七大后,按照胡锦涛总书记视察我区重要讲话精神,提出努力在调整经济结构、转变发展方式上实现"八个转变",即农牧业由大区向强区转变,工业经济由资源优势向产业优势转变,经济增长主要由二产带动向一、二、三产业协同带动转变,经济发展由速度扩张型向质量效益型转变,生态环境保护和建设由初见成效向明显改善转变,发展环境由资本流入区向要素流入区转变,增长动力由要素投入向创新驱动转变,民生工作由应急解难向建立长效机制转变。这些一以贯之、不断完善的发展思路,推动自治区经济社会实现了由加快发展到又快又好发展再到又好又快发展的重大转变,主要经济指标由全国后列迈进中列,一些人均指标进入全国前列。从 2002 年到 2008 年,经济发展速度连续七年全国领先, 总量由 1940.9 亿元增加到 7761.8 亿元, 由全国第 24 位前移至第 16 位,人均生产总值 4638 美元,居全国第 8 位;地方财政收入由 132.9 亿元增加到 1107.3 亿元,由全国第 25 位前移至第 17 位,人均一般预算收入居全国第 8 位。今年以来, 全区经济在经历去年第四季度的低谷后平稳回升,一季度生产总值增长 15.8%,规模以上工业增加值增长 19.2%,50万元以上固定资产投资增长 47.8%,地方财政收入增长 34.4%,整体经济形势好于预期。

坚持把提高协调发展水平和可持续发展水平作为推进科学发展的中心任务。内蒙古底子较薄、基础较弱,既经不起"折腾",也交不起"学费",必须科学理性地推动经济社会发展。这几年,我们坚持打基础与促发展并重,把提高协调发展水平和可持续发展水平作为科学发展的中心任务,初步走出一条产业协调、城乡协调、区域协调、人与自然协调的发展路子。在产业协调发展上,围绕调整经济结构和转变发展方式,着力提升产业发展水平。三次产业结构由 2002 年的 19.3:38.9:41.8 演进到 11.7:55:33.3,实现了由工业化初期进入中期的重大转折。形成了具有较大规模和较高水平的六大优势特色产业。能源工业拥有世界最大的井工煤矿、全国最大的露天煤矿和亚洲最大的火电站群;冶金工业拥有国内最大的重轨、高压锅炉管、合金铝生产基地和第一条粉煤灰提取氧化铝生产线；化学工业拥有世界第一条具有自主知识产权的煤直接液化生产线、国内第一条煤间接液化生产线、国内第一套煤基烯烃、国内第一套煤制乙二醇装置，国内最大的电石法 PVC、天然气制甲醇等项目；农畜产品加工业拥有全国最大两家乳制品企业和世界最大羊绒制品企业；装备制造业的特种汽车、风力发电机制造占有较大市场份额，高新技术拥有国内最大的稀土研发基地。在城乡协调发展上，坚持解决农牧业问题从非农牧产业上找出路、解决农村牧区问题从推进城镇化上找出路、解决农牧民问题从减少和转移农牧民上找出路，"十五"以来累计投入财政支农支牧资金600 多亿元，转移农牧民 45 万人，城镇化率达到 51.6%，2008 年全区 101个旗县区中，财政收入过亿元的 98 个、过 10 亿元的 30 个。在区域协调发展上，坚持均衡发展与非均衡发展的统一，积极鼓励呼包鄂优势地区率先发展，大力支持东部盟市加快振兴，对兴安盟等革命老区、少数民族自治旗采取特殊扶持政策。目前呼包鄂地区继续发挥领跑作用，东部盟市一些主要经济指标增速超过全区平均水平，其他盟市呈加快发展态势。在人与自然协调发展上，坚持走生产发展、生活改善、生态良好的生态文明发展路子，生态环境实现"整体遏制、局部好转"的历史性转变，单位能耗明显下降，主要污染物排放"双降"，进入全国减排第一序列。在保障能力建设上，大力加强农田草牧场、水利、交通、市政等基础设施建设，初步建成横贯自治区东西的高等级公路、铁路、电网"三大通道"，煤炭、石油、天然气、有色金属等勘探工作取得重大进展。

坚持把提高人民生活水平和质量作为推进科学发展的根本目的。在致力于发展经济的同时，坚持把增收富民作为贯彻党的宗旨、落实执政为民的首要任务，努力实现发展经济与造福人民的统一。着力促进城乡居民收入来源多元化、增收稳定化、分配公平化，逐步缩小与发达地区的差距，城乡居民收入分别由 2002 年全国第 29 位和第 22 位前移至第 9 位和第 14 位。下大力保障和改善困难群众基本生活。2005 年，自治区作出"两项承诺"，即让有就业能力的零就业家庭至少有一个人就业，考上大学的学生不因为家庭困难而上不起学。近年来，先后投入 400 多亿元集中为群众办了保障饮水安全、提高寄宿制贫困初中和小学生补助标准等实事和改善农村牧区生产生活条件、加大扶贫开发力度等民生工程。大力发展各项社会事业,切实解决好群众就学、就业、就医、社保等最关心最直接最现实的利益问题。2003 年以来,自治区财政用于发展教育、医疗、卫生事业和改善城乡居民居住条件的投入超过 1000 亿元,公共服务水平不断提高。

坚持把改革、开放和创新作为推进科学发展的强大动力。紧紧抓住国家实施西部大开发、振兴东北等老工业基地、支持边疆民族地区发展以及加强和改善宏观调控等重要发展机遇,在积极争取和充分利用国家优惠政策的同时,更加注重通过深化改革建立健全有利于科学发展的体制机制,更加注重通过扩大开放增强科学发展的动力活力,更加注重通过自主创新和科技进步推进科学发展,经济自主发展机制开始形成。发展环境进一步优化,在硬环境不断改善的同时,法制、服务、诚信等软环境明显改善;投资主体日益多元化,自筹资金能力明显增强,成为资本净流入区;科技创新能力不断提高,一批重大产业项目技术装备水平和生产效率达到国内外先进水平,科技进步对经济增长贡献率稳步提高。

当前,内蒙古同全国一样,正处在科学发展的关键时期。面对国际金融危机的严峻挑战,保持经济平稳较快发展,必须更加坚定自觉地贯彻落实科学发展观,把解近忧与谋长远结合起来,努力实现更长时间、更高水平、更好质量的发展。

第一,要抢抓危机中蕴含的新的发展机遇,努力实现在困难中崛起、在困难中发展、在困难中提高。温家宝总理在参加十一届全国人大二次会议内蒙古代表团审议时指出:"内蒙古有基础,有实力,有条件,只要认真贯彻落实科学发展观,完全能够应对国际金融危机的考验,早一点走出困境,在困难中崛起,在困难中发展,在困难中得到提高"。国内外发展经验表明,地区间的发展差距既可能在困难中拉大,也可能在困难中缩小,关键取决于能否抓住危机中蕴含的发展机遇。当前,要抓住国家积极扩大内需的有利时机,加大重大基础设施、重大产业项目、发展薄弱环节的投资力度,努力拉动经济增长,进一步提高发展的后续保障能力;抓住危机带来的倒逼机制压力,抓好以产业结构、产品结构、生产力布局结构、所有制结构和投资结构为重点的结构调整, 抓好以资源开发利用方式、工业生产方式、农牧业生产方式为重点的发展方式转变,不断提高协调发展水平和可持续发展水平;抓住新一轮产业转移加速的机遇,积极承接国内外先进生产力转移,加快产业转型升级步伐,着力打造多元化的现代产业体系;抓住体制机制创新的有利时机,加大重点领域和关键环节改革力度,着力消除制约科学发展的体制机制障碍,不断增强科学发展的动力和活力。

第二,要大力培育产业发展新的增长点,夯实经济平稳较快发展的产业支撑。产业是经济社会发展的基础和依托。要坚持产业多元、产业延伸、产业升级的发展方向,积极推进产业转型升级,大力培育产业发展新的增长点。能源、冶金、化工、农畜产品加工、高新技术等优势产业,不仅是过去我区经济持续快速发展的主要支撑,而且决定未来我区经济发展的规模和层次。要坚持用新技术、新工艺和新的企业组织形式加以改造提升,促进优势产业延伸和升级。能源工业要在提升煤电发展水平的同时,积极发展煤化工、天然气化工、氯碱化工等产业,配套推进精细化工发展,延伸化工产业链条。高新技术产业要着力培育和引进附加值高、产业链长、技术含量高的稀土延伸加工项目,加快建设稀土新材料及应用产业集群;抓住国家鼓励发展光伏产业的有利时机,大力发展晶体硅产业,积极开发和引进电子级和太阳能光伏材料产业。要抓住当前企业优胜劣汰、兼并重组的机遇,加大企业组织结构调整力度,加快培育和发展优势产业集群。要把发展先进制造业作为提升地区竞争力的战略产业来抓,坚持自主创新与技术引进相结合,着力提升汽车、风电设备制造、煤矿机械、化工机械及配套产业水平,加强制造业园区建设,打造产业链接有序、技术装备先进、专业分工合理的先进制造业集群。要加快推进现代服务业发展,按照创新发展、集聚发展、统筹发展和发展提速、比重提高、结构提升的要求,大力发展金融、物流等生产性服务业,加快发展教育、文化、卫生、休闲旅游等服务业,充分发挥服务业推动经济结构调整、转变发展方式、吸纳劳动力就业、扩大内需等重要作用。

第三,要争创新的发展优势,进一步提高经济社会自主发展能力。现在,我区经济社会发展已站在新的历史起点上。能否在新的起点上实现新的更大发展,关键在于通过优化生产要素配置和重组,放大已有优势,争创新的优势,进一步提高自主发展能力。从内蒙古实际出发,关键要争创三个方面的新优势。要争创颇具影响力的创新优势。更加注重科技创新对经济社会发展的引领支撑作用,加大对科技进步与自主创新的投入,突出企业的创新主体地位,进一步完善鼓励技术创新和科技成果产业化的法制保障、政策体系、激励机制、市场环境。抓好人才这个创新之本,加强创新文化建设,形成全社会创新活力充分释放、创新人才大量涌现的生动局面,推动经济增长由要素投入向创新驱动转变。要争创富有吸引力的开放优势。我区内联八省区、外接俄蒙两国,区位优势明显。要大力实施"东联、北开、西出"总体开放战略,以承接先进生产力转移为重点,加强与东部沿海发达地区的横向联合;以向北开放为重点,加强同俄蒙等国在资源开发领域的合作,加强口岸和沿边对外开放带建设;以西出欧洲为重点,积极拓展与欧盟的经贸及技术合作,努力构筑全方位开放新格局,加快区位优势向开放优势转变。要争创较强集聚力的环境优势。充分利用资源禀赋好、要素成本低等有利条件,进一步加强投资创业环境建设,切实做到硬环境更"硬"、较环境更"优",着力打造商务成本"洼地"、要素集聚"高地"、投资兴业"宝地",不断增强经济发展的吸引力和集聚力,加快资本流入区向要素流入区转变。

第四,要坚持发展经济与造福人民相统一,着力保障和改善民生。千方百计抓增收。认真落实各项增资减负政策措施,力争城乡居民收入早日达到全国平均水平。千方百计抓就业。实施更加积极的就业政策,坚持以创业促进就业,重点抓好城镇失业人员、就业困难人员和高校毕业生就业工作,加强农牧民转移就业和返乡创业服务,确保就业形势稳定。千方百计抓社保。加快建立覆盖城乡居民的社会保障体系,进一步加强社会保障制度建设,逐步扩大社会保障覆盖范围,提高社会保障水平,健全社会救助制度,落实好各项补贴政策,确保困难群众基本生活。千方百计办实事。进一步加大为民办实事力度,积极为城乡困难群众办一批实事好事,实施一批群众所盼所需的民生工程。加大对公共事业的投入,把更多的财政资金投向公共服务领域,把更多的公共资源投向农村牧区、贫困地区和困难群体,不断提高公共服务均等化水平。

第五,要全面加强党的建设,为科学发展提供有力的政治和组织保证。以党的执政能力和先进性建设为主线，以开展深入学习实践科学发展观活动为契机，全面加强党的思想、组织、作风、制度建设和反腐倡廉建设。要围绕提高领导科学发展能力和水平加强领导班子和干部队伍建设，完善符合科学发展观和正确政绩观要求的考核评价体系，努力把各级党组织建设成为贯彻落实科学发展观的坚强堡垒，把干部队伍建设成为贯彻落实科学发展观的骨干力量。要认真组织"保增长、惠民生，进百县、促落实"活动，确保中央各项方针政策落到实处、见到实效。要大力加强领导干部党性修养，树立和弘扬优良作风，以与时俱进的思想观念和奋发有为的精神状态，努力战胜各种风险和挑战，不断开创科学发展的新局面。

（选自《理论前沿》）

正确处理"四个关系"
着力推动科学发展

(2009 年 8 月 8 日)

正确处理工业化与城镇化的关系，
在互动共进中进一步提高城镇化水平

工业化和城镇化是人类文明进步不可逾越的发展阶段。在人类社会迈向现代化的过程中，工业化和城镇化是两大驱动力，工业化是城镇化的支撑，城镇化是工业化的载体，工业化推动城镇化，城镇化促进工业化。推进我区文明建设和发展，必须使两者在更高层次上互动提升、相得益彰。

国内外普遍认为，21 世纪是城市的世纪，占世界人口 1/5 中国城镇化的进程将对全球人类文明发展产生重大影响。以人均 GDP 为标志进行发展阶段比较，中国城镇化水平比一般国家低了 15 个百分点。城镇化滞后，导致服务业发展受阻，就业空间狭小，农牧业剩余劳动力转移困难，土地、能源等资源消耗增加，生态环境压力加大。发展经济学认为，一个国家的经济发展水平与其城镇化水平高度正相关，与城乡发展和收入差距高度负相关，即城镇人口在总人口中的比率越大，经济发展水平越高;城镇化水平越高，城乡收入差距越小。现在，国家为应对危机、扩大内需出台了一系列政策措施，把投资重点放在基础设施、产业振兴、城乡协调发展和民生工程等领域，为加快新一轮城镇化进程创造了良好条件。按照目前的城镇化发展速度，我国还需要 20—30 年才能达到西方发达国家目前的城镇化水平。我们要充分认识推进城镇化的重大意义，抓住当前工业化加速推进的有利时机，努力提高我区城镇化水平。

从自治区实际出发，加快推进城镇化，要努力在"五化"上下功夫。一是要努力实现城镇规划科学化。城镇规划是城镇发展的蓝图，必须坚持高起点，充分体现科学性和超前性。现在，一些城镇之所以挖了填、填了挖，拆了建、建了拆，重要原因是缺乏科学规划。在制定城镇规划中，要按照统筹城乡、布局合理、节约土地、功能完善、以大带小的原则，科学确定城镇定位和发展战略，正确处理近期与长远、局部与整体的关系，既要注重扩大城镇规模，又要注重优化城镇布局、完善城镇功能，既要考虑产业发展需要，又要考虑人居环境要求，既要体现现代气息，又要体现区域文化特色，使城镇规划真正成为城镇建设发展的龙头和总纲。二是要努力实现城镇发展协调化。党的十七大明确提出，要坚持大中小城市和小城镇协调发展，走中国特色城镇化发展道路。统计数据表明，全球 1/5 的GDP 是由 10 个经济最发达的城市群创造的，我国十大城市群创造了全国 1/2 的 GDP。自治区要进一步加快呼和浩特、包头、鄂尔多斯城市群和赤峰、通辽等较大城市的建设和发展，不仅要在扩大城市规模和产业规模上下功夫，更要在提升发展层次和发展质量上用气力，努力构建高效的经济系统、和谐的社会系统、健全的管理系统、丰富的文化系统、完善的设施服务系统、优质的生态环境系统。要把加快中小城市发展作为扩大投资需求的着力点和调整优化经济结构的重要环节来抓，依托各盟市、满洲里、二连浩特中心城区和旗县所在地，把扩大规模与做强经济、完善功能、打造宜居环境结合起来，进一步增强中小城市的经济实力和辐射带动能力。要切实抓好小城镇发展，使之成为带动农村牧区二、三产业发展和劳动力转移的重要载体。三是要努力实现产业发展园区化。推动产业进园区，是生产力布局调整的重要内容，既符合城镇功能划分的要求，也符合产业集约式发展的要求。有关方面分析认为，在农村牧区发展工业，其每平方公里形成的 GDP，仅为城市土地产出的 1/50 左右，而且环境代价很大。目前，国内外城市建设和发展，都高度重视园区建设，以此作为发展经济、统筹城乡的重要抓手。各级要把园区建设作为推进工业化、城镇化的重要环节，加快各类产业园区规划建设。对已有的产业园区要加大改造提升力度，使之功能更全、环境更优；对规划在建的产业园区，要高标准高质量地建设;同时要根据本地区产业发展实际,认真做好新的产业园区规划。要积极引导各类产业入驻园区,使产业布局与城镇布局相互依托、相互协调。要依托产业园区,大力推进新城区建设和小城镇建设,逐步建立起符合生产力布局要求、功能设施配套完善的城镇体系,推动工业化和城镇化协调发展。四是要努力实现公共服务现代化。良好的公共设施和公共服务是城镇承载能力的重要体现,也是城镇文明程度的重要标志。要加大城镇交通、通讯、市政、文体场馆等基础设施建设,大力发展教育、文化、卫生、体育等各项社会事业,为城镇居民提供广泛、便捷的公共服务。要加强城镇环境治理和生态建设,着力营造人与自然和谐相处的城镇生态环境。五是要努力实现城乡发展一体化。城镇化是城镇文明不断发展并向广大乡村渗透和传播的过程,是城乡逐步一体化的过程。目前,全区还有48%的人口生活在农村牧区,城乡二元结构特征明显。要把加快农牧民转移作为推进城乡一体化进程的重要举措,积极稳妥地改革城乡户籍、就业、社保等制度,逐步消除城乡一体化发展的体制机制障碍。要按照统筹城乡经济社会发展的要求,进一步优化财政支出结构,促进城镇基础设施向农村牧区延伸、城镇公共服务向农村牧区覆盖、城镇文明向农村牧区辐射,加快形成以城带乡、以工促农、城乡互动、协调发展的机制。

正确处理工业文明与生态文明的关系, 在振兴工业中努力实现绿色崛起

生态文明是人类对传统文明形态特别是传统工业发展进行深刻反思的成果,是人类文明形态和文明发展理念、道路和模式的重大进步。工业文明包容于生态文明之中。党的十七大提出,要坚持走生态文明的发展路子,把建设资源节约型、环境友好型社会放在工业化、现代化发展战略的突出位置。这就要求我们,既要坚定不移地推进新型工业化进程,努力建设高度发达的工业文明,又要注重节约资源和保护环境,使工业发展符合生态文明的发展要求,走出一条生产发展、生活富裕、生态良好的文明发展道路。

党中央高度重视我区的生态保护和建设。2003年胡锦涛总书记来我

区视察时强调:"内蒙古是我国北方的重要生态屏障,切实把生态环境保护好、建设好,事关全国的生态安全"。2007年胡锦涛总书记再次来我区视察指导工作,要求我们"一定要本着对国家、对民族、对子孙后代高度负责的精神,切实保护好内蒙古这块辽阔草原,保护好大兴安岭这片绿色林海,为建设祖国北方重要生态屏障作出贡献"。保护和建设好内蒙古这一重要生态屏障,在工业文明与生态文明协调互促中实现又好又快发展,是全区各级党委、政府和广大干部群众共同而艰巨的历史任务。到今年底,我区人均生产总值将突破5000美元,开始向工业化更高阶段发展。国际经验表明,这一阶段既是工业化加速推进、环境与发展矛盾的凸显期,也是"环境换取增长"向"环境优化增长"的重要转型期。从发达国家和地区走过的历程看,人均GDP5000美元到10000美元之间,出现库兹涅茨倒U型生态拐点。日本、韩国在人均GDP7000美元到8000美元之间出现拐点,美国在人均GDP10000美元出现拐点,我区呼包鄂等地区人均GDP超过7000美元后出现拐点。从整体上看,虽然我区生态环境实现"整体遏制、局部好转"的历史性转变,但生态环境脆弱局面尚未根本改变,推动生态环境保护和建设由初见成效向明显改善转变是一项长期战略任务。我们一定要正确把握和处理好工业文明与生态文明的关系,坚持工业文明与生态文明一起推进、产业竞争力与环境竞争力一起提升,统筹抓好新型工业化和生态文明建设,努力提高协调发展水平、可持续发展水平。按照科学发展观的要求,总结近年来我区生态保护和建设经验,推进生态文明建设,必须着力抓好以下几个关键环节:

一是调整结构。就是要调整优化经济结构,努力形成与生态文明相适应的产业结构和生产力布局结构。要坚持把调整优化产业结构作为节约资源和保护环境的关键措施来抓,在不断提升和做大做强优势特色产业的同时,努力提高非资源型产业和服务业在国民经济中的比重,大力推进节能减排,淘汰落后产能,降低高能耗、高排放产业比重,推动产业优化升级,加快形成资源节约型、环境友好型的产业结构。要进一步优化生产力布局结构,大力推进城镇化和"集中、收缩、转移"战略,促进农村牧区人口向城镇集中、向二三产业转移,农牧业向条件好的地方发展,产业向园区集聚,最大限度地降低人类活动对生态环境的影响。

　　二是促进转变。就是要紧紧抓住转变发展方式这个关键,推动经济增长由粗放型向集约型转变。在转变农牧业发展方式上,要按照现代农牧业发展方向,大力调整农牧业内部结构,加快推进农牧业产业化经营,做好节约集约利用土地、草牧场和农牧业资源工作,促进农牧业向集约化、节约化、生态化方向发展。在转变工业发展方式上,要坚持新型工业化发展方向,加快用高新技术改造提升传统产业,促进工业经济优化升级;坚持规模化发展,着力培育和引进能够引领产业发展、支撑地区经济、注重环保节能、具有较强竞争力的新兴产业,坚定不移地走大项目、大基地、大集群的发展路子;坚持长链条发展,切实抓好产业延伸,大力发展精深加工,努力实现由生产初级产品和半成品向生产终端产品转变。在转变资源开发利用方式上,要牢固树立能源资源基地也要厉行节约的思想,大力构筑循环经济体系,完善资源性产品价格形成机制,推动各类要素和资源向搞转化延伸、循环利用的项目配置,促进资源有序有度开发、科学合理利用,提高资源规模开采、综合开发、循环利用水平。

　　三是强化支撑。就是要通过大力发展林沙草产业和节能环保产业,为保护生态环境提供强有力的产业支撑。这些年,我区在实践钱学森同志提出的沙产业草产业发展理论上取得重要成果,受到胡锦涛总书记的充分肯定。要坚持把大规模防沙治沙与发展林沙草产业结合起来,寓生态建设于产业发展之中,发挥好林沙草产业在拉动生态建设、调整农牧业结构、带动农牧民增收、实现企业增效等方面的重要作用,把林沙草产业培育成为具有内蒙古特色的优势产业。节能环保产业是极具发展潜力的朝阳产业,国家已将节能环保产业列为优先发展领域和新的经济增长点,在十大产业振兴规划中提出统筹节能环保产业发展的要求,并出台了一系列支持政策。要高度重视节能环保产业发展,大力培育新的产业增长点,努力使发展节能环保产业的过程成为提升我区产业层次、争创生态环境新优势的过程。

　　四是建立机制。就是要建立健全能源资源节约和生态环境保护的长效机制,为生态文明建设提供有力的体制机制保证。要按照"谁开发谁保护,谁破坏谁恢复,谁受益谁补偿"的原则,建立健全资源有偿使用制度和生态环境补偿机制,切实防止"少数人发财、多数人受害、全社会买单"的情况发生，促进环境利益分配公平化和合理化。要建立健全产业准入机制和落后产能退出机制，确保各类项目在符合土地、环保、节能、技术、安全要求的前提下规范发展。要及时制定和完善相应的地方法规和配套政策，推动生态文明建设纳入法制化、规范化轨道。要大力引导企业履行生态文明建设的社会责任，加快生态文明建设主体向全社会参与、多元化投资转变，树立全民生态文明理念，努力形成生态文明人人共建、人人享有的局面。

正确处理改革发展与和谐稳定的关系，在"两个共同"中切实筑牢祖国北疆安全稳定屏障

实现各民族共同团结奋斗、共同繁荣发展，必须高度重视、正确处理好改革发展稳定的关系。只有保持经济又好又快发展，才能不断增强经济实力和物质基础，更好地解决前进中的矛盾和问题；只有不失时机地推进各项改革，才能为经济社会发展提供强大动力；只有保持和谐稳定、安定团结的政治局面，才能为现代化建设创造良好环境、提供可靠保障。总结内蒙古近年来的又好又快发展，一条重要原因是始终保持了团结、和谐、稳定的政治局面。前不久发生的乌鲁木齐 7.5 打砸抢烧严重暴力犯罪事件再次告诉我们，维护社会和谐稳定这根弦时刻也不能放松，越是改革发展的关键时期，越要切实加强和谐社会建设，全力维护社会稳定。构筑祖国北疆安全稳定屏障，是中央对内蒙古的期望和要求，是内蒙古服务全国发展大局必须承担的重大政治责任，也是我区推进改革开放和现代化建设的必要前提和重要保证。在未来的发展进程中，我们一定要正确处理好改革发展稳定的关系，在社会和谐稳定中推进改革发展，通过改革发展促进社会和谐稳定。

要着力加强民族工作和宗教工作。内蒙古自治区是我国第一个少数民族自治区，早在 20 世纪 50 年代就被周恩来总理誉为"模范自治区"。胡锦涛总书记 2007 年 11 月视察我区时，对内蒙古的民族工作给予充分肯定，指出"内蒙古自治区成立 60 年来，以各族人民共同团结奋斗、共同繁荣发展的不平凡历程，为我国民族团结进步事业发挥了重要作用，为我国实施民族区域自治树立了光辉典范。"我们要十分珍惜"模范自治区"

和民族区域自治"光辉典范"的殊荣,进一步巩固发展民族团结、社会稳定、边疆安宁的大好局面。要牢牢把握各民族共同团结奋斗、共同繁荣发展的主题,把加快少数民族和民族地区发展放在更加突出的位置,不断改善少数民族群众生产生活条件。要坚持不懈地开展马克思主义民族理论、党的民族政策和民族团结宣传教育,广泛深入开展民族团结进步创建活动,大力弘扬各族人民"同呼吸、共命运、心连心"的优良传统,牢固树立"三个离不开"的思想,推动各民族相互学习、加强交流、共同进步。要坚持和完善民族区域自治制度,全面贯彻民族区域自治法,依法保障少数民族和民族地区的合法权益。要大力培养少数民族干部和人才,为少数民族和民族地区经济社会发展提供强大的组织保证和人才支撑。要全面贯彻党的宗教工作基本方针,认真贯彻宗教事务条例,依法管理宗教事务,坚持独立自主自办的原则,积极引导宗教与社会主义社会相适应,发挥宗教界人士和信教群众在促进经济社会发展中的积极作用。

要着力加强新形势下的群众工作。要针对群众关注的重点、难点和热点问题,认真开展宣传教育和思想政治工作,把群众的积极性和创造性凝聚到改革开放和现代化建设的伟大事业上来,把群众的合理诉求引导到依法办事的轨道上来。要认真研究和把握新时期人民内部矛盾的特点和规律,切实加强基层基础工作,善于综合运用法律、政策、经济、行政等手段和教育、协商、疏导等办法,注重从源头上减少人民内部矛盾的发生,切实把矛盾化解在基层、解决在萌芽状态。各级领导干部要经常深入基层,深入群众,倾听群众呼声,认真做好排忧解难和矛盾纠纷化解工作。要大力加强舆论引导工作。当前,要按照中央的部署和要求,认真组织开展好迎接和庆祝新中国成立 60 周年各项宣传庆祝活动,进一步把各族群众团结凝聚在建设中国特色社会主义伟大旗帜之下。

要着力加强和改进社会管理。要适应社会结构的新变化和构建和谐社会的新要求,积极推动社会管理理念、体制、机制、方式、手段的改革创新,努力探索建立与社会主义市场经济体制相适应、符合地区实际的社会管理体系,建立健全党委领导、政府负责、社会协同、公众参与的社会管理格局。要加强基层基础建设,抓好基层党组织和政权组织建设,提高社会管理和依法办事能力;加强基层群众性自治组织建设,提高自我管理、自我服务能力;加强社区建设,构筑社会管理基础平台。要建立健全应急管理体制机制,为有效应对各种可能发生的突发事件提供制度保证。

要着力维护边疆稳定。要大力加强社会治安综合治理,深入开展平安创建活动,依法严厉打击各种违法犯罪活动,不断提高群众的安全感和满意度。牢固树立国防意识和国家安全意识,加强国防建设,强化边境管控,高度警惕和严密防范各种敌对势力的渗透破坏活动,确保社会大局稳定和国家边境安全。

正确处理发展经济与改善民生的关系,
在兴区实践中不断造福各族人民

发展是党执政兴国的第一要务、贯彻落实科学发展观的第一要义,改善民生是推动发展的根本目的、贯彻落实科学发展观的核心要求。只有大力发展社会生产力,才能为改善民生提供坚实的物质基础;而民生的不断改善,则会极大地调动广大人民群众发展经济的积极性、主动性和创造性,为推动发展提供持久动力和不竭源泉。党的十七大明确提出,要在发展经济的基础上,着力保障和改善民生,努力使全体人民学有所教、劳有所得、病有所医、老有所养、住有所居。在推进文明建设中,必须始终坚持推动发展与造福人民相统一,努力使经济发展成果充分惠及各族人民。

要努力促进城乡居民收入增长与经济发展相协调。近年来,我区城乡居民收入虽有较快增长,但仍滞后于经济发展。要把促进城乡居民增收放到更加突出位置,认真贯彻落实自治区党委、政府关于促进城乡居民增收的意见,采取有力措施,努力使城乡居民人均收入早日达到全国平均水平,进入全国前列。要把提高中低收入人群收入、扩大中等收入人群比例作为促进城乡居民增收的关键环节和扩大内需的重要举措。要把扩大就业作为促进增收最紧迫的任务,切实抓好城镇失业人员、就业困难人员和高校毕业生就业工作,统筹做好农牧民转移就业和返乡农牧民工就业工作。要大力发展服务业、中小企业、非公有制经济,使之成为吸纳就业的主渠道。要以基本养老、基本医疗、最低生活保障为重点,不断扩大社会保障覆盖面,逐步提高社会保障标准,加快建立与经济社会发展相适应的城乡社会保障体系。

要大力发展社会事业。不断满足城乡居民对社会事业和公共服务的需求,是促进人的全面发展的必然要求,也是保障和改善民生的重要任务。要坚持把教育放在优先发展地位,在巩固发展义务教育的同时,大力发展各级各类教育,着力提高群众受教育水平。坚持教育的普惠性,切实解决好城乡困难家庭子女就学问题,保障群众享有平等的教育权利。大力培育高素质人才和适用型人才,促进人才资源向人力资源转化。要认真贯彻自治区文化体制改革和文化产业发展工作会议精神,加快文化体制改革步伐,进一步健全公共文化服务体系,大力发展文化产业,努力为人民群众提供更多更好的精神文化产品和文化服务。要积极推进医疗卫生体制改革,加快建立覆盖城乡的公共医疗卫生服务体系,解决好群众看病难、看病贵问题,为人民群众提供安全、有效、方便、价廉的医疗卫生服务。要抓住国家扩大对社会事业和公共服务领域投资的有利时机,努力增加公共服务基础设施投入,大力改善公共服务条件,提高社会公共服务能力和水平。

要不断提高公民文明素质。公民的文明素质,是一个国家和地区社会文明程度的重要标志。要把建设社会主义核心价值体系作为基础和灵魂工程,融入精神文明建设的全过程,体现在文明建设的各方面,转化为广大公民的自觉行动。要抓好公民思想道德建设,引导人们树立正确的世界观、人生观、价值观,树立社会主义荣辱观,自觉抵制各种腐朽落后思想的侵蚀,不断提升思想道德情操。要抓好公民文明素质养成,引导人们形成文明健康的生活方式,提倡符合现代科学、现代文明和生态环保要求的消费方式、休闲方式和人际交往方式,促进人与人、人与社会、人与自然和谐相处。要抓好群众性精神文明创建活动,深化文明城市、文明村镇、文明单位、文明家庭创建活动,扎实开展"讲文明、树新风"活动,创造文明健康的社会环境。

要认真解决群众生产生活中的困难和问题。近年来,自治区各级各部门先后提出并实施了一大批民生项目,取得了明显成效,赢得了群众赞誉。要把这一做法制度化、规范化,拿出更多财力、物力,努力办好人民群众所期所盼的实事好事。要在认真落实自治区确定的"十件实事"、"十

[175]

项民生工程"基础上,针对国际金融危机给民生工作带来的不利影响,切实解决好下岗失业等困难群众基本生计问题,认真解决因企业停产破产、土地征用、房屋拆迁等引发的侵犯群众切身利益的突出问题。要把解决问题与建立机制结合起来,逐步建立健全改善民生的长效机制。

推进全区两个文明建设,是一项宏大而系统的社会工程。各级党委、政府要切实加强领导,按照中国特色社会主义"四位一体"的总体布局,统筹做好文明建设各项工作。要坚持以人为本,尊重群众意愿,尊重群众首创精神,切实发挥人民群众在文明建设中的主体作用,努力形成全社会创建文明的良好氛围。要注重发挥典型的示范带动作用,及时总结推广基层和广大群众在推进文明建设中创造的新鲜经验,学习借鉴外地的先进经验和做法,积极探索文明建设的新途径,推动全区文明建设不断迈上新台阶。

(选自在全区第五次两个文明建设经验交流会上的讲话)

积极巩固应对危机成果
科学谋划"十二五"发展

（2009 年 10 月 19 日）

今年以来,面对错综复杂的国际国内经济形势,全区上下坚持以科学发展观为指导,认真贯彻落实中央保增长、保民生、保稳定方针政策和促进经济平稳较快发展一揽子计划,综合施策,积极应对,经济增长呈现持续回升态势,结构调整取得积极进展,扩大内需政策得到有效落实,各项民生工程扎实推进,重点领域改革取得新的突破。可以概括为:总体经济形势逐步转好,好于预期、好于全国。"逐步转好",国民经济发展在经历去年第四季度的低谷后持续回升、日趋向好。一季度生产总值增长 15.8%,比去年第四季度加快 1.5 个百分点;二季度增长 16.5%,比一季度加快 0.7 个百分点;预计三季度增长 17%以上。"好于预期",前三季度生产总值和地方财政总收入分别高于年初预期 4 和 10.7 个百分点,完全能够完成或者超额完成年初预期目标。"好于全国",一些主要经济指标增速继续保持全国领先。事非经过不知难。这些成绩的取得,是党中央、国务院审时度势、正确领导、科学决策的结果,也是全区上下认真贯彻落实中央决策部署,迎难而上、积极应对、扎实工作的结果。

当前,我区经济发展同全国一样,仍处在保增长的关键阶段,必须认真贯彻落实党的十七届四中全会和自治区党委八届十一次全委会议精神,更加扎实有效地做好保增长、保民生、保稳定工作。

第一,要把保增长与实现长周期较快发展结合起来。进入新世纪以来,我区经济发展连续 7 年全国领先,经济总量由全国后列跻身全国中列,一些人均指标进入全国前列。但是,与沿海发达地区相比,我们仍然面临进一步做大经济总量的艰巨任务,必须把内蒙古又好又快发展的良好态势长期保持下去。要紧紧抓住本世纪头二十年乃至更长时间的发展机遇期,进一步发挥优势,加强薄弱环节,消除体制机制障碍,继续保持一个较长时间的持续快速增长期,为实现"走进前列"和"成为重要支点"奋斗目标奠定更加坚实的基础。

第二,要把保民生与建立民生工作长效机制结合起来。我们提出建立民生工作长效机制以来,全区上下在这方面进行了积极的探索,取得了一些突破。但实事求是地讲,现在许多民生工作仍然停留在应急解难层面,往往是有什么问题就解决什么问题、什么问题突出就先解决什么问题,系统性、持续性不够。今后,要在继续努力为群众排忧解难的同时,更加注重从制度层面保障和促进民生的持续改善,在增收富民、扩大就业、完善保障、扶贫济困等方面,不断建立健全更加行之有效的领导体制和工作机制,加快推动民生工作由应急解难向建立长效机制转变。

第三,要把保稳定与寻求长治久安之策结合起来。维护稳定是硬任务、是第一责任,没有和谐稳定的社会环境什么事情也干不成,已经取得的成果也会失去。中央把保稳定与保增长、保民生并列提出,充分说明它在全局工作中的重要性。我们要认真贯彻落实中央有关保稳定的政策精神和决策部署,认真研究解决国际金融危机给维护社会和谐稳定带来的新矛盾新问题,最大限度地减少不和谐不稳定因素。要积极寻求长治久安之策,不断加强和改进新形势下的社会建设与管理,妥善处理人民内部矛盾,大力推进民族团结进步事业,切实加强社会治安综合治理和平安内蒙古建设,不断巩固和发展内蒙古民族团结、社会稳定、边疆安宁的良好政治局面。

再过一年多时间,我们就要步入"十二五"发展时期了。提早谋划、科学编制好"十二五"规划,对于承接和保持近年来我区又好又快发展的良好态势,推动内蒙古各项工作再上新台阶新水平,意义重大、影响深远。规划编制工作是一项系统工程,要认真贯彻全国"十二五"规划编制工作电视电话会议精神,抓紧组织开展相关重大问题研究和前期调研论证工作。

一是要自觉把内蒙古的发展置于全国发展大局中来审视。这是我们近年来谋划和推动自治区发展时首先坚持的一条指导原则。要继续解放思想,不断深化对国情和区情的认识,牢牢抓住用好国家进一步推进西部大开发战略、振兴东北等老工业基地战略和加快少数民族地区发展战略的重大机遇,切实找准加快内蒙古发展与服务全国发展大局的"结合点",在国家统筹区域协调发展的战略布局中占据重要位置、发挥重要作用,在服务全国发展大局中加快发展步伐、提高发展水平。

二是要把体现特色和发挥优势贯穿于规划编制全过程。只有做到这一点,才能使规划更加符合内蒙古实际,更好地指导内蒙古科学发展。特别是在区域发展的重点、方向和定位上,要突出"两个加快",即加快呼包鄂一体化进程、加快东部盟市振兴步伐,这是我区统筹区域协调发展的重点任务,也是打造区域经济增长极的重点地区,必须在这方面迈出更大步伐、取得更大进展;加强"两个合作",即加强与环渤海地区和东北地区的合作、加强与俄罗斯和蒙古国的合作,这是我们扩大对内对外开放、融入全国全球发展格局最为现实的努力方向,要在已有的工作基础上努力实现新的更大突破;建设"两个屏障",即建设祖国北疆绿色生态屏障、建设祖国北疆安全稳定屏障,这是中央交给我们的重大政治任务,也是我们服务全国发展大局的重要责任,必须毫不放松地抓实抓好,为维护国家生态安全和社会稳定大局作出应有贡献。

（选自自治区经济社会发展形势分析会上的讲话）

第二篇　宏观经济

相约草原

因地制宜地发展地区经济

（2001年9月16日）

动态地认识优势，扬长补短

发展经济，必须正确认识和充分发挥本地的优势。怎样认识优势，关键是把握三点。一是如何看待优势。对过去的一些优势，我们必须重新审视。有的优势现在可能已经不再是优势了，而某些潜在的优势可能会变成现实的优势。所以，对优势的分析要有一种动态观念。比如，过去林业是我们的一大优势，靠的是砍木头，现在实施了"天保工程"，这个优势就不复存在了。木头不能砍了，就逼着我们走另外一条路，可能会变成另一种优势。我与森工集团的同志谈话时曾探讨，木材加工量少了，是不是可以重点提高质量，搞高档的，搞新工艺。同时，大力发展非林非木产业，大胆探索新的路子，再造新的优势，这就是优势的转化。如果按照这样的思路发展下去，森工集团可能会摆脱困境，走向辉煌。还比如，这几年煤炭效益不好，似乎已不是优势了。但据我最近看的资料表明，煤炭作为不可再生的能源，在世界能源需求结构当中仍然是最重要的。专家预测，按目前世界石油储量和需求情况计算，50年后石油将枯竭，而煤炭储量起码可以满足人类200年以上的需求。今年美国公布的国家能源政策报告显示，未来20年间美国的能源需求量将增加32%，仅仅为满足对电的需求一项，美国就需要新建1300—1900座发电厂，主要是火力发电厂。由于石油的稀缺性日益突出，转向对煤的需求越来越强烈，受这种供求关系变化的影响，自去年下半年以来，国内煤炭市场经受了长期低迷之后，煤炭价格开始大幅度上扬，出口煤炭价格增幅更高，西部煤炭资源的优势可望继续保持，将来以燃煤为主的火力发电应该说还是我们的一大优势。同时，国家

[183]

进一步加强了宏观调控,下决心关闭了非法开采的小煤矿,多的一个省就关闭几千口小矿井,这对于更好地保护、开发和利用煤炭资源,进一步规范煤炭市场,发挥我们的煤炭资源优势,起了很大作用。所以,对优势的看法,要用辩证思维和发展的观点,有些现在不是优势,甚至是困难,但发展地看,可能会变成优势。二是如何把资源优势转化为经济优势。实现资源优势转化为经济优势,光靠我们自己的力量不行,必须扩大开放,借助外力。我区自然资源很多,有些资源是很稀有的,把这些资源转化为经济优势,光靠自身能力难以实现,或者说需要相当长的时间才能实现。加快资源优势变为经济优势的进程,扩大对外开放是比较有效的途径。三是如何利用好国外资源。俄罗斯的林、油、煤、气、水资源都非常丰富。现在纸浆的价格为什么会下降,主要原因是俄罗斯、加拿大、新西兰纸浆进口得比较多,他们的森林资源丰富。俄罗斯离呼伦贝尔盟这么近,每年经过满洲里口岸进来的俄罗斯木材大约有300多万立方米,我们自己为什么不可以进行深加工,加以充分利用?我们要动这个脑筋,相应地搞一些加工能力,利用他们的资源搞加工业。

加快经济发展,还要扬长补短。就呼伦贝尔来说,一产有很好的基础和条件,农、畜、林产品具有优势,这是别的地方很难有的。呼伦贝尔盟有那么大的草场,那么多的耕地,那么多的森林资源,农产品、林产品、畜产品都很有优势,应该认真考虑如何搞好优势的转化。发展第三产业,我们有这么大的陆路口岸,对开展对外贸易是非常有利的条件,再加上呼伦贝尔盟的旅游资源十分丰富,把第三产业继续做大,应该说潜力很大。在一产和三产的优势得以充分发挥的同时,要逐步增加二产的比重,当然这并不是要萎缩第一产业。所以避短是不行的,短是不能回避的,必须补短,把短的拉长。

坚持因地制宜,发展特色经济

我区幅员辽阔,各盟市、旗县情况很不一样,可以说是各有特点。领导经济工作,一定要坚持实事求是、因地制宜的原则,不能期望用一个模式来指导工作。各盟市、各旗县以及各个不同的地形单元和经济类型区域,也要从自己的实际出发,遵循自然规律和经济规律,探索经济发展的路子。我们只能顺应规律,不能违背规律,违背规律就必然要受到规律的惩罚。过去,我们做了很多违背自然规律和市场经济规律的事,结果都受到了惩罚。"实事求是"四个字,话很好说,但要切实做到坚持解放思想、实事求是的思想路线,却是一件非常不容易的事。我们只有对盟情、旗县情分析研究透,才能做到实事求是,作出符合规律的判断,确定我们的工作思路,更好地指导工作。

对一个地方而言,什么东西都搞,既不现实也不可能。要从本地区的实际出发,形成自己的特色。拿呼伦贝尔盟来讲,如何在自治区定位,重点可以打两张牌,一个是打生态牌,一个是打口岸牌。搞好生态环境的保护和建设,既是一种责任,也是呼伦贝尔盟的潜力所在、希望所在。呼伦贝尔盟森林覆盖率比较高,森林资源、草场资源比较丰富,把这里的生态环境保护好、建设好,遏制荒漠化,这不仅是一个盟的问题,也是影响全国生态的大问题,所以说是一种责任。生态建设搞好了,也是经济发展的优势和希望所在。我们要打好这张生态牌,大力发展包括生态食品、生态产品、生态旅游等在内的生态产业。呼伦贝尔盟的旅游资源很丰富,已列入国家八大资源开发区,但目前旅游收入占GDP的比重还很小,这与真正形成一个旅游产业,还差得很远。呼伦贝尔盟现在有这么好的生态旅游资源,一定要充分利用好。旅游要靠炒作,国外是小题大做,无题也做,而我们是大题小做,有题不做。呼伦贝尔盟的草原风光、民族风情,实在是难得的资源,关键是我们如何进行开发利用。南非在东海岸上有一个祖鲁族,去参观的人用半天时间跑到那里,看到的是人为设计的一个原始部落,让大家看一看,跳跳部落的原始舞蹈,展示一下原始的生产生活方式,就没有别的了。呼伦贝尔盟有三个少数民族自治旗,仅三个民族风情园就足够大家跑一、两天的,而且这三个民族都是非常有特色的民族。现在,我们的旅游业还没有破题。打口岸牌,就要把呼伦贝尔盟建设成为开放的阵地,确保陆路口岸全国第一的地位。满洲里是我国最大的陆路口岸,另外呼伦贝尔盟还有几个一、二类口岸,尽管目前还不大,但完全可以做大。对外开放的口岸是稀有资源,不要浪费这个宝贵的资源,要通过口岸促进全盟乃至全区的经济发展。现在只是过货，进出都是人家的，这对我们经济发展的拉动作用有限。要下力气搞好进出口加工，一开始不可能搞得太大，先能搞个百分之几也可以，总得有个起步，起步以后再想办法做大，使口岸在促进全盟乃至自治区经济发展中真正发挥重要作用。

经济建设必须坚持两手抓

搞经济建设也要两手抓，一手抓基础设施建设，一手要抓产业发展。基础设施建设，我们原来欠账比较多。相对来说，靠边缘的地方，基础设施建设落后是制约经济发展的。西部大开发的主要内容就是搞基础设施建设，如何抓住这个机遇，把基础设施建设搞好，需要认真研究。作为内蒙古来讲，要把生态建设摆在基础设施建设的首位，同时还要抓好水利、交通、电力、通讯建设。

有些基础设施本身并不产生生产力，只是发展的条件和环境。经济要发展，重要的是有产业支撑。所以，我们应该研究如何抓好产业发展问题。产业发展的问题，现在看突出的是产业结构不合理，产业层次不高。拿通辽市来讲，一产业39、二产业29、三产业32，产业布局是一三二，属农业经济为主的结构类型。现在，我们国家处于工业化的中期阶段，一产业去年在15%以下，二产业已经占到将近50%的比例，三产业占35%左右。工业经济是相对于农业经济而言，现代经济是相对于工业经济而言。工业经济是不可逾越的阶段，不能设想由农业经济可以直接进入到现代经济。有些经济学家提出，我们国家今后50年的发展路子，第一步是初步工业化，第二步是工业现代化，第三步是全面现代化。我国已进入工业化的中期阶段，而我区还处在工业化的初级阶段，有的盟市还是典型的农牧业经济结构。这样一种产业结构，必然是财政收入增加不了，老百姓的收入也增加不了。按照去年的统计数据，通辽农牧民人均收入不到2000元，在全区排第11位，城镇居民收入在全区排第8位。所以，我们要充分认识目前我区这种产业结构的不合理性，突出工业化这个主题，加大产业结构调整的力度。通辽市提出要创建"绿色工业城市"，这个目标提的对。但搞好产业结构调整，实现工业化，过程还相当长，任务还相当艰巨。对此，我们要有充分、足够的认识，要深入地开展调查研究,采取相应的对策和措施,把我区的产业结构调整好。

从第一产业来讲,要加快发展农区畜牧业。长期以来,我们把粮食问题看得过重,现在情况变了,粮食在销区已经放开了,产区将来也要放开。过去我们把一个"温"的问题、一个"饱"的问题看得过重,因为那时没有解决温饱。现在"温"的问题已经解决了,棉花已经放开了,完全市场化了。"饱"的问题,不仅在销区放开,在产区也要逐步放开。这种变化,为我们发展农区畜牧业创造了极为有利的条件。那么多的粮食可以转化,那么多秸秆也可以做饲料。同时,还可以通过调整粮、经、饲的种植结构,来解决饲料问题。所以,农区畜牧业发展是大有条件和潜力的。过去,我们农区畜牧业比重小,畜牧业发展主要靠牧区,而牧区现在面临着生态问题。我们已经看到,牧区生态破坏很严重,自然资源在减少,牲畜头数和质量在下降。有的牧区必须走退牧的道路,包括生态移民,移民后可以退出草地,使其自然封育,恢复生态。说实话,广大牧区都靠人工种草是不现实的,必须靠封育,靠退牧或者是休牧,逐步实现圈养、舍饲半舍饲。牧区畜牧业在一段时间内要适度控制发展,逐步恢复生态。发展农区畜牧业,兴安盟突泉县走出了一条好路子。全县13.3%的农户开始舍饲半舍饲养畜,其中有一个村子达到30%。兴安盟提出"十五"期末,养殖业比重要达到一产总量的50%,我看搞好了甚至要超过种植业。发展农区畜牧业,一开始人们不容易认识。要让广大农民群众看到,搞养殖业也能够赚钱,这样农区畜牧业才能发展得起来。兴安盟从有畜户开始发展,现在无畜户也都在积极发展养殖业,其中一户一年就赚了18万元,起到比较好的示范带动作用。现在看,发展农区畜牧业的潜力还比较大,我们要进一步加大工作力度。

从第二产业来讲,要把企业做大做强。现在,我区工业化水平低,全区第二产业主要集中在包头市、呼和浩特市和鄂尔多斯三个市,这三个市占了全区工业总产值的54%。对于我区来讲,搞好农畜产品加工业,是加快工业化进程很现实的一条路子。我区农畜产品丰富,要大力发展肉类、乳品、食用油、酒、糖、饲料等农畜产品加工业。现在,各地都有一些农畜产品加工业,但规模都不大,还成不了龙头企业,要想方设法把这些企业做大。要发展一批新的工业,搞适度的外延扩张,但又不能盲目扩张,搞重复建设。要根据各地的实际情况,根据市场需求,来决定搞什么工业,上哪些项目。过去我们办工业,因为办得不太成功,反倒成了包袱,现在我们千万不能因为过去有些工业没办好而谈工色变,不敢大胆地去搞。我们现有的一些企业,不发展,不扩大规模,不进行技术改造,就难以生存。有条件的地方,还可以搞一些高新技术产业,搞高起点嫁接,发展新型企业。每个旗县都搞经济技术开发区,我不赞成,但是中心城市的开发区一定要搞好,真正使开发区能够开而又发,开而大发。

如何做大做强企业,途径大概有三个:一是要深化改革。这就涉及到体制、机制问题,包括探索我们的小企业能不能让大企业兼并的问题。如果不改制,尽管技术改造需要的钱不多,但就是搞不到。如果能够通过体制上的变更,筹措建设资金可能就容易。二是要扩大开放。对于我们这样一个相对落后的地区,发展工业光靠自己的力量不行。企业发展,最重要的是取决于市场、技术、资金这三要素。企业要想有活力,有竞争力,必须解决好这三个问题。从目前情况看,把企业做大做强,提高企业的竞争力,必须抓技术改造。不搞技术改造,企业就没有出路,就没有竞争力。搞技术改造,关键是更新技术设备。现在内蒙古几个好的企业,包括伊利、蒙牛、仕奇、鄂尔多斯、鹿王、包钢等企业,全部都是引进先进技术装备。没有这些先进的技术装备,他们发展不到今天这样的程度。现在,国外经济不太景气,先进技术设备价格相对较低,正是我们大力引进的好时机。技术问题还包括人才。现在,大专院校毕业生多得是,只要让他们有用武之地,搞工业的人才还是大有人在。自己的人才不够,可以创造灵活的机制吸引人才。过去,我们吸引海外留学人员,给他一套房子,给他高工资,现在已经没有吸引力了。现在可以有股份,技术可以入股,他就会有成就感。解决企业发展的资金问题,国外500强走两条道路,一个是发行股票上市,一个是低成本扩张,对此我们要认真研究借鉴。要善于依托工业大省、大市,那里人才多、资金雄厚。江苏、广东就是依托上海、香港,为我所用发展起来的。企业的技术支撑不一定自己搞,我们的许多企业还不具备这个条件。研究开发中心可以放在大中城市的大专院校,我们可以作为成果转化的基地。三是要大力发展个体私营经济,发展中小企业。这里的关键是引导个体工商户加大投入力度,特别要充分发挥一些致富大户的引导作用。

从第三产业来讲,要培育和发展区域旅游业。现在,各盟市、各旗县的人口都不算多,没有适度的人口规模,第三产业发展比较难。发展第三产业,比较现实的就是搞旅游业。拿阿尔山市说,有温泉可以搞疗养,另外生态环境也好。现在,城市里的人,特别是辽宁、吉林这些重工业城市的人,都很希望有个自然风光好的地方旅游、疗养。我们要充分发挥旅游资源优势,至少把附近的人吸引过来,首先搞好区域游。现在看来,发展旅游业主要应立足于国内旅游,国内旅游主要是区域游。如果再把疗养搞起来,多呆一段时间,除了住宿、吃饭,还可适度开发一些旅游产品。发展旅游业必须景点多,把一个地区的旅游资源都充分挖掘利用起来,这样我们的旅游业就会搞好。

提高城镇化水平,增强城镇区域经济中心的辐射带动作用

生产力高度集中在城市。每个旗县都要把县城抓好,县城不仅要成为政治中心、文化中心、教育中心,也要成为经济中心。发展城镇经济的核心问题,是搞好二、三产业,提高县城在全县经济社会发展中的三个比重,即提高县城人口占全县人口的比重,提高县城经济总量占全县经济总量的比重,提高县城财政收入占全县财政收入的比重。现在,我们有的地方人均消费水平低,县以下的消费水平更低,说明老百姓手里没有钱。我们要大力发展中心城市经济,力争使中心城市经济占经济总量的比重更大一些,更好地发挥区域经济中心的辐射带动作用。

对旗县来讲,还有一个重要问题就是解决财政供养人员过多的问题。拿兴安盟来讲,6万多平方公里的面积,有6个旗县,财政供养人员较多。同时,学生上学也比较分散,教师占的比例比较大。我算了一下,突泉县是20多人供养一个人,县机构改革精减行政事业人员,共减下来200多人。内地一个五、六十万人的县,一般精减下来的行政事业单位人员就有1000多人。现在,我区城镇居民收入水平还不高,包括行政干部工资都很低,其它补助都没有。如果供养人员多,财政就负担不起。因此,我们要从实际出发,减少财政供养人员。

(选自在呼伦贝尔盟调研时的讲话)

不进是退　慢进也是退

（2001年10月25日）

　　坚持以经济建设为中心，坚持发展是硬道理，需要我们从思想上牢固树立，在实际工作中牢牢坚持。尽管党的十一届三中全会就提出了这个问题，并把全党的工作重点转移到经济建设上来，但在实践中我们还要不断地加深认识。十一届三中全会后，有的地方发展得快，有的地方发展得慢，虽然这种现象符合不均衡发展规律，但一直落后就有问题了。过去我们说"不进则退"，现在看来"慢进也是退"。你走慢了，别人就走在了你的前头，你不是照样往后退吗？实践也证明了这一点。"九五"期间，赤峰市国内生产总值、人均国内生产总值、财政总收入、人均财政收入、城乡居民收入最少的退了一位，最多的退了七位。虽然你也发展了，但别的盟市比你发展得快，这不证明不进是退、慢进也是退吗？所以，抓发展、促发展的思想任何时候都不能放松，力度都不能减弱。

　　要增强紧迫感。赤峰经济增速偏低，位次后移，GDP年均增长仅8.4%，低于全区平均水平1.6个百分点，人均国内生产总值和全国、全区比差距很大，产业结构不合理，财政收入占GDP的比重较低，人均收入水平低于全国全区平均水平。这些都是不容回避的现状，一定要有紧迫感，正视问题，不回避矛盾。

　　要增强信心。赤峰市干部群众很有锐气、不怕困难，既看到了存在的问题和困难，也看到了发展的优势和条件。事物是在发展变化的，你们已经跌到谷底了，不能再往下跌了，恐怕再跌老百姓就不允许了。赤峰市有不少优势，地上资源和地下资源都有。人均耕地较多，降雨量尽管很少,但在自治区来说还算是多的,生态经过这些年的努力,改善得比较好。另外,赤峰市的教育基础和人才资源比较好;靠近华北和东北,距京、津和沈、大都不远,具有很好的地缘优势。赤峰市的经济发展在自治区的历史上曾有过辉煌,尽管人均水平不是太高,但经济总量位居过全区第二,财政收入达到过全区第四。所以,要有重振雄风、再现辉煌的志气,充分利用好有利条件和优势,就一定能够克服困难,加快发展步伐。

要抢抓机遇。当前我们面临的最大最现实的机遇就是西部大开发。现在西部大开发已经进入加快实施阶段,有许多实质性政策和具体支持措施。我们要抓住这一现实机遇,特别是利用赤峰市靠近华北和东北的优势,把外边的资金、技术、人才吸引过来,把赤峰市的经济发展好。过去说"孔雀东南飞,人才东南流",我看是符合客观规律的。人总是要往能实现价值的地方走,资金总是要往能实现增值的地方流。现在,我们就是要创造局部优势,营造起类似沿海的投资环境,把资金吸引过来,把技术吸引过来,把人才吸引过来,借助外力推动地方经济的发展。

（选自在赤峰市调研时的讲话）

深入解放思想　把握大好机遇

（2001年11月4日）

　　解放思想、实事求是，是我们党在长期革命、建设和改革实践中形成的思想路线，也是我们党的根本思想作风。多年的实践证明，两个文明建设的每一步重要发展，都是以解放思想为先导的。改革开放特别是近些年来，我区广大干部群众的进取精神和思维方式有了历史性进步，但与沿海发达地区相比仍有较大差距。思想不够解放，观念比较陈旧，仍然是制约内蒙古经济和社会发展的主要障碍。基于这一考虑，自治区党委在六届十四次全委会上明确提出进一步解放思想、实事求是的要求。

　　坚持解放思想、实事求是的思想路线，既是理论问题，更是实践问题。就当前来说，坚持解放思想、实事求是的思想路线，就是要从加快内蒙古发展这个大局出发，着眼于我们正在做的事情，把转变思想观念、拓宽发展思路、改进工作作风作为加强思想作风建设的重点，按照江泽民同志的要求，引导广大党员干部"从那些不合时宜的观念、做法和体制的束缚中解放出来，从对马克思主义错误的和教条式的理解中解放出来，从主观主义和形而上学的桎梏中解放出来"，在工作实践中坚持解放思想、实事求是的思想路线，尽快把内蒙古的改革和各项建设事业搞上去。

实事求是地分析认识区情

　　坚持解放思想、实事求是的思想路线，最根本的要求，就是使我们的思想和实际相符合、主观和客观相符合。对各级领导干部来讲，要带领各族干部群众夺取改革和建设的新胜利，必须对区情有个科学、准确的认识。

　　首先，要把内蒙古放在全国的发展大局中来分析和认识。应该说，改革开放特别是"九五"以来,内蒙古经济有了长足的发展,人民群众的生活水平明显提高,主要经济指标年均增长速度超过全国平均水平,这为我们今后加快发展奠定了良好的基础。但是,如果把内蒙古置于全国的发展大局中来看,我们的差距还较大。从宏观经济指标看,按照"九五"期末的数字,我区GDP增长速度虽然超过全国平均水平,但总量仅占全国的1.57%,人均GDP低于全国平均水平1206元;产业结构不合理,三次产业比例为25.1:39.4:35.5,同全国15.9:50.9:33.2的比例相比,一产高了9.2个百分点,二产低了11.5个百分点,还是比较典型的农业经济,工业化水平低;财政总收入位于全国第25位,地方财政收入位居第23位,不仅总量小,而且人均财政收入比全国平均水平低404元。我区作为农牧业大区,粮食总产量和人均产量分别居全国的第15位和第3位,牲畜总头数已达7300万头(只),但农牧业总产值仅占全国的2.18%,肉类总产量仅占全国的2.4%,农牧民人均纯收入比全国低215元。我区工业门类比较齐全,而且拥有一批"一五"、"二五"时期投产的大型国有企业,但整体上讲技术装备水平不高,市场竞争能力弱,技术改造投入不足,工业增加值占GDP的比重比全国低11个百分点。城镇居民人均可支配收入虽由"八五"期末的全国倒数第一位上升到第22位,但仍比全国平均水平低1151元。基础设施建设滞后,仍是制约国民经济发展的瓶颈,"九五"时期,固定资产投资年均增长比全国低0.8个百分点。与经济发展密切相关的科技教育事业发展缓慢,"九五"时期,科技经费支出年均增长6.4%,比全国低8.1个百分点。这些数字充分说明,我们与全国的发展差距还不小,如果不增强紧迫感,奋起直追,差距还有可能进一步拉大。

其次,要动态地分析和认识我区的优势。大量的事实证明,优势并不是一成不变的,有的过去是优势现在可能已经不再是优势了,而某些潜在的优势可能会变成现实的优势。所以,对优势的认识,要用辩证思维和动态的观点来分析。比如,我们过去常讲的"南粮北牧"是个优势,现在看来,情况已经有了变化。南边单纯发展粮食,不一定是优势,要搞转化,要大力发展农区畜牧业。"北牧"在有些地方已不是优势。由于连续几年干旱,草场严重退化,再过度养畜,以牺牲生态换取畜牧业的发展,付出的成本和代价太惨重了。前些日子我们到锡林郭勒盟看到,草场严重沙化退化,有的地方寸草不生,赤地千里,已经失去了基本生存条件。这就要求我们必须大力保护和恢复草原生态,改变传统的畜牧业生产方式,走建设养畜的发展路子,否则,享誉世界的锡林郭勒大草原很有可能变成荒漠。再比如,过去林业是我们的一大优势,森工集团过去每年林木采伐量370万立方米,占全国的20%,实施"天保工程"后,林木采伐量下降到258万立方米,而且按照国家"天保工程"的要求还要下降,靠采伐森林这个优势就不复存在了。我区丰富的资源,是我们赖以生存和发展的基础。但对资源如何开发利用,如何把资源优势转化为经济优势,是值得认真研究的大课题。如果再走单纯靠扩大资源开发规模、增加初级产品产量的老路,资源优势很可能会变为劣势。因此,必须调整工作思路,走出一条资源可持续开发利用的新路子。

再次,要正确看待劣势,善于把劣势逐步转化为优势。在这方面,乌兰察布盟实施的"进退还"战略,阿拉善盟实施的"收缩转移"战略,给我很大启发。乌兰察布盟旱地坡地多,过去搞"以粮为纲",大面积开荒种粮,造成生态环境持续恶化,不仅粮食产量上不去,而且经济社会发展陷入困境,人民生活水平很低,贫困人口占到全区的1/3。近年来,通过较大面积退耕还林还草,调整农牧业结构,不仅使全盟的生态环境得到了改善,而且带动了全盟经济的发展,耕地面积减少一半,粮食产量翻了一番,农民收入增加了一倍。阿拉善盟从地广人稀、生态恶化的实际出发,提出"收缩转移"战略,重点发展"六镇、八区、十大滩",将生产力布局适度集中,同时相应带来社会发展和基础设施建设的相对集中。既可使大片土地得以恢复生态,又可使有限的投入产生更大的经济与社会效益。这样的例子在国内外也屡见不鲜。温州市一边靠山、一边靠海,人均只有三分地,没有任何资源优势可言,这就逼着温州人搞小加工、做小买卖维持生计,搞加工就是发展第二产业,做买卖就是发展第三产业,经过多年的积累,现在温州已经成为全国的发达地区。以色列国土面积很小,又是沙漠,淡水资源不足,这就逼着以色列发展高科技农业,现在以色列高科技农业的发展水平已经很高了。大量的实践充分证明,劣势并不可怕,只要我们正确对待劣势,从实际出发,遵循自然规律和经济规律,劣势是可以转化为优势的。

用解放思想的精神认识和把握机遇

就当前来说,解放思想主要是清除"左"的思想和传统计划体制的影响,牢固树立与时俱进的发展观点,增强机遇意识和竞争意识,以更好地适应我国加入世贸组织和实施西部大开发战略的需要。

抓住机遇,首先必须善于发现和认识机遇。比如,信息技术作为新兴产业正在蓬勃兴起,在利用现代信息技术、发展信息产业上,我们同发达国家几乎是处在同一条起跑线上,只要我们发展路子对头,政策措施有效,就能够有所作为。印度是一个经济社会发展相对落后的国家,这几年信息产业特别是软件产业飞速发展的事实就证明了这一点。再比如,世界范围内的经济结构大调整,对我们也是一个发展的机遇,我们完全可以抓住这个世界性的产业转移、资金转移、技术转移的大好时机,加快引进、消化、吸收的步伐,提升我区行业、企业的素质和市场竞争能力。鄂尔多斯、伊利等知名企业的发展壮大,就是不断追踪国际先进水平,积极引进先进技术和装备,促进产业优化升级的结果。又比如,北京申办2008年奥运会的成功,对北京是机遇,对内蒙古也是机遇,我们可以积极争取国家资金,加快环京津地区生态环境的整治,努力改善我区的生态环境,这既是为北京举办奥运会作贡献,也能拉动我区经济的发展。

对我区来讲,当前面临最大、最现实的机遇有两个,一个是西部大开发,一个是我国加入世界贸易组织。这次国家实施的西部大开发战略,同过去西部地区的开发和建设有很大的不同。用江泽民同志的话讲:"不是小打小闹,而是在过去发展的基础上,经过周密规划和精心组织,迈开更大的步伐,形成全面推进的新局面",是"经过我们第三代、第四代、第五代甚至更多代人坚持不懈的奋斗,使西部地区从生态环境到经济社会发展来一个天翻地覆的根本性改变,来一个旧貌换新颜"。这表明,西部大开发不只是涉及某个行业,某个领域的局部任务,而是推进西部地区改革开放和现代化建设的全局性任务;不是一朝一夕的短期开发,而是一项长期的战略任务。最近,国务院就西部大开发若干政策措施提出了具体实施意见。我们要认真学习领会文件精神,依据这些政策,抓紧制定配套措施,吸引更多的国内外投资商来内蒙古投资兴业。同时,选择一批符合国家产业政策和投资方向,符合国家西部大开发战略意图,具有我区优势、能带动地方经济发展的大项目,如"生态建设"、"西电东送"、"西气东输"、"煤制油"等项目,争取把呼(和浩特)、包(头)、银(川)经济带列入国家西部的重要经济开发带。我国加入世界贸易组织,虽然暂时会对我区经济发展带来一些冲击,但从长远看,将会提高我区的对外开放水平,使我区经济在更大范围和更高程度上融入世界经济体系。我们要以积极的姿态迎接我国加入世贸组织,既要做好应对各种风险的准备,更要从中捕捉和发现那些对我区经济发展具有现实意义的机遇。

在认识机遇的同时,更重要的是把握机遇、用好机遇,否则,就会与机遇失之交臂。前一阶段,我到包头市调研,感到包头市的城市建设确实搞得不错,充满了现代气息。据了解,包头市的变化是从1996年大地震开始的,他们抓住灾后重建的机遇,多方面筹集资金70多亿元,加大城市改造的力度,几年下来,城市面貌焕然一新,不仅极大地改善了人民群众的生产生活环境,更重要的是为今后包头市的开放和发展打下了很好的基础。通辽市抓住撤盟设市的机遇,狠抓城市基础设施建设,短短两、三年内,城市面貌发生了根本性变化。伊盟在八十年代经济发展水平并不高,属自治区落后地区,但他们及时抓住国家加大能源开发与建设的机遇,积极争项目、跑资金,一些大项目相继在伊盟落地,有力地带动了地方经济快速发展,开始走进自治区的前列。而我区有些地方,过去发展基础较好,资源条件、环境条件也不错,这几年为什么没有发展起来,反而落后了呢?其中的原因固然很多,但很重要的一条,就是丧失了一些发展的机遇。现在,西部大开发已经进入了具体实施阶段,我国加入世贸组织也即将成为现实。如果我们还停留在空喊口号上,而没有抓机遇的行动,这两大机遇就会与我们擦肩而过。过去我们有抓住机遇、加快发展的经验,也有丧失机遇、影响发展的教训,今后能否加快发展的步伐,关键看我们能不能抓住并用好这两大历史机遇。

领导干部要带头坚持解放思想、实事求是的思想路线

各级领导班子和领导干部带头解放思想、实事求是,对于把党的思想路线贯彻落实到实际工作中,具有特殊重要的意义。解放思想、实事求是,

首先要从自治区党委常委班子做起,从各级领导干部做起。

第一,加强学习,提高贯彻解放思想、实事求是思想路线的自觉性。加强学习,不断丰富、提高自己,始终是领导干部面临的一项重要任务。当前,国际国内形势发展变化很快,我区改革、发展和稳定的任务繁重而艰巨。领导干部要适应新形势、新任务的要求,不断开辟思想解放的新境界,切实肩负起领导重任,唯有加强学习。要认真学习马列主义理论,不仅要学习马列主义的基本原理和基本观点,更重要的是理解和掌握解放思想、实事求是这一马列主义的精髓和活的灵魂。今年8月13日、17日和29日,《人民日报》连续发表了《马克思、恩格斯、列宁关于马克思主义的论述摘编》《马克思、恩格斯、列宁怎样在实践中发展马克思主义》和《毛泽东、邓小平同志论解放思想、实事求是》三篇文章,深刻阐述了解放思想、实事求是是马列主义理论的精髓。对这三篇文章,我们有必要认真进行学习,进一步加深对马列主义、毛泽东思想和邓小平理论的理解,加深对江泽民同志"七一"重要讲话和"三个代表"重要思想的理解,加深对党的解放思想、实事求是思想路线的理解。在学习理论的同时,还要加强各种新知识的学习,尤其要重点学习和掌握社会主义市场经济知识、现代管理知识、现代科技知识、外经外贸知识、法律知识,学习做好工作所需的其他相关知识。

第二,坚持理论联系实际的良好学风,在解决实际问题上下功夫。江泽民同志曾经说过,能不能把理论和实际很好地结合起来,是一个领导干部在理论上政治上是否成熟的一个标志。在党的十五大上,江泽民同志又根据新的形势、新的任务,对马克思主义学风作出了新的阐释、新的发展,提出了"一个中心、三个着眼于",这是党的理论联系实际学风在新的历史条件下的具体体现。我们一定要弘扬理论联系实际的良好学风,坚持"一个中心、三个着眼于",在解决具体问题上下功夫。要把理论学习同改造主观世界结合起来,大力加强党性修养,牢固树立起全心全意为人民服务的思想,解决好世界观、人生观和价值观问题,增强政治鉴别力和敏锐性。要注意克服和抵制各种错误思想倾向的影响,坚持有"左"反"左"、有右反右,警惕右、更要防止"左",使党的"一个中心、两个基本点"的基本路线在思想上牢固扎根。在改造主观世界的同时,还要把理论学习与解决当前改革和建设中的实际问题结合起来,在改造客观世界上下功夫。当前,我区改革和建设出现了许多新的情况,遇到了许多新的困难和问题。解决这些困难和问题,办法只有一个,就是运用马列主义、毛泽东思想和邓小平理论以及江泽民同志"三个代表"重要思想,从理论和实践的结合上进行深入思考和研究,探索解决问题的新办法、新途径。

　　第三,领导干部既要带头解放思想,又要鼓励和支持干部群众大胆探索和创新。在解放思想这个问题上,领导干部的任务是双重的,不仅自己思想要解放,同时还要鼓励和支持干部群众大胆探索和创新。现在,广大干部群众在实践中创造了许多新鲜经验,改革与发展中的新生事物也很多。各级领导干部要坚持实践第一的观点,尊重广大干部群众的首创精神。对改革和发展中出现的新事物,要鼓励大胆试,不争论,对的就坚持干下去,不对的就改正。对基层的一些做法,鼓励与否,支持与否,根本的要用"三个有利于"标准来判断,符合这个标准的,就要积极给予鼓励和支持。探索和创新难免有失误,有了失误不要紧,改过来就是了。对那些敢于大胆创新的同志,我们不仅要给予鼓励和支持,还要给予必要的保护。各级领导干部要大兴调查研究之风,经常深入基层,深入群众,注意发现和总结人民群众创造的好经验、好做法,使我们的决策更科学,更符合实际。

　　　　　　　　　　　　　　（选自在自治区党委中心组读书会上的发言）

加快推进经济结构的战略性调整

（2001年12月20日）

搞好经济结构的战略性调整，是中央关于"十五"计划的建议提出的要求，也是自治区第七次党代会确定的今后五年经济工作的主线。对我区来说，做好结构调整这篇大文章，必须大力推进农牧业产业化、工业化和城镇化进程。

实施农牧业产业化经营，是调整优化农牧业和农村牧区经济结构的重要途径。要围绕把我区建设成为国家重要绿色农畜产品基地的目标，以农牧业产业化经营为突破口，着重抓好"三个调整"，提高"三个比重"。就是要抓好种植业结构调整，提高优质专用品种和非粮种植业的比重，实现由粮、经二元种植结构向粮、经、饲三元种植结构的转变；抓好大农业内部结构调整，提高畜牧业特别是农区畜牧业占第一产业的比重，把我区的粮食优势转化为畜牧业优势，提高农牧业经济的比较效益；抓好农村牧区产业结构调整，提高农村牧区二、三产业和非农人口的比重，搞好农畜产品加工，大力发展服务业，提高农牧民从非农产业获得收入的份额，推动农村牧区剩余劳动力向二、三产业转移。在农牧业经济结构调整中，要坚持以科技为支撑，切实转变农牧业生产经营方式，大力推广良种良法，生产名特优质农畜产品；加快引进先进加工技术和设备，搞好农畜产品储存、保鲜和深度加工，推进农畜产品加工升级升值。龙头企业是产业化经营的核心，要制定切实有效措施，培育和发展农牧业产业化龙头企业，努力使其做大做强，扩大龙头企业知名度，提高市场占有份额。要大力提高农牧业生产的集约化和组织化程度。对具有资源优势和市场需求的农畜产品生产，要按照产业化发展方向，切实加强农畜产品基地建设,发展多种形式的流通中介组织,建立和完善社会化服务体系。发展农牧业产业化经营,调整优化农村牧区经济结构,必须尊重农牧民的意愿,尊重客观规律,不能搞强迫命令。

工业化是实现现代化不可逾越的阶段。目前,我区产业结构不合理,突出表现是第二产业比重低,工业经济薄弱。这是造成财政困难、城乡居民收入增长缓慢的主要原因。因此,自治区第七次党代会明确提出,今后要把推进工业化进程作为经济发展的重点之一。要充分利用国家"通过国债贴息和债转股等方式,支持具备条件的重点行业和骨干企业进行技术改造"、"要推动以资源开发为主的城市和大矿区发展接续和替代产业"、"加快西部地区特色工业和优势产业的发展,促进资源优势向经济优势转化"的政策,加大工业改组改造、结构优化升级的力度和新的增长点的培育。工业发展要重点抓好三件事:一是采用高新技术和先进适用技术改造传统产业,做大做强具有比较优势和市场潜力的乳、肉和羊绒加工业,使之成为能够主导国内市场的优势产业;优化升级存量资产大的冶金、机械、化工、建材等工业,进一步发挥其对自治区工业经济的支撑作用。二是依托资源优势,围绕国家"西电东送"和"西气东输"项目的实施,扎扎实实搞好电力和天然气开发利用等重点项目建设,新上一批符合国家产业政策,又能形成产业优势和特色的工业项目,推动资源优势向经济优势转化。三是坚持"有所为、有所不为"的原则,加快培育发展稀土、特色制药、新材料和电子信息等高新技术产业,形成工业发展新的增长点。加快推进工业化,没有一批好的工业建设项目不行,但搞工业建设项目,必须以市场为导向,以企业为主体,遵循经济规律和市场规律,不能再走政府办企业的老路,更不能层层压指标,盲目上项目,搞低水平重复建设。

加快城镇化发展步伐,是促进经济结构调整,推进工业化进程的有效途径。从城镇人口所占比重看,我区的城镇化水平为42.69%,在全国处于上游水平;但实际上,盟市、旗县所在地城镇人口占其盟市、旗县人口的比重不高,城镇经济占地区经济的比重较低,对地区经济发展的辐射带动作用不强。按照自治区第七次党代会提出的城镇化发展方向,突出三个重点:一是继续加大城市基础设施建设力度,突出抓好盟市中心城区和旗县政府所在地中心镇的扩容提质,充分发挥其对区域经济的辐射带动作用。要树立经营城市的理念，把一切能够投入市场运营的城市基础设施建设都推向市场，有效解决城市建设资金不足的问题。二是抓好产业发展，增强城镇经济实力。要一手抓城镇规模的扩张，一手抓二、三产业的发展壮大。特别要把发展服务业作为推进城镇化的重要环节来抓，在继续搞好商贸、运输等传统服务业的同时，积极发展特色旅游业、房地产业和社区服务业，发展连锁经营、物流配送等现代流通业，培育商品市场和生产要素市场，进一步拓宽服务领域。三是改革户籍制度，消除一切不利于城镇发展的政策性障碍，切实解决城镇新增人口的医疗、子女上学、就业等实际问题。推进城镇化，必须有领导、有计划、有步骤地进行，突出重点，稳步推进，切不可遍地开花，一哄而上。

县域经济是区域经济中一个极为重要的层次。加快县域经济发展步伐，不仅对于调整区域经济结构和生产力布局具有重要意义，而且对于推进农牧业产业化、工业化和城镇化进程具有举足轻重的作用。各级在调整经济结构过程中，必须把发展县域经济放在突出位置，发挥优势，扬长补短，抓好主导产业，发展特色经济，培育新的经济增长点和财源增长点。充分发挥乡镇企业在县域经济中的作用，抓好乡镇企业结构调整、技术进步和体制创新，提高乡镇企业技术装备水平、资产质量、产品质量和规模效益，增强企业竞争能力。要把非公有制经济作为县域经济发展的主要力量，进一步调整所有制结构，大力发展民营、股份制、股份合作制经济，不断增强县域经济的活力。

（选自在全区经济工作会议上的讲话）

关于西部大开发、
工业化和扩大开放问题

(2002年3月28日)

一、关于实施西部大开发战略

中央作出实施西部大开发战略决策以来,自治区党委、政府按照中央的战略部署,结合我区实际,制定了实施西部大开发战略规划纲要,提出了重点抓好"一线"、"三区",实现"三大目标"的工作思路。经过全区各族干部群众的共同努力,我区实施西部大开发战略取得明显成效。一是国民经济持续快速健康发展。2000年全区国内生产总值达到1400亿元,比1999年增长9.7%,较好地完成了"九五"计划。2001年克服严重旱灾的影响,国内生产总值达到1545亿元,增长9.6%,实现了"十五"良好开局。二是生态建设步伐加快。两年共完成生态建设投资38.9亿元,退耕还林还草、京津风沙源治理、天然林保护等八大重点生态建设工程全面启动,治理退化、沙化、盐碱化草场2700万亩,造林2000万亩,治理水土流失面积1300万亩。三是基础设施建设力度加大。2000年全区完成固定资产投资430.4亿元,比上年增长12.3%。2001年完成495.4亿元,比上年增长15.3%。其中,公路建设两年完成投资135亿元,新增公路里程7000多公里;水利建设两年完成投资近15亿元,新增有效灌溉面积428万亩,节水灌溉面积602万亩;电力建设、农网改造和通讯建设分别完成投资112亿元、36亿元、95.5亿元。这些方面的投资力度加大,有效地缓解了我区经济发展的瓶颈制约。

深入实施西部大开发战略,必须进一步深化认识,继续加大工作力度。要充分认识到,实施西部大开发战略,是党中央关于区域经济发展的一个重大战略。改革开放初期,以邓小平同志为代表的党的第二代领导集体,按照非均衡发展规律,提出了"两个大局"的战略构想,首先实施了沿海经济发展战略,并且取得了举世瞩目的成就。一是综合国力明显增强。沿海地区的迅速发展对全国综合国力的增强起到了很大的支撑作用。2000年,占国土面积11.1%、全国人口38.2%的东部地区,GDP占全国的57.3%,固定资产投资占58%,社会消费品零售总额占57.3%,外贸出口占90.7%,地方财政收入占61.6%。仅广东一个省的GDP就占全国的1/10,财政收入占1/7,社会消费品零售总额占1/6,出口占1/3。二是沿海地区的对外开放对全国起到了示范、带动作用。我国的对外开放,首先从沿海地区开始。特别是80年代设立的深圳、珠海、汕头、厦门等经济特区和90年代开放的上海浦东新区,不仅对全国的对外开放起到了重要的示范带动作用,而且在世界上都产生了较大影响。三是沿海地区率先进行了经济体制改革试点,社会主义市场机制发育比较完善,在全国建立社会主义市场经济体制中发挥了排头兵作用。

西部大开发是以江泽民同志为核心的党的第三代领导集体,按照邓小平同志"两个大局"的思想,根据我国改革开放和现代化建设的进程,适时提出来的重大战略决策。这一战略是遵循区域经济协调和可持续发展规律提出来的。随着沿海发展战略的深入实施,在沿海地区得到较快发展的同时,东西部差距也进一步拉大。到2000年,占国土面积71.5%、全国人口29%的西部地区,GDP仅占全国的17.1%,固定资产投资占19.4%,社会消费品零售总额占16.8%,出口占3.9%,财政收入占17.6%。西部省份多数是经济欠发达地区和边疆少数民族聚居地区,东西部差距扩大,不仅是一个经济问题,而且是一个政治和社会问题。因此,中央从经济、政治和社会发展的全局出发,作出了实施西部大开发战略的重要决策。两年多来,中央为推动西部大开发战略的深入实施,不断加大力度,采取了一系列政策措施:一是加强了宏观指导。中央领导同志对西部大开发做了许多重要指示,国家有关部委也相继出台了一系列政策措施。最近,国家计委和西部开发办制订了"十五"西部开发总体规划,提出了"十五"期间西部大开发的指导方针、战略目标、主要任务和重点区域,确定了一些影响全局的重大项目,如西电东送、西气东输、青藏铁路以及南水北调工程,规划了一些重点开发的经济带。二是加大了国债资金、专项资金和财政转移支付对西部地区的扶持力度。国家充分发挥公共基础设施投资者的职能,加大固定资产投资力度,进一步拉动了社会投资。三是通过出台优惠政策,进一步增强了西部地区对外开放的吸引力。要继续深入学习领会中央关于西部大开发的指示精神,用足用好国家支持西部大开发的政策措施,紧密联系我区实际,切实加大工作力度,进一步加快开发和发展步伐。

第一,要把内蒙古的发展置于全国大格局和整个西部地区的大开发之中,找准加快开发和发展的着力点。一是充分利用国家对西部地区加强宏观指导和优先发展重点区域的政策,争取将呼——包——银地区纳入国家西部大开发重点区域之中。目前,国家在西部大开发中规划了"两带一区"(西陇海兰新线经济带、长江上游经济带和南贵昆经济区),呼——包——银地区只作为西陇海兰新线的一个部分,而没有作为单独的经济带予以考虑。呼——包——银地区以京包、包兰铁路为轴线,由东向西连接着内蒙古首府呼和浩特、草原钢城包头市、新兴工业城鄂尔多斯市、乌海市,以及宁夏煤都石咀山市、首府银川市等中心城市。区域内资源富集,是我国重要的能源原材料基地和稀土基地。黄河贯穿腹地近千里,分布着河套平原、土默川平原和锡林郭勒大草原,是我国重要的商品粮基地和畜产品基地。我区毗邻俄、蒙,有4200多公里边境线,分布着满洲里和二连浩特等18个陆路口岸,是我国向北开放的大通道。建设呼——包——银经济开发带,符合国家西部大开发"以线串点,以点带面,重点开发"的方针,对内蒙古、宁夏乃至整个西部地区的发展都具有十分重要的意义。我们要努力争取国家将呼——包——银地区列入国家西部大开发重点区域。二是争取国家在国债资金、专项资金和转移支付等方面给予我区更大支持。近年来,我区实施西部大开发战略之所以能够取得比较大的成效,关键一条靠国家实施积极的财政政策。这一政策,是在目前特定的国际国内形势下,从我国实际和西部大开发需要出发采取的一项重要措施。我们要根据国家产业政策和西部大开发的重点,从自身实际出发,尽快形成项目开发、储备、实施有序推进的运行机制。要抓住国家实施积极财政政策的有利时机,以积极、务实的态度多做工作,力争多储备一些项目,多争取一些项目和资金。这几年的实践告诉我们,在争取国家支持方面,谁主动务实,谁就能抢占发展先机;谁有好的项目,谁就能多争取到项目和资金。三是进一步优化投资环境，扩大对外开放和横向联合。在进一步加强基础设施等硬环境建设的同时，切实加强市场环境、法制环境、人文环境、政府职能转变等软环境建设。

第二，要进一步解放思想、统一认识，正确处理好四个关系。西部大开发，首先要实现思想大解放，观念大转变。西部大开发战略的实施，极大地鼓舞了全区各族人民，激发了广大干部群众抓住机遇、加快发展的巨大热情。全区各级党委、政府要继续把解放思想作为先导工程来抓，加大宣传教育力度，统一广大干部群众对实施西部大开发战略重要性、长期性和艰巨性的认识，切实把人民群众在西部大开发中焕发出来的积极性引导好、保护好、发挥好。要教育广大干部群众，正确处理近期利益与长远利益的关系，既要充分认识西部大开发是一项紧迫的现实任务，切实增强责任感和紧迫感，加大工作力度，争取早见成效，又要看到西部大开发是一项长期的战略任务，不可能毕其功于一役，不能急功近利，搞短期行为。正确处理中央扶持与自力更生的关系，既要充分认识内蒙古与全国特别是东部地区的差距，认识内蒙古基础设施薄弱、生态环境恶化的严峻形势，积极争取国家支持，尽快缓解瓶颈制约，又要大力发扬自力更生、艰苦创业的精神，扎扎实实地做好每个阶段的工作。正确处理政府调控和市场调节的关系，既要切实发挥好政府宏观调控的职能作用，又要遵循客观经济规律，充分运用市场机制，实现资源的优化配置。正确处理项目建设与致富群众的关系，既要搞好项目建设，促进地区经济发展，又要把项目建设与致富群众结合起来，在项目建设中兼顾群众利益，特别要把生态建设与农牧业结构调整结合起来，实现生态增效、农牧民增收"双赢"的目标，使更多的群众在西部大开发中得到实惠。

第三，要突出抓好生态建设和基础设施建设。在西部大开发中，需要做的事情很多，从内蒙古实际出发，当前要重点抓好生态建设和基础设施建设，为经济发展和社会进步奠定坚实基础。生态建设是西部大开发的重点，也是我区实施西部大开发的根本切入点。我们要按照国家的总体部署和要求，继续把生态保护和建设作为西部大开发的重中之重来抓。内蒙古有13亿亩草场，广阔草原既是牧民赖以生存的基础，也是内蒙古以及"三北"地区的天然生态屏障。由于长期多种因素的作用，草原沙化、退化严重，保护和建设的任务十分艰巨。完成这一重大战略任务,不仅可以造福于在内蒙古这块广袤土地上生息繁衍的子孙后代,而且关系全国生态安全和生态环境改善的大局。今后,我们要以草原生态保护和建设为重点,进一步加大工作力度,尽快遏制生态环境恶化的势头。在方针上,要坚持保护与建设并举,以保护为主,在局部区域内加大投入进行人工建设,在大面积土地上通过各种保护性措施恢复植被。在布局上,切实抓好五大重点治理区域,即黄河中上游水土流失和风沙盐碱治理区,京津周边内蒙古风沙源治理区,大兴安岭天然林资源保护区,呼伦贝尔和锡林郭勒草原保护治理区,阿拉善生态自然封育治理区。在重点上,要全力实施生态建设"八项重点工程",即草原生态建设与保护工程、天然林资源保护工程、退耕还林还草工程、生态建设重点县工程、防沙治沙工程、"三北"防护林工程、绿色通道工程和水土保持工程。在措施上,一是把水资源的开发利用放到生态建设的重要位置,千方百计解决好水的问题。二是把生态建设与农牧业结构调整、增加农牧民收入、扶贫开发、生态移民等紧密结合起来,促进生态和经济、社会的协调发展。三是充分发挥科技在生态建设中的主导作用,提高生态建设中的科技含量。四是抓好生态建设各项政策措施的落实,动员全社会力量积极参与生态环境保护和建设。我区申请国家支持内蒙古对沙化、退化严重的草原实行"围封转移"、休牧还草的想法已经得到认可并将开始启动。只要我们认真实施,尽快取得成效,就会进一步得到国家更大的支持。有关地区和部门一定要高度重视,切实做好这项工作。

我区地域辽阔,基础设施建设欠账较多,目前仍是经济发展的薄弱环节。"九五"期间,全国固定资产投资年均增长10.5%,我区年均增长9.5%,投资总量仅占全国的1.26%,人均投资是全国的66.1%。2001年,我区固定资产总量和增幅都较低,在西部12个省区市中,总量排第9位,增幅排第10位。投资总量相当于四川的34.7%,陕西的58.4%,重庆的61.9%。因此,必须进一步加大力度。"十五"期间,要突出抓好以交通、水利、能源为重点的基础设施建设。公路建设要按照"三横九纵十二出口"的总体规划,以加快建设国道主干线、东西公路大通道、国边防公路以及旗县公路为重点,大幅度提高干线公路等级和路网密度。铁路建设要加快现有铁路扩能改造,完善路网布局,提高运输能力和运行速度。民航以建立区域支线航空运输网络为重点,完善机场布局,提高综合配套能力。由于种种原因,我区水利建设历史欠账较多。据统计,国家"九五"期间用于水利建设的投资超过一千亿元,而我区只争取到15亿元,草原水利建设投入更是微乎其微。我区2000年用水量为170亿立方米,其中地下水60多亿立方米,黄河水60多亿立方米,地表水只用了50多亿立方米。目前,我区年地表径流量370多亿立方米,其中320多亿白白流掉了。在全区1.1亿亩耕地中,农田有效灌溉面积只有3500万亩,三分之二的农田仍在靠天等雨。建国以来,我区建成的水库库容只有75亿立方米,其中有一些还是死库容。上世纪70年代以来,我区基本没有上大的水利工程。全区13亿亩草场,目前只有327万亩能够灌溉。内蒙古十年九旱,水的问题事关重大。今后,一定要拓宽思路,努力争取上一些大的水利工程。同时,要继续抓好电网改造,进一步加大城市基础设施建设力度,完善城市功能,改善投资环境,增强吸引力和辐射力。

二、关于加快推进工业化

(一)要切实增强加快推进工业化进程的责任感和紧迫感。工业化是现代化不可逾越的阶段。工业经济是相对于农业经济而言的,知识经济是相对于工业经济而言的。跨越工业经济,由农业经济直接进入知识经济是不可能的。一些专家提出,21世纪前50年,我国现代化建设应分三步走:第一步是初步工业化,第二步是工业现代化,第三步是全面现代化。目前,我国已进入工业化的中期阶段,而我区还处在工业化中期的初始阶段。2000年,我区第二产业增加值比全国低11.2个百分点,而第一产业是全国比重最高的五个省区之一。第一产业比重较高,并不是因为我区第一产业的绝对值很大,而是在三次产业中占的比重大。这说明我区产业结构很不合理,必须加快推进工业化进程。第一,不加快发展工业,一产业和三产业就难以发展。三产业往往是在工业化后期快速发展的,现在发达国家三产业的比重都在60%以上。第二,不加快发展工业,财政就无法增收。一般情况下,哪个地方财政比较好,肯定那个地方工业发展基础比较好。和林县原来是呼和浩特市最穷的旗县之一,主要经济指标在全市几乎都是倒数第一,但这几年搞了工业园区,引进了蒙牛、兆君等大企业,各项指标一下子就上来了。第三,不加快工业化进程,就无法扩大就业。就业问题是个重大问题。据有关资料显示,我国目前的就业形势仍很严峻。诸多因素说明,我们必须增强责任感和紧迫感,进一步加快推进自治区的工业化进程。

(二)要理性地推进工业化进程。发展工业经济,不能光凭热情和愿望,必须理性地推进。一是要大力发展优势产业和特色产业。一个地区的经济发展,光靠改善基础条件不行,必须有产业来支撑,而产业发展一定要有自己的特色。这几年,各盟市根据自己的实际,在发展特色经济方面探索出了不少好的路子。比如,近年来呼和浩特市经济增长比较快,主要是靠发展乳制品加工业。包头市是一个老工业基地,这几年在抓大企业改造上下了不少功夫。现在,包钢品种比较齐全,有重轨、板材、管材、线材,市场应变能力比较强,装备水平不断提高,技术水平比较先进,下一步还要搞冷轧。一机、二机等大企业,产品开发能力也很强。作为老工业基地,如何寻求新的经济增长点,这是包头市目前正在着力思考的问题。鄂尔多斯市有四大集团,特别是鄂尔多斯集团品牌效应很强。在能源工业上,资源丰富,有煤炭,又发现了全国最大的天然气田,不仅是我区也是全国的一个重要能源基地。乌海市主要是利用煤电资源,大力发展高载能工业。通辽市过去是农业大市,工业基础比较弱,这几年围绕农牧业优势推进产业化经营,特别是在肉牛饲养加工方面,已形成一定规模。兴安盟工业基础相对较差,现有的烟厂和钢厂规模都很小,烟厂是6万箱,钢厂是20万吨,难以产生规模效益。将来,烟厂至少要达到20万箱,钢厂至少要达到60万吨,这样,才能够生存下去。呼伦贝尔盟过去森工、煤炭、农垦三大系统约占全盟经济总量的四分之三,现在由于受到实施天保工程、煤炭行业不景气等因素的影响,经济发展出现一些困难,下一步必须尽快形成自己的优势产业和特色产业。这些例子说明,只要我们解放思想,真抓实干,就一定会摸索出符合本地实际的发展路子。

就全区来说,加快工业经济发展,主要应抓好三个方面的工作。一是抓好技术改造和产业提升,把现有企业做大做强。我区工业已具备一定基础,但普遍存在技术、装备落后的问题。要抓紧利用先进适用技术加以改造,提升传统产业层次,提高企业竞争力。2001年自治区重点调度的41户企业,完成工业增加值占规模以上工业企业的47%,销售收入占46.5%,实现利税占59%,这是我们加快推进工业化的重要基础。但和全国500强企业比较，差距还很大。全国500强企业平均资产总值144.9亿元，我区41户企业平均只有24亿元；全国500强企业年均销售收入是70亿元，我区41户企业平均只有10亿元。因此，我们除了加大固定资产投入外，还必须加大企业技术改造的力度，尽快把企业做大做强。二是利用我区丰富的资源，大力发展农畜产品加工业和能源工业。我区农牧业资源丰富，人均耕地较多，有辽阔的草原，发展绿色无污染农畜产品加工业具有一定优势。经过这些年的努力，我区乳、肉、羊绒加工已经成为支柱产业，涌现出了伊利、鄂尔多斯、鹿王、仕奇、蒙牛、草原兴发、河套恒丰7个全国驰名品牌。2001年，这7户企业完成的工业增加值和利税分别占全区的12.8%和36.2%。我们要继续加大工作力度，进一步把农畜产品加工业做大做强。同时，要充分利用我区丰富的煤炭、天然气等资源，大力发展能源工业。我区煤炭丰富，又在鄂尔多斯市发现了特大气田，要抓住"西电东送"、"西气东输"的有利时机，加快电力、煤制油等能源工业的发展。电力工业要加快发展步伐，达电三期、托电二期今年一定要开工，岱海、正蓝两个电厂要争取今年立项。东部地区的三个电厂要加强与东北电网的协调，将来通过电力体制改革，实现竞价上网，把我区的优势发挥出来。三是要有选择地发展高新技术产业。从现有的条件和基础来看，我区全面发展高新技术产业既有难度也不现实，但在某些领域和区域，还是可以发展高新技术产业的。某些领域主要是指稀土和生物制药。我区有丰富的稀土资源，有研究开发机构。生物制药既有资源优势也有技术优势，开发能力也比较强，特别是蒙医蒙药的发展潜力很大。某些区域主要是指包头市的高新技术开发区和呼和浩特市的经济技术开发区，鄂尔多斯、赤峰等地也有一定的条件。要通过努力尽快使高新技术产业和高新技术产业开发区、经济技术开发区成为我区新的经济增长点。

在加快工业经济发展、推进工业化进程中，当前一个很现实的问题，就是要加大改造老工业企业的力度。据悉，国家准备拿出2900亿元的资金支持企业破产，甩掉历史包袱。我们一定要积极争取，各部门包括金融部门要加强配合，抓住机遇，用足用好国家政策，规范地搞好企业破产，尽快把企业的历史包袱甩掉。

我区县域工业经济是一个薄弱环节。发展县域经济首先要大力发展特色经济。盲目上工业项目,肯定要背包袱,过去这方面的教训很多。全区各旗县情况不同,一定要因地制宜,从各自的实际出发,积极探索符合本地实际的最佳发展途径和办法,切忌一哄而上。其次,要大力发展县城经济。从某种意义上讲,县域经济就是县城经济。县城是一个旗县的中心,要充分利用这一条件来发展二、三产业,努力提高县城所在地和中心集镇在县域经济中的三个比重,即GDP总量占县域经济总量的比重,城镇人口占旗县人口的比重,县城和中心集镇财政收入占旗县财政收入的比重。第三,要大力发展民营经济。发展县域经济光靠国家投入不现实,必须制定优惠政策,优化投资环境,大力发展民营经济。发展工业要遵循市场经济规律,不能饥不择食,搞重复建设。在目前工业品大量过剩的情况下,更不能盲目上项目,不能接受发达地区落后生产力的转移,不能搞"村村点火,户户冒烟",不能不讲条件到处大办。现在,不少乡镇债务负担很重,一个重要原因就是过去不讲条件、乱上项目造成的。违背规律、不讲科学上的项目,不是财富而是包袱。但是,对于看准的项目,要坚持高标准、高起点,努力实现规模化、现代化。要认真研究和抓好现有乡镇企业的发展和提高,通过改革、改组、改造和加强管理,把企业搞好搞活。办企业要坚持以市场为导向,以企业为主体,政府主要是创造环境和条件,加强调控和引导,切不可再走过去政府办企业的老路。

(三)要切实抓好自治区确定的重点工业项目建设。自治区政府确定的100个新建工业项目和40个在建项目,是在多年大量前期工作的基础上,经过反复论证筛选出来的,是符合实际的。这些项目从目前来看,不仅有市场需求,而且有较高技术含量和一定规模,要抓紧实施,抢占市场,早见成效。产品不可能有永恒的市场,企业不可能有"万年青"的企业。对在可以预见的几年内有市场空间、能够赚回投资、有一定利润和效益的项目,一定要抓紧建设,抢占先机。另外,这100个项目也是滚动发展的,并不是一成不变的。随着市场环境的变化,有的要大力发展,有的也要适时淘汰出局。

三、关于抓住入世机遇,扩大对外开放

2002年是我国加入世界贸易组织的第一年。如何抓住入世带来的机遇,应对入世带来的挑战,对我们来说是一个崭新的课题,也是一个必须作出回答的课题。入世首先是政府入世,是政府管理经济社会行为方式和方法的入世。正如江泽民同志在省部级主要领导干部"国际形势与世贸组织"专题研究班座谈会上指出的那样:"是一次新的学习,也是一场新的考试","是对我们的学习能力、应对能力、竞争能力、决策能力、创新能力很实际很具体的检验"。各级要把学习世贸知识作为一项紧迫任务,组织广大干部特别是领导干部认真学习研究世贸组织的基本原则、有关规则及相关知识,增强按国际惯例办事的意识,努力提高在入世条件下管理和驾驭经济社会发展全局的本领。要结合正在进行的盟市、旗县机构改革,把转变政府职能放在突出位置,进一步推进政企、政事分开。要继续抓好行政审批制度改革,抓紧清理地方性法规、行政章程中与世贸规则和市场经济不相适应的条款。各部门、各企业要认真分析入世后可能出现的负面影响,分产业、分企业、分产品一一提出具体应对措施,同时研究如何用好过渡期和入世后我们享有的权利,围绕搞好结构调整、加快科技进步和创新、促进产业技术升级等问题,尽快拿出具体的可操作的方案。

加入世贸组织,标志着我国对外开放进入了一个新的阶段。如何抓住入世机遇,把我区的对外开放提高到一个新的水平,是我们做好入世应对工作的一个重要方面。当前,我们要利用好入世后"最惠国待遇"和消除贸易壁垒等有利条件,努力扩大出口,力争今年外贸出口有较大增长。要认真分析近年来我区与俄蒙贸易往来的情况,充分发挥口岸优势,进一步扩大与俄蒙的易货贸易、旅游贸易和边民互市贸易,探索和加强双方在能源、原材料、矿产资源开发等方面的合作。加快调整出口产品结构,提高出口产品的质量和附加值,大力扶持优势特色产品、优质名牌产品和高新技术产品的出口,增强我区产品在国际市场上的竞争力。要大力实施"走出去"发展战略,以参与国际竞争、发展开放型经济为目标,鼓励和支持有能力的企业到国外投资办厂,带动我区技术、设备和产品出口。要适应对外开放新阶段的要求,进一步扩大招商引资规模,提高招商引资质量和水平,吸引更多的外商投资我区的生态建设、基础设施、基础产业、生态农牧业、工业技改和高新技术产业。积极扩大横向联合与协作,加强与北京及东部发达地区的经济技术合作。

(选自在自治区党委七届二次全委会议上的讲话)

[211]

充分发挥金融
对经济发展的促进作用

(2002年4月15日)

充分认识金融在现代经济中的重要作用,
切实增强做好金融工作的责任感

党中央、国务院一直高度重视金融工作。1997年召开的全国金融工作会议,对全国金融改革、整顿和发展作出了重大决策,使我们成功地抵御了亚洲金融危机的冲击。1999年初,中央专门举办了省部级主要领导参加的金融研究班,学习和研究金融问题。今年初召开的全国金融工作会议,是在进入新世纪后国际局势发生深刻变化和我国加入世贸组织的新形势下召开的一次重要会议。这次会议深刻分析了国际国内经济和金融形势,进一步明确了今后一个时期金融工作的指导方针、主要任务、工作重点和措施。贯彻全国金融工作会议精神,首要的问题还是统一思想。在这次会议上,江总书记对金融在现代经济中的核心作用进行了深刻而精辟的论述,明确指出,金融在市场配置资源中起着核心作用;金融是调节宏观经济的重要杠杆;金融安全是国家经济安全的核心。我们要结合实际认真学习,深刻认识金融在现代经济中的重要地位和作用,把思想统一到全国金融工作会议的精神上来。

首先,必须遵循市场经济规律,充分发挥金融在市场资源配置中的核心作用。金融是资金运动的"信用中介",资金的分布流动决定着生产要素在不同行业和产业的分布。在资金运动速度加快和增值效益提高的同时,物随钱走,其他生产要素资源也随之从亏损或利润较低的行业向利润较高行业转移;从限制产业向支持发展的产业转移;从落后淘汰产业向新型产业转移,从而实现社会资源的重新整合,优化对资源的配置。因此,过去计划经济体制下不计成本、不讲核算的以行政手段为主配置金融资源的做法是违背市场经济规律的,也是造成银行信贷资产质量低下的重要原因。在社会主义市场经济新的历史条件下,我们必须自觉地按照市场经济及金融运行的规律办事,充分发挥金融在配置市场资源中的核心作用。

其次,必须按照宏观经济管理的基本要求,充分发挥金融在调控宏观经济中的杠杆作用。现代经济要求社会总供给与总需求基本平衡,通过货币供应总量来调节社会总需求,使货币供应总量与社会商品、劳务总供给保持基本平衡,最终实现物价稳定和经济增长的目标。货币供应调控失灵将产生通货膨胀或通货紧缩,影响国民经济的健康发展。金融业是国民经济信贷收支、外汇收支、现金收支和资金清算的总中心,金融运行情况是国民经济活动的晴雨表。通过金融机构存款准备金率、中央银行再贷款、再贴现率等货币政策工具适时调控银根松紧,控制货币供应的数量、结构和价格,从而调节经济发展的规模、速度和结构,进而促进经济发展。我国自1998年以来,配合积极的财政政策实行稳健的货币政策,落实扩大内需的方针,成功实现了经济软着陆,保持了经济发展的良好势头。因此,必须把金融调控作为宏观调控的重要环节,适时把握调控艺术,发挥金融调控经济的杠杆作用。

第三,必须增强忧患意识,对金融风险绝不可掉以轻心。在经济实力的竞争成为国际竞争主流和全球经济金融一体化的背景下,经济安全与军事安全、领土安全具有同等重要的地位,而金融安全是经济安全的核心。在经济全球化的新形势下,伴随着金融资产规模的急剧扩张,金融衍生产品层出不穷,金融形势变幻莫测,国际间金融业的竞争更加激烈,金融市场的风险和不确定性增加,外部的冲击和内部风险的积聚,给我国金融业发展和经济安全带来了更加严峻的挑战。因此,防范金融风险,保持金融稳定,是顺利推进金融改革和发展的基础,是贯彻执行国家宏观调控政策的必要条件,是国家经济安全的核心。我们必须站在改革和发展、稳定大局的高度来看待金融安全问题,见微知著,防微杜渐,有效防范系统性和区域性金融风险,确保边疆稳定和长治久安。

近几年来,按照中央的统一部署,全区积极推进金融改革,不断强化金融监管,大力整顿金融秩序,一批高风险金融机构平稳有序地退出市场,国有商业银行的资产质量明显提高。到2001年末,全区四家商业银行不良贷款率比1997年末下降11.34个百分点,首次出现不良贷款绝对额和占比"双下降"的良好局面。但是,金融资产的总体质量仍然比较差,四家国有商业银行不良资产比例高于全国平均水平2.28个百分点。农村牧区信用社虽然在去年整体上实现当年盈利,但历史亏损包袱有8.2亿元,短时间内难以消化。全国的金融是一个整体,国家的金融安全是建立在各个局部金融安全基础之上的。防范金融风险除金融机构自身努力外,还有赖于金融运行外部环境的改善,需要地方政府、企业和社会各个方面共同努力。我们必须居安思危,进一步增强责任意识和忧患意识,按照中央的要求做好各项工作,切实维护国家的金融安全。

努力提高金融服务水平,加大对地方经济和社会发展的支持力度

从1997年全国金融工作会议以来,我区金融系统为支持地方经济建设做出了积极的贡献。5年来,全区金融机构累计发放基本建设贷款和技术改造贷款518.2亿元,流动资金贷款2481.5亿元,粮棉油收购贷款248亿元,农牧业贷款357.8亿元,消费贷款84.25亿元。到2001年末,全区金融机构各项贷款余额已达1470.75亿元,是1997年末的1.25倍。大量的贷款资金有力地支持了自治区重点项目和重点产业的发展,促进了经济结构的调整和城乡居民生活水平的提高。四家国有商业银行为支持国有企业兼并破产,共核销呆坏帐84.76亿元,有效地支持了国有企业的改革和脱困。为了支持我区抗灾救灾,恢复生产,人行总行和天津分行5年来向我区农村牧区信用社累计发放支农再贷款84.2亿元。1997年以后全区新增上市公司14户,共筹集资金128.9亿元;新增发行地方企业债券、短期融资券共9.7亿元,为打造内蒙古名牌产品、扶持优势企业提供了资金支持。全区保险费年收入由1997年的14.8亿元,增加到2001年的24.6亿元,5年共支付保险赔款39.3亿元,较好地发挥了转移风险、经济补偿的积极作用。

进入新世纪,国家实施西部大开发战略,使我区面临一个极好的发展机遇,今后几年我区经济建设和各项事业可望有一个较快的发展。加快经济发展需要大量的资金投入,据自治区计委的初步预测,"十五"期间,我区各项建设资金需求大约为4400多亿元,实际资金的需求量可能还要超过这个数。这些建设资金的筹措,需要继续积极争取国家的支持,加快开放外引内联,通过资本市场直接融资,鼓励社会民间资金投入,但银行贷款仍然是主要渠道。新的形势对金融工作提出了新的更高的要求,如何进一步提高金融服务水平,加大对地方经济建设的支持力度,是摆在全区金融战线全体同志面前的一项十分艰巨的任务。全区金融系统要认真贯彻国家实施西部大开发战略和扩大内需的方针,以奋发有为的精神状态和扎实有效的工作,为自治区的现代化建设事业提供强有力的金融支持。

第一,善于运用国家信贷政策支持地方的改革和建设。"十五"期间,预计国家全部金融机构贷款年均增长13%,人民币贷款将新增8万亿元;投放的重点是增加对高新技术、中西部地区和农村的贷款。希望各家银行要抓住有利时机,继续运用好国家的信贷政策,千方百计地争取更多的贷款资金,支持和保证地方的重点建设和国有企业改革。一是要支持生态和基础设施建设。目前我区生态建设的八大工程和交通、水利、通信、能源等基础设施建设工程已经全面展开,预计这方面的资金需求量约3000多亿元,除了争取国债资金投入和开放引进资金外,需争取大量的国有商业银行和政策性银行的贷款。二是要积极推动城镇化进程。要增加对城市道路、供水、供电、住宅等建设的信贷支持,加快城市的改造和建设,完善城市基础设施,使城市更好地发挥其辐射带动功能。在加快各类城市建设的同时,还应选择一批已经形成一定规模、基础条件较好的小城镇,对其基础设施建设和产业发展给予必要的资金支持。三是要继续支持国有企业深化改革。"十五"期间,国家要继续实施国有企业兼并破产,力争再用3至5年的时间,基本解决目前难以生存的国有企业退出市场的问题。根据国家的总体安排,我区今后3、4年内需要实施政策性关闭破产的国有大中型企业有40多户,需要安排核销呆帐40亿元左右。这一政策的实施,既能够促进国有企业的战略性改组,又有利于降低银行的不良资产,各债权银行应给予大力支持。四是要根据扩大内需的要求,加大对消费需求的支持力度。要主动适应城乡居民的消费需求,增加贷款品种,扩大消费信贷,拉动消费需求。重点是完善住房、汽车等耐用消费品的消费信用;大力拓展教育、旅游、保险贷款等新的消费领域;加强农村牧区消费信贷的开发,把增加农牧民收入、开发适销产品、搞活流通渠道和改善消费环境作为农村牧区消费信贷的重点,引导和促进农牧民的消费需求。

无论是推动经济结构战略性调整,还是促进地区经济的发展,我们都必须加快推进工业化进程。但是,现在抓工业不是搞低水平重复建设,而是按国家的要求,搞特色经济、优势经济。我区是资源富集区,丰富的自然资源,为我们加快发展提供了得天独厚的物质条件。江总书记在1999年视察我区时明确要求:"要注意发挥资源优势,提高资源的综合开发利用水平,加快把资源优势转化为经济优势,力争使内蒙古成为我国下个世纪经济增长的重要支点"。我们一定要按照总书记的指示精神,进一步加快资源优势向产业优势、经济优势转化的进程。一是充分利用丰富的农牧业资源,大力发展农畜产品加工业。我区人均耕地较多,有辽阔的草原,发展绿色无污染农畜产品是我区的一大优势。经过多年的努力,乳、肉、羊绒加工已成为全区的支柱产业,涌现出伊利、鄂尔多斯、鹿王、仕奇、蒙牛、草原兴发、河套恒丰7个全国驰名品牌。2001年,这7户企业完成的工业增加值和利润,分别占全区的12.8%和36.2%。今后要继续加大支持力度,进一步把农畜产品加工业做大做强。二是依托丰富的煤炭、天然气等资源,大力发展能源工业。我区煤炭储量丰富,近年来又在鄂尔多斯市发现了特大天然气田。要紧紧抓住"西电东送"、"西气东输"的有利时机,加快电力、煤制油和天然气等能源工业的发展。三是提高矿产资源的综合开发利用水平,改造提升冶金、化工、建材等传统产业。我区矿产资源丰富,又拥有包钢、包铝等一批大型企业。要采用先进适用技术和高新技术,加快对现有企业的改造,进一步提高产业层次和产品质量,增强市场竞争力。四是充分发挥稀土和生物等资源优势,大力发展高新技术产业。从现有条件和基础看,我区要全面发展高新技术产业难度较大,但稀土、生物制药等产业具有独特的资源优势,而且已有一定的基础,发展稀土、生物制药等高新技术产业具有广阔的前景。抓工业发展必须突出重点,不能"全面开花",盲目发展。自治区确定的100个新建工业项目和40个在建项目是在多年大量前期工作基础上，经过反复论证筛选出来的。这些项目符合国家产业政策，有市场需求，有较高技术含量和一定的规模。140个重点项目大约需要1000多亿元资金的投资，在多渠道解决资金投入的同时，要积极利用银行贷款资金。各级政府及有关部门、企业要主动加强同金融机构的联系和沟通，让金融机构先期介入项目开发，参与项目的论证、评估工作，协调解决存在的问题，加快项目开发建设。

在运用国家货币信贷政策中，要正确处理防范和化解金融风险与支持地方经济建设的关系。近年来，全区金融机构信贷规模虽然不断扩大，但贷款的增长幅度低于存款的增长幅度。从1997年到2001年，各类金融机构存款余额年均递增达15.3%，呈大幅度增长之势；而同期各类金融机构贷款余额年均递增仅5.8%，增长速度呈逐年下降趋势。长期以来我区为贷差地区，1995年贷差占贷款余额的比例最高达44.8%。从1996年开始这一比例逐步降低，到2001年，我区由过去的贷差地区转变为存差地区，存差达28亿元。对于由贷差转变为存差这个问题也应作具体分析，一方面，金融机构存款大于贷款，说明我区银行业资产负债结构不合理的状况有了明显改善，有利于商业银行提高信贷资产质量和经营效益。另一方面，也不能否认一些银行在目前社会信用环境较差、信贷责任比较严格等因素的作用下，产生了"惧贷"心理。解决"惧贷"问题，就银行方面讲，既要有效地防范金融风险，又要积极地支持地方的建设，力求实现"双赢"的目标。当然，在实际操作中还要严格执行银行信贷的有关制度，通过建立和完善信贷风险管理责任制和信贷激励机制，不断提高信贷资产质量。

第二，进一步健全和完善金融服务体系。我区金融结构不合理，地方金融业发展相对滞后，金融组织体系不健全，这种状况与地方经济发展的需求很不适应。从银行方面的情况看，目前还没有形成以国有商业银行为主体、多种所有制形式为辅的银行体系，国有商业银行仍居高度垄断的地位；股份制银行和地方商业银行数量极少，且实力很弱；全区尚未有一家外资银行分支机构。当前特别应当引起注意的是，随着银行管理体制改革的深入，国有商业银行分支机构向中心城市收缩，不少旗县的分支机构被撤并，而农村信用社和城市信用社由于实力不强，不能及时补位，已经影响到农村牧区和中小企业的信贷需求。如果不及时改变这种状况,将影响旗县域经济的发展。从资本市场的发育情况看,目前全区共有上市企业20户,占全国上市企业总数的1.7%;上市公司的市值657亿元,占全国上市公司市值总额的1.5%。全区至今没有一家具有综合业务经营能力的证券公司。企业债券融资占企业资本投入的比例不足5%。产业投资基金、证券投资基金和风险投资基金尚未建立。从保险业的状况看,同样也存在市场主体少,竞争不充分,中介机构不完善等问题。金融组织体系不健全,导致融资渠道比较单一,既增大了国有金融机构的风险,也不适应地方融资的需求。这方面的问题已经成为全区金融业整体发展水平低,对地方经济发展支持力度相对较弱的重要原因。必须加快金融业的改革开放,进一步创新金融组织体系,逐步形成适应社会主义市场经济的多元化投融资格局。

加强金融体系建设,要着力抓好以下几方面的工作:一是要结合自治区的实际,积极探索农村牧区信用社改革和发展的路子,发展壮大农村牧区合作金融组织。农信社要进一步增强支农支牧的服务功能,积极创新支农支牧贷款方式,不断加强和改进支农支牧服务,努力满足农牧民的资金需求。二是以加入世贸组织和落实国家西部大开发政策措施为契机,大力发展多种所有制形式的银行和非银行金融机构。鼓励外资银行、国内股份制商业银行和区域性股份制商业银行在我区建立分支机构。加快城市信用社向商业银行转制的步伐,发展壮大地方股份制商业银行。积极探索建立企业财务公司、租赁公司等非银行金融机构,不断扩大间接融资规模。三是加快发展和规范资本市场,进一步扩大直接融资规模。积极推进企业规范的股份制改造,支持强势企业股票上市,扩大上市公司股本规模。鼓励优势企业购并上市公司,借助上市公司实现快速扩张。加快对中小企业改革重组步伐,为特色优势企业在二板市场上市融资创造条件。发展综合证券机构,在区内企业上市推荐、承销、分销等方面发挥积极作用。积极稳妥地扩大地方政府债券、企业债券及专项债券规模。逐步组建自治区产业投资基金、证券投资基金、风险投资基金,拓展信托投资业务领域,拓宽资本市场的融资渠道。四是加快保险市场的开放,推进保险市场主体多元化,积极引进新的竞争主体,促进市场的繁荣和发展。进一步规范和发展保险中介机构、兼业代理机构,积极培育再保险市场。

第三,积极创新金融产品和金融服务方式。为适应入世要求,应对金融业的激烈竞争,必须加快金融业务和产品的创新,坚持走多功能、综合性的路子,开发新的业务品种,增加新的服务项目,为经济发展提供系列的配套服务。积极培育和发展货币市场,规范发展商业票据贴现、再贴现、转贴现业务。鼓励符合条件的中小金融机构参加银行同业拆借市场,扩大融资量。要积极创造条件发展金融电子化,大力拓展中间业务。各类金融企业要牢固树立品牌意识,充分发挥特色优势,在做大做强金融业务的基础上,打造精品,创出名牌。

重视和支持金融工作,努力为金融改革发展创造良好的环境

(一)支持金融监管部门加强监管,继续抓好金融秩序整顿工作。中央对金融监管的目标、体制、制度和手段都有明确的要求,各金融机构要把落实监管要求作为工作重点,认真抓好落实工作。地方要支持金融监管部门做好监管工作,防止地方保护主义,共同维护金融安全。在这次会议上,我们明确提出要把内蒙古建成金融安全区,主要目的是通过强化金融监管,改善金融运行环境,把已经出现的金融风险降下来,把隐性的金融风险控制住,实现金融秩序的根本好转。会后,有关部门要在认真调查研究的基础上制定详细的创建金融安全区实施方案。自治区和各盟市都要成立由地方政府领导牵头的创建金融安全区领导小组,切实加强对此项工作的领导。继续把整顿规范金融秩序作为整顿规范市场经济秩序的重点工作之一,认真开展打击逃废债、金融票证犯罪和逃套骗汇行为以及制贩假币犯罪等专项行动。对高风险金融企业的风险处置工作,要坚持属地管理的原则,在地方政府的统一领导下进行。对可能发生的金融突发性事件应予足够的重视,要制定处置此类事件的预案,防患于未然。一旦事件发生,各级政府领导要亲自挂帅,各相关单位密切配合,做到快速反应,部门联动,正确处置,不留隐患,严防事态蔓延。

(二)加强社会信用制度建设,营造良好的社会信用环境。市场经济实质就是信用经济、法制经济。良好的社会信用是建立社会主义市场经济的重要保证,是有效防范和化解金融风险的必要条件。信用是无形资

产,也是一个地区投资环境好坏的重要标志。对于企业来讲,信用就是无形的"营业执照";对于个人来说,信用则是第二张"身份证"。信用的低下和缺失,不仅扭曲经济关系,增加交易成本,而且造成经济秩序和人际关系的紊乱,败坏社会风气,严重阻碍市场经济的发展。加快社会的信用制度建设是一项紧迫的任务,要把大力加强社会信用制度建设作为做好金融工作的重要内容,作为改善投资环境和金融运行环境的重要举措,举全社会之力,标本兼治,综合治理。一是健全完善社会信用制度体系。加快实现全国联网,为建立社会信用制度创造必要的条件。以建立企业信用评级制度和企业信用评价考核体系为突破口,逐步建立企业和个人征信体系。有关部门要抓紧研究制定实施方案,力争尽早启动。二是依法加大对不守信用者的惩治力度。进一步规范企业改制行为,完善企业兼并、破产操作程序,保证债权银行在企业破产清算过程中的知情权和分配权。对假破产、真逃债的企业,要依照法律和有关规定严肃查处。要发挥社会监督和舆论监督的作用,对不守信用的企业和个人实行联合制裁制度。三是加强信用宣传教育。配合贯彻实施《公民道德建设实施纲要》,开展以诚信为主要内容的宣传教育,在全社会形成有信用者处处得利,无信用者寸步难行的价值取向。并且要采取典型引路的做法,加强正面教育和引导。比如在农村牧区选择一些条件好的苏木乡镇、嘎查村先行启动"农村牧区信用工程"。通过大力开展信用农牧户、信用嘎查村组、信用苏木乡镇"三位一体"的创建活动,落实农村金融政策,帮助广大农牧民脱贫致富奔小康。建立社会信用体系是一项系统工程,需要各方面密切配合,整体推进。通过全社会的共同努力,尽快使我区的信用环境有一个明显的改善。

(三)改进地方政府工作方式,处理好地方和金融机构的关系。当前重点是通过培育和规范市场,为金融机构的投融资创造公平有效的竞争环境;通过间接调控,利用政策的导向,引导金融机构的资金投入和投向结构;通过制定发展规划,增强对金融机构投融资的指导作用。在我区当前财政资金比较紧张的情况下,要加快探索和建立三个方面的机制,引导金融机构扩大信贷资金的投入规模。一是建立政府贴息的引导机制。采取"四两拨千斤"的办法,扩大银行贷款。按目前的利率水平,每提供1元钱的财政贴息资金，就可带动近20元的信贷资金投入。今年自治区在财政非常紧张的情况下，拿出1亿元用于重点项目的贴息。各级政府都要进一步改革财政投入方式，今后财政的建设性投入主要应采取贴息等间接投入方式。二是建立贷款担保机制。重点是完善中小企业信用担保体系，扩大担保基金规模，争取为更多的企业提供担保服务。目前我区已经初步建立了中小企业担保体系，但是担保基金总体规模较小，全区担保基金总额为1.9亿元(其中自治区本级9000万元)。自治区和盟市财政要克服困难，进一步增加担保基金的投入。同时，要积极扶持和发展各种类型的担保公司，不断健全和完善中小企业信用担保体系。三是建立有效的贷款偿还机制。对经营性项目要加强资金管理，提高经济效益，增强按期还贷能力。对基础设施建设项目，要运用价格杠杆，增强收费还贷能力。指导国有企业加快改革步伐，增强其经营活力和还贷能力，促进银行降低不良资产比例。政府及其有关部门要进一步密切与金融部门的联系，建立定期经济和金融运行分析例会制度，及时研究解决问题。做到政银相互支持，金融和经济共同发展。

（选自在全区金融工作会议上的讲话）

生产力布局要相对集中

（2002年5月11日）

我区118.3万平方公里，这么大的地方，只有2300多万人，如果把这些人分散在广袤的土地上，社会事业很难发展，基础设施也无法完善，所以必须采取生产力相对集中的办法。南方的一些省份，比如浙江省不到10万平方公里，山东省10多万平方公里，江苏省10多万平方公里，由于面积小，基础设施建设相对好搞。小平同志曾经指出，内蒙古地方大，人口又不多，资源丰富，今后发展起来很可能走进前列。我区虽然不少地方自然条件比较差，但条件好的地方也不少。好的地方按全区面积的40%计算，也有四、五十万平方公里，相当于内地几个省的面积，向好的地方集中的余地比较大。所以，生产力布局一定要相对集中，把那些不太好的地方退出来恢复生态，这对全球、对人类、对我们国家都是一种贡献，同时也可以改善我们的生产和生活条件。阿拉善盟27万平方公里不到20万人，他们提出收缩转移战略，把人口和生产力集中到"六镇、八区、十大滩"。乌兰察布盟实施"进退还"战略，全盟退了一半耕地，结果产量翻了一番，农民收入增加了一倍。还有不少生态移民和扶贫移民的典型，从不适宜生存的地方移出来，结果老百姓很快摆脱了极度贫困，有的还实现了小康。

调整生产力布局的思路，是通过总结各地的实践经验形成的。过去说"南粮北牧，东林西铁"是我们的优势，但优势要辩证地看。如果牧区的载畜量增大，荒漠化肯定会更加严重，这是成正比的关系。有资料表明，不单是我们国家，凡是有草原的地方，畜牧业越盲目发展，荒漠化就越严重，这是个规律。林区过去的发展主要靠卖木材，现在限制砍伐,减少砍伐量,砍林人要变成护林人。卖木材是吃祖宗的饭,不叫本事。所以对区情要有新的认识。牧区靠增加牲畜头数发展畜牧业是行不通的,因为我区十年九旱,土壤退化、沙化严重,而且主要是草原沙化,如果超载养畜,土壤几百年积累形成的一点腐殖质就会遭到破坏,这个成本是无法计算的,所以一定要把生产力布局调整作为我区结构调整的一个重点。

(选自在包头市调研时的讲话)

相约草原

保护和开发好稀土资源

（2002年5月11日）

　　白云鄂博铁矿很有名气,被编入学校教科书,开采条件不错。白云鄂博铁矿贡献很大,45年累计开采铁矿石22500万吨, 平均每年500万吨,包钢70%的矿石来自白云鄂博铁矿。白云鄂博铁矿是共生矿,特别是稀土、铌储量可观。你们提出限量开采,是一项正确决策,具有很重要的意义。一是可以延长采掘时间。如果大量采下去,少则20年多则40年,有的矿就枯竭了。限量开采, 也符合中央提出的利用两种资源特别是国外资源发展经济的思想。美国有好多资源,比如石油资源,自己不开采,而是利用国外的,等其他国家石油资源枯竭以后他还有,那就不得了。俄罗斯的森林资源占世界第一,石油资源也位居世界前列,钢铁出口量很大,我们都可以利用。对铁矿实行限量开采,设备利用率就会下降,富余人员也多了,可以把富余的设备和人员转到国外开矿办企业, 利用国外资源发展经济,这是一举数得的事情。我们国家人口多,资源有限,中央提出要利用国外资源是带有战略性的,这种地方保护是必要的。到境外办企业,既要积极,也要慎重,要综合考虑政策、环境、效益等因素,搞那些近期投进去、马上能见效的项目。二是可以保护稀土资源。小平同志对稀土很关注,指出"中东有石油,中国有稀土",把中国的稀土和中东的石油相提并论,说明稀土资源十分重要。稀土号称"工业维生素",意思是各个行业都可以用,不光是冶金,其它化工、建材等很多行业都可以用,现在关键是我们应用研究搞得不够,缺乏开发技术,如果开发技术水平提高了,我国稀土用量是很大的。我们内蒙古的稀土产量占全国的60%多, 但出口配额比较少。稀土行业过去存在的主要问题是无序竞争,结果让外国人得利,是很不应该的。实际上，好多竞争对手是我们自己培养起来的，我们把原料卖给他，他提纯后再出售，反过来跟我们竞争。所以，国家提出成立稀土集团，合理开发利用和保护稀土资源。限制开采、控制源头，是保护稀土资源的最有效办法。

内蒙古有稀土优势，自治区决定成立稀土集团，并考虑由包钢牵头来搞比较合适，有利于资源的综合利用。既然成立了稀土集团，就要名副其实地运作起来。对现有的稀土企业，自治区计委和经贸委要进行研究，逐步实施统一管理。因为这些企业已经形成了一定的生产能力，关掉也会造成损失。对新办企业要绝对控制，不要一说发展旗县经济，这个旗也搞、那个县也办，这种发展方式必然乱套，形不成竞争力。今后新建稀土工业企业，必须经自治区计委批准，否则将视为非法。已有的企业划归集团统一管理以后，合理分配配额，由集团控制全国的市场，这符合国家的意图。理顺管理后，更重要的是搞好开发研究。我们现在把原料廉价地卖给别人太不合算了，人家稍微做一点延伸加工，就能获得巨额利润。去年全国永磁材料出口2000多吨，价值20亿美元，比我们出口氧化物高出很多倍。所以，深度开发，形成产业化是至关重要的。成立稀土集团，不仅仅是简单的体制变化，更重要的是要研究如何把稀土产业做大做强，使其更快更好地发展。

（选自在包钢调研时的讲话）

发挥优势　把握规律　促进发展

(2002年8月22日)

我来内蒙古工作之后,给自己定了三步调研计划。第一步,在自治区第七次党代会之前,到自治区各盟市走一遍,这一计划在去年11月之前已完成。第二步,争取在2002年内到各旗县市区走一遍,了解一下各地的基本情况、发展状况以及经济特点。全区101个旗县市区,已经走了94个。第三步,做重点调研和专项调研。在一年来的调查研究和工作实践中,逐步加深了对区情、盟情、旗县市情以及乡情、民情的了解,向基层和群众学到了很多知识。

邓小平同志指出:"发展才是硬道理"。江泽民同志在"5·31"重要讲话中进一步强调,要把发展做为执政兴国的第一要务,这是对马克思主义发展思想的理论升华。深刻理解这一精神实质,就是在任何时候、任何条件下都要坚持抓发展。正如邓小平同志所讲的:除了爆发大规模战争外,什么时候都要讲发展。就是爆发大规模战争,打仗以后也要继续干,重新干。对于像我们这样的边疆民族地区来讲,更要加快发展。现在全区政治安定,经济发展,社会进步,民族团结,边疆稳定,形势很好,对发展条件、发展重点和发展目标的认识也在不断深化。

关于内蒙古的发展条件,具有四大优势。

一是资源优势。全区有森林面积2.8亿亩,占全国森林面积的1/9,林木蓄积量占全国的12%。草原面积13亿亩,耕地面积1.1亿亩,人均8亩多,是全国平均水平的5倍。森林、草原面积和人均耕地均居全国第一。地下资源首先是稀土,小平同志讲:"中东有石油,中国有稀土"。中国的稀土占世界总量的80%左右,内蒙古的稀土占中国的80%左右。稀土是稀有资源,用途很广,开发前景十分广阔,现在我区已经有了一定的开发条件和开发基础。煤炭保有储量2256亿吨,如果一年开采2亿吨,还可以开采1000年。现在年开采量才1亿多吨。有煤炭,可以转化为电。今年有4个电厂纳入国家重点建设项目。托克托电厂二期2台60万千瓦的机组,达电三期2台33万千瓦的机组已经开工。正蓝电厂和岱海电厂各上2台60万千瓦机组的项目,国家已经立项,可研报告很快就会批下来,明年这两个电厂一定要开工。东部的伊敏、元宝山、通辽3个电厂,明年至少要有1个争取国家立项。煤除了转化为电,还可以制油。神华集团利用鄂尔多斯市的煤,与美国搞煤制油技术合作开发,目前中试已经完成,今年煤制油要正式开工,第一期是250万吨成品油、3条生产线,一条线83万吨,号称"百万吨级"。石油是战略资源,过度依赖进口是有风险的,所以国家对煤制油看得很重。天然气也是我区的一大资源优势,苏里格大气田探明储量6000亿吨,是迄今为止我国陆地上发现的第一个世界级大气田。目前,"西气东输"工程已经启动。我们还有很多矿产资源。因此江泽民同志1999年视察内蒙古的时候,要求内蒙古尽快把资源优势转化为经济优势。

二是区位优势。我区北与俄蒙接壤,有4221公里的边境线,对外开放具有明显优势。江泽民同志要求"内蒙古成为我国向北开放的前沿阵地。"我们国家对外开放首先是从东南沿海地区开始的,称为东南通道,后来是西通道、北通道,内蒙古是北通道。我区对内开放也有优势,与8个省交界,横跨三北,可以同东北、华北、西北三个经济区进行广泛的经济技术协作。

三是政策优势。主要是两个方面,一个是享受民族区域自治政策,再一个是我区列入西部大开发的范围,可以享受西部大开发的优惠政策。

四是产业优势。资源优势和区域经济分工,决定了内蒙古是我国重要的绿色农畜产品产业基地、能源和原材料产业基地和稀土科研与生产基地。目前,已有一定的发展基础,崛起了伊利、仕奇、鄂尔多斯、鹿王、蒙牛、草原兴发、河套恒丰等驰名企业,并带动了生产基地的发展。

根据内蒙古的发展条件和优势,确定内蒙古的发展目标。远景目标是邓小平同志和江泽民同志提出来的。小平同志在80年代会见美国总统卡特时谈到:"内蒙古自治区,那里有广大的草原,人口又不多,今后发展起来很可能走进前列。"江泽民同志1999年视察内蒙古时期望"内蒙古要力争成为下个世纪我国经济增长的重要支点。"近期目标就是自治区七次党代会提出的"两个高于,一个达到",即全区GDP和城乡居民人均可支配收入增长速度要高于全国平均水平,为2010年前全区人均GDP达到全国平均水平奠定基础。去年全区人均GDP占全国平均水平的86%,排在全国31个省市的第16位,居于全国中游水平,与全国人均GDP的差距是14个百分点。如果一年缩小2个百分点,需要用7年时间达到全国平均水平。

在充分认识自身优势的基础上,要着力认识和尊重发展规律,坚持按规律办事,加快区域经济发展。

第一,必须遵循经济非均衡发展规律,循序渐进。非均衡发展是经济发展的普遍规律。改革开放之初,党中央遵循非均衡发展规律,提出并实施了沿海发展战略。因为沿海地区有经济发展的有利条件,具有内地省市不具备的优势,所以要率先发展沿海。实践证明,党中央的决策是正确的。沿海发展了,我国的综合国力迅速增强。但在经济发展过程中,还必须考虑地区协调发展和可持续发展的问题。因此,党中央适时提出实施西部大开发战略。对于我区来讲,加快发展,也必须遵循非均衡发展规律,条件好的地区要优先发展,率先发展,能快就不要慢。条件差的地区也要从实际出发,创造条件,努力加快发展步伐。

第二,必须发挥地区优势,体现特色。一个地区要加快发展,必须发挥优势,发展特色经济。西部大开发战略刚开始实施的时候,国家确定的重点主要是搞基础设施建设、生态建设、发展科技教育。后来根据西部地区发展的实际,中央要求西部地区发展有优势、有特色的产业。所以,各地在研究经济发展问题时,一定要注重发挥自身优势,发展体现地区特色的主导产业。

第三,必须尊重客观规律,加快发展。搞经济、抓发展,一定要遵循客观规律。这里讲的客观规律就是自然规律和经济规律。比如推进工业化的问题,现在全区各地办工业的热情很高,但如何办,还象过去那样搞"村村点火、户户冒烟"，靠政府去办，肯定不行，必须按客观规律办事，要理性地推进工业化。在市场经济条件下，推进工业化，绝不能再走以前的老路。过去一些地方企业刚办起来就垮了，有的地区办了企业不但没有创造财富，反而背上了沉重的包袱。今后一定要坚持以企业为主体，以市场为导向。政府不能办企业，不能办产品没有市场的企业，不能当"三拍"干部，就是头脑发热拍脑袋，豪情壮志拍胸脯，最后搞垮了拍屁股走人。"三拍"干部就是不尊重客观规律，结果必然受到客观规律的惩罚。

（选自在呼伦贝尔市调研时的讲话）

努力实现"三个不能退"

(2002年10月11日)

我们干事业总是要有一点精神的,要振奋精神,劲可鼓而不可泄。要抓住机遇,机遇不是时时都有,而是稍纵即逝,抓住了、用好了就上去了,抓不住、用不好就失去了。因此,精神问题、机遇问题非常重要。过去讲不进则退,现在看来,慢进也是退,因为人家走快了,你相对就退下来了。可以说,现在的形势是只能进不能退。所以我们必须要有强烈的紧迫感和危机感,务必做到三个不能退。

一是经济总量在全国和民族地区、西北地区的位次不能退。我区在全国的位次本来就不高,经济总量和人均水平都只能进、不能退。现在,我区经济总量在全国排第24位,也就是倒数第8位,排在我区后面的有新疆、甘肃、宁夏、青海、贵州、西藏、海南;人均GDP在全国排第16位。经济总量在西部地区排第6位,在西北地区排第2位,在五个少数民族自治区排第2位。从经济发展水平位于我区前面的省区市看,想超过比较难,在我们前面最靠近我们的两个省市是重庆市和山西省,重庆市人口3097万人,去年GDP是1750亿元,比我区多205亿元;山西省人口3272万人,去年GDP是1775亿元,比我区多230亿元。想超过这两个省市,难度很大。从排在我区后面的省区市看,紧随我区的新疆人口比我区少500万,去年GDP1483亿元,比我区仅少62亿元,近期超过我区不是没有可能。如果新疆超过了我区,我区在民族地区、西北地区和全国的位置就要退下来。

二是"两个高于、一个达到"的目标不能退。自治区第七次党代会提出,"十五"期间要确保GDP和城乡居民人均可支配收入增长速度高于全国平均水平,为2010年人均GDP达到全国平均水平奠定基础,这个目标不能退。去年,全国人均GDP是7517元,我区是6502元,为全国平均水平的86%。我们设想,每年赶回2个百分点,争取用7到8年的时间,到2010年前达到全国平均水平。今年前三季度,我区城乡居民人均可支配收入增长速度低于全国平均水平,没有达到目标要求。与全国比,去年全国城镇居民人均可支配收入6860元,我区5536元,是全国平均水平的87%,排在全国倒数第9位。现在看,实现我区城镇居民人均可支配收入增长速度达到或高于全国平均水平的目标,任务非常艰巨,必须认真研究对策和措施,让老百姓尽快富起来。

三是和自己比不能退。"九五"时期,我区GDP年均增速是10%,"十五"发展条件比"九五"好,经济增长速度应该比"九五"高,不能比"九五"低。这"三个不能退"是最低要求,如果往后退,全区广大干部群众不会答应。

单纯考虑不能退还是消极的,更重要的是考虑如何进。纵向比,我们有较大的进步,但横向比特别是与沿海发达地区比,我们的差距还很大。鄂尔多斯市130万人,今年GDP将过200亿元,财政收入过20亿元,这些年是跨越式发展,被称为"鄂尔多斯现象"。但如果把视野再放宽一点,和沿海地区比一比,鄂尔多斯市也只相当于沿海发达地区一个县的一半水平。苏州是一个地级市,今年GDP可达到2200亿元,比我们全自治区的经济总量还大,财政收入近300亿元。浙江省的萧山市是一个县级市,1999年到2001年工业增加值的增长率分别是20.8%、36.3%、31.9%。该市2000年的工业产值600亿元,今年可达到1000亿元,两年就增加了400亿元,"九五"期间工业投入和去年的技改投入比全自治区还多。现在,萧山市销售收入过亿元的企业有84家,利润超千万的有68家。与沿海发达地区相比,我们的产业层次,工业化、城市化水平,城乡人民生活水平还差得很远。我们的基数那么小,增长幅度大一点,是不足为奇、不足称道的,而是应该如此、必须如此。也唯有如此,才能逐步缩小差距,而不至于拉大差距。

(选自在全区再就业工作会议上的讲话)

抓经济工作一定要尊重客观规律

（2003年6月6日）

当前，全党以经济建设为中心，经济建设以效益为中心，因此，我们的一切经济活动都要以效益为中心。实现这一要求，必须做到以下几点：

第一，要把干部群众的积极性和热情引导好、保护好、发挥好。我们内蒙古现在有难得的发展机遇，西部大开发把干部群众的积极性充分调动起来了，广大干部群众的积极性很高、热情很高、干劲很足，我们各级领导同志一定要把群众的这种积极性和热情引导好、保护好、发挥好，千万不能因为工作失误，使这种热情受到伤害。我们毕竟是欠发达地区，群众的热情经不起这种折腾，否则就会一下子丧失。

第二，要尊重规律。就是说我们搞经济工作一定要尊重客观的自然规律和经济规律。尊重经济规律，就是说我们搞社会主义市场经济，一定要尊重市场经济规律。我们过去有过很多失误，像1958年大跃进、大炼钢铁，包括以后的发展乡镇企业等等，总起来讲，用行政的办法搞经济建设是不可取的，搞经济工作必须用经济的办法、法制的办法，我们要认真总结。在推进工业化方面，强调"理性"两个字，要求全区上下必须理性地推进工业化，就是说必须坚持以市场为导向，企业为主体，政府绝对不能办企业，政府的主要职责就是创造投资环境。

第三，要务求实效。我们过去搞经济工作往往采取搞群众运动的办法，采取行政干预的办法，付出的代价是沉重的，结果不仅没能创造财富，却形成了包袱，留下了很多后遗症。比如南方许多乡镇债台高筑就是盲目蛮干造成的，结果不是给老百姓造福，而是造孽，留下很多遗留问题。所以,我们现在开展经济工作一定要尊重客观的自然规律、经济规律,尤其是市场经济规律,一定要以经济效益为中心。比如说,搞市场建设决不能搞成有场无市,这里面教训很多。我区的一个盟投了很多资金建设起一个市场,现在用于养鸭子。在调研中了解到,集宁市规划了26个市场,已经建成14个,在建的有4个,还准备建2个大市场,我理解市场可以建,但决不能搞成有场无市。再比如搞开发区,过去全国出现过一股开发区热,但开而不发的事情却很多。圈几片地、修几条路的事情好办,我们内蒙古土地资源丰富,但问题的关键是开发区内一定要有项目。开发区一定要在重点行业、重点企业、重点开发区和重点旗县区进行开发,一定要突出重点。因此,开发区要搞一些,但不能开而不发,要突出重点,不能一哄而上、遍地开花,特别是我们西部地区不能搞得过多。搞开发区需要大量的基础设施投入,如果搞起来了都没有效益,就是劳民伤财。再比如新城区开发。搞新城区开发必须有产业,建成后要有人进来,而且没钱的人、没有一技之长的人进来也留不住,要把有钱人、有知识、有一技之长的人引进来。

(选自在乌兰察布盟调研时的讲话)

不能满足于某些人均指标

(2003年6月25日)

自治区七届三次全委会议提出，在自治区第七次党代会确定的思路和目标基础上，全区上下要在以下两方面统一思想认识。首先，在近几年内，全区的国民经济要保持两位数以上的增长速度是完全有可能的；其次在部分地区，特别是有条件的地区，可以实现跨越式发展。在内蒙古自治区这样一个西部边疆少数民族地区实现跨越式发展，一般不容易被人接受。但是经过分析认识到，在内蒙古的部分地方，有条件的地方完全可以实现跨越式发展。实际上，近几年我区部分地方已经实现了跨越式发展。另外，进一步深化了对区情的认识。对于阿拉善盟这样一个20万人口的盟，人均国民经济主要指标应当走进全区前列，这是理所当然的事，必须如此，应该如此。我们现在面临的问题不光是人均问题，内蒙古自治区不能满足增长速度问题，也不能满足人均指标。目前，我区经济发展在全国还是可以的，人均GDP在全国31个省市自治区中排列第16位，前15位中有11个东部沿海省市。除去这11个沿海省市，我们的位次还是相当可以的。但是不能满足这个东西。我们保持两位数增长速度又有什么了不起呢，人家沿海地区那么大的基数，人家一个省一年的经济增加量比我们的总量还要多，有的省市GDP都超过了1万亿元的大关，1万亿增长10%就是1000个亿。所以，我们自治区不能再满足于人均指标较高，不能再满足于近几年的那点增长速度，必须在提高效益的前提下，做大我们的经济总量。全区都应该统一认识，努力做大经济总量。虽然阿拉善盟人不多，但拥有这么大的国土面积和丰富的资源，理应为国家做出更大的贡献。江泽民同志1999年来内蒙古视察时提出内蒙古自治区要成为21世纪我国经济增长的重要支点。这个支点目标的实现过程不能太漫长了,如果实现这个目标的时间过长,等我们国家全面小康目标都达到了,这个支点也就没意义了。可以说,江泽民同志的殷切期望既是动力,也使我们感到了压力。所以,我们提出来要重新测算发展指标。我区人口虽少,但国土面积占全国的八分之一,又是资源富集区,所以要做大经济总量。阿拉善盟国土面积27万平方公里,有好几个省大,比浙江省、江苏省、山东省的面积要大两倍,比湖南省大6万平方公里。人家21万平方公里的土地上养活着6600多万人,你这27万平方公里才有20万人。人家没有多少资源,而你这资源却很多,有无烟煤、铁矿石和丰富的盐、天然碱资源,所以阿拉善盟思考问题,要从国土面积辽阔和拥有的资源丰富这些因素来考虑应占的位置,应该为国家做出什么样的贡献。应该从各个角度思考问题,阿拉善盟满足于人均指标"走进前列"也不行,阿拉善盟的人均指标即便占到全区第一,总量也不大,况且现在的主要人均指标还赶不上个别盟市。鄂尔多斯市130万人口,去年GDP突破200个亿,财政收入超过20个亿。到2010年要实现"四个一",即GDP要超过1000个亿,农牧民的人均纯收入要达到1万元,财政收入过100个亿;在产业发展上提出煤产量要过1亿吨,发电厂装机容量要突破1000万千瓦,煤转油1000万吨。目标确实提得很高,后来我也给他们泼泼冷水,建议他们搞"四个八",即GDP800个亿,800个亿也不得了,就是要在2002年的基础上翻两番,即8年时间翻两番,这就是非常超常的发展了,也可以算作一个奇迹。人们不是讲鄂尔多斯奇迹嘛,连经济界也十分关注"鄂尔多斯现象"。鄂尔多斯八个旗区中有6个是国贫,两个是区贫,后来就是通过资源转换,大力发展工业,短短几年一下子把鄂尔多斯发展起来了。一个准格尔旗,财政收入全年超过6个亿,日收进账两百万。一个旗每天两百万的财政收入,可以叫日进斗金了。再如包头市昆区,今年财政收入要超过8个亿(不包括包钢),东胜区今年财政收入也要超过8个亿。因此,阿拉善盟的同志们不能满足于人均指标高的现状,要从你们拥有丰富的资源这个角度考虑发展问题,把经济总量做大。这不是什么天方夜谭,不是空想,只要找准一个切入点,把资源利用好了,同样可以超常发展。准格尔是怎么发展的?准格尔就是靠神华煤田开发和准格尔电厂项目一下子发展起来的。神华煤田原生产量是1000万吨，马上要达到2000万吨。现在有两台33万千瓦的发电机组，明年又要上两台33万千瓦机组。两个33万千瓦机组的电厂一年光利润就1.8亿，就像印钞机一样。所以有些事情并不是不可能。当然，鄂尔多斯的发展也不光是靠神华，还有几个大产业，如鄂尔多斯集团也起到很强的带动作用，"鄂尔多斯温暖全世界"，这已是不争的事实，其产品国际市场占有率在40%以上。现在鄂尔多斯集团利用公司上市后募集来的资金，搞高载能工业，准备先上两个发电机组，然后搞大规模的高载能工业，这个企业也开始转移产业，也在寻找加快发展的切入点。所以，阿拉善盟的思路不要再小打小闹了，不要再满足那点增长速度了，不要满足人均指标的高低，要好好开发利用现有资源。

（选自在阿拉善盟调研时的讲话）

欠发达地区
经不起折腾、付不起学费

（2003年12月9日）

党中央提出要树立和落实全面、协调、可持续的科学发展观,是有其深刻时代背景的。我们国家沿海地区实现率先发展后,东西差距日益明显,区域发展不平衡问题突出,同时现在城乡的差距也在扩大,城乡协调发展的问题也要考虑。特别今年SARS的爆发,暴露出社会事业发展滞后的问题。在这样的情况下,中央提出了科学发展观。对于欠发达地区,落实科学发展观,必须遵循发展规律,保持较快的发展速度,在快发展中实现协调发展。像我们这样的欠发达地区经不起折腾、付不起学费,必须持续平稳地推进经济发展,避免大的波动,避免大起大落。要做到这一点,探索形成一条符合地区实际的发展思路十分重要。为此,要切实把握好两个方面。

首先,要把自治区第七次党代会提出的思路坚持好。七次党代会提出的"一条主线"和"三大动力",和最近中央经济工作会议的精神正好一致。从一条主线来说,中央经济工作会突出强调了要抓好结构调整。从三大动力来说,在改革上,十六届三中全会提出要进一步完善社会主义市场经济体制,这实际就是改革。作为我们自治区来讲,最突出的就是加快所有制改革,大力发展股份制、非公有制经济、民营经济。当然,深化改革里面也还有个深化国有企业改革,这方面我们已经改得差不多了。现在要进一步完善,通过多元化、股份制,把国有资产占的比例进行稀释,加大控制量。在扩大开放上,作为内蒙古来讲,就是利用我们的资源和市场优势,来进一步扩大开放。现在国家提出要缓解电、煤、油、运瓶颈制约,这是我们的机遇,我们自治区在缓解国家瓶颈制约方面应该、也能够为国家作出贡献，尤其是电和煤，现在电非常紧张，南方更是紧张，明年就是煤紧张，生产已经受影响了。这种情况至少要维持到2006年，缓解可能要到2007年。这对我们来说又是个现实机遇。我们现在要抓紧扩大开放，在煤炭开采业、电力，包括运输、煤制油等方面，加大招商引资力度。扩大开放，良好的竞争环境很重要，我们有民族自治的政策、有西部大开发的政策，这些政策都有一定的吸引力。呼和浩特市作为自治区首府，有条件创造更好的发展环境，进一步扩大对外开放，招商引资，带动固定资产投资的持续增加，工业经济持续增长，城市基础设施持续改善。在科技进步上，后发优势主要体现在技术跨越，通过技术跨越实现经济跨越式发展。我们不接受沿海落后生产力的转移，要搞就搞高起点的，采用先进的技术装备。现在我们有竞争力的企业，比如包钢、一机、二机的改造，新上的希望铝业都是高起点。没有高起点，就没有竞争力，所以必须要推进技术进步。

其次，要从实际出发完善发展思路。作为呼和浩特市，除了自治区提出的"快、大、长"外，还有一个"高"的问题。"高"就是要提高产业层次，提高经济运行的质量和效益，提高城市品位，提高人民的生活水平。提高产业层次，首先是三次产业，现在呼和浩特市一产占的比例不多了，占10%多一点，低于全国的平均水平，在一段时间内，二产业可能还要超过三产业。产业结构二、三、一这个布局，在工业化没有完成之前是个合理的比重。随着二、三产业的发展，还要进一步降低一产业的比重，同时要降低一产业当中劳动力人员的比重，往二三产业转移。农业要搞城郊型、高效益型的农业，不能和别的地方一样，搞大田农业。二产业要体现优势、特色。中央实施西部大开发，除了生态建设、基础设施建设、科技教育外，还支持西部地区发展优势特色产业。我们的产业就要体现优势、体现特色。呼和浩特市要重点发展三个主导产业，铝制品、信息制造业、电力工业。电力工业除了大唐，自治区还要有新的布局。信息制造业还只是起步，但来的比较快。它的投入量不是很大，但是产出很高，风险比较大，回报也比较高，作为首府城市，应当把这一产业作为一个主导产业。铝制品，现在这两个龙头企业还是可以的，要进一步扶持培育。这三个产业要加快发展，形成支柱。另外还要把一些已经有基础的产业，像化工、医药，作为支柱产业来培育。比如化工,现在石油制品价格涨得很高,原来石油化工有些就没有优势了,走用电石来搞PVC这条路非常可行。我们的电石不能都往外卖,把污染留在这儿,把电消耗掉,最后给别人搞中间产品,要就地搞深加工。医药,我们内蒙古的生物资源多,就地有原料,电费比较便宜,许多厂家要进来,可以抓住这一机遇把医药做大。三产业,作为首府城市,是很有优势的。北京的三产业占了特别大的比重,就是因为它是全国的北京,每天进出的人非常多。呼和浩特市也一样,不光是呼和浩特市的呼和浩特市,至少是全自治区的呼和浩特市。一方面是传统服务业,再一方面是新兴服务业。传统服务业要有人气,还要对周边有辐射,搞物流。新型服务业,文化的产业化、科技成果的产业化、金融、社会中介以及旅游业,都很有优势,要尽快做大做强。

提高经济运行的质量和效益。呼和浩特市的综合经济效益指数168点多,比我们自治区高了40多个百分点。我们说速度不能当饭吃,最后要效益,我们要提高经济运行的质量。协调发展很重要的也有个经济运行的质量问题。

提高城市品位,呼和浩特市要和首府城市的名称相吻合。西部地区,拉萨和日喀则都比较小,但是很美。现在呼和浩特市距现代化首府城市还差得比较远,要加大基础设施建设,抓好拆临拆违拆迁、城中村改造和新区建设,还有就是提高呼和浩特市的空气质量,搞好绿化美化,绿化要高起点,广场要适度,把钱用在刀刃上。另外很重要的还是经营城市的问题,城市除了老城改造,还有个新城拓展,新城拓展主要要靠市场机制,新城的城市品位更要高一些。

提高城乡人民生活水平,主要是以下几个方面。一是要扩大就业;二是要提高在职人员的收入;三是要完善社会保障。特别是困难群众的救助,中低收入人群收入的提高。中低收入者的收入提高可以很快转化为地区消费。提高人民生活水平,归根到底要靠发展经济,如果经济不发展,扩大就业、提高工资和社会保障水平都是空话。

(选自在呼和浩特市调研时的讲话)

经济建设必须走全面
协调可持续发展之路

(2003年12月22日)

党的十六届三中全会提出的全面、协调、可持续的发展观,突出了发展的科学性、整体性和统筹性,进一步回答了发展的内涵和怎样发展等重大问题,是对马克思主义发展观的丰富和完善,深化了我们党对现代化建设规律性的认识,体现了我们党在发展观上的与时俱进。中央经济工作会议进一步明确指出,"确立科学发展观,对于提高我们党领导经济工作的水平和驾驭全局的能力,实现全面建设小康社会的宏伟目标至关重要",强调"这既是经济工作必须长期坚持的重要指导思想,也是解决当前经济社会发展中诸多矛盾必须遵循的基本原则"。牢固确立和认真落实科学的发展观,就是要坚持和实现中央提出的"五个统筹",即统筹城乡发展、统筹区域发展、统筹经济社会发展、统筹人与自然和谐发展、统筹国内发展和对外开放。统筹的前提是发展,统筹的目的是为了更好地促进发展。我们一定要把思想统一到中央的要求上来,始终不渝地用科学发展观统揽和指导工作,在实践中不断探索实现全面、协调、可持续发展的新思路、新途径,在经济发展的基础上更加注重社会事业的发展,促进社会全面进步和人的全面发展,促进经济发展与人口、资源、环境相适应,促进人与自然的和谐。

第一,努力争取经济发展保持一个较长的快速增长期。发展是党执政兴国的第一要务。只有发展,才能壮大实力、增强后劲、富裕人民。坚持科学发展观,首先要坚持以经济建设为中心不动摇。经济发展在一段时期内实现快速增长并不难,难的是在一个较长时期内始终保持良好发展态势。因此,必须备加珍惜我区当前经济发展的这个好势头,保持这个好势头,巩固和发展这个好势头,防止经济出现起伏和波折。要正确处理快增长和长周期的关系,既要保持较快增长,又要保持较长增长周期。

第二,坚持不懈地抓好结构调整这条主线。调整和优化经济结构,是促进经济发展,提高经济增长质量和效益的根本性措施。发展要有新思路,核心就是进行经济结构的战略性调整。要把调整经济结构作为明年和今后一个时期经济工作的主线,在发展中加快结构调整,在结构调整中促进发展。按照自治区第七次党代会提出的主攻方向,进一步调整优化产业结构,巩固和加强农牧业基础地位,加快推进新型工业化,大力发展第三产业。坚持"两个毫不动摇",加大所有制结构调整力度,在发挥国有经济主导作用的同时,大力发展和积极引导非公有制经济。坚持城乡统筹,积极稳妥地搞好生产力布局调整,推进农村牧区城镇化,加快农牧民向城镇和非农产业转移步伐。大力实施科教兴区战略,推动科技进步,提高劳动者素质,努力转变经济增长方式。

第三,积极促进区域经济协调发展。充分认识解决区域发展不平衡的重要性,高度重视统筹区域发展问题。把非均衡发展与协调发展有机结合起来,既遵循非均衡发展规律,鼓励和支持优势地区加快发展,又树立协调发展观念,帮助和促进经济相对落后地区尽快发展。优势地区要把握大好来势,坚持经济增长速度、质量、结构、效益相统一,进一步做大经济总量,增强经济实力和市场竞争力,在全区率先实现全面建设小康社会目标;农牧业比重大、工业经济相对滞后的地区要充分发挥比较优势,大力培育、加快发展特色经济和主导产业,逐步缩小与区内发达地区的差距。

第四,始终坚持以人为本。这是贯彻落实"三个代表"重要思想,实践立党为公、执政为民本质要求的具体体现。我们做任何事情,都要把实现人民的愿望、满足人民的需要、维护人民的利益作为根本出发点和落脚点,牢固树立全心全意为人民服务的思想和真心实意为人民负责的精神,从人民群众最现实、最关心、最直接的问题入手,通过发展经济,不断让人民群众得到实实在在的利益。在普遍提高人民群众生活水平的同时,更多地关心城乡困难群众。在满足人民群众物质需要的同时,大力促进各项社会事业的发展,更好地满足人民群众的精神文化需要。

(选自在全区经济工作会议上的讲话)

适应"三化"要求
加快发展第三产业

(2004年5月15日)

加快第三产业发展意义重大

在现代社会中,第三产业以其有机联结社会生产、生活、流通、分配、消费诸环节,加速人流、物流、资金流、信息流的独特地位和作用,成为推动工业化、城市化、信息化和实现产业结构调整升级的重要依托,成为满足人民群众日益增长的物质文化需求的重要基础。第二次世界大战后,世界经济发展呈现出一种规律性现象,就是第三产业异军突起,在国内生产总值中的比重逐步增大。到20世纪80年代,第三产业在国内生产总值中的比重在高收入国家中已达60—70%,在中等收入国家中占到50%,在低收入国家中也达30%多。第三产业的规模逐步增大是服务需求上升率和服务供给上升率共同作用的结果。著名的《后工业社会的来临》一书把"服务社会"作为后工业社会的第一特征。现在,发达国家和地区正是依赖第三产业的高度发达率先步入了服务型社会阶段。比如美国,目前制造业、采矿业、建筑业和农业在经济中只占三分之一,以交通运输、教育、文化、医疗、批发零售、金融为主体的服务业占到三分之二。2002年,美国《财富》杂志排定年度500强座次,沃尔玛以2200亿美元的年收入取代埃克森美孚拔得头筹,这是服务业企业首次登上500强榜首。从国内看,发达地区如北京、上海、天津、浙江、广东、江苏等省市,第三产业比重已超过40%,北京市和上海市的产业结构已经发展到了三二一的服务型经济阶段。我区第三产业的发展滞后于全国,总量不大、质量不高、结构不优的问题并存,远不能满足我区推动经济结构战略性调整、增强消费拉动、保持经济发展大好来势的需要。把我区第三产业搞上去，首先要统一对加快发展第三产业重要地位和作用的认识。

第一，加快第三产业发展是深入推进我区工业化、城镇化和农牧业产业化的迫切要求。经济发展的过程是各次产业之间、产业内部之间以及产业与服务部门之间互相协调、彼此促进的过程。产业内部的配套能力、产业之间的协调能力以及服务部门对产业发展的支撑能力，对经济发展有着重要影响。任何一个环节的缺失或不足都会对经济发展形成瓶颈，对产业发展潜能的充分发挥形成制约。大力推进工业化、城镇化和农牧业产业化是当前和今后一个时期我区经济建设的重点，但"三化"中的哪一化都离不开第三产业的支撑。第三产业与工业化、城镇化、农牧业产业化是相互依存、相互促进的关系。正是在工业化、城镇化和农牧业产业化的推动下，第三产业才得以较快发展。第三产业的发展反过来又对工业化、城镇化和农牧业产业化起着重要的支撑和促进作用。现在，随着我区"三化"进程的加快，第三产业发展相对滞后，如资本的供给与需求的矛盾、交通运输能力与生产能力的矛盾、生产能力的迅速扩张与营销工作滞后的矛盾、中介组织发育缓慢与社会需求增加的矛盾等逐步显现出来。这些矛盾如果不能得到及时有效解决，我区"三化"进程就难以深入推进。

第二，加快第三产业发展是促进我区产业集群化、提升产业竞争力的迫切要求。促进产业集群化、增强产业竞争力是我区产业发展必须解决好的重大问题。国内外经济发展的实践表明，产业集群是市场经济条件下工业化进行到一定阶段的必然产物，是现阶段产业竞争力的重要来源和集中体现。国内外经济发展的实践同时也表明，形成产业集群离不开第三产业特别是现代服务业的充分发展，需要第三产业的有力支撑，并且有的集群产业就是在第三产业的直接带动下或依托第三产业形成的。浙江诸暨年产60亿双的袜业产业群，嵊州年产2.5亿条的领带企业群，都是在当地袜业市场和领带市场的带动下而集聚的。广东东莞的IT生产，是美国市场、台湾接单、东莞制造、香港出货。这种商品的大进大出，如果没有便捷完善的服务作支撑是很难实现的。目前，我区已经基本形成了产业集群发展思路和目标，即到2010年形成钢铁、电力、煤炭、化工、轻工、羊绒、食品、制药、电子信息产品、新材料工业等一批销售收入超过百亿元的优势产业群。要实现这些集群发展目标,必须大力发展第三产业。

第三,加快第三产业发展是解决民生问题、促进人的全面发展的迫切要求。坚持以人为本是科学发展观的核心内容。加快第三产业发展不仅是解决就业、增收等民生问题的有效途径,而且是满足人民群众日益增长的物质文化需求、促进人的全面发展的重要基础。目前,第三产业已经成为我区吸纳就业的主要渠道。1990—2000年,全区第三产业新增就业人数117.8万,平均每年吸纳就业10万人以上。增加就业岗位、缓解就业压力要求我们必须大力发展第三产业。不断满足人民群众日益增长的物质文化需求是发展经济的出发点和落脚点。改革开放以来,我区人民群众的物质生活水平有了较大提高,农村牧区恩格尔系数已降到50%以下,城市已降到40%以下。20世纪90年代以来,我区城镇居民服务消费支出占消费总支出的比重由1990年的10%增长到2000年的32%。在人民生活总体进入小康后,城乡居民对教育、医疗保健、住房、旅游、出行等生活服务的需求越来越迫切,对精神文化的需求也迅速增长,这种趋势对第三产业的发展提出了新的要求。

当前,我区第三产业发展面临很好的历史机遇。去年,全区人均GDP超过1000美元,标志着我区经济社会发展进入了一个新的阶段。国际经验表明,在这个阶段,产业升级、技术进步、消费需求结构转变和城镇化进程加快,第三产业处于加快发展的重要转折点。如果我们能够顺应时代潮流,加快第三产业发展,顺利实现经济结构的转型和优化,我区经济社会发展将会跃上一个新的台阶。各级各部门一定要从全局和战略的高度充分认识加快第三产业发展的重大意义,强化责任意识、机遇意识和发展意识,努力在推进我区第三产业发展上有所作为。

抓好"建设、改革、开放"三个关键环节

(一)"建设"就是要加大基础设施建设力度,为第三产业发展奠定坚实的物质基础。内蒙古属欠发达地区,基础设施建设滞后是制约经济社会发展特别是第三产业发展的重要因素。这就要求我们必须进一步加大第三产业基础设施建设力度。

一是要围绕促进经济发展加大建设力度。要把交通建设作为重中之重来抓,按照"十五"规划的要求进一步加大公路特别是高等级公路建设力度。加快铁路建设,完善铁路运输路网。加快机场新建和扩建,提高航空运输能力。商贸流通在第三产业中占有重要地位,但由于我区有形市场建设滞后,导致肥水外流、优势不优。比如,我区是全国最大的羊绒产地,但全国最大的羊绒集散地却在河北。近年来,我区部分盟市立足本地优势重视抓了有形市场建设,收到了很好的效果。比如包头市的钢材市场,2001年开始建设,去年实现钢材交易46万吨,销售收入达到18.4亿元,已有100多家企业入市交易,近期内可形成年交易额50—100亿元。各地在基础设施建设中一定要重视抓好有形市场建设,从本地实际出发有选择地建设上规模、上档次、功能完备、辐射力强的特色专业市场。内蒙古毗邻俄蒙,是我国向北开放的重要通道。要加快满洲里、二连浩特等口岸贸易区、出口加工区以及综合配套设施建设,扩大口岸贸易,带动外向型经济的发展。信息化是经济发展、结构升级的助推器,也是全球经济发展的必然趋势。要进一步加强信息、通讯等基础设施建设,大力发展信息网络技术和电子商务,努力提高服务业的质量和效益,进一步降低服务成本。

二是要围绕促进社会事业发展加大建设力度。目前,我国经济社会发展不协调的问题较为突出。2003年,我国已成为世界第六大经济体和第四大贸易国,但社会事业处于中等偏下水平,只列世界104位。我区也是如此,教育、科技、文化、卫生比较滞后,公共教育体系、科技创新体系、公共卫生体系、文化事业体系、社会救助体系、社会保障体系、社会危机处理体系不够健全完善。统筹经济社会发展是树立和落实科学发展观的重要内容,也是促进第三产业发展的题中之意。加快社会事业发展必须在改善基础设施条件上下功夫。要采取有力措施加快义务教育和高等、职业技术教育基础设施建设,改善办学条件,提升教学层次。要进一步加强科技基础设施建设,建设和完善一批有较高水平的研发机构,整合科技资源,搭建服务平台。要加快文体基础设施建设,建设一批文体场馆。要加快公共卫生体系建设,在改善重点医院设施的同时加大三级卫生网络建设力度,特别要加强疾病防控中心建设。

三是要围绕满足人民群众物质文化需求加大建设力度。坚持以人为本是发展第三产业的本质要求。随着经济社会的发展和人民生活水平的提高,人民群众对社会服务的需求日益增强。发达国家的经验表明,人均GDP1000至3000美元期间,既是经济快速增长的时期,也是居民消费层次和结构发生重大变化的时期。要加快房地产业发展,继续搞好城市危陋房屋和城中村改造,开发建设经济适用房,适度发展中、高档住宅,建设一批生态、智能化示范小区,进一步改善人民群众的居住条件和生活环境。要有计划、有步骤地建设一批综合商场和便民超市,健全商业服务网络。要进一步完善社区服务设施,增加服务内容,增强服务功能,大力发展物业管理、休闲健身、社区医疗、妇幼保健、家政、就业及老年和残疾人服务等社区服务业,在为广大居民提供优质方便服务的同时吸纳更多的劳动力实现就业。要进一步加强旅游基础设施建设,完善服务功能,提升服务层次,大力发展草原风光、民族风情、休闲避暑、温泉疗养、滑雪度假、沙漠探险等特色旅游。

(二)"改革"就是要加大改革创新力度,为第三产业发展消除体制障碍。完善社会主义市场经济体制是党的十六大作出的战略部署,党的十六届三中全会为此专门作出决定。改革开放以来,我区经济体制改革取得了重大进展,极大地促进了全区经济社会发展和人民生活水平的提高。但是必须看到,我区初步建立的社会主义市场经济体制还不完善,改革的进展还不平衡。第三产业领域的改革更为滞后,突出表现是资本要素市场发育不足,政府职能转变不到位,社会管理和公共服务职能薄弱,教育、科技、文化、卫生等方面的体制改革相对滞后等。加快发展第三产业根本出路在于深化改革。

一是要大力发展要素市场,完善市场体系。积极推进资本市场的改革和发展,扩大直接融资。建立多层次资本市场体系,完善资本市场结构,丰富资本市场产品。大力发展机构投资者,拓宽合规资金入市渠道。着力发展劳动力、人才、技术、土地等要素市场,规范和发展产权交易。打破行业垄断和地区封锁,加快要素价格市场化,推进流通方式现代化,促进商品和各类要素的自由流动和充分竞争。积极发展独立公正、规范运作的专业化市场中介服务机构,按市场化原则规范和发展各类行业协会、商会等自律性组织。完善行政执法、行业自律、舆论监督、群众参与相结合的市场监管体系,健全产品质量监管机制,严厉打击制假售假、商业欺诈等违法行为,维护和健全市场经济秩序。

二是要深化财税金融改革, 强化市场调控手段。按照国家改革出口退税制、增值税由生产型逐步改为消费型、将设备投资纳入增值税抵扣范围和其他方面税制改革措施,积极稳妥地实施税制改革。按照健全公共财政体制的要求,深化部门预算、国库集中收付、政府采购和收支两条线管理改革,合理划分各级政府之间的财权和事权,进一步完善转移支付制度。加强政府债务管理,加大消赤减债力度,建立健全财政风险防范机制。调整和优化财政支出结构,建立预算绩效评价体系,提高财政资金使用效率。按照建立资本充足、内控严密、运营安全、服务和效益良好的现代金融企业的要求,稳步发展各类商业银行、证券公司、保险公司和信托投资公司等现代金融企业。鼓励社会资金参与中小金融机构的重组改造,发展和完善贴近社区、服务居民的社区性银行机构,积极引进全国性股份制商业银行和外资银行,加快信贷产品和金融服务创新。按照谁投资、谁决策、谁收益、谁承担风险的原则进一步确立企业在经营性投资中的主体地位,健全政府投资决策和项目法人约束机制,建立起市场引导投资、企业自主决策、银行独立审贷、融资方式多样、中介服务规范、政府调控有效的新型投融资体制。进一步完善统计体制,健全第三产业运行监测体系。

三是要加快行政管理体制改革, 完善经济法律制度。加快形成行为规范、运转协调、公正透明、廉洁高效的行政管理体制。进一步调整各级政府机构设置,大力精简机构和人员,实现政府职责、机构和编制的法定化。深化行政审批制度改革,切实把政府职能转到经济调节、市场监管、社会管理和公共服务上来,转到为市场主体服务和创造良好发展环境上来。加强立法工作,进一步完善市场主体和中介组织法律制度,产权法律制度,市场交易法律制度,预算、税收、金融和投资等法律制度,社会领域和可持续发展等方面的法律法规。按照权力与责任挂钩、权力与利益脱钩的要求,大力推进行政执法体制和司法体制改革,加强执法和监督,确保法律法规有效实施。

四是要深化科技教育文化卫生体制改革, 促进经济社会协调发展。

改革科技管理体制,建立现代科研院所制度,确立企业技术创新和科技投入的主体地位,促进科技和经济社会发展紧密结合。构建现代国民教育体制和终身教育体系,全面推进素质教育,推动教育创新,加快建立同经济社会发展要求相适应的教育体制。巩固和完善以旗县政府管理为主的农村牧区义务教育管理体制,完善和规范以政府投入为主、多渠道筹措经费的教育投入体制,形成公办学校和民办学校共同发展的格局。建立健全党委领导、政府管理、行业自律、企事业单位依法运营的文化管理体制,转变文化行政管理部门的职能,深化公益性文化事业和经营性文化产业单位的改革,健全文化市场体系,完善文化产业政策,促进文化事业和文化产业协调发展。围绕建立与社会主义市场经济体制相适应的卫生医疗体系,强化政府公共卫生管理职能,加强公共卫生设施建设,加快城乡医疗卫生体制改革,健全卫生监管体系。构建群众体育服务体系,发展体育产业。

五是要坚持市场化、社会化、产业化的改革方向,加快事业单位和服务业企业改革步伐。事业单位是计划经济时期的特殊产物,也是第三产业的重要组成部分。长期以来,事业单位职能泛化,既承担了许多政府职能,又承担了不少市场职能,存在着政企不分、机构臃肿、人浮于事等问题,不仅给财政增加了负担,而且限制了服务业的发展。按照党的十六届三中全会确定的经济体制改革的指导思想和原则,事业单位必须走市场化、社会化、产业化的改革之路。各级要按照国家和自治区的统一部署,进一步加大改革力度,将营利性事业单位改制为企业或实行企业化管理,实行自主经营、自负盈亏、依法纳税,逐步减少直至取消政府投资和事业经费,逐步实现由"政府办"向"社会办"、由"事业型"向"企业型"的转变。各级政府要继续支持非营利性机构的发展和建设,但要引入竞争机制,面向市场搞好服务。各类服务业企业要加快建立健全现代产权制度。在公用事业、旅游、文化、电信、保险等行业积极推行公有制的多种有效实现形式,大力发展混合所有制经济,使股份制成为公有制在第三产业领域的主要实现形式。国有服务业大中型企业要进行规范的公司制改革,建立健全法人治理结构,深化企业内部改革。依托有竞争力的企业,通过兼并、联合、重组、上市等方式尽快培育一批主业突出、实力雄厚、竞争力强的大型企业或企业集团。同时,要进一步放开搞活服务业中小企业。

（三）"开放"就是要加大对外开放、对内搞活力度,为第三产业发展注入新的生机和活力。充分利用国际国内两个市场、两种资源加大对外开放、对内搞活力度,是经济全球化形势下促进发展、增强实力的必由之路,也是加快第三产业发展的必然选择。目前, 第三产业已成为全球化程度最高的行业。据国家有关部门提供的资料,自上世纪90年代以来,第三产业领域的跨国投资占全球跨国投资总额的60%左右, 全球服务贸易的增长明显快于实物贸易的增长。从我区来看,尽管这些年对外开放成效明显,但对外开放的整体水平较低,而第三产业又位于开放程度更低的领域和层次,在总投资中,外商直接投资第三产业比重大大低于第二产业。在第三产业的44个大的行业中,目前只有交通、商贸、房地产、教育、卫生、文化、科技服务和社会服务等8个行业有外商投资。我国加入世贸组织后,第三产业正在按照入世承诺逐步扩大开放,正在成为较大规模吸引外资的新领域。在推进第三产业开放、搞活上,要着重抓好两个方面的工作。

一是要在更大范围、更广领域和更高层次上推动第三产业对外开放。除国家法律法规和相关政策明令禁止进入的领域外都要全部放开,积极鼓励国内外市场主体以独资、合资、合作、联营、参股、特许经营等形式参与经营。要把招商引资作为扩大第三产业对外开放的重点,积极引进国内外的资金、技术及现代化的理念、先进的经营管理经验、现代市场运作方式,改善第三产业结构,提高我区第三产业的质量和水平。要借助外力大力发展计算机应用服务、软件开发、电子商务等现代服务业。发展第三产业,人才是关键。要在加快培养现有人才的基础上,大力引进高新技术、信息服务、现代管理、金融、保险、各类中介服务以及熟悉国际服务业贸易规则等方面的人才。在引进来的同时要积极鼓励我区有实力的服务业企业走出去,开拓区外和国外市场,加强与国内外服务业企业的交流与合作,推动我区第三产业向产业化、规模化、外向化方向发展。

二是要充分发挥民营经济在促进第三产业发展方面的主体作用。加大第三产业开放力度不仅要注重对外开放,而且要下大力对内搞活,特别要激活民营主体投资第三产业的热情和活力,使其逐步成为我区第三产业发展的主体力量。国内外的经验表明,民营资本既是促进整个经济发展的重要力量,更是推进服务业发展的主导力量。目前,我国一些沿海发达地区民营经济已占国民经济的半壁江山,在第三产业中的比例更高。从我区来看,民营经济除在餐饮、商贸流通等领域占较大比重外,其它领域尚未形成大的气候。对内搞活第三产业,关键是要激活民间投资,让各类民营主体在第三产业领域大显身手。要全方位开放服务业市场。采取整体出让、委托经营、股份合作等多种形式,积极鼓励和支持民营主体参与第三产业的基础设施建设。支持民营经济积极参与国有服务业企业的改革、重组,大力发展混合所有制经济。各级政府要进一步清理和修订民营经济发展中的政策限制,促进民营服务业快速发展。

切实加强对发展第三产业的组织领导

第一,要把加快第三产业发展摆到全局工作的重要位置。各级领导干部要转变思想观念,切实提高对发展第三产业重大意义的认识,把第三产业作为国民经济的重要组成部分和全面建设小康社会的战略产业,摆到全局工作的重要位置来抓。要像推进工业化进程那样抓第三产业的发展,把发展第三产业与推动工业化、城镇化和农牧业产业化有机结合起来。要切实加强对发展第三产业的组织领导。自治区和各盟市都要成立由政府主要领导牵头、分管领导具体负责、有关部门参加的第三产业工作协调领导小组,协调指导第三产业发展工作。有条件的地区要积极筹措资金,建立发展第三产业引导资金。各级领导干部要带头学习发展第三产业知识,熟悉第三产业的产业政策,把握第三产业发展趋向,不断创新第三产业发展思路。

第二,要因地制宜,分类指导。我区地域辽阔,各地的资源禀赋不同、经济形态各异。在发展第三产业中必须坚持因地制宜的原则,区别农村牧区与城镇、中心城市与小城镇、边贸城市与一般城市的不同情况,实施分类指导。优势地区要在改造提升传统服务业的同时,适应经济结构和消费需求结构不断升级的要求,大力发展新兴和现代服务业。基础较差的地区要从本地区经济社会发展的实际出发,积极稳妥地发展,防止盲目跟进、相互攀比、一哄而上。要按照因地制宜的原则,切实搞好第三产业发展规划,确定发展方向,明确发展重点,调整发展布局和结构。在制订规划和政策措施时,要与国家的产业规划和政策措施相衔接,争取国家在服务业引导资金和项目建设上的支持。

第三,要为第三产业的发展创造良好环境。实践证明,第三产业能否快速发展很大程度上取决于发展环境。各级各部门一定要把环境建设作为加快第三产业发展的重要保证,按照放开搞活的原则努力为第三产业的发展创造良好环境。要把优化行政执法环境作为环境建设的重要内容来抓,结合贯彻执行《中华人民共和国行政许可法》,强化各级政府依法行政的意识,规范各级政府的行政行为,提高各级政府依法办事的能力。要把加强社会诚信建设作为优化环境的根本措施来抓,按照十六届三中全会决定提出的"形成以道德为支撑、产权为基础、法律为保障的社会信用制度"的要求,建立健全政府、行业、企事业单位和个人的信用体系和法规制度,大力倡导诚实守信的道德风尚,加大信用监督和信用惩戒力度,使诚实守信成为全社会的行为规范和自觉行动。新闻舆论部门要加大对发展第三产业的宣传力度,在全社会营造有利于第三产业发展的舆论环境。

第四,要抓好第三产业各项政策措施的落实。《内蒙古自治区加快发展第三产业若干政策的规定》,从市场准入、税费、就业、价格与土地等方面,提出了加快我区第三产业发展的60条优惠政策。这些优惠政策是自治区党委、政府在充分调研、反复论证和借鉴其他省区市经验做法的基础上形成的。各有关部门和单位一定要从促进自治区第三产业发展的大局出发,不折不扣地落实好这些政策措施。自治区将在适当时候组成联合督查组,对促进第三产业发展政策措施的落实情况进行督促检查,发现问题及时查处和纠正,确保优惠政策的贯彻落实。

（选自在全区第三产业工作会议上的讲话）

资源匮乏地区
同样可以加快发展

（2004年6月28日）

　　从全区角度讲，有资源优势、区位优势、地广人稀优势、后发优势，赤峰没有地广人稀优势，没有资源优势照样可以发展。挪威是世界人均收入比较高的国家之一，人均收入每月折合人民币5.5万元。挪威有丰富的水电资源，它的高载能工业电解铝占世界产量的1/5，而它自己不生产氧化铝，全靠进口，依靠水电优势搞加工。发展高载能工业，要澄清一个观点，就是高载能不等于低技术，不等于高污染。挪威的电解铝产量最大，但是生态和环保搞得最好。北欧芬兰号称千湖之国，由于森林多，造纸业很发达。我们一说造纸业就是高污染，但是芬兰并没有污染，治理得很好。赤峰市虽然没有地广人稀优势，但距离北京、沈阳很近，沈阳是大城市，人口300多万；北京市属于环渤海经济区，具有区位优势。赤峰还有西部大开发和国家实施东北等老工业基地振兴战略两个现实机遇，完全能够趋利避害，加快发展。

　　赤峰市的城市建设抓得很紧，工作中要注意做到"三个协调"。一是新城区建设与老城区改造要相协调。新城区要坚持高起点规划，高标准建设，以新带老；老城区要按照城市发展整体规划，搞好改造，不断完善发展功能。二是城市建设与产业发展要相协调。城市是产业发展的载体，生产力高度集中在城市。按照你们的规划，第二产业主要集中在工业园区，但新城区不是绝对不发展第二产业，可以按照产业发展规划进行合理摆布。苏州的城市建设有三个园区,一个是原来的古城区,一个是自己的工业园区,还有一个就是新加坡工业园区。你们设计的也是一区变三区,即老城区、新城区、工业园区,但要把产业发展规划搞好,包括第三产业的发展。新城区的文化品位设计得比较高,包括规划的几个景点,这是社会性、公益性建设。一个城市光有道没有街不行,街主要是靠建筑物形成,建筑物是凝固的艺术,建筑物艺术要有特色,不在于多,要在于特。27平方公里的城区,将来要有数千万平方米的建筑,否则不能形成一个新区,这个力度要加大。三是城市发展与城镇化推进要相协调。既要引导劳动力转移,增加城市人口,提高城镇化率,又要提高城镇化水平。单纯依靠转移劳动力进到中心城区,恐怕难以提高城镇化水平。要吸引有资金、有技术、高素质的人才进到城区特别是中心城区,提高城镇化水平。

（选自在赤峰市考察工作时的讲话）

把握经济结构调整的着力点

(2004年7月13日)

当前我区经济发展的良好势头能不能保持下去，经济增长的质量和效益能不能提高，竞争力能不能增强，关键要看结构调整能不能取得重要进展。结构调整的重点仍然是产业结构调整、所有制结构调整和生产力布局调整。

第一，加大产业结构调整力度。一是加快农牧业结构调整，推进产业化进程。发展产业化经营，是调整农牧业结构的切入点。基地建设是产业化经营的基础。要围绕发展特色经济和优势产业，根据资源特点和龙头企业原料需求，建设优势农畜产品生产基地，因地制宜地调整农牧业和农畜产品结构，推进农畜产品生产向区域化、规模化、专业化、集约化、标准化方向发展。龙头企业是产业化经营的关键。要围绕乳、肉、绒、粮油、薯菜果、饲草饲料六大主导产业，重点扶持有竞争优势和带动能力的龙头企业，引导龙头企业在较大范围整合资源，扩张规模；直接采用国内外先进技术和装备，增强市场竞争力。在做大做强加工龙头企业的同时，高度重视扶持流通龙头企业，立足于优势产业带和优势农畜产品集散地，建设一批功能齐全、辐射力强的专业批发市场，形成若干集信息、仓储、配送、运输、装卸、交易等功能为一体的物流园区。中介组织是产业化经营的纽带。要围绕产业化基地与龙头企业之间的利益联结，立足于建立"风险共担、利益均沾"的机制，坚持自愿、互利、自主经营的原则，大力发展多种形式的农村牧区专业合作组织。

二是加快发展优势产业集群，推进工业化进程。产业集群是指某个产业的相同、相近和相关企业在某地以互为客户的关系聚集而成群。其本质是一种低成本发展的生产组织方式，通过产业与区域的有机结合，获得较高的生产率和较强的竞争优势，从而促进当地企业的增加与成长，拉动当地经济增长，提升区域的系统创新能力。产业以集群化方式发展，是市场经济条件下工业化进程发展到一定阶段的必然产物，是现阶段产业竞争力的重要来源和集中体现。目前，我区优势产业集群已经形成一定规模，自治区已经规划了一批近年内销售收入过百亿元的优势产业群。按照比较优势调整产业结构，就要遵循经济发展规律，以优势产业的集群化发展来扩大工业经济总量，加快工业化进程。就培育和发展产业集群的一般方式来讲，主要是利用当地优势条件吸引外地关键性企业落户而发展；利用当地的特色资源和既有企业基础，通过合理规划而逐步发展；对工业园区进行产业调整，围绕主导产业招商引资，吸引更多相关企业进驻而形成产业集群。各地要从实际出发，培育和发展具有自身优势的产业集群。

三是抓住消费结构升级的机遇，加快发展第三产业。在现代社会中，第三产业以其联结生产、流通、分配、消费诸环节，加速人流、物流、资金流、信息流的独特地位，成为推动工业化、城镇化、信息化的重要力量，实现产业结构优化升级的基本方向，满足人民群众物质文化需求的重要基础。大力推进第三产业发展，对加快我区工业化、城镇化和农牧业产业化进程，推动我区产业集群快速成长、提升优势产业竞争力，解决民生问题、促进人的全面发展，都具有十分重要的现实意义。我们一定要抓住当前消费结构开始升级的机遇，大力推进我区第三产业发展。为加快我区第三产业的发展，自治区党委、政府编制、下发了《内蒙古自治区2004—2010年第三产业发展规划纲要》和《内蒙古自治区加快发展第三产业若干政策的规定》。各地和有关部门要抓好落实工作。

第二，加大所有制结构调整力度。我区所有制结构不合理，公有制经济所占的比例过高。2002年，我区非公有制经济对GDP的贡献率只有25%，而全国已经达到三分之一，广东、浙江分别达到54%和55%。要按照党的十六大提出的"两个毫不动摇"的精神，进一步加大所有制结构调整的力度，努力构建符合我区生产力发展水平的基本经济制度。一是大力调整国有经济布局和结构。坚定不移地坚持有所为、有所不为的方针，加快国有资本从一般性竞争行业和领域退出的步伐。在大型企业中，除极少数必须由国家投资经营的外，都要按照建立现代产权制度的要求，实现投资主体多元化，积极推行股份制。在中小型企业中，国有经济原则上都要退出。要遵循产权制度变革的内在规律，积极探索国有资本退出的有效途径，防止国有资产流失。二是大力发展非公有制经济。坚定不移地坚持鼓励、支持、引导的方针，清理和修订限制非公有制经济发展的法规和政策，消除体制性障碍，营造有利于公有制经济和非公有制经济公平竞争、健康发展的社会环境。建立以市场为导向的新型投融资体制，为民间投资的启动创造有利的金融政策环境。放宽民间投资准入领域，除关系国家安全和经济命脉的重要行业和关键领域，其他行业和领域都要向民间资金开放，凡是允许外商投资的产业，同样也允许国内民间资本进入。三是大力提高利用外资的规模和水平。在我国加入世界贸易组织、放宽外资进入领域、放松外资比例限制的形势下，外商投资已转向国有股的并购。我们一定要抓住形势变化带来的机遇，调整吸引外资的方式。同时，积极引导外资投向农牧业产业化、优势产业、高新技术产业以及经营性基础设施和城市公用行业。

第三，加大生产力布局调整力度。经济发展的过程也是生产要素由分散走向集中的过程。从国际上看，以纽约、华盛顿为核心的美国东北部经济带，在不到1.5%的国土面积上集中了全国人口的20%、全国制造业生产能力的30%；以东京、名古屋为中心的日本中部经济带，在不到20%的国土面积上，集中了全国人口的61%，工业企业和就业人数的2/3，工业产值的3/4，国民收入的2/3。从国内看，我国668个城市、4.8亿人口，创造了全国70%以上的GDP和80%以上的税收。广东省的广州和深圳占全省GDP的40%。我区拥有国土面积118.3万平方公里，占全国的12.3%，接近1/8，人口近2400万，占全国1.86%，不足1/50，若将全国1/50的人口分散在将近占全国1/8的国土面积上，生产力布局的不合理性和生产要素的分散程度是显而易见的。这种不合理的生产力布局，不利于生态环境的保护和建设，不利于基础设施的建设和充分利用，不利于形成经济发展的聚集效应，不利于各项社会事业发展，不利于群众特别是农牧民生活水平的提高和生活质量的改善，不利于统筹城乡、区域、经济社会协调持续快速发展。

调整生产力区域布局,其实质是农村牧区人口逐步向城镇或条件较好地区转移,各类生产要素向优势地区和优势产业集中,在转移集中的过程中,加速产业结构调整和生产经营方式转变,从而促进生产力发展。加快调整生产力布局,就是要充分利用我区地广人少的优势,按照"适度收缩、相对集中"的原则,切实抓好两个环节。

一是统筹城乡发展。立足于改变城乡二元经济结构,加快发展城镇经济,促进农村牧区富余劳动力向城镇转移。要想从根本上解决"三农三牧"问题,就必须减少农牧民,转移农牧民。加快发展城镇经济,要立足于创造更多的就业岗位,吸纳农村牧区劳动力,大力发展农畜产品加工,服务城乡生产生活的劳动密集型的二、三产业;要立足于提高农牧民的劳动技能,增强就业和创业能力;要立足于建立城乡统一的劳动就业制度、户籍管理制度、义务教育制度,稳步推进城乡配套改革,消除体制性障碍,逐步形成有利于以城带乡、以工促农、城乡互动、协调发展的体制和机制。

二是统筹人与自然和谐发展。坚持生产发展、生活改善、生态保护相统一,立足于加快优势农畜产品生产带和产业化基地建设,促进农牧业生产要素向优势区域转移。牧区要实施围封转移战略,转变传统畜牧业粗放经营方式,实行禁牧、休牧、轮牧,实现草畜平衡。农区要因地制宜调整种养结构,大力发展农区畜牧业。贫困地区特别是已经失去基本生存条件、生态恶化的特困地区,要在合理规划、科学论证的基础上,实行扶贫移民、生态移民,从根本上解决脱贫致富和生态保护的问题。

（选自在自治区党委七届六次全委会议上的讲话）

抓经济建设
急不得也慢不得

(2004年12月10日)

　　当前,全区经济发展的来势很好,但是我们一定要正确分析和认识这个形势,在发展上采取一个正确的态度,就是要坚持实事求是,不能慢,但是也不能急。从指导思想上来讲,要克服两个盲目。对一部分发展快的地区来讲,要防止盲目乐观、小进即安的情绪。我区有几个地方人均GDP今年可以接近3000美元,3000美元就是2万多人民币,是我们国家到2020年要达到的水平。所以我们有些人认为发展不错了,人均水平不错了。这种认识是错误的。我们不能满足于较快的增长速度,不能满足于人均指标,还要做大总量。一些地区在区内发展尽管是快的,但和区外发达地区比,还只是小进,还谈不上小富,所以要坚决克服小进即安的情绪。另外,在一些条件不太具备的地方,现在要克服盲目跟进、盲目攀比的情绪。在经济发展上,我不主张过多地提数字指标,这样弄不好就会出现急躁和浮躁,急躁、浮躁以后就有可能不理性,有可能不按规律办事,所以说发展经济慢不得也急不得,还是要坚持实事求是。条件好的,能做多快就做多快;条件暂时不具备的要从基础做起,创造发展条件,要根据自己的实际尽可能地加快发展步伐,千万不要搞盲目攀比、盲目跟进。因为条件不一样,现在西部地区基本不把一亿元的项目当回事,谈项目至少几亿、十几亿或几十亿,而像兴安盟这样的地区谈几千万的项目都不容易。所以说在发展指导思想上、实现形式上,从自治区角度来讲,要注意因地制宜分类指导。

　　自治区对全区整个宏观经济的指导,也一定要坚持实事求是,分类指导,同时也要适度地调整、完善某些方面的发展思路。从大的来看,我们自治区首先要落实科学发展观,要坚持五个统筹,其中最重要一条就是要统筹区域协调发展。我对西部大开发有三点体会。第一点体会是,西部大开发既要解决发展条件问题,同时也要解决发展主体问题,大力发展特色和优势产业。这个产业又不能和沿海的雷同,和沿海的雷同就没有竞争力,但是又不能接受沿海落后生产力的转移,要实行技术创新,要突出自己的特色和优势。光有发展条件解决不了老百姓致富问题,解决不了财政收入提高的问题,必须要根据条件来发展产业,实现技术跨越,体现特色和优势。第二点体会是,西部大开发既要重视国家对我们的一些硬的方面的支持,更要重视启动我们自身的内力和增强活力。国家的支持是非常重要的,比如对我们的国债资金倾斜、财政转移支付等,这几年的力度是很大的。我们国债资金争取的不错,每年全区争取的国债资金50多个亿,加上各项支持性资金60多个亿,这在全国来讲占的份量已经不小了。这个固然重要,但国家的支持再多再大,也只是个输血问题,更重要的是用好国家西部大开发的政策,要启动内力和增强活力,要扩大对内对外开放。我们去年招商引资额是403亿,今年肯定超过600亿,这600多个亿和那个50亿比较起来,要多10多倍。第三个体会是,西部大开发更要重视落实科学发展观。从我们自治区来讲,经济发展不平衡的问题现在比较突出。呼和浩特、包头市和鄂尔多斯、阿拉善、乌海等5个盟市加起来,人口也就是600万,占全自治区2400万人口的1/4,可是这5个盟市的GDP和财政收入加起来却占到全区总量的60%多,1/4的人口创造了全区60%的GDP和财政收入,可见区域之间的经济发展是很不平衡的。再一个是城乡发展不平衡的问题也比较突出。自治区城乡居民收入的比例是3.2∶1,和全国相差不多,但是在总量上,我们城镇居民收入比全国低一千元左右,农牧民收入比全国低三四百元,城乡差异还是很大的。还有一个是如何统筹人与自然的和谐发展。我们自治区的生态建设对全国来说非常重要,影响到全国的生态安全。还有就是统筹经济社会的发展,统筹对内发展和对外开放,这些都很重要。

对自治区来讲,落实科学发展观,统筹区域经济协调发展,是必须认真抓好的一个问题。以前重视和支持优势地区加快发展是十分正确的。不重视抓优势地区发展是不行的,优势地区发展就是要尊重非均衡规律,要让它发展的快些,这样就增强了我们自治区的实力,这样才有可能解决整体协调发展的问题。都落后也叫协调,那是在落后基础上的协调,都是一个水平,都是穷。现在西部地区已经形成了自主增长的机制和内在机制,所以自治区在关注西部发展的同时,要更加关注东部地区的发展。加快东部地区的发展,首先要呼应国家振兴东北老工业基地的这个决策,这对东部盟市来说是一个好机遇。东部这四个盟市,本来就属于东北经济区,特别是兴安盟,历史上就与东北联系紧密,现在在东北的区位也很有优势,兴安盟一定要利用好这个机遇。从自治区来讲,统筹区域经济协调发展,首先就要关注东部,加快东部地区发展,这要作为自治区的一个大的宏观思路来调整和完善。

（选自在兴安盟调研时的讲话）

多一些冷静的审视
少一些轻浮的喜悦

（2005年7月）

在党中央、国务院西部大开发政策指引下,经过全区干部群众的奋发努力,去年,内蒙古自治区在生产总值增长、财政一般预算收入增长、规模以上工业增加值、全社会固定资产投资增长和社会消费品零售额增长等5项经济指标列居全国第一。是沾沾自喜,陶醉过去,还是放眼全国,学习先进;是头脑发热,思绪轻浮,还是保持清醒,冷静审视,是必须认真对待的重要问题。要从三个方面保持良好健康的心态:

一要有认真学习的心态。良好的心态需要科学的理论指导。从江泽民同志关于"发展是我们党执政兴国的第一要务",到胡锦涛总书记提出树立和落实科学发展观,我们党始终如一地坚持了邓小平同志"发展是硬道理"的战略思想。科学发展观是党的创新理论的最新成果,是指导发展的科学指南。要认真学习贯彻科学发展观,坚持以科学发展观统领全局,抓住发展机遇,强化发展理念,保持发展势头,增强发展后劲,努力实现又快又好地发展。

二要有辩证分析的心态。所谓辩证分析,就是两分法。越是形势好,越要保持清醒头脑,越要看到差距和不足。就内蒙古经济发展来说,虽然势头不错,但总量偏小,产业规模不大,链条较短,增长方式较为粗放,资源综合利用水平有待提高。

三要有清醒务实的心态。不仅要看到差距,还要看到压力。全国各地在发展上各有高招、实招。从周边省份看,发展势头也很迅猛:河北大力发展冶金、机械产业。钢、成品钢材、生铁产量均居全国第一,仅唐山地区经济总量就达900亿元,超过呼、包、鄂三市的总量;山西着力打造新型能源和工业基地,加大延伸产业链,去年煤炭重点企业非煤产业收入100多亿元,太原不锈钢产量居全国第一,进入世界同行业十强;陕西综合科技实力仅次于北京、上海,居全国第三,1997年以来,其高新技术产业以每年30%的速度增长,榆林市去年财政收入已超过40亿元。面对全国各地喜人、逼人的发展态势,必须保持清醒务实的心态。我们没有理由满足、陶醉,没有理由懈怠。必须保持清醒的头脑,多一些冷静的审视,少一些轻浮的喜悦,不要总是沉醉于过去的辉煌,也不要过于憧憬未来的辉煌,而要扎实创造现实的辉煌。全区各级党委、政府要倍加珍惜全区上下心齐气顺、开拓进取的良好风貌,抓住机遇,加快发展,把自治区的经济社会发展提高到一个新的水平。

(原载《人民日报情况汇编》)

耽误不得　失误不起

（2005年12月21日）

"十五"期间是我区经济社会发展最快最好的时期之一，对于"十五"的发展要认真进行总结，对在实践中逐步完善的发展思路、发展重点、发展举措要很好坚持，保持经济社会发展的连续性和稳定性。同时，要按照科学发展观的要求，根据形势的发展变化，不断进行新的探索和创新。越是形势好，各级领导干部越要保持清醒的头脑，越要居安思危、增强忧患意识，看到面临的严峻挑战。

就我区自身发展来讲，经济社会发展中存在的矛盾和问题还不少。从投资、消费、出口三大需求看，我区仍属于投资拉动型经济；从三次产业的发展看，我区仍属于工业拉动型经济；从经济的外向度看，我区有效利用外资规模较小，口岸经济发展不快，仍属于内向型经济；从人民群众的生产生活情况看，虽然我区经济发展较快，但人民群众生活改善较慢；从经济体制看，我区国有、股份制企业比重大，个体私营和外资企业比重小；从产业层次看，传统产业较多，新型产业、现代产业较少；从企业组织结构看，产业集群化发展不够，中小企业发展滞后；从资源开发利用水平看，综合开发利用水平不高，产业链条不长。就全国发展大势来看，目前各省区市在认真总结"十五"发展得失的基础上，都把"十一五"作为重要的调整期、转型期、适应期和发展期，以更宽的视野、更新的理念、更高的标准，谋求更高层次、更高水平的发展，力求在新一轮市场分工和产业布局中占据更为有利的位置。沿海发达省区以追求更高的产业发展水平和更强的国际竞争力为目标，积极打造国际性先进制造业基地，力争早日率先实现现代化；中部各省以规模较大、数量众多的城市群为依托，通过培育多个增长支点，努力实现崛起；东北三省借助国家扶持政策和自身产业基

[263]

础,以创新体制机制、调整优化产业结构为主抓手,在推进新型工业化道路上全力实现振兴;西部省区积极探索和创新大开发的新路径,以打造能源等重化工业基地为主攻方向,在培育壮大优势特色产业中不断加快发展步伐。我们必须看到面临的严峻挑战,切实增强加快发展的责任感和紧迫感。

当前,国际国内形势继续发生深刻变化。从国际形势看,和平、发展、合作是当今时代的主流,世界多极化和经济全球化趋势深入发展,呈现出综合国力竞争日趋激烈、相互依存逐步加深、对话和合作继续发展三大明显特点,国际政治局势有望保持总体稳定。当前和较长一段时期,我国经济发展的国际经济环境总体是有利的:一是世界经济继续保持增长态势,有利于我国对外贸易继续增长和外商直接投资保持稳定。二是国际产业转移继续加快,有利于我国发挥自身优势,加快产业结构调整,发展先进制造业和现代服务业,逐步提升我国在国际分工中的地位。三是科技创新和技术扩散日益加快,有利于我国继续发挥后发优势,以信息化带动工业化,实现科技的跨越式发展。四是国际经济合作深入发展,有利于我国广泛参与多种形式的国际经济合作,有效化解经贸摩擦和争端,维护自身利益,拓展发展空间。五是国际社会更加看重我国的作用和影响,有利于我们增大发展的回旋余地,把握发展的主动权。不利因素主要表现在三个方面:一是世界经济发展明显不平衡,已构成世界经济持续稳定增长的一个隐患;二是石油价格继续在高位徘徊,对我国经济社会发展所产生的不利影响不容忽视;三是贸易保护主义有新的表现,对世界经济稳定增长产生一定影响。同时,国际上有些人对我国发展缺乏了解、存在疑虑和误解,甚至制造和鼓吹所谓的"中国威胁论",企图干扰和阻滞我国的发展。为此,中央要求全党同志要努力把负面影响减小到最低程度,切实做好增信释疑、加强宣传和沟通工作,推进互利共赢、积极在扩大合作中化解矛盾,坚持脚踏实地、聚精会神地把自己的事情办好。

从国内形势看,经过改革开放二十多年特别是"十五"时期的发展,我国经济社会发展进入新的历史阶段,已站在一个新的历史起点上:经济总量迈上新台阶,结构调整取得新进展,经济体制改革实现新突破,对外开放进入新阶段,城乡居民生活达到新水平,社会发展呈现新局面。目前,我国经济社会发展正处于人均国内生产总值从1000美元向3000美元过渡的关键时期,在经济体制、经济结构、"三农"问题、自主创新、人民生活、协调发展、对外开放、民主政治、社会结构、社会和谐等十个方面呈现出明显的阶段性特征,特别是增长方式粗放问题、发展不平衡问题、体制不完善问题、涉及经济安全问题、关系群众切身利益问题比较突出。中央明确要求,要推动我国经济社会发展切实转入科学发展的轨道,努力实现又快又好发展。

国际国内宏观形势的发展变化,使我们既面临新的挑战,也蕴育出一些新的发展机遇。一是西部大开发进入产业开发的新阶段。西部产业开发已成为国家新的支持重点,国家鼓励西部地区大力发展能源、矿业、机械装备、医药、旅游、特色农牧业等产业,支持西部地区实现资源优势向产业优势和经济优势转化,为我区优势特色产业的优化升级和做大做强创造了有利条件。特别是国家立足国内解决能源需求,强调加强基础产业建设,有利于我区继续发挥能源和资源优势,在为国家多做贡献的同时加快自身发展。二是国家产业政策更加明确。在宏观调控中,国家坚持"因势利导、区别对待、合理利用、控制增能、扶优汰劣、优化结构"的原则,产业政策日益具体明确,所要扶持的资源开发、加工制造和高技术等产业,正是我区要着力发展的重点,所要限制的过剩落后生产能力,也正是我区想要淘汰的重点。我区产业发展与国家产业政策导向高度吻合,有利于我区产业持续健康发展。三是国际国内产业结构调整步伐加快。发达国家和沿海发达地区制造业加速向中西部进行战略转移,寻找适宜的能源、土地、劳动力资源环境,有利于我区吸引非资源型加工业,在原有优势特色产业的基础上,不断培育和发展新的产业增长点。四是加强区域协作已成全国共识。呼包银经济带列入国家西部大开发的重点地带,为我区发展带来新的契机;国家振兴东北等老工业基地战略的实施力度不断加大,有利于我区东部盟市加快发展;环渤海经济圈崛起为中国经济增长"第三极",有利于我区在参与环渤海地区经济合作中实现新的发展。五是公共财政积极向薄弱环节倾斜。国家保持宏观政策的连续性和稳定性,中央财政进一步向农牧业和服务业等产业倾斜,向革命老区、边疆少数民族等欠发达地区倾斜,向科教文卫等社会事业领域倾斜,向城镇低保对象、农村贫困人口和灾区困难群众等弱势群体倾斜,有利于我区争取国家支持,改善发展的薄弱环节。更重要的是,经过这几年的发展,我区产业发展渐成气候,基础设施、工业生产能力和技术装备水平明显提高,经济自主增长机制初步形成,已经具备了积极参与国际国内经济大循环的条件,完全可能在大范围配置资源中争取到发展的主动权。

面对发展的机遇期,我们耽误不得;面对发展的关键期,我们失误不起。全区各级党委、政府和领导干部,一定要全面、正确地分析和认识当前面临的形势,切实增强忧患意识和机遇意识,认清形势、把握大局,更加自觉主动地把我区的发展纳入国家发展的大局之中,在"十五"工作的基础上,努力把我区经济发展提高到新的水平。

(选自在全区经济工作会议上的讲话)

正确处理三个关系
促进经济又好又快发展

（2006年12月25日）

当前,内蒙古正处在全面贯彻落实科学发展观,推动经济社会又好又快发展的关键时期。要按照自治区第八次党代会确定的提高"两个水平"、保持"两个高于"、确保"两个实现"的奋斗目标,进一步推动经济结构调整和经济增长方式转变,大力加强社会主义新农村新牧区建设,加快发展优势特色产业和服务业,不断提高协调发展和可持续发展水平,着力推进改革开放和科技进步,切实加强和谐内蒙古建设,努力实现国民经济又好又快发展。在工作中,要正确处理"三个关系"。

一是正确处理"好"与"快"的关系。实现又好又快发展,是胡锦涛总书记在十六届六中全会上提出的,有其深刻的内涵,是全面贯彻落实科学发展观的本质要求。好中求快,发展才能稳健,才会长久,才有效益。做好内蒙古的经济工作,必须把"好"与"快"很好地统一起来,既要坚持发挥后发优势,充分利用各种有利条件,努力保持经济较快增长,更要重视发展的代价、风险和隐患,努力转变增长方式、提高发展质量。要坚持好中求快的方针,把经济发展的"快"建立在结构优化、质量提高、效益改善和消耗降低的基础之上,更加注重速度、质量、效益相协调,更加注重消费、投资、出口相协调,更加注重人口、资源、环境相协调,努力实现既好又快地发展。

二是正确处理防止经济增长过快和避免出现较大回落的关系。这是温家宝总理在中央经济工作会议强调要注意防止的两种可能性,也是我区经济发展需要高度警觉的问题。近年来,我区大规模地进行开发与建设,产业基础和发展环境明显改善,生产潜能正在逐步释放,近期内生产总值和工业经济有望保持较快增长。但同时也要看到,国内外市场环境的变化和经济周期的影响,投资需求开始回落,一些经济学家认为,明年可能是中国经济的一个拐点。在一定的经济周期内,经济发展小幅波动,是市场经济的正常现象,也是符合经济规律的正常调整。但波动超出合理范围,出现大的起落,就会打乱正常的经济秩序,造成社会资源的损失浪费,而且会动摇对经济发展的信心。我们必须居安思危、未雨绸缪,一方面要积极预防过快倾向,坚决淘汰落后产能,限制低水平重复建设,防止盲目扩张,为国家宏观大局的健康稳定做出贡献;另一方面要高度警惕、积极避免经济出现较大回落的倾向,积极调整投资结构,提高投资效益,保持投资和经济的合理增长,巩固和发展大好来势,努力保持一个较长的快速增长期。

三是正确处理扬长与补短的关系。近年来,我区经济发展的整体水平有了较大提高,但结构性矛盾、协调性问题仍很突出。主要表现是:工业经济特别是优势特色产业发展较快,建筑业和服务业发展相对不足;投资成为经济增长的主要动力,消费的拉动作用相对不足;国内市场发育较好,外向型经济发展相对不足;国有及股份制大企业成为主体,非公有制经济和中小企业发展相对不足;呼包鄂等优势地区长足发展,东部盟市发展相对不足;全区经济发展较快较好,城乡居民增收不足,等等。这种长处与短处共生、优势与劣势同在的局面,是我区现阶段发展的现实特征。经济学的"短边规则"告诉我们,最薄弱的环节往往决定着地区经济发展的最终层次和水平。发挥长项的固有优势,促进短项的快速发展,实现扬长补短、长短互济,是全面贯彻落实科学发展观的需要,是培育新的经济增长点、拓展新的发展空间的需要,也是增强我区综合竞争力的需要。为此,我们不仅要充分发挥长项优势,而且要积极挖掘短项潜力,不断培育和创造新的发展优势。

（选自在全区经济工作会议上的讲话）

加快自主创新　培育民族品牌

(2007 年 8 月 3 日)

　　加快自主创新、培育民族品牌,是贯彻落实科学发展观、建设创新型国家的一项重大战略任务,对于促进产业结构优化升级、加快转变发展方式、提升产业国际竞争力,具有十分重要的意义。

　　近些年来,内蒙古自治区高度重视技术创新。在分析区情时,我们谈到"后发优势",主要是通过"技术跨越"实现经济的跨越式发展。新上项目,技术和装备水平要一步达到国内乃至国际同行业先进水平。在经济发展中形成"资本流入区"时,我们适时提出要成为"要素流入区",即技术、人才、管理流入区,建立了一批博士后流动站、国家级技术中心、虚拟研究院等,在北京中关村建立了科技孵化中心。

　　自治区很重视自主民族品牌的培育和发展,"九五"时期就开始实施名牌推进战略。目前,全区拥有中国驰名商标 21 件,形成了以鄂尔多斯、鹿王、维信等为代表的羊绒产品品牌,以伊利、蒙牛、小肥羊为代表的草原绿色食品品牌,以河套老窖、蒙古王等为代表的酒业产品品牌。2006 年,世界品牌实验室编制的《中国 500 最具价值品牌》排行榜上,伊利、蒙牛、鄂尔多斯、小肥羊、草原兴发、仕奇、河套等 7 个品牌榜上有名。

　　创新是品牌发展的不竭动力。近年来,内蒙古通过积极创新市场推广模式,不断充实和丰富品牌内涵。"伊利"形成了以奥运战略和"企业社会责任"为核心的品牌理念,"蒙牛"创造了市场营销模式及产业链布局,"鄂尔多斯"提出了"温暖全世界"的品牌国际化思路,逐步走出了一条具有内蒙古特色的品牌发展之路。

内蒙古在自主创新与民族品牌建设上虽然取得一些成绩,但与兄弟省区市相比差距很大。今后,我们要深入贯彻落实科学发展观,认真学习借鉴兄弟省区市的先进经验,全面推进创新型内蒙古建设,努力把自治区的自主创新与民族品牌建设提高到一个新水平。

(选自在自主创新与民族品牌发展高峰论坛上的致辞)

努力为服务全国大局做贡献

(2008年6月18日)

今年以来，我国南方一些地区遭受严重低温雨雪冰冻灾害，3月14日拉萨等地发生达赖集团煽动策划的打砸抢烧严重暴力犯罪事件，北京奥运会火炬境外接力传递受到敌对势力严重干扰，5月12日又发生四川汶川特大地震，国际市场石油、粮食价格高企和美国次贷危机带来的风险加大。面对这些复杂因素和严峻挑战，中央及时作出决策部署，团结带领全党全国各族人民，全面贯彻党的十七大精神，深入贯彻落实科学发展观，万众一心、团结奋斗、沉着应对，保持了改革发展稳定的大局。事实充分说明，党中央、国务院的决策部署是完全正确的，以胡锦涛同志为总书记的党中央具有驾驭复杂局面的非凡胆识和高超能力。在党中央坚强、英明领导下，全国各族人民一定能够战胜前进道路上的艰难险阻，不断从胜利走向新的更大的胜利。当前，我们要进一步统一思想认识、坚定必胜信心、全力做好工作、服务全国大局，不断把我区改革开放和现代化建设事业推向前进。

一、努力推动经济又好又快发展

今年以来，全区上下坚持以科学发展观为指导，认真贯彻落实中央的决策部署和自治区的工作安排，努力克服各种不利因素，不断加大工作力度，国民经济承接了近年来的大好来势，继续保持又好又快的发展势头。宏观调控取得积极进展，消费需求对经济增长的拉动作用有所增强，产业结构优化升级步伐加快，发展的质量和效益进一步提高，协调性和可持续性进一步增强。但同时也要看到，中央分析的我国经济运行中的突出问题在我区也同样存在，尤其是居民消费价格居高不下、油价高企、

[271]

运输瓶颈制约加剧等因素,对经济社会发展特别是居民生活和企业生产造成较大影响,对此要有足够的估计。我们一定要坚决贯彻中央的决策部署,坚持不懈地抓好发展这个党执政兴国的第一要务,坚持不懈地提高发展的质量和效益。总的要求是:深入贯彻落实科学发展观,按照中央提出的"控总量、稳物价、调结构、促平衡"的要求,密切关注、积极应对国内外经济发展的新变化,加快推进发展方式转变,促进全区经济又好又快发展,努力为国家发展大局做贡献。具体目标:一是保持经济平稳较快发展,不出现大的起落;二是财政收入增幅和城乡居民收入增幅要高于全国平均增幅;三是CPI增幅要低于全国平均增幅;四是节能减排降幅要高于全国平均降幅。

(一)以保障农畜产品有效供给为重点,全力抓好农牧业生产。我区是全国13个粮食主产区之一和5个粮食净调出省之一,牛羊肉产量、牛奶产量全国第一,加强农牧业生产、增强农畜产品供给能力、保障国家粮食安全,既是我区自身发展的需要,也是为国家发展大局做贡献的需要。今年我区农牧业生产形势较好,农作物播种面积有所增加,畜牧业呈现提质增效良好态势。要巩固发展这一良好局面,认真落实各项支农惠农政策,充分保护和调动农牧民的生产积极性,着力提高农牧业综合生产能力。要切实抓好夏收夏种,抓好秋粮生产,确保今年粮食有个好收成。认真落实国家生猪、奶牛等相关补贴政策,大力发展农区畜牧业,加强疫情防治,提高畜产品产量和质量。大力发展设施农牧业,努力提高防灾减灾能力。进一步推进农牧业产业化经营,促进农牧业增效和农牧民增收。认真做好灾害性天气预测预报和人工影响天气工作,最大限度地减少自然灾害的不利影响。

(二)以控制物价上涨为重点,有效防止和应对通货膨胀。物价上涨过快是当前经济运行中最突出的矛盾。据国家统计局分析,今年一季度CPI同比上涨8%,4月份CPI同比上涨8.5%,5月份CPI同比上涨7.7%。我区今年一季度CPI同比上涨8.3%,4月份CPI同比上涨8.2%,5月份CPI同比上涨7.3%。CPI的过快上涨,给城乡居民特别是低收入群体和贫困家庭生活带来很大困难,对经济健康发展造成很大影响。有效避免经济出现大的起落、保持经济平稳较快发展,必须把抑制价格过快上涨放到突出位置。

要认真落实国家出台的防止和治理通货膨胀的政策措施,以经济手段为主,综合运用经济、法律和必要的行政手段,着力在治本上下功夫。加强市场供给,深入调查研究供需结构,搞好市场分析,准确提供市场需求信息。进一步加强粮食、食用植物油、肉类等基本生活必需品和工业紧缺商品的生产,畅通销售渠道,完善储备体系,保证重要产品和物资有效供给。合理安排投资规模,用可控的国内需求应对不可控的外需变化。加强价格监测,抓好市场监管,进行必要的价格干预,保证市场秩序。加大财政支持力度,研究增加补贴措施,有效保障低收入群体、困难群众和大学生基本生活。

(三)以培育新的经济增长点为重点,不断提高产业发展后劲。产业发展是地区经济发展的支撑,产业层次高低、发展后劲强弱,决定着地区经济可持续发展能力和市场竞争能力的提高。近年来,我区以新型工业化为主攻方向,大力推进产业多元、产业延伸、产业升级,促进了优势特色产业长足发展。今年前5个月,全区规模以上工业增加值同比增长28%,继续保持又好又快的增长势头。同时也要清醒看到,我区工业中重工业比重大,传统产业比重大,构建多元化、高端化产业体系任务艰巨。目前,我区能源、农畜产品加工和冶金产业中的黑色金属加工业已进入了平稳发展阶段,要进一步在提升素质、增强竞争力上下功夫,努力增强产业持续发展能力。当前,国家出现了新一轮煤电油运紧张局面,各地要充分利用自身优势,在为国家大局做贡献的同时,努力促进相关产业发展。要把发展煤化工、天然气化工、氯碱化工等化工产业和有色金属加工业放到更加突出位置,坚持高起点、规模化、长链条发展,促进化工产业向精细化工方向发展,促进有色金属业向深加工和终端产品延伸。同时,要抓住国内外产业转移的有利时机,高起点承接装备制造、高新技术等产业转移,努力促进产业多元、产业升级。第三产业发育不足一直是我区经济发展的薄弱环节。近年来,随着新型工业化和城镇化的推进,我区服务业的投入和新型服务业的发展呈现良好的态势。要按照去年自治区专题工作会议的要求,抓好各项政策措施的落实,促进服务业健康快速发展。今年,全区服务业增幅要高于去年。我区农牧业资源比较丰富,但基地建设滞后,农畜产品加工已受到原料制约。要发挥优势,用工业化思维和企业化模式开发利用农、牧、林、沙、草资源,大力培育新的产业优势。要进一步扩大对内对外开放,按照"东联、北开、西出"的总体要求,在加强与东部沿海发达省市联合协作、扩大与俄蒙经济技术合作、构筑西出欧洲经贸合作大通道上不断拓宽发展空间。

(四)以调整优化经济结构为重点,加快推动经济发展方式转变。实现自治区第八次党代会提出的提高协调发展水平和可持续发展水平的奋斗目标,必须不断调整优化经济结构,切实转变经济发展方式。要大力调整优化产业结构,在继续推进新型工业化的同时,积极发展现代农牧业和服务业,实现三次产业相互促进、协调发展。要进一步调整优化投资结构,保持固定资产投资合理规模。今年以来,全区投资增速较大幅度回落,而且地区间很不平衡。为保持经济持续健康发展,避免出现大起大落,必须坚持以市场和国家产业政策为导向,在优化结构、提高效益的前提下,继续保持适度投资规模,特别要加大对重点项目、经济社会薄弱环节和相对落后地区的投资力度,继续发挥好投资拉动作用。要进一步调整优化所有制结构、企业组织结构、生产力布局结构,为经济又好又快发展创造良好条件。要把节能减排作为转变经济发展方式的紧迫任务来抓,认真落实国家关于节能减排的政策措施,坚决淘汰落后生产能力,坚决防止落后生产能力转移,确保完成节能减排任务。

二、全力维护社会稳定

现实情况表明,随着北京奥运会的临近,国内外敌对势力正借奥运之机对我施压促变,"藏独"、"东突"、"法轮功"邪教组织、"民运"分子等势力加紧进行干扰破坏活动,社会稳定形势十分严峻。最近,我区还将举行奥运火炬区内传递、承办2008世界草地与草原大会,维护社会稳定任务艰巨而繁重。在省区市和中央部门主要负责同志会议上,胡锦涛总书记对做好奥运会安全保卫和维护社会稳定工作提出明确要求,要求北京周边地区认真落实奥运安保责任、措施、预案,提高全社会安全防范意识和能力,打一场奥运安保的人民战争。内蒙古是祖国的"北大门"和首都的"护城河",肩负着维护边疆稳定、保证奥运安全的重大政治责任,必须进一步增强忧患意识和责任意识,切实加大工作力度,确保社会大局稳定,为北京奥运会圆满成功贡献力量。

一是要切实做好服务奥运安保工作。胡锦涛总书记指出，平安奥运是北京奥运会取得成功的最大标志，也是我们最重要的国家形象。发挥好首都护城河作用，做好服务奥运安保工作，是我区对成功举办北京奥运会的应尽责任。各级一定要把做好服务奥运安保工作作为当前维护稳定的首要任务，全面落实中央关于奥运安保的部署和要求，进一步完善应急预案，细化和落实各项措施，坚决防止发生暴力恐怖事件、危害国家安全和社会稳定的重大政治事件、大规模群体事件。要抓紧动员部署，加强实战演练，切实提高应急处突能力和反恐作战能力。要在切实发挥政法机关作用的同时，充分调动和发挥人民群众的积极性，打好奥运安保的人民战争。要精心做好奥运火炬在我区传递和2008世界草地与草原大会在我区召开的安全保卫工作，认真分析可能出现的情况和问题，进一步细化、实化工作方案和保障措施，确保圆满成功。

二是要妥善处理人民内部矛盾。当前，我们正处于社会矛盾易发、多发期，引发人民内部矛盾的诱因大量存在。能否妥善处理好人民内部矛盾，是对我们执政能力的重大考验。要深刻认识和准确把握新形势下人民内部矛盾的特点和规律，发挥党和政府主导的维护群众利益机制的作用，建立健全正确处理人民内部矛盾的工作机制。加强基层基础工作，深入开展矛盾纠纷排查化解工作，努力从源头上减少人民内部矛盾的发生。加强信访工作，引导群众理性合法地表达利益诉求，依法合理处理群众反映的问题，落实对重点人员的教育转化和管控措施，有效防止和控制越级上访和群体性事件。充分发挥基层组织在解决矛盾纠纷中的有效作用，健全党组织领导的充满活力的基层群众自治机制，通过宣传群众、组织群众、依靠群众，共同维护社会和谐稳定。

三是要扎实做好社会治安工作。牢固树立国家安全意识，切实加大对敌斗争力度，严密防范和有效打击各种危害国家安全的违法犯罪活动，坚决粉碎国内外敌对势力的渗透、破坏、颠覆活动。要坚持"打防结合、预防为主、专群结合、依靠群众"的方针，完善社会治安防控体系，深入开展平安创建活动，把社会治安综合治理各项措施落实到基层。适时组织必要的专项整治和打击行动，及时排查整治治安混乱地区，依法严厉打击各类刑事犯罪活动，始终保持对犯罪分子的高压态势，切实增强人民群众的安全感。加强对公共场所、公共设施和公共交通工具的安全监控,严格管理各类危险物品,加强安全生产工作,严防重特大事故发生。各地各部门都要强化责任,管好自己的人、看好自己的门、办好自己的事,依靠群众搞好群防群治。各级领导干部要担负起"保一方平安"的政治责任,亲自研究部署,亲自督促检查,亲自解决问题,切实把社会治安综合治理措施落到实处。

四是要广泛开展迎奥运、讲文明、树新风活动。举办奥运会是对国民素养和社会文明程度的重要检验。要以"为祖国争光、为奥运添彩"为主题,结合开展北京奥运会火炬在我区传递活动,深入开展群众性精神文明创建活动,抓好文明礼仪、公共秩序、社会服务、城乡环境,努力提高全社会文明程度。要普及奥运知识和文明礼仪常识,引导人们文明出行、文明观赛,形成讲文明、重礼仪、团结友善、热情好客的良好风尚。要继续开展文明城市、文明村镇、文明行业、文明窗口、文明标兵创建活动,加大公共场所综合整治力度,加强城乡面貌整治工作,推动实施绿化、美化、净化工程,促进群众性精神文明创建活动深入开展。要以"动员群众参与,宣传人民支持,普及奥运知识,提升国家形象"为目标,加大奥运宣传力度,突出宣传中国特色社会主义建设成就,宣传贯彻落实科学发展观、构建和谐社会建设成就,宣传爱国主义精神,宣传奥林匹克精神,努力为奥运会成功举办营造良好的舆论氛围。

三、着力做好民生工作

近年来,我区坚持把保障和改善民生作为构建和谐内蒙古的重中之重来抓,先后实施了一系列民生工程,努力让改革发展成果惠及各族群众,但与十七大的要求和各族人民的期待相比还有很大差距。各级要进一步增强民本意识,切实把更多的人力、物力、财力和领导精力投入到保障和改善民生上来,逐步实现民生工作由应急解难向建立长效机制转变。

一是要千方百计提高群众收入水平。自治区第八次党代会提出,要保持城乡居民人均收入增长速度高于全国平均水平,力争到2010年人均收入进入全国前列。近年来,我区城乡居民收入有了较大提高,但仍低于全国平均水平,实现自治区第八次党代会提出的目标任务十分艰巨。特别是今年以来,物价持续上涨,而城乡居民收入增速趋缓,这一问题必须引起高度重视。要采取更加有力措施,深入推进收入分配制度改革,加快建立收入增长与经济增长良性互动机制,促进城乡居民收入持续较快增长。坚持把扩大就业放在突出位置来抓,实施积极的就业政策,鼓励以创业带动就业,大力发展服务业、非公有制经济、中小企业、劳动密集型产业,多渠道增加就业岗位,努力促进全社会充分就业。要着力增加低收入群众收入,进一步强化支农惠农政策,加快建立企业职工工资、离退休人员养老金、困难群体保障和救助金正常增长机制以及支付保障机制,逐步提高扶贫标准和最低工资标准,努力使城乡居民特别是低收入者收入随着经济发展逐步增加。抓住财政收入稳定较快增长的有利时机,适时调整、逐步提高在职人员工资水平。认真落实今年确定的"八件实事",加快实施"十大民生工程",认真解决困难群众、受灾群众的生产、生活问题,努力提高城乡困难家庭收入水平。

二是要积极推进城乡基本公共服务均等化。增强公共服务能力,是保障和改善民生的重要基础。近年来,随着物质生活水平的逐步提高,人民群众的公共服务需求不断增长,提供更多更好的公共服务已成为各级政府的重要职责。在这方面,我区既有供给不足的问题,也有分配不均的问题。各级要切实重视公共服务能力建设问题,进一步优化公共服务资源配置,加大公共服务支出,加强教育、卫生、文化以及社会保障等基本公共服务和社会事业建设,促进人的全面发展。要坚持教育的公益性、公平性,加大财政对教育事业的投入,提高各级各类教育办学质量,做好贫困家庭子女就学保障和扶助工作,保证人人享有接受良好教育的机会。要大力发展医疗卫生事业,加快推进医疗卫生体制改革,努力改善城乡医疗卫生条件,为群众提供安全、有效、方便、价廉的医疗卫生服务。要切实加强社会保障工作,加快建立多层次、广覆盖的社会保障体系。要进一步深化文化体制改革,健全公共文化服务体系,推动公益性文化事业和经营性文化产业发展,满足人民日益增长的精神文化需求。

三是要切实保障各族群众的民主权利。保障和改善民生,不仅要为群众提供日益丰富的物质条件,还必须切实保障人民的民主权利,促进社会公平正义。党的十七大对保障人民民主权利提出了明确要求,胡锦涛总书记在党的十七届二中全会上进一步强调要保障人民享有更多更切实的民主权利。要坚持和完善人民代表大会制度、共产党领导的多党合作和政治协商制度、民族区域自治制度和发展基层民主,进一步健全民主制度,丰富民主形式,拓宽民主渠道,扩大公民有序政治参与,推进决策科学化、民主化,保证人民依法实行民主选举、民主决策、民主管理、民主监督,保障人民的知情权、参与权、表达权、监督权。要着眼于解决人民群众最关心、最直接、最现实的利益问题,建立健全维护群众权益机制,坚决纠正在征地拆迁、企业改制、食品安全、环境保护、安全生产、社会保障、教育医疗服务、农民工工资发放等方面损害群众利益的突出问题和不正之风,切实维护人民群众的合法权益。

四、进一步加强和改进党的领导

要深入推进解放思想学习讨论活动。自治区党委八届五次全委会提出,要紧跟时代前进步伐,顺应事业发展的新要求和人民群众的新期待,进一步推进思想解放,以思想的大解放促进事业的大发展。全区各级党组织和广大党员、干部群众,要结合学习贯彻党的十七大和胡锦涛总书记视察我区重要讲话精神,结合纪念改革开放30周年和即将开展的学习实践科学发展观活动,认真总结我区改革开放30年来的生动实践和宝贵经验,紧密联系国内外形势的发展变化和自治区改革发展稳定的实际,不断把解放思想引向深入。要在解放思想中大力推进改革开放,针对制约发展的深层次体制机制问题,切实推进重点领域和关键环节的改革,着力构建充满活力、富有效率、更加开放、有利于科学发展的体制机制。要以进一步扩大对外开放为突破口,以全面提高对外开放质量和开放型经济水平为核心,统筹对外开放和对内开放。加强大通道和口岸建设,加快建设沿边向北开放带,利用邻国丰富资源和口岸优势,建立一批边境出口加工园区,大力发展以毗邻国家进口原材料和满足邻国市场需求为主的口岸加工贸易。要大力宣传和推广鄂尔多斯发展模式,加强各级各类典型的总结和宣传,发挥好典型的示范带动作用。

要充分发挥各级党组织和广大党员、干部的作用。在各项工作中,要充分发挥党委的领导核心作用、基层党组织的战斗堡垒作用、领导干部的模范带头作用、共产党员的先锋模范作用,把党的建设持之以恒、扎扎实实地抓紧抓好。各级党委要围绕提高科学执政、民主执政、依法执政水平,统筹兼顾,科学规划,增强工作的系统性和协调性,既要突出重点,又要全面推进,抓好关系全局的重大问题和经济社会发展中的薄弱环节,不断提高贯彻落实科学发展观的能力,更好地开创本地区科学发展、构建和谐的新局面。要坚持正确的用人导向,切实把坚定贯彻落实科学发展观、德才兼备、实绩突出的干部选用到重要岗位上来。基层党组织要适应新形势新任务的要求,努力探索新时期加强党的基层组织建设的新机制、新方法和新途径,优化组织设置,扩大组织覆盖,创新活动方式,不断增强基层组织的凝聚力、战斗力。要进一步加强思想教育工作,特别要大力宣传抗震救灾中涌现出来的先进思想和模范事迹。四川汶川特大地震发生后,在党中央、国务院和中央军委坚强领导下,在国务院抗震救灾总指挥部直接指挥下,全党全军全国各族人民和衷共济、万众一心,一方有难、八方支援,自力更生、艰苦奋斗,谱写了自强不息、团结奋斗的英雄凯歌。这种崇高精神十分可贵、十分感人,是极为宝贵的精神财富。要教育引导广大党员和干部群众,大力弘扬抗震救灾伟大精神,使之转化为推动科学发展、促进社会和谐的强大力量。

要以求真务实的精神抓好落实。大力加强党的作风建设,教育引导广大党员干部特别是领导干部强化执政为民意识,时刻以人民的利益为重、以人民的期盼为念,关心群众疾苦,倾听群众呼声,千方百计为群众排忧解难,带头发扬艰苦奋斗精神。要坚持重实际、说实话、出实招、求实效,扎扎实实为人民群众办实事、办好事,使我们作出的决策、采取的举措、开展的工作符合实际情况和客观规律,符合人民群众的愿望和利益,努力创造经得起实践、人民、历史检验的实绩。各级领导干部要深入基层、深入群众、深入一线,及时发现和解决工作中存在的突出矛盾和问题,确保各项工作任务落到实处。

(选自在自治区领导干部大会上的讲话)

保增长要突出抓好"三个结合"

（2008年12月）

　　有效应对国际金融危机冲击，保持经济社会又好又快发展，必须坚定发展信心，化压力为动力，化危机为机遇，全面落实中央关于扩大内需、保持经济平稳较快增长的一系列政策措施，牢牢把握科学发展的主动权。从内蒙古实际出发，特别要在抓好"三个结合"上下功夫。

　　一是要把促进增长与推进产业结构调整和转变发展方式紧密结合起来。保持经济平稳较快增长，关键是要下大力贯彻落实好中央确定的宏观调控政策措施。国家出台的宏观调控政策措施既是应急性调整，也是为长远发展打基础的战略性调整，是在"十一五"规划全局性部署的基础上做出的科学决策。要把握好国家宏观调控政策措施的内涵、力度、节奏，坚持落实宏观调控政策措施与产业结构调整相结合，突出抓好产业结构、所有制结构、企业组织结构和生产力布局结构调整，以提高核心竞争力为重点着力培育壮大优势特色产业，大力发展非公有制经济、中小企业，大力推进自主创新和发展循环经济，促进产业集中集约集群式发展。坚持走新型工业化道路，促进工业化与信息化相融合，大力推进产业多元、产业升级、产业延伸，统筹发展资源型和非资源型产业，做大做强工业经济。巩固和发展农牧业和农村牧区经济的好形势，大力发展现代农牧业，加快构建现代农牧业体系，形成城乡经济社会发展一体化新格局，积极推进新农村新牧区建设，实施粮食增产计划，为保障国家粮食安全做出更大贡献。大力发展现代服务业，着力发展现代物流、金融保险、信息咨询等生产型服务业和文化、旅游、教育等生活型服务业，促进三次产业协调发展。加快推进发展方式转变，突出抓好工业发展方式、农牧业发展方式、资源开发利用方式转变,不断提高发展质量和水平。

二是要把促进增长与提高协调发展水平和可持续发展水平紧密结合起来。要紧紧抓住国家加大对农村牧区、生态建设、基础设施建设、公共服务、社会事业等投入的机遇,进一步加强农牧业基础设施建设,积极发展设施农牧业,加快建设一批防洪工程、灌区工程、节水工程、病险水库除险加固工程和调蓄水工程等重大水利工程建设;进一步加强交通、电力基础设施建设,积极推进运煤通道、出区通道、口岸通道、东西通道、快速客运通道等铁路、公路建设和民航机场建设,加快面向东北、华北、华东外送电通道和农村牧区电网改造工程建设;进一步加强生态环境保护和建设,推进重点生态工程建设,加强垃圾污水处理设施建设,加强节能减排工作;进一步加强城镇和农村牧区基础设施建设、城乡社会事业建设,努力解决城乡发展不协调、经济社会发展不协调问题。按照国家产业政策发展优势特色产业,积极承接先进生产力转移,提高产业接续能力。着力推进改革开放,统筹推进增值税转型改革、农村牧区综合改革、资源性产品价格形成机制改革、行政管理体制改革,全方位扩大对外开放,构建有利于科学发展的体制机制,向改革开放要活力要动力。

三是要把促进增长与坚持以人为本和改善民生紧密结合起来。这次扩大内需,把改善民生放在了优先位置,加大了民生工程建设力度。我们要把发展经济与保障和改善民生结合起来,进一步把改革发展的成果惠及广大群众。坚持优先发展教育,加强卫生服务体系建设,加强公共文化设施建设,努力筹划好各项社会事业、保障性住房等一批民生项目,积极推进民生工作取得新进展。实施更加积极的就业政策,坚持以创业带动就业,优化发展环境,拓宽就业渠道,积极扩大社会就业容量。继续实施自治区确定的民生工程,把更多人力、物力、财力和领导精力放在保障和改善民生上,努力完善社会保障体系,下大力增加城乡居民收入,维护社会稳定,促进社会和谐。

(选自在中央经济工作会议上的发言提纲)

在应对危机中
实现经济平稳较快发展

(2008年12月23日)

当前,世界经济金融形势复杂多变、险象环生,美国次贷危机引发的金融危机愈演愈烈,迅速从局部发展到全球,从发达国家传导到新兴市场国家和发展中国家,从金融领域扩散到实体经济领域,酿成了一场历史罕见、冲击力极强、波及范围很广的国际金融危机。目前,这场危机尚未见底,而且对实体经济的影响正进一步加深,世界经济增长将明显减速,金融市场动荡将加速在全球范围扩散,国际通货紧缩压力将继续加大,不稳定不确定因素和突发性风险前所未有,我国发展的外部环境将更加严峻。

在严峻复杂的形势下,全区上下深入贯彻落实科学发展观,全面落实中央加强和改善宏观调控的政策措施,有效应对国内外经济环境的急剧变化,经济社会继续保持又好又快发展态势。面对严峻挑战,我们既要把困难估计得更充分一些、把应对措施考虑得更周密一些,防止由于估计不足和准备不够而陷入被动,又要看到有利条件和积极因素,从危困局面中捕捉和把握发展机遇、发现和培育有利因素,更加积极主动地做好工作。我区经过改革开放以来特别是近年来大规模的建设与发展,连续几年地区生产总值、规模以上工业、固定资产投资增速在全国保持领先,综合经济实力、自主发展能力和抵御风险能力不断增强。社会大局保持稳定,各族干部群众推动科学发展的自觉性增强。同时,我们还面临许多现实和潜在的发展机遇。一是国家实施积极的财政政策和适度宽松的货币政策,从今年四季度到2010年底拟安排1.18万亿元,带动社会投资4万亿元,重点用于保障性安居工程、农村民生工程、基础设施、社会事业、生态环保、自主创新等方面,并进一步扩大国债发行规模,促进货币信贷总量合理增长,新增贷款不低于4.6万亿元。这为我区加强薄弱环节、提高协调发展水平,加强保障能力建设、提高可持续发展水平带来了新的机遇。二是我区特殊的产业结构,为争取主动赢得了回旋空间和应对时间。我区经济外贸依存度较低,外需减少的压力对我区的影响相对滞后。随着国家扩大内需政策措施的实施,对能源、重要原材料的市场需求将逐步回升,为我区进一步做大做强做优优势特色产业创造了有利条件。三是国内外经济形势的发展变化,将加速产业结构调整和企业重组,有利于我们充分发挥后发优势和比较优势,积极承接先进生产力转移。四是市场约束加剧形成的倒逼机制,为我们加快淘汰落后生产力,采取措施保护先进生产力,加快培育发展新的生产力,进一步提升我区产业发展层次和水平创造了新的契机。只要我们按照中央要求,审时度势创造性地做好工作,就一定能够把国内外经济环境的不利影响减少到最低程度,继续保持我区经济平稳较快发展。

在指导原则上,要牢牢把握"四个坚持"

一是坚持科学发展。科学发展观是我国经济社会发展的重要指导方针,是发展中国特色社会主义必须坚持贯彻的重大战略思想。党的十六大以来,我区之所以能够实现从加快发展到又快又好发展再到又好又快发展的转变,主要得益于深入贯彻落实科学发展观。应对严重金融危机冲击,战胜前进中的艰难险阻,必须更加坚定自觉地深入贯彻落实科学发展观。因此,越是在经济发展面临巨大困难的时候,越要坚持以科学发展观为指导,坚持好字优先、好中求快,使应对危机的过程成为推动科学发展的过程,努力实现我区更长时间、更高质量、更好水平的发展。

二是坚持因地制宜。我区地域辽阔,各地区发展基础和条件差异很大,必须分类指导、不搞一刀切。各地区都要从实际出发,想问题、作决策、上项目都要坚持因地、因时制宜。要正确处理"快"与"好"的关系,切实把保增长建立在提高质量、优化结构、增加效益、降低消耗、保护环境的基础之上,坚决防止饥不择食,坚决遏制低水平重复建设和无序发展;正确处理"热"和"冷"的关系,把积极进取精神与科学理性态度结合起来,在保护好、引导好、发挥好各方面发展积极性的同时,克服简单攀比、盲目跟进的浮躁情绪,始终保持清醒、冷静头脑,始终坚持按规律办事;正确处理"近"和"远"的关系,把解近忧与谋长远有机结合起来,既要解决当前问题,更要化解深层次矛盾,既要保持当前增长,更要为长远发展打好基础,既要发挥已有优势,更要拓展发展空间,不断培育和创造新的经济增长点。

三是坚持综合施策。这次中央扩大内需、促进经济增长的政策措施覆盖面广、综合性强。落实好中央宏观调控政策措施,必须综合施策,多管齐下,打好组合拳。要认真落实积极的财政政策和适度宽松的货币政策,切实发挥好政策的组合效应,加强财政、货币、投资、贸易、产业、就业政策的协调配合,努力实现政策效应最大化。加强对宏观经济运行的监测、预警和调度,正确把握调控的方向、节奏和力度,努力增强调控的预见性、针对性和实效性。加强政府调控和发挥市场机制作用相促进,既发挥好政府这只"看得见手"的作用,又发挥好市场这只"看不见手"的作用,有效激发和调动全社会特别是各类市场主体的能动性和创造性,不断增强经济发展的动力和活力。

四是坚持以人为本。这不仅是发展经济的根本目的,也是保持经济平稳较快发展的重要基础。消费是经济增长的最终动力,保增长的关键是要解决市场需求不足问题。扩大市场需求,眼前靠投资,长远靠消费。只有坚持以人为本,大力改善人民生活,切实增强居民的消费能力和消费意愿,形成以投资带消费、以消费促增长的良性互动机制,才能使人民群众更好地分享经济发展成果,为推动经济发展提供持久动力。因此,必须把改善民生作为保增长的出发点和落脚点,越是在困难的时候,越要高度关注民生,切实保证对民生的投入只能加大不能减少,困难群众的生活水平只能提高不能降低,民生工程的覆盖面只能扩大不能缩小,努力使促进经济增长的过程成为坚持以人为本、保障和改善民生的过程。

克服当前困难,保持经济平稳较快发展,关键要有必胜的信心和勇气。在挑战面前,信心比黄金和货币更重要。危机伴随机遇。我们在危机中失去的,一定会在发展进步中得到补偿。"事不避难,知难不难"。中华民族历来具有不畏艰险、百折不挠、自强不息的品格,只要我们坚定信心、科学应对,就一定能够化危机为机遇、变挑战为动力,促进经济社会又好又快发展。各级要切实加强教育引导,进一步增强领导干部的发展信心,各类企业的投资信心,各族群众的消费信心,充分发挥广大干部群众的积极性、主动性和创造性,以坚定的信心和扎实的工作,把改革开放和现代化建设推向前进。

在工作重点上,要突出抓好七个方面

(一)以扩大内需为重点,确保投资需求和消费需求稳步增长。扩大内需是我国经济发展的长期战略方针,也是当前保增长的根本途径。面对国外需求大量减少的困难局面,必须采取更加有力措施,进一步扩大投资和消费需求,确保经济平稳较快发展。

当前,在优化结构的基础上扩大投资规模,是拉动经济增长最直接、最有效的途径。要紧紧抓住国家扩大内需特别是投资规模的机遇,把抓好重点项目建设作为扩大投资的中心环节,立足于早、立足于快,抓紧做好各类重大项目编制、申报、建设、储备工作,加快在建和已批复项目实施进度,加快推进已有规划项目审批工作,并积极谋划一批符合国家投资方向的新项目。要进一步优化投资结构,以加强保障能力建设和公共服务体系建设为重点,切实加大对交通、电力通道、水利等重大基础设施建设的投入,加大对生态环境保护和建设的投入,加大对社会事业发展和民生工程建设的投入,加大对服务业、非公有制经济、中小企业以及自主创新、节能减排的投入,确保投资合理有效增长。要严格按照项目审批和建设程序办事,确保工程建设质量。在积极争取国家项目的同时,更加注重鼓励和引导社会投资,通过政策引导和发挥市场机制作用,更多地吸引社会资本投向政府鼓励项目和符合国家产业政策的领域,放大政府投资的乘数效应,增强拉动经济增长的社会合力。

与投资和出口相比,消费是最终需求,是拉动经济增长最积极、最有效的手段。近年来,我区消费需求虽不断扩大和升级,但相对于投资的快速增长,消费不足始终是"短板"和薄弱环节。要把扩大消费需求特别是居民消费需求与调整收入分配格局结合起来,与发展服务业结合起来,与扩大就业结合起来,不断增强消费对经济增长的拉动作用,加快推动经济增长由主要依靠投资拉动向依靠投资和消费双向拉动转变。要把增加城乡居民收入作为扩大消费需求的根本措施来抓,认真落实增收富民政策措施,积极推进收入分配制度改革,突出抓好落实支农惠农政策、健全企业职工工资正常增长机制、完善对城乡低收入者补助措施等重点工作,逐步提高居民收入在国民收入中的比重和劳动报酬在初次分配中的比重,不断增强群众的消费能力。要把完善社会保障体系作为增加即期消费的关键环节,以基本养老、基本医疗和最低生活保障为重点,进一步加大公共财政对社会保障体系建设的投入,逐步扩大社会保障覆盖范围,提高保障水平,减少居民消费的后顾之忧。要下大力改善消费环境,完善鼓励消费的财税和金融政策,加强城乡服务体系建设,积极培育消费热点、拓展消费空间。要用足用活国家鼓励消费的政策措施,精心组织实施"家电下乡"、"农机下乡"等促销活动,大力开拓农村牧区消费市场。

(二)以增投增效增收为重点,进一步巩固和加强农牧业基础地位。农业是安天下、稳民心的战略产业。中央反复强调,越是经济发展困难,越要高度重视农业、农村、农民工作。要认真贯彻落实党的十七届三中全会和自治区党委八届八次全委会议精神,突出抓好增加农村牧区投入、增加农牧业效益、增加农牧民收入三个方面的工作,巩固和发展我区农牧业和农村牧区经济好形势。

要进一步增加对农牧业和农村牧区的投入。积极调整财政支出、固定资产投资、信贷投入结构,大幅度增加对农村牧区基础设施建设和社会事业发展的投入,大幅度提高政府土地出让收益、耕地占用税新增收入用于农牧业的比例,大幅度增加对农村牧区公益性建设项目的投入,加快改善农村牧区生产生活条件和社会发展面貌。创新投入激励机制,鼓励和引导社会资金投向农村牧区。进一步增加农牧业补贴,统筹考虑农牧业生产资料价格和农畜产品价格变化情况,建立农资价格上涨与提高农资综合直补联动机制。

要努力提高农牧业经营效益。坚持绿色、特色、高效农牧业发展方向,在稳定和发展粮食生产的基础上,继续提高畜牧业特别是农区畜牧业比重,高产、优质、高效、生态、安全农畜产品比重,农畜产品精深加工比重,拉长农牧业产业链条,提高农畜产品附加值。加快推进农牧业科技进步与创新,加强以水利为中心的农田草牧场基本建设,调整优化农牧业生产力布局,提高农牧业科技含量、抵御自然灾害能力和规模化、专业化、集约化、标准化发展水平。深入推进农牧业产业化,进一步做大做强龙头企业,大力发展多种形式的专业合作经济组织,加强龙头企业与农牧民利益联结机制建设,健全农牧业社会化服务体系,不断提高农牧民组织化程度和农牧业综合效益。

要多渠道增加农牧民收入。坚持把促进农牧民持续增收作为"三农三牧"工作的中心任务,采取有力措施,广辟农牧民增收渠道,在进一步挖掘农牧业内部增收潜力的同时,不断提高农牧民政策增收、家庭经营增收、产业增收、劳务增收、社会保障增收、转移就业增收、财产性增收水平,切实提高增收的多元性、稳定性和持续性。加强市场调控,认真落实国家关于稳定农产品价格政策措施。按照新的扶贫标准和要求,进一步加大扶贫开发力度,改进扶贫工作方式,着力提高贫困地区和贫困人口的发展能力。

(三)以增强优势特色产业竞争力为重点,加快推进新型工业化进程。能源、冶金、化工、农畜产品加工、装备制造、高新技术六大优势特色产业,不仅是我区经济持续快速发展的主要支撑,而且决定未来内蒙古经济发展的规模和层次。要继续加大工作力度,加快推进产业结构、企业结构和产品结构优化升级。

要把推进产业结构优化升级作为增强产业竞争力的关键举措来抓。能源工业要加强对市场需求和运输能力的分析预测,积极推进煤、电、油、气和清洁能源多元化发展。化学工业长远前景看好,要坚持大型化、循环化、高水平、可持续的发展思路,重点抓好已建、续建项目的竣工达产和既定项目的开工建设,延伸产业链,提高附加值。冶金工业要着力在优化产品结构上下功夫,加快实施一批以提高工艺装备水平为重点的技术改造项目,大力发展适销对路产品,搞好有色金属资源整合和延伸加工。农畜产品加工业要按照规模化经营、标准化管理的要求,加强农畜产品原料基地建设,特别要扶持乳品企业健康发展。装备制造业已经形成一定规模和基础,当前又面临国家政策扶持和原材料价格下降的良好机遇,要坚持走大产业、大集团、大园区发展路子,加快重型汽车、大型矿山运输车、铁路车辆、欧Ⅳ发动机、风机、煤机制造及其配套产业发展。高新技术产业要加强自主创新,努力提高稀土、光伏产业以及生物医药产业发展水平。

要把推进企业结构优化升级作为增强企业竞争力的重要途径来抓。一方面,要抓住当前企业格局大调整的有利时机,以国家产业政策为导向,认真研究、积极推进煤炭、钢铁、有色、肉乳制品等行业企业的兼并重组,鼓励行业龙头企业、优势企业兼并重组落后企业、困难企业,鼓励优势企业强强联合,鼓励关联产业、上下游企业联合重组,通过兼并重组保护先进产能,淘汰落后产能,促进集中生产、集约经营、集群发展。另一方面,要毫不放松地抓好招商引资工作,抓住国际产业分工体系调整和沿海发达地区产业转移的有利时机,积极承接国内外先进生产力特别是先进制造业和非资源型产业转移,加快引进一批带动能力强、产业关联度大、科技含量高的大企业大集团,不断提升企业的整体实力和竞争力。

要把推进产品结构优化升级作为增强产业和企业竞争力的战略举措来抓。要把市场需求趋紧、产品价格下行压力转化为调整优化产品结构的动力,以实施品牌带动战略为抓手,下大力推动产品结构向多元化、高端化、品牌化方向发展,加快实现由以量取胜向以质取胜转变。要引导企业增强品牌意识,认真研究市场需求和产品定位,以提升产品档次和附加值为重点,大力研发特色鲜明、优势突出、适销对路的新产品,培育和创建一批国家级乃至国际知名的品牌产品,不断提高产品的市场竞争力和占有率。要切实抓好现有知名品牌的维护和提升,严把产品质量安全关,巩固好、发展好现有知名品牌的形象、价值和影响力。

同时,要加强分析研究和市场预测,适时做好重要战略资源储备工作。国家在这方面已有明确要求,强调要及时增加战略性资源国家储备,鼓励增加商业储备。我区是资源大区,要引导企业做好长远打算,积极做好争取稀土、铜、铅、锌、铝等重要战略资源储备工作。

(四)以转变发展方式为重点,进一步调整优化经济结构。转变经济发展方式,调整优化经济结构,既是增强我区产业竞争力和可持续发展能力的必由之路,也是应对风险和挑战的有效措施。从我区实际出发,当前和今后一个时期,特别要在增强自主创新能力、提高服务业发展水平、推动中小企业发展、强化节能减排、促进安全发展五个方面下功夫。

自主创新是推动经济结构转型升级的核心。我们强调发挥后发优势，就是要促进科技进步与自主创新，通过技术跨越促进经济跨越式发展。要坚持把增强自主创新能力作为提高产业发展水平的关键环节来抓，进一步完善促进科技进步与自主创新的政策措施，加快建立健全以企业为主体、市场为导向、产学研相结合的技术创新体系，大力推进原始创新、集成创新和引进消化吸收再创新。加大运用先进技术改造提升传统产业力度，加大对制约自治区产业发展技术"瓶颈"攻关力度，培育更多拥有自主知识产权、核心竞争力强的创新型企业，切实增强科技对产业结构优化升级的支撑能力。

服务业是现代产业中最具成长力的产业。2007年，我区服务业占GDP的比重只有35.7%，不仅低于发达国家70%、发展中国家48%的水平，也低于全国39.1%的平均水平，与自治区工业化、城镇化快速发展的形势不相适应。要抓住扩大内需的有利时机，着力在创新发展、集聚发展和统筹发展上下功夫，促进服务业发展提速、比重提高、结构提升。创新发展，就是要进一步放宽服务业市场准入，在金融、财税、用地保障、要素价格等方面制定切实有效的政策措施，破除制约服务业发展的体制机制障碍，增强服务业发展的动力和活力。集聚发展，就是要加快推进服务业产业企业集聚，高起点、高标准建设一批商务园区、物流园区、科技园区和新型专业市场等服务业集聚区，向集聚要规模、要效益。统筹发展，就是要推动城乡服务业互促共进，在发展壮大城市服务业的同时，引导城市服务业向农村牧区延伸，加快建立和完善农牧业社会化服务体系和农村牧区商品流通体系、公共服务体系，促进农村牧区服务业繁荣发展。

中小企业量大面广，自身抗风险能力较弱，当前发展面临很多困难，要采取有效措施，切实加大扶持力度。要着力解决中小企业融资难问题，认真落实金融支持政策，简化信贷程序，增加信贷规模，努力满足具有良好成长性中小企业的资金需求。加强对中小企业的财税支持，尽可能为中小企业减轻负担。大力支持中小企业依托优势特色产业和龙头企业加快转型升级，按照市场需求调整产品结构，走"专、新、特、精"发展路子，提高配套协作水平与市场竞争力。完善促进中小企业发展体制机制，进一步扩大中小企业市场准入范围,健全中小企业社会化服务体系,加强对中小企业发展的服务工作。

在资源环境约束日益增强的形势下,谁能在节能降耗、污染减排方面抢占先机,谁就能掌握发展的主动权。这几年我区节能减排工作虽有明显进展,但单位GDP能耗和排污量仍高于全国平均水平,完成"十一五"规划任务压力很大。要通过调结构、抓改造、建机制、强责任,全力打好节能减排攻坚战。调结构,就是要在加快推进新型工业化、城镇化的同时,大力发展现代服务业、非资源型产业和节能环保产业,增加低能耗、低排放产业比重,降低高能耗、高排放产业比重,通过"一增一减"促进节能减排。抓改造,就是要以重点节能工程和减排项目为抓手,利用先进技术改造提升传统产业,淘汰落后生产能力,积极培育低碳经济,大力发展循环经济。建机制,就是要完善重要资源产品价格形成机制,强化金融、税收等政策导向,通过制度约束减少浪费和污染。强责任,就是要强化政府主导和企业主体责任,健全统计、监测、考核体系,切实推进依法治理。

生产安全和食品药品质量安全事关人民群众生命、事关社会稳定、事关国家和地区声誉,必须高度重视、切实抓好。这几年,我区安全发展形势总体稳定,但隐患较多、基础较弱。各级要牢固树立安全发展理念,坚决遏制重特大安全事故发生,有效保证人民生命财产安全。全面落实安全生产责任制,深入推进安全生产专项治理,坚决整顿、依法关闭不符合安全生产条件的煤矿和非煤矿山,加强道路交通、危险化学品、建筑施工等重点行业和领域的专项整治工作。要大力加强食品药品安全工作,认真贯彻《食品安全法》,严格质量全程监控,深入开展食品药品安全专项整治工作,坚决杜绝不合格产品进入市场。

(五)以推进改革开放为重点,加快构建保障科学发展的体制机制。深化改革、扩大开放,既是推动科学发展的根本动力,也是实现科学发展的重要保障。要坚持用改革的办法解决发展中的问题,着力加强保障科学发展的体制机制建设,努力在重点领域和关键环节实现改革新突破。继续深化国有企业改革,推进国有经济布局调整,加快健全现代企业制度,不断增强国有经济的活力和竞争力。大力发展非公有制经济,进一步放宽市场准入,完善扶持政策,优化发展环境,促进非公有制经济快速健康发展。进一步深化财政、金融、投融资体制改革,加强社会信用体系建设,促进土地、技术、劳动力等各类要素市场健康发展。切实抓好农村牧区综合配套改革,提高农村牧区制度保障水平。积极推进社会发展、建设和管理领域的改革,建立健全促进社会和谐稳定的体制机制。当前,要全面实施增值税转型改革,积极推进行政事业性收费改革,稳步推进资源性产品价格形成机制改革,切实搞好地方政府机构改革。

要大力实施"东联、北开、西出"总体开放战略,坚持用开放的办法推进要素流入区建设,加快推进区位优势和资源优势向开放优势和经济优势转变。继续加强与东部沿海发达地区的横向联合,搞好同区外大企业、大集团的合作,推动产业结构优化升级。抓住当前国际资源性产品价格大幅回落的时机,积极实施"走出去"战略,支持有条件的企业扩大对外投资,特别要以向北开放为重点,进一步加强与俄蒙等国在资源开发领域的合作,提高对外投资的质量和效益。认真落实国家出口退税政策,进一步加强口岸和沿边对外开放带建设,加快推进对外贸易转型升级,优化进出口产品结构,提高边境贸易和口岸经济发展水平。大力实施出口市场多元化战略,加强和拓展与欧盟的经贸合作,巩固发展与美、日、韩及东南亚等国的经贸往来,构筑全方位开放格局。

(六)以发展县域经济为重点,加快推进城镇化和城乡发展一体化。县域涵盖"三农"、联结城乡,是宏观与微观、工业与农业、城市与农村的结合部。大力发展县域经济,是推进城镇化和城乡发展一体化的重要途径。近年来,在城乡统筹、"三化"互动战略的推动下,我区县域经济长足发展,综合实力大幅提升。2007年,地区生产总值超百亿元的旗县达到5个、超50亿元的达到24个,22个旗县入围西部百强县(市),其中准格尔旗、伊金霍洛旗、托克托县进入前10强。但放眼全国大局来看,我区县域经济的整体发展水平还不够高。前不久我们考察的山东、河南两省,县域经济都比较发达,在2007年全国百强县中,两省分别有25个和7个,河南省县域经济在全省"三分天下有其二"。各地要结合实际、找准定位,进一步推动县域经济又好又快发展。

产业发展是县域经济发展的核心,必须大力发展以特色经济为主导、以民营经济为主体、以县城经济为主角的县域产业。以特色经济为主导,就是坚持差异化发展战略,依据各自的区位、自然和资源禀赋等因素,因地制宜地确定主导产业,努力培育一批现代工业催生型、农牧业产业化牵引型、大中城市辐射型、边境贸易带动型、旅游开发型、文化主导型等各具特色、充满活力的县域经济体。以民营经济为主体,就是把富民强县的着力点放在发展民营经济上,坚持"非禁即入",进一步加强对民营企业发展的政策扶持,加快培育民营经济龙头企业和支柱产业,着力提高民营经济的创业能力及其对财政、就业、增收的贡献水平。以县城经济为主角,就是突出县城在县域经济中的龙头地位,加强对县城经济发展的引导和扶持,不断提高县城在县域经济总量、人口总量、财政收入中的比重,增强县城的集聚和辐射能力。

城镇是要素和产业集聚的依托,必须进一步加快推进城镇化进程。要加强规划,统筹考虑生产力布局与城镇发展布局,以县城为龙头、中心镇为重点,形成科学合理的城镇体系,促进城镇合理布局、协调发展。切实加强城镇建设与管理工作,抓好县城和重点镇道路、能源、供水、环卫等基础设施和市政建设,不断完善城镇功能,改善镇容镇貌。积极推进户籍制度、教育培训、农(牧)民工子女就学、公共卫生、住房租购等社会公共福利改革,建立健全城乡统一的劳动力市场,畅通农牧民转移进城渠道,加快以城带乡、城乡协调发展步伐。

县域经济是开放经济,必须在发展开放型经济方面实现新突破。要立足比较优势,把外部的资金、技术、人才和当地的农畜产品、矿产品、劳动力等资源要素有机结合起来,变潜在优势为现实的经济优势;通过扩大开放,克服自然和资源禀赋条件的约束,创造和放大优势与特色,努力实现发展非资源型产业的新突破。

(七)以改善民生为重点,着力解决涉及群众切身利益的难点热点问题。1997年亚洲金融危机和2001年阿根廷金融危机的经验与教训表明,金融危机应对得当就会形成全社会共渡难关的强大合力,应对不当就会引发社会危机甚至政治危机。在危机面前,必须充分考虑民众的切身利益,争取民众的广泛支持。应对当前的风险和挑战,必须高度关注民生问题,切实解决好关系人民群众切身利益的难点热点问题,切实维护社会和谐稳定。

就业是民生之本，事关人民幸福安康和社会和谐稳定。受金融危机冲击，明年我国就业形势非常严峻。目前，我区虽然没有发生大规模的企业裁员和明显的农民工回流情况，但部分企业停工限产给就业形势带来严重冲击，隐性失业问题已露端倪，明年就业压力还将进一步增大。各级一定要把就业工作摆在更加重要的位置，认真研究就业形势发生的新变化，准确把握本地区就业工作的新特点，大力促进就业工作。要千方百计增加就业岗位，大力扶持和促进服务业、中小企业、非公有制经济发展，充分发挥其吸纳就业的主渠道作用。充分发挥政府投资和重大项目建设带动就业的作用，大力开发公益性就业岗位，尽可能多地提供就业机会。积极鼓励自主创业、自谋职业，加大对全民创业的政策支持力度，推动以创业带动就业。建立健全公共就业服务体系，有针对性地加强就业培训工作，搞好对大中专毕业生就业和创业的指导和服务，努力提高群众的创业就业技能和本领。切实加强就业援助，做好新就业困难群体的就业帮扶工作，积极启动对农村牧区"零转移"家庭的专项援助行动。

要加快推进公共服务体系建设和社会事业发展，切实解决好群众上学、就医、住房等方面普遍关心的难点热点问题。加强各级各类教育和培训，巩固提高九年制义务教育，大力发展职业教育特别是农村牧区中等职业教育，全面推进素质教育，培养学生的实践能力和创新精神，努力成为适应市场竞争需要的新型劳动者。进一步完善教育资助体系，切实解决城乡经济困难家庭和进城务工人员子女就学问题。积极推进医疗卫生体制改革，逐步建立覆盖城乡居民的公共卫生服务体系、医疗服务体系、医疗保障体系、药品供应体系，为群众提供安全、有效、方便、价廉的医疗卫生服务。要把保持房地产市场稳定健康发展与保障群众住房需求有机结合起来，改善商品房供给结构，增加保障性住房供给，建设3万套、135万平方米廉租住房，解决好群众住房难、买房贵问题。明年，自治区将进一步加大为群众办实事办好事力度，着力办好提高城镇居民最低生活保障水平、提高农村牧区最低生活保障标准等"十件实事"和改善农牧民生产生活条件、推进扶贫开发等"十项民生工程"。

在当前经济发展遇到严重困难的情况下，人民内部矛盾和群体性事件可能会增多。各级要切实增强抓稳定第一责任的意识，努力从源头预防矛盾纠纷的发生,同时要加强和完善社会管理,健全应急管理体制机制,全力维护社会稳定。要加强社会治安综合治理,严厉打击各种违法犯罪活动,切实增强群众的安全感。要注重做好意识形态和思想道德领域的工作,深入开展社会主义精神文明创建活动,加强宣传舆论引导,鼓励广大干部群众艰苦奋斗、自立自强。

在组织领导上,注重在应对危机中提高领导能力和素质

一是要把握大势。"忧则兴,预则立"。形势越严峻、局面越复杂,越要密切关注国内外经济形势的发展变化,密切跟踪国际金融危机的发展趋势,切实加强对经济运行态势的预测和分析,有效防范经济风险和隐患,不断增强领导经济工作的预见性和针对性。困难越多、风险越大,越要牢固树立强烈的发展意识、机遇意识、创新意识、开放意识,始终坚持发展是硬道理不动摇,全力抓好发展第一要务,理性分析、科学应对面临的风险挑战,打好应对危机、科学发展的主动仗。

二是要加强学习。有效应对困难和挑战,保持经济平稳较快发展,是对各级党委、政府和领导干部领导科学发展能力水平的重大考验。要着眼于国内外形势的新变化,着眼于推进科学发展的新要求,更加紧迫地学习新知识、增长新本领。要把开展深入学习实践科学发展观活动与保持经济平稳较快发展紧密结合起来,不断深化对科学发展观科学内涵、精神实质和根本要求的认识,自觉用科学发展观武装头脑、谋划发展、推进工作。要进一步提高学习的自觉性和实效性,坚持向实践学习、向书本学习,在干中学、在学中干,努力形成适应形势任务发展变化的知识结构。当前,要按照新形势新任务的要求,抓紧学习现代金融、现代科技、国际经济、法律和现代管理等方面新知识,坚持联系实际、学以致用,努力把学习成果转化为继续解放思想、坚持改革开放、推动科学发展、促进社会和谐的实际能力。

三是要深入研究。要更加注重研究和解决经济社会发展中的重大问题,不断增强做好经济工作的前瞻性、主动性。要围绕保持经济平稳较快发展这一首要任务,注重研究探索如何找准落实国家扩大内需政策措施与推动我区经济社会又好又快发展的结合点,增强贯彻落实的针对性和

实效性；围绕提高协调发展水平和可持续发展水平，注重研究探索如何加快推进经济发展方式转变和经济结构优化升级，不断提升产业层次，增强经济发展后劲和竞争力；围绕破除制约科学发展的体制机制障碍，注重研究探索如何进一步加大重点领域改革，加快推进对内对外开放，不断优化发展环境，增强发展的动力和活力；围绕推进和谐内蒙古建设，注重研究探索如何进一步增加城乡居民收入，大力发展各项社会事业，解决涉及人民群众利益的难点热点问题。要根据国内外经济形势变化和国家宏观调控政策措施导向，适时制定符合地区实际的工作措施，尽可能不走或少走弯路。

四是要转变作风。贯彻落实中央决策部署，做好明年经济工作，必须以良好精神状态和优良作风作保证。要牢固树立大局意识，加强协调，加大力度，精简办事程序，提高工作效率。要尊重客观规律，坚持科学决策、民主决策，减少决策失误。各级领导干部要坚持深入实际、调查研究，做到问政于民、问需于民、问计于民，使提出的发展思路、作出的工作部署、出台的政策措施更加符合实际、更加符合人民群众愿望。要坚持权为民所用、情为民所系、利为民所谋，倾听群众呼声，关心群众疾苦，满腔热情地解决好人民群众最关心最直接最现实的利益问题。要大力弘扬求真务实之风，发扬艰苦奋斗精神，扎扎实实做好本职工作，多干打基础、利长远的事，多抓加强基层基础工作的事，努力做出经得起实践、人民、历史检验的实绩。对确定的重大事项、重要工作，要细化责任、明确时限，全力以赴抓好落实。要坚持过紧日子的思想，严格控制一般性支出，严格预算支出管理，坚决制止铺张浪费和奢靡之风。要加强党风廉政建设，完善惩治和预防腐败体系，强化对权力运行制约和监督，严格执行纪律，加强督促检查，确保中央扩大内需、促进经济增长政策措施落到实处。

（选自在全区经济工作会议上的讲话）

促进经济平稳较快发展
要把握好四个重要方面

(2009年2月20日)

　　在当前国内外经济形势复杂变化的情况下，如何保持我区经济平稳较快发展，有四个方面很重要。

一、信心很重要

　　中央反复强调，信心比黄金和货币更重要。越是在困难时期、在挑战面前，我们越要增强推动经济平稳较快发展的信心。截止去年，自治区经济发展速度已经连续7年全国领先。面对严峻复杂的外部经济环境，今年我们要不要、能不能继续保持全国领先？回答是肯定的。越是在困难时期，我们越是要通过办好自己的事情、促进自己的发展壮大，更好地为国家发展大局多作贡献。最近，我查阅了全国各省、市、区去年和今年1月份地区生产总值、固定资产投资、工业增加值、地方财政一般预算收入等几组主要数据，也认真分析了各省、区、市新的经济增长点，从中既增强了加快发展的紧迫感，也增强了继续保持经济平稳较快发展的信心。第一，从发展基础看，我区生产总值、规模以上工业增加值和固定资产投资、地方财政收入增速连续多年全国领先，综合经济实力、自主发展能力和抗御风险能力明显增强，这为我们应对危机、促进发展打下了比较坚实的基础。第二，从经济形态看，我区属于内需拉动型经济，外需缩减对我区经济发展的直接影响有限。随着国家大规模建设的逐步推开，对能源资源的需求将大幅度增加，这为我区优势特色产业进一步优化升级、做大做强创造了新的机遇。第三，从发展增长点看，通过这几年的投资积累，当前和今后一个时期，我区将有一大批重大产业发展项目和基础设施建设项目陆续投产运营,形成新的生产能力,产业接续能力、基础设施承载产业能力强,发展后劲较足。第四,从发展态势看,去年全区经济在困难局面下继续保持了近年来平稳较快发展的态势,今年1月份经济运行平稳开局,出现了一些积极变化,特别是工业经济出现了止跌回升的征兆,整体经济发展基本面良好,平稳较快发展的基础没有受到削弱。现在,我们有困难,别的地区同样有困难,特别是那些外需依赖程度高的地区困难更多,关键时期,就要看谁的攻坚克难的勇气更足,化危机为机遇的本事更大。综合上述分析,我们完全有条件继续保持经济平稳较快发展,完全有能力在困难时期为国家发展大局多作贡献。在这个问题上,必须树立必胜的信心和决心。

二、起步很重要

在遇到困难的时候,起步更显重要,因为起步预示着发展趋势。对于今年经济发展而言,一季度很重要,上半年是关键。一季度影响全年,上半年某种意义上决定全年。这次国际金融危机影响范围之广、程度之深百年不遇。这么大的金融危机,不可能一下子走出来。去年我们受冲击主要在下半年,因此经济增长是"前高后低",今年能不能实现"前低后高",现在还很难作出准确判断。这主要取决于两个因素,首先是危机是不是"见底"了,其次是"见底"后呈现什么走势。现在,经济学家们对危机"见底"后的走势主要有四种预测:第一种是"L"型,"见底"后还要持续低迷几年;第二种是"W"型,"见底"后先上升、再下降、再上升;第三种是"U"型,"见底"后持续一段低迷再上升;第四种是"V"型,"见底"后马上反弹。中国呈现"V"型趋势的可能性比较大。就自治区的情况看,今年1月份经济运行也是有喜有忧。喜的方面,受冲击最为严重的工业在经历去年四季度低谷后开始升温趋暖,煤、焦碳、钢铁、有色、化工等主要工业品价格止跌回升、生产逐步扩大。忧的方面,一些辅助性指标如货物发送量、用电量、成品油供应量都在下降,工业企业产销率也有所降低。因此,在当前宏观经济环境不确定因素增多的情况下,努力做好今年起步阶段的经济工作,更显重要。我们一定要密切关注国内外经济形势的发展变化,切实加强对经济运行的分析、调度、监测、预警,采取更加有针对性的措施和办法,努力化解发展中的困难和问题,努力抢抓危机中蕴藏的现实机遇,扎扎实实地做好当前保增长、扩内需、调结构、惠民生各项工作,为实现全年经济平稳较快发展开好局、起好步、打好基础。

三、政策措施很重要

非常时期须有非常之举。应对危机、促进发展,光说不行,必须坚持从实际出发,进一步完善、强化和落实好各项政策措施。第一,要坚持综合施策。面对这么大的危机,单兵作战、单项施策肯定不行,必须协同作战、综合施策,认真研究制定和贯彻落实好促进经济平稳较快发展的综合性政策措施,发挥好政策的组合效应,实现政策效益最大化。一是要坚持政府与市场相结合。既要充分发挥政府的宏观调控作用,也要注重发挥市场的自我调节作用,使政府这只"看得见的手"与市场这只"看不见的手"相辅而行、相得益彰,有效激发和调动全社会特别是各类市场主体的能动性和积极性。二是坚持当前与长远相结合。把抓好当前保增长的任务与推动转变发展方式、调整经济结构的战略任务紧密结合起来,避免发展的盲目性和短期行为,增强发展的协调性和可持续性。三是坚持经济与社会相结合。在研究制定保增长、扩内需、调结构等经济政策的同时,要认真研究落实就业创业、科技教育、医疗卫生、住房社保、平安稳定等民生和社会领域的政策,促进社会和谐稳定。现在,国家陆续制定出台了一系列促进经济社会发展的政策,国家信息研究中心梳理后概括为我国宏观经济政策十大趋向:即财政政策由稳健转为积极;货币政策由紧缩转为适度宽松;投资政策坚持总量扩张与结构优化并重;消费政策坚持增收与减负双管齐下;外贸政策促进出口平稳增长;价格政策逐步扩大由市场定价的商品和服务范围;农村政策着力促进农民增收和激活农村内需;就业政策突出以创业促就业;区域政策强调促进区域协调发展;经济改革政策强调清理不利于内需扩大的政策制度障碍。我们要认真贯彻落实好国家这些宏观经济政策,同时结合实际,认真研究、制定、落实好自治区层面的相关政策措施。第二,要坚持投资、消费双向驱动。我区外贸所占份额很小,当前应对危机、扩大内需,更要强调投资、消费双向驱动。在投资方面,要千方百计扩大投资需求,多领域、多层次培育新的经济增长点。要抓紧投产达产一批在建项目,尽快形成新的经济增长点。同时,要进一步改善投资环境,在发展装备制造业、生产性服务业和基础设施建设等领域,积极吸引国内外增加投资。在消费方面,要认真落实国家和自治区鼓励消费的政策措施,把促进消费与改善民生、推进城乡一体化发展结合起来,多方培育新的消费热点,比如通过"家电下乡"、"农机下乡"、城市廉租房建设等,进一步激活城乡消费市场。第三,坚持"三化"互动、"三业"并举。"三化"互动,就是自治区七次党代会提出后经八次党代会进一步完善的新型工业化、农牧业产业化、新型城镇化"三化"互动,这既是自治区这几年发展的成功实践,也是今后发展的必然选择,要坚持不懈地抓下去,努力实现新的更高层次上的"三化"互动。"三业"并举,就是一产业、二产业、三产业要协同发展、共渡难关。这几年二产业特别是工业一直是拉动我区经济快速增长的主体,去年一产业和三产业发展来势不错,对经济增长的贡献率均有所提高,要采取有效措施切实抓实抓好,不断提高我区经济的协调发展水平和可持续发展水平。

四、尊重规律很重要

引发这次国际金融危机的美国次贷危机,源自于美国的过度消费、过度投机和金融监管失控,本身就是违背规律的结果。应对危机、促进发展,必须切实尊重规律、自觉按规律办事,既不能饥不择食,也不能病急乱投医,更不能饮鸩止渴,必须做到头脑清醒、行动理性。第一,要更加自觉地坚持科学发展的指导思想。我区近年来经济社会又好又快发展,主要得益于认真贯彻落实科学发展观。应对严重金融危机冲击,战胜前进中的艰难险阻,必须更加坚定自觉地深入贯彻落实科学发展观。要把开展学习实践科学发展观活动与应对国际金融危机有机结合起来,准确把握和认真落实中央"保增长、扩内需、调结构"方针和宏观调控政策措施,在科学发展观的指导下,努力实现科学发展、和谐发展、安全发展。第二,要深入推进改革开放和自主创新。这始终是我们破解发展难题、增强发展动力活力的关键所在。改革具有治本作用,要努力通过改革消除影响扩大内需、制约科学发展的体制机制障碍,为全民创业提供宽松的体制政策环境。开放是建设要素流入区的前提,要进一步扩大对内对外开放,积极引进有实力的国内外大企业大集团到我区投资兴业,积极承接沿海发达地区先进生产力转移。创新决定当前、影响长远,要坚持通过推进科技进步和自主创新引领经济复苏和振兴。当前,科技部门要把注意力更多地转移到支持企业创新上来,进一步加大政策支持力度,不断提高企业的创新能力和产业发展的科技含量。第三,要以良好的作风抓好各项工作的落实。保增长、保民生、保稳定,是我们当前最重要的政治责任。现在,中央和自治区保增长、保民生、保稳定的方向十分明确、措施不断完善,关键是要以优良的作风抓好贯彻落实。各级领导干部要结合学习实践科学发展观活动,认真组织开展"保增长、惠民生,进百县、促落实"活动,勤奋敬业,真抓实干,攻坚克难,确保中央和自治区各项方针政策措施真正落到实处、见到实效。要认真学习贯彻胡锦涛总书记在中纪委十七届三次全会上的重要讲话精神,切实加强党性修养、树立和弘扬良好作风,以坚强的党性和优良的作风保障和推动全区经济社会又好又快发展。

（选自在自治区党委常委扩大会议上的讲话）

高度重视解决"三个中小"问题

(2009 年 5 月 26 日)

　　自去年下半年国际金融危机发生以来,全区上下在应对危机、保持经济平稳较快发展的实践中,形成了三点共识。

　　第一,危机是对我们执政能力的考验和过去工作的检验。所谓考验,就是对我们执政能力、执政水平特别是驾驭复杂局面能力的考验。有没有本事,就看你能不能在复杂形势和困难局面下,以良好的精神状态和周全的应对之策,充分利用各种有利条件和积极因素,很好地化压力为动力、变挑战为机遇,在困境中实现发展、崛起和跨越。所谓检验,就是对近年来自治区发展思路、发展举措和发展成效的检验,对我们多年来抓经济结构调整和发展方式转变的检验,对我区经济自主增长机制和自主创新能力的检验。所有这些情况如何,能否经得住检验,危机面前的表现最具说服力。去年下半年以来,面对国际国内经济形势的复杂变化,全区上下认真贯彻落实中央保增长、扩内需、调结构、惠民生方针和促进经济平稳较快发展的一系列决策部署,积极应对、综合施策,继续保持了近年来平稳较快发展的态势。去年,全区生产总值增速继续保持全国领先,主要人均经济指标实现了新的升级进位。今年以来, 全区经济在经历去年第四季度低谷后平稳回升,一季度经济运行开局良好,整体经济形势好于预期,原有优势进一步发挥,薄弱环节得到加强,困难中出现了不少良性、积极、趋好的因素。进入 4 月份,随着气候变暖、投资力度加大、项目开工增多,经济运行进一步趋好。这些情况表明,中央对当前经济形势的分析判断是完全正确的,采取的应对措施是及时、正确、有效的。同时也表明,近年来自治区推动科学发展的思路和举措是符合实际的,各地区、各部门的工作是得力的,随着综合经济实力的增强,我区已具备了一定的抗风险能力。我们有信心、也有能力继续保持我区经济又好又快发展的良好态势。

第二,危机为我们进一步推动科学发展创造了难得机遇。历史的经验表明,每次全球性经济危机都蕴含着重大发展机遇,都会催生经济结构和产业布局进行一次重新"洗牌"。这次国际金融危机百年不遇,不仅会对全球经济格局形成重大影响,也将重塑中国区域发展格局。我们能不能在应对危机中实现经济转型升级、在未来发展中占据有利位置,关键在于能否认识和用好危机中蕴藏的重要发展机遇。必须看到,尽管这场危机对我国经济带来一定的冲击,但我国经济发展的外部环境没有根本改变,工业化、城镇化加速发展的进程没有根本改变,经济发展的基本态势没有根本改变。这是我们必须认清的宏观经济环境。我们要结合自治区实际,善于在国际国内形势复杂变化中捕捉各种现实发展机遇,创造又好又快发展的有利条件。在前不久的呼包鄂三市经济工作座谈会上,我们分析了四个方面的现实机遇,即国家应对危机、扩大内需的宏观调控政策措施,为实现新一轮发展创造了新的机遇;危机带来的倒逼机制压力,为推动产业升级创造了新的机遇;危机加速国际国内产业转移,为承接先进生产力转移创造了新的机遇;危机使制约发展的体制机制问题更加凸显,为进一步深化改革创造了新的机遇。要把握和利用好这些发展机遇,必须从以下四个方面着手抓起。一是要自觉把内蒙古的发展置于全国发展大局之中,在服从和服务国家发展大局中找准定位、发挥优势、加快发展。二是要加快推进科技进步和自主创新步伐,依靠技术跨越带动产业升级、实现经济崛起。三是要进一步扩大对内对外开放,加大招商引资的力度,积极广泛地承接国内外先进生产力转移。四是要深入推进重点领域和关键环节改革,积极破除体制机制障碍、增强发展动力和活力。

第三,应对危机要坚持解近忧与谋长远相结合。解近忧,就是要采取一切措施,全力以赴做好当前"保增长、保民生、保稳定"工作,确保经济平稳较快发展,不出现大起大落现象。谋长远,就是要按照科学发展观的要求,按照自治区第八次党代会提出的"提高两个水平"要求,坚持新型工业化、新型城镇化和农牧业产业化"三化互动",一、二、三产业"三业并举",改革、开放和创新"三力推动",生产发展、生活富裕、生态良好"三生统一",坚持投资、消费和出口"三大拉动"相协调,大力调整优化经济结构,加快转变发展方式,加强保障能力建设。要着眼于产业升级,在继续抓好我区传统优势产业延伸、升级的同时,突出抓好新型能源产业、先进制造业、现代服务业发展。新型能源产业中,光伏材料、风能、动力电池、生物质能源等是我区的优势所在,经过这几年的发展也有了一定基础,必须加快推进、尽快做大做强。先进制造业是我区近两年发展的亮点,要抓住国家振兴装备制造业的有利时机,大力推进风机制造、运输车辆、工程机械、煤机、煤化机、欧IV发动机等先进制造业发展。在发展现代服务业上,要坚持发挥优势与满足需求相结合,突出抓好物流运输业、金融业和生态旅游业发展。要积极转变农牧业发展方式、工业发展方式和资源开发利用方式,加强以基础产业、基础设施、生态环境等为重点的保障能力体系建设。

这三点共识,既是我们应对危机、保持经济平稳较快发展的体会,也是我们做好今后工作需要把握的原则。同时,在应对危机、扩大内需的过程中,要高度重视解决好经济社会发展中的薄弱环节,为自治区长远发展奠定坚实的基础。特别是三个问题需要抓紧研究解决。

一是中小企业发展问题。这些年,我区经济发展主要依靠大企业、大项目支撑,中小企业发育相对不足。加快中小企业发展,是我区延伸产业链条、承接先进生产力转移、扩大就业、增强经济活力的现实需要,对于进一步推动我区经济结构优化升级、增强发展的协调性和可持续性具有重大战略意义。各地区、各部门要切实把中小企业发展摆上重要议事日程,像抓大企业、大项目一样重视中小企业的培育和项目建设,在政策扶持、市场准入、服务环境等方面加大支持力度,统筹解决好中小企业发展中遇到的实际问题。自治区政府及有关部门要认真梳理近年来国家和自治区出台的有关支持中小企业发展的政策措施,结合形势和任务的发展需要,进一步加以规范和完善,尽快出台一个综合性的政策文件,促进中小企业又好又快发展。

二是中小城镇发展问题。最近,看了一些经济专家关于加快中等城市建设和发展的研究成果,很受启发。加快中等城市发展,不仅是推动我国城镇化进程的长期战略任务,也是遏制当前经济衰退一个重要的内需拉动支撑点,是解决中国短期经济增长和长期协调可持续发展的重要战略选择。长期以来,我国城市化发展滞后,城市化率只有百分之四十几,按照年均1.5%的速度增长,达到发达国家城市化水平,城市基础设施投资至少可以持续20年的时间。中等城市作为联结大城市和小城镇的重要纽带,具有重要的地位和作用,拥有广阔的发展空间。从短期来讲,大规模的城市基础设施建设,可以激发地方政府和民间投资热情,带动投资回升;从长远来讲,通过改善基础设施等硬环境,不但可以提高中等城市承接先进生产力转移的能力,而且能够有效促进住房和汽车消费,带动农村富余劳动力就近转移。因此,必须把中等城市作为新一轮扩大内需的着力点,有重点地培育一批综合承载能力强、辐射带动作用大的城市群,使其成为拉动内需的重要增长极。我区大部分城市属于中小城市范畴,历史欠账较多,未来建设和发展空间很大。要把加快中小城市发展,作为当前扩大投资需求的重要着力点和今后调整优化经济结构的重要内容来抓,以各盟市所在地和满洲里、二连浩特作为重点,切实搞好中小城市基础设施建设、产业布局调整、扩容改造等工作,不断提高我区中小城市的发展水平,以此带动整个经济社会又好又快发展。

三是中低收入人群增收问题。提高中低收入人群收入、扩大中等收入人群比例,既是提高城乡居民收入水平的关键环节,也是扩大居民消费需求的重要举措。现在,社会收入分配差距不断扩大。我们既要通过加大收入分配调节力度来"限高补低",更重要的是采取多种有效手段提高中等收入人群收入水平及其所占比例。各级党委、政府要把提高中低收入人群收入、扩大中等收入人群比例,作为实现增收富民的主要任务来抓,认真贯彻落实自治区党委、政府关于促进城乡居民增收的政策措施,通过提高全社会的创业就业水平和社会保障水平等措施,千方百计增加中低收入人群收入,努力让更多的低收入群众进入中等收入行列,持续推动城乡居民生活改善和消费升级。

(选自在自治区党委中心组读书会上的发言)

第三篇　改革开放

相约草原

全面推进内蒙古的对外开放

(2001年10月9日)

当前,西部大开发正在深入推进,我国即将加入世贸组织。要适应新的形势要求,把握机遇,迎接挑战,全面推进内蒙古的对外开放。

一、增强开放意识

进一步扩大对外开放,关键是要增强开放意识。思想是行动的先导,没有开放的意识,就不会有开放的行动;没有强烈的开放意识,也就很难有大开放的思路和措施。因此,扩大对外开放的关键是思想观念的开放。

首先,新形势要求我们要增强开放的意识。新世纪之初,我们面临的国际国内形势发生了深刻的变化。经济全球化成为当今世界不可逆转的趋势,以信息技术为代表的新科技革命迅猛发展,以跨国公司并购为特征的世界范围的结构调整步伐明显加快。我国可望在近期内加入世贸组织,将在更大范围内和更深层次上参与经济全球化进程,直接面对发达国家和地区的竞争,对外开放已经进入一个全新的发展阶段。加入世贸组织后,将由单方面为主的自我开放,转变为我国与世贸组织成员之间的相互开放,这是对外开放的一个根本性变化。从国内看,我国已经进入全面建设小康社会,加快推进社会主义现代化的新的发展阶段。全国各省区市都在竞相扩大开放,加快发展。沿海发达省份依托现有优势,全方位参与国际竞争,加快了率先实现现代化的进程;西部省份抓住西部大开发的机遇,也在加快开放步伐,在大开放中推进大开发。我们必须增强危机感和紧迫感,主动适应形势,把握机遇,迎接挑战,全面推进内蒙古的对外开放。

其次,新任务要求我们要增强开放的意识。新世纪初,是内蒙古改革和发展的重要历史时期。我们要实现"十五"奋斗目标,必须依靠全方位的对外开放。没有对外开放,实现我们的奋斗目标只能是一句空话。按照"十五"计划纲要的奋斗目标,今后五年我区固定资产投资要达到3000多亿元,比"九五"时期增长近一倍。国家实施西部大开发战略,在生态和基础设施建设方面要加大投资规模。但是,产业发展和其它方面的建设投资,主要是通过积极引进国内外资金来解决。西部大开发是开发与开放结合互动中的大开发,也就是大家常说的西部大开发从某种意义上讲就是西部大开放,没有大开放就不可能实现大开发。对外开放不仅仅只是争取资金投入,产业结构调整、国有企业改革、科技创新等方面的任务,都要在大开放中推进。此外,对外开放是全方位的,不仅是物质意义上的开放,也包括思想、观念和行为方式上的开放,在开放中促进思想观念的更新。

第三,从我区对外开放的实际情况看,需要进一步增强开放的意识。改革开放以来,我区全面实施开放带动战略,对外开放取得了长足的进展,对促进自治区经济和社会发展作出了重要的贡献。特别是"九五"以来对外开放的发展较快,取得了前所未有的成效。但是,如果我们跳出内蒙古看内蒙古,就会发现我区对外开放的程度和水平还是比较低的,无论是利用外资,还是外贸出口都远远落后于沿海地区,甚至落后于内地一些省区市。据统计局提供的数字,从1979年到2000年,我区累计利用外资为35.43亿美元,仅占全国利用外资总额的0.56%;而同期山东为300亿美元,广东达到了1252亿美元。目前全国的外贸依存度为43.87%,而我区仅为6.03%。分析我区对外开放的差距,从客观上看,我国上个世纪80年代以来的开放,主要是以区域开放为主要特征的对外开放,内蒙古地处内陆欠发达地区,在当时对外开放的区位上处于劣势,这是不可否认的事实。但是,从我们的主观上来分析,更深层次的原因还是思想观念问题。封闭是落后的根源,思想上的差距是最根本的差距。不摆脱自然经济和计划经济的束缚,不增强大开放的意识,我们就不可能在对外开放上实现新的突破和跨越。

增强开放的意识,关键是各级领导干部要不断解放思想,更新观念,牢固树立以开放求发展的意识。要认识到,面对新世纪国际国内大开放的新形势,内蒙古只有以比其他省市区更加强烈的紧迫感和更加得力的措施,推动全方位、多层次、宽领域的对外开放,才能在国际国内的激烈竞争中占有一席之地。与此同时,要通过多种形式,提高全区干部群众的开放意识,使全区上下真正树立强烈的开放意识,形成全民参与开放的强大合力。

二、扩大开放领域

(一)扩大对国外的开放。重点是两个方面。一是充分利用地缘优势,进一步扩大向北开放。内蒙古地处祖国北疆,与俄罗斯、蒙古国的边境线长达4200多公里,有两条国际铁路大通道,18个陆路口岸,其中满洲里是国内最大的陆路口岸。正因为这样,江泽民同志要求我们"要进一步扩大对外开放,使内蒙古成为我国向北开放的前沿阵地"。我们不能辜负江泽民同志对我们的厚望,要进一步研究落实向北开放的问题。目前,俄蒙政局稳定,经济出现恢复性增长,特别是俄罗斯的发展势头更加看好,这是一个机遇。我们要抓住这个有利时机,采取有效的措施,进一步加大向俄蒙开放的力度。一方面,要充分发挥我区的地缘优势,加强与俄蒙在能源、原材料、矿产资源开发等方面的合作,有效地利用他们的资源。另一方面,要充分发挥我区的口岸优势,努力扩大外贸出口,在服务全国的同时,加快发展自己,特别是千方百计地扩大我区产品的出口。要加强口岸和出口基地建设。口岸是对外开放的稀有资源,不能浪费这个资源。在加强口岸基础设施建设的同时,要利用口岸的有利条件搞加工工业,扩大加工贸易,提高我区出口货物在口岸过货总量中的比重。自治区正在向国家争取在满洲里、二连浩特建立保税区,这项工作还要抓紧进行。同时,要以口岸为依托,加快出口基地建设。除了在口岸利用人家的资源搞加工外,根据俄蒙市场需求,利用我区的优势资源,引进一些企业,培育和发展出口基地,拉动我区外向型经济的发展。二是要认真分析当前利用外资的新态势、新格局,积极、有效地利用外资,力争在利用外资的规模、水平和领域上有新的突破。今年以来,西方发达国家经济不景气,特别是美国9·11恐怖事件后,股市大幅度下跌,经济遭受历史上少有的重创,将对全球经济发展产生重大影响。我国经济发展也会在一定程度上受其影响,外贸出口将会面临严峻的形势。但与此同时,西方国家经济不景气,在客观上为我国扩大利用外资提供了难得的机遇。我们一定要抢抓机遇,进一步扩大利用外资的领域,拓宽利用外资的渠道,以吸引更多的外资来我区投资。我国加入世贸组织后,区域开放的优势将会减弱,产业开放将逐步成为对外开放的主流。我区利用外资的重点是加强基础设施和基础产业,有效地改造和提升传统产业,有选择地发展具有地区特色的高新技术产业。同时,也要积极推进服务领域的对外开放。要选择一批大企业、大项目吸引一些跨国公司、金融财团来我区投资,实现以大引大。要积极探索利用外资的新方式,扩大外商以BOT、项目融资、经营权转让等方式,积极探索跨国并购、投资基金和证券投资等多种方式吸引外资。

(二)扩大对区外的开放。对外开放包括对内对外的全面开放。在扩大对国外开放的同时,一定要把对国内的开放摆到突出位置,全面推进与国内各省区市的经济技术协作。一是要进一步加强与沿海和内地发达地区的经济技术协作,充分利用国内的资金、人才、技术和市场,加快东西合作。在新一轮产业结构调整中,东部地区一般不会再搞资源加工型产业,这正是我们提高资源加工深度的有利时机,要加大这方面的技术引进和合作力度,推进我区的产业结构调整和升级。二是加强与周边地区的协作。我区地域广阔,东西跨度大,加快经济发展必须跳出内向自我循环的圈子,主动接受邻近各大经济区域的辐射。要充分利用地缘关系,加强与东北经济区、环渤海经济区、沿黄经济区和西部各省区的协作,积极参与区域经济的合理分工,促进地区间的优势互补。三是继续加强与北京市的对口帮扶和经济技术合作,特别是要抓住北京申奥成功的机遇,积极探索更多领域、更高层次的合作。要继续抓好签约项目的督查落实工作,抓好项目的履约率、资金到位率和项目开工率。

(三)加强区内地区之间的联合与协作。适应改革开放新形势的需要,破除按照行政区域发展经济的传统观念,加强区内各地区之间横向协作,通过生产要素的优化配置和资源优势的重新整合,增强我区的整体竞争实力。要发挥中心城市、重点区域的龙头带动作用,加快发展区域经济,形成合理的市场分工和产业分工,克服大而全、小而全、低水平的重复建设和产业结构趋同问题。要用经济手段协调区际利益关系,提倡地区之间按照优势互补、互惠互利的原则,开展多领域、多形式的联合与协作。比如联合开发和利用资源、联合发展区域市场、联合建设和共享基础设施、联合引进资金和技术等。要打破地区封锁,拆除各种分割市场的藩篱,创造有利于地区合作的环境,促进生产要素的合理流动,加快区域市场的发育和形成。

三、培育开放主体

企业是现代社会经济的细胞,企业健康发展决定一个国家和地区经济的健康发展,企业的竞争力决定整个经济的竞争力。当今世界经济舞台上的三大演员,一个是政府,一个是企业,另一个是社会中介机构。构建以企业为中心的企业、政府和中介机构的新型关系,既是深化改革的任务,也是加入世贸组织对我国经济管理体制的重大挑战。过去我们喊了十几年政企分开,也进行了一些有益的探索,做了大量的工作,但是这个问题一直没有完全解决。对此,我们必须要有明确的认识,要着力培育开放主体,让企业在经济活动和对外开放中唱主角。只有这样才能构建社会主义市场经济的微观基础,才能提升对外开放的水平。

多年来,经过各方面的共同努力,我区培育了一批具有较强实力的企业,这些企业在自治区对外开放中发挥了积极的作用。正是靠它们引进了先进的技术、设备、管理人才及资金,促进了我区产业、产品结构的调整和优化,使我们拥有了一批属于自己的名牌产品,有力地拉动了全区经济的增长。"十五"期间,要在原有的基础上,进一步加大培育开放主体的工作力度。一是"扶强、扶大、扶优",充分发挥大企业和上市公司在对外开放中的带动作用。目前我区36户国有重点企业的资产总额、完成工业增加值和实现利税大体上占到全区规模以上工业企业的一半左右,要依托这些大企业加快外引内联,培育一批有较大规模和较强竞争力的外向型骨干企业,使这部分企业成为我区对外开放的主力军。二是把培育开放主体与国有企业战略性改组结合起来,大胆引进国内外大企业、大集团,以参股、控股、兼并、联合等多种有效形式,实行跨地区、跨行业、跨所有制的企业改组改造,优化企业结构。特别是要适应以跨国公司为主体的跨国并购空前活跃的新形势,加强与跨国公司的战略性合作,在吸引外资参与国有企业资产重组和技术创新方面取得突破。同时,鼓励中小企业采取多种形式对外合资合作。三是进一步放宽对外开放的市场准入范围,鼓励非公有制企业参与到实施对外开放的战略中来,帮助和引导它们积极参与国际竞争,从政策上给予扶持,在实际工作中给予与其它企业同样的待遇,使它们成为我区对外开放的一支重要力量。

企业要主动适应加入世贸组织面临的新形势,积极参与国际和国内市场竞争,在竞争中求生存、求发展。实践表明,凡是开放得早、开放度高的产业和企业,竞争力就强,发展就快;凡是保护性、垄断性产业和企业,竞争力就弱,发展就慢。我们的企业只有在参与竞争中才能发展壮大自己,老是躺在政府的襁褓里是长不大的,一味地依赖保护、企求扶持、逃避竞争的想法是不切实际的,也是有害的。面对入世后新的外部环境,企业要重新审视自身的发展战略,及早进行合理的市场定位,培植核心竞争能力,全面推进企业管理、市场营销和技术创新,以应对开放市场的挑战。加入世贸组织将会对我区的企业产生较大的冲击,在决定企业生死攸关、前途命运的关键时刻,所有的企业都要未雨绸缪,趋利避害,抓紧采取相应的措施,做好应对入世的准备。

四、营造开放环境

扩大对外开放环境问题至关重要,投资环境是一个地区对外开放程度和社会文明进步的综合体现。有没有一个好的投资环境,直接影响开放的进展和地区的竞争力。因此,我们要把营造良好的投资环境作为一项十分重要的基础性工程来抓。一方面,要抓住国家实施西部大开发的机遇,抓好生态和基础设施建设,不断改善生态环境,加快构建交通、通信等经济载体通道,为扩大开放创造必要的硬件条件。另一方面,要把工作重点放在致力于完善投资的软环境上。软环境建设成本低、见效快,而且具有更重要、更长远的意义。我区缺乏沿海对外开放的区位优势、基础设施条件和发育成熟的市场,只有创造一个比别的地区更具有吸引力和竞争力的软环境,才能使资金、技术、人才向我们这里流动。因此,突出抓好软环境建设,力争在几个方面有所突破:一是整治市场环境。要按照中央和自治区党委、政府的部署和要求,进一步整顿和规范市场经济秩序,集中进行"四清理"、"五整顿"专项整治。重点是健全信用制度,强化诚信观念,大力整肃信用秩序,切实为投资者创造良好的市场竞争环境。二是健全法治环境。要全面贯彻《民族区域自治法》,充分用足用活自治法中赋予我们的权力,制定和完善有利于民族地区对外开放、招商引资的地方性法规和条例。同时要按照世贸组织的规则和我国的承诺,抓紧废止和修改有关的地方性法规、条例。坚持透明、公正的原则,依法保障外来投资企业及投资者的合法权益,认真查处外商投诉的案件。提高司法透明度,确保司法公正,坚决依法惩处各种危害投资者生产、生活和人身安全的犯罪行为。同时加强执法队伍建设,制定涉外执法人员行为规范,提高执法人员素质。三是完善政策环境。在引进外资竞争加剧的形势下,一定的时期内采取优惠的政策,充分发挥政策的导向作用,仍然是必要的。国务院已经出台了实施西部大开发若干政策措施,国家有关部门还要拿出实施细则,这些政策的含金量很高,将对西部大开发产生极大的推动作用。我们要依据这些政策,结合内蒙古的实际,抓紧制定配套的政策措施。四是优化人文环境。继续做好对外宣传工作,深入开展强化开放意识、环境意识、形象意识的教育活动,大力培养和引进各类人才,着力营造对外开放的大氛围。进一步提高内蒙古在国内外的知名度和可信度,争取更多的投资者和国内外优秀人才来我区投资兴业。

营造开放环境,突出的问题还是要进一步转变政府职能。今天的对外开放,是在加入世贸组织和直接参与经济全球化新的历史条件下的开放,入世首先是政府入世。转变政府职能、规范政府行为是新形势下扩大对外开放、营造良好环境的关键环节。各级政府要尽快适应国际通行规则的发展趋势,把工作的重点转移到营造良好的市场竞争环境上来,强化服务和必要的监督,使政府职能转变步伐跟上时代的潮流。转变政府职能要以减少行政审批为突破口,全面提高机关的行政效率和服务水平。据前一段政府改革行政审批制度中统计,自治区政府承担审批事项职能的40个部门共有1005项审批事项。这么多的审批事项和程序,再加上一些部门和地方的"三乱"行为,企业和投资者怎么能够承受,投资环境又如何改善呢?应当充分肯定政府前一段的工作是有成效的,下一步要在巩固成果的基础上,因势利导,继续推进。各盟市、旗县都要协同动作,努力提高各级政府的管理效能和服务水平,共同营造廉洁高效、公正规范的行政环境。

营造开放环境,必须切实转变各级领导机关和干部的作风。要紧密联系实际,从制约地区经济和社会发展的突出问题入手,查找和解决我们在作风方面存在的问题,牢固树立大局意识和服务意识,上下联动,整体推进,共同营造开放环境,形成一种真抓实干促开放的良好氛围。

(选自在全区对外开放工作会议上的讲话)

做好应对入世工作
努力扩大对外开放

(2002年4月29日)

在加入世贸组织的新形势下,如何进一步扩大对外开放、深入实施西部大开发战略,不断开创我区改革开放和现代化建设的新局面,是需要我们不断探索实践、深入思考的问题。

一、加入世贸组织为我们扩大开放、加快发展创造了良好机遇

去年12月11日,我国正式成为世界贸易组织成员。这是我国改革开放和现代化建设进程中具有重要意义的一件大事。以加入世贸组织为标志,我国对外开放进入了一个新的阶段。

对外开放是我们党和国家的一项基本国策。以邓小平同志为核心的党的第二代领导集体,深刻总结历史经验教训,果断地把全党工作的着重点转移到经济建设上来,提出了"一个中心、两个基本点"的基本路线,"两个基本点",其中一个就是改革开放。20多年来,我们党始终坚持以经济建设为中心,以改革开放促发展,综合国力显著增强,人民群众的生活水平明显改善,我国的国际地位日益提高。实践充分证明,实行对外开放,是顺应时代潮流、实现富民强国的必由之路。

当今世界,全球经济一体化步伐加快,市场竞争日趋激烈。我们要在激烈的国际竞争中掌握主动,顺利实现现代化建设第三步战略目标,必须进一步扩大对外开放。以江泽民同志为核心的党的第三代领导集体,面对经济全球化和科学技术突飞猛进的国际形势,高瞻远瞩,审时度势,总揽全局,及时作出了加快我国入世谈判进程的重大决策。经过艰苦努力,我国已于去年底正式成为世界贸易组织的一员。加入世贸组织,必将对我国的经济社会发展特别是对外开放产生极为深远的影响。

把握入世机遇,应对入世挑战,首先要真正弄清楚加入世贸组织的利与弊。在这个问题上,"看不到机遇是错误的,看不到挑战同样是错误的"。在过去的一段时间里,一些同志对待入世往往看挑战多、看机遇少,谈被动保护多、谈主动出击少,有的甚至认为"狼来了",产生了入世恐慌。江总书记在这次研究班上的重要讲话中,从五个方面全面概括了加入世贸组织为我们带来的有利条件:一是有利于我们按照国际通行规则办事,改善我国经济发展的外部环境;二是有利于加快经济结构调整和科技进步,提高产业和产品的竞争力,提高国民经济的整体素质和竞争力;三是有利于促进依法办事,促进社会主义市场经济的发展;四是有利于在更大的范围、更广的领域、更高的层次上参与国际经济技术合作,改善投资环境,增加贸易机会,增强对外资的吸引力,把我国的对外开放提高到一个新水平;五是有利于海峡两岸实现"三通",特别是解决通商问题,促进两岸经贸关系的进一步发展。江总书记在讲话中同时指出了加入世贸组织带来的三个主要挑战:一是对某些产业和企业竞争力的挑战;二是对政府管理体制和管理方式的挑战;三是对人才方面的挑战。我们一定要深刻领会江总书记提出"五个有利于"和"三个主要挑战",把握机遇,迎接挑战,兴利除弊,化弊为利,深化改革,扩大开放,促进发展。

分析和把握机遇,既要分析和把握共性的机遇,更要联系本地区实际分析和把握有利于本地区发展的现实机遇。从自治区的实际看,加入世贸组织后,我区对外开放的优势将进一步显现出来:一是区位优势将进一步显现出来。我区地处祖国北部边疆,与俄罗斯、蒙古国有4200多公里的边界线,有两条国际铁路大通道,18个陆路口岸,其中满洲里是我国最大的陆路口岸。加入世贸组织后,国家将加大市场多元化战略的实施力度,更加积极地开拓俄罗斯和东欧市场,将使内蒙古的区位优势变成现实的、更大的对外开放优势。二是西部大开发的政策优势将进一步显现出来。从某种意义上讲西部大开发实际上就是西部大开放,国家为推进西部大开发战略的顺利实施和适应加入世贸组织的新形势,在免征进口关税和进口环节税、放宽吸收外商投资领域和设立外商投资企业条件、减征外商投资企业所得税等方面,都制定了比东部地区更加优惠的政策。随着这些政策的贯彻落实,将会有更多的外资、外智进入我区。三是资源优势将进一步显现出来。随着国内外新一轮产业结构调整加快推进,资源型和劳动密集型产业必然向成本低、效益高的地区转移,为我们扩大外引内联创造有利条件。同时,也要清醒地看到,江总书记指出的三个主要挑战,对内蒙古来说,比沿海更严峻、更现实。总之只要我们把加入世贸组织带来的机遇紧紧抓住、用好,把各项应对工作真正落实、做好,我区的改革开放和现代化建设就一定能够更快更好地向前发展。

二、从我区实际出发,扩大对外开放必须正确处理好三个关系

随着社会主义市场经济体制的逐步发展和完善,特别是我国加入世贸组织,我国对外开放所面临的大环境与改革开放初期相比已发生了明显的变化。在新形势下,扩大对外开放必须有新的观念和新的思路。从我区实际出发,必须正确处理好以下几个关系。

第一,正确处理"引进来"与"走出去"的关系。改革开放二十多年来,我国基本上实行的是以"引进来"为主的对外开放政策。这是与改革开放初期我国的经济发展水平相适应的,是不发达国家和地区必须经历的一个历史阶段。近年来,随着我国整体经济实力的增强,中央提出要大力实施"走出去"发展战略,更好地利用国内外两个市场、两种资源。江总书记明确指出:"'引进来'与'走出去'是对外开放的两个轮子,必须同时转起来"。这是从我国经济发展全局来考虑的。对我区来说,处理好"引进来"与"走出去"的关系,必须本着实事求是的精神,坚持走符合内蒙古实际的对外开放之路。

"九五"期间全区累计实际利用外资22.2亿美元,占同期全社会固定资产投资的10%左右,利用外资建设了一批重点项目。但从总体上看,我区利用外资的规模还比较小,与自治区经济社会发展的要求不相适应,与全国平均水平相比存在很大差距。1979年到2000年,全国累计实际利用外资超过5000亿美元,其中外商直接投资超过3400亿美元。而我区同期累计实际利用外资35.4亿美元,为全国的0.7%,其中外商直接投资7.63亿美元,仅占全国的0.2%。此外,在引进国外智力、先进技术和管理经验方面,也有很大差距。现在,世界500强企业,已有157家在我国投资,建设项目达2000多个,但还没有一家来我区投资。这虽然与我区客观条件有关,但也与我们思想不够解放、工作不够到位和招商引资方式比较单一有关。

今年是我国加入世贸组织的第一年,我国将开始兑现入世承诺,逐步开放国内市场。最近,经国务院批准,国家计委、经贸委和外经贸部发布了《外商投资产业指导目录》,进一步放宽了外商投资的领域,为我们扩大招商引资提供了新的机遇。同时,国家为加快西部大开发步伐,出台了一系列优惠政策,也将大大增强西部地区引进外资的吸引力。我们一定要抓住机遇,拓宽引进的领域,创新招商引资工作的方式方法,进一步加大"引进来"的工作力度。在招商的方式上,要由政府招商为主转向企业招商为主,吸引更多的国内外优势企业通过并购、控股、参股等方式,积极参与我区的开发与建设。在招商引资的重点上,要从单纯引进资金转向引进资金与引进人才、技术和先进的经营理念、管理制度并重,对外招商引资与对内招商引资并举。对旗县一级来说,加强国内区内横向联合,比利用外资的空间更广阔,潜力更大,效果也更好。

我们强调"引进来",同时要鼓励"走出去"。目前,我区在境外投资的企业有27家,分布在蒙古、俄罗斯、马达加斯加、南非、美国和日本等国家和地区,从事羊绒加工、电气装备、水泥制品和采矿等行业,不仅锻炼了企业在国际市场上竞争的本领,而且带动了国内机电设备、零配件的技术改进和产品出口。境外承包工程和劳务合作也有一定的基础,去年我区对国外签订承包工程、劳务合作、生产合作合同84个,合同总额5403万美元,完成营业额2511万美元,外派劳务2849人次。我们要认真总结这方面的经验,借鉴外省市的成功做法,积极组织和大力支持具备条件的企业大胆"走出去",努力拓展发展空间,进一步增强我区企业、产品在国际市场上的竞争力。

第二,正确处理开发区内资源与利用国外资源的关系。内蒙古自然资源丰富,为我们加快发展提供了得天独厚的物质条件。江总书记在视察我区时要求我们:"要注意发挥资源优势,提高资源的综合开发利用水平,加快把资源优势转化为经济优势,力争使内蒙古成为我国下个世纪经济增长的重要支点"。我区的煤炭、天然气、稀土和农畜产品,不仅开发潜力大,而且在国内外市场有较强竞争力。但由于受资金、技术等条件制约,这些资源的开发利用和加工转化水平还不高。资源只是经济发展的条件,发挥资源优势关键是要搞好资源的深度开发。实行西部大开发和加入世贸组织,为我们搞好资源的开发、利用和转化提供了难得的机遇。我们一定要抓住机遇,把开发利用区内资源作为经济工作的重点来抓,进一步加快资源优势向产业优势、经济优势转化的进程。

在立足开发区内资源的同时,我们必须及早动手,积极参与区外、国外资源的开发。特别要利用好俄蒙资源,搞好境外资源开发和来料加工。近年来,我区一些企业利用自身优势,主动走出去开发区外资源,取得了一定成效。但总的看,我区在开发利用区外资源方面步子迈得不大,突出反映是利用俄蒙资源不多。俄罗斯是世界上少有的几个资源富集的国家,西伯利亚的石油、天然气、森林、淡水资源是世界少有的,我们完全可以利用地缘和口岸优势,联合国内一些企业共同开发俄蒙资源,积极拓展开发境外资源领域,逐步提高开发利用国外资源的能力和水平。

第三,正确处理开拓国内市场与开辟国际市场的关系。我国加入世贸组织后,将在更大范围和更深程度上参与国际国内竞争,国内市场国际化、国际竞争国内化的趋势已不可逆转。

对于我区大多数企业来讲,开拓市场的首要任务是开拓国内市场,努力在国内市场上站稳脚跟。从国内外市场竞争的趋势看,市场越来越被那些跨国公司、知名企业垄断,而一些生产规模小、技术开发能力不强的企业生存和发展越来越难。我区情况也是如此。据统计,鄂尔多斯羊绒制品国内市场占有率约为38%,伊利液态奶为10%,鹿王为25%,恒丰在北方地区为10%。这说明一个道理,市场竞争靠的就是品牌。一个知名品牌代表着质量、档次,符合和顺应社会消费结构变化和消费水平提高的需求。知名品牌不仅被看成是一个企业的实力,也被看成是一个地区、一个国家的实力。邓小平同志曾经指出:"我们应该有自己的拳头产品,创出我们中国名牌,否则就要受人欺负"。今后,我们要加大实施名牌战略的力度,努力提高我区产品在国内市场的占有率。要继续扶持优势企业的发展壮大,依托现有名牌产品,努力开拓市场,在参与国内市场竞争中把企业做大做强。同时,要通过实施名牌战略,增强全社会的质量意识、市场竞争意识和效益观念,促进企业强化经营管理,加快技术进步和产品的更新换代,自觉与国际质量标准接轨,使我区企业素质和产品质量有明显的提高,真正做到创一个名牌,兴一个企业,带动一个行业乃至一个地区经济的发展。

在我国加入世贸组织的新形势下,开拓市场不仅要大力开拓国内市场,而且要努力开拓国际市场。开放市场是世贸组织的一项重要原则。过去,我们的对外开放是单方面为主的自我开放。加入世贸组织后,将转变为我国与世贸组织成员之间的相互开放。在我国逐步开放市场的同时,世贸组织成员的市场也将更大程度地向我国开放,这为我们更好地开拓国际市场提供了便利条件。从我区情况来看,当前开拓国际市场,一个重要方面就是发挥我区独特的地缘优势,依托口岸来开拓俄蒙市场。在去年底召开的中央经济工作会议上,中央明确提出要把大力开拓俄、蒙市场作为今年对外开放的工作重点。最近,国务院办公厅转发了国家经贸委等四部委《关于进一步加强我国与俄罗斯经贸合作的意见》制定了一系列扩大对俄经贸合作的政策措施。我区作为俄罗斯的近邻,要抓住当前俄蒙政局稳定、经济呈现恢复性增长的有利时机,组织有实力的企业去开拓俄蒙市场,促进区内产品出口。在重点开拓俄蒙市场的同时,要坚持市场多元化战略,在巩固传统出口市场的同时,努力开辟新的国际市场,不断扩大外贸出口,促进我区经济的持续快速增长。

三、应对入世要求,关键取决于我们自身的工作

能否真正把加入世贸组织变成我们加快发展的有利条件,把负面影响减少到最小,关键取决于我们的工作。

第一,认真学习世贸组织知识,努力提高抢抓机遇、应对挑战的能力和水平。江总书记指出:"在加入世贸组织的新形势下继续推进改革开放和社会主义现代化建设,对我们全党来说,是一次新的学习,也是一场新的考试","是对我们学习能力、应对能力、竞争能力、决策能力、创新能力的一次很实际很具体的检验"。能不能在这场考试中取得合格成绩,首先要加强学习。一要弄懂世贸组织的基本规则,努力掌握世贸组织及其运行的主要内容,增强按照世贸组织规则办事的意识和能力。二要了解专

[319]

项协议,研究这些协议对本地区、本部门和本单位工作带来的具体影响,增强工作的预见性。三要掌握我国加入世贸组织承诺的有关条款,增强应对工作的主动性。领导干部要带头,增强按国际惯例办事的意识,提高入世条件下管理、驾驭改革、发展全局的能力和水平。政府和各有关部门要从我区实际出发,抓紧研究和制定应对措施。现在,有的省区市已经制定了行动计划纲要,有的正在制定具体的实施规划。我们也要在认真学习的基础上,对照我国加入世贸组织承诺的内容,抓紧研究和制定自治区的实施规划。

第二,坚持以特取胜、以质取胜、以效取胜,不断增强我区企业和产品的市场竞争力。实践表明,一个企业有没有竞争力,关键取决于它的产品有没有特色、质量好坏和效益高低。增强企业的竞争力,必须坚持以特取胜、以质取胜、以效取胜。经过多年的努力,我区已经在农畜产品、能源、冶金、化工、机械、稀土、生物制药等领域,形成了一批富有特色、质量较好、效益较高的企业和产品。有关部门预测,这些企业和产品在我国加入世贸组织后,仍然具有比较优势和市场竞争力。因此,提高我区企业和产品的竞争力,首先要进一步增强这些优势企业和产品的竞争力。要充分利用国际国内技术、资本市场进一步开放的有利条件,加大企业技术改造力度,提高企业技术装备水平和新产品开发能力。要抓住当前国内外产业结构战略性调整的有利时机,加快企业的改革重组步伐,通过参股、控股、兼并、联合以及上市等多种形式,尽快把企业做大做强,培育和构筑我区的"航空母舰"。在企业重组工作中,要坚持以市场为导向,充分尊重企业意愿,千万不能依靠行政命令搞"拉郎配"。

第三,转变政府职能,改善投资环境,为扩大开放、加快发展创造良好条件。入世首先是政府入世。WTO的非歧视、市场开放和公平竞争等项原则都涉及到政府行为。各级政府及职能部门必须顺应潮流,加快转变政府行为方式和工作方法,把职能切实转变到经济调节、市场监管、社会管理和公共服务上来,解决好目前政府职能越位、缺位、错位的问题。转变政府职能,当前重点要抓好两件事:一是要进一步改革行政审批制度。要以推行政企分开、政事分开为重点,搞好政府职能转变,减少政府对微观经济活动的行政干预,该下放给企业的权力要全部下放给企业,该由中介组织承担的事项要由中介组织去承担。要精减审批事项，规范审批程序，推行政务公开，改进服务态度，提高办事效率。二是要抓紧清理地方性法规和政府规章。凡是不符合WTO规则要求的要抓紧清理，该废止的要及时废止，该修订的要修订完善，需要重新制订的要重新制订，尽快建立起与国际惯例接轨的法律法规体系。

要大力改善投资环境。国内外投资者愿不愿意来投资兴业，一看你这里有没有开发价值、有没有高回报率的项目，二看投资环境好不好。从总体上看，我区许多资源开发项目具有一定的吸引力，但投资环境却不那么如人意。要在继续加强生态建设和交通、通讯、电力、水利等基础设施建设，改善投资硬环境的同时，突出改善"软环境"。要把办好现有外资和外地企业作为改善投资环境的突破口，以强化服务为中心，为外资和外地企业提供良好的经营环境、人文环境和生活环境，以此带动更多的投资者到我区兴业。要把整顿和规范市场经济秩序作为改善投资环境的重要内容来抓，切实整顿规范各类市场，查处各种市场欺诈行为和"三乱"行为。要加强信用制度建设，形成良好的道德风尚。要坚决克服部门利益和小团体利益，切实纠正行业不正之风。通过整顿规范各类市场主体和经济部门、执法执纪部门的行为，营造良好的经济发展环境。

第四，做好人才工作，为应对入世要求提供人才保证。在农业经济时代，土地是第一资源；在工业经济时代，资本是第一资源；到了知识经济时代，随着技术密集型、智力密集型产业比重的上升，人才成为第一资源，成为经济发展和经济竞争的决定性因素。相对于其它生产要素来讲，人才具有自主性强、流动性强的特殊性，人才流动的基本规律是向最能体现自身价值取向的地方流动。经济发达的地区往往是人才聚集的"高地"，而经济落后的地区往往是人才流失的"重灾区"。可以肯定地说，加入WTO后，人才竞争将更加激烈。我区由于受经济、地理、环境等多方面因素的影响，在人才竞争中明显处于弱势。目前，我区一方面是人才奇缺，另一方面是人才闲置与人才外流同时并存，这种局面必须改变。我们一定要在扩大对外开放中高度重视做好人才工作，把人才的培养、引进和使用作为一项战略任务抓紧抓好。一是要真正树立起"人才资源是第一资源"的观念，在全社会形成尊重知识、尊重人才、爱惜人才、唯才是举特别是重用人才的良好社会环境。二是要重视人才的培养和使用,通过多种方式和途径,大力培养党政干部、企业经营管理者、科技人才三支队伍和后备人才。特别要加强外经外贸、金融、法律等专业人才和复合型人才的培养。对优秀人才要大胆使用。三是要采取更加灵活务实的人才政策,吸引各方面的人才来我区建功立业。在目前我区经济还不发达的情况下,必须把人才工作的着眼点放在为各类人才提供创业环境上,既要用待遇和感情留人引人,更要用事业留人引人。要为各类人才在内蒙古创业提供优质服务,使他们切实感到,内蒙古不仅有宽松的创业环境,更是一块能够充分展示才华、体现价值和实现抱负的宽广舞台。

(选自在自治区党委中心组读书会上的发言)

京蒙合作关系正由
对口支援向互利共赢转变

(2003年3月13日)

随着形势的发展,北京市对内蒙古对口支援的内涵也在发生变化,正在由单纯的钱物支持向经济技术合作转变,变受援方和支援方关系为经济技术上的合作共事、互惠互利关系。

近年来,京蒙双方充分发挥各自的优势条件,遵循经济规律和市场规律,在经济、技术以及人才交流等领域开展了广泛而富有成效的合作,两地市场和经济技术的联系不断加强。去年我区和北京市签约的合作项目,数量和投资额都在上升。北京市向我区选派了12名优秀干部,担任12个盟市的分管工业的盟市长,对于促进我区的工业化发展发挥了积极的作用。北京市对内蒙古对口支援内涵上的变化,使我区对北京市对口支援的要求也在发生变化。当前,我们一个非常迫切的愿望就是把内蒙古纳入以北京为中心的环渤海经济圈。前不久,国务院发展研究中心对呼包银——集通线经济带进行了考察论证,认为重点开发的条件已经具备。这一经济带实际上就是环渤海经济圈的经济辐射带。呼和浩特市离北京市的直线距离就四百多公里,航空线航次较多,铁路也很方便,现在直通北京的高速公路正在建设之中,这为我们构筑了进京便捷通道。

从加强京蒙两地合作的角度,根据我区的区位条件和资源优势,我们的另一个想法就是,通过不懈努力,把内蒙古变成北京的"一线三基地"。"一线"就是把内蒙古建设成为我国北方特别是京津地区的生态防线。近年来,我们在以京津风沙源治理为重点的生态建设上下了很大功夫,收到了明显成效。去年我们用于生态建设的投资达30多亿元,今年又启动了草原保护性工程,草原水利建设也在不断加大力度,我们有信心有能力把内蒙古的生态环境治理好,真正成为首都的生态屏障。"三个基地":一是建设成为北京市的绿色生态无污染农畜产品加工基地。内蒙古有13亿亩草场,1亿多亩耕地,生产出来的农畜产品全部是绿色生态无污染的。我们要充分发挥这一优势,为北京市提供丰富的绿色无污染农畜产品。二是建设成为北京市的能源生产基地。我区煤炭远景储量超过10000亿吨,已探明的储量2000多亿吨,一年开采两亿吨还可以开采1000年。目前,我们正在进一步加大煤转电、煤制油和"西电东送"项目建设力度,加快煤炭资源的转化步伐,发展前景很好。近年来,我们在鄂尔多斯市还发现了苏里格大气田,储量超过6000亿立方米,是世界级的大气田。将来,可以为北京输送天然气,为北京市工业生产和居民生活提供稳定的清洁能源。三是建设成为接受北京市的产业辐射转移基地。主要是充分利用北京市在资金、技术、人才、市场等方面的优势,促进我区的产业发展和升级。同时,我们也要把北京作为内蒙古的产业孵化基地和人才培养基地。现在,我区不少企业把研发中心和销售中心设在北京,效果很好。总之,我们要充分利用资源优势,利用西部大开发和民族区域自治的政策,不断创造良好的发展环境,吸引更多的北京投资者到内蒙古开发搞事业,推进双方的共同发展。

(选自在北京市·内蒙古自治区经济技术协作座谈会上的讲话)

对外开放是发挥后发优势、实现跨越式发展的基本途径

(2003年7月17日)

新世纪之初,国内外经济发展呈现出一个规律性现象,就是经济联系日益广泛而深入,跨区域的资源配置格局正在形成,在这种大趋势和大背景下,我们要进一步加快对外开放步伐,全力构筑对外开放新格局。

新形势下必须进一步加快对外开放

从国际上看,以市场经济为动力,以高新技术为支撑,以跨国公司的跨国经营为特征的开放型经济迅速发展。从国内看,突破行政区划的大经济区域,诸如长江三角洲、珠江三角洲、环渤海经济带快速崛起。有的地区抓住经济一体化特别是我国加入世贸组织带来的机遇, 积极参与同发达国家的经济技术交流,自觉接受发达省市的辐射,实现跨越式发展。在这种形势下,我们必须重新审视并牢牢把握经济联系日趋紧密的规律,充分认识进一步扩大开放的重大意义。

一是对外开放是发挥后发优势, 实现跨越式发展的基本途径。对外开放程度决定着一个国家和地区的发展程度。党中央高度重视对外开放工作。党的十一届三中全会以来,我国坚定不移地实行改革开放,党的十四大明确提出了对外开放是强国之路的重要思想,十五大把对外开放确定为基本国策, 十六大提出了以开放促改革促发展的方针。早在十九世纪,英国经济学家穆勒就说过,"在资源原先开发不足的国家,对外贸易的开放,有时起着一种产业革命的作用"。从近代历史来看,除英国等少数几个国家外,绝大多数国家和地区,是在经济相对落后的基础上,通过对

外开放和对外贸易，在较短时间内建立起现代经济结构。以工业化进程为例，英国完成工业化进程用了200多年时间，而后起的美国仅用了150年，在二十世纪初赶上了英国；日本用了近100年的时间，在二十世纪中叶赶上了美国；韩国用了30多年的时间，在二十世纪八十年代赶上了欧洲；我国沿海发达地区用了20多年的时间，就达到或接近世界中等发达国家的水平。国内外经济发展的实践证明，对外开放是欠发达国家和地区发挥后发优势、实现跨越式发展，赶上或超过发达国家和地区的基本途径。我区是资源富集而经济欠发达地区，扩大对外对内开放，充分吸收国内外的资本、技术、人才、管理，对于弥补我区关键要素不足，加快资源转换步伐，提高资源利用水平；对于促进经济结构战略性调整和经济增长方式根本转变，提高经济运行质量和水平；对于实现某些地区和行业的跨越式发展，带动全区的全面发展，都具有十分重要的战略意义。

二是我区在国家对外开放格局中具有重要的战略地位。内蒙古对外与俄罗斯、蒙古国接壤，有满洲里、二连浩特等18个边境口岸；对内横跨"三北"，与8个省区交界，既是京津和环渤海地区的腹地，又是华北沟通东北和西北的经济通道。目前，我国沿海开放已经取得重大进展，与东南亚建立自由贸易区也进入了实质性谈判。西部大开发战略确立了"南贵昆经济区"重点向南开放、"西陇海兰新经济带"重点向西开放的战略。加快形成面向俄蒙的向北开放格局，已经成为构建我国全方位开放格局的必然要求。我区蕴藏着丰富的煤炭、天然气、稀土等资源，资源储量在全国占有重要地位。经过多年的建设，形成了通往俄罗斯、蒙古国的国际大通道和通往沿海、内地的运输网络，形成了以能源、冶金机械、化工、农畜产品加工和稀土等具有一定规模和优势的产业基础，形成了具有一定集中度的城镇群落，初步具备了成为国家向北开放前沿阵地的条件。1999年，江泽民同志在考察我区时指出，"要进一步扩大对外开放，使内蒙古成为我国向北开放的前沿阵地。"近年来国家明确提出，要把开拓俄罗斯市场作为完善对外开放格局的重大战略。今年年初，国务院发展研究中心在深入调查研究的基础上，形成了《关于加快构建呼包银——集通线经济带的建议》，提出构建向北开放大通道的时机已经成熟，应把内蒙古列为向北开放的重点地带。

三是进一步扩大我区对外开放面临着良好机遇。从国际上看，第一，世界范围内的发展路径选择方兴未艾,为减少发展代价、缩短发展历程提供了可能。在全球190多个国家和地区当中,已有60多个国家和地区基本实现了第一次现代化,即从农业经济时代迈向工业经济时代,有20多个国家进入了第二次现代化的起步期,即从工业经济时代迈向知识经济时代。这为我们吸取和借鉴不同国家和地区发展的经验教训,减少弯路、避免失误、加快发展提供了条件。第二,全球范围新一轮产业结构调整和资源重新配置的浪潮正在掀起。新一轮产业结构调整是在经济全球化背景下发生的,呈现出高新技术、金融和全球市场一体化三者合一的特征,这必然会有大量资本、技术、高素质人才涌入我国;同时,国际产业结构调整也必然会带动国内产业以及资本、技术、人才的转移。第三,世界科学技术的突飞猛进,为我们高起点发展提供了可能。一些科学家和未来学家的研究结果表明,21世纪头10年新技术的发明和发现将超过20世纪的总和,必将带动相关新型产业的迅猛发展。从国内看,我们面临的主要有利条件有,第一,我区是国家实施西部大开发的地区之一,西部大开发在某种意义上说就是西部大开放,为此,国家在外商进入范围、税收政策、出口贸易方面都制定了许多优惠政策。同时,十六大提出要建立保证西部大开发顺利实施的长期投入机制。这为我区扩大开放创造了大环境。第二,根据有关专家预测,当前和今后一个时期,外资投向的重点领域主要是基础设施建设、国有企业改组改造、农牧业及其加工业。我国沿海地区由于改革起步较早和基础设施建设力度较大,国有企业改造和基础设施建设方面的投资空间越来越小,而我区在外资投入的重点领域有广阔的空间。第三,随着经济的发展,沿海发达地区的人力、土地等资源价格出现了上升趋势,导致投资成本上升,从而引起部分投资外溢,而我区劳动力、土地等资源丰富且成本低,有利于吸引内外商投资。

邓小平同志曾深刻指出,"要实现我们的第一步目标和第二步目标,不开放不行,不加强国际交往不行",并强调"没有对外开放政策这一着,翻两番困难,翻两番以后再前进更困难"。党的十六大提出要在本世纪头二十年,集中力量全面建设惠及十几亿人口的小康社会。自治区第七次党代会提出要实现"两个高于、一个达到"的奋斗目标,自治区党委七届三次全委会提出,到2020年与全国同步建成小康社会。贯彻落实党的十六大精神,实现自治区党委确定的两步走战略目标,都离不开对外开放。全区各级党委、政府和各级领导干部,一定要站在我区经济社会发展全局的高度,充分认识新形势下对外开放的重大意义,进一步增强责任感和紧迫感,主动适应形势,把握机遇,迎接挑战,全面推进内蒙古的对外开放。

努力开创我区对外开放工作的新局面

党的十六大提出,为完成党在新世纪新阶段的奋斗目标,发展要有新思路,改革要有新突破,开放要有新局面,各项工作要有新举措。根据国家构建全方位对外开放格局的要求和我区在国家全方位开放格局中的战略地位,适应国际经济技术合作和国内区域经济发展的新趋势,开创我区对外开放工作新局面的总体思路是:在全方位扩大对外开放的基础上,继续巩固、扩大欧美、东亚、中东等传统市场,把面向俄罗斯、蒙古国的向北开放作为对外开放的战略重点,积极创造条件,争取早日建立满洲里、二连浩特边境出口加工区。进一步扩大对内开放,在加强同东北、西北、沿海以及其它地区经济联系的基础上,把面向环渤海经济带的开放作为对内开放的战略重点,积极推动京津——呼包经济带的形成。在大力引进发达国家和地区资本、技术、人才的同时,积极"走出去"拓展发展空间。经过努力,进一步提高外经、外贸、外资在国民经济发展中的比重和贡献率,把内蒙古建设成为国家向北开放的前沿阵地。当前,必须着力抓好以下几个关键环节。

第一,从更高层次和更宽领域拓展俄蒙及东欧市场,加快建设向北开放的前沿阵地。近年来,中俄、中蒙友好关系日益加强。前不久,胡锦涛总书记出访俄罗斯、哈萨克斯坦、蒙古国,把中俄、中哈、中蒙关系推向了一个崭新的阶段。出访期间,胡锦涛总书记同三国领导人就发展经贸合作问题进行了深入探讨。同俄罗斯、哈萨克斯坦签署了4个石油领域合作文件,同蒙古国达成共识,把资源开发和基础设施建设作为双方互利合作的重点,推动两国大型经贸项目合作。这为我区进一步扩大向北开放,加强同俄蒙经贸合作提供了极好的机遇。我们要抓住这个机遇,乘势而上,进一步扩大对俄蒙及东欧的对外开放。一是要推动市场由毗邻区域向俄蒙腹地特别是俄罗斯中心城市以及欧洲国家延伸。要坚持边贸、旅贸、民贸、互市贸易一起上,双边、多边、转口贸易齐发展的方针,扩大俄蒙及东欧市场占有份额。要加强对俄蒙的市场调研,运用市场手段组织国内外企业和各类名优商品,到我区的口岸城市设厂建网,以强大的企业集团、丰富优质的商品、多种营销手段开拓俄蒙市场。开拓俄蒙市场的目标,要实现三个转变,即从面向中低档消费市场为主,实现全面进入其主流消费市场;从局部地区市场为主,实现全面进入其全国市场;从传统消费品如服装、鞋等出口为主,实现我们具有国际竞争优势商品如家电、消费电子品、食品等全面进入。二是要充分利用国家优惠政策,努力构建进出口加工体系。充分发挥我区口岸和俄蒙的资源优势,以俄罗斯的原油、天然气、化肥、木材资源和蒙古国的畜产品、矿产品等进口资源发展加工业,实现进口资源的加工增值。面向俄蒙市场,不断巩固和完善蔬菜出口"绿色通道",进一步加大肉类、蔬菜、水果、蛋、禽、奶等食品出口。要面向国内外市场,提供优惠条件,吸引和集聚国内外优势资源到我区从事进出口加工贸易,逐步培育和形成过埠增值型和出口创汇型加工体系。三是要进一步拓展对俄蒙经济技术合作领域,扩大和巩固在森林采伐、木材加工、工程承包、劳务输出等方面的业务。四是要积极创造条件,力争在满洲里、二连浩特建立出口加工区。在具备条件的地区建立某种形式的特殊经济区域,给予特别经济政策,以减少贸易壁垒,降低贸易门槛,是许多国家和地区扩大开放的一条重要经验。在口岸城市建立出口加工区,可以享受自由贸易区和保税区的优惠政策,对于提升我区对外经贸合作层次和水平,具有重要的促进作用。改革开放之初,我国在沿海建立经济特区,对于扩大沿海乃至全国的对外开放发挥了极其重要的作用。我区满洲里、二连浩特具有建立出口加工区的优势,俄罗斯、蒙古国对此始终持积极态度。特别是胡锦涛总书记对俄罗斯、哈萨克斯坦、蒙古国的国事访问,进一步促进了我国同俄、哈、蒙三国的睦邻友好合作。在这种形势下,我们必须把建立出口加工区摆到重要议事日程,积极创造条件向国家争取。

在搞好向北开放的同时,要进一步扩大向世界其它国家和地区的开放。要继续巩固、开拓欧美、东亚、东南亚、非洲和港澳台等传统市场,进一步优化经营主体和出口产品结构,保持和扩大我区在这些国家和地区的市场份额。要加快开发中东、南非等新兴市场。中东地区对我区的畜产品特别是活羊需求量很大,南非对我们的轻工产品也有需求。长期以来,我区对这些市场的开发不足。今后,要加大市场研究和开发,生产适销对路产品,增加我区在这些国家和地区的市场份额。

第二,以积极参与环渤海地区经济技术合作为重点,全面扩大对内开放。把我区建设成为国家向北开放的前沿阵地,既要积极参与国际的经济技术交流与合作,又要进一步加强与国内各省市区的经济技术协作。一是要加强同环渤海地区的经济技术合作。据有关专家分析,进入21世纪,在我国加入世贸组织、北京申奥成功之后,环渤海地区将成为我国经济快速增长的引擎。我们必须审时度势,抓住环渤海经济带迅速崛起的机遇,把向环渤海地区开放作为对内开放的战略重点来抓,积极创造条件,努力推动京津——呼包经济带早日形成。二是要加强同东部沿海地区的经济技术协作。随着经济发展和结构调整,东南沿海地区在产业选择上必然走优先发展高新技术的路子,资源型加工产业随之会向具有比较优势的地区转移。我们要抓住这一机遇,加大转移产业和我区优势产业技术改造力度,乘势做大做强。三是要加强与周边地区的经济技术协作。我区地域辽阔,东西跨度大,各地情况千差万别,扩大对内开放不可能套用一种模式,必须因地制宜,发挥各自优势,加强同东北、西北、华北等相邻省区的经济技术协作,积极参与区域经济分工,实现地区经济优势互补。

第三,以利用外资工作为重点,全面做好"引进来"的各项工作。我区经济发展正处于工业化初始阶段,基础产业和优势产业发展空间很大,加上我区生态建设和基础设施建设历史欠账较多,这就决定了以投资拉动为主导的经济增长模式在短期内不会改变。我区今后几年还要保持适度增长,所需资金量很大,我们必须在争取国家支持的同时,以更加积极的姿态扩大对内对外开放,吸引更多的国内外资本。

要深入研究和把握国内外资本流动趋势,切实用好用足国家有关优惠政策,力争在引资规模、水平、领域上取得新的突破。要认真研究落实中央关于西部大开发的有关政策。为深入实施西部大开发战略,国家在外商投资领域、投资方式、投资渠道以及东部地区投资西部等方面给予了许多优惠政策。为充分发挥国家政策的推动作用,自治区党委、政府出台了实施意见,各地、各部门一定要深入研究,狠抓贯彻落实。要把引进国内外资本同资源开发、基础设施建设、国有企业改组改造、农牧业产业化结合起来,筛选确定一批具有吸引力的大项目。要把直接引资与间接引资结合起来,深入研究国外政府、国际金融机构、国际债券市场的投资政策,切实做好间接引资工作。同时,加强境内外资本市场的研究,开发证券引资的潜力,抓好条件成熟公司的上市工作。要努力开发服务贸易领域的引资潜力。现在,国家已经将外商对银行、商业零售企业、外贸企业的投资试点范围扩大到西部地区省会、首府城市,允许西部地区的外资银行经营人民币业务,投资电信、保险、旅游业,兴办会计师事务所、律师事务所等中介组织。我们要抓住这一机遇,开发服务贸易的引资潜力,力争在服务贸易引资上有所进展。要把跨国公司作为引资工作的重点来抓。跨国公司是否进入,是衡量一个地区开放水平的重要标志。1999年,全世界6.3万家跨国公司,在国外的分公司达70万家,产值已占世界总产值的45%,贸易额占世界贸易额的60%,投资占世界直接投资的90%。我们要把引进跨国公司摆在更加突出的位置,加大工作力度,采取有效措施,力争取得突破。

要积极引进国内外先进技术和设备,提高科技含量,推动经济增长方式的根本转变。根据经济技术发展不平衡规律,自治区党委七届三次全委会提出,要在某些地区和某些领域率先实现跨越式发展,形成能够带动、辐射全区的增长极和生长点。我国加入世贸组织后,国内外经济联系日益密切,技术交易十分活跃,人才流动更加频繁,这为我们加快技术进步和技术创新提供了现实途径。我们要充分利用国际国内两个市场,高起点地引进、消化和吸收先进技术,促进技术的跨越式发展。要根据地区和产业发展的实际,确定优势地区和优势产业,大幅度提高优势地区和优势产业的技术装备水平,促进这些地区和产业率先实现技术跨越。现在,国际上几个大的经济体增速趋缓,国内技术设备的市场空间不足,向外输出的愿望强烈;国家对西部地区引进先进技术设备,在贷款、税收方面都有不少优惠政策,这为我们降低引进成本、减少引进代价提供了良好机会。我们要抓住这个机会,加大引进力度,力争在较短的时间内,使我区技术装备水平有一个较大幅度的提升。

要切实做好人才引进工作。实施西部大开发,既离不开资本和技术,更离不开人才,需要人才、资本和技术的共同推动。要调整人才政策,营造有利于吸引人才、留住人才的氛围,吸引和凝聚优秀人才到我区创业。特别是要依托西部大开发的重大建设项目、重要研究课题,采取灵活务实的人才政策,吸引国内外高层次人才为我区建功立业。

第四,以兴办实体为重点,积极组织和大力支持有条件的企业"走出去"。实施"走出去"战略,是党中央为适应经济全球化和加入世贸组织的新形势,在更大范围、更宽领域和更高层次上参与国际经济技术合作与竞争而作出的一项重要决策,是对外开放新阶段的重大举措。现在,国际市场竞争日趋激烈,贸易保护主义不断出现,产品出口遇到了越来越多的非关税贸易壁垒,产品出口压力越来越大。在这种情况下,企业只有"走出去",充分利用和享受投资地的优惠政策,实现产品的就地生产、就地销售,才能有效地规避国际贸易壁垒,带动产品出口。企业到境外投资办厂,关键要瞄准当地市场需求,搞好市场定位。要认真分析"走出去"后企业能否发挥自身的竞争优势,是否有足够的能力为企业创造利润空间。目前我区一些企业在"走出去"方面已经取得一些经验,但总的看视野不够宽,层次不够高,对俄蒙的投资量也不大。据专家分析,由于俄蒙产业结构畸形,轻工业基础薄弱,食品、日用消费品大多依赖进口。在这些领域,我区的企业具有一定的竞争优势。我们要抓紧组织区内具有竞争力的企业到俄蒙开办日用消费品生产和农畜产品加工等企业,以此带动区内产品和技术、设备的出口。俄蒙的木材资源和矿藏资源丰富,在俄蒙境内兴办资源开发型企业是发挥我区企业优势和利用境外资源的有效途径。有关部门要认真研究和指导企业用好国家鼓励企业"走出去"的各项政策措施,积极争取国家外贸发展基金、合作资金、贷款贴息等资金扶持。同时,要进一步探索到东南亚、拉美、非洲、中东等地投资办厂,努力扩大我区企业在境外的发展空间。

第五,以口岸和开发区、工业园区为重点,加强对外开放的载体建设。根据我区地域辽阔、生产力发展不平衡的实际,根据产业集群成长的规律,自治区第七次党代会提出了调整生产力布局的思路。口岸作为稀有资源,不仅仅是对外开放的重要通道,而且是人流、物流、信息流、资金流的集聚和扩散中心。开发区、工业园区也不仅仅是一个地区招商引资的重要窗口,而且是各种新型产业的发展中心和各种生产要素的聚集之地。口岸、开发区、工业园区既是带动一个地区经济发展的增长极,也是促进一个地区发展外向型经济的重要载体。加强口岸、开发区、工业园区建设,既是促进生产力布局调整的重要步骤,也是发展外向型经济的有效措施。我们必须抓住国家实施"大通关"工程和加入世贸组织的机遇,把口岸、开发区、工业园区建设同调整生产力布局、加快城镇化进程、提高产业集群度统筹考虑,协调建设,针对规划设计、基础设施、产业基础、服务功能等方面存在的薄弱环节,采取有效措施,加大工作力度,努力把口岸、开发区、工业园区建设成为一个地区乃至一个区域优势资源的聚集地、经济发展的增长极和发展外向型经济的重要基地。

加强对外开放工作的组织领导

开创我区开放工作的新局面,主体是企业,关键在领导。各级党委、政府要进一步强化责任,切实加强组织领导,为搞好开放工作创造良好条件。

要进一步解放思想。思想解放的程度决定对外开放的程度。改革开放以来,我区干部群众的思想观念发生了巨大变化,但是同发达地区相比,思想解放的程度还有较大差距,观念滞后仍然是制约扩大开放的重要因素。要把解放思想作为动力工程来抓,以解放思想促进观念更新和扩大开放。为了推动全区各级干部进一步解放思想,自治区党委作出决定,在全区深入开展"大力解放思想,优化开放环境"培训教育活动,切实解决各级干部特别是领导干部在扩大开放方面存在的思想认识问题,为经济发展和对外开放营造良好环境。解放思想、创新理念,必须破除那些不合时宜的陈旧思想意识。比如,增强市场意识,就要破除计划经济条件下的思维定势和习惯做法,树立运用市场经济的办法解决开放和发展问题的现代理念;增强开放意识,就要破除封闭保守的思想意识,树立海纳百川、在相互交融中加快自身发展的现代理念;增强商品意识,就要破除轻商、抑商、欺商等小农意识,树立亲商、安商、富商的现代理念;增强合作意识,就要破除"宁当鸡头、不做凤尾"、"肥水不流外人田"等狭隘利益观,树立"你赚钱、我发展"双赢的现代理念,等等。解放思想、创新理念,一定要注重实践、注重实效,努力形成经济欠发达而思想不落后,体制欠完善而观念不陈旧的开放、超前的生动活泼的局面。

要强化服务工作。服务就是环境,服务决定环境。强化服务工作,关键要解决主动服务、高效服务的问题。要加快转变政府职能,实现由管治型政府向服务型政府转变,把工作的着眼点由管住和治理企业转向积极为企业发展和各类人才发挥才能创造条件,让企业和投资者真正感到政府在主动为他们创业发展铺设道路、搭建平台。搞好服务,要有战略眼光,不仅要招商更要安商、富商,让投资者有信任感和安全感,有扩大再生产的条件,有再投资的动力。要以引进企业的良好收益,形成以商招商、商家纷纷落户的良好局面。

要优化经济环境。要把营造良好的投资环境作为一项十分重要的基础性工作来抓。当前,重点要抓好政策环境、法治环境、行政环境、信用环境、人文环境的整治和优化。优化政策环境,就要抓紧制定和完善我区招商引资的政策措施,用好西部大开发的优惠政策和民族自治地区的优惠政策,降低招商引资的门槛,放大投资发展的空间。优化法治环境,就要抓紧研究建立促进外来投资的有关法规和条例,清理修订涉外地方性政策、法规,把招商引资工作纳入法制化轨道。要正确处理执法与服务的关系,坚持以开放促监管,深入实施警务、关务、检务、税务等制度公开。牢固树立多种经济主体平等保护的意识,切实保护投资者的合法权益和人身财产安全。抓紧建立快速、高效的外商投诉案件接收处理机制,使外商投诉有明确统一的受理部门和规范的处理办法。优化行政环境,就要加大深化行政审批制度改革力度,努力做到国家非限制类的非政府投资项目原则上由行政审批制改为登记备案制,下决心解决行政管理中的"三乱"现象。优化信用环境,就要健全信用制度,加强信用教育,强化信用理念,整肃信用秩序,在全社会形成诚信为本的风尚。优化人文环境,就要大力宣传"环境也是生产力"的观念,使全社会普遍树立"人人都是投资环境,事事关系开放形象"的意识。对于在营造对外开放环境方面做出突出贡献的单位和公民,进行表彰奖励,对有损投资环境的问题及时给予处理。

(选自在全区对外开放工作会议上的讲话)

切实做好深化改革各项工作

（2003年10月29日）

　　党的十六届三中全会审议通过的《中共中央关于完善社会主义市场经济体制若干问题的决定》，深刻分析了我国经济体制改革和经济社会发展面临的新形势、新任务，科学总结了党的十四届三中全会以来我国经济体制改革的成功经验和存在的问题，明确提出了完善社会主义市场经济体制的目标、任务、指导思想和原则，是我们党理论创新和实践创新的最新成果，是开创改革开放和现代化建设新局面的重要指南和行动纲领。我们要认真落实好《决定》的各项要求部署，深化各项改革，着力解决制约发展的深层次体制机制问题。

　　十六届三中全会通过的《决定》，提出了很多方面的改革任务，是建成完善的社会主义市场经济体制和更具活力、更加开放的经济体系的总体设计，既管当前，又管长远，我们要坚持整体推进、重点突破、循序渐进的原则，扎扎实实地抓好各项改革的落实。

　　第一，坚持"两个毫不动摇"，进一步完善基本经济制度。党的十六大指出，必须毫不动摇地巩固和发展公有制经济，必须毫不动摇地鼓励、支持和引导非公有制经济的发展，根据解放和发展生产力的要求，坚持和完善公有制为主体、多种所有制经济共同发展的基本经济制度。经过20多年的改革和建设，我区以公有制为主体、多种所有制经济共同发展的格局初步形成。但同全国平均水平相比，特别是同沿海发达地区相比，我区的所有制结构仍很不合理。2002年，我区非公有制经济对GDP的贡献率只有25%，而全国已经达到三分之一，其中广东和浙江分别达到54%和55%。基本经济制度不够完善，是制约我区改革和发展的重要原因。我们一定要按照《决定》的要求，加大力度，尽快构筑起充满生机与活力、能够进一步解放和发展生产力的基本经济制度。坚持和完善基本经济制度，必须处理好三个方面的关系：一是进与退的关系。要坚定不移地贯彻"有进有退"、"有所为有所不为"的方针，切实搞好国有经济布局的战略性调整。除关系国家安全和经济命脉的重要行业和关键领域，其他行业和领域的国有企业，都要通过资产重组和结构调整，在市场公平竞争中优胜劣汰。要放手、放胆、放心地大力发展非公有制经济，在不断增强国有经济控制力的同时，进一步提高非公有制经济的比重和贡献率。二是增与减的关系。多元化的股权结构是科学化的企业组织结构的基础。建立规范的现代企业制度，必然要对国有企业进行股份制改造，在增加股本、扩大总量的前提下，降低国有股的比重。这样做，从表面上看，国有股被稀释了，比例下降了，但从全局和根本上看，国有经济的总量增加了，控制力增强了。我国沿海发达地区改革发展的实践已经充分证明了这一点。我们要在股份制改造和调整国有股上做文章，善于通过股份制改造搞活国有企业，善于通过降低国有经济在某些领域、产业的比重做大国有经济总量，善于通过调整国有股建立与我区生产力发展水平相适应的生产关系，使股份制成为我区公有制的主要实现形式。三是大与小的关系。坚持抓大放小，是中央确定的搞好国有企业的重要方针，也是完善所有制结构的基本途径。抓大与放小相辅相成、不可偏废。在深化经济体制改革的新形势下，抓大，就是要通过完善出资人制度、建立现代企业制度、发展股份制经济，把国有大型企业真正做大做强。放小，就是要彻底放开搞活国有中小企业，主要方向是股份制和民营化。

第二，抓好重点环节，在国企改革、农村牧区改革、就业体制和社保体系改革方面取得新进展、新突破。这三个方面的改革，既是十六届三中全会确定的深化经济体制改革的主要任务，又是关系我区改革发展稳定全局的重中之重，也是方向明确、政策明了、条件成熟的改革领域。要进一步加大力度，尽快使这些方面的改革取得新进展、新突破。

一是要在深化国有企业改革方面取得新进展、新突破。加快建立现代产权制度，使国有资产真正做到"归属清晰、权责明确、保护严格、流转顺畅"。大力发展股份制经济，尽快完善国有企业的股权结构。充分利用现有存量，努力扩大对外开放，积极吸引民间资本，通过公募、私募、兼并、协议收购、杠杆收购、联合发起、职工入股、企业相互参股、出售部分国有资产等形式，对国有企业抓紧进行股份制改造。积极争取国家支持，依法对现有40多户积重难返的国有大中型企业和资源枯竭矿山企业实施破产。目前，全区181户国有大中型企业虽有120户初步建立了现代企业制度，但建立和完善现代企业制度的任务仍很艰巨。要按照《决定》和《公司法》的要求，规范设立董事会、监事会、经理层，确定清晰的职能职责，真正形成各司其职、运转协调、有效制衡的权力运行机制。建立健全国有资产管理和监督体制，抓紧组建盟市国资管理机构。坚持政企分开、所有权与经营权分开的原则，正确处理监管国有资产与企业自主经营的关系，充分尊重企业作为市场主体的各项权利。

二是要在深化农村牧区改革方面取得新进展、新突破。长期稳定家庭承包经营制度，依法保障农牧民的各项权利。顺应统筹城乡发展、建设现代农牧业的需要，按照依法、自愿、有偿的原则，进一步完善土地、草场流转办法，逐步发展适度规模经营。采取有力措施，严格用地管理，及时合理补偿，杜绝损害农牧民利益的现象发生。建立健全农牧业社会化服务、农畜产品市场和对农牧业的支持保护体系。把家庭承包经营与农牧业产业化经营结合起来，依托我区的农牧业优势和特色，大力支持工商企业投资发展农畜产品加工和营销，积极推进农牧业产业化经营。按照自愿、民主的原则，积极发展多种形式的农村牧区专业化合作组织，增强农牧业抗御市场风险的能力。加大政府对农牧业的支持保护力度，增加对农牧业和农村牧区的投入。努力创造条件，不断改善农村牧区富余劳动力转移就业的环境。建立健全培训机制，通过实用技能培训，既使农村牧区劳动力学会"怎样当好农牧民"，也使他们学会"如何不当农牧民"，使农牧民越培训越富、越培训转移越快。改革户籍管理制度，取消不合理的限制性规定，鼓励和支持城乡双向流动就业。巩固发展税费改革成果，确保农牧民负担减下来、不反弹。

三是要在深化就业和社会保障制度改革方面取得新进展、新突破。就业是民生之本，既是经济任务，也是政治任务；既是工作任务，也是工作目标，必须放到与促进发展同样重要的位置来抓。要把改革发展、结构调整和扩大就业紧密结合起来，通过政府引导和市场调节，切实抓好劳动密集型产业、中小企业和非公有制经济的发展。加强就业服务体系建设,完善有关政策和法规,加大资金投入力度,及时对特殊困难群体实施就业援助。要大力加强社会保障制度建设,完善企业职工基本养老保障制度,建立健全自治区养老保险调剂基金,逐步健全失业保险制度,继续完善城镇职工基本医疗保险制度,完善城市居民最低生活保障制度,做好"三条保障线"衔接工作。

第三,统筹兼顾,循序渐进,积极稳妥地推进相关改革。一是要深化金融体制改革。从总体上看,我区地方金融业的发展,不但落后于沿海发达地区,而且落后于某些西部省区。从融资数量上看,2002年,我区金融机构贷款余额为1649亿元,而同期浙江为8613亿元、新疆为1801亿元;我区上市公司20家,同期浙江62家、新疆25家。从金融产业规模上看,2002年,我区金融产业增加值只有27亿元,相当于浙江的8.9%、新疆的52%。资金短缺、融资渠道不畅,已经成为制约我区经济社会发展的瓶颈。要把金融业的发展同优势产业、重点地区的发展结合起来,扩大金融规模,创新金融服务。加强与中央驻区金融机构的联系和合作,搞好协调服务。大力发展证券融资,积极推进优势企业上市,进一步提高已上市企业的再融资能力。壮大现有城市商业银行,在经济较为发达的盟市组建城市商业银行。加快农村信用社产权制度改革,积极构建新的农村信用社体系。进一步完善自治区、盟市和旗县三级中小企业信用担保体系。发展创业投资,建立健全产权交易市场。以政府信用为先导、以企业信用为重点、以个人信用为基础,加快社会信用体系建设,为金融和经济发展营造良好的信用环境。

二是要深化政府机构改革。进一步调整优化政府机构设置,理顺职能分工,实现政府职责、机构和编制法定化。大力推进依法行政,严格按照法定权限和程序行使权力、履行职责。建立健全各种预警机制和应急机制,提高政府应对突发事件和风险的能力。结合投资体制改革,大幅度减少行政审批项目。中央已经明确,国家只审批关系经济安全、影响环境资源、涉及整体布局的重大项目和政府投资项目及限制类项目,其它项目由审批制改为备案制。要结合自治区实际,明确审批和备案范围,切实把不该审批的项目减下来,还企业以投资主体地位。

三是要深化社会领域改革。推进科技、教育、文化、卫生、体育等领域的改革,是坚持"五个统筹"和全面建设小康社会的必然要求。搞好这方面的改革,必须充分发挥市场机制的作用,在增加政府投入的同时,鼓励社会资金投入。对公益性事业和经营性产业实行不同的管理体制。经营性单位要加快向企业转制,面向市场,壮大实力,加快发展;公益性事业单位要深化劳动人事、收入分配和社会保障改革,增加活力,改善服务。各级政府要强化社会管理和公共服务职能,加强政策引导,规范市场秩序,为社会领域各项事业的改革发展创造良好环境。

完善社会主义市场经济体制,是一项艰巨而复杂、紧迫而繁重的任务。各级党委、政府要精心组织,周密部署,切实加强和改进领导。要把改革摆到重要议事日程,坚持谋全局、把方向、抓大事,加强衔接、配套和协调,保证各项改革措施的顺利实施。总的要求,一是着眼于加快发展的要求,着力消除各种影响发展的体制性障碍,让改革成为推动各项工作的强大动力;二是立足于为民谋利的宗旨,把最大限度地实现最广大人民的利益作为根本准则,把改革的力度、发展的速度和社会可承受程度统一起来,充分调动人民群众的积极性;三是适应扩大开放的新形势,使改革与开放同步推进,良性互动,促进对外开放向更高水平发展;四是统筹兼顾,用改革的思路、办法和措施,调解好改革进程中的各种利益关系,促进经济社会全面、协调、可持续发展。要正确处理改革的阶段性目标和总体目标的关系,把需要和可能、重点和一般、当前和长远很好地统一起来。对于已经出台、正在进行的改革措施,要加大力度,扎实推进,重在落实;对于国家即将出台的重大改革政策和措施,要认真研究,早作谋划,确保各项改革积极稳妥和协调推进。要加强思想引导和政策宣传,把中央的精神、改革的意义和政策向广大群众讲清讲透。宣传新闻单位要坚持正确的舆论导向,大力宣传各地各部门改革的好做法、好经验,在全社会营造深化改革的良好氛围。要根据改革各个阶段的推进程度,及时搞好舆论引导,有针对性地解疑释惑,动员广大干部群众齐心协力地支持改革、投身改革、推进改革。

(选自在自治区党委七届五次全委会议上的讲话)

高度重视非公有制经济发展

（2006年5月22日）

　　近年来特别是党的十六大以来，全区各级党委、政府牢固树立和认真落实科学发展观，坚持"两个毫不动摇"的方针，认真贯彻党和国家关于加快发展非公有制经济的各项政策措施，全区非公有制经济发展步伐明显加快，在促进经济增长、优化经济结构、增加财税收入、吸纳劳动力就业等方面发挥了重要作用。据统计，到2005年底，全区非公有制经济增加值已达1333.61亿元，占GDP的34.9%，比2000年提高了11.2个百分点；全区登记注册的非公有制经济企业达到51.7万户，占全区企业户数的92%。从业人员159.5万人，占全区城镇从业人员总数的40%；非公有制企业创造的税收占全区各项税收总和的20.9%，比2000年提高了3.3个百分点。事实表明，我区非公有制经济已经成为全区国民经济的重要组成部分。

　　在肯定成绩的同时，也要清醒看到差距和不足。在自治区第七次党代会上，我们曾明确提出要贯穿结构调整这一主线，突出抓好三个方面的结构调整，即产业结构调整、所有制结构调整和生产力布局调整。从近年来的运行情况看，产业结构和生产力布局调整力度较大、成效明显，但所有制结构调整相对滞后。目前，我区所有制结构仍以公有制经济为主，非公有制经济只占34.9%，与全国平均水平比有较大差距。去年召开的全国民营经济形势分析会指出，目前民营经济已经成为我国国民经济的重要组成部分和经济增长的主要来源。到"十五"期末，我国内资民营经济占GDP的比重达49.7%，外商投资经济占15%至16%，两者相加达到65%左右。"十五"期间，全国民营经济在二、三产业的就业人数净增7000万人，达到3.49亿人，其中城镇就业人员的75%以上集中在民营企业。民营企业的税收增长明显快于整体税收增长，一些地方民营企业创造的税收已占地方财政收入的60%以上。同发达地区相比，我区的差距更大。目前，浙江非公有制经济比重已超过70%，江苏接近60%。去年评定的全国民营企业500强中，浙江有182家，江苏有111家，两省占全国的3/5；山东、上海分别有39家和32家，西部地区的四川省也有17家。我区只有伊利、小肥羊等7家。差距不仅表现在数量、质量和效益上，同时也表现在思想观念和工作力度上。目前，我们仍有不少地方和不少同志，对发展非公有制经济重视不够甚至存有偏见，在引进国有大企业时，忽视引进非国有中小企业，在引进外地企业时，忽视激发当地的自主创业，在抓大扶大时忽视抓小扶小，政策歧视、准入限制等问题也较突出。

当前和今后一个时期，大力发展非公有制经济对我区具有十分重大的意义。

一、大力发展非公有制经济，是全面落实科学发展观的必然要求

以人为本是科学发展观的核心。坚持以人为本，必须以促进人的全面发展为目标，从人民群众的根本利益出发谋发展、促发展，使发展成果惠及广大人民群众。大力发展非公有制经济，是坚持以人为本的重要体现。非公有制经济是通过千千万万老百姓自主创业而进行的经济活动，既是百姓经济，也是富民经济。改革开放前，浙江省是典型的农业省。20多年来，他们坚持大力发展非公有制经济，不仅有力促进了全省经济发展，而且有力促进了群众增收。2005年，浙江省的经济总量达到13365亿元，城镇居民人均可支配收入达到16924元，农民人均纯收入达到6650元。我区近年来经济增速较快，人均GDP已经超过全国平均水平，为全国平均水平的114.6%。但城乡居民收入增长落后于经济增长，仍低于全国平均水平，分别为全国平均水平的87%和92%，其中一个重要因素是非公有制经济发展滞后。

坚持"五个统筹"，促进经济社会全面协调可持续发展，是科学发展观的基本要求。落实好"五个统筹"，都必须加快发展非公有制经济。从统筹城乡发展看，现阶段的主要任务是按照以工促农、以城带乡的要求，加快推进社会主义新农村新牧区建设。我们提出，农牧业问题要从非农产业上找出路、农村牧区问题要从城镇化上找出路、农牧民问题要从转移和减少农牧民上找出路,实现这"三个找出路",主要载体是发展非公有制经济。浙江省目前已使全省75%的农村劳动力转移到二、三产业就业。统计数据表明,平均25个浙江人中就有1个老板,在温州和台州地区,平均每四个家庭就办有一个企业。从统筹区域发展看,发展非公有制经济是增强经济实力、缩小地区差距的重要途径。位于全国GDP前列的广东、山东、江苏、浙江等地,经济增长主要来自非公有制经济。苏州市在全国地级市中经济总量排首位,主要得益于发展民营经济。目前全市有个体工商户23万户,私营企业9.4万家,个体私营企业注册资金1780亿元,世界500强企业有100多家落户苏州,五个县级市全部进入中国百强县。近年来,我们反复强调,要把发展县域经济作为统筹区域发展的突破口来抓,县域经济一定意义上是特色经济、民营经济、县城经济,目的就是要通过发展非公有制经济,进一步增强县域经济实力,缩小地区发展差距。从统筹经济社会发展看,在市场经济条件下,很多领域社会事业的发展要走市场化的路子。近年来的实践已经证明,非公有制经济在社会事业领域大有可为。比如文化产业,就必须走投资主体多元化的路子。目前,湖南省的民营文化单位已占全部文化单位的80%,吸纳了100万人就业。去年,国家出台了《关于加快市政公用行业市场化进程的意见》,目的就是积极鼓励社会资本参与市政公用行业的建设与经营。从统筹人与自然和谐发展看,我们搞生态建设、改善人民群众的生产生活环境,国家投入是一个方面,更重要的方面是动员全社会的力量。近年来,各级坚持"谁投资、谁治理、谁受益"的原则,积极鼓励企业和个人参与生态建设,已经取得明显成效。比如鄂尔多斯市,目前有100多家民营单位从事沙产业开发,既治理了生态环境,又获得了良好的经济效益。从统筹区内发展和对外开放看,推进对外开放需要大力发展民营经济,发展民营经济能够促进对外开放,二者相辅相成。现在,民营经济发展的外向度越来越高。2004年广州市拥有外贸经营权的民营企业近3万户,进出口总额近400亿美元。宁波市从事外向型经济的企业99%是民营企业,年出口创汇357亿元。温州民营企业生产的打火机和眼镜,击败了日本、韩国的竞争,目前已占世界90%的市场份额。

以上分析充分说明,我们在今后的发展中,一定要把发展非公有制经济作为贯彻落实科学发展观的重要举措,努力做大总量,不断提高非公有制经济在国民经济中所占比重;努力提升素质,不断提高非公有制经济的竞争能力。

二、大力发展非公有制经济,是完善社会主义市场经济体制的必然要求

公有制为主体、多种所有制经济共同发展,是我国社会主义初级阶段的基本经济制度。实践证明,各种所有制完全可以在市场经济中发挥自身优势,互相融合、相互促进、共同发展。党的十六大明确指出,必须毫不动摇地巩固和发展公有制经济,必须毫不动摇地鼓励、支持和引导非公有制经济发展。十六届三中全会对发展非公有制经济进一步作出部署,要求大力培育市场主体,切实消除制约非公有制经济发展的体制障碍。我们要深刻领会中央精神,充分认识大力发展非公有制经济,是完善社会主义市场经济体制的具体体现,是解放和发展生产力的客观要求。

非公有制经济具有与生俱来的市场经济特征。它植根于社会主义市场经济,具有灵活的管理体制和经营机制,能够自觉地按照市场信号要求参与经济活动,它在激发劳动者创业热情,促进劳动力等生产要素的合理流动,优化资源配置等方面发挥着其它经济成分难以比拟的作用。从发达地区的经验看,非公有制经济发展的最大功绩,就是使人民群众成为创业主体、市场主体、投资主体、创新主体;凡是非公有制经济比重大的地方,机制就比较活,发展就比较快,综合实力就比较强。比如浙江,活跃的民营经济是经济发展的第一推动力,中国十大民营企业浙江就占了4个,温州模式、台州模式已成为各地发展非公有制经济的典范。目前浙江以民营经济为主的块状经济有80多个,产值已达6000亿元左右。有关专家指出,浙江已步入工业化中后期阶段,以块状经济形式表现的制造业,将在该省下一轮高速发展中发挥更大作用。

非公有制经济的发展,进一步激发了国有经济的活力。大量事实说明,非公有制经济的发展与公有制经济的发展是并行不悖的。在民营企业的竞争推动下,很多国有企业更加自觉地改革管理体制,转换经营机制,焕发出了新的生机和活力。非公有制经济的发展,为国有企业特别是中小国有企业进行联合、兼并、嫁接、租赁和拍卖等提供了现成对象和有效途径。从我区国有企业改革改组改造的情况看，绝大部分国有中小企业已转制为民营企业并重新焕发了生机。随着股份制企业的发展，非公有制经济和国有经济通过混合经济的形式进行联合、融合的情况较为广泛，不同所有制经济融合并存、共同发展的格局正在形成。辽宁省在振兴老工业基地中，坚持把发展非公有制经济放在重要位置来抓。2004年，全省民营企业(包括个体工商户)同比增加了6.3万户，达到162万户，从业人员达到825万人，完成增加值3505亿元，占GDP的比重超过50%，拉动生产总值增长7.9个百分点。

经过"十五"时期的发展，我区经济的市场化程度明显提高，投资主体多元化的格局逐步形成，但非公有制经济的投资额占总投资额的比重仍然明显低于发达地区，2005年非公有制经济(含混合所有制中的非公有部分)固定资产投资额仅占全区全社会投资额的40%左右。在建立和完善市场经济体制中，必须进一步解放思想，转变观念，允许非公有资本进入一切法律未禁入的领域，并为其提供与国有资本平等竞争的环境和条件。要进一步优化非公有制经济内部结构，大力发展个体经济，突出发展私营经济，着力发展外资经济，使私营经济及外资经济在我区非公有制经济中所占的比例有较大幅度提高。要进一步调整优化非公有制经济在区域经济发展中的布局，呼包鄂等地区要保持非公有制经济发展的领先优势，重点在非公有制经济发展的质量、效益、规模上取得新进展。东部盟市及其他地区要加快发展步伐，在发展非公有制经济的数量和规模上取得新突破。

三、大力发展非公有制经济，是实现我区又快又好发展的必然要求

紧紧抓住重要战略机遇期，进一步巩固和发展"十五"以来的大好来势，实现经济社会又快又好发展，是我区当前和今后一个时期的中心任务。在这一历史进程中，非公有制经济必将发挥愈来愈大的支撑作用。从改革开放以来的实践看，我国非公有制经济从无到有，从小到大，由弱到强，在国内生产总值中的比重持续提高，已成为国民经济中最具活力的领域。2001年入围全国民营企业500强的最低门槛为2.97亿元，2004年已接近10亿元。全国民营经济形势分析会认为，未来五年是民营经济高速发展的重要时期，个体私营经济增长率将继续高于全国经济增长速度。

我区非公有制经济起步较晚，同全国特别是发达地区存在明显差距。差距就是潜力，就是新的增长点。

大力发展非公有制经济，是做大做强优势特色产业的有效途径。"十五"以来，我区以新型工业化为主攻方向，优势特色产业有了明显进步，已成为拉动经济增长的主导力量。但同时也要看到，现在我区的产业规模仍然偏小，结构比较单一，抗御风险和市场竞争能力亟待提高。到去年，我区能源工业实现增加值308亿元，占27%；冶金建材318亿元，占28%；农畜产品加工230亿元，占20.3%；其他产业都没有超过5%。发达地区经验表明，加快新型工业化进程，做大做强优势特色产业，必须大力发展非公有制经济。在做大做强优势特色产业上，我们提出，要着力推进产业多元、产业升级、产业延伸。推进产业多元，一方面要发挥我区优势，做大做强资源型产业，另一方面要大力发展非资源型产业。这两个方面，都要求必须大力发展非公有制经济，培育众多的市场主体，形成多元化的发展格局。推进产业升级，既要提高国有大企业、大集团的产业层次，还要注重中小企业的产业升级，坚决淘汰不符合产业政策的落后生产能力。推进产业延伸，需要大量与大企业配套协作的中小企业，形成一批以专业生产经营为特征的产业集群。

大力发展非公有制经济，也是提高经济质量和效益的有效途径。非公有制经济市场化程度高，预算约束强，注重产品创新、管理创新和技术创新，投资主体分散，产业体系健全，有利于防止经济波动和增强抗御风险能力。在改革开放以来几个经济增长周期中，东部沿海发达地区因为非公有制经济比较发达，自主增长机制形成较早，增长后劲和活力充足，经济发展总体上没有出现大的波折。非公有制经济追求利益最大化，资产利润率、人均利润、人均营业收入都高于国有企业，是税收特别是地方财政收入的重要来源。2004年我区第三产业对地税收入的贡献已经超过工业，这与非公有制经济在该领域的贡献是分不开的。

当前和今后一个时期，能否尽快做大做强非公有制经济，对于促进我区经济社会又快又好发展至关重要。各级要在积极引进区外非公有制企业的同时，也要注重培育本地民营经济主体，积极鼓励、引导和支持百姓创家业、能人创企业、干部创事业，努力形成全民创业的良好环境，积极构建大企业顶天立地、中小企业铺天盖地的发展格局。

四、大力发展非公有制经济，是构建和谐社会的必然要求

构建社会主义和谐社会，是我们党在新世纪新阶段着眼全局提出的一项重大战略任务。非公有制经济是构建和谐社会不容忽视的重要力量。鼓励、引导和支持非公有制经济快速健康发展，有利于增强构建和谐社会的物质基础，团结和凝聚各方面的力量，共同为全面建设小康社会贡献力量。

和谐社会首先是充满发展活力的社会。这是现代社会文明进步的重要标志。党的十六届四中全会指出，坚持最广泛最充分地调动一切积极因素是构建社会主义和谐社会的前提。在市场经济条件下，非公有制经济是最具发展活力的经济领域，它使社会成员的主动性、积极性和创造性得以充分发挥，成为经济发展的重要动力。地处中部的江西省，近年来连续开展解放思想大讨论，其中一个重要议题是促进全民创业，有力地促进了全省的观念创新和经济发展。

构建社会主义和谐社会，必须解决好人民群众最关心、最直接、最现实的问题。就业是民生之本。非公有制经济在扩大就业方面具有得天独厚的优势。2004年全国非公有制经济就业人员接近2亿人，高校毕业生的60%、城镇新增就业的80%和农村转移富余劳动力的70%在非公有制经济中实现就业，国有企业分流人员中有70%在民营企业中实现再就业。在工业化、城镇化加速推进的新形势下，劳动力供求总量矛盾与结构性矛盾并存，城镇就业压力增大与农村牧区劳动力转移加快同时出现，新增劳动力就业与失业人员再就业问题相互交织，解决就业矛盾的任务十分艰巨。要通过大力发展非公有制经济，努力创造更多的就业岗位，进一步增强我区非公有制经济吸纳就业的能力。促进社会公平和正义是社会主义制度的本质要求，是构建社会主义和谐社会的主要环节，也是我们党坚持立党为公、执政为民的题中应有之义。大力发展非公有制经济，能够培育更多的创业主体，有利于扩大中等收入阶层，促进增富减贫、以富带贫，缓解分配不公。日本、韩国在经济结构转型期，每千人拥有企业数量由5个上升到50个，中小企业就业率从40%上升到80%，失业率稳定在1%至2%之间，基尼系数保持在0.4以内。而拉美一些国家由于忽视中小企业发展,失业率高达8%至20%,基尼系数超过0.5,致使贫困人口大量增加,社会出现动荡。近年来,我区在经济增长中,大型项目、基础设施项目投资推动程度高,而人民创业、中小企业发展对经济增长的贡献较低。要大力发展非公有制经济,通过培育中小企业和推动全民创业,努力增加城乡居民收入,缩小收入分配差距。

和谐社会是经济社会全面发展进步的社会。发展非公有制经济是推动各项社会事业全面进步的重要途径。从发达地区的实践看,非公有制经济发展到一定程度,不仅居民收入水平高,社会事业发展水平、社会文明程度也相应提高。浙江省目前有高等院校74所,其中民办高校9所,而我区只有1所。全国239所民办普通高校中,沿海地区占了一半以上。全国首批9个文明城市,除包头市外全在沿海非公有制经济发达地区。从我区情况看,呼包鄂三市非公有制经济占全区的64.1%,社会发育水平也相对较高。

推动非公有制经济快速健康发展,各级党委、政府肩负着重要领导责任。要把发展非公有制经济摆上重要议事日程,进一步解放思想、更新观念,在大力发展非公有制经济上统一思想、形成共识;进一步深化改革、放开搞活,形成平等竞争、充满活力的非公有制经济发展机制;进一步加大政策、信息、技术、市场、资金、人才等方面的支持力度,建立健全全方位、多层次的发展非公有制经济的支持和服务体系;进一步优化非公有制经济发展环境,努力营造鼓励创业、支持创业、服务创业的良好社会氛围。

(选自在全区非公有制经济工作会议上的讲话)

在继续解放思想
坚持改革开放上迈出新步伐

(2008年2月29日)

今年是贯彻落实党的十七大精神的第一年,是改革开放30周年。继2006年各级党委换届后,去年和今年初又圆满完成了人大、政府、政协换届工作,一大批同志走上新的领导岗位。如何在新的历史起点上,创造新优势,实现新跨越,把自治区的改革开放和现代化建设事业继续推向前进,是对各级领导班子和领导干部的重要考验,也是需要广大党员干部认真思考和解决的重大问题。

党的十七大指出,解放思想是发展中国特色社会主义的一大法宝,要求全党同志坚持解放思想、实事求是、与时俱进,勇于变革、勇于创新,永不僵化、永不停滞。胡锦涛总书记在内蒙古考察时要求我们:"高举中国特色社会主义伟大旗帜,坚持以邓小平理论和'三个代表'重要思想为指导,深入贯彻落实科学发展观,紧紧抓住国家深入推进西部大开发的宝贵机遇,通过扎扎实实的工作,在继续解放思想、坚持改革开放上迈出更大步伐,在推动科学发展、促进社会和谐上取得更大成效。"春节期间,胡锦涛总书记在广西考察工作时提出了"四个新"的要求,第一个就是要在解放思想上迈出新步伐。随着党的十七大精神和科学发展观的深入贯彻落实,新一轮解放思想热潮正在兴起。

回顾党的发展历程,特别是在重大历史关头,总是以解放思想为先导,推动事业向前发展。延安时期,我们党深入开展整风运动,使全党从主观主义和教条主义的枷锁中解放出来,为夺取抗日战争和新民主主义革命胜利奠定了重要的思想基础。党的十一届三中全会以后,以邓小平同志为核心的第二代中央领导集体,重新确立了解放思想、实事求是的思想路线,开创了中国特色社会主义的崭新道路。党的十三届四中全会以后,以江泽民同志为核心的党的第三代中央领导集体,坚持解放思想、实事求是、与时俱进,推动改革开放和现代化建设取得了历史性成就。党的十六大以来,以胡锦涛同志为总书记的党中央,继续解放思想,坚持改革开放,推动科学发展,促进社会和谐,进一步开创了中国特色社会主义事业的新局面。可以说,我们党在理论上的每一个重大突破,实践上的每一个重大发展,工作上的每一个重大进步,发展上的每一个重大跨越,都是解放思想、实事求是、与时俱进的结果。

改革开放以来,我区经济社会发生的历史性变化,也是在解放思想的引导和推动下实现的。早在改革开放之初,我区干部群众就冲破"左"的思想和僵化体制的束缚,在农村较早实行了家庭联产承包责任制,在牧区率先实行了草畜双承包责任制,极大地解放和促进了农村牧区生产力的发展。随着改革开放的不断深入,我们坚持以解放思想为先导,在建立和完善社会主义市场经济体制,全方位扩大对外开放上进行了不断的探索和实践,开创了自治区各项事业的崭新局面。进入新世纪新阶段,我们坚持解放思想、创新发展理念,实现了从加快发展到又快又好发展再到又好又快发展的转变,初步形成了科学发展的新基础,开始形成了科学发展的新机制,逐步完善了科学发展的新思路。现在,我区发展正站在新的历史起点上,要紧跟时代前进步伐、适应事业发展新要求、满足人民新期待,尤其需要充分认识解放思想的重要性和必要性,不断增强继续解放思想的自觉性和坚定性,始终保持清醒的头脑、不息的斗志、创新的精神,以思想的大解放推动改革开放实现新突破,科学发展取得新进展,社会和谐见到新成效。

要在解放思想中进一步统一思想

统一思想认识,是做好工作的前提和保证。强调在解放思想中统一思想,首先要统一对我区发展成绩、存在问题和面临机遇挑战的认识。

一是要深刻认识我区发展正站在新的历史起点上。胡锦涛总书记去年在我区考察时指出,我国改革开放已经走过29年波澜壮阔的历程,我国发展正站在新的历史起点上,内蒙古发展同样正站在新的历史起点上。从总量看，2007年，全区生产总值已突破6000亿元，连续6年增速位居全国前列，人均GDP超过3000美元，进入到从3000美元向5000美元迈进的黄金发展期。从效益看，财政收入突破1000亿元，全区101个旗县市区，财政收入过亿元的93个、过10亿元的23个。从结构看，三次产业结构演进到13∶51.2∶35.8，进入工业化中期阶段，六大优势特色产业具有相当规模和层次；生产力布局调整取得新的进展，城镇化率达到50.2%。经济自主增长机制初步形成，市场化程度明显提高，发展环境进一步优化，投资主体日益多元化。这些都构成了我区从新的历史起点出发，更好地发展进步、开创未来的坚实基础。

二是要深刻认识制约我区发展的矛盾和问题。近年来，我们先后查找出第三产业、对外开放、城乡居民收入"三条软肋"的问题；需求结构、产业结构、所有制结构、企业组织结构、经济外向度、产业层次、人民生活、资源开发利用等"八个方面不足"的问题；建筑业、服务业、中小企业、非公有制经济、城乡居民收入"五个薄弱环节"的问题以及解决"一大（即进一步做大经济总量）、一高（即进一步提高经济发展的质量和效益）、一增（即进一步增加城乡居民收入）、一减（即进一步强化节能减排）""四大难题"的问题。在《中国省域经济综合竞争力发展报告（2005——2006）》中，我区经济综合竞争力列全国第10位，但在184项评比指标中，优势指标只有56项，中势指标有73项，劣势指标有55项。这些都充分说明，提高我区协调发展和可持续发展水平的任务紧迫而艰巨。

三是要深刻认识我区发展面临的机遇和挑战。当前，国际形势正在发生广泛而深刻的变化，这种变化总体上对我们发展有利，但其复杂性和不确定性进一步增加，可以预见和难以预见的风险增多。纵观国内发展，随着党的十七大精神的全面贯彻落实，随着社会主义市场经济体制的逐步完善，随着宏观发展环境和条件的不断改善，我国发展的动力会进一步增强，发展的势头将进一步趋好，经济社会有望在较长时期内保持稳定快速协调发展，但经济社会面临的矛盾和问题也更加复杂和突出。国际国内形势的重要变化，将深刻影响我区当前和今后一个时期的发展。我们一定要审时度势、趋利避害，抓住难得的发展机遇，化挑战为机遇，变压力为动力，牢牢把握科学发展的主动权。从目前的发展态势看，到2010年内蒙古将可能成为五个少数民族自治区中生产总值首家过万亿的自治区，在西部十二个省区市中仅次于四川省。越是形势好，我们越要增强忧患意识，跳出西部找差距，拓宽视野找出路，以更加开放的思维、更加开放的举措来谋划发展、推进发展。当前，要在继续坚持和完善总体发展思路和对外开放格局的基础上，重点在"东联、北开、西出"上下功夫。"东联"，就是要在加强与东部沿海发达省市联合上提升发展水平。现在，东部沿海发达省市已处在率先全面建设小康社会、向基本实现现代化迈进的新阶段。东部沿海发达省市既是我们学习、追赶的目标，更是我们搞好联合与协作的主要对象。这几年，我区与东部沿海发达省市的经济技术合作日益紧密。要进一步拓宽合作领域，完善合作机制，提升合作水平，在加强与东部沿海发达省市联合协作中互惠共赢，不断提升自身发展层次和水平。"北开"，就是要在扩大与俄蒙经济技术合作上提升开放水平。我国与俄蒙两国的政经关系日益密切，与俄蒙的对外开放在国家总体开放战略中的地位和作用日益重要。我区作为对俄蒙开放的"前沿阵地"，一定要充分发挥地缘优势，在开发利用俄蒙资源、开拓俄蒙市场上有更大的作为。"西出"，就是要在构筑西出欧洲的经贸合作大通道上拓宽发展空间。现在，欧盟是中国第一大贸易伙伴，是中国累计第四大实际投资方，是中国最大技术引进来源，中国与欧盟的经济技术合作潜力巨大。我区是两大欧亚大陆桥的"桥头堡"，近年开通了直达欧洲的铁路大通道，这为加强我区与欧盟的经贸合作创造了更加便利的条件。我们要在巩固和发展与美、日、韩及东南亚等国家经济技术合作的同时，抓住当前有利时机，充分利用直通欧洲的便利条件，更好地联结沿海、加强与欧盟的经济技术合作，进一步拓展内蒙古的发展空间。总之，我们一定要善于在国际国内形势的相互联系中明确发展方向，善于在国际国内条件的相互转化中用好发展机遇，善于在国际国内资源的优势互补中创造发展条件，善于在国际国内因素的综合作用中把握发展全局，不断开创我区经济社会发展的新局面。

要在解放思想中进一步完善发展思路

思想是行动的先导。思路决定出路。各级领导班子和领导干部，要在解放思想中,深入贯彻落实科学发展观,坚持以人为本,立足于新的实践和新的发展,不断研究新情况、解决新问题、创建新机制、增长新本领,切实提高领导水平和执政能力。

一方面,要进一步深化对区情、盟市情和旗县情的认识。邓小平同志指出:"解放思想,就是使思想和实际相符合,使主观和客观相符合,就是实事求是","在一切工作中要真正坚持实事求是,就必须继续解放思想。"对于领导班子和领导干部来讲,强调解放思想、实事求是,更多地体现在分析问题、制定决策上,体现在能否找到一条符合地区实际的发展路子上。自治区第七次党代会以来,我们不断深化对区情的认识,重新审视自治区的发展条件,坚持完善发展思路,在科学发展观指导下实现了又好又快发展。但同时也要看到,内蒙古横跨"三北"、地域辽阔,各地的发展条件和基础差异很大,必须清醒认识、理性把握自身特点,科学制定发展目标,合理确定战略重点和主导产业,切忌脱离实际、搞一刀切,努力走出一条符合地区实际、又好又快的发展路子。

另一方面,要正确处理连续性和创造性的关系。我们党的事业是面向未来的事业,这个事业是"铁打的营盘",我们一届又一届、一茬又一茬领导干部都是"流水的兵"。把党和人民的事业不断推向前进,既要形成合力,也要搞好接力。搞好接力,就是要保持工作的连续性和稳定性。政策稳则人心定,人心定则事业兴。要正确处理好继承以往和发展将来的关系,努力在继承中有所发现、有所创造、有所发明、有所前进。要高扬发展的旗帜、创新的旗帜、团结的旗帜,对那些被实践证明符合实际的发展思路和工作措施,要一以贯之地坚持贯彻下去,不能因人而易、因人而废。同时也要看到,"在生产斗争和科学实验范围内,人类总是不断发展的,自然界也总是在不断发展的,永远不会停止在一个水平上"。我们会超越前人,后人也必定超过我们,这是历史发展的必然趋势。因此,必须进一步解放思想、更新观念,根据不断发展变化的客观实际,努力完善发展思路和工作措施,使之更加符合发展实际、更加体现人民意愿、更加经得起时间和实践的检验。

要在解放思想中进一步推动经济社会又好又快发展

发展中遇到的许多新情况、新问题,解决起来不可能有现成答案,也不可能有包治百病的灵丹妙药。这就要求我们始终不渝地坚持解放思想、实事求是、与时俱进的思想路线，以改革创新的精神，研究新情况、解决新问题，抓住制约全区经济社会发展的重大问题和突出矛盾，努力在实现又好又快发展上取得新的突破。在去年年底召开的全区经济工作会议上，自治区党委、政府认真贯彻党的十七大和胡锦涛总书记考察内蒙古重要讲话精神，紧密结合自治区实际，提出了努力实现"七个转变"的工作思路。这"七个转变"，立足当前、着眼长远，既是关系我区全面建设小康社会全局的重大问题，也是我们对自治区经济社会发展方向性、规律性问题的实践和探索。各级要在深入贯彻落实科学发展观过程中，通过进一步解放思想、更新观念，切实把这些问题研究好、落实好。

一是在实现由农牧业大区向农牧业强区转变方面。要坚持把发展现代农牧业作为首要任务，紧紧抓住调整农牧业结构、转变农牧业发展方式的关键环节，认真研究如何发展优质高产高效农牧业、提高农牧业技术和装备水平、促进农牧业产业化经营问题。要紧扣提高农牧民收入这个核心，认真研究如何拓展非农牧业增收空间、促进农牧民转移就业问题。要着眼于推进城乡基本公共服务均等化，认真研究如何加快农村牧区社会事业发展、加强农村牧区基础设施建设问题。

二是在实现由资源优势向产业优势转变方面。要按照走中国特色新型工业化道路的要求，认真研究如何促进资源型产业、非资源型产业协调发展问题，进一步调整优化六大优势特色产业结构、提升产业素质。在我区六大优势特色产业中，这几年主要靠能源、农畜产品加工和冶金产业中的黑色金属加工拉动工业经济增长。由于受市场制约、产业政策制约、原料基地制约的影响，今后这些产业不可能再保持前几年跨越增长态势，迫切需要我们大力培育新的增长点。要在提升能源、农畜产品加工和钢铁等产业素质的同时，认真研究加快发展化工和冶金产业中的有色金属加工业。从长远来看，还要下大力发展壮大装备制造和高新技术产业。

三是在实现经济增长主要由二产带动向一、二、三产业协同带动转变方面。要把服务业发展提到转变经济发展方式、促进我区经济又好又快发展和改善民生、构建和谐社会的高度来认识和对待，以发展现代服务业为重点,认真研究如何加快发展金融保险、现代物流、信息服务、电子商务、会展、运输、研发设计等生产性服务业和教育、文化、体育、旅游等生活性服务业问题。同时,要认真研究解决如何优化服务业发展环境、进一步解放服务业生产力问题,努力在完善鼓励服务业发展政策措施、进一步放宽服务业市场准入条件、提高服务业对外开放水平和深化服务行业改革等问题上取得实质性进展。

四是在实现经济发展由速度扩张型向质量效益型转变方面。要按照胡锦涛总书记"放眼全局推进经济结构调整、立足优势推进经济结构调整、紧扣节约推进经济结构调整"的要求,结合我区实际,认真研究深化产业结构、产品结构、投资结构、所有制结构、企业组织结构和生产力布局调整问题,在深入调查研究的基础上,拿出具体指导意见,认真组织实施,努力在调整优化经济结构方面不断取得新进展。

五是在实现生态环境保护和建设由初见成效向明显改善转变方面。要按照胡锦涛总书记"切实保护好内蒙古这块辽阔草原,保护好大兴安岭这片绿色林海,为建设祖国北方重要生态屏障作出贡献"的重要指示,认真研究如何推进生态文明建设,实现我区生态环境由初见成效向明显改善转变的具体思路和举措,继续坚持把生态保护和建设作为最大的基础建设来抓,把加强节能减排作为建设生态文明的紧迫任务来抓,确保祖国北疆生态安全,确保节能减排目标实现。

六是在实现由资本流入区向要素流入区转变方面。要认真研究如何通过深化改革、扩大开放、推进科技进步,使自治区成为资本、人才、技术、管理等生产要素流入区。在深化改革上,要认真研究如何深化国有资产管理体制和国有企业改革,不断提高国有经济的活力、控制力和影响力;研究如何推进行政管理体制改革,转变政府职能,完善公共服务体系;研究如何推进城乡配套体制改革和农村牧区综合改革,建立有助于消除城乡二元结构的体制机制。在扩大开放上,要研究如何创新利用外资方式,进一步优化利用外资结构;研究如何鼓励有条件的企业"走出去",拓展发展空间;研究如何加快转变外贸增长方式,提高出口产品的质量和附加值,促进技术、装备和重要资源进口,推动加工贸易转型和服务贸易发展。在推动科技进步上,要研究如何完善自主创新政策,加大对自主创新的投入，调动社会各方面参与和推动自主创新的积极性；完善区域创新体系，加快培育创新主体，增强企业创新能力；培育创新文化，保护创新热情，宽容创新挫折，营造有利于创新的社会氛围。

七是在实现民生工作由应急解难向建立长效机制转变方面。要认真研究如何建立收入增长与经济增长良性互动机制，促进群众收入来源多样化、增收稳定化、分配公平化，逐步使城乡居民收入增长与经济发展步伐相协调；研究如何抓好就业再就业工作，健全创业服务体系，完善支持自主创业和自谋职业的各项政策；健全覆盖城乡居民的社会保障体系，积极探索建立多种形式的农村牧区养老保险制度；研究如何提高教育的公益性、公平性，提供安全、有效、方便、价廉的医疗卫生服务，搞好经济适用住房和廉租房建设等问题。

在推进"七个转变"的同时，要按照统筹兼顾、协调发展的要求，认真研究加快东部盟市发展问题，努力实现区域协调发展。认真研究推进政治、文化和社会建设问题，进一步发展社会主义民主政治，推动社会主义文化大发展大繁荣，努力构建和谐内蒙古。认真研究以改革创新精神推进党的建设新的伟大工程问题，使党的建设工作更富有时代气息、更富有实际成效。

推动解放思想，实现又好又快发展，重在领导，贵在落实。各级要结合学习贯彻党的十七大和胡锦涛总书记考察我区重要讲话精神，结合即将开展的学习实践科学发展观活动，紧扣科学发展这条主线，着眼于我们正在做的事情，引导广大干部群众从理论和实践的结合上，进一步解放思想、转变观念，不断把解放思想引向深入。各级领导干部要带头解放思想，带头联系实际，大力倡导敢闯敢试、敢为人先的精神，勇于探索、敢于创新，创造性地做好各项工作。要注意学习借鉴先进地区的经验和做法，善于发现、研究、总结促进本地区本单位改革发展的新思路、新方法、新经验，通过深入学习贯彻党的十七大精神，推动思想的大解放，以思想的大解放推动各项事业的大发展。

（原载《内蒙古日报》）

坚定不移地推进改革开放

（2008年9月29日）

改革开放是党在新的历史条件下带领人民进行的新的伟大革命。30年波澜壮阔的历史实践雄辩地证明，改革开放是决定当代中国命运的关键抉择，是发展中国特色社会主义、实现中华民族复兴的伟大壮举。

改革开放是内蒙古走向繁荣发展进步的必由之路。30年来，我们坚持解放思想、实事求是、与时俱进，不断推进改革开放，实现了从高度集中的计划经济体制到充满活力的社会主义市场经济体制、从封闭半封闭到全方位开放的转折，内蒙古大地焕发出巨大的生机与活力。

内蒙古的改革开放具有鲜明特色

坚持党的解放思想、实事求是、与时俱进的思想路线，坚持在解放思想中统一思想，以思想大解放推动改革开放和现代化建设不断实现新突破。早在改革开放之初，内蒙古的各族干部群众就冲破"左"的思想和僵化体制的束缚，在农村较早实行了家庭联产承包责任制，在牧区率先实行了草畜双承包责任制，极大地解放和促进了农村牧区社会生产力的发展。上世纪九十年代，全区持续开展了社会主义市场经济理论大学习、大讨论活动，牢固树立"三个有利于"标准，推动市场化改革取得实质性突破。进入新世纪新阶段，全区上下坚持解放思想、创新发展理念，实现了由加快发展到又快又好发展再到又好又快发展的转变，初步奠定了科学发展的新基础，开始形成了科学发展的新机制，逐步完善了科学发展的新思路。党的十七大以来，自治区党委认真贯彻十七大和胡锦涛总书记视察内蒙古重要讲话精神，着眼于在新的历史起点上更好地发展进步、开创未来，推动兴起新一轮思想解放热潮，努力在继续解放思想、坚持改革开放上迈出更大步伐,在推动科学发展、促进社会和谐上取得更大成效。

坚持社会主义市场经济改革方向,不失时机地推动各项改革,实现由计划经济体制向社会主义市场经济体制的根本性转变。坚定不移地推进各项改革,加快建立和完善适应生产力发展要求的经济制度和经济体制,发展社会主义市场经济。积极推进农村牧区综合改革,不断深化乡镇机构、县乡财政管理体制和农村牧区义务教育体制改革,早于全国3年取消牧业税,早于全国1年取消农业税。加快国有资产和国有企业改革,培育壮大一批骨干大企业大集团,国有经济控制力和活力不断增强。

目前,全区国有及国有控股企业资产总额占全区规模以上工业企业的65%,实现工业增加值占规模以上工业的56.8%,上缴税金占全部规模以上工业企业的60%。大力发展非公有制经济,个体、私营经济成为促进发展、扩大就业、繁荣市场的重要力量。截至2007年底,全区个体工商户发展到50.9万户,私营企业6.3万户,全区个体私营企业注册资本达1833亿元,从业人员176.5万人,实现增加值2407亿元。财税、粮食流通、投融资体制和教育、科技、文化、卫生等领域的改革稳步推进,产权、资源等要素市场不断完善,现代市场体系建设步伐加快。政府机构和行政管理体制改革取得积极成效,公共服务型政府加快建立,市场在资源配置的基础性作用得到充分发挥。

坚持对外开放基本国策,大力实施互利共赢开放战略,形成了全方位、宽领域、多层次对外开放新格局。改革开放以来,内蒙古充分利用两个市场、两种资源,大力实施互利共赢开放战略,经济发展格局从封闭半封闭走向全面开放。全区先后开通公路、铁路、水运、空运等一二类口岸18个,去年满洲里、二连浩特口岸过货量分别达到2400万吨和560万吨,分别是我国对俄罗斯和蒙古国贸易的最大口岸。

抓住向北开放有利契机,坚持"引进来"和"走出去"相结合,积极拓展对外贸易、利用外资和经济技术合作领域,完善内外联动机制,同世界100多个国家和地区建立起贸易往来和经济技术合作关系。外贸进出口总额由1978年的0.16亿美元增加到2007年的77.45亿美元,增长483倍,其中外贸出口增长285倍,有700多种商品进入国际市场。大力吸收、利用外资和先进技术,实际利用外资累计达116.8亿美元,累计引进国内(区外)资金6400多亿元人民币。

改革开放30年,是内蒙古经济社会发展最快最好、 人民群众得到实惠最多的时期

地区经济实现历史性跨越。1978年2007年,全区生产总值由58.04亿元增加到6091.12亿元,增长25.4倍,总量从全国第25位跃居为第16位。人均生产总值达到3339美元,居全国第10位,是中西部首个人均GDP超过3000美元的省份。财政收入由1978年的6.9亿元增加到2007年的1018.14亿元,增长146.6倍,人均地方财政一般预算收入居全国第8位。三次产业比由1978年的32.7:45.4:21.9演进为2007年的12.5:51.8:35.7。进入工业化中期阶段,成为国家重要的能源、冶金、化工基地和绿色农畜产品生产加工基地,在2008中国省域可持续发展竞争力排名中,内蒙古居首位。

社会发展实现历史性跨越。发展基础明显改善。"十五"以来,累计投入200多亿元,治理沙化面积2.5亿亩,生态环境实现"整体遏制、局部好转"的历史性转变。开展大规模农田、水利、交通、电力、通讯、市政等基础设施建设,城镇化率达到50.2%,横贯自治区东西的高等级公路、铁路、电网三大通道基本建成。社会事业全面进步。各级各类教育协调发展,"普九"人口覆盖率100%,每万人拥有在校大学生118人,比1978年提高16.6倍。城乡公共卫生服务体系基本建立,全区城镇职工基本医疗保险人员达到360.75万人,新型农村牧区合作医疗常住人口参合率达到94.4%。文化事业和文化产业蓬勃发展,民族文化大区建设成果丰硕,广播、电视人口覆盖率分别达到92.98%、91.44%,分别比1980年提高39.7个百分点和88.5个百分点。科技事业加快发展,科技进步对经济增长的贡献率达到48%。人口低生育水平保持稳定,出生人口素质不断提高。

人民生活实现历史性跨越。城镇居民人均可支配收入由1978年的301元增加到2007年的12378元,农牧民人均纯收入由131元增加到3953元,分别居全国第10位和15位。城镇居民人均消费性支出由1978年的267.7元增加到2007年的9281.5元,农牧民人均生活消费支出由138元增加到3256元。以养老、医疗、失业保险为主要内容的社会保障制度逐步健全,城镇85

万人、农村牧区110万人享受到最低生活保障,基本实现动态管理下的应保尽保。

更加坚定地高举中国特色社会主义伟大旗帜,
毫不动摇地深化改革、扩大开放

我们要进一步解放思想,深入学习贯彻党的十七大精神,坚持不懈地抓好用中国特色社会主义理论体系武装全党、教育人民的战略任务,切实增强各族人民走中国特色社会主义道路的自觉性和坚定性。坚持党的解放思想、实事求是、与时俱进的思想路线,坚持和运用好"十个结合"的宝贵经验,从实际出发,因地制宜创造性地开展工作。结合学习实践科学发展观活动,深入推进新一轮思想解放,着力推动农牧业由大区向强区转变,工业经济由资源优势向产业优势转变,经济增长主要由二产带动向三次产业协同带动转变,经济发展由速度扩张型向质量效益型转变,生态环境保护和建设由初见成效向明显改善转变,发展环境由资本流入区向要素流入区转变,民生工作由应急解难向建立长效机制转变。

我们要按照完善社会主义市场经济体制的要求,加快构建充满活力、富有效率、更加开放、有利于科学发展的体制机制,努力在重点领域和关键环节上实现改革新突破。围绕坚持和完善社会主义基本经济制度,继续深化国有企业改革,增强企业活力和市场竞争力。大力发展非公有制经济,促进多种所有制经济共同发展。围绕促进协调发展和可持续发展,深化财政、金融、投资体制改革,完善社会信用体系,加快要素市场建设。围绕转变政府职能,加快推进政企分开、政资分开、政事分开、政府与中介组织分开,努力建设服务型政府。围绕形成以工促农、以城带乡长效机制,进一步抓好农村牧区综合配套改革,大力推进新农村新牧区建设。围绕建设和谐内蒙古,积极推进教育、科技、文化、卫生、社保、社会管理等方面的改革,提高公共服务水平,促进社会公平正义。

我们要坚持在世界经济大背景和全国发展大格局中谋划发展,把握新一轮国际产业调整和我国东部地区产业转移的机遇,统筹推进对内对外开放。在坚持和完善总体开放格局的基础上,重点在"东联、北开、西出"上下功夫。东联,就是进一步加强与东部发达省市的联合,拓宽合作领域,完善合作机制,提升发展与合作水平。北开,就是充分发挥对俄、蒙开放"前沿阵地"的优势,扩大与俄、蒙的经济技术合作,在合作开发利用资源、共同开拓市场上有更大作为。西出,就是在巩固和发展与美、日、韩及东南亚等国家和地区经济技术合作的同时,发挥好欧亚铁路大通道的作用,加强与欧盟的经济技术合作,进一步扩展内蒙古的发展空间。同时,加强同兄弟省份的横向联合和协作,加强同国内大企业大集团的合作,主动承接东部地区优势产业转移,形成与其它地区优势互补、共同发展的格局。

(原载《学习时报》)

波澜壮阔、成就辉煌的三十年

（2008年12月16日）

一

30年前，我们党召开了具有重大历史意义的十一届三中全会，冲破长期"左"的错误的严重束缚，重新确立马克思主义的思想路线、政治路线和组织路线，作出了把党和国家的工作重点转移到社会主义现代化建设上来和实行改革开放的战略决策，开启了改革开放历史新时期。从那时以来，中国共产党人和中国人民以一往无前的进取精神和波澜壮阔的创新实践，谱写了中华民族自强不息、顽强奋进的壮丽史诗，中国人民的面貌、社会主义中国的面貌、中国共产党的面貌发生了历史性的变化。30年来，我们党成功开辟了中国特色社会主义道路，探索形成了中国特色社会主义理论体系。事实雄辩地证明，改革开放是决定当代中国命运的关键抉择，是发展中国特色社会主义、实现中华民族伟大复兴的必由之路。

我们不能忘记，改革开放的伟大事业，是在以毛泽东同志为核心的党的第一代中央领导集体带领全党全国各族人民建立新中国、取得社会主义革命和建设伟大成就的基础上进行的；是以邓小平同志为核心的党的第二代中央领导集体带领全党全国各族人民开创的；是以江泽民同志为核心的党的第三代中央领导集体带领全党全国各族人民继承、发展并成功推向二十一世纪的。党的十六大以来，以胡锦涛同志为总书记的党中央，坚持理论创新和实践创新，着力推动科学发展、促进社会和谐，完善社会主义市场经济体制，在全面建设小康社会实践中，坚定不移地把改革开放伟大事业继续推向前进。

在改革开放的伟大历史进程中，内蒙古各族人民高举中国特色社会

[361]

主义伟大旗帜，坚持走中国特色社会主义道路，坚定不移地推进改革开放，实现了从高度计划经济体制到充满活力的社会主义市场经济体制、从封闭半封闭到全方位开放的历史性转变。经过30年的改革开放，全区综合经济实力大幅提升，人民生活显著提高，各项事业蓬勃发展，内蒙古大地焕发出无限生机与活力。

改革开放30年，是我们坚持党的思想路线，不断推动思想解放的30年。党的十一届三中全会以后，内蒙古各族干部群众积极解放思想，进行思想上政治上的拨乱反正，大胆冲破旧的思想观念和僵化体制的束缚，把工作重心及时转入以经济建设为中心上来。上世纪80年代，围绕"什么是社会主义、怎样建设社会主义"，广大干部群众从社会主义初级阶段基本国情出发，不断深化对社会主义本质和基本国情的认识。1992年邓小平同志南巡谈话和党的十四大之后，全区持续开展了一系列解放思想大学习、大讨论活动，坚持"三个有利于"标准，确立了社会主义市场经济体制的改革方向。党的十六大以来，围绕"怎样发展、实现什么样的发展"，广大干部群众认真学习贯彻科学发展观，继续解放思想，创新发展理念，推动科学发展成为全区上下的思想共识和自觉行动。在党的十七大精神指引下，积极掀起新一轮解放思想热潮，进一步开辟了思想解放的新境界。思想的大解放，为内蒙古的发展进步提供了强大动力。在思想大解放的推动下，我们不断深化对区情的认识，逐步完善了发展思路，探索走出了一条符合社会主义市场经济发展方向、符合科学发展观要求、符合内蒙古实际的发展路子。思想的大解放，推动了各项事业的大发展。2007年同1978年比，全区生产总值由58.04亿元增加到6091.1亿元，增长25.4倍，从全国第25位跃居全国第16位，人均生产总值3339美元，位居全国第10位。全区生产总值突破第一个千亿元用了50年，实现第二个千亿元用了6年，实现第三、第四、第五和第六个千亿元分别只用了1年。30年来，全区全社会固定资产投资累计投入17971亿元。财政总收入累计实现4353亿元。2007年，全区财政总收入达到1018.14亿元，比1978年增长146.6倍，人均地方财政一般预算收入位居全国第8位。今年以来，面对国际金融危机和国内经济环境变化的严峻挑战，全区上下认真贯彻落实中央宏观调控政策措施，国民经济继续保持平稳较快发展的良好态势。

改革开放30年,是我们不断把改革引向深入,构建全方位对外开放新格局的30年。30年来,我区改革由农村牧区到城市,由小企业到大中型企业,由微观主体到宏观层面不断深化。党的十一届三中全会后,在农村较早实行"包产到户"责任制,在全国率先实行"草畜双承包"责任制,率先落实草原所有权、使用权和承包到户"双权一制",极大地解放和发展了农村牧区生产力。在此基础上,积极推进农村牧区综合改革,不断深化农村税费、乡镇机构、县乡财政管理体制和农村牧区义务教育体制改革,在统筹城乡一体化发展上进行了积极探索和实践。早于全国3年取消牧业税,早于全国1年取消农业税,实现了对农牧民由"取"到"予"的历史性转变。党的十二届三中全会后,我们积极采取放权让利、扩大企业自主权、试行厂长经理负责制、实行承包经营等多种形式和措施,努力探索国有经济改革振兴之路,开启了经济体制改革的新征程。按照党中央、国务院提出的"三年改革与脱困"的重大战略部署,坚持抓大放小,大力调整国有经济布局和改组国有企业,加快建立现代企业制度,2000年全区国有大中型企业改革和脱困目标基本实现。不断加强国有资产管理体制和国有企业改革,培育壮大了一批大企业大集团,国有经济控制力和活力明显增强。大力发展非公有制经济,个体、私营经济成为促进发展、扩大就业、繁荣市场的重要力量。财税、粮食流通、投融资体制和教育、科技、文化、卫生等领域的改革稳步推进,资本、人才、技术等要素市场不断完善,现代市场体系建设步伐加快。政府机构和行政管理体制改革取得积极成效,公共服务型政府加快建立,市场在资源配置中的基础性作用充分发挥。

坚持对外开放基本国策,充分发挥地缘优势,充分利用两个市场、两种资源,大力实施互利共赢的开放战略。改革开放以来,先后提出坚持"对外开放、对内搞活","把闭关自守的封闭式经济变为开放式的开拓型经济",努力建设"两带一区",推进"东联北开西出",实现了从内引到外联、从沿边到全区、从封闭半封闭到全方位开放的历史性转变。现在,我区同世界100多个国家和地区建立起贸易往来和经济技术合作关系,外贸进出口总额由1978年的0.16亿美元增加到2007年的77.45亿美元,增长483倍,实际利用外资额累计达到116.8亿美元,满洲里、二连浩特分别成为我国对俄罗斯和蒙古国贸易的最大口岸。引进国内(区外)资金5279.4亿元,成为资本净流入区。在扩大开放的同时,注重增强自身"造血"功能,有效启动和激发内力和活力,经济自主发展机制开始形成。

改革开放30年,是我们坚持打基础与促发展并重,不断推动国民经济持续快速协调健康发展的30年。改革开放以来,自治区历届党委、政府坚持以经济建设为中心不动摇,无论遇到任何困难和风险,都始终不渝地坚持发展是硬道理的战略思想,聚精会神搞建设,一心一意谋发展。坚持从实际出发,先后提出实现城乡人民生活水平达到全国中等以上水平、实现粮食自给、提高财政自给率"三项奋斗目标",完成基本实现小康和初步建立社会主义市场经济体制"两大历史任务",实施资源转换、开放带动、科教兴区、人才开发、名牌推进"五大战略",抓好经济结构调整"一条主线",推动经济发展方式和思想观念"两个转变",强化改革、开放、创新"三大动力",推进农牧业产业化、工业化、城镇化"三化互动"和生态、基础设施"两项建设",提高协调发展和可持续发展"两个水平"等重要发展战略,推动经济建设不断迈上新台阶。产业发展实现历史性跨越。三次产业结构由1978年的32.7:45.4:21.9演进到2007年的12.5:51.8:35.7,实现了从工业化初期阶段到工业化中期阶段的转变。农牧业基础地位不断巩固,综合生产能力不断提高。粮食总产量由1978年的99.8亿斤提高到去年的362亿斤,增长2.63倍,今年将达到420亿斤,人均占有量从全国第26位跃居全国第3位,是全国13个粮食主产区和5个净调出省区之一。畜牧业稳步发展,2007年牧业年度牲畜总头数比1978年增加6700多万头只,其中农区畜牧业占70%。现在,我区每年可为国家提供100多亿斤商品粮、200万吨肉类、1000万吨牛奶。积极推动资源优势向经济优势转变,大力发展优势特色产业,推进产业多元、产业升级、产业延伸,形成了具有较大规模和较高水平的能源、化工、冶金、农畜产品加工、装备制造、高新技术等六大优势特色产业,培育出鄂尔多斯、伊利、蒙牛等27个中国驰名商标。第三产业较快发展,增加值由1978年的12.7亿元增加到2007年的2174.5亿元,增长56.4倍,在优化经济结构、吸纳就业人员、方便人民生活中发挥了越来越重要的作用。生态和基础设施建设实现历史性跨越。坚持把生态建设作为最大的基础建设来抓,按照保护与建设并举、保护优先的原则,不断加大保护和建设力度,着力构筑祖国北方重要生态屏障。1998年以来,生态建设累计投入365亿元,治理了3.5亿亩草场和荒漠化土地,生态移民45万人,生态环境实现了"整体遏制、局部好转"的历史性转变。坚持不懈地加强基础设施建设,开展了大规模交通、电力、通讯、农田、水利、市政等建设,横贯自治区东西的高等级公路、铁路、电网三大通道基本建成,基础设施承载产业、保障发展的能力显著提高。城镇化建设不断发展,2007年全区城镇化率达到50.2%。

改革开放30年,是我们在坚持以经济建设为中心的同时,全面推动社会主义政治建设、文化建设和社会建设的30年。大力发展社会主义民主政治,人民代表大会制度和共产党领导的多党合作、政治协商制度进一步健全和完善,广泛的爱国统一战线得到巩固和发展,城乡基层民主不断扩大,公民的基本权利得以尊重和保障,公民有序的政治参与渠道增多,民主实现形式日益丰富。依法治区进程加快,保证了宪法和法律、法规的正确实施,推动了政治、经济、文化、社会生活的法制化和规范化。认真贯彻民族区域自治法和党的民族、宗教政策,坚持开展民族团结进步表彰月活动,巩固和发展了平等团结互助和谐的社会主义新型民族关系。大力繁荣发展社会主义先进文化,坚持用党的基本理论、基本路线、基本纲领武装全党、教育人民,积极推动邓小平理论、"三个代表"重要思想、科学发展观学习教育和实践活动,社会主义核心价值体系成为各族人民共同团结奋斗的思想基础。深入持久开展社会主义精神文明创建、思想道德建设、社会主义荣辱观教育和"热爱内蒙古、建设内蒙古"等宣传教育活动,大力培育"四有"新人,全社会文明进步水平不断提高,涌现出一大批先进模范人物和英雄群体。坚持把提升文化软实力作为增强地区综合实力和竞争能力的重要内容,大力发展文化事业和文化产业,加快建设民族文化大区,文化建设进入新的繁荣发展期。正确处理改革发展稳定关系,妥善化解人民内部矛盾,依法打击各类犯罪活动,加强社会建设管理,扎实推进和谐内蒙古建设,始终保持了民族团结、边疆安宁、社会和谐的政治局面。

改革开放30年,是我们着力保障和改善民生,人民生活水平显著提高的30年。我们坚持把富裕人民作为坚持党的宗旨、落实执政为民的首要任务,高度重视和切实解决人民群众的生产生活问题,着力保障和改善民生。2007年全区城镇居民人均可支配收入和农牧民人均纯收入分别由1978年的301元和131元,增加到2007年的12378元和3953元,分别位居全国第10位和第15位,城镇居民人均消费性支出由1978年的267.7元增加到2007年的9281.5元,农牧民人均生活消费支出由138元增加到3256元,人民生活实现了从基本温饱向总体小康的历史性跨越。以养老、医疗、失业保险为主要内容的社会保障制度逐步健全,城镇85万人、农村牧区110万人纳入最低生活保障,基本实现动态管理下的应保尽保。如期完成"八七"扶贫攻坚计划,贫困人口减少到103万人。坚持不懈为群众办实事、解难事,近年来为改善城乡群众生产生活条件,投入大量人力、财力和物力,努力办好解决群众饮水安全、提高寄宿贫困中小学生补助标准和城镇居民低保标准、扩大农村牧区低保范围等十多个方面的实事,实施了抓好城镇低收入居民住房保障、加大扶贫开发力度等"十项民生工程",努力使人民群众充分享受到改革发展成果。大力发展各项社会事业,促进人的全面发展。各级各类教育协调发展,"普九"任务顺利完成,民族教育优先重点发展,寄宿制学校建设、农村牧区中小学危房改造和远程教育网络建设工程全面完成。城乡公共卫生服务体系基本建立,疾病控制、医疗救治和农村牧区医疗卫生条件明显改善,新型农村牧区合作医疗制度实现全覆盖。科技事业加快发展,科技进步对经济增长贡献率达到48%。大力发展体育事业,群众体育运动广泛开展,竞技体育取得佳绩,在第29届北京奥运会上实现了金牌零的突破。

二

改革开放30年的伟大实践艰辛而丰富,带给我们的经验和启示十分宝贵。

第一,必须始终坚持以中国特色社会主义理论体系为指导。中国特色社会主义理论体系是包括邓小平理论、"三个代表"重要思想和科学发展观等重大战略思想在内的科学理论体系,是马克思主义中国化的最新成果,是我们党最可宝贵的政治和精神财富,是各族人民团结奋斗的共同思想基础。只有坚持以中国特色社会主义理论体系为指导,把中国特色社会主义理论体系作为统揽全局、贯穿各项工作的灵魂,才能把各族人民团结起来、凝聚起来,战胜前进道路上的一切困难,把中国特色社会主义伟大事业不断推向前进。

第二,必须始终坚持党的基本路线不动摇。党的基本路线是党和国家的生命线,是实现科学发展的政治保证。以经济建设为中心是兴国之要,是我们党、我们国家兴旺发达和长治久安的根本要求;四项基本原则是立国之本,是我们党、我们国家生存发展的政治基石;改革开放是强国之路,是我们党、我们国家发展进步的活力源泉。必须把坚持以经济建设为中心同坚持四项基本原则和改革开放统一于中国特色社会主义伟大实践。现在,我们正处于并将长期处于社会主义初级阶段,一定要从这一最大的实际出发,始终牢记党的基本路线,始终坚持以经济建设为中心,始终坚持发展是硬道理的战略思想,千方百计把经济建设搞上去。只有这样,才能保证改革开放和现代化建设沿着正确的方向不断前进。

第三,必须始终坚持从实际出发、创造性地开展工作。一切从实际出发,创造性地开展工作,是党的实事求是思想路线的必然要求。坚持从内蒙古实际出发,创造性地开展工作,对于保证党的路线方针政策的全面贯彻落实,推动各项事业健康发展至关重要。只有把中央精神和内蒙古实际很好地结合起来,才能使我们的发展思路更加符合客观实际,才能牢牢把握发展的主动权,不断开创工作的新局面。

第四,必须始终坚持发展为了人民、发展依靠人民、发展成果由人民共享。改革开放是亿万人民群众自己的事业。改革开放为了人民群众,改革开放要依靠人民群众。改革愈是深入,开放愈是扩大,就愈能把人民群众的利益实现好、维护好、发展好。在推进改革开放的过程中,必须把实现好、维护好、发展好最广大人民的根本利益作为一切工作的出发点和落脚点,尊重人民主体地位,发挥人民首创精神,保障人民各项权益,始终做到发展为了人民、发展依靠人民、发展成果由人民共享。只有这样,改革开放才会有广泛而深厚的群众基础,才具有无限的生机和活力。

第五,必须始终坚持各民族共同团结进步、共同繁荣发展。加强民族团结,维护边疆和谐稳定,始终是关系内蒙古改革和发展全局的重要工作。只有牢牢把握各民族"共同团结进步、共同繁荣发展"的主题,把巩固全区各族人民的大团结作为改革开放和现代化建设事业顺利发展的重

[367]

要保证，把实现各民族共同繁荣发展作为全面建设小康社会的重要目标，把建设祖国北疆安全屏障作为重大政治责任，才能在中国特色社会主义伟大旗帜下，凝聚全区各族人民的智慧和力量，共同实现富民强区的历史任务，为中华民族的伟大复兴作出更大贡献。

第六，必须始终坚持加强和改善党的领导。我们党是社会主义现代化建设事业的领导核心。改革开放是党在新的时代条件下，带领人民进行的新的伟大革命，必须在引领当代中国发展进步中不断加强和改进党的建设，始终保持和发展党的先进性，确保党始终走在时代前列。只有牢固坚持"没有党的领导，就没有现代中国的一切"的思想，把加强党的领导和改善党的领导有机统一起来，以改革创新精神全面加强党的建设，才能为改革开放和现代化建设提供坚强有力的政治保证和组织保证。

三

实践永无止境，创新永无止境。我们对改革开放最好的纪念，就是要以改革开放30周年为新的起点，深入贯彻落实科学发展观，把改革开放和社会主义现代化建设事业继续推向前进。

当前，内蒙古改革开放和现代化建设事业已进入一个新的历史时期，市场经济体制日臻完善，对外开放不断扩大，经济社会逐步走上科学发展的轨道，我们正面临良好的发展机遇。同时，在发展中仍然面临许多挑战。今年以来，受历史罕见国际金融危机的影响，国际经济环境急转直下，世界经济增长明显减速，我国经济发展困难明显增加，国际国内经济形势的复杂变化对内蒙古的影响开始显现。面对严峻挑战，我们必须更加自觉、更加坚定地推进改革开放，努力变压力为动力、化挑战为机遇，牢牢把握科学发展的主动权，把内蒙古经济社会又好又快发展的良好态势继续保持和发展下去。

党中央对内蒙古的发展寄予殷切希望。早在1987年，邓小平同志就曾谈到：内蒙古有广大的草原，人口又不多，今后发展起来很可能走进前列。江泽民同志1999年视察内蒙古时要求我们，要"发挥资源优势，提高资源的综合开发利用水平，加快把资源优势转化为经济优势，力争使内蒙古成为我们国家下一个世纪经济增长的重要支点。"胡锦涛总书记2003年初视察内蒙古时指出："做好内蒙古的各项工作，不仅关系到内蒙古二千三百多万群众的福祉，而且对党和国家工作的全局具有重要意义"，要求我们建设好祖国北疆的安全屏障和生态屏障。去年，胡锦涛总书记再次视察内蒙古，勉励我们"在继续解放思想、坚持改革开放上迈出更大步伐，在推动科学发展、促进社会和谐上取得更大成效。"我们一定要树立高度的政治责任感和历史使命感，全力推动内蒙古改革开放和各项建设事业，不负中央期望和人民重托，不辱时代赋予的光荣使命。

一是要进一步推动思想解放。解放思想，是我们党的思想路线的本质要求，是发展中国特色社会主义的一大法宝。我们党在理论上的每一个重大突破，实践上的每一个重大发展，工作上的每一个重大进步，发展上的每一个重大跨越，都是坚持解放思想的结果。面对新的形势和任务，我们要紧跟时代前进步伐、适应事业发展新要求、满足人民群众新期待，不断增强继续解放思想的自觉性和坚定性，以思想的大解放推动改革开放和现代化建设不断迈出新的更大步伐。要坚持用发展着的马克思主义指导新的实践，以正在开展的深入学习实践科学发展观活动为契机，认真学习党的三代中央领导集体关于发展的重要思想，学习马克思主义关于发展的世界观和方法论，不断加深对科学发展观科学内涵、精神实质、根本要求的理解和把握，切实增强贯彻落实科学发展观的自觉性和坚定性。要着眼于科学发展观对改革开放和现代化建设提出的新要求，把科学发展观作为解放思想的锐利武器，进一步推进思想解放。要切实增强发展意识，始终坚持发展是硬道理的战略思想，坚持以经济建设为中心不动摇，把内蒙古的发展放在全国乃至更大范围来思考，谋求科学发展的新跨越、社会和谐的新进步。要切实增强机遇意识，善于在国家宏观调控中抢抓发展机遇，善于从困难形势和不利条件中寻找发展机遇，善于在复杂多变环境中捕捉发展机遇，在竞争中抢占先机、把握主动。要切实增强创新意识，把改革创新精神贯彻到经济社会发展的各个方面，破除不合时宜的观念、做法和体制机制，确立符合科学发展观要求的思想观念、方式方法和体制机制，用改革的办法、创新的精神解决发展中的困难和问题。要切实增强开放意识，树立世界眼光和战略思维，坚定不移地扩大对内对外开放，在经济全球化、区域经济一体化和国内国外两个大局中找准自治区的发展定位,统筹利用好国内国际两个市场、两种资源,在扩大开放中实现新的发展和跨越。

二是要进一步推动经济社会又好又快发展。要从自治区实际出发,以经济结构调整、转变发展方式、加强保障能力建设为重点,切实提高协调发展水平和可持续发展水平,继续推动国民经济又好又快发展。要下大气力推动产业结构、所有制结构、企业组织结构、生产力布局结构调整,不断提高产业发展层次,推动非公有制经济和中小企业快速健康发展,促进城乡、区域协调发展。要下大气力推动农牧业发展方式、工业发展方式、资源开发利用方式转变,不断提高农牧业综合生产能力和农畜产品供给能力,提高工业经济发展素质和竞争力,提高资源综合开发利用水平,提高经济发展的质量效益和可持续发展能力。要下大气力加强生态环境和基础设施等保障能力建设,不断改善经济社会发展条件,为维护国家生态安全多作贡献,为长远发展打牢基础。当前,要认真贯彻落实国家宏观调控政策措施,把保持经济平稳较快发展作为经济工作的首要任务来抓,采取有力措施,着力在保增长、扩内需、调结构上下功夫,以经济又好又快发展的实际成效为全国发展大局作贡献。在抓好经济建设的同时,全面推进社会主义政治建设、文化建设和社会建设。要坚持党的领导、人民当家作主、依法治国有机统一,坚持和完善人民代表大会制度、中国共产党领导的多党合作和政治协商制度、民族区域自治制度以及基层群众自治制度,加快推进依法治区进程,坚定不移地走好中国特色社会主义政治发展道路。要坚持社会主义先进文化前进方向,切实加强社会主义核心价值体系建设,充分发挥和挖掘民族文化资源,大力发展文化事业和文化产业,加快推进民族文化大区建设。要切实加强新形势下的社会建设和管理工作,妥善处理人民内部矛盾,依法打击各种刑事犯罪活动,抓好安全生产,促进社会和谐稳定,始终保持内蒙古民族团结、边疆安宁、社会和谐的良好局面。

三是要进一步深化改革、扩大开放。当前,我们正处在改革发展的关键阶段,经济社会发展中还存在许多不容忽视、亟待解决的突出矛盾和问题,特别是一些体制机制性矛盾还没有很好解决。我们一定要以更大的气魄、更大的力度,深入贯彻落实党的十七大和十七届三中全会精神,切实加大改革开放和创新力度,着力解决影响和制约科学发展的突出问题。要毫不动摇地坚持社会主义市场经济的改革方向,提高改革决策的科学性,增强改革措施的协调性,加快推进农村牧区、国有企业、非公有制经济、行政管理体制以及财政、金融、投融资体制等重点领域和关键环节的改革步伐,协调推进教育、科技、文化、卫生、社保、社会管理等方面的改革,进一步建立健全体现科学发展观和正确政绩观要求的考核评价体系,努力构建充满活力、富有效率、更加开放、有利于科学发展的体制机制。要立足资源条件和区位优势,大力实施互利共赢开放战略,进一步加强与东部沿海发达地区的横向联合,进一步扩大与俄、蒙的经济技术合作,进一步拓展与欧盟的经贸合作,加强政策、法治、诚信等软环境建设,全面构筑"东联、北开、西出"的对外开放新格局,努力推动区位优势和资源优势向开放优势和经济优势转变,全面提高外向型经济发展水平。要大力实施科教兴区和人才强区战略,加大对科技事业的引导、服务和投入力度,加快建立以企业为主体、市场为导向、产学研相结合的技术创新体系,不断增强科技对经济发展的引领和支撑作用,提高全区科技实力和产业发展竞争力。

四是要进一步保障和改善民生。要把增收富民作为执政为民的首要任务,作为各级干部最重要的政绩,坚持发展经济与造福人民相统一,切实解决好人民群众最关心、最直接、最现实的利益问题。要加大保障和改善民生工作力度,认真办好"十件实事"、实施好"十项民生工程",加快构建民生工作长效机制,努力使各族人民学有所教、劳有所得、病有所医、老有所养、住有所居。要积极探索、加快建立收入增长与经济发展的良性互动机制,稳步推进收入分配制度改革,切实抓好扩大就业、加强社会保障和住房保障、扶贫济困等工作,完善和落实对低收入群体的补助措施,千方百计提高群众收入水平,到"十一五"期末努力使全区城乡居民收入达到全国平均水平。要切实加大对社会事业发展和公共服务体系建设的投入力度,加快推进教育、科技、文化、卫生、体育、计划生育等事业发展,努力促进人的全面发展。要建立健全维护群众权益机制,着力解决群众反映强烈的食品药品安全、劳动安全等突出问题,坚决纠正在征地拆迁、土地承包、教育收费、医疗服务、企业重组改制、安全生产、社保基金管理、环

[371]

境保护等方面严重侵害群众利益的问题。

　　五是要进一步推进党的建设新的伟大工程。面对世情、国情、党情的发展变化，我们一定要按照党的十七大对党的建设作出的总体部署，以党的执政能力和先进性建设为主线，以改革创新精神全面加强和改进党的建设，切实把党建设成为立党为公、执政为民，求真务实、改革创新，艰苦奋斗、清正廉洁，富有活力、团结和谐的马克思主义执政党，为推动经济社会又好又快发展提供坚强有力的政治和组织保证。要坚持以坚定理想信念为重点加强思想建设，切实抓好理论武装工作，不断提高广大党员干部运用科学理论认识事物、分析矛盾、解决问题、推动工作的能力和水平。要坚持以造就高素质党员、干部队伍为重点加强组织建设，进一步深化干部人事制度改革，创新选人用人方式，切实把德才兼备、想干事、会干事、能干成事的干部选拔到重要岗位上来。大力加强基层党组织建设，充分发挥基层党组织的战斗堡垒作用和广大党员的先锋模范作用。要坚持以保持党同人民群众的血肉联系为重点加强作风建设，大力弘扬求真务实精神，大兴求真务实之风，切实做到情为民所系、权为民所用、利为民所谋，讲党性、重品行、作表率，以良好的作风促进发展、造福人民。要坚持以健全民主集中制为重点加强制度建设，不断扩大党内民主，增进党内团结，提高科学执政、民主执政、依法执政水平。要坚持以完善惩治和预防腐败体系为重点加强反腐倡廉建设，加强教育、制度、监督并重的惩治和预防腐败体系，旗帜鲜明地同各类腐败现象和行为作斗争，以党风廉政建设和反腐败工作的坚强决心和实际成效取信于民。

　　　　　　　　（选自在内蒙古自治区纪念改革开放30周年大会上的讲话）

越是困难时候
越要坚持改革开放不动摇

(2009年7月16日)

　　改革开放是决定当代中国命运的关键抉择，是应对当前国际金融危机的强大武器。越是困难的时候，越要坚持改革开放不动摇。在应对国际金融危机挑战中，必须坚持用改革的办法和开放的思路破解发展难题。

　　要以深化经济体制改革为重点，进一步加大重点领域和关键环节改革力度。前不久，国务院下发了《关于 2009 年深化经济体制改革工作的意见》，确定了今年深化改革的重点任务。自治区政府及时制订了 2009 年深化经济体制改革工作意见。各级要抓住危机使制约发展的体制机制问题更加凸显和改革成本相对较低的有利时机，认真贯彻国家深化改革的决策部署，加大力度，合力攻坚，努力在构建充满活力、富有效率、更加开放、有利于科学发展的体制机制上迈出更大步伐。要按照国务院机构改革方案和自治区的部署，积极稳妥地推进政府机构改革，理顺部门分工，改革审批制度，提高工作效率，加快转变政府职能。要进一步推动国有企业战略性重组，鼓励非公有制经济参与国有企业股份制改造和国有服务业企业改制等工作，放宽非公有制经济进入金融和市政公用事业等领域市场准入，培育壮大各类市场主体，不断优化所有制结构。在应对危机过程中，财富储备方式越来越引起世人的重视。有的专家学者认为，在纸币贬值已是大势所趋的情况下，全球未来将逐渐步入资源为王的时代。什么是资源为王？就是以有色金属(包括黄金、稀土)、煤炭、石油、森林等珍贵自然资源和以高科技人才与知识产品为核心，构筑起来的最安全的财富体系。内蒙古是我国的资源富集区，要抓住国家推进资源性产品价格改革

[373]

的有利时机,积极推进煤炭价格调节基金、电力竞价上网试点、多边交易电价、水权转换和用水补偿机制等项改革。要深入推进投融资体制改革,进一步培育多元投资主体,放宽投资领域和融资渠道,激活民间投资。医药卫生体制改革是关系人民健康的重大民生问题。要认真贯彻落实党中央、国务院关于深化医药卫生体制改革意见,按照把基本医疗卫生制度作为公共产品向全社会提供的改革方向,坚持保基本、抓基层、打基础、可持续,因地制宜制定改革方案,扎实有序推进改革进程,确保医改成果惠及全体人民群众。要认真搞好就业、分配、社会保障制度和教育、文化体制改革,抓好城乡综合配套改革试验区、小城镇发展改革试点等工作,建立健全统筹推进各项改革的长效机制。

要不断扩大对内对外开放,积极承接先进生产力转移。二战后至本世纪初,全球已完成三次大规模的跨国和跨地区产业转移,成就了许多世界经济奇迹。日本、西德承接美国及欧洲国家的产业转移,得以迅速跻身世界经济强国。亚洲"四小龙"的腾飞,也是产业转移创造的辉煌。改革开放以来,我国东南沿海地区抓住国际产业转移的机遇,大力发展"三来一补"型加工贸易,创造了近30年经济高速发展的奇迹。近年来,随着经济全球化和区域经济一体化进程的深入发展,特别是在这次金融危机的推波助澜下,第四次产业转移浪潮正在加速推进,发达国家和我国沿海发达地区正积极寻求新的投资和发展机会。据有关方面测算,到2010年,仅广东、上海、浙江、福建四省需要转出的产业总值就达1.4万亿元。在这次产业转移中,对资源、能源依赖性较强的上游产业转移趋势明显,而且这些产业大都是以产业链条为纽带的整体配套转移。我们要积极顺应全球产业转移趋势,充分发挥资源禀赋好、要素成本低、环境容量大等比较优势,努力在扩大开放、承接先进生产力转移上取得新进展。一是要把承接产业转移与促进产业多元、产业延伸、产业升级结合起来。既要立足于提升我区传统产业的规模、档次和水平搞好产业承接,更要大力承接非资源型产业,加快构筑多元产业支撑的现代产业体系。要围绕提高资源综合开发利用水平、做大做强优势特色产业,积极承接精深加工产业和关联配套产业,不断提高资源利用效率和集约化、集群化发展水平。要把促进产业转型升级作为承接产业的主要目标,积极承接新能源、新材料等高新技术产业,推动产业承接与产业升级同步,促进产业结构"调优、调高、调强"。二是要把承接产业转移与构筑要素流入区结合起来。承接先进生产力转移,表象上是承接产业转移的过程,实质上是引进先进技术、装备、管理和人才等先进生产要素的过程。要把承接产业转移与引进先进生产要素和加快要素流入区建设结合起来,努力使承接产业转移的过程成为集聚先进生产要素的过程。在承接过程中,要同步做好对技术、装备的引进、吸收工作,做好人才、管理的引进工作;在优化产业发展硬环境的同时,进一步优化政策、法制、人文等软环境,着力打造商务成本"洼地"、投资兴业"宝地"、要素集聚"高地",吸引更多先进生产要素进入我区。三是要把承接产业转移与扩大东联北开西出结合起来。进一步扩大对东部沿海发达地区全方位、宽领域、多层次开放,在主动接受东部沿海发达地区辐射带动中提升产业发展层次。我区是国家向北开放的前沿阵地,要进一步扩大对俄蒙的开放;加强与俄蒙的经济技术合作,努力提高合作共赢水平。要充分发挥我区铁路运输直达欧洲的交通优势,加强同欧盟的经济技术合作,积极承接面向欧洲市场的出口加工产业,承接欧洲先进生产力转移,不断提升我区外向型经济发展水平。

(选自在自治区党委八届九次全委会议上的讲话)

第四篇　三农三牧

相约草原

推进税费改革　减轻农牧民负担

(2002年4月28日)

最近,国务院正式决定,把包括我区在内的16个省区列入国家全面进行税费改革的试点。国务院办公厅专门下发了《关于做好2002年扩大农村税费改革试点工作的通知》,对扩大税费改革试点工作提出了明确要求。我们要认真贯彻落实党中央、国务院关于农村税费改革的一系列指示精神,总结我区部分旗县税费改革试点工作经验,在全区全面开展税费改革工作。

一、统一思想,坚定信心,进一步深化对农村牧区税费改革重大意义的认识

推动农村牧区税费改革是一项十分重大而紧迫的任务。当前,农村牧区面临的最突出问题是农牧民收入增长缓慢,这个问题已经成为制约农村牧区经济发展的主要因素。从根本上讲,增加农牧民收入要靠农村牧区经济结构的战略性调整,通过农牧业产业化经营和加快推进城镇化,开辟农牧民增收的新途径、新领域,但这需要有一个过程。在农牧民增收困难的情况下,保持农村牧区经济持续发展的有效办法就是减轻农牧民负担。近年来,我区农牧民负担总体水平一直控制在国家规定的范围之内,没有发生因农牧民负担过重而引发的恶性案件。但是,农牧民负担仍然很重,不仅严重影响农牧民生产积极性,制约农村牧区经济发展,而且影响党群、干群关系,影响农村牧区社会稳定。特别是我国加入世贸组织以后,农牧业发展已经开始受到冲击。如果不把农牧民过重的负担尽快减下来,不把农牧民生产积极性保护好、调动好、发挥好,农村牧区经济在激烈的竞争中将会处于更加被动的局面。实行税费改革是从制度上保证减轻农牧民负担,保护和发展农村牧区生产力,调动农牧民群众生产积极性的治本之策。从我区部分旗县试点情况看,税费改革不仅大幅度地减轻了农牧民负担,有效地遏制了农村牧区"三乱"现象,而且初步规范了国家、集体和个人之间的分配关系,改善了干群关系,维护了农村牧区社会稳定。实践证明,税费改革符合农村牧区生产力发展的要求,是减轻农牧民负担、促进农村牧区发展和稳定的治本之策。全区各级领导干部一定要增强责任感和紧迫感,把这项工作作为一项重大而紧迫的任务切实抓紧抓好。

农村牧区税费改革是继土地改革、实行家庭承包经营之后的又一次重大改革,搞好这项改革对于推动农村牧区经济的长远发展具有重要的战略意义。我区是农牧业大区,农牧业人口占全区总人口的57%。"十五"期间,我区要实现国内生产总值和城乡居民人均可支配收入增长速度高于全国平均水平的目标,如果没有农牧民收入的稳定增长,实现这一目标就是一句空话;如果没有农村牧区经济的发展,推进自治区农牧业产业化、工业化和城镇化就失去可靠的基础。这次国家把内蒙古列入税费改革全面试点省区,为我区加快农村牧区经济发展提供了非常有利的条件。我们一定要从全局的高度认识税费改革的重大意义,扎实有效地搞好税费改革。

搞好我区农村牧区税费改革工作,圆满完成国家赋予的试点任务,我们具备许多有利条件。一是国家的支持力度很大。为了支持我区搞好税费改革,国家给予我区转移支付补助13.5亿元,按1370万农牧民计算,人均补助99元。按全区改革方案匡算,基本能够弥补改革后苏木乡镇、嘎查村财力出现的缺口,为我们全面推进改革创造了较为宽松的条件。二是部分旗县试点探索了可资借鉴的改革经验。从2000年开始,我区在土右旗等11个旗县开展了税费改革试点工作,试点旗县数占全国102个试点县市的10%多,全区绝大多数盟市都有试点旗县。经过两年多的探索和实践,在完善改革政策措施、突破重点难点问题、培训和锻炼干部等方面,积累了一些有益的经验。三是具有较好的工作基础和群众基础。近两年来,各盟市、旗县根据国家的总体部署和要求,认真研究制定税费改革试点方案及其配套办法,开展了大规模的宣传培训工作。广大基层干部对税费改革的认识明显提高，农牧民群众热切盼望通过改革实现减负增收，搞改革的愿望强烈，积极性很高。只要我们统一思想，坚定信心，扎实工作，我区农村牧区税费改革就一定能够取得圆满成功。

二、明确方向，突出重点，积极推进农村牧区税费改革

搞好农村牧区税费改革，必须坚持正确的改革方向。中央把税费改革总的指导原则概括为六个字："减轻、规范、稳定"。所谓减轻，就是要合理确定农民的税赋水平，从根本上治理对农民的各种乱收费，切实减轻农民负担；所谓规范，就是从制度上规范国家、集体和农民之间的分配关系、分配方式；所谓稳定，就是在减轻和规范的基础上使农民的赋税水平在一个较长时期内保持不变。在试点工作的基础上，中央又进一步提出了"三个确保"的要求，即确保农民负担得到明显减轻、不反弹，确保乡镇和村组织正常运转，确保农村义务教育经费正常需要。这些原则和要求，既是税费改革的根本方向，也是衡量改革是否成功的主要标志，必须坚决贯彻执行。在贯彻落实过程中，要特别注意把握好以下几点。

第一，要把减轻农牧民负担作为首要任务来抓。减轻农牧民负担、治理农村牧区"三乱"现象，是农村牧区税费改革第一位的目标和任务。税费改革能不能成功，最根本的要看这一条。各地区、各部门一定要把减轻农牧民负担作为税费改革的出发点和落脚点，确保农牧民负担真正减下来。自治区税费改革总体方案的主要内容是："四个取消"（取消乡统筹费，取消对农牧民的行政事业性收费、政府性基金和各类集资，取消屠宰税，逐步取消统一规定的劳动积累工和义务工）、"三个调整"（调整农业税、农业特产税和牧业税）、"一项改革"（改革嘎查村提留征收使用办法）。新的改革方案在去年的基础上，对农业税征收办法中因灾减免实行更加优惠的政策，对牧业税再一次进行了较大幅度的下调。按照这个方案，以2000年的统计数字计算，全区农牧民人均减负102元，平均减负率为57%。各地区、各部门要严格执行自治区税费改革的总体方案，确保各项减负措施落实到位。在实施过程中，尤其要防止把以前的不合理负担合法化，防止借改革之机把过去的集资、摊派和各种不合理收费变为正税或者附加再向农牧民征收。

在减轻农牧民负担的同时，还要确保农牧民负担不反弹，这就要求我们必须在"规范"和"稳定"上下功夫,建立健全新的管理机制。这几年,农牧民负担减不下来,减下来又反弹,一个重要原因就是税费制度不规范,有些部门和地方随意向农牧民伸手。在这次税费改革中,各地区、各部门要严格执行改革的各项规定,通过改革将国家、集体和农牧民之间的分配关系和分配方式纳入法制化轨道,进一步规范和完善农村牧区税收征收管理办法,真正做到农牧民照章纳税,政府依法收税,严格规范双方的权利和义务。要保持农牧民的税赋水平长期不变,不仅税赋制度要长期稳定,不能朝令夕改,而且农牧民负担总水平也要保持长期稳定,不能随意增加。对村级组织"一事一议"筹资筹劳,一定要严格按制度办事,规范操作程序,防止成为新的乱收费的口子。

第二,要坚决贯彻执行农村牧区税费改革的各项政策。农村牧区税费改革,是一项政策性很强的工作。改革能不能搞好,取决于能不能把国家和自治区制定的有关政策措施真正落实到位。从国家和我区的试点情况看,科学合理地确定计税面积、常产和计税价格等计税要素,是税费改革的一项基础性工作,也是农牧民群众普遍关心的问题。其中任何一项出了问题,都会使改革失去真实可靠的依据,而且可能引发农村牧区一些新的矛盾和问题。对计税要素的确定,国家和自治区的改革方案已经作了明确规定。其中对计税面积的确定,新的改革方案根据试点情况又作了进一步修改和完善,要求"严格以农民第二轮合同承包用于农业生产的土地为依据确定。对个别有争议的土地,绝大多数农民同意,可重新核实,但一定要避免大范围丈量"。各地区在确定计税要素过程中,无论采取什么办法,都要严格把握政策界限,按照公开、公平、公正的原则,做过深过细的工作,不能搞"暗箱"操作,更不能少数人说了算。要坚持走群众路线,广泛征求农牧民群众的意见,得到广大农牧民群众的拥护和认可。

实行财政转移支付,是税费改革的一个大政策,也是改革能否成功的重要保证。除了国家通过转移支付给我区补助外,自治区财政也要拿出一部分资金,用于弥补税费改革中苏木乡镇、嘎查村组织正常运转和农村牧区义务教育正常需要的资金缺口。对转移支付资金的分配,自治区以盟市为单位,根据各盟市涉农涉牧税收和收费的调整以及精简机构人员、压缩开支等因素测算,对盟市净减收部分给予适当的补助。各盟市也要按照自治区转移支付的原则和办法,把转移支付资金层层落实到旗县、苏木乡镇和嘎查村。这部分资金是保改革、保稳定、保运转的专项资金,一定要切实管好用好。各地区要规范转移支付办法,提高转移支付的透明度,切实加强转移支付资金的监管工作。在资金的分配上,一定要公开透明,按照规定的要素和补助系数据实确定,及时拨付到位。在资金的管理使用上,要保证专款专用,绝不允许截留挪用。各盟市、旗县也要从税费改革的大局出发,积极调整财政支出结构,充分挖掘自身潜力,多渠道筹集资金,加大对改革的支持力度,全面实现"三个确保"的要求。

第三,要全面推进各项配套改革。这是税费改革内容的深化、延伸和扩展,也是税费改革取得成功的重要保障,必须坚持同步实施,整体推进。重点要抓好苏木乡镇机构改革、撤乡并镇、农村牧区教育体制改革等工作。现在,我区不少苏木乡镇机构臃肿,农村牧区学校分布过散,财政供养人员过多,不仅造成旗县、苏木乡镇财政困难,而且直接导致农牧民负担加重。从我区11个试点旗县情况看,共撤并苏木乡镇41个,精简行政管理人员1100人;撤并嘎查村212个,精简村组干部3600人;撤并中小学280余所、教学点515个,精简乡村教师3100余人。这充分说明改革和精简的潜力是很大的。对这方面的工作,国家已有明确要求,自治区也相应作了安排部署,各地区要从实际出发抓紧推进。要克服畏难情绪,加大改革的力度,使改革取得实实在在的成效;同时,还要注意处理好推进改革与方便群众、服务群众的关系,防止因苏木乡镇和学校撤并,影响农牧民正常的生产、生活和子女上学。

三、加强领导,精心组织,确保农村牧区税费改革顺利进行

农村牧区税费改革,涉及全区1300多万农牧民的切身利益,是农村牧区各种利益关系的一次重大调整,牵一发而动全身,如果处理得不好,就可能引发新的矛盾。同时,税费改革要解决农村牧区多年来积累的深层次问题,配套推进其他几个方面的改革,工作的难度很大。各级党委、政府一定要充分估计改革的艰巨性和复杂性,既要坚定搞好改革的信心,又不可忽视改革中遇到的困难和风险,切实加强领导,精心组织实施,确保全区农村牧区税费改革的顺利进行。

一是增强责任意识,加强对税费改革的组织领导。各级党委、政府要把搞好税费改革作为当前农村牧区工作的一件大事、要事、急事,摆到突出位置,党政一把手负总责、亲自抓,分管领导具体抓。为了加强对税费改革的组织领导,自治区成立了税费改革领导小组,各盟市、旗县、苏木乡镇也要建立相应领导机构,切实加强对税费改革的统一领导和组织协调。要层层建立责任制,一级抓一级,一级对一级负责。各有关部门都要增强大局意识,加强协调配合,自觉服从全区税费改革的总体安排,积极参与和支持改革。任何部门和单位都不得乘改革之机搭车收费,或者巧立名目重开乱收费的口子。对有令不行、巧立名目、加重农牧民负担的单位和个人,纪检、监察和有关部门要及时调查、严肃处理。要搞好督促检查工作,重点检查执行税费改革各项基本政策、农牧民负担总额控制、计税要素的合理确定、"一事一议"筹资筹劳、转移支付资金使用以及农牧业税征收管理等方面的情况,坚决防止税费改革政策在执行中变形、走样。

二是搞好培训和宣传教育工作,营造良好的改革环境。去年以来,各地区、各有关部门对税费改革已经做了大量的宣传培训工作,为全面推进改革打下了良好的基础。现在税费改革要在全区正式启动,必须在已有的基础上进一步做好这方面的工作。要采取多种形式,加强对干部特别是基层干部的培训,使他们熟悉政策内容,增强政策观念,自觉执行政策。要加大宣传教育力度,运用多种形式,把税费改革的方针政策和具体规定原原本本地交给群众,使广大群众既能积极参与改革,又能切实运用政策维护自身的权益。在宣传教育中,要注意把握分寸,力求全面、准确、客观,介绍减负程度既不能夸大也不能缩小,既要说明减负的必要性,又要强调依法纳税是农牧民必须履行的义务。

三是认真总结和探索经验,不断完善税费改革的各项政策措施。探索和总结税费改革经验,既是不断推进改革的需要,也是试点省区肩负的重要责任。我区地域跨度大,各地的情况不尽相同,随着改革的深入还会有许多新的矛盾和问题显露出来。因此,在税费改革过程中,各地区、各有关部门一定要贯彻党的解放思想、实事求是的思想路线,在中央的方针政策指导下,从本地区的实际出发,创造性地开展工作,积极研究制定符合实际、便于操作的具体措施。农村牧区税费改革是群众的事业,智慧蕴藏在群众中间,经验也产生于基层的实践。要相信群众,依靠群众,尊重基层和群众的首创精神。各级领导干部一定要转变作风,深入实际,调查研究,及时总结经验,加强具体指导。要建立工作报告制度,及时准确地掌握改革进程中出现的新情况和新问题,以便不断调整和完善政策措施。

　　四是统筹兼顾,促进农村牧区各项事业的全面发展。当前,农村牧区工作任务十分繁重,既要适时推进税费改革和配套改革,又不能耽误其他方面的工作。各级党委、政府一定要统筹兼顾,合理安排,以税费改革为契机,促进农村牧区各项工作的开展。要把农牧民群众在税费改革中焕发出来的生产积极性保护好、发挥好,抓住雨后土壤墒情有所好转的时机,搞好春季农牧业生产。要充分利用涉农涉牧税赋减轻和调整的政策,引导农牧民群众加大结构调整力度。苏木乡镇党委、政府要以税费改革为动力,加快职能转变步伐,把工作的着力点放在加强公共服务和社会管理上来,为促进农牧业结构调整、产业化经营和农牧民增收搞好服务。

　　(选自在全区农村牧区税费改革试点工作电视电话会议上的讲话)

加快农牧业产业化进程
带动农村牧区经济结构调整

（2003年10月6日）

　　发展农牧业产业化经营，是继实行家庭联产承包制、大力发展乡镇企业之后我国农民的又一伟大创举。农牧业产业化作为一种新的经营形式，其核心是以市场为导向，以增值为中心，以农牧业增效、农牧民增收为目标，立足于本地资源优势，优化配置各种生产要素，形成区域性的支柱产业或主导产业，将农牧业产前、产中、产后诸环节通过各种利益机制和组织形式联结为一个完整的产业系统，最终实现种养加、产供销、贸工农一体化经营。我区近年来发展乳、肉、绒产业的实践也充分证明，推进农牧业产业化经营，是促进农牧业结构调整，加快农牧业发展，提高农牧民收入的有效途径。

　　推进农牧业产业化，关键是要抓好三个环节：一是培育龙头企业和企业集团。发展产业化经营，龙头企业是关键。这些年来，我区把农畜产品加工业作为支柱产业来抓，培育发展了鄂尔多斯、伊利、鹿王、蒙牛、草原兴发、河套恒丰等一批全国驰名的龙头企业。全区销售收入过亿元的农畜产品加工龙头企业发展到27户，其中10亿元以上的有6户。这些龙头企业的崛起，对推进农牧业经济结构调整、促进农牧业发展发挥了巨大的带动作用。二是培育优势产业和优势区域。按照产业化的思路，通过建设一批特色农产品标准化生产基地、带动加工、储藏、运输等相关产业的发展，形成区域性的支柱产业，把我区的农牧业资源优势转化为经济优势。在培育优势产业和优势区域过程中，要遵循自然规律和经济规律，坚持以质取胜，真正按比较优势和市场需求布局。三是提高产业化组织程度。推进农牧业产业化经营,必须解决好农牧户小规模经营与大市场之间的矛盾,降低市场给农牧民带来的直接冲击。要运用市场经济的办法,把千家万户的农牧民同企业和市场联结起来,努力构建产业化经营体系。这些年我区涌现出不少农畜产品行业协会和各种专业合作组织,它们是联结农牧户、企业和市场的纽带,对于提高农牧民的组织化程度,转变政府职能,增强农牧业竞争力发挥了重要作用。

(选自《学习时报》署名文章《城乡统筹　三化互动　加快发展》)

推进农牧业产业化
要把握好四个方面

(2004年9月11日)

一、农牧业产业化与农牧业市场化

纵观世界农牧业发展史，农牧业产业化最早产生于上世纪50年代的美国，然后迅速传入西欧、日本、加拿大等发达国家。虽然各国对农牧业产业化的叫法不同，发展模式各异，但有一个共同的特点，即按照现代化大生产的要求，在纵向上实行产加销一体化，在横向上实行资金、技术、人才等要素的集约经营，形成生产专业化、产品商品化、服务社会化的格局。从国外农牧业产业化产生及其迅速发展的实践看，一个重要的前提就是有较为完善和发达的市场经济体系。完善、发达的市场体系，使农牧业产业化组织中各个层次的经营主体都能够通过市场机制的作用和市场制度的规范保证其利益的实现。我国农牧业产业化也是市场经济的产物，最初出现在由计划经济向市场经济体制转轨的上世纪90年代初期，伴随着我国市场经济体制的建立和完善而不断发展。总体上看，我国经济市场化的程度还不高，而农业市场化的程度又滞后于经济总体市场化的程度。有专家认为，2002年我国农牧业市场化程度在50%左右，低于经济总体市场化程度5至10个百分点。我区的农牧业市场化程度与全国相当，土地、资金、劳动力、技术等大部分农牧业生产要素的流动还处于一种自发状态，缺乏优化组合，影响着农牧业产业化的进程。近年来，浙江等沿海发达省区在推进农业市场化方面有一定的突破，他们的做法主要是"三个创新"、"三个流转"。所谓"三个创新"，一是体制创新。努力探索农村集体经济的多种实现形式和多种所有制共同发展的路子，借鉴城市工业园区的建设经验,建设各具特色的农业种植园区,创造了新的农业生产管理体制;通过"公司+基地+农户"的形式,创造出新型农业生产经营方式;通过龙头企业、乡镇企业带动,创造出新型农民就业体制。二是结构创新。调整农业产业结构,大力发展区域化和专业化生产,培育特色农业和优势农业;调整城乡二元结构,使农民由单一的以务农为主向农工商结合的复合型转变,使农民的生活组织方式由传统村落向农村社区化转变。三是技术创新。通过农业科技体制创新、农技人员技术创新、农技推广体制创新和乡镇企业技术创新,使产业升级,增强农村经济的发展动力。所谓"三个流转",一是在确保土地家庭承包责任制30年不变的前提下,实现土地使用权、承包权和所有权的"三权分离",按照"自愿、依法、有偿、规范"的要求,进行土地使用权的流转,实现土地规模化、集约化经营,为农业现代化创造条件。二是鼓励以工商资本为主的社会资本参与农业结构调整,使传统的政府推动型农业向现代型农业转变,形成由政府、农户和社会资本组成的多元投资主体,实现投资资本的流转。三是通过科技人才向广大农村和乡镇企业流转,种植业为主的农民向小城镇和城市流转,经商为主的外来人口向城市专业化市场流转,实现农村人才和人力的合理流转和科学布局。沿海发达地区推进农牧业市场化进程的做法,值得我们学习借鉴。

针对我区农牧业产业化发展实际,当前提高农牧业市场化程度,关键要抓好两点。第一,要建立和完善农牧业产业化经营中的市场机制。目前,我区农牧业产业化经营的各个主体间还没有建立起合理的经济联系,没有真正结成"利益共享、风险共担"的共同体,产业链还没有达到顺畅高效的要求。因此,要有效整合农牧业产业资源,有效调节农牧业产业化经营过程中各主体之间的利益关系,充分发挥市场机制的作用,把农牧业产业化经营的各主体联结成紧密的利益共同体。第二,要切实增强农牧民的市场意识。据自治区农调队调查,全区38%的被调查农民是根据以往的习惯种地,根据市场需求种地的只占一半。这种状况,与我们大力推进农牧业市场化、产业化的要求极不适应。要加强对农牧民的培训和教育,认真抓好农牧业适用技术普及、科技下乡等活动。要加强农畜产品市场建设、市场信息体系建设,让农牧民置身于市场环境,让他们在与市场打交道的过程中增强市场意识。农牧民经纪人队伍是农村牧区闯市场的先锋队,要精心培养、倍加呵护,使其不断发展壮大,充分发挥他们闯市场的带头示范作用。

二、农牧业产业化与农村牧区合作经济组织

作为推进农牧业产业化经营的两个轮子,龙头企业是农牧业实现市场化、规模化的关键,农村牧区合作经济组织是联结龙头企业与农牧户的纽带和提高农牧民组织化程度的保障,二者相互依存、相互促进。没有合作经济组织的迅速发展,产业化就难以提升档次和扩大规模。

农村牧区合作经济组织在农牧业发达的国家起步较早。美国、日本、欧盟等发达国家从19世纪中叶开始,就在农业生产、农产品加工和流通领域建立了为农户和农业发展服务的各种形式的合作社和农工商一体化经济组织。经不断完善和发展, 农业合作经济组织已遍布这些国家的广大地区,囊括了绝大多数农户。目前,法国有13000多个农业服务合作社,4000多个合作社企业,90%的农场主是农业合作社的社员。日本有综合农协2500个,专业农协3513个,全国100%的农民以及部分地区的非农民参加农协。瑞典90%的农民是合作社成员,美国80%的农户加入合作社,德国77%以上的农户参加各种合作社。这些合作经济组织经营服务的范围日益扩大,由过去主要在供销、加工领域的联合,发展到现在的农产品收购、加工,生产资料的供应、金融合作、经营管理,一直到科研、咨询等各种服务领域, 有的还进入国际贸易范围。这些合作经济组织把分散的农民组织起来,联结成一个利益共同体,使农民既享受到合作经济组织的各种服务,又能够得到合作经济组织的利润返还,大大降低了农民和农畜产品进入市场的成本,提高了农业的比较效益。

我国以市场为核心的农村专业合作经济组织在上世纪90年代才开始发展,服务范围主要在生产加工、供销运输等方面,以农牧民和龙头企业自发组成为主,农牧业产前、产中、产后等方面的合作经济组织还比较缺乏。全国目前参与农业产业化经营的农户占总户数的25%,而参加各种专业合作经济组织的只占农户总数的4%左右。据自治区农牧业产业化办公室统计,目前,我区参与农牧业产业化经营的农牧户占总户数的36.7%,而参加各种专业合作经济组织的只占农牧户总数的3%。农村牧区合作组织薄弱、农牧民组织化程度低、农畜产品交易成本过高,既是制约农牧民参与市场竞争的瓶颈，也是制约农牧业产业化进一步发展的瓶颈。我们必须把大力发展农村牧区专业合作经济组织作为推进农牧业产业化和市场化的重要切入点来抓。一要放手发展合作经济组织。有利于产销衔接、有利于农牧业结构调整和农牧民增收的合作经济组织，都要积极支持；只要不是国家明令禁止的服务活动，都要鼓励合作经济组织去大胆经营；农牧业产业发展到哪里，链条延伸到哪里，就要支持合作经济组织建到哪里，努力突破所有制、行业、区域等种种限制，尽可能拓宽服务领域。要从实际出发，遵循客观规律，不搞强迫命令，不下指标，不搞一个模式，组织方式要灵活多样，要在发展中规范，在规范中发展，不能借管理、规范之名，为部门或个人谋取私利，抑制农村牧区合作经济组织的发展。二要加大政策支持力度。对农村牧区合作经济组织的注册登记，可考虑不设注册资金门槛、不收注册和年检费用等。财政部门要拿出一定数量的资金，用于对农村牧区合作经济组织兴办初期的合作知识普及推广、业务培训以及相关基础设施配套建设。对农村牧区合作经济组织的农畜产品经营，可按农牧民自产自销、自买自用对待，可考虑减免税费。要加强银农合作，积极争取金融部门对农村牧区合作经济组织的支持。三要坚持"民办、民管、民受益"。只有坚持"民办"，合作经济组织才能符合农牧民的意愿和利益，才能有旺盛的生命力。只有坚持"民管"，才能体现农牧民自己当家作主，充分尊重农牧民的经营自主权。只有坚持"民受益"，才能实现真正的合作经营、合作服务，做到利益共享、风险共担。

三、农牧业产业化与避灾农牧业

产业化经营的"第一车间"是农牧业生产基地。它与自然条件和气候因素密切相关。我区是一个农牧业多灾的地区。主要是干旱，其次是低温霜冻、冰雹、雪、干热风等，这些气象现象成灾后，往往伴生鼠灾、虫灾等。这就要求我们在发展农牧业生产和推进农牧业产业化过程中，必须认真研究、制定避灾、减灾措施，大力发展避灾型农牧业，确保农牧业产业化"第一车间"的顺利生产。

在指导思想上，要从重视灾后救灾转向灾前防御，实行以防为主、防救结合。要高度重视灾前防御工作，提高避灾意识。澳大利亚在上世纪90年代颁布"干旱政策"，将"干旱"列为一种自然现象而不作为灾害，农民受"干旱"

的影响造成损失,不能提请政府补助和救济。我们也应当确立这种意识,认识并把握自然规律,积极采取避灾措施,防范灾害发生。针对我区"十年九旱"的特点,要加强农牧业基础建设特别是水利设施建设,把有限的水资源充分利用好,发展节水型农牧业,提高抵御旱灾的能力;要通过推广耐旱型品种、调整种养业结构,有效规避旱灾。北方地区降雪是自然现象,所谓雪灾,是由于预防不当造成的。预防雪灾,关键是要建好棚舍,不让牲畜冻死;多出栏,减轻防灾压力;提前储备饲草料,提高抗灾能力。

在工作措施上,要从重视工程措施向工程措施和非工程措施并重转变。国际经验表明,采取工程措施减灾,会收到立竿见影的效果,但有时也会带来新的致灾因素,导致严重的人为灾害。现在,发达国家减灾更加重视非工程措施建设,主要包括减灾管理、减灾公共政策的调整、减灾法律法规的制定等,依赖人口、资源、环境的协调发展进行减灾。实施西部大开发以来,我区积极实行退耕还林还草、天然林保护、禁牧和休牧等非工程减灾措施,收到了明显成效。要认真总结经验,在主要通过非工程措施改善自然条件和环境的同时,辅之以必要的工程措施,有效地规避、减少自然灾害的不利影响,为农牧业产业化基地生产创造良好的环境和条件。

在工作机制上,要从以政府救灾为主逐渐向政府救灾与实行农牧业灾害保险相结合转变。据自治区社科院专家测算,我区1996年至2003年灾害直接经济损失占全区生产总值的6.4—7.3%,而全国同期的比值为1.7—3.8%,我区的灾害直接经济损失率高于全国。对于灾害补偿,国际上广泛采用的是农业灾害保险。无论是发达国家还是发展中国家,对农业灾害保险都给予较为优惠的政策扶持:政府出资建立初始资本和准备金,依法强制投保,实行税收优惠,进行管理费和保险费补贴,发生重大灾害后,准备金积累不足以支付赔款时,政府给予支持。我区灾害种类多,灾害频繁,对农牧业及其相关产业影响较大,要认真研究符合我区实际的农牧业灾害保险模式。当前,要创造条件,选择特点突出的农牧业产业化生产基地进行试点,取得经验后逐步推开。可先推动奶牛业。

四、农牧业产业化与县域经济的发展

县域经济能不能真正搞起来,关键在于能不能培育起县域支柱产业。

我区101个旗县市区,有一半以上矿业资源匮乏、工业基础薄弱、服务业缺乏发展条件,但拥有丰富的农牧业资源。这些旗县要发展,必须充分发挥自己的比较优势,在开发利用农牧业资源上做文章,走农牧业产业化的发展路子,创建特色支柱产业。对于我区大多数旗县来讲,农牧业产业化是县域经济发展的重要突破口,发展县域经济的主要任务就是推进农牧业产业化经营。

这里,有必要强调应树立大工业化的观念。开发利用矿业资源是搞工业化,大规模、标准化开发利用农牧业资源也是搞工业化。在以农牧业资源为主的县域推进农牧业产业化经营,实际上就是这些旗县实现工业化的过程。依托当地农牧业资源确定主导产业,不断延长产业链,可以带动整个县域工业经济的发展,农畜产品加工业的发展又反过来引导种植业和养殖业的发展。山东寿光县是全国农业产业化起步较早的地区之一,该县发展以蔬菜为主的产业化经营,2003年完成地区生产总值155.5亿元,实现财政收入11.1亿元,农民人均纯收入4508元,连续五届进入"中国农村综合实力百强县(市)"行列。我区的和林格尔县,1997年底地区生产总值、财政收入、农民人均纯收入等指标在呼和浩特市9个旗县区中列倒数第一。这几年,通过发展乳、薯、肉、沙棘、柠条等产业化经营,去年全县地区生产总值达到30亿元,财政收入达到2.57亿元,农民人均纯收入达到2672元,不仅跻身西部竞争力百强县(市)之列,而且进入全国竞争力提升最快县(市)的行列。

在县域推进农牧业产业化经营,关键要把握好以下三点:一是主导产业要选准选好。在一定意义上讲,县域经济就是特色经济。在县域推进农牧业产业化,关键要把产业化经营的主导产业选好,形成自己的特色、体现自己的特色、发展和壮大自己的特色,在农牧业中长出工业,延伸出第三产业。因此,各地要依据不同的自然条件、农牧业资源禀赋、加工业基础和市场发育状况,发挥比较优势,大力发展特色主导产业。一个旗县,产业化经营的主导产业不宜过多过滥。不同的旗县,要认准并把握好自身最为突出的优势,精选一两个主导产业,集中力量发展,也可在农畜产品的生产、加工和流通方面各有侧重,努力做强、做精、做专。二是要加强县域间的协作配套。县域经济不是封闭经济,不是孤立地在一个县域范围内搞经济。在县域推进农牧业产业化,必须跳出地域限制,在更大的范围内整合资源,寻求协作。在合理的生产、运输半径内的不同县域和在农牧业生产条件雷同的不同县域,要科学规划、统筹利用好现有的生产、加工、流通条件和能力,分工合作,尽力避免各自为战,在基地建设、龙头企业引进和流通市场建设方面搞低水平重复建设,以县域为单位搞农牧业产业化经营的"小而全"。在这个问题上,各地要吸取当年发展甜菜制糖业的教训,不能搞市场封锁,画地为牢,更不能恶性竞争,以邻为壑。要积极研究如何建立和维护合理的利益分配和风险承担机制,引导并促进资源整合,实现县域联动、优势互补、共同发展。三是要突出民营经济这个主体。发展县域经济主要是发展民营经济。在县域推进农牧业产业化经营,从投入到经营、管理都要突出民营经济这个主体。旗县政府更多的是制定优惠政策、优化投资环境,为推进民营产业化经营创造良好的发展平台,而不是出资或出面去直接参与县域农牧业产业化经营。综观区内外搞得好的县域农牧业产业化范例,大多都是以民营经济为主体和主导力量。这次大家在通辽看的龙头企业,最为活跃的也大多是民营经济实体。当前,我区经济发展态势良好,区内外投资者在我区的投资热情很高,农牧业产业化为民间资金进入农牧业领域开辟了广阔渠道。各地要增强机遇意识,认真研究如何贯彻落实国家和自治区出台的扶持产业化经营的政策措施,进一步放宽限制,降低门槛,加强引导,鼓励各类资金进入农村牧区,进入农牧业产业化经营领域,实现我区县域农牧业产业化经营的大发展。

(选自在全区推进农牧业产业化经营现场会上的讲话)

新农村新牧区建设要突出抓好"发展、提高、建设、培育"四个重要环节

（2006年2月22日）

建设社会主义新农村，是党中央在新形势下立足我国国情提出的重大战略部署，也是内蒙古实现科学发展必须抓好的重要着力点。长期以来，自治区历届党委、政府高度重视"三农三牧"工作，采取了一系列促进农牧业和农村牧区发展的措施。近几年来，自治区党委、政府根据中央的要求，从我区的实际出发，进一步完善"三农三牧"工作的思路。在布局结构上，提出要调整生产力布局，积极推进收缩、集中和转移。在提高农牧业综合生产能力上，提出要提高"三个比重"，即提高畜牧业特别是农区畜牧业在大农业中的比重，提高优质高产高效品种的比重，提高农畜产品加工增值的比重。在推进产业化经营上，提出要突出抓好龙头企业、基地建设和利益联结三个环节。贯彻落实科学发展观，在"三农三牧"的工作指导上提出了"三个找出路"的要求，即解决农牧业问题要从非农产业上找出路，解决农村牧区问题要从推进城镇化上找出路，解决农牧民问题要从减少和转移农牧民上找出路。在上述工作思路的指导下，近几年我区"三农三牧"工作有了长足发展。

从农牧业生产能力看，自1989年结束粮食调入区历史以来，粮食产量稳步上升，正在成为国家重要的农畜产品生产基地。2005年，全区共生产粮食332亿斤，油料122.2万吨，肉类247.5万吨，牛奶727万吨。从农牧业内部结构看，畜牧业比重达到47.6%，已超过种植业。其中，农区畜牧业的比重达到全部畜牧业的68%。从农牧业产业化经营看，已有40%多的农牧户加入产业化经营，农畜产品加工转化率达到一半左右，农畜产品加工业增加值比重占全部工业的21%。全区销售收入超过10亿元的农畜产品加

[395]

工企业增至9家，其中伊利、蒙牛均超过100亿元。从农牧业基础建设看，生态保护与建设取得阶段性成果，呈现出"整体遏制、局部好转"的局面，农村牧区交通、水利和教育、卫生等基础设施条件均得到不同程度的改善。从农牧民收入看，2005年我区农牧民人均纯收入达到2989元，在全国31个省区市中居第17位，在西部12个省区市中居第1位。总体上看，我区同全国一样，已进入"以工促农、以城带乡"的阶段。全国去年人均GDP1700美元，二、三产业占GDP的比重为87.6%，城镇化率为43%。我区去年人均GDP为1972美元，略高于全国平均水平；二、三产业占GDP比重为84.3%，略低于全国平均水平；城镇化率为47.2%，略高于全国平均水平。

在肯定成绩的同时，我们也要清醒地看到，制约农牧业和农村牧区发展的深层次矛盾和问题尚未消除，农牧业弱质、农牧民弱势和农村牧区落后的总体局面尚未根本改变，突出表现为四个方面"水平较低"：

第一，农牧业生产力发展水平较低。按照生产力发展和产业结构演进的一般规律，现代农牧业在国民经济增加值的比重日趋下降，而质量和效益逐步上升，这"一降一升"已经成为发达国家和地区农牧业发展的普遍趋势。我区的这一过程还比较慢。从比例关系看，"十五"期间，我区第一产业占GDP的比重虽然下降了6.6个百分点，但仍占15.7%，比全国平均水平高3.3个百分点；2004年第一产业从业人员比重为51.9%，比全国平均水平高5个百分点。从发展水平看，我区农牧业集约化水平低，生产规模小，装备水平差，技术推广慢，经营管理落后，与现代农牧业规模化、标准化和专业化生产经营的要求有很大差距；农畜产品加工增值程度低，发达国家农产品加工业增加值为农产品价值的3——5倍，我国约为1倍，我区与全国水平相当。农牧业生产设施不完善，农田有效灌溉面积仅占40.1%，防灾减灾设施不足，粮食产量波动较大。生态环境脆弱，基础设施落后。

第二，农牧民收入水平较低。主要表现在三个方面。一是与全国平均水平比收入偏低。2005年，我区农牧民人均纯收入2989元（约合370美元），仅为全国平均水平的91.8%。二是与城镇居民比收入偏低。国际上城乡居民收入差距平均在1.5:1至2:1之间，发达国家基本上不存在城乡收入差别，有的国家农民收入水平还高于城市居民。2005年我区城乡居民收入之比为3.06:1,与全国3.22:1基本相当。三是盟市间差距较大。工业化和城镇化水平较高的盟市以及农牧民人口转移较快的盟市,农牧民收入水平较高;而农牧业人口比较集中的地区尤其是东部盟市,农牧民人均收入水平较低。2005年,盟市间农牧民人均纯收入最高值与最低值相差2292元。此外,全区目前还有特困农牧民40万人左右。

第三,农村牧区社会服务水平较低。由于政府职能转变不够到位、中介服务组织发育不够等原因,农村牧区行政性管理机构较多而经济技术服务机构较少。服务机构管理体制不顺,人员配备不强,经费来源不足,使一些如技术推广、生产和流通保障、疾病疫病防治等农村牧区社会服务无法有效开展。目前,全区70%以上的病床集中于县以上城镇。全区农村信用社从农村牧区吸收存款余额达335.6亿元,发放贷款余额仅为150.3亿元。除奶牛保险等少数几个险种外,保险机构基本不对农牧业生产提供保险业务。农村牧区社会服务能力短缺,主要原因是农村牧区基础设施建设和社会事业投入严重不足。

第四,农牧民文化和技能水平较低。发达国家和地区农业人口文化和技术水平普遍较高,法国7%以上的农民具有大学文凭,60%的青年农民具有中专水平;德国7%的农民具有大学文凭,53%的农民受过2——3.5年的职业培训;日本农民中大学毕业的占5.9%,高中毕业的占74.8%,初中毕业的占19.4%。我国农民人均受教育年限不到7年,农村从业人员中受过各种职业技能培训的不到10%。我区农牧业人口受教育程度更低,初中及以下文化水平的占80%以上。基础教育和职业教育欠缺,导致农牧民科技文化素质较低,与工业化、城镇化以及现代农牧业发展的要求不相适应,造成农村牧区富余劳动力转移不畅。浙江省目前已把2/3的农村劳动力转移到城镇和二、三产业,而我区2005年外出务工农牧民仅180万人。目前全国农牧民人均纯收入中工资性收入平均占到30%,江苏、浙江、山东、广东等发达地区超过50%,而我区仅占16.8%。

"三农三牧"工作中存在的这些矛盾和问题,有的是长期发展过程中积累下来的,有的是在现实发展中形成的,需要我们正确认识和清醒把握,并在建设社会主义新农村新牧区的实践中认真加以解决。要按照"生产发展、生活宽裕、乡风文明、村容整洁、管理民主"的建设社会主义新农村总体要求,有计划有步骤有重点地把社会主义新农村新牧区建设推向前进。从我区实际出发,必须扎扎实实抓好"发展、提高、建设、培育"四个关键环节。

一、抓发展,就是要大力发展农村牧区生产力

解放和发展农村牧区生产力,是建设社会主义新农村新牧区的根本任务。只有不断解放和发展农村牧区生产力,才能为农村牧区社会全面进步和农牧民全面发展奠定坚实的物质基础。发展农村牧区生产力,必须在统筹城乡发展的前提下,把政府和农牧民、城镇和农村牧区、农牧业和非农产业有机结合起来,通过改革体制机制、营造发展环境、优化配置要素和资源,不断提高农牧业和农村牧区发展能力。一方面,要大力发展现代农牧业,加强农畜产品综合生产能力建设,加快农牧业科技进步,积极推动农牧业增长方式转变。另一方面,要坚持解决农牧业问题从非农产业上找出路、解决农村牧区问题从推进城镇化上找出路、解决农牧民问题从减少和转移农牧民上找出路的思想,跳出农牧业抓农牧业,在农牧业产业化、城镇化和工业化的互动中,实现农牧业经济的新发展。农牧业产业化经营直接关系农牧业增值增效。目前,我区产业化经营已覆盖40%的农牧户,为农牧民提供了人均1000多元的纯收入,全区50%的农畜产品实现初步加工增值。要在继续做大做强农畜产品加工龙头企业、不断增强其带动能力的同时,高度重视抓好农畜产品基地建设,为农畜产品加工业提供稳定可靠的原料来源。加快推进城镇化,对于转移农村牧区富余劳动力、增强城镇对农村牧区的辐射带动能力,具有非常重要的作用。"十五"期间,我区城镇化率提高了5个百分点,减少了100多万农牧业人口,促进了农牧业增产增效和农牧民收入增加。要通过推进城镇化进程,把更多的农村牧区富余人口转移出来。与此同时,要防止区外低素质劳动力进入农村牧区。工业化的发展,不仅催生了一批产业化经营企业,也为城镇化的发展提供了产业支撑,为农牧业的发展增添了重要动力。各级要继续坚定不移地推进工业化进程,努力走出一条以工促农、以城带乡的新路子。

二、抓提高,就是要大力提高农牧民收入水平

工业化国家的发展经验表明,在工业化初期,城乡居民收入差距持续扩大；工业化中期，收入差距将保持相对稳定；工业化后期，收入差距将趋于缩小，初步实现城乡一体化；到后工业化社会，城乡差距将完全消除。目前，我区已经进入工业化中期阶段，但城乡居民收入差距仍呈扩大趋势，还没有达到稳定的"拐点"。收入差距大，农牧民收入水平低，对经济社会协调发展带来一系列不利影响。主要表现在：农村牧区社会消费品零售份额下降，购买力不足，不利于扩大内需；农牧民消费结构处于较低层次，对工业品和服务消费需求不足，不利于产业结构优化升级；由于收入水平低，对精神文化、科技教育、医疗卫生等社会服务支付能力不足，不利于农村牧区社会事业发展，影响和制约农牧民综合素质的提高。从我区实际出发，提高农牧民收入水平，既要充分挖掘农牧业内部增收潜力，拓展农村牧区二、三产业就业空间，还要广辟农牧民外出务工经商渠道；既要用好市场机制这只"看不见的手"，优化配置城乡资源，促进城乡统筹发展，还要用好政府调控这只"看得见的手"，做好"多予少取放活"这篇大文章。中央一号文件强调，要调整国民收入分配格局，坚持"多予少取放活"方针，重点在"多予"上下功夫。2005年，我区兑现粮食直接补贴、良种补贴、农机具补贴、退耕还林、退牧还草工程补贴以及农村牧区义务教育"两免一补"等各类补贴，财政支出48.4亿元，农牧民人均获益400多元。各级要继续加大"多予"力度，强化各级政府的投入责任，根据财力增长不断调整和完善收入分配格局，建立健全财政支农资金稳定增长机制，建立提高农牧民整体素质的长效保障机制，支持探索建立农村牧区社会保障制度，支持扶贫制度建设和政策创新，提高政府提供公共服务的财政保障能力。要确保"少取"措施落到实处。近两年，我区涉农税费大幅度减少，2005年12个盟市全部免除了农业税，共减免涉农涉牧税收28.3亿元。但农资和农畜产品流通环节垄断定价行为有所增加，去年因农用生产资料涨价等因素，农牧民人均支出增加520元。要采取有效措施，切实规范涉农部门经营行为，坚决防止变相增加农牧民负担。要积极探索"放活"的新途径。要在农牧民进城务工、发展农村牧区二、三产业和非公有制经济等方面采取更加积极措施，解除农牧民向非农产业和城镇转移方面的限制。要适应形势的发展需要，积极探索"放活"农牧民的方法和途径，既要讲究管理和规范，更要注重放活和发展。

三、抓建设,就是要大力加强农村牧区基础设施建设

长期以来,农村牧区投入严重不足,基础设施建设滞后,社会事业发展较慢,城乡面貌反差增大,农村牧区人才和资源外流严重。我区是农村牧区基础设施欠账较多和自然灾害多发地区,改变农村牧区落后面貌任务十分艰巨。在建设社会主义新农村新牧区中,国家财政投入向农村牧区倾斜,公共服务向农村牧区延伸,社会保障向农村牧区覆盖,为我们进一步加强农村牧区基础设施建设创造了难得机遇。我们要抓住机遇,争取资金,加大投入,努力改变我区农村牧区落后面貌。一要进行合理布局。我区农村牧区面积广大,农牧民居住分散,各地自然形态、生产力发展水平、市场发育程度、群众生产生活方式和农村牧区建设的基础千差万别。加强农村牧区基础设施建设,必须坚持规划先行、合理布局的原则,在搞好农村牧区生产力布局结构和人口分布结构调整的前提下,集中有限的财力物力,在应该投入和建设的地方真正取得突破。二要兼顾生产生活。相对于农田草牧场、水利设施以及住房、道路、通信等基础设施来说,农村牧区的教育、卫生、文化、体育等社会事业更为落后,设施更为短缺,农牧民对提高社会事业服务水平的要求更为迫切。加强农村牧区基础设施建设,不仅要着眼于改善农牧业生产条件,同时,要加强农村社会事业建设,提高农牧民的生活质量。三要加强政府引导。目前,我区公共财政资金有限,政府还不能包办农村牧区的所有基础设施建设。要充分发挥政府财力的引导作用,广泛发动农牧民投工投劳,广泛动员社会各界力量加大投入。

四、抓培育,就是要大力培育和造就新型农牧民

广大农牧民是建设社会主义新农村新牧区的主体,必须把全面提高农牧民素质作为一项基础性工程抓紧抓好。当前和今后一个时期,培养和造就新型农牧民,要在抓好教育、培训、养成三个方面下功夫。首先是抓教育。有关研究结果显示,一个农牧民受教育水平每增加一年,所从事非农活动的可能性会增加2.2%;一个地区提高初始人力资本存量1%,对经济增长的贡献将达到4.5%。在建设社会主义新农村新牧区过程中,要采取有力措施,巩固和全面普及农村牧区义务教育,加快发展农村牧区职业教育,努力提高农牧民的知识水平和更新知识能力、改进生产能力

和适应市场能力。其次是抓培训。通过大规模开展农牧民技能培训,帮助农牧民掌握基本知识、提高职业技能,使广大农牧民更好地适应经济社会发展的需要,不断提高农牧民在农牧业内部和非农产业的就业创业能力。第三是抓养成。要结合基层民主政治和精神文明建设,加强对农牧民的引导和教育,增强农牧民的发展意识、效率意识和竞争意识,使农牧民积极上进、勤劳致富成为习惯;推进村民自治组织的自我管理、自我教育和自我服务,使农牧民民主管理乡村公共事务成为习惯;加强法律法规宣传教育,使农牧民遵纪守法、依法维权成为习惯;倡导社会公德、职业道德和家庭美德,使农牧民团结互助、扶贫济困、平等友爱成为习惯。通过农牧民综合素质的养成,使先进观念、道德规范和良好习俗真正化为农牧民群众的内在修养,成为社会主义新农村建设的自觉行动。

建设社会主义新农村新牧区,是一项复杂的系统工程,各级党委、政府要切实加强组织领导和统筹协调,确保新农村新牧区建设顺利推进。

要把建设社会主义新农村新牧区摆上重要日程、作为重中之重来抓。各级党委、政府要把新农村新牧区建设纳入经济社会发展总体规划,摆上重要议事日程,建立健全领导体制和工作机制。当前,要按照中央的部署和要求,建立任务明确、分级负责的工作机制,形成推进新农村新牧区建设的合力。要不折不扣地贯彻落实中央和自治区的各项政策措施,已经出台的只能加强、不能削弱,并逐步把行之有效的支农支牧措施规范化、制度化,形成连续、稳定的支农支牧政策和制度。要建立符合促进统筹城乡发展要求的工作评价和激励机制。按照科学发展观和正确政绩观的要求,自觉遵循党的农村工作基本准则,做到关心农牧民疾苦、尊重农牧民意愿、维护农牧民利益、增进农牧民福祉。各级领导干部要认真学习党的"三农"工作理论,全面把握中央关于建设新农村的战略部署,加强调查研究,加强指导服务,注重发现和总结基层的好做法和好经验,充分发挥舆论的示范和带动作用。

要科学制定和实施新农村新牧区建设规划。自治区有关部门要在深入调查研究、广泛听取基层和农牧民群众意见和建议的基础上,结合实际认真研究制定我区新农村新牧区建设规划。在规划制定中,要立足当前、着眼长远,因地制宜、分类指导,区分轻重缓急,突出建设重点,把总体规划和分阶段实施方案制定好。要尊重自然规律、经济规律、社会发展规律和农牧民意愿，坚持量力而行、尽力而为，针对不同地区、不同情况、不同条件，创造性地开展工作，不急于求成、不搞一刀切、不强迫命令、不包办代替、不搞形式主义，坚决防止出现增加农牧民负担的现象，努力形成各具特色的新农村新牧区建设模式。要从农牧民群众最关心、要求最迫切、最容易见效的事情抓起，让农牧民在新农村新牧区建设中得到实实在在的好处，使新农村新牧区建设真正成为民心工程。

要多渠道增加建设新农村新牧区的投入。各级政府要充分发挥主导作用，抓住国家实行"三个高于"（国家财政支农资金增量高于上年，国债和预算内资金用于农村建设比重高于上年，直接用于改善农村生产生活条件的资金高于上年）和对基础设施建设投入重点转向农村牧区的机遇，积极争取国家的资金支持，同时调整自治区财政的支出结构，加大对新农村新牧区建设的投入力度，扩大公共财政覆盖农村牧区的范围，让公共财政的支出更多地惠及农牧民。要充分发挥市场在配置资源中的基础性作用，研究制定运用财政资金引导民间资本投向新农村新牧区建设的有关政策，采用市场运作办法，积极鼓励社会各界参与新农村新牧区建设。要注重发挥农牧民在新农村新牧区建设中的主体作用，进一步激活农村牧区的各种要素，激发农牧民的创业热情，建立健全农牧民自主增加投入的机制。

要不断深化农村牧区改革。深化农村牧区改革是新农村新牧区建设的体制保障，也是促进农村牧区发展的动力源泉。要进一步稳定和完善农村牧区基本经营体制，切实保障农牧民对土地和草牧场承包经营的各项权利，健全在依法、自愿、有偿基础上的土地承包经营权流转机制，有条件的地方可以发展多种形式的适度规模经营。要巩固和发展农村牧区税费改革成果，全面推进农村牧区综合改革。切实转变乡镇政府职能，创新乡镇事业单位运行机制，扎实稳妥地精简机构和人员。要加快农村牧区义务教育管理体制改革和县乡财政管理体制改革，逐步建立精干高效的农村牧区基层行政管理体制。加快推进农村金融改革，建立多元的投融资机制，努力改善对农村牧区的金融服务。深化粮食流通体制改革，加强对粮食市场的宏观调控，保持粮食市场稳定。加快征地制度改革，依法规范征地程序,完善对被征地农民的补偿办法,健全对被征地农民的社会保障。要充分尊重农牧民的首创精神,取消一切限制农牧民就业创业的政策规定和体制障碍,营造鼓励农牧民干事业、帮助农牧民干成事业的社会氛围。

要切实加强基层组织建设。建设社会主义新农村新牧区,必须充分发挥农村牧区基层党组织的领导核心作用。要按照中央的部署和要求,以建设社会主义新农村新牧区为主题,深入推进农村牧区保持共产党员先进性教育活动,建立健全保持共产党员先进性的长效机制。要广泛开展农村牧区党的建设"三级联创"活动,不断增强农村牧区基层党组织的创造力、凝聚力、战斗力,特别要加强嘎查村班子建设,切实选好配强班子带头人。进一步推进基层民主政治建设,完善村民自治机制,不断扩大基层民主。要关心广大基层干部,支持他们大胆开展工作,帮助他们提高自身素质和解决实际困难的能力,充分调动他们的积极性和主动性。

(选自在盟市厅局主要领导干部专题研讨班上的讲话)

坚持"三个找出路"
着力推进新农村新牧区建设

（2006年7月）

近年来,内蒙古以科学发展观为指导,顺应"两个趋向"的要求,走以工促农、以城带乡的发展路子,对社会主义新农村建设进行了积极探索。

坚持从发展非农产业上找出路,解决农牧业问题

为解决农牧业比较效益低的问题,我们坚持以工业化的思维谋划农牧业发展,把发展农牧业产业化经营作为带动农牧业和农村牧区经济结构调整的重要内容,作为增加农牧民收入的重要途径,重点发展乳、肉、绒、粮、菜、饲六个优势特色农畜产品加工业,有效地提高了农牧业生产力发展水平。主要做法:一是不断发展壮大龙头企业。培育了伊利、蒙牛、鄂尔多斯等一批区内农畜产品加工企业,引进了雀巢、山东金锣、河北梅花味精等国内外知名龙头企业。2005年全区国家级龙头企业达到18户,自治区级龙头企业达到40户,销售收入超过10亿元的9户。伊利和蒙牛两个企业销售收入均超过100亿元,位居全国同行业中前一、二名;鄂尔多斯等7家农畜产品加工龙头企业成功上市;全区有13个农畜产品品牌成为全国驰名商标。二是切实加强基地建设。按照区域化布局、专业化生产、规模化经营的要求,因地制宜调整农牧业布局,发展种养殖专业大户、种养殖小区和现代种养殖企业、推动农畜产品生产由分散转向适度规模经营;为加工种养,把基地作为产业化加工企业的第一车间来抓,努力提高农畜产品商品化水平;改善农牧业基础条件,提高农牧业生产抗御自然灾害的能力。目前,全区已经形成一批生产能力较强、发展潜力较大的农畜产

品生产基地。三是促进企业和农牧民的利益联结。按照自愿、平等、互惠、双赢的原则,把产业化经营的各主体联结成风险共担、利益共享的共同体,鼓励和发展各种农牧民合作组织,提高农牧民组织化程度,解决小生产与大市场的矛盾,稳定企业加工原料供应。目前,全区规模较大的农牧民经济合作组织达2263个,带动全区40%以上约158万户农牧民加入产业化经营。

在产业化经营的带动下,农牧业综合生产能力跨上新的台阶。2005年,全区产粮1666.2万吨,油料122.2万吨、肉类247.5万吨、羊绒6000吨、牛奶727万吨,奶牛养殖量从2001年的50万头增加到250万头,占全国存栏总数的1/4,乳肉绒产量居全国前列。农牧业结构调整有所突破。畜牧业占第一产业内部的比重已达到47.6%,比2000年提高9.8个百分点,农牧业结构正由种植业主导向养殖业主导转变。农牧业生产方式有了较大转变。农田草牧场基本建设加强,农田有效灌溉面积达到4154万亩,温室、大棚等设施农业面积达到40万亩,农牧业靠天吃饭的局面明显改变。绿色食品和有机食品种类总数分别达到424个和123个,标准化、规模化和专业化生产水平明显提高。畜牧业正由自然放牧式的粗放经营向集约饲养转变,农区牲畜饲养量占全区的68%。农牧业效益有较大幅度提高。全区50%以上的农畜产品得到初步加工增值,农畜产品加工业增加值占全区规模以上工业的21.6%。农牧民人均来自产业化经营的收入超过1000元,占农牧民人均纯收入的1/3。在促进农牧业增产增效上,产业化经营发挥了联结城乡、壮大产业、富裕农牧民的重要作用。

坚持从推进城镇化上找出路,解决农村牧区问题

城镇是联结城乡的桥梁和纽带,也是带动农村牧区经济社会发展的重要依托。针对我区地域广阔、人口较少的实际,一方面加大对农村牧区的基础设施和公共服务投入,另一方面坚持以城带乡,把加速推进城镇化作为带动农村牧区生产力布局调整、改变城乡二元结构的重要手段。坚持大中小城市和小城镇协调发展,着力构建科学合理的城镇体系。在突出发展呼和浩特、包头市等大城市,积极发展盟市所在地中心城市的同时,大力加强县域和中心镇建设,切实提高小城镇对农牧业人口的吸纳能力和对发展农牧业产业化的承载能力。2005年,全区城镇人口达到1126.38万人,城镇化率为47.2%。呼和浩特、包头市和鄂尔多斯三个市城镇人口比例分别达

[405]

到56.2%,71.8%和53.8%。不断夯实城镇产业基础,增强城镇经济的辐射带动作用。从各地实际出发,加快发展各具特色和优势的城镇产业,努力做大做强城镇产业。目前,全区已形成能源、冶金、装备制造、化工、农畜产品加工以及高科技六大优势特色产业。城镇经济的发展壮大,为实现以城带乡、以工促农、城乡协调发展奠定了良好的基础。大力发展县域经济,夯实县域经济实力。我们把县域经济作为统筹城乡发展的一个重要层面来抓。县域经济在某种意义上就是县城经济、就是特色经济、就是民营经济。按此思路,因地制宜培育和发展县域产业,用扩权强县等手段调动旗县加快发展的积极性,有效地壮大了旗县实力。在全区101个旗县(市、区)中,财政收入超过亿元的达到79个,其中超过5亿元的22个,超过10亿元的11个。

随着城镇化的推进和城镇经济的发展,进一步加大了统筹城乡力度。一是坚持公共财政向农村牧区倾斜。认真落实"多予少取放活"的方针,2005年兑现"三免两补"以及退耕还林等生态建设工程补贴48.4亿元,农牧民人均获益400多元。"十五"期间,自治区地方财政农牧业基本建设投资55亿元,占同期财政基建支出的14%,减免涉农涉牧税收85.2亿元。二是坚持基础设施向农村牧区延伸。新建和改建县乡公路4.96万公里,全区100%的苏木(乡镇)和90%以上的嘎查(村)通了公路;解决了440万人的饮水困难和改水问题,新增农田有效灌溉面积500多万亩,节水灌溉面积1050万亩,改造了近80%的农村牧区电网。生态建设取得了"整体遏制,局部好转"的良好效果,农村牧区生产生活条件有了较大改观。三是坚持城市文明向农村牧区辐射。积极推行免费义务教育,2005年"两免一补"已经覆盖自治区101个旗县,惠及160万贫困学生。文化、科技、卫生等基础设施有所改善。四是坚持社会保障向农村牧区覆盖。2005年,有12个旗县、162万农牧民参加新型合作医疗,95.8%的旗县实施了农村牧区医疗救助。去年呼、包、鄂三市开始探索农村低保,今年将在全区实施农村牧区最低生活保障制度,惠及40万特困农牧民。

坚持从减少和转移农牧民上找出路,解决农牧民问题

富裕农牧民首先要减少农牧民。全区加速生产力和人口布局调整,积极推进农村牧区人口向非农产业、城镇以及条件较好地区转移。把减

少和转移农牧民同发展生产、加强生态环境保护与建设、改善农牧民生产生活条件结合起来,不断加快农牧民转移步伐。大力向城镇转移人口。抓住城镇化加快推进的有利时机,坚持"公平对待、合理引导、完善管理、搞好服务"的方针,逐步取消限制农牧民进城的有关规定,结合撤乡并镇和撤点并校,积极创造条件,推动农牧民进城就业,实现"工业入园,人口入城,要素集聚,生产集中"。"十五"期间,农村牧区累计向城镇转移人口110多万人。大力向二、三产业转移人口。依托产业化基地建设培养技术型农牧民,依托劳务输出培养技能型农牧民,依托农畜产品流通培养经营型农牧民,努力提高农牧民在二、三产业的就业创业能力。近年来,全区通过实施劳动力转移培训"阳光工程",建立培训示范基地210个,外出务工农牧民达到183万人。大力向条件好的地区转移人口。对生态严重恶化、不适合人类生产和居住的地区,采取积极措施搬迁和转移人口,促进生态系统自然修复。阿拉善盟和锡林郭勒盟实施以"围封禁牧、收缩转移"为主的围封转移战略,减少人类活动对生态脆弱地区的索取。目前阿拉善盟20万人口中,从事农牧业生产的减少到5万人。全区通过移民扩镇等方式,"十五"期间累计搬迁40万人,退出耕地近百万亩、草场1亿多亩,极大缓解了生态压力,促进了人与自然的和谐发展。

通过减少和转移农牧民,使转移出来的农牧民享受到了现代城镇文明和公共服务,改善了生存条件,转变了生活方式,提高了收入水平;使留在农村牧区的人口提高了人均资源占有水平,有利于实行规模化生产和集约化经营。锡林郭勒盟在围封转移的同时,促进资源向养畜能手集中,牧户平均饲养规模达到100头只以上,使用草场规模1850亩左右;呼伦贝尔市和兴安盟形成大批经营规模5000亩左右的机械化农场,经营效益和收入水平有了明显提高。

"十一五"时期,我们将按照中央关于建设社会主义新农村的总体部署,紧密结合内蒙古的实际,大力发展农村牧区生产力,大力提高农牧民收入水平,大力加强农村牧区基础设施建设,大力培育和造就新型农牧民,努力开创我区社会主义新农村新牧区建设的新局面。

(原载《学习与研究》)

新农村新牧区建设
要正确处理好三个关系

(2007年4月19日)

一是要正确处理好政府引导与农民主体的关系。我们搞工业,市场是导向,企业是主体,政府创造条件,建设社会主义新农村同样如此。在社会主义新农村建设中一定要尊重农民的主体地位,遵循市场经济规律,尽量多用经济的办法、市场的办法,避免或者少用行政的办法。要善于运用市场法则、经济杠杆、利益驱动等手段,引导和发挥好广大农民作为新农村建设主体的积极性和创造性。政府要重点做好政策制订、规划设计、宣传引导、公共服务和帮助改善基础设施等工作,为新农村建设创造必要的条件和支撑。

二是要正确处理好生产和生活的关系。建设社会主义新农村最主要的任务是发展农村生产力,提高农民收入。生产发展了,农民收入提高了,必然要求提高生活质量,改善居住条件,这就涉及到新村建设问题。在新农村规划建设中,既要有利于改善农民生活,同时一定要方便农民生产,使改善生活与方便生产协调互促。

三是要正确处理好"锦上添花"和"雪中送炭"的关系。建设社会主义新农村必须坚持因地制宜,试点示范,理性推进。一般来说,试点都是基础好、农民收入高的地方,在基础设施建设等方面政府也给予适度倾斜,有的还鼓励农民建新房,政府适当给补助,这就是"锦上添花"。在试点工作中适当搞点"锦上添花",起到示范带动效应是必要的,但与此同时,我们更要想到广大贫困村和贫困农民,他们的生产生活条件更亟待改善。因此,在新农村建设中,要"锦上添花",更要"雪中送炭",把工作更多投向广大贫困村和贫困农民,解决好农民最现实最紧迫的问题,切实把好事办实、办好。

(选自在巴彦淖尔市调研时的讲话)

把解决好"三农三牧"问题
作为重中之重来抓

(2007年8月29日)

一

　　高度重视农业、农村、农民问题是我们党的一贯战略思想。胡锦涛总书记指出:"历史和现实告诉我们,我们党领导革命、建设、改革取得的伟大成就,都是同高度重视'三农'问题的战略思想密不可分的。历史和现实还告诉我们,基于我国的基本国情,'三农'问题始终是关系党和人民事业发展的全局性和根本性问题,农业丰则基础强,农民富则国家盛,农村稳则社会安。"胡锦涛总书记这一重要论述,精辟概括了解决"三农"问题在我国革命、建设、改革进程中的历史性作用,深刻阐释了"三农"工作在党和国家全局中的重要地位。我们一定要从全局和战略的高度,充分认识做好新形势下"三农三牧"工作的重大意义。

　　(一)没有城乡协调发展,就难以实现科学发展。科学发展观是指导发展的世界观和方法论,是发展中国特色社会主义必须坚持和贯彻的重大战略思想。科学发展观的第一要义是发展。"三农三牧"问题说到底是发展问题。近年来,我区"三农三牧"工作取得了较大的成绩,但制约农牧业和农村牧区发展的深层次矛盾和问题尚未根本解决,农牧业弱质、农牧民弱势和农村牧区落后的总体局面尚未根本改变,"三农三牧"问题仍然是全区经济社会又好又快发展的薄弱环节。科学发展观的核心是以人为本,消除贫困、富裕人民是坚持以人为本最基本的要求。我区农牧民人均纯收入从2002年全国第22位,上升到2006年第16位,但仍低于全国平均水平,农村牧区还有近100万贫困人口。科学发展观的基本要求是全面协调可持续发展。统筹城乡协调发展，消除城乡二元结构，是实现统筹协调发展必须解决好的重大课题。1995年我区城镇居民家庭人均可支配收入是农村牧区居民家庭人均纯收入的2.2倍，2003年扩大到3.09倍，去年为3.1倍，呈扩大趋势。这些都充分说明，只有统筹城乡协调发展，只有农牧业和农村牧区真正实现又好又快发展，才能推动全区经济社会切实转入科学发展的轨道。

（二）没有和谐的农村牧区，就难以实现构建和谐内蒙古的奋斗目标。社会和谐是中国特色社会主义的本质属性，是国家富强、民族振兴、人民幸福的重要保证。邓小平同志曾经反复强调：中国的问题首先是把占全国人口80%的农民安置好；中国社会是不是安定，中国经济能不能发展，首先看农村能不能发展，农民生活是不是好起来；提高这80%人民的生活是个关键，搞好社会秩序，这个80%也是关键。当前，我国经济社会处于转型时期，各种社会矛盾易发多发。在农村牧区，由征地拆迁、土地草牧场承包等引发的矛盾时有发生，农牧民上访和农村牧区群体性事件有所增加。目前，我区农村牧区群众的收入差距也呈扩大趋势，去年农村牧区收入最高的20%与收入最低的20%群体人均收入差距为8:1。此外，农村牧区就业、社会保障、教育、医疗、社会治安等关系群众切身利益的问题也比较突出。只有认真解决这些问题，使农村牧区形成和谐稳定的良好局面，使广大农牧民安居乐业，构建和谐内蒙古才有最广泛最深厚的社会基础。

（三）没有农村牧区的全面小康，就难以实现全区的全面小康。全面建设小康社会，是我们党和国家到2020年的宏伟目标，是全国各族人民的根本利益所在。"九五"期末，我区同全国一道总体上实现了小康。经过"十五"以来的努力，去年全区人均生产总值达到2513美元，今年可达3000美元。同时必须看到，我们现在达到的小康，还是低水平的、不全面的、发展很不平衡的小康。就"三农三牧"来说，农牧业生产力发展水平较低，农牧民收入水平较低，农村牧区社会服务水平较低，农牧民文化和技能水平较低。这"四个较低"，决定了我们全面建设小康社会的重点和难点在农村牧区、在农牧民。如果农村牧区不能摆脱落后面貌，农牧民生活得不到大的改善，我区实现全面小康社会的目标就难以实现。

（四）没有农牧业和农村牧区的现代化，就难以实现全区的现代化。发展现代农业是社会主义新农村建设的首要任务。现代农业要求有更高的土地产出率、资源利用率和劳动生产率，有更加完备的物质保障、更加强大的科技支撑、更加发达的产业体系、更加完善的经营模式、更加现代的发展理念和有文化、懂技术、会经营的新型农民。在发达国家，农业已经成为技术密集、专业化和社会化生产的高效率、高效益的规模产业，农业企业与其他相关联部门在经济上组织上融为一体，效益比其他产业毫不逊色。我区农牧业与现代农牧业规模化、标准化和专业化生产经营的要求有很大差距。农畜产品加工增值程度低，发达国家农产品加工业增加值为农产品价值的3—5倍，我国约为1倍，我区与全国水平相当。农牧业生产设施不完善，农田有效灌溉面积不到一半。防灾减灾设施不足，生态环境脆弱。广大农村牧区精神文化生活比较贫乏，农牧民素质亟待提高，全面实现农牧业和农村牧区现代化任重道远。

我们一定要始终不渝地坚持解决好"三农三牧"问题是全党工作重中之重的战略思想丝毫不能动摇，促进农牧业稳定发展、农牧民持续增收的主要任务丝毫不能放松，支农支牧、惠农惠牧的政策力度丝毫不能减弱，扎实推进新农村新牧区建设的各项工作丝毫不能松懈。

近年来，自治区党委、政府认真贯彻党中央、国务院关于"三农"工作的一系列方针政策，顺应以工促农、以城带乡的大趋势，不断完善"三农三牧"工作思路。在布局结构上，提出要调整生产力布局，积极推进"收缩、集中、转移"；在提高农牧业综合生产能力上，提出要提高"三个比重"，即提高畜牧业特别是农区畜牧业在大农业中的比重，种植业中优质、高产、高效作物的比重，农畜产品加工增值的比重；在推进产业化经营上，提出要突出抓好龙头企业、基地建设和利益联结三个环节；在贯彻落实科学发展观和"三农三牧"的工作指导上，提出了"三个找出路"的要求，即解决农牧业问题要从非农牧产业上找出路，解决农村牧区问题要从推进城镇化上找出路，解决农牧民问题要从减少和转移农牧民上找出路；在推进社会主义新农村新牧区建设上，提出要突出抓好"发展、提高、建设、培育"四个关键环节，即大力发展农村牧区生产力，大力提高农牧民收入水平，大力加强农村牧区基础设施建设,大力培育和造就新型农牧民。实践证明,这些思路符合自治区的实际,有力地促进了我区"三农三牧"工作,必须一以贯之地坚持和完善。

二

发展现代农牧业,是建设社会主义新农村新牧区的首要任务,是统筹城乡发展的基本前提和重要保障。要坚持用现代物质条件装备农牧业,用现代科学技术改造农牧业,用现代产业体系提升农牧业,用现代经营形式推进农牧业,用现代发展理念引领农牧业,用培养新型农牧民发展农牧业,提高土地产出率、资源利用率和农牧业劳动生产率,提高农牧业素质、效益和竞争力。从我区实际出发,当前特别要在调整农牧业结构、转变农牧业发展方式、提高农牧业效益上下功夫。

一是深化农牧业结构调整。调整农牧业结构,是促进现代农牧业发展,提高农牧业发展质量和效益的根本性措施。近年来,我区农牧业结构调整步伐加快,但总体水平还不够高,深化结构调整的空间还很大。要在稳定发展粮食生产的基础上,继续提高"三个比重"。要大力发展畜牧业特别是农区畜牧业。在牧区,继续全面推行草畜平衡和禁牧休牧轮牧制度,合理控制载畜规模,大力优化畜群畜种结构,努力走出一条草原绿起来、畜牧业强起来、牧民富起来的和谐发展道路。在农区,坚持把发展农区畜牧业作为调整农牧业结构的重点来抓,切实加大引导和扶持力度,进一步提高农区畜牧业的比重,实现农牧业结构由种植业主导型向养殖业主导型转变。要大力发展优质高产高效农作物。坚持以市场为导向,立足我区地域广阔、气候多样、环境污染小、农牧业品种资源丰富的优势,大力发展生态农业和绿色、有机农产品,发展具有较强区域优势和竞争力的作物,加速推进种植业结构向优质高产高效方向发展,打好内蒙古的特色牌、绿色牌、有机牌。要加快农畜产品转化步伐。依托优势资源和优势企业,加快农畜产品加工业发展,不断提高我区农畜产品的精深加工能力、转化增值能力和综合竞争能力,真正把我区建设成为国家重要的绿色农畜产品生产加工基地。

二是积极转变农牧业发展方式。转变农牧业发展方式,是改造传统农牧业,发展现代农牧业,实现农牧业经济又好又快发展的关键所在。要积极适应日趋明显的资源环境约束和日益激烈的市场竞争,加快推进农牧业发展方式转变。切实抓好以水利为中心的农田草牧场基本建设,提高农牧业综合生产能力,增强农牧业抵御自然灾害能力。大力推进农牧业机械化,提高关键生产环节、重点作物、农畜产品集中产区的机械化装配水平和专业化生产水平。把促进科技进步与创新作为转变农牧业发展方式的根本动力来抓。在科技创新方面,努力增加农牧业科研投入,整合各类科技资源,切实加强关键技术攻关和高新技术研发,特别要加强农牧业良种培育、先进种养技术集成、农畜产品精深加工、动植物病虫害防控等方面的研究。在科技成果转化与推广应用方面,加快农牧业技术推广体系改革与建设步伐,积极探索加快科技成果推广的新模式, 让农牧业科技成果尽快转化为现实生产力。

三是切实提高农牧业效益。发达国家农业发展史表明,农牧业并不总是表现为只能生产初级产品的初级产业,而是愈来愈向二、三产业和高附加值的方向发展。产业化经营是发展现代农牧业的重要组织形式和有效载体。要围绕乳、肉、绒、粮油、薯菜果、饲草饲料六大主导产业,重点扶持有竞争优势和带动能力的龙头企业,引导龙头企业在较大范围整合资源、扩张规模、改进技术,增强市场竞争力。在重视发展生产型龙头企业的同时,积极发展流通型龙头企业,努力建设一批功能齐全、辐射力强的专业批发市场,形成若干集信息、仓储、配送、运输、装卸、交易等功能为一体的物流园区。要引导和鼓励企业在创品牌上下功夫,努力打造更多的知名品牌,不断扩大我区农畜产品在国内国际市场的知名度和占有率。基地是产业化经营的基础。要围绕发展特色经济和优势产业,根据当地的资源特点和龙头企业原料需求,调整种养结构和优势农畜产品布局,努力建设一批优势农畜产品产业带和生产基地,积极推进农畜产品生产向区域化、规模化、专业化、集约化、标准化方向发展。要不断探索和创新产业化经营的利益分配机制,逐步形成企业与农牧户"风险共担、利益共享"的利益共同体。

三

城镇化不仅是一个转移和减少农牧民的过程，而且是一个让更多农牧民享受城市公共服务、享受现代城市文明的过程。当前，我区正处于新型工业化和城镇化加速发展期，要切实抓住用好这一重要战略机遇，科学制定和实施城乡生产力布局规划，一方面要加快推进农村牧区人口转移进城步伐，让更多的人充分享受城市的现代文明，另一方面要统筹城乡基础设施和公共服务体系建设，改善农牧民生产生活条件。

一是加快农牧民转移进城步伐。"十五"期间，我区城镇化率提高了5个百分点，100多万农牧业人口进入城镇就业生活。"十一五"期间，我区城镇化率要达到55%。要进一步深化户籍、就业、社保等城乡配套改革，消除不利于农牧民进城的体制障碍和政策壁垒。要按照"公平对待，合理引导，完善管理，搞好服务"的方针，全面清理对农牧民进城务工的不合理限制，建立城乡劳动者公平竞争的就业制度，要把扩大就业作为推进农牧民转移的重要任务来抓，大力发展服务业、劳动密集型产业、中小企业和非公有制经济，努力为农牧民进城提供更多的就业岗位。

二是加强农村牧区基础设施和公共服务体系建设。改善农村牧区基础设施条件，发展农村牧区公共事业，是统筹城乡发展、消除城乡二元结构的必然要求。要按照中央要求，稳步推进城乡基本公共服务均等化，积极促进公共财政向农村牧区倾斜、公共设施向农村牧区延伸、公共服务向农村牧区覆盖。要坚持规划先行、合理布局，在搞好农村牧区生产力布局结构和人口分布结构调整的前提下，集中财力物力，在应该投入和建设的地方真正取得突破。要兼顾群众的生产生活，高度重视与农牧民生产生活密切相关的社会事业发展和公共服务建设，大力发展农村牧区教育、卫生、文化、广播电视、社会保障事业，不断提高农牧民的生活质量。充分发挥政府财力的引导作用，广泛发动农牧民投工投劳，广泛动员社会各界力量参与农村牧区建设。

四

增加农牧民收入，是"三农三牧"工作的核心问题。解决农牧民增收问题的关键是要增强农牧民持续增收的动力，包括农牧业内部增收和外部增收两个方面。内部增收动力，主要是通过挖掘农牧业生产内部增收潜力而形成的增收能力。外部增收动力，主要是依靠科技进步、劳动力转移、国家政策扶持等途径，拓宽农牧业外部增收渠道而形成的增收能力。当前，我区正处在传统农牧业向现代农牧业转变的重要时期，促进农牧民增收，必须坚持内部、外部增收动力相结合，把产业增收和政策增收、转移增收、社会保障增收有机结合起来，进一步促进农牧民收入来源多元化、增收稳定化。

要高度重视培育和造就新型农牧民。要切实加强农牧民思想道德建设，结合基层民主政治建设和精神文明建设，加强社会主义核心价值体系教育，加强道德规范和良好习俗等方面的教育，努力在广大农牧民中形成积极上进、勤劳致富的良好风尚，形成民主管理乡村公共事务的良好风尚，形成遵纪守法、依法维权的良好风尚，形成团结互助、扶贫济困、平等友爱的良好风尚，形成崇尚科学、抵制迷信的良好风尚，形成勤俭持家、讲究卫生的良好风尚。要坚持把教育摆在优先发展的地位，巩固和发展义务教育，切实解决好农村牧区困难家庭子女就学问题，保障人人享有平等受教育机会。要从农村牧区实际出发，加强各种适用技能培训，突出抓好新型农牧民科技培训工程和新农村新牧区实用人才培训工程，搞好劳动力转移就业培训，全面提高农村牧区劳动者素质。要大力发展农村牧区公共医疗卫生事业，深化医疗卫生体制改革，进一步推进农村牧区医保工作，健全完善医疗卫生服务网络，努力为农牧民群众提供安全、有效、方便、价廉的公共卫生和基本医疗服务。

五

推进社会主义新农村新牧区建设，必须切实加强党的领导。

要认真贯彻落实好中央的方针政策。近年来，党中央、国务院高度重视"三农"工作，制定了一系列方针政策。这是农村牧区改革发展稳定的基石，也是发展现代农牧业、建设社会主义新农村新牧区的根本保证，必须全面认真地贯彻落实。要坚持工业反哺农业、城市支持农村和多予少取放活的方针，不断加大支农支牧、惠农惠牧的力度。抓住当前经济发展较快和财政增收较多的有利时机，合理调整国民收入分配格局，认真落实"三个高于"的要求，不断增加对农牧业和农村牧区的投入。同时，进一步优化资金支持的方向和重点，提高资金的使用效率，建立健全以城带乡、以工促农长效机制。各级各部门要自觉服从服务于"三农三牧"工作大局，努力形成工作合力，确保各项政策措施落实到位。

要深入推进农村牧区改革开放。抓住制约农村牧区经济社会发展的突出矛盾和问题，进一步推进体制机制创新，不断增强农村牧区发展活力。继续推进以乡镇机构改革、农村牧区义务教育管理体制改革、县乡财政管理体制改革为主要内容的农村牧区综合改革。在稳定和完善农村牧区基本经营制度的基础上，积极稳妥地推进土地草牧场使用权流转，发展适度规模经营。加快征地制度改革，妥善解决好失地农牧民的生活、就业和保障问题。加快建立农牧业风险防范机制，抓紧制订和推行农牧业保险等灾害补偿、灾后复产制度。要进一步扩大开放，鼓励和支持各种社会力量参与农村牧区基础设施建设，鼓励各类工商企业投资农牧业开发，引导各类资金、技术、人才等生产要素流向农村牧区，支持农牧业，服务农牧民，努力形成全社会关心、支持、促进农牧业和农村牧区发展的浓厚氛围。

要坚持因地制宜、分类指导。我区地域辽阔，各地农牧业资源禀赋不同，农村牧区经济形态各异。在发展现代农牧业、建设社会主义新农村新牧区中，必须坚持从实际出发，因地制宜，统筹兼顾，分类指导。要尊重农牧民群众的首创精神，善于总结基层创造的新鲜经验。尊重农牧民的主体地位，充分发挥广大农牧民发展生产、建设家园的积极性和创造性。认真制定新农村新牧区建设规划，既要着眼长远、注重前瞻性，又要立足当前、注重实效性。加强对试点工作的指导和服务，积极探索培育不同类型、各具特点、切实可行、做得实、学得了、推得开的典型，更好地发挥典型的示范带动作用。

要大力加强农村牧区基层组织建设。要进一步巩固和发展先进性教育活动成果，深入开展"三级联创"活动，采取有效措施，全力抓好基层党组织建设，特别是领导班子建设，不断增强党的凝聚力、创造力和战斗力。健全嘎查村党组织领导的充满活力的村民自治机制,不断扩大基层民主,切实维护农牧民的合法权益。加强农村牧区党员干部培训工作,教育引导他们坚定理想信念、提高素质能力、改进工作作风,做建设社会主义新农村新牧区的模范带头人。加强基层社会建设和管理,深入开展农村牧区普法和依法治理工作,妥善处理各类矛盾纠纷,加强社会治安综合治理,创造农村牧区安定祥和、农牧民安居乐业的良好环境。

(选自在全区发展现代农牧业推进社会主义新农村新牧区建设工作会议上的讲话)

加快形成城乡经济
社会发展一体化新格局

（2008年10月22日）

　　党的十七届三中全会审议通过了《中共中央关于推进农村改革发展若干重大问题的决定》，明确提出了新形势下推进农村改革发展的指导思想、目标任务、重大原则和政策措施，体现了继续解放思想、坚持改革开放、推动科学发展、促进社会和谐的要求，适应了农村经济社会发展的阶段性特征和亿万农民的共同心愿，是指导当前和今后一个时期推进农村改革发展的纲领性文件。我们要把学习贯彻党的十七届三中全会精神作为重要政治任务，结合开展深入学习实践科学发展观活动和纪念改革开放30周年活动，认真学习领会、全面贯彻落实，统筹推进我区农村牧区改革发展。

一、进一步提高对推进新形势下农村牧区改革发展重大意义的认识

　　高度重视、认真对待、着力解决农业、农村、农民问题，是我们党的一贯战略思想。30年前，我们党充分尊重农民首创精神，率先在农村发起改革，并以磅礴之势推向全国，领导人民谱写了改革开放的壮丽史诗。农村改革发展的伟大实践，极大地调动了亿万农民的积极性，极大地解放和发展了农村社会生产力，极大地改善了广大农民物质文化生活，为建立和完善我国社会主义初级阶段基本经济制度和社会主义市场经济体制进行了创造性探索，为实现人民生活从温饱不足到总体小康的历史性跨越、推进社会主义现代化作出了巨大贡献，为战胜各种困难和风险、保持社会大局稳定奠定了坚实基础，为成功开辟中国特色社会主义道路、形成中国特色社会主义理论体系积累了宝贵经验。当前，我国发展已站在

新的历史起点上。在新的历史起点上，推进全国改革发展，必须加快推进农村改革发展；应对农业农村发展的新形势新任务，必须加快推进农村改革发展；贯彻落实党的十七大提出的实现全面建设小康社会奋斗目标的新要求，必须加快推进农村改革发展。抓住推进农村改革发展这个重点，就能掌握整个改革开放的主动权，就能带动我国经济社会新一轮发展。党的十七届三中全会专题研究推进农村改革发展问题，既是对改革开放30周年的最好纪念，也是开创改革开放新局面的必然要求。

改革开放以来，自治区党委、政府团结带领全区各族人民，认真贯彻落实党在农村牧区的各项方针政策，在全国较早推行了家庭联产承包责任制，率先实行草畜双承包责任制，率先落实草原所有权、使用权和承包到户责任制，极大地解放和发展了农村牧区生产力。党的十六大以来，我区主动顺应以工促农、以城带乡的发展要求，坚持解决农牧业问题从发展非农牧产业上找出路、解决农村牧区问题从推进城镇化上找出路、解决农牧民问题从减少农牧民上找出路，扎实推进社会主义新农村新牧区建设，在统筹城乡一体化发展上进行了积极探索。认真贯彻中央"多予少取放活"的方针，早于全国3年取消牧业税，早于全国1年取消农业税，2006年完成了全区乡镇机构改革，2007年在全区推行了"乡财县管"改革。农牧业综合生产能力大幅度提高，全区粮食产量由1978年的99.8亿斤达到2007年的362亿斤，增长2.51倍，人均粮食占有量从改革开放前的全国第26位跃居全国第3位，成为全国13个粮食主产区之一和5个净调出省区之一。预计今年全区粮食产量将达到420亿斤。牲畜存栏由1978年的4166万头只达到2007年的1.1亿头只，牛奶、羊肉、细羊毛、山羊绒、马铃薯等5个主要农畜产品产量居全国第一位。全区百万元以上农畜产品加工企业销售收入达到1517亿元，在全国排第6位，每年可为国家提供100多亿斤商品粮、200万吨肉类、1000万吨牛奶。农牧民生活水平明显提高，人均纯收入由1978年的131元增加到2007年的3953元，由2002年全国第22位上升至第15位。农村牧区绝对贫困人口由1994年的357万人减少到2007年的103万人。与此同时，农村牧区基础设施明显改善，社会事业长足发展。农村牧区30年改革发展的伟大实践，为推动全区经济社会又好又快发展，奠定了坚实基础，积累了丰富经验。

[419]

在肯定成绩的同时，我们要清醒地看到，我区农村牧区改革发展还面临许多突出矛盾和问题，主要表现是城乡二元结构造成的深层次矛盾比较突出，农村牧区体制改革和制度建设需要进一步加强。农村牧区发展任务艰巨，"三低一弱"问题仍较突出。"三低"：一是农牧业生产力发展水平较低。生产方式比较粗放，装备水平不高，生产效率较低。全区2/3的农田没有灌溉条件，粮食单产低于全国平均水平20%左右，60%左右的农牧民没有进入产业化链条。二是农村牧区公共服务水平较低。水、电、路、通讯等基础设施建设滞后，教育、卫生、文化等社会事业发展不足，农牧民精神文化生活缺乏。三是农牧民收入水平较低。人均纯收入低于全国平均水平187元。"一弱"：即生态环境比较脆弱。经过长期努力，我区生态保护和建设已初见成效，但生态脆弱的局面没有根本改变。

当前，我区同全国一样，已进入以工促农、以城带乡的发展阶段，进入加快改造传统农牧业、走中国特色农牧业现代化道路的关键时刻，进入加速破除城乡二元结构、形成城乡经济社会发展一体化新格局的重要时期。我们必须牢牢把握当前农牧业发展的阶段性特征，始终坚持把解决好农牧业、农村牧区、农牧民问题作为全党和全部工作的重中之重，切实提高对推进新形势下农村牧区改革发展重大意义的认识，适应农村牧区改革发展的新形势，顺应广大农牧民过上美好生活的新期待，扎扎实实抓好农村牧区改革发展工作。

二、全面推进我区农村牧区改革发展

十七届三中全会决定和胡锦涛总书记重要讲话，对推进新形势下农村改革发展作出了全面部署，各级一定要认真学习、深刻领会、全面贯彻。结合我区实际，推进全区农村牧区改革发展，必须突出重点，着力抓好"改革、发展、统筹、提高"四个关键环节，通过重点突破带动和促进"三农三牧"工作的全面发展。

（一）着力抓好改革，全面加强农村牧区制度建设。当前，我国农村改革发展已进入重在制度建设的新阶段。把成熟的改革措施制度化，探索建立新制度，以制度建设推动农村牧区改革发展不断深化，是完善社会主义市场经济体制的重要任务。党的十七届三中全会对农村制度建设作出全面部署，明确了农村制度建设的重要领域和关键环节，提出了一系列新的政策举措。我们要深刻理解农村牧区制度建设的重大意义，强化农村牧区制度保障，切实解决制约农村牧区经济社会发展的突出矛盾和问题。

要稳定和完善农村牧区基本经营制度。在坚持以家庭承包经营为基础、统分结合双层经营体制的基础上，按照"一个长久不变"、"两个转变"的要求，积极推进农牧业经营体制机制创新，加快农牧业经营方式转变。"一个长久不变"，就是赋予农牧民更加充分而有保障的土地、草牧场承包经营权，现有承包关系要保持稳定并长久不变。"两个转变"，就是家庭经营要向采用先进科技和生产手段的方向转变，增加技术、资本等生产要素投入，着力提高集约化水平；统一经营要向发展农牧户联合与合作，形成多元化、多层次、多形式经营服务体系的方向转变，发展集体经济、增强集体经济组织服务功能，培育农牧民新型合作组织，发展各种农牧业社会化服务组织，鼓励龙头企业与农牧民建立紧密型利益联结机制，着力提高组织化程度。要按照产权明晰、用途管制、节约集约、严格管理的原则，健全严格规范的农村土地管理制度。要实行最严格的耕地保护制度和节约用地制度，层层落实耕地保护责任，划定永久基本农田，确保耕地占补平衡，从严控制城乡建设用地总规模，严格宅基地建设管理。要按照依法自愿有偿的原则，允许农牧民以多种形式流转土地、草牧场承包经营权，发展多种形式的适度规模经营。在流转过程中，不得改变土地、草牧场集体所有性质，不得改变土地、草牧场用途，不得损害农牧民土地、草牧场承包权益。要改革征地制度，严格界定公益性和经营性建设用地，逐步缩小征地范围，完善征地补偿机制。同时，要按照国家统一部署，全面推进集体林权制度改革，抓好国有林场和重点国有林区林权制度改革试点，搞好国有农场体制改革。

要继续深化农村牧区综合改革。针对全部取消农牧业税后的新情况，进一步巩固和发展农村牧区税费改革成果，逐步建立精干高效的基层行政管理体制和覆盖城乡的公共财政制度。继续深化乡镇机构改革，以转变政府职能为重点，强化乡镇政府社会管理和公共服务职能。转变工作方式，创新各类事业站所运行机制，保证各项农牧业社会化服务正常开展。继续深化农村牧区教育管理体制改革，健全完善各级政府责任明确、财政分级投入、经费稳定增长、管理以旗县为主的农村牧区义务教育管理体制。继续深化县乡财政管理体制改革,改革县乡财政管理方式,提高县乡财政自我保障能力,建立县乡公共财政体系,增强乡镇政府社会管理和公共服务职能。要健全民主管理制度,大力发展农村牧区基层民主,加强基层政权建设,扩大村民自治范围,保障农牧民享有更多更切实的民主权利。

要进一步完善农牧业支持保护制度。继续巩固和完善各项强农惠民政策措施,加快建立健全农牧业投入保障、农牧业补贴、农产品价格保护、农牧业生态环境补偿等支持保护制度。要调整财政支出、固定资产投资、信贷投入结构,保证财政对农牧业投入增长幅度高于经常性收入增长幅度,大幅度增加对农村牧区基础设施建设和社会事业发展的投入,大幅度提高政府土地出让收益、耕地占用税新增收入用于农牧业的比例,大幅度增加对农村牧区公益性建设项目的投入。要落实好农民种粮补贴,完善与农牧业生产资料价格上涨挂钩的农资综合补贴动态调整机制,健全农产品价格保护制度,完善农产品市场调控体系,充分发挥市场价格对增产增收的促进作用。要深化国有粮食企业改革,完善粮食流通体制。要充分发挥金融在农村牧区发展中的核心作用,按照创新体制、放宽准入的要求,加快建立商业性金融、合作性金融、政策性金融相结合,资本充足、功能健全、服务完善、运行安全的农村牧区金融体系。要切实加大对农村牧区金融政策支持力度,拓宽融资渠道,引导更多信贷资金和社会资金投向农村牧区。加快农村牧区信用体系建设,建立农村牧区信贷担保机制,发展农村牧区保险事业。加强农畜产品期货市场建设。

(二)着力抓好发展,加快构建现代农牧业产业体系。从我区实际出发,要紧紧抓住农牧业结构优化升级、转变农牧业发展方式、推动农牧业产业化三个方面,加快现代农牧业发展步伐,构建现代农牧业产业体系,提高土地产出率、资源利用率、劳动生产率,增强农牧业抗风险能力、市场竞争能力、可持续发展能力,促进我区农牧业由大区向强区转变。

要加快推进农牧业结构优化升级。随着人民生活由温饱型向小康型、富裕型转变,食品消费结构向多元化、高级化方向发展,传统农牧业结构正在向现代农牧业结构转变。我区作为国家重要的农畜产品生产加工基地,要顺应这一发展趋势,加快农牧业产业结构优化升级步伐。要坚持以市场为导向,充分发挥我区的比较优势,举绿色旗、打特色牌、走生态路,大力发展绿色、特色、高效农牧业。绿色,就是要以绿色消费为导向,充分发挥我区绿色资源宝库优势,认真落实国家农畜产品生产、收购、储运、加工、销售各环节的质量安全监管责任,大力发展生态农牧业和绿色、有机、安全农畜产品,努力构建从农田、牧场到餐桌全过程的农畜产品质量安全保障体系,以绿色安全品牌提升我区农畜产品的市场竞争力。特色,就是要在继续巩固和提高目前市场份额较大的几个主导产业的同时,大力扶持和发展具有发展潜力、成长性好的其他新兴产业,鼓励各地根据自身比较优势,加快特色农牧业资源综合开发利用,努力形成多元化优势特色产业体系。高效,就是要在稳定和发展粮食生产的基础上,继续提高畜牧业特别是农区畜牧业比重,高产、优质、高效、生态、安全农畜产品比重,农畜产品精深加工比重,拉长农牧业产业链条,提高农畜产品附加值,增强和发挥农牧业的食物营养、工业原料、就业增收、生态保障、观光旅游、文化传承等多种功能,使农牧业真正成为致富产业。

要积极转变农牧业发展方式。发展现代农牧业,必须抓住转变农牧业发展方式这个关键。要坚持把促进科技进步作为转变发展方式的根本动力,大力推进农牧业科技自主创新,促进农牧业技术集成化、劳动过程机械化、生产经营信息化。加大农牧业科技投入,加强农牧业技术研发和集成,加快开发应用多功能、经济型农牧业装备设施,推进农牧业信息服务技术发展。要加强以水利为中心的农田草牧场基本建设,大力发展设施农牧业和避灾型农牧业,不断提高农牧业抵御自然灾害能力。要优化农牧业生产布局,加快农畜产品生产向区域化、规模化、专业化、集约化、标准化方向发展,建设一批优势农畜产品产业带和生产基地。要注重农牧业资源的节约使用、循环利用、综合开发,积极推广资源节约型生产经营模式,加快发展节约农牧业、循环农牧业、生态农牧业,不断提高农牧业可持续发展水平。

要大力提高农牧业产业化水平。农牧业产业化是近年来自治区经济发展的一大亮点,但与资源优势、产业基础和市场需求相比,差距和潜力都比较大。去年,河南规模以上食品工业销售收入超过2000亿元。山东农产品出口创汇额92.5亿美元。新疆国家级产业化重点龙头企业达24家,比我区多6家。各级要清醒认识差距和潜力,继续做大做强农牧业产业化龙头企业,引导中小企业围绕优势特色农畜产品加工业搞配套,加快发展流通型、服务型龙头企业,努力促进农畜产品加工业向产业化集群化方向发展。要坚持以新型工业化引领和带动农牧业产业化,加快初级加工向精深加工、单一产品向系列产品、生产型企业向复合经营型企业转变,培育更多知名品牌,进一步扩大市场份额。要认真吸取三聚氰胺事件的惨重教训,以对人民生命健康安全高度负责的精神,切实抓好质量管理和市场监管,确保食品安全和企业发展。要加快构建覆盖全程、综合配套、便捷高效的社会化服务体系,健全全区乡镇或区域性农牧业技术推广、动植物疫病防控、农畜产品质量监管等公共服务机构。要提高农牧民组织化程度,发展多种形式的专业合作经济组织,鼓励龙头企业建立稳定的农畜产品基地,同农牧民建立紧密型利益联结机制,降低农牧民经营风险,提高农牧民生产收益。

(三)着力抓好统筹,加快形成城乡经济社会发展一体化新格局。促进城乡协调发展,是破解"三农三牧"工作难题的根本出路。要顺应以城带乡、以工促农的发展趋势,继续坚持"三个找出路"的思路,把统筹城乡发展作为提高协调发展和可持续发展水平的重要内容,逐步建立健全以工促农、以城带乡长效机制,促进公共资源在城乡之间均衡配置、生产要素在城乡之间自由流动,加快形成城乡一体化发展新格局。当前和今后一个时期,要努力在提高"三个水平"上下功夫。

一是要在提高县域经济发展水平上下功夫。县域是国民经济的基本单元,是统筹城乡经济社会发展的关键环节。要进一步加大工作力度,不断提高全区县域经济发展水平。要大力发展工业经济。有条件的地方,要立足资源和区位优势,以城镇为中心,以工业园区为载体,大力发展农畜产品加工业和资源转换加工业,接受沿海和周边大城市产业转移,大力发展劳动密集型产业。要大力发展特色经济。坚持差异化发展战略,努力挖掘特色、创造特色、放大特色,做大做强做精做专特色经济,使县域成为特色鲜明、充满活力的经济区域。要大力发展民营经济。加快培育民营经济龙头企业和支柱产业,进一步优化民营经济发展环境,增强民营经济创业能力,着力提高民营经济对财政、就业和增收的贡献率,使其在县域经济发展中发挥更大作用。

二是要在提高农村牧区公共服务供给水平上下功夫。现阶段的城乡差距,很大程度上表现为公共服务的差距。要抓住当前经济发展较快和财政增收较多的有利时机,认真落实"三个高于"的要求,切实加大对农村牧区基础设施和社会事业的投入,努力扩大公共财政覆盖农村牧区范围,加快推进城乡基本公共服务均等化。要以解决农牧民最关心、最直接、最现实的利益问题为重点,扎实推进农村牧区和谐社会建设。坚持广覆盖、保基本、多层次、可持续的原则,加快健全农村牧区社会保障体系,逐步增加公共财政对农村牧区社会保障制度建设的投入。按照个人缴费、集体补助、政府补贴相结合的要求,建立与农村牧区经济发展水平相适应、与其他保障措施相配套的新型农村牧区养老制度。完善农村牧区最低生活保障制度,在基本实现应保尽保的同时,逐步提高保障标准和补助水平。全面落实农村牧区五保供养政策和社会救助制度及优抚政策,加快发展农村牧区社会福利事业。按照先保后征的原则,妥善解决好被征地农牧民的社会保障问题。要坚持不懈地为农牧民办实事,切实解决好困难群众的生产生活问题,保障好农牧民的基本生活。

三是要在提高城镇化水平上下功夫。在继续发展大中城市、增强大中城市对农村牧区辐射带动功能和综合服务能力的同时,突出县城在县域经济社会发展中的龙头地位,进一步提高县城在经济总量、人口总量、财政收入中的比重。要坚持城镇化与新农村新牧区建设双轮驱动,统筹城乡基础设施建设,加强农村牧区村镇建设,加大农村牧区饮水、道路、电力、通信、沼气、环卫等基础设施建设力度,努力改善农村牧区基础设施条件和环境卫生状况。要畅通农牧民转移进城渠道,加快建立城乡统一的劳动力市场,积极推进户籍制度、教育培训和农牧民务工报酬、子女就学、公共卫生、住房租购等社会公共福利改革,让进城务工农牧民与城镇居民享有同等待遇,使在城镇稳定就业和居住的农牧民有序转变为城镇居民。

(四)着力抓好提高,切实提高农牧民素质和收入水平。坚持以人为本,培养造就新型农牧民,促进农牧民全面发展,是推进农村牧区改革发展的重要目标和任务。要着眼于全面提高农牧民素质，大力发展农村牧区各项社会事业，培育造就新型农牧民。要加快发展农村牧区文化事业，大力加强社会主义核心价值体系建设，不断提高农牧民思想道德素质。加强对农牧民的职业技术教育和培训，提高农牧民知识水平和生产技能。加强农村牧区基层文化服务网络和文化阵地建设，建立农村牧区公共文化服务体系，不断满足农牧民日益增长的精神文化需求。广泛开展群众性精神文明创建活动，培育形成健康文明的良好风尚。要大力办好农村牧区教育事业。认真落实"两免一补"政策，改善办学条件，提高教育质量，使每个农牧民子女都能上起学，切实保障经济困难家庭儿童、留守儿童特别是女童平等就学、完成学业。加快普及农村牧区高中阶段教育，重点发展农村牧区中等职业教育。要大力促进农村牧区医疗卫生事业发展。巩固和发展新型农村牧区合作医疗制度，完善医疗救助制度，健全三级医疗卫生服务网络，扩大免费公共卫生服务和免费免疫范围，加大对地方病、传染病及人畜共患病防治力度，加强药品配送监管，努力为农牧民提供更多安全、有效、方便、价廉的基本医疗服务。坚持计划生育的基本国策，完善和落实计划生育奖励扶助制度，推进优生优育，稳定农村低生育水平。

提高农牧民收入水平，是推进农村牧区改革发展的重要任务，也是实现自治区第八次党代会奋斗目标的重点和难点。《决定》明确提出：到2020年，"农民人均纯收入比2008年翻一番，消费水平大幅提升，绝对贫困现象基本消除"。各级要紧紧围绕这一目标，坚持把促进农牧民持续增收作为农牧业和农村牧区工作的中心任务，采取有力措施，广辟农牧民增收渠道，加快形成农牧民增收长效机制。要着力促进农牧民收入来源多元化，在进一步挖掘农牧业内部增收潜力的同时，不断提高农牧民政策增收、家庭经营增收、产业增收、劳务增收、社会保障增收、转移就业增收、财产性增收水平，切实提高增收的稳定性和持续性。要建立农民工工资合理增长机制和工资支付保障制度，严格执行最低工资制度，确保农民工工资按时足额发放。要坚持以创业带动就业、促进增收，引导农村牧区富余劳动力特别是失地农牧民以创业促就业、促增收。要加大扶贫开发力度，积极探索改革扶贫工作方式和资金使用办法，努力走出一条以创业促扶贫的新路子。

三、努力提高党管农村牧区工作的能力和水平

各级党委、政府要加强和改善对农村牧区改革发展的领导,不断提高领导农村牧区工作的能力和水平,切实把党管农村牧区工作的重大原则落到实处。

一是要始终把"三农三牧"工作作为重中之重来抓。要从全局和战略的高度,切实把"三农三牧"工作摆上重要议事日程,做到经常研究、经常部署、经常检查。要认真贯彻落实中央关于农村改革发展的政策措施,在政策制定、工作部署、财力投放、干部配备上切实体现重中之重的要求。要不断完善党领导农村牧区工作的体制机制,强化党委统一领导、党政齐抓共管、农村牧区工作综合部门组织协调、有关部门各负其责的工作格局。党委、政府主要领导要亲自抓农村牧区工作,党委要有负责同志分管农村牧区工作,旗县(市、区)党委要把工作重心和主要精力放在抓农村牧区工作上。要完善体现科学发展观和正确政绩观要求的干部考核评价体系,把经济社会发展、粮食生产、农牧民增收、耕地和草牧场保护、环境治理、和谐稳定作为考核地方党委特别是旗县(市、区)党委领导班子绩效的重要内容。

二是要坚持因地制宜、分类指导,创造性地开展工作。我区地域辽阔,各地农牧业资源禀赋不同,经济形态各异,发展也不平衡,特别是农区、牧区和林区差异较大,推进农村牧区改革发展,必须尊重自然规律、经济规律、社会发展规律和农牧民意愿,针对不同地区、不同情况、不同条件,坚持因地制宜,加强分类指导。要搞好调查研究,积极探索符合地区特点和实际的改革发展路子,科学确定发展目标、重点任务和工作举措。要切实尊重农牧民群众的意愿,尊重农牧民的首创精神,充分调动农牧民的积极性、主动性、创造性,充分发挥他们在推进农村牧区改革发展中的主体作用。要善于发现和总结基层在推进农村牧区改革发展中创造的好做法、好经验,积极推广不同类型、各具特点的先进典型,促进"三农三牧"工作又好又快发展。

三是要加强农村牧区基层组织建设和干部队伍建设。党的农村牧区基层组织是党在农村牧区工作的基础。要以领导班子建设为重点、健全

党组织为保证、三级联创活动为载体,大力加强农村牧区基层党组织建设,使之成为密切联系群众、带领群众致富、促进农村牧区稳定的坚强领导核心。要改革完善农村牧区基层组织领导班子选举办法,创新农村牧区党的基层组织设置形式,推广在农村牧区社区、专业合作社和协会、产业链上建立党组织的做法,不断扩大基层党组织工作覆盖面。健全城乡党的基层组织互帮互助机制,构建城乡统筹的基层党建新格局。要切实加强农村牧区基层干部队伍建设,进一步拓宽基层干部队伍来源,提高基层干部队伍素质,关心基层干部生活,抓好培训教育工作,增强带领农牧民建设社会主义新农村新牧区的本领。要进一步加强农村牧区党员队伍建设,探索发展党员新机制,提高发展党员质量,建立健全党内激励、关怀、帮扶机制,建立健全城乡一体党员动态管理机制。

四是要以良好的作风推进农村牧区改革发展。各级党委、政府特别是领导干部要大力发扬党的优良传统和作风,大兴求真务实之风,深入基层,深入群众,加强对农村牧区改革发展重大问题的研究。各级党委、政府领导班子成员要确定农村牧区工作联系点,经常到联系点调查研究,发现问题,解决问题,总结经验,指导面上工作。自治区有关部门要加强对农村牧区改革发展的政策指导和工作支持,对那些需要在面上作出总体安排的事项,对那些需要进一步制定实施细则的事项,对那些需要在有关法律法规修改完善后才能实施的事项,要抓紧研究,在广泛征求意见的基础上作出安排,以利指导和规范有关工作的开展。要切实加强农村牧区党风廉政建设,教育引导广大党员干部坚持做到权为民所用、情为民所系、利为民所谋,讲实话、办实事、求实效,坚决反对形式主义、官僚主义,努力创造实实在在的业绩。

(选自在自治区党委八届八次全委会议上的讲话)

第五篇　新型工业化

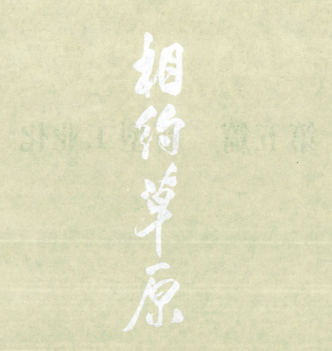

相约草原

加快把资源优势转化为产业优势

（2002年4月1日）

内蒙古是资源富集区。丰富的自然资源，为我们加快发展提供了得天独厚的物质条件。江泽民同志在1999年视察我区时要求我们："要注意发挥资源优势，提高资源的综合开发利用水平，加快把资源优势转化为经济优势，力争使内蒙古成为我国下个世纪经济增长的重要支点"。我们一定要按照江泽民同志的指示精神，进一步加快资源优势向产业优势、经济优势转化的进程。

一是充分利用我区丰富的农牧业资源，大力发展农畜产品加工业。内蒙古人均耕地较多，有辽阔的草原，绿色无污染的农畜产品是一大优势。经过这些年的努力，乳、肉、羊绒加工已成为内蒙古的支柱产业，涌现出伊利、鄂尔多斯、鹿王、仕奇、蒙牛、草原兴发、河套恒丰7个全国驰名品牌。2001年，这7户企业完成的工业增加值和利润，分别占全区的12.8%和36.2%。今后，我们要继续加大力度，进一步把农畜产品加工业做大做强。

二是充分利用我区丰富的煤炭、天然气等资源，大力发展能源工业。内蒙古煤炭储量丰富，近年来又在鄂尔多斯市发现了特大天然气田。我们将借"西电东送"、"西气东输"的有利时机，加快电力、煤制油和天然气等能源工业的发展。

三是提高矿产资源的综合开发利用水平，改造提升冶金、化工、建材等传统产业。我区矿产资源丰富，又拥有包钢、包铝等一些大型企业。要抓住西部大开发的机遇，采用先进适用技术和高新技术对企业进行改造，进一步提高产业层次和产品质量，增强市场竞争力。

四是充分利用我区丰富的稀土、生物等资源，大力发展高新技术产

业。从现有条件和基础看,内蒙古要全面发展高新技术产业难度大,但稀土、生物制药等产业具有独特的资源优势,而且已有一定的基础,发展稀土、生物制药等高新技术产业前景广阔。

五是充分利用我区独特的自然风光和民族风情,大力发展旅游业。我区有大森林、大草原,还有浓郁的民族风情、独特的历史文化,发展旅游业潜力很大。我们将充分挖掘这方面的潜力,大力发展草原、森林、冰雪、民族风情等旅游,使旅游业逐步成为一个重要产业。

我们要以加入世贸组织为契机,按照江泽民总书记关于"使内蒙古成为我国向北开放的前沿阵地"的要求,抓住当前俄、蒙政局稳定,经济出现恢复性增长的有利时机,加强与俄、蒙在能源、原材料、矿产资源开发等领域的合作,大力发展边境贸易、旅游贸易、加工贸易。认真实施"走出去"战略,以我区优势拳头产品开拓国际市场,扩大出口。鼓励有条件的企业扩大境外工程承包和劳务合作,到境外投资办厂,积极参与国际竞争。适应对外开放新阶段的要求,进一步提高招商引资质量和效率,努力扩大利用外资规模,吸引更多外商投资我区的生态建设、基础设施、基础产业、生态农牧业、工业技改和高新技术产业。积极扩大横向联合与协作,加强与北京及东部发达地区的经济技术合作。

(选自在西部大开发工作座谈会上的发言)

切实做好推进工业化这篇大文章

（2002年11月27日）

充分认识推进工业化的重大意义

工业化是实现现代化不可逾越的历史阶段。按照经济发展的一般规律，农业经济阶段（或者说初级产品生产阶段）、工业化阶段、发达经济阶段依次演进。一个国家是这样，一个区域较大的地区也同样要经历这样几个阶段。没有工业经济的充分发展，就不可能进入发达经济阶段，也就谈不上实现经济的现代化。工业化按照其发展的程度，一般划分为前期、中期、后期三个时期，参照国际和国内比较通行的方法分析判断，我区总体上尚处在工业化中期的初始阶段。全国已经进入工业化中期的中级阶段，发达地区达到工业化中期最后阶段，有的地区已经进入了工业化后期阶段。由此可见，加快工业经济发展、推进工业化，是摆在我们面前的一项艰巨而长期的战略任务。

工业化是全面建设小康社会的必由之路。党的十六大提出在本世纪头20年全面建设惠及十几亿人口的更高水平的小康社会。在全面建设小康社会的目标中，经济发展仍然是中心任务，是全面实现小康社会的物质基础。工业化是产业结构由农业经济为主向工业经济为主转变的过程，农业产业化和农村城镇化其实都是工业化的表现或结果。推进工业化的过程往往伴随着经济的高速增长，它不仅表现为经济增长量的快速扩张，而且包含着结构变动所带来的经济增长质的变化。只有当工业经济充分发展并完成工业化任务后，才能进入到以服务经济为主的发达经济阶段。因此，全面实现小康社会的目标，前提是基本实现工业化。当前和今后相当长的时间内，我区也正处在工业化带动国民经济快速增长的重要时期,加快经济发展步伐,实现2010年人均GDP达到全国平均水平的目标,并在此基础上实现全面建设小康社会的宏伟目标,必须发挥工业经济的主导作用,加快推进工业化的进程。

工业化是解决当前经济生活中深层次矛盾的现实选择。当前,我区经济在保持较快增长的同时,也存在着不少矛盾和问题。比如农村牧区最突出的问题是农牧民收入增长缓慢,城镇最突出的是就业问题。这些矛盾和问题,都能从工业经济欠发展中找到深层次原因。关于就业压力增大的原因,人口基数大固然是一个因素,但主要还是经济发展不充分,特别是工业经济发展不充分造成的。由于我区工业经济总量小、发展滞后,降低了工业经济吸纳社会富余劳动力的能力,同时也制约了第三产业的发展。国内外的发展经验表明,随着劳动生产率水平的提高,第一产业所释放出来的劳动力首先向第二产业转移,然后随着工业化的推进释放出更多的劳动力向第三产业转移。但是,第三产业的发展是以第二产业尤其是工业的大发展为支撑的,现代加工制造业不能相应地发展起来,第三产业就很难有大的发展,从而难以扩大对劳动力的需求。农牧民收入增长缓慢的问题,一方面是由于农牧业结构不合理,市场竞争能力弱;另一方面是大量劳动力追逐少量的土地和草场资源,这是农牧业经济比较效益长期徘徊在低水平线上的根本原因。这些问题归根结底是工业化进程缓慢造成的,解决矛盾和问题最有效的办法是加快推进工业化。

推进工业化是赶上全国平均水平、缩小同发达地区差距的基本途径。目前,我区工业化同全国和发达地区有不小的差距。2001年我区第二产业占GDP的比重为40.4%,低于全国平均水平10.7个百分点;其中工业增加值比重为32.8%,低于全国平均水平11个百分点。2001年我区工业企业综合效益指数90.62,低于全国工业企业综合效益指数31.48个百分点。据自治区统计局综合分析,目前,我区工业化的水平至少滞后于全国7年以上。工业化方面的差距是我们同全国和发达地区的主要差距,也是我区落后于全国和发达地区的主要原因。赶上全国平均水平,缩小同发达地区差距,必须把推进工业化摆到优先发展的地位,加速工业经济发展的步伐。

总之,工业化是关系现代化建设全局的重大问题,全区各级党委、政府和各级领导干部要进一步增强责任感和紧迫感,提高认识,把握形势,抓住机遇,应对挑战,扎实苦干,共同做好推进工业化这篇大文章。

正确把握和处理推进工业化中的几个重大问题

党的十六大提出要走新型工业化道路,并明确了新型工业化的科学内涵。走新型工业化道路,是推进工业化必须遵循的指导思想,我们要从理论和实践的结合上认真领会,深入研究,创造性地贯彻执行。在推进工业化的进程中,必须正确把握和处理各种关系,尤其是要处理好以下几个带有全局性的重大关系问题。

(一)正确处理提高质量与扩张总量的关系。走新型工业化道路,必须坚定不移地贯彻结构调整这条主线,通过调整优化工业经济的结构,提高整体素质。但是,从欠发达地区的实际出发,推进工业化要走提高质量与扩张总量并举的路子。我区工业经济中突出的问题是总量不大与结构不优并存。结构方面的问题前边已经讲到了。从总量方面看,改革开放20多年来,尽管我区工业经济一直保持了较快的增长速度,但工业经济总量占全国的比重仍然很小。2001年我区工业增加值占全国的比重仅为1.18%,低于GDP占全国GDP的比重。总量不大就谈不上规模效益和整体竞争力;没有总量的快速增长,也就难以实现缩小差距、走进前列的目标。因此,我们要把扩张总量摆上更加突出的位置,千方百计地把全区的工业经济规模搞上去。

扩张总量必须建立在提高质量的基础上,发展工业经济,任何时候都不能脱离提高经济效益这个中心。在市场经济条件下,不讲求质量和效益,工业经济不可能持续发展,扩张总量的目的也不可能实现。因此,我们必须十分注意提高工业经济质量问题,紧紧抓住结构调整这一主线,促进工业经济尽快走上良性循环的轨道。调整工业结构,最根本的是坚持以市场为导向,大力培育和发展特色产业,将资源优势转变为产业竞争优势。要把形成市场优势和特色优势贯穿于工业结构调整的全过程,按照市场需求不断提高资源的加工深度,拉长产业链条,发展具有市场竞争力的优势产品,增强工业经济的整体竞争能力。

(二)正确处理做大做强大企业与加快发展中小企业的关系。优势企业具有良好的成长性和扩张性,是新型工业化的主导力量。依托优势企业规模扩张,带动整个地区工业经济的发展,是加快工业发展的有效途径。近年来,我区工业生产增长较快,经济效益有大幅度的提高,主要得益于大企业的支撑。全区94户大型工业企业,企业户数只占规模以上企业总数的6.8%,但工业增加值、利税和资产总值占全区工业的半壁江山。在做大做强大企业方面,我区有一些很成功的经验。比如在实施名牌战略方面,目前已形成7个全国驰名商标和一批名牌产品。这些品牌以其高信誉、高知名度、高市场占有率的优势,带动了产品结构、企业组织结构和产业结构的优化升级,取得了良好经济效益和社会效益。但是,与全国的大型企业相比,我区在做大做强大企业方面仍有较大的差距。2001年全区大型企业仅占全国大型企业总户数的1.2%,产品销售收入占全国大型企业产品销售收入的1.04%,平均每户大型企业所创造的利润仅为全国平均每户大型企业利润的29%。因此,我们要继续采取积极有效措施,支持大企业的改革和发展,推动生产要素向优势企业和名牌产品集中,培育主业突出、核心竞争力强的优势企业,打造更多的巨人企业,增强地区的整体竞争优势。

与大型工业企业相比,我区中小工业企业在全国的差距更大一些。2001年全区规模以上中小型企业1285户,列全国第26位,列西部各省区第8位。不仅企业的数量少,而且总量小,基础比较薄弱。相当一部分中小工业企业生产设备陈旧,技术装备落后,管理水平和职工队伍素质较低。中小企业是国民经济高效运行和发展的重要力量,不仅在扩大就业、增加财力、繁荣地方经济等方面具有重要的作用,而且由于小企业投资少、见效快、适应性强等特点,往往是新兴产业的重要源泉。在发展社会主义市场经济中,一头是大企业,一头是中小企业,这二者是相辅相成的。显示国家或地区经济实力的是大企业,但创造市场活力的是数量众多的中小企业。因此,我们必须充分认识中小企业在地方经济发展中的重要地位和作用,坚持"大中小并举"、"抓大促小"的发展方针,盟市特别是旗县要集中主要精力抓好中小企业的发展。要健全中小企业服务支持体系,帮助中小企业解决信贷融资、技术开发、信息咨询、人才培训等方面的困难,不断改善其发展环境,促进中小企业有一个较快的发展。同时,要进一步打破长期以来计划经济中形成的"大而全"、"小而全"的封闭状态,促进大企业与中小企业的专业化分工协作。

(三)正确处理工业化与信息化的关系。当今世界,信息化、网络化迅速推进,已经在全球范围内形成一场新的技术、产业和社会革命,世界各国积极应对信息化的机遇和挑战,力争在新的竞争格局中赢得主动。正是在这样的背景下,继党的十五届五中全会提出推进国民经济和社会信息化的任务后,十六大把"坚持以信息化带动工业化,以工业化促进信息化"作为走新型工业化道路的十分重要的内容。对于我区这样欠发达的地区,既要补好工业化这一课,加快推进工业化的进程;又要迎头赶上,积极推进信息化。我们要充分利用现代信息化的成果,发挥后发优势,把工业化和信息化紧密结合,依靠信息化带动工业化,使我区工业发展立足于新的起点上,努力实现经济的跨越式发展。

依靠信息化带动工业化,我区的主要任务是利用信息技术改造提升传统产业,大力推进信息技术和信息产品在传统产业中的应用,围绕增加品种、改进质量、降低成本、提高效益,加快进行技术改造,实现产品升级和结构优化。企业要广泛应用信息技术,将信息技术与现代制造业技术和管理技术结合起来,应用于开发、生产、销售和服务的全过程,提高市场应变能力和竞争能力。与此同时,我们也要依托某些方面的比较优势,加快发展信息产业。要加快国民经济和社会信息化的步伐,一方面搞好硬件建设,加快公共网络等基础设施建设;另一方面要加强信息化宣传和信息化知识的普及教育,特别是提高领导干部包括企业经营者队伍的信息化意识和信息化知识水平。要加大信息技术改造传统产业的政策支持力度。做好培养和引进信息化人才工作。

(四)正确处理改造提升传统产业与加快发展高新技术产业的关系。面对世界范围内高新技术产业的飞速发展,以及我国东部发达地区高新技术产业的迅速崛起,我区要把改造传统产业与发展高新技术产业紧密结合,加快推进产业升级。十六大报告在突出推进信息化的同时,提出要以基础产业和制造业为支撑。这是基于我国国情作出的科学决策。就我区的情况来看,在比较长的时期内,传统产业仍将是工业经济的主体,我们不能舍弃这个基础去与发达地区比高新技术的竞争能力,这是不现实的，也是不可能的。正确的选择是依靠高新技术和先进适用技术改造现有传统产业，提高企业的技术和装备水平，促进工业产业的技术结构升级和产品结构优化，巩固和发展传统产业的比较优势。当然，以先进适用技术改造提升传统产业，并不排除加快发展高新技术产业。在具备优势和条件的领域，如稀土、生物制药、新材料和电子产品等重点行业，集中力量发展高新技术，加快培育具有市场竞争能力的优势产业。推动科技进步，要充分发挥市场机制在配置科技资源方面的基础性作用，不断完善技术创新的激励机制，保护知识产权，推动科技力量进入市场创业。

（五）正确处理加快工业化进程与提高城镇化水平的关系。工业化和城镇化是全面建设小康社会的两大驱动因素，二者紧密联系，互相促进。工业化是城镇化的经济支撑，城镇化是工业化的空间依托；工业化反映了传统的农业经济向现代的工业经济的转变，城镇化反映了传统的乡村社会向现代城市社会的转变，作为经济过程的工业化和作为社会过程的城镇化共同推进现代化。目前，虽然我区城镇非农人口的比重高于全国的平均水平，但城镇化的总体水平是不高的。主要表现在城镇的数量少，规模小；城镇体系不完善，缺乏能够带动地区经济发展的大中城市。城镇化发展滞后，制约了工业要素的聚集和工业经济的发展，而工业要素的低度聚集和工业经济的欠发展，又严重地制约了城市规模的扩张和城镇化水平的提高。加快我区现代化建设，必须使工业化和城镇化两个轮子协调运作，互动共进。

加快推进城镇化，既要努力提高大城市的辐射带动能力，又要大力发展中小城市和重点城镇。要加快现有大城市的建设，增强规模经济实力，强化其聚集和辐射带动能力。同时，要积极发展潜在的大城市，对有条件的现有中等城市，扩大人口和建成区规模，完善城市服务功能，使其成为辐射带动周边腹地的中心城市。根据我区幅员辽阔、各地情况差异较大的特点，要重点加大中小城市包括重点小城镇的建设力度。加快发展小城镇，要从实际出发，防止盲目性。十六大再次明确，发展小城镇要以现有的县城和有条件的建制镇为基础，同发展乡镇企业和农村服务业结合起来，引导农村劳动力合理有序流动。我们要继续依托旗县政府所在地和有条件的中心集镇，加快实施小城镇战略，尤其要下大功夫抓好县域经济的发展。城镇化是以工业化为前提条件的，没有产业特别是工业的支撑，城镇就难以形成和发展。因此，我们要在推进工业化与城镇化整体布局上统筹规划，合理布局，促进生产要素向城镇聚集，推动全区生产力区域布局的调整。

（六）正确处理加快工业发展与坚持可持续发展的关系。十六大报告把增强可持续发展能力，改善生态环境，提高资源利用效率，促进人与自然的和谐，作为全面建设小康社会的主要目标，与经济、政治、文化三大目标并列，并把"资源消耗低、环境污染少"作为走新型工业化道路的重要内容。工业的发展必须与生态环境保护和资源合理开发利用相互协调，否则，工业经济的发展就难以为继，工业化也难以实现。推进工业化要十分注意保护环境和节约资源，力求以最小的环境和资源代价发展工业。加强生态环境保护和建设，既是国家实施西部大开发的首要任务，也是改善我区投资环境的重要内容。把生态建设和环境保护搞好了，不仅为改善全国的生态环境做贡献，而且也有利于改善我们自己的投资环境，加快资金、技术和人才的引进，更好地推进工业经济的发展。在资源的开发利用方面，要实行严格的资源管理制度，坚持"在保护中开发，在开发中保护"的方针。对主要的矿产资源，必须实行高起点、高标准和上规模的集中开发，防止掠夺式开采造成对资源的浪费和对环境的破坏。要积极推进资源的深度加工和综合利用，采用新技术、新工艺改造现有企业，不断降低能耗和原材料消耗，减少污染排放。

切实抓好推进工业化中的重点工作

第一，抓发展规划。规划是指导工业经济发展的蓝图，也是推进工业化首先要抓好的一个重要环节。有关部门要抓紧制定主要产业和行业的具体规划。各盟市也要结合实际，制定本地区的工业发展规划。搞好规划有两点特别重要：一是要充分调查研究和科学论证。要根据大的环境变化，把本地区的发展置于国际国内发展的大格局中，了解掌握国内外市场供求动态及其走势，了解掌握产业发展的趋势和国家产业政策的导向。在此基础上，找准优势和特色，认清差距和劣势，以此确定产业发展方向和发展重点。二是要体现相对集中的原则。我区地域辽阔，经济发展很不平衡,推进工业化要贯彻七次党代会确定的"适度收缩,相对集中"的总体要求,促进全区生产力区域布局的调整。在整体布局上要向交通干线和城镇集中,构建点轴开发的区域经济框架,推动优势区域和增长极(点)的快速发展。在中心城市要加强工业园区建设,吸引工业投资向园区集中,使之成为加快推进工业化的重要载体。

第二,抓重点项目。今年以来,自治区党委、政府把抓工业重点项目作为推进工业化的切入点和突破口,强化了对重点项目工作的组织领导,经过全区上下共同努力,目前,这项工作进展良好,取得了可喜的成效。实践证明,抓重点项目是推进工业化的重要举措。我们要抓住目前的有利时机,继续采取强有力的措施持之以恒地抓下去。首先,要抓好项目的调研、论证和储备,着力解决部分项目前期工作深度不够、后续项目不足的问题。这项工作要有专门的工作班子负责,长期坚持,推出一批,论证一批,储备一批,不断有新项目推出。二是加大重点项目的培育力度。要选择一批符合国家产业政策,并能拉动地方经济发展的重大项目,抓好项目的审批立项和资金落实工作。要抓住国家西部大开发和继续实行积极财政政策的机遇,用足用活现有的各项政策,争取在项目布点、国债资金、转移支付和财政信贷等方面得到更多的支持。三是进一步强化项目管理,切实落实责任制,依法抓好重点项目建设中各项制度的落实。

第三,抓开放带动。我国加入世贸组织后,对外开放进入一个新的发展阶段。随着开放的不断扩大,我国经济将在更高程度和更大范围内融入世界经济体系,国内产业结构的变动越来越受到国际分工和交换的影响,推进工业化也要按照开放型经济的要求进行。目前,我区对外开放的重点仍然是扩大利用外资,提高利用外资的水平。建设资金短缺是当前制约我区工业经济发展的主要因素,大部分企业融资渠道单一、能力较差,一大批重点项目由于资金问题无法开工。解决这个问题,除了积极争取国家和金融部门的支持外,更多地要依靠扩大开放吸引外资。要抓住国际性产业转移的机遇,采取多种方式吸引国外投资,尤其要注意加强与跨国公司的合作。要把利用外资与产业结构调整和地区开发战略结合起来,在开放中推动产业结构的优化升级。要进一步发展国内横向经济技术协作和联合,千方百计地吸引东部地区的资金、技术和人才。实施

"走出去"战略是对外开放新阶段的重要举措,我区要充分发挥独特的区位优势和交通、口岸条件,最大限度地利用两个市场、两种资源,加快组织实施向北开放,以开放带动工业和整个经济的快速发展。

第四,抓主体创新。企业是推进工业化的微观主体。推进工业化必须紧紧围绕搞活企业,进一步深化改革,全面推进创新。一是推进体制创新。按照十六大的精神,重点推进国有资产管理体制改革,探索国有制的有效实现形式,进一步规范政府与企业的关系;继续开放市场,完善统一、开放、竞争、有序的现代市场体系,使市场在国家宏观调控下更好地对资源配置发挥基础性作用;理顺社会分配关系,深化收入分配制度改革,健全社会保障体系。通过这些方面的改革,进一步消除企业面临的体制性障碍,为企业的发展创造良好的环境。二是推进机制创新。进一步规范现代企业制度,重点是积极推行投资主体多元化,完善法人治理结构,同时,不断深化企业内部改革,切实转换企业经营机制。三是推进技术创新。大力培养企业技术创新能力,不断运用新知识、新技术、新工艺,采用新的生产方式和经营管理模式,加快企业技术改造和技术进步,增强市场竞争能力。尤其要增强新产品研发能力,大中型企业要加快建立研发机构,引进、吸收和开发先进适用技术,加大新产品开发力度。同时,要加强与国内高校和科研机构的联合研究开发,借助其科技力量,推动企业技术的跨越式发展。要积极创造条件,建立为中小企业服务的技术创新支撑体系。四是推进管理创新。要运用现代管理理念、现代管理技术特别是信息化技术,对企业管理进行全方位、全过程的创新。要加强企业战略管理,制定实施发展战略、技术创新战略和市场营销战略,避免生产经营中的盲目性和短期行为。继续强化以成本、资金、质量为重点的基础管理。

第五,抓环境改善。无论是扩大对外开放,还是激活民间投资,都有一个改善投资环境的问题。就是搞活国有企业,也要营造一个宽松的外部环境。从一定意义上讲,环境也是生产力。近几年来,我区在改善投资环境方面做了许多工作,在硬环境建设方面开始有了明显的改观,但软环境建设不能尽如人意,包括在服务、审批、收费以及规范市场等方面仍然存在诸多问题。为此,必须狠下决心,采取切实有效的措施,从根本上整治软环境方面的问题。要切实转变政府职能,改进管理方式,提高行政效率,创造良好的行政服务环境。继续减少行政审批事项,规范收费制度,切实减轻企业负担。不断健全和完善法制环境,加强社会信用制度建设。要学习借鉴外地的先进经验,尽快在全区范围内推行"管理服务公示制"、"首问负责制"、"全程跟踪服务制"等制度.切实加强对环境建设的组织领导,强化监督机制。通过整顿、规范和建设,使我区的经济发展环境有一个根本性的改善,力求以最少的经济管制、政府垄断和行政干预,保证自主的企业、竞争的市场、廉洁的政府以及诚信宽松的社会环境,为推进工业化创造良好的外部条件。

加快推进工业化进程,事关党中央提出的本世纪头20年基本实现工业化和全面建设小康社会目标的实现,事关全区经济社会发展的大局,事关全区各族人民幸福美好的未来。我们要以"三个代表"重要思想为指导,全面贯彻党的十六大精神,紧紧抓住大发展的机遇,放眼未来,脚踏实地,开拓进取,扎实工作,在加快内蒙古工业经济发展、推进工业化的进程中做出新的贡献。

（选自在全区工业会议上的讲话）

落后地区更要加快推进工业化

（2004年11月26日）

　　乌兰察布市在自治区属于缺乏资源而且基础较差的地区，对于这样一个地区的较快发展，他们的一些做法和经验要引起重视。优势地区的发展固然重要，但缺乏资源、基础条件较差地区快速发展的做法和经验更值得重视。过去我们讲，乌兰察布是地上无草，地下无宝，基础差，贫困面大，说乌兰察布"苦甲全区"也是事实，即使不能说是全区最贫困的地区，至少可以说是全区的贫困地区之一。在这样一个地方，近几年有较快发展，而且发展前景也比较好，就要引起重视。乌兰察布市加快发展的实践引发了我的一些思考，它的典型意义至少有以下三点。

　　第一点，落后地区的工业化问题同样不能回避。落后地区发展工业，条件往往不很具备。但是，工业化又是任何国家、任何地区实现现代化不可逾越的发展阶段。从农业文明到工业文明再到现代文明，是人类社会的发展规律，是任何国家和地区都不可回避的。而落后地区的发展条件有限，在这样的地区如何选好突破口，实现很好的起步，这是很难的事。近年来，乌兰察布市在深化对市情认识的基础上，确立符合市情的重点产业，抢抓机遇，取得了一些突破。现在电力工业正在动工的项目有5个，新增装机容量410万千瓦，其中内蒙古华电卓资电厂4×20万千瓦，岱海电厂一期2×60万千瓦，新丰热电厂2×30万千瓦，丰电三期2×60万千瓦，再加上乌兰水泥厂2×15万千瓦，共计410万千瓦。明年，岱电二期2×60万千瓦项目一定要开工建设，丰电四期2×60千瓦也要争取开工，这样新增装机容量可以达到650万千瓦，这还没有把察右前旗平地泉电

[443]

厂等项目计算在内。岱电二期和丰电四期作为骨干电厂的后续项目尽快开工是很现实的。除岱海一期和丰电三期两个国家和自治区支持的电力项目,乌兰察布通过自身努力新上的装机容量就达170万千瓦。全市新开工的装机容量占到自治区在建装机容量的四分之一,全区在建的电力装机容量大体在2500—2600万千瓦。对于乌兰察布这样的贫困落后地区,之所以能够上马5个电力项目,完全是扩大开放,大力招商引资的结果。今年1—10月全市引资总额达到89.7亿元,占到自治区引资额的六分之一。这就启示我们在缺乏工业基础的地方发展工业,一是要选准产业,二是要扩大开放,引进战略投资者,否则不可能起步。乌兰察布的工业还有一个特色就是发展建材业。近年来,乌兰水泥厂发展很快,现在已经形成300万吨的生产能力,四期工程200万吨很快就能开工,而且还准备新上500万吨的生产线,特别是引入发展循环经济的理念,建设热电联营项目搞污水处理和垃圾处理,变废为宝,符合科学发展观的要求。石板材生产也独具特色,初具规模。重化工业的发展有了一定规模,下一步要积极向精深加工方向发展。另外,乌兰察布市还提出了加快发展农畜产品加工业,尽管现在还没有形成大的气候,但体现了产业化的发展方向。因此,重点产业的正确选择和扩大开放、引进战略投资者,这对于落后地区的工业起步是很重要的。现在,东部盟市也面临着如何加快推进工业化的问题,各地的情况不一样,在产业取向上不一定都走同样的路子。

工业化进程的加快相应地带动劳动力的转移,带动"三农"问题的解决。正因为乌兰察布的工业化水平低,所以导致城镇化水平低,比全区低了22个百分点。解决这个问题,一方面要加快工业化,同时还要调整生产力布局,加快农村人口的转移,包括劳动力的转移和输出,由农业向工业转移,由农村向城镇转移,最终减少农牧民。解决"三农"问题的实质就是要减少农牧民,农村人口越少,人均占有资源才会越多,农牧民才可能富起来。工业的发展还可以带动第三产业的发展。丰镇市今年1—10月仅运输业就实现税收8000多万元,这就是工业发展拉动运输业发展的重要体现。所以说,对落后地区来讲,工业化同样是不可逾越的,关键是如何选准突破口,加快起步。

第二点,**正确看待资源问题**。如果我们自身有资源当然好,要集中力量搞好资源开发,提高利用水平。但是有些地区资源贫乏,这就要研究如何在一个较大范围内配置资源的问题,比如说,没有煤就并不是不能发电。这几年鄂尔多斯的发电项目反倒上得不太快,去年准格尔旗和达拉特旗是电力项目的空白点,错失了机遇。呼和浩特市有些产业也不是依托资源发展起来的,比如信息制造业,尽管呼和浩特市有一部分这方面的人才,但与沿海地区没法比,完全是靠引进的,TCL就是引资项目,最近还引进一些大的项目。呼和浩特市发展奶牛业的条件也比不上其他盟市,但依托龙头企业培育资源,实现了奶牛养殖业的大发展。因为伊利、蒙牛等龙头企业的发展需要奶源,迫使呼和浩特市培育资源发展奶牛业。呼和浩特市发展生物制药也没有资源优势,没有甘草等中药品种,沙棘也是最近几年才开始种了一些,靠的还是配置资源。因此,在市场经济条件下,资源是可以在较大范围内配置的,要改变过去那种片面的资源观,充分利用周边地区的资源加快发展。

第三点,**努力抓住机遇,扩大开放**。这里面也内含着如何积极营造良好开放环境的问题。当前,沿海地区的发展已经步入良性循环,落后、欠发达地区自身的发展条件差,自我发展能力弱,必须扩大开放,而扩大开放最重要的是搞好环境的营造。条件好的地方可以扩大开放,条件差的地方通过努力营造良好的发展环境,照样可以扩大开放。这当然需要一种精神,因为条件差的地方需要付出加倍的努力。最近几年,乌兰察布市抓住机遇,营造环境,引进了一批大项目,特别是电源点建设完全是抢抓机遇,扩大开放的结果。在营造投资环境的问题上,硬环境固然重要,但软环境更为重要。各级政府应把土地储备和开发工作作为欠发达地区优化环境,扩大开放的一条重要措施来抓。从某种意义上讲,将来谁拥有土地开发权利,谁就掌握了加快发展的主动权。建项目搞空中楼阁是不可能的,搞工业、建公路都需要占用土地。因此,各级政府应控制一定数量土地的使用权,集中用于新上工业项目、拓展城市空间等。政府控制土地有多方面的好处。一方面,人民政府为人民,政府掌握土地使用权可以避免企业直接与农民打交道,能够切实维护农民的利益,政府与企业打交道也有利于提高效率。另一方面,政府掌握土地使用权,有利于提高土地的使用价值。和林县盛乐园区占用的土地原来基本上是沙地,现在企业入驻后,开展了大规模的绿地、美化,使土地得到更有效的利用,使用价值也大大提高了。同时,政府掌握土地使用权,有利于增强地区的招商吸引力,不断拓展对外开放领域。

（选自在乌兰察布市调研时的讲话）

着力推进产业多元、
产业延伸、产业升级

(2006年3月31日)

"十一五"期间,呼、包、鄂三市能否实现新的跨越和发展,关键在于能否做大做强地区优势特色产业。发展优势特色产业,要坚持"三个符合"的原则:一是要符合国家的产业政策,在顺应国家产业发展导向和布局中谋求发展;二是要符合市场需求,在提高产业的市场竞争力和产品的市场占有率中谋求发展;三是要符合地区实际,在发挥资源优势和市场优势中谋求发展。在此基础上,要着力把握好以下几点:

第一,要努力推进产业多元、产业延伸和产业升级。一是要推进产业多元。产业结构单一,不利于完善产业体系,不利于防范和化解产业发展中的政策风险、市场风险和价格风险。目前,国家"十一五"规划对产业发展重点的确定十分具体,西部大开发战略支持和鼓励优势特色产业发展的项目十分明确,发达国家和沿海发达地区产业转移的趋势日益明朗,为我区以及呼、包、鄂三市推进产业多元化创造了有利条件。三市要在国家许可、市场需要和环境具备的情况下,把握各种潜在的机会和可能,不断培育新的优势特色产业。在推进产业多元化过程中,要努力做到依托资源而又不依赖资源,在继续巩固和发展资源型产业的同时,加速推进非资源型加工产业的发展。

二是要推进产业延伸。工业化早期,受资金、技术和产业基础的制约,一般难以形成完整的产业链条,采掘和初加工行业发展较快,原材料和中间产品比重较高,企业粗放经营、产业外延式发展的色彩较浓。在今后的发展中,三市要把推进产业延伸作为提高产业发展水平的关键环节来

[447]

抓,依托已有的产业基础,不断延长产业链条,提高资源精深加工水平。要由主要生产面向中下游产业的原材料和中间产品,延伸到生产直接面向市场和消费者的最终产品。

三是要推进产业升级。近年来,我国产业升级步伐逐步加快,我区以技术跨越带动经济跨越,高起点培育和引进大企业,使产业升级有了良好开端。三市要顺应当前产业加速升级的趋势,充分发挥后发优势,强化自主创新,尽快在推进产业升级上取得新的突破。要在发展以稀土、信息制造和生物医药为主的高新技术产业的同时,加快用先进适用技术改造提升传统产业。要不断开发技术和智力密集的高端产品,培育集研发、设计、制造和服务于一体的高端企业,打造竞争能力和赢利能力较强的高端产业。

第二,要积极培育强势企业和知名品牌。任何产业的发展壮大,都需要有一定数量的强势企业、知名品牌来承载和支撑。我区工业领域能够"顶天立地"的大企业明显不足。2005年,全区2447家规模以上工业企业中,大中型企业只有301户,销售收入超过100亿元的工业企业只有5户,其中包钢集团280亿元,电力集团222.8亿元,伊利集团118.8亿元,蒙牛集团110亿元,北方联合电力公司100.4亿元。2005年中国企业500强中,我区包括呼铁局在内只有6家。在西部省区市中,我区的全国500强企业数量少于四川(10家)、云南(9家)和重庆(8家)。自治区选定的60户重点企业,2005年户均销售收入26.17亿元,合计销售收入1570.63亿元,仅相当于上海宝钢一家的97%。呼、包、鄂三市作为自治区推进工业化的优势地区,有责任也有条件在打造强势企业上取得突破和进展。在市场机制作用下,企业两极分化日益加剧,资源加速向效益好的大企业集中,少数企业生产规模和资产规模迅速扩大,相应的有不少企业面临破产或兼并。因此,任何时候、任何情况下,企业都要有强烈的危机意识,树立争当产业龙头的意识,这样才能保证企业长久生存。三市要努力造就一批具有领先地位和长久影响力的强势企业。

在买方市场条件下,品牌竞争的重要性日益显现。知名品牌代表着产品质量、企业实力和地区形象,有利于提高产品的市场占有率,降低市场营销费用,提高企业盈利水平,保持产业稳定发展。品牌作为无形资产,被认为是企业最具价值的资产。我区的品牌经济具有一定的基础。以产品品牌为例,目前自治区拥有的全国驰名商标由2000年的4个增至13个,大约每1700件注册商标中有1件全国驰名商标,比例高于全国平均水平。世界品牌实验室发布的2005年中国500个最具价值品牌,我区有7个品牌上榜,伊利排名41位,品牌价值136.12亿元;蒙牛排名57位,品牌价值85.13亿元;鄂尔多斯排名93位,品牌价值55.43亿元;小肥羊排名95位,品牌价值55.12亿元。其中,在乳品业中,伊利、蒙牛分别排第一和第二位;在餐饮酒店业中,小肥羊排第二位;在纺织服装业中,鄂尔多斯排第四位。要认真总结近年来品牌培育的经验,进一步加大培育知名品牌力度。一是要把维护已有品牌和树立新品牌结合起来。一方面,我区现有品牌价值不够高,都在150亿元以下,而海尔、联想和红塔山的品牌价值高达702亿元、470亿元和469亿元,要切实加大现有品牌保值增值力度。另一方面,我区知名品牌全部集中在农畜产品相关领域,其它产业的新品牌培育亟待加强。二是要把加大外部宣传和提升内在素质结合起来。对于我区现有和潜在的知名品牌,要加大宣传力度,提高消费者认知和市场认同程度。同时,要坚持在好产品、好服务、好质量、好形象方面下功夫,使品牌经得起时间的检验和市场的选择。

第三,要着力提高产业发展的集中度。产业集中化布局,有利于形成集群经济,有利于上下游产业的紧密衔接和关联企业间的良性互动,有利于提升产业整体效益水平。目前,企业向园区集中、产业依据园区发展,已成为国内外产业发展的一大趋势。呼、包、鄂三市在我区工业园区建设和发展中的势头很好,但与发达地区相比仍有较大差距。目前全国已有不少产值超千亿元的工业开发区,2005年苏州工业园区已有46家世界500强企业入驻,工业园区总产值超过1670亿元,其中高新技术产值超过1000亿元。天津滨海开发区已有45家世界500强企业入驻,工业总产值达到2350亿元。中部地区的长沙经济技术开发区有13家世界500强企业入驻。我区现有47个各级各类开发区,国家级的呼和浩特经济技术开发区只有中国一汽集团1家世界500强企业入驻,工业增加值只有60.8亿元,包头市稀土高新技术产业开发区工业增加值只有105亿元,其余园区规模更小,近2/3的园区工业增加值低于10亿元。三市要依据现有基础和条件,按照

"布局集中、用地集约、产业集聚"的要求进行规划和建设。一是提高园区的开发和建设水平。主要是优化环境,提高效率,吸引更多的企业入驻,提高开发区的投资强度和产业密度。二是依托强势企业建设新的园区。一些大项目和大企业的落成,可以吸引配套企业和关联产业,形成产业规模效应,形成新的园区和产业集群。要借鉴托电工业园区、包铝工业园区和即将形成的达拉特化工园区的经验,引进一批带动力强、上下关联度高的大企业,培育一批以大企业为龙头的新兴工业园区。三是大力发展园区循环经济。要注重推进以循环经济为导向的产业集聚,使相邻的不同企业之间形成资源共享和副产品互换的产业共生体,实现工业生产过程的低消耗、高质量、低废弃,提高资源综合利用水平和企业效益水平。

(选自在呼包鄂三市经济工作座谈会上的讲话)

推 进 工 业 化
必须坚持"三个一定要"

(2007年7月4日)

　　第一个,一定要按照中央要求,按照科学发展观要求,坚持从实际出发,尊重客观规律,大力发展优势特色产业。中央实施西部大开发主要有两大目标,一是改善发展条件,二是发展优势特色产业。我们要按照中央要求,遵循客观规律,一定要符合自己的实际,发展优势特色产业。第二个,一定要坚持以市场为导向、以企业为主体的原则,强化政府社会管理和公共服务职能,不得直接干预企业经营活动。我们是在市场经济条件下推进工业化,政府的职能就是创造发展条件,营造发展环境,促进经济自主增长机制的形成。第三个,一定要加强自主创新,发挥后发优势,推进技术跨越,坚持以人为本,提高人的素质。新上项目规模要大,技术水平要高,要达到国内外同行业先进水平。所谓先进就是资源消耗低,环境污染少,技术含量高。达到先进水平也是节能降耗。同时,要提高劳动者素质,把工业化建立在依靠科技进步和提高劳动者素质上来。这"三个一定要"是多年来我们推进工业化的体会。在具体工作中,我们提出要大力推进产业多元、产业升级、产业延伸。产业多元,就是依靠资源,但不依赖资源,构筑多元化产业支撑体系,不能在一两棵树上吊死。没有万年青的企业,也没有万年青的产业,都是好几年、坏几年,国外的大公司照样有垮台的,有名的大公司兴盛过,也衰败过,所以要产业多元。产业升级,就是要发挥后发优势,提高产业层次和集中度。现在,自治区六大优势特色产业不仅具有一定规模,而且具有较高层次,营业收入超过

100亿元的企业达到12家，到2010年大约有二十五六家。我们很多项目不搞则已，一搞就是全国第一，甚至世界第一。产业延伸，就是要提高资源综合开发利用水平，延长产业链，形成产业集群，培育众多小企业。现在，铝的深加工有工业园区了，不锈钢加工有工业园区了，将来包括PVC、丙烯系列，都要搞延伸加工。

（选自在锡林郭勒盟调研时的讲话）

大力培育工业经济新的增长点

（2008年1月28日）

　　工业化是我区"三化"互动战略的核心。工业经济发展问题，是我近几年关注最多、看的最多、讲的最多的问题，通过研究和思考，也陆续提出一些想法和意见。比如，提出要理性推进工业化，理性的含义之一就是坚持以企业为主体、以市场为导向，政府要努力为企业发展创造条件。又比如，提出要充分发挥我区的后发优势，新上项目不仅要规模大，而且技术和装备水平要争取一步达到国内乃至国际同行业先进水平。还比如，提出在贯彻落实国家西部大开发战略时，一方面要改善基础条件，另一方面培育优势特色产业，重点发展能源、冶金、化工、农畜产品加工、装备制造、高新技术六大优势特色产业。再比如，在产业发展方向上，提出走产业多元、产业延伸、产业升级的路子，这是对我区工业发展乃至产业发展一个带有规律性的认识。近年来，全区新型工业化发展取得了卓著的成就，为自治区经济社会又好又快发展作出了突出的贡献。

　　面对新的形势、新的任务，我们不要沉醉于过去的辉煌，也不要过分憧憬未来的辉煌，而要扎实创造现实的辉煌。过去终究已经成为历史，未来毕竟还不是现实，规划做得再好但没有落实也等于空想。经过认真分析，自治区党委、政府认为今后三年全区工业经济还可以保持30%以上的增长。因为前两年累计4000多亿元的工业投入将会在今后三年充分发挥作用。我们需要考虑的问题是三年以后怎么办？依靠什么去巩固和发展大好来势？人无远虑，必有近忧。在这个问题上，必须增强忧患意识，及早研究，超前谋划。要清醒地看到，尽管我区近年来

[453]

的发展态势很好,但是也存在许多矛盾和问题,还有许多薄弱环节需要加强。在总结"十五"时期工作时,我们分析了八大矛盾。去年自治区政府就五个薄弱环节做了全面分析,自治区党委进行了专题研究。关于工业方面的薄弱环节,我们也认真查找过。从企业组织结构讲,中小企业发展比较慢;从所有制结构讲,非公有经济发展比较慢;从产业特征讲,非资源型产业发展比较慢,等等。基于这些方面的分析,加快推进工业化,必须加强薄弱环节,关键是要在培育工业经济新的增长点上取得突破性进展。

前几年,我区六大优势特色产业中拉动工业经济发展的主要是两个半产业,即能源、农畜产品加工和冶金中的黑色金属产业。2002年,我区电力装机刚过1000万千瓦,去年达到4200万千瓦,五年增长了三倍。煤炭由2002年的1亿多吨,到去年也增长了三倍多。但是,从现在开始到2010年,我区电力装机最多能发展到6500万千瓦,三年最多还能增加半倍。煤炭产量最多不过6亿吨,也只能增长50%。冶金行业中的黑色金属2002年也就300多万吨,去年超过了1000万吨,也是增长了近三倍。但是,从现在开始到2010年最多能达到1500万吨,增长不到半倍。农畜产品加工业估计最多也是50%的增长幅度。这两个半产业之所以难以保持前五年的大幅增长态势,主要原因是能源产业受市场制约,冶金产业受产业政策制约,农畜产品加工业受加工原料制约。这就要求我们在进一步提升能源、农畜产品加工和钢铁等产业素质的同时,认真研究和积极培育新的经济增长点。从我区实际出发,要加快发展化工产业和冶金产业中的有色金属这一个半产业,同时还要大力发展装备制造和高新技术这两个产业,不断促进产业升级。

化工产业。 由于石油价格居高不下,以石油为原料的石油化工现在已经缺乏竞争力,煤化工发展前景十分看好。我看了自治区的几个化工企业,感到我区煤化工已经开始见到成效。天然气化工也不错,起步就是一个18万吨的天然气制甲醇项目,后来因为效益非常好,企业就把它改造成35万吨的规模,又新建了两套100万吨的天然气制甲醇项目。项目投产后我去看了看,每吨甲醇将近赚2000元,投资回收期两年左右。达拉特旗新奥集团煤化工项目总投资24亿元,按照目前煤制甲醇一吨可以赚2000元,60万吨的规模一年可以赚12亿元,两年就可以收回投资。阿拉善盟乌斯太园区庆华集团两条生产线100万吨焦化项目,利用焦炉气上了一个20万吨回收再利用制甲醇项目,采用焦炉气,成本很低,又属于循环经济项目,国家发改委还支持了企业几千万,一吨甲醇可以赚3000元,20万吨的规模一年可以赚6亿元。大唐100万吨甲醇转丙烯的煤基烯烃项目,即使甲醇转烯烃在技术上过不了关,生产甲醇照样赚钱。过去聚氯乙烯的生产工艺是电石法,后来石油化工发展起来就把电石法淘汰了,现在由于石油成本高,电石法又占了优势。我区有石灰石、有电、有盐,用电石法生产聚氯乙烯,每吨成本比石油法至少便宜1000元,很有竞争力。所以,现在一定要紧紧抓住石油价格居高不下的有利时机,大力发展煤化工、天然气化工、氯碱化工等化工产业。甲醇项目到去年底已动工的有600多万吨,PVC到去年底形成的生产能力是100万吨,到今年估计能达到200万吨左右,到2010年可以达到300万吨。今年甲醇项目大概新开工的约600万吨,其中最大的一个就是320万吨的二甲醚项目。这是我们工业经济比较现实的一个增长点。再一个是煤制油产业。我们现在有直接液化、间接液化两类生产线,伊泰间接液化是我国自主知识产权技术,神华直接液化项目今年就要见成效。如果成功了,煤制油产业就会得到快速发展。当前,要特别注意的是,在我区做的第一套试验装置成功后,后面的大工业装置必须紧紧跟上,不能在我区成功了,后续项目却转移到外地,绝对不能只开花不结果。

有色金属产业。 近年来,随着我区资源勘探力度的加大,资源保障能力不断增强。现在,大兴安岭南麓和乌拉山一带,包括与蒙古国接壤地带,有色金属储量较大。这几年,巴彦淖尔市、锡林郭勒盟、赤峰市的有色产业已经开始上规模,铜、铅、锌最低规模10万吨。发展有色金属产业必须解决好资源的整合利用问题。到2010年,我区有色金属产业将达到500万吨的规模,这在全国将占有举足轻重的位置。我们要高度关注和及早谋划有色产业的延伸问题,通过严格调控资源,鼓励和吸引沿海深加工企业到我区搞延伸加工,绝不能千辛万苦将资源开发出来后拉到外地搞延伸加工。在延伸加工问题上,我前一段到乌海考察后得到一个重要启示。乌海搞了800万吨到1000万吨的炼焦项目，一条线就是100万吨的规模。炼焦项目不只有焦炭一个产品，企业更重要是看中了煤焦油的回收，焦炉气可以生产甲醇，如果把焦煤卖掉或是烧掉，实在太可惜了，是对资源的极大浪费。现在焦炭1800元一吨，非常紧缺。所以，焦煤一吨也不能烧、一吨也不能卖，必须经过百万吨焦化以后，把它吃干榨尽。产业延伸一定要控制好资源，既不能随便配置资源，也不能把资源简单加工成初级产品后卖掉。

装备制造产业。过去我区装备制造业基础比较薄弱，主要是一机、二机。近年来一机发展步伐加快，今年销售收入超过百亿，在重型货车、铁路车辆、工程机械等方面很有优势。二机在矿山机械特别是高压锅炉管方面也很有发展潜力。现在，鄂尔多斯、呼和浩特等地的汽车发动机、汽车制造、风力发电设备制造等项目，都是很具发展潜力、很有发展前景的产业，关键是要推动企业加快项目建设步伐。

高新技术产业。稀土与锗是我区特有的资源，这两年有所发展。现在又新加入一个硅产业，呼和浩特市已经引进两家硅企业，这个产业很有发展前景。再就是原来提出的生物制药产业。这些领域的产业技术含量和附加值都很高，从现在起就要大力推进。

（选自在全区工业大会上的讲话）

在应对危机中
加快产业结构转型升级

（2009 年 7 月 16 日）

　　经济波动期，同时也是产业结构优化升级的机遇期。以科技引领经济复苏，加快培育和壮大一批新型产业，既是应对危机保增长的迫切需要，也是增强产业接续能力、优化产业结构、形成发展新优势的战略选择。这次国际金融危机，不仅催生全球经济结构和产业布局进行一次重新"洗牌"，也将重塑中国区域经济发展格局。现在，各省区市都在积极谋划和实施应对危机、加快发展的高招良策，有的提出实现"逆势崛起"、"弯道超车"，以期在抢抓危中之机的竞争中实现跨越发展。我区已连续 7 年全国经济增长第一，能不能抓住危中之机，能不能实现在危机中转型，能不能继续保持全国领先，这既是一次严峻挑战，也是一场严峻考验。要在加快改造提升传统优势特色产业的同时，大力培育和发展一批科技含量高、潜在市场大、带动能力强、吸纳就业多、综合效益好的新兴产业，进一步拓展发展新空间。

　　要大力发展新能源产业。目前，新能源的发展已引起国家的高度重视。三年前出台的《可再生能源法》，已将太阳能、风能列入能源发展的优先领域。继十大产业调整和振兴规划之后，国家新能源产业发展规划即将出台。前不久，李克强副总理在全国新能源与节能减排工作会议上明确表示，要把新能源作为我国战略性新兴产业，不失时机地加快发展。今年以来，我国新能源板块的股票累计平均涨幅达 90%，有接近一半的新能源概念股股价翻番，新能源产业将成为我国下一轮经济发展新的引擎。我区风能资源居全国之首，太阳能资源居全国第二，目前风电装机包括并网装机容量均居全国首位,太阳能光伏产业发展来势很好,具有大力发展新能源产业的资源优势、区位优势和良好的产业基础。要密切关注世界新能源产业发展动态,根据国家即将出台的新能源产业发展规划,认真研究制定我区相应的发展规划及配套措施,积极引进新能源产业领域的战略投资者和高端人才,下大力做好"追风逐日"这篇大文章,努力在国家新能源产业发展格局中占据重要位置。

要大力发展先进制造业。要加快重型汽车、大型矿山运输车辆、铁路车辆、欧Ⅳ发动机、风电设备、煤矿机械、化工机械制造及配套产业发展,加强制造业园区建设,积极打造产业链接有序、技术装备先进、专业分工合理的制造业集群。要积极引导民营资本和外资投向基础零部件、加工辅具等领域,健全产业配套体系。要大力发展制造服务业,支持制造骨干企业在工程承包、系统集成、设备租赁、再制造等方面开展增值服务,鼓励有条件的企业延伸扩展研发、设计、信息化服务等业务,促进制造业优化升级。

要大力发展现代服务业。要适应扩大内需、产业升级需要和消费需求变化,抓住当前国际服务外包加速向发展中国家转移的机遇,坚持创新发展、集聚发展、统筹发展和发展提速、比重提高、结构提升的总体思路,以物流、金融、文化、旅游为重点,不断提高服务业发展水平。这几年,随着经济社会又好又快发展特别是道路交通、城市建设的不断加强,我区物流业发展的优势日益显现,具备了做大做强的条件和基础。要认真落实《内蒙古自治区2007—2010年现代物流业发展规划》,积极整合和优化商贸流通业、交通运输业、邮政通信业,大力培育和引进现代商贸物流主体,加快构筑以现代交通运输体系为主的物流运输,以邮电通信及网络技术为主的物流信息,以规模仓储和自动化管理为主的物流储存配送平台,努力提高物流业社会化、专业化、规模化、信息化发展水平。要切实加大对金融业发展的支持力度,推动兴业、光大、民生银行在我区设立分支机构,加快培育壮大地方金融机构,加强政府融资平台建设,优化金融生态环境,努力把金融业发展成为产业升级的新亮点。要加强旅游资源的有效整合与深度开发,着力在优化产业布局、丰富经营业态、完善企业结构、创新投资机制、强化区域合作、改进营销方式上下功夫,努力提高我区旅游业的影响力、吸引力和竞争力。文化产业具有反经济周期的特性，当前正处在快速发展的重要战略机遇期。要认真抓好全区文化体制改革和文化产业发展会议精神的贯彻落实，按照强主体、调结构、抓项目、兴人才的工作部署，努力把文化产业打造成为新的经济增长点，力争"十一五"末文化产业增加值占 GDP 比重达到全国平均水平。

在推进产业转型升级过程中，无论是改造提升传统产业，还是培育发展新兴产业，都离不开科技创新的引领和支撑。要充分发挥后发优势，全面加强科技创新能力建设，加快推动经济增长由要素投入向创新驱动转变。要进一步加大对科技创新的投入力度，在建立财政科技投入稳定增长机制、充分发挥政府投资示范带动效应的同时，引导全社会增加科技创新投入，形成多元化投入机制，确保科技投入占 GDP 的比重有大的提高。要强化企业在自主创新中的主体地位，引导企业立足创新抓机遇，大力培育自主知识产权和自有品牌，积极促进创新资源、创新要素和创新人才向企业集聚，使企业真正成为研发投入的主体、技术创新活动的主体和创新成果运用的主体。要深入推进产学研结合，支持企业与高等院校、科研院所联合建立研发机构和产学研基地，共同承担国家和自治区重大科技项目，组织实施一批重大科技项目。要加快技术创新平台建设，建设一批国家级研发中心以及新能源工程中心，努力提升我区科技创新能力。要加强科技人才培养引进工作，在加快培养人才的同时，大力引进急需的高层次人才特别是创新创业领军人才和研发团队，为建设创新型内蒙古提供有力的人才保证。

（选自在自治区党委八届九次全委会议上的讲话）

第六篇　城　镇　化

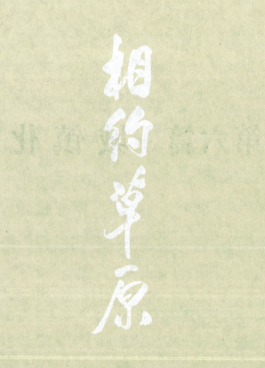

相约草原

城市建设要坚持两个结合

(2001年8月19日)

搞好城市建设,一定要认真贯彻江泽民同志"三个代表"的重要思想,牢牢坚持以人为本的理念,不断满足人民群众日益增长的物质文化生活需求,提高人民群众的生活质量,改善人们的居住环境。就呼市来说,就是要从实际出发,按照江泽民同志的题词要求,把呼和浩特市"建设成为现代化首府城市"。

第一,老城改造要与新区拓展相结合。老城改造,带有还历史"欠账"性质。过去道路不行,电力、供热、供水这些基础设施欠账太多,群众居住条件也差。通过还清欠账,逐步改善老城区居民的生活质量。新区的拓展,必须高起点,这是城市建设新的增长点,也是新的生产力的增长点。新区一开始起点就要高,要规划好。

第二,城市建设要与产业发展紧密结合。城市基础设施建设,一方面要给大家创建一个好的居住、生活环境,另一方面也要为产业发展创造一个良好的投资环境。城市是生产力集中的地方,基础设施建设完成以后,没有生产力的发展,基础设施的作用就难以发挥,就没法获得回报。城市化与工业化,与第三产业的发展密切相关。城市化必然伴随工业化的进程,工业化的进程必然依托城市化,第三产业的发展必须与城市建设融为一体。目前,发达国家的第三产业已经占到60%以上。当然,人家的产业发展程度跟我们不一样,他们有些工业产品已经饱和了,现在主要是发展第三产业。城市基础设施是城市发展的基础、环境和条件,但如果不重视产业的发展,基础设施的作用发挥不出来,城市也很难有更大的发展,这是相辅相成的。呼和浩特市有5个旗县,农业方面主要围绕畜牧业、围绕城郊型高效农业来发展。要大力发展二、三产业特别是特色产业。一是要依托伊利和蒙牛，大力发展乳制品加工业。伊利由一个小企业发展成为全国乳品行业的龙头企业很不容易。对中国入世后企业如何发展，头脑要清醒。不能仅满足于在国内称老大，而必须到国际市场上去搏击。现在，我们的企业无论在规模、技术装备和技术水平方面，还是新产品的研究、开发方面，都有相当大的差距，要看到这个问题，尽早研究对策。质量是生命，品牌一定要保住，这是无形资产，比任何东西都宝贵。二是医药。生物医药特别是蒙医蒙药是我们的特色，因为别的地方没有。蒙医蒙药有它的传统，有它的特色，发展前景也很好，卫生部也大力支持。现在，我们的生物制药和蒙医蒙药产业化步伐太慢。呼和浩特市现在有基础，要抓紧形成规模，尽快形成产业，同时要考虑如何做大做强。三是要大力发展高新技术产业。呼和浩特市的开发区，应该主要发展高新技术产业。所谓跨越式发展，首先是技术跨越。现在国际经济低迷，价格也较低，正是引进的最好时机。要利用这个机会，多搞些先进技术和装备的引进。

（选自在呼和浩特市调研时的讲话）

努力开创城市文明建设新局面

(2003 年 9 月 16 日)

党的十六大把发展社会主义民主政治,建设社会主义政治文明,与建设社会主义物质文明和建设社会主义精神文明一起,确定为社会主义现代化建设的三大基本目标,我们一定要认真把握、坚决贯彻,使这三个方面的建设相互协调、相互促进、全面发展。

一、充分认识促进城市两个文明协调发展的重大意义

坚持物质文明和精神文明建设"两手抓、两手都要硬"的方针,促进经济和社会协调发展,是我们党高度重视并牢牢把握的执政规律,也是我国社会主义现代化建设的一条基本经验。早在 1940 年,毛泽东同志在《新民主主义论》中就明确指出,新民主主义国家既要创造丰富的物质,也要建设繁荣的文化。改革开放之初,邓小平同志告诫全党,我们建设的社会主义国家,不但要有高度的物质文明,而且要有高度的精神文明,只有两个文明都搞好,才是有中国特色的社会主义。随着改革开放和社会主义现代化建设的深入发展,以江泽民同志为核心的党的第三代领导集体进一步强调了两个文明协调发展的思想,党的十四届五中全会把物质文明与精神文明的关系列为社会主义现代化建设必须正确处理的几个重大关系之一,党的十六大把坚持物质文明和精神文明两手抓总结为党执政兴国的重要经验之一。在"三个代表"重要思想中,把发展先进生产力、先进文化和实现最广大人民群众的根本利益同坚持党的先进性联系在一起,上升到党的性质和宗旨的高度,上升到党的指导思想的高度。以胡锦涛同志为总书记的新一届中央领导集体,继承和发扬党的三代领导集体的这一重要思想,强调"中国共产党人要坚持以兴国为己任,以富民为目

[465]

标,走适合中国国情的社会主义发展道路,经过长时间的努力,不断使经济更加发展、民主更加健全、科教更加进步、文化更加繁荣、社会更加和谐、人民生活更加殷实,不断促进人的全面发展,不断向党的最终目标前进。"中央领导集体关于物质文明与精神文明协调发展的重要思想,是我们党探索执政规律、社会主义建设规律、人类社会发展规律取得的重大成果。我们一定要在全面建设小康社会的历史进程中,始终坚持"两手抓、两手都要硬"的方针,推动经济不断发展,促进社会全面进步。

城市在全社会两个文明建设中始终占有重要地位。马克思曾经指出:"没有城市,文明就很少有可能兴起","现代化的历史就是乡村城市化的历史"。人类社会发展的实践表明,城市不仅是物质财富的聚集之地,而且是精神财富的聚集之地。城市化的过程,既是人口聚集、财富聚集、技术聚集和服务聚集的过程,也是生产方式转变、生活方式转变、组织方式转变和文化方式转变的过程。城市化既是人类社会发展的一般规律,也是一个国家现代化建设必经的历史阶段。2000年,全世界城市化率的平均水平为44%,其中发达国家为75%,发展中国家为37%,我国城市化率为36.1%,近两年呈加速发展态势,2002年我国城市化率上升到39.1%,两年增加了3个百分点。我区2002年城市化率为44%,如果按照我国目前的增长态势,一年增加1.5个百分点,到2010年,我区城市化率可以达到56%。这是基本现代化的重要标志,我们完全有可能达到。在城市化率提高的同时,中心城市对经济发展的贡献越来越大。以东京、伦敦、圣保罗三市为例:到本世纪初,日本东京的GDP占全国的18.6%,英国伦敦的GDP占全国的17%,巴西圣保罗的GDP占全国的20%。国际上是这样,国内也是这样。我国668个城市、4.8亿人口创造了全国70%以上的GDP和80%以上的税收,其中主要贡献又来自大城市。广东省占全国GDP的10%,而广州和深圳两市则占全省的40%。从社会发展方面看,无论是国际还是国内,著名高等院校、科研院所、文艺团体,良好的医疗卫生机构、文化体育设施,一流的人才、服务以及生活环境,大多集中在城市尤其是大中城市。可以说,城市是现代文明的象征和标志,是经济、政治、文化、教育、科技的中心,它体现了一个国家和地区的经济实力和文化水准,反映了一个国家和地区现代化的发展趋势。抓住城市两个文明建设,就抓住了全区两个文明建设的龙头;抓好城市两个文明建设,就能够带动和促进全社会两个文明建设的发展。

自治区成立 50 多年来特别是改革开放以来,全区城市两个文明建设取得显著成就,为推动全区两个文明建设做出了重大贡献。但是,同全国平均水平特别是发达地区相比,我区的城市规模、经济实力和文明程度,都有不小差距。据有关资料显示,按城市市辖区总人口衡量,2001 年全国100 万以上人口的城市为 141 个、50—100 万人口的城市为 279 个, 而我区百万以上人口的城市只有 3 个(呼和浩特、包头、赤峰),50—100 万人口的城市有 2 个(通辽、临河),占同类城市数量的 2.1%和 0.7%。我区人口占全国 1.86%,特大城市同人口所占比例大体相当,但大城市数量太少,这也是我们的潜力所在,盟市所在地要尽快形成中心城市,达到 50 万人口以上,进入大城市行列。2001 年全国全部地级市(不包括所辖县)实现GDP54452 亿元,占全国 GDP 的 56.8%,我区地级市(包括满洲里、二连浩特)实现 GDP607.8 亿元,占全区 GDP 的 39.3%,低于全国平均水平 17.5个百分点。不少社会发展指标我们也落后于全国平均水平。在看到差距和不足的同时,也要看到当前加快全区城市两个文明建设、推进城镇化进程的良好机遇和条件:党的十六大全面建设小康社会的奋斗目标和提高城镇化水平、走中国特色城镇化道路的决策,为加快城镇化进程指明了方向。党中央关于走新型工业化道路的要求和自治区加快推进工业化的思路,在我区形成广泛共识,全区上下正在理性推进工业化,为城市两个文明建设提供了有力支撑。随着西部大开发战略的实施,我区的资源优势、区位优势、后发优势、地广人稀优势进一步显现,有利于我们进一步扩大开放,吸引更多的国内外资金、技术和人才。更为重要的是,在党的十六大精神的指引下,各族干部群众抢抓机遇、加快发展的意识进一步增强,干部群众的精神状态非常好,干劲很足,全区上下呈现出开拓创新、奋勇争先的良好发展态势, 这是我们推动城市两个文明建设的巨大动力。

总之,促进城市物质文明和精神文明全面协调发展,是贯彻落实"三个代表"重要思想的必然要求,是加快我区全面建设小康社会进程的内在需要。全区各级党委、政府一定要从全局和战略的高度,充分认识推进城市两个文明建设的重大意义,进一步增强责任感和紧迫感,抓住机遇,开拓进取,不断把我区城市两个文明建设推向前进。

二、努力开创我区城市两个文明建设的新局面

按照党的十六大关于全面建设小康社会的要求,从我区城市经济社会发展的实际出发,加强城市两个文明建设,必须突出抓好以下几个重点环节。

第一,发展壮大城市经济,使之成为带动全区经济持续快速健康发展的主导力量。学习贯彻党的十六大精神以来,我们不断完善发展思路,强调不能满足于增长速度和人均水平,在优化结构和提高效益的前提下,尽快把我区经济总量做大,为"走进前列"和成为国家"经济增长重要支点"奠定基础。要遵循经济发展不均衡规律,努力推动优势地区和优势领域实现跨越式发展。城市是现代经济发展的引擎和火车头。做大经济总量,实现跨越式发展,重点和关键都在城市。因此,抓好城市两个文明建设,中心任务是要培育、发展和壮大城市经济。

要加大城市基础设施建设力度。城市基础设施的供给数量和质量,决定着城市聚集生产要素的能力。良好的水、电、交通、通讯、住宅等生产和生活条件,可以降低生产经营成本,降低生产要素进入城市的门坎。从总体上看,我区城市基础设施建设欠账较多,目前仍然是城市建设和发展的制约因素。各级一定要采取有力措施,进一步加大城市基础设施建设力度。要根据城市的功能定位和规模,统筹安排城市交通、给排水、通讯等基础设施的规划和建设,既面向未来、适度超前,又因地制宜、量力而行。城市交通建设是城市的骨架,要着眼长远,建立起快捷、方便、畅通、安全的城市公共交通系统,提高车辆通行和进出城的效率。给排水建设要围绕建设节水型城市的目标,坚持节流优先、治污为本,增强城市的供水和排污能力。电力、煤气、供热等能源供应系统的建设要完善功能,搞好配套。同时,要高度重视城市生态环境的保护和建设,积极创建园林城市、生态城市。要努力增加投入,进一步加强教育、科技、文化、卫生、体育等公共服务设施建设,使城市的各项社会事业与城市的经济建设协调发展。

要加快推进工业化进程。工业化是城镇化的经济支撑,也是一个城市提高综合竞争力的关键。要充分发挥城市所在地区的资源禀赋和产业优势,积极构建具有自身特色的主导产业。呼和浩特市、包头市、鄂尔多斯等中心城市,要大力发展具有地区特色和竞争优势的能源工业、农畜产品加工业,改造提升冶金、机械、化工等传统产业,重点发展高附加值、高技术含量、污染小的产业,加快发展电子信息、稀土和生物制药等高新技术产业,实现生产力的跨越式发展。中小城市的工业发展要与大中城市的产业发展相配套,根据本地实际大力发展特色、优势产业。工业化不要"村村点火、户户冒烟",市辖区、县级市可以搞工业化,另有三分之一的旗县也具备搞工业化的条件,对不适宜搞工业化的旗县可以通过转移支付等方式解决财政困难问题。要按照市场需求,选择重点行业、重点园区、重点企业,综合运用市场、财政、金融、行政、法律等手段,加大培育和扶持力度,尽快形成具有较强竞争力、辐射力、带动力的产业、园区和企业。要突出抓好重大项目建设。今年我区固定资产投资 1000 亿中,工业投入达到 400 多个亿。对这些已经批准立项的项目,要落实责任,强化管理,加快施工进度,确保工程质量,尽快形成生产能力。对正在列项报审的项目,要组织专门力量跟踪服务,继续搞好项目调研、论证和储备工作。要用足用活国家政策,争取在项目布点、国债资金使用、转移支付和财政信贷等方面得到国家更多支持。充分发挥我区优势和市场机制的作用,加大招商引资力度,努力吸引更多的国内外大企业、大集团落户内蒙古。要加快技术创新,发挥后发优势,实现生产力的跨越式发展。在现代发展史上,美国追赶英国、日本追赶美国、韩国追赶欧洲这些后来者居上的事例,以及我国沿海地区的快速崛起和我区包钢、伊利、蒙牛等企业的迅速发展,所走的都是技术跨越的道路。我们一定要抓住机遇,加大技术创新和引进力度,力争在较短的时间内使我区城市经济的技术水平有大的跃升。

要大力发展第三产业。发达的第三产业,既是城市加速发展的推进器,也是衡量城市发展水平的重要标志。目前,发达国家大中城市第三产业占 GDP 的比重已经达到或超过了 80%,国内发达地区大中城市第三产业占 GDP 的比重已经达到或超过了 60%,而我区较发达的呼和浩特市、包头市第三产业占 GDP 的比重只有 40% 左右,其它地方则更低一些。各地要把发展第三产业摆在更加突出的位置,在继续抓好流通和交通等传统产业的同时,突出培育和发展金融保险、旅游、信息、科技服务、非义务

[469]

教育、房地产和社区服务等新型服务业。积极吸引国内外金融组织在我区重点城市设立分支机构,有计划地建立分布合理的城市商业银行和农村信用社;充分发挥我区旅游资源多样性的优势,大力拓展草原生态旅游、冰雪旅游、森林旅游、沙漠旅游、边境旅游、休闲度假旅游、民族文化旅游,把北京及周边地区的游客吸引过来,依托北京旅游业,做大做强我区的旅游业;积极发展信息、技术、评估、咨询等智力型的中介服务业;规范建筑市场,发展二级市场,推动住房商品化、产业化步伐;加快完善要素市场,健全社会服务网络,大力发展社区服务业。中心城市要规划建设服务功能较强的城市中心商业区。总之,要通过第三产业的发展,把城市的人气搞旺、市场搞活、经济搞强。

第二,加快推进城镇化进程,为要素聚集、产业发展、人口转移提供广阔空间和有效载体。城镇化最主要的效果是聚集效应和规模效应。加快城镇化进程,是发挥我区地广人稀优势、推动生产力布局调整的必然选择,也是解决"三农"、"三牧"问题,保护生态环境,扩大社会就业和培育有效需求的重要途径。从我区实际出发,总结近年来推进城镇化的工作经验,各地在加快城镇化进程中,必须正确把握和处理好以下三个关系:

一是正确把握和处理好发展中心城市和中小城市的关系。党的十六大报告在阐述提高我国城镇化水平时指出:要坚持大中小城市和小城镇协调发展,走中国特色的城镇化道路。自治区第七次党代会提出了我区城镇化建设要"突出发展区域性中心城市,加快发展中小城市,积极发展小城镇"的发展思路。在推进城镇化进程中,我们一定要坚持这一发展方向,根据不同地区的特点,宜大则大,宜小则小,促进大中小城市和中心城镇多元协调发展。

当前和今后一个时期,各级要在因地制宜发展中小城市和中心城镇的同时,更加重视区域中心城市的发展问题。根据国家有关部门的研究,将经济发展水平、教育水平、人口健康水平、环境污染、交通状况、占用土地等指标综合在一起加以比较,人口在 100 万—400 万左右的城市综合效益最好,而小城镇的综合效益则较差。我区呼和浩特、包头等市的发展实践也充分证明了这一点。在今后的发展中,自治区首府呼和浩特市,要进一步强化全区政治、经济、文化、科技、教育和金融中心的功能,高起点、高标准地拓展城市发展空间,进一步做大经济总量,增强综合实力,早日建成"现代化首府城市"。包头市要按照建设"经济强市"的目标,大力发展高新技术产业和特色产业,努力建成我国中西部地区的经济强市。鄂尔多斯、赤峰、通辽、呼伦贝尔、乌海等市,要加快发展,扩大规模,增强功能,尽快建成现代化水平较高的中等城市。盟所在地和其他城市,要扩大规模,壮大实力,进一步增强辐射带动功能。满洲里、二连浩特两个口岸城市,要突出地区和民族特色,抓好基础设施建设,大力发展边境贸易、边境旅游,办好加工贸易区、互市贸易区,努力建成我国陆路最具特色的边境口岸城市。在大中小城市并举、协调发展的过程中,对县城的发展必须予以重视。县域经济中城市化的重点是县城的城市化。县城与农民靠得近,通过工业化把县城做大做强,也就等于把农民转变为市民的舞台做大做强,吸引和鼓励农民向县城流动和集中,就能使县城成为农民进入城市的主要接纳地。我区乡镇较多,如果每个乡镇都搞小城镇建设,无疑会造成极大的资源浪费。因此,旗县城镇化的重点是抓好县城,有条件人口密集的旗县,可抓一、两个中心集镇,切忌全面开花。

二是正确把握和处理好老城改造和新区建设的关系。城市的规模取决于经济社会发展的客观要素以及自然资源的支持能力。当城市规模拓展的边际效益存在时,其规模的扩大是不可遏制的。现在,我区城市规模的拓展还有相当大的需求空间。拓展城区主要是现有城区的扩张,同时伴有老城区的改造。新城区建设包括园区、开发区建设,能够在高起点上起步,但初始建设和运营的成本较高,城区设施配套和功能完善需要较长时日。老城区改造,有利于节约城区占地,集约利用地区存量土地,但增加了单位建设投资,且需要协调好旧城改造与保护传统风貌以及文物保护的关系。在城市建设和发展中,新区建设和老城改造各有利弊、不可偏废,要正确处理好二者的关系,努力探索并走出一条老城改造与新区建设良性互动的可持续发展之路。在这个问题上,杭州市、苏州市的做法和经验值得我们学习和借鉴。近年来,杭州市的市区从683平方公里扩大到3068平方公里,面积增大了近5倍,城市建设由以西湖为中心的"西湖时代"向以钱塘江为轴线的"钱塘江时代"进行跨跃,既极大地拓展了杭州市的城市发展空间,又使老城区焕发出了新的活力。苏州市对原有古城

[471]

区进行保护,在古城的西边新建了一个经济技术开发区,在古城的东边新建了一个新加坡工业园区,既保护了古城,又拓展了新区,一城变为"三城"。再如国外的巴黎、罗马、新德里等城市都建有一个新城,并与旧城改造的关系处理得很好。我区呼和浩特市的新区建设、包头市东河区的旧城改造也都很有特色。各地要认真研究和学习先进地区的做法和经验,坚持因地制宜,把新区建设与老城改造有机结合起来,真正做到老城改造与新区建设协调发展。

三是正确把握和处理好建设城市和经营城市的关系。资金投入不足是制约城市发展的主要瓶颈。解决城市建设资金问题,根本出路要靠经营城市。城市是国家长期投入的结果,是巨大的国有资产。经营城市是随着社会主义市场经济的发展,在城市规划、建设和管理中引入的新的理念和实践模式,是一条以城养城、以城建城、以城兴城的市场化之路。在计划经济时代,市政设施是给人们提供生产、生活条件的无偿服务型、共享型的公共产品,政府对它只投入、不收益,只建设、不经营。在市场经济条件下,我们必须运用市场经济的手段,对构成城市空间和城市功能载体的自然生成资本(如土地)和人力作用资本(如路、桥)及其相应的延伸资本(如路、桥等建筑的冠名权)等进行聚集、重组和运营,最大限度地盘活存量、吸引增量,实现城市建设投入产出良性循环。上海市是全国最早开展城市资产运营的城市之一,近十年用于城市基础设施的投资累计超过3600亿元,他们的经验就是将社会资金引入城市建设领域,并将市场机制运用到建设、运营、管理的各个环节。宁波市用经营城市的理念来解决城市建设中的资金"瓶颈",用 8700 万元的资金买壳上市,成立了城市建设投资开发公司,融通资金达到 100 亿元。经营土地是经营城市的核心和关键。政府必须垄断一级市场,盘活二级市场,改革土地出让方式,建立土地收购储备制度,由政府集中用地,并按照规划要求先进行投资开发,将"生"地养成"熟"地,然后引入市场竞争机制,通过招标拍卖等方式向市场投放土地,实现土地收益的最大化。要跳出就收益抓收益的圈子,坚持"短期投入,长期产出",建立城市资产收益投入与城市建设紧密结合的新机制。一方面,要将经营收益资金最大限度地用于城市重点工程建设,促进城市建设和发展。另一方面,要重视对投入产生的新的城市资产的经营管理，从城市建设中获得更多收益，通过"投入——收益——再投入——再收益"的良性循环，形成城市资产收益与城市建设的互动扩张。另外，依托开发银行，也是解决城市建设资金的一个重要渠道，要利用好这条途径。

第三，加强文化建设，促进人的全面发展。当今世界，文化与经济、政治相互交融，在综合国力竞争中的地位和作用越来越突出。文化的力量，深深熔铸于民族的凝聚力、创造力和竞争力之中。我们必须适应时代发展的要求，在促进物质文明建设的同时，切实加强城市的文化建设，努力提高市民素质，促进人的全面发展，为城市的现代化建设提供持久、强大的精神动力和智力支持。

要坚持先进文化的前进方向，在全社会形成共同理想信念和精神支柱。深入开展"三个代表"重要思想和党的基本理论、基本路线、基本纲领、基本经验的学习教育活动，使广大干部群众牢固树立建设中国特色社会主义的共同理想。继承和发扬我区民族团结的光荣传统，广泛开展"热爱内蒙古、建设内蒙古、振兴内蒙古"的学习教育活动，大力弘扬民族精神，形成全面建设小康社会的强大合力。认真贯彻《公民道德建设实施纲要》，以为人民服务为核心、以集体主义为原则、以诚实守信为重点，加强社会公德、职业道德和家庭美德教育，特别要加强青少年的思想道德建设，发挥优势，挖掘潜力，在城市率先形成比较完善的现代国民教育体系、科技和文化创新体系、全民健身和医疗卫生体系。加快建立终身教育体系，努力形成全民学习、终身学习的学习型社会。坚持为人民服务、为社会主义服务的方向和百花齐放、百家争鸣的方针，繁荣文学艺术创作，活跃哲学社会科学，扩大对外文化交流，发展文化事业，创造更多的健康向上、丰富多彩的精神文化产品，使先进文化牢牢占领思想阵地。认真总结防治"非典"斗争的经验教训，坚持开展以"革陋习、树新风"为主要内容的爱国卫生运动和全民健身运动，不断提高市民的健康素质。无论思想教育还是工作实践，都要贴近实际、贴近生活、贴近群众，把先进性要求与广泛性要求紧密结合起来，同开展群众性精神文明创建活动紧密结合起来，不断增强思想教育的针对性和实效性，增强先进文化的吸引力和感召力。

要大力发展文化产业。从二战以后，人类开始进入第三次科技革命时期，也就是发展以信息技术为核心的智能生产力时期。这一生产力的一个重要特征，就是"文化的经济化"。今天，文化产业在国民经济中的地位越来越重要，已经成为世界经济中的支柱产业之一。我们必须适应时代发展的潮流，大力发展文化产业。要培育和发展文化企业，通过企业转制，培育一批具有自主经营、自负盈亏、自我发展、自我约束能力的国有和国有控股的文化企业；按照加入世贸组织的承诺，引进外资文化企业和发展民营文化企业，形成以公有制为主体、多种所有制共同发展的文化产业格局。加快文化企业改制步伐，积极建立现代企业制度，以骨干企业为龙头，以资产为纽带，推进集团化建设。要整顿和规范市场秩序，打破行业垄断和条块分割，建立健全统一、开放、竞争、有序的市场体系。要转变政府职能，主管部门要逐步实现由办文化向管文化转变，由管微观向管宏观转变，由主要面对直属单位向面对全社会转变。

第四，坚持以人为本，不断提高人民群众的生活品质。胡锦涛同志最近指出："三个代表"重要思想的本质是立党为公、执政为民。落实这个本质，一定要"坚持把人民群众是否赞成、是否受益作为决策和工作的重要依据，紧紧抓住人民群众最现实、最关心、最直接的问题，使我们的各项决策和工作真正体现群众的愿望、符合群众的利益，不断使群众从经济社会发展中得到更多的实惠"，要把这一要求作为加强城市两个文明建设的出发点和落脚点。

坚持以人为本，首先要体现在城市的规划和建设中。社会生产力的迅速发展，使人们的社会需求也在不断变化。随着温饱问题的解决，人们在衣、食、住、行方面的需求不断提高；在基本物质需求满足的基础上，还会更多地关注文化上的、精神上的、心理上的需求。这就要求我们在城市规划和建设中，必须坚持人本观念，紧紧围绕提高群众生活品质来做文章。城市基础设施建设，要把方便群众放在第一位。工业项目建设，要严把环保质量关，严禁高污染生产企业进入城区特别是大中城市。房地产开发和社区建设，要充分考虑城市居民出行、子女教育、群众生活、医疗健身等因素，使广大市民在城市发展中享受到较高品位的生活。

坚持以民为本，既要着眼长远，更要立足当前。就目前来说，当务之急是要把群众的物质生活特别是收入水平搞上去。各级要把增加城镇居民收入作为城市两个文明建设的重要目标,正确处理积累与分配、发展与消费、经济增长与群众增收的关系,不断提高城镇居民的收入水平。要把做好就业和再就业工作作为一项重要政治任务来抓,强化服务措施,加大培训力度,鼓励和支持有条件的城镇下岗、待业人员实现自主创业。要进一步健全和完善制度与机制,切实做好"三条保障线"的衔接工作。

社区是现代城市的细胞和基石。随着社会主义市场经济体制的建立和完善,社区将承担越来越多同群众生活息息相关的工作。各级要把社区建设作为城市两个文明建设的重要内容,认真学习借鉴国内外先进经验,努力增加投入,加大社区公共服务设施建设力度,为城市居民提供一个安全、和谐、方便的生活环境。

三、切实加强对城市两个文明建设的领导

一是要努力提高领导和驾驭城市建设与发展全局的能力。我区大部分盟市、旗县以农牧业经济为主,许多干部对农村牧区工作比较熟悉,建设城市、管理城市的能力相对不足。搞好城市建设和发展,必须切实提高各级领导干部建设城市、管理城市的能力。要抓好学习培训,把学习城市建设和发展理论作为各级领导干部理论学习的重要内容,认真学习借鉴国内外的成功经验,不断增强各级领导干部抓城市建设和发展的现代意识、战略眼光和宏观思维。要适应时代发展的要求,积极探索和把握城市发展的规律,深入研究城市产业布局、人口集中、土地流转、社会管理、人的全面发展和经济社会可持续发展等重大问题。要注意培养选拔善于抓城镇工作的优秀干部特别是优秀年轻干部,使盟市、旗县领导班子都有一定数量熟悉现代城市工作的干部。盟市、旗县党政"一把手"既要熟悉农村牧区工作,又要熟悉城镇工作,不断提高以城带乡、推进城乡协调发展的能力。考核领导班子的工作实绩,不仅要考察工业化和农牧业产业化的成果,而且要考察推进城镇化的成效,建立起有效地推进城镇建设和发展的激励机制。城镇建设和发展是一个系统工程,涉及的范围很广,自治区和各盟市都要成立由政府主要领导牵头、分管领导具体负责、有关部门参加的城镇化工作领导小组,协调解决好城市建设和发展中的重大问题。

二是要进一步加大改革创新力度。加快推进城镇化进程,必须深化

相约草原

改革,勇于创新,突破制约城市建设和发展的体制、机制障碍,建立起符合市场经济要求的、充满生机和活力的城镇发展机制。要按照市场化运作、产业化发展、企业化管理、社会化服务的原则,加快对公交、供水、燃气、排污、环卫、园林绿化、市政等公用设施的运营改革,把公用设施和公用事业的服务有序推向市场,实现资源利用的商品化。按照强化调控、规范竞争的原则,加强政府宏观调控和管理,规范市场准入标准,建立健全市政建设和价格听证制度,使公用事业的社会效益和经济效益更好地统一起来。要改革城市投融资体制,消除限制,放宽领域,降低门槛,打破垄断,鼓励和引导民间资本参与城镇公共设施和公用事业的建设和管理,改变政府独家包揽城镇建设和管理的模式,形成政策引导、多元投入、企业运营的公用事业发展格局。要积极推进城镇管理体制的创新,注意发挥社区、街道等基层组织在管理城镇方面的作用。要进一步加快户籍制度改革步伐,建设有利于人才合理流动、农村牧区劳动力合理转移的新型户籍制度。

三是要充分发挥先进典型的示范带动作用。近年来,全区树立并推广了一大批城镇精神文明创建活动的先进典型,对推动全区两个文明建设起到了重要的示范和带动作用。今后要不断充实创建活动的内涵,在巩固、提高老典型的同时,注重培养和发现新的典型,总结推广新的经验。总结经验、选树典型的过程,也是一个发现差距、解决问题、不断创新的过程。各地要在学习先进经验的过程中,紧跟时代发展步伐,不断探索和创造新鲜经验,使我区的改革开放和现代化建设更好地体现时代性,把握规律性,富于创造性。选树的典型既要具有先进性、代表性,又要体现广大群众意愿,具有推广价值,最终让老百姓得实惠,切忌贴标签、搞盆景,中看不中用。自治区要重点抓好首府城市、中心城市的发展,各盟市要重点抓好盟市和旗县所在地的市镇建设。

四是要不断优化城市的发展环境。环境体现城市聚集生产要素的能力,是城市竞争力的核心。在国内外经济联系日益紧密、城市间竞争日趋激烈的形势下,我们必须把优化城市环境作为发挥后发优势、实现跨越式发展的重大举措,摆在更加突出的位置来抓。要在抓好城市硬件建设的同时,结合正在开展的"大力解放思想、优化开放环境"学习教育活动,重点抓好城市发展软环境的建设,使我区城市的发展环境有一个明显的改善,综合竞争力有一个明显的提高,成为聚集各类生产要素的环境高地。

加强环境建设,必须高度重视城市的社会稳定问题。有没有稳定的社会环境,直接影响着一个城市的改革发展,影响着一个城市的对外形象。当前,影响城市社会稳定的因素较多,深化国有企业改革中的利益调整,基础设施建设特别是城镇旧城改造、拆迁用地的补偿问题,如果政策措施不到位,思想工作不深入、不细致,都会引发群众上访甚至群体性事件。各级党委、政府在推进城镇化过程中,一定要高度重视、正确处理城镇建设和维护群众利益的关系。在推进城镇化建设中,要充分考虑广大群众的承受能力,切实解决好他们的各种利益补偿和住房、就业等实际问题。对可能出现的问题,要早作研究、早作部署,不能积累矛盾,更不能激化矛盾,要本着预防为主、教育疏导、依法处理、防止激化的原则,综合运用经济、行政和法律手段,努力消除各种不稳定隐患,千万不要等矛盾积累起来甚至激化了再去处理,以免造成工作上的被动。

(选自在全区两个文明建设经验交流会上的讲话)

城市建设要处理好
"变"与"不变"的关系

(2005年3月1日)

我们要求城市要变,"三年一小变、五年一中变、七年一大变",是因为原来的城市建设水平和状况很差,必须要变。但是,我们追求变是为了不变。一个城市不能老变,定型以后这个城市至少是百年、几百年不变。巴黎多少年了,可是老巴黎一直没变。墨西哥两三百年前建的剧院,现在还是标志性建筑物。人家的建筑一建起来就是几百年不变。要做到不变,就必须要把握好一条原则,就是现在我们搞的每一个建筑至少要立足于百年不变。总之,我们要变,但要立足于不变。

现在,我们一些城市道路等基础设施应该说不错,绿化也可以,最拿不出手的就是建筑,空间形象很差。但建筑更重要,建筑是凝固的艺术。现在,首府每年就建几百万平方米建筑,应该让这几百万平方米提高城市品位。如果建筑还和过去差不多,建得还有什么意义?再就是区域性改造,包括城中村改造,必须有总体规划,成片开发,有整体功能,不能拆掉一个上世纪六七十年代的城中村,再建一个二十一世纪的城中村。成片开发如果没有能力就暂时不要开发,不要急于搞。包括临街,如果没有好的建筑,宁可空着也不能搞。要搞一栋是一栋,不能急于布满,布满以后再拆,那代价就太高了。要一个区一个区地开发,主要建筑物要一个一个来搞。现在,我们花那么多钱搞基础设施建设,目的也是为搞建筑创造条件。如果城市建筑标准还是那么低,体现不出城市品位,基础设施的作用就不会发挥好。要纠正所谓城市建设就是挖了填、填了又挖,拆了建、建了又拆的错误观念。拆迁条例出台后,拆房子很难,如果建起来的房子过几年就拆,会造成多大的损失和浪费。要走出去,花点钱,交点学费,看看什么叫现代城市,看看人家的改造是什么样的。

　　总之,城市工作的视野要宽一点,自己能力不够就要借助专家的力量,可以多请一些人来咨询,以提高我们的城市规划、建设和管理水平。

　　（选自在听取呼和浩特市2005年建设计划汇报时的讲话）

努力走符合内蒙古
实际的城镇化之路

(2005年9月22日)

城镇化是由农业人口占很大比重的传统农业社会，向非农业人口占多数的现代文明社会转变的历史过程，是伴随工业化进程的一种经济现象，也是衡量一个国家或地区现代化程度的重要标志。发端于西方资本主义国家的城镇化运动，以18世纪60年代英国产业革命为起点，在240多年的进程中，极大加速了全球生产力发展和社会进步。诺贝尔经济学奖得主、美国经济学家斯蒂格利茨认为，21世纪将有两件大事影响人类进程，其一是美国的高科技发展，其二是占世界人口1/4的中国的城市化进程。必须充分把握发展趋势和发展规律，提高对加快推进城镇化重要性和紧迫性认识，努力走符合内蒙古实际的城镇化之路。

一、充分认识推进我区城镇化进程的重要意义

在人类文明发展进程中，城镇化发挥着重要作用。首先，城镇化是生产力发展的重要动力。城镇作为连接城乡的节点和地区经济发展的增长极，发挥着集聚、扩散、创新和协调四大功能，其中最为关键的是集聚功能。人口集中化布局、产业集聚化发展、基础设施和公共服务集约化提供，使城镇成为社会化分工和协作的基地。随着城镇集聚程度的提高，经济社会活动的成本明显下降，生产效率明显提高，生产力进步明显加快。恩格斯在1845年谈到伦敦时就曾指出："250万人这样聚集在一个地方，使这250万人的力量增加了100倍。"国内相关机构研究认为，城市人口在100万至400万之间时，规模效益和集聚效应达到最大。其次，城镇化是现代文明的重要载体。城镇是人口、经济、信息、技术、金融等各类要素的集中地，聚

集了人类社会大部分的物质资料和生产生活设施,工业和服务业更是高度集中于城镇。目前,全球超过50%的人口生活在城镇,高收入国家城镇化率平均为75%,中等收入国家平均为62%,低收入国家平均为30%。其中,发达国家城镇化率超过80%,有的国家甚至超过90%。美国东北部大西洋沿岸城市群,国土面积占1.5%,集中了全国20%的人口,是美国最大的生产基地、商贸中心和全球金融中心;日本太平洋沿岸城市群,国土面积占16%,集中了全国61%的人口、2/3的国民收入和3/4的工业产值,以及80%的金融、教育、出版、信息和研究机构;英国以伦敦为核心的城市群,国土面积占1/5,人口占到50%左右,是英国主要的生产基地和欧洲最大的金融中心;欧洲西北部的法国——德国——荷兰——比利时城市群,也是人口、生产力、现代文明的高度集聚地。我国长江三角洲城市群,包括上海、南京、杭州、宁波等53座大中小城市,面积占全国的1.04%,人口占全国的5.88%,创造的GDP约占全国的18%左右。再次,城镇化是人类社会发展的必然趋势。二战以来,世界范围内掀起了城市化浪潮。在西方发达国家中,上世纪七十年代城市人口都超过总人口的半数,主要发达国家城市人口比重超过70%。之后,一些国家在经历了"逆城市化"以后,随着城市基础设施的进一步完善,生产生活成本的降低,兴起了"再城市化"运动,城市化率再一次提高。从上世纪五六十年代开始,发展中国家城市数量和城市人口也在激增,增长速度超过发达国家。日本1947年至1975年城镇化率由28%提高到75%,韩国1960年至1981年城镇化率由28%提高到56%。建国以来,我国城镇化水平提高30多个百分点,逐步形成了珠江三角洲城市群、长江三角洲城市群和环渤海城市群,目前这三大城市群成为中国最具发展活力的地区。

推进城镇化,在我国经济社会发展全局中具有重要意义。

第一,推进城镇化是树立和落实科学发展观的必然要求。科学发展观要求我们坚持五个统筹,实现全面协调可持续发展。当前,用工业化标准衡量,我国已进入工业化中期阶段;用人均国内生产总值衡量,我国已进入中等收入国家行列。但是,我国的城镇化率既低于中等收入国家,也低于部分低收入国家,与处于相同工业化阶段的国家和地区相比,城镇化率低10个百分点左右。城镇化水平偏低,城乡二元结构特征明显,是我国经济社会发展中最大的不协调因素，也是统筹协调发展的重中之重。消除城乡二元结构带来的矛盾，统筹城乡发展，关键在于加快推进城镇化进程。根据中央提出的"两个趋向"的重要论断，我国已经进入以城带乡、以工促农的重要历史阶段。只有大力推进城镇化进程，才能适应历史发展新阶段的要求，促进城乡互动和协调发展，推动社会全面进步。

第二，推进城镇化是构建社会主义和谐社会的必然要求。城镇人口占总人口的比重越大，享受城市生活的人口越多，社会文明和谐的程度就越高。因为城镇化水平的提高，有利于改变城乡就业、收入分配体制和城乡教育、医疗、社会保障资源分配格局，有利于全体社会成员创造力的充分发挥，有利于城乡社会的安定有序，有利于实现城乡居民的共同富裕。城镇化不仅是由农民变为城镇居民、由农业变为非农产业、由农村生活方式变为城镇生活方式的过程，同时也是一个观念转变的过程。大量农民实现身份、职业、生活方式和价值观念的转换，能够缩小社会成员在财富分配、发展机会、享受公共服务等方面的差距，增强社会认同感，营造和谐稳定的良好氛围，促进社会和谐。

第三，推进城镇化是实现全面小康目标的必然要求。全面建设小康社会，要求经济更加发展、民主更加健全、科教更加进步、文化更加繁荣、社会更加和谐、人民生活更加殷实，这几条哪一条都离不开城镇化水平的提高，离不开现代城镇文明的提升和带动。特别是城乡居民生活水平的提高，很大程度上依赖于城镇化水平的提高。目前，我国农村居民收入水平和生活质量提高缓慢，已成为实现全面小康社会目标的重要障碍。2004年，全国城乡居民收入比为3.2:1；城乡居民消费能力比为4:1；农村居民家庭恩格尔系数为47.2%，高出城镇居民9.5个百分点。在农村人口占60%和农业劳动力占50%的条件下，单纯依靠加大对农村的基础设施和公共服务投入来消除城乡差距，既不经济也不可行，必须通过城镇化把大量农村人口转变为城镇居民。这样做，一方面可以使转移出来的农村人口转变生产生活方式，提高收入水平，集中享受现代城市文明；另一方面可以使留在农村的人口提高人均资源占有水平，实行规模化生产和集约化经营，大幅度提高劳动生产率，扩大增收空间，改善生活质量，实现共同富裕。

对于我区来讲,加快推进城镇化,正逢其时,十分必要。这几年,全区上下按照自治区第七次党代会提出的"三化"互动的发展思路,在大力推进工业化、农牧业产业化的同时,积极推进城镇化,取得了一定成效。但与全国比较,我区城镇人口比例虽然不低,但城镇化质量和水平不高,大部分城镇规模偏小,设施不足,非农产业不发达,对经济社会发展的带动作用不强;城镇化率虽然高于全国平均水平,但近几年发展速度相对较慢,"十五"以来我区城镇化率年平均提高0.83个百分点,而全国城镇化率同期年平均提高1.5个百分点。现在,我区经济社会发展正处于关键时期,加快推进城镇化具有良好的机遇和条件。地广人稀是内蒙古的一大优势,这为加快调整生产力布局、大力推进城镇化提供了较大空间。我区工业化正处在快速发展期,并且领先于城镇化水平,为推进城镇化提供了有力的产业支撑。同时,国际经验表明,城镇人口比例超过30%以后,城镇化将迎来快速发展期。我区城镇人口比例已经达到46%,优势地区已经呈现出城市集群化发展的雏形。全区总体上已处于城镇化加速推进的重要机遇期,加快推进城镇化既势在必行也大有可为。我们必须抓住机遇,顺势而为,进一步加快城镇化进程,不断提高城镇化水平,努力开创我区城镇化发展的新局面。

二、在抓好城镇化发展的关键环节上下功夫

加快推进我区城镇化,必须坚持以邓小平理论和"三个代表"重要思想为指导,坚持以科学发展观统揽全局,坚持因地制宜、循序渐进的原则,把握发展机遇,加大工作力度,抓好关键环节,努力走出一条具有内蒙古特色的城镇化道路。当前和今后一个时期,要在提高"四个能力"上下功夫。

(一)加快构建科学合理的城镇体系,进一步提高城镇的辐射带动能力。城市发展水平越高,辐射带动能力就越强。辐射和带动的过程,就是先进取代落后的过程。同发达地区相比,我区城镇的辐射带动作用还不强。提高城镇的辐射带动能力,必须坚持大中小城市和小城镇协调发展的方针,加快构建科学合理的城镇体系,充分发挥不同类型城镇在促进区域发展中的领跑和带动作用。

要突出发展大城市。大城市是一个国家和地区经济实力和现代化水平的象征和标志。在城镇体系中,大城市起着不可替代的作用。同中小城市相比,大城市在人均效益、地均效益和投入产出效益等方面都具有明显优势。美国3/4的制造业和服务业聚集在大都市,日本80%的经济总量集中在大都市。广东经济总量的40%以上来自于广州、深圳两市,辽宁经济总量的40%以上来自于沈阳、大连两市。目前,我区大城市的实力还比较弱。虽然呼和浩特、包头市两市中心城区人口都在150万左右,但经济总量比较小,都未达到1000亿元。在今后的发展中,呼和浩特市要进一步强化自治区政治、经济、文化、科技、教育和金融中心的功能,高起点、高标准拓展城市发展空间,进一步做大经济总量,努力建设现代化首府城市。包头市要充分发挥工业基础较好的优势,大力发展冶金、装备制造、能源、化工等特色产业,努力建设我国中西部地区经济强市。到2010年,呼和浩特市和包头市都要力争使中心城区人口达到200万左右,经济总量超过1400亿元。赤峰市要进一步加快经济发展和人口集聚步伐,力争到2010年市区人口达到100万左右。

要大力发展中小城市。重点发展盟市所在地市(区)和满洲里市、二连浩特市,着力打造辐射带动力较强的区域中心城市和边境口岸城市。目前,我区多数盟市中心城区规模较小,人口较少,主导产业不突出,城市功能不完善。要把扩大城区规模与做大经济总量、完善城市功能紧密结合起来,不断提高城镇化水平和经济发展水平。到2010年,通辽市市区人口要力争达到70万。鄂尔多斯、乌海、乌兰察布市、巴彦淖尔市要依托资源优势和交通优势,加快要素集聚,做大做强主导产业,中心城区人口力争达到50万左右。呼伦贝尔市、乌兰浩特市、锡林浩特市要积极调整区域内资源配置和产业布局,中心城区人口力争突破30万。满洲里市、二连浩特市要建成国内有较大影响力的国际口岸城市。到2010年,盟市驻地城市的经济总量要力争达到本地区的50%左右。

要高度重视发展县城。县城介于大中城市和乡村之间,是加快农村牧区二、三产业发展和劳动力转移的重要场所,是发展县域经济的主要载体。同大中城市相比,县城具有创业和移民成本较低的优势。各旗县要全力抓好县城建设,进一步提高县城经济总量占全旗县经济总量的比重、人口占全旗县总人口的比重、财政收入占全旗县财政总收入的比重,到"十一五"末期,力争这"三个比重"均超过三分之一。在抓好县城发展的同时,有条件的旗县可以抓一、两个有特色、有优势中心集镇的发展。

(二)加快经济建设步伐,进一步提高城镇的产业支撑能力。城市是经济发展的重要依托,产业是城市发展的基础和条件。城市化的外在表现是人口聚集,而实质是产业发展。如果一味强调增加城市人口,不注重经济建设特别是产业发展,就会造成许多进城人口无业可就,严重影响地区发展和稳定。我国一些沿海发达城市之所以能够吸纳大量外来流动人口,关键是有雄厚的产业基础。我区呼、包、鄂地区这些年城镇人口不断增加,城镇化率提高较快,主要得益于优势特色产业的发展。各级在推进城镇化进程中,一定要把发展城市产业、做大做强城市经济作为推进城镇化的关键来抓,使城镇化发展建立在坚实的产业基础之上。

要大力推进新型工业化进程。从一定意义上说,城镇化是工业化的产物。工业革命前,世界城镇化进展一直非常缓慢,1800年全球城镇人口仅占总人口的2%——3%。工业革命后,英国由于大工业的带动,1850年城镇化率就达到50%。20世纪初,由于电的发明及相关产业的发展,美国在1920年城镇化率达到了51.4%。目前,我区同全国一样,正处于工业化中期阶段,也是工业化与城镇化同步发展的关键时期。国内外经验表明,在这一时期,工业化是城镇化的主要推动力和关键支撑点。上世纪60、70年代,日本、韩国等国家都是因为抓住了工业化加速发展的机遇,城镇化率连续20年保持高速增长,年均提高1.5个百分点。现在,全区上下推进工业化的热情很高,发展态势很好。各级要按照新型工业化的要求,把握来势,加大力度,根据各自的工业基础、资源禀赋和发展条件,综合考虑各方面因素,因地制宜,发挥优势,突出特色,努力做大做强工业经济。要大力推进产业集群化,不断提高产业集中度,引导工业项目和企业向园区集中,走集约化的发展路子。在发挥资源优势、搞好资源转换的同时,要抓住国际国内产业转移的有利时机,大力发展非资源性产业,进一步优化经济结构。

要加快发展服务业。服务业是加速城镇化的助推器,也是衡量城镇化水平的重要标志。服务业的快速发展,对于繁荣城镇经济、扩大就业容量具有重要作用。据测算,第三产业的就业弹性系数是第二产业的5倍以上。"九五"以来，我国新增人口的85%在第三产业就业。近年来，随着工业化的加快推进，我区服务业有了长足发展，"十五"以来年均增长12.3%，但仍有较大差距。目前，发达国家大中城市第三产业占GDP的比重已达到80%，国内发达地区也达到了60%，而我区只有32.2%。各级要把发展服务业摆到更加突出的位置来抓，在积极改造提升商贸、餐饮、流通、交通运输等传统服务业的同时，大力发展金融保险、旅游、信息、中介、教育、文化、社区服务等现代服务业，不断拓宽服务领域，提高服务水平，促进城镇人口集聚、市场活跃和产业兴旺。

（三）加大建设和管理力度，进一步提高城镇的公共服务能力。良好的基础设施和公共服务，是城市聚集人口和产业、提升城市功能和品味的前提与保证。近年来，全区各地大力加强城市基础设施建设，城市功能进一步完善，城市环境明显改善。但从总体上看，近年来的城市基础设施建设主要是偿还历史欠帐，仍需进一步加大建设力度。要进一步加强城镇道路交通网络建设。一方面，要以大城市为枢纽、中小城市为节点，加快建立干支衔接、通畅便捷的铁路、公路、航空、管道运输配套发展的综合交通运输网络；另一方面，要以发展城市公共交通为重点，规划建设布局科学、结构合理的城市干道网络系统，注重城市对外交通和内部道路的衔接，搞好城市快速通道建设。要进一步完善城镇水、电、气、热供应系统。提高城镇供水能力、供水质量和重复利用水平，提高水资源利用率，建设节水型城市。加强城镇电网改造，提高供电质量，保持供电的稳定性。大中城市要稳步发展管道燃气，呼、包、鄂及有条件的地区要尽快实现天然气取代煤制气和液化石油气，大力发展城市集中供热系统。加快城镇信息网络建设，努力推进"数字城市"建设。加强城市污染治理和生态环境建设，完善城镇排水系统，加大污水和垃圾的集中处理，积极推行清洁生产，严格控制污染物排放，走可持续发展之路。要逐步加大投入，增加城市绿色空间，提高城市绿化水平，努力营造人与自然和谐相处的城镇生态环境。

城市公共服务状况如何，直接影响城市活力、发展效益和环境质量。要把提供广泛、便捷、高效、公平的公共服务作为推进城镇化的基础工作来抓，进一步加快教育、科技、文化、医疗卫生、体育等基础设施建设，为发展公共服务事业提供良好的硬件环境。要大力发展教育事业，在强化基础教育的同时，积极发展高中教育、高等教育、职业技术教育和后续教育，在城市率先形成比较完善的国民教育体系，努力构建学习型城市。进一步推进文化体制改革，进一步解放和发展文化生产力，加快文化事业和文化产业发展，为人民群众提供丰富多彩的精神文化产品。大力加强医疗卫生事业，不断健全医疗卫生网络和公共服务体系。大力发展体育事业和体育产业，促进全民健身活动的深入开展。要把精神文明建设与推进城镇化有机结合起来，大力开展各类群众性精神文明创建活动，引导城镇居民树立科学、文明、健康的生活方式和现代文明意识。要把建设民族文化大区同提升城市内涵、提高城市品味结合起来，使城市建设既具有浓厚的民族特色，又具有鲜明的时代气息。

社区是现代城市的细胞。随着社会主义市场经济体制的建立和完善，社区承担越来越多同群众生活息息相关的服务性工作。各级要把社区建设作为城镇化建设的重要内容，加强社区管理和建设，提高社区公共服务能力，努力推进和谐社区建设，为城市居民提供良好的生活环境。

（四）加强教育培训工作，进一步提高城乡群众的就业创业能力。国际经验表明，推进城镇化，必须以扩大就业为前提，防止出现畸型城镇化，防止将农村贫困转化为城市贫困。在这方面，有些国家的教训应当汲取。比如一些拉美国家，城镇化率相对较高，但贫民窟居民占城市人口的30%左右。印度的城镇化率高于我国，但大量涌向城市的人口，因为难以就业成为无业游民，大城市被贫民窟包围，给城市发展带来沉重包袱。在推进城镇化进程中，我们必须高度重视、认真解决城镇居民和进城农民的就业问题，切实提高城镇的人口承载能力特别是消化就业能力。当前，我们面临着大量新增劳动力就业和失业人员再就业的双重压力。在这种情况下，推进城镇化进程，更要把扩大就业作为重中之重来抓。在产业类型上，注重发展劳动密集型产业；在企业规模上，注重扶持中小企业；在经济类型上，注重发展非公有制经济；在就业方式上，注重灵活多样性，努力使经济增长与就业增长相统一，产业政策与就业政策相一致，实现城镇经济发展与扩大就业的良性互动。

当今社会，劳动者素质的高低，越来越成为实现就业的关键性因素。

现在,一些农村富余劳动力进入城镇难找工作,一些城镇失业人员难以实现再就业,很重要的原因是缺乏一技之长,不能适应就业岗位的要求。浙江绍兴市为了提高农民的文化素质和就业创业能力,每年培训富余农民10万以上,转移6至8万人,目前已有60%的农村劳动力转移到非农产业,到2007年将达到80%以上。各地要学习借鉴兄弟省区市的先进经验,加强对农村牧区进城务工人员和缺乏劳动技能城镇失业人员的职业技能培训,大力提高劳动者的自身素质和就业能力。社会成员的创业能力对促进就业有倍增效益,一个创业者可以带动一批人就业。要积极鼓励劳动者自主创业,走以创业促就业的路子。要全面贯彻"四个尊重"的方针,努力营造鼓励人们干事业,支持人们干成事业的社会氛围。同时,要高度重视城镇弱势群体的生产生活,加大扶贫助困力度,加强社会保障体系建设,逐步扩大社保覆盖面,提高城镇的社会保障能力。

三、切实加强对城镇化发展的组织领导

加快推进城镇化,是综合性、系统性很强的工作,必须加强领导,统筹协调,推动城镇化健康顺利发展。

第一,要把推进城镇化摆在事关全局的重要位置来抓。各级各部门要从全局和战略的高度,认真学习贯彻落实党中央、国务院关于推进城镇化的重要指示,进一步把思想认识统一到自治区党委、政府关于加快推进城镇化发展的部署上来,牢固树立抓城镇化就是抓先进生产力、抓新型工业化、抓经济社会发展全局的思想,进一步增强加快城镇化发展的紧迫感、责任感,切实把推进城镇化作为促进经济社会发展全局、实现全面小康奋斗目标的重大战略任务,摆到更加突出位置来抓。要像抓推进工业化那样抓推进城镇化工作,把推进城镇化作为"十一五"发展的重要内容,落实到经济社会发展的各个环节。各级领导干部要适应城镇化快速发展新形势的要求,学习新知识、树立新观念,认真研究推进城镇化的发展目标和政策措施,努力提高领导城镇化发展的能力和水平。同时,要选拔任用懂城市规划建设管理及城市经济社会发展知识、具备一定城镇化科学管理水平的干部充实到领导岗位,进一步加强城镇化发展的领导力量。

第二,要进一步强化城镇发展规划的先导作用。城镇规划是推进城

镇化的先导,是城镇建设和管理的纲领和依据。各级要树立"完善科学的规划是最大的节约和效益,错误滞后的规划是最大的浪费和破坏"的观点,坚持规划先行,在规划指导下积极推进城镇化。制定规划,要坚持从实际出发,坚持发扬民主、科学决策,广泛听取各方意见,充分发挥专家学者的作用,使规划更加符合规律,能够经得起时间和实践的检验。要强化规划的权威性和严肃性。规划一经确定,要尽快以法律形式固定下来,变更规划,必须经过法定程序,防止规划因人而异、因人而变。要把城镇布局规划同吸纳人口转移、促进产业发展、加强基础设施、完善城镇功能、保护生态环境有机结合起来,进一步明确城镇发展定位、功能分区,在突出特色、丰富内涵、提升品味和提高现代化程度上下功夫。要处理好"变"与"不变"的关系,不论是城镇新区建设,还是旧区改造、"城中村"改造,都要立足于上百年不变,搞好整体功能设计,严格规划管理,确保建一个是一个、改一片成一片。

第三,要适应新情况,解决新问题。加快推进城镇化进程,必须深刻认识、正确把握市场经济条件下城镇化发展的特点和规律,以改革创新为动力,坚决破除一切有碍城镇化发展的体制障碍,建立起与市场经济体制相适应的城镇化发展的新机制。要按照产业化发展、市场化运作、企业化经营、法制化管理的原则,加快市政基础设施和公用事业的改革和发展。要继续深化城市建设投融资体制改革,消除限制,放宽领域,逐步建立起政府引导、市场化运作、多元化参与、多渠道筹资的城市建设体制。要进一步深化土地制度改革,加快建立统一、规范的土地市场和完善的土地储备制度,加强对土地市场的宏观调控,促进土地资源的优化配置。要根据我区生产力布局调整和城镇化发展的要求,适当调整行政区划,搞好撤乡并镇工作。要积极推进城镇管理体制创新,坚持重心下移,进一步强化社区、街道等基层组织在管理城镇方面的基础性作用,加大综合执法管理力度,提高城镇管理效能。要建立与城镇化发展相适应的户籍管理、就业管理、公共服务、社会保障等制度,消除对进城务工人员的歧视,切实帮助他们解决好住房、劳动保护、医疗保险和子女上学问题。要妥善解决好征地拆迁中的补偿和安置问题,严格依法依规办事,努力协调好城镇化发展中的各种利益关系。

第四，要加强统筹协调，形成工作合力。推进城镇化发展，涉及物质文明、政治文明、精神文明以及和谐社会建设各个领域。各级各部门一定要树立大局意识和全局观念，加强统筹协调，坚持齐抓共管，努力形成推进城镇化的工作合力。自治区和各盟市都要成立由政府主要领导牵头、分管领导具体负责、有关部门参加的城镇化工作领导小组，形成上下联动、各方配合、协调推进的工作格局。有关部门和单位要充分发挥各自的职能作用，认真贯彻落实好自治区出台的加快推进城镇化的政策措施。要制定全面反映城镇化发展速度和水平的统计、监督办法，准确了解掌握各地城镇化发展的情况，及时总结推广好的经验和做法，积极研究解决城镇化发展中存在的问题。要加大督促检查力度，推动我区城镇化又快又好地发展。

（选自在全区城镇化工作会议上的讲话）

进一步提高城市的
集聚和发展能力

（2006年3月31日）

随着经济全球化进程的加快，中心城市在区域发展中的巨大推动作用日益显现，国家之间的竞争、区域之间的竞争在相当程度上已演化为城市实力的竞争。近几年，呼、包、鄂三市在大力推进工业化、农牧业产业化的同时，积极推进城镇化，取得了明显成效。但从总体上看，城市规模仍然偏小，辐射力、带动力和承载力仍然偏弱。"十一五"期间，呼和浩特市要抓住自治区成立60周年大庆的机遇，进一步强化自治区政治、经济、文化、科技、教育和金融中心的功能，努力建设现代化首府城市。包头市要充分发挥工业基础较好的优势，珍惜"联合国人居奖"、"全国文明城市"、"国家级园林城市"等来之不易的荣誉，巩固成果，扩大优势，努力建设我国中西部地区经济强市。鄂尔多斯市要依托资源优势，加快要素集聚，做大做强主导产业，进一步加快能源重化工基地建设步伐。

一是要提高聚集产业的能力。产业是城市规模扩大、功能完善的物质基础，是城市发展壮大的驱动力。呼、包、鄂三市这些年城镇人口不断增加，城镇化率提高较快，主要得益于优势特色产业的发展。要继续把发展城市产业、做大做强城市经济作为推进城镇化的关键措施来抓，使城镇化建立在坚实的产业发展基础之上。优化城市产业布局和创业环境，增强城市对产业的吸纳、集聚能力。要根据城市自身的特点和比较优势，突出强项，错位竞争，加强与周边城市之间的产业分工与协作，增强城市间产业互动和内聚外射活力，为扩展城市规模提供强有力的产业支撑。

二是要增强吸纳人才的功能。城市是由人组成的，有什么样素质的

[491]

人就有什么样素质的城市。城市不仅要集聚人口，更要集聚高素质的人才。现在，全国各地都在制定和实施吸引人才的优惠政策和配套措施，如深圳市出台了吸引优秀人才的新政策，广州市启动了"人才直通车"，江苏省推出了"江苏人才高峰行动计划"，等等。作为自治区的优势地区，三市要按照做大做强的要求，加快城市人口特别是人才聚集步伐，努力形成各类人才"留得住、用得好"的良好环境。要营造开放、宽松、宽容的社会氛围，利用大项目、大企业集聚人才、培养人才，实现产业发展与人才成长的良性互动。要突破体制壁垒，落实分配制度，积极鼓励管理、技术、知识等要素参与分配，充分调动人才创新、创造和创业的积极性。

三是要大力发展服务业。发展服务业是优化产业结构和经济结构，提升城市竞争力的必然要求。呼、包、鄂三市近年来服务业发展很快，第三产业占GDP的比重由2000年的40.7%提高到目前的46.1%，"十五"期间年平均增长24%。要坚持市场化、产业化和社会化的方向，把发展服务业同优化环境、发展非公有制经济、扩大内需结合起来，继续保持服务业较快发展的良好势头。要积极培育潜在服务业，提升改造传统服务业，突出发展现代服务业，使生产性服务业不断满足新型工业化加速推进的要求，生活性服务业不断满足群众生活质量提高的要求。

四是要加强城市规划建设和管理。城市光建设"硬件"不行，还必须重视"软件"建设，提升城市发展的"软实力"。要加强规划，把城镇布局规划同吸纳人口转移、促进产业发展、加强基础设施、完善城镇功能、保护生态环境有机结合起来，进一步明确发展定位、功能分区，在突出特色、丰富内涵、提升品味和提高现代化水平上下功夫。要进一步深化土地制度改革，加快建立统一、规范的土地市场和完善的土地储备制度。要积极推进城镇管理体制创新，提高城镇管理效能。

（选自在呼包鄂三市经济工作座谈会上的讲话）

第七篇　区域发展

相约草原

努力在"三个提高"、
"三个加大力度"上下功夫

(2001年8月22日)

江泽民同志1999年初视察包头市时提出,"团结奋斗,发挥优势,把包头市建成我国中西部地区一个经济强市"。实现这个目标,最关键的是要分析优势和薄弱环节。对优势,要赶紧发挥出来;对不足,要加大力度来弥补。根据包头市的实际,今后要努力在"三个提高"和"三个加大力度"上下功夫。

"三个提高"

第一,提高工业化水平。包头市靠工业立市,有工业才有包头市。过去的包头市是一个很小的城市。包头市历史很长,但是真正的发展,是靠几个大工业项目带起来的。这些年发展主要依靠工业,下一步怎么建成经济强市,第一位的选择还是要靠工业兴市、工业强市、工业富市。我们国家目前处于工业化中期阶段,正在全面推进工业化进程。工业经济是相对于农业经济而言的,知识经济是相对于工业经济而言的。工业化是个不可逾越的阶段。跨过工业经济,由农业经济直接进入知识经济、现代经济是不可能的。如何提高工业化水平,在工业立市、兴市的基础上强市和富市,一方面,要依托原有基础,把现有的优势企业做大做强。做大做强优势企业的途径,一是靠大引大。不能光靠自己,要进一步扩大开放。二是靠上市,实行低成本扩张。纵观世界500强,没有哪一个企业是靠自身积累滚动做大的,直接的途径,一条是上市融资,一条是兼并,走低成本扩张之路。大公司都是这样形成的,靠自己自然增长形成大集团,几乎没有。三是要加大用先进适用技术改造传统产品或产业的力度。这也是做大做强的一个重要方面。包钢、包铝如果不搞技术引进和改造,不仅量增加不了,

[495]

质也提高不了。所以用先进适用技术来改造传统产业和传统产品，把优势企业做大做强，是非常现实的。另一方面,要大力发展中小企业和非公有制经济。浙江主要以个体私营经济为主,江苏主要是搞股份制,大力发展乡镇企业。包头市非公有制经济所占的比重、中小企业所占的比重都比较小,要成为经济强市,光靠一头不行,必须大力发展中小企业和非公有制经济。

第二,提高对外开放水平。包头市现在城市比较漂亮,环境也比较好,基础设施也相对完善。要把这个条件转化为对外开放的综合环境优势,包括一个完善的法制环境、社会环境、投资环境、人文环境,以此来扩大对外开放,让人家对你感兴趣,让人家觉得这里是一块投资环境非常优越的热土。我们现在有国家即将加入WTO和西部大开发的现实机遇,要努力抓住机遇,把环境优势转化为产业优势,转化为对外开放的条件,吸引更多的人来包头市投资创业。

第三,提高人民生活水平。发展生产的目的就是为了不断满足人们日益增长的物质文化需求。包头市的生活环境不错,但老百姓并不富裕,人均可支配收入才5000多元,低于全国平均水平。城市好,大家的居住环境好,但不富裕不行。包头市的工业发展不错,城市化水平也比较高,城市人口占了绝大多数。内蒙古城市化在全国排第七位,除去四个直辖市,在全国排第三位,城市化水平已很高了,但人民生活水平比较低。城市化水平高的真正内涵就是提高人民的生活水平。

"三个加大力度"

第一,加大科教兴市力度。高新技术产业不是谁都能搞,必须要有条件。就自治区而言,呼和浩特市、包头市最有条件。目前,我区只有一个国家级高新技术开发区,就在包头市。呼和浩特市有一个叫经济技术开发区,不是高新技术开发区。包头市要有点紧迫感和危机感。就包头市来讲,条件应该是很好的,大企业多,技术力量强,靠北京那么近,完全可以有技术支撑,特别是稀土为主导的高新技术产业,是别的地方所没有的。邓小平同志对稀土评价那么高,称"中东有石油,中国有稀土",把稀土和石油并列在一起,作为重要的战略资源。江泽民同志还具体要求把稀土资源优势变成经济优势。这是自治区党委、政府和包头市的一个重大政治责任。过去我们一提新技术产业就是电子信息、生物医药、机电一体化、新材料,不太注重自己的特色。对包头市来讲,最重要的就是稀土高新技术产业。加快以稀土为主导的高新技术产业的发展,关键要有项目、技术、人才的支撑,这是落实科教兴市的具体举措。包头市现在六个方面的产业化,还只是处于起步阶段,要真正成为一个产业,很复杂。现在看来工作力度要加大,否则我们就有负中央的期望,那么好的资源我们不利用,想实现跨越式发展很难。包头市将来要跨越式发展,恐怕就要在这个方面跨越。

第二,加大第三产业发展力度。包头市现在第二产业发展得不错,但是第三产业占国民经济的比重不高。现在城市有这么好的环境,要把人气搞旺,把城市搞繁荣。美化、绿化、净化要搞,但经济繁荣是第一任务。现在包头市城市人口有100多万,第三产业还是能够搞起来的。信息产业、金融证券保险业、旅游业,这三个方面要着力加强。包头市的旅游包括民族风情、草原景色都还是很有特色的。要加大宣传力度,国外叫"小题大做,无题也做"。要首先搞国内旅游,可以把北京市的人、天津市的人、河北省的人吸引来。现在新疆炒得蛮热,去新疆一趟,旅游费用比去新、马、泰还贵。西藏通了铁路以后,西藏的旅游业会有更大发展。世界发达国家的第三产业占绝大部分,第一产业占3——5%,第二产业占30%左右,第三产业占60%以上。但我们也不能通过萎缩第二产业来发展第三产业,那是行不通的,只有在第二产业快速发展的基础上,加快第三产业的发展。

第三,加大生态建设和基础设施建设力度。内蒙古始终要把生态建设摆在重要位置。首都2008年将举办奥运会,奥运会最大的问题是环境问题,解决这个问题就涉及到源头。我们要抓住国家实施西部大开发的历史机遇,进一步加大生态建设力度。现在大青山光秃秃的,看了心里很不舒服。牧区为什么贫困,主要原因是生态条件差。所以搞生态移民,搞基础设施建设。基础设施不光是城市基础设施,也包括整个管辖范围内的基础设施建设。西部大开发是一个难得的机遇,一定要抓住。

(选自在包头市调研时的讲话)

抓住撤盟设市契机
加快经济社会发展

（2002年1月11日）

经国务院批准，呼伦贝尔盟将改为呼伦贝尔市。盟改市不只是改一个名称的问题，它具有丰富的内涵，尤其要体现城镇化、工业化水平的提高。呼伦贝尔盟必须以撤盟改市为契机，努力加快经济社会发展。

一、加快城镇化、工业化进程

在推进城镇化上，重点要抓好海拉尔市和满洲里市的建设。海拉尔要抓住撤盟改市的有利时机，进一步加大城市建设力度，真正成为呼伦贝尔的中心和我区东部地区的区域性中心城市。满洲里是我国最大的陆路口岸，过去城市建设一直比较滞后，近年来不断加强口岸和城市建设，城市面貌发生了很大变化，但与先进城市相比，仍有很大差距。要继续搞好口岸建设和城市建设，使满洲里真正成为具有口岸特色的现代化边境城市。在抓好海拉尔和满洲里的同时，要切实抓好其它市旗所在地的建设。推进城镇化，要把提高城市品位、提高市民素质和提高人民生活水平结合起来，特别要把解决老百姓的住房问题作为头等大事来抓，切实解决城镇中的"农村问题"。我这次走过的几个市和旗所在地，与农村差别不大，特别是根河市和阿里河镇，就那么几幢楼房，名义上是城市，实际与农村没多大区别。呼伦贝尔盟的一些市旗所在地尽管人口比较多，但城镇化水平比较低，还是农村的生活方式、生活质量，烟囱林立，木拌子到处堆积。对这些城镇来说，首先要从消灭"拌子城"入手，认真解决以煤代木、集中供热问题，尽快消除城镇中的"农村现象"。根河市有热电厂，有条件解决居民的集中供热问题。这个问题解决了，既能把木材替换出来，又能有效解决城镇的污染问题,保护了生态环境,而且能够提高老百姓的生活质量,提高城市的品位。对这项工作,一定要搞好试点,积极推进,力争年内取得明显进展。呼伦贝尔盟不少城镇的居民大部分是林业职工,改造职工住房也是林业局的一件大事。要充分调动各林业局的积极性,加快城市改造步伐。

呼伦贝尔盟一产业所占比重较大,三产业由于对外贸易前景不错,加上旅游业,在全区很有特色。目前,关键是搞好第二产业,提高工业化水平。加快工业发展步伐,必须依托资源优势,发展具有呼伦贝尔盟优势和特色的产业。要依托中直、区直大企业,搞好配套和拾遗补短。地方政府要为大企业提供良好的发展环境,支持企业发展,加快盟域经济一体化进程。

二、做好"边"和"绿"两篇文章

呼伦贝尔盟有1700多公里的边界线,"边"是呼伦贝尔盟最大的地缘优势,也是发展经济的难得资源。要做好"边"的文章,必须把边境口岸建设搞好。口岸是稀有资源,除了沿海口岸城市,陆路口岸只有我们内蒙古和新疆、黑龙江等少数省区才有,如果利用得当,一定会在对外开放中发挥巨大的作用。因此,一定要通过加强口岸建设,把这一稀有资源开发好、利用好。要用足用活国家赋予的边境贸易的各项优惠政策,充分利用俄蒙特别是俄罗斯的丰富资源,组织好劳务输出和来料加工,大力发展边境贸易,加工贸易,积极发展边境旅游,把"边"字文章做好。

做好"绿"的文章就是要发展绿色产业。现在,随着人民生活水平的日益提高,人们越来越重视食品的卫生安全,都希望能够吃上绿色无公害、无污染的食品。呼伦贝尔盟拥有呼伦贝尔大草原、大兴安岭森林等得天独厚的绿色资源优势,发展生态农业、生态畜牧业、生态林区产业前景广阔。发展绿色产业,当务之急是搞好农牧业结构调整,在粮食、大豆、杂粮、蔬菜、乳业、特色养殖方面大作绿色文章,打好绿色牌,使资源优势真正变为经济优势。发展农区畜牧业,是发展地方经济和增加农牧民收入的现实途径。要注意培养龙头企业,通过龙头企业带动基地和养殖户的生产和经营,有效化解市场风险,切实增加农牧民收入。搞农区畜牧业要突出特色,形成规模。只有依靠特色才能打开市场,占领市场,扩大市场份额。但只有特色没有规模也不行,那只能是"样品经济",不是商品经济,更不是市场经济,必须形成规模,产生规模效益。"绿"还包括生态建设。呼伦贝尔的生态环境保护与建设不仅关系到呼伦贝尔盟自身的可持续发展,也影响着全区、全国的生态安全。各级党委、政府一定要增强历史责任感,树立全局意识,切实搞好大兴安岭森林和呼伦贝尔草原的生态保护和建设工作,绝对不能让大兴安岭森林生态恶化下去,不能让美丽的呼伦贝尔草原成为荒漠。

三、抓住西部大开发的机遇,加快基础设施建设步伐

加快基础设施建设是解决我区经济发展瓶颈问题的关键环节。过去我区在基础设施建设特别是交通、水利等方面欠账太多,要抓住国家实施西部大开发战略的历史机遇,努力改变我区基础设施建设滞后的状况。特别是尼尔基水库建设问题,这个水库是跨内蒙古和黑龙江两省区的特大型水利工程,是国家的重点建设项目,主要功能是提高防洪能力,提高齐齐哈尔、大庆、哈尔滨等大城市的供水能力,提高灌溉能力,改善航运及生态湿地。虽然受益的主要是下游地区,但我们一定要顾全大局,正确处理局部与全局的关系,上游与下游的关系,全力支持国家重点建设。一是要把移民区、淹没库区的基础设施建设搞好,不能产生遗留问题。要通过各种补偿,调动各方力量,建好移民住房和移民新村,改善移民的生活条件。要重点解决好移民的生活出路问题,确保移民的生活水平稳定提高。要认真借鉴吸收外地库区移民工作的经验和教训,谨慎稳妥地处理好每一环节的事情。与此同时,要搞好移民区的基础设施特别是交通、通讯、供电等基础建设,为移民区的今后发展打下良好基础。二是要利用水库建设来改善我们的生产、生活条件。莫旗水资源很丰富,农业却经不起干旱,这说明水利工程建设太少。水库建成后,要采取有力措施,利用水库来改善当地的生产条件。有些过去产量不高的耕地,如果有基本的水利保障,产量就会提高。即使移民的土地减少了,但单产提高了,移民的收入不会减少,移民的情绪就能稳定,移民工作的阻力也会大大降低。三是要借水库建设的有利时机,把尼尔基镇建设好,把二、三产业发展起来。尼尔基水库建设期为五年,常年驻在这里的施工队伍有几千人,不能仅仅停留在收建设费、建筑税这个层面上。要抓住水库建设的有利时机,加快发展二、三产业,把尼尔基镇建设得更美,使人民生活更加富裕。

四、从实际出发，大力发展县域经济

阿荣旗是以农业为主的旗县，但近年来高度重视城镇建设，不断加大对外开放力度，加快发展个体私营经济，经济社会发展很快。体现在经济指标上，GDP增速不仅高于全盟平均水平，也高于全区平均水平，财政收入也同步增长，农民人均纯收入接近全国平均水平。阿荣旗近几年的实践，为全区各地发展县域经济提供了一些有益的经验和启示。从各地发展县域经济的成功实践看，加快县域经济发展，关键要抓好三个方面：一是大力发展特色经济。从某种意义上讲，县域经济就是特色经济。自治区各盟市乃至各个旗县的情况千差万别，比如呼伦贝尔盟，25万平方公里的土地内，有农区、牧区、半农半牧区、林区等多种经济类型。县域经济发展什么，怎样发展，关键要形成自己的特色，体现自己的特色，发展壮大自己的特色。阿荣旗提出搞大豆加土豆，这就是一种特色。这个旗年产土豆9亿斤，也不算小数目，搞好土豆深加工，潜力很大。对整个呼伦贝尔盟来说，最具潜力的特色产业就是发展旅游业。呼伦贝尔盟拥有边境、口岸、草原、森林以及独特的民族风情、冰雪等旅游资源，一定要依托大城市，加快旅游业的发展。林区的旅游资源是潜在的优势，可以适度发展森林旅游、特别是冰雪旅游。额尔古纳等边境城市要做好民族风情和境外旅游的文章，海拉尔等城市要搞好森林游、草原游、生态游。要努力解决制约旅游业发展的各种障碍，把旅游业的品位搞得高一点。二是要大力发展县城经济。县城是旗县的中心，基础设施相对广大农村比较完善，适宜于发展二、三产业。生产力是高度集中在城市的，县域经济只能依靠生产力相对集中的县城来拉动。阿荣旗这几年的变化，主要得益于建筑业的拉动，仅建筑业一项就拉动GDP增长2个百分点。现在，旗所在地的经济比重还很小，要千方百计把经济搞上去，进一步增加经济总量，提高在整个阿荣旗经济中的比重。三是要大力发展个体私营经济。实践证明，旗县一级靠国家投入或政府办企业，是不现实的。县域经济的发展，主要靠发展个体私营经济。这几年，一些旗县经济发展速度之所以很快，主要是因为个体私营经济发展快，包括城镇建设也主要是个体私营经济投入的。各级一定要进一步放宽限制，降低市场准入的"门槛"，优化政策和体制环境，加大扶持、鼓励个体私营经济发展力度，依靠个体私营经济壮大旗县二、三产业，促进县域经济的繁荣和发展。

五、认真贯彻党的民族政策,努力搞好"三少"民族自治旗的发展和建设

鄂温克、达斡尔、鄂伦春三个民族是全国56个民族大家庭中的成员,三个少数民族自治旗也是全国重要的民族自治地区。鄂伦春自治旗作为全国成立最早的自治旗之一,在执行党的民族政策和促进经济社会发展方面做了很多工作,自治旗的各项事业有了很大的发展。达斡尔族很有名气,我没来内蒙古就知道。这次通过看达斡尔族博物馆,了解到达斡尔族在历史上为国家统一和北部边疆的安定做出了历史性的贡献,特别是清朝以来,一些重大战役、重大外交活动,达斡尔族都参与了。在抗日战争、解放战争时期,达斡尔族也做出了不小的贡献。达斡尔族还是一个很有智慧的民族,不仅能狩猎,而且会发展水产、渔业等。近年来,莫力达瓦达斡尔自治旗的两个文明建设抓得很有成效,特别是发展个体私营经济和扩大对外开放方面成绩比较突出。全旗个体工商户8000多户,产值4个多亿,税收2000多万。作为一个少数民族旗县,个体私营经济提供2000多万税收很不容易。在对外开放上,一个旗县一年引进2亿多资金,在全区也是不多见的。

民族地区的主要工作任务是发展经济,这是做好民族工作的基础。党中央、国务院历来非常重视和关心民族工作和民族地区的经济发展。各级党委、政府一定要从政治的和全局的高度来思考和认识这一问题,把发展民族地区经济作为贯彻党的民族政策的重中之重来抓。特别是三个自治旗的各级党委、政府,一定要抓住西部大开发的历史机遇,加大工作力度,实施项目拉动战略,发展县域经济,提高驾驭市场经济的能力和水平。自治区党委、政府和盟委、行署要继续帮助"三少"民族地区解决好改革发展中遇到的困难和问题。这既是贯彻落实党的民族政策的根本要求,也是领导干部责无旁贷的义务。三个自治旗由于地域面积较大,居民居住分散,基础设施建设比较滞后,自治区要通过以工代赈、财政转移支付、帮助上一些新项目等方式给予重点扶持,在基础设施建设、产业发展、退耕还林还草以及社会公益事业建设等方面对三个自治旗予以政策倾斜,特别是能够单独下达计划的要争取计划单列,使呼伦贝尔盟的三个少数民族自治旗能够借西部大开发的契机尽快摆脱贫困。

(选自在呼伦贝尔盟调研时的讲话)

包头市要在自治区乃至
中西部地区实现率先发展

（2004年2月3日）

　　包头市要按照建设经济强市的目标，在自治区和我国中西部地区实现率先发展。包头市过去提出两个"率先"，即在自治区率先全面建成小康社会，率先实现现代化。要再加两个"率先"，就是率先建立完善的社会主义市场经济体制，率先落实科学发展观。实现率先发展，应当达到四个标准：一要机制活；二要产业优；三要实力强；四要环境好。

　　机制活。就是要建立完善的市场经济体制，对国有企业要进一步深化改革，包括国有股权的转让、优势企业上市融资等，充分发挥市场配置资源的基础作用，让更多的生产要素流入包头市。

　　产业优。就是三次产业首先要按照二、三、一的布局进行发展，在实现工业化进程中，逐步把二、三产业做大，降低一产业的比重，若干年后三次产业逐步实现三、二、一的布局。同时各个产业也要优化。农牧业要实现产业化，畜牧业占农牧业的比重至少要超过一半，大力发展适应城市需求的高效农牧业。工业要有优势产业、优势企业、优势产品，档次要高。现在的优势产业有冶金、机械、稀土、电力。冶金包括钢铁和铝，钢铁主要生产特种钢材和高价值钢材，铝产品通过延伸主要生产合金铝、稀土铝等，将来还要继续延伸；机械包括汽车、工程机械，尽快搞上去，体现出机械水平；汽车不能走别人的老路，要发挥生产重型汽车的优势；稀土要进一步做大，主要是把应用研究做深。在优势企业方面，要形成一批能够左右较大范围内的市场，在自治区乃至全国同行业中有竞争力的企业。包钢销售收入达到200亿元乃至300亿元都不算多、不算大，要考虑在国内大钢厂

[503]

中保位置，不进则退，产量要快速发展到700万吨甚至1000万吨，并要考虑与韩国现代等大公司联营，进一步做大做强。在优势产品中，鹿王的生产规模不太大，要继续做大；小肥羊要尽快形成驰名品牌；工程机械要与国内外同行业加强合作，发展驰名品牌，包头市要形成一批大的知名企业，占有较大的市场。第三产业要做大物流运输业。鹿畅达钢材市场在西部最大，销售收入如果能达到150亿元甚至300亿元，在全国就能算得上几大钢材市场之一。另外，要大力发展新兴服务业、金融业、旅游业，这些都是自治区的薄弱环节。

实力强。就是GDP、财政收入、城乡居民收入不仅人均水平要高，而且要做大增量。去年包头市财政收入超过50亿元，今年可以达到60多亿元。今年GDP要超过500亿元，城镇居民人均可支配收入过万元，农牧民人均纯收入达到4000多元，要在中西部地区争位置，实力强竞争力就强。

环境好。就是要打造最佳的人居环境和最优的经济发展环境。明年自治区准备在包头市召开两个文明建设现场会，影响比较大，要更靓丽一些，不仅体现两个文明建设的丰硕成果，还要体现整体的协调发展水平。两个文明建设现场会不仅要展示城市物质文明建设和精神文明建设成果，还要展示旗县区的经济社会发展情况。在率先落实科学发展观方面，要按照"五个统筹"的要求实现全面、协调、可持续发展，特别是在经济与社会的协调发展、城市与农村的协调发展、经济与环境的协调发展三个方面，要多做文章。经济发展以后社会事业也要相应发展，要大力发展科技、教育、文化、卫生等各项事业。建设经济强市的目标包括建设文化大市、科技大市等具体内容。科技工作是薄弱环节，自治区的综合竞争力排在全国第19位，科技这一项拉得比较大。包头市的城乡协调发展有条件，现在各个旗县区的发展势头很好，要加强引导，促进城乡协调发展。

（选自在包头市调研时的讲话）

再创造一个"鄂尔多斯现象"

（2004年2月11日）

鄂尔多斯市曾经实现过第一步跨越，从1994开始到2002年，以1993年为基数，9年翻了三番，取得了很大成绩，积累了丰富的经验，曾经被国内经济界誉为"鄂尔多斯经济现象"，给人以启示。第一步跨越，探索出一条在西部地区依托自身优势、抓住机遇加快发展的路子，并为全区后进地区的发展提供了现实的可借鉴的例证。鄂尔多斯市由生态条件恶劣的贫困地区，转变为经济较为发达的地区，实现了由贫困到小康的跨越。作为西部地区的一个市，9年翻三番，这在全国也少有。进入新世纪以后，鄂尔多斯市面临着新的机遇，发展的基础比较好，从2003年开始，就应开始实施第二步跨越，就是2003年到2010年，8年翻两番，以2002年GDP205亿作基数，到"十一五"末超过800亿。8年翻两番，4年翻一番，就是超常的巨大发展。现在国家的发展遇到了煤、电、油、运的瓶颈制约，鄂尔多斯市完全可以为缓解煤、电、油瓶颈制约做出新的贡献，并从中谋求新的发展，实现第二步跨越。如果能够实现8年翻两番，到2010年，鄂尔多斯市140万人，财政收入80多亿，城镇居民人均收入接近2万元，农牧民人均收入接近1万元，在全区率先全面达小康，这样，就比全国提前10年全面达小康，在西部地区创造一个类似沿海的发达地区，再创造一个二十一世纪的"鄂尔多斯现象"。当然，我们必须清醒地认识到，实现由小康到全面达小康的第二步跨越，任务非常艰巨，必须把全面小康的各项指标，包括经济、社会、人的发展、环境发展的指标全面落实。

目标比较好定，如何实现目标，需要采取多种综合措施。具体工作中，要按照十六大提出的"四个新"的要求，扎实推进各项措施的落实。

第一，发展要有新思路。要实现2010年率先全面达小康，必须深化对市情的认识,制定符合鄂尔多斯实际的、与时俱进的、比较完善的发展思路。第一步跨越的主要思路是发挥资源优势,发展特色产业。第二步跨越的思路要定位在提高资源开发利用水平和提高产业层次上。提高资源开发利用水平,就是要合理开发资源,有效利用资源,综合利用资源。我们很多资源是不可再生的,必须合理开发利用资源,采用先进的技术和先进的装备,搞规模开采,不能浪费资源。比如煤炭开采,神东公司回采率达到了75%以上,地方小煤矿回采率有的只有10—20%,资源被大量浪费。这就需要采用先进技术和装备进行规模开采,不要搞小煤矿、小煤窑式生产。有效利用资源,综合利用资源,就要提高加工深度,延伸产业链,不能搞"原"字号的,单纯卖原料。鄂尔多斯主要是煤气资源富集,煤要向焦化、制油、发电、化工等方面转化,煤转电之后,要进一步消化、转化,发展加工业,发展高载能工业。高载能工业仅仅搞成电石还不行,还要发展PVC等深加工产品。提高产业层次,就是优势产业和企业必须要做大规模,形成产业和行业的领头雁。同时,科技含量要高,效益要好。鄂尔多斯集团经营跨两个行业,要创造两个世界第一,这就上了规模和档次。神华集团第一套直接液化煤制油生产线为世界第一,将来要搞到千万吨级,这也是上规模、上档次。天然气化工也一定要做成国内最大的。总之,鄂尔多斯市要加大工作力度,尽快培育壮大国内一流、世界领先的优势产业和企业。

第二,改革要有新突破。从哪里突破?大的方面有两个:一是率先建成比较完善的社会主义市场经济体制。十六届三中全会做出了完善社会主义市场经济体制的决定,作为优势地区的改革突破,就是要率先建成完善的社会主义市场经济体制。二是要率先落实科学发展观。科学发展观体现了与时俱进,也体现了观念的转变包括政府职能转变,甚至涉及到生产关系的调整。

第三,开放要有新局面。开放环境要优。鄂尔多斯市要创造成为自治区人居环境、对外开放环境最佳的地区之一。好的环境,不仅包括硬环境,还包括软环境、法制环境、人文环境、社会环境等。要创造投资"洼地",必须有良好的环境。人往高处走,资金向增值的地方流。改革开放以来,"人才东南飞","资金奔南流",这是符合规律的流动。扭转这种不利局面,关键是要创造类似沿海发达地区的环境,这样才能引来人才、资金,靠行政手段硬性留人、留资金是绝对不行的。随着沿海地区比较优势逐渐弱化，人才、资金才可能重新回流。要进一步提高对外开放的程度，大力引进资金、技术、人才，大力引进战略合作伙伴，特别是国内外500强大企业。要实现"大进大出"，充分利用"两种资源"、"两个市场"，通过提高开放程度提高经济外向度。现在很多外来投资者看中的是我们的区位优势、"三北"的市场和俄蒙的市场。现在内地产品到欧洲市场海运太远，走欧亚大陆桥一下就过去了，这一优势目前正在进一步显现。

第四，各项工作要有新举措。这就是发展、开放、社会稳定都要有新的举措。新举措就不是原来的老办法，要用适应市场经济的办法和举措，谋划鄂尔多斯市的第二步跨越。

要实现第二步跨越，发展县域经济是个大问题、难问题，又是个不可回避、亟待解决的问题。它涉及到科学发展观的落实，涉及到城乡协调发展、区域协调发展、人文环境与资源环境的协调发展，涉及到全面小康目标的实现、社会政治的稳定，涉及到"三农"问题。鄂尔多斯市原来的县域经济是相当落后的，8个旗区中有5个国贫旗。改革开放后，特别是上个世纪九十年代小平同志南巡谈话以来，从1994年开始，鄂尔多斯县域经济开始起飞。从某种意义上讲，鄂尔多斯市的快速发展就是县域经济的快速发展。8个旗区，总体上发展不错。1个区的财政收入在全区居第一；7个旗在全区69个旗县中，财政收入前三名都在鄂尔多斯，县域经济很有实力。鄂尔多斯县域经济的发展主要是三个方面，即"突出特色"、"三化互动"、"园区带动"，另外三个方面是"城乡统筹"、"可持续发展"和"加强领导"。"城乡统筹"主要解决了劳动力向二、三产业转移、人口向城镇转移；"可持续发展"主要解决了生态问题。

我曾对县域经济作过一个定义，县域经济在某种意义上就是特色经济，就是县城经济，就是民营经济。鄂尔多斯市下一步的县域经济发展，要更加注重劳动力和人口的转移，更加注重生态建设。要想率先全面达小康，必须把农村的居民转变为城镇居民，在城镇发展二、三产业，这样才能带动农牧民全面达小康。在8.7万平方公里的土地上，让农牧民全面达小康，是不现实的，必须转换思路。现在鄂尔多斯市有140万人，其中农村还有近80万人。要加快城镇化步伐，加快农牧民转移步伐，未转移的农牧民主要搞高效农牧业，搞城郊农牧业，不但有条件全面达小康，也有效保护了生态环境,实现经济社会协调、可持续发展。所以,发展县域经济的核心是减少农牧民,致富农牧民。

发展县域经济,必须从各自的实际出发。一产方面,主要是减少农牧民,保护和恢复生态;二产方面,要既抓大又抓小,采取"江苏加浙江"的模式;三产方面,既要重视新兴产业,又不能忽视传统产业。鄂尔多斯市要把运输业摆在突出位置,搞"大运输",有那么多的煤炭运量,完全有条件把三产业做大一点。

推进第二步跨越,必须以扎实的作风作保障。要认真学习领会胡锦涛总书记关于大力弘扬求真务实精神、大兴求真务实之风的指示精神,落实科学发展观,保持经济社会全面协调可持续发展。"求真"就是要探求规律,认识规律,尊重规律,按规律办事。我们搞经济工作,一定要遵循客观自然规律、经济规律,包括社会主义市场经济的规律。人只能认识规律、尊重规律、按规律办事,不能制造规律,更不能违反规律。凡是违反规律,都要受到规律的惩罚,这样的事例屡见不鲜。我们吃过违背规律的苦头,教训很多,象我们这样的欠发达地区是付不起学费、经不起折腾的。"实"就是要唯实和务实,不唯书、不唯上、只唯实。书本上的东西并不一定都是真理,有的当时可能是真理,但是情况变化了,真理也就要发展。贯彻上级文件,最主要还要从自己的实际出发。我区这么大,横跨三北,自然条件、资源条件、各地情况和基础都不一样,绝不能按一个模式去发展,一定要从自己的实际出发,要唯实。务实就是要讲实情,鼓实劲,求实效。讲规划,讲指标,最后还要落到这里。要求真务实,就要有良好的精神状态,要勇于开拓,敢于创新,保持快速增长,实现超常发展。同时,要锲而不舍,坚韧不拔,努力取得长时期、可持续发展。在具体筹划工作中,既要规划长远,又要狠抓当前。2010年要规划,但更重要的是2004年、2005年,再远一点,到2006、2007年。说实话,到2010年,不可预见的因素还讲不清。人无远虑,必有近忧,不能短视,要有一个规划,但更重要的是要狠抓当前。要加大实施力度,加大突破的力度,依托我们的现实来创造未来。我们不能沉醉于过去的辉煌,不能憧憬于未来的辉煌,而要扎实地创造现实的辉煌。

(选自在鄂尔多斯市调研时的讲话)

优势地区发展需要
把握好的几个重大问题

(2005年4月18日)

呼包鄂三个市近几年快速发展的实践证明,自治区党委、政府确定的优势地区加快发展、率先发展的决策是正确的,是符合经济发展规律的。一是符合经济发展非均衡规律。国家提出的沿海发展战略就是遵循了经济非均衡发展规律,呼包鄂三个市在全区的率先发展也符合非均衡发展规律。二是符合市场经济规律。三个市资源富集,市场化程度比较高,有利于发挥市场在资源配置中的基础性作用,有利于生产要素的集聚。近年来,呼包鄂的发展在区内比和自身纵向比,发展很快,变化很大,对全区经济发展的拉动作用和贡献也很大。但是,在全国范围比,呼包鄂三个市经济总量还比较小,竞争力还不强,在全国的影响力还不大。据不完全统计,全国GDP超过1000亿元的市有44个,位于珠江三角洲的广州市、深圳市、佛山市分别为4115亿元、3422亿元、1653亿元。江苏省的苏州市、无锡市、常州市分别是3450亿元、2350亿元、1100亿元。山东省的青岛市、烟台市分别是2163亿元、1639亿元。河北省的唐山市为1606亿元,保定市也超过1100亿元。与我区临近的西安市为1095亿元。东北地区的沈阳市为1896亿元,大连市为1961亿元,长春市为1535亿元,哈尔滨市为1681亿元。现在,我国地级城市有很多经济总量超过了1000亿元,而我区呼包鄂三个市与这些城市相比还有很大差距。加快发展、做大总量仍然是呼包鄂的第一任务。在推进发展中,要注意把握好几个方面。

第一,要从区域经济发展的角度来谋划发展。从全国经济区域来讲,内蒙古是环渤海经济区的能源、原材料基地和生态防线,市场也比较广阔,环渤海区域应该包括内蒙古。呼包鄂要充分发挥自身优势,积极参与环渤海经济区的合作与协作,在参与区域经济合作中实现更大的发展。从更大的范围讲,国家积极推进与俄蒙的经济技术合作,内蒙古特别是呼包鄂三个市要在与俄蒙经济技术合作中有所作为。从呼包鄂这个小区域来讲,一些同志提出要增强融合度,三个市在继续加快自身发展的同时,也要注意在人流、物流、资金流、信息流等方面如何融合,如何实现优势互补。

第二,要把握加快发展的关键时期。 我国人均GDP已处于1000——3000美元的发展阶段,按照国际发展经验,这是一个关键时期。我认为,GDP在500亿元——1000亿元是地级市发展的关键时期。经济发展到一定规模有利于产业的集聚,有利于产业层次的提高。三个市要牢牢把握这个关键发展期,促进地区经济发展再上一个新台阶。对自治区来说,要力争在全国经济发展格局中占有一定的份量,而GDP达到5000亿元是个大的关口。去年,我区GDP总量在全国排在23位,到2010年要争取再上升4——5位,在全国排在18或19位,这样才有可能在全国居中等水平;到2020年进入全国较发达行列,必须再晋升几个位次,排在全国15位以前,才能算是走进前列。根据我区目前的发展走势,预计到2007年全区GDP可达4800亿元,财政收入可达720亿元,财政收入占GDP的比重达到15%。这样预计的依据是,2005——2007年,GDP平均每年按700亿元增长,财政收入按每年120亿元增长;2005年GDP要突破3300亿元,财政收入要突破480亿元。从我区这几年的发展看,经济总量2002年比2001年增加了188.5亿元,2003年比2002年增加了416亿元,2004年比2003年增加了561亿元,2003年的增量比2002年的增量多了227亿元,2004年的增量比2003年的增量多150亿元,所以今后几年每年保持比上年多增80——100亿元应该是有把握的。从财政收入占GDP的比重来看,财政收入每年增长120亿元也不算高,这样到2007年财政收入达到720亿元问题不大。再往后发展,按GDP年平均增加700亿元多一点,2010年就能达到7000亿元;按财政收入每年增加120亿元,到2010年就能达到1080亿元,财政收入占GDP的比重是15.4%,这是可能实现的。

第三,要进一步明确发展定位。 对呼包鄂三个市的发展定位,中央领导已经有很明确的要求。呼和浩特市就是要建成现代化首府城市,包头市就是要建成中西部地区经济强市,鄂尔多斯就是要建成全国重要的能源和化工基地。对这三个市的发展定位是很高的,呼和浩特市建设现代化首府城市要达到很高的水平,包头市建设中西部十八个省区市中的经济强市很不容易,鄂尔多斯市要成为国家的重要能源化工基地经过努力是可以实现的。我区煤炭占全国的比重较大,今年将占到全国煤炭产量的8.2%,而鄂尔多斯一个市就占到全国总产量的4——5%,应该说比重很大了。天然气将来发展起来也会占一定的比重。再把煤化工、天然气化工和氯碱化工搞起来,完全有可能成为全国重要的能源化工基地。

第四,要找准发展的着力点。重点在"三个提高"上下功夫:一是提高产业发展水平,二是提高城镇化水平,三是提高人民生活水平。希望三个市围绕这"三个提高"做好工作,谋划好发展全局。要进一步优化产业结构。现在,呼包鄂三个市一二三产业比重是7.5:52.2:40.3,将来一产业可以降到5%以下,但同发达国家差距仍很大,关键是从事一产业的劳动力人数过高。国外一产业占5%以内,从事一产业的人数也在5%以内。因此,要先把一产业比例降到5%,然后逐步把剩余劳动力转移出去,这样才能提高城镇化水平,才能真正实现以城带乡,以工促农。三个市一产业要搞成城郊型农牧业,注重优质、高效,注重延伸加工增值,不要搞粗放型的一产业。目前三个市农牧民收入都接近或超过4000元,还要继续提高。在工业化初期,工业始终要占主导地位,第三产业只有在初步实现现代化后才能占主导地位。因此,呼包鄂三个市还必须继续大力推进工业化,按照各自确定的主导产业,呼和浩特市重点抓好乳业、电力、IT业、生物制药、冶金化工五个主导产业,包头市重点抓好钢铁、铝业、装备制造、电力、煤化工、稀土六个主导产业,鄂尔多斯重点抓好能源和化工业。对现有产业,要努力做大做强,延伸产业链条,发展产业集群,带动相关产业发展。抓好重点工业项目建设,力争每年都形成一批新的经济增长点。在抓重化工业发展的同时,要注重发展知识密集型和劳动密集型产业。在第三产业发展上,呼包鄂物流业、运输业等搞得不错,成为重要的经济增长点,金融业、餐饮、旅游等服务业发展也比较快。今后,三个市要随着工业化的推进和人民收入水平的提高,加快发展第三产业,不断满足人民群众多方面的需求。

第五,要理性推进发展。 呼包鄂三个市要自觉以科学发展观为指导,努力实现"三个率先",即率先全面落实科学发展观,率先完善社会主义市场经济体制,率先实现全面建设小康社会目标。要把落实科学发展观贯穿发展全过程,在调整优化经济结构、转变经济发展方式、发展循环经济、促进协调发展和构建和谐社会方面率先突破,实现经济社会全面协调可持续发展。在促进发展的过程中,既要"热"又要"冷",即既要对工作、对事业充满激情,又要遵循规律、理性发展,作发展的冷静促进派。

(选自在呼包鄂经济工作座谈会上的讲话)

大力推进三化互动、
三力推动、三个对接

(2005年10月25日)

加快东部盟市振兴发展,是我区落实科学发展观,统筹区域协调发展的一项重大战略。东部五个盟市的面积占全区面积的56.2%,人口占53.8%,没有东部盟市的工业化,就没有全区的工业化;没有东部盟市的全面小康,就没有全区的全面小康。加快东部盟市振兴发展,是我区贯彻落实科学发展观、统筹区域发展的必然要求,是培育经济自主增长机制、保持较长快速发展期的必然要求,是实现我区中期奋斗目标、与全国同步建成全面小康社会的必然要求。

近年来,东部盟市经济发展比较快,来势比较好,但与西部特别是优势地区比,差距不是在缩小,而是在拉大,主要体现在四个低:一是工业化水平低。目前,我区已经和全国同步进入了工业化中期阶段,东部盟市整体上仍然处在工业化初始阶段。二是人均水平低。从全区来讲,由于基数小、人口少,我们不能满足于较快的增长速度和某些较高的人均指标,要在优化结构、提高效益的前提下做大总量。但东部盟市人均水平低,必须强化人均观念,树立人均意识,提高人均指标。三是市场化程度低。目前,我区经济自主增长机制已经开始形成,主要体现在"三化",即市场化程度提高,企业的市场主体地位更加突出,市场在配置资源中的基础性作用更加得以发挥;投资环境优化,就是投资主体多元化。但东部盟市市场化程度相对于西部来说还不高。四是对外开放水平低。开放意识还不强,地缘优势发挥不够,招商引资工作成效还不够理想。

过去东部盟市发展相对慢,主要有三个原因:一是相对来讲,东部地

[513]

区农业基础比较好,而实践表明,往往是农业基础比较好的地方,温饱问题相应地解决得比较好,推进工业化、实现经济转型的紧迫感不强。二是东部地区除呼伦贝尔和锡林郭勒外已探明的可利用的矿藏资源相对较少,制约了工业的发展。三是前些年受整个东北经济区大环境的影响,虽然有煤电资源,但是煤卖不掉,电送不出,影响了发展。

国家实施振兴东北等老工业基地战略以来,东北三省经济增长加快,对我区东部盟市的能源的需求也在扩大。自治区及时提出了呼应国家提出的振兴东北等老工业基地战略、加快东部盟市振兴发展。随着东北老工业基地的振兴,我区东部盟市发展空间大、地缘优势独特、能源资源富集、劳动力成本低的优势日益显现。经过近些年的发展,东部地区应该说有了较好的基础,特别是广大干部群众加快发展的愿望十分强烈。抢抓振兴东北战略的历史机遇,加快东部盟市振兴发展,正逢其时。

促进三化互动　增强经济实力

自治区第七次党代会提出要大力推进农牧业产业化、工业化、城镇化。这三化是我区发展的战略重点,也是实现我区经济持续发展的重要途径。工业化是三化的核心,农牧业产业化是工业化的题中应有之义,城镇化是工业化的载体;工业化促进城镇化,工业化、城镇化带动农牧业产业化,三者是互动关系。加快东部盟市振兴发展,必须促进三化互动。

(一)加快推进农牧业产业化,大力调整农牧业结构。东部盟市农牧业人口多、第一产业比重大,在着力推进工业化的同时,必须解决好第一产业本身的问题,否则,占人口大多数的农牧民难以增收,经济发展、社会稳定也会失去基础。加快东部盟市发展,要紧紧围绕产业化经营,抓好农村牧区的各项工作。

要围绕产业化,加快农牧业结构调整。从一定意义上讲,农牧业产业化是农牧业结构调整的结果,产业化经营的过程就是结构调整的过程。东部盟市要立足于布局区域化、基地规模化、农牧民组织化、生产专业化、产品标准化,因地制宜地培育各自的主导产业,大力调整农牧业结构。从各地实际出发,突出抓好龙头企业和基地建设,培育各自有优势有特色的主导产业,逐步把农牧户都纳入产业化经营轨道,促进农牧业增效、农牧民增收。调整农牧业结构的一个重要方面是调整种养业结构,坚持为牧而农、为养而种,大力发展农区畜牧业。东部盟市有这方面优势,要以产业化经营带动农区畜牧业的发展。

要围绕产业化,加强农牧业基础设施建设。东部盟市的农牧业基础比较好,水资源占全区的80%左右。但基础设施比较差,水资源利用不够。要立足于改善农牧业生产条件,切实加强以水利为中心的农牧业基础设施建设,大力发展有机农牧业、设施农牧业,增强农牧业综合生产能力。基础设施建设要同产业化基地建设结合起来,同结构调整结合起来。

要围绕产业化,加强扶贫开发工作。东部盟市农牧民收入总体上还比较低,特别是三少民族贫困群众的生产生活问题比较突出。要推进开发式扶贫,按照中央关于整村推进、产业化扶贫、培训转移的总体要求,创新扶贫思路,从三个方面下功夫。一是在改善生产生活条件上下功夫。能够就地改善的要实施整村推进,就地改善生产生活条件;不能就地改善的,要结合生态建设和生产力布局调整,实施易地扶贫,改善生产生活条件。二是在发展主导产业上下功夫。要结合农牧业产业化经营,通过扶贫开发加强基地建设,依托产业化稳定脱贫;要通过"利益联结、股份合作"的形式,整合生产资料和扶贫投入,将经营能手和贫困户组织起来,依托组织化稳定脱贫。三是在提高素质能力上下功夫。要通过农牧民职业教育和转移培训"阳光工程"等措施,坚持不懈地努力,提高农牧民特别是贫困农牧民的文化素质和劳动技能,增强其从事农牧业生产的能力、非农牧产业的能力和进城就业的能力。

要围绕产业化,加强生态保护和建设。东部盟市境内有呼伦贝尔、锡林郭勒两大著名草原和科尔沁、浑善达克两大沙地,生态地位极其重要。近年来,东部盟市抓住西部大开发的机遇,生态建设取得了明显成效。但草原生态很脆弱,呼伦贝尔市退化草场面积不少,沙带和退化面积占可利用草场的比例不小,科尔沁沙地、浑善达克沙地的治理任务也很艰巨。我们要对人类负责、对国家负责,继续把生态保护和建设放在极其重要的位置来抓。牧区要按照围封转移战略的思路,全面落实草场的"双权一制",因地制宜地实行禁牧、休牧、轮牧和草畜平衡。农区要巩固和发展退耕还林还草、京津风沙源治理等生态建设项目成果,大力推广保护性耕作等先进适用技术。

（二）加快推进工业化，大力调整产业结构。2004年，东部盟市工业增加值占地区生产总值的比重比全区低14.5个百分点，比呼、包、鄂优势地区低18.7个百分点。呼伦贝尔市、兴安盟的第二产业增加值去年才超过第一产业增加值。东部盟市的差距在工业化，潜力在工业化，出路也在工业化。加快东部盟市发展，重点是加快工业化，走新型工业化道路。

要大力发展优势特色产业。东部盟市加快工业化，必须努力发展自己的优势特色产业。从一定意义上讲，特色和优势就是市场份额，就是竞争力，就是经济效益。没有特色，就会造成产业雷同，没有产业优势，就会失去竞争力。从总体上讲，东部盟市与东北三省经济的互补性比较强。这种互补性就是优势，就是市场需求，就是发展潜力。东部盟市一定要立足于自己的资源禀赋、工业基础和发展条件，努力发展特色鲜明、优势突出、效益较好的支柱产业。要实施大项目、引进大企业。做大工业经济总量，提高经济效益，增强竞争力，必须以较大的产业规模为基础。加大招商引资力度，有更多大项目落地，是加快推进工业化的有效手段，也是加速结构调整、扩大产业规模、做大经济总量的主要途径。东部盟市工业化滞后，关键是缺少项目特别是大项目拉动。实施大项目，既要依托资源优势，引进一批生产规模大、技术水平高、市场前景好、带动作用强的资源转换型大项目、好项目；也要创造良好的发展环境，充分利用土地、能源、劳动力、市场、政策、服务等方面的优势，吸引和承接沿海加工业的转移，引进一批资金技术密集型和劳动密集型的非资源型项目。

要提高资源的集约开发、综合利用水平。提高资源的综合开发利用水平，走资源节约型、环境友好型的路子，实现节约发展、清洁发展、安全发展和可持续发展，必须解决好两个问题。一要有序有度地开发资源，坚持资源开发与保护、节约并重，在开发中保护，在保护中开发。有序有度地开发，就要合理开发、合法开发、集约开发，切实减少环境破坏和资源浪费。二要综合有效地利用资源，上规模、上档次，延长产业链条，发展精深加工。要切实改变简单卖资源，卖"原"字号、卖初级品的现状，走集群化发展和循环经济的路子，引进和培育核心企业，扶持和配套相关企业，形成上、中、下游相连接的优势特色产业集群。

要发挥后发优势,实现技术跨越。大力引进和推广先进适用技术,不接受沿海落后生产力的转移,逐步淘汰自己的落后生产力,坚持高起点,新上项目要有规模、上档次,其技术和技术装备要达到国内、国际先进水平,以技术跨越推动优势特色产业发展,广泛应用信息技术,以信息化带动工业化,不断提高工业化水平。

(三)加快推进城镇化,大力调整生产力布局。地广人稀是我区的一大优势。加快东部盟市发展,也要充分发挥地广人稀的优势,促进生产力布局调整。总的要求是,统筹城乡发展,农牧业向条件好的地方集中,工业向园区集中,人口向城镇集中。实践证明,实施"三个集中",有利于生态环境的保护和建设,有利于产业结构调整,有利于社会事业发展,有利于基础设施作用的发挥,有利于投资环境和发展条件的改善,有利于改变城乡二元结构。实施"三个集中",要发挥"三个带动",农牧业向条件好的地方集中,要带动社会主义新农村新牧区建设;工业向园区集中,要带动工业新区建设,使之成为新型工业化的示范区;人口向城镇集中,要带动和引导农牧民向二、三产业转移,加快城镇化进程。

促进三力推动　增强经济活力

改革、开放、科技进步是第七次党代会提出的推动我区经济建设和社会发展的三大动力,也是加快东部盟市振兴发展,增强经济活力的三大动力。坚持以市场为导向的改革,是从根本上消除导致经济社会生活中深层次矛盾和问题的体制弊端的重要途径。加快科技进步,是发挥后发优势,调整经济结构、转变增长方式、提高地区竞争力,促进经济长期快速发展的首要推动力量。我们必须始终把深化改革、科技进步抓紧抓好。从一定意义上讲,对外开放的程度,决定东部盟市加快发展的速度。我们要提高认识、强化措施,进一步抓好对外开放。

一要加强与三省和发达地区的合作。搞好对外开放是为了充分利用我们的比较优势,在互惠互利的前提下,大力引进资金、技术、人才等生产要素,为我加快发展所用。能否引进好的项目,关键是取决于好的环境。加快东部盟市发展,要按照"创造良好的政策环境,让投资者、合作者动心;创造良好的法制环境,让投资者、合作者放心;创造良好的体制环境,让投资者、合作者顺心；创造良好的基础设施环境，让投资者、合作者舒心；创造良好的人文环境，让投资者、合作者倾心"的要求，大力加强硬环境和软环境建设，打造良好的合作平台，不断引进投资者、合作者，努力提高招商引资水平。

二要加强口岸建设，努力做大口岸经济。口岸资源是一种稀缺资源。我区18个边境口岸中，包括满洲里、二连在内的12个边境口岸在东部盟市。发挥口岸优势，做大口岸经济，最主要的是围绕发挥口岸三大功能，加强各项基础设施建设，提高通关能力，扩大贸易量，特别是在加工增值上花气力、下功夫。对进出口资源进行加工包括对初级产品进行深度加工，发展仓储、包装和配送等配套服务业，是做大口岸经济，提高其辐射带动能力的潜力所在。有关方面要为加强口岸建设、做大口岸经济给予大力支持。

三要加强与俄蒙的经贸合作，努力开发利用俄蒙资源。加强与俄蒙的经贸合作，开发利用俄蒙资源，东部盟市具有独特的地缘优势。要以中俄签署《二十一世纪国际秩序的联合声明》为契机，加快开发利用俄蒙资源的步伐。开发利用俄蒙资源，关键是要在平等互利的基础上，力争取得俄蒙矿产资源的勘探权、开采权和开发利用权。因此，既要加强与俄蒙地方政府的友好往来，建立密切的联系，开展多种形式、多个领域的合作，又要从政策、资金、税收等方面支持和鼓励我区有实力的企业"走出去"，实施境外资源利用项目，在利用俄蒙资源上争取主动，抢占先机。

促进三个对接　增强区域经济竞争力

实现三个对接是我区呼应振兴东北战略的重大举措，其目的是抓住国家实施振兴东北等老工业基地战略的机遇，加快东部盟市发展。三个对接中产业对接是核心，基础设施对接是产业对接的基础和条件，政策对接是产业对接的保证。我们之所以要进行三个对接，是因为东部盟市与东北三省的资源互补性强、市场互补性强，合作的潜力大、领域宽。实现产业对接，要充分发挥互补性强这个优势，立足于东北三省的市场需求包括潜在市场需求，依托我们的资源优势、地缘优势和环境优势，引进包括东北三省在内的国内外资金、技术、人才，大力发展自己的优势特色产业。实现基础设施对接，要加快交通基础设施建设和电力基础设施建设。交通项目建设上，既要打通区域内的连接，又要打通与东北三省的连接。电力项目建设上，通辽、赤峰两市要加快自备电源的建设，统筹全区电力，增强自治区配置电力的能力，以保持我区低电价成本优势。实现政策对接，要认真研究国家陆续出台的增值税转型试点、增加社会保障投入、企业破产、豁免欠税等一系列振兴东北等老工业基地的政策措施，一方面要争取国家振兴东北的有关政策覆盖我区东部盟市，另一方面要研究提出我区加快东部盟市发展的具体政策措施。

当前，国家实施振兴东北等老工业基地战略与加快东部盟市发展的关系越来越紧密，国务院领导、东北三省和有关部委也越来越重视东北三省加强同内蒙古的协作问题。内蒙古东部地区同属东北经济区，山水相连、人缘相亲、经济来往密切、互补性强，无论从历史的角度还是从现实和将来经济发展考虑，只有将内蒙古东部地区与东北三省进行统筹规划、科学合理确定区域内产业布局和分工，加强合作，才能实现资源的优化配置，促进东北区域的协调发展。加快东部盟市发展，上下关注，内外互动，时机有利。要抓住当前的有利时机，呼应振兴东北老工业基地战略，加快东部盟市振兴发展步伐，促进区域协调发展。东部各盟市既要相互支持，搞好协作，又要发愤图强，增强自我发展能力。

（选自在自治区东部盟市经济工作座谈会上的讲话）

鄂尔多斯走出了一条
又好又快的发展路子

（2006年8月8日）

　　改革开放以来特别是近年来，鄂尔多斯市认真贯彻党的路线方针政策，从本地区的实际出发，解放思想、开拓创新、真抓实干，经济发展实现跨越，社会事业全面进步，走出了一条又快又好的发展道路。鄂尔多斯经验具有典型性、现实性和可学性，我们既要注重学习国外、区外先进经验，也要注重学习土生土长的先进经验。

　　（一）**鄂尔多斯市走出了一条跨越发展之路**。改革开放之初，鄂尔多斯生产总值不到4亿元，是自治区贫困落后的地区。从上世纪八十年代开始实施资源转换战略，以工业经济为突破口，推动全市经济发展逐步驶入快车道。"九五"期间，全市GDP年均增长20.3%，工业增加值年均增长31.3%，地方财政收入年均增长27.6%，被部分经济学家誉为"鄂尔多斯现象"。"十五"以来，鄂尔多斯市的发展势头更加强劲，发展质量明显提高。2005年，全市实现生产总值594.8亿元，是"九五"末的3.96倍，经济总量跻身西部145个地级市第15位，综合实力列全国百强城市第53位。人均GDP达到4978美元，相当于中等收入国家水平。三次产业比重由"九五"时期的16.3:55.9:27.8调整为6.8:52.6:40.6。财政收入达到93.4亿元，是"九五"末的近6倍。城镇居民人均可支配收入年均增长15%，达到11025元，是"九五"末的2倍；农牧民人均纯收入年均增长13.4%，达到4601元，是"九五"末的1.9倍。今天的鄂尔多斯，已经实现由以农牧业为主向以工业为主、由贫困落后向富裕文明的历史性转变。

　　（二）**鄂尔多斯市走出了一条协调发展之路**。在加快发展的同时，鄂尔多斯市认真落实科学发展观,坚持统筹兼顾,较好地实现了协调发展。从城乡协调发展看,全市城镇人口由"九五"末的39.4万人增加到74.8万人,城镇化率达到54%。随着经济实力的增强,不断加大反哺农牧业力度,在全区率先免征农业税,率先推行农村牧区新型合作医疗制度,率先实施农牧民低保制度。从区域协调发展看,鄂尔多斯市8个旗区,曾经有5个国贫县、3个区贫县。目前,8个旗区财政收入全部过亿,全区十强旗县区鄂尔多斯市占据四席,东胜区、准格尔旗位居前两位,东胜还成为全区唯一进入全国百强县的旗县区。从经济社会协调发展看,财政对社会事业和社会保障的投入年均增长24.8%,比"九五"提高10.3个百分点。在全区率先对义务教育阶段16.7万名学生实行"两免一补",8个旗区全部实现"两基"达标。技术创新能力得到增强,鄂尔多斯市被列为"国家科技创新示范市"和"国家新材料成果转化及产业化基地"。具有地区特色的民族文化事业蓬勃发展,"成吉思汗祭典"、"鄂尔多斯婚礼"入选中国首批非物质文化遗产名录。从人与自然协调发展看,鄂尔多斯市坚持不懈地抓好生态环境保护和建设,在全区较早地推行了生态移民和禁牧休牧、划区轮牧、以草定畜、舍饲养殖,植被覆盖率由1999年的30%左右提高到目前的70%以上,形成了生产发展、生活宽裕、生态恢复的多赢局面。

(三)鄂尔多斯市走出了一条持续发展之路。鄂尔多斯市重视加强基础设施建设,不断改善发展环境;培育、壮大发展主体,不断增强发展后劲。"十五"时期累计引进国内资金400多亿元,实际利用国外资金4亿美元,分别比"九五"增长7倍和1.5倍。累计完成固定资产投资930亿元,年均增长58%,投资结构得到优化。从基础设施建设看,新建了5座大中型水库,完成了东胜和棋盘井两大引黄供水工程。新建了两座500千伏变电站,旗区全部实现了220千伏主供电。公路建设5年投资141亿元,通车里程由2000年的6658公里增加到目前的14000多公里,包东和东苏高速公路建成通车,呼鄂高速公路建设顺利推进。准东铁路建成通车,呼准和东乌铁路正在建设之中。鄂尔多斯机场开工建设。在固定资产投资中,工业的投资超过50%。全市规模以上工业企业由"九五"末的129户增加到目前的333户,增加值由38.4亿元增加到202.6亿元;销售收入过亿元的企业由16户增加到56户,经济效益综合指数位居全区第一。煤炭产量达到1.5亿吨,成为全国第一产煤大市。电力装机容量、天然气、羊绒衫产量分别增长2.3倍、7.5倍和1倍。新开工重点工业项目增多,2005年以来投资超亿元的重大项目达88项,超10亿元的39项,总投资达1100多亿元,特别是开工建设了一批具有重要带动作用的特大型项目,有力地增强了经济发展后劲。

总体上看,鄂尔多斯市面貌发生了很大的变化,当前正在孕育着更大的变化,如果说前几年实现了经济起飞,现在则正在实现经济腾飞。鄂尔多斯市的发展,是对自治区党委近年来不断完善的"快"、"大"、"长"、"好"发展思路的成功实践。鄂尔多斯市已经走在全区前列,成为自治区经济增长的重要支点。

鄂尔多斯市近年来的发展变化,给予我们许多重要启示。概括起来主要是:

(一)**坚持解放思想,敢想敢干、敢为人先。**鄂尔多斯市的快速发展,首先得益于思想观念的解放。他们紧密联系实际,坚持不懈地开展解放思想学习讨论活动,并在实践中积极冲破阻碍发展的思想观念,勇于革除影响发展的体制弊端,努力改变束缚发展的政策规定,对看准的事不争论,大胆地闯、大胆地试,很多方面走在全区前列。例如,早在改革开放初期,他们就在全区率先尝试土地承包到户,率先开展对外经济技术合作,成功培育出鄂尔多斯集团这样的明星企业。九十年代以来,他们在全区率先完成国有经济战略性重组,率先引入民间资本进行基础设施建设,等等。正是这种敢想敢干、敢为人先的精神,使鄂尔多斯人敢于面对发展中的争议、指责和压力,敢于承受发展中的挫折、风险和考验,赢得了加快发展的时间和空间,营造了活力迸发的发展环境,形成了全社会聚精会神搞建设、一心一意谋发展的良好氛围。

(二)**坚持从实际出发,大力推进工业化进程。**鄂尔多斯市由落后农牧业盟市向先进工业盟市转变的过程,有两点值得我们借鉴。一是坚持推进工业化的指导思想不动摇。改革开放以来,鄂尔多斯市历届领导班子顺应工业化的时代潮流,充分发挥资源优势,始终把发展工业作为主攻方向,即使在改革困难较多、发展难度很大的情况下,也未动摇发展工业经济的决心和信心,也未放弃推进工业化的探索和努力。正是由于这种"咬定青山"不放松的劲头,十几年坚持不懈地抓工业经济发展,才开创出今天鄂尔多斯市工业化不断推进的良好局面。二是在实施工业化进程中,坚持理性推进,走出了一条符合地区实际的工业化路子。他们在产业选择上,依托资源优势,坚持高起点、大规模、高科技、高效益、节能环保的资源综合开发利用的路子,着力培育做强大煤炭、大电力、大化工等产业,不断提升主导产业竞争力。同时,积极承接先进地区的产业转移,致力于发展高新材料、生物制药等高新技术产业和汽车制造业,逐步提高非资源型加工业的比重。在产业布局上,不搞遍地开花,集中建设沿河工业园区,推动主导产业向园区和基地集中,努力形成产业发展的集聚效应。在工作措施上,引进与培育发展主体,根据本地条件和国家产业导向,策划和实施了一大批重大工业建设项目,有力地带动了全市工业化的发展。

(三)坚持市旗经济一体化,大力发展县域经济。与我区一些地方相比,鄂尔多斯市缺乏中心城区带动。为此,他们提出并实施了市旗经济一体化战略,在全市范围内优化配置资源,大力发展特色经济、县域经济、民营经济,不断增强县域经济的发展活力和经济实力。8个旗区各打各的优势牌,呈现出你追我赶、竞相发展的生动局面。目前,8个旗区的经济实力明显提升,发展潜力和后劲不断增强。从经济总量看,8个旗区在全区旗县市区中均排名靠前,东胜区、准格尔旗的生产总值,超过了我区部分盟市。从财政收入看,东胜区和准格尔旗的财政收入超过不少盟市,伊金霍洛旗、达拉特旗、鄂托克旗的财政收入,也都位居全区旗县前列。从城乡居民收入看,8个旗区居民收入都居全区中上游水平。从全国范围看,鄂尔多斯部分旗区也占有一定位置。目前,东胜区进入国家统计局发布的经济综合发展水平百强县,居第56位;准格尔旗进入第五届全国县域经济基本竞争力百强县,居第89位;准格尔旗、伊金霍洛旗、鄂托克旗和达拉特旗进入中国西部基本竞争力百强县(市),分别居第3位、第5位、第7位和第11位。鄂尔多斯市发展县域经济的成功实践,值得各地认真研究借鉴。

(四)坚持改革开放,不断增强发展活力。总结鄂尔多斯市的发展经验,改革创新是贯穿其中的一条红线。早在"八五"末期,鄂尔多斯市就提出"支柱产业集团化、骨干企业公司化、中小企业民营化"的企业改革思路。到"九五"末期,本市原有国有企业基本完成民营化改造。一批实力较强的民营企业快速崛起。近年来,鄂尔多斯市把转变政府职能与完善市场机制统一起来,要求政府职能"越位的要回位,缺位的要到位,错位的要归位",努力建设与市场机制相适应的公共行政管理体制,发展环境进一步优化,企业的市场主体地位进一步突出,各类企业的体制、机制和创新活力进一步显现。

鄂尔多斯市除煤、气资源富集外,经济发展的其他要素并不优越。能够取得今天这样的发展成就,主要得益于开放引进,通过大范围配置资源和各类生产要素,弥补发展所需的资金、人才、技术、管理等要素的不足。这几年,鄂尔多斯市开放的领域较宽,从产业发展、资源开发到基础设施建设等都面向市场,只要符合准入条件,都可平等进入。招商的层次较高,神华集团,国家五大发电公司,两大石油、石化公司,上海华谊等国内知名大型企业及新奥、华泰等民营企业先后入驻鄂尔多斯。一个地区的发展,各种生产要素不可能同时具备。我们必须进一步解放思想、转变观念,进一步深化改革、扩大开放,实现生产要素在更大范围内的优化配置。

(五)坚持正视"瓶颈"、缓解"制约",为经济社会发展创造条件。鄂尔多斯市地下矿产资源丰富,开发利用潜力巨大,这是它的优势;但自然环境恶劣,生态脆弱,这是它的劣势。在这些年的发展中,他们更加清醒地认识到,要使资源优势得到充分发挥,必须弥补生态脆弱这个劣势,努力实现可持续发展。为此,鄂尔多斯市始终把生态环境保护和建设放在重要位置,在积极争取实施国家生态重点项目建设的同时,依靠政策推动、引入市场机制进行生态建设。近年来,鄂尔多斯市把生态建设、保护与开发利用有机结合起来。一方面,实行严格彻底的禁牧休牧、划区轮牧和以草定畜政策,转变牧业生产方式,在自然条件恶劣、不适宜人居地区,划定无人居住的生态恢复和封禁保护区,利用自然力量恢复生态。另一方面,依靠产业发展拉动生态建设与保护,大力发展林沙产业,扶持企业集团参与林沙产业开发,实现了生态效益、经济效益和社会效益的统一。

鄂尔多斯市曾是我区基础设施比较落后的地区。为了改变这种局面,近年来他们大规模地进行基础设施建设,取得显著成效,并成功走出了一条运用市场机制进行建设和运营管理的发展路子。比如,大量采用BOT、TOT等方式,由社会主体投资建设公路,由政府授权进行经营。成立城市基础设施投资公司,对城镇土地和基础设施进行企业化开发、市场化运作。这样做,既改善了基础设施条件,又积累了后续建设资金。随着经济社会发展和城镇化的推进,我区基础设施建设还将大力度地进行。搞好基础设施建设,解决资金来源是关键。各地要借鉴鄂尔多斯市运用市场机制推进基础设施建设的成功经验,努力破解基础设施建设资金制约。

(六)**坚持培育企业家队伍,努力造就市场经济的领军人物**。企业家是市场经济的稀缺资源。现在,我区一些地方之所以发展不快、活力不强,重要原因是缺乏一批有远见、懂经营、会管理的企业家。在这方面,鄂尔多斯市做得比较好。他们非常重视企业家队伍的成长,要求各级"为企业家全天候服务",在全市形成了尊重企业家、关爱企业家、服务企业家的良好氛围。通过营造创业环境,鄂尔多斯市涌现出一大批优秀的本土企业家。目前,全市共有规模以上企业厂长经理1089人,其中不乏一批在全国同行业中有影响力的优秀企业家。企业家的成长,催生企业不断做大做强。去年,全市333户规模以上企业中,年销售收入超过亿元的达1/6,拥有中国驰名商标的企业占自治区的1/5。各地都要重视企业家队伍建设问题,把培育企业家与促进经济发展很好地结合起来,探索建立企业家成长机制,健全对企业家的激励和约束机制,营造有利于企业家锻炼成长的良好氛围,培养出更多的有知识、有胆识,有悟性、有韧性,不满足、不停步的创业人才。

鄂尔多斯市的崛起,给予我们许多重要启示,值得我们很好地学习借鉴。鄂尔多斯市要继续努力,在自治区率先形成经济自主增长机制,率先成为资金、技术、管理、人才等综合要素流入区,率先建成富裕、文明、和谐的中西部强市。各级各部门要认真研究思考鄂尔多斯这一典型的时代意义,紧密结合本地区本部门本系统的实际,以邓小平理论和"三个代表"重要思想为指导,以科学发展观统领经济社会发展全局,在以胡锦涛同志为总书记的党中央领导下,解放思想、振奋精神、真抓实干,不断开创我区文明建设的新局面!

(选自在全区两个文明建设经验交流会上的讲话)

把加快兴安盟发展作为
统筹区域发展的重点来抓

（2006年12月9日）

　　兴安盟是自治区成立的地方，现在发展遇到了一些困难，自治区党委、政府有责任也应该帮助兴安盟解决一些实际问题。这是贯彻落实科学发展观,提高自治区协调发展和可持续发展水平的需要。

一、正视困难,坚定信心

　　现在,兴安盟是自治区发展最困难的地方,也是自治区发展水平最低的地方。兴安盟人口占全区的6.8%,GDP只占2.6%,财政收入只占1.2%,人均GDP不到全区的40%,人均财政收入只占全区的17%,城乡人均收入也很低。全区发展得再快、再好,只要后面有一个掉队,就谈不上协调发展。发展最好和最差的距离越大,不协调程度就越大。所以,自治区要采取最有效措施帮助兴安盟加快发展。"十五"期间,自治区在发展上最值得总结的经验就是经济自主增长机制开始形成, 并步入良性循环轨道,这是最难能可贵的。目前,自治区已成为资本的流入区,我们又提出要成为要素的流入区、人才的流入区包括技术的流入区。相比而言,兴安盟发展欠账很多、制约很多,与自治区上世纪九十年代的发展条件差不多,还没走上良性发展轨道。首先是交通不畅。与通辽市、赤峰市、呼伦贝尔市相比,兴安盟区位和交通条件都比较差。通辽市和吉林、辽宁离得很近,赤峰市和北京、辽宁、河北离得很近,呼伦贝尔市离黑龙江也很近,兴安盟没有这些优势。省际大通道贯通后,虽然在一定程度上缓解了这个问题,但由于历史欠账较多,并没有从根本上解决。在电力通道建设上,兴安盟也很特殊,接入的是东北电网,自治区东西电力大通道修通后,会逐步解决这个问题。

二、振奋精神,加快发展

一是要科学理性推动发展。客观条件不具备,加快发展很难,一定要先做一些基础性的工作,做一些利长远的工作,做一些解决发展条件的工作。希望一两年、两三年就能大见成效,不现实,也不可能。事物的发展都要有一个周期和过程。比如呼和浩特市城市建设,自治区提出"三五七"的目标,即三年要有小变化、五年要有中变化、七年要有大变化。实践证明,这个提法比较正确。但是做起来也不容易,城市基础设施建设、旧城区改造、小街小巷改造、主次干道改造、引黄入呼、天然气入呼、管道入地、集中供热等都需要大量的投入。这些工作做好后,才可能对改善城市建筑和空间形象提出要求。希望几年内就有大变化不可能,但是顺其自然、慢慢来也不行。作为欠发达地区,更要科学理性,更经不起折腾、付不起学费、失误不得。这看起来似乎慢一点,但实际结果可能会快一点、好一点,否则欲速则不达。

二是要逐步解决好发展条件问题。从自治区这些年的实践来看,解决发展条件问题至关重要。"十五"时期自治区着力抓了"三大通道"建设,取得了显著成效。公路、铁路、电力网络建设,在全国来讲变化都比较大。在公路建设方面,贯通了东西大通道,部分盟市建了高速公路,但整体水平还不高,与发达地区比还有很大差距。在铁路建设方面,今年底全区达到8000多公里,加上在建的2000多公里,总里程超过1万公里,占全国近七分之一。在电力建设方面,每个旗县都建有一座22万伏变电站,每个市都有一座503伏变电站,这在全国都很少见。在资源保障方面,这几年加大资源勘探力度,在煤炭等资源的勘探上成效比较显著。兴安盟区位没有优势,对外交通又不便利,发展基础和条件又那么差,欠账又多,"十一五"时期,自治区对兴安盟应该有更多的倾斜,进一步帮助兴安盟解决好发展条件的问题。

三是要积极培育发展主体。改善发展条件只是手段,要发展就要培育主体。兴安盟怎么培育,得通过自己来实践和探索。工业方面,要把发展电力摆在首要位置。要支持兴安盟建设电厂,既为发展提供条件,也在培育和发展一个产业,对固定资产投资也是一个拉动。要适时启动煤化工项目。"十一五"期间，兴安盟要充分利用自身的水资源优势，至少启动一个规模比较大的煤化工项目，只要落实投资业主，自治区就给配置资源。现在，全区已开工建设的煤化工项目有17个，也有一个合理布局的问题。要很好地研究锡林郭勒、呼伦贝尔两个盟市大煤田形成新增能力后煤的消化问题，光靠东北市场不行，主要靠转化。兴安盟离这两个盟市都很近，又有水资源，要好好研究煤的转化问题，真正做好煤炭资源转化文章。要加快发展农畜产品加工业。巴彦淖尔市的西红柿加工规模已经达到了35万吨，炒瓜籽的销售额已经达到10多亿元；通辽市的玉米深加工搞得好，呼和浩特市成为发酵工业基地。这些地区的经验都值得兴安盟学习借鉴。三产方面，要加快发展运输业、服务业特别是旅游业。乌兰浩特有五一会址等红色景点，阿尔山有温泉、火山遗迹、冰雪资源，发展旅游业很有前景，要在产业培育上多下功夫。要搞好自治区定点帮扶兴安盟贫困地区工作。不仅投入资金，而且要帮助出思路，转变观念，把厅局单位帮扶作为兴安盟联系外界的一个纽带。

三、竭尽全力，帮助扶持

自治区要从调整产业布局和投资结构的大格局考虑，帮助兴安盟解决发展条件的问题，这是全局的需要。比如支持电源点建设，要从电力布局调整上来考虑。在基础设施建设上，要从合理调整投资结构，继续加大投资力度来考虑。一方面要加大产业投入力度，另一方面要继续加大基础设施建设投入力度。特别是国家正在调整投资方向，加大对"三农"的投入力度，加强农村牧区公共设施、基础设施建设。兴安盟是革命老区、民族地区、边疆地区、西部地区，属于投入倾斜对象，要抓住和用好这个机遇。在资源勘探方面，兴安盟欠账很多，还没有进行资源详查，乌拉山沿山地区和大兴安岭南麓是我区有色金属矿勘探的重点，要加大勘探力度，这对缺煤地区更有现实意义。在资源配置方面，要从全区、从产业布局的角度出发，对兴安盟这样缺资源和暂时没有找到资源的地方进行资源配置，在自治区范围内把资源配置到最佳。在财政支持方面，兴安盟占用国家的专项资金由自治区财政给予解决，自治区成立60周年大庆专项进行补助，拖欠自治区的专项，算自治区支持兴安盟的。在征地方面,兴安盟租用的土地,如果现在不征下来,明年难度更大、成本更高,国土资源厅和财政厅要认真研究,帮助兴安盟在短期内把遗留问题彻底解决。烟厂和乌钢改造问题要专题研究。现在看,乌钢只能异地迁建,利用淘汰落后生产能力的指标,再建一个新企业,旧包袱不能让新建企业背,但可以让它消化部分人员,原厂的包袱、债务问题要专题研究。总之,要从基础设施、产业发展等多方面入手,给予兴安盟大力支持。

(选自在兴安盟调研时的讲话)

加快东部盟市发展的几个重要问题

(2006年12月12日)

　　加快东部盟市发展不仅是落实"五个统筹"、提高协调发展水平的需要,也是提高自治区可持续发展水平的需要。目前,优势地区的经济发展由于基数比较大,增速开始放缓,要保持自治区较长的快速增长期,必须培育新的增长极。东部盟市与优势地区比,发展有差距。但差距就是潜力,差距就是希望。过去强调加快东部盟市发展是解决"拖后腿"问题,现在则要作为自治区保持较长快速增长期的重要支撑来看待。对此,要着重从四个方面去理解和把握。

一、需要加快发展

　　加快东部盟市发展不仅是东部自身发展的需要,也是自治区全局发展的需要。从东部自身来讲,前几年,由于诸多原因,东部盟市没有中西部某些盟市发展快,因此必须加快发展,这也是东部盟市广大干部群众的迫切愿望。从自治区全局来讲,加快东部盟市发展是落实科学发展观,实现自治区第八次党代会提出的目标要求,推动全区经济又好又快发展的需要。自治区第八次党代会提出要提高"两个水平",一个是协调发展水平,一个是可持续发展水平。在提高协调发展水平上,提出落实"五个统筹"取得明显进展,发展不平衡问题有效缓解。从统筹区域协调发展来讲,东部盟市人口占全区53.6%,面积占全区56.2%,但主要经济指标占全区的比重与地域、人口所占的比重很不相称,导致东西部发展差距较大,特别是东部最不发达地区与自治区最发达地区相比,不平衡的程度更大。从统筹城乡协调发展来讲,要促进自治区的城乡协调发展,关键是解决好东部的城乡协调问题。东部盟市第一产业增加值占全区的58.3%,第一产业从业人数占全区的57.6%,而城镇化率只有40.8%,不解决东部的城乡协调问题，就实现不了自治区的城乡协调。从统筹经济社会发展来讲，东部盟市市场发育程度比较低。煤炭、森工、农垦等老国有企业历史遗留问题较多、包袱较重，财力较薄弱，公共服务能力较低。由于产业发展滞后，就业和社会保障能力不强、压力较大。从统筹人与自然协调发展来讲，东部盟市有面积广大的森林、草原、湖泊和湿地，世界少有，在人与自然和谐发展上能为自治区增光添彩。但东部盟市也有呼伦贝尔、科尔沁和浑善达克三大沙地，沙化面积1.73亿亩，占东部总面积的19.2%，还有4000万亩宜林荒山荒地需要治理。从统筹对内对外开放来讲，东部盟市的对外开放条件在自治区最好，毗邻俄蒙，拥有自治区两个最大的口岸。加强同俄蒙的经济技术合作，中央高度关注，并由中央领导亲自推动。但是，目前我们的对外开放在直接利用外资、扩大对外贸易、发展口岸经济、利用境外资源上都还有很大差距。

二、能够加快发展

东部盟市的发展和自治区一样有基础，有优势，有机遇。在有优势方面，除了有自治区的资源、区位、地广人稀和后发优势外，还有自己的特殊优势。从资源讲，水资源和生态资源不仅在自治区，在全国北方地区也算丰富。水资源占全区的78%，人均占有量为全国平均水平的1.6倍；生态资源方面，森林面积占全区的82%，可利用草原面积占全区的60.7%，特色绿色农牧业资源全区少有、全国少有。东部盟市开放条件优越，除满洲里、二连浩特是亚欧大陆桥重要的桥头堡外，阿尔山又被联合国开发计划署规划为第四条亚欧大陆桥的西出口，紧邻的蒙古国东方省有着丰富的能源、有色金属战略资源，合作开发前景非常广阔。

在有机遇方面，自治区面临的几大机遇，直接对应东部盟市的就有两个：一个是振兴东北等老工业基地的机遇，一个是加强同俄蒙经济技术合作的机遇，现在还有一个国家扶持少数民族和民族地区经济社会发展的机遇。东部盟市蒙古族人口占全区蒙古族人口的84%，是"三少"民族的聚居地，国家进一步加大扶持少数民族和民族地区发展的力度，为东部盟市加快发展提供了强有力的支持。

现在，东部盟市发展来势很好，主要体现在两个方面：一是各盟市对各自的盟情市情认识更加深刻，发展的思路更加完善，工作的重点更加突出。呼伦贝尔市提出坚持有进有退，美丽与发展双赢。进的方面强调"四新"：新型工业化、新型农牧林区、新型边境区域合作、新型服务业。退的方面强调四点：压缩旱作农业、控制草原畜牧业、减少森林采伐量、关停低水平工业企业。兴安盟作为自治区发展困难最大、发展水平最低的盟市，从实际出发，提出力争三年打基础，五年上台阶，七年有变化，突破"三个瓶颈"制约，创造发展条件，推动工业化、农牧业产业化、城镇化"三化"互动，培育发展主体，实施农村牧区脱贫、生态建设、环境营造"三大工程"。通辽市提出做好"五篇文章"，特别是依托资源优势做好深度开发利用文章，形成优势产业集群，依托市场做好大范围配置资源的文章，加快非资源产业的引进，对自治区具有启示作用。赤峰市提出"五个重点"，培育优势主导产业，特别是在冶金工业上，提出了有色金属产业达到日处理6万吨采选、年冶炼80万吨、年深加工30万吨的能力和年实现销售收入500亿元的"6835"目标。锡林郭勒盟把5年内达到鄂尔多斯市2005年的水平作为目标，提出"四个坚持"，坚持把推进新型工业化作为经济转型的主攻方向，坚持把生态保护和建设摆在突出的战略位置，坚持把基础设施建设摆到重要日程，坚持把满足人民需要作为根本目的。满洲里市提出口岸立市、工业强市、贸易活市，建设"三大基地"，加快"五个步伐"；二连浩特市提出"一大"、"四提升"等等，各有各的特色，符合各盟市自身的实际，体现了实事求是。二是加快发展的措施正在落实，加快发展的来势初步显现。近年来，东部盟市经济增长速度加快，投资规模扩大，基础设施建设力度加大，经济结构有所改善，经济效益有所提高，很多方面出现了不少的亮点。当前东部盟市经济增长速度已经超过全区平均水平，规模以上工业、固定资产投资增速超过了呼包鄂地区。

三、理性加快发展

根据自治区近几年的发展实践，加快东部盟市发展必须按照又好又快发展的要求，正确处理好三个关系：一是要处理好既要改善发展条件，更要培育发展主体的关系；二是要处理好既要争取外部支持，更要启动内力活力的关系；三是要处理好既要加快发展，又要科学发展的关系。我们这样的欠发达地区更经不起折腾，付不起学费，必须既要加快发展，又要科学发展，实现又好又快发展。

四、支持加快发展

加快东部盟市发展是自治区促进区域协调发展的重大举措,是自治区党委、政府的一件大事,当然也是区直部门的重要任务。各部门要把支持东部盟市加快发展作为份内的责任,为东部盟市加快发展出智、出力。

第一,加强统筹协调。一是要把支持东部盟市加快发展列入党委、政府的重要议程,在支持优势地区继续加快发展的同时,支持东部盟市加快发展。二是要加强同国家东振办的沟通联系,加强同东北三省的协作,把高层协调作为政府的重要工作。三是要加强日常协调,由政府领导牵头,在发改委设立一个日常办事协调机构,人员内部调剂,领导高配,加强力量,加强统筹协调工作。

第二,编好规划。要站在区域经济一体化的角度编制东部盟市发展规划,要体现区域经济一体化和大范围配置资源的思路,做到与上衔接,对下指导,要有前瞻性、指导性、可行性。不仅要有总体规划,还要有专项规划,包括产业发展规划、基础设施建设规划、城市规划等。

第三,用好政策。东部盟市要综合利用好西部大开发、振兴东北等老工业基地、扶持少数民族和民族地区加快发展等政策。按照权利与义务对等的原则,做好纳入东北振兴总体规划后享受相应优惠政策的争取和对接工作。政府要认真研究梳理,进一步把有关政策系统化、规范化、具体化,形成支持东部加快发展的政策支持体系。比如,要对东部盟市实行投入倾斜。今后一个时期,国债资金、中央预算内基本建设资金、自治区本级预算内的资金、国外贷款等各项资金对东部盟市都要确定一个最低的倾斜比例。要逐步建立促进东部盟市发展的基金,支持东部盟市发展社会事业,加强薄弱环节,推进重点领域发展。逐步建立财政贴息制度,引导和协调银行对东部盟市扩大信贷规模。再比如,要加大对东部盟市的专项扶助和转移支付。加大对东部盟市边境地区、贫困地区、革命老区、少数民族聚居区的扶持力度,改善贫困群众生产生活条件,包括扶持"三少"民族、俄罗斯族等人口较少民族发展都要制订落实具体政策。再比如,要支持东部盟市改革开放。自治区要分担一部分森工、农垦等老国有企业改革的成本。在落实国家鼓励优势产业、有实力的企业到境外设立加工企业和经济合作区、开发利用俄蒙资源等方面也要制订具体政策。总之,政策要具体化、可操作、规范化,减少人为因素干扰。

第四,支持产业发展。东部盟市一、二、三产业都有发展潜力,都需要大力扶持。要按照自治区提出的在更高层次上推进"三化"互动的要求,从四个层面支持东部盟市产业发展。首先要研究国家产业政策。根据东部盟市实际,根据国家产业政策,通过调整产业布局来支持东部盟市发展。比如在电力、煤化工、有色冶金等方面引导产业向东部盟市布局。二是要帮助东部盟市培育市场主体。在招商引资工作中重点向东部盟市推荐项目。政府可以帮助培育市场主体,但不能包办替代,政府着力的关键是要加快提升东部盟市市场发育程度。三是要加快核准、同等优先。在同等条件下,优先核准东部盟市项目,同时,也要帮助东部盟市协调解决项目前期、中期、后期遇到的困难和问题。四是要千方百计帮助东部盟市多元融资。多帮东部盟市出主意,建立多种融资渠道。

第五,要支持改善发展条件。我区"十一五"基础设施的投入力度只能加强不能削弱。固定资产投资理性回落是符合规律的,关键是调整投资方向和投资结构,保持适度增长。东部盟市基础设施欠账较多,既是今后加大投入的重点,也是新的投资增长点。加大对东部盟市的投入,既能改善东部盟市发展条件,又能拉动全区固定资产投资保持合理的增速。今年我区固定资产投资将达到3500亿元,前11个月50万元以上固定资产投资总量居全国第九位。今年固定资产投资预计增长30%,增幅低于去年,但增量将达到800亿元。明年增幅可能还要降低,如果增长25%,增量就会有800多亿元,如果增长20%,增量也会达到700亿元。要继续加大基础设施建设力度,重点支持东部盟市生态建设、三大通道建设、口岸建设和资源勘探。要抓好与东北三省畅通便捷的出省公路建设,加强农村牧区基础设施建设,尽快提高二连浩特口岸换装能力,尽早谋划集二铁路复线建设,加快煤、煤化工等新兴工业基地的配套基础设施建设,加大资源详查力度,特别是对大兴安岭南麓和西部沿乌拉山一带资源的勘查力度,重点勘探有色金属等资源。

(选自在东部盟市经济工作座谈会上的讲话)

新起点和重要转折点

（2007年4月17日）

一、全面落实科学发展观，坚定不移地推进优势地区又好又快发展

近年来，呼包鄂三市坚持以科学发展观为指导，紧紧抓住国家实施西部大开发、加强和改善宏观调控等机遇，以新型工业化为主攻方向，加快推进"三化"进程，继续保持了快速持续协调发展的良好态势。去年，三市经济总量达到2710亿元，增长20%，占全区的53.2%；人均GDP5193美元，达到沿海发达地区水平。经济结构进一步优化，三次产业结构演进为4.8:49.3:45.9。规模以上工业增加值占全区的56.5%，六大优势特色产业增加值占全区的70%。经济效益明显提高，财政总收入达到365亿元，占全区的51.2%。全区13个财政收入超10亿元的旗县（市、区），除满洲里市外，其余都在呼包鄂地区。在固定资产投资、实际利用外商直接投资和进出口总额等方面，呼包鄂都占有很大比重。城乡居民收入明显高于全区平均水平。城镇化率63.3%，达到沿海发达地区水平。《2007年中国城市竞争力蓝皮书》对200个中国城市进行了分析，呼包鄂三市的增长竞争力排名第一，鄂尔多斯名列效益竞争力第八位。尤为可贵的是，经过近年来的发展，三市经济的市场化程度日益提高，发展环境明显改善，投资主体实现多元化，经济自主增长机制开始形成。这也是自治区"十五"发展经验中最重要和最根本的一条。实践证明，鼓励和支持优势地区率先发展的决策是正确的。在今后的发展中，我们要继续坚持非均衡发展与均衡协调发展的统一，坚定不移地鼓励和支持优势地区率先发展，以局部带动全局；坚定不移地推进协调发展，大力支持东部地区加快发展步伐，努力实现地区间的协调发展。

[535]

同时也要看到,呼包鄂三市的发展仍然存在一定差距和不足。从总量上看,去年全国有63个地级以上城市GDP超过1000亿元,三市只有包头市刚过千亿元。从质量上看,虽然三市经济增长很快,但是发展不平衡、不协调的问题仍很突出。2006年中国城市综合实力百强评比中,呼、包、鄂分别排第35位、第77位、第54位,除经济因素外,社会事业、基础设施、发展环境等方面的差距仍然较大。比如,在产业发展方面,产业链条短,自主知识产权少,有的增长方式比较粗放,资源综合开发利用水平有待进一步提高;农牧业基础依然薄弱;现代服务业发展相对滞后。在城乡协调发展方面,二元经济结构特征明显,城乡生产力发展、基础设施和公共服务水平差距较大。在改善民生方面,经济增长与群众增收不够协调,城乡居民收入差距扩大,扶贫济困任务比较艰巨,和发达地区相比差距更大一些。去年,中国城市生活质量研究课题组通过对居民收入、消费结构、居住质量、交通、教育、卫生等12项指标进行综合评价,我区只有包头市入围全国城市生活质量排行前50名。

提升呼包鄂的发展层次和质量,推动呼包鄂全面走上科学发展之路,是贯彻落实自治区第八次党代会精神的必然要求。去年底召开的自治区第八次党代会,提出了"提高两个水平、保持两个高于、确保两个实现"的奋斗目标。实现这一奋斗目标,需要全区各族人民、各个地方的共同努力,更需要呼包鄂地区又好又快发展的牵引和带动。目前,国家宏观调控的政策措施逐步完善,今年明确提出"四个着力"、"三个协调"的要求,严把土地、信贷闸门,提高了环保、市场准入等门槛。面对新的形势和任务,呼包鄂三市要进一步转变发展观念,创新发展思路,提高发展质量,推动经济社会全面转入科学发展的轨道。

经过近几年的快速持续协调发展,呼包鄂已经站在一个新的发展起点并处于一个重要的转折点。站在新的发展起点,主要体现在三个方面:一是总量开始做大。继包头市去年GDP超过千亿之后,今年呼和浩特市和鄂尔多斯市都可能突破千亿。从全国280多个地级市竞相发展的格局看,经济总量达不到1000亿元就没有多少竞争资格。二是结构比较合理。目前,三市三次产业构成比例已经达到发达地区水平;城镇化率比全国平均水平高出近20个百分点,达到发达地区平均水平。三是城乡居民收入高于全国平均水平,接近发达地区平均水平。去年,呼包鄂农牧民人均纯收入相当于全国平均水平的1.5倍;城镇居民人均可支配收入比全国平均水平高3000元左右,接近发达地区平均水平。处于一个重要的转折点,主要体现在两个方面:一是三市的人均生产总值已经突破5000美元,根据库兹涅茨经济环境倒U曲线理论,人均地区生产总值达到5000美元到10000美元,进入了经济与环境逐步协调、人与自然趋向和谐共生的转折点。二是随着工业化、城镇化水平的提高,呼包鄂已经到了促进城乡协调和二、三产业协调发展的转折点。从城乡发展协调看,自治区整体上进入了以工补农、以城带乡的阶段,呼包鄂在这方面更具条件和优势,完全可以走好城乡协调发展之路;从二、三产业协调发展看,去年三市三产增速高于全区近2个百分点,不仅三产占GDP的比重远远高于全区平均水平,而且三产占全区的比重也高于二产占全区的比重,呼包鄂完全可以走通走好二、三产业协调发展之路。

三市要准确认识和把握当前的发展形势,增强发展的忧患意识和紧迫感,更加自觉地用科学发展观武装头脑、指导实践、推动工作,真正把科学发展观贯穿于经济社会发展的全过程、落实到经济社会发展的各个环节。

二、着力提高"两个水平",努力实现又好又快发展

自治区对呼包鄂三市的发展定位非常明确,就是呼和浩特市要建成现代化首府城市,包头市要建成我国中西部地区经济强市,鄂尔多斯市要建成我国重要的能源重化工业基地。当前和今后一个时期,推进呼包鄂三市又好又快发展,必须全面贯彻落实科学发展观,按照自治区第八次党代会要求,着力提高协调发展水平和可持续发展水平,进一步增强综合实力、市场竞争力和创新能力,在自身发展的同时,为自治区的发展大局做出新的更大的贡献。

对于呼包鄂三市来讲,提高协调发展水平,就是要率先在调整和优化经济结构上取得突破,积极推进产业结构、投资结构、所有制结构、生产力布局结构调整,促进城乡、经济社会、区域协调发展,切实增强发展的全面性和协调性。提高可持续发展水平,就是要率先在转变经济增长方式上取得突破,大力发展循环经济,努力提升产业发展层次,加强生态环境和基础设施建设,推进科技创新和人力资源开发,提高资源综合开发利用水平,加大节能降耗和污染减排力度,实现速度、结构、质量、效益相统一,人口、资源、环境相协调,切实增强发展的稳定性和可持续性。这是贯彻科学发展观的基本要求,是解决经济发展中突出问题的迫切需要,也是实现三市奋斗目标的重要保障。

同时,要不断增强综合实力、市场竞争力和创新能力。增强综合实力,就是经济总量持续增加,发展质量和效益显著提高,各项社会事业全面进步,人民生活明显改善。增强市场竞争力,就是经济发展的市场化程度明显提高,自主增长机制更加完善,生态环境和基础设施不断改善,产业规模和层次得到提升,发展潜力和后劲进一步增强。增强创新能力,就是各项改革稳定推进,保障科学发展的体制机制逐步健全;创新体系建设逐步完善,自主创新能力明显增强;对外开放深入发展,逐步成为资本、技术、人才等综合要素流入区。

当前和今后一个时期,要突出抓好以下四个方面的工作:

(一)提升产业发展水平,着力培育、不断做大做强优势特色产业

实施西部大开发、加快西部地区发展的主要任务有两条:一是加大基础设施投入,改善发展环境和条件;二是鼓励西部地区发展优势特色产业,增强地区经济实力。做大做强优势特色产业,既是我们加快发展的重要途径,也是中央对我区寄予的希望。呼包鄂之所以成为全区的优势地区,主要靠的是优势特色产业发展;今后呼包鄂要再创发展新优势,必须依靠产业发展的支撑。在去年的呼包鄂座谈会上,我们提出了"产业多元、产业延伸、产业升级"的思路,实践证明是符合实际的。在今后的发展中,三市要继续下大力推进产业多元、产业延伸、产业升级,不断提升产业发展水平。

在推进产业多元方面,要坚持依托资源而又不依赖资源,在继续发展和提升资源型产业的同时,加快发展非资源型加工业,不断培育新的产业增长点。要充分发挥地区比较优势,在国家许可、市场需要、条件具备的前提下,高起点、高水平承接国内外产业转移,加快发展以运输机械、工程机械、风力发电设备为主的装备制造业,以稀土高新、电子信息、生物制药为主的高新技术产业,大力发展交通运输、物流、金融等面

向生产的现代服务业和教育、文化、休闲旅游等面向生活的服务业,提高非资源型产业比重,构筑多元化支撑的产业体系。

在推动产业延伸方面,要通过延伸产业链条、发展精深加工,逐步由主要生产原材料和中间产品转变到生产直接面向市场和消费的终端产品。目前,我区煤炭转化率已近50%。随着资源开发力度的加大,转化的力度也要加大,要重点抓好煤制油、煤化工,抓好天然气化工、氯碱化工等产业。已经形成一定规模的产品,如钢铁、有色金属、PVC等,要努力向下游延伸。要加强重点工业园区建设,大力发展园区循环经济,培育和发展优势产业集群,提高产业关联度、集中度和影响力。要大力发展中小企业,围绕优势特色产业搞延伸,围绕重点项目搞协作,推动企业向"专、精、特、新"方向发展。

在推动产业升级方面,要注重发挥后发优势,强化自主创新,通过技术跨越带动产业升级,着力打造智力密集、竞争力强的高端产业。呼包鄂三市要积极搞好技术引进,通过引进主动承接先进生产力转移。同时,切实提高企业的自主创新能力,构建以企业为主体、市场为导向、产学研相结合的开放型创新体系,着力培育产业核心竞争力,着力培育更多拥有自主知识产权、核心竞争力强的企业集团。要强化人才支撑,在积极培养自有人才的同时,采取多种形式大力引进各类高素质人才,使经济社会发展真正转入依靠科技进步和提高劳动者素质的轨道上来。

(二)统筹城乡发展,加快推进社会主义新农村新牧区建设

呼包鄂三市总体实力较强,城镇化水平较高,推进以城带乡、以工促农的条件比较成熟。要适应新形势新任务的要求,在提升城市集聚和发展能力的同时,认真研究解决统筹城乡发展问题,在全区率先推进社会主义新农村新牧区建设。

一是要大力发展现代农牧业。按照中央的要求,积极用现代物质条件装备农牧业,用现代科学技术改造农牧业,用现代产业体系提升农牧业,用现代经营形式推进农牧业,用现代发展理念引领农牧业,用培养农牧民发展农牧业,努力提高农牧业水利化、机械化和信息化水平,提高土地产出率、资源利用率和农牧业劳动生产率,提高农牧业质量、效益和市场竞争力。要把促进农牧业产业化作为发展现代农牧业的重要

突破口,努力构建生产、加工、销售有机结合的高效农牧业产业体系,加快推进产业化经营机制创新, 特别要扶持龙头企业与农牧民建立紧密的利益联结机制和互动发展的长效机制,通过产业化带动农牧业结构调整,促进农牧业提质增效。

二是要加大对农村牧区的投入力度。农牧业和农村牧区投入不足,是导致农村牧区经济社会发展滞后、城乡发展差距拉大的重要原因。呼包鄂三市经过近年来的发展,自我积累和发展能力较强。要认真落实各项支农惠农政策措施,积极调整财政支出结构,切实做到财政支农投入的增量高于上年,固定资产投资用于农村牧区的增量高于上年,土地出让收入用于农村牧区建设的增量高于上年, 建设用地税费提高后新增收入主要用于"三农三牧"。要拿出更多的财力向农牧业和农村牧区倾斜,不仅要支持农牧业产业发展,更要支持农村牧区基础设施、社会事业、公共服务的建设和发展,逐步缩小城乡差别,促进农牧业和农村牧区经济社会全面发展。

三是要拓展农牧民增收空间。在充分挖掘农牧业内部增收潜力的同时,不断提高农牧民非农产业增收比重,提高经营性增收、工资性增收、财产性增收、转移性增收水平。对于呼包鄂来讲,还有一个现实途径就是减少农牧民。目前,北京、上海两市放宽了本市农业人口转为非农业人口的条件限制。广东省的深圳、佛山、中山等地将城镇化水平较高的农村居民统一转为非农户口,实行城市化管理。在这个问题上,呼包鄂可以进行些探索和尝试,逐步建立城乡统一、公平竞争的劳动力市场,使更多的农牧民转移出来就业创业。

(三)大力发展非公有制经济,推动服务业健康发展

经过近年来的发展,呼包鄂三市非公有制经济有了长足进步,投资和发展主体多元化格局已经形成。目前,三市非公有制经济占GDP的比重为49.4%, 比全区平均水平高11.7个百分点。但与发达地区相比还有一定差距,经济实力位居全国前列的广东、山东、江苏、浙江等地,经济增长主要来自非公有制经济, 其中浙江省的非公有制经济比重达70%多。非公有制经济不仅是拉动经济发展的重要力量,也是解决就业的主要渠道。"十五"期间,我国新增就业岗位中3/4以上是由非公有制经济

提供的。呼包鄂三市要努力在非公有制经济发展的规模、质量、效益上取得新的突破。要在积极引进区外非公有制企业的同时,注重培育本地民营经济主体,积极鼓励、引导和支持全民创业,着力构建大企业顶天立地、小企业铺天盖地的发展格局。要为非公有制经济快速健康发展创造良好的环境和条件,建立健全发展非公有制经济的支持和服务体系。要鼓励和支持非公有制经济创新组织形式,规范内部管理,不断提高自身素质和经营管理水平。

服务业发展水平,是衡量现代社会经济发达程度的重要标志。最近,国务院下发了《关于加快发展服务业的若干意见》,提出要在实现普遍服务和满足基本需求的前提下,依托比较优势和区域经济发展的实际,科学合理规划,形成充满活力、适应市场、各具特色、优势互补的服务业发展格局。在发展服务业问题上要进一步解放思想,积极发展具有比较优势的现代服务业和传统服务业,主动承接发达地区产业转移,不断提高服务业对经济增长的贡献率。呼包鄂工业化进程较快,居民收入和消费水平较高,更有条件促进现代服务业的发展。要依托中心城市,充分发挥人才、物流、信息、资金等优势,加快服务业结构调整步伐,提高服务业质量和水平,促进服务业优化升级。要打破行政分割和地区封锁,充分发挥市场机制的作用,鼓励地区之间加强合作,促进服务业资源整合。

(四)推进和谐社会建设,促进人的全面发展

随着地区实力的增强和发展层次的提高,呼包鄂三市要更加注重和谐社会建设,努力在构建和谐社会方面走在全区前列。通过努力,在全区率先提高人民群众的收入水平、教育水平和健康水平,努力促进人的全面发展。

一是要提高人民群众的收入水平。高度重视低收入群体的增收问题,切实加大社会保障和扶贫济困力度,不断改善困难群体的生产生活条件。积极探索、逐步建立收入增长与经济增长良性互动机制,把政策增收、就业增收、产业增收、社保增收有机结合起来,广辟增收渠道,促进居民收入来源多样化。充分就业是稳定提高收入水平的前提和保障。要把扩大就业作为经济社会发展的重要目标, 在大力发展资本和技术

密集型产业的同时,更加注重发展劳动密集型、就业容量大的产业,培育新的就业增长点。要大力倡导、积极推动自主创业,支持多渠道就业。

二是要提高人民群众的教育水平。人民群众受教育水平的高低,是社会文明进步的重要标志,也是促进经济社会发展的重要支撑。呼包鄂拥有全区64%的普通高校、49%的中等专业学校、1/4的职业中学,在提高群众受教育水平方面理应走在全区前列。要坚持把教育摆在优先发展的地位,巩固发展义务教育,大力发展职业技术教育,积极有序发展高等教育。坚持教育的普惠性,切实解决好城乡困难家庭和进城务工人员子女就学问题,保障人人享有平等的受教育机会。要从经济社会发展的实际出发,大力培养经济、技术、管理方面的高素质人才和产业发展急需的适用型人才,促进人才资源向人力资本转化。

三是要提高人民群众的健康水平。现代经济学认为,卫生与经济的关系是双向的,卫生的发展取决于经济的发展,而经济的发展也有赖于人民健康水平的提高。据世界银行对部分发展中国家的调查分析,经济增长对人们预期寿命产生的影响,1/3是通过减贫,2/3是通过增加公共卫生开支。呼包鄂三市要大力发展公共医疗卫生事业,深化医疗卫生体制改革,建设覆盖城乡居民的基本卫生保健制度,为群众提供安全、有效、方便、价廉的公共卫生和基本医疗服务,切实解决群众看病难、看病贵的问题,努力缩小不同群体医疗卫生服务差距。要加强和完善公共卫生应急体系,提高疾病预防控制、公共卫生监督、突发公共卫生事件应急处置能力。要进一步推进农村牧区医保工作,健全完善医疗卫生服务网络,改善医疗卫生条件。要开展全民健身活动,加快发展体育事业和体育产业,开展健康向上、丰富多彩的文体娱乐和休闲文化活动,促进群众的内心和谐和身心健康。

三、正确处理"三个关系",切实提高领导科学发展的能力和水平

一是正确处理政府推动与市场调节的关系。在新型工业化和城镇化加速推进的新形势下,领导和推进科学发展,既需要充分发挥市场机制的作用,也离不开政府的引导和推动。要确立和尊重市场的主体地位,最大限度地激发各类市场主体的活力和潜力,充分发挥经济自主增长机制的功能和作用,依靠市场机制调整经济关系,运用市场手段调处

经济运行中的各种矛盾和问题,通过市场运作实现资源的优化配置。要注重发挥政府的推动作用,科学制定发展规划,完善产业政策,综合运用经济、法律和必要的行政手段,引导市场主体朝着符合国家产业规划、产业政策的方向发展,保证国民经济平衡有序运行,防止出现过快增长和较大回落,实现又好又快、较长较快增长。作为政府,则必须自觉按市场经济规律办事,切实转变经济管理职能,更加注重宏观上的指导和调节,把更多的精力放在为市场主体服务和营造良好发展环境上来。

二是正确处理促进发展与改善民生的关系。发展是党执政兴国的第一要务,改善民生是实践党的宗旨的根本要求。各级一定要把推动发展与改善民生紧密结合起来,把解决民生问题作为最大的政治,把改善民生作为最大的政绩,努力使人民群众从改革发展中不断得到更多实惠。一方面,要着眼于各族群众的长远利益和整体利益,把发展作为解决民生的根本途径,坚持发展是硬道理不动摇,坚持以经济建设为中心不动摇,通过又好又快的发展不断增进各族人民的福祉。另一方面,要更加关注、切实解决群众当前最关心、最直接、最现实的利益问题,把为困难群众办实事、解难事摆到党委、政府的重要议事日程。今年是自治区成立60周年,全区上下将开展一系列庆祝活动,各地在组织实施好各项庆祝活动时,要把工作的着力点放到改善群众生产生活条件上,切实有效地为各族群众特别是困难弱势群体办实事、办好事。

三是正确处理鼓励竞争与加强合作的关系。竞争与合作,是区域发展的主要方式。没有竞争就没有动力,没有活力;没有合作也就没有合力,没有良性互动。无论是全区范围还是呼包鄂三市,都要积极鼓励竞争,努力形成千帆竞发、百舸争流的竞相发展态势。但鼓励竞争不是盲目攀比,更不是搞低水平的重复建设,而是要在国家产业政策允许的范围内,不断培育和发展具有比较优势的产业和企业,提高自身发展的质量和水平。在鼓励竞争的同时,要更加注重加强地区间的交流与合作,让资金、技术、人才、信息等生产要素自由流动,谋求整体利益的最大化,实现资源共享、优势互补、互利共赢。对于呼包鄂来讲,当前要认真研究解决以下几个问题:一要进一步建立健全统一有序的现代市场体系,打破地区市场分割,促进区域间市场开放和要素的自由流动。二要进一步建立健全互联互通的基础设施保障体系，不断完善基础设施和公共服务，完善城市功能，提升城市品位，逐步把呼包鄂三市打造成为在国内外有较强影响力的城市群。三要进一步建立健全互利互惠的资源开发利用合作体系，加强区域土地资源、能源资源和水资源的统一规划和管理，建立科学合理的利益分配机制，促进各类资源的优化配置和共建共享。四要进一步建立健全长期稳定的组织协调体系，坚持和完善区域发展协调联席会议制度和区域发展会商机制，及时解决区域合作中遇到的困难和问题，保障区域经济一体化的顺利推进。

（选自在呼包鄂三市经济工作座谈会上的讲话）

抓好产业发展
是实现东部盟市振兴的关键

（2007年11月1日）

　　党的十七大提出要把十七大作为新的历史起点，这是对全国而言的。自治区是全国的一个局部，与全国一样也是站在一个新的起点上，在今年庆祝自治区成立60周年的时候，我们提出要把自治区成立60周年作为一个新起点。看来我们的想法是符合党和国家的宏观想法的。我们现在的基础和前几年的基础不一样了。今年全区GDP将达到6000亿元，人均GDP超过3000美元，人均财政收入超过4000元。按照可预见的分析，到2010年全区GDP将达到10000亿元，人均GDP超过5000美元。发达国家走过的道路表明，人均GDP在3000—5000美元之间，又是一个发展的黄金期。如何站在新起点，寻求新突破，实现新跨越，是当前我们必须深入研究的一个重大课题。

　　一是发展理念上的跨越。就是要以科学发展观为指导，按照党的解放思想、实事求是、与时俱进思想路线的要求，深入学习贯彻中国特色社会主义理论体系和科学发展观的战略思想，用马克思主义中国化的最新理论成果来武装头脑、思考发展。在前不久的常委扩大会上，关于解放思想我强调两点，第一点是眼界要宽一点，第二点是眼界要远一点。眼界要宽一点，就是要按照中央对高级领导干部提出的要求，树立世界眼光和战略思维，更加自觉地把我们的发展置于全国的发展大局之中来谋划；眼界要远一点，就是我们的发展要考虑未来、为了未来，多干打基础、利长远的事情，不能只顾眼前、不顾长远，干吃祖宗饭、断子孙路的事。十七大期间，锦涛总书记在参加江苏代表团讨论时指出，我们的发展理念一开

[545]

始叫做加快发展,之后提出又快又好发展,后来提出又好又快发展,经历了这么三个阶段。强调好字当头、好中求快,不是一字之差的问题,这是我们党发展理念的重大飞跃。实现东部盟市的振兴,首先要在发展理念上实现新的跨越,也就是要跨越加快发展和又快又好发展这两个阶段,直接转到又好又快发展上来,切实把发展的起点和基点定位在又好又快上。又好又快有很多内涵,从自治区这几年发展情况看,又好又快初步体现在四个方面,一是经济运行的质量比较好,二是经济结构比较合理,三是经济运行的机制比较活,四是经济发展的协调性和可持续性增强。

二是发展方式上的跨越。这个内涵也很多,主要有四条。一是要注重优化经济结构,注重提高发展的质量和效益,努力实现速度和结构、质量、效益相统一;二是要注重保护生态环境和节约资源,努力实现经济发展和自然、资源、环境相协调;三是要在大力推进新型工业化的同时,注重发展现代农牧业和现代服务业,努力实现三次产业发展相协调;四是要注重社会事业发展,注重改善民生,努力实现经济发展与社会发展、民生改善相协调。

促进跨越,必须有大的举措,必须通过一些具体的措施来支撑和推动跨越。对各级党委、政府而言,主要有三个方面。

一是坚持改革,扩大开放,重视创新。这是自治区七次党代会提出的三大动力问题。坚持改革,就是坚持社会主义市场经济体制的改革方向,消除制约经济发展的体制机制障碍。扩大开放,就是在发挥对内开放优势的基础上,积极扩大对外开放,真正把自治区的地缘优势变成经济优势。扩大对外开放,最重要的是大力发展口岸经济和加强与俄蒙的经济技术合作。中央非常重视与俄蒙的经济技术合作,我们与俄蒙经济技术合作的互补性很强,但我们与俄蒙的经济技术合作只是刚刚破题或者叫尚未破题,口岸经济也只是刚刚起步。东部盟市拥有全区两个最大的口岸,对外开放的优势十分明显,一定要在利用"两种资源"和"两个市场"上下功夫、求突破。在对内开放上,要呼应东北振兴,但不限于东北,同时积极推进与长三角、珠三角等区域的广泛合作。重视创新,一是要发挥后发优势,实行技术跨越;二是要充分运用国内自主创新成果;三是要突出企业的创新主体地位。在发展先进生产力的同时,要坚决拒绝落后生产力的转移,坚决淘汰现有的落后生产力。

二是以人为本,以和为贵,以稳定为重。以人为本,是科学发展的核心,要切实做到发展为了人民、发展依靠人民、发展成果由人民共享。以和为贵,是中华民族的传统美德和优秀文化,各方面的工作都要讲求和谐,特别要促进领导班子内部的和谐,努力形成社会和谐人人有责、和谐社会人人共享的局面。要以稳定为重,这是我们发展的基础和前提,对于我们边疆少数民族地区来讲,更要强调民族团结、社会稳定和边境安宁,充分发挥首都护城河和祖国北疆安全屏障的作用。

三是优化环境,要素流入,产业兴旺。优化发展环境,是近年来自治区着力抓的一件大事。在硬环境建设方面,我们突出抓了生态建设和基础设施建设,取得了明显的成效。当前和今后一个时期,要特别注意抓好三大资源问题。一是水资源的合理开发利用问题。东部地区水资源比较丰富,现在主要是如何用好的问题。西部地区主要是如何合理调整用水结构,加大节水力度,用好现有黄河水资源的问题。二是矿产资源勘查问题。要继续加大勘查力度,进一步摸清家底。三是国土资源包括环境容量调查问题。要切实加强软环境建设,努力形成良好的法制环境、社会环境和信用环境。要素流入问题非常重要。自治区明确提出,不仅要成为资金流入区,而且要成为人才、技术和管理等要素流入区。人才是全国性的,只要有产业发展、企业平台和人才施展的舞台,人才自然就会进来。产业兴旺的标志就是优势更优、特色更特,这就要求我们的产业层次要更高、产业集中度要更高、产业链条要更长、产品市场份额要更大。现在,我们有些行业、有些产品在国内市场的占有量已经很大了。从能源来讲,今年的装机将达到4000万千瓦,明年达到5000万千瓦;发电量去年是全国第6位,今年可能还会前移;煤炭已经是全国第二位了;有色金属400万吨,在全国占很大份额;煤化工也是全国最多的;农畜产品中的液态奶产量占全国一半以上,牛羊肉产量居全国第一。

下一步,实现东部盟市振兴的关键是要深入贯彻落实科学发展观,把产业发展作为重点,采取强有力措施,进一步优化提高第一产业、做大做强第二产业、大力发展第三产业,推进产业协调发展,努力实现经济社会又好又快发展。

优化提高第一产业，必须调整结构、统筹城乡，
加快推进农牧业现代化进程

党的十七大报告指出，要走中国特色农业现代化道路，形成城乡经济社会发展一体化新格局。东部盟市作为我区的农牧业主产区、农牧民人口集中区和生态保护建设重点区，大力发展现代农牧业，对于优化提高第一产业，建设社会主义新农村新牧区，具有十分重要的意义。经过长期努力，东部盟市农牧业已具有较好的发展基础和条件。但与发展现代农牧业的要求相比，与东部盟市良好的农牧业资源条件相比，农牧业发展的层次和水平还不高。一定要按照发展现代农牧业的要求，切实加大结构调整和城乡统筹力度，促进农牧业经济又好又快发展。

一是下大力调整农牧业结构。调整优化农牧业结构，是发展现代农牧业的重要环节。要充分发挥草原辽阔、土地肥沃、环境压力小、农牧业资源丰富的比较优势，举绿色旗、打特色牌、走生态路，大力发展优势特色农牧业。要把大力发展畜牧业特别是农区畜牧业放在更加突出位置，重点发展肉牛、肉羊、奶牛、鹅鸭、生猪等产业，优化畜种结构，提高良种化水平，加快促进农牧业由种植业主导型向养殖业主导型转变。要在稳定粮食生产的前提下，进一步优化种植业结构，大力发展具有区域特色和市场竞争力的绿色、生态、有机农作物，提高农产品质量和效益，推进种植业向优质高产高效方向发展。

二是下大力转变农牧业发展方式。转变农牧业发展方式，是发展现代农牧业的关键所在。要切实抓好农牧业科技进步与创新，加强农牧业良种培育、先进种养技术集成、农畜产品精深加工、动植物病虫害防控的推广应用，着力提高农牧业科技含量和贡献率。要把生态保护和建设放在突出位置来抓，全面推行草畜平衡和禁牧休牧轮牧制度，大力发展舍饲圈养，走生产发展、生活富裕、生态良好的发展路子。切实抓好以水利为中心的农田草牧场基本建设，不断增强农牧业抵御自然灾害的能力。大力推进农牧业机械化，提高关键生产环节、重点作物、农畜产品集中产区的机械化装配水平和专业化生产水平。

三是下大力推进农牧业产业化经营。这是发展现代农牧业、提高农

牧业效益的重要手段和途径。要立足资源禀赋、发展基础和产业特点，积极引进和大力培育强势龙头企业，着力打造一批规模大、起点高、辐射带动力强的农牧业产业化龙头企业，促进农畜产品加工业集约化、集群化发展。切实加强农牧业生产基地建设，推进农畜产品生产向区域化、规模化、专业化、集约化、标准化方向发展。不断完善产业化经营的利益联结机制，加快形成企业与农牧户"风险共担、利益共享"的利益共同体。加强农畜产品流通市场体系建设，建设一批功能齐全、辐射力强的专业批发市场。切实加强品牌建设，不断提升本地农畜产品的知名度和竞争力。

四是下大力推进城乡一体化发展。积极推进城乡统筹发展，是贯彻落实科学发展观的必然要求。要抓住新型工业化和城镇化加速发展的有利时机，大力推进城乡生产力布局调整，切实抓好"收缩、集中、转移"工作。不断深化户籍、就业、社保等城乡配套改革，消除体制障碍和政策壁垒，加快推进农村牧区人口转移步伐。大力发展劳动密集型产业、中小企业和非公有制经济，努力为农牧民进城提供更多的就业岗位。高度重视、切实抓好农牧民增收工作，把产业增收和政策增收、转移增收、社会保障增收有机结合起来，进一步促进农牧民收入来源多元化、增收稳定化。按照推进城乡基本公共服务均等化的要求，积极促进公共财政向农村牧区倾斜、公共设施向农村牧区延伸、公共服务向农村牧区覆盖，大力推进农村牧区基础设施和公共服务体系建设。

做大做强第二产业，必须立足优势、转变方式，
加快推进新型工业化进程

近年来，自治区经济持续健康发展，很大程度上得益于工业化的推进特别是优势特色产业的发展。相对于呼包鄂优势地区，东部盟市发展主要滞后于工业。一是总量小，去年东部盟市工业增加值占地区生产总值的比重为32.3%，低于全区平均水平9个百分点，只占全区比重的25.8%。二是建设项目少，今年自治区确定的120项工业重点项目中，东部盟市只有47项，投资额占38.6%。三是制约因素多，支撑工业发展的交通、电力、水资源等基础建设滞后，人才特别是企业经营管理人才缺乏。做大做强第二产业，必须突出重点，着力在以下三个方面下功夫。

一是要在加大投资力度、加快项目建设上下功夫。近年来，东部盟市工业投资及重点项目建设有所增加。今年1—9月份，东部盟市工业固定资产投资同比增长37.79%，高于全区平均增速20.15个百分点。锡林郭勒盟和赤峰、通辽、呼伦贝尔市工业投资增速分别位于全区第一、第二、第三和第五位，发展势头良好。要紧紧抓住国家振兴东北等老工业基地的有利时机，按照符合国家产业政策、符合市场需求、符合地区实际的要求，积极调整投资结构，保持工业经济投资增长的合理规模。在项目建设上，已经核准立项的要及早开工，已经开工的要加快建设进度、尽早达产达效。同时，要积极做好项目前期工作，设计、规划、储备一批开发潜力大、市场前景好的项目。要立足地区优势，加快对外开放步伐，进一步扩大招商引资规模，努力引进一批国内外大企业、大集团、大项目，做大做强优势特色产业，全面提升工业经济发展水平。

二是要在优化工业结构、转变发展方式上下功夫。要结合实际，着力推进产业多元、产业延伸、产业升级。推进产业多元，一方面要大力发展能源、化工、有色金属工业和农畜产品加工业等资源型产业，着力培育大产业、大基地、大集群，加快建设新型重化工基地、有色金属开采冶炼加工基地、绿色农畜产品加工基地。另一方面要认真贯彻国务院《东北地区振兴规划》鼓励发展装备制造业、高技术产业的政策措施，积极承接东北、华北、东部沿海地区先进的非资源型产业转移，大力发展风力发电设备、机械加工等制造业，发展轻纺工业品加工等产业，发展生物、新材料等高新技术产业，进一步优化工业经济结构，培育工业经济新的增长点。推进产业延伸，要重点抓好煤、有色金属、农畜产品等产业的转化和延伸，大力发展下游产业，延长产业链条，逐步由主要生产原材料和中间产品转变到生产直接面向市场和消费的终端产品，提升产业发展层次。推进产业升级，要切实抓好"上大、压小、引新"和节能减排工作。"上大"，就是着力培育和发展大项目、大企业、大集团，走大产业的发展路子。"压小"，就是严格按照国家产业政策的要求，坚决淘汰高耗能、高污染、低水平的落后生产能力。"引新"，就是立足高起点，加大技术创新、技术引进力度，使新上项目的技术和装备水平努力达到国际国内同行业先进水平，不断提高产业的核心竞争力。要认真贯彻国家节能减排的各项政策措施，强化节能降耗,大力发展循环经济,促进资源节约和环境友好。

三是要在培育强势企业、壮大产业集群上下功夫。当前,以强势企业为龙头,引导中小企业向园区集中,已成为国内外产业发展的一大趋势。从东部盟市看,工业领域能够"顶天立地"的大企业不多,中小企业发展也不快。要支持现有引进的大企业尽快做大,同时要加大力度,再引进一批引领产业发展、支撑地区经济,具有较强竞争力的强势企业。要切实搞好基地和园区的规划和布局,加强基础设施建设,培育和发展优势产业集群,不断提高产业的关联度、集中度和竞争力,形成上中下游产业有序衔接、大中小项目合理配套的局面。要大力发展中小企业,坚持围绕优势特色产业搞延伸、围绕重点项目搞协作,大力实施"一个产业带动百户中小企业工程",努力打造中小企业集群,推动中小企业向"专、精、特、新"方向发展。

大力发展第三产业,必须拓展领域、提升层次,努力提高现代服务业发展水平

大力发展服务业,不断提高服务业在国民经济中的比重,是优化经济结构、转变发展方式的重要途径,也是改善民生、构建和谐社会的内在要求。党的十七大报告指出,要发展现代服务业,提高服务业比重和水平。国务院《东北地区振兴规划》也对服务业发展提出了明确要求和工作重点。相对于一、二产业来说,东部盟市第三产业的差距更大,发展潜力也更大。东部盟市要抓住新型工业化、城镇化加快发展和居民消费结构升级的有利时机,进一步拓展服务业领域,优化服务业结构,提升服务业层次。

一是要大力发展生产型服务业。生产型服务业是当今全球发展最快的产业之一,目前发达国家服务业占经济总量的70%左右,而生产性服务业又占服务业的70%左右。在现代工业产品、农业产品的附加值构成中,生产性服务所占的比例越来越高,生产型服务业的市场空间越来越广阔。我区东部盟市的物流业发展已经有了一定基础。要紧紧抓住国家实施振兴东北等老工业基地的机遇,充分发挥地缘优势,制定实施物流业发展规划,大力引进和培育龙头物流企业,培育壮大物流园区,提升物流

业专业化、市场化、社会化服务水平。金融是现代经济的核心。东部盟市金融业规模较小，发展滞后。要围绕推进新型工业化、农牧业现代化和城镇化，大力推进金融改革和开放，进一步引进、整合金融资源，健全金融体系，创新金融服务，提高银行、信托、保险、证券等金融服务水平，促进金融服务多样化和现代化。要大力发展信息、咨询、培训、研发等服务业，加快发展律师、公证、会计、审计、资产评估服务业，不断完善人才、劳动力等市场中介服务业，积极推广代理、代办、经纪、拍卖、担保服务业，培育更多的服务业市场主体，推动生产性服务业健康快速发展。

二是要大力发展生活型服务业。生活型服务业与百姓生活息息相关，随着人民群众生活质量的改善，人们对服务业的需求层次越来越高。要围绕提高服务质量和水平，进一步改造提升传统服务业，特别是大力发展社区服务业，扩大社区卫生、家政、养老托幼等服务规模，发展诚信便民、业态多样的商贸业、餐饮业。要积极适应消费结构的变化，在提高城乡居民收入水平的同时，不断拓宽消费领域，扩大居民在住房、交通、通信、文化、教育等方面的有效需求，积极培育新的消费增长点。要改善消费环境，扩大消费信贷，完善服务体系，推动消费合理增长。旅游业是东部盟市的优势产业。近年来，东部盟市旅游业发展较快，旅游业收入占第三产业的比重高于全区平均水平。今后要进一步加快发展步伐，着力提高旅游业规模、档次和经营管理水平。要认真编制旅游业发展规划，加大旅游基础设施建设、招商引资、人才培养等方面的投入，努力改善旅游条件，优化旅游环境，提高旅游业服务水平。要立足本地区的优势和特色旅游资源，加强与俄蒙和东北地区的联合与协作，努力打造一批国内一流旅游精品项目，建设一批知名、精品旅游区。要加大宣传营销力度，不断提高东部盟市旅游业发展的知名度、影响力和竞争力。

（选自在东部盟市经济工作座谈会上的讲话）

呼包鄂要在落实
"三、四、五"要求上下功夫

（2008年4月15日）

当前,呼包鄂三市已站在新的历史起点上,正处在经济社会发展的关键时期,要进一步深入贯彻落实科学发展观,努力实现又好又快发展。

一、增强"三种意识",继续解放思想

解放思想、实事求是、与时俱进,是我们党的思想路线。改革开放以来自治区每一个进步,都是解放思想的结果;呼包鄂三市又好又快发展,也是解放思想的结果。今年是改革开放30周年。胡锦涛总书记在党的十七届二中全会上指出:"解放思想、实事求是、与时俱进,是马克思主义活的灵魂,是我们适应新形势、应对新挑战、认识新事物、完成新任务的根本思想武器。没有解放思想,就没有改革开放和社会主义现代化建设的成就,就没有中国特色社会主义的发展。"按照总书记的要求,全国各地在贯彻十七大精神过程中,都提出要推动新一轮思想解放。广东等沿海发达地区提出要坚定不移地继续解放思想,争当实践科学发展观的排头兵。在未来的发展中,三市要全面审示所处环境的深刻变化,清醒认识经济社会发展的阶段性特征,深入分析自身发展的优势和不足,准确判断未来发展的趋势和走向,进一步解放思想,着力转变不适应不符合科学发展观的思想观念,着力完善又好又快发展的思路和措施,认真贯彻胡锦涛总书记视察我区时的重要指示,在继续解放思想、坚持改革开放上迈出更大步伐,在推动科学发展、促进社会和谐上取得更大成效。结合三市实际,当前在解放思想中要切实增强"三种意识"。

一是要增强忧患意识。党的十七大以来,胡锦涛总书记多次强调,越是形势好,越要有忧患意识,越要居安思危。早在20多年前,邓小平同志就曾指出:"现在看来,发展起来以后的问题不比不发展时少。"近年来,呼包鄂三市发展势头良好,但发展中遇到的困难和问题、面临的风险和挑战依然不少。从当前宏观经济环境看,美国次贷危机和全球性通货膨胀压力等不确定性因素仍在发展,世界经济增速趋缓,进入新一轮调整期,对产业转移和经济稳定发展将产生不利影响。国家进一步加大宏观调控力度,强调要防止经济增长由偏快转为过热、防止价格由结构性上涨演变为明显通货膨胀。呼包鄂三市要带头把做好"两防"工作作为贯彻落实科学发展观的重要实践,作为破解发展难题的治本之策,作为转变发展方式的重要机遇,在落实"两防"中实现又好又快发展。从国内发展的横向比较看,全国已有13个非直辖市GDP超过3000亿元,超过1000亿元的城市有70多个。从三市自身发展看,还存在许多薄弱环节。自治区所分析的需求结构、产业结构、所有制结构、企业组织结构、经济外向度等八大矛盾在呼包鄂三市同样存在。面对新的发展环境和竞争压力,三市必须切实增强忧患意识,始终保持清醒头脑,在科学发展的道路上迈出更加坚实的步伐,取得新的更大的成效。

二是要增强机遇意识。近年来,呼包鄂三市紧紧抓住国家西部大开发等战略机遇,加快推进"三化"进程,经济社会发展取得显著成效。本世纪头20年是我国发展的重要战略机遇期。党的十七大根据国内外形势的新变化,进一步指出:"当今世界正在发生广泛而深刻的变化,当代中国正在发生广泛而深刻的变革。机遇前所未有,挑战前所未有,机遇大于挑战。"三市一定要树立强烈的机遇意识,把握机遇、应对挑战。目前呼包鄂三市已经进入经济社会发展的转型期。胡锦涛总书记不久前视察我区时指出,内蒙古这些年经济增长速度比较快,没有发展速度的压力。越是在这种情况下,越要重视转变经济发展方式,努力推动经济又好又快发展。党的十七大和十一届全国人大一次会议进一步明确,国家将继续加大西部大开发力度,以产业开发为重点,鼓励西部地区大力发展符合市场需求、国家产业政策和地区实际的优势特色产业。随着经济全球化和区域经济一体化进程的加快,西部地区正在成为国家重要的产业转移接续地。国家现在越来越重视沿边开放特别是对俄蒙开放,为三市扩大对外开放提供了良好机遇。国际能源、原材料价格上涨,对以能源和资源开发利用为主导产业的地区也是重要的发展机遇。抓住用好这些机遇,三市一定会发展得更好。

三是要增强创新意识。创新是一个国家和地区发展进步的不竭动力。在新的历史起点上,三市要谋求新的更大的发展,必须进一步增强创新意识,敢于破除落后的思维定式和行为模式,围绕增强发展的协调性和可持续性,进一步完善发展思路,拓宽发展途径;围绕提高产业竞争力,推进自主创新,充分发挥科技第一生产力的作用,通过技术跨越实现产业升级;围绕增强发展动力和活力,不断深化改革,扩大对外开放,构建充满活力、富有效率、更加开放、有利于科学发展的体制机制。

今年我们将隆重纪念改革开放30周年。呼包鄂要以此为契机,把组织纪念活动同推动思想解放结合起来,深入开展继续解放思想、坚持改革开放学习讨论活动,从理论和实践的结合上,充分认识继续解放思想、坚持改革开放的重大意义,进一步统一思想、明确方向,再创发展新优势。

二、坚持"四个提高",推动科学发展

在新的历史起点上实现又好又快发展,必须深入贯彻落实科学发展观,坚持好字优先、好为基础,着力转变发展方式,努力在提高产业发展层次、城市功能品质、文化软实力、创业环境质量上下功夫。

(一)要提高产业发展层次。从一定意义上讲,新型工业化的过程是产业层次不断升级、逐步走向高端化的过程。上世纪以来,美国、日本等发达国家凭借资本、技术、人才等优势,大力推进产业高端化,始终占据世界经济主导地位。一些资源富足的国家,也开始大力发展高端产业。比如中东石油国阿联酋,近年来把发展多样化经济、扩大贸易和增加非石油收入占GDP比重作为主要任务,大力发展以信息技术为核心的新经济,2006年现代服务业占GDP的比重已超过2/3。我国珠三角、长三角地区近年来加快推进结构调整,大力发展高新技术产业和先进制造业,继续在全国率先发展。在未来的发展中,呼包鄂三市要瞄准先进国家和发达地区产业前沿,坚持高起点起步、高水平发展,努力培育高层次产业体系。

要以提升产业层次和持续竞争力为重点,大力推进新型工业化进程。经过近年来的发展,呼包鄂三市已经形成了一些具有一定规模和层次的优势特色产业,下一步要在继续做大做强能源、冶金、农畜产品加工业的同时,加快发展替代石油化工的煤化工、天然气化工、氯碱化工等化学工业,努力壮大以运输机械、工程机械、清洁能源装备为重点的先进制造业和以稀土高新、电子信息、生物制药为重点的高新技术产业,积极承接国内外先进制造业转移,培育和发展更多的非资源型加工业,进一步培育和壮大新的工业经济增长点。要推动产业长链条发展,逐步从主要生产原材料和中间产品转变到生产直接面向市场和消费的终端产品,提高产品附加值,加快形成一批以精深加工产品为主导的产业。要坚持以技术跨越带动产业升级,积极推动创新要素向企业集聚,着力培育更多拥有自主知识产权、核心竞争力强的创新型企业,推动工业经济增长由投资驱动为主向创新驱动为主转变。要大力发展循环经济,提高资源利用效率。当前,呼包鄂已进入城乡一体化发展新阶段,要进一步加大以工促农、以城带乡力度,大力发展优质高产高效农牧业,着力转变农牧业发展方式,加快提升农牧业科技水平、装备水平、设施水平和产业化经营水平,推动农牧业向规模化、集约化、市场化方向发展。进入新世纪以来,国际产业发展的一个重要特征是知识产业、文化产业、现代商务等产业已经成为世界经济发展主流,欧美主要发达国家正在逐步退出物质生产领域,抢占产业上端研发和下游营销服务。呼包鄂要抓住工业化深入推进的有利时机,大力发展现代物流、金融保险、科技服务、信息服务、商品市场服务等生产性服务业,积极发展教育、文化、旅游等生活型服务业,促进服务业快速健康发展。

(二)要提高城市功能品质。世界城市化发展史表明,人均GDP达到5000美元后,多数国家和地区都进入扩大城市发展空间、提高城市功能品质、培育经济增长载体的新阶段。呼包鄂三市人均GDP已超过7000美元,城镇化率也超过60%,达到中等收入国家水平,要准确把握城市发展的阶段性要求,以完善高品质城市功能为主攻方向,把城镇化提高到一个新的水平。

从呼包鄂三市实际出发,要突出抓好以下几点:一是充分发挥城市集聚人口和产业的功能。城市最重要的功能就是集聚,必须促进人口集中化、产业集聚化、基础设施和公共服务集约化。三市要进一步加快人口转移步伐,力争到2010年,呼和浩特市、包头市区人口达到200万,鄂尔多斯中心城区人口达到50万。要加快产业集群化发展步伐,努力提高产业集中度,引导更多的企业入园进区,走集中、集约发展路子。要把引进和培育强势企业作为发展城市经济的重要任务,进一步加强与国内外的联合与协作,大力发展总部经济、都市型产业,增强城市的影响力、带动力、辐射力和竞争力。二是努力建设和谐、宜居城市。和谐、宜居是城市发展的目标和追求。三市在推进城镇化进程中,要充分体现人文关怀,从满足居民生产生活需求出发,坚持高起点规划、高水平建设和管理,努力营造和谐、宜居的城市环境。要进一步加强交通、通信、给排水、电力等基础设施建设,提高城市基础设施支撑产业、保障生活的能力。大力发展教育、文化、卫生等社会事业,加强公共服务体系建设,为居民提供良好的生活环境。把社区建设放到重要位置来抓,完善功能,加强管理,提高公共服务水平,努力推进和谐社区建设。三是统筹推进城乡区域协调发展。要建立以城带乡、以工促农长效机制,统筹搞好城乡产业布局、基础设施、公共服务、劳动就业和社会管理。要以县城为重点,加强小城镇建设,大力发展县城经济,促进县城人口集聚、产业兴旺和功能提升。

(三)要提高文化软实力。当今时代,文化越来越成为民族凝聚力和创造力的重要源泉、越来越成为综合国力竞争的重要因素,丰富精神文化生活越来越成为人民群众的热切愿望。党的十七大把提高文化软实力作为实现全面建设小康社会奋斗目标的重要任务。三市作为自治区的优势地区,要按照十七大的部署和要求,积极推进先进文化建设,不断提高地区文化软实力。

要大力加强社会主义核心价值体系建设。坚持用马克思主义中国化最新理论成果武装全党、教育人民,在全社会大力弘扬爱国主义、集体主义、社会主义思想,进一步增强社会主义意识形态的吸引力和凝聚力,把广大人民群众团结和凝聚在中国特色社会主义伟大旗帜下。要大力推进和谐文化建设。切实加强思想道德建设,大力弘扬社会主义荣辱观,积极倡导爱国守法、明礼诚信、团结友善、勤俭自强、敬业奉献的基本道德规范,深入开展社会公德、职业道德、家庭美德教育,在全社会形成知荣辱、讲正气、促和谐的良好风尚。要加强政务诚信、商务诚信、社会诚信建设,增强全社会诚实守信意识。要积极开展和谐创建活动,引导广大群众树立科学、文明、健康的生活方式和现代文明意识,广泛开展群众性文化活动,不断丰富人民群众的精神文化生活。要大力推进文化事业和文化产业发展。文化是城市的灵魂,是城市发展和竞争力的重要资源。随着时代的发展进步,文化因素越来越渗透到经济活动各个领域,成为经济增长的重要推动力。本世纪初,美国、西欧、日本文化服务产业的就业比重已分别达到82%、75%、73%。我区文化产业增加值去年只有6.3亿元,占全区生产总值0.13%。三市要把发展文化事业和文化产业作为重要任务,实施好重大文化产业项目,积极支持非公有制文化企业发展,做大做强文化产业骨干企业和企业集团。要加强文化产品创作和研发,促进文化产业与相关产业联动发展,加快文化产品和要素市场建设。要充分挖掘优秀民族文化资源,着力打造地区文化品牌,努力提高地区文化知名度和影响力,使更多的文化产品走向全国、走向世界。

(四)要提高创业环境质量。环境也是生产力。改革开放初期,深圳能够成功实现全方位对外开放,引领珠三角持续快速发展,很大程度得益于拥有良好的创业环境。呼包鄂要保持全区率先发展势头,营造良好的创业环境尤为重要。要完善发展的硬环境。"十五"以来,三市生态和基础设施显著改善。呼和浩特市连续4年空气质量优良天数达到300天以上,去年在北方15个省会城市中排名第二。包头市荣获联合国人居环境奖,荣获全国首批文明城市称号和全国"森林城市"称号。鄂尔多斯市的生态保护和建设受到胡锦涛总书记的充分肯定。在未来的发展中,三市要按照建设生态文明的要求,加大生态保护和建设力度,进一步巩固发展生态建设成果。要牢固树立能源资源地区也要厉行节约的意识,加快转变资源开发利用方式,强化节能减排工作,进一步提高资源的综合开发利用水平。要继续加强基础设施建设,完善铁路、公路、电力运输网络,构建现代基础设施体系。要优化发展的软环境。近年来,呼包鄂注重改革、开放和自主创新,经济自主增长机制逐步形成,发展环境明显优化。要按照完善社会主义市场经济体制的要求,进一步深化改革,着力消除制约科学发展的体制机制障碍。要认真贯彻落实党的十七届二中全会精神,积极稳妥地推进行政管理体制改革,加快转变政府职能,努力建设服务型政府。要大力培育创业主体。资料显示,欧盟在上世纪90年代末,中小企业就占到各类企业总数的

99.8%,平均不到21人就拥有一家中小企业,中小企业产值占总产值65%。改革开放以来,浙江既能强省又能富民,关键在于培育了众多创业主体,拥有一支遍布全国的创业队伍。三市要立足地区实际,着眼未来发展,积极培育各类创业主体,使各方面的创业活力竞相迸发,形成全民创业的良好局面。目前,呼包鄂三市已成为资金净流入区。要充分发挥地区优势,进一步扩大对内对外开放,吸引和集聚更多的资金、技术、人才、管理等生产要素,在全区率先成为要素流入区。

三、落实"五有"要求,促进社会和谐

党的十七大报告提出的"努力使全体人民学有所教、劳有所得、病有所医、老有所养、住有所居"的要求,是我们党全面建设小康社会、构建社会主义和谐社会的重要目标和郑重承诺。呼包鄂三市要在推动区域经济又好又快发展的同时,更加注重社会建设,着力保障和改善民生,努力在落实"五有"要求、构建和谐社会方面走在全区前列。

(一)按照学有所教的要求,努力提高人民群众受教育水平。教育是关系国计民生的基本公共服务,也是非常重要的社会公共事业,必须放在优先发展的战略地位。呼包鄂三市拥有全区64%的普通高校、49%的中等专业学校、1/4的职业中学,有条件在提高群众受教育水平方面走在全区前列。今后,国家将在全国城乡普遍实行免费义务教育,三市要以此为契机,在认真落实国家各项免补政策的同时,进一步健全公共财政投入和保障机制,进一步加大教育投入力度,特别要加大公共教育资源向农村牧区、欠发达地区倾斜力度,切实解决城乡经济困难家庭和进城务工人员子女就学问题,逐步缩小城乡、区域教育发展差距。要进一步优化教育资源配置,形成各级各类教育全面协调发展的良好格局。要结合地区实际,大力培养经济、技术、管理等方面的高素质人才和产业发展急需的适用型人才,加快培育支撑经济社会又好又快发展的人力资源优势。

(二)按照劳有所得的要求,努力提高人民群众收入水平。目前,呼包鄂三市人均主要经济指标已接近沿海发达地区,但城乡居民的富裕程度远低于发达地区。要把增收富民作为首要任务,进一步提高城乡居民收入水平。要加快建立健全促进居民收入持续稳定增长的政策保障机制。在城镇,要建立和发展和谐劳动关系,建立健全企业职工工资正常增长

和支付保障机制,逐步提高企业退休人员养老金水平,做好提高最低工资标准工作,认真落实机关工作人员增资政策,切实维护劳动者特别是农民工的合法权益。在农村牧区,要认真落实各项支农惠农政策,努力拓展农牧民增收渠道,特别要提高农牧民非农牧产业收入、财产性收入、工资性收入和转移性收入比重。要把促进充分就业作为提高群众收入水平的基础来抓。认真贯彻实施《就业促进法》和《劳动合同法》,实施有利于扩大就业的产业政策和积极的就业政策,着力培育新的就业增长点,促进经济发展和扩大就业良性互动。坚持以创业带动就业,完善自主创业、自谋职业政策,鼓励开展各种类型的创业活动,努力使更多劳动者成为创业者。完善公共就业服务体系,健全面向全体劳动者的职业培训制度,健全面向所有困难群众的就业援助制度,加快建设城乡统一规范的人力资源市场。统筹做好困难群众就业、高校毕业生就业、农村牧区富余劳动力转移就业工作。

(三)按照病有所医的要求,努力提高人民群众健康水平。健康是国民素质的重要体现,是人的全面发展的基础。今年,国家将出台深化医疗卫生体制改革总体方案,要认真贯彻,切实做好相关工作。要以为人民群众提供安全、有效、方便、价廉的医疗卫生服务为着眼点,着力加强农村牧区三级卫生服务网络和城市社区卫生服务体系建设,不断改善城乡医疗卫生条件,切实解决群众看病难、看病贵的问题。加快完善覆盖城乡居民的医疗保障体系,全面推进新型农村牧区合作医疗,解决城镇居民基本医疗保险问题。加快建设覆盖城乡的药品供应保障体系,保证群众基本用药和用药安全,控制药品价格上涨。加强和完善公共卫生应急体系,提高疾病预防控制、公共卫生监督、突发公共卫生事件应急处置能力。加强医疗救治体系建设,完善城乡医疗救助制度。认真落实生育政策,加强农村牧区计划生育服务体系建设,强化流动人口计划生育服务和管理。积极发展体育事业和体育产业,广泛开展"全民健身与奥运同行"主题活动,开展内容健康、形式多样的文体娱乐和休闲文化活动,促进群众身心健康。

(四)按照老有所养的要求,努力提高人民群众保障水平。健全的社会保障体系,是人民生活的"安全网"、社会运行的"稳定器"和收入分配的"调节器",是社会和谐稳定的重要保障。从呼包鄂三市实际出发,当前和今后一个时期,要努力在扩大社保覆盖面、逐步提高社保标准两个方面下功夫,在全区率先建立健全与经济社会发展水平相适应的覆盖城乡居民的社会保障体系。要完善企业职工基本养老保险制度,提高企业退休人员基本养老金标准,加快推进机关事业单位养老保险制度改革,积极探索建立多种形式的农村牧区养老保险制度。进一步完善城乡低保制度,把城乡符合条件的困难居民和贫困人口全部纳入保障范围,做到应保尽保,切实保障困难群众的基本生活。

(五)按照住有所居的要求,努力提高人民群众居住水平。住房问题是重要的民生问题,也是当前社会关注的热点。要把解决群众住房作为一项重要的民生和民心工程来抓,加快推进住房改革与建设,建立城镇住房保障体系,保障人民群众安居乐业。进一步健全廉租住房制度,加快廉租住房和经济适用住房建设步伐,通过增加房源供给有序解决城市低收入家庭住房困难。搞好住房规划和政策的制定与完善工作,加强土地合理供应、集约利用和管理,大力发展节能省地环保型住宅,努力增加中低价位、中小户型普通商品住房供应。要综合运用税收、信贷、土地等手段,增加住房有效供给,抑制不合理需求,防止房价过快上涨。要加强对房地产市场的调控和监管,规范和维护市场秩序,促进房地产业持续稳定健康发展。

推进呼包鄂经济社会又好又快发展,不仅事关三市的发展壮大,而且对自治区发展全局意义重大。自治区要把呼包鄂三市发展作为一个有机整体去谋划、指导和推动,积极争取纳入国家重点发展区域。自治区有关部门要通过政策支持、产业引导、基础设施对接、统一市场等手段,促进三市科学布局,增强区域发展的整体优势和竞争力。呼包鄂三市要从全局和战略的高度出发,进一步加强地区间的交流与合作,加快建立健全统一有序的现代市场体系、互联互通的基础设施保障体系、互利互惠的资源开发利用合作体系、长期稳定的组织协调体系,通过加强合作、优化组合,再创发展新优势,再铸发展新辉煌。

(选自在呼包鄂三市经济工作座谈会上的讲话)

着力解决"一多三低"问题

（2008年7月26日）

东部五个盟市,可以分为三个类型:呼伦贝尔市、锡林郭勒盟资源相对富集,工业经济开始起步,发展后劲很足,将来是自治区重要的区域经济增长极。三年前,我曾经说过锡林郭勒盟要成为第二个鄂尔多斯市,以2005年为基数,到2010年达到鄂尔多斯市2005年的发展水平,时隔三年再看,锡林郭勒盟的发展势头非常好,到2010年锡林郭勒的各项指标大都能够达到或超过鄂尔多斯市2005年的水平。呼伦贝尔市起步晚一点,远离大的市场,总体发展受到了一些影响。但是,现在呼伦贝尔市开始发力,今年光是电力装机就有420万千瓦开工,这可以延续2至3年,再上一些煤化工项目,投资量是很大的。今年上半年,锡林郭勒盟和呼伦贝尔市的财政收入增长是超常规的,锡林郭勒盟的地方财政收入增长59.7%,地方一般预算性收入增长58.1%;呼伦贝尔市地方财政收入增长47.9%,地方一般预算性收入增长56.9%, 开始出现了鄂尔多斯市当年那种超常规发展的态势。兴安盟是另一个类型,工业基础薄弱,资源相对缺乏,在自治区经济发展处于倒数第一的位置,有很多旗县的经济总量和财政收入都超过兴安盟的水平。兴安盟的发展要采取特殊措施,坚持"输血"和"造血"相结合,既要加大扶持力度,也要依靠自力更生,内因是主要的,外因要靠内因起作用。在"输血"方面,自治区直属机关在兴安盟搞扶贫已经是第三年了,现在帮扶的村基本脱贫。在"造血"方面,自治区策划引导给兴安盟上五六个大一点的企业,在全区范围内配置资源,这样将来可以从根本上逐步改变兴安盟的面貌。兴安盟有其特殊性,是我们的革命老区,是自治区成立的地方,现在又是自治区倒数第一,我们无论从哪个角度讲都应该帮助他加快发展、更好发展。赤峰市和通辽市是农牧业大市和人口大市,工业经济发展较快,具备了良好的发展基础。

近两三年,东部地区的快速发展主要还是靠了赤峰市和通辽市的拉动。我们说协调发展开始出现一个好的苗头,主要是东部盟市发展加快。赤峰市和通辽市一样面临"一多三低"的问题,"一多"就是人口多,赤峰第一、通辽第二;"三低"就是人均水平低、城镇化水平低、城乡居民收入低。这"一多三低",恐怕不是一两年、三五年就能解决的,这是基本的、长期的市情。今年赤峰市GDP达到730或740亿元,不到自治区的10%,自治区GDP可能达到7500到7600亿元,可以预见,到2010年将突破一万亿,人均GDP完全能够超过6000美元,财政收入不会低于两千亿。这是自治区的态势。赤峰市人口接近全区的五分之一,经济总量不到自治区的十分之一,人均经济水平不到自治区的一半。因此,像赤峰这样的人口大市,没有一些大的产业,小打小闹,难以支撑发展。要进一步增强发展信心,以更宽广的视野、更开阔的思路、更扎实的工作,谋划更大的发展、更好的发展。在产业发展上,如何谋求大的产业支撑,这是赤峰市不可回避,也是自治区不可回避、需要正视的大问题。没有赤峰、通辽的现代化,自治区也难以实现现代化,所以自治区有责任帮助解决赤峰和通辽可持续发展的问题。

（选自在赤峰市考察工作时的讲话）

准确把握东部盟市振兴的工作着力点

（2008年9月3日）

我区东部盟市已经纳入到国家振兴东北等老工业基地规划，这既是机遇，也关系到国家区域协调发展的大局，是我们必须承担的责任。我们要自觉地把东部盟市振兴和自治区发展大局、东北振兴大局联系在一起，切实增强加快东部盟市发展的责任感和紧迫感。

一、大力发展工业经济

实现工业化，是经济发展的必然阶段。在启动振兴东部盟市发展战略初期，自治区就明确指出，东部盟市差距在工业、潜力也在工业。经过这几年的努力，东部盟市工业经济发展有了良好开端，工业增加值占东部盟市地区生产总值的比重由2005年的28.2%提高到2007年的37.9%，对经济增长的贡献率达到46.7%以上，占全区工业增加值的比重由2005年的24.6%提高到2007年的30%，上升了5.4个百分点。但与全区特别是呼包鄂优势地区相比，还有较大差距。2007年，全区工业经济占地区生产总值的比重已达45%，对经济增长的贡献率达57.2%。从未来发展看，要保持东部盟市良好发展来势，必须大力发展工业经济，坚定不移推进新型工业化。

一是要保持适度投资规模，进一步加大工业项目建设力度。在工业化起步阶段，离不开工业项目特别是大项目的带动，必须保持适度规模的工业投资。去年吉林省工业经济和工业利润增速居全国前列，今年上半年规模以上工业增速居全国第6位，经济增速居全国第2位，主要依靠工业大项目带动，仅去年工业投资就突破了700亿元。呼包鄂优势地区的率先发展，主要依托大项目。东部盟市现在好的发展来势，也是大项目带动的结果。比如，锡林郭勒盟，近年来加快大型煤炭、电力、煤化工等项目建设,资源优势正在转变为经济优势。当前和今后一个时期,东部盟市要坚持以国家产业政策和市场需求为导向,立足地区优势,坚持做大总量、提升层次,全力抓好工业重点项目特别是大项目建设。

二是要大力调整优化产业结构,不断做大做强优势特色产业。优化产业结构、发展优势特色产业,是国家实施振兴东北等老工业基地战略的重要方针,也是促进东部盟市发展的必然选择。抓好这方面工作,必须坚定不移地推进产业多元、产业延伸和产业升级,这是我们多年实践的规律性总结,也是今后产业发展的基本方向。从东部盟市实际出发,当前和今后一个时期,要大力发展以煤炭、火电和风电为重点的能源产业,以煤气化、煤液化、煤焦化(含半焦化即煤干燥)为重点的煤化工产业,以铝铜铅锌等有色金属和贵金属采冶炼为重点的有色金属加工产业,以水泥、玻璃和新型建筑材料为重点的建材产业,以肉、乳、粮、油等为重点的农畜产品加工产业,着力建设新型能源基地、化工基地、有色金属加工基地、绿色农畜产品生产基地。同时,要认真贯彻国家产业政策,抓住国际国内特别是沿海发达地区产业加快转移的有利时机,大力发展非资源性加工业特别是装备制造产业和高新技术产业,着力培育新的工业经济增长点。

三是要加强科技创新,通过技术跨越带动产业升级。自治区反复强调要注重发挥后发优势,其目的就是要依靠技术进步与创新,通过技术跨越促进经济跨越式发展。我们提出,新上产业项目的技术装备水平要力争一步达到国内乃至国际同行业先进水平。神华集团煤直接液化、伊泰集团煤间接液化、大唐的煤基烯烃(MTP),神华的煤基烯烃(MTO)、金煤集团煤制乙二醇等项目都是全国第一套。今年以来全国有6.7万多户中小企业破产,这里面有国际市场因素的影响,但更重要的原因是这些企业科技含量低,没有自主品牌,缺乏抗风险能力。吴邦国委员长视察我区时指出,内蒙古发展能源、化工产业具有不少有利条件,要以科技突破带动产业发展,实现经济发展新跨越。在产业发展上,东部盟市一定要把提高科技创新能力作为提高产业发展水平、增强产业竞争力的关键环节来抓,瞄准国内外产业发展前沿,坚持以企业为主体,以市场为导向,走产学研相结合的发展路子。大力推进产业升级步伐,着力提高产业发展后劲和可持续竞争能力。

二、大力发展就业经济

前不久召开的自治区党委八届七次全委会特别强调了增收问题,要求各级思想上更加重视、行动上更加自觉、措施上更加有力,着力提高城乡居民收入水平。东部盟市人口较多、收入较低,提高城乡居民收入任务艰巨,对全区实现自治区第八次党代会确立的增收目标至关重要。促进城乡居民增加收入,最重要的途径就是扩大就业,以创业带动就业,大力发展就业经济,实现发展经济与扩大就业协调推进。

一是要大力发展民营经济。民营经济是百姓经济、富民经济、活力经济。改革开放以来,民营经济已成为人民群众就业、增收的主要渠道。浙江省既靠大企业顶天立地强省,又靠中小企业铺天盖地富民,2007年全国1000家最具活力的中小企业,浙江占198家,全国大企业集团竞争力500强中浙江占109家,总数均居全国第一,城乡居民收入分别居全国第3位和第4位。目前,我区东部盟市私营企业户数和从业人员总数都只占全区1/3左右。要把发展民营经济作为着力点,下大力提高民营经济对地方财政、劳动力就业和城乡居民收入的贡献率。民营经济集群化发展是沿海发达地区的一大特色,中国小商品之都、服装之都、五金之都等,都是民营经济集群化发展的结果。近年来,通辽市积极引进服装鞋类等加工企业,进一步扩大了社会就业。目前,科左后旗恒泰工业园区一期完成投资1.54亿元,已有5家鞋业企业入驻,安置就业500人,另有5家企业即将入驻,预计到2010年可安置就业2000人。丰源阿迪达斯系列运动鞋生产项目总投资2.1亿元,月产20万双运动鞋,现已形成月产2万双生产能力,安置就业近2000人,项目全部投产后可安置就业6000人。乌兰察布市化德县坚持走"一县一品"的路子,依托民营企业大力发展服装产业。目前,生产企业达240多家,年产值12.8亿元,从业人员2万多人,吸纳农民就业1.4万人,去年这部分农民来自服装产业的收入8000元以上。东部盟市要立足当地实际,大力发展具有比较优势的民营特色产业,提高集群化发展水平。要大力发展中小企业,积极引导中小企业围绕优势特色产业搞延伸,围绕重点项目搞协作,着力提高中小企业参与市场竞争和抵御风险能力。要在加快发展资金、技术密集型产业的同时,大力发展劳动密集型产业,提高民营经济吸纳就业的能力。要拓宽准入领域,降低准入门槛,消除各种歧视性政策和不公平待遇,用足用好各项财税优惠政策,为民营经济创造良好的发展环境。

二是要大力发展服务业。服务业具有产业关联度高、就业容量大的特征,不仅是优化经济结构、转变发展方式的重点,也是解决就业、改善民生的关键。东部盟市正处在工业化、城镇化加速发展阶段,服务业的发展潜力和空间很大。要抓住这一有利时机,大力发展金融、研发、信息服务等生产型服务业。要把物流业作为重点,加快建设大型物流基地、物流中心,着力构建布局合理、配置高效、功能完善的现代物流网络。要积极培育劳动力、技术、资本等要素市场,不断完善各类市场体系。要大力发展面向民生的服务业,加快提升零售、批发、餐饮等传统服务业,大力发展文化、体育、休闲、旅游等新兴服务业,努力实现服务业与扩大就业、拉动消费、改善民生互动发展。

三是要高度重视农牧民转移就业问题。目前,东部盟市一产就业人口占全区58.5%。要加快推进城镇化进程,坚持把城乡布局和人口布局调整结合起来,加快建设区域性中心城市,加大现有城市提质扩容力度,着力构建具有区域特色和产业优势的东部城镇体系。要积极推进户籍制度、教育培训和社会公共福利等方面改革,加快建立城乡统一的劳动力市场,建立健全城乡一体化体制机制。要加强就业技能培训,努力提高农牧民素质,确保转移出来的农牧民都能实现稳定就业。要积极探索和改革扶贫工作方式和资金使用办法,变“输血”为“造血”,努力走出一条以创业促扶贫的新路子。各级政府要认真落实积极的就业政策,完善市场调节、政府推动、城乡统筹、自主择业的就业机制,采取有力措施,着力促进全社会充分就业。要高度重视“零就业”家庭、低保家庭等困难群体就业问题,积极为他们提供就业岗位。

三、大力发展生态经济

生态经济是注重生态与经济协调、人与自然和谐、能够可持续发展的经济,本质是把经济发展建立在生态环境可承受的基础之上,在保证自然再生产的前提下扩大经济的再生产,从而实现经济发展和生态保护的“双赢”,这也就是呼伦贝尔市提出的“发展与美丽双赢”。东部盟市是自治区重要的生态建设和保护区,有大兴安岭这片大森林和呼伦贝尔、锡林郭勒两个大草原,一定要认真贯彻胡锦涛总书记视察我区重要讲话精神,坚持走生态文明发展之路。

一是要牢固树立生产发展、生活富裕、生态良好的发展理念。发展理念决定发展方向和模式,影响发展质量和效益。要牢固树立生态文明的发展理念,正确认识和处理好生产、生活、生态这"三生"之间的辩证关系,切实增强既要金山银山更要绿水青山的意识,增强能源资源基地也要厉行节约的意识,努力实现从重经济增长轻环境保护向环境保护与经济增长并重转变,切实走出一条"三生统一"、"三生互动"、"三生共赢"的发展道路。

二是要加快转变经济发展方式。在农牧业方面,要按照发展现代农牧业的要求,大力调整优化农牧业内部结构,积极发展绿色有机种植业,大力发展农区畜牧业,严格执行草畜平衡制度,认真落实禁牧、休牧、轮牧和舍饲圈养等保护性措施,大力促进农牧业向集约化、节约化、生态化、循环化方向发展。在工业方面,要着力培育和发展大项目、大企业、大集团,培育和扶持单位能耗低、污染小、产出比率大、产品附加值高、技术装备水平先进的项目,坚决淘汰能耗高、污染重、技术装备水平低的落后产能。要强化节能减排工作,认真落实国家各项政策措施,大力开发、引进先进的节能环保技术、工艺和设备。在资源开发利用方面,要切实搞好资源综合开发利用规划,确保资源有序有度开发、科学合理利用。要坚持规模化、集约化开发方向,推动各类资源优先向有实力、有技术、有信誉的企业配置,向搞转化延伸、循环利用的项目配置,大力发展循环经济,提高资源综合开发利用水平。

三是要大力发展林沙草等生态产业。鄂尔多斯市从上世纪90年代开始发展林沙草等生态产业,一些企业集团参与建设和开发,形成了良好的生态效益和经济效益。2007年全市林沙草产业增加值达到13亿元,农牧民来自林沙草产业的人均纯收入超过1000元。东部盟市比鄂尔多斯市的生态条件要好得多,要认真学习借鉴鄂尔多斯市的经验,搞好统筹规划,加强宏观指导,强化政策扶持,实现大地增绿、企业增效、群众增收的有机统一。要紧密结合重点生态工程和新农村新牧区建设,因地制宜发展特色经济林、木材加工、饲草料加工、食品药品开发、生态旅游等产业,不断提升生态建设的产业化水平。

四、大力改善发展条件

坚持改善发展条件与培育发展主体并重,是我区推动西部大开发战略实施的成功实践,也是促进东部盟市发展振兴的必由之路。要继续下大力改善发展条件、优化发展环境,努力为经济社会发展提供有力的支撑和保障。

(一)深入推进改革开放。要突出抓好重点领域和关键环节的改革。加快推进行政管理体制改革,加快建设服务型政府。继续推进国有企业体制机制创新,加快森工、农垦、煤炭等大型国有企业改革步伐,着力提高企业发展活力。全面推进财政、金融、投融资体制改革,进一步完善现代市场体系,加快要素市场建设。要深化资源管理体制改革,探索市场化互换资源的有效途径,促进水、矿产等基础性资源在自治区内部较大范围优化配置。

要进一步提高对外开放水平。要按照自治区提出的"东联、北开、西出"的要求,抓住我国与俄、蒙两国关系密切的有利时机,进一步加大与俄、蒙经济技术合作特别是资源开发合作力度。要大力发展以口岸加工贸易为重点的口岸经济,积极构建沿边对外开放带,加快建立特色出口加工园区或基地。加强口岸建设,强化口岸功能,扩大口岸吞吐能力,完善口岸疏运体系,提升口岸通关效能,努力建设全国对俄、蒙开放的大门户、联结欧亚的大通道、产业集聚的大平台。要进一步加强与东北地区的合作,大力推进与长三角、珠三角等区域合作,通过扩大开放提升发展层次、缩小发展差距。

(二)不断加强基础设施建设。近年来,随着投资力度的加大和一批重点项目的陆续建成,东部盟市基础设施状况得到明显改善。但与工业化、城镇化快速发展的实际需求相比,基础设施支撑保障能力还比较弱,有些方面的"瓶颈"制约尚未消除。要进一步推进交通、水利、电网、口岸通道等基础设施建设,提高基础设施促进发展、保障生活的能力。交通方面,要以运输通道建设为重点,进一步完善路网体系,突出抓好重要出区通道、区域交通通道、资源开发通道、口岸连接通道建设,加快构筑贯通蒙东、畅通东北、融通华北、联通俄蒙的公路、铁路、航空立体化交通运输网络。水利方面，要统筹谋划经济社会发展与水资源开发利用，在抓好防洪减灾、水土保持生态建设的同时，着力解决水资源供需矛盾，解决资源性缺水、工程性缺水、结构性缺水和水质性缺水问题，加快构建水资源配置工程体系、防洪抗旱减灾体系、多元化投融资体系和水生态环境保护体系，加快推进重点调水工程和水利基础设施建设，提高水资源承载和保障能力。电网方面，要进一步加强与国家电网公司的战略合作，围绕煤电基地开发，大力推进外送电力高压通道建设，促进输变电网络升级，最大限度地提高区电外送能力。目前，国家电网公司正在进行特高压建设试点，初步同意今年底建设蒙西—石家庄特高压线路，并考虑呼伦贝尔—沈阳特高压规划。我们要紧紧抓住这一重要机遇，积极争取国家支持，加快推进向华北、东北等地区的特高压送电通道建设。

（三）切实加强软环境建设。软环境是一个地区综合实力和竞争力的反映，是市场发育程度、对外开放程度、政府管理水平和社会文明进步的综合体现。东部盟市正处在加快振兴的关键阶段，建设良好的发展软环境更为重要和紧迫。要下大力优化地区政策环境、市场环境和人文环境，努力提高对生产要素的吸引力，切实降低市场主体的发展成本。要重视抓好法制环境建设，找准服务经济的结合点和切入点，通过加强立法、规范执法等措施，努力营造良好的法制环境。要切实把政府管理经济的职能转到为各类市场主体搞好服务和创造良好发展环境上来，努力为各类市场主体排忧解难、搞好服务。要重视加强社会诚信体系建设，推动公民、政府和企业诚信做人、诚信行政、诚信经营，不断提高全社会的诚信水平。

（选自在东部盟市经济工作座谈会上的讲话）

抢抓新机遇 争创新优势
实 现 新 跨 越

(2009 年 4 月 2 日)

　　从 2004 年第一次呼包鄂三市经济工作座谈会至今,自治区实施呼包鄂优势地区率先发展战略已经整整五年。五年来,呼包鄂三市坚持以科学发展观为统领,紧紧抓住国家实施西部大开发、加强和改善宏观调控等重要机遇,聚精会神搞建设、一心一意谋发展,经济发展呈现出总量扩大、结构改善、质量提高、后劲增强的良好态势,实现了三个重大转变。

　　一是实现了从常规发展到跨越发展的重大转变。西部大开发的前几年, 呼包鄂三市的发展在加快, 但总体上是常规发展。三市生产总值从 1998 年的 522.8 亿元增加到 2003 年 1159.1 亿元, 五年增长了 1.2 倍。2004 年以来,发展步伐明显加快,生产总值从 2003 年的 1159.1 亿元达到去年的 4679.37 亿元,增长了 3.03 倍。财政总收入从 119.34 亿元提高到 605.15 亿元,增长了 4.07 倍。规模以上工业增加值从 306.87 亿元增加到 1846.71 亿元,增长了 5.02 倍。三市人均生产总值从 2003 年的 18651 元增加到 69454 元,用五年时间从人均 2253 美元跨越到 1 万美元,同上海、宁波、苏州、无锡等地一道步入人均生产总值超 1 万美元城市行列。按照世界银行的衡量标准,人均 GDP 超过 1 万美元,是公认的从发展中状态进入发达状态的标志线,是经济发展由量变到质变的里程碑。从工业化进程分析,按照钱纳里工业化实现程度三次产业结构和城市化率评价标准,三市三次产业结构演进到 4.0:52.1:43.9,城镇化率达到 67.2%,已经开始进入工业化后期阶段。

　　二是实现了从西部水平到接近东部水平的重大转变。呼包鄂优势地区率先发展战略实施之初，我们更多强调的是三市要领跑全区经济，力争在我国西部地区走进前列。经过这五年的发展，三市不仅实现了这一目标，而且开始由领跑全区、领先西部向与沿海发达城市攀高比强的方向转变。三市经济总量均超过 1000 亿元，综合竞争实力显著增强。呼和浩特市经济总量五年增长了 2 倍，在全国省会城市排名从第 22 位前移至第19 位，居西部省会城市前列。包头市五年增长了 3 倍，在全国地级以上城市由第 82 位前移至第 46 位，成为我国中西部经济强市。鄂尔多斯市五年增长了 5 倍，在全国地级以上城市人均 GDP 排名中居第 3 位，成为国家改革开放 30 年 18 个重大典型之一。中国社科院《2007—2008 年全球城市竞争力报告》对两岸四地的 200 个地级以上城市综合竞争力进行评比，鄂尔多斯市、包头市、乌海市进入增长前十位城市，分别居第 1 位、第 6 位和第 7 位；呼和浩特市、包头市还被评为近五年全球经济增长最快城市；鄂尔多斯市进入效益前十位，排在新竹、高雄之后，位于台北、香港之前，居第三位；呼和浩特市与东莞、上海、柳州、青岛、扬州、义乌等市被列入10 个年度最佳案例城市。按照三市现在的发展趋势预测，到"十一五"期末，呼包鄂三市经济总量将超过 1000 亿美元，财政总收入超过 1000 亿元，在全国的位次还将前移。

三是实现了从加快发展到又好又快发展的重大转变。近年来，呼包鄂坚持科学发展、协调发展、和谐发展，在全区率先实现了从加快发展到又快又好发展再到又好又快发展的转变，初步走出了一条"三化"互动、"三业"并举、"三力"推动、"三生"统一，产业协调、城乡协调、人与自然协调的发展之路。从产业协调来说，一产比重降到 5%以下，三产增加值五年平均增长 22.6%，二产培育出具有较高层次和较大规模的优势特色产业。能源工业拥有世界最大的井工煤矿、全国最大的露天煤矿和亚洲最大的火电站群；冶金工业拥有国内最大的重轨、高压锅炉管、合金铝生产基地和第一条粉煤灰提取氧化铝生产线等；化学工业拥有世界第一条具有自主知识产权的煤直接液化生产线、国内第一条煤间接液化生产线、国内第一套煤基烯烃(MTO)、国内最大的电石法 PVC、天然气制甲醇等项目；农畜产品加工业拥有全国最大两家乳制品企业和世界最大羊绒制品企业；装备制造业的特种汽车、风机制造占有较大市场份额；高新技术产业拥有国内最大的稀土研发基地等。自治区提出的产业多元、延伸、升级的产业发展构想,已在呼包鄂逐步变为现实。从城乡协调来说,统筹城乡力度加大,城镇化水平大幅提升。包头市进入全国文明城市行列。呼和浩特市城市建设实现了自治区提出的"三年一小变、五年一中变、七年一大变"的目标,进入"十年巨变"的新阶段。鄂尔多斯市建成区面积扩大 2.2倍,正朝着百万人口的现代化区域性中心城市迈进。三市还率先实施了义务教育"两免一补",率先实行了农村牧区合作医疗和农牧民低保制度,率先推行了城乡居民基本养老保险制度。从人与自然协调来说,总体进入库兹涅茨倒 U 型曲线人与自然趋向和谐的拐点。呼和浩特市大气污染治理走在全国前列,由全国省会城市后列成为北方省会城市第 2 位,去年空气质量优良天气达到 341 天。包头市拥有文明城市、宜居城市、森林城市、园林城市四个品牌。鄂尔多斯市依靠产业发展拉动生态建设与保护,实现了由生态恶化地区向绿色大市的历史性跨越。人民生活水平显著提高,城乡居民收入分别达到 20231 元和 7058 元,分别比全国高 4450 元和2297 元,接近发达地区水平,初步走上了生产发展、生活富裕、生态良好的文明发展道路。

在充分肯定成绩的同时,也要清醒看到,对照先进地区,呼包鄂三市的发展还有较大差距。从经济总量看,去年,广州超过 8000 亿元,深圳超过 7000 亿元,苏州接近 7000 亿元,杭州、青岛、无锡、佛山超过 4000 亿元,宁波、武汉、成都、沈阳、大连、南京、东莞、唐山、烟台、济南、郑州、长沙12 个城市超过 3000 亿元,还有 16 个城市超过 2000 亿元,而包头市、鄂尔多斯今年才可能突破 2000 亿元,进一步做大总量的任务十分艰巨。从产业层次看,沿海发达地区正在形成以先进制造业和现代服务业为主的现代产业体系,呼包鄂资源型产业比重大,装备制造、高新技术产业比重低,现代服务业特别是金融、文化、科技等产业滞后,推动产业转型升级的任务十分艰巨。从经济效益看,三市财政实力、人民生活水平还有较大差距。与去年同期进入人均生产总值过 1 万美元行列的无锡、宁波、苏州比,呼包鄂三市地方财政一般预算收入之和分别是无锡、宁波、苏州的81.3%、76.1%、44.4%,城乡居民收入分别是无锡、宁波、苏州的 85.7%、80.0%、84.8%和 62.6%、61.6%、60.4%,提高收入水平的任务十分艰巨。从发展"软实力"看,三市社会发育程度和文明进步水平与经济发展还不够协调。在 2008 年中国最具软实力候选城市评比中,呼和浩特市、包头市只位居 48 位和 47 位,呼和浩特市在入围省会城市中仅排第 20 位,提升发展软实力的任务十分艰巨。面对差距,三市一定要增强协调发展、可持续发展的紧迫感和责任感,从新的起点出发,进一步谋划和推进新的更高层次的发展。

实现新发展必须抢抓新机遇

现在,国际金融危机仍在蔓延、尚未见底,经济运行中的不确定、不稳定因素大量存在。如何科学应对、化危为机,继续推动呼包鄂三市又好又快发展,是三市必须解决好的重大现实问题。国内外发展经验表明,地区间的发展差距既可以在困难中拉大,也可以在困难中缩小,关键取决于能否抓住危机中蕴含的发展机遇。历史上历次严重经济危机,几乎都伴随着主要国家经济实力的此消彼长,有的在危机中崛起,有的在危机中衰落。经过 19 世纪下半期发生的两次较大的经济危机,美国、德国实现了对英国、法国的赶超。1929 年大危机后,美国罗斯福政府实行"新政",经济走上复苏道路,进而在二战结束后成为遥遥领先的超级大国。呼包鄂三市要坚定在危机中求发展、谋跨越的信心和决心,善于从复杂形势中捕捉发展机遇、在逆境中发现和培育有利因素,率先实现在困难中崛起、在困难中发展、在困难中提高。

一是国家应对危机、扩大内需的宏观调控政策措施,为三市实现新一轮发展创造了新的机遇。为应对危机,中央实施了积极的财政政策和适度宽松的货币政策,先后出台了一系列政策措施,涉及领域很广,特别是在基础设施、社会事业、生态环保、自主创新、民生领域实施两年 4 万亿元的投资计划,在强农惠农、刺激消费、支持中小企业发展、促进进出口增长、保障和改善民生、推进节能减排等方面出台了一系列优惠政策,为我们加强薄弱环节、提高发展保障能力、促进协调发展和可持续发展带来了新的机遇。国家出台汽车、钢铁、有色金属、装备制造、电子信息、现代物流等十项重点产业调整和振兴规划,大部分与呼包鄂地区的主导产业相吻合,为进一步做大做强三市优势特色产业提供了良好机遇。国家促进货币信贷总量合理增长,扩大国债发行规模,支持地方发行债券,为缓解资金压力、降低融资成本创造了有利条件。三市要找准国家政策与本地区经济社会发展的结合点,抓住当前国家积极扩大内需的有利时机,加大重大基础设施、重大产业项目建设力度,努力拉动当前经济增长,进一步提高发展的后续保障能力。

二是危机带来的倒逼机制压力,为三市推动产业升级创造了新的机遇。危机是一个强制性的优胜劣汰过程,对产业和企业发展客观上存在着倒逼机制。总的看,这次危机对产业层次低、技术水平低的企业冲击较大,而生产高科技、高附加值产品的企业,拥有自主知识产权、较强品牌竞争力的企业,却能在危机中逆势增长。现在,呼包鄂三市产业发展正处在加速升级的关键时期。危机带来的倒逼机制压力,迫使我们下决心解决经济发展中的突出问题,淘汰落后生产能力,加快企业优化重组,推进产业转型升级。三市要不失时机地加大结构调整力度,积极推进科技进步与自主创新,大力推动资源型产业延伸和升级,大力发展先进制造业、现代服务业和高新技术产业,大力培育知名企业和知名品牌,着力打造现代产业体系,不断提高产业、企业和产品竞争力。

三是危机加速国际国内产业转移,为三市承接先进生产力转移创造了新的机遇。积极主动地承接国内外先进生产力转移,把先进地区的资金、技术、人才、管理等优势与自身的发展优势结合起来,是我区近几年培育壮大产业、实现又好又快发展的成功经验。这次全球性金融危机,进一步加速了世界范围的经济结构特别是产业结构调整,发达国家和我国沿海发达地区正积极寻求新的投资和发展机会。呼包鄂地区在资源、能源、土地、劳动力等方面具有低成本优势,加之这几年经济自主增长机制的形成,有条件成为新一轮先进生产力转移的重要地区。目前,国家正在抓紧研究制定中西部地区承接产业转移的具体政策,对中西部地区承接产业转移予以扶持、规范和引导。三市要进一步扩大开放,加快建设承接先进生产要素平台,加强与发达地区的交流与合作,围绕推进产业多元、延伸、升级,着力引进大企业、大项目,引进资金、技术、人才和先进管理等生产要素。

四是危机使制约发展的体制机制问题更加凸显,为三市进一步深化

[575]

改革创造了新的机遇。温家宝总理在参加今年全国"两会"我区代表团讨论时指出：越是困难的时候，越要坚持改革开放不动摇。必须把改革创新的精神贯彻到治国理政的各个环节，贯彻到应对危机、克服困难的各个方面，不断完善适应我国国情和各地实际的发展道路、发展模式，为发展提供强大动力和体制保障。十一届全国人大二次会议审议通过的《政府工作报告》，就推进资源性产品价格改革、财税体制改革、金融体制改革、国有企业改革和支持非公有制经济发展以及加快地方政府机构改革，提出了一系列新的举措和要求。三市要把促进经济增长与深化改革结合起来，认真落实中央提出的各项改革措施，加大重点领域和关键环节改革力度，着力消除制约科学发展的体制机制障碍，进一步增强科学发展的动力和活力。

实现新发展必须争创新优势

实践证明，一个地区经济的快速发展，有赖于其比较优势的充分发挥、有效转化和不断扩张。呼包鄂三市能否在新的起点上实现又好又快发展，关键在于能否通过优化生产要素的配置和重组，放大已有优势，争创新的优势。

第一，要争创更具竞争力的产业优势。产业是经济发展的基础和依托。争创发展优势，首先要争创产业优势，坚持产业多元、产业延伸、产业升级的发展方向，大力培育产业发展新的增长点。

一是要推动优势产业延伸和升级。能源、冶金、化工、农畜产品加工、高新技术等优势产业，不仅是过去三市经济持续快速发展的主要支撑，而且决定未来三市经济发展的规模和层次。要大力推进产业延伸和升级，坚持用新技术、新工艺和新的企业组织形式加以改造提升，促进优势产业进一步做大做强。比如，能源工业要在提升煤电生产水平的同时，积极发展煤化工、天然气化工、氯碱化工等化工产业，配套推进精细化工发展，延伸化工产业链条。再如，高新技术产业要进一步优化稀土资源配置，着力培育和引进附加值高、产业链长、技术含量高的稀土延伸加工项目，加快建设稀土新材料及应用产业集群。抓住国家鼓励发展光伏产业的有利时机，大力发展晶体硅产业，积极开发和引进电子级和太阳能光伏材料产业,拓展延伸硅产业链条。要抓住企业优胜劣汰、兼并重组的机遇,加大企业组织结构调整力度,着力引进和培育一批引领产业发展、支撑地区经济、注重节能环保、具有较强竞争力的大企业大集团,加快培育和发展优势产业集群,形成规模优势,提高优势产业在国内外市场的竞争力。二是要大力发展先进制造业。先进制造业是衡量一个国家和地区竞争力的重要标志,是实现工业化、推进现代化的必备条件。"一五"时期,国家在包头市建设了几个重要制造业项目,为我区制造业的发展奠定了一定基础。经过近年来的发展,特别是能源、冶金、化工产业的发展和交通运输条件的改善,呼包鄂三市发展先进制造业的优势日益呈现、条件更加成熟。要把发展先进制造业作为提升地区竞争力的战略产业来抓,坚持自主创新与技术引进相结合,着力提升汽车、风电设备制造、煤矿机械、化工机械及配套产业的水平,加强制造业园区建设,打造产业链接有序、技术装备先进、专业分工合理的先进制造业集群,努力提高产品的市场竞争力和占有率。三是要加快推进现代服务业发展。呼包鄂三市人均GDP 虽然超过 1 万美元,但服务业占 GDP 的比重还没有占到应有位置,低于 60% 的世界平均水平。要按照创新发展、集聚发展、统筹发展和发展提速、比重提高、结构提升的要求,大力发展金融、物流等生产性服务业。2008 年呼包鄂三市 GDP 是西安市的 2.1 倍,但西安市金融机构存贷款余额分别是呼包鄂地区的 1.6 倍和 1.2 倍。要加大支持金融业发展力度,加快培育壮大地方金融龙头企业,积极拓展中小企业融资渠道,加强政府融资平台建设,优化金融生态环境,切实把金融业发展成为产业升级的新亮点,促进经济与金融良性互动、协调发展。呼包鄂地区工业基础较好,物流关联度较高,商贸流通较为发达,综合运输体系较为完善,有条件进一步做大做强物流产业。要整合和优化商贸流通、交通运输、邮政通信等传统服务业,大力培育和引进现代商贸物流主体,加快构筑以现代交通运输体系为主的物流运输,以邮电通信及网络技术为主的物流信息,以规模仓储和自动化管理为主的物流储存配送平台,不断提高物流业的社会化、专业化、规模化和信息化发展水平。同时,要适应消费结构的新变化,大力发展教育、文化、卫生、休闲旅游等服务业,不断满足人民群众日益增长的精神文化生活需求。

[577]

　　第二，要争创颇具影响力的创新优势。我们强调发挥后发优势，目的就是要依靠科技进步与自主创新，通过技术跨越促进经济跨越式发展。呼包鄂三市集中了全区90%以上的国家和自治区级科研机构，95%以上的自治区重点实验室，90%左右的自治区级工程技术研究中心和80%以上的自治区级企业技术中心，科技人员占全区总数的80%，R&D经费占全区的85%，"十五"以来自治区科技规划及国家支持我区的重大科技项目80%以上在此实施，是自治区科技要素最多、创新潜力最大的区域。三市要切实抓住用好国际金融危机中孕育的新一轮科技革命的重大机遇，更加注重发挥科技创新对经济发展的引领支撑作用，把争创创新优势作为应对金融危机冲击的当务之急和促进长远科学发展的根本之计来抓，加快推动经济增长由要素投入型向创新驱动型转变。

　　要切实加大对科技进步与自主创新的投入，进一步完善鼓励技术创新和科技成果产业化的法制保障、政策体系、激励机制、市场环境。要围绕现代产业发展需求，加强高新技术园区、中试基地、工程技术中心等创新载体建设，搞好关键领域的原始创新、集成创新和引进消化吸引再创新，加快创新成果的转化应用，带动资源深度开发和产业升级。要突出企业的创新主体地位，引导和支持创新要素向企业集聚，培育更多拥有核心技术和自主品牌的创新型企业。要抓好人才这个科技创新之本，支持科技人才创新创业，培养造就更多的科技研发和高技能人才，形成结构合理的创新队伍。要加强创新文化建设，在全社会大力倡导改革创新、敢为人先的精神，营造尊重创造、支持创新、鼓励竞争、宽容失败的社会环境和文化氛围，努力形成全社会创新活力充分释放、创新人才大量涌现的生动局面。

　　第三，要争创富有吸引力的开放优势。呼包鄂是沟通华北和西北经济区的重要枢纽，是连接京津冀和欧亚大陆桥的重要节点，是我国向北开放的前沿阵地，在自治区"东联、北开、西出"开放格局占有重要位置。2008年，三市引进国内外资金占全区总额的55.5%，其中实际利用外资额占自治区87.8%，全区利用外资超1000万美元39个大项目的四分之三在呼包鄂三市。要紧紧抓住发达国家和地区新一轮产业结构优化重组和产业转移步伐加快的有利时机，进一步完善对外开放政策体系，拓展对外开放广度和深度,提高对外开放质量和水平,加快推动区位优势、资源优势向开放优势、经济优势转变。

面对当前国际市场需求不足的不利局面,要大力实施出口市场多元化战略,在继续巩固美欧日俄蒙等传统市场的同时,积极开拓中东、中亚、南美、非洲、东欧等新兴市场,不断扩大对外贸易规模。要大力调整优化出口结构,扩大重型汽车、稀土深加工、生物制药等高附加值产品出口比重。要深入研究全球产业格局变化和国际资本流动趋势,有针对性开展对外招商工作,推动外资结构优化升级。要加快"走出去"步伐,积极创造条件,进一步做好开发利用境外资源工作,支持有实力、有条件的企业到境外投资兴业。要更加主动地加强与长三角、珠三角和环渤海地区的经济技术合作,以发展先进制造业、现代服务业、劳动密集型产业和总部经济为重点,吸引更多的生产要素参与呼包鄂的开发与建设。

第四,要争创较强集聚力的环境优势。随着经济全球化进程的加快和我国改革开放的不断深化,投资环境正在逐步取代改革开放初期决定招商引资的政策优惠,成为影响投资者决策和资本流动的主要因素。要争创前面所说的产业优势、创新优势和开放优势,必须在优化发展环境上下更大功夫。要充分利用资源禀赋好、要素成本低等有利条件,进一步加强投资创业环境建设,着力打造商务成本"洼地"、要素集聚"高地"、投资兴业"宝地"。

争创环境优势,要坚持"软"、"硬"兼施,做到硬环境更"硬",软环境更"优"。要进一步完善区域内部高速公路网络,提高出区通道等级水平,加快三市城际高速铁路建设,加强铁路运力和航运能力建设,加快建设现代综合交通运输体系。要加强能源基础设施建设,积极推进特高压外送电力通道建设。要进一步加强信息基础设施建设,大力推进信息技术广泛应用和区域共享。要加快推进和谐、宜居城市建设,大力加强城市市政基础设施和公共服务体系建设,不断改善人居环境。要坚持抓好生态保护和建设,大力推进节能减排,发展循环经济。在抓好硬环境建设的同时,要高度重视软环境建设,进一步优化政策环境、法制环境、市场环境、人文环境,营造有利于集聚外部资源要素、激发本地投资创业的社会发展环境,不断增强区域经济发展的吸引力和集聚力。

实现新发展必须确定新目标

经过这五年的发展，呼包鄂三市已经进入新的发展阶段。如何在新阶段定位发展目标、找准发展参照系，对于三市下一步的发展至关重要。党中央对内蒙古的发展始终寄予殷切希望，邓小平同志希望内蒙古的发展要"走进前列"，江泽民同志提出要使内蒙古成为我们国家下一个世纪经济增长的"重要支点"，胡锦涛总书记要求把内蒙古建设成为我国的"两个屏障"。这是自治区较长时期的奋斗目标，呼包鄂则应作为近期奋斗目标。三市要按照三代中央领导核心的要求，在全国大局中找差距、谋发展、作贡献。要把发展的参照系放到全国所有地级市中，把发展目光转向沿海发达地区，由"向西看"转为"向东看"，以东部发达地区为"标杆"，在更高层次、更高水平上谋划和推进科学发展。在未来七年中，即到"十二五"末，呼包鄂三市要在全国发展大局中努力实现"一、二、三"的奋斗目标。

"一"，就是要努力成为我国中西部乃至全国科学发展的先行区。要按照自治区第八次党代会确定的提高"两个水平"的奋斗目标，着力创新发展模式、增强发展实力、提高发展质量，率先迈入科学发展先行列。具体来说，就是经济实力大幅跃升，在全国发展大局中具有较强的竞争力和影响力。发展方式明显转变，经济结构进一步优化，形成一、二、三产业协调发展，投资、消费、出口协调拉动，速度、质量、效益协调统一的发展模式。"五个统筹"进一步落实，社会文明进步程度大幅提升，开放型经济水平显著提高，重点领域和关键环节改革取得实质性进展，社会主义市场经济体制更加完善。城乡居民收入达到东部发达地区水平，党的十七大提出的"五有"目标基本实现。

"二"，就是要努力在我国中西部乃至全国率先实现全面建设小康社会目标、率先基本实现现代化。进入新世纪以来，江苏、上海、广东、浙江、北京等省市以及深圳、广州、珠海、苏州、杭州等城市都先后提出要率先基本实现现代化。去年以来，国家相继出台了《关于进一步推进长江三角洲地区改革开放和经济社会发展的指导意见》和《珠江三角洲地区改革发展规划纲要（2008—2020）》，明确提出长三角和珠三角地区到2012年要率先建成全面小康社会、到2020年要率先基本实现现代化。从目前国家全面建设小康社会的 23 项指标看,呼包鄂三市大部分指标已达到或接近全面建设小康社会水平;从衡量现代化主要标志的经济发展、社会发展和城市建设三组指标看,2008 年呼包鄂三市人均 GDP、恩格尔系数、人均居住面积等指标也达到或接近基本实现现代化的水平。呼包鄂三市要积极顺应形势任务的新变化和人民群众过上美好生活的新期待,对照全面建设小康社会指标体系,参照沿海发达城市和经济区域现代化指标体系,抓紧制定、逐步完善"两个率先"发展规划,加快推进全面建设小康社会和社会主义现代化建设进程,力争与东部沿海发达地区同步建成全面小康社会、同步基本实现现代化。

"三",就是要努力建成我国中西部乃至全国的新型工业化、城乡一体化、生态文明示范区。在新型工业化方面,加快转变发展方式,推进结构优化升级,走出一条科技含量高、经济效益好、资源消耗低、环境污染少、人力资源得到充分发挥的新型工业化路子,把呼包鄂三市建设成为在全国有较强竞争力和影响力的能源、冶金、化工基地,绿色农畜产品生产加工基地,先进制造业基地和高新技术产业基地。在城乡一体化方面,按照城乡产业布局一体化、基础设施一体化、公共服务一体化的要求,加快推进以工促农、以城带乡步伐,在进一步增强城市集聚能力和辐射带动能力的同时,加快推进新农村新牧区建设,加大农村牧区基础设施建设力度,大力发展农村牧区各项社会事业,努力实现城乡基本公共服务均等化。在生态文明方面,坚持走"三生"统一发展路子,加大生态环境保护建设力度,提高资源综合开发利用水平,基本形成节约能源资源和保护生态环境的产业结构、增长方式、消费模式,率先建成资源节约型、环境友好型社会,为祖国生态屏障建设作出更大贡献。

推进呼包鄂三市又好又快发展,事关自治区改革开放和现代化建设大局。自治区各部门要一如既往地关心、支持呼包鄂的发展,为三市抢抓新机遇、争创新优势、再上新台阶提供良好服务。呼包鄂三市要进一步加强区域合作,在增强区域整体竞争力的同时,更好地带动自治区西部地区的发展,为自治区和全国发展大局作出新的更大的贡献。

（选自在呼包鄂经济工作座谈会上的讲话）

东部盟市要努力成为自治区和我国
东北地区重要经济增长极

(2009 年 10 月 23 日)

　　自治区党委、政府启动东部盟市振兴战略以来,曾先后提出促进"三化"互动、"三力"推动、"三个对接";东部盟市需要加快发展,能够加快发展,理性加快发展,支持加快发展;优化提高第一产业,做大做强第二产业,大力发展第三产业;大力发展工业经济、就业经济、生态经济等思路和要求。应该说,自治区对东部盟市发展振兴的研究不断深入、支持力度不断加大,东部盟市加快发展、科学发展的思路越来越清晰、成效越来越明显。一是发展速度明显加快。2005 年以来,东部盟市生产总值、固定资产投资、地方财政总收入等主要经济指标均翻了一番多,增速超过全区平均水平。规模以上工业增速连续 4 年快于全区平均水平, 固定资产投资增速连续 3 年快于全区平均水平, 第三产业增速连续 2 年快于全区平均水平,2008 年地区生产总值和地方财政总收入增速分别高于全区 0.5 个和 5.7 个百分点。今年前三季度,规模以上工业增长 20.6%,增幅高于全区 1.2 个百分点,为全区保增长大局作出了积极贡献。二是产业结构明显优化。三次产业结构由 2005 年的 26.6:35.2:38.2 演进为 19.9:48:32.1,一产下降 6.7 个百分点,二产上升 12.8 个百分点,其中工业占 GDP 比重达到 41.9%,比 2005 年提高 13.7 个百分点,总体实现了由农牧业主导型向工业主导型的转变。通辽和赤峰两个农业大市正在向工业大市加速迈进,在东北地区 41 个地级城市 GDP 的排位分别由 2002 年的第 17 位和第 21 位前移至第 9 位和第 10 位;呼伦贝尔和锡林郭勒两个盟市工业经济高起点起步,正在成为重要新兴能源化工基地。三是发展保障能力明显增强。道路交通基本实现了出区通道、盟市至自治区首府高速公路和一级公路连接,84%以上的旗县实现了二级以上公路连接,铁路干线改造、建设步伐加快,机场配套能力增强。实施了一批水利工程,水资源保障能力得到加强。90%以上的可利用草原实行了禁牧休牧轮牧,草原植被覆盖度年均提高5个百分点,生态环境保护和建设取得积极进展。口岸和城镇基础设施建设不断加强,综合承载能力和配套服务水平明显提高。2008年,东部盟市人均GDP达到21464元、超过3000美元,标志着开始进入工业化、城镇化加快推进的新阶段。

当前,我区同全国一样,正处于应对国际金融危机、促进经济持续回升的关键阶段。最近,国务院出台了《关于进一步实施东北地区等老工业基地振兴战略的若干意见》,为我们在新形势下加快东部盟市振兴进一步明确了努力方向和工作重点。前不久,自治区党委常委会在分析前三季度经济社会发展形势时,对编制"十二五"规划提出要求,强调要继续把加快东部盟市振兴作为统筹区域协调发展的重要任务来抓。东部盟市一定要坚定危中求进、难中攀高的信心,努力在困难中崛起、在困难中发展、在困难中提高,努力实现在自治区全局中所占份额明显提高、在东北地区的竞争力明显提升,努力成为自治区和我国东北地区重要经济增长极。

一、进一步推进持续发展

分析欠发达国家和地区实现赶超的事例,无不经历了一个较长时间的持续快速增长期。"二战"后,日本和"亚洲四小龙"都维持了三、四十年的快速增长,赶上了西方发达国家水平。改革开放以来,我国连续30年保持9%以上的高增长,成为全球第三大经济体。广东省连续20多年保持两位数增长,经济总量跃居全国首位。进入新世纪以来,我区经济增长连续7年全国领先,经济总量由全国后列跻身全国中列,一些人均指标进入全国前列。东部盟市近年来开始出现好的发展来势,但这个来势只是刚刚起步。东部五盟市人均GDP和人均地方财政一般预算收入仅相当于全区平均水平的66.7%和48%,工业化率低于全区7个百分点。东部盟市要进一步增强加快发展的紧迫感,紧紧抓住本世纪头二十年乃至更长时间的发展机遇期,着力推进持续发展,把来之不易的良好态势长期保持下去。

一是加快构建现代产业体系。大力调整优化经济结构，加快构建具有地区优势特色和竞争力的现代产业体系，是增强东部盟市持续发展能力的关键。要依托丰富的资源优势，按照高起点、大规模、长链条的要求，大力发展能源、化工、有色金属加工、农畜产品加工等优势产业，着力提高资源综合开发利用水平，加快建设东北地区乃至全国重要的能源基地、化工基地、有色金属加工基地、绿色农畜产品生产基地。要着眼于增强区域经济稳定性和抗风险能力，积极承接国内外先进生产力转移，大力发展工程机械、煤炭机械、化工机械、风力发电设备等先进制造业，发展电子信息、生物医药、新能源、新材料等高新技术产业，发展物流、金融、文化、旅游等现代服务业，构筑多元发展、多点支撑、多极增长的产业格局。要针对市场主体发育不足的问题，通过兼并重组、招商引资等方式，着力培育和建设一批引领产业发展、支撑地区经济、注重节能环保、具有较强竞争力的大企业大集团。大力支持中小企业发展，努力形成大中小企业全面发展格局。要围绕提高产业集聚发展水平，进一步抓好基地、园区的规划、布局和建设，吸引更多企业入驻，切实把各类园区建设成为产业集聚的平台、工业发展的载体、城市建设的亮点。

二是全面提高对外开放水平。加快对外开放步伐，提高对外开放水平，是东部盟市发展振兴的必由之路。当前和今后一个时期，我区扩大对外开放的重点是加强"两个合作"，即加强与环渤海地区和东北地区的合作、加强与俄罗斯和蒙古国的合作，这两个方面东部盟市都很有优势。要更加主动地加强与环渤海地区的经济技术合作，积极承接环渤海地区先进生产力转移，加快要素流入区建设，着力打造环渤海地区绿色农畜产品供应基地、新型能源化工产品输出基地、重要人力资源供给基地。要进一步健全和完善与东北三省的经济技术合作机制，搞好与东北三省的产业对接和分工协作，加强与东北三省重大基础设施的一体化建设，借助东北三省平台融入更大更广的开放领域。要坚持"引进来"和"走出去"相结合，切实加强与俄蒙的经济技术合作特别是资源开发利用合作，充分发挥向北开放的桥头堡作用。要高度重视、着力抓好口岸经济区与沿边开放带建设，加强进出口生产加工体系建设，在重点口岸加快建设一批出口加工园区，鼓励优势企业开展境外业务，大力发展口岸物流、金融、信息等服务业，推动与俄蒙在满洲里和二连浩特联合建立互市贸易区，进一步扩大沿边开放。

三是大力推进县域经济发展。县域是国民经济的基本单元。东部盟市与优势地区的差距，很大程度体现在县域经济的实力和活力上。2008年，全区26个GDP过百亿元的旗县（市区）中东部盟市只有7个，30个财政收入过10亿元的旗县（市区）中东部盟市只有7家，12个固定资产投资过百亿元的旗县（市区）东部盟市只有科尔沁和锡林浩特两个市区。第九届中国西部百强县市中我区有20个旗县（市区）入围，东部盟市只有霍林河、满洲里、锡林浩特、二连浩特四个城市。近年来，自治区对县域经济发展的研究不断深入，逐步形成了大力发展以特色经济为主导、以民营经济为主体、以县城经济为主角的县域产业发展思路。东部盟市要结合实际，切实加强对县域经济发展的总体规划和分类指导，围绕有利于发挥优势、体现特色，加快培育一批现代工业催生型、农牧业产业化牵引型、大中城市辐射型、边境贸易带动型、旅游开发型、文化主导型等各具特色、充满活力的县域经济体。要把民营经济作为县域经济的主体和主要增长点来抓，本着"非禁即入"的原则，进一步加大对民营企业发展的政策扶持和金融支持力度，认真研究解决民营企业生产经营中的实际困难和问题，加快培育民营经济龙头企业，不断提高民营经济的比重和贡献率。企业是区域经济发展的支撑，企业家是企业发展的关键。现代经济发展规律表明，经济的增长同企业家数量的增长相同步，经济质态的提高与企业家素质的提高相一致。与呼包鄂地区相比，东部盟市企业家数量较少，本土企业家更少。要坚持培养、引进相结合，加快企业家培育和建设步伐，大力营造全社会尊重、关心和爱护企业家的良好氛围，不断壮大企业家队伍、提高企业家素质。

四是切实加强保障能力建设。虽然近年来东部盟市基础设施条件得到改善，但仍需进一步加大工作力度。要按照国务院《关于进一步实施东北地区等老工业基地振兴战略的若干意见》要求，继续加强综合交通运输体系建设，进一步畅通连接三省、通疆达海通道。东部盟市水资源相对丰富，但缺乏控制性工程，水资源利用率不高。要坚持以水兴业理念，进一步搞好水资源综合开发利用规划，抓好重点水利枢纽和水源工程建设，优化水资源配置，推进水利投融资体制改革，促进水资源有序有度开发、科学合理利用。国务院《意见》指出，要抓紧开工建设内蒙古东部和东北两大千万千瓦级风电基地、内蒙古东部和黑龙江煤电外送通道等项目，要按照《意见》要求切实加大落实力度。要进一步加快地质勘查步伐，加大精查详查力度，提高资源接续能力和保障水平。

二、进一步推进协调发展

从东部盟市实际出发，提高协调发展水平，要着力在促进城乡协调、经济社会协调、人与自然协调发展上下功夫。

一是促进城乡协调发展，加快构建城乡协调发展格局。东部盟市农村牧区人口占全区的60.2%，城乡二元结构明显，统筹城乡协调发展任务艰巨。自治区近年来发展实践证明，解决城乡协调发展问题，关键在于推进"三化"互动。要坚定不移地走以工促农、以城带乡的发展路子，在"三化"互动共进中促进城乡协调发展。一方面，要大力推进城镇化进程。世界近现代发展的历史表明，城市对经济社会发展具有显著的"放大功能"，主要体现在：放大工业化，推动人口规模扩大、要素集聚，为工业化创造条件；放大城乡一体化，促进乡村城市化和城乡一体化；放大消费需求，使更多的农牧民转变为市民，促进消费量的扩大和消费结构的提升。据统计，1个城市人口大约相当于3个农民的消费支出，每个新增城市人口可带动住房等平均支出约15—20万元，拉动公共服务和基础设施投资15—20万元。我国城镇化率低于世界平均水平，更低于高收入国家75%—80%的水平。推进城镇化既是当前扩大内需保增长的重要选择，也是支持未来经济持续较快发展的强大动力。去年，东部盟市城镇化率为43.79%，低于全区平均水平7.91个百分点。城镇化滞后既是东部盟市发展的薄弱环节，也是东部盟市持续发展的潜力所在。要坚持从地区实际出发，加快构建布局科学、结构合理、功能完善、特色鲜明的东部城镇体系，加快培育中心城市，做大做强城市产业，加强城镇基础设施建设，努力提高公共服务水平，充分发挥城镇在东部盟市振兴发展中的战略支撑作用。

另一方面，要扎实推进社会主义新农村新牧区建设。城镇化和新农村新牧区建设是推进现代化建设不可或缺的两个轮子。城镇化推动农牧业人口比重下降,工业、服务业比重上升,人口和产业聚集;新农村新牧区建设推动农村牧区生产方式和生活方式转变,为工业化、城镇化提供广阔空间,两者互联互动、相得益彰。要大力发展现代农牧业。东部盟市耕地面积、草原可利用面积和渔业总水面分别占全区的 60.8%、54% 和 78%,是自治区现代农牧业发展潜力最大的区域。要充分发挥绿色农牧业资源丰富的优势,围绕提高农牧业综合生产能力,加强农牧业基础设施建设,大力发展生态农牧业和绿色、有机、安全农畜产品,用现代科技改造提升传统农牧业,大力发展设施农牧业和避灾型农牧业,加快传统农牧业向现代农牧业转变。要大力推进农牧业产业化经营。近几年,东部盟市农牧业产业化加速发展,去年产业化加工企业增加值和销售收入增幅分别高于全区 8.6 个和 7.3 个百分点,但份额较小,仅占 36.9%;在全区 23 个农畜产品全国驰名商标中, 东部盟市仅有 9 个。要进一步壮大产业化龙头企业规模,大力提高种养业专业化、标准化、规模化和基地化发展水平,支持农牧民发展多种形式的适度规模经营,抓好农牧业专业合作组织和社会化服务体系建设。要加大对农村牧区基础设施和社会事业的投入,推动城市基础设施向农村牧区延伸、城市公共服务向农村牧区覆盖、城市现代文明向农村牧区辐射,加快推进城乡一体化进程。

二是促进经济社会协调发展,大力提高社会事业和公共服务水平。有关研究成果表明,现代经济发展越来越依赖于人力资本的推动,即对劳动者知识、技能以及健康状况的依赖。联合国教科文组织指出,上世纪最后 20 年,人力资本投资对经济增长的贡献率达 50%。东部盟市要针对社会发育程度不高,公共服务能力和水平偏低,就业和社会保障能力不足等突出问题,切实抓好各项社会事业发展,努力实现经济建设与社会事业相互促进、协调发展。要坚持把教育放在优先发展的战略地位,促进各级各类教育协调发展,大力培育适应地区发展振兴需要的高素质人才和各类实用人才,提高劳动者创业就业能力,把人口压力转变为人力资源。以深化医疗卫生体制改革为契机,加快建设覆盖城乡居民的公共卫生服务体系。按照"强主体、调结构、抓项目、兴人才"的要求,大力推动文化事业、文化产业繁荣发展,不断提升文化软实力和综合竞争力。

三是促进人与自然协调发展,筑牢祖国北疆绿色生态屏障。胡锦涛

[587]

总书记 2007 年视察我区时要求我们，要切实保护好内蒙古这片辽阔草原，保护好大兴安岭这片绿色林海。东部盟市有面积广大的森林、草原、湖泊和湿地，森林面积占全区的 82%，可利用草原占全区的 80% 以上，有大兴安岭天然森林和呼伦贝尔、锡林郭勒两大草原，在祖国北疆生态屏障中具有举足轻重地位。要高度重视、切实抓好生态环境保护和建设工作，扎实推进生态重点工程建设，加强自然保护区、生态功能区建设和管理，通过休牧、禁牧、轮牧以及生态移民等保护性措施，增强生态环境的自我修复能力。要坚持调整经济结构与转变发展方式相结合，大力发展绿色经济和环保产业，着力提高非资源型产业和服务业在国民经济中的比重。大力转变农牧业发展方式、工业发展方式、资源开发利用方式，大力倡导爱护生态、节能环保、崇尚自然、绿色消费的观念，要坚持建立机制与增加投入相结合，在增加有效投入的同时，进一步完善生态环境保护和建设政策措施，建立经济社会发展与生态环境改善良性互动机制。贾庆林主席这次视察我区时，要求我们增强碳汇意识。碳汇一般是指从空气中消除二氧化碳的过程、活动和机制，主要是指森林、草原等吸收并储存二氧化碳的能力。要进一步增强植树造林、建设草原的自觉性和主动性，发挥好我区森林、草原巨大的碳汇功能优势。要把节约资源和保护环境作为编制实施各类规划的重要内容和依据，建立健全、认真落实节约资源和保护环境目标责任制和行政问责制。

三、进一步推进和谐发展

社会和谐是中国特色社会主义的本质属性，是实现科学发展的内在要求。目前东部盟市已进入人均 GDP3000 至 5000 美元的发展阶段，既面临着推进科学发展的繁重任务，也承担着促进社会和谐的重大责任。要牢牢把握发展进程中的阶段性特征，最大限度地增加和谐因素、减少不和谐因素，努力推动和谐发展。

一是进一步保障和改善民生。东部盟市城乡居民收入 2008 年分别低于全区平均水平 2819 元和 224 元，增收富民任务艰巨。要认真落实自治区关于促进城乡居民增收意见，积极推进收入分配制度改革，加快建立经济增长与收入增长良性互动机制，下大力解决中低收入群体增收问题。要把扩大就业作为增收富民的关键之举来抓。东部盟市人口多，城镇充分就业和农牧民转移就业任务重、难度大。要坚持以创业带动就业,通过大力发展服务业、中小企业、非公有制经济、劳动密集型产业,努力增加就业岗位,切实解决好大学生、下岗失业人员和困难家庭就业问题。要把完善社会保障体系作为推动民生工作由应急解难向建立长效机制转变的重要途径。采取有力有效措施,将更多的城乡居民纳入社会保障范围,在应保尽保的基础上逐步提高保障标准,加快建立与经济社会发展水平相适应的覆盖城乡所有居民的社会保障体系。要把大力实施民生工程作为加强和改善民生工作的重要载体。在认真落实自治区确定的民生工程的同时,结合本地区实际,坚持实施好群众所愿所盼的民生工程项目,着力为城乡居民办实事办好事。

二是全力维护团结稳定。保持社会大局稳定,是各族群众的根本利益和共同愿望。东部盟市少数民族人口多,还有三个少数民族自治旗,做好民族团结工作责任重大。要认真贯彻落实胡锦涛总书记在全国第五次民族团结进步表彰会上的重要讲话精神,牢牢把握各民族共同团结奋斗、共同繁荣发展的主题,坚持不懈地加强马克思主义民族理论、党的民族政策、国家民族法律法规教育,深入开展民族团结进步教育活动,使"三个离不开"的思想深深扎根于各族人民心中,使各族人民在社会主义大家庭中和衷共济、和睦相处、和谐发展。要坚持和完善民族区域自治制度,认真贯彻民族区域自治法,依法保障少数民族和民族地区的合法权益。要深刻认识和准确把握新形势下人民内部矛盾的特点和规律,健全党和政府主导的维护群众权益机制,健全正确处理人民内部矛盾的工作机制,加强基层基础工作,深入开展矛盾纠纷排查化解工作,努力把影响社会稳定的问题解决在基层和萌芽状态。要切实抓好安全发展工作,加强对涉及群众切身利益的生产安全、食品安全、饮水安全和公共安全的监管,严防重特大事故发生,切实保障人民群众生命财产安全。

三是切实加强社会建设与管理。要适应社会结构和利益格局的深刻变化,积极推动社会建设和管理理念、体制、机制、方式、手段的改革创新,建立完善适应经济社会发展要求、符合本地实际和满足群众愿望的社会建设和管理体系,建立健全党委领导、政府负责、社会协同、公众参与的社会管理格局。要按照转变职能、强化服务、改进管理、提高效能、方便群众的要求,加强服务型政府建设,加强社会建设与管理的薄弱环节,实现城乡社会管理全覆盖。要进一步加强基层群众自治组织建设,建立健全基层党组织领导的充满活力的基层群众自治组织,提高自我管理、自我服务、依法办事能力。要加强村级组织和城市社区建设,发挥基层组织推动发展、服务群众、凝聚人心、促进和谐的作用。要以构建和谐劳动关系为主线,积极拓展厂务公开、民主管理的内容和形式,支持企业发展、维护职工权益。要把促进社会公平正义作为社会管理的重要内容,加强普法和依法治理工作,逐步把社会生活的各个方面纳入法治化管理轨道。

实现东部盟市振兴,关键在党,关键在人。要按照党的十七大和十七届四中全会关于加强党的建设的总体部署,大力推进学习型政党建设,大力推进党内民主建设,大力加强领导班子和干部队伍建设,大力加强基层组织建设,大力弘扬“四个大兴”的优良作风,深入开展反腐败斗争,为实现科学发展、和谐发展提供有力的思想、政治和组织保证。

加快东部盟市振兴,是自治区党委、政府贯彻落实科学发展观、统筹区域协调发展的重大战略举措。自治区有关部门要继续加大对东部盟市发展的支持力度,切实帮助解决好发展中遇到的困难和问题。特别要加强对国务院《关于进一步实施东北地区等老工业基地振兴战略的若干意见》的学习研究,制定切实可行的实施办法,抓紧向国家有关部门汇报和对接,大力争取国家支持。东部各盟市要充分发挥主观能动性,充分挖掘自身潜力,进一步加强地区合作,创造性地做好各项工作。我们相信,通过各方面的大力支持,特别是通过东部盟市广大干部群众的不懈努力,东部盟市的发展一定会在新的起点上,再创新业绩,再上新台阶。

(选自东部盟市经济工作座谈会上的讲话)

第八篇　生态和基础设施建设

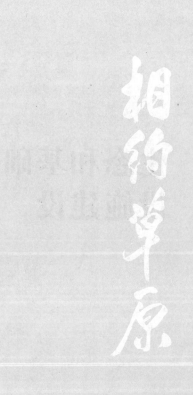

实施"进退还"战略的启示

（2001年9月30日）

　　乌兰察布盟通过坚持不懈实施"进退还"战略，使全盟的生态改善，经济发展，老百姓收入增加，地方财政状况好转，是个符合客观规律的好做法，值得认真总结，大力提倡。

　　一是遵循自然规律和经济规律的科学态度。规律是客观存在，不以人的意志为转移的，只能顺应，不能违背。我们过去干了不少违背自然规律、违背经济规律的蠢事。违背了规律，必然会受到规律的惩罚。乌兰察布盟实施"进退还"战略的工作实践，遵循了自然规律和经济规律，这种科学态度很值得学习。无论是调整结构，还是搞生态建设，首先要有这种科学态度。如果不按规律办事，即使形式上轰轰烈烈、热热闹闹，最后也不会有任何效果，甚至劳民伤财。

　　二是敢于探索、敢担风险的创新精神。现在回过头来看，有人也许会认为乌兰察布盟这几年的许多探索性工作并不算什么，但在当时的情况下能够作出那样的决策，是要有相当大的勇气、魄力和敢担风险的精神的。"以粮为纲"的观念长期束缚着人们的思想。在这个"禁区"没有打破之前，乌兰察布盟就果断地提出把一半粮食种植面积退出，是一个非常大胆的、有勇气的决策。在国家对小麦还没有放开保护价收购的时候，乌兰察布盟为了引导结构调整，坚决把小麦退出保护价收购，而对杂粮实行了保护价收购，如果没有勇于创新和敢担风险的精神肯定不行。乌兰察布盟的实践充分表明，干好任何一项工作，必须要有敢于探索、敢担风险的精神，必须不断创新。江泽民同志一再强调，"创新是一个民族的灵魂，是一个国家兴旺发达的不竭动力"。要不断创新，关键是要坚持解放思想、实事求是的思想路线，摆脱僵化思想和教条主义的束缚。这一点说起来很容易，但要真正做到并不容易，实践也是很难的。所以，敢于探索、敢担风险是乌兰察布盟工作很重要的一条经验。

三是重实情、办实事、求实效和真抓实干的务实精神。邓小平同志深刻指出，"不干，半点马列主义也没有"。乌兰察布盟大搞生态建设和农业结构调整，种土豆、种蔬菜、种草、养畜都取得了明显的成效，这些都是一件一件干出来的。所以，我觉得有好的思路和想法，如果没有有效扎实的工作，不去真抓实干，都是空谈。如果空喊口号，调整结构喊得很响，但没有具体行动，不真抓实干，最终也不会取得实际效果。

对乌兰察布盟生态建设、农牧业结构调整的实践，区直有关部门要予以充分重视，并认真加以总结。各地区也要从实际出发，借鉴乌兰察布盟经验，对本地区的优势重新认识。各级党委、政府特别是各级领导干部一定要以动态的眼光看待优势，调整工作思路。

乌兰察布盟尽管近年来有了长足发展，但由于底子薄，起步晚，经济发展水平与一些盟市相比，还比较落后。面对经济全球化的大趋势，要把视野放得更宽一些，把乌兰察布盟的发展放在全区、全国的大局中考虑。要进一步加大工作力度，继续坚持在经济发展中恢复生态，在生态恢复中发展经济，实现生态与经济协调发展，使乌兰察布盟经济发展得更快更好。

（选自在乌兰察布盟调研时的讲话）

抓好草原生态建设和口岸建设

（2001年10月7日）

把草原生态的保护和建设放在锡林郭勒盟经济工作的首位

锡林郭勒盟处于祖国正北方，不仅是京津地区的生态防线，也是我国北方生态屏障的重要组成部分。锡林郭勒盟生态环境的好坏，直接关系到京津乃至全国的生态安全。近年来，锡林郭勒盟开始在一些草原生态极度恶化、已失去生产生活条件的地区，实施以"围封禁牧、收缩转移、集约经营"为主要内容的"围封转移"工程，取得了初步成效。这是锡林郭勒盟广大干部群众在灾后反思后作出的正确抉择。无论从现实需要，还是从长远发展来说，都要坚持不懈地把草原生态保护和建设放在经济工作的首位。

第一，要加大宣传力度，把广大干部群众的思想和行动统一到"围封转移"的实践中来。锡林郭勒大草原曾经以水草丰美驰名中外，但近年来，由于连续遭灾，加之对草场资源的过度利用、畜牧业粗放经营和草原基本建设投入不足等多方面原因，锡林郭勒盟的草场退化沙化和生态恶化问题日益严峻。看到赤地千里、寸草不生的景象后，令人震惊和痛心。这是大自然对我们过去违背自然规律行为的惩罚。生态的极度恶化使牧民的利益受到了很大损失，掠夺性的经营方式使草原畜牧业已经陷入绝境，特别是生态环境付出了巨大的代价，是难以用经济账来计算的。阿拉善生态状况是全区最差的，但那里戈壁多，沙漠多，人烟稀少，生态环境恶劣是由于长期的历史原因造成的。而锡林郭勒原来是全国闻名的大草原，现在退化沙化到令人不堪入目的程度，实在令人惋惜和痛心。客观地分析，草原生态恶化是综合因素共同导致的结果，有干旱等"天灾"的原因,但牲畜超载、人类活动频繁的"人祸"则负有不可推卸的责任。看到牛羊还在光秃秃的草原上啃草,我心里很不舒服。生态恶化到这种程度,再多的牛羊能弥补得了这个损失吗?这个教训是十分沉痛的。"三个代表"重要思想,最根本的就是代表最广大人民的根本利益,如果广大牧民连基本的生存条件都没有了,我们还谈什么代表人民的根本利益。各级党委、政府特别是各级领导干部一定要从实践"三个代表"的要求出发,高度重视草原生态的保护和建设问题。要把"围封转移"作为一项革命性措施来抓,加大宣传力度,引导广大干部群众坚决克服不计成本养畜保畜的错误认识和做法,把思想和行动统一到"围封转移"的实践中来。要采取果断措施,加大工作力度,把该退的草原抓紧退下来,全力做好禁牧休牧工作,使草原生态真正得到休养生息,以尽早解决草原生态的恢复问题。

第二,实施"围封转移"工程,解决退牧休牧问题,一定要搞好规划。锡林郭勒草原地广人稀,要搞好"围封转移",难度确实很大。因此,要本着坚持既适度超前又积极稳妥的原则,制定好"围封转移"的整体规划。特别是要根据不同地区的生态状况和生产条件,坚持因地制宜、分类指导的原则,制定出具有可操作性的详细规划,确保生态建设有组织、有计划、有步骤地进行。生态极度恶化的地区,要尽快推进实施"围封转移"工程,把牲畜从草原上退下来,把部分牧民从畜牧业中转移出来。生态条件较好,草原植被比较容易恢复的地区,要全面推行草场围栏化,逐步实现划区轮牧。农区和半农半牧区要大力发展引种入牧,搞好高产饲料地建设,推行草场季节性禁牧,发展舍饲半舍饲养殖。我们搞"围封转移"工程不是给人看的,而是要作为一件事关草原生态恢复、牧民生存发展的大事来抓。三五年搬几户、几十户,这种小打小闹不能从根本上解决问题。只要选准了适宜的转移地,就要加快进度,尽快把畜牧业从广大的草原上退下来,把牧民转移出来。对转移地的水源、饲料地建设等要进行科学的勘探、规划和论证,使转移出来的牧民能够稳得住,富起来。自治区各级要加大对"围封转移"工程的支持力度,对工程的生态建设资金、生态移民、人畜饮水和牧民的贷款等问题要全力支持,切实加以解决。

第三,实施大面积的草场围封和转移,关键要解决好牧民的出路问题。能否妥善解决好牧民的出路问题,这是决定"围封转移"工程成败的关键。大多数牧民祖祖辈辈都以牧业为生,逐水草而居,除了放牧别的不会,让他"牧转非"确实很难。但生态严重恶化的现实已把草原畜牧业逼到绝路上了,为生态、为生存,特别是为了子孙后代,不愿转也得转。这样做肯定要付出很大代价,但只要能够恢复生态,这样的代价是值得的。如果不下大的决心,再继续照老样子搞下去,"围封转移"只能是一句空话,难以落到实处。在一段时间内,部分生态极度恶化的地区要适度减少牧民人口和牲畜头数,这不仅是牧民生存空间的转移,也是牧民生产方式和生活方式的转变。牲畜头数减少必然会导致牧民收入降低,旗县财政收入减少。在这种情况下实施"围封转移",如果措施不力很容易产生反弹。对此,一定要克服侥幸心理,千万不要把希望寄托于下一年风调雨顺上。实际上,十年九旱的自然条件已经一再告诫我们,靠天养畜的路子已经走到头了,再不能以牺牲草原生态为代价来获取一时的经济发展了。要下大决心,加大力度,持之以恒地把草原生态的保护和建设抓下去。

解决退牧后地方经济的发展和牧民的生存问题,根本出路就是加快结构调整步伐,大力发展二、三产业,实现牧民向非牧产业的转移。要立足锡林郭勒盟资源优势,发展壮大农畜产品加工业、能源工业和矿产资源采选加工业。要以草原特色旅游业为重点,努力提高面向生产和城乡居民消费的服务业。要鼓励有条件的牧民从事其他产业。各级一定要从转变观念入手,通过培训等方式,使广大牧民掌握一技之长,能够自愿地转移到非牧产业上去,在政府的帮助和扶持下,加上自身努力,实现早日致富的目标。在实施"围封转移"过程中,要继续稳定党在牧区的基本政策,对转移出来的草场经营使用权要保持不变,切实解除广大牧民的后顾之忧。

更好地发挥二连浩特口岸对外开放的窗口和桥梁纽带作用

二连浩特作为中蒙边界唯一的铁路口岸,不仅是我区向北开放的重要窗口,也是全国向北开放的重要窗口,战略位置非常重要。要按照江总书记关于"把内蒙古建设成为我国向北开放的前沿阵地"的指示精神,抓住国家实施西部大开发战略和即将加入世贸组织的历史性机遇,进一步加大对外开放力度,做好"边"字文章,在内联上下功夫,加快二连浩特市的发展。

一是要充分利用二连浩特独特的口岸条件，大力发展加工贸易。二连口岸每年进出口货物三百多万吨，许多货物进来之后，又拉到内地搞加工去了，为什么不搞就地加工呢？如果适应俄蒙市场和内地加工企业的需要，搞来料加工，就会极大地促进当地经济发展，并对锡林郭勒盟乃至我区中西部地区的经济发挥重要的带动作用。因此，要坚持互惠互利的原则，加强协作与配套，吸引国内的一些企业发展加工贸易，实现加工增值。要发挥原材料、劳务和交通费用等成本低廉的优势，就地加工一些进口货物和适应蒙古市场需要的出口商品，在加工贸易上有所突破。要充分运用市场机制，加大招商引资力度，吸引社会资金参与市场建设和房地产开发。这方面，二连浩特市已经成功地引进了区外资金兴建了义乌市场、国际商贸城，但仍需要进一步解放思想，拓宽思路，加大力度。

二是要搞好城市规划，加快城市建设步伐。二连浩特作为边境口岸，有着独特的旅游资源。适应口岸扩大开放的需要，要把二连浩特建设成为边境旅游城市，首先要搞好城市规划。二连浩特城市规模不大，人口不多，一定要按照高起点规划、高标准建设、高水平管理的要求，把城市建设作为改善投资环境的基础来抓，树立经营城市的观念，加大城市建设和改造步伐。搞城市规划设计，要舍得花点本钱，从国内聘请一些专家对城市的街道、广场、市场等建设布局进行科学规划，使二连成为一个小巧、精致的城市，给人一种匠心独具的感觉，充分体现边境口岸城市和旅游城市独有的风情特色。

三是要着力培育支柱产业，实现经济超常规发展。二连提出要大力发展边境贸易、旅游贸易、加工贸易三大支柱产业，符合实际，关键是要有具体的措施来保证。只要措施得力，完全可以实现超常规发展。二连地方小，人口基数不大，又具有口岸优势等许多有利发展的条件，要加快发展，尽快使百姓富裕起来。与此同时，要加强市场管理，坚决打击生产经营假冒伪劣产品的不法行为，树立良好的对外形象。

（选自在锡林郭勒盟考察时的讲话）

把内蒙古建设成北方生态长城

（2002年3月9日）

　　内蒙古地跨"三北"，是华北地区的重要屏障，加大生态环境保护和建设力度，尽快遏制生态环境恶化的势头，不仅关系内蒙古人民及其子孙后代生存环境的改善，而且关系全国生态安全和生态环境改善的大局，是时代赋予全区各族干部群众的一项十分紧迫而艰巨的任务。

　　"九五"期间，内蒙古自治区生态建设以每年造林500万亩、水土治理500万亩、草原建设改良2000万亩的速度推进，累计治理荒漠化土地9945万亩，退耕还林还草1600多万亩，森林覆盖率从解放初期的7.7%提高到14.82%，局部地区的生态环境有所改善，重点项目区生态环境恶化的趋势初步得到遏制。但是，尚未使全区生态环境恶化的势头得以从整体上、根本上遏制。

　　实施西部大开发战略以来，内蒙古自治区生态建设步伐进一步加快，重点工程建设取得积极进展。一是投入30多亿元，在大兴安岭林区和29个旗县实施了天然林资源保护工程。二是在11个旗县进行了退耕还林还草试点，现已退耕100万亩，荒山荒地造林种草600万亩。三是在31个旗县启动了京津风沙源治理工程，投入9亿多元，已完成了1100万亩的治理任务。四是在29个旗县开展了生态环境综合治理工程，共完成治理面积500多万亩。五是在13个旗县进行了天然草原保护与建设工程试点。六是在黄河、辽河、嫩江内蒙古流域全面开展了水土保持工程，共完成治理面积210万亩。七是进一步加大"三北"防护林工程建设投入，新营造防护林430万亩。

　　从根本上扭转内蒙古生态环境恶化的局面任重道远，需要坚持不懈地艰苦奋斗。今后，要继续把生态环境保护和建设作为全区经济社会发展的重中之重来抓。

——**在方针上,**要坚持生态环境保护与建设并举,在局部区域内加大投入进行人工建设,在大面积土地上通过各种保护性措施恢复植被。

——**在布局上,**重点治理五大区域,即黄河上中游水土流失和风沙盐碱治理区、京津周边内蒙古沙源治理区、大兴安岭天然林资源保护区、呼伦贝尔和锡林郭勒草原保护治理区、阿拉善生态自然封育治理区。

——**在建设重点上,**全力实施生态建设"八项重点工程",即草原生态建设与保护工程、天然林资源保护工程、退耕还林还草工程、生态建设重点县工程、防沙治沙工程、"三北"防护林工程、绿色通道工程和水土保持工程。

——**在措施上,**一是把水资源的开发利用放到生态建设的重要位置,想方设法解决好水的问题;二是突出抓好草原生态环境治理,保护和恢复草原生态;三是把生态建设与农牧业结构调整、增加农牧民收入、扶贫开发、生态移民等紧密结合起来,促进生态和经济、社会的协调发展;四是充分发挥科技在生态建设中的主导作用,提高生态建设中的科技含量。

生态建设的关键是抓好各项政策措施的落实,发动全社会力量积极参与生态环境保护和建设。自治区党委和政府有信心、有决心,带领全区各族群众,团结奋进,通过坚持不懈地努力,早日把内蒙古建设成为名副其实的我国北方最重要的生态防线。

(原载《新华每日电讯》)

抓住西部大开发机遇
加快生态和基础设施建设步伐

(2002年4月1日)

西部大开发是以江泽民同志为核心的党的第三代领导集体，按照邓小平同志"两个大局"的思想，根据我国改革开放和现代化建设的进程，适时提出来的重大战略决策。这一战略是遵循区域经济协调和可持续发展规律提出来的。西部大开发的提出，为内蒙古的发展提供了重大机遇，要用足用好国家支持西部大开发的政策措施，紧密联系我区实际，切实加大工作力度，进一步加快开发和发展步伐。特别是要以草原保护与建设为重点，坚持不懈地搞好生态建设和基础设施建设。

江泽民同志1999年初视察我区时深刻指出："内蒙古是我国北方的一道天然生态屏障。这里的生态环境如何，不仅关系内蒙古各族群众的生存和发展，也关系华北、东北、西北生态环境的保护和改善，意义和责任都十分重大，一定要搞好。"我们要认真贯彻总书记重要指示精神，按照国家的部署和要求，继续把生态保护和建设作为西部大开发的重中之重来抓。内蒙古有13亿亩草场，广阔草原既是牧民赖以生存的基础，也是内蒙古以及"三北"地区的天然生态屏障。由于长期多种因素的作用，草原沙化、退化严重，保护与建设任务十分艰巨。完成这一重大战略任务，不仅造福于在内蒙古这块广袤土地上生息繁衍的子孙后代，而且关系全国生态安全和生态环境改善的大局。今后，我们要以草原生态保护与建设为重点，进一步加大工作力度，尽快遏制生态环境恶化的势头。在方针上，坚持保护与建设并举，以保护为主，在局部区域内加大投入进行人工建设，在大面积土地上通过各种保护性措施恢复植被。在布局上，划分为五

[601]

大重点治理区域,即黄河中上游水土流失和风沙盐碱治理区,京津周边内蒙古风沙源治理区,大兴安岭天然林资源保护区,呼伦贝尔和锡林郭勒草原保护治理区,阿拉善生态自然封育治理区。在重点上,全力实施生态建设"八项重点工程",即草原生态建设与保护工程、天然林资源保护工程、退耕还林还草工程、生态建设重点县工程、防沙治沙工程、"三北"防护林工程、绿色通道工程和水土保持工程。在措施上,一是把水资源的开发利用放到生态建设的重要位置,千方百计解决好水的问题。二是把生态建设与农牧业结构调整、增加农牧民收入、扶贫开发、生态移民等紧密结合起来,促进生态和经济、社会的协调发展。三是充分发挥科技在生态建设中的主导作用,提高生态建设中的科技含量。四是抓好生态建设各项政策措施的落实,动员全社会力量积极参与生态环境保护和建设。

内蒙古地域辽阔,基础设施建设欠账较多。要突出抓好以交通、水利、能源为重点的基础设施建设。"十五"期间,公路建设要按照"三横九纵十二出口"的总体规划,以加快建设国道主干线、东西公路大通道、国边防公路以及旗县公路为重点,大幅度提高干线公路等级和路网密度。铁路建设要加快现有铁路扩能改造,完善路网布局,提高运行速度。民航以建立区域支线航空运输网络为重点,完善机场布局,提高综合配套能力。水利建设重点抓好尼尔基、河套灌区等大中型水利枢纽和节水工程,切实加强农田草牧场水利工程和抗旱节水工程建设。抓紧农村牧区电网改造。与此同时,进一步加大城市基础设施建设力度,完善城市功能,改善投资环境,增强吸引力、辐射力。

(选自在西部大开发工作座谈会上的发言)

让草原得以休养生息

(2003年5月31日)

　　前些年,锡林郭勒盟草原退化严重,草原生态逐年恶化,再加上连续几年干旱,锡林郭勒盟特别是西部一些地区赤地千里,寸草不生。今年情况不错,通过连续两年实施围封转移战略,采取休牧、禁牧、划区轮牧等措施,再加上老天帮忙,草原生态得以恢复,一路上看到苏尼特草原已现绿色,不再是两年前的赤地千里。实施围封转移战略两年来的成效证明,这一决策是正确的。大自然的自我修复能力很强, 只要我们给退化草原以休养生息的机会,被破坏的大草原就一定能够恢复往日的生机。同时,实践也启示我们,人类要善待大自然,不能无休止地向大自然攫取。

　　锡林郭勒盟要坚定不移地实施好围封转移战略,抓住国家出台退牧还草、草原水利建设等政策的有利时机,进一步加大工作力度,大踏步地向前推进围封转移战略。要清醒地认识到恢复草原生态不可能一蹴而就,坚决防止因草场稍有恢复、今年雨水条件较好,就放松围封转移战略各项措施的落实,再走过去破坏草原的老路。实施围封转移战略,最重要的是"围",把退化的草场围起来进行封育,既恢复了草原生态,又转变了牧民过去落后的生产经营方式。做到这一点,就必须把草牧场承包政策真正落实到每一个牧户,调动他们保护草原、建设草原的积极性。对少数生产生活条件极端恶劣的地方,要实行生态移民,目的也是改善生态、改善牧民群众的生产生活条件,不能为移民而移民。转移只是一少部分,大部分还要靠围封,遵循自然规律,合理利用草原。

　　围封转移战略能不能坚持下去、取得预期成效,关键是要处理好保护草原生态与解决牧民生计的关系。无论是休牧区还是移民区, 都要认真帮助牧民解决好生活出路问题。要在积极争取、用好国家退牧还草等政策的同时,科学地实施好围封转移战略,特别是移民区要首先解决好饲草料生产基地建设问题,在此基础上建棚舍,搞移民,逐步解决好移民区的基础设施配套和牧民的生活条件问题,真正做到移得出、稳得住、富起来。新华社内参曾刊登过一个关于锡林郭勒盟生态移民的事,说个别地方搞生态移民,移民区房子建得很好,基础设施也搞得不错,但却没有饲草料生产基地,养畜只能靠买饲料解决,牧民的生计问题并没有得到解决。光有个房子有什么用,牧民长期靠买饲料来养羊、养奶牛成本太高,能承受得了吗?这种移民办法怎么能让老百姓富起来呢?比如齐哈移民示范园区,规划出了饲草料生产基地,同时把地落实到牧户,每户18亩,基本可以保证牲畜饲喂所需了。牧民不会种植怎么办,就要给予及时的技术指导,组织机械化服务队伍,在种植技术上提供指导和服务,帮助牧民联户承包种植,搞统种、统收、分贮,这个办法不错。现在,牧民养奶牛逐渐多起来,要帮助他们抓市场,建奶站,搞好收购环节的质量监督,让牧民多赚一些钱。这样,牧民有了饲草料生产基地,又有了牛奶市场,就会收到好的效益。个人筹资建的奶站,随着养奶牛户的增多、奶牛数量的增加,成本也可以收回去。

这几年,牧民群众由于草场退化,生产条件恶化,收入来源很少,手头都很紧。现在,搞生态建设,围栏草场需要投入,这就要争取国家退牧还草的政策。以前,国家只有退耕还林政策,没有退牧还草政策。近一年多来,自治区积极争取国家实施退牧还草政策,作了一个3亿亩的规划,计划搞5年,每年6000万亩。经过多方面的争取,现在国家同意我们搞3000多万亩,虽然比原计划慢了点,但是开了口子,我们一定要实施好这个项目。在实施退牧还草过程中,要首先落实草场承包经营权证,这样牧民才有积极性,政策才能落到实处。对退牧草场,国家有退牧饲料粮补助,补粮就是补钱,将来退牧草场的草长好了还是牧民自己的。从实施的情况看,退牧还草政策对于有效地实施围封转移战略、恢复草原生态,作用极大。

(选自在锡林郭勒盟调研时的讲话)

加快林业发展
构筑我国北方绿色生态屏障

（2003年8月30日）

　　森林是陆地生态系统的主体，林业是重要的公益事业和基础产业。加强生态建设，维护生态安全，是21世纪人类面临的共同课题，也是经济社会可持续发展的重要基础。加快林业发展，对于我们维护生态安全，保障经济社会发展，实现全面建设小康社会的奋斗目标，具有十分重要的意义。

　　今年6月25日，党中央、国务院作出了《关于加快林业发展的决定》，这是着眼于我国经济社会可持续发展的长远大计而作出的重大战略决策，也是在全面建设小康社会的新形势下加快林业发展的纲领性文献。《决定》充分体现了"三个代表"的重要思想，对林业作出了新的科学定位，明确提出"在全面建设小康社会、加快推进社会主义现代化的进程中，必须高度重视和加强林业工作，努力使我国林业有一个大的发展"，强调"在贯彻可持续发展战略中，要赋予林业以重要地位；在生态建设中，要赋予林业以首要地位；在西部大开发中，要赋予林业以基础地位"。《决定》对林业发展的指导思想给予了全新的概括，提出要"确立以生态建设为主的林业可持续发展道路，建立以森林植被为主体、林草结合的国土生态安全体系，建设山川秀美的生态文明社会，大力保护、培育和合理利用森林资源，实现林业跨越式发展，使林业更好地为国民经济和社会发展服务"。这一指导思想的确立，标志着林业以木材生产为主的时代已经结束，以生态建设为主的时代已经开始。根据这一指导思想，《决定》同时还提出了林业改革和发展的主要任

[605]

务。我们一定要认真学习领会,坚决贯彻执行,以《决定》精神统揽内蒙古林业工作全局,努力开创林业改革和发展的新局面。

我区是林业大区,也是生态脆弱的地区,林业在自治区经济社会发展中始终占有重要位置。自治区党委、政府历来高度重视林业工作,坚持把林业作为关系自治区经济社会发展长远大计的基础产业,采取有效措施,加快林业发展,取得明显成效。目前,全区森林面积、林木蓄积量、林业用地、宜林地面积均居全国前列。随着国家天然林保护、退耕还林、京津风沙源治理、"三北"防护林、野生动植物保护及自然保护区建设、林业产业基地建设等林业重点工程在我区的全面启动实施,全区每年林业建设任务达到了1500万亩左右,林业建设进入了历史最好时期。但我们也要清醒地看到,目前内蒙古的生态基础还比较脆弱,"局部改善、整体恶化"的局面尚未得到根本扭转,土地沙化问题比较严重,全区沙漠化和潜在沙漠化土地6.3亿亩,占全区土地面积的35.57%,是我国土地沙化危害最严重的省区之一。今年年初,胡锦涛总书记视察我区时指出:"内蒙古是我国北方的重要生态屏障,切实把生态环境保护好、建设好,事关全国的生态安全。"全区各级党委、政府和广大干部群众,一定要从全局和战略的高度,充分认识加强林业建设、维护生态安全的极端重要性,扎扎实实地把《决定》精神落到实处。

搞好林业规划,加强宏观调控。按照《决定》精神,尽快修订我区林业发展规划,调整发展目标,完善发展思路,创新发展体制和模式。在完善生态建设总体规划和林业重点工程规划的同时,加强对林业产业发展的引导和调控,根据市场需求、资源条件和产业基础,抓紧编制林业产业发展规划,制定产业政策,引导产业健康发展,避免低水平重复建设。适应生态建设和市场变化,推动林业产业重组,优化资源配置,加快形成以森林资源培育为基础、以精深加工为带动、以科技进步为支撑的林业发展新格局。

落实政策措施,完善管理机制。进一步完善林业发展的政策措施,坚持全区动员、全民动手、全社会办林业的方针,坚持国家、集体、个人一起上的政策,鼓励军队、社会团体、外商参与造林,充分调动全社会参与造林绿化的积极性。认真落实"谁造谁有、合造共有"的政策,放手发展非公有制林业，形成多主体、多层次、多形式的造林绿化格局。进一步完善林业产权制度，明确林木权属，依法严格保护林权所有者的合法权益。加快推进森林、林木和林地使用权的合理流转，深化重点国有林区和国有林场、苗圃管理体制改革。进一步扩大林业对外开放，积极实施"走出去"战略，有效利用周边国家的林木资源，增加木材等林产品的有效供给，努力减轻我区生态建设压力。

抓好重点工程，推动生态建设。坚持生态效益、经济效益和社会效益相统一，生态效益优先的方针，着力抓好重点工程建设。继续实施天然林保护工程，严格天然林采伐管理，进一步保护、恢复和发展我区的天然林资源。认真抓好退耕还林（草）工程，切实落实对退耕农民的补偿政策，解决好他们的长远生计问题。继续推进"三北"防护林体系和京津风沙源治理工程建设，因地制宜、因害设防，集中治理好各类生态灾害。高度重视野生动植物保护及自然保护区工程建设，切实保护好内蒙古的野生动植物资源和生物多样性。加快建设以速生丰产用材林为主的林业产业基地工程，积极创造条件，发展集约林业，努力推动用材林和其他商品林建设。

依法科学管护，提高建设水平。坚持依法治林方针，严格执行《森林法》、《防沙治沙法》、《内蒙古自治区实施〈森林法〉办法》等法律法规，严厉打击乱砍滥伐林木、乱垦滥占林地、乱捕滥猎野生动物等违法犯罪行为，严禁随意采挖野生植物，把林业建设、管理、保护纳入法制化的轨道。努力增加造林绿化的科技含量，尽快建立和完善科技与生产相结合的运行机制，切实抓好科技成果的推广应用和人员的技术培训，不断提高林业建设水平。

加强组织领导，明确责任目标。各级党委、政府和领导同志，要认真学习、深刻理解、准确把握《决定》精神，充分认识加强林业建设的重要性和紧迫性，将林业建设纳入国民经济和社会发展规划，摆到更加重要的位置来抓。要自上而下建立健全林业建设任期目标责任制，严格考核和奖惩。各有关部门要认真履行职责，密切配合，支持林业发展。各级工会、妇联、共青团和民兵、青年、学生组织及其他社会团体，要积极动员社会各界力量，投身国土绿化事业。大力加强林业宣传教育工作,不断提高广大干部群众的生态安全意识。植树造林、绿化祖国、发展林业、保护生态,是功在当代、利在千秋的伟大事业。全区广大干部群众要积极行动起来,以"三个代表"重要思想为指导,认真学习贯彻《决定》精神,解放思想,抓住机遇,艰苦创业,共同投入到林业建设之中,通过坚持不懈的努力,把内蒙古建设成为伟大祖国北疆的绿色生态屏障。

(原载《内蒙古日报》)

合理利用资源　开发保护并重

(2005年3月26日)

内蒙古是我国的资源富集区,地上地下资源十分丰富,许多资源不但储量大而且开发条件好。近年来,内蒙古以科学发展观为指导,充分发挥资源优势,培育和发展了一批具有市场竞争力和区域特色的产业,有力地促进了全区经济社会的发展。

在发挥资源优势方面,我们始终强调要积极、科学、合理地利用资源。积极,就是要用足资源条件,充分发挥我区的资源禀赋和开发条件好的特点,自觉服从服务于国家资源和能源发展的战略大局,加快开发利用进程,加速资源优势向经济优势转化,既为国家多做贡献,又带动自治区经济发展。科学,就是要用好资源条件,按照自然规律办事,优化配置资源开发能力和加工转化能力,鼓励规模化集约化开发,提高加工转化水平,延长产业链条,增加资源开发利用中的技术含量、环保含量和附加值,节约资源,减少浪费,争取最大的综合效益。合理,就是有度、有序地利用资源条件。有度是指反对僵化停滞的资源保护观,闲置资源,更反对过度消耗和浪费资源的片面发展观,耗竭资源;有序是指要在规范地保护资源的过程中发展经济,在规范地发展经济过程中保护资源,实现资源的永续利用和经济的持续发展。在具体工作中我们要求,努力在"做大、做强、特色、优势"上下功夫。做大,就是要做大产业规模,在同行业内占有较大的产出份额;做强,就是要提升产业档次,提高企业的综合竞争能力;特色,就是要根据我区的资源禀赋和产业基础,体现产业特色,突出差异性,避免与沿海地区的产业雷同和低水平竞争;优势,就是要在产业培育方面发挥后发优势,坚持高起点,采用先进技术和装备,既不接受落后生产

[609]

力转移,又不断淘汰自身落后生产力,逐步形成产业优势。近年来内蒙古重点抓了以煤、电、天然气为主的能源工业,以煤化工、天然气化工、氯碱化工为主的化学工业,以钢、铁、铝、铅、锌、硅为主的冶金工业,以工程机械、运输机械为主的装备制造业,以乳、肉、绒、粮等加工为主的农畜产品加工业,以稀土、生物制药、信息制造为主的高新技术产业。目前,这六大优势特色产业已成为推动内蒙古经济发展的主导力量。

做绿色文章,创草原品牌,走以工促农的农牧业现代化道路

内蒙古农牧业资源丰富,草原面积、森林面积和人均耕地面积居全国第一,河套平原、土默川、西辽河和松嫩平原都是著名的米粮川,绿色无污染是一大特色。我们提出,要以工业化的思维谋划农牧业发展,围绕农牧业资源的深度开发利用,调整优化农牧业结构,推进农牧业产业化经营,着力把内蒙古打造成我国重要的绿色农畜产品生产和加工基地。把调整优化农牧业结构作为推进农牧业产业化经营的基础工作来抓,不断整合、优化农牧业资源配置,在积极发展粮食生产的同时,大力发展畜牧业特别是农区畜牧业,不仅有力促进了粮食、秸秆的转化,而且带动了农牧民增收,成为农牧业经济新的增长点。同时积极开展优质农畜产品的区域布局规划,建设了一批生产能力强、发展潜力大的农畜产品生产基地,农畜产品生产基地建设的规模化、集约化和专业化水平有了显著提高。将乳、肉、绒、粮、薯菜果、饲草饲料六大产业作为实施农牧产业化经营的战略重点,逐一编制发展规划,积极培育和壮大农牧业产业化的龙头企业。对发展龙头企业、强化农畜产品基地建设提出了一系列扶持政策和措施。吸引和引导各种社会资本,实现农牧业产业化经营投资多元化。允许龙头企业在农牧民自愿的基础上,通过有偿流转的形式获得土地使用权。在政策扶持和龙头企业带动下,全区农牧业产业化经营蓬勃发展。在农牧业产业化的发展过程中,依托草原优势和绿色优势,积极实施名牌战略,创造了伊利、蒙牛、鄂尔多斯、草原兴发等一大批实力雄厚的知名企业。这些品牌的发展壮大,赢得了消费者的普遍信赖,极大地提升了内蒙古产品的知名度,提高了内蒙古企业的市场影响力和竞争力。

合理利用矿产资源，打造优势产业集群，加速推进工业化进程

内蒙古矿产资源得天独厚，在全球已探明的140多种矿产中，内蒙古拥有134种，煤炭保有储量2200多亿吨，居全国第二，苏里格气田探明储量7000多亿立方米，属世界级整装大气田，为推进重化工业发展提供了良好的条件。这几年，我们以科学发展观为指导，按照走新型工业化道路的要求，抓住国家缓解煤、电、油、运瓶颈制约和加强宏观调控的机遇，依托优势矿产资源，以开放促开发、促发展，加速推进重化工业的发展。在具体工作中，提出要做到四个"坚持"。

第一，坚持引进大项目、大企业。依托资源进行招商引资是重要的开发措施。我们认识到，在矿产资源开发上小打小闹，既没有规模效益，也浪费和破坏资源。我们提出矿产资源配置要向资源综合利用的重大项目倾斜，向通过招商引资引入进行资源转化的国内外大企业倾斜，依靠大企业、大项目来解决资源开发的瓶颈。

第二，坚持高起点、高标准。我们提出，新上资源开发利用项目要注重发挥后发优势，实行技术跨越。目前自治区新上的资源开发利用项目，大都采用了国际国内最先进的技术设备。比如在煤炭开采上，我们制定出台了煤炭资源最低开采规模标准，坚决不搞小煤窑，力争多搞千万吨级、五千万吨级的大型煤矿。近年新上的火电项目，单机容量一般是30万或60万千瓦。

第三，坚持延伸产业链条。发挥资源优势，搞"原"字号不行，只有不断推进转化，加长产业链条，资源才能增值，经济优势才能充分显示出来。这几年，我们坚持资源开发与转化互动，大力发展大煤炭、大煤电、大化工等工业，不断延伸产业链条。

第四，坚持产业集群化发展。产业集群化具有企业关联度高、技术进步快、产业链条长、交易成本低、配套能力强、竞争充分、资源配置效率高、就业容量大等优势，是许多国家和地区推进优势产业发展、加快工业化进程的战略选择。我们坚持走集群化发展的路子，不断加大产业布局调整力度，积极整合资源配置，要求工业要向园区集中，全区重点发展20个左右的工业园区，正在形成有利于集群化发展的空间布局。在促进产业

集群发展过程中,我们既注意抓好大企业和骨干企业,又按照集群化发展的要求,发展配套中小企业和骨干企业;既发展中小企业,又防止搞低水平重复建设,着力培育煤炭产业集群、电力产业集群、化工产业集群、冶金产业集群、机械装备产业集群、农畜产品加工产业集群、建材及新型材料产业集群、生物制药产业集群、信息制造产业集群等优势产业集群。

注重生态保护,科学利用资源,坚持可持续发展

我们在积极开发利用资源的同时,高度重视保护资源、保护环境,坚持走可持续发展之路。把生态环境建设放到突出位置来抓,坚持保护与建设并举,在局部区域内加大投入进行人工建设,在大面积土地上通过各种保护性措施恢复生态。在布局上,划分为五大重点治理区域,即黄河中上游水土流失和风沙盐碱治理区,京津周边内蒙古风沙治理区,大兴安岭天然林资源保护区,呼伦贝尔和锡林郭勒草原保护治理区,阿拉善生态自然封育治理区。在重点上,全力实施生态建设"八项重点工程",即草原生态建设与保护工程、天然林资源保护工程、退耕还林还草工程、生态建设重点县工程、防沙治沙工程、"三北"防护林工程、绿色通道工程和水土保持工程。在措施上,把生态建设与农牧业结构调整、增加农牧民收入、扶贫开发、生态移民等紧密结合起来,狠抓生态建设各项政策措施的落实。目前,内蒙古的生态已进入"整体遏制、局部好转"阶段。坚持资源的有序开发和节约利用,不断提高资源的综合开发利用水平。政府加强了对资源的集中管理与掌控,对煤炭、铁矿、有色金属等整装矿区和适宜规模化开采开发的矿种,由政府出资进行勘查,按照转化项目的建设规模、投资规模、技术水平以及转化率配置资源。加大了地质勘查力度,对煤炭、有色金属、天然气、石油、水等重要战略资源,进行重点勘查,对有开发利用价值的资源,按照规划纳入科学有序的开发程序,有计划、有步骤、有监控地加以开发利用。积极淘汰生产规模小、技术水平低、浪费资源和污染环境的生产能力。制定大力发展循环经济发展规划,围绕煤矸石、工业废水、废气、废渣及垃圾、高载能企业粉尘回收利用等,组织实施一批循环经济项目,积极探索发展循环经济的新路子。

(原载《经济日报》)

坚持走"三生统一"、
"三生共赢"的发展路子

(2008年5月30日)

　　自治区第八次党代会按照科学发展观的要求,提出要提高协调发展水平、可持续发展水平。科学发展包括文明发展,建设生态文明。这方面鄂尔多斯市为我们创造了有益的经验。鄂尔多斯市原来是全区生态极为恶劣的地区之一,是黄河中上游水土流失区。多年来,通过坚持不懈地推动农牧民向城镇和二三产业转移,逐步减少农牧业人口、减轻生态压力,现在全市林草覆盖率已经超过70%,实现了由生态恶化地区向绿色大市的历史性跨越,走出了一条生产发展、生活富裕、生态良好的"三生统一"、"三生共赢"道路。现在,鄂尔多斯市又进一步提出,要把城市人口发展到100多万,剩下的二三十万农牧民发展集约化农牧业,70%的土地用以恢复生态,最大限度地减少对大自然的直接索取。最近,《求是》杂志专门刊登了介绍鄂尔多斯市发展模式的文章。学习鄂尔多斯市,不能仅仅局限于经济层面,要全面学习他们推动生产发展、生活富裕、生态良好"三生统一"、"三生共赢"的经验和做法。在这方面,乌拉特后旗的做法也很好,这个旗只有5万多人,去年财政收入超过10亿元,他们把老牧民养起来、新牧民转出去,效果很好。我对廷·巴特尔同志讲,你已走出了一生精彩的两大步:第一步是离开城市,扎根牧区,艰苦奋斗;第二步是不畏贫困、改变贫困,帮助群众脱贫致富;现在,要走好人生的第三步,就是帮助有条件的牧民逐步转移出去,让他们过上城市生活,享受城市的公共服务。现在,锡林郭勒盟正处于工业化的快速推进期,虽然起步比较晚,但是起点一定要高,要努力追求和实现"三生统一"。乌海市附近有个"小三角",原来有很多小硅铁、小电石、小炼焦、小煤矿等落后产能,曾一度被称为"黑三角",被国家环保局列为重点监测对象。必须转换思路,变重点监测区为文明共建区。几年来,通过逐步压减、关闭,现在环境状况开始好转,但当时付出的代价也是沉重的。锡林郭勒盟的发展绝对不能重蹈"小三角"的覆辙。

(选自在锡林郭勒盟调研时的讲话)

储波

相约草原

人民出版社

目　　录

上　　卷

第一篇　发展战略

第八篇　生态和基础设施建设

下　　卷

第九篇　民主政治建设

第十篇　先进文化建设

第十二篇　党的建设

第九篇　民主政治建设

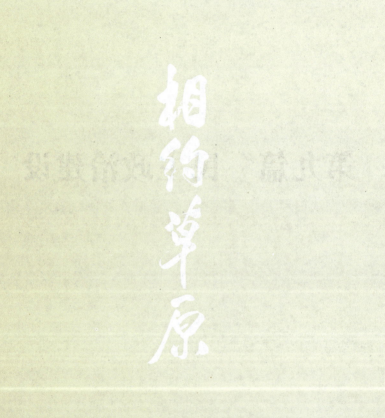

相约草原

我区人民代表大会制度的光辉历程

(2004 年 9 月 14 日)

　　1954 年 7 月 27 日，内蒙古自治区第一届人民代表大会第一次会议召开,标志着人民代表大会制度在我区正式确立。50 年来,我区人民代表大会制度建设走过了不平凡的历程,取得了辉煌的业绩。50 年特别是地方人大常委会成立 25 年来,全区各级人大在党的领导下,以马克思列宁主义、毛泽东思想、邓小平理论和"三个代表"重要思想为指导,认真履行宪法和法律赋予的神圣职责,积极推进民主法制建设进程,为促进和保障我区的改革开放和社会主义现代化建设,发挥了重要作用。

　　人大 50 年的历程充分证明,人民代表大会制度是适合我国国情的根本政治制度。人民代表大会制度保障了人民当家作主权利的实现, 有效地组织和动员了全体人民以国家主人翁的精神参加社会主义建设事业,保证了国家机器合理、高效运转,维护了国家统一、民族团结、社会政治稳定和国家长治久安。

　　人大 50 年的历程充分证明,人民代表大会制度是发展社会主义民主的根本途径。人民代表大会制度是实现人民当家作主、管理国家事务的基本组织形式,重视发挥它的作用,社会主义民主实现得就充分,决策就科学,国家的政治生活就稳定,经济发展就快速健康;忽视它的作用,社会主义民主就会遭受挫折,国家政治、经济和社会发展就会蒙受损失。

　　人大 50 年的历程充分证明, 人民代表大会制度是维护民族平等团结、实现各民族共同繁荣的根本措施。人民代表大会制度,不仅符合我国国情, 而且符合各族人民的根本利益。在少数民族实现当家作主和各民族共同繁荣进步的过程中,人民代表大会制度发挥了根本作用,正是由

[617]

于我们坚持并不断完善人民代表大会制度,才保证了少数民族的民主权益,使少数民族当家作主的民主权利得以实现,使各民族的经济协调发展,社会共同进步。

人大 50 年的历程充分证明,以经济建设为中心、加强社会主义法制建设是人大工作的根本任务。发展是党执政兴国的第一要务,发展的首要任务是经济建设和经济发展。这是党和国家的中心任务,也是人大工作必须紧紧围绕的最重要的大局。人大工作服务于经济建设中心,必须与人大担负的加强社会主义法制建设这一根本任务结合起来,大力推进依法治国方略,全面保障和促进社会主义的现代化建设事业发展。

人大 50 年的历程充分证明,坚持和依靠党的领导是做好人大工作的根本保证。坚持和依靠党的领导,既是人大工作必须坚持的基本原则,也是做好人大工作的根本保证。特别是在改革开放和发展社会主义市场经济的条件下,越是发展社会主义民主政治,越是实行依法治国和依法行政,越是要自觉坚持和依靠党的领导。没有党的领导,就不能把人民的力量和意志凝聚起来、组织起来,就不能实现和保证人民当家作主。

人大 50 年的发展历程,充分显示了我国人民代表大会制度的伟大功绩和社会主义民主的巨大力量。50 年的历史启示归结到这样一个真理:坚持和完善人民代表大会制度,发挥人民代表大会制度的功效,必须把坚持党的领导、人民当家作主和依法治国有机统一起来,发展社会主义民主政治,建设社会主义政治文明。在今后的工作中,我们一定要珍惜、继承和丰富历史的基本经验,牢牢把握推进民主政治建设的根本任务,坚持和完善人民代表大会制度,大力发展社会主义民主,积极推进依法治国,不断开创人大工作的新局面,把我区的政治文明建设提高到一个新的水平。

第一,要切实履行好人大及其常委会的职责。一是要从我区全面建设小康社会的客观需要出发,坚持把维护国家法制统一与体现地方特点、民族特点有机结合起来,继续做好地方立法工作。在继续加强经济领域立法的同时,注重教育、科技、文化、卫生、环保、社会管理等方面的立法,为经济社会全面协调可持续发展提供良好的法律保障。要把加强民族区域自治制度建设作为立法工作的重要内容,依法保障各项自治权行使。要把提高立法质量作为地方立法工作的重中之重，防止和克服地方保护主义和"部门利益法制化"倾向，增强立法工作的公正性。二是要围绕改革发展稳定中的重大问题，特别是人民群众普遍关心的难点热点问题，加大监督力度，提高监督实效。要加强对"一府两院"的监督，积极探索加强对国家机关领导人员监督的有效途径，强化对国民经济和社会发展计划、财政预算执行情况的监督，促使"一府两院"工作更能反映人民群众的愿望，更加让人民群众满意。要坚持和完善执法检查、代表评议、述职评议等行之有效的监督手段，积极探索工作监督的新途径、新办法。三是要围绕全面建设小康社会的目标，就本行政区域内全局性的、根本性的、长远性的问题，更加有效地行使重大事项决定权。人大及其常委会行使决定权，是人民管理国家事务权力的具体体现，要努力探讨各种有效的方式方法，进一步推进决策的民主化和科学化，更好地实现国家意志和人民意志的统一。四是要加强和改进任免工作。各级人大及其常委会都要把坚持党的领导、充分发扬民主和严格依法办事结合起来，行使好宪法和法律赋予的依照法定程序任免国家机关工作人员的权力，真正把权力交给那些人民信任的人，能为人民干实事、谋利益的人。

第二，要坚持和推进依法治国。依法治国是党领导人民治理国家的基本方略，对推进社会主义民主政治建设具有全局性作用。依法治区，是依法治国的重要组成部分和具体实践，是我区社会主义政治文明建设的重要内容。推进依法治区，人大及其常委会立法和监督两大作用是任何机关无法替代的。这两个作用发挥得好，我们就能把党的主张和人民的意志有机结合起来，并转化为全社会共同遵循的法规和制度，就可以为全面建设小康社会提供良好的法律保障和法治环境。今后一个时期，全区各级人大及其常委会要进一步加大工作力度，努力把依法治区的各项任务落到实处，一是要认真学习和全面贯彻实施宪法。宪法是国家的根本大法，是治国安邦的总章程，是党执政兴国的基本法制保证。依法执政，最根本的是依宪执政。各级领导干部和国家机关工作人员必须树立宪法意识，学习宪法、忠于宪法、遵守宪法、维护宪法。各级人大及其常委会要保证宪法在本行政区域内的遵守和执行。二是要全面推进依法行政。依法行政是依法治国的必然要求，是现代法治的一个根本原则。更新政府管理理念,加强政府职能转变,严格按照法定权限和程序行使权力,形成行为规范、运转协调、公正透明、廉政高效的行政管理体制。人大及其常委会要加强这方面的监督。三是坚持不懈地开展法制宣传活动。要注意从青少年抓起,增强全社会的法制观念和法律意识。同时,把德育教育和法制教育结合起来,塑造健康的社会法治心理,培养人们的高尚品质。

第三,要不断加强人大的自身建设。随着改革开放和社会主义现代化建设的不断推进,各级人大及其常委会的任务越来越重,必须高度重视自身建设,更好地适应形势的发展和工作的需要。要加强邓小平理论和"三个代表"重要思想的学习,加强宪法和法律知识学习,积极探索人大工作的特点和规律,并在探索中不断提高思想政治素质和业务工作能力,努力做到在大局中探索,在探索中行动,在实践中创新,在创新中发展。要充分发挥人大代表的作用,使人大工作始终充满生机和活力。坚持和完善常委会联系代表、代表联系选民的制度,有计划地组织好人代会闭会期间代表的视察、检查、评议等各种活动。贯彻落实代表法,切实保障人大代表的合法权益,认真办理代表议案和建议,积极为代表履行职责创造条件。继续抓好代表特别是基层代表的培训工作,重点提高他们的政治素质和文化素质、政策水平和法律水平。要进一步增强人民代表和人大常委会的群众观点和为人民服务的意识,以真挚的感情倾听群众的呼声、了解群众的意愿、反映群众的要求,不断探索密切联系群众的办法和措施,拓宽反映社情民意的渠道,进一步完善有利于人民群众发表意见、参与监督的民主制度。要按照十六大的要求优化常委会组成人员结构,提高组成人员的整体素质。人大常委会委员构成,既要有一定数量在党委、政府工作过的经验丰富的老同志,也要有德才兼备、年富力强、能够连任的中青年骨干;既要有熟悉政治工作、经济工作的同志,又要有科技、教育、文化、法律等方面的人才,使常委会组成人员的年龄结构、知识结构更趋于合理,人员相对稳定。要加强人大常委会办事机构和工作机构建设,健全机构,完善工作规则,严格议事程序。

坚持和完善人民代表大会制度,更好地发挥国家权力机关的作用,必须进一步加强和改进党对人大工作的领导。各级党委要真正把人大工作摆在党委全局工作的重要位置,坚持定期听取人大常委会汇报,认真研究和解决人大工作中的重大问题,支持人大依法履行国家权力机关的职责。要尊重宪法和法律规定的人大及其常委会的地位和职责,各级党委要坚持总揽不包揽、协调不替代,支持人大独立负责地开展工作。在地方事务中,凡是应该由人大及其常委会决定的事项,都要经同级人大及其常委会讨论决定,善于把党的主张通过法定程序变为国家意志,通过有效发挥人大的作用,实现党的主张与人民意志的统一。要在坚持党管干部原则的同时,支持人大及其常委会依法履行人事任免权。各级人大及其常委会要主动争取和依靠党的领导,坚决贯彻执行党的路线、方针和政策,紧紧围绕全区改革发展稳定的大局和自治区党委重大决策开展各项工作。要充分发挥人大党组织和党员的作用,在人大工作中努力使党的路线、方针、政策和党委的决策得到有力落实。

(选自在内蒙古自治区纪念人民代表大会
成立 50 周年大会上的讲话)

我区人民政协 50 年的光辉实践

(2005 年 2 月 28 日)

中国人民政治协商会议,是中国人民爱国统一战线的最高组织,是中国共产党领导的多党合作和政治协商的重要机构,是我国政治生活中发扬社会主义民主的重要形式。这一形式是中国共产党把马克思列宁主义统一战线理论与中国具体实践相结合的伟大创造,是中国共产党同各民主党派、人民团体和各族各界爱国人士长期团结奋斗的伟大成果。1949 年 9 月 21 日至 29 日召开的中国人民政治协商会议第一届全体会议,宣告人民政协成立,标志着中国人民民主统一战线在组织上形成,展示了中国人民的大团结和中国特色政治协商制度的广阔前景。建国初期,人民政协在国家的政治、经济和社会生活中发挥了极其重要的作用,为巩固新生的人民政权、推动新中国建设作出了重大贡献。1954 年第一届全国人民代表大会召开后,人民政协作为民主协商机构和统一战线组织,继续在国家政治生活中开展卓有成效的工作。改革开放以来,人民政协高举爱国主义、社会主义的旗帜,充分利用自身的政治优势和人才优势,紧紧围绕团结和民主两大主题,最广泛地团结各个党派、各个团体和各族各界人士,解放思想,敢于实践,勇于创新,使人民政协事业取得了前所未有的大发展,在推进改革开放和现代化建设,维护社会安定团结,促进祖国统一大业,发展我国人民与世界各国人民的友好关系中发挥出不可替代的独特作用。人民政协的发展历史充分表明,中国共产党领导的多党合作和政治协商制度是植根中华大地、适合我国国情、体现社会主义民主、实现人民当家作主的一项基本政治制度,是我国社会主义政治文明建设的重要制度载体。在我国这样一个人口多、底子薄、经济文化落后的大国,要把十三亿人的力量凝聚起来,推进社会主义现代化,就必须始终坚持中国共产党的领导，就必须高度重视社会主义民主政治建设，就必须巩固和发展共产党领导的多党合作和政治协商制度，就必须充分发挥人民政协在国家政治生活中和经济社会生活中的重要作用。

中国人民政治协商会议内蒙古自治区委员会的前身，是 1947 年 5 月 1 日与内蒙古自治区政府同时成立的临时参议会。在老一辈无产阶级革命家乌兰夫同志为首的内蒙古党委领导下，临时参议会作为当时的统一战线组织，不仅代行了人民代表大会的职权，也履行着人民政协的职能，为后来成立的内蒙古人民政协奠定了组织基础。1955 年 2 月 22 日，中国人民政治协商会议内蒙古自治区第一届委员会第一次会议召开，标志着内蒙古人民政协的正式成立。50 年来，历届自治区政协在中共内蒙古自治区委员会的领导下，广泛团结各民主党派、工商联、各人民团体、无党派爱国人士、少数民族上层人士和宗教界知名人士等，为扩大爱国统一战线，巩固人民民主政权，促进民族团结，维护祖国统一和边疆稳定，维护安定团结的政治局面，恢复和发展自治区经济，推进改革开放，调动各方面力量加快社会主义建设，作出了卓越的贡献。一是认真履行了政治协商职能。全区各级政协组织紧紧围绕各个时期我区经济建设和社会发展的重大战略问题，认真进行决策前协商；配合党委、政府向政协委员、各民主党派、工商联和无党派人士通报情况，听取意见和建议，进行政治协商；通过提案、建议案和视察、评议等方式，提出了许多富有真知灼见和切实可行的建议，促进了我区决策的科学化和民主化。二是认真履行民主监督职能。全区各级政协组织依据政协章程，坚持和完善各种行之有效的民主监督，通过对"一府两院"工作报告提出意见，参与党委交办事项的监督检查、参与依法治区工作，参与民主评议机关等形式，拓宽了监督渠道，提高了监督实效，有力推进了我区社会主义政治文明建设。三是认真做好调研工作。全区各级政协组织把调查研究作为做好工作、发挥作用的切入点，围绕全区的重点工作、改革发展稳定中的热点难点问题和人民群众反映强烈的问题，认真开展专题调研，提出意见和建议。特别是近年来，各级政协组织深入开展了对发展"三农三牧"、深化国有企业改革、发展非公有制经济、推进"三化"进程和加强生态建设、环境保护、文化大区建设等重要问题的调查研究，向党委、政府提出了许多重要建议报告，为全区经济社会持续快速健康发展做出了积极贡献。四是认真做好联系各界人士的工作。全区各级政协组织进一步加强了同各民主党派、人民团体和各族各界人士的联系,配合党委、政府做了大量协调关系、增进共识、理顺情绪、化解矛盾的工作,在凝聚力量、加强团结、构建社会主义和谐社会中发挥了重要的作用。

自治区人民政协走过的50年,是高举爱国主义、社会主义旗帜,围绕中心、服务大局,团结一切可以团结的力量,为全区社会主义现代化建设事业共同奋斗的50年,是发扬民主、积极推进民主政治建设的50年,也是广大政协委员、各级政协机关和党的统一战线工作部门的同志解放思想、实事求是、与时俱进、开拓创新的50年。50年的光辉实践,也为今后进一步推进政协工作积累了丰富的经验,提供了重要启示。

始终坚持中国共产党的领导,是人民政协事业沿着正确政治方向前进的根本保证。坚持中国共产党的领导,是坚持多党合作和政治协商这一基本制度的首要前提。只有坚持中国共产党的领导,人民政协才能在热爱祖国、热爱社会主义事业、共同致力于中华民族伟大复兴的政治基础上,进一步巩固和扩大,才能团结一切可以团结的力量,调动一切积极因素,为实现国家富强、人民幸福和祖国统一而共同奋斗。

始终坚持把促进发展作为履行职能的第一要务,是人民政协工作必须遵循的重要原则。发展是党执政兴国的第一要务,也是人民政协履行职能的第一要务。只有自觉服从和服务于改革发展稳定的大局,坚持为推动我区物质文明、政治文明、精神文明全面协调可持续发展搞好协商监督、建言立论,才能充分发挥人民政协的作用,体现人民政协的作为,巩固人民政协的地位。

始终坚持做好团结各界、凝聚人心的工作,是人民政协义不容辞的职责。始终坚持在团结和民主两大主题下履行职能,努力促进各民族、各党派、各阶层、各方面人士实现更紧密的团结,努力做好协调关系、化解矛盾、释疑解惑的工作,努力做好了解民情、反映民意、集中民智的工作,调动各方面力量致力于社会主义现代化建设,是构建和谐内蒙古的客观要求,也是人民政协发挥优势、体现作为的重要途径。

始终坚持发扬积极主动、开拓创新的精神,是做好人民政协工作的不

竭动力。政协工作贵在主动、重在创新。只有主动按照围绕中心、服务大局履行职能，主动使政协工作的目标与人民群众的期望和要求相适应，敢于突破陈规，创造性地开展工作，不断探索履行职能的新领域、新途径、新方法，才能扩大和丰富政协工作的内容，始终使政协工作充满生机和活力。

进一步动员、组织、团结全国各族人民和一切爱国力量为实现新世纪新阶段我国发展的宏伟目标而奋斗，是摆在我们面前的一项重大任务，也是人民政协的历史使命。我区各级政协一定要肩负起时代的重托，进一步发挥好作用，不辱使命。

要坚持用邓小平理论和"三个代表"重要思想统揽政协工作。马克思列宁主义、毛泽东思想、邓小平理论和"三个代表"重要思想，是全党全国各族人民团结奋斗的共同思想基础，也是人民政协做好工作、发挥作用的根本思想基础。各级政协组织必须把思想理论建设摆在各项建设的首位，坚持用邓小平理论、"三个代表"重要思想武装头脑、指导实践、推动工作。要把政协建设成为学习型组织，坚持解放思想、实事求是、与时俱进，坚持用发展着的马克思主义指导政协工作新的实践，不断研究新情况、总结新经验、解决新问题，使人民政协事业真正体现时代性，把握规律性，富于创造性。每一位政协委员都要增强学习理论的自觉性，以自己良好的素质和模范行为影响带动群众。

要按照围绕中心、服务大局的要求开展政协工作。各级政协要紧紧围绕自治区党委、政府关于国民经济和社会发展的总体部署，牢固树立和全面落实科学发展观，坚持以人为本，动员和团结各方面力量，聚精会神搞建设，一心一意谋发展，为我区经济社会全面协调可持续发展作出新的贡献。认真研究制定"十一五"规划和 2020 年远景目标，是立足当前、谋划长远的重要工作。政协要充分发扬人才荟萃的智力优势，组织广大政协委员和各方面专家学者深入调查研究，积极建言献策，努力提出有价值的意见和建议。要高度关注国民经济和社会发展中的重大问题和突出矛盾，围绕加强和改善宏观调控、加快调整经济结构、转变经济增长方式、解决好"三农三牧"问题、推进"三化"进程、支持少数民族加快发展这些综合性、全局性、前瞻性的重大问题，组织力量进行专题调研。

要围绕凝聚力量构建社会主义和谐社会做好政协工作。我区是边疆少数民族地区,维护民族团结和社会安定,对推进社会主义物质文明、政治文明、精神文明建设和构建社会主义和谐社会的意义十分重大。人民政协作为爱国统一战线的组织,具有广泛的代表性和政治上的包容性,要积极探索新形势下做好团结工作的新内涵、新形式,加强与社会各界人士包括新的社会阶层人员的沟通,正确反映方方面面的利益,真正让一切劳动、知识、技术、管理和资本的活力竞相迸发,让一切创造财富的源泉充分涌流,为改革开放和现代化建设不断注入新的力量、增添新的活力。要协助党委和政府做好联系人、团结人的工作,促进不同党派、不同信仰、不同民族、不同界别之间的合作共事,进一步巩固和发展民主团结、生动活泼、安定团结的政治局面。要充分运用提案、建言等渠道,及时向党政部门反映广大人民群众的呼声和愿望,积极主动地向人民群众宣传党和国家的方针、政策,多做解疑释惑、沟通思想、理顺情绪、协调关系、化解矛盾的工作。在加强各民族、各党派、各阶层、各方面人士广泛团结的同时,要广交海内外朋友,广泛团结港澳同胞、台湾同胞和海外侨胞,不断扩大爱国统一战线,为早日完成祖国统一大业、促进中华民族的伟大复兴贡献力量。

要通过制度化、规范化和程序化建设推进政协工作。开展政治协商、民主监督、参政议政,是人民政协的基本职能,也是发展社会主义民主政治、建设社会主义政治文明的重要内容。要健全有关重要问题决策前协商的制度,并就决策执行过程中出现的重要问题及时进行沟通,进一步提高政治协商的质量和有效性。要充分发挥民主党派、无党派人士在民主监督中的作用,通过对国家机关及其工作人员提出建议和批评,推动国家宪法、法律、法规的实施和党的重大方针政策的贯彻执行。要进一步落实党委出题、党派调研、政府采纳、部门落实的参政议政形式,使参政议政更加富有成效。要继续建立健全与政协章程相配套的各项规章制度,逐步完善各种工作程序,进一步推进政协履行职能的制度化、规范化和程序化。各级人民政协组织要主动适应新形势新任务的要求,依据宪法和政协章程的规定,加强自身建设。要大力弘扬求真务实的精神,切实把实现好、维护好、发展好最广大人民的根本利益作为政协各项工作的出发点和落脚点。各级政协委员是政协工作的主体，要充分调动委员的积极性，激发委员的创造性，提高委员的整体素质和履行职能的水平。

要进一步加强和改善党对政协工作的领导。胡锦涛总书记指出："充分发挥人民政协在国家政治生活中的作用，是加强中国共产党执政能力建设的一个重要方面。""要深刻认识人民政协工作的重要性，善于用人民政协这一政治组织和民主形式为实现党的总任务、总目标服务。"各级党委要从党和国家事业发展的全局出发，切实提高对人民政协地位和作用的认识，按照党委总揽全局、协调各方的原则，充分发挥对人民政协的领导核心作用，切实支持人民政协履行好政治协商、民主监督、参政议政的职能。要支持人民政协依照政协章程独立负责、协调一致地开展工作，及时研究并统筹解决人民政协工作中的重大问题。要把加强和改善党对人民政协的领导同积极支持人民政协依照法律和章程履行职能结合起来，依法保护政协委员的民主监督权利，鼓励政协委员负责任地提出意见和建议。要主动、定期向人民政协通报情况，积极配合、支持人民政协开展调研、视察等工作，认真对待来自人民政协的意见和建议，重视对提案和建议案的办理和落实工作。要着眼于统一战线和人民政协长远发展的全局，高度重视并切实加强人民政协组织的干部队伍建设，加强干部的选拔、交流和任用，关心他们的成长和进步，努力造就一支政治坚定、作风优良、学识丰富、业务熟练的高素质的政协干部队伍。人民政协中的中国共产党党组要坚定不移地贯彻党的基本理论、基本路线、基本纲领、基本经验，坚定不移地贯彻执行党关于人民政协的方针政策，把党委的重大决策和工作部署贯彻到人民政协的全部工作中去，使党的主张成为参加政协的各民主党派、人民团体和各族各界人士的共识，团结人民政协各参加单位和广大政协委员扎扎实实地完成党所赋予的各项任务。政协中的各级党组织、党员干部，要按照中央和自治区党委关于开展保持共产党员先进性教育活动的部署和安排，积极投身到保持共产党员先进性教育活动中去，严格执行党的决议，带头遵守政协章程，真心实意同党外人士交朋友，努力成为合作共事的模范、发扬民主的模范、廉洁奉公的模范。

（选自在庆祝内蒙古自治区政协成立 50 周年大会上的讲话）

努力提高新时期人大工作水平

(2005 年 11 月 13 日)

最近,中共中央转发了《中共全国人大常委会党组关于进一步发挥人大代表作用,加强全国人大常委会制度建设的若干意见》,这是指导新时期人大工作的纲领性文件。要认真贯彻《意见》精神,认真回顾总结内蒙古人大工作,研究人大工作的新情况新问题,进一步加强和改善党对人大工作的领导,努力开创自治区人大工作的新局面。

肯定成绩,认真总结近年来我区人大工作的实践经验

近年来,我区各级党委认真贯彻落实会议精神,坚持和完善人民代表大会制度,加强和改进党对人大工作的领导,有力推动了我区各级人大建设。各级人大及其常委会在同级党委领导下,坚持以邓小平理论和"三个代表"重要思想为指导,认真履行宪法和法律赋予的职权,大力推进社会主义民主法制建设。坚持把立法工作同自治区改革发展稳定的重大决策结合起来,从民族自治地方的实际出发,制定了一系列适应社会主义市场经济要求的地方性法律法规,有力地促进了自治区改革开放和经济社会发展。抓住事关自治区经济社会发展和人民群众普遍关心的热点难点问题,依法开展法律监督和工作监督,有效地推动了国家机关及其工作人员依法行政和公正司法。认真行使重大事项决定权,审议和决定了经济、政治、文化、社会建设等方面的一系列重大事项,促进了决策的科学化、民主化。依法行使人事任免权,坚持把党管干部原则和人大依法选举任免干部结合起来,为我区现代化建设的顺利进行提供了组织保证。

通过近年来的工作实践,使我们进一步深化了对人民代表大会制度

的认识,也积累了一些做好人大工作的经验:

第一,坚持党的领导,是实现人民当家作主和依法治国的根本保证。中国共产党是社会主义事业的领导核心。坚持党的领导,是宪法确定的我国政治生活的根本原则。人大工作只有坚持党的领导,才能把握正确的方向,切实履行宪法和法律赋予的职权,充分发挥职能作用。近年来,我区各级人大及其常委会在履行职权过程中,坚持党的基本理论、基本路线、基本纲领、基本经验,认真贯彻执行党的路线、方针、政策,紧紧围绕自治区党委的重大决策确定立法重点,根据自治区党委的工作思路组织开展活动、讨论决定重要事项,实现了坚持党的领导和发挥地方国家权力机关作用的有机统一。

第二,坚持围绕中心、服务大局,是做好人大工作必须遵循的基本原则。发展是党执政兴国的第一要务,经济建设是全党各项工作的中心。近年来,我区各级人大及其常委会自觉围绕中心、服务大局,找准工作的切入点和着力点,富有成效地履行了立法、监督、决定重大事项等职权,在促进自治区改革发展稳定的大局中发挥了重要作用。

第三,实现和维护最广大人民的根本利益、保障人民当家作主,是人大工作的根本目的。人民代表大会作为国家权力机关,除了人民的利益没有自己的任何特殊利益,除了法律赋予的权力没有自己的任何特殊权力。我区各级人大及其常委会广泛听取人民群众和人大代表的意见建议,推行常委会组成人员联系代表和邀请代表列席常委会制度,对人民群众普遍关心和反映强烈的问题依法进行监督,使权力的行使建立在牢固的群众基础之上,得到了广大人民群众的拥护和支持。

第四,积极探索、勇于创新,是不断开创人大工作新局面的不竭动力。坚持和完善人民代表大会制度,推进社会主义民主法制建设,是一个不断完善、逐步推进的过程。人大工作必须努力体现时代性,把握规律性,富于创造性。这些年来,我区各级人大及其常委会解放思想、与时俱进、开拓创新,在工作的对象、范围、方式以及监督意向的确定、监督行为的实施、监督结果的形成等方面,积极探索、勇于创新,制定了《实施〈代表法〉办法》、代表建议批评意见办理办法、代表视察办法等一系列制度,对涉及群众切身利益的法律草案在互联网上公开征求意见,有效地提高了人大

[629]

工作的规范化、制度化、程序化水平。

统一思想,充分认识坚持和完善人民代表大会制度的重大意义

人民代表大会制度是我国的根本政治制度,是我们党把马克思主义基本原理同中国具体实践相结合的伟大创造,是近代以来中国社会发展的必然选择,是中国共产党带领全国各族人民长期奋斗的重要成果,反映了全国各族人民的共同利益和共同愿望。我们党历来高度重视人民代表大会工作,不断推动人民代表大会制度建设。毛泽东、邓小平、江泽民同志先后对完善人民代表大会制度、加强人大工作作出一系列重要指示,对人大的性质、地位和作用作了精辟论述。进入新的历史时期,胡锦涛总书记进一步指出,"人民代表大会这个制度健康发展,人民当家作主就有保障,党和国家的事业就顺利发展;这个制度受到破坏,人民当家作主就无法保证,党和国家的事业就会遭受损失",强调"坚持和完善人民代表大会制度,加强和改进人大工作,是发展社会主义民主政治、建设社会主义政治文明的必然要求,是依法治国、建设社会主义法治国家的必然要求,也是保证人民当家作主、实现党和国家长治久安的必然要求"。我们一定要深刻领会这些重要论述的丰富内涵,站在全局和战略的高度,充分认识坚持和完善人民代表大会制度的极端重要性。

一是要充分认识到,发展社会主义民主政治,建设社会主义政治文明,必须始终坚持和完善人民代表大会制度。发展社会主义民主政治,建设社会主义政治文明,核心是保证人民当家作主。人民代表大会制度是人民当家作主的重要途径和最高实现形式,是社会主义政治文明的重要制度载体。历史和现实充分证明,人民代表大会制度能够在最广泛的范围内将人民组织到国家政权中来,能够从政治、组织和制度上充分保证人民当家作主的权利。发展社会主义民主政治,建设社会主义政治文明,必须抓住坚持和完善人民代表大会制度这个重要环节,不断健全民主制度,丰富民主形式,扩大公民有序的政治参与,保证人民依法通过各种途径和形式管理国家和社会事务,管理经济和文化事业,实现好、维护好、发展好最广大人民的根本利益。

二是要充分认识到,实行依法治国,建设社会主义法治国家,必须始

终坚持和完善人民代表大会制度。实行依法治国，建设社会主义法治国家,是党领导人民治国理政的基本方略,是社会文明进步的重要标志。依法治国的前提是有法可依，基础是提高全社会的法律意识和法制观念,关键是做到依法执政、依法行政、依法办事和公正司法。人大工作以社会主义民主法治建设为根本任务,在立法、监督、法制宣传教育等方面负有重要职责,发挥着其他国家机关不可替代的重要作用。目前,我区经济社会生活中还存在着法律法规不健全、有法不依、执法不严、违法不究和社会成员法制观念不强等现象,依法治区的任务繁重艰巨。这就需要各级人大充分发挥职能作用,扎实做好依法治区的各项工作,努力为完善社会主义市场经济体制、全面建设小康社会、构建和谐内蒙古提供健全的法律体系和良好的法治环境。

三是要充分认识到,构建社会主义和谐社会,实现党和国家的长治久安,必须始终坚持和完善人民代表大会制度。构建社会主义和谐社会,是党的十六大和十六届四中、五中全会提出的重大任务。构建民主法治、公平正义、诚信友爱、充满活力、安定有序、人与自然和谐相处的社会主义和谐社会, 离不开人民代表大会制度这一重要的制度载体。人大作为国家权力机关,享有宪法法律赋予的立法权、监督权、任免权、重大事项决定权等权力, 行使好这些权力将对和谐社会的构建起到积极的推动作用。人民代表大会制度是保证人民当家作主的最好实现形式,民主法制建设是人大的根本任务, 人大通过行使立法权力及对法律实施进行监督的权力,将有力地推进社会主义民主法制进程;同时,通过人大行使宪法和法律赋予的各种权力,将有利于维护社会公平正义、安定有序,促进社会诚信友爱、充满活力,为构建社会主义和谐社会提供有力的保障。

四是要充分认识到,改善党的领导方式和执政方式,加强党的执政能力建设,必须始终坚持和完善人民代表大会制度。我们党是执政党,党的执政地位主要是通过党对国家政权机关的领导来实现的, 党的执政使命主要是通过支持各级国家机关依法履行职能来完成的。人民代表大会制度是党在国家政权中充分发扬民主、贯彻群众路线、领导人民当家作主的根本政权组织形式,在国家政权体系中处于首要位置。坚持和完善人民代表大会制度,发挥国家权力机关的作用,同加强党的领导,巩固党的执政地位,在根本上是一致的。坚持和完善人民代表大会制度,有利于把党的主张与人民的意志统一起来,有利于把党的决策和决策的贯彻执行统一起来,有利于把对党负责和对人民负责统一起来,更好地保证党的路线方针政策的贯彻落实,更好地实现党对国家事务的领导。

当前,我区正处于全面建设小康社会的关键时期。"十五"期间,我区经济社会发展来势很好,主要发展指标提前超额完成。在"十五"工作的基础上,如何抓住机遇、应对挑战,进一步巩固和发展我区的大好来势,实现经济社会又快又好的发展,是全区上下面临的中心任务。在这一历史进程中,建成完善的社会主义市场经济体制和更具活力、更加开放的经济体系的任务还很艰巨,人们对经济社会法治化的期望越来越高,对依法行政、公正司法的要求越来越迫切。随着社会主义民主政治的发展,党和国家的领导方式、工作方法正在发生深刻变化。这些都对人大工作提出了新的更高的要求。我们一定要认清形势、统一思想,充分认识做好新形势下人大工作的极端重要性,切实增强工作的责任感和使命感。

突出重点,扎实有效地做好新形势下人大工作

当前和今后一个时期,全区人大工作的总体要求是:以邓小平理论和"三个代表"重要思想为指导,深入贯彻落实党的十六届五中全会和胡锦涛总书记在纪念全国人大成立50周年大会上的重要讲话精神,牢固树立和全面落实科学发展观,围绕全面建设小康社会、构建和谐内蒙古的目标,依法履行好立法、监督、决定重大事项等职权,大力推进社会主义民主法治建设。在具体工作中,要突出抓好以下几点。

第一,加强立法工作,提高立法水平。地方立法是国家立法的具体化和必要补充,是中国特色社会主义法律体系建设的重要组成部分。各级人大及其常委会要按照到2010年形成中国特色社会主义法律体系的要求,切实加强立法工作,加快立法进程。要突出经济立法这个重点,全面推进经济法制建设,制定和完善适应市场经济发展要求、体现我区特色的地方性法规,规范市场主体行为,维护市场经济秩序,保障改革开放和市场经济的顺利运行。要抓紧制定发展社会公共事业、保护资源环境、保障公民权利、完善社会保障、维护社会稳定等方面的法规,使立法工作在

落实科学发展观、构建和谐社会、营造发展环境等方面取得新进展。要把民族区域自治制度建设作为立法工作的重要内容,依法保障各项自治权的行使。在工作中,要坚持立、改、废并举,努力使立法工作适应形势任务的发展需要,符合自治区改革发展稳定的要求。要把提高立法质量放在更加突出的位置来抓,坚持以宪法为依据,防止"利益部门化"和"部门利益法制化"等问题,全力维护国家法制的统一。坚持走群众路线,充分发扬民主,广泛听取各方面意见,力求使制定的法律法规严谨周密、切实可行。要不断改进立法方法,完善立法技术,积极探索民主、高效、科学的立法运行机制。各级人大及其常委会的同志要认真学习法律、钻研法律、熟悉法律,努力使自己成为法律工作的行家里手。

第二,加大监督力度,增强监督实效。依法对"一府两院"进行法律监督和工作监督,是宪法和法律赋予人大的重要职责。现在,人民群众对人大监督工作越来越关心。人大监督工作的质量和效果,直接关系着人大在人民群众中的地位和威望,关系着人民群众对推进民主法制建设的信心。各级人大及其常委会要按照围绕中心、突出重点、讲求实效的原则,依法加强和改进监督工作。要以法律法规实施中的难点问题、经济社会发展中的重大问题、事关人民群众切身利益的热点问题和执法工作中的突出问题为重点,以促进依法行政和公正司法为主要内容,进一步加大监督工作力度,坚决纠正一些地区和部门存在的有法不依、执法不严、违法不究的行为,确保宪法和法律得到正确实施,确保行政权和司法权得到正确行使,确保公民、法人和其他组织的合法权益得到尊重和维护。要坚持和完善执法检查、代表评议、述职评议等行之有效的监督手段,积极探索监督工作的新方法、新途径,不断健全监督机制,增强监督工作的针对性和实效性。要正确处理监督与支持的关系,寓监督于支持之中,既要通过监督来纠正"一府两院"执法工作中的偏差,又要通过监督帮助"一府两院"解决工作中遇到的难题,更好地支持"一府两院"做好工作。

第三,依法行使好重大事项决定权,促进决策的科学化、民主化、法制化。人大及其常委会对本行政区域内的重大事项行使决定权,是人民管理国家事务权力的具体体现。各级党委要把支持人大及其常委会行使重大事项决定权,作为推进决策科学化、民主化、法制化的根本途径,凡是应当由人大及其常委会讨论、决定的重大事项,都应及时提交人大及其常委会审议决定。各级人大及其常委会要善于抓大事、谋全局,紧紧围绕全局性、根本性、长远性和人民群众迫切需要解决的重大问题,深入基层、深入群众、深入实际,加强调查研究,广泛吸纳各方面意见和建议,及时作出符合国家法律法规和人民意愿的决议、决定,不断提高决定重大事项的民主化、科学化水平,不断提高配合党委推进中心工作的能力。人大及其常委会依法行使选举权和人事任免权,是国家机关选拔德才兼备领导干部的重要关口。要把坚持党管干部原则和人大依法选举、任免国家机关工作人员统一起来,严格按照选举法、地方组织法规定的程序和要求,进一步规范和完善选举任免工作。各级党委要尊重和维护人大及其常委会依法选举、表决的结果,对人大及其常委会依法选举、任命的干部,在法定任期内要保持相对稳定。各级人大及其常委会要坚持党的领导,贯彻党委意图,切实把党和人民信任的优秀干部依法选举到各级国家机关的领导岗位上来。

第四,充分发挥人大代表作用,更好地密切与人民群众的联系。人大代表作为国家权力机关的组成人员,是受人民委托,代表人民行使国家权力的主体。加强代表工作,发挥代表作用,是坚持和完善人民代表大会制度的重要方面,也是做好人大工作的基础。各级人大常委会要按照《代表法》的要求,进一步规范人大代表的活动方式,丰富活动内容,保证代表活动经常性、制度化,引导和发挥好人大代表依法履行职责的积极性。要认真做好代表提案、建议、批评和意见的办理工作,组织好代表视察和执法检查,重视代表小组的活动,努力开辟闭会期间代表依法执行职务的新途径。要加强对人大代表的培训工作,增强代表行使职权的意识和能力,使人大的立法、决策、监督等工作更好地体现人民意志。各级人大代表都要自觉接受群众监督,深入基层,深入群众,倾听人民群众的意见和呼声,以求真务实的精神宣传法律、宣传政策、反映民意。

第五,进一步加强自身建设,提高依法履行职责的能力和水平。人大及其常委会作为国家权力机关,在经济社会发展中承担着越来越繁重的任务,在国家政治生活中发挥着越来越重要的作用。面对新形势、新任务,各级人大及其常委会要以与时俱进的精神,进一步完善适合国家权力机关特点、充满活力的组织制度和运行机制,完善议事程序和工作制度,努力把人大及其常委会建设成为名副其实的地方国家权力机关、社会主义民主法治建设的工作机关、同人民群众保持密切联系的代表机关。要坚持用邓小平理论和"三个代表"重要思想武装头脑、指导实践、推动工作,牢固树立党的观念、政治观念、法制观念、大局观念、群众观念,始终坚持正确的政治方向。要进一步加强各级人大领导班子建设,不断优化人大常委会组成人员及工作机构领导班子的年龄、知识和专业结构。要根据形势任务发展的需要,及时调整充实人大专门委员会,健全工作机构,规范活动内容,使之成为人大闭会期间开展活动、行使职权的重要组织。要按照"政治坚定、业务精通、务实高效、作风过硬、团结协作、勤政廉政"的要求,大力加强人大机关干部队伍建设,不断提高政治素质、业务素质和工作水平,更好地适应工作需要。

加强领导,确保人大工作的顺利开展

加强和改善党的领导,是坚持和完善人民代表大会制度的中心环节,是做好人大工作的根本保证。各级党委要按照"总揽全局、协调各方"的原则,高度重视做好新形势下人大工作,进一步加强和改善党对人大工作的领导,充分尊重和支持人大及其常委会依法行使职权,发挥职能作用。

一是要坚持把人大工作置于党委工作的全局来考虑。各级党委要切实把人大工作列入重要议事日程,作为党委工作的重要内容来部署和推动。要及时向人大及其常委会通报重要情况。党委作出重要决策部署、推荐国家机关领导人选,应事先征求人大党组的意见。要建立和完善党委对人大、盟委对人大工委的领导制度和工作制度,规范党委同人大、人大工委的关系。党委要确定一名领导同志联系人大工作,实施具体指导;兼任人大主任的书记要拿出足够的时间和精力抓人大工作,切实履行好工作职责。每届党委任期内,都要召开一次人大工作会议。各级党委每年都要听取一次人大工作汇报,研究解决人大工作中的重要问题。对人大常委会党组请示的事项,党委要及时研究批复。党委、政府召开的重要会议、组织的重大活动,要邀请同级人大常委会领导及相关同志参加。要充分发挥人大党组的

领导核心作用,保证人大及其常委会在依法履行职责中,全面贯彻党的路线方针政策、执行党委的重要决策,保证党委意图的实现。

二是要支持和保证人大及其常委会依法行使职权。各级党委要充分尊重宪法和法律规定的人大及其常委会的法定职权,支持和保证人大及其常委会依法履行职能。要切实加强对立法工作的领导,及时对立法规划、重要法规草案和创制性立法项目提出指导意见,协调解决立法工作中遇到的困难和问题,保证人大立法工作的顺利进行。要支持人大及其常委会依法监督"一府两院"的工作,协调"一府两院"自觉接受监督,及时解决监督工作中遇到的问题。要研究确定党委建议人大及其常委会决定事项和政府提交人大及其常委会讨论决定事项的范围,对应由人大及其常委会讨论决定的重大问题,要主动提交人大及其常委会进行审议、讨论和决定;人大及其常委会作出决议、决定后,党委要加强协调引导工作,促进决议、决定的贯彻执行。

三是要努力为人大工作创造良好条件。各级党委要坚持和完善人大常委会负责人列席党委重要会议制度,不是党委常委的人大主任列席同级党委常委会议。党委召开的党政部门负责人参加的重要会议,要邀请人大常委会及人大机关同级干部参加。各级政府要把人代会、人大常委会的会议经费和人大代表的活动经费列入同级财政预算足额及时拨付,积极改善人大常委会机关的办公条件,加强人大机关信息化建设。各级宣传部门、新闻单位要把人民代表大会制度和民主法制建设的宣传纳入总体安排,精心策划,认真落实,努力营造有利于人大工作和民主法制建设的社会舆论环境。各级党校和行政学院要把人民代表大会制度理论知识列为党员、公务员尤其是领导干部培训的重要内容。各级人大代表所在单位要为代表开展活动给予必要保障,提供便利条件。要加强人大机关干部的培养、选拔和交流工作,为做好人大工作增添新的生机和活力。

(选自在全区人大工作会议上的讲话)

政协工作要服从
服务于自治区发展大局

(2005 年 11 月 14 日)

　　人民政协是我们党把马克思主义统一战线理论与中国具体实践相结合的伟大创造,是我们党同各民主党派、人民团体和各族各界爱国人士长期团结奋斗的成果。在中国革命、建设和改革的历史进程中,我们党始终不渝地坚持和完善共产党领导的多党合作和政治协商制度,同各民主党派、人民团体和各族各界爱国人士风雨同舟、荣辱与共,用心血和智慧创立、发展了统一战线和人民政协事业。

　　1996 年自治区党委召开全区政协工作会议以来,各级党委、政府认真贯彻落实中央关于做好政协工作的指示精神,不断加强和改进对政协工作的领导,积极支持政协履行政治协商、民主监督和参政议政职能,有力地推动了政协工作的深入开展。各级政协组织在党委领导和政府支持下,认真贯彻执行《政协全国委员会关于政治协商、民主监督、参政议政的规定》,牢牢把握团结和民主两大主题,紧紧围绕自治区的中心工作,充分发挥自身优势,深入调查研究,积极建言献策,不断促进各民族、各党派、各阶层、各方面人士的团结合作,努力做好了解民情、反映民意、集中民智的工作,在促进经济发展、增强民族团结、维护边疆稳定、推动社会进步等方面,做出了积极贡献。在做好工作的同时,各级政协组织注重搞好自身建设,加强对统一战线和人民政协理论的学习和研究,注重解决政协工作中的重大问题,不断探索履行职能的新途径、新方法,拓展和丰富了政协工作的领域和内容,进一步提高了分析形势、把握大局、参政议政的能力和水平。事实充分证明,人民政协不仅为巩固和扩大爱国统一战线,坚持和完善共产党领导的多党合作和政治协商制度做出了重要贡献,而且是推动自治区改革开放和现代化建设的重要力量。

21世纪头20年,是我们必须紧紧抓住并且可以大有作为的重要战略机遇期,也是树立和落实科学发展观、全面建设小康社会、构建社会主义和谐社会的关键时期。党的十六届五中全会,对"十一五"发展面临的形势作出了科学判断,指出"十一五"时期仍将是一个机遇与挑战并存、机遇大于挑战的环境,一个总体上有利于我们促进发展、但不利因素可能增多的环境,改革发展稳定的任务繁重而艰巨。越是任务繁重艰巨,越需要全区各族人民万众一心、群策群力、共同奋斗,越需要调动一切积极因素,团结一切可以团结的力量,越需要巩固和发展新时期爱国统一战线,更好地发挥人民政协的重要作用。

充分认识做好新形势下人民政协工作的重大意义

做好新形势下人民政协工作,是建设社会主义政治文明的必然要求。发展社会主义民主政治,建设社会主义政治文明,是全面建设小康社会的重要目标。建设社会主义政治文明,最根本的是要健全社会主义民主,保证人民当家作主。人民政协作为我国民主政治建设的一大创造,在政治上有着最大限度的包容性,在组织上有着最为广泛的代表性,集中体现了人民民主的特征,是我国各民主党派参政议政、团结合作的重要场所,是广泛吸收各族各界人士参与国是的有效途径。人民政协所体现的多党合作关系,把发扬民主与加强团结有机统一起来,有利于充分发挥民主党派政治协商、民主监督、参政议政的作用,有利于充分调动各方面的积极性,形成融洽和谐、生动活泼的政治局面;它所实行的民主协商方式,既能够反映多数人的普遍愿望,也便于吸纳他们的合理主张,有利于各方面的意见和主张在国家政治生活中得到充分表达,促进决策的科学化、民主化。坚持和完善人民政协这一民主形式,既是发展社会主义民主政治的本质要求,也是建设社会主义政治文明的重要内容。

做好新形势下人民政协工作,是促进我区经济社会发展的必然要求。近年来,我区经济社会发展来势很好。巩固和发展当前的大好来势,力争保持一个较长的快速增长期,实现经济社会又快又好的发展,是全区上下面临的重大任务,迫切需要人民政协充分发挥好"人才库"和"智囊团"的作用。在我区各级政协委员中有许多富有成就的专家、学者和企业家,是推动自治区改革发展的重要力量。也有许多在社会上有广泛影响的名人和能人,在引进资金、技术、人才和扩大对外开放中起着重要的桥梁和纽带作用。还有许多人才集中在科技、教育、文化、卫生等领域,在推进社会主义精神文明建设,提高人民群众思想道德素质、科学文化素质和健康素质等方面,是一支不可或缺的生力军。充分发挥好人民政协人才荟萃、智慧密集、联系广泛的特点和优势,对于我们更好地把各方面的力量凝聚起来,实现自治区经济社会发展的新跨越至关重要。

做好新形势下人民政协工作,是构建社会主义和谐社会的必然要求。巩固发展安定团结的社会局面,构建社会主义和谐社会,是全面建设小康社会的前提和保证,也是社会主义现代化建设的重要目标。随着经济的发展和改革的深化,随着利益关系的深刻调整,各种社会矛盾集中显现,影响社会稳定的因素和问题大量存在。人民政协汇集了各阶层、各方面的代表人士,他们在各自所联系的群众中具有相当的威望和影响,在沟通各界、协调关系、增进共识、团结群众等方面有着独特优势。通过政协组织和广大政协委员,能够及时反映人民群众的愿望和要求,做好释疑解惑、争取人心的工作,能够协助党和政府有效地协调利益关系、疏导和化解矛盾,为我区抓住机遇、加快发展创造和谐稳定的良好环境。

做好新形势下人民政协工作,是加强党的执政能力建设的必然要求。党的十六届四中全会对加强党的执政能力建设提出了明确要求,其中一个重要目标,是把我们党建设成为"科学执政、民主执政、依法执政的执政党"。实现科学执政,使党按照科学的思想、理论和科学的制度、方法来执政,需要我们同各民主党派和各族各界开展广泛的政治协商。实现民主执政,使党坚持为人民执政、靠人民执政,需要我们充分发挥我国政党制度的特点和优势,加强同各民主党派的合作共事,巩固同党外人士的联盟,扩大党的群众基础。实现依法执政,不断推进我国经济、政治、文化、社会生活的法制化和规范化,需要我们发挥民主党派的监督作用,加强政协对宪法、法律和重大方针政策贯彻执行情况的有效监督。全区各级党委、政府和各级领导干部,一定要从战略全局出发,充分认识做好新形势下人民政协工作的重大意义,切实增强责任感和使命感,推动我区人民政协工作再上新台阶。

努力开创我区人民政协工作的新局面

胡锦涛总书记在庆祝人民政协成立55周年大会上的重要讲话,对做好新形势下政协工作提出了明确要求。当前和今后一个时期,全区政协工作要以邓小平理论和"三个代表"重要思想为指导,牢固树立和全面落实科学发展观,坚持和完善中国共产党领导的多党合作和政治协商制度,高举爱国主义和社会主义旗帜,把握团结和民主两大主题,认真履行好政治协商、民主监督、参政议政职能,不断巩固和发展最广泛的爱国统一战线,为实现全面建设小康社会目标、构建和谐内蒙古不懈努力。在工作中,要着力把握以下几点:

第一,要坚持用"三个代表"重要思想统揽政协工作全局。"三个代表"重要思想与马克思列宁主义、毛泽东思想、邓小平理论是一脉相承而又与时俱进的科学体系,是全党全国各族人民实现全面建设小康社会目标的根本指针。新修订的政协章程,把"三个代表"重要思想同马克思列宁主义、毛泽东思想、邓小平理论一道,确立为人民政协的指导思想,反映了各党派团体和各族各界人士的共同意愿,是人民政协做好工作、发挥作用的根本思想基础。各级政协组织要坚持用"三个代表"重要思想统揽政协工作全局, 始终保持坚定正确的政治方向。要把思想理论建设摆在首位,自觉用"三个代表"重要思想武装头脑、指导实践、推动工作,牢固树立政治意识、大局意识、团结民主意识和改革创新意识。要紧密结合政协工作实践,大兴学习之风、调研之风和求真务实之风,不断研究新情况、总结新经验、解决新问题,使政协工作真正体现时代性、把握规律性、富于创造性。要自觉接受和维护党的领导,主动支持和配合政府工作,无论是建言献策还是批评监督,都要从有利于加强和改善党的领导,有利于维护和发展最广大人民群众的根本利益出发,在促进自治区经济、政治、文化和社会建设中做出新贡献。

第二,要围绕中心、服务大局,积极主动地履行职能。坚持围绕中心、服务大局,是人民政协履行职能必须遵循的重要原则,也是政协工作不断开创新局面的必然要求。胡锦涛总书记指出："人民政协只有围绕国家发展的大目标,立足整个国家建设的大格局,才能有所作为、多做贡献"。围绕中心,就是要围绕经济建设这个中心;服务大局,就是要服务改革发展稳定这个大局。各级政协组织要坚持把促进发展作为履行职能的第一要务,牢固树立和全面落实科学发展观,动员和团结各方面力量,聚精会神搞建设,一心一意谋发展,为自治区经济社会全面协调可持续发展作出新的贡献。要充分发挥好政协委员的主体作用、专委会的基础作用和政协的界别作用,突出整体功能,形成集合优势,围绕自治区经济社会发展中的重大问题和突出矛盾,选择一些具有综合性、全局性、前瞻性的课题,深入调查研究。围绕制定和实施自治区"十一五"规划、实现全面建设小康社会奋斗目标等重大问题,积极帮助党委、政府出主意、想实招。要加强同各党派、各团体、各界别尤其是新的社会阶层的联系,了解和反映他们的意见和建议,团结他们为自治区的经济社会发展贡献智慧和力量。要扩大联络,广交朋友,团结港澳同胞、台湾同胞和海外侨胞,积极做好牵线搭桥、传递信息、招商引资等工作,为进一步扩大内蒙古的对内对外开放搞好服务。

第三,要加强大团结、大联合,促进和谐内蒙古建设。团结一切可以团结的力量,调动一切积极因素,努力化消极因素为积极因素,为实现党的总路线、总任务服务,是人民政协的重要职责。各级政协组织要适应我国经济社会生活的深刻变化,充分发挥自身优势,把促进和谐社会建设放到重要位置,切实抓紧抓好。当前,我国的统一战线已经发展成为包括全体社会主义劳动者、社会主义事业的建设者和拥护社会主义、拥护祖国统一的爱国者的最广泛的联盟。要积极探索新形势下做好团结工作的新内涵、新形式,加强与社会各界人士包括新的社会阶层人员的沟通与联系,了解他们的愿望和要求,坚定他们走中国特色社会主义道路的信念,引导他们爱国、敬业、诚信、守法,同时要维护好他们的合法权益。要把党和政府的政策主张及时正确地传达到社会各个层面,多做解疑释惑、统一思想、理顺情绪的工作,积极引导各党派(团体)、各族各界人士正确认识和处理好个人利益与集体利益、局部利益与整体利益、当前利益与长远利益的关系,增强主人翁意识和社会责任感,鼓励他们自觉为维护

[641]

改革发展稳定大局做贡献。要协助党委和政府做好联系人、团结人的工作，促进不同党派、不同信仰、不同民族、不同界别之间的合作共事，进一步巩固和发展最广泛的爱国统一战线，巩固和发展民主团结、生动活泼、安定和谐的政治局面。要坚持以人为本，更好地发挥人民政协作为党联系各界别群众的桥梁纽带作用，协助党和政府切实维护好人民群众的根本利益。要进一步畅通反映社情民意的渠道，及时了解人民群众关注的热点问题，切实反映好群众的意见和要求。

第四，要不断推进政协工作的制度化、规范化和程序化建设。新修定的政协章程和《政协全国委员会关于政治协商、民主监督、参政议政的规定》，对政协履行职能作出明确规定。各级政协组织和广大政协委员要认真学习贯彻政协章程和有关规定，准确理解和把握政治协商、民主监督、参政议政的科学内涵，研究探索开展政协工作的新形式、新方法，不断完善政协工作的运行机制，建立健全履行职能的各项制度和程序。要按照求同存异、体谅包容的原则，围绕党委、政府中心工作和社会各界关注的热点难点问题开展政治协商，畅通渠道，广开言路，有组织有步骤地把政治协商引向深入，努力做到政治协商更加郑重经常。要充分发挥民主党派、无党派人士在民主监督中的作用，积极探索新形势下开展民主监督的有效形式，通过对国家机关及其工作人员提出建议和批评，推动国家宪法、法律、法规的实施和党的方针政策的贯彻执行，努力做到民主监督更加切实有效。要进一步落实党委出题、党派调研、政府采纳、部门落实的参政议政形式，最大限度地做到知情参政，主动与党委、政府的中心工作接轨，使参政议政更加富有成果。近年来，我区各级政协组织在工作实践中积极探索，形成了一些符合实际、具有地方特点的经验和做法，要认真总结。要进一步建立健全与政协章程相配套的各项规章制度，不断推进政协履行职能的制度化、规范化和程序化。

切实加强和改善党对政协工作的领导

加强和改善党对政协的领导，是做好新时期政协工作的根本保证。各级党委一定要按照"总揽全局、协调各方"的要求，进一步加强和改善对政协的领导，切实支持和保证政协履行好政治协商、民主监督、参政议政的职能,为他们积极开展工作创造良好条件。

要把政协工作摆到全局工作的重要位置。政协工作是党的工作的重要组成部分。各级党委要把政协工作纳入党委工作的总体布局,摆上重要位置。党委在每届任期之内,都要召开一次政协工作会议。党委常委会每年都要听取一次政协党组的工作汇报,加强对政协工作的研究和指导,及时解决政协工作中遇到困难和问题。为了加强领导和沟通,各级政协主席应列席同级党委常委会议。各级政府要经常邀请政协主席、副主席和专门委员会负责人列席有关会议,聘请政协委员中的专家担任政府顾问,聘请政协委员和民主党派成员担任行政执法部门的特约监督员。党委、政府分管和联系政协工作的领导要密切与政协组织、政协委员及各界别、各阶层代表人士的联系。要把新时期统一战线和人民政协理论、基本知识纳入党政领导干部教育培训计划,使各级党政领导干部熟知党的统一战线和人民政协理论。要把重视和支持政协工作作为考察党政主要领导干部政治素质和领导水平的重要内容,真正使政协工作在党委工作布局中有位置、有要求、有考核。要重视解决政协工作中存在的实际困难,为政协开展工作创造良好条件。

要积极支持政协履行职能。要坚持重大事项同民主党派、工商联主要负责人的直接协商。凡属经济社会发展中的重大问题、重要地方性法规、重大人事事项、涉及人民群众切身利益的重大改革措施和党委、政府认为需要协商的其他事项,一定要在决策前进行充分协商,做到先协商后决策、先协商后决定、先协商后通过。政协召开全委会议、常委会议及其他协商议政的会议,党委、政府领导和有关职能部门负责同志要列席会议,听取政协委员的意见和建议。要从机制上加强民主监督工作,着力提高监督的组织化程度,努力形成政协主动开展民主监督、有关方面自觉接受民主监督的良好局面。要尽快研究制定关于支持政协履行职能、自觉接受民主监督的实施办法,用制度来规范和完善民主监督工作。各级党委、政府要经常向政协委员通报情况、提供信息,使他们及时了解工作重点,把握工作全局。要多给政协出题目、交任务,支持政协就全区经济社会发展中的重大问题和人民群众普遍关心的问题进行调研、视察,及时反映社情民意,增强参政议政的针对性和实效性。党委和政府组织的视察、考察、专题调研、专项检查等活动,要更多地邀请政协委员及民主党派成员参加。要重视政协参政议政成果的研究、吸收和转化,建立和完善政协建议案、提案、调研报告、社情民意信息等批办、承办、督办、反馈等制度,进一步规范办理程序,为政协发挥参政议政作用提供制度保障。

要加强政协领导班子和干部队伍建设。各级党委要高度重视政协领导班子建设,切实把那些政治坚定、作风民主、大局意识强、熟悉统战工作的领导干部充实到各级政协领导班子中,进一步优化政协领导班子的年龄结构、知识结构、民族结构和党内外比例。要支持政协加强委员队伍建设,党委统战部门和组织部门要主动与政协及各参加单位加强协调沟通,共同做好政协委员人选的协商工作,真正把具有广泛代表性、热心政协工作、参政议政能力强的人士吸纳到政协委员中来,不断提高政协委员队伍的整体素质。广大政协委员要提高思想理论水平和政策水平,坚定政治立场,把握政治方向,努力提高履行职责的能力和水平。要按照精简、统一、效能的原则,从政协履行职能、开展工作的需要出发,合理确定政协机关的机构设置。要加大政协机关干部的培养、选拔、考录和任用力度,增强政协机关干部队伍的活力。各级政协党组要认真贯彻党的路线方针政策,把党委的重大决策和工作部署贯彻到政协的各项工作中去,使党的主张成为广大政协委员的共识,共同推进党和国家事业的发展。政协委员中的中共党员,要增强政治责任感,继承和发扬党的统一战线和人民政协的光荣传统,广交党外朋友,努力成为合作共事的模范、发扬民主的模范、廉洁奉公的模范。

(选自在全区政协工作会议上的讲话)

自治区 60 周年大庆
要突出政治性时代性群众性

(2007 年 6 月 13 日)

内蒙古自治区是在中国共产党领导下成立的第一个省级少数民族自治区，开创了我国民族区域自治制度的先河。党中央对内蒙古自治区成立 60 周年庆祝活动高度重视,列入了今年政治局常委会工作要点。4 月下旬,政治局常委会召开会议研究通过了中央办公厅关于庆祝活动的安排意见，对庆祝活动的有关工作进行了部署。曾庆红副主席先后两次主持召开会议,听取庆祝活动筹备工作情况汇报,对搞好庆祝活动作了重要指示。中央办公厅、宣传部、统战部和国务院办公厅、国家民委等有关部门专门成立了中央代表团活动筹备工作办公室,多次研究部署大庆筹备工作并深入我区进行检查指导。所有这些,都充分体现了党中央、国务院对自治区成立 60 周年庆祝活动的高度重视,体现了对全区各族人民的亲切关怀。各级各部门一定要从全局和战略的高度，认真学习贯彻中央要求和曾庆红副主席的重要讲话精神,充分认识迎接、庆祝自治区成立 60 周年的重大意义,以强烈的责任感和紧迫感,进一步加大工作力度、加快工作进度,扎扎实实做好各项工作,确保筹备工作的顺利进行和庆祝活动的圆满成功。

一、充分认识迎接、庆祝自治区成立 60 周年的重大意义

搞好自治区成立 60 周年庆祝活动,对于坚持和完善党的民族区域自治制度，发展我国社会主义民主政治具有十分重要的意义。内蒙古自治区的成立,是马克思主义民族理论和党的民族政策与内蒙古实际相结合的伟大创举,为我国实施民族区域自治制度提供了成功范例。自治区成立以来的60年,是党的民族区域自治制度成功实践的60年。60年来,在中国共产党的领导下,全区各族人民坚持贯彻党的民族区域自治制度,积极参与管理国家和地方事务,充分行使宪法和民族区域自治法赋予的权利,进一步丰富了社会主义民主政治建设的伟大实践。胡锦涛总书记明确指出:"民族区域自治,作为党解决我国民族问题的一条基本经验不容置疑,作为我国的一项基本政治制度不容动摇,作为我国社会主义的一大政治优势不容削弱。"这"三个不容",充分体现了民族区域自治的极端重要性。隆重热烈庆祝自治区成立60周年,充分展示民族区域自治制度在内蒙古的成功实践,认真总结60年来民族区域自治的宝贵经验,对于认真贯彻胡锦涛总书记"三个不容"的重要论断,进一步坚持和完善民族区域自治制度,发展我国的社会主义民主政治,具有重要的现实意义和深远的历史意义。

搞好自治区成立60周年庆祝活动,对于全面贯彻落实科学发展观,把我区的改革开放和现代化建设继续推向前进具有十分重要的意义。自治区成立60年来,在中国共产党的坚强领导下,在党的民族区域自治政策的光辉照耀下,全区各族人民高举民族团结进步的伟大旗帜,艰苦创业,奋发图强,取得了社会主义革命和建设的辉煌成就,开创了改革开放和现代化建设的崭新局面。曾庆红副主席在讲话中指出:"改革开放以来,特别是国家实施西部大开发以来,内蒙古经济社会发展步伐加快,发展势头强劲,地区生产总值增长速度连续五年位居全国第一,总体上质量和效益也是好的,为其他民族自治地方加快发展提供了宝贵经验,为国家国民经济的持续快速协调健康发展作出了重要贡献。"隆重热烈庆祝自治区成立60周年,充分展示60年来自治区翻天覆地的巨大变化,对于进一步激发全区各族人民热爱内蒙古、建设内蒙古的积极性和创造性,巩固和发展现代化建设的大好来势,全面贯彻落实科学发展观,在新的历史起点上推动我区经济社会又好又快发展,具有重要的现实意义和深远的历史意义。

搞好自治区成立60周年庆祝活动,对于巩固和发展平等、团结、互助、和谐的社会主义民族关系,推动和谐内蒙古建设具有十分重要的意义。自治区成立以来,历届党委、政府始终坚持维护各民族的团结,始终坚持进行马克思主义民族理论和党的民族政策宣传教育,始终坚持开展民族团结进步事业表彰活动,使汉族离不开少数民族、少数民族离不开汉族、各少数民族之间相互离不开的思想日益深入人心,民族团结、边疆安宁的政治局面不断巩固发展。对内蒙古的民族团结进步事业,中央予以很高评价,认为我区"各族人民紧密团结,民族关系十分融洽,为全国民族团结进步事业作出了突出贡献。"隆重热烈庆祝自治区成立 60 周年,充分展示全区各族人民共同团结奋斗、共同繁荣发展的丰硕成果,认真总结自治区推进民族团结进步事业的经验和做法,对于进一步巩固和发展新时期平等、团结、互助、和谐的社会主义民族关系,把各族人民的意志和力量凝聚到促进科学发展、和谐发展上来,具有重要的现实意义和深远的历史意义。

二、突出重点、抓住关键,努力突出政治性、时代性和群众性

按照中央明确提出的"十二字"和"三句话"的总体要求,即在指导方针上,要"隆重热烈、规模适度、节俭务实";在工作重点上,要"突出政治性,突出时代性,突出群众性",结合自治区实际,特别要在以下三个方面下功夫。

一是要按照中央"突出政治性"的要求,在认真总结成就和经验、进一步统一思想认识上下功夫。自治区成立 60 周年庆祝活动,是一项政治性强、政治影响大的活动。突出迎庆活动的政治性,就是要大力宣传党的民族区域自治制度在内蒙古的成功实践,深入总结我区坚持和完善民族区域自治制度的基本经验,深刻昭示民族区域自治制度的无比优越性和强大生命力。要采取多种形式和有效措施,大力弘扬民族团结的光荣传统,深入开展民族团结进步表彰活动,进一步巩固和发展平等、团结、互助、和谐的社会主义民族关系。要充分展示自治区成立 60 年来特别是改革开放以来的巨大成就,认真总结发展进步的成功经验,进一步激励全区各族人民更加紧密地团结在以胡锦涛同志为总书记的党中央周围,高举邓小平理论和"三个代表"重要思想伟大旗帜,以科学发展观统领全局,把自治区第八次党代会确定的目标和任务落到实处。要大力宣传各族人民同呼吸、共命运、心连心的先进事迹和主人翁精神,进一步巩固发展我区政治稳定、经济发展、民族团结、社会进步、边疆安宁的大好局面,把迎庆活

动转化为团结激励各族人民共同团结奋斗、共同繁荣发展的精神财富和强大动力。

二是要按照"突出时代性"的要求，在推动全面贯彻落实科学发展观、努力实现又好又快发展上下功夫。科学发展观是以胡锦涛同志为总书记的新一届中央领导集体的重大理论创新成果，科学系统地回答了"什么是发展"、"为什么发展"、"为谁发展"、"靠谁发展"和"怎样发展"等一系列重大问题，是党在社会主义建设指导思想上的重大创新，是指导发展的世界观和方法论的集中体现。去年下半年，自治区明确提出要求，各级各部门一定要以科学发展、和谐发展的实际行动和优异成绩迎接、庆祝自治区成立60周年。突出迎庆活动的时代性，就是要认真总结近年来我区贯彻落实科学发展观、促进经济社会又好又快发展的经验和做法，更加坚定自觉地以科学发展观统领全局、推动工作。要进一步转变发展观念、创新发展模式，更加注重调整优化经济结构和转变增长方式，坚持走新型工业化道路，大力发展循环经济，着力做好节能降耗和污染减排工作，努力促进产业多元、产业延伸、产业升级，不断提高产业发展的层次和水平。要更加注重落实"五个统筹"，积极促进城乡、区域、经济社会、人与自然协调发展，增强发展的全面性、协调性、稳定性和可持续性。要更加注重加强经济社会发展的薄弱环节，在充分发挥长项优势的同时，积极挖掘短项潜力，不断培育新的竞争优势。要更加注重研究经济社会发展中的重大问题，努力在大局中思考问题、谋划发展，着力提高指导工作的科学性和实效性，引导各族干部群众富而思源、富而思进，不忘过去，立足当前，面向未来，进一步巩固发展大好来势，把自治区的改革开放和现代化建设不断推向前进。

三是要按照"突出群众性"的要求，在努力为各族人民办实事办好事、促进和谐社会建设上下功夫。自治区成立60周年庆祝活动，是全区各族人民共同的节日。突出迎庆活动的群众性，就是要真正坚持以人为本的执政理念，切实体现一切为了群众的根本要求，尽可能地让各族群众感受党中央的亲切关怀，享受改革发展的实际成果。要按照中央和自治区的要求，切实把迎庆活动的出发点和落脚点放到改善群众生产生活条件上，在财力、物力、人力和领导精力上向解决民生问题倾斜。要采取有效措施,加大工作力度,切实办好解决零就业家庭就业困难、资助贫困大学新生入学、提高城镇低保水平、扩大农村牧区特困人口补助范围、全面实施新型农村牧区合作医疗、解决群众饮水安全、提高寄宿制贫困初中和小学生补助标准"七件实事",抓好改善农村牧区生产生活条件工程、扶贫开发工程、农民工转移和维权工程、农村牧区社会救助工程、农村牧区广电事业建设工程、教育资助工程、城乡医疗保障工程、促进就业和再就业工程、提高城镇社会保障水平工程、廉租房和经济适用住房建设工程"十项民生工程",在全区进一步形成关注民生、重视民生、保障民生、改善民生的良好局面。

三、加强领导,全力以赴把迎庆办庆各项工作落到实处

组织实施好自治区成立60周年庆祝活动,既是重要的政治任务,也是紧迫的现实工作;既是各级党委、政府和领导同志的重要职责,也是全区广大干部群众的共同责任,必须高度重视、切实抓好。各级各部门一定要按照曾庆红副主席提出的强化细节意识、责任意识、安全意识和"抓紧、落实、过细、安全"的要求,认真贯彻中央和自治区的工作部署,在前一段工作的基础上,加大力度、狠抓落实,切实把各项迎庆工作落到实处。

要加强领导、强化责任。按照庆祝活动总体方案的要求,把迎庆各项工作分解到单位、落实到人头,切实做到任务明确、责任明确、要求明确,确保事事有人管、件件有落实。凡是承担大庆任务的地区和部门,都要建立一把手责任制,亲自过问、亲自组织、亲自督促检查。要进一步完善和细化工作方案,充分考虑到每一个环节、每一个细节,考虑到各种难以预料的因素,及早制定备选方案和应急预案,努力把各项工作做深、做细、做实,确保每一项活动、每一个环节不出问题。

要通力协作、形成合力。组织开展好60周年庆祝活动,是一项涉及全区各个方面的系统工程。自治区庆祝活动领导小组要强化统一指挥功能,组织协调好各方面的工作,及时通报各方面的情况,切实加大督促检查力度,着力解决工作中的困难和问题,确保各项迎庆工作扎实推进。各地区各部门都要以大局为重,认真落实中央和自治区的要求与部署,自觉服从大庆领导小组的统一指挥,主动搞好协调配合,认真履行好工作职责。通过各地区各部门的共同努力,在全区形成同心协力促迎庆的工作合力。

　　要确保大庆期间的安全稳定。创造和谐稳定的社会环境，是庆祝活动圆满成功的前提和保证。要切实增强安全意识，扎实做好维护稳定工作，有针对性地组织开展专项斗争，切实加强社会治安综合治理。要高度重视信访工作，及时准确掌握不稳定因素，认真做好矛盾纠纷排查调处工作，切实把问题解决在基层、化解在萌芽状态。要加强应急预案工作，建立健全突发性事件防范机制。要高度重视安全生产，切实消除安全隐患。要切实做好中央代表团、中央艺术团、邀请宾客驻地、庆祝活动场所、活动交通路线的安全工作，确保万无一失。要按照中央要求，高度重视、认真做好保密工作。

　　要努力营造良好的迎庆氛围。十二个盟市都有接待中央代表团的任务，各地要认真抓好大庆重点项目建设，切实抓好"民生工程"，为庆祝活动提供良好条件。要加强宣传思想工作，把握正确的舆论导向，营造热烈、喜庆、祥和的社会氛围。要广泛开展群众性精神文明创建活动，加强公民思想道德教育，提升社会文明水平，以良好的精神状态、和谐的社会氛围和优异的工作成绩迎接、庆祝自治区成立60周年。

（选自在全区领导干部大会上的讲话）

认真做好地方人大政府政协领导班子换届工作

(2007 年 8 月 30 日)

一、要从全局和战略的高度，充分认识搞好换届工作的重大意义

省级人大、政府、政协领导班子换届，是继党委换届后省级领导班子的又一次集中换届，也是为明年将要召开的第十一届全国人民代表大会和全国政协第十一届委员会做好组织准备工作的一个重要环节，意义重大，影响深远。要按照全国省级人大、政府、政协领导班子换届工作座谈会的要求，深刻认识做好这次换届工作的重要性，统一思想，提高认识，以高度的政治责任感和历史使命感，切实把这项事关全局的任务完成好。

第一，搞好换届，对于深入贯彻落实科学发展观、推动全区又好又快发展，具有十分重大的意义。科学发展观是马克思主义关于发展思想的集中体现。深入贯彻落实科学发展观，关键在于各级领导班子和领导干部。省级人大、政府、政协领导班子是我国政权结构的一个重要层次，起着承上启下的重要作用，在落实中央各项决策部署、推动地区经济社会发展方面承担着十分重要的职责。做好换届工作，把那些自觉坚持科学发展、善于推动科学发展的优秀干部选拔进领导班子，进一步增强自治区人大、政府、政协领导班子的整体功能，有利于引导和促进各级领导班子和领导干部用科学发展观武装头脑、指导工作，进一步转变发展观念、创新发展模式、提高发展质量，促进经济社会全面协调可持续发展。

第二，搞好换届，对于在新的历史起点上夺取全面建设小康社会新胜利，具有十分重大的意义。经过改革开放特别是"十五"以来的发展，我区同全国一样，已经站在一个新的历史起点上。能否抓住机遇，在新的历史起点上,团结带领全区各族人民继续全面建设小康社会,加快推进我区社会主义现代化建设,关键要培养造就高素质的干部队伍特别是各级领导班子。换届后的人大、政府、政协领导班子将在党委领导下,肩负起今后五年推动自治区经济社会发展、为夺取全面建设小康社会新胜利而奋斗的重要使命。做好这次换届工作,选好配强自治区人大、政府、政协领导班子,对于抓住本世纪头20年的重要战略机遇期,顺利实现自治区第八次党代会和"十一五"规划提出的奋斗目标,努力构建和谐内蒙古,建设惠及全区各族人民的更高水平的小康社会,具有十分重大的意义。

第三,搞好换届,对于发展社会主义民主政治、推进全区政治文明建设,具有十分重大的意义。发展社会主义民主政治,是我们党始终不渝的奋斗目标。实现这一目标,最根本的就是要坚持党的领导、人民当家作主、依法治国的有机统一。人民代表大会制度是我国的根本政治制度,地方各级人民代表大会是地方国家权力机关。地方各级人民政府是地方各级国家权力机关的执行机关。共产党领导的多党合作和政治协商制度是我国的一项基本政治制度,人民政治协商会议是实行共产党领导的多党合作和政治协商制度的重要组织形式。换届是人民行使民主权利、推进社会主义民主政治建设的重要实践。通过换届选举产生新一届自治区人大、政府、政协领导班子和法检"两长",对于加强地方立法和执法监督工作,对于加强经济调节、市场监管、社会管理和公共服务,对于搞好政治协商、民主监督、参政议政,对于坚持司法为民,进一步推进社会主义民主政治建设,必将产生重要的作用。

二、认真贯彻中央要求,切实做好民主推荐工作

民主推荐自治区人大、政府、政协领导班子成员和自治区法检"两长"人选,是一项政治性、政策性、程序性很强的工作。我们一定要严格按照《党政领导干部选拔任用工作条例》和中央有关换届工作的规定与要求,切实把干部选拔标准、任职条件和结构要求理解好、执行好,真正把那些德才兼备、实绩突出、群众公认并且符合任职条件的优秀干部推荐上来。

在民主推荐工作中,要坚持把思想政治素质放在首位,积极推荐政治坚定,自觉与党中央保持高度一致,在重大问题上旗帜鲜明、经得起风浪考验的干部。同时,要注重推荐牢固树立正确政绩观,坚持按客观规律办事,善于推动科学发展的干部;注重推荐正确处理社会矛盾,协调不同利益关系,善于促进社会和谐的干部;注重推荐具有强烈的事业心,求真务实、不图虚名、踏实干事的干部;注重推荐带头实践社会主义荣辱观,群众口碑好、秉公用权、清正廉洁的干部;注重推荐那些经受艰苦环境锻炼,勤勤恳恳、埋头苦干的干部。要把领导干部的思想作风、学风、工作作风、领导作风、生活作风等方面的表现,作为衡量干部德才素质的重要方面,作风不好的干部,坚决不能推荐。要在坚持标准、保证结构的前提下,按照胡锦涛总书记提出的"对那些长期在条件艰苦、工作困难的地方工作的干部要格外关注,对那些不图虚名、踏实干事的干部要多加留意,对那些埋头苦干、注重为长远发展打基础的干部不能亏待"的要求,注意推荐那些经受住艰苦环境锻炼、勤勤恳恳、埋头苦干的干部,以体现正确的用人导向。

三、严肃组织人事纪律,努力营造风清气正的换届环境

中央对严肃换届组织人事纪律,营造风清气正的换届环境,提出了明确要求。各级领导干部一定要严格按照中央要求,坚持讲政治、讲大局、讲纪律,把握标准,出以公心,认真负责地进行测评和推荐。要按照科学发展观和正确政绩观的要求,全面系统、客观公正地评价干部。要坚持以大局为重,以党和人民的事业为重,正确对待领导班子配备改革,正确对待个人进退留转。要端正思想,平和心态,不跑关系、不拉选票,不讲不负责的话,不做违背原则、影响团结的事,努力营造风清气正的换届环境。要正确处理搞好换届与做好其他工作的关系,通盘考虑,统筹安排,努力做到思想不散、秩序不乱、工作不断,确保换届和工作"两不误、两促进"。

(选自在全区领导干部大会上的讲话)

着力提高人大依法履职水平

(2008 年 3 月 31 日)

　　自治区新一届人大及其常委会任期的五年，是全面贯彻落实党的十七大精神,加快推进我区改革开放和现代化建设的关键时期。我们要从新的历史起点出发,不断夺取全面建设小康社会的新胜利,开创各项事业的新局面,必须高举中国特色社会主义伟大旗帜,坚持以邓小平理论和"三个代表"重要思想为指导,深入贯彻落实科学发展观,坚定不移地坚持和完善人民代表大会制度。这就要求人大常委会组成人员要把加强学习摆在突出位置,通过学习提高履行职责的能力和水平,不辜负代表和全区各族人民对我们的信任和重托。

　　第一,要高举中国特色社会主义伟大旗帜,牢牢把握正确的政治方向。坚持正确的政治方向,是做好人大工作的根本。在人大工作中坚持正确的政治方向,就是要深入贯彻落实党的十七大精神,高举中国特色社会主义伟大旗帜,坚定不移地走中国特色社会主义政治发展道路。党的十七大明确提出,要坚定不移发展社会主义民主政治,强调人民民主是社会主义的生命, 发展社会主义民主政治是我们党始终不渝的奋斗目标;强调坚持党的领导、人民当家作主、依法治国有机统一,不断推进社会主义政治制度自我完善和发展;强调深化政治体制改革,保证人民当家作主,增强党和国家活力,充分调动人民积极性,努力扩大社会主义民主,建设社会主义法治国家,发展社会主义政治文明;强调要支持人民代表大会依法履行职能,善于使党的主张通过法定程序成为国家意志,保障人大代表依法行使职权,密切人大代表同人民群众的联系,加强人大常委会制度建设。党的十七大提出的这些重大战略思想,对做好新形势下人大工作提出了新的更高的要求。我们一定要适应科学执政、民主执政和依法执政的新要求，自觉把坚持党的领导、人民当家作主和依法治国有机统一于人大工作的全过程，落实到人大工作的各个方面，切实把人民代表大会制度坚持好、完善好，把依法治国基本方略贯彻好、实施好。要增强政治观念，坚定不移地走中国特色社会主义道路，坚定不移地贯彻党的基本理论、基本路线、基本纲领、基本经验和各项方针政策，坚定不移地与以胡锦涛同志为总书记的党中央保持高度一致，坚决维护中央权威和党的集中统一。要增强党的观念，自觉接受党的领导，确保党的主张经过法定程序成为国家意志，保证党领导人民有效治理国家。

第二，要围绕中心、服务大局，不断提高依法履职的能力和水平。人大工作是党和国家工作的重要组成部分，必须放在党和国家工作全局中来谋划和推进。要牢牢把握发展这个党执政兴国的第一要务，紧紧围绕推动科学发展、促进社会和谐，紧紧围绕改革发展稳定的重大问题，紧紧围绕人民群众普遍关心的热点难点问题，全面有效地行使好立法、监督、审议决定重大事项等职权。

在立法工作方面，要按照党的十七大提出的坚持科学立法、民主立法，完善中国特色社会主义法律体系的要求，突出立法重点，提高立法质量。要把贯彻落实科学发展观作为地方立法工作的重要任务，把推动科学发展作为立法工作的根本出发点，坚持以人为本的立法价值取向，坚持统筹兼顾的工作思路，认真贯彻全面协调可持续的要求，使立法工作真正成为落实科学发展观的重要保障和重要实践。要高度重视现行法规的完善，根据新的形势和任务，围绕自治区经济社会发展重点研究制定新的法规。要抓紧研究制定本届人大常委会五年立法规划，明确今后五年立法工作任务。要着眼于推进立法决策的科学化、民主化，继续完善立法工作机制，扩大人民群众对立法工作的有序参与，保证立法工作更好地适应时代进步的要求和人民群众的利益诉求。

在监督工作方面，要抓住增强监督实效这一中心环节，加强对宪法和法律法规实施的监督，切实维护社会公平正义，维护社会主义法制尊严。要进一步加大对重大经济决策实施和经济建设重大项目的监督力度，确保重大事项决策的民主化、科学化。要认真总结近年来人大监督工作的

[655]

经验,把事关我区改革发展稳定大局的重大问题和人民群众关心的热点难点问题作为监督重点,不断完善监督机制,改进监督方式方法,综合运用各种监督手段,促进"一府两院"依法行政和公正司法,切实解决好影响我区经济社会发展的重大问题和涉及人民群众切身利益的问题。要积极创造条件,让人民群众了解、参与、支持人大监督工作,努力增强监督成效。

在代表工作方面,要认真贯彻落实中央要求,积极支持、规范和保证代表依法履行职责,建立健全有利于代表发挥作用的保障机制,更好地发挥人大代表在我区经济、政治、文化和社会建设中的重要作用。要认真办理人大代表提出的议案和建议,把办理代表议案与立法工作有机结合起来,把办理代表建议与推动改进工作更有效地结合起来,切实提高办理质量。要进一步密切人大常委会同人大代表和人民群众的联系,坚持和完善常委会组成人员联系代表、代表联系群众等各项制度。要认真研究改进发挥人大代表在闭会期间作用的办法,组织好代表在闭会期间的活动,保障代表视察、调研、执法检查等方面依法享有的各项权利,增强代表活动实效。要着眼于提高代表依法履职能力,组织开展好新一届人大代表履职培训工作,为代表更好地执行职务提供服务。

第三,要以建设人民信赖的地方国家权力机关为目标,切实加强人大常委会自身建设。抓好常委会自身建设,是履行职能、发挥作用的重要基础。要切实抓好学习。随着市场经济的深入发展和形势任务的不断变化,人大工作面临的新课题越来越多,加强学习越来越重要。特别是新进常委会的同志,对人大工作还有个适应的过程,要抓紧学习、转换角色。要突出重点,认真学习党的十七大精神,进一步深化对十七大重大理论观点、重大战略思想、重大工作部署的理解和把握。要认真学习十一届全国人大一次会议精神,熟悉宪法和法律知识,掌握人大工作的规则和程序,掌握人大工作的特点和规律,更好地担负起工作重任。要坚持和完善民主集中制原则。进一步加强人大常委会制度建设,建立健全有利于更好体现民主集中制原则的工作制度和运行机制,把充分发扬民主,调动和发挥组成人员的积极性、主动性、创造性,与坚持集体负责、集体行使职权更好地统一起来,使常委会成为一个合力强、协调好、团结和谐、充满生机与活力的工作集体。要密切联系群众。把维护最广大人民群众的根本利益作为各项工作的出发点和落脚点，始终保持同人民群众的血肉联系，努力拓宽民主渠道，畅通民主言路，了解民情，反映民意，凝聚民智，积极扩大公民的有序政治参与。要坚持勤政廉政。严格遵守廉洁从政的各项规定，自觉加强道德修养，自觉接受人民监督，始终做到反腐倡廉常抓不懈、拒腐防变警钟长鸣，始终做到为民、务实、清廉，树立和维护人大及其常委会的良好形象。要按照政治坚定、业务精通、务实高效、作风过硬、团结协作、勤政廉政的要求，进一步加强常委会机关建设，提高工作效率和服务质量，为常委会依法履行职责提供良好的服务和保障。

（选自在自治区十一届人大常委会组成人员
学习培训会上的讲话）

相约草原

扎实做好地方人大立法工作

（2008 年 9 月 26 日）

近年来，自治区人大及其常委会以科学发展观为指导，坚持围绕中心、服务大局，认真履行宪法和法律赋予的职责，按照到 2010 年形成中国特色社会主义法律体系的目标要求，从自治区实际出发，制定和批准了一批地区特色鲜明、经济社会发展急需的地方性法规、自治条例和单行条例，并切实抓好法律法规在我区的贯彻实施，有力地推动了依法治区进程，促进了自治区经济社会发展。最近，自治区党委批转了《自治区人大常委会党组关于〈内蒙古自治区第十一届人大常委会立法规划〉的请示》，进一步明确了本届常委会立法工作的思路、原则和主要任务。人大常委会要认真贯彻党的十七大和党中央、全国人大及其常委会关于加强立法工作的要求，深入贯彻落实科学发展观，进一步研究和部署新形势下地方人大立法工作，为完善中国特色社会主义法律体系、促进自治区经济社会又好又快发展，提供有力的法制保障。

一、充分认识做好新形势下地方人大立法工作的重要意义

地方人大立法是我国法律体系的重要组成部分，是国家立法的必要补充，在我国法律体系的总体框架中具有不可替代的重要作用，在建设和发展中国特色社会主义中担负着重要责任。我们一定要从全局和战略的高度，切实提高对做好地方人大立法工作重要性的认识。

第一，加强地方人大立法是建设社会主义政治文明的必然要求。发展社会主义民主政治，建设社会主义政治文明，是全面建设小康社会的重要目标。实现这一目标，最根本的就是坚持走中国特色社会主义政治发展道路，坚持党的领导、人民当家作主和依法治国的统一，保证广大人民群众在党的领导下，依照宪法和法律规定管理国家事务和社会事务，管理经济和文化事业，逐步实现社会主义民主的制度化、法律化。法律制度是否完善，是建设社会主义政治文明的前提和基础，也是衡量社会主义政治文明发展的重要标志。只有切实加强地方人大立法工作，才能为完善中国特色社会主义法律体系、建设社会主义法治国家提供有力保证，才能把建设社会主义政治文明的重大任务落到实处。

第二，加强地方人大立法是推动科学发展、促进社会和谐的必然要求。实现科学发展、促进社会和谐，体现了全党全国各族人民的共同愿望。科学发展观是全面建设小康社会和推进现代化建设的重要指导思想。落实科学发展观，需要从多方面努力，其中重要一环是通过加强立法工作，从法律和制度层面，为推动科学发展提供有力的法律依据和法制保障。当前，我区正处于深入贯彻落实科学发展观、建设和谐内蒙古的重要历史时期，新情况、新问题大量涌现，改革发展稳定任务十分繁重，比以往任何时候都更加需要法律方面的服务和保障。我们一定要通过加强地方人大立法工作，努力为推动科学发展、促进社会和谐提供良好的法治环境。

第三，加强地方人大立法是落实民族区域自治制度的必然要求。做好民族区域自治地方的立法工作，是宪法、民族区域自治法和立法法赋予民族自治地方的一项重要自治权，也是贯彻民族区域自治制度的重要保障。近年来，我区按照宪法、民族区域自治法的要求，认真行使民族区域自治地方的立法权，有力促进了自治区的经济发展、民族团结、社会稳定、边疆安宁。推进民族地区又好又快发展，要求我们必须把坚持贯彻党的民族区域自治制度和加强民族自治地方立法工作有机统一起来，更好地把宪法、民族区域自治法和其他法律赋予民族地区和各族人民的权益落到实处，促进各民族共同团结奋斗、共同繁荣发展。

第四，加强地方人大立法是提高党的执政能力的必然要求。党的执政能力如何，更多地体现在科学执政、民主执政、依法执政的本领和水平上。建立完备的法律体系，实现党对国家和社会事务的依法领导，不断推动政治、经济、文化、社会生活的法制化、规范化，是提高党的执政能力的题中应有之义。这就要求我们必须加强和改善党对地方人大立法工作的领导，按照法定程序把党的主张转化为国家意志，从制度上、法律上保证党的路线方针政策的贯彻实施,更好地发挥好党总揽全局、协调各方的领导核心作用。

二、扎实推进我区地方人大立法工作

自治区第十一届人大常委会立法规划,是在广泛征求意见、多次讨论协调基础上形成的,立法项目涵盖经济、政治、文化、社会建设多方面的内容,与 2010 年形成中国特色社会主义法律体系目标相适应,与我区推动科学发展、促进社会和谐的新形势新任务相适应。组织实施好立法规划,进一步做好地方人大立法工作,关键要把握以下几点。

一是坚持党的领导,确保立法工作的正确政治方向。中国共产党是中国特色社会主义事业的领导核心。加强党对立法工作的领导,是我们必须遵循的重大政治原则,也是做好地方人大立法工作的根本保证。在立法工作中坚持党的领导,就是要自觉按照中央对立法工作的要求,把党的路线方针政策和重大决策部署,通过法定程序转化为国家意志,使党的主张和人民意志相统一。要高度重视党委立法建议,认真组织调研论证,及时启动立法程序。对于立法工作中的重要问题以及重要法规草案,要及时向党委请示报告,确保立法工作在党的领导下健康发展。

二是坚持围绕中心,为推动自治区又好又快发展搞好服务。推动科学发展、促进社会和谐,实现内蒙古新的发展和跨越,是自治区的工作大局。人大及其常委会要坚持用科学发展观统领立法工作,深刻领会科学发展观的科学内涵和基本要求,把科学发展观的要求落实到立法工作的方方面面和各个环节。当前,要紧紧围绕自治区第八次党代会提出的目标任务,围绕制约科学发展的深层次矛盾和问题,围绕关系人民群众切身利益的重大问题,选准项目、抓住关键,在维护社会主义法制统一的前提下,加快建立健全与科学发展要求相适应的地方性法规。在抓好有关法规制定工作的同时,要坚持立、改、废相结合原则,及时修改、完善或废止与科学发展新形势、新任务要求不相适应的法规,为推动自治区又好又快发展提供法制保证。

三是坚持突出重点,切实增强立法工作的针对性和实效性。突出重点、急需先立,是立法工作的一条重要指导原则。从自治区经济社会发展的需要看,转变经济发展方式、调整优化经济结构、提高资源综合开发利用水平、推进自主创新、搞好节能减排、加强生态文明建设、推进新农村新牧区建设以及全面深化改革开放、完善社会主义市场经济体制等重大问题，既是立法的重点，又是急需立法的项目。人大及其常委会要抓住这些涉及全局和长远的重要问题，组织力量认真调查研究，努力在这些立法项目上取得突破。在抓好经济立法的同时，要坚持以人为本、立法为民的思想，更加注重社会领域的立法，重点考虑与人民群众利益密切相关、社会关注而又急需的民生工作立法项目，更好地维护人民群众的合法权益，促进社会公平正义。

四是坚持科学立法、民主立法，不断提高立法质量。科学立法、民主立法，是党的十七大对立法工作的重要要求，也是提高立法质量的重要保证。要按照立法法的要求，建立科学合理的立法工作机制，完善立法程序，切实把立法的各项工作纳入规范化、程序化的轨道。要在立法工作中坚持党的群众路线，注重听取各方面群众的意见和呼声，不断扩大人民群众有序参与立法工作的范围和途径。充分发挥专家学者在立法中的重要作用。要把民主立法延伸到立法源头，面向社会征集立法项目，切实把那些涉及人民群众切身利益的项目纳入立法范围。要坚持重要法规草案及时向社会公布，完善和规范召开座谈会、讨论会听取各方面意见的做法。要进一步规范人大立法听证程序，明确立法听证效力，充分发挥立法听证的作用。

三、切实加强对地方人大立法工作的组织领导

立法工作是一项严肃、复杂的系统工程，必须加强组织领导，充分调动和发挥好各方面的积极性，齐心协力做好工作。

要切实加强党委对立法工作的领导。各级党委要支持人大及其常委会依法行使立法权，坚持立法决策与改革发展稳定的重大决策相结合，及时提出立法建议，及时审查和批准同级人大及其常委会的立法规划和计划。要及时协调解决立法工作中遇到的问题和困难，重视人大立法工作机构和队伍建设，为做好立法工作创造良好条件。

要充分发挥人大及其常委会在立法工作中的主导作用。人大常委会是立法工作的具体组织者和实践者。要始终坚持和完善立法工作中重大问题向党委请示报告制度，进一步完善人大常委会与政府在立法工作中的联系协调机制。自治区人大常委会要加强对呼和浩特市、包头市和三个少数民族自治旗人大立法的指导,努力解决法规草案和条例中的合法性、统一性和技术性问题,保证全区地方人大立法工作依法有序进行。人大代表是联系人民群众和国家机关的重要纽带,在立法工作中最有发言权。要充分发挥人大代表在立法工作中的重要作用,为提高立法质量、推进立法工作发挥积极作用。

要认真履行政府在立法工作中的职责。我区大部分地方性法规草案由政府起草,政府在地方立法中负有重要责任。政府要准确把握自治区经济社会发展对立法工作的要求,适时向人大常委会提出立法议案,并认真研究、切实做好法规草案的起草工作。特别是对法规草案的一些分歧意见,要及时进行协调,努力解决在提请人大常委会审议之前。要及时向人大及其常委会反馈执法过程中发现的问题,为修改和完善法规、加强和改进立法工作提供依据。要防止部门利益法制化,保证人民赋予的权力真正为人民谋利益。

(选自在自治区人大常委会立法工作会议上的讲话)

充分发挥地方人大常委会的作用

(2009 年 9 月 21 日)

在地方各级人民代表大会设立常务委员会，是人民代表大会制度的重大发展和完善，是加强地方政权建设的重要举措。1979 年 7 月，五届全国人大二次会议通过关于修改宪法的决议和地方组织法，规定县级以上地方各级人民代表大会设立常务委员会。同年 12 月，自治区五届人大二次会议依法选举产生自治区人民代表大会常务委员会，全区设区的市和旗县(市、区)人大常委会也相继设立，我区人民代表大会制度建设进入新的发展阶段。

30 年来，伴随着改革开放的伟大历史进程，全区各级人大常委会坚持以马列主义、毛泽东思想、邓小平理论和"三个代表"重要思想为指导，全面贯彻落实科学发展观，以加强社会主义民主政治建设为根本任务，紧紧围绕自治区改革发展稳定大局，认真履行宪法和法律赋予的职责，卓有成效地开展工作，为促进自治区改革开放和现代化建设做出了重要贡献。自治区人大常委会从我区经济社会发展实际需要出发，坚持维护法制统一与突出地方特色、民族特点相结合，着力推进科学民主立法，共制定、修改、批准地方性法规、自治条例和单行条例 489 件，现行有效的法规达到 312 件，使全区经济、政治、文化、社会生活等各个方面做到有法可依。坚持工作监督与法律监督相结合，不断完善监督工作思路、工作方式和工作机制，切实加强对"一府两院"的监督，共听取和审议"一府两院"专项工作报告 342 项，听取和审议政府计划、预算执行情况报告、审计工作报告 97 项，开展执法检查、执法调研 134 项，有力地保障了法律法规有效实施，有力地支持和促进了"一府两院"依法行政、公正司法。围绕事关全

[663]

区经济社会发展全局和长远的重大事项,作出决议、决定185件,有效地把党的主张、人民意愿转变为国家意志,促进了民主决策、科学决策、依法决策。坚持党管干部与依法任免干部相统一,依法任命自治区国家机关领导人员和工作人员,保证了国家机关高效有序运转。把充分发挥代表作用作为履行职责的基础工作来抓,创新联系代表方式、丰富代表活动内容、健全代表工作机制,共办理代表议案394件,办理和督办代表建议、批评、意见10293件,保障和支持了人大代表依法执行职务。认真抓好常委会自身建设,不断提高组成人员和机关干部的政治素质、法律素质和业务素质,不断完善人大及其常委会的组织机构和运行机制,推动人大工作走上制度化、规范化轨道。

30年的生动实践表明,充分发挥地方人大常委会作用,有利于进一步坚持和完善人民代表大会制度,有利于推进社会主义民主政治建设,有利于提高党的执政能力和改进党的执政方式。

我区人大常委会30年的探索和实践,积累了许多宝贵经验,概括起来主要有:

一是必须坚持坚定正确的政治方向。人大工作坚持正确政治方向,最根本的就是坚持党的领导、人民当家作主和依法治国有机统一,核心是坚持党的领导。这是发展社会主义民主政治的根本内涵,也是坚持和完善人民代表大会制度的本质要求。在这个重大原则问题上,头脑必须十分清醒、立场必须十分坚定、旗帜必须十分鲜明,坚定不移地走中国特色社会主义政治发展道路,确保人大工作沿着正确的政治方向发展。

二是必须坚持以中国特色社会主义理论体系为指导。中国特色社会主义理论体系是马克思主义中国化的最新成果,是全党全国人民团结奋斗的共同思想基础,也是做好人大工作必须坚持的指导思想。只有高举中国特色社会主义伟大旗帜,自觉用中国特色社会主义理论体系武装头脑、指导实践、推动工作,切实提高运用科学理论研究和解决前进中困难和问题的能力,才能不断开创人大工作的新局面。

三是必须坚持围绕中心、服务大局。人大工作的根本任务是加强社会主义民主政治建设。发展社会主义民主政治,建设社会主义政治文明,是建设中国特色社会主义的重要目标和重要保障。要牢牢抓住发展这个党执政兴国第一要务,紧紧围绕经济建设这个中心,自觉服务于改革发展稳定的大局,找准人大工作的切入点和着力点,有效履行立法、监督、决定重大事项等职权,充分发挥人大工作的优势和作用。

四是必须坚持忠实代表和维护人民群众的根本利益。人民代表大会制度是人民当家作主的根本途径和最高实现形式,也是党在国家政权中充分发扬民主、贯彻群众路线的最好实现形式。集中人民的共同意志、代表人民的根本利益,是人大工作的出发点和归宿。必须始终把权为民所用、情为民所系、利为民所谋作为人大工作的根本要求,把人民群众最关心、最迫切需要解决的问题作为人大工作重点,不断密切同人民群众的血肉联系,切实把人民群众的根本利益实现好、维护好、发展好。

五是必须坚持解放思想、开拓创新。建立人民代表大会制度,是党领导人民在长期奋斗中探索创新的重要政治成果;设立地方人大常委会,也是人大工作开拓创新的实际成果。在人大工作中,必须始终坚持解放思想、开拓创新,积极探索人大工作规律,拓宽人大工作领域,创新人大工作方式,始终保持人大工作旺盛的生机与活力。

这"五个必须坚持",既是30年实践经验的深刻总结,也是做好今后人大及其常委会工作的基本遵循。

当前,我区经济社会发展已站在新的历史起点,处在科学发展、构建和谐的关键时期。实现内蒙古新的发展和进步,建设富裕、民主、文明、和谐的内蒙古,迫切需要我们坚持党的领导、人民当家作主和依法治国的有机统一,大力发展社会主义民主政治,进一步坚持和完善人民代表大会制度,更好地发挥人大工作在科学发展、构建和谐、富民兴区中的重要作用。

第一,要在坚持和完善人民代表大会制度、增强做好人大工作责任感上有新提高。人民民主是社会主义的生命,人民当家作主是社会主义民主政治的本质和核心,发展社会主义民主政治是我们党始终不渝的奋斗目标。人民代表大会制度从国家政权形态上确认了人民当家作主的地位,从制度上保证了人民行使管理国家事务的权力,集中体现了社会主义民主政治的优越性。实现依法治国、建设社会主义法治国家,是我们党领导人民治理国家的基本方略,是国家长治久安的重要保障。坚持和完善人民代表大会制度,有利于加快全社会法治化进程,为完善社会主义市场经济体制、全面建设小康社会、构建和谐内蒙古提供健全的法律体系和良好的法治环境。人民代表大会制度把党的主张与人民的意志统一起来,把党的决策与决策的贯彻执行统一起来,把对党负责与对人民负责统一起来,是我们党改进领导方式和执政方式,提高执政能力和执政水平的重要途径。我们一定要充分认识坚持和完善人民代表大会制度的重要意义,切实增强做好新形势下人大工作的责任感和使命感,不断把人大工作提高到新的水平。

第二,要在依法履行职能、推动经济社会又好又快发展上有新成效。推动科学发展、构建社会和谐,是人大工作围绕中心、服务大局的中心任务。全区各级人大及其常委会要适应新形势、新任务的要求,紧紧围绕自治区科学发展、构建和谐、富民兴区的工作大局,紧贴自治区经济社会又好又快发展的现实需要,切实履行好宪法和法律赋予的职权。要按照完善社会主义法律体系和提高立法质量的目标要求,坚持把立法同改革发展稳定的重大决策结合起来,进一步加强立法工作,在继续完善经济立法的同时,切实加强以关注民生为重点的社会立法,加快建立健全与促进科学发展、保障公民权益、构建社会和谐相适应的地方性法规体系。要坚持立、改、废相结合,及时修改、完善、废止与新形势、新任务不相适应的法律法规,增强立法的针对性和时效性。要坚持科学立法、民主立法,提高立法的透明度和公众参与度,使立法工作充分体现人民意愿、代表人民利益。要按照围绕中心、突出重点、讲求实效的原则,切实加强和改进监督工作,着力提高监督实效。要突出监督重点,加大对法律法规实施中的难点问题、经济社会发展中的重点问题、事关人民群众切身利益的热点问题和执法工作中的突出问题的监督力度,促进"一府两院"依法行政、公正司法。要改进监督方式,坚持和完善听取审议工作报告、执法检查、代表评议等行之有效的监督形式,积极探索新的监督方法和途径,进一步完善监督机制,不断推进监督工作的经常化、制度化和规范化。要坚持抓大事、谋全局,紧紧围绕全局性、根本性、长远性和人民群众迫切需要解决的重大问题,认真行使重大事项决定权,着力提高决策的科学化、民主化。要认真贯彻党委意图,切实把党和人民信任、善于领导科学发展的优秀干部,依法选举到各级国家机关的领导岗位上来。

第三,要在充分发挥代表作用、密切同人民群众联系上有新举措。人民代表作为国家权力机关的组成人员,是受人民委托、代表人民行使国家权力的主体。加强代表工作、发挥代表作用,是坚持和完善人民代表大会制度的重要内容,也是做好人大工作的基础。我区现有各级人大代表9万多人,工作在全区各个地方、各条战线,同人民群众有着广泛的联系。要按照《代表法》的要求,充分尊重代表的主体地位,保持常委会同代表的经常性联系,扩大代表对常委会立法、监督等工作的参与。要认真做好代表议案和建议、批评、意见的办理工作,拓宽代表知政、知情渠道,积极为代表联系群众、履行职责创造有利条件。要坚持和完善常委会联系代表、联系群众和代表列席人大常委会会议、旁听有关会议制度,健全代表联系选民、联系群众制度,充分畅通民意渠道。要认真组织开展好代表活动,改进闭会期间代表的活动方式,不断开辟代表依法执行职务的新途径。要抓好代表的培训工作,不断增强代表行使职权的意识和能力。各级人大代表要自觉接受群众监督,深入基层、深入群众,倾听人民群众意见和呼声,充分反映民意、宣传群众。

第四,要在加强常委会自身建设、提高履行职责能力上有新进步。人大工作政治性、法律性、政策性很强,只有切实加强自身建设,才能真正履行好宪法和法律赋予的职责。各级人大常委会要牢固树立党的观念、政治观念、大局观念、群众观念和法治观念。要着眼于建设学习型人大机关的目标,认真学习中国特色社会主义理论体系,学习宪法和法律,学习人大工作需要的经济、政治、文化、社会等方面知识,不断提高组成人员和机关干部理论水平和知识水平。要坚持民主集中制的组织原则和工作原则,在充分发扬民主的基础上,集体行使职权、集体决定问题。要加强制度建设,健全适合国家权力机关特点、充满活力的组织制度和运行机制,严格执行人大工作的议事程序,严格按程序开展工作,真正把人大及其常委会建设成为地方国家权力机关、社会主义民主法治机关、同人民群众保持密切联系的代表机关。要加强人大领导班子建设,不断优化人大常委会组成人员及工作机构领导班子的年龄、知识和专业结构,更好地适应形势任务的发展要求。要按照"政治坚定、业务精通、务实高效、作风

[667]

过硬、团结协作、勤政廉政"的要求,大力加强人大机关干部队伍建设,切实提高人大机关干部的素质和能力,树立地方国家权力机关的良好形象。

人大工作是党的工作的重要组成部分。加强和改善党的领导,是坚持和完善人民代表大会制度、做好人大工作的根本保证。各级党委要从思想上、政治上、组织上切实加强领导,把人大工作摆上重要议事日程、纳入总体工作布局,认真落实好党委领导人大工作的各项制度,积极支持人大依法履行职责,及时研究解决人大工作中的重大问题。各级党组织和全体党员要自觉在宪法和法律范围内活动,带头维护宪法和法律的权威。"一府两院"要自觉接受人大的监督,认真对待人大的批评和建议,贯彻执行好人大及其常委会作出的决议、决定。各级宣传舆论部门要抓好人民代表大会制度和民主法制建设的宣传教育,努力形成全党全社会关心支持人大工作的良好局面。

（选自在内蒙古自治区人大常委会设立
30周年纪念大会上的讲话）

以新中国成立 60 周年为新起点
努力开创内蒙古科学发展新局面

(2009 年 9 月 28 日)

1949 年 10 月 1 日,毛泽东主席向世界庄严宣告了新中国的诞生。从此,中国人民站起来了,中华民族的发展进入一个崭新时代。

内蒙古是我们党成功缔造的第一个省级少数民族自治区。60 多年来,内蒙古同伟大祖国一样,发生了翻天覆地的历史性变化。

这 60 年,是内蒙古社会政治制度实现历史性变革的 60 年。在党的领导下,各族人民打破了沿袭数千年的封建统治,摆脱了受奴役、受剥削的地位,成为国家和社会的主人。坚持党的领导、人民当家做主和依法治国有机统一,坚持和完善人民代表大会制度、共产党领导的多党合作和政治协商制度,社会主义民主政治不断发展,人民当家做主权利得到保障。坚持和完善民族区域自治制度,积极推进民族团结进步事业,各民族人民同呼吸、共命运、心连心,平等、团结、互助、和谐的社会主义新型民族关系不断巩固和发展。60 年来,各族人民生活实现了从摆脱贫困、解决温饱到总体小康的跨越,城乡居民收入水平、消费水平和生活水平极大提高,正朝着全面小康的目标迈进。

这 60 年,是内蒙古经济发展实现历史性跨越的 60 年。坚持改善发展条件与培育发展主体并重,借助外力与启动内力结合,质量、效益和速度统一, 实现了经济跨越式发展。综合实力显著增强, 地区生产总值从 1949 年的 7.08 亿元增加到 2008 年的 7761.8 亿元,跃居全国第 16 位;人均生产总值从 118 元增加到 32214 元,居全国第 8 位;财政收入从 739 万元增加到 1107.31 亿元, 人均地方财政一般预算收入居全国第 8 位。现

[669]

在,我区一天创造的财富总和相当于 1949 年全年总和的 4 倍。农牧业基础地位不断加强,每年可为国家提供 100 多亿斤商品粮、200 多万吨牛羊肉、近千万吨牛奶。工业主导地位更加突出,形成了具有较大规模和较高层次的优势特色产业,培育出一大批有较强影响力的知名企业集团和品牌,成为国家重要的能源化工基地和绿色农畜产品生产加工基地。发展保障能力不断增强,生态环境实现"整体遏制、局部好转"的历史性转变,建成横贯自治区东西的高等级公路、铁路、电网"三大通道",初步形成了现代化综合交通运输体系。城乡面貌、人居环境显著改善,城镇化率由 1949 年的 12.4%提高到 51.7%。经济自主发展机制开始形成,自主创新能力逐步增强。

这 60 年,是内蒙古文化和社会建设实现历史性进步的 60 年。社会主义核心价值体系深入人心,民族文化大区建设成果丰硕,各族人民的精神文化生活日益丰富。各级各类教育全面加强,民族教育优先重点发展,每万人拥有在校大学生由 1952 年的 0.88 人增加到 2008 年的 131 人。覆盖城乡的公共卫生服务体系和卫生服务网络不断健全,人民群众医疗卫生条件显著改善,人均预期寿命由 1949 年的不足 35 岁提高到 70.7 岁。社会保障制度逐步完善,社会福利水平不断提高。2003 年以来,自治区财政用于发展教育、卫生、文化、体育事业和改善城乡居民居住条件的投入超过 1000 亿元,社会事业全面进步,各族人民的思想道德素质、科学文化素质和健康素质明显提高。

这 60 年,是内蒙古为我国革命、建设和改革事业作出历史性贡献的 60 年。新中国成立之初,内蒙古作为我国第一个省级民族自治区,为其他民族地区实行民族区域自治提供了宝贵经验。在社会主义建设时期,各族人民为保卫边疆、建设边疆作出了艰苦努力。面对三年困难,无私抚养了 3000 上海孤儿;响应国家号召,搬迁县城,倾力支持国家航天基地建设。改革开放以来,在全国率先实行牧区"草畜双承包"责任制。实施西部大开发战略以来,内蒙古在加快自身发展的同时,努力为国家发展大局多作贡献,以占全国 1.8%的人口贡献了占全国近 3%的经济总量。外送电量居全国第一,煤炭、有色金属、稀土、生物制药和农畜产品加工在全国占有重要地位,煤化工、装备制造等领域的一批重大技术和产业创新项目在内蒙古诞生,生态建设和保护力度加大,为保障国家能源安全、粮食安全、生态安全作出了积极贡献。60 年来,内蒙古始终保持了民族团结、边疆安宁、和谐稳定的大好局面,上世纪五十年代被周恩来总理誉为"模范自治区",进入新世纪胡锦涛总书记肯定内蒙古"为我国实施民族区域自治树立了光辉典范"。

60 年沧桑巨变,60 年换了人间。内蒙古 60 年发展的伟大成就,是党中央、国务院正确领导的结果,是全区各族人民团结奋斗、顽强拼搏的结果,是海内外各界友人大力支持和帮助的结果,成绩来之不易,我们一定要倍加珍惜。

党的几代中央领导集体对内蒙古的发展寄予厚望,邓小平同志勉励我们"走进前列",江泽民同志希望内蒙古成为新世纪"我国经济增长的重要支点",胡锦涛总书记要求我们建设好"祖国北疆安全稳定屏障和生态屏障"。当前,内蒙古正处在应对国际金融危机、推动科学发展的关键时期。我们一定要以新中国成立 60 周年为新的起点,深入贯彻落实科学发展观,因应新形势、把握新机遇、迎接新挑战,不动摇、不懈怠、不折腾,继续把内蒙古改革开放和社会主义现代化建设推向前进。

要始终高举中国特色社会主义伟大旗帜,坚定不移地走中国特色社会主义道路。中国特色社会主义伟大旗帜,是当代中国发展进步的旗帜,是全党全国各族人民团结奋斗的旗帜。要坚持不懈地用中国特色社会主义理论体系武装全党、教育人民,深入开展学习实践科学发展观活动,用科学发展观这一中国特色社会主义理论最新成果指导中国特色社会主义建设实践,把科学发展观贯彻落实到经济社会发展各个方面。要统筹推进社会主义经济建设、政治建设、文化建设、社会建设和生态文明建设,促进现代化建设全面、协调、可持续发展。

要始终坚持发展是硬道理的战略思想,努力保持经济平稳较快发展。要牢牢扭住经济建设这个中心,立足当前、着眼长远,积极推动经济结构调整和发展方式转变,促进新型工业化、农牧业产业化、新型城镇化"三化互动",一、二、三产业"三业并举",生产发展、生活富裕、生态良好"三生统一",实现国民经济更长时期、更高质量、更好水平的发展。

要始终坚持改革开放,不断为经济社会发展增添新的动力和活力。

[671]

要把改革创新精神贯彻到经济社会发展各个方面,加快重要领域和关键环节改革,坚决破除一切妨碍科学发展的体制机制弊端,着力构建充满活力、富有效率、更加开放、有利于科学发展的体制机制。要进一步扩大开放,推动区位优势向开放优势转变,不断提高外向型经济发展水平。要更加注重发挥创新对经济社会发展的引领支撑作用,推动经济增长由要素驱动向创新驱动转变,努力形成全社会创新活力充分释放、创新人才大量涌现的生动局面。

要始终坚持以人为本,实现好、维护好、发展好各族人民的根本利益。要坚持发展为了人民、发展依靠人民、发展成果由人民共享,认真抓好提高城乡居民收入政策措施的落实,加快建立收入增长与经济发展良性互动机制。要按照党的十七大提出的使各族人民学有所教、劳有所得、病有所医、老有所养、住有所居的要求,大力推进社会事业发展和公共服务体系建设,促进社会的全面进步和人的全面发展。要认真解决好人民群众最关心、最直接、最现实的利益问题,切实安排好困难群众的生产生活,让各族人民充分享受到改革和发展的成果。

要始终坚持各民族共同团结奋斗、共同繁荣发展,全力维护边疆民族地区团结和谐稳定。要十分珍惜内蒙古民族团结、社会稳定、边疆安宁的大好局面,始终高举民族大团结旗帜,坚持不懈地开展党的民族理论、民族政策和民族团结教育,坚持和完善民族区域自治制度,进一步巩固和发展平等、团结、互助、和谐的社会主义新型民族关系。要正确把握新形势下人民内部矛盾的特点和规律,认真做好人民内部矛盾和纠纷排查化解工作,深入推进平安内蒙古建设,加强社会治安综合治理,全力维护祖国北疆安全稳定。

要始终坚持党要管党、从严治党,为改革开放和现代化建设提供坚强的组织保证。刚刚闭幕的党的十七届四中全会,对新形势下加强和改进党的建设作出重大部署。要认真贯彻党的十七大和十七届四中全会精神,全面推进党的建设新的伟大工程。要以坚定理想信念为重点加强思想建设,以造就高素质党员、干部队伍为重点加强组织建设,以保持党同人民群众血肉联系为重点加强作风建设,以健全民主集中制为重点加强制度建设,以完善惩治和预防腐败体系为重点加强反腐倡廉建设,切实提高党的执政能力、保持和发展党的先进性,增强广大党员为党和人民事业不懈奋斗的使命感和责任感。

回顾过去,成就辉煌;展望未来,前景灿烂。我们坚信,在以胡锦涛同志为总书记的党中央领导下,在科学发展观的指引下,勤劳勇敢的内蒙古人民一定能够沿着中国特色社会主义道路阔步前进,不断开创现代化建设新局面,使一个综合实力较强、经济结构合理、地区特色鲜明、社会和谐稳定、充满生机活力的内蒙古崛起在祖国北疆!

(选自在内蒙古自治区庆祝中华人民共和国成立 60 周年大会上的讲话)

第十篇　先进文化建设

相術草原

努力提高城镇
精神文明建设水平

(2002 年 8 月 20 日)

改革开放之初,邓小平同志就告诫全党:"我们建设的社会主义国家,不但要有高度的物质文明,而且要有高度的精神文明,只有两个文明都搞好,才是有中国特色的社会主义。"全区各级党委、政府特别是各级领导干部,一定要从贯彻"三个代表"要求的高度,从推进我区改革开放和现代化建设全局的高度,充分认识加强城镇精神文明建设的重要性和紧迫性,以开拓创新和奋发有为的精神状态,努力开创我区城镇精神文明建设的新局面。

一、从贯彻"三个代表"要求的高度,切实提高对搞好城镇精神文明建设重要性的认识

"三个代表",无论是代表先进生产力的发展要求,还是代表先进文化的前进方向、代表最广大人民群众的根本利益,都要求我们大力加强精神文明建设。人是生产力中最活跃的因素,特别是在当今世界,人才越来越成为一个国家和地区综合实力、经济实力、科技实力的决定性力量。我们要代表先进生产力的发展要求,首先要抓好培养人、教育人的工作,这就对精神文明建设提出了新的更高的要求。代表先进文化的前进方向,本身就要求我们全面加强精神文明建设,大力发展面向现代化、面向世界、面向未来的,民族的科学的大众的社会主义文化。代表最广大人民群众的根本利益,不仅要求我们满足人民群众日益增长的物质需求,而且要满足人民群众日益增长的精神文化需求。因此,我们一定要深刻理解"三个代表"的科学内涵,从全面贯彻"三个代表"要求的高度,充分认识加强精神文明建设的重大意义。

[677]

　　城市既是人类文明进步的产物,又是人类文明进步的助推器。搞好城镇精神文明建设,对于推进全社会的精神文明建设,具有极其重要的意义。马克思曾经指出:"没有城市,文明就很少有可能兴起",他还说:"现代化的历史就是乡村城市化"。列宁也曾指出:"城市是经济、政治中心和人民精神生活的中心,是前进的动力。"城镇不仅是先进生产力的代表,而且是先进文化的代表,对周边地区起着重要的示范、带动和辐射作用,日益影响和带动包括农村牧区在内全体居民的思想、意识、观念、价值取向等。可以说,抓住了城镇精神文明建设,就抓住了全社会精神文明建设的关键。

　　加速推进城镇化,是自治区第七次党代会确定的一项重点工作,是推动我区生产力区域布局调整、实现生产要素优化配置和资源重新整合的迫切要求。我们所推进的城镇化,不仅是一个生产要素集聚、产业发展的过程,而且是一个文明集聚、文明发展的过程。看一个城镇的发展水平,不仅要看它的经济总量、发展速度、增长质量,还要看它的社会秩序、环境质量、诚信状况、服务水平、居民素质等文明程度。特别是随着城镇发展的日益现代化,城镇文明越来越成为城镇品位和形象的重要因素。很难想象,一个脏乱差的城镇、一个文明素质不高的城镇、一个两个文明建设不协调的城镇,会有竞争力、凝聚力和吸引力。所以说,我区加强城镇精神文明建设意义重大,刻不容缓。

　　二、坚持重在建设的方针,努力提高全区城镇精神文明建设水平

　　抓精神文明和抓物质文明一样,也要重在建设。从我区实际出发,各级在城镇精神文明建设中,要着力抓好以下四个方面的工作。

　　第一,大力加强思想建设。用科学理论武装全党、教育人民,在全民中培育共同理想和精神支柱,是精神文明建设的重中之重。江泽民同志明确指出,"三个代表"重要思想同马克思列宁主义、毛泽东思想和邓小平理论一脉相承,反映了当代世界和中国的发展变化对党和国家工作的新要求,是加强和改进党的建设、推进我国社会主义制度自我完善和发展的强大理论武器。即将召开的党的十六大,将进一步深入系统阐述"三个代表"重要思想,对继续推进建设有中国特色社会主义伟大事业作出全面部署。当前和今后一个时期,全区精神文明建设的首要任务,就是迎接十六大,宣传十六大,贯彻十六大。要用党的十六大精神特别是"三个代表"

重要思想教育人民,使"三个代表"重要思想在各族人民群众中深深扎根,成为凝聚和激励广大干部群众团结奋斗的精神力量。在学习教育活动中,要认真研究干部群众思想的新变化,抓住那些对干部群众思想活动有普遍影响的理论和实际问题,有针对性地开展教育,切实做好解疑释惑、提高认识、凝聚人心的工作。要紧密结合群众的工作和生活实际,采取喜闻乐见、通俗易懂、形象生动的形式开展教育,努力增强思想教育的针对性和实效性。通过深入学习宣传党的十六大特别是"三个代表"重要思想,不断增强广大干部群众贯彻"三个代表"要求的自觉性和坚定性,进一步把广大干部群众的思想、意志和行动统一到兴区富民的伟大实践中来。

第二,大力加强道德建设。城镇公民的道德素质如何,直接影响着城镇的文明程度和对外形象。去年中央颁发的《公民道德建设实施纲要》,是新形势下加强公民道德建设的纲领性文件。我们要把贯彻落实《纲要》、提高公民道德水准,作为城镇精神文明建设的重要内容来抓,使"爱国守法、明礼诚信、团结友善、勤俭自强、敬业奉献"的基本道德要求成为人们的行为规范。道德文明素质也是市场经济发展的一种支持性资源。如果不解决国民素质问题,不能培养出自尊、自强、自律的个人,不能培养出既勇于承担责任与义务,又敢于伸张正义的公民,我们是无法进入现代化行列,无法参与全球范围内激烈的竞争的。因此,我们必须把"依法治国"和"以德治国"结合起来,制定和完善行业道德规范、市民守则、学生行为规范等具体道德规范,把基本道德规范的要求融于有关法律法规和各项具体政策中,融于社会的各项管理中。要把开展文明城镇、文明社区、文明行业、文明单位、文明家庭、文明市民等各种精神文明创建活动同实践道德规范紧密结合起来,吸引群众广泛参与,让群众在参与中受到教育,促进全社会良好社会公德、职业道德、家庭美德的形成,使城镇居民的道德素质与城镇的发展和谐协调、互相促进。

第三,大力加强文化建设。一个城镇有没有层次和品位,很大程度上取决于它的文化内涵和文化底蕴。因此, 城镇精神文明建设必须把文化建设作为重要内容来抓。在推进城镇化过程中,要注重增加城镇的文化内涵,把我区优秀民族文化传统与现代文化很好地融合在一起,努力提升城镇建设的文化品位。要本着尽力而为、量力而行的原则,加强城镇科教文体设施建设，特别要建设一些老年人和青少年的活动场所。要大力加强企业文化、校园文化、社区文化、广场文化、楼院文化建设，倡导科学思想和科学精神，不断丰富城镇居民的精神文化生活，营造有利于加强精神文明建设的良好氛围。要坚持"二为"方向和"双百"方针，弘扬主旋律，提倡多样化，活跃城镇文化舞台。要强化阵地意识，坚持把社会效益放在首位，做到社会效益与经济效益的结合，用马克思主义和健康向上的思想文化占领城镇文化阵地，绝不允许传播封建迷信、歪理邪说、消极思想和各种文化糟粕。

第四，大力加强环境建设。良好的基础设施，整洁优美的环境，高效务实的服务，既是加强城镇精神文明建设、提高城镇文明程度的重要基础，也是扩大开放、招商引资的重要条件。要抓住国家实施西部大开发战略特别是实行积极的财政政策的有利时机，结合城区建设和改造，有计划、有步骤地推进城镇基础设施建设，完善服务功能。在城镇基础建设中，要坚持以人为本的思想，注重城市的内涵和品位，突出个性，体现特色。对城镇的工业园区建设、商业网点建设以及道路、给排水、电力、通讯等建设，要统筹规划、合理安排，注意整体效益的发挥，不要零敲碎打、顾此失彼。文化、教育、卫生等社会公益事业的建设，也要与城镇建设相协调。在加强硬件建设的同时，要重视软件建设。下大力整治市容市貌，认真解决城镇存在的脏、乱、差问题，教育引导广大居民增强主人翁意识，树立文明形象，维护文明环境，争做文明公民。

三、加强领导，真抓实干，确保城镇精神文明建设各项任务落到实处

加强领导，真抓实干，是这些年来我们抓精神文明建设的重要经验。各地区、各部门要坚持与时俱进，加强组织领导，推动全区精神文明建设不断向纵深发展。

一是抓领导。江泽民同志指出："要把坚持'两手抓、两手都要硬'这个问题郑重地提到全党面前，提到党委的重要议事日程上来。"各级领导干部要按照江泽民同志的要求，正确处理好两个文明建设的关系，切实加强对精神文明建设的领导。要强化党委统一领导、各方分工负责的领导机制，真正做到一把手负总责、抓两手，党委一班人共同抓、两手硬。要完善两个文明协调抓的工作机制和激励机制，使物质文明与精神文明建设相互融合、相互促进、共同发展。各级精神文明建设指导委员会要充分发挥组织、协调、督促、指导的职能作用,各有关部门和工青妇等人民团体也要发挥各自的优势,积极参与精神文明建设。

二是抓重点。一方面,切实抓好"窗口"建设。各级党政机关和公共服务系统,都要确定一批便民"窗口",明确服务承诺,有条件的地方还要积极推行多部门"一站式"服务,在服务基层、服务群众的同时,进一步加强机关和行业的精神文明建设,为全社会的精神文明建设作出表率。另一方面,大力加强社区建设。随着城镇基层社会结构和人们就业方式、生活方式的变化,城镇社区工作的对象越来越扩大,城镇居民与社区的关系越来越密切,城镇社区在改革发展稳定中的地位越来越重要。抓城镇精神文明建设,就必须抓住社区这个重点,在抓好环境整治、居民教育的同时,紧紧围绕群众关心的"急、难、愁"问题,办一些实事,使社区群众得到实实在在的利益。要尊重群众的首创精神,组织社区居民开展邻里互助,搞好自我服务,采取形式多样的活动方式,把群众参与精神文明创建活动的积极性引导好、保护好、发挥好。要加强社区的组织建设,充分发挥社区居民在精神文明创建活动中的主体作用,努力在社区内形成层层有人管、事事有人抓的工作网络。

三是抓典型。近年来,我区涌现出了一大批城镇精神文明创建活动的先进典型,对推动全区精神文明建设起到了重要的示范带动作用。要在巩固、提高原有典型的同时,注重培养和发现新的典型,深入挖掘和树立符合时代精神的各类典型,要认真总结推广和学习宣传典型经验,不断增强和扩大典型的影响力、感染力、带动力和辐射面,在全社会形成崇尚先进、学习先进、争当先进的良好风气。

四是抓创新。面对社会的深刻变革和形势的迅速发展,我们要在继承过去好传统,借鉴一切有益做法的基础上,着力探索和创造精神文明建设的新形式、新方法、新手段,使精神文明创建活动不断增强感召力和渗透力,始终保持蓬勃生机。要创新领导方式和工作方式,加强政策引导、规划指导和协调服务,推动和促进城镇精神文明建设健康发展。

(选自在全区城镇精神文明建设经验交流会上的讲话)

把抗击"非典"精神
转化为现代化建设的强大动力

(2003 年 8 月 30 日)

今年 3 月下旬至 5 月下旬，我区一些盟市相继发生了严重的传染性非典型肺炎疫情，对人民群众身体健康和生命安全构成极大威胁。面对突如其来的灾难，全区各级党委、政府在党中央、国务院的坚强领导下，团结带领各族人民，万众一心，迎难而上，与"非典"疫病展开了一场波澜壮阔、艰苦卓绝的斗争，夺取了抗击"非典"斗争的阶段性重大胜利。世界卫生组织和卫生部联合工作组对我区的防治工作给予了充分肯定，认为内蒙古防治"非典"工作出色，为华北地区及时有效地控制疫情作出了贡献。

经历过抗击"非典"战斗洗礼的内蒙古人民不会忘记，斗争是何等艰辛；深深懂得，胜利来之不易。夺取抗击"非典"胜利的因素很多，其中最重要的是：

党中央、国务院的坚强领导和亲切关怀，是夺取抗击"非典"胜利的根本保证。内蒙古作为全国非典型肺炎重点疫区之一，防治工作始终得到了党中央、国务院的高度重视、有力指导和亲切关怀。党中央、国务院提出的"沉着应对、措施果断，依靠科学、有效防治，加强合作、完善机制"的总体要求和"早发现、早报告、早隔离、早治疗"的工作部署以及"三就地"原则等，使我们明确了方向，抓住了要领，突出了重点，稳住了局面。在我区抗击"非典"斗争进入关键时期，胡锦涛总书记、温家宝总理分别作出重要批示，吴邦国委员长亲临我区疫区视察指导，曾庆红同志打电话了解疫病防治情况并提出指导意见，吴仪、华建敏同志多次具体批示解决我区防治工作中的实际问题，国务院督查组先后三次来我区检查指导工作。这些都有力地指导了我区抗击"非典"的斗争,极大地鼓舞了全区各族人民的斗志,坚定了人民群众战胜"非典"的信心,对取得这场斗争的胜利起到了决定性作用。

全区各级党委、政府坚强有力,基层党组织和广大共产党员充分发挥先锋模范作用,是夺取抗击"非典"胜利的关键所在。 在这场艰苦卓绝的斗争和考验中,全区各级党委、政府坚决贯彻党中央、国务院的指示精神和自治区党委、政府的工作部署,沉着应对,靠前指挥,精心组织,雷厉风行,狠抓落实,确保了各项防治工作有序高效进行。各级基层党组织信心坚定,认真负责,扎实工作,充分发挥了战斗堡垒作用,成为人民群众抗击"非典"的主心骨。广大共产党员面对艰巨的防治任务和生死考验,身先士卒,冲锋在前,战斗在第一线,工作在最前沿,哪里危险就出现在哪里,用实际行动忠实实践了"三个代表"重要思想,展现了新时期共产党员的光辉形象。通过抗击"非典"斗争的洗礼,党和政府同人民群众的血肉联系更加密切,党的领导更加坚强。

全民动员,全社会参与,是夺取抗击"非典"胜利的力量之源。 在抗击"非典"的两个多月时间里,从城市到乡村,从企业到机关,从社区到校园,全区各族人民紧急动员起来,群策群力、群防群控、守望相助,打了一场抗击"非典"的人民战争。广大医务工作者临危不惧,舍生忘死,救死扶伤,敬业奉献,涌现出一大批可歌可泣的英模人物。广大防疫流调人员不畏艰难、辛勤工作,为摸清传染链、控制疫情扩散作出了突出贡献。110、计划生育等专业网络主动承担抗击"非典"任务,保证了防治信息通畅快捷,为决策指挥、抓好工作落实做出了很大贡献。广大新闻工作者深入防治工作第一线,不辞辛劳、忘我工作,及时传播党和政府的声音,大力宣传先进模范事迹,为鼓舞斗志、稳定人心发挥了重要作用。工商、药监、质监、卫生、物价、经贸、政法、交通、通讯等部门认真履行职责,积极主动地做好相关工作,保证了社会生产生活秩序的稳定。奋战在社区和乡村的基层干部,走街串巷,进村入户,发动和组织群众,筑起一道抵御疫情、抗击疫病的钢铁长城。事实再一次证明,人民群众是历史的创造者,是我们夺取胜利的力量之源。

依靠科学,依靠法制,是夺取抗击"非典"胜利的主要措施。 在防治

"非典"工作过程中，严格落实以"收治、隔离、治疗确诊病人和疑似病人，认真查找、隔离、观察密切接触者"为主要内容的综合防治措施，有效切断了传染源和传播途径。坚持依靠区内外专家，进行科学诊断和救治，及时总结诊断和救治经验，逐步摸索出科学有效的诊断和救治办法，大大提高了收治率、治愈率，降低了病死率和交叉感染率。加强科普宣传，让科学防疫知识走进千家万户，提高了人民群众自我保护的能力，对切断疫病蔓延发挥了重要作用。认真贯彻落实《传染病防治法》，紧急出台了《内蒙古自治区突发公共卫生事件应急办法》和《内蒙古自治区预防和控制突发公共卫生事件工作预案》，把抗击"非典"纳入突发性公共卫生事件应急管理。各级政府坚持依法行政，严厉打击各种扰乱救治秩序和社会秩序、市场秩序的违法犯罪活动，为做好防治工作创造了良好的条件和环境。抗击"非典"的斗争使依法防疫意识大为增强，促进了广大群众正确行使权利，自觉承担义务，增强了各级政府机关依法办事的自觉性。

中央各部门、兄弟省区市大力支持、无私援助，我区社会各界万众一心、和衷共济，是夺取抗击"非典"胜利的重要保障。中央各部门加大资金支持和物资调配力度，保证了我区医疗救治工作的顺利进行。各兄弟省区市纷纷致电自治区党委、政府表示慰问，并在资金、医疗器械、药品等方面给以无私的帮助。江苏省派出 7 名专家，深入我区重点疫区，直接参与指导救治工作。我区各族人民在危难时刻，团结一致，患难与共，社会各界自发开展捐赠活动，全区接收捐款捐物总计达22955.9 万元。包头市、大兴安岭森工集团、鄂尔多斯市派出多名专家、医生、护士支援重点疫区，奏响了抗击"非典"的"同心曲"。所有这些都体现了中华民族大家庭的温暖，体现了社会主义制度的优越性，体现了人民群众团结互助、和衷共济的精神风貌。

坚持"两手抓"、"两不误"，努力促进经济发展，是夺取抗击"非典"胜利的物质基础。在防治"非典"期间，自治区党委召开常委扩大会议专题研究落实中央作出的"两手抓"的战略部署，强调重点疫区要统筹兼顾，切实做到两手抓、努力争取双胜利；非重点疫区在抓好预防工作的同时，要集中精力抓好经济建设。疫情得到控制后，及时调整了防治"非典"工作的机构和队伍,由应急管理体制逐步转向常态管理体制,由应急防治逐步转向注重成本的有效防治和可持续防治。由于正确处理防治"非典"与经济建设的关系,在两个多月的抗击"非典"斗争中,我区经济建设没有受到大的影响,继续保持了良好的发展势头。

当前,抗击"非典"已经取得了阶段性重大胜利,我们要及时把工作重点转到抓经济社会发展上来,大力弘扬万众一心、众志成城,团结互助、和衷共济,迎难而上、敢于胜利的伟大抗击"非典"精神,全面开创我区各项建设事业的新局面。

一要大力弘扬抗击"非典"精神,进一步巩固和发展防治"非典"成果,大力加强公共卫生建设。"非典"作为一种新的传染病,病原病因和传播途径目前还不完全清楚,流行规律还没有完全摸清。我们要充分认识"非典"防治工作的艰巨性、复杂性和反复性,以对人民群众高度负责的态度,坚持依法防治、科学防治,进一步巩固防治成果,毫不松懈地抓好经常性防控措施的落实,积极探索建立和健全防治的长效机制。要认真反思这次防治"非典"的经验和教训,抓紧建立健全应对突发性公共事件的应急机制和全社会动员机制,建立健全社会管理机制,提高社会管理水平,改善公共服务质量。要高度警觉疫情出现反复,防止严重交叉感染问题再次发生。这次"非典"疫情的发生和蔓延,暴露出我区公共卫生体系不健全、公共卫生事业发展严重滞后。现在,人民群众对健康越来越关注,卫生环境、医疗保健已经成为人民生活质量的重要内容,加强公共卫生建设关系到广大人民群众的切身利益,关系到自治区全面建设小康社会目标的实现。要抓住当前国家加大对公共卫生事业投入的时机,加强我区基层特别是农村牧区的公共卫生建设,努力改善城乡居民医疗卫生水平。要建立健全公共卫生建设的各项法律法规,保证我区公共卫生事业有法可依、有章可循,使我区的公共卫生事业发展进一步纳入法制化、规范化的轨道。

二要大力弘扬抗击"非典"精神,坚定不移地抓好经济建设这个中心,促进经济持续快速健康发展。发展是人民群众的根本利益所在,也是解决内蒙古所有问题的关键。近年来,我区经济发展虽然保持了较快增长速度,但与发达地区相比差距仍然很大。要把抗击"非典"中凝聚起来的

[685]

精神引导到促进发展的各项工作中去，以更加扎实的工作抓好发展这个第一要务，努力实现全区经济持续、快速、健康发展。从目前我区经济发展的态势看，我们不能仅仅满足于发展速度和人均水平，而要在优化结构、提高效益的基础上，尽快把我区经济总量做大。当前，要按照自治区党委七届四次全委会的部署，继续扩大投资需求，抓好重点工业项目的建设，同时努力扩大消费需求，提高消费对经济增长的拉动作用，确保圆满完成今年的各项任务，为自治区经济长远发展打好基础。

三要大力弘扬抗击"非典"精神，进一步加强经济社会协调发展的各项工作。促进经济社会协调发展，是全面建设小康社会的必然要求。在把主要精力和工作重点放在调整经济结构、提高经济增长质量和效益的同时，正确处理好改革、发展、稳定的关系，把改革的力度、发展的速度和社会可承受的程度统一起来。在促进自治区发展的进程中，要始终不渝地坚持协调发展、全面发展和可持续发展，不仅要关注经济指标，而且要关注人文指标、资源指标和环境指标，推动经济与社会协调发展、城乡协调发展、地区协调发展、人与自然协调发展。要在全区广泛开展以"革陋习、树新风、塑形象"为主要内容的群众性精神文明创建活动，努力形成讲科学、讲文明的良好风尚。认真开展爱国卫生运动、全民健身运动和科普活动，弘扬科学精神，树立文明新风，倡导文明生活方式，进一步提高广大干部群众的思想道德素质和科学文化素质，不断推动各项社会事业的发展和进步。

四要大力弘扬抗击"非典"精神，切实加强党的建设，坚持立党为公、执政为民。通过这次抗击"非典"的斗争，我们深刻认识到，加强党的建设对于克服前进中的困难、促进事业的发展至关重要。面对当前复杂多变的国际国内形势，面对艰巨繁重的改革发展稳定任务，面对各种可以预料和难以预料的风险和挑战，我们必须以与时俱进、改革创新的精神，不断加强和改善党的领导，全面推进党的建设新的伟大工程。要以党的执政能力建设为重点，用"三个代表"重要思想武装全党，积极开展党员先进性教育活动，进一步加强各级干部队伍建设，增强各级党组织的创造力、凝聚力和战斗力，提高各级领导干部在新形势下做好工作的能力。要加强党的群众路线教育，牢固树立"群众利益无小事"的意识，从人民群众最现实、最关心、最直接的问题入手,察民意、虑民计、为民生、谋民利,时刻把人民群众的安危冷暖放在心上,时刻把维护好、实现好人民利益落实在行动上。"非典"对就业的影响较大,就业是民生之本,各级党委、政府要高度重视并努力抓好这一工作。当前,由于"非典"疫情影响和一些地区遭受干旱、洪涝、地震等自然灾害,部分群众在生产生活上遇到了很大困难。各级党委、政府和各级领导干部一定要深入到困难地区和群众中去,采取切实有效的措施,妥善安排好困难群众的生产生活,帮助他们渡过难关。

(选自在全区抗击"非典"总结表彰大会上的讲话)

大力弘扬载人航天精神

(2003 年 11 月 20 日)

　　航天英雄杨利伟和来自载人航天工程战线的 6 位功臣,用自己的亲身经历,讴歌了广大航天科技工作者和部队官兵牢记党和人民的重托,满怀为国争光的雄心壮志,自强不息,顽强拼搏,团结协作,开拓创新的感人事迹,使我们受到了一次深刻的载人航天精神和伟大民族精神的教育。

　　发展航天事业,是党和国家为推动我国科技事业发展,增强我国经济实力、科技实力、国防实力和民族凝聚力而作出的一项强国兴邦的战略决策。载人飞船首飞圆满成功,充分显示了我国社会主义制度的巨大优越性,充分展示了我国的综合国力和科技水平,充分体现了民族精神的伟大力量。飞天梦想的实现,是神州大地的荣耀,是中华民族的骄傲。

　　我国载人航天工程,是一部不懈奋斗的历史、开拓创新的历史和无私奉献的历史。通过几代航天人的不懈追求和奋力拼搏,我国的航天事业不仅取得了一个又一个科技成果,而且铸就了"特别能吃苦、特别能战斗、特别能攻关、特别能奉献"的载人航天精神。这是"两弹一星"精神在新时期的发扬光大,是伟大民族精神的生动体现,永远值得我们学习。

　　辽阔的内蒙古大地和草原儿女与我国的航天事业有着不解之缘。早在 45 年前,生活在居延绿洲的我区牧民群众就积极响应党和国家的号召,主动搬迁,为建造我国第一座发射场创造条件。从"神舟"一号到"神舟"五号的发射,自治区按照总装备部的要求予以配合,把为祖国航天事业做贡献作为我们义不容辞的责任。今后，我们一定要一如既往地、尽心竭力地做好各项服务保障工作，为我国航天事业的发展做出新的更大的贡献。

当前，我区的改革开放和现代化建设正处在关键时期。航天人的崇高精神和伟大实践，必将极大地鼓舞内蒙古广大干部群众加快发展的信心。我们一定要认真学习胡锦涛总书记在庆祝我国首次载人航天飞行圆满成功大会上的重要讲话精神，在全社会大力弘扬载人航天精神，把首次载人航天飞行的巨大成功转化为推动改革开放和现代化建设的强大动力，高举邓小平理论和"三个代表"重要思想伟大旗帜，紧密团结在以胡锦涛同志为总书记的党中央周围，抓住机遇，加快发展，团结一心，埋头苦干，争取我区经济发展有一个较长的快速增长期，为实现全面建设小康社会的宏伟目标而不懈奋斗。

（选自在载人航天工程先进事迹报告会上的讲话）

大力培养中国特色社会主义的
合格建设者和接班人

(2004 年 6 月 22 日)

党中央、国务院《关于进一步加强和改进未成年人思想道德建设的若干意见》和全国加强和改进未成年人思想道德建设工作会议,对当前和今后一个时期我国未成年人思想道德建设工作进行了全面部署。要认真学习、深刻领会、深入贯彻《意见》和会议精神,大力推进我区未成年人思想道德建设。

充分认识加强和改进未成年人思想道德建设的重大意义

胡锦涛总书记指出:"进一步加强和改进未成年人思想道德建设,是中央从推进新世纪新阶段党和国家事业发展、实现党和国家长治久安出发作出的一项重大决策。"实现中华民族的伟大复兴,需要一代又一代人的不懈努力。未成年人是党和国家的希望,也是中华民族的希望。只有从未成年人抓起,培养和造就千千万万具有高尚思想品质和良好道德修养的合格的建设者和接班人,才能确保我国在激烈的国际竞争中始终立于不败之地,才能确保我们实现全面建设小康社会,进而实现现代化的宏伟目标。我区同全国一样面临着加强和改进未成年人思想道德建设的紧迫任务。

第一,加强和改进未成年人思想道德建设,是事关中华民族伟大复兴的战略任务。未成年人的思想道德状况如何, 不仅直接关系到现阶段中华民族的整体素质,而且关系到我们整个民族未来的素质,关系到国家的前途和民族的命运。未成年人是中国特色社会主义事业的接班人,党和国家的事业要靠他们来继承，祖国和民族的未来要靠他们去开创。无论现在还是未来，综合国力竞争的实质都是人才竞争，而人才竞争的关键则取决于国民整体素质，特别是未成年人的素质。在未成年人成长的诸素质中，思想道德素质起着决定作用，制约着其它素质的形成和作用发挥。因此，要在激烈的国际竞争中始终保持中国特色社会主义伟大事业长盛不衰，必须在大力提高未成年人的科学文化素质的同时，大力提高他们的思想道德素质，使他们得以全面发展，真正肩负起中华民族伟大复兴的历史使命。

第二，加强和改进未成年人思想道德建设，是面对深刻变化的国际国内形势，积极应对挑战的客观要求。对外开放的进一步扩大，为广大未成年人了解世界、增长知识、开阔视野提供了更加有利的条件，但同时，资本主义腐朽没落的思想文化和生活方式也通过各种途径渗透进来，对未成年人的影响不可低估。我国社会主义市场经济的深入发展，社会经济成分、组织形式、就业方式、利益关系和分配方式的日益多样化，为未成年人的全面发展创造了更加广阔的空间，同时，社会生活中也出现了一些不利于未成年人健康成长的问题。一些领域道德失范、诚信缺失、假冒伪劣、欺骗欺诈活动有所蔓延；一些地方封建迷信、邪教和黄赌毒等社会丑恶现象沉渣泛起；一些成年人价值观发生扭曲，拜金主义、享乐主义、极端个人主义滋长，以权谋私等消极腐败现象屡禁不止，这些都给未成年人的健康成长带来不可忽视的负面影响。面对国内外形势深刻变化给未成年人思想道德建设带来的问题和挑战，各级党委、政府必须采取有力措施，积极应对。

第三，加强和改进未成年人思想道德建设，是改善未成年人思想道德状况的迫切需要。总的讲，当代未成年人思想道德状况是好的，热爱祖国、积极进取、健康向上、团结友爱、文明礼貌是当代未成年人精神世界的主流。但我们也必须清醒地认识到，在建立和完善社会主义市场经济体制的新形势下，未成年人思想道德和未成年人思想道德建设存在着许多不可忽视的问题。少数未成年人"自我为中心"倾向明显，缺少集体主义精神；个别未成年人精神空虚、道德滑坡、行为失范，甚至走上吸毒、犯罪的歧途。这些问题表现在未成年人身上，但责任主要在家长、学校和社会。一些家长教育子女存在误区,放松了思想道德教育;部分学校教育中重智育轻德育、重课堂教学轻社会实践;社会事业发展滞后,文化产品、活动场所不能满足未成年人的精神文化需求;一些地方和部门的领导对未成年人的思想道德建设工作认识不足、研究不深、重视不够、措施不到位;未成年人思想道德建设的体制机制、内容形式、方法手段等与时代要求不相适应,思想道德教育缺乏针对性、有效性;全社会关心和支持未成年人思想道德建设的良好氛围尚未全面形成。对这些问题,我们必须高度重视,认真加以解决。青少年正处在长身体、学知识的最佳时期,处在世界观、人生观、价值观形成的关键阶段。要抓住这一关键阶段,深入进行思想道德方面的教育引导,使他们从小树立远大的理想信念,养成良好的道德品质和文明行为。孩子是家庭的希望,未成年人的思想道德状况关系到亿万家庭的切身利益。因此,必须把提高未成年人思想道德素质,作为事关未成年人全面发展和亿万家庭福祉的基础工程、民心工程来抓。

第四,加强和改进未成年人思想道德建设,是加快我区发展的必然要求。当前,我区经济发展已进入快速增长期。能不能紧紧抓住并用好重要战略机遇期,巩固和发展大好来势,与全国一道实现全面建设小康社会的目标,进而实现"走进前列"、"成为我国经济增长重要支点"的宏伟目标,人是关键因素。现在的未成年人,几年十几年后就是我区现代化事业的建设者。只有对他们加强思想道德教育,让他们健康成才,才能确保我区改革开放和现代化建设事业后继有人。

全面落实中央关于加强和改进未成年人思想道德建设的主要任务

中央的《若干意见》和胡锦涛总书记的重要讲话,明确了加强和改进未成年人思想道德建设的总体要求和主要任务。我们一定要全面扎实贯彻,创造性地加以落实。

从我区实际出发,加强和改进未成年人思想道德建设,必须坚持以马克思列宁主义、毛泽东思想、邓小平理论和"三个代表"重要思想为指导,以进行理想信念教育为核心,以树立正确的世界观、人生观、价值观为重点,以养成高尚的思想品质和良好的道德情操为基础,紧密结合全面建设小康社会的实际,遵循未成年人思想道德建设的规律,坚持以人为本,促进未成年人的全面发展,努力培育面向现代化、面向世界、面向未来,有理想、有道德、有文化、有纪律,德智体美全面发展的中国特色社会主义事业建设者和接班人。

胡锦涛同志指出:"推进未成年人思想道德建设,要从增强爱国主义情感做起,从确立远大志向做起,从规范行为习惯做起,从提高基本素质做起"。这"四个做起"科学涵盖了未成年人思想道德建设的主要任务。民族精神是灵魂。从增强未成年人爱国主义情感做起,就是要大力弘扬和培育以爱国主义为核心的伟大民族精神,以中华传统美德和革命传统教育为重点,利用我国我区丰富的革命传统教育资源,引导未成年人认识中华民族的历史和传统,了解近代以来中华民族的深重灾难和我们党领导人民进行的英勇斗争,从小树立民族自尊心、自信心和自豪感。理想信念是支柱。从确立未成年人远大志向做起,就是要积极引导未成年人树立和培育正确的理想信念,教育引导未成年人把个人的成长进步同中国特色社会主义伟大事业、同祖国的繁荣富强紧密联系在一起,为担负起建设祖国、振兴中华的光荣使命做好准备。道德情操是基础。从规范未成年人行为习惯做起,就是要着力培养未成年人良好的道德情操,大力普及社会基本道德规范,积极引导未成年人树立心中有祖国、心中有集体、心中有他人的意识,懂得为人做事的基本道理,规范和养成良好的文明生活习惯,具备科学健康生活的基本素养。全面发展是目标。从提高未成年人基本素质做起,就是要努力促进未成年人全面发展,培育劳动意识、创造意识、效率意识、环境意识和进取精神、科学精神、团队精神以及民主法制观念、诚信观念,增强自学、自理、自护、自强、自律能力,增强正确对待困难和挫折的能力,形成朝气蓬勃、昂扬向上的精神状态,使未成年人的思想道德素质、科学文化素质和健康素质不断得到提高,成为全面发展的社会主义新人。

按照胡锦涛总书记提出的四方面要求,结合我区实际,当前要注意抓好以下几个方面的教育:

第一,要抓好"热爱内蒙古、建设内蒙古"教育。自治区成立以来特别是改革开放以来,我区经济社会发生了很大变化,取得了令人瞩目的成绩。原因有多方面,其中很重要一点是历届党委、政府把爱国主义教育与热爱家乡教育相结合,激励一代又一代内蒙古各族人民为内蒙古的发展艰苦奋斗、不懈努力。要继续抓好"热爱内蒙古、建设内蒙古"的教育,使全区广大未成年人树立从小热爱内蒙古,长大为建设内蒙古做贡献的意识。要大力开展内蒙古革命传统教育和区情教育,让"热爱内蒙古、建设内蒙古"的内容进课堂、上讲台,大力宣传内蒙古改革和建设中涌现出来的先进人物及模范事迹,组织广大青少年到工厂、企事业单位、农村牧区参观学习,引导广大未成年人把热爱祖国与热爱内蒙古有机结合起来,把个人的成长与内蒙古的发展进步和祖国的繁荣富强紧密结合起来。

第二,要抓好民族团结进步教育。我区是边疆少数民族地区,维护祖国统一、民族团结、边疆稳定,是全区各族人民的共同政治任务,是我区繁荣和发展的基本前提。当前,西方敌对势力利用各种机会,妄图制造民族分裂,破坏边疆稳定,企望在下一代人身上打开缺口,实现对我西化、分化的图谋。我们一定要从维护国家稳定、边疆安宁的战略高度,切实加强对我区各族未成年人的民族团结进步教育,加强马克思主义民族观、宗教观和党的民族、宗教政策教育,加强我区各民族团结奋斗光荣传统、优秀文化传统教育,使"汉族离不开少数民族、少数民族离不开汉族、各少数民族之间也互相离不开"的观念从小扎根于广大未成年人心中。要通过深入有效的宣传教育,帮助各族青少年认识到只有大团结才能大发展,只有祖国繁荣富强才能有民族地区的美好未来,引导他们发扬各族人民同呼吸、共命运、心连心的光荣传统,为巩固和发展平等、团结、互助的社会主义民族关系做贡献。要结合开展民族团结进步表彰月活动,大力宣传表彰民族团结先进典型,为广大未成年人树立榜样,使各民族团结的光荣传统发扬光大、代代相传。

第三,要抓好诚信教育。诚信是市场经济条件下所有经济活动的一项基本要求,也是各行各业职业道德建设的一项基本要求,更是做人的基本道德准则。在全社会特别是在未成年人当中广泛开展诚信教育,提倡诚信伦理,增强诚信意识,形成诚信风尚,对我国社会主义市场经济乃至整个社会的健康有序发展具有深远的影响。要把诚信教育纳入未成年人基础道德教育的范畴,通过多种形式的教育活动,使未成年人了解诚信的基本内容,懂得诚信是做人的基本准则,牢固树立守信为荣、失信可耻的道德观念,从小养成讲诚实、守信用的良好道德风尚。

第四,要抓好法制教育。重视和加强对未成年人法制教育,既是加快培养社会主义现代化建设新型人才的客观需要,也是实施依法治国方略、实现国家长治久安的基础工程。邓小平同志曾指出:"法制教育要从娃娃抓起,小学、中学都要抓这项教育。"要充分发挥学校的主渠道作用,积极推行校外法律辅导员制度,聘请专业法律工作者到学校进行法制讲座和法律知识辅导。要把预防未成年人犯罪法的宣传教育作为学校法制教育的重要内容,对不同年龄的未成年人进行有针对性的预防犯罪教育,使他们从小知法、守法,防止违法犯罪行为的发生。要深入宣传未成年人保护法,依法打击侵害未成年人权益的不法行为,教育广大未成年人依法维护自己的合法权益,在优化未成年人成长环境的法制实践中,不断提高未成年人的法律素质。

大力推进未成年人思想道德建设工作的改进创新

目前,未成年人思想道德建设的环境、对象、任务、途径都发生了很大变化,我们必须按照体现时代性、把握规律性、增强实效性的要求,大力推进未成年人思想道德建设的创新步伐。在实际工作中,要着力把握好以下几个结合。

一是把德育与智育紧密结合起来。我们党的教育方针是培养德智体美全面发展的社会主义建设者和接班人。现在,重智育轻德育、德育与智育相脱节的现象相当普遍,对未成年人的健康成长极为不利。在培养教育未成年人工作中,要切实树立育人先育德的思想,把德育教育与智育教育有机结合起来,使未成年人品德和知识同步增长,相得益彰。要积极探索德育与智育相结合的有效形式,使德育贯穿到未成年人教育的各个环节中去,渗透到未成年人教育的各个方面中去。

二是把学校教育、社会教育和家庭教育紧密结合起来。加强和改进未成年人思想道德建设,学校是龙头,社区是平台,家庭是基础。只有抓住这三个重要环节,形成三结合的教育网络,才能使这项工作得到有效落实。各级教育部门和各个学校要把德育放在素质教育的首位,贯穿于教育教学的各个环节,更好地发挥学校对未成年人思想道德教育的主渠道、主阵地、主课堂作用。要改革社会教育体制,依托社区的各种活动阵地,发挥社区的人才资源优势,积极开展各种有益的活动,使社区成为未成年人学习知识、陶冶情操、愉悦身心的乐园。要加强对家长的教育,引导他们当好孩子的第一老师,树立正确的成才观念,掌握科学的教育方法,既关心孩子的学习成绩,又重视培养孩子的健全人格和良好品德,使家庭真正成为孩子的第一课堂。

三是把教育育人与实践育人紧密结合起来。要使未成年人养成良好的社会道德,树立正确的世界观、人生观、价值观,努力做到全面发展,需要强有力的社会文化教育,运用一切宣传文化媒体,搞好先进文化的传播,在不断满足未成年人日益增长的精神文化需求的同时,教育他们塑造美好心灵,追求英雄榜样,弘扬社会正气,发展民主科学,树立理想信念,承担历史责任。但是,思想道德建设仅靠思想灌输是远远不够的,没有未成年人自己的亲身经历和真实感受,没有符合未成年人特点的实践活动,思想道德教育的预期目标就难以实现。因此,要坚持知行统一观,既重视发挥教育育人的功能,又注重实践教育、体验教育、养成教育,使未成年人在亲身社会实践中提高思想道德水平。要根据不同年龄、不同层次未成年人的特点,精心组织和开展一些主题突出、内容鲜活、形式新颖、吸引力强的社会实践活动,寓教于乐,使未成年人在自觉参与中思想感情得到熏陶,精神生活得到充实,道德境界得到升华。

四是把丰富精神文化生活与净化社会环境紧密结合起来。充分发挥各类博物馆、纪念馆、烈士陵园等爱国主义教育基地和青少年宫、科技馆等场所在未成年人思想道德建设中的重要阵地作用,积极推进各类爱国主义教育基地和有关文化设施向中小学生免费开放。要把未成年人活动场所建设纳入本地区经济社会总体规划,加大建设力度。要大力推进青少年题材的文艺作品的创作和生产,办好各类青少年电视、广播节目,为他们提供更多更好的精神食粮。要创造条件,在校园、社区、青少年活动中心有组织地开办一批公益性绿色网吧,为未成年人健康上网提供阵地。在抓好未成年人文化阵地建设、不断满足未成年人精神文化生活的同时,要把净化未成年人的成长环境放在突出位置来抓。要深入持久地开展扫黄打非斗争,严厉打击危害未成年人健康成长的违法犯罪活动。

切实抓好对违规网吧的清理整顿,全面加强对互联网的有效监管,清除广播电视和报刊杂志中的不健康内容。要把未成年人的思想道德建设与成年人的思想道德建设有机结合起来,在全社会各行各业落实净化未成年人成长环境的责任。社会各个方面、每个成年公民,都要承担起培养未成年人的义务,努力为他们健康成长创造良好的舆论环境、文化环境、法制环境和社会环境。

切实加强对未成年人思想道德建设的组织领导

加强和改进未成年人思想道德建设,是全党全社会的共同责任。各级党委、政府要高度重视,切实把这项工作作为一项长期的战略任务,摆到更加突出的位置。要经常分析研究未成年人思想道德建设情况,认真研究解决工作中的重大问题。要建立健全党委统一领导、党政齐抓共管、文明委组织协调、有关部门各负其责、全社会积极参与的领导体制和工作机制。要把未成年人思想道德建设的各项目标任务分解到有关部门和单位,特别是各级宣传、教育、文化、体育、科技、广播电视、新闻出版、民政、公安等党政部门和共青团、妇联等群众组织。各部门要结合业务工作采取有力措施,密切配合,形成加强和改进未成年人思想道德建设的合力。

要坚持因地制宜,分类指导。我区地域辽阔,各地经济社会发展很不平衡,未成年人所处的成长环境也不尽相同。城市和农村牧区不一样,较发达地区和欠发达地区不一样,少数民族聚居区和多民族聚居区不一样。这就要求各级党委、政府既要认真贯彻落实中央和自治区党委的决策部署,又要体现本地区特点,切实增强未成年人思想道德建设工作的针对性和实效性。

要认真研究未成年人思想道德建设中的新情况新问题,积极探索新形势下未成年人思想道德建设的特点和规律,紧密结合时代发展的新特点,寻求满足未成年人多层次、多样性、多方面文化需求的新渠道、新方式和新方法。要根据未成年人接受信息途径发生的新变化,充分运用现代传媒手段,丰富未成年人思想道德建设的内容和形式。要坚持贴近未成年人的思想实际、贴近未成年人的生活现实、贴近未成年人群体,不搞空洞的说教,不搞无效的活动,不提大而空的口号,不提做不到的要求,把未成年人思想道德建设与知识性、科学性、娱乐性、趣味性结合起来,使思想道德建设工作具有吸引力和感染力。

要立足当前,着眼长远,狠抓落实。各有关部门和社会各方面,要大力弘扬求真务实的精神,采取有力措施,真抓实干,把未成年人思想道德建设的各项任务落到实处。要加大对未成年人思想道德建设的投入,同时要鼓励全社会积极参与未成年人思想道德建设事业。要把解决当前紧要问题与解决长远战略性问题结合起来,整体研究,统一部署。要从制度建设入手,建立起加强和改进未成年人思想道德建设的长效机制,使未成年人思想道德建设逐步走上规范化、制度化轨道。

青少年强则国家强,青少年兴则民族兴。加强和改进未成年人思想道德建设,培养一代又一代"四有"新人,是一项利在当代、功在千秋的伟大事业。我们一定要按照中央的要求和部署,开拓进取,扎实工作,努力开创我区未成年人思想道德建设的新局面。

（选自在全区加强和改进未成年人思想道德
建设工作会议上的讲话）

加快文化发展　建设民族文化大区

(2004 年 10 月)

加快文化发展、建设民族文化大区,是内蒙古自治区党委、政府着眼新世纪发展而做出的一项重要战略决策。这一决策的主要内容是:以邓小平理论和"三个代表"重要思想为指导,牢牢把握先进文化的前进方向,按照全面建设小康社会和科学发展观的要求,以满足广大人民群众精神文化需求为根本出发点,以提高人的素质、促进人的全面发展为目标,依据民族地区的人文资源优势,通过推进文化体制改革和机制创新,加快发展文化事业和文化产业,力争使内蒙古文化建设走进全国前列,不断推动全区经济社会的全面发展。

一

内蒙古独特的历史文化资源和民族文化资源是中华民族文化的重要组成部分,是加快文化发展、建设民族文化大区的现实基础。内蒙古大草原是我国北方游牧民族的故乡,先后有 10 多个少数民族在这里繁衍生息,创造了特色鲜明的草原文化。在历史上,游牧文明与农业文明的交汇融合,形成了国内外著名的红山文化、大窑文化、河套文化、夏家店文化、朱开沟文化等。亚洲第一恐龙(白垩纪查干诺尔恐龙化石)、华夏第一村(兴隆洼遗址)、中华第一龙(红山文化碧玉龙)、草原第一都(辽上京、辽中京遗址)等闻名中外;内蒙古境内古长城遗址的长度和跨越的历史年代居全国之首;阴山岩画和贺兰山岩画,其数量和艺术价值居全国之最。独特、浩繁、珍贵的民族民间文化艺术,绚丽多姿的民俗风情,使内蒙古成为一座庞大的、活生生的民俗风情博物馆。1957 年成立并遍及全区的乌兰牧骑,以其队伍短小精干和全心全意为农牧民服务

[699]

的精神,成为全国文化战线的榜样。

内蒙古历史文化和民族文化凝聚着世代生活在大草原上的各族人民的聪明才智,体现着他们独特的思想观念、思维方式、宗教信仰、风俗习惯、审美情趣,具有历史的原创性、浓厚的民族性、广泛的群众性、博大的开放性、强烈的进取性以及淳朴的自然性等鲜明特征,闪耀着爱国主义、民族团结及民族进步精神的熠熠光辉。草原文化所特有的人与自然和谐共处的特征,则包含着可持续发展的重要内容。

内蒙古有着光荣的革命传统、丰富的革命遗址和革命文物,其中乌兰夫同志故居、王若飞同志革命活动旧址、乌兰浩特"五一"大会会址、百灵庙暴动纪念碑等,是进行爱国主义教育、革命传统教育的重要基地。各族人民在长期的革命和建设中形成的和睦相处、荣辱与共、团结统一、勤劳勇敢、自强不息的精神更是代代相传,不断展现出新的时代风貌。这些宝贵的历史文化资源和民族文化资源,是内蒙古加快文化发展、建设民族文化大区的丰厚土壤。

改革开放以来,内蒙古文化进入了快速发展的时期,文化建设取得了显著成就。文化设施建设明显改观,文化阵地进一步巩固;在社会科学、文学艺术、广播影视、新闻出版等领域涌现出一大批优秀的精神产品;基层文化不断发展繁荣,人民群众精神文化生活质量明显提高;文化人才队伍不断壮大,涌现出一大批区内外知名的优秀人才;文化产业方兴未艾,日益显露出强劲的发展势头。这些成就既为建设民族文化大区积累了宝贵经验,也为进一步加快我区文化建设奠定了坚实的基础。

二

自治区党委、政府历来高度重视文化建设。特别是党的十六大之后,明确提出了加快文化发展、建设民族文化大区的任务,先后出台了支持和加快文化事业和文化产业发展的一系列决定和政策,制订了民族文化大区建设《纲要》,对加快我区文化发展、建设民族文化大区做出了全面部署。当前及今后一个时期,内蒙古加快文化发展、建设民族文化大区,要着重实施以下几个发展战略:

一是实施科教兴区战略。内蒙古属于欠发达地区，在加快发展的众多支撑要素中，科学技术和人才是最重要的。因此，我们围绕人的能力建设这个核心，全面加强对人的教育，大力实施科教兴区战略。近年来，自治区狠抓基础教育，深化高等院校管理体制改革，优化教育结构与布局，加快培养和引进急需的高素质专门人才；贯彻"优先、重点"发展民族教育的方针，提高民族教育质量和效益。加快科技体制改革，加强科学技术研究，加快科技成果转化，使科技对经济发展的贡献率不断提高。广泛倡导科学精神，宣传科学思想，普及科学知识；创建学习型社会，全面提高群众的科学文化素质。同时，认真贯彻《公民道德建设实施纲要》和自治区的《实施意见》，在全区广泛开展"热爱内蒙古、建设内蒙古"和"弘扬和培育民族精神、全面建设小康社会"的思想教育活动，大力弘扬以爱国主义为核心的民族精神，紧密结合内蒙古的实际，培育和弘扬与时俱进、开拓创新、艰苦创业、奋勇争先的时代精神，努力提高公民的思想道德素质。大力加强党的基本理论、基本路线、基本纲领和基本经验的学习宣传，特别是深入开展邓小平理论和"三个代表"重要思想的宣传教育，引导人们树立为建设中国特色社会主义而努力奋斗的共同理想，树立正确的世界观、人生观、价值观和科学的发展观，促进哲学社会科学的繁荣发展，促进社会的文明进步和人的全面发展。

二是实施品牌带动战略。文化也要创品牌。只有创造一批有名气的品牌，才会使优秀文化具有吸引力和影响力，才能在激烈的文化市场竞争中立得住、叫得响。20世纪50年代，《敖包相会》、《草原上升起不落的太阳》、《马刀舞》、《鄂尔多斯舞》等具有浓郁草原气息的歌舞成为中华民族艺术的瑰宝。现在，要根据我区文化资源优势，围绕重大文化体育活动、著名历史人物、绚丽民族风情、多彩民族民间艺术以及蒙古学研究等等，有重点地打造一批具有内蒙古特色的品牌活动、品牌人物、品牌产品、品牌成果、品牌团体和设施。自治区决定，每两年举办一届大型"中国·内蒙古草原文化节"，力争使之成为在国内外有影响的大型文化活动知名品牌。不论创品牌还是保品牌，都需要大力开拓、不断创新。我们积极引导文化工作者深入发掘内蒙古丰富的草原文化资源，形成一批具有浓郁民族特色和地域特色的精品，进而确立内蒙古文化在全国的独特地位。

三是实施区域文化发展战略。内蒙古地域辽阔，文化在整体上呈现出浓郁的草原风情和民族特色，但是在118万平方公里的不同区域，又表现出较明显的地域文化差异，形成了各具特色的文化区。如呼和浩特的昭君文化、赤峰的辽文化及红山文化、通辽的科尔沁文化、锡林郭勒的蒙元文化、呼伦贝尔的森林文化及"三少民族"（达斡尔、鄂温克、鄂伦春）文化、巴彦淖尔的河套文化、鄂尔多斯文化等等。通过实施区域文化发展战略，发掘不同文化的内涵，充分调动各地区特色文化建设的积极性，以区域文化的发展带动全区文化的发展，以区域文化的发展合力，推动民族文化大区建设。

四是实施文化人才培养战略。一方面，我们大力发展文化教育事业，在加强中高层次人才培养的同时，大力加强基层文化队伍建设，引导大中专毕业生到基层一线施展才华、锻炼成长，特别是培养少数民族文化艺术人才和民间文化艺术传人等特殊人才。另一方面，我们认真制定并有力落实各种有利于培养人才、留住人才、使用人才的政策措施，在充分发挥现有人才作用的前提下，采取更加灵活的政策措施，大力引进高层次人才，努力营造良好的人才环境。

五是实施改革创新战略。创新是最好的继承。只有把民族文化传统最优秀、最有生命力的东西继承下来并不断创新，文化才能在新的历史条件下发挥更大的作用。我们适应时代发展要求，广采博取，在继承的基础上，从民族文化的观念、内容、形式以至发展体制上进行全方位创新，努力建立健全有利于面向群众、面向市场的现代文化管理体制和运行机制，为繁荣发展民族文化提供体制、机制保证。加强文化交流，是促进民族文化创新和发展的重要途径。我们充分利用国家支持少数民族地区文化对外交流的优惠政策，大力实施"走出去"战略，积极扶持我区文化产品和文化服务走向国内外文化市场，提高内蒙古文化在国内外的知名度和影响力，促进我区民族文化的创新和发展。

三

文化和经济互相融合、互相促进。只有经济持续快速发展，文化才能全面进步；文化的进步，又会促进经济的发展。我们在加快文化发展、建设民族文化大区中，特别强调文化工作必须紧紧围绕经济建设这个中心，为经济发展提供强大精神动力和智力支持。

要促进文化建设与地区经济发展的融合。自上世纪90年代以来，全区各地立足当地文化资源，配合改革开放和经济发展，举办集经贸洽谈、旅游休闲、文化娱乐为一体的大型文化艺术节，如呼和浩特市自1999年已连续举办四届的"中国·呼和浩特昭君文化节"，产生了广泛的社会影响，取得了明显的经济效益。近年来，我区旅游业发展较快。支撑旅游业发展的一些重要因素就是我区独具特色的民族文化，独特的民族风情与草原、沙漠、森林等奇异的自然风光。我们要继续在挖掘文化内涵上下功夫，不断推出体现独特文化品位的旅游精品项目。

要促进文化建设和产业发展的融合。发展文化产业是在市场经济条件下繁荣社会主义文化、满足人民群众精神文化需求的重要途径。要把内蒙古丰富而独特的民族文化这个潜在优势转变为现实优势，必须大力发展文化产业，实现由文化资源大区到文化产业强区的转变。总体上看，内蒙古在文化产业的运作方式、装备水平、资产实力、开发和制作水平等方面，同发达地区相比尚有很大差距。从内蒙古的实际出发，我们决定重点抓好文化旅游业、文艺演出业、文化娱乐业、新闻出版业、广播影视业、文博会展业等重点文化产业，通过体制创新、资源整合和优化配置，促进这些文化产业的迅速发展，争取较好的社会效益和经济效益，带动其他文化产业的发展。

要促进文化建设与城乡基础设施建设的融合。文化基础设施建设，是整个城乡基础设施建设的重要组成部分，必须统筹考虑经济和文化基础设施建设的协调发展。自治区已决定，对重点文化基础设施建设要加大投入，给予必要的资金支持。"十五"到2010年间，在首府改扩建乌兰恰特大剧院、内蒙古博物馆、内蒙古美术馆、内蒙古展览馆，新建内蒙古历史文化博物馆、内蒙古文化大厦、广电大厦、出版大厦和内蒙古民族文化艺术中心。同时，大力加强基层文化基础设施建设，建立完善盟市、旗县、苏木乡镇、嘎查村四级文化设施网络，努力改善内蒙古文化基础设施落后的局面。必须看到，加强文化基础设施建设，完全靠政府投入是不现实的，也不符合文化产业发展的规律。因此，我们一方面加快现有国有文化企事业单位的改革，对经营性的文化单位通过建立现代企业制度，理顺政府和文化企事业单位的关系，真正建立起文化企事业单位法人责任制，培育一批具有较强市场竞争力的文化企业；另一方面，加快文化投融资体制改革，政府从"投"为主转为"融"为主，制订相关政策，在加大政府对文化投入的同时，鼓励和吸引外资、集体、个体私营经济投资入股，推动国有文化企业向股份制发展。正在建设中的呼和浩特蒙古风情园，是国家旅游局确定的中国旅游业优先发展项目，政府投入6%，其余均由社会投资，走多元化融资发展的路子。我们还出台鼓励非公有制企业、社会团体、境外投资者兴办文化产业的政策措施。

（原载《求是》2004年第10期）

大力加强和改进新时期
大学生思想政治工作

(2005年6月10日)

一、统一认识,切实增强对加强大学生思想政治教育工作重要性和紧迫性的认识

办好中国的事情,关键在党,关键在人。培养什么人,如何培养人,是我国社会主义教育事业发展中必须解决好的根本问题。做好大学生思想政治教育工作,"对于确保全面实施科教兴国战略和人才强国战略,确保我国在激烈的国际竞争中始终立于不败之地,确保实现全面建设小康社会、进而实现现代化的宏伟目标,确保实现中华民族的伟大复兴,具有重大而深远的战略意义"。

第一,加强和改进大学生思想政治教育,是推进党和国家事业不断发展的战略需要。实现全面建设小康社会的宏伟目标,进而实现现代化,需要一代又一代中华儿女的不懈奋斗。今天在校和即将考入大学的青年,明天就是社会主义现代化的建设者和生力军。要使他们真正担当起推进改革开放和现代化建设,实现国家富强和民族昌盛的历史重任,不仅要大力提高他们的科学文化水平,还要大力提高他们的思想道德素质。只有培养一代又一代中国特色社会主义事业的合格建设者和可靠接班人,推进党和国家事业的发展、实现我们的战略目标才有坚实可靠的基础。现在,我区正处于加快发展、科学发展的关键时期,能否巩固当前的大好来势,保持一个较长的快速增长期,与全国同步实现小康目标,进而实现"走进前列"和"成为我国经济增长的重要支点"的宏伟目标,关键取决于能否造就一批又一批德才兼备的优秀人才。这就要求我们，必须切实做好大学生思想政治教育工作，使他们具有坚定的理想信念和良好的道德修养，具有丰富的知识和过硬的本领，为自治区的改革开放和现代化建设提供坚实可靠的人才保证。

第二，加强和改进大学生思想政治教育，是应对国内外形势发展变化的迫切要求。当前，国内外形势继续发生深刻变化，大学生的思想政治教育也出现不少新情况、新问题。从国际上看，意识形态领域的斗争日趋复杂，西方敌对势力加紧对我国实施西化、分化战略图谋，其重点是争夺青少年。从国内来看，本世纪头二十年既是我国的战略机遇期，又是矛盾凸显期，社会经济成分、组织形式、就业方式、利益关系和分配方式日益多样化，人们思想活动的独立性、选择性、多变性和差异性日益增强，统一思想、凝聚力量任务繁重。从现代科技发展的影响看，互联网、手机等新兴媒体的发展，给大学生学习和生活开辟了新的途径，也给腐朽文化和有害信息传播提供了可乘之机，给大学生健康成长带来不可忽视的负面影响。从当代大学生的思想现状看，主流是积极、健康、向上的，但在一部分大学生中也存在一些突出的思想问题，主要是：有的政治信仰迷茫、理想信念模糊，有的社会责任感不强、团结协作观念较差，有的艰苦奋斗精神不足、心理素质脆弱，有的受到拜金主义、享乐主义、极端个人主义影响较深。从思想政治教育工作看，面对国内外形势的新变化，大学生思想政治教育工作在教育内容、方法、机制、手段等方面还不够适应，存在不少薄弱环节。对此，我们必须引起高度重视，认真研究新情况，解决新问题，切实加强和改进新形势下的大学生思想政治教育工作。

第三，加强和改进大学生思想政治教育，是提高全民族素质、促进人的全面发展的基础工作。提高全民族的素质，促进人的全面发展，是全面建设小康社会的重要目标。大学生的思想状况、道德品行、科学文化水平和健康素质如何，不仅关系现阶段中华民族的素质，而且关系未来中华民族的素质。大学生正处于人生发展的重要阶段，是世界观、人生观、价值观形成的关键时期。抓住这一关键时期，切实加强对他们的思想政治教育工作，引导他们树立正确的理想信念、养成良好的道德品行，既有利于每个大学生的健康成长，也能够促进全民族素质的提高，是一件利国利民、造福未来的好事情，必须立足当前、着眼长远，切实抓紧抓好。

第四，加强和改进大学生思想政治教育，是事关千家万户切身利益的民心工程。促进大学生健康成长，是千百万家长的心愿，涉及千百万家庭的幸福，关系最广大人民的根本利益。现在的大学生大多数是独生子女，每个家庭都倾注了很大精力，一个大学生身上往往寄托着几代人的希望，人民群众衷心希望把他们的子女培养成为对祖国、对人民、对社会的有用之才。面对改革开放和市场经济的负面影响与消极因素，广大家长对孩子的成长环境产生诸多忧虑和担心，希望党和政府采取措施为他们排忧解难。贯彻"三个代表"重要思想，本质在于坚持执政为民。加强和改进大学生思想政治教育，为他们健康成长创造良好的条件和环境，是党和政府义不容辞的职责，是实现好、维护好、发展好最广大人民根本利益的重要方面。各级必须把促进大学生健康成长作为贯彻"三个代表"重要思想的具体实践，切实抓好这一涉及千百万家庭切身利益的民心工程。

二、突出重点，努力提高我区大学生思想政治教育工作水平

结合我区实际，贯彻落实好中央精神，加强和改进新形势下大学生思想政治教育，当前和今后一个时期要重点抓好以下四个方面的工作。

（一）加强理想信念教育，把大学生培养成为志向远大的一代新人。胡锦涛总书记指出："理想信念，是一个政党治国理政的旗帜，是一个民族奋力前行的向导，也是有志青年奋发向上的动力"。加强理想信念教育，引导大学生树立正确的世界观、人生观、价值观，是搞好大学生思想政治教育的关键。要以马克思主义中国化的最新理论成果为核心内容，向大学生系统地讲授马列主义、毛泽东思想、邓小平理论和"三个代表"重要思想，紧密结合形势任务的需要和大学生的思想特点，认真解答大学生普遍关心的重大理论和实际问题，为大学生坚定理想信念提供正确理论指导和强大精神动力。要深入开展党的基本理论、基本路线、基本纲领、基本经验教育，开展中国革命、建设、改革史教育，开展形势政策教育，开展树立科学发展观和建设和谐社会教育，使大学生正确认识社会发展规律，正确认识国家的前途和命运，正确认识自己的社会责任,确立在中国共产党领导下走中国特色社会主义道路、为实现中华民族伟大复兴而奋斗的共同理想和坚定信念。要以爱国主义为重点,深入进行民族精神教育。爱国主义是中华民族的强大精神支柱,也是团结、凝聚和动员大学生为祖国、为人民贡献智慧和力量的重要思想基础。要在大学生中深入开展以爱国主义为重点的民族精神教育,引导大学生增强民族自尊心、自信心和自豪感,培养大学生的爱国情怀。要把中华民族优良传统教育同中国革命传统教育有机结合起来,同弘扬以改革创新为核心的时代精神有机结合起来,使中华民族优良传统、中国革命传统和改革开放的时代精神深入大学生头脑。要搞好"热爱内蒙古、建设内蒙古"宣传教育活动,引导大学生全面深入地认识区情,了解自治区成立以来特别是改革开放以来的巨大变化,了解自治区当前的大好形势和未来的发展潜力,激励大学生勤奋学习,积极投身于振兴内蒙古的伟大实践。

(二)加强公民道德教育,把大学生培养成为道德高尚的一代新人。自觉遵守道德规范,是合格公民必须具备的基本素质。越是高层次人才,越应该具备道德自律能力。高校要把帮助和促进大学生形成良好的道德情操和道德修养摆在重要位置,广泛开展社会公德、职业道德和家庭美德教育活动。一是要加强基本道德规范教育。组织广大师生认真学习贯彻《公民道德建设实施纲要》,教育广大师生自觉遵守爱国守法、明礼诚信、团结友善、勤俭自强、敬业奉献的基本道德规范,引导大家从具体事情做起,养成良好的道德品行和文明行为规范。要加强诚信教育,增强大学生的守信意识,使大学生认识诚实守信的品德是立身之本、做人之道,树立守信为荣、失信可耻的道德观念,讲诚信、讲道德,言必信、行必果。二是要开展好道德实践活动。按照实践育人的要求,针对大学生的特点,精心设计和组织开展内容鲜活、形式新颖、吸引力强的道德实践活动,使他们在参与中思想感情得到熏陶、精神生活得到充实、道德境界得到升华。积极探索和建立与专业学习、服务社会、勤工助学、择业就业、创新创业相结合的社会实践新机制,建设和确定一批大学生社会实践基地,组织引导大学生在社会这个大课堂里接受教育、锻炼自己。充分利用各种节日、纪念日以及入学、入党等有特殊意义的日子,集中开展思想政治主题宣传教育活动，把思想政治教育很好地融入各种实践活动之中。三是要充分发挥榜样示范作用。运用多种方式，向大学生宣传介绍古今中外的杰出人物，激励他们崇尚先进、学习先进、争当先进，努力把大学生培养成为中华民族传统美德的传承者、我们党的优良传统的继承者和体现时代进步要求道德规范的实践者。要通过评选三好学生、优秀党员、先进集体等活动，为大学生树立可信、可敬、可学的榜样。

（三）加强素质教育，把大学生培养成为全面发展的一代新人。素质教育是提高大学生整体素质、实现全面发展的关键。党的十六大指出，要全面贯彻党的教育方针，培养德智体美全面发展的社会主义建设者和接班人。高校教育必须坚持以人为本，以大学生全面发展为目标，引导大学生既要学会做事，又要学会做人；既要潜心学习、丰富知识，又要注重实践、提高能力；既要发展记忆力、注意力、观察力、思维力等智力因素，又要发展动机、兴趣、情感、意志和性格等人格因素；既要增添学识，又要增进身心健康。在课程设置、教材内容、授课方法、考试方式等方面，要充分体现素质教育的要求和特点，着力提高大学生的综合素质和能力。要组织引导大学生多深入社会、深入群众，拓展受教育途径，在实践中增长知识和才干。要积极开展丰富多彩、积极向上的学术、科技、体育、艺术、娱乐等校园文化活动，把德育与智育、体育、美育有机结合起来，寓教育于各种文化活动之中。要加强人文素质和科学精神教育，加强集体主义和团结合作精神教育，引导大学生在增长科学文化知识过程中提升思想政治素养，做到知行合一、德才相长。要加强大学生的心理健康教育，引导他们处理好学习成才、择业交友、健康生活等方面的现实问题，养成自尊、自爱、自律、自强的优良品格和心理品质，增强克服困难、经受考验、承受挫折的能力。

（四）加强法规纪律教育，把大学生培养成为遵纪守法的一代新人。邓小平同志曾经指出，培养人造就人，一靠理想，二靠纪律。要推动法制和纪律教育进学校、进课堂，采取多种形式向大学生宣传党规国法和各方面的纪律要求，增强大学生的法律意识和纪律观念，提高遵纪守法的自觉性。要建立健全规章制度，通过规范大学生的学习、生活和行为，促使他们自觉遵守各项规章制度,养成良好的行为习惯。要充分发挥大学生的内在潜能,激发大学生的自律意识,使他律和自律相辅相成。要结合实际,深入开展和谐社会教育,引导大学生珍视和谐稳定的社会环境,积极推进和谐大学、和谐院系、和谐班级建设,引导他们以大局为重,清醒理智、合法有序地表达情感和愿望,不做影响社会和谐稳定的事情。要充分发挥党团组织和学生会的作用,培养和提高大学生自我管理、自我教育、自我服务能力。要建立健全激励与约束机制,通过创先评优、主题班会、健康文体活动等形式,加强班级建设,发挥好班级团结学生、组织学生和教育学生的作用。

三、加强领导,推动大学生思想政治教育顺利开展

一是要认真落实领导责任。各级党委、政府要把思想统一到中央精神上来,把加强和改进大学生思想政治教育作为提高党的执政能力、巩固党的执政地位的一项重要工作,摆在突出位置,列入重要议事日程,进一步加强和改进对大学生思想政治教育工作的领导。要适应新形势、新任务的要求,建立健全党委统一领导、党政群齐抓共管、有关部门各负其责、全社会大力支持的领导体制和工作机制。要定期听取高校思想政治教育工作汇报,经常分析大学生思想政治状况,及时了解掌握工作情况,认真研究解决重大问题。各有关地区和部门要按照中央和自治区的要求,结合各自工作实际,研究制定加强和改进大学生思想政治教育的具体办法和措施。要把大学生思想政治教育工作作为对高校办学质量和水平评估考核的重要指标,纳入高校党的建设和教育教学评估体系。要逐步加大投入,进一步改善大学生思想政治教育条件。

二是要形成全社会齐抓共管的合力。大学生思想政治教育工作涉及各个领域和各条战线,是全社会的共同责任,要整合教育资源,提高整体效能。高校是大学生思想政治教育的主阵地、主课堂、主渠道,要坚持育人为本、德育为先,努力形成全员育人、全方位育人、全过程育人的工作机制。广大高校教师要切实担负起教书育人的光荣职责,为人师表、言传身教、率先垂范,以自己的模范行为影响和带动大学生提高思想道德水准。各级宣传、教育等职能部门要组织力量深入开展理论研究,加强学科体系建设,丰富教育内容,为大学生思想政治教育提供指导和支

持。共青团等群众组织要发挥优势,在大学生中广泛开展丰富多彩的思想教育活动。

三是积极推进大学生思想政治教育工作创新。长期以来,我们党在实践中积累了不少做好青少年思想政治教育工作的宝贵经验。要坚持党的解放思想、实事求是、与时俱进的思想路线,在总结经验、发扬传统的基础上大力推进大学生思想政治教育改革创新,努力使教育体现时代性、把握规律性、富于创造性、增强实效性。要积极创新教育理念,坚持以人为本,把诚心诚意为大学生健康成长提供指导、帮助和服务作为思想政治教育工作的出发点和落脚点,对大学生多尊重、多理解、多关心、多服务,满腔热情地帮助他们解决实际问题。要积极创新教育内容,把坚持优良传统与弘扬时代精神结合起来,根据大学生的身心特点,抓住影响他们思想道德观念形成和发展的关键环节,确定教育重点,提高教育的针对性和实效性。要积极创新教育手段,坚持贴近实际、贴近生活、贴近学生的原则,因势利导、循循善诱,深入浅出、朴实易懂,寓教于乐、寓教于学,不断增强大学生思想政治教育的吸引力和感染力。

四是要努力营造大学生健康成长的良好环境。大学生理想信念的树立、思想品德的培育、道德情操的培养、文明习惯的养成、美好心灵的塑造,需要积极、健康、向上的良好社会环境。各级各部门要结合城市改造和社区建设,加强综合治理工作,把净化大学生成长环境作为系统工程抓紧抓好。要按照谁审批谁负责谁管理的原则,认真搞好净化校园周边环境和网络环境专项整治工作,依法打击利用电子邮件、手机短信、声讯台等传播有害信息、危害大学生身心健康等违法行为。要做好关心单亲家庭、困难家庭、流动人口家庭大学生工作,及时帮助他们解决面临的困难和问题,为他们安心学习和健康成长创造条件。

(选自在全区加强和改进大学生思想政治
教育工作会议上的讲话)

努力开创宣传思想工作新局面

（2008 年 2 月 21 日）

胡锦涛总书记指出："做好宣传思想工作，关系全面建设小康社会进程，关系中国特色社会主义事业发展，关系党的前途命运，关系国家长治久安，关系中华民族伟大复兴"。这"五个关系"，把我们党对宣传思想工作重要性的认识提高到了一个新的高度。我们一定要把思想统一到中央对宣传思想工作重要性的认识上来，切实增强做好新形势下宣传思想工作的责任感和紧迫感。

加强宣传思想工作，是适应国内外发展变化新形势的迫切需要。从当今世界看，综合国力竞争的一个显著特点是文化的地位和作用更加凸显，经济较量中的文化因素日益突出，越来越多的国家把提高国家文化软实力作为重要发展战略。加强国家文化软实力建设，对内增强民族凝聚力和向心力，对外增强国家亲和力和影响力，已成为全面增强我国综合实力的迫切要求。现在，世界范围内各种思想文化交流、交融、交锋频繁，国际思想文化领域斗争深刻复杂，"西强我弱"的国际舆论格局没有根本改变，西方敌对势力对我国实施西化、分化战略的活动一刻也没有停止。我区作为边疆少数民族地区，是敌对势力进行思想文化争夺和意识形态渗透的重点地区，面临的斗争和较量复杂而艰巨。从国内看，随着经济体制深刻变革、社会结构深刻变动、利益格局深刻调整、思想观念深刻变化，人们思想活动的独立性、选择性、多变性、差异性明显增强，思想道德领域出现了一些不容忽视的现象，如一些人理想信念不坚定，思想政治领域中的杂音、噪音时有出现，一些腐朽落后思想文化沉渣泛起，拜金主义、享乐主义、极端个人主义有所滋长，部分社会成员思想道德失范，有的世界观、人生观、价值观发生扭曲,等等。这些情况,使宣传思想战线引领社会思潮、弘扬社会正气、培育文明风尚的任务更加繁重。

加强宣传思想工作,是完成全面建设小康社会新任务的迫切需要。党的十七大提出了全面建设小康社会的新要求,对推进社会主义经济建设、政治建设、文化建设、社会建设和党的建设作出全面部署。实现全面建设小康社会的奋斗目标,宣传思想战线担负着统一思想、凝聚力量的重大任务,担负着推动社会主义文化大发展、大繁荣,兴起社会主义文化建设新高潮的重大使命。早在建国之初,毛泽东同志就曾指出:"随着经济建设高潮的到来,不可避免地将要出现一个文化建设的高潮"。当前,我区已进入人均生产总值从3000美元向5000美元迈进的黄金发展期,也必将迎来文化建设的大发展大繁荣。现在,虽然我区人均生产总值、人均一般性预算收入和城镇居民人均可支配收入等经济指标进入全国前列,但文化软实力指标同全国相比还有较大差距。这就迫切需要我们加快文化建设,实现文化建设与经济建设、政治建设、社会建设协调发展。

加强宣传思想工作,是顺应人民群众新期待的迫切需要。随着经济社会的不断发展,特别是随着人民生活水平的不断提高,文化消费进入快速增长期,人民群众文化消费多层次、多方面、多样化的特征更加明显,人们求知、求乐、求美的愿望更加强烈,文化已经成为衡量社会文明程度和人民生活质量的重要标志。我们一定要顺应人民群众的新期待,把发展社会生产力同满足人民群众日益增长的精神文化需求、提高人民群众的文明素质结合起来,努力满足人们的精神需求、丰富人们的精神世界、增强人们的精神力量,促进人的全面发展。

总之,宣传思想工作是党和国家工作的重要组成部分,在中国特色社会主义事业全局中具有重要地位,发挥着不可替代的作用。不论改革发展推进到什么阶段,不论党所处的历史方位和执政条件发生怎样的变化,宣传思想工作这个政治优势都不能丢。在新的历史条件下,宣传思想工作只能不断加强,不能忽视削弱;只能继续改进,不能止步不前。

在新的历史起点上开创宣传思想工作新局面,必须认真贯彻"高举旗帜、围绕大局、服务人民、改革创新"的基本要求,从我区实际出发,抓住重点,扎实推进。

[713]

　　(一)强化理论武装工作,把学习宣传贯彻党的十七大精神引向深入。
高举中国特色社会主义伟大旗帜,认真学习宣传贯彻党的十七大精神,
是全党的首要政治任务,也是宣传思想工作的主线。宣传思想工作一定
要牢牢把握这一主线,认真学习宣传贯彻党的十七大精神,用党的创新
理论武装头脑、指导实践、推动工作,进一步巩固马克思主义在意识形态
领域的指导地位。

　　要全面准确深入地学习宣传贯彻党的十七大精神。现在,我区学习
宣传贯彻党的十七大精神正在逐步引向深入,但要切实转化为干部群众
的自觉行动、贯彻落实到各项实际工作中,还有大量工作要做。各级一定
要按照中央要求,在前一段工作的基础上,继续加大学习宣传贯彻力度。
要认真梳理和研究干部群众在学习贯彻过程中提出的问题,结合具体工
作实践和人们的思想实际,认真做好解疑释惑工作。要抓好结合、转化这
个关键环节,推动党的十七大精神更好地转化为高举中国特色社会主义
伟大旗帜的坚定意志,转化为运用科学理论分析和解决问题的实际能
力,转化为推动科学发展、促进社会和谐的方针政策和具体措施。

　　要深入推进中国特色社会主义理论体系武装工作。引导广大党员、
干部深刻认识邓小平理论、"三个代表"重要思想和科学发展观等重大战
略思想是同马克思列宁主义、毛泽东思想既一脉相承又与时俱进的科学
理论,是我们党最可宝贵的政治和精神财富,在当代中国坚持中国特色
社会主义理论体系就是真正坚持马克思主义。要把中国特色社会主义理
论体系作为党委中心组学习的主要内容,组织县处级以上领导干部深入
学习邓小平理论、"三个代表"重要思想以及科学发展观等重大战略思想,
使领导干部掌握党的基本理论,运用党的基本理论,自觉用发展着的马
克思主义指导客观世界和主观世界的改造。要大力推进理论研究和创
新,广泛开展中国特色社会主义理论体系宣传普及活动,推动当代中国
马克思主义大众化,使党的理论创新成果更好地为人民群众所理解、所
掌握。

　　要认真开展深入学习实践科学发展观活动。中央将对在全党开展深
入学习实践科学发展观活动作出部署,各级要按照中央的部署和要求,
切实把这项活动抓紧抓好。要引导广大党员干部深刻领会科学发展观的

科学内涵、精神实质和根本要求,深刻领会科学发展观是我国经济社会发展的重要指导方针,是发展中国特色社会主义必须坚持和贯彻的重大战略思想,不断增强贯彻落实的自觉性和坚定性。要大力宣传各地各部门深入贯彻落实科学发展观取得的新进展、新经验,以先进典型的示范带动作用,促进学习实践科学发展观活动深入开展。要通过学习实践,着力转变不适应不符合科学发展观的思想观念,着力解决影响和制约科学发展的突出问题,着力建立有利于科学发展的体制机制,切实把全社会的发展积极性引导到科学发展上来。

（二）做好舆论引导工作,为自治区改革开放和现代化建设营造良好的思想舆论环境。 要紧紧围绕自治区改革发展稳定大局,坚持正确的舆论导向,大力倡导一切有利于国家富强、民族振兴、人民幸福、社会和谐的思想和精神,努力为建设富裕、文明、民主、和谐的内蒙古提供有力的思想保证,营造良好的舆论氛围。

要坚持用社会主义核心价值体系引领社会思潮。全面把握社会主义核心价值体系的内容和基本要求,切实加强社会主义核心价值体系建设,巩固马克思主义指导地位,宣传共同理想信念,强化精神支柱,弘扬基本道德规范。大力加强社会主义核心价值体系宣传和教育,把社会主义核心价值体系融入国民教育和文明建设全过程,把基本要求贯穿到媒体传播之中,落实到精神文化产品创作生产之中,融会到日常工作生活之中,体现到政策法规制定和社会管理之中。要坚持从小抓起、从学校抓起,把核心价值体系的基本内容体现到学校教育和日常管理的各个方面、各个环节。要加强和谐文化建设,培育文明风尚,深入推进社会公德、职业道德、家庭美德、个人品德建设,坚持不懈地开展精神文明创建活动。要积极探索用社会主义核心价值体系引领社会思潮的有效途径,把握不同阶层、不同群体思想状况和价值取向,区分层次、区别对象,尊重差异、包容多样,有针对性地做好思想政治工作,增进人们对社会主义核心价值体系的认同感,形成建设内蒙古、振兴内蒙古的强大精神动力。

要牢牢把握正确的舆论导向。坚持团结稳定鼓劲、正面宣传为主,充分发挥媒体宣传党的主张、弘扬社会正气、通达社情民意、引导社会热点、疏导公众情绪、搞好舆论监督的重要作用。着眼于为自治区改革开放和现代化建设事业营造良好舆论氛围,创新宣传思想工作方式方法,努力在把握规律、完善制度、构建格局、加强管理上下功夫。把握规律,就是要善于把握新闻传播规律,深入研究新形势下各方面群众的心理特点和接受习惯,准确把握群众的关注点和兴奋点,把主流意识和群众需求结合起来,把握好舆论引导的时机、节奏和力度,在报道新闻事实中体现正确导向,在同群众交流互动中形成社会共识,在加强信息服务中开展思想教育。完善制度,就是要适应人民群众的信息需求,按照更加透明、更加开放的要求,完善新闻发布制度,健全突发事件新闻报道机制,加强舆情分析研判,及时准确发布权威信息,积极主动引导社会热点。构建格局,就是从社会舆论多层次的实际出发,研究媒体分众化、对象化的新趋势,以党报党刊、电台电视台为主,整合都市类媒体、网络媒体等多种宣传资源,努力构建定位明确、特色鲜明、功能互补、覆盖广泛的舆论引导格局。加强管理,就是在充分发挥数字技术、网络技术在宣传工作中重要作用的同时,从占领文化传播制高点和掌握信息化条件下宣传思想工作主导权的高度,重视加强网络文化建设,加强对互联网、手机短信等新兴媒体的应用和管理,支持重点新闻网站建设,有效防范和遏制有害信息传播,努力使互联网成为传播社会主义先进文化的前沿阵地、提供公共文化服务的有效平台、促进人们精神文化生活健康发展的广阔空间。各级领导干部要善于通过宣传推动实际工作,热情支持新闻媒体采访报道,正确对待舆论监督。

要进一步加强对外宣传工作。今年是改革开放30周年、北京奥运会举办之年,明年是新中国成立60周年。要以这些重大活动为契机,认真做好对外宣传工作,向海内外充分展示内蒙古改革开放的新成就和新形象。要利用多种形式和途径,积极主动地向国内外宣传我区改革开放以来特别是党的十六大以来经济社会发展取得的重大成就;宣传我区认真贯彻落实科学发展观、执行国家宏观调控政策,在转变经济发展方式、加强环境保护和生态建设、改善民生等方面的思路、措施和工作效果;宣传我区坚持贯彻党的民族区域自治制度,始终保持了民族团结、边疆稳定的良好政治局面;宣传我区的区位优势、资源优势、政策优势、产业优势、人文优势,让国内外全面深入地了解内蒙古,更多地支持、参与内蒙古的建设和发展。要创新对外宣传的方式方法，善于借助中央、兄弟省区市、港澳及国外重要媒体的力量，把外宣与内宣、对外宣传与对外经济文化交流结合起来，着力构建全方位、多层次、宽领域的大外宣格局，增强外宣的吸引力、亲和力和影响力。要重视加强对蒙古国和俄罗斯的宣传和文化交流，为推进向北开放、密切与俄蒙的经贸往来贡献力量。

（三）**加强公共文化体系建设，努力满足人民群众日益增长的精神文化需要**。让人民共享文化发展成果，是社会主义文化建设的根本目的。要把加强公共文化服务体系建设作为政府履行公共服务职能的重要内容，作为推进民族文化大区建设、促进文化大发展大繁荣的一项紧迫任务来抓，努力满足人民精神文化需要，切实保障人民基本文化权益。

要积极构建公共文化服务体系。坚持以政府为主导，完善相关政策，加大财政投入力度，鼓励社会力量参与，健全服务网络，拓宽服务渠道，全面提高公共文化服务能力。要认真贯彻中央《关于加强公共文化服务体系建设的若干意见》，按照结构合理、网络健全、运行有效、惠及全民的原则，把公共文化服务体系纳入经济社会发展总体规划，保证自治区财政每年对文化建设投入增幅不低于同级财政经常性收入增幅。要积极引导社会力量参与公共文化服务体系建设，引入竞争机制，采取多种形式，推动重要公共文化产品生产、重大文化服务项目建设和公益性文化活动的开展。

要努力提高公共文化产品和服务的供给能力。加大精神文化产品创作生产力度，大力发展新闻出版、广播影视、文学艺术事业，努力推出更多思想性、艺术性、观赏性俱佳的精品力作。充分发挥乌兰牧骑等有影响力和独特优势的艺术团体作用，努力打造具有内蒙古地域和民族特色的艺术队伍和形式。坚持开展文化下乡活动，组织好多种形式的公益性文化活动，把健康向上的文化产品和服务送到城乡基层。积极鼓励和引导广大宣传文化工作者，深入改革开放一线和人民生活之中，创作生产一批反映人民主体地位和现实生活、为群众喜闻乐见的优秀精神文化产品。

要不断完善公共文化基础设施建设。近年来，我区在推进城镇化进程中，建成了一批文化基础设施，使城镇的文化生活条件有了明显改善。要进一步加大文化基础设施建设力度，以大型公共文化设施为骨干，以

[717]

社区和乡镇基层文化设施为基础,优先安排关系人民切身利益的文化基础设施建设项目,保证人民群众有充足的文化活动空间。要把重点放在基层和农村牧区,坚持文化投入和基础设施建设向基层和农村牧区倾斜,着力丰富农村牧区、偏远地区、进城务工人员的精神文化生活,切实保障全体人民共享文化建设成果。

(四)推进改革创新,激发全社会文化创造的生机和活力。 改革是解放和发展文化生产力的根本途径。要在认真总结近年来文化体制改革经验的基础上,加大力度、加快进度,努力创造有利于文化大发展大繁荣的良好环境。

要树立新的文化发展观。经过近年来的努力,我区文化体制改革取得明显成效,但一些长期制约文化发展的体制机制性障碍还没有根本消除,干部群众的思想认识、文化观念还存在许多不适应的问题。要进一步解放思想、转变观念,更加自觉地树立起既遵循社会主义精神文明建设的特点和规律,又适应社会主义市场经济发展要求的文化发展观,切实冲破妨碍文化发展的思想观念,改变束缚文化发展的做法和规定,革除制约文化发展的体制弊端。要坚持"二为"方向和"双百"方针,大力推动社会主义文化内容形式、体制机制、传播手段创新,充分运用先进技术手段丰富文化的生产方式和表现形式,努力使精神文化产品和社会文化生活更加丰富多彩。

要着力完善体制机制。按照"区别对待、分类指导、循序渐进、逐步推开"的要求,根据不同地区和行业的实际情况,推动文化体制改革在面上展开、向纵深发展。要抓住重要领域和关键环节,不断完善深化改革的配套政策,妥善处理各方面利益关系。要以增强活力、改善服务为重点,深入推进公益性文化事业单位的内部改革和机制创新,切实增强主流媒体的竞争力和发展活力。积极推进广电、出版、演艺体制改革,加快经营性文化事业单位转企改革步伐。努力转变政府职能,推进管办分离,推动文化行政管理部门把工作职责转到政策调节、市场监管、社会管理和公共服务上来。

要大力发展文化产业。我区文化资源得天独厚,但文化产业整体发育水平不高。要在充分发挥国有文化企业骨干作用的同时,保护好、引导好民营企业投资文化产业的积极性,积极推进有条件的文化企业上市融资,鼓励跨地区跨行业经营,尽快形成一批富于生机活力、具有地区特色的大型文化企业和企业集团。要实施重大文化产业项目带动战略,整合文化资源,加快文化产业基地和区域性特色文化产业群建设,发展新的文化业态,培育文化产业骨干企业和战略投资者。要运用高新技术创新文化生产传播方式,运用市场机制提高文化产品营销能力,加强品牌建设,加快构建传输快捷、覆盖广泛的文化传播体系,构建统一、开放、竞争、有序的文化市场体系,使我区文化传播能力有一个大的提升,使文化产品和服务更好地占领市场、赢得群众。

（五）**加强和改善党对宣传思想工作的领导,保证宣传思想工作顺利开展。**党管宣传、党管意识形态,是我们党在长期实践中形成的重要原则和制度,是加强党的执政能力建设和先进性建设的重要内容。胡锦涛总书记明确指出,经济工作搞不好要出大问题,意识形态工作搞不好也要出大问题。各级要切实加强和改善党对宣传思想工作的领导,不断提高做好新形势下宣传思想工作的能力和水平。

一是要把宣传思想工作摆在重要位置来抓。各级党委要把宣传思想工作作为推动工作的有力保证,把文化建设作为全面建设小康社会的战略任务,切实摆上重要议事日程,纳入总体发展规划,与经济、政治、社会建设领域的工作一同研究部署,一同检查落实。要把宣传思想工作作为重大议题经常研究,不仅在方向上牢牢把握、工作上及时指导,而且在政策上大力支持、投入上切实保障。要加快建立党委统一领导、党委宣传部门指导协调、党政各部门各负其责、社会各方面齐抓共管的管理格局,把宣传思想工作同各个领域的行政管理、行业管理、社会管理更加紧密地结合起来,努力把做好宣传思想工作的要求体现到政策法规制定和组织实施之中,动员各方面力量共同做好宣传思想工作。

二是要努力提高领导宣传思想工作的能力。各级党委要把提高领导宣传思想工作能力作为加强党的执政能力建设和先进性建设的重要内容来抓,牢牢掌握宣传思想工作的领导权和主动权。要密切关注社会思想动态和文化发展趋势,经常分析思想理论领域的形势,努力提高驾驭意识形态复杂局面、引领社会思潮的能力,提高调控大众媒体、引导社会舆论的能力,提高发展文化事业和文化产业、满足人民精神文化需要的能力,提高借鉴世界优秀文化成果、促进国家与地区文化发展繁荣和维护国家文化安全的能力,提高推动改革创新、激发全社会文化创造活力的能力。要加强对宣传思想文化领域全局性、前瞻性、战略性问题的研究,努力把握新形势下宣传思想工作的特点和规律,认真制定、不断完善推动兴起社会主义文化建设新高潮的政策措施,确保各项任务和措施落到实处、取得实效。

三是要加强宣传思想战线领导班子和人才队伍建设。各级党委要高度重视宣传思想战线领导班子建设,按照德才兼备的原则,配备好宣传思想文化工作部门领导班子,真正把那些政治清醒坚定、熟悉意识形态工作、富有改革创新精神的优秀干部选拔到各级领导岗位上来,特别是要选好配强一把手,确保宣传思想战线的领导权牢牢掌握在忠于马克思主义、忠于党和人民的人手中。要按照政治强、业务精、纪律严、作风正的要求,大力加强宣传思想工作队伍建设。要积极推进人才培养工程,努力造就一大批各门类拔尖人才、经营管理人才、专业技术人才。要贯彻尊重劳动、尊重知识、尊重人才、尊重创造的方针,及时表彰奖励贡献突出的文化工作者,充分调动大家的积极性、主动性和创造性。

(选自在全区宣传思想工作会议上的讲话)

大力弘扬伟大的抗震救灾精神

(2008 年 7 月 31 日)

5 月 12 日发生的四川汶川特大地震，是新中国成立以来破坏性最强、波及范围最广、救灾难度最大的一次地震，给灾区人民生命财产和经济社会发展造成重大损失。面对突如其来的特大地震灾害，全党全军全国各族人民在党中央、国务院和中央军委的坚强领导下，众志成城，迎难而上，顽强奋斗，抗震救灾取得重大阶段性胜利。

内蒙古人民和灾区人民心心相牵，灾情始终牵动着我区各族人民的心。地震发生后，自治区党委、政府坚决贯彻党中央、国务院的决策部署，把支援灾区抗震救灾作为重要而紧迫的任务，快速反应，紧急行动，举全区之力开展各种救援、捐赠和支持重建活动。在抗震救灾斗争中，我区先后向灾区派出特警、消防、医疗救护、卫生防疫、道路抢通、心理干预、国土资源调查等 13 批 1000 多人次的抢险救援队伍。参加抢险救援的同志，带着全区各族人民对灾区人民的深厚感情，克服各种意想不到的困难，服从统一指挥，坚持连续作战，与当地军民一道，最大限度地抢救被困群众，最大限度地保护灾区人民财产，出色地完成了救治伤残人员、安置受灾群众、开展卫生防疫、防范次生灾害、抢修基础设施、维护社会稳定等救援任务，受到灾区各级党委、政府的充分肯定和广大灾区群众的广泛赞誉。与此同时，全区各条战线在自治区党委、政府的统一领导下，各司其职、各尽所能，加强配合、协同作战，以最短的时间、最快的速度做好抗震救灾各项服务工作，有力地保障和促进了抗震救灾工作的顺利开展。全区上下积极开展献爱心、作贡献活动，累计捐款捐物 8.1 亿元，以实际行动充分表达了内蒙古各族人民与灾区人民血浓于水、共克时艰的同胞之情，充分展示了草原儿女助人为乐、无私奉献的精神风貌。

今年 6 月 30 日，胡锦涛总书记在抗震救灾先进基层党组织和优秀共产党员代表座谈会上指出："在同特大地震灾害的艰苦搏斗中，我们的民族和人民展示出了十分崇高的精神。这就是万众一心、众志成城，不畏艰险、百折不挠，以人为本、尊重科学的伟大抗震救灾精神"，"抗震救灾精神，是爱国主义、集体主义、社会主义精神的集中体现和新的发展，是我们党和军队光荣传统和优良作风的集中体现和新的发展，是中华民族民族精神在当代中国的集中体现和新的发展。"我们一定要在全党全社会大力弘扬抗震救灾精神，把这一精神贯穿到建设富强民主文明和谐内蒙古的各项工作中去，为夺取全面建设小康社会新胜利、谱写人民美好生活新篇章提供强大精神动力。

要把伟大抗震救灾精神转化为坚持走中国特色社会主义道路的坚定信念。抗震救灾实践有力证明，我国社会主义制度具有巨大的优越性，能够集中力量办大事、团结一致渡难关。大力弘扬伟大抗震救灾精神，就要进一步唱响共产党好、社会主义好、改革开放好的主旋律，教育引导各族人民进一步增强坚持走中国特色社会主义道路的自觉性和坚定性，以更加坚定的信心、更加饱满的热情、更加扎实的工作，奋力开拓中国特色社会主义道路更为广阔的发展前景。

要把伟大抗震救灾精神转化为推动科学发展、促进社会和谐的强大力量。今年以来，我区经济社会继续保持又好又快的发展态势，但也面临不少新的情况和问题。我们一定要牢固坚持发展是硬道理的战略思想，深入贯彻落实科学发展观，坚持用发展和改革的办法解决前进中的困难和问题，加快转变经济发展方式，着力提高协调发展和可持续发展水平，促进经济社会又好又快发展。要牢固坚持人民利益高于一切、重于一切、大于一切，努力实现好、维护好、发展好最广大人民的根本利益，扎实推进和谐内蒙古建设。

要把伟大抗震救灾精神转化为服务奥运、服务全国大局的自觉行动。当前，北京奥运会开幕在即，抗震救灾进入安置受灾群众和恢复重建阶段，推进改革开放和现代化建设的任务繁重而艰巨。越是在这种情况下，越要增强大局意识、责任意识，创造性地做好各项工作，努力为全国发展大局做贡献。要充分发挥我区优势,进一步抓好煤炭、电力、粮食、农畜产品生产和供应,努力为保障国家粮食安全、能源安全贡献力量。要坚持把保证奥运安全、维护边疆稳定作为重大政治任务来抓,充分发挥祖国"北大门"、首都"护城河"作用,全力维护社会和谐稳定,为北京奥运会成功举办创造良好的社会环境。要继续加强与地震灾区的协调与沟通,积极主动地做好援助工作,为灾区恢复重建贡献力量。

要把伟大抗震救灾精神转化为全面推进党的建设的实际成效。抗震救灾斗争之所以取得重大阶段性胜利,关键在于党的坚强领导,在于各级党组织和广大共产党员发挥了中流砥柱作用。要按照党的十七大和胡锦涛总书记视察我区重要讲话的要求,以党的先进性建设和执政能力建设为主线,全面推进党的建设新的伟大工程,在各项工作中更好地发挥党委的领导核心作用、基层党组织的战斗堡垒作用、领导干部的模范带头作用和共产党员的先锋模范作用,为改革、建设各项事业提供坚强有力的思想、政治和组织保证。

伟大的抗震救灾精神将激励我们不断创造新的伟大业绩。我们一定要更加紧密地团结在以胡锦涛同志为总书记的党中央周围,以邓小平理论和"三个代表"重要思想为指导,深入贯彻落实科学发展观,求真务实、开拓进取,不断开创我区改革开放和现代化建设的新局面!

(选自在自治区支援抗震救灾工作总结表彰大会上的讲话)

大力繁荣发展
哲学社会科学事业

(2008 年 12 月 18 日)

哲学社会科学是人们认识世界、改造世界的重要工具,是推动历史发展和社会进步的重要力量。哲学社会科学的发展水平,体现着一个国家和民族的思维能力和文明素质,是综合国力的重要组成部分。中国特色社会主义事业的兴旺发达,离不开以马克思主义为指导的哲学社会科学的繁荣发展。在全面建设小康社会、加快推进社会主义现代化的历史进程中,在实现中华民族伟大复兴的历史进程中,哲学社会科学具有不可替代的重大作用。党的十七大明确提出,要繁荣发展哲学社会科学,推进学科体系、学术观点、科研方法创新,鼓励哲学社会科学界为党和人民事业发挥思想库作用,推动我国哲学社会科学优秀成果和优秀人才走向世界。在前不久召开的纪念中国科协成立 50 周年大会上,胡锦涛总书记发表了重要讲话,对进一步推动创新型国家建设提出了新要求、作出了新部署。全区各级社科联组织和广大哲学社会科学工作者要认真贯彻党的十七大和胡锦涛总书记的重要讲话精神,进一步提高认识,切实增强做好哲学社会科学工作的责任感和使命感,努力开创我区哲学社会科学事业的新局面。

第一,要坚持正确的指导思想。坚持以马克思主义为指导,是对哲学社会科学工作的根本要求。党的十七大指出,高举中国特色社会主义伟大旗帜,最根本的就是坚持中国特色社会主义道路和中国特色社会主义理论体系。要把深入学习、研究、宣传"一面旗帜、一条道路、一个理论体系",作为哲学社会科学第一位的任务,引导人们深刻认识到,在当代中国，只有中国特色社会主义伟大旗帜才能团结和凝聚各方面智慧和力量，只有中国特色社会主义道路才能指引中华民族实现伟大复兴，只有中国特色社会主义理论体系才能引领中国发展进步。科学发展观作为中国特色社会主义理论体系的最新成果，是我国经济社会发展的重要指导方针，是发展中国特色社会主义必须坚持和贯彻的重大战略思想。广大哲学社会科学工作者，要结合全党开展的深入学习实践科学发展观活动，加大对科学发展观的阐释、宣传力度，把全社会的发展积极性引导到科学发展上来，促进科学发展观更好地贯彻落实到经济社会发展的各个方面。

第二，要始终围绕中心、服务大局。来源于实践、服务于实践，是哲学社会科学繁荣发展的必由之路。当前，我区同全国一样，已站在新的历史起点上。把自治区的改革开放和现代化建设继续推向前进，需要全区上下的共同努力，也对广大哲学社会科学工作者提出了新的更高的要求。要始终坚持理论联系实际，坚持围绕中心、服务大局，紧紧围绕自治区"科学发展、构建和谐、富民强区"的发展主题，围绕提高"两个水平"、实现"两个转变"、建设"两个屏障"的目标要求，切实加强对经济社会发展中全局性、战略性、前瞻性重大问题的研究，充分发挥党委、政府"智囊团"和"思想库"的作用。要紧紧围绕人民群众关心的热点、难点问题，大力宣传党的路线方针政策，做好释疑解惑工作，增强理论的说服力和实效性，把全区各族人民的智慧和力量凝聚到全面建设小康社会伟大事业上来，为建设富裕民主文明和谐内蒙古提供思想保证、精神动力和智力支持。

第三，要大力推进哲学社会科学理论创新。解放思想、实事求是、与时俱进、勇于创新，是哲学社会科学的生机与活力所在。建设创新型国家是国家发展战略的核心，提高创新能力包括提高哲学社会科学创新能力，建立创新体系包括建立哲学社会科学创新体系。现在，我区改革开放和现代化建设面临许多新情况、新课题，需要我们不断地进行探索和研究，不断地推进哲学社会科学理论创新。全区广大哲学社会科学工作者要始终保持与时俱进的精神状态，自觉地把思想认识从那些不合时宜的观念、做法和体制的束缚中解放出来，从对马克思主义的错误和教条式的理解中解放出来，从主观主义和形而上学的桎梏中解放出来，立足区

[725]

情、立足当代，深入群众、深入实际，不断在实践的基础上发展新的理论，用发展着的理论指导新的实践。要大力实施马克思主义理论研究和建设工程，既要着眼于重大理论问题的研究，又要注重具体问题的解决，积极推动学术观点创新、科研方法创新和学科体系建设，努力创造更多符合内蒙古实际和具有内蒙古特色的哲学社会科学成果。

第四，要着力培养造就高素质的哲学社会科学人才队伍。建设高素质的哲学社会科学人才队伍，是繁荣发展哲学社会科学的关键。要全面贯彻人才强区战略，高度重视哲学社会科学人才的培养。要按照政治强、业务精、作风正的要求，努力造就一支用马克思主义武装起来、具有深厚理论功底、勇于开拓创新的哲学社会科学人才队伍，造就一批年富力强、政治和业务素质良好、锐意进取的中青年理论骨干。要完善哲学社会科学人才培养选拔和管理机制，健全哲学社会科学评价和激励机制，努力形成优秀人才脱颖而出、人尽其才的良好氛围。要加强哲学社会科学队伍的思想道德和学风建设，教育和引导广大哲学社会科学工作者牢固树立坚持真理、求实创新、独立思考、严谨治学的良好学风，培养团结协作、勇于奉献、求真务实、爱岗敬业的工作作风，进一步增强社会责任感，提高学术道德修养，自觉维护哲学社会科学工作者的良好形象。

第五，要切实加强党对哲学社会科学工作的领导。各级党委、政府要认真贯彻落实《中共中央关于进一步繁荣发展哲学社会科学的意见》，努力把握哲学社会科学发展的规律，进一步改进领导方式，提高领导水平。要经常就经济社会发展的重大问题听取哲学社会科学界专家的意见，在党委和政府的决策中重视运用哲学社会科学的成果。要关心哲学社会科学工作者的学习、工作和生活，充分调动大家的积极性、主动性和创造性。社科联是党和政府联系广大哲学社会科学工作者的桥梁和纽带，是促进哲学社会科学事业繁荣发展的重要力量。要对社科联的工作给予更多的关心和指导，建立健全社科联组织网络，积极支持社科联组织开展活动。各级社科联组织要认真履行担负的重要职责和使命，切实加强自身建设，积极主动地做好工作。

（选自在自治区社科联第五次代表大会上的讲话）

努力推动我区
文化大发展大繁荣

(2009 年 6 月 23 日)

党的十六大以来,全区上下认真贯彻落实中央的决策部署,坚持把繁荣发展社会主义先进文化作为贯彻落实科学发展观、全面建设小康社会的重要任务,牢牢把握社会主义先进文化前进方向,紧紧围绕建设民族文化大区目标,积极推进文化体制改革,大力发展文化事业和文化产业,社会主义文化建设取得长足进步。坚持以理论创新为先导,认真组织开展草原文化研究,推出一批创新性研究成果,为民族文化大区建设提供理论支撑。坚持以改革促发展,积极稳妥地推进文化体制改革,图书发行、新闻出版、广播电视、文博演艺等领域改革初见成效,文化发展的活力有所增强。加快构建覆盖城乡的公共文化服务体系,着力保障人民群众基本文化权益,实施了广播电视村村通工程、社区和乡镇综合文化站(室)工程、草原书屋工程等一批关系群众切身利益的文化建设项目,公共文化服务的能力有所提高。大力加强文化基础设施建设,自治区和各盟市都建成了一批具有地域文化特色、鲜明时代特征、较高审美价值和功能齐备的文化展示、文化交流、文化服务和文化经营等地区标志性文化工程,草原国际文化节成为国际性草原文化的盛会,昭君文化节入选"中国十大节庆活动",地区文化形象较大改善。加快发展文化产业,以文艺演出、文博会展、休闲娱乐、文化旅游、音像出版、工艺美术为主体的文化产业体系初步形成,文化产业开始成为新的经济增长点。文化"走出去"步伐加大,蒙古族长调被联合国列入世界非物质文化遗产,马头琴、长调、呼麦等民族文化艺术走进维也纳金色大厅,蒙古族无伴奏合唱团多次获国际大

[727]

奖,《满都海斯琴》、《鄂尔多斯婚礼》、《草原传奇》和《成吉思汗》、《东归英雄》等一大批优秀民族歌舞和影视作品享誉海内外,草原文化的影响力逐步扩大。这几年,文化工作为自治区改革开放和现代化建设提供了有力的思想保证、精神动力和智力支持,为建设富强民主文明和谐的内蒙古作出了重要贡献。

一、提高思想认识,切实担负起推动文化大发展大繁荣的历史使命

胡锦涛总书记深刻指出:"一部人类社会发展史,是人类生命繁衍、财富创造的物质文明发展史,更是人类文化积累、文明传承的精神文明发展史。人类社会每一次跃进,人类文明每一次升华,无不镌刻着文化进步的烙印"。我们党作为代表先进文化前进方向的马克思主义政党,始终高度重视文化建设。早在建国之初,毛泽东同志就说过:"任何社会没有文化就建设不起来",他预见"随着经济建设高潮的到来,不可避免地将要出现一个文化建设的高潮"。进入改革开放新时期,邓小平同志指出:"我们要建设的社会主义国家,不但要有高度的物质文明,而且要有高度的精神文明,两个文明都超过他们(资本主义国家),这才是有中国特色的社会主义"。江泽民同志多次强调,文化建设是一个民族、一个国家真正强大的核心内容,是民族振兴的关键问题,我们党必须始终代表和牢牢把握先进文化的前进方向。进入新世纪新阶段,以胡锦涛同志为总书记的新一代中央领导集体,顺应世界发展潮流,着眼全面建设小康社会的新要求和人民群众的新期待,向全党郑重提出兴起社会主义文化建设新高潮、推动社会主义文化大发展大繁荣的战略任务。我们一定要从全局和战略的高度,充分认识推动文化大发展大繁荣的重要性和紧迫性。

(一)推动文化大发展大繁荣,是顺应当今时代发展潮流的必然趋势。随着世界多极化、经济全球化的深入发展和科学技术的日新月异,文化与经济、政治的交融日益加深,与科学技术的结合更加紧密,文化越来越成为民族凝聚力和创造力的重要源泉,成为国家发展、民族振兴的支撑力量,成为国家和地区综合竞争力的重要因素。一是文化与经济空前融合。经济的文化含量越来越高,文化的经济功能越来越强,文化产业越来越成为强大的经济引擎。目前,美国文化产业增加值比重高达25%,成为第一大产业,文化产品出口每年在700亿美元以上,超过汽车工业和航空工业,美国人靠一杯水(可口可乐)、一个面包(麦当劳)、一只老鼠(米奇老鼠)赚了全世界人的钱。日本成功利用奥运会和世博会推广和宣传本国文化,文化产业总值超过电子工业和汽车工业之和,助推日本成为世界经济强国。二是文化与科技日益交融。世界新技术革命兴起,不仅对人类社会的政治、经济发展产生重大影响,也使世界文化发展出现新的格局,推动着文化业态和传播方式的创新。据统计,全世界创意产业每天创造的产值达 220 亿美元,高新技术文化产品的品种每年增长速度在 60% 以上。举世瞩目的北京奥运会开幕式,将传统文化与现代科技完美结合,与"鸟巢"、"水立方"一起,向全世界很好传达了人文奥运、科技奥运、绿色奥运的理念。三是文化与政治相互渗透。在和平与发展的大环境下,对文化市场争夺不仅仅是票房价值和经济效益,更重要的是对意识形态和舆论影响的控制。二战以来,美国一直在运用文化软实力的手段打一场没有硝烟的战争,以大众文化的方式向全世界输送美国的价值观,美国文化产品发挥了既攻心又赚钱的作用。大量事实表明,文化在综合国力竞争中的地位日益重要,谁占据了文化发展的制高点,谁就能够更好地在激烈的国际竞争中掌握主动权。

(二)推动文化大发展大繁荣,是应对当前国际金融危机的战略抉择。国际经验表明,文化产业具有反周期发展和逆势而上的特点,经济危机时期往往是文化兴旺发展的黄金时期。美国在 1929 年至 1933 年的经济大萧条时期,以百老汇和好莱坞为代表的演艺、电影等文化产业发展迅猛,成为新的重要经济增长点,使美国一跃成为世界第一文化产业强国。1997年亚洲金融风暴后,韩国提出"文化立国"战略,加大对文化产业的投入力度,影视剧业、网络游戏业等迅速崛起,取得了世界第五大文化产业与服务出口国、世界第五大知识产权国的美誉,"韩流"对韩国经济复苏功不可没。自去年国际金融危机发生以来,我国不少地方经济增长放缓,但文化产业却逆势上扬,被誉为经济寒流中的"报春花"。2008 年,北京、上海和深圳等地文化创意产业分别增长了 19%、20%、22%,远远超过经济增长速度。今年前两个月,我国电影票房收入比去年同期增长 110%,呈现出爆发式增长的态势。文化源自心灵又影响心灵、承载感情又维系感情、产生力量又聚合力量,它所具有的心灵抚慰、精神激励功能在金融危机下更加凸

[729]

显。最近,中国社会科学院发布的《2009年文化产业蓝皮书》,从四个方面分析了危机中蕴含的发展文化产业的新机遇:一是危机推动中国经济增长方式加快转变,中国经济将进入一个投资与消费、外贸与内需更为平衡发展的时代,文化产业面临更大的发展空间;二是危机推动中国经济结构战略性调整,新兴服务业开始唱主角,为文化产业发展开辟了新的战略方向;三是危机加速推动技术创新与进步,文化产业将进入一个业态创新和商业模式创新的时期;四是危机推动全球文化产业格局变化,全球文化贸易将从产品服务竞争进入资本博弈时代,中国在国际文化产业分工体系中的低端位置将会改变。据专家预测,今后5至10年,在日趋成熟的3G和移动多媒体广播电视技术推动下,文化产业发展将进入一个长周期上升阶段,文化产业在应对国际金融危机挑战,保增长、扩内需、调结构、惠民生中将发挥更加重要的作用。

(三)推动文化大发展大繁荣,是提高我区协调发展和可持续发展水平的必然要求。自治区第八次党代会把提高协调发展水平和可持续发展水平,作为我区贯彻落实科学发展观的中心任务。提高"两个水平",必须充分发挥文化在促进经济社会协调、产业协调、城乡协调、区域协调和人与自然协调方面的重要作用。从经济社会协调来说,这几年我区经济快速发展,为推动文化发展打下了坚实的物质基础。促进文化大发展大繁荣,增强经济社会发展的文化软实力,对于实现经济社会更好质量、更高水平的协调发展具有重要作用。从产业协调来说,文化产业本身是第三产业,而且在现代服务业发展中起着重要的基础性作用。在北京、广东等经济发达省市,文化产业已经成为支柱产业,占GDP比重超过5%。我区文化产业占GDP比重为1.05%,远低于全国2.8%的平均水平。加快发展文化产业,有利于服务业发展提速、比重提高、结构提升。从城乡协调来说,我区现阶段的城乡差距不仅表现在经济上,而且表现在文化发展上。加快构建覆盖城乡的公共文化服务体系,有利于缩小城乡发展差距,推进城乡一体化进程。从区域协调来说,占领文化高地的地区,往往能在激烈的区域竞争中把握主动、脱颖而出。历史上,后发展地区通过创造文化发展优势实现跨越式发展,不乏其例。美国奥兰多市是美国第一个财政赤字城市,城市曾濒临倒闭,通过文化拯救计划,建成闻名于世的迪斯尼世界,使城市起死回升,税收一度占到佛罗里达州的57%。我区民族文化资源丰厚,加快文化发展应该成为我区缩小同发达地区差距的一条重要路径。从人与自然协调来说,文化是朝阳产业,科技含量高、资源消耗低、环境污染小,在资源环境约束日益趋紧的形势下,具有可持续发展的巨大优势。我区草原文化蕴含着丰富的天人合一、人与自然和谐共生的思想,是可持续发展的巨大思想宝库。坚持走生产发展、生态良好、生活富裕的生态文明发展路子,必须弘扬草原文化"崇尚自然、践行开放、恪守信义"的核心理念,充分发挥文化的引导力量和推动作用。

(四)推动文化大发展大繁荣,是满足人民群众日益增长的精神文化需求的迫切要求。坚持以人为本,不断满足人民群众日益增长的精神文化需求,是社会主义文化建设的根本目的。全面建设小康社会,不仅要有发达的经济,也要有繁荣的文化;人民群众不仅要享受富裕殷实的物质生活,也要享受丰富多彩的文化生活。随着我国经济发展和物质生活水平的提高,人民群众精神文化需求迅速增长。国际经验表明,人均生产总值达到1000美元时,文化消费快速启动;人均生产总值超过3000美元时,文化消费持续增长;人均生产总值超过5000美元时,出现文化消费倍增态势。今年我区人均生产总值将突破5000美元,人民群众对精神文化将有新的更高需求。同人民群众日益增长的精神文化需求相比,我们现在还缺乏高品味、高质量、多姿多彩的优秀文化产品和满足个性化需求的优质文化服务,还不能满足人们求知、求乐、求美的强烈愿望。只有推动文化大发展大繁荣,提供更多质优量足的精神文化产品和服务,才能不断满足人民群众日益增长的精神文化需求。

二、坚持改革创新,大力解放文化生产力

深入推进我区文化体制改革,不断解放文化生产力,真正做到"三个解放出来"。

第一,要努力从束缚文化生产力发展的思想观念中解放出来。思想解放的程度,决定着事业发展的程度。上世纪九十年代以来,湖南省凭借"革故鼎新、敢为人先"的湖湘文化底蕴,大胆解放思想,创造了令人瞩目的"湖南文化现象","电视湘军"、"出版湘军"、"动漫湘军"、"演艺湘军"异军突起、斐声海内外。与先进省区市相比,我区文化发展相对滞后,除客观因素的制约外,思想观念的束缚是主要原因。现在,在一些领导干部的思想中,发展文化还没有摆在应有位置,存在着重经济资源开发轻文化资源开发、重物质财富创造轻精神文化财富创造等观念。只有破除这些思想观念,树立与时代发展要求相适应的文化发展理念,才能更加自觉、主动地解放和发展文化生产力。

一是要树立科学的资源观。文化是重要的资源。"现代管理学之父"彼得·德鲁克指出:"今天,真正占主导地位的资源以及具有决定意义的生产要素,既不是资本,也不是土地和劳动,而是文化。"近年来,河南省充分发掘中原文化资源,建设文化强省,文化产业总产值四年翻了两番半,规模跃居全国前列,使文化成为中原崛起的强大引擎。我区是草原文化的发祥地,独特的历史文化资源和民族文化资源不仅是中华文化的重要组成部分,也是推动经济社会发展的宝贵资源。要牢固树立文化也是资源的理念,把文化资源与经济资源放在同等重要位置,既要重视自然资源的开发利用、也要重视文化资源的开发利用,既要优化配置经济资源、也要优化配置文化资源,努力把我区的文化资源优势转变为现实的发展优势,加快文化资源大区向文化强区的转变。

二是要树立科学的财富观。文化作为社会文明进步的灵魂,是一种更重要的财富。美国著名学者戴维·兰德斯在《国富国穷》一书中提出:"国家贫富取决于深层次的文化原因"。当今世界已进入知识经济时代,财富的多寡不仅取决于经济的增长,而且越来越取决于文化的积累。全面建设小康社会、实现富民强区,既需要富"口袋",也需要富"脑袋",只有物质文明和精神文明一起抓、"口袋"和"脑袋"一起富,才能真正实现现代化。要树立科学的财富观,在大力推动物质文明建设的同时,更加重视精神文化财富的创造和积累,更加重视社会文明进步程度的提高,真正使社会财富的积累成为物质财富创造和精神文化财富创造双丰收的过程。

三是要树立科学的文化发展观。树立与社会主义市场经济体制相适应的科学的文化发展观,必须从"就文化抓文化"、"用计划管文化"的旧的思维模式中解放出来。要把文化发展作为系统工程,放在社会主义四位一体总体布局中,与经济建设、政治建设、社会建设一起来谋划和推动。要改变过去只强调文化的宣传教育功能,忽视文化的消费娱乐功能、产业发展功能的做法,运用符合市场经济要求的新思路、新办法、新手段推动文化发展。

第二,要努力从束缚文化生产力发展的体制机制中解放出来。现在,文化体制改革正处于破解深层次矛盾和问题的攻坚阶段。我们一定要加大改革攻坚力度,努力消除长期制约文化生产力发展的体制机制障碍。在具体工作上,关键要把握三点:

一是要推动经营性文化单位转企改制、走向市场。国有经营性文化单位聚集着大量优秀人才,有着庞大的文化资源。长期以来,由于体制束缚,一些国有经营性文化单位资源闲置浪费,缺乏活力和竞争力。不改革现行体制、不走向市场,国有经营性文化单位就没有出路。目前,全国已有 100 多家出版社转制为企业,转制后国有资产年均增值 40%,经营收入年均增长 30%以上。要按照"创新体制、转换机制、面向市场、壮大实力"的要求,加快经营性文化单位转企改制,着力建立现代企业制度,完善法人治理结构,使改制后的企业真正成为"自主经营、自负盈亏、自我约束、自我发展"的市场主体。要学习鉴借先进省区市的成功经验,树立"早改早主动、晚改就被动、不改没出路"的思想,切实解决"不想改"的问题。要坚持敢字当头,敢于冲破一切不合时宜的条条框框,敢于探索实践,敢于攻坚克难,切实解决"不敢改"的问题。要善于从实际出发,把中央精神与本地本单位实际紧密结合起来,创造性地开展工作,真正拿出解决问题的实招,切实解决"不会改"的问题。

二是要推动文化事业单位转换机制、增强活力。现在,文化事业单位普遍存在定位不清、活力不足、效率低下等问题,深化内部机制改革的任务十分紧迫。要科学界定文化事业单位的性质和功能,以转换机制、增强活力、改善服务为重点,继续深化人事制度、收入分配制度和社会保障制度改革,引入竞争和激励机制,不断增强文化事业单位的发展活力。要在增加财政对公共文化服务体系建设投入的基础上,进一步改进财政投入方式,提高资金使用效益,加快构筑覆盖城乡的公共文化服务体系。要继续推进公共文化基础设施免费向社会开放,完善经费保障机制,做到可持续发展。要发挥市场在公共文化服务供给中的作用,通过政府采购、服务合同外包、志愿服务等多种形式,促进公共文化服务方式的多元化、社会化。

三是要推动文化管理体制改革、转变政府职能。要加快推进政府职能转变,合理划分文化行政管理部门的职能,减少和下放具体审批事项,把更多的精力转移到制定规划、完善政策、强化服务、宏观管理上来。要进一步理顺文化行政管理部门与所属企事业单位、中介组织的关系,做到职能分开、机构分设、财务分离,把不该由政府管理的事项转移出去,把该由政府管理的事项切实管好。要探索建立新型的国有文化资产管理体制和运营机制,明确管理职责,建立对国有文化资产管理的绩效考评机制,确保国有资产保值增值。

第三,要努力从束缚文化生产力发展的市场环境制约中解放出来。文化产品的生产、传播和消费,在很大程度上要通过市场来实现。一些省区市文化产业发展之所以迅猛,主要得益于有良好的市场环境。相对而言,我区文化市场发育不足,严重制约了文化改革和发展。要把培育良好的市场环境作为解放和发展文化生产力的关键来抓,充分发挥市场对文化资源配置的基础性作用,打破条块分割、地区封锁、城乡分离的市场格局,加快构建统一、开放、竞争、有序的现代文化市场体系。要大力加强文化市场建设,积极培育文化产品市场和资本、产权、信息、科技、人才等要素市场,大力发展连锁经营、物流配送、电子商务和电影院线等现代流通组织形式,促进文化产品和生产要素有序流动。要营造公平竞争的市场环境,完善文化市场准入和退出机制,加强文化市场监管,大力培育文化市场中介机构和行业组织。要积极开拓文化消费市场,把扩大文化内需的重点放在培育大众性文化消费市场上。要大力推进惠民性文化活动,通过举办多种形式的文化周、文化节、文化行等活动,倡导和促进影视消费、图书消费、旅游消费等,使大众性文化消费市场加快成长。要优化城乡文化消费环境,积极培育大众文化消费热点,通过对低收入群体发放文化消费券等方式,提高文化消费能力,使文化消费市场加快成长,带动文化内需的增长。

三、抓住关键环节,大力发展文化生产力

解放文化生产力,目的在于发展文化生产力。要抓住当前国家高度重视、社会普遍看好文化产业发展的有利时机,抓住眼下金融危机给文化产业发展带来的现实机遇,进一步做大做强我区文化产业,推动文化产业成为新的产业发展亮点和经济增长点。在工作中,要着力抓好强主体、调结构、抓项目、兴人才四个关键环节。

（一）强主体，就是要推动文化企业做大做强。企业是市场的主体。对文化产业而言，无论是资源的整合、技术的应用还是人才的聚集，都要靠文化企业来实现。没有文化企业，文化产业就无从发展；文化企业不强，文化产业也难以发展壮大。目前，我区文化企业法人单位数量、资产拥有量、从业人员数量和年营业收入分别仅占全国的 1.01%、0.42%、1.01% 和0.49%，处于全国的第 26 位、27 位、24 位和 24 位，有规模、有实力、有竞争力的企业寥寥无几。推动我区文化企业做大做强，既要解决量的扩张问题，也要解决质的提高问题。

从发达地区的经验看，拥有一批规模大、品牌响、实力强的骨干文化企业，培育一批特色鲜明、竞争力强的文化产业集群或区块，是提升地区文化产业整体实力和竞争力的关键所在。这几年，浙江文化产业发展主要得益于横店集团、宋城集团等大型文化产业集团的快速发展，得益于杭州现代传媒、宁波文具、青田石雕等文化产业区块的规模发展。要坚持走"大集团带大产业、大产业促大发展"的路子，以资本为纽带，打破区域限制和行业垄断，鼓励各类文化企业实行跨地区、跨行业、跨所有制重组、兼并或联合，促进资金、人才、技术等要素的优化配置，着力打造一批引领方向、实力雄厚、有较强竞争力和影响力的大型文化企业和企业集团，建成一批特色鲜明、辐射力强的文化产业集群和文化产业区块。各地区要选择一批实力强、前景好的国有及国有控股文化企业进行重点培育，通过注入资金、发行企业债券、资助项目开发、资产重组等方式给予支持，鼓励他们整合文化资源，尽快使其成长为地区文化产业发展的主导力量和战略投资者。中小文化企业具有创业成本低、对市场适应快等优势，在文化产业发展中有着大企业不可替代的重要作用。要坚持"抓大不放小"，在着力培育大型文化企业集团的同时，高度重视和大力扶持中小文化企业发展，放开市场准入，加大对中小文化企业的支持和扶持力度，推动中小文化企业向"专、精、特、新"方向发展，逐步形成骨干文化企业和中小文化企业合理分工、互补互促、共同发展的良好局面。

要打破政府包办文化的单一模式，形成以公有制为主体、多种所有制经济共同发展、社会多方力量兴办文化的新格局。今年以来，民营资本注资文化产业频频发生，产权交易市场上文化类权益融资盛行。我们要抓住这一有利时机，加快文化领域所有制结构调整步伐，通过创建良好的政策环境和公平的竞争机会，充分调动民营资本投资文化产业的积极性，鼓励和支持民营资本以多种形式进入文化市场，加快催生和壮大一批民营文化企业和企业集团。

（二）调结构，就是要推进文化产业多元、延伸和升级。结构性矛盾是制约我区文化产业又好又快发展的突出问题。在我区文化产业增加值构成中，以出版发行、广播影视、文化艺术为主的传统文化产业超过一半，而以软件业、会展业、现代传媒业为主的新兴文化产业发展滞后，动漫、创意等高端文化产业刚刚起步。从区域布局看，文化产业结构雷同、重复建设、各自为战的问题十分突出，难以形成互通有无、功能互补的文化产业链。对文化产业结构进行战略性调整，既是当务之急，也是推进文化产业又好又快发展的长久之计。这几年，我区在产业发展实践中逐步形成了多元、延伸、升级的发展思路，反映了产业发展的一般规律。要把这个规律性认识运用到发展文化产业和结构调整中，大力推进文化产业多元、文化产业延伸、文化产业升级。

推进文化产业多元，就是要形成多元化的文化产业发展格局。要准确把握文化市场多元化的消费需求，根据我区文化资源禀赋和文化产业基础，既要做大做强我区传统优势特色文化产业，更要运用现代产业理念和科技、信息等手段，大力发展新兴文化产业，加快改造和提升传统文化产业，培育更多新的文化产业增长点，推动形成特色鲜明、优势突出、多元支撑的现代文化产业结构。推进文化产业延伸，就是要打造完整的文化产业链条。要深入挖掘、综合开发我区底蕴深厚的历史文化、特色鲜明的民族文化、丰富多彩的生态文化、光辉灿烂的革命文化等文化资源，不断延长文化产业链条。要推动文化产业与其他产业特别是现代服务业和高新技术产业互动融合，大力发展有文化内涵的新产品和新业态，大力发展文化衍生产品，提高文化产品的精深加工程度和附加值。要按照集约化、基地化、园区化的发展路子，加快建设一批各具特色的文化产业示范基地和文化产业园区，提高文化产业内部的协作配套水平，为延伸文化产业链条创造良好条件。推进文化产业升级，就是要推动文化产业向品牌化方向发展。要鼓励支持文化企业加强自主创新能力建设,建立文化产业创新、示范、孵化基地,积极开发具有自主知识产权的原创性精神文化产品,着力打造更多具有内蒙古特色、反映时代风貌、在社会上叫得响的知名文化品牌,以品牌引领文化产业发展,不断提升我区文化产业发展的核心竞争力。

(三)抓项目,就是要加强文化产业发展的载体建设。一个地区的经济发展离不开项目,发展文化产业同样也离不开项目的支撑。一个好的文化产业建设项目,也可以树一个品牌、带一方经济。近年来,全国很多省份都在加强文化产业项目建设,广西的《印象·刘三姐》、河南的《禅宗少林·音乐大典》在全国产生了重大影响,有效带动了本地文化产业发展。要坚持把项目建设作为发展文化产业的切入点和突破口来抓,通过一个个有形的项目建设,不断开辟我区文化产业发展的新局面。要按照文化产业发展规律和我区文化资源特点,组织相关专家学者高起点、高水平、高质量地策划一批市场前景好、综合竞争能力强、辐射带动作用大的重大文化产业项目。特别是要精心策划和推出一批草原文化、民族歌舞与草原旅游相结合的产业项目,不断提高我区文化旅游业的影响力和吸引力。要充分调动国有、民营以及社会各方面力量参与文化产业项目建设的热情,形成多方投资、多方合作、共同打造文化产业重点工程的生动局面。要切实落实好支持文化产业项目建设的各项政策措施,对经认定的各类重点文化产业项目,要在立项申报、用地审批、税费减免、专项补贴等方面给予重点扶持,推动各类重点项目顺利建设。要拓宽项目运作视野,积极推动文化产业项目"走出去",搞好重点文化产业项目区外招商引资和对外文化贸易,不断提高我区文化产业的市场影响力、知名度和占有率。

(四)兴人才,就是要建设文化产业发展的人才支撑体系。文化产业是"创意产业",比其它产业对人才这个"第一资源"的依赖程度更高。要从贯彻人才强区战略和推进文化产业可持续发展的高度出发,进一步加大文化人才队伍建设力度。一是要加强培养选拔。通过实施"四个一批"人才培养工程等有效措施,培养和造就一大批文化领域的领军人物和专业人才、掌握现代传媒技术的专门人才、高层次的经营管理人才和经纪人队伍。要有重点地筛选一批有潜力的中青年文化人才赴国内外大型文化企业进行研修,到国内外高等学府学习深造,使之成为我区文化建设的骨干力量。要

[737]

注重加强对领导干部和文化管理人员的培养，使之成为有高度文化自觉、文化责任、文化使命的新型领导干部。二是要积极开放引进。要树立"不求所有，但求所用"的灵活适用的人才观念，通过制定优惠政策、创新用人机制，有目的、有针对性地加大对高层次、高技能、复合型人才引进的力度。河南《禅宗少林·音乐大典》的成功就是引进高端人才的结果，没有著名作曲家谭盾就没有《禅宗少林·音乐大典》。我区的"五彩呼伦贝尔儿童合唱团"，如果没有凤凰卫视负责人精心策划，也很难获得"草原天籁"的美誉。三是要有效激励。要完善人才激励机制，建立以知识产权、无形资产、技术要素等参与分配的机制，健全对文化产业人才实施重奖激励的机制，使文化人才的创造愿望得到尊重，创造活动得到支持，创造才能得到发挥，创造成果得到肯定。要形成能上能下、能进能出的人才激励机制，真正把那些懂文化、善经营、会管理、富有改革创新精神的人才选拔到文化发展的关键岗位上来，努力为文化人才施展才华、建功立业创造良好环境。

四、加强组织领导，为解放和发展文化生产力提供有力保证

推进文化体制改革和文化产业发展，政策性强、涉及面广、工作难度大。一是要健全领导体制。按照"党委统一领导、政府组织实施、宣传部门协调指导、文化行政主管部门具体落实、各有关部门密切配合"的要求，进一步健全和完善文化体制改革和文化产业发展的领导体制和工作机制，确保改革和发展各项工作有力、有序、有效地推进。要把文化体制改革和文化产业发展摆上各级党委、政府重要议事日程，纳入经济社会发展总体规划。党政主要领导同志要牢固树立抓发展必须抓文化、抓文化也是抓发展的观念，及时了解改革和发展中面临的新情况，切实解决文化改革和发展中存在的实际困难和问题。各级领导干部要努力提高领导文化改革和发展的能力，加强对文化建设知识与规律的学习研究，加强对本地区文化发展重大问题的调查研究，密切关注国内外文化发展形势的新变化，牢牢把握推进文化改革和发展的主动权。

二是要完善政策措施。深化文化体制改革、推动文化产业发展，离不开政策支持、政策激励和政策保障。近年来，国家和自治区先后出台了一系列政策措施，基本涵盖了改革和发展的主要领域。最近还将印发《内蒙古自治区文化产业发展纲要》和《内蒙古自治区人民政府关于促进民营

文化企业发展的若干意见》。各地区各部门要认真抓好国家和自治区各项政策措施的贯彻落实,切实把各项政策用好、用足、用活,充分发挥政策的"组合效应",努力实现政策效应最大化。

三是要强化投入保障。要进一步加大政府投入力度,在逐步增加公共财政对文化事业发展投入的同时,抓紧设立文化产业发展专项资金,积极探索建立文化产业引导基金、创业投资基金,并通过贴息、补助、奖励等多种形式,支持重大文化产业项目建设,鼓励和引导更多的社会资本兴办文化事业、发展文化产业。北京市自2006年起设立了每年5亿元的文化产业发展专项资金,三年来共支持重点文化产业项目206个,带动社会投资146亿元,有效发挥了政府投资"四两拨千斤"的杠杆作用。要探索建立适应文化产业发展的融资机制,鼓励组建文化产业融资担保机构,支持重点文化企业利用资本市场进行融资。要创新金融服务方式,积极试办知识产权、专利权、商标权、著作权、版权等无形资产抵押贷款、企业联保互保贷款,切实解决文化企业尤其是中小文化企业的融资难题。现在,有很多大型企业、战略投资者和民间资本都纷纷表达对文化产业投资的意向,但缺乏对文化产业的全面了解,找不到文化产业的投资入口。要加快建立文化产业投资信息服务平台,通过定期或不定期组织文化产业项目推介会,发布相关信息,为文化产业融资提供必要条件和优质服务,促进文化与资本的顺利对接。

四是要狠抓工作落实。要大力弘扬求真务实、真抓实干的良好作风,沉下心来、扑下身子,解决问题、推动落实。对于确定下来的目标和任务,要健全工作责任制,加强督促检查,确保如期实现。要进一步加大典型经验的推广力度,把推广典型经验同解决重点难点问题结合起来,同完善相关政策措施结合起来。要进一步调动广大文化工作者推动改革和发展的积极性、主动性,让文化创造的源泉充分涌流,让文化创造的活力充分释放,不断开创我区文化改革发展的新局面。

(选自在全区文化体制改革和文化产业
发展工作会议上的讲话)

第十一篇　和谐社会建设

相约草原

加强新形势下
社会治安综合治理工作

（2001 年 11 月 6 日）

社会治安不仅是一个重大的社会问题，也是一个重大的政治问题。当前虽然我区的社会治安形势总体上是好的，但影响稳定的因素仍大量存在，各级党委、政府特别是社会治安综合治理工作部门，一定要充分认识做好新形势下社会治安综合治理工作的极端重要性，始终保持头脑清醒，切实做到居安思危，认真履行"保一方平安"的重要职责，突出工作重点，努力把我区的社会治安综合治理推向深入，确保全区社会政治稳定。

第一，严厉打击各种刑事犯罪和经济犯罪活动。开展"严打"整治斗争，是党中央抓稳定、抓治安的一项重大决策。这项工作开展以来，各级坚持依法从重从快的方针，集中侦破了一批重大案件，抓捕、审判了一批罪犯，有力打击了犯罪分子的嚣张气焰，取得了阶段性显著战果。但同时也要看到，这项工作开展得不够平衡，一些地方的犯罪活动仍呈上升势头。因此，各级一定要克服松劲情绪，认真分析形势，抓住薄弱环节，切实加大力度，不断把"严打"整治斗争继续推向深入。要突出打击重点，严厉打击有组织犯罪和带黑社会性质的团伙犯罪，流氓恶势力犯罪，杀人、重伤、抢劫、强奸等严重暴力犯罪和盗窃、抢夺等严重影响群众安全感的犯罪，打击各种破坏社会主义市场经济秩序的严重经济犯罪。同时，要针对美国"9·11"事件后国际国内形势的新变化，密切注视、严厉打击国内外敌对势力、恐怖主义分子和"法轮功"邪教组织的各种破坏活动。各级政法机关要统一步调，协同作战，形成依法从重从快打击犯罪的强大合力。

第二，高度重视、妥善处理人民内部矛盾。随着改革开放的不断深入

[743]

和社会主义市场经济的发展,社会管理体制和组织形式、经济活动和利益关系、人们的思想观念和生活方式等都处在深刻变革之中,人民内部矛盾不断增多,解决的难度越来越大,已经成为影响社会稳定的突出问题。解决好大量存在的人民内部矛盾,最重要的是要贯彻落实党的十五届六中全会精神,加强和改进党的作风建设,体察民情,了解民意,诚心诚意为群众谋利益。当前,尤其要关注下岗职工、困难企业职工、城镇贫困人口、贫困地区群众、受灾地区群众、工资被长期拖欠的基层干部等困难群体,把他们的工作和生活切实安排好。妥善处理人民内部矛盾,各级基层组织、政法部门要把矛盾纠纷排查调处作为经常性、基础性工作来抓,认真了解掌握群众关注的热点、难点问题,及时进行妥善处置,把矛盾和问题解决在基层和萌芽状态,避免矛盾纠纷激化或酿成群体性事件。问题出现后,要坚持"谁主管、谁负责"的原则,尽快予以解决;一时难以解决的要耐心细致地做好解释、疏导和化解工作,绝不能敷衍塞责、推诿扯皮;对已经发生的群体性事件,要迅速查明原因,果断加以解决,但不得随意动用警力。

第三,大力加强基层基础工作。目前我区已经形成了较为完善的社会治安综合治理基层工作网络,提高了基层预防、发现、控制、打击犯罪的能力。但从总体上看,综合治理基层基础工作仍然是一个薄弱环节。各级一定要按照中央和自治区的要求,进一步加强基层综合治理机构和公安派出所、人民法庭、司法所等政法基层组织建设,加强治保会、调委会工作,真正使这项工作在基层有人抓、有人管。要进一步开展基层安全创建活动,放手发动群众,广泛调动人民群众参与社会治安综合治理的积极性,充分发挥群防群治的优势,进一步提高社会治安综合治理基层基础工作水平。

第四,全面抓好政法队伍建设。政法队伍是人民民主专政的重要力量,担负着保护人民群众、维护社会稳定、打击违法犯罪的重要使命。实践证明,我区政法队伍是一支政治可靠、战斗力强、党和人民信赖的队伍。但政法队伍中存在的问题也不容忽视。加强政法队伍建设,最根本的是要按照"三个代表"的要求,坚持搞好理想、宗旨特别是法制和职业道德教育,认真贯彻党的十五届六中全会精神和中央最近制定的《公民道德建设实施纲要》，切实加强政法队伍的思想道德和作风建设，教育引导政法干警正确行使手中权力，严格执法，公正执法。要健全完善执法监督机制，落实执法责任制和错案追究制，坚决遏制违法违纪和腐败现象。要严把进口关，同时要努力疏通出口，清理不合格人员，严肃处理极少数害群之马，保持政法队伍的纯洁性。

第五，切实加强党的领导。 搞好社会治安综合治理，领导是关键。全区各级党委、政府特别是主要领导同志，要切实加强领导，担负起维护社会治安和社会稳定、保一方平安的政治责任。要把社会治安综合治理工作作为一项重要任务，纳入经济社会发展的总体规划和年度计划之中，常抓不懈。要定期听取社会治安综合治理部门的工作汇报，经常过问和督促检查本地区、本部门的社会治安工作，帮助解决工作中的困难和问题，保证必要的经费、设备和人员。要严格实行社会治安综合治理部门和单位责任制。社会治安综合治理是一项社会工程，需要全党动手，全民动员，各部门齐抓共管。各地区、各部门、各单位都要按照"谁主管谁负责"和"属地管理"的原则，认真落实好社会治安综合治理各项措施，最大限度地减少不安定因素，切实维护好本地区、本部门、本单位的安全和稳定。各级政法机关和综合治理成员单位要充分发挥职能作用，切实加强指导、监督和协调工作。各级要继续把社会治安综合治理作为干部实绩考核的重要内容，坚持实行社会治安综合治理一票否决制。要进一步加大法制教育和道德建设力度。按照"四五"普法教育规划的要求，结合改革发展的进程，结合干部群众的思想实际，有的放矢地搞好法制宣传教育，进一步提高广大干部群众法律知识和遵纪守法的自觉性。要坚持法治和德治相结合，组织广大干部群众认真学习贯彻中央最近颁布的《公民道德建设实施纲要》，努力提高公民的思想道德水平，在全社会形成良好的道德风尚。各级宣传部门和新闻媒体，要进一步加大法制和道德宣传力度，教育引导广大群众在知法守法、提高自身道德素质的同时，积极参与到社会治安综合治理中来。

（选自在全区社会治安综合治理工作会议上的讲话）

牢固树立人均意识、国策意识、素质意识

(2002年1月24日)

人口问题是社会主义初级阶段长期面临的重大问题，是制约经济和社会发展的关键因素。面对新的形势和任务，全区各级党委、政府和领导干部必须从全局和战略的高度认识和解决人口问题，进一步强化国策意识、人均意识和素质意识，始终保持清醒的头脑，坚持不懈地把人口与计划生育工作抓紧抓好。

要牢固树立国策意识。邓小平同志曾经指出，人口多、底子薄、耕地少是我国的基本国情，控制人口增长是中国的重大战略决策。党的十五大从可持续发展的战略高度，再次强调要"坚持计划生育和保护环境的基本国策，正确处理经济发展同人口、资源、环境的关系"。这充分说明，做好计划生育工作，不是权宜之计，而是一项必须长期坚持的基本国策，任何时候任何情况下都不能动摇和放松。

要牢固树立人均意识。我区"十五"计划《纲要》中一个十分重要的目标，就是人口自然增长率控制在10‰以内。去年底召开的自治区第七次党代会，明确提出了今后五年我区经济发展的奋斗目标，即国内生产总值和城乡居民收入增长速度高于全国平均水平，为2010年人均国内生产总值达到全国平均水平奠定基础。全区各级党委、政府和广大干部群众，都要切实增强人均观念，坚持"两种生产"一起抓，严格控制人口增长，以确保自治区制定的奋斗目标的实现。

要牢固树立素质意识。《中共中央国务院关于加强人口与计划生育工作稳定低生育水平的决定》，坚持以人的全面发展为中心，要求

通过优生优育,努力提高国民素质。江泽民同志《在庆祝中国共产党八十周年大会上的讲话》中指出:"要推进人的全面发展,努力提高全民族的思想道德素质和科学文化素质。"计划生育工作抓好了,不仅能够控制人口增长,而且能够促进优生优育,有利于全民族综合素质的提高。

(选自在全区计划生育工作会议上的讲话)

全面贯彻落实
新时期党的宗教政策

(2002 年 6 月 3 日)

充分认识做好新形势下宗教工作的重要性

宗教工作是党和国家工作中的重要组成部分,在党和国家事业发展中有着重要地位。认识宗教工作的重要性,必须着眼于国际国内形势发展的大局,立足于我区的实际,充分估计宗教的长期性、复杂性及其带来的影响。从国际上看,由于世界几大宗教都具有跨国界、跨民族的特点,宗教常常与现实的国际斗争和冲突相交织,是国际关系和世界政治中的一个重要因素。冷战结束后,西方敌对势力加紧利用民族、宗教问题对我国实施"西化"、"分化"战略,宗教已成为西方敌对势力对我进行政治、文化渗透的重要工具。我区地处祖国北部边疆,是渗透与反渗透斗争的前沿阵地。我国加入世界贸易组织后,渗透与反渗透的斗争将更加激烈。这种激烈的斗争必然会在我区有所反映,并对我区的经济发展和社会稳定产生作用。从国内来看,改革开放 20 多年,宗教赖以存在的经济基础和思想条件发生了深刻变化。我们实行改革开放和社会主义市场经济,极大地解放和发展了生产力,促进了建设有中国特色社会主义事业,这有利于缩小宗教地盘和削弱宗教的影响。同时,随着改革开放的推进和市场经济的发展,社会经济成分、组织形式、就业方式、利益关系和分配方式日益多样化,与此相适应,人们思想活动的独立性、选择性、差异性不断发展,人民内部矛盾出现了许多新情况、新特点,这为宗教影响和争取群众提供了客观条件。对于宗教的这些特点以及给我区带来的影响,我们要保持清醒头脑,做到心中有数,通过扎实有效的、有针对性的工作,努力将宗教的消极影响减少到最低限度。

　　内蒙古素有重视和做好宗教工作的传统。早在自治区初创时期,乌兰夫等老一辈无产阶级革命家从内蒙古的实际出发,创造性地贯彻执行党的宗教政策,成功地处理了民族与宗教的关系问题,为全国少数民族地区的工作提供了实践经验,得到中央领导同志的高度评价。改革开放以来,我区认真贯彻落实党在新时期的宗教政策,巩固和发展了党同宗教界的爱国统一战线。随着改革开放和社会主义现代化建设的推进,宗教工作也不断取得新的进展。近年来,全区各级党委、政府进一步加强对宗教工作的领导,继续全面贯彻党的宗教信仰自由政策,正常的宗教活动和宗教团体的合法权益得到了保障;依法加强对宗教事务的管理,使宗教工作逐步纳入法制化的轨道;通过专项治理和重点整治,及时稳妥地处理了宗教方面出现的问题,消除了隐患,维护了正常的工作秩序和社会稳定;采取有力措施,坚决打击了利用宗教进行的非法活动,抵御了境外敌对势力对我区的宗教渗透;广泛开展了爱国主义和社会主义教育,加强了爱国宗教团体的自身建设,广大宗教界人士和信教群众爱国爱教,团结进步,积极投身于自治区改革和建设事业。从总体上看,我区宗教工作形势是好的,贯彻落实党的宗教政策是得力的,全区宗教工作干部是积极有为的,广大宗教界人士和信教群众是热爱祖国、热爱社会主义、值得信赖的。宗教工作为促进全区的发展,维护祖国北疆的稳定,发挥了不可替代的作用。我们要认真总结我区宗教工作长期稳定健康发展的经验,不断巩固和发展宗教工作的好形势。但是同时也应看到,我区宗教领域和宗教工作中还存在一些不容忽视的问题。从宗教领域看,一些宗教地下势力活动频繁,非法传教活动和私设聚会点现象比较严重;部分贫困地区和弱势群体中信教人员增长较快,少数地区宗教发展不够正常;境外宗教渗透不断加剧,打着宗教旗号的邪教和违法犯罪活动屡禁不止,因宗教问题影响社会稳定的潜在因素依然存在。从宗教工作看,一些地区的领导同志对宗教工作重视不够,认识不高,对宗教理论和政策缺乏深入的研究,在一定程度上还存在“不敢管、不愿管、不会管”的问题;有的地方管理体制不健全,基层基础工作薄弱;爱国宗教人士后备力量不足, 宗教工作干部队伍不能完全适应新形势的工作要求。上述这些

[749]

问题,必须引起我们高度重视,采取切实有效的措施予以解决。

我区已经进入全面建设小康社会、加快推进社会主义现代化建设的新阶段。面对国际国内新形势,我们要抓住机遇,加快发展,全面实现新世纪初经济社会发展的战略目标,必须在爱国主义和社会主义的旗帜下,把包括信教群众在内的全区各族人民的积极性、创造性调动和发挥出来,把他们的智慧和力量凝聚起来,投入到热爱内蒙古、建设内蒙古的伟大实践中去。新形势、新任务要求我们,必须不断加强和改进宗教工作,决不能有丝毫放松和削弱。江泽民同志指出,宗教工作关系到党同人民的血肉联系,关系到推进两个文明建设,关系到加强民族团结、保持社会稳定、维护国家安全和祖国统一。各级党委、政府和各级领导干部,一定要把思想统一到全国宗教工作会议和江泽民同志的重要讲话精神上来,从全局和战略的高度认识宗教工作的重要性,进一步增强责任感和紧迫感,扎扎实实地做好全区的宗教工作。

扎扎实实地做好新形势下的宗教工作

当前和今后一个时期我区宗教工作的主要任务是:以"三个代表"重要思想为指导,认真贯彻全国宗教工作会议精神,全面落实党的宗教信仰自由政策,依法加强对宗教事务的管理,积极引导宗教与社会主义社会相适应,坚持独立自主自办原则,进一步巩固和发展党同宗教界的爱国统一战线,维护社会稳定,增进民族团结,促进我区改革开放和社会主义现代化建设的顺利进行。

(一)全面正确地贯彻党的宗教信仰自由政策。宗教信仰自由是我们党一项长期的基本政策,是宪法赋予公民的一项基本权利。贯彻宗教信仰自由政策的根本出发点和落脚点,就是要大力加强信教和不信教群众的团结,把他们紧紧团结在党的周围,把他们的力量凝聚到加快我区改革开放和社会主义现代化建设这个共同目标上来。我区是一个多民族、多宗教的少数民族自治区,目前信教群众约90万人,他们也是建设社会主义现代化的积极力量。我们只有全面正确地贯彻党的宗教信仰自由政策,坚持政治上团结合作、信仰上相互尊重,才能使更多的人团结起来,共同致力于改革和建设这个大目标。

全面正确地贯彻党的宗教信仰自由政策,重点要处理好以下三个关系。一是处理好信仰宗教自由和不信仰宗教自由的关系。根据我国宪法规定,公民有信仰宗教的自由和不信仰宗教的自由,任何组织和个人不得强制公民信仰宗教或者不信仰宗教。我们必须充分尊重和保护群众自由信教和不信教的权利,坚决纠正干涉宗教信仰自由、排斥和歧视信教群众、损害宗教界合法权益的行为。二是处理好宗教活动中权利和义务的关系。要教育宗教界人士和信教群众,宗教信仰自由决不是不受任何约束的绝对自由,作为中华人民共和国的公民,必须把国家和人民的根本利益放到首位,承担遵守国家法律、法规和政策的义务。任何宗教都要在宪法和法律规定的权利和义务范围内活动,不得利用宗教妨碍社会秩序、工作秩序和生活秩序,更不能利用宗教反对党的领导和社会主义制度,破坏民族团结和国家统一。三是处理好尊重宗教信仰自由和加强对信教群众思想教育的关系。我们尊重和保护信教群众的信仰自由,但决不能放弃对他们的思想教育工作。要在信教和不信教群众中大力开展爱国主义、集体主义、社会主义教育,开展法制教育和公民道德建设,开展科学文化知识特别是现代科学知识的学习,尤其要高度重视加强对青少年的科学世界观包括无神论的宣传教育。在开展思想教育工作中,要准确把握政策,讲究工作方法,不能妨碍信教群众的信仰,不得伤害他们的宗教感情。

(二)依法加强对宗教事务的管理。依法管理宗教事务,是政府管理社会事务的重要职责,也是当前我区宗教工作的一项重要任务。针对我区基督教非法聚会点增多、天主教地下势力活动比较频繁等问题,要采取有力的措施,进一步加强对宗教事务的依法管理。要坚持"保护合法、制止非法、抵御渗透、打击犯罪"的原则,依法保障宗教信仰自由,保证正常宗教活动的有序进行,保护宗教团体的合法权益;制止各种非法宗教活动,坚决打击利用宗教进行的违法犯罪活动。要教育引导宗教界和信教群众增强法律意识,自觉遵守国家的法律、法规。切实加强对宗教活动场所、宗教活动和宗教教职人员的管理,当前重点要加强对流动人口中宗教活动的管理,特别是加强对边境口岸及城乡结合部宗教活动的管理;宗教活动必须在依法登记的宗教场所和经政府宗教事务部门认可的场所进行。基层政府要及时发现和制止各种非法宗教活动，把对宗教事务的管理纳入法制化的轨道。

在依法管理宗教事务的过程中，既要坚持原则、依法行政，又要注意方法和策略。我国宗教方面的矛盾主要是人民内部矛盾，但也存在一些敌对性质的矛盾。要严格区分两类不同性质的矛盾，对于人民内部矛盾，要正确而慎重地处理，防止矛盾的激化；对于个别利用宗教进行违法犯罪的敌对分子，要坚决予以打击。要认真总结近年来我区对非法宗教活动专项治理等工作的成功经验，深入研究正确处理宗教工作中两类不同性质矛盾的有效办法，不断提高依法管理宗教事务的水平。这里需要指出的是，邪教不是宗教，对于邪教和其他打着宗教旗号的非法组织，一定要严加防范，露头就打，绝不能让他们生成和蔓延开来。

（三）积极引导宗教与社会主义社会相适应。贯彻党的宗教信仰自由政策，依法加强对宗教事务的管理，目的都是引导宗教与社会主义社会相适应。积极引导宗教与社会主义社会相适应，是我们党从社会主义初级阶段这一基本国情出发，总结新中国成立以来宗教工作成功经验作出的科学论断，也是我国宗教自身发展的正确方向。在我国，信教群众和不信教群众的根本利益是一致的，这是我们做好宗教工作的政治基础。同时，我国各宗教通过自身的改革和进步，也为在社会主义社会发挥其积极因素打下了一定基础。这两个基础为宗教与社会主义社会相适应提供了现实的条件。积极引导宗教与社会主义社会相适应，不是要求宗教界人士和信教群众放弃宗教信仰，而是要求他们热爱祖国，拥护社会主义制度，拥护中国共产党的领导，遵守国家的法律、法规和方针政策；要求他们从事的宗教活动要服从和服务于国家的最高利益与民族的整体利益；支持他们努力对宗教教义作出符合社会进步要求的阐释；支持他们与各族人民一道反对一切利用宗教进行危害社会主义祖国和人民利益的非法活动，为民族团结、社会发展和祖国统一多作贡献。

引导宗教与社会主义社会相适应是一项长期任务。当前和今后一个时期，重点是调动宗教界的积极因素，鼓励和支持宗教界继续发扬爱国爱教、团结进步、服务社会的优良传统，多做善行善举，组织宗教学识较高的教职人员对教规教义中的积极因素进行与社会主义社会相适应的阐释,组织宗教界人士和信教群众深入开展揭批"法轮功"等邪教组织活动等等,努力为我区经济发展和社会稳定服务。对宗教中的积极因素要肯定,但不能扩大,这个分寸一定要把握好。我们的努力方向,是要通过经济科学文化水平的不断提高,通过强有力的思想教育工作,逐步淡化人们的宗教信仰,而不是去强化它。无论从现实还是从长远看,都不能使宗教的阵地越来越大。这是个大原则,各级领导干部思想上必须十分明确,行动上必须十分坚定。要正确把握宗教社会作用的两重性,因势利导,趋利避害,防止人为扩大宗教影响。要正视宗教的消极因素,引导、支持和依靠宗教界对危害群众生产、生活和身心健康,不适应社会主义社会的教规陋习和宗教制度逐步加以改革。

(四)坚持独立自主自办原则,防范和抵御境外势力的宗教渗透。宗教渗透是西方敌对势力对我进行"西化"、"分化"和颠覆破坏活动的一个重要手段。我区作为多民族、多宗教的边疆地区,境外宗教势力的渗透一刻也没有停止。近年来,他们利用运输、邮递、互联网传输、电子邮件等多种形式向我区发送各种非法宣传品,甚至直接派人潜入我区进行宗教宣传。有的披着合法的外衣,利用开展经贸、科技、教育、文化、卫生交流与合作等方式进行宗教渗透;有的私自聚会,进行非法宗教活动;有的将我区一些信教人员拉出去培训,秘密发展他们的势力。随着对外开放的进一步扩大,我区宗教界与世界各国宗教的交往日益增多,境外势力利用宗教对我进行渗透的问题也会日益突出,渗透与反渗透的斗争将长期存在。对此,各级党委、政府以及宗教界人士和信教群众,务必要保持高度警惕,在思想上牢固树立越是扩大开放,越是要坚持独立自主自办的原则不动摇,越是要旗帜鲜明地反对和抵御境外宗教渗透。

在实际工作中,要积极支持宗教界在独立自主、平等友好、互相尊重的基础上开展对外交往,绝不允许任何境外宗教势力控制我区的宗教,不允许任何外国宗教团体和个人干预我区宗教事务,不允许任何境外宗教组织用任何方式到我区传教。各地区、各有关部门在开展经贸、文化、教育、科技、旅游等对外交往与合作中,要坚持与宗教相分离的原则,依法制止以经济援助为手段的政治、宗教渗透,绝不能贪小利而忘大义。要加强对宗教界坚持独立自主自办原则的教育,使他们在思想上、行动上自觉地抵御宗教渗透。各级统战、宗教、公安、安全等部门要加强情报信息工作，及时发现和掌握境外宗教敌对势力对我区的渗透破坏活动情况。要认真研究我国加入世贸组织和互联网加速发展等新情况给我区宗教带来的影响，及早制定应对措施，不断完善政策法规，牢牢把握抵御境外宗教渗透的主动权。

(五)加强爱国宗教力量的建设，巩固和发展党同宗教界的爱国统一战线。加强宗教界代表人士队伍的建设，特别是培养一支爱国爱教的中青年教职人员队伍，是当前我区宗教工作的一项紧迫任务。这项工作做的好坏，直接关系到我区宗教团体未来的发展和宗教界的稳定。要充分发挥爱国宗教团体的桥梁作用，支持宗教团体加强自身的思想建设、组织建设和制度建设，切实帮助他们解决开展工作中遇到的实际问题和驻会人员的生活困难，使宗教团体和寺观教堂的领导权牢牢掌握在爱国爱教的宗教人士手中。进一步加大对中青年教职人员培训工作的力度，办好各种类型的读书班、学习班，上好政治课，把接受党的领导、拥护社会主义、爱国爱教、有一定宗教学识、在信教群众中有较高威望的中青年人士充实进宗教团体的领导班子，妥善解决新老交替问题。要帮助爱国宗教团体办好宗教院校，建立一套完善有效、符合各宗教实际需要的培训机制，加快培养更多的爱国爱教的教职人员。各级党政领导和统战、宗教工作部门要加强同宗教界代表人士的联系，与他们交朋友，及时掌握他们的思想动态，经常听取他们的意见和建议，做好深入细致的思想政治工作。

切实加强党对宗教工作的领导

第一，要把宗教工作摆到各级党委、政府的重要议事日程。民族、宗教无小事。在全国宗教工作会议上，江总书记强调指出："重视宗教工作，善于做宗教工作，是领导干部政治上成熟的重要表现，也是我们党提高领导水平和执政能力的必然要求。"各级领导要深刻领会江总书记的重要指示精神，进一步增强政治意识、大局意识和责任意识，把宗教工作列入重要议事日程，当作一件大事牢牢抓在手上。要坚持在党委的统一领导下，建立由统战部门负责的宗教工作协调机制。统战部作为党委的职能部门,要加强对涉及宗教方面重大问题的研究和协调,及时解决工作中遇到的问题。政府宗教工作部门作为政府的职能部门和行政执法的主体,要依法加强对宗教事务的管理。各有关部门和工会、共青团、妇联等人民团体要在各自职责范围内支持宗教工作的开展,形成相互配合、团结合作的良好工作格局。要建立宗教工作责任制及责任追究制,按照属地管理、分级负责的原则,把宗教工作的责任层层落实到位。要把党的宗教政策是否得到落实,宗教事务管理是否走上法制化轨道,与宗教问题相关的矛盾纠纷是否有效预防和妥善处理,信教群众与不信教群众是否团结一致共同致力于社会主义现代化建设,作为各级党委、政府对宗教工作重视不重视、抓得好不好、得力不得力的衡量标准。

第二,要进一步加强马克思主义宗教观和党的宗教政策的宣传教育。马克思主义宗教观和党的宗教政策,是指导我们做好宗教工作的理论和政策依据。要坚持不懈地对党员、干部进行马克思主义宗教观和党的宗教政策的宣传教育,把宗教理论政策纳入各级党校和行政学院的教学内容。各级领导干部特别是分管宗教工作的领导以及从事宗教工作的同志,更要尽可能多地掌握有关宗教方面的基本知识,提高做好宗教工作的能力和水平。宣传、新闻、出版单位也要认真学习党的宗教方针政策,学习有关宗教的基础知识,防止由于无知而导致违反宗教政策、伤害信教群众感情问题的发生。要教育党员、干部坚定共产主义信念,防止宗教思想的侵蚀。广大党员、干部要牢记不信仰宗教是做一个合格共产党员的起码条件,发扬科学精神,积极宣传无神论,牢固确立科学的世界观。

第三,要下功夫抓好基层基础工作。宗教工作最根本的是做好信教群众的工作。我区大部分信教群众生活在农村牧区、城市社区等基层,做好宗教工作,必须强化基层基础工作。实践证明,凡是基层基础工作扎实的地方,宗教活动往往都比较正常;而一些地方之所以出现这样那样的问题,往往也是因为基层基础工作不扎实造成的。各级党委、政府一定要高度重视,下功夫抓好基层党组织建设和基层政权建设。基层党政组织要认真地贯彻全心全意为人民服务的宗旨,多为群众办好事、办实事,尤其要关心那些工作和生活中遇到困难的群众,切实帮助他们解决实际困难,使他们真正感到代表他们利益、能够带领他们创造幸福生活的是我们党和政府,而不是任何宗教和"神"。当前,要着力抓好农村牧区的宗教工作,进一步建立健全旗县、苏木乡镇、嘎查村三级宗教事务管理网络,建立苏木乡镇和嘎查村两级工作责任制,完善规章制度,狠抓工作落实,努力形成宗教管理的有效机制。要突出抓好重点宗教区域和重点宗教教派的管理工作,经常分析和排查本地区宗教领域的不稳定因素,善于发现带有苗头和倾向性的问题,抓早抓小抓实,力争把问题解决在萌芽状态,有效预防和及时化解因宗教问题引发的群体性事件和突发性事件。

第四,要重视加强宗教工作干部队伍建设。各级党委、政府要把加强宗教工作干部队伍建设,作为提高宗教工作水平的基础性工作来抓,采取有效措施,进一步加大宗教干部队伍建设力度,努力建设一支适应新形势宗教工作要求,具有很强的政治和大局意识、较高的理论政策水平、丰富的宗教专业知识、严谨细致的工作作风的宗教工作干部队伍。要关心他们的成长进步,帮助他们解决实际问题,充分调动广大宗教工作干部的积极性、创造性。广大宗教工作干部要努力学习和掌握宗教理论和党的宗教政策,不断提高做好宗教工作的理论政策水平和实际工作能力。进一步贯彻落实十五届六中全会精神,切实转变工作作风,经常深入到信教群众中去,加强调查研究,发现新情况,总结新经验,解决新问题。

(选自在全区宗教工作会议上的讲话)

充分发挥科学技术
第一生产力的作用

(2002 年 6 月 21 日)

改革开放特别是近年来,自治区党委、政府高度重视科技工作,认真贯彻"科学技术是第一生产力"的思想,始终把科技工作放在重要位置,制定并全面实施了科教兴区战略。全区各级科协组织及所属团体,以振兴我区科技事业为己任,紧紧围绕自治区的工作大局,充分发挥科技工作者之家的作用,团结和动员广大科技工作者积极投身经济建设主战场;认真组织开展学术交流活动,活跃学术思想,大力促进科技成果的转化和应用;充分发挥科普工作主力军作用,努力提高人民群众的科学文化素质,在全社会倡导科学方法、弘扬科学精神。广大科技工作者以高度的主人翁精神,认真履行职责,潜心研究,努力探索,在推动自治区科技进步和技术创新,加快高新技术发展,开展科学技术普及和推广应用等方面,做出了积极而重要的贡献,有力地促进了我区科技事业的发展。

当今世界,科学技术突飞猛进,科技进步和技术创新越来越成为经济社会发展的决定性力量。现在,我国已加入世界贸易组织,我们将在更大范围、更广领域、更高层次上参与国际经济技术合作和竞争。我们要在激烈的竞争中赢得主动,就必须比已往任何时候更加重视科教兴区工作,极大地发挥科学技术在经济社会发展中的重要推动作用。江泽民同志在"七一"讲话中指出,科学技术是第一生产力,而且是先进生产力的集中体现和主要标志。大力推动科技进步和技术创新,是我们党代表中国先进生产力发展要求必须履行的重要职责。应当看到,虽然我区科技事业近年来有了长足发展,但创新能力不强、科技成果转化率低、高新技术产业发展不快等问题还没有从根本上得到解决,科学技术对经济社会发展的贡献率仍然较低。全区各级党委、政府和科协组织、广大科技工作者,一定要牢固树立"科学技术是第一生产力"的思想,大力实施科教兴区战略,推进我区科技事业更快更好地向前发展。

第一,着眼自治区经济社会发展的现实需要,提高科技进步和技术创新能力。面对国内外技术更替不断加速,科技发明与产业化的关系日益密切,科学技术转化为现实生产力的周期越来越短的发展趋势,我们必须加速推进科技进步,提高技术创新能力。从我区实际出发,提高科技进步和技术创新能力,一定要坚持自主研究开发与引进、消化、吸收国内外先进技术并重,做好科技与经济结合这篇大文章,加速科学技术向现实生产力的转化。要围绕调整农牧业结构和发展具有我区比较优势的绿色农畜产品加工业,研究推广优质高产高效种养技术、加工保鲜储运技术、降耗增效技术等,推进新的农牧业科技革命,促进农牧业由粗放型向集约型转变。要抓住国家支持和鼓励企业技术改造的有利时机,运用先进适用技术改造提升传统工业,围绕增加品种、提高质量、节能降耗、防治污染和提高劳动生产率,改进生产工艺和装备,尽快淘汰落后技术和产品,大力开发技术含量高和竞争力强的优质名牌产品。要坚持"有所为、有所不为"的原则,大力发展高新技术产业,重点抓好稀土、生物制药等优势特色产业的发展。要运用现代服务技术和现代经营方式改造传统服务业,加快高新技术在金融、商贸、文化、教育等领域的推广应用,提高服务业的科技含量,进一步增强市场竞争力。要积极推进产、学、研结合,逐步建立起以企业为主体,科研机构、大专院校为基础,中介服务组织为纽带的技术创新体系,进一步提高行业、企业特别是大中型企业的技术开发能力,提高科技进步对我区经济增长的贡献率。

第二,普及科学知识,弘扬科学精神,提高广大干部群众的科学文化素质。人民群众科学文化素质的高低,直接关系到科技进步和技术创新能力的提高,关系到一个国家、一个地区市场竞争能力和综合实力的强弱。因此,一定要把提高全民的科学文化素质作为一项重要的基础工程来抓,在全社会普及科学知识,弘扬科学精神。广大科技工作者不仅要成为科学技术的创造者、实践者,而且要成为科学技术的传播者。各级科协组织要充分发挥科普主力军的作用,大力开展科学普及活动,传播科学知识,营造科学气氛,在全社会进一步形成爱科学、学科学、用科学的良好风尚。要把普及科学文化知识与弘扬科学精神结合起来,使人民群众不仅掌握科学知识和实用技术,而且学会用科学思想观察和分析问题,提高用科学精神和科学方法处理问题的能力,自觉抵制各种愚昧、迷信和歪理邪说。要通过全民性科普活动的开展和科学思想、科学精神的传播,促进人民群众科学文化素质的提高,使科教兴区战略成为全区各族人民群众的自觉行动。

第三,优化发展环境,进一步激发和调动广大科技工作者的积极性、创造性。努力培养和造就一支结构合理、规模宏大、创新能力强的高素质科技队伍,充分调动广大科技工作者的积极性和创造性,对于促进我区经济社会发展特别是科技进步至关重要。要进一步加大科技人才队伍建设力度,注意培养优秀年轻科技人才,在全社会树立尊重知识、尊重人才的良好风尚。继续深化科技体制改革,从体制、机制、政策等方面,创造有利于科技工作者施展抱负、发挥才智的环境和条件。广大科技工作者要把个人的成长进步同国家和民族的前途命运紧密联系起来,充分认识自己在科教兴区、建设和振兴内蒙古中所肩负的重要使命,增强责任感和奉献意识,树立大胆探索、勇攀科学高峰的勇气和信心。要努力加强学习,不断更新知识结构,积极投身现代化建设伟大实践,在推进自治区两个文明建设中有所作为,再立新功。

第四,充分发挥社会职能,使科协真正成为"科技工作者之家"。科协组织作为党领导下的人民团体和科技工作者的群众组织,在推进科技事业发展中发挥着学术交流主渠道、科普工作主力军、国际民间科技交流主要代表的重要作用。各级科协要主动适应新形势、新任务的要求,努力为科技进步、经济振兴、社会发展服好务,为广大科技工作者服好务。要积极组织和依靠广大科技工作者,广泛开展学术交流、科学普及、科技咨询、国际民间科技交往活动,使科技工作者真正成为科协工作的主体力量。要加强与科技工作者的联系,及时反映科技工作者的意见、呼声和要求,维护科技工作者的合法权益,关心和爱护广大科技工作者,努力为他们排忧解难。要善于发现、认真培养科研、教学、生产第一线的优秀科技人才，真正把科协组织建设成为"科技工作者之家"。

科协组织是党和政府联系科技工作者的桥梁和纽带，是发展科学技术事业的重要力量。支持科协工作就是支持党的群众工作和知识分子工作，就是支持科技事业的发展。各级党委、政府要关心和重视科协工作，切实加强对科协工作的领导。要在政策、资金等方面给予支持，积极参加科协组织的活动，帮助他们解决工作中的具体困难和问题，为他们更好地发挥作用创造良好的环境和条件。

（选自在自治区科协第五次代表大会上的讲话）

带着深厚的感情
做好民政工作

(2002 年 7 月 26 日)

民政工作在国家改革、发展、稳定的大局中占有重要地位。内蒙古是边疆少数民族地区和经济欠发达地区,自然灾害频繁,落实低保、救灾济困、社会救助等任务十分繁重,做好民政工作尤为重要。全区各级党委、政府一定要从全局和战略的高度,充分认识民政工作在自治区改革、发展、稳定中的重要地位和作用,扎扎实实地做好这一重要工作。

要把民政工作作为全党全社会的一件大事来抓。各级党委、政府要从讲政治、讲大局、讲稳定的高度,切实重视新形势下的民政工作,热情关心和支持民政部门的工作,认真解决民政工作中存在的实际困难和问题。党政各部门和社会各界要密切配合、积极支持民政部门开展工作,确保民政工作的各项政策落到实处,把党和政府的温暖送到千家万户。

要把民政工作的重点放在基层。民政工作直接面对群众,工作对象和重点、难点问题都在基层,大量工作要靠基层的同志去具体落实。因此,一定要强化基层基础工作,切实加强基层组织、干部队伍和各项制度建设,为做好民政工作提供可靠保证。

要带着深厚的感情去做工作民政工作。从事民政工作的同志,要增强全心全意为人民服务的宗旨意识,密切与人民群众的血肉联系,带着深厚的感情,怀着满腔的热情,体现为民的真情,深入基层、深入群众,了解民意、体察民情,为党分忧、为民解愁,真正做到深怀爱民之心,恪守为民之责。

(选自在全区民政工作会议上的讲话)

[761]

促进就业再就业是经济社会发展的
优先目标和当务之急

（2002 年 10 月 11 日）

一、充分认识做好再就业工作的重大意义

就业是民生之本。它不仅是人们从事劳动的基本形式和谋生的必要手段，也是人们融入社会、得到社会承认和赢得自尊的重要途径。就业问题解决得如何，直接关系改革发展稳定的大局。从改革看，当前和今后一个时期，国有企业改革仍是整个经济体制改革的中心环节，仍处于攻坚阶段。随着国有企业改革的深入和企业技术进步，不可避免地还会精简企业富余人员。如何妥善安置企业下岗分流人员，使他们尽快实现再就业，这既是国有企业改革的重点和难点，也是巩固国有企业改革脱困成果，进一步深化国有企业改革必须解决好的问题。从发展看，扩大就业既是经济社会发展的重要任务，又是经济社会发展的重要目标。特别是对于我们这样一个劳动力资源充裕的国家，劳动者是否充分就业，对整个经济社会发展起着决定性作用。如果很多劳动者不能就业，没有较为充足的收入，扩大内需就是一句空话，经济持续快速健康发展就失去了基础，也就不可能保持经济与社会可持续发展。从稳定看，稳定是改革、发展的前提，没有稳定也就谈不上改革，谈不上发展。如果有劳动能力和就业愿望的下岗失业人员不能实现再就业，长期无事可做，必然缺乏社会归属感和安全感，心态也难以平衡，将会对维护社会稳定带来不利影响。这几年，时有发生的国有企业下岗失业人员群体性上访事件，就说明了这一点。现在，全党上下正在认真贯彻"三个代表"重要思想。"三个代表"的核心，就是代表最广大人民的根本利益。国有企业下岗失业人员曾经

为自治区的改革和建设作出了重要贡献,他们现在就业和生活遇到了困难,最需要党和政府给予关心和帮助。千方百计解决好他们的再就业问题,是贯彻"三个代表"要求的具体体现。

应当肯定,我区再就业工作总体上是好的。特别是 1998 年全区国有企业下岗职工基本生活保障和再就业工作会议以来,自治区就业和再就业工作取得明显进展,城镇登记失业率一直控制在 4% 以内。就业结构有了很大改善,第一产业从业人员由 1978 年的 67.1% 下降到 2001 年的 51.6%,第三产业从业人员由 1978 年的 14.4% 上升到 2001 年的 31.6%。再就业工作取得明显成效,1998 到 2001 年全区累计有 79 万国有企业下岗职工进入再就业服务中心,先后有 68.8 万下岗职工实现了再就业,每年的再就业率都在 50% 以上,高于全国平均水平。与此同时,全区城镇"两个确保"和"三条保障线"工作进展顺利,社会保障体系建设取得较大进展。如果不是这几年认真扎实地抓了国有企业下岗职工再就业和各项社会保障工作,我区的改革开放和现代化建设就不可能顺利推进,安定团结的政治局面就不可能得到巩固和发展。

在肯定成绩的同时,我们一定要清醒看到,当前和今后一个较长时期我区就业和再就业工作面临的形势是非常严峻的。江泽民总书记深刻指出:"我国就业方面的主要矛盾,是劳动者充分就业的需求与劳动力总量过大、素质不相适应之间的矛盾。这将是一个长期存在的问题。当前,主要表现在劳动力供求总量矛盾和就业结构性矛盾同时并存,城镇就业压力加大和农村富余劳动力向非农领域转移速度加快同时出现,新成长劳动力就业和失业人员再就业问题相互交织。焦点集中在下岗失业人员再就业上,而且这个问题已经成为一个带有全局性影响的重大经济和社会问题。"这一分析和判断,完全符合自治区的实际。我区是经济欠发达地区,就业矛盾更为突出,再就业任务非常艰巨。具体表现为:一是劳动力供需矛盾尖锐。据初步预测,2002 年全区城镇求职登记的下岗失业人员30 万,城镇当年新增劳动力 15 万,再加上外地和农村劳动力进城务工约70 万,形成巨大的就业压力。就我区目前发展现状看,每年可提供的比较稳定的就业岗位仅 10 万个左右,就业缺口很大。二是特困行业再就业问题突出。目前,煤炭、森工等行业下岗滞留中心职工达 4.1 万人,占全区滞留中心下岗职工总数的 67%。这些行业产业单一，就业渠道窄，加上所在地区经济和自然条件的制约，下岗失业人员再就业非常困难。三是特殊群体再就业困难。在下岗人员中，大龄人员(男性 50 岁、女性 40 岁以上)和初中以下文化程度人员均占 40%左右，初级和无技术等级人员约占80%。这部分人年龄偏大、技能单一，再就业竞争能力弱，急需再就业援助。

当前的就业和再就业问题，有些是历史形成并将长期存在的，有些则是在我区经济发展、企业改革和经济结构调整深化过程中产生的，是前进和发展中的问题。我们既要充分认识做好就业和再就业工作的长期性、艰巨性，同时要看到做好工作的有利条件。以江泽民同志为核心的党的第三代领导集体，对就业和再就业工作高度重视，制定了正确的就业方针，出台了一系列政策措施，这是我们做好工作的根本保证。经过这些年的努力，我们在做好就业和再就业工作方面积累了一些成功经验，有了一定的工作基础，全社会重视就业和再就业工作的氛围开始形成。西部大开发战略和国家积极财政政策的深入实施，必将进一步加大固定资产投入，有力地促进我区生态建设和基础设施建设，促进国民经济持续快速健康发展，为劳动者创造出更多的就业机会。随着经济结构的战略性调整，中小企业、第三产业和个体私营经济将会得到较快发展，就业空间会越来越大。只要我们坚定信心和决心，抓住当前的有利时机，进一步加大工作力度，就一定能够把我区的就业和再就业工作搞好。

二、做好再就业工作需要着力把握的几个问题

从我区实际出发，贯彻落实好全国再就业工作会议和党中央、国务院最近下发的《关于进一步做好下岗失业人员再就业工作的通知》精神，做好自治区的再就业工作，必须着力把握好以下几个方面的问题。

(一)集中力量抓好当务之急。江总书记在全国再就业工作会议上的讲话中，强调各级在开展工作时，一定要注意分清轻重缓急，善于集中力量搞好当务之急。他还指出，做好下岗失业人员的再就业工作，就是当前党和国家工作中一项重大而紧迫的当务之急。解决好下岗失业人员再就业问题，当前关键是要有组织地开发一批适合下岗失业人员从事的就业岗位，使下岗失业人员尽快找到一份工作。现在看，比较现实的途径主要

有两个:一是社区就业岗位。据国家统计局的资料,目前我国许多大中城市居民家庭对社区服务的需求很大, 有70%以上的家庭需要各种服务,社区就业空间非常大。社区就业领域广、门槛低,不需要很高的文化和技能,也不需要很大的资金投入,很适合下岗失业人员从事。大力发展社区服务业,不仅对解决下岗职工再就业具有现实意义,而且对于解决我国未来总体就业供需矛盾也具有战略意义。我区的社区服务业现在刚刚起步, 有很大的现实就业空间。我们要把充分开发社区就业岗位作为一个重点,组织下岗失业人员开展便民利民服务,从事物业管理、保洁保绿、治安管理等工作,在方便居民生活和提高居民生活质量的同时,促进更多的下岗失业人员尽快实现再就业。二是政府开发的公益性就业岗位。这几年,各地城镇建设管理和整顿市场经济秩序的力度逐步加大,政府投资开发了一大批公益性就业岗位,而且随着事业的加快发展,这样的公益性就业岗位还会越来越多。我们要充分用好这些就业岗位,尤其要利用这些岗位安置好下岗失业人员特别是年龄偏大、技能偏低、就业竞争力弱的下岗失业人员,同时采取提供就业援助、社会保险补贴和岗位补贴等更加优惠的扶持政策,帮助这部分最困难的下岗失业人员早日再就业。

加大政府对失业人员再就业的扶持力度,是政府的重要职责,也是世界各国促进就业和再就业普遍采用的做法。中央最近下发的《关于进一步做好下岗失业人员再就业工作的通知》, 在总结近年来我国再就业工作经验的基础上,借鉴世界各国的有效做法,提出了比较完善的促进就业和再就业的扶持政策和措施。我们一定要不折不扣地贯彻落实中央《通知》精神,并从我区实际出发,研究制定具体的操作办法。在制定具体办法过程中,态度要积极,政策不能后退,不能模糊,不能扯皮,以更加优惠和更有操作性的政策措施,鼓励和支持下岗失业人员自谋职业,鼓励各类企业吸纳下岗失业人员,鼓励有条件的国有大中型企业主辅分离安置富余人员。政策措施能不能收到预期效果,很大程度上取决于就业服务工作能不能跟上。就业技能单一,不适应劳动力市场的需求,是下岗失业人员难以再就业的一个重要原因。各级政府要把再就业培训作为搞好服务的重要内容来抓,进一步加大培训力度。要根据就业需求变化,开展

"订单式"定向培训,不断增强培训的实用性和有效性,切实提高下岗失业人员再就业的能力。同时,要加强就业服务信息化建设,规范劳动力市场秩序,健全再就业组织体系,推广"一站式"服务方式,为下岗失业人员提供方便、快捷、周到的就业介绍和就业指导。

(二)坚持在发展中拓展新的就业空间。发展是执政兴国的第一要务,是解决一切问题之本、之源,也是解决再就业问题的根本出路。我国沿海地区人多地少,人均占有资源严重不足,但通过发展经济,不仅较好地解决了本地区的就业问题,而且吸纳了几千万外地打工者。从我区来看,这方面也有很好的典型,比如鄂尔多斯市东胜区、呼和浩特市和林县,基本上实现了零失业,他们的根本经验就是通过发展经济实现充分就业。实践告诉我们,只有经济发展了,才能提供充足的就业岗位,才能增加财政收入,政府也才有能力对再就业进行扶持。我们一定要正确处理发展经济和扩大就业的关系,在制定和实施经济社会发展规划时,把促进就业作为经济社会发展的优先目标,通过发展经济来扩大就业,通过扩大就业来促进经济发展。从我区实际出发,当前和今后一个时期,各级要把促进再就业同深入贯彻自治区第七次党代会精神、加快推进"十五"计划和西部大开发战略的实施紧密结合起来,以创业推动就业。在加快生态建设和基础设施建设过程中,要把安置城乡富余劳动力特别是城镇下岗失业人员充分考虑进去,做到生态建设、基础设施建设与扩大就业同步发展,互相促进。在推进"三化"进程中,要始终把解决就业问题放到重要位置。推进工业化,既要积极发展高新技术产业,又要大力发展劳动密集型产业;既要不断增强国有企业的竞争力,又要加快发展多种所有制经济特别是个体私营经济;既要培育壮大大企业、大集团,又要大力发展中小企业,充分发挥多种所有制经济和企业在吸纳劳动力就业方面的作用。推进城镇化,要注重培育城镇主导产业,以产业发展拉动经济增长,促进下岗失业人员再就业。

要把发展第三产业作为促进就业和再就业的主攻方向。从三次产业吸纳劳动力就业的潜力来看,第三产业可挖掘的就业空间最大。目前,我区第三产业从业人员占全部从业人员的比例为31.6%,远远低于发达国家60%-70%的水平,比印度、马来西亚等发展中国家也低近20个百分点,同国内发达地区相比差距也很大。大力发展第三产业,提高第三产业占国民经济的比重,是我区经济结构调整的重要方面,也是促进就业和再就业的现实途径。各地要把加快第三产业发展与扩大就业、促进再就业统一起来,采取更加有力的措施,大力发展第三产业尤其是社区、旅游、商贸、餐饮等服务业,使下岗失业人员在第三产业快速发展的同时实现再就业。

(三)继续巩固和加强社会保障工作。近年来,在党中央、国务院的关心和支持下,通过全区上下的共同努力,我区社会保障工作取得了明显成效。但同时也要看到,我区社会保障的政策措施还没有完全落实到位,一些应该纳入社保范围的人员还没有完全纳入,个别地方和单位"三条保障线"还存在"死角"。各级在研究解决就业问题时,一定要正确处理完善社会保障体系和扩大就业的关系,切实做到再就业工作和社会保障整体部署、协调推进。要按照中央要求,全面落实"两个确保"政策,使国有企业下岗职工和企业离退休人员都能按时足额领到基本生活费和基本养老金,决不能发生新的拖欠。要进一步加强"低保"工作,合理确定"低保"标准和应保对象的补助水平,对"低保"对象实行有进有出、补助水平有升有降的动态管理,努力做到不漏保、不错保和应保尽保。要积极稳妥地推进国有企业下岗职工基本生活保障向失业保险并轨工作,搞好"三条保障线"的衔接,将该纳入失业保险的及时纳入失业保险范围,该纳入"低保"的及时纳入"低保"范围。对那些有劳动能力和就业愿望的下岗失业人员,要帮助他们尽快实现再就业,加快由基本生活保障向就业保障的转变。要切实搞好养老、失业、医疗保险等社会保障制度改革,积极探索适应市场经济要求和地区实际的社会保障机制,进一步推动我区社会保障工作的深入发展。

(四)全面理解、正确贯彻中央的政策措施。党中央、国务院一贯高度重视下岗失业人员基本生活保障和再就业工作,先后制定了一系列方针政策。在全国再就业工作会议上,江总书记要求做好就业和再就业工作必须正确处理好五个重大关系,朱总理强调做好下岗失业人员再就业工作必须注意把握好四个重要问题,中央和国家有关部门也先后出台了一些新的支持就业和再就业的政策措施,我们一定要认真学习理解,全面正确贯彻,确保中央关于就业和再就业的各项政策措施不折不扣地落实到位。从我区实际出发,各级在贯彻落实江总书记、朱总理重要讲话和中央各项政策措施时,要注意把握好以下几点:

一是要坚定不移地推进国有企业改革。推进国有企业改革,是经济体制改革的中心环节。深化改革必须实行"鼓励兼并、规范破产、下岗分流、减员增效、实施再就业工程"的方针,形成优胜劣汰的竞争机制。随着企业改革深化、技术进步和经济结构调整,人员流动和职工下岗是难以避免的。这会给一部分职工带来暂时的困难,但从根本上说,有利于经济发展,符合工人阶级的长远利益。强调做好下岗失业人员再就业工作,并不是要放松或延缓国有企业改革,而是要统筹考虑减员增效和促进再就业。国有企业减员增效、职工下岗分流工作还要继续进行,但必须坚持减员增效和促进再就业相结合、职工下岗分流和社会承受能力相适应的原则。国有大中型企业要充分挖掘内部潜力,通过主辅分离、辅业转制,发展多种经营,多渠道安置富余人员,能不推向社会的尽量不推向社会。必须下岗分流的,也要充分考虑财政、企业和社会保障的承受能力,坚持量力而行。企业破产关闭,首先要考虑职工群众的生活和出路问题,切不可简单地向社会一推了之。

二是要全面正确地贯彻就业方针。实行劳动者自主择业、市场调节就业、政府促进就业相结合,是中央确定的正确就业方针。由于就业和再就业矛盾突出,解决这个问题,各级政府肩负着义不容辞的责任。特别是在当前和今后一个时期,各级一定要把促进再就业作为优先目标和当务之急,千方百计开发就业岗位,首先把国有企业下岗职工的再就业问题解决好。但从长远来看,必须加快培育和发展劳动力市场,完善就业服务体系,充分发挥市场机制在就业和再就业中的主导作用,而不能由政府一家包办,实际上政府也包不下来。因此,我们在强化政府职能的同时,一定要充分发挥市场机制的作用,尽快形成以劳动者自主就业为主导、以市场调节就业为基础、以政府促进就业为动力的就业机制。

三是要正确处理扩大城镇就业和转移农村牧区富余劳动力的关系。目前,我区和全国一样,面临城镇就业压力加大和农村牧区富余劳动力向非农非牧领域转移速度加快的双重压力。中央和自治区再就业工作会议,重点研究解决扩大城镇就业特别是做好下岗失业人员再就业工作问题。但这并不说明,转移农村牧区富余劳动力工作不重要,更不能因为抓再就业而去人为地限制农牧民进城务工。自治区第七次党代会提出了"两个高于"的奋斗目标和加快农牧业产业化、工业化、城镇化进程的要求,加快农牧业发展、提高农牧民收入是实现这些目标和要求的重要前提。只有减少农牧民才能富裕农牧民,而减少农牧民的现实途径就是向城镇和非农产业转移。这就要求我们,必须在重点做好城镇扩大就业特别是国有企业下岗失业人员再就业工作的同时,统筹兼顾农村牧区富余劳动力的就业工作,通过发展农村牧区经济,积极稳妥推进小城镇建设,发展乡镇企业和服务业,为农村牧区劳动力开辟更多的生产门路和就业门路。同时,对进城务工人员,要公平对待、合理引导、完善管理、搞好服务,组织和引导他们有序流动,不得加以限制,更不能借机进行清理。

三、切实加强对再就业工作的组织领导

各级党委、政府和领导同志,一定要从贯彻"三个代表"要求和维护改革发展稳定大局的高度,以对党和人民高度负责的精神,切实加强对再就业工作的组织领导,满腔热忱和极端负责地做好这项工作。

要建立健全促进再就业工作机制。各级党委、政府要把再就业工作摆到重要议事日程,把控制失业率和增加就业岗位纳入宏观调控的重要目标,纳入国民经济和社会发展的总体规划。各级党委、政府作为本地区促进就业的责任主体,"一把手"要切实履行"第一责任人"的职责,尽快形成党政一把手负总责,分管领导具体抓,有关部门各司其职的领导机制。各级领导干部一定要经常深入国有企业特别是困难企业,加强调查研究,努力为下岗职工排忧解难。对出现的困难和矛盾,不能回避和推诿,不能采取熟视无睹的官僚主义态度。对工作失职甚至在国有企业改革中中饱私囊的人,必须严肃查处。从明年开始,自治区要把就业和再就业指标与 GDP 增长、财政和居民收入指标一起列为实绩考核的重要内容,量化指标,督查落实。

要形成全社会齐抓共管再就业的合力。再就业工作是一项社会系统工程。各级劳动保障、计划、经贸、教育、民政、财政、建设、税务、工商、金融、物价等部门,要认真履行职责,加强协调配合。劳动保障部门要切实肩负起牵头责任，与有关部门一道，抓好配套措施的制定和完善工作。各级工会、共青团、妇联等人民团体和民主党派、工商联组织，要充分发挥各自的优势，动员社会力量，群策群力，共同做好这项工作。要加强再就业工作的宣传报道。广大新闻工作者要深入企业，深入街道，深入下岗失业人员家中，了解和反映情况，唤起全社会对下岗职工的关切。要以正面宣传为主，多报道那些自强不息、自主创业的先进典型，同时也要敢于揭露和批评再就业工作中存在的突出问题，为促进下岗失业人员再就业营造良好的舆论环境。

要充分发挥社区组织在促进再就业中的重要作用。落实"两个确保"和城市"低保"政策，促进再就业，大量工作在社区，必须把加强社区组织建设作为重要的基础工作来抓。要根据我区实际，在城市社区建立就业管理站或相应工作机构，配备工作人员和必要设施，完善工作制度，解决经费来源，增强社区组织的服务能力，形成覆盖整个城市的社区再就业网络。要搞好社区工作人员培训教育，提高思想素质，增强业务能力，以适应做好再就业工作的需要。

要加强和改进思想政治工作。强有力的思想政治工作，历来是我们党的政治优势。做好再就业工作，必须一手抓解决实际问题，一手抓思想政治工作。要针对下岗失业人员的思想实际，积极开展思想政治工作，大力宣传党和国家的再就业政策，引导广大下岗失业人员转变就业观念，正确对待利益关系调整，增强心理承受能力。各级领导干部要深入了解下岗职工的思想、心理和要求，倾听他们的意见和建议。对他们提出的一些一时不能满足的合理要求，要做耐心细致的说服、解释工作，使下岗职工充分了解和支持党的方针政策，真心诚意地与党和政府一起克服困难。同时，要提高警惕，严防敌对势力和别有用心的人利用职工下岗制造事端，确保社会稳定。

（选自在全区再就业工作会议上的讲话）

坚决打赢防治非典这场硬仗

(2003 年 4 月 24 日)

党中央、国务院对这次发生的非典型肺炎高度重视,十分关心,专门下发了通知,多次召开会议进行部署。胡锦涛总书记、温家宝总理先后到广东省、北京市视察,指导非典型肺炎防治工作。为了打赢这场防治"非典"的硬仗,中央把防治"非典"工作领导小组改成防治"非典"工作指挥部,并进一步强化了各项工作措施。全区各级党委、政府要全面认真地贯彻落实党中央、国务院的决策部署,全力做好我区防治"非典"的各项工作。

一、提高思想认识。中央明确指出,防治非典型肺炎是一场硬仗,"关系到人民群众的身体健康和生命安全,关系到我国改革发展稳定的大局,关系到我国的国家利益和国际形象";并提出了"沉着应付、措施果断,依靠科学、有效防治,加强合作、完善机制"的总体要求和"早发现、早报告、早隔离、早治疗"的工作部署。我们必须把思想认识统一到党中央、国务院这"三个关系到"、"三句话"总体方针、"四早"的部署要求上来,切实把防治"非典"工作作为一项重大的政治任务来对待。各级各部门要高度重视,决不能麻木不仁,掉以轻心。要充分看到问题的严峻性、复杂性和艰巨性。当前,全国非典型肺炎的流行情况很严重,根据疫情通报,发病人数每天都在增加,发病区域也在不断扩大。从我区的情况看,形势更不容乐观。到昨天为止,确诊的病人已达 36 例,疑似病人 80 例,总计 116 例,排在全国第四位,仅次于广东、北京、山西。尽管我区首批是输入病人,但是输入后很快就成了继发性的,发病人数急剧增加。另外,我区与 8 个省交界,入口的通道较多,特别是离北京、山西都很近,从最近的情况看,输入性的病人还在不断增加。面对这样的形势，我们宁可把问题看得严峻一些，把困难看得大一些，把问题尽可能想周全一些，措施尽可能定得周密一些、具体一些，这样才能应对得更好一些。同时，也要树立必胜的信心，打好这场战争，坚决克服恐惧情绪、畏难情绪和无所作为的情绪，否则就会束手无策、坐以待毙。要看到，有党中央、国务院的坚强领导，有广东、上海等地在实践中摸索的成功经验，再加上我们自己通过这一段实践积累的经验，我们完全有信心有能力打好这场硬仗。

二、加强组织领导。首先，各级领导干部要有强烈的责任感和使命感。我们讲要落实"三个代表"重要思想，要全心全意为人民服务，很重要的就是体现在我们能不能做好当前的"非典"防治工作。非典型肺炎已经严重威胁到了人民群众的身体健康和生命安全，应该说，没有比这个更大的事了。团结和带领人民群众同"非典"作坚决斗争，是各级领导干部落实"三个代表"要求的具体体现。各级领导干部一定要增强责任感和使命感，以对人民高度负责的态度做好这项工作。否则，要共产党员干什么，要我们这些党的领导干部干什么。第二，领导要切实到位。党政一把手要亲自抓，负总责。这不是一句空话，必须靠前指挥，亲自出征。主管领导要集中全力抓，这个时间什么事都别干，专抓这个事，唯此为大。分管其它工作的领导同志，也要把防治非典型肺炎与自己分管的工作结合起来，分管工业的要管好企业的防治工作，分管农牧业的要管好农村牧区的防治工作，分管舆论的要搞好舆论宣传，真正形成齐抓共管的领导格局。第三，领导要坚强有力。要敢于领导，果断决策。现在，我们已进入非常时期，按照正常的工作程序、正常的精神状态来抓这项工作是远远不够的。在当前这个非常时期，碰到问题必须果断决策，事不迟疑，在某些时候要采取铁的手腕，执行铁的纪律，否则工作措施就到不了位。比如，在隔离的问题上，必须狠下决心，对病人要隔离、对疑似病人要隔离，对接触过病人的人要隔离，对区外疫区来的人要隔离观察。迁就少数人就是对多数人的犯罪。在这个时候，领导干部要果断，要坚强，决不能软弱无力，否则就无法控制住疫情的蔓延。

三、落实工作措施。党中央、国务院对防治"非典"提出了一系列政策措施，自治区党委、政府把能想到的措施也都已经进行了部署，现在关键是要狠抓落实。如果我们防的措施、治的措施不到位,非典型肺炎的传播蔓延就会马上到位。当前,各级各部门要认真落实自治区党委提出的"八个到位"。第一,对病人的救治措施要落实到位。要明确定点医院,有专门的病区,各个医院都要有发热门诊,实行"首诊责任制",确保病人一到医院,这些工作措施马上到位。特别是没有发病的地区,更要提前做好准备。此外,还要购进一些必要的设备,对目前有限的医疗资源进行有效地整合。这些具体问题都要切切实实地落到实处。第二,隔离措施要落实到位。确诊病人要隔离治疗,疑似病人要隔离,密切接触者要隔离,受污染的场所也要隔离。要加强疫情调查工作,对接触过病人的人,必须要做到疏而不漏。要做好对病人和接触者的思想工作,必要时可以采取强制措施。第三,全民防范措施要落实到位。要加大宣传工作力度,不要人人自危,但是必须人人都要自知,人人都要加强自我防护。有关部门要切实保证预防用品和药品的供应。第四,公用场所防治措施要落实到位。火车站、火车、机场、飞机、出租车、大巴车、长途车等公用场所和交通工具,都必须严格消毒。要千方百计切断外来的传播源,这是现在最大的问题。北京现在已经发现了受感染的民工,这些人一旦回到农村,后果是很严重的。要采取切实有效措施,把好进口关。各个交通道口、机场、饭店、旅馆、招待所在接受登记的时候,都要填写健康申报表,要有严格、严密的防范措施。第五,疫情监测措施要落实到位。要切实做到早发现、早报告、早隔离、早治疗。监测要形成网络,实行每天零报告制度,防止出现疏漏。第六,专家指导要落实到位。没有发生疫情的地方,专家也要去进行指导。第七,舆论引导要落实到位。有关部门和新闻媒体要加强正面宣传,搞好防治知识宣传和释疑解惑工作,增强人民群众的防病信心和防范能力。第八,财政支持要落实到位。各级财政要全力支持非典型肺炎防治工作,不惜财力、物力坚决控制疫情的扩散和蔓延。自治区财政厅已经拿出 5000 万元用于防治非典型肺炎,如果不够还可以增加,人命关天,在所不惜。这八项措施,必须全力落实。从前段工作来看,有的就没有完全落实到位。随着病人的增多,随着防治工作的深入开展,今后还要进一步加大落实力度。在落实过程中,要突出重点,抓好重点地区、重点人群的防治工作,查找漏洞,查找薄弱环节。比如,隔离问题就是个关键环节,我们曾经发生过病人跑出去的事件,今后决不让此类事件再度发生。再比如,在切断外面病人来源的问题上,我们现在手段不硬,一定要采用强硬措施,确保万无一失。在查找漏点的同时,还要关注一些难点问题。特别是民工、学生的返家问题,这是一个很大的隐患,要进一步完善措施,解决好这些问题。

关于区直机关防治非典型肺炎的工作,一是要结合各自的业务特点,服从大局,各负其责,指导工作。二是要做好自我防护工作。目前区直机关还没有发现"非典"病人,但二级单位已经有了。这一段时间,各单位、各机关要实行半封闭管理,尽量不要让外人进来,自己的人员也尽量少出去。机关干部的亲属包括在外地上学的子女回来,特别是从疫区来的也要采取隔离措施。三是要做好群众工作和社会工作。要教育干部职工提高警觉,不信谣、不传谣,坚决制止社会上那种哄抬物价、哄抢物资的行为,维护好社会秩序。四是要坚持正常工作。在做好"非典"防治工作的同时,要按照中央要求,继续全面贯彻十六大精神和中央今年各项工作部署,统筹兼顾,合理安排,毫不放松地抓好经济工作和其他工作,保持经济和社会发展的良好势头,切实维护社会稳定,努力把非典型肺炎造成的负面影响降到最低限度。五是"五一"期间要减少外出,就地休息。疫情控制是当前的头等大事,"五一"期间最好不要出去,也不要组织人来。要坚持值班制度,领导同志也要值班,遇到情况及时处理。

(选自在自治区直属机关领导干部大会上的讲话)

加快推进人才强区战略

(2004 年 4 月 1 日)

我们党始终高度重视人才工作，新一届党中央更把人才工作放到突出位置来抓。去年 5 月以来，党中央、国务院先后三次召开会议专门研究人才问题，年底又召开了全国人才工作会议，通过了《中共中央、国务院关于进一步加强人才工作的决定》，明确提出了我国人才工作的根本任务、指导方针和总体要求，标志着我们党对人才重要性的认识达到一个新高度，标志着我国人才工作进入一个全面展开、整体推进的新阶段。

充分认识做好新形势下人才工作的重大意义

马克思主义认为，人是生产力中最活跃的因素。由于人具有主观能动性，所以在社会生产中居于主体地位。正是人的主观能动性的不断开发，推动了社会发展和进步。现在，人类社会已经进入知识经济时代。知识经济时代一个显著特征，就是在资源配置上，以智力资源、无形资产为第一要素，对于自然资源主要通过知识、智力进行科学的、合理的、综合的、集约的配置，而不主要依赖土地、矿产、石油等短缺的自然资源进行配置。因此，在知识经济中对智力资源即人才和知识的占有比在工业经济中对稀缺自然资源的占有更为重要。适应这一时代特征，许多国家和地区都把开发人力资源作为抢占竞争制高点的基本途径和把握竞争主动权的主要手段。西方经济强国把人力资源开发视为发展的关键，把争夺科技人才作为重要国策。美国政府高度重视人才的引进，凭借其强大的经济实力和科技优势，不断放宽移民、定居等限制，几次修改移民计划，创造一流的人才环境，从世界各国特别是发展中国家整合人才资源。正是靠这种整合人才战略，使美国在当今世界经济发展前沿的信息等高科技产业中确立了领先地位。日本千方百计、不遗余力地推行其"借脑"工程，利用雄厚的资金在国外寻找课题合作伙伴，挖掘和利用境外智力资源。从国内看，沿海发达地区在继续通过制定优惠政策、营造宽松环境开发和聚集国内人才的同时，进一步把视野拓展到了海外的人才。去年年末，深圳市就把人才招聘会开到了欧洲，不惜重金在英国、法国、德国延揽海外人才。香港为了在国际、国内竞争中保持优势，专门制定了"优才、专才计划"。北京市确定了集中世界智慧发展自己的人才战略，出台了吸引国内外人才的"人才直通车"战略。上海市出台"绿色通道"的政策，着力打造高智力和创新人才的"人才高地"。21世纪是人力资源的世纪，21世纪的竞争是核心人才的竞争，这已是世界范围的共识。面对国内外日益激烈的人才争夺战，作为欠发达地区的内蒙古，必须更紧迫地认识人才培养、开发、使用、吸引的极端重要性。

第一，人才的开发利用，是后进国家和地区发挥后发优势、实现跨越式发展的关键因素。19世纪后期以来，世界经济发展史上先后出现了三次后进国追赶先行国的范例，而每一次成功的经济追赶都伴随着成功的人才追赶。第一次是美国对英国的追赶。1870年美国人均GDP相当于英国的75.3%，到1913年为英国的105.5%，而在这个时期，美国的人均受教育年限由1870年相当于英国的88.3%提高到1913年的91.2%。第二次是日本对美国的追赶。1950年日本人均GDP只相当于美国的19.6%，到1992年达到了90.1%，人均受教育年限已经达到美国的80.8%。第三次是上世纪九十年代韩国对欧洲的追赶。在头脑强国目标的指导下，经过30年的努力，韩国由极端落后的农业国进入了先进的工业国，GDP排名达到世界第11位，成为世界经济强国，同时人均受教育年限大幅度提高，从1970年到1995年，高中入学率从不足30%提高到90%以上，大学入学率从不足10%提高到50%以上。国际上是这样，国内也是如此。从1989年到2001年，广东经济平均增长率达13.4%，GDP达到1.1万亿元，增长了4.2倍，超过了新加坡和马来西亚，总体上已经达到中等发达国家的水平。广东尤其是深圳经济长期高速增长，很大程度上得益于全国优秀人才的聚集。现在，以广州、深圳为中心的珠江三角洲地区，已经成为我国人才最为密集的地区之一。国内外发展的经验表明，发挥后发优势、实现经济跨越式发展，必须搞好人力资源开发。目前，我区经济发展已进入快速增长期。能不能把这个好的发展势头保持下去，充分发挥后发优势、实现经济的跨越式发展，关键取决于人才的开发利用水平。做好人才工作，吸引和聚集大批优秀人才投身于我区现代化建设事业，具有全局性的重大意义。

第二，人才的开发利用，是解决经济社会生活中深层次矛盾和问题的关键因素。要解决经济社会生活中的深层次矛盾，必须抓住解放和发展生产力这个根本。无论是解放和发展生产力本身，还是改革和完善与生产力不相适应的经济体制，主要都是由人来推动和完成的。因此，人的素质的高低，人力资源开发利用水平的高低，决定着生产力的发展水平和经济体制的改革进程，也决定着经济社会生活中深层次矛盾和问题的解决程度。从我区这几年的实践看，无论是实施经济结构的战略性调整，无论是推动经济增长方式的根本转变，无论是实现充分就业、增加农牧民收入，给我们提出的第一位任务都是需要不断提高人的素质。拿就业问题来讲。目前，我区的就业问题比较突出，通过分析温州的发展经验，可以看出问题的症结。温州现有 300 多万劳动力，100 万人搞外贸，100 万人搞内贸，100 万人搞加工，不但没有失业问题，而且还安置了大量外来务工人员。究其原因，就是他们的老板多、创业者多。从这个角度看，我们不是下岗失业人员太多了，而是富有创业精神和具有创业能力的人才太少了。再看农牧业增效和农牧民增收问题。这里，举两个实例。五原县的农业科技推广人员在农村搞养猪、沼气和大棚三位一体的循环农牧业，对物质和能量循环利用，用很少的投入获得非常可观的效益。一个标准温室大棚大约占地一亩，棚内建一个可容纳 10 头猪的圈、一个 10 立方米的沼气池，剩下半亩土地可以产两茬反季节河套西瓜和蜜瓜，年纯收入可达 15000 元；猪一年可出栏三批，每批有 10 头，一年可收益 10000 元。杭锦后旗有个年轻人，是一个养鸡合作社的社长。这个社长不但在养殖上关注市场、讲究规模、善于市场运作，而且在种植上十分注意科学技术的运用。他根据测量土地有机质的构成因地施肥，使地力提高，产量增加。由此可见，农牧业增效和农牧民增收的空间还是很广阔的，现在农业效益低、农民收入不高，原因虽然很多，但归根到底，还是善于经营农牧业资源的人才严重不足。

第三，人才的开发利用，是提高党的领导水平和执政能力的关键因素。随着我们党所处历史方位和任务的新变化，党的执政能力和领导水平越来越成为巩固党的执政地位、开创中国特色社会主义事业新局面的重要前提。提高党的执政能力和领导水平，就必须不断培养造就一大批德才兼备、能够担当重任、经得起风浪考验的高素质领导干部队伍，特别是要培养大批忠诚实践"三个代表"重要思想，具有较强科学决策能力、驾驭全局能力、开拓创新能力，善于治党治国治军的优秀党政领导人才。提高党的执政能力和领导水平，必须巩固和扩大党的执政基础，必须把各类优秀人才凝聚和团结到党的周围，凝聚到党的各项事业中，依靠大批各类人才支撑党和国家事业不断发展。内蒙古经济社会发展相对滞后，现代化建设的任务十分艰巨，对优秀领导人才、高素质干部队伍、各类人才的要求更加迫切。只有不断培养造就具有世界眼光和战略思维的领导人才，才能科学判断形势，准确把握时代脉搏，把自治区的发展放在全国乃至世界的大格局中来思考和谋划，制定出符合中央精神、体现时代要求、反映我区实际和富有创造性的政策措施，把我区的改革开放和现代化建设不断推向前进。只有不断培养造就深刻理解并牢牢把握社会主义现代化建设规律的高素质干部队伍，才能及时发现并有效解决经济发展中可能出现的重大问题，避免经济发展出现大的波动和振荡，敏锐捕捉并牢牢抓住机遇，充分利用本世纪头二十年的重要战略机遇期，把干部群众的积极性引导好、保护好、发挥好，使经济快速增长的势头保持一个较长时期。只有不断培养造就规模宏大的政治、经济、文化等各类人才队伍，搞好各类人才的培养、选拔、使用，才能推动我区各项事业的发展。

总之，人才问题是关系党和国家事业发展的关键问题，人才工作在党和国家工作全局中占有十分重要的地位。全区各级党委、政府和各级领导干部，一定要切实增强使命感、责任感和紧迫感，把做好人才工作作为一项重大而紧迫的任务，切实抓紧抓好。

努力开创我区人才工作新局面

根据全国人才工作会议精神和我区实际，搞好人才队伍建设、实施好人才强区战略，必须坚持以邓小平理论和"三个代表"重要思想为指导，坚持科学的人才观，坚持党管人才的原则，坚持尊重劳动、尊重知识、尊重人才、尊重创造的方针，以大力加强人才能力建设为核心，围绕我们正在做的事业，制定切实可行的政策，构建起培养和集聚人才的平台，紧紧抓住用好现有人才、引进紧缺人才、培养后备人才三个环节，大力加强党政人才、企业经营管理人才、专业技术人才三支队伍建设，努力把各类优秀人才凝聚到我区改革开放和现代化建设的事业中来，为加快推进我区全面建设小康社会进程提供坚强的人才保证。为此，必须着力解决好以下几个关键问题。

第一，解放思想、更新观念，用科学的人才观指导人才工作。在这次全国人才工作会议上，胡锦涛总书记明确提出了科学人才观问题，概括起来讲就是三句话，即人才是第一资源的观念、人人都可以成才的观念、以人为本的观念。按照锦涛总书记的要求，从我区实际出发，当前要着力破除三种旧意识、确立三种新观念。

一是坚决破除见物不见人的旧意识，牢固确立人才是第一资源的新观念。胡锦涛同志指出："物质资源的开发利用是社会发展的基础，而人类智慧和能力的发展则决定着对物质资源开发的深度和广度。"二战后，世界上呈现出两种经济发展模式，即两种不同的投资战略。一是以物质资本投资为中心的经济发展战略模式，代表国家有欧洲的西班牙、美洲的巴西、墨西哥、哥伦比亚、亚洲的巴基斯坦等。这种投资战略的特点是，物质资本投资 20 倍于人力资本投资，先实现工业化，后加大教育投资，资本密集型产业发展迅速。二是以人力资本投资为中心的经济发展战略模式，代表国家和地区有韩国、菲律宾、我国台湾等。这种投资战略的特点是，物质资本 7 倍于人力资本投资，把重视教育投资与推动工业化紧密结合，技术密集型产业发展较快。实践证明，在 GDP 的增长上，后一种模式明显快于前一种模式。在当今知识经济时代，人才在诸发展要素中越来越成为创造社会财富的主体源泉。可以说，谁拥有一流人才，谁更注重人才的开发与管理，并将其纳入整个发展战略之中，谁就一定能取得更快的发展。一个国家是这样，一个地区也是这样。我们必须尊重社会发展规律，适应时代发展的要求，自觉地改变见物不见人的旧观念，牢固确立人才是第一资源的观念。

二是坚决破除唯学历、唯资历、唯文凭、唯身份的旧意识,牢固确立人人皆可成才的新观念。我们的事业,既需要有创新能力的高层次人才,也需要具有一定知识和技能,能够进行创造性劳动的各层次人才。人才工作归根到底要有利于促进人的全面发展,鼓励人人都做贡献,人人都能成才。在现代社会,谁勤于学习、勇于实践、乐于探索,谁就拥有发挥聪明才智的机遇,谁就能够成为对社会有用的人才。因此,在评价人才问题上,我们必须把实践作为衡量人才的根本标准,坚决摒弃唯学历、唯资历、唯文凭、唯身份的旧观念,确立人人皆可成才的新观念,把品德、知识、能力特别是业绩作为衡量人才的主要标准。在使用人才上,既要注意把高层次人才的积极性创造性调动好、保护好、发挥好,也要充分发挥各层次专门人才作用;既要为高层次人才发挥作用、施展抱负搭建舞台,也要为各层次专门人才创造良好的学习环境、工作环境和发展环境,使他们有用武之地,能够"谋事",为他们解除后顾之忧,能够专心"谋事"。

三是坚决破除求全责备的旧意识,牢固确立用人用其所长的新观念。长期以来,我们对不同类型人才的成长规律研究不够,对人才的个性特点尊重不够,习惯于用一个标准、一个模子去衡量和使用不同类型的人才;片面追求全才,不看别人的长处,专挑别人的短处,不切实际地要求人才完美无瑕,严重挫伤了人才的积极性,浪费了宝贵的人力资源。领导者要有宽阔的胸怀,要以事业的需要识人选人,按照各类人才成长的规律和特点去识别和使用人才,充分尊重人才的个性,看人看本质、看主流、看特长,用人用其所长,不要纠缠细枝末节。特别是对那些有一技之长但又个性鲜明、甚至有明显人际关系缺陷的人才,要宽容,要从大局出发、从事业出发,为他们提供充分创业、施展才华的空间。

第二,完善体制和机制,为做好人才工作提供可靠的制度保障。人才工作能不能具有活力,关键在于要有激发人才活力的体制和机制。体制机制一活,人才工作满盘皆活。要坚持改革创新,充分发挥市场配置人力资源的基础性作用,逐步建立和完善充满生机与活力的人才工作体制和机制。

一是要在建立以能力和业绩为导向的人才评价机制上取得突破。抓紧建立以业绩为核心,由品德、知识、能力等诸要素构成的人才评价体系,形成党政人才重在群众认可,企业经营管理人才重在市场和出资人认可,专业技术人才重在社会和业内认可的评价机制。要完善评价标准,根据不同行业、职位和职业的要求,制定出体现各类人才特点的人才评价指标;完善评价方式,逐步改变计划经济时期形成的单一的人才评价方式,按照市场需求,构建起较为完善的社会化评价组织、中介组织和咨询组织,发挥社会化的人才评价机构作用,增加人才评价的透明度和群众参与程度;完善评价方法,根据不同人才的特点,确立有所区别的评价主体和侧重点不同的评价方法。要积极借鉴区外国外人才测评技术,开发应用各种现代人才测评技术,建立健全符合现代人才特点的测评体系。

二是要在建立以公开、平等、竞争、择优为导向的选拔任用机制上取得突破。在选用党政人才方面,要以扩大民主、加强监督为重点,完善选任制、改进委任制、规范考任制、推行聘任制,实行优胜劣汰,能者上、平者让、庸者下,任人唯贤、唯才是举,不断提高干部队伍的素质,增强干部队伍的活力。在选用企业经营管理人才方面,要以推进市场化、职业化为重点,坚持市场配置、组织选拔和依法管理相结合,改革和完善国有企业经营管理人才选拔任用方式,对国有资产出资代表依法实行派出制或选举制,对经理人实行聘任制和契约化管理。在选拔任用专业技术人才方面,要以推进聘任制和岗位管理制度为重点,按照政事分开、单位自主用人、个人自主择业、政府依法监管的要求,深化事业单位人事制度改革,促进由固定用人向合同用人、由身份管理向岗位管理转变。

三是要在完善人才市场体系、促进人才合理流动的机制上取得突破。按照完善社会主义经济体制的要求,努力建设机制健全、运行规范、服务周到、指导监督有力的统一的人才市场体系,进一步发挥市场在人力资源配置中的基础作用,打破阻碍人才流动的各种体制性障碍,引导人才合理有序流动。要努力形成政府部门宏观调控、市场主体公平竞争、行业协会严格自律、中介组织提供服务的人才管理新格局。办好综合性人才市场,健全专业性人才市场,完善区域性人才市场,进一步培育企业经营管理人才市场和高新技术人才市场。加快政府所属人才服务机构的体制改革,实现政府委托管理职能与中介服务职能的分离,推进人才中介服务机构的社会化、市场化、产业化。努力提高人才市场的社会化服务水平，加强人才市场信息化建设，运用现代资讯手段整合信息资源，及时发布人才供求信息。加强人才市场监管，推进人才市场法制化，努力解决人才流动中所涉及的相关权益问题，营造公平竞争的市场环境。

四是要在建立健全分配激励机制上取得突破。按照效率优先、兼顾公平的原则，落实劳动、知识、技术、管理等生产要素参与分配的政策，将人才的收入与岗位职责、工作业绩、实际贡献以及成果转化产生的经济效益直接挂钩，实行多种形式的绩效分配办法。鼓励用人单位对贡献突出的专业技术人才、经营管理人才和技能型人才实行股权、期权激励，鼓励企事业单位将人才作为资本进行投资开发和经营。加强知识产权保护工作，依法保护科技人才在科技成果转化中的合法权益。加快建立以政府奖励为引导、用人单位奖励为主体、社会力量奖励为补充的多元化奖励机制，支持和鼓励各级政府、企事业单位对做出突出贡献的优秀人才进行重奖，并授予各种社会荣誉。同时，要根据各类人才的特点和需要，积极探索机关和事业单位社会保障制度改革，进一步完善企业社会保障制度，为推进人才工作深入发展提供保障。

第三，把人才工作置于经济社会发展的大局之中，为造就人才、为人才充分发挥作用创造广阔的空间。要把促进发展作为人才工作的根本出发点，人才工作的目标、任务要围绕发展来确定，人才工作的成效要用发展来检验。锦涛同志用"人才支撑发展，发展孕育人才"阐明了人才与发展的辩证关系。我们要把人才的开发利用与经济社会发展的需要紧密结合起来，使人才的规划、开发和利用同我区经济社会发展相协调，既在促进发展中培养造就大批人才，又为人才充分发挥作用创造广阔的空间。

一是要紧紧围绕自治区的发展战略和部署，做好人才开发利用工作。自治区第七次党代会提出了贯穿经济结构调整这条主线，推动思想观念和经济增长方式两个根本转变，强化改革、发展和科技进步三大动力，加快推进基础设施建设、生态建设和产业化、工业化、城镇化的工作思路；按照十六大的要求，自治区党委七届三次、四次、五次全会进一步完善了发展思路，这既是自治区当前和今后一个时期经济社会发展的重点，也是人才开发利用的重点领域。要认真分析研究我区人才总量、人才整体素质、高层次人才、人才结构和布局、存量人才的开发与增量人才的需求状况，确定我区人才开发利用的重点，制定人才开发利用规划。要本着缺什么补什么的原则，该培训的培训、该培养的培养、该引进的引进、该调配的调配、该补充的补充，确保人才开发适应我区经济社会发展的需要。

二是要突出抓好高层次人才的培养和引进工作。高层次人才不足，是制约我区经济社会发展的一个重要因素。随着新型工业化进程和城市化进程的不断推进，随着经济结构的优化升级和经济增长方式的转变，对高层次人才的需求更加迫切。从我区实际出发，要抓紧培养一批熟悉城市经济和城市工作的党政人才，通过学习培训、到发达地区挂职锻炼等途径，尽快提高现有党政人才的素质，努力做到了解国内外城市发展趋势，把握城市现代化建设规律，熟练运用现代手段来经营和管理城市。同时，还要通过多种渠道，引进一批熟悉城市经济和城市工作的人才，充实到党政干部队伍中去。要抓紧培养和引进一批熟悉市场经济规则、具有竞争能力的优秀企业家，以提高战略开拓能力和现代经营管理水平为核心，创新学习培训机制，提高企业家的职业化素质、现代化意识和国际化眼光。要抓紧培养和引进一批高级专家，依托重大科研项目、重点学科、重点科研基地和重点工业园区，采取灵活、实用的人才政策，不求所在、不求所有、但求所用，吸引一批在国内乃至国际上知名的专家学者，努力在优势和特色产业方面，形成我们自己的核心技术和核心竞争力。

三是全面加强各类人才培育，实现不同层次人才的协调发展。当前，我区产业结构正处在逐步转型阶段，产业层次呈现出多元化的态势，对各类不同层次人才的需求也在不断扩大。要推行产业集聚战略，强化产业的人才集聚功能和人才对产业发展的引领作用，以支柱产业发展为基础，加快集聚与产业发展相关的各类人才。今后一段时期，我区要高度注重在引进项目的同时引进人才的工作，重点引进与我区特色产业、优势产业相关的先进制造业以及物流、金融、旅游为重点的现代服务业等产业人才。同时，还要突出抓好高技能人才和农村牧区实用人才建设。高技能人才是推动技术创新和实现科技成果转化不可缺少的重要力量。要充分发挥各类职业技术学院和中等职业技术学校的作用，通过培养、培训和个人自学等多种方式，提升存量人才的素质、挖掘现有人才的潜力，建立起一支符合我区特点的、与我区经济建设相适应的高技能人才队伍。培养大批农村牧区实用人才,是实现农牧业产业化的关键。要整合、利用好农村牧区的各种教育资源,把农牧民实用人才培训作为促进农牧民增收的重要战略措施,坚持长期抓、抓长远,重点培养适应现代农牧业的村级管理人才、新型农牧场经营人才、农业实用技术人才和农业中介服务人才。全区人才工作要统筹兼顾各个层次、各个门类的人才需求,促进人才在地区、产业、行业和不同所有制经济实体、事业单位之间的合理分布。在抓好党政人才、企业经营管理人才和专业技术人才三支队伍建设的同时,不断扩大人才工作覆盖面,注意培养少数民族人才、妇女人才和党外人才,重视非公有制经济组织和社会组织中的人才工作,实现各类人才队伍建设的协调发展。

加强和改进党对人才工作的领导

人才工作的极端重要性,决定了我们党必须把人才工作放在更加重要的战略位置,进一步加强和改进对人才工作的领导。

要认真落实党管人才的原则。坚持党管人才,必须准确把握党管人才的科学内涵。"管"不是用计划代替市场去配置人才,把人才都管起来、统起来,也不是党委包揽人才工作的一切,更不是用条条框框去束缚人才,使人才失去发展空间。从根本上说,党管人才就是党爱人才、党兴人才、党聚人才,要解放人才、用活人才、整合人才。胡锦涛总书记明确指出,党管人才,就是要充分发挥我们党的领导核心作用,充分发挥党的思想政治优势、组织优势和密切联系群众的优势,为做好人才工作提供坚强的政治保证;其目的就是更好地统筹人才发展和经济社会发展,更好地统筹人才工作和其他各项工作,更好地统筹人才工作的各个方面,把人才管好用活,为人才成长和充分发挥作用提供更有力的支持和更优质的服务;其内容主要是管宏观、管政策、管协调、管服务,通过做好制定政策、整合力量、营造环境的工作,努力做到用事业造就人才、用环境凝聚人才、用机制激励人才、用法制保护人才。各级党委、政府一定要准确理解、认真落实党管人才原则,把人才工作摆上重要议事日程,纳入经济社会发展总体规划,统筹抓好"第一要务"与"第一资源",切实做到在谋划发展的同时考虑人才保证,在制定规划的同时考虑人才需求,在研究政策的同时考虑人才导向,在部署工作的同时考虑人才措施。要建立"一把手"抓"第一资源"目标责任制,实行省级干部联系企业家和专家制度,与他们交朋友,倾听他们的意见和建议,帮助他们解决工作和生活中的困难问题。要充分发挥党委总揽全局、协调各方的职能和作用,努力形成党委统一领导、组织部门牵头抓总,有关部门各司其职、密切配合,社会力量广泛参与的人才工作格局。

要以能力建设为核心,制定和完善人才培养规划。根据我区经济社会发展的现状和需求,深入调查研究、全面分析人才队伍总量、结构、机制等现状,重点对人才结构同各项事业全面发展适应不适应问题、人才培养机制同各类人才成长特点适应不适应问题、人才素质同经济社会协调发展适应不适应问题进行深入研究,提出人才能力建设标准。着眼于经济社会发展对人才提出的新要求,着眼于人才的动态发展,着眼于人才总量的增长和人才素质的提高,兼顾不同地区、不同行业、不同类型人才的需求,制定具有全面性、系统性、前瞻性、科学性的人才开发规划,分阶段分步骤抓好落实。要树立大教育、大培训观念,逐步建立完善我区人才培养体系。教育是人才能力建设的基础。要大力发展教育事业,加强和改进基础教育,全面普及九年制义务教育,发展高中阶段教育,调整优化高等教育,进一步加强民族特色教育。学习是提升人才能力的前提。要进一步树立终身学习的观念,积极推动学习型组织和学习型社区建设,促进学习型部门、学习型社会的形成,鼓励各类人才通过多种形式和渠道参与终身学习。培训是多出人才、快出人才、出好人才的重要途径。要改革培训的机制、内容和方法,整合培训资源,完善培训网络,加强在职培训和职业教育。总之,要通过多种多样的、系统性的努力,使我区人才总量与经济社会发展相适应,使各类人才的思想道德素质、科学文化素质、健康素质、学习能力、实践能力和创新能力不断提高,促进人才的全面发展,促进我区经济社会全面、协调、可持续发展。

要营造崇尚人才的良好社会氛围。要围绕让想干事业的有机会、能干事业的有舞台、干成事业的有地位这一目标,进一步优化政策环境、法制环境和人文环境,努力形成领导器重人才、群众羡慕人才、人人争当人才的浓厚社会氛围。各级领导干部一定要率先垂范,有爱才之心、识才之眼、纳才之量、用才之法、护才之胆、举才之德、育才之方。要重用改革创新之人,敢用超过自己之人,善用有棱角之人,以诚挚的感情、宽广的胸怀、科学的方法和周到的服务,竭诚为各类人才创造良好的条件,以自己的态度和行为去积极影响社会环境。新闻媒体要大力宣传中央和自治区关于人才工作的新观念、新思路、新举措,大力宣传实施人才强区战略的重要意义,大力宣传优秀人才的创业经验和先进事迹。在做好正面宣传的同时,要揭露埋没人才、压制人才、打击人才的不良行径,努力形成重才、识才、爱才、育才、引才、用才的良好社会氛围。

要狠抓人才工作各项措施的落实。最近,中央反复强调要在全党大兴求真务实之风。我们一定要以求真务实的精神,抓好人才工作各项措施的落实。自治区党委、政府即将出台《关于贯彻〈中共中央、国务院关于进一步加强人才工作的决定〉的意见》,各地区、各部门要结合实际,认真抓好贯彻落实。自治区有关部门要充分吸收借鉴区外的好经验、好做法,抓紧制定人才培养、吸引、使用等方面的具体工作措施,清理废止与中央人才会议精神相悖的有关规定。加大人才工作的督促检查力度,切实把自治区党委、政府对人才工作方面的要求部署落到实处。

(选自在全区人才工作会议上的讲话)

关于民主、民族、人民内部矛盾问题

(2004 年 5 月 13 日)

在改革开放和发展社会主义市场经济的条件下,发展社会主义民主政治,切实做好民族工作,正确处理人民内部矛盾,是我们党加强执政能力建设的新课题。我们要提高执政能力,就必须正确认识和处理好这些问题。

关于民主问题

我们党历来以实现和发展人民民主为己任。实现人民当家作主,是社会主义民主的本质要求,是中国共产党人始终不渝的奋斗目标。新中国的成立第一次把国家的一切权力交由人民掌握,人民代表大会制度、中国共产党领导的多党合作和政治协商制度以及其它一系列民主政治制度,从制度上体现了社会主义民主。诚然,在发展民主上,我们也曾有过失误和教训。例如,在上个世纪持续了十年之久的"文化大革命"中,民主法制遭到严重破坏,公民权利遭到严重侵犯。"文化大革命"结束以后,痛定思痛,通过发扬民主和加强法制来保障人权,成为全国人民的共识。改革开放以来,我们推进政治体制改革,促进了社会主义民主政治建设。但也必须看到,目前我国政治体制还不很完善,我们必须在坚持四项基本原则的前提下,继续积极稳妥地推进政治体制改革,扩大社会主义民主,健全社会主义法制,把坚持党的领导、人民当家作主和依法治国有机统一起来。

首先,发展社会主义民主政治,必须从我国国情出发,充分考虑我们人口多、底子薄,生产力不发达状况没有根本改变,地区发展不平衡,文化教育比较落后,政治体制还不完善,市场经济体制还不成熟,历史上缺乏民主政治传统,封建意识还有相当影响,党内民主还要进一步发展完善,民主主体的文化素质、思想素质、道德观念、法制观念、权利意识等亟待提高等等。也就是说，社会主义初级阶段的基本国情是我们建设中国特色社会主义始终牢记的最大实际，也是社会主义民主政治建设必须考虑的最大实际。

其次，发展社会主义民主政治，要着力加强制度建设，包括坚持和完善人民代表大会制度、共产党领导的多党合作和政治协商制度、基层民主制度、领导决策制度、干部人事制度等，实现社会主义民主政治的制度化、规范化和程序化。

再次，发展社会主义民主政治，要努力发展党内民主。党内民主是党的生命，对于人民民主具有重要的示范和带动作用。党内民主不断推进，必将带动整个国家政治生活民主化，这是我们党执政地位所决定的。党的三代领导集体，历来重视党内民主问题，把发展党内民主作为党的建设重大问题加以解决。在党的历史上，在发展党内民主问题上，我们党也发生过违反党内民主，违反民主集中制的组织原则的错误，也给党和党领导的事业带来了严重影响和灾难性后果。历史经验和教训说明，党内民主直接关系到党和国家政治生活的全局，关系到党的执政地位和国家事业的兴衰成败。从国际共产主义运动兴衰成败的历史经验教训看，东欧剧变、苏联解体、一些长期执政的共产党丧失政权，重要原因是没有很好的发扬党内民主，没有很好地发挥党员的积极性、主动性、创造性，党失去了凝聚力和战斗力，党内离心离德，是最具关键性因素之一。这些教训我们必须深刻记取。我们发展党内民主，要以保障党员民主权利为基础，以完善党的代表大会制度和党的委员会制度为重点，从改革体制机制入手，建立健全充分反映党员和党组织意愿的党内民主制度，特别是要坚持和健全民主集中制这项党的根本领导制度和组织制度，把党内民主具体化、规范化。

最后，民主具有阶级性、广泛性、相对性、渐进性的特点。我们不能搞西方的所谓"三权鼎立"式的民主，也不能搞文化大革命那样的所谓"大民主"。

关于民族问题

古今中外、历史与现实都表明，民族问题始终是关系一个国家统一、稳定、发展、进步的大问题。当今世界，民族问题在很多国家和地区引起争端和纠纷。由于霸权主义和强权政治的扩张,全球范围的民族、宗教问题已经越来越成为当今世界的热点和难点问题,中东的巴以关系、北美的魁北克问题、英国的爱尔兰问题,伊拉克、阿富汗以及俄联邦的车臣闹独立等,都直接造成了所在地区政治动荡、经济衰退、民不聊生。西方敌对势力从来没有放弃在我们这样一个多民族国家,利用民族、宗教问题制造各种破坏活动的企图。他们打着"民主"、"人权"、"宗教自由"等幌子,干涉我们的内政、外交,破坏我们的民族关系,以达到他们象解体前苏联那样来搞垮我们的目的。认清这样的形势,做好新形势下的民族工作,是我们这个多民族国家无产阶级政党在执政能力建设上的必然要求。

胡锦涛总书记参加全国政协十届一次会议少数民族界委员联组讨论时指出:共同团结奋斗、共同繁荣发展,这是新世纪新阶段民族工作的主题。胡锦涛总书记的重要论断,科学、准确、精辟地概括了新世纪新阶段民族工作的奋斗目标和根本任务,是"三个代表"重要思想在民族工作上的集中体现,是立党为公、执政为民,实现好、维护好、发展好包括少数民族和民族地区在内的最广大人民的根本利益的本质要求。

全面贯彻"两个共同"主题,就要以科学发展观为指导,加快少数民族和民族地区发展。民族问题的实质是发展问题。当前,少数民族和民族地区最根本的问题是发展相对滞后。加快少数民族和民族地区发展,不仅是一个重大的经济问题,也是一个重大的政治问题。

全面贯彻"两个共同"主题,就要弘扬爱国主义,加强民族团结。古今中外的事实反复证明,祖国统一、民族团结,是各族人民之福;祖国分裂、民族离乱,是各族人民之祸;经济强盛、社会繁荣,是各族人民之福;经济萧条、社会衰落,是各族人民之祸。我们要一如既往地高度重视维护民族团结和祖国统一的教育,把重点放在加强马克思主义民族观和党的民族政策的宣传教育上。牢固树立"汉族离不开少数民族,少数民族离不开汉族,各少数民族之间也相互离不开"的思想,使爱国主义和"三个离不开"思想深深扎根于各族干部群众的心中,最大限度地团结和依靠各族群众,坚决打击和孤立一小撮分裂势力,坚决维护民族团结和祖国统一。

全面贯彻"两个共同"主题,就要全面贯彻《民族区域自治法》。民族区域自治制度是我国的一项基本政治制度,《民族区域自治法》是我们正确处理民族关系和正确解决民族问题的基本法律依据。胡锦涛总书记对落实《民族区域自治法》提出了三项明确要求。第一,要在各族干部群众特别是领导干部中加强《民族区域自治法》的宣传教育,依法做好民族工作。第二,要抓紧制定《民族区域自治法》实施细则,把法律的一些原则规定具体化,确保这一法律得到全面贯彻落实。第三,各级党委和政府要带头贯彻《民族区域自治法》,认真研究和解决这一法律实施过程中遇到的问题,坚定不移地把这一法律实施好。

全面贯彻"两个共同"主题,就要大力培养、选拔和使用少数民族干部。做好民族工作,推进民族团结进步事业,关键在于大力培养选拔少数民族干部,加强民族地区的干部队伍建设。

关于人民内部矛盾问题

正确处理人民内部矛盾,调动一切积极因素,化消极因素为积极因素,是我们国家政治生活的主题,也是维护社会稳定的重要基础。

当前社会生活中的大量人民内部矛盾,是在不同以往的时代背景和历史条件下产生的,因此,其表现形式也不同,其中,一个突出的特点就是人民内部矛盾同利益关系调整密切相关。深化经济体制改革和推进经济结构调整,不可避免地会引起各种利益关系的调整,不可避免地会引起人们工作和生活状况的变化,出现一些新情况、新问题、新矛盾。比如,局部利益和全局利益的矛盾,眼前利益和长远利益的矛盾,经济发展不平衡造成的矛盾,收入分配的差距产生的矛盾,等等。另一个突出的特点,就是我国(我区亦是)人均 GDP 已经突破 1000 美元。国际经验表明,走出低收入国家并向中等收入国家迈进的时期, 即人均 GDP 从 1000 美元到3000 美元的时期,一方面因为经济社会转型,为经济的持续发展提供了强大的动力,可以保持一个较长时期的经济增长,顺利实现工业化和现代化;另一方面,因为经济社会不协调,各种经济社会矛盾不断显露出来,可能导致矛盾激化,经济社会发展停滞不前。

从当前的现实情况看,一些地方下岗失业人员增多,农民负担加重,城市建设中房屋拆迁和乱占耕地引起群众不满,干部关系紧张,腐败现象严重,引发群体事件和上访不断,等等。这些问题和矛盾,如果处理不及时、不妥当,就会影响社会政治稳定。

正确处理人民内部矛盾要坚持"可疏不可堵、可散不可聚、可解不可结、可顺不强逆"的原则和"区分性质、讲究策略、把握时机、严格执法、冷静稳妥"的要求,把握好以下几个原则。一是预防为主。从战略上把握好改革力度、发展速度和社会可以承受的程度。在制定改革方案,实施重大决策时,充分考虑可能暂时给部分群众带来的损害,尽量避免和减少这种损害。二是力争主动。一旦发现事态苗头,我们要迅速赶赴现场做疏导工作,防止个别问题群体化、简单问题复杂化、内部问题社会化、经济问题政治化、局部问题扩大化。三是关心群众。把解决群众生产生活中的实际问题,作为解决人民内部矛盾的重要环节。四是教育疏导。要做好深入细致的思想政治工作,帮助广大群众认清改革中出现一些困难的必然性和暂时性,引导群众自觉地与党和政府同心同德、共渡难关。五是坚持民主法制。要扩大基层民主,在企业改制过程中,充分尊重职工的意愿,依法保障职工的民主权利。在农村大力推行村务公开等民主管理制度。对群体性事件,必须坚持民主的方法、说服的方法,即使出现某些过激行为,也不能简单地使用强制手段,要在法律范围内解决矛盾和纠纷。同时,要依法坚决打击群体性事件中的违法犯罪活动。

(选自在中央加强改进党的建设座谈会上的发言)

加强和改进新时期的公安工作

(2004 年 7 月 7 日)

去年 11 月,中央就进一步加强和改进公安工作作出了重要决定。在第二十次全国公安会议期间,胡锦涛总书记与部分会议代表进行座谈并发表了重要讲话,明确指出要用"三个代表"重要思想统领公安工作和队伍建设,全力维护社会稳定,真正做到执法为民,要求各级党委、政府从改革发展稳定的全局和政权建设的高度,充分认识公安工作的重要性,切实加强对公安工作的领导。中央的决定和胡锦涛同志的重要讲话是我们做好新时期公安工作的行动指南,我们一定要认真学习,深刻领会,坚决贯彻落实。

第十八次全区公安会议以来,全区各级公安机关以邓小平理论和"三个代表"重要思想为指导,认真贯彻中央关于加强公安工作、维护社会稳定的一系列决策部署,忠实履行宪法和法律赋予的神圣职责,紧紧围绕经济建设这个中心和改革发展稳定这个大局,严密防范和严厉打击各种敌对势力和敌对分子的渗透破坏颠覆活动、"法轮功"等邪教组织的非法活动、各种刑事犯罪和经济犯罪活动;积极预防和妥善处置由人民内部矛盾引发的各种群体性事件,全力维护社会稳定,为自治区改革开放和现代化建设提供了有力保障。与此同时,全区各级公安机关坚持从严治警,狠抓公安队伍的思想建设、组织建设、作风建设和制度建设,公安队伍的整体素质有了明显提高,战斗力明显增强。1996 年以来,全区共有 130 名民警因公献出了自己宝贵的生命,598 人因公负伤。实践证明,我区公安队伍是一支政治坚定、业务过硬、作风扎实的队伍,是一支党和人民完全可以信赖的队伍。

[792]

一、充分认识加强和改进新形势下公安工作的重大意义，进一步增强做好公安工作的责任感和紧迫感

维护稳定是全党全国工作的大局，是各级党委、政府的重要职责。邓小平同志讲："中国的问题，压倒一切的是需要稳定。"江泽民同志强调："稳定是改革和发展的基本前提，没有稳定，什么事情也办不成。"胡锦涛总书记最近指出："坚持稳定压倒一切，正确处理改革发展稳定的关系，在社会稳定中推进改革发展，通过改革发展促进社会稳定，是我们党领导人民在建设中国特色社会主义长期实践中形成的基本经验，也是我们必须长期坚持的基本方针。"在国际局势复杂变化、国内经济社会大发展大变革时期，维护稳定显得尤为重要。公安机关作为人民民主专政的重要工具，是维护稳定的专门力量，在打击敌人、保护人民、惩治犯罪、服务群众、维护国家安全和社会稳定、保障改革和发展中承担着重要职责。全区各级党委、政府和公安部门一定要充分认识新形势下对敌斗争的极端复杂性、维护社会稳定的极端艰巨性和巩固党的执政地位的极端重要性，牢固确立抓公安工作就是抓巩固政权的执政理念，牢固树立"越是发展经济，越要重视公安工作"的观念，切实加强和改进我区公安工作。

第一，加强和改进公安工作，是全面建设小康社会的必然要求。党的十六大提出，要抓住本世纪头二十年的重要战略机遇期，集中力量全面建设惠及十几亿人口的更高水平的小康社会。小康社会首先应该是平安社会。全面小康包括经济、社会等各个方面，是综合性的。和谐稳定的社会环境，是全面建设小康社会的重要内容，也是实现全面建设小康社会目标的重要前提和保证。没有稳定的社会环境作保障，实现全面建设小康社会的奋斗目标就会成为一句空话。公安机关作为服务社会、维护稳定的专门力量，在全面建设小康社会的伟大事业中，地位特殊、责任重大、使命光荣。各级公安机关和广大公安干警不仅是全面建设小康社会的参与者、建设者，而且是全面建设小康社会的保卫者、维护者。因此，在全面建设小康社会的过程中，公安工作抓得越好，公安队伍建设得越好，社会治安就会越稳定，全面达小康的建设就会进展越顺利。

第二，加强和改进公安工作，是应对社会稳定所面临挑战的必然要求。今后一个较长时期，我国还将处于经济转轨、社会转型的历史阶段。世界上许多国家现代化的经历表明，从人均GDP1000美元到3000美元是经济持续快速增长的时期，同时也是社会矛盾复杂突出的时期，面临着许多新的挑战。传统与非传统安全威胁相互交织，政治与经济、社会问题相互影响，境内与境外因素相互作用，社会生活中的各种深层次矛盾不断显现。"法轮功"等邪教组织的活动从未停止，伺机煽动闹事，与党和政府对抗。各种刑事犯罪比较突出，严重暴力犯罪时有发生，一些地方社会治安状况较差，治安形势不容乐观。另外，随着改革的深入和经济、社会结构的进一步调整，由各种人民内部矛盾引发的群体性事件在短期内还不会大幅度减少，有可能还会增加。公安机关维护稳定面临的压力和挑战将会更大。只有积极应对所面临的各种挑战，不断加强和改进公安工作，切实提高公安机关驾驭各种复杂局势的能力，才能更好地维护改革发展稳定的大局。

第三，加强和改进公安工作，是维护边疆稳定的必然要求。当今世界，和平和发展仍然是时代的主题，但天下并不太平，影响国家和地区安全的因素大量存在。特别是美国等西方国家将会继续奉行对我国实施接触、合作加遏制的政策，"西化"、"分化"、"弱化"中国的战略图谋不会改变，渗透与反渗透、颠覆与反颠覆、分裂与反分裂的斗争将是长期的复杂的。我区地处祖国北部边疆，有4200多公里的边境线，处在对敌斗争前沿，战略地位十分重要。维护好我区的安全稳定，直接关系到祖国北疆安全屏障的稳固，关系到首都北京乃至全国的稳定大局。各级都要从维护国家安全稳定的高度，努力提高防范和打击能力，充分发挥好祖国北疆安全屏障和首都"护城河"的作用。

二、坚持执法为民，不断开创公安工作新局面

执法为民是公安工作的最高价值追求和根本目标导向，是公安机关的优良传统和政治优势。在新的历史时期，公安工作和公安队伍要想立于不败之地，取决于能否真正做到执法为民，能否实现好执法为民。按照执法为民的要求，当前，做好我区公安工作，需要突出抓好以下三个方面。

第一，抓工作重点。公安工作千头万绪，涉及的领域多、范围广，所负的责任也大。在任务艰巨繁重、形势错综复杂的情况下，要抓好公安工作，一定要明确工作重点，通过抓好重点带动全局工作。

一是加大严厉打击各种敌对势力破坏和各种违法犯罪活动的力度，全力维护国家安全和社会稳定。打击境内外敌对势力的破坏活动，始终是我区公安工作的重中之重。要切实增强政治敏感性，保持清醒认识和高度警惕，坚决抵制境外各种敌对势力、敌对分子的渗透破坏活动。注意深入分析、认真研究当前敌对势力和敌对分子活动的新动向、新手段、新特点，有针对性地开展工作，不断提高主动发现、严密控制、有效处置的对敌斗争能力。要加大对民族分裂势力、宗教极端势力和暴力恐怖势力的高压态势。加强对互联网的监管，严防境外敌对势力利用互联网进行渗透破坏活动。继续深化与"法轮功"等邪教组织的斗争，坚持严密防范，露头就打，不留后患。要根据我区社会治安的实际，针对新形势下刑事犯罪活动的新特点，建立和完善经常性的、切实有效的严打工作机制，对黑恶势力犯罪、杀人、"两抢"等严重刑事犯罪活动，要重拳出击，绝不手软；对"黄赌毒"等社会丑恶现象，要加大整治力度，坚决予以扫除。要坚持"打防结合，预防为主"的方针，认真落实各项社会治安综合治理措施，积极推进覆盖全区城乡的社会治安防范体系建设，努力从源头上预防和遏制违法犯罪的发生，为自治区改革开放和现代化建设营造稳定的社会氛围。

二是加大整顿和规范市场经济秩序的力度，为完善社会主义市场经济提供良好的法制环境。各级公安机关要积极参与整顿和规范市场经济秩序工作，把维护经济秩序、服务经济发展的职能体现到执法办案、打击经济违法犯罪各个环节中，最大限度地预防重大经济犯罪的发生。要加强对完善社会主义市场经济体制过程中所采取的改革措施的学习研究，努力掌握深化改革中新的经济政策实施后经济运行规则的变化，及时预测经济违法犯罪的发展动向，及早研究制定防范、控制措施和打击对策。要适时组织区域性专项打击行动，对走私、贩毒、金融诈骗等犯罪活动，要始终保持严打态势；对非法传销、假冒、欺诈、偷税骗税等违法犯罪活动的打击，要常抓不懈；对侵害国家、集体和民营企业利益的经济案件，要高度重视，认真对待。公安机关要积极主动与金融、税务、工商、海关、审计等部门协作配合，建立健全跨地区、跨行业防范和打击经济犯罪的预警机制、防控机制和办案协作机制，形成打击合力。

三是加大妥善处置各类群体性事件的力度，正确处理好新形势下的人民内部矛盾。当前，由人民内部矛盾引发的群体性事件已成为影响社会稳定的突出问题。各级党委、政府和公安部门都要充分认识正确处理新形势下人民内部矛盾和群体性事件的极端重要性，采取有力措施，扎实有效地做好这项工作。要把预防和处置群体性事件的着力点放在消除诱因上。在工作中始终坚持维护人民群众的合法权益，积极实施各种爱民工程，关心民生、缓解民困、减轻民负、保护民利，从源头上预防和减少矛盾纠纷。要健全完善群体性事件预警处置机制。经常组织矛盾排查工作，坚持抓早、抓小、抓源头，多做减少矛盾、缓解矛盾、化解矛盾的工作，引导群众通过正当渠道反映和解决问题，力争把矛盾纠纷解决在基层，解决在内部，解决在萌芽状态。在更好地发挥信访作用的同时，公安机关要不断完善公安指挥系统，完善处置各类重大事件的工作预案，加强专业队伍和专用装备的建设，着力提高快速反应和协同作战的能力。要强化各级领导和公安部门的责任。发生重大群体性事件和突发事件，党政领导和有关部门领导要赶赴现场，要靠前指挥，要敢于负责。公安机关要主动工作，维护秩序，控制事态，协助做好疏导劝阻工作。对借机插手群体性事件的敌对势力和借机打砸抢的犯罪分子，要依法严厉打击。

第二，抓队伍建设。胡锦涛总书记指出："在全部公安工作中，队伍建设是根本，也是保证。"我区公安队伍的主流是好的，但是也必须看到，公安队伍建设中仍然存在不少亟待解决的问题。如有的干警宗旨意识淡薄，特权思想严重，对群众缺乏感情，漠视群众利益，执法简单粗暴，甚至侵害群众的合法权益；有的干警纪律不严、作风不正、随意扰民，甚至无视法纪，腐化堕落；有的干警徇私枉法，办人情案、关系案、金钱案，甚至为社会丑恶现象充当"保护伞"。2000年以来，全区共处理干警违法违纪事件395起，涉及干警519人。对上述存在的问题，我们必须予以高度重视，并采取有力措施认真加以解决。

一要坚持政治建警。要坚持用马克思列宁主义、毛泽东思想、邓小平理论和"三个代表"重要思想武装广大公安干警头脑，切实增强他们贯彻执行党的路线方针政策、严格执法的自觉性，同时要进行严格执法教育，使广大公安干警既有政治观念，又有法律意识，永葆公安队伍忠于党、忠于祖国、忠于人民、忠于法律的政治本色。要加强全心全意为人民服务的宗旨教育，引导广大干警认真解决好为谁掌权、为谁执法、为谁服务的问题，坚持权为民所用、情为民所系、利为民所谋。要把打击犯罪与保护人权有机统一起来，把追求效率与实现公正有机统一起来，把完善执法方式与实现执法目的有机统一起来，从人民群众最现实、最需要的问题入手，积极推出并认真落实亲民、爱民、便民、利民措施。要不断解决执法中人民群众反响强烈的突出问题，坚决纠正对人民群众冷硬横推、吃拿卡要、乱收滥罚等错误现象，坚决防止伤害群众感情、漠视群众疾苦、侵害群众权益的行为发生。

二要坚持从严治警。对公安队伍要始终坚持严格教育、严格管理、严格监督、严格训练、严格纪律。要加强公安队伍的制度化、规范化建设，严格执行公安部"五条禁令"和各项从严治警的规章制度，从最基本的行为准则抓起。对违法违纪的干警，要从严查处，决不姑息迁就。要积极实施人才强警战略，全面提高干警队伍的整体素质，在严把队伍的"入口"关的同时，畅通"出口"；在培养一批善于攻坚克难特殊人才的同时，采取多种形式提高广大干警的业务技能。要坚持治警先治长、严下先严上，从领导班子、领导干部抓起，为广大民警作出表率。要强化监督制约机制建设，大力推行警务公开，自觉接受群众监督和社会监督，提高监督实效。

第三，抓改革创新。近年来，全区公安机关根据形势和任务的发展变化，积极改革创新，在应急反应、治安防范、打击犯罪、服务人民等方面有了明显提高，但仍存在诸多不适应的问题。比如，及时获取深层次、预警性情报的能力还不能适应形势和任务的要求；高效指挥、快速反应和妥善应对各种复杂局势的工作制度、工作机制还没有有效建立起来；通过法律、法规和规章规范执法活动意识还有待增强；出台工作举措时，从方便执法考虑多，从方便群众考虑少；等等。为此，必须增强改革创新意识，加快改革创新的步伐。

一是要更新执法观念。观念是行动的先导。确保公安机关严格、公正、文明执法，必须把端正执法思想作为首要环节来抓，使广大公安干警牢固树立执法为民、严格守法、保障人权、接受监督等法制观念，养成严格依法办事的习惯。

二是要积极推进公安行政管理改革。公安行政管理是为社会资源配置服务的,改革公安行政管理工作,就是要努力减少行政干预,放手让一切劳动、知识、技术、管理和资本的活力竞相迸发,让一切创造社会财富的源泉充分涌流。各级公安机关要增强服务意识,变控制型管理为服务型管理,变封闭型管理为公开型管理,变审批型管理为效能型管理,变随意型管理为规范型管理。从治安管理、户籍管理、道路交通管理、消防管理和出入境管理入手,按照《行政许可法》的要求,大力清减行政审批事项,确需保留的,要向社会公布办理的程序、条件、时限、收费标准等,尽量减化程序和环节,方便社会,方便群众。

三是要积极探索建立健全现代警务机制。推行现代警务机制是世界各国警务发展的趋势,是公安机关适应社会主义市场经济体制,增强预防打击违法犯罪能力,驾驭社会治安局势,实现公安工作长远发展的客观要求。各地要从教育培训、社区警务、科技保障、情报体系、应急反应、警力配置等方面入手,充分整合现有警务资源,努力建立起一套反应更加灵敏快速、资源配置更加科学合理、运转更加统一高效、基层更加主动积极的现代警务机制。

三、切实加强和改进党对公安工作的领导

公安工作必须置于党的绝对领导之下,这是确保公安工作始终沿着正确方向前进的根本政治保证,是一个重大的政治原则,各级党委要切实加强和改进对公安工作的领导。

要把公安工作放在重要位置。各级党委、政府要切实将公安工作摆上重要议事日程,经常听取公安机关的工作汇报,定期分析稳定所面临的新情况新任务,及时就重大问题作出决策部署。要高度重视公安队伍建设,使公安队伍始终保持思想上与党一致、政治上坚定可靠、组织上高度纯洁、作风上坚强过硬。要大力宣传公安队伍中的英雄模范人物和先进事迹。当前要按照中央要求,在全区公安系统和全区各族人民中大力开展向任长霞同志学习的宣传教育,另外我们也要很好总结宣传我区的先进人物和模范事迹,鼓舞公安干警士气,增强群众对公安机关和公安干警的理解和信任。要按照中央有关文件精神,根据我区实际情况,在有条件的地方,逐步实行由同级党委常委或政府副职兼任公安机关主要领导的体制。要进一步健全和完善公安机关主要领导双重管理制度,任免

各级公安机关正职领导干部,事先征得上一级公安部门党委同意,使公安领导体制更加科学化、规范化、制度化。

要支持公安机关依法开展工作。各级党委、政府和领导同志要模范遵守宪法和法律,增强依法行政的自觉性,支持公安机关严格按照法定权限和程序行使权力,为公安机关履行职能创造良好的执法环境。要坚决排除地方保护主义和部门本位主义对公安执法活动的干扰,不能随意动用专政手段处理人民内部矛盾,不能随意指派公安机关参与非警务活动。要慎用警力,慎用武器警械,慎用强制措施。严禁向公安机关下达创收和罚没指标。

要加大对公安工作的投入。各级党委、政府要按照收支脱钩、全额保障、突出重点、分步实施的原则,将公安机关的各项经费列入财政预算,切实保障公安机关的有效运转。要进一步加大对公安基础建设的投入,支持公安机关科技强警建设,为公安机关严格、公正、文明执法创造条件。要积极改善公安干警的工作、生活条件,落实从优待警的有关保障措施,丰富公安干警的业余生活,让广大干警感受到实实在在的关心和爱护。

(选自在第十九次全区公安会议上的讲话)

工人阶级要成为推动
科学发展、促进社会和谐的模范

(2005 年 4 月 26 日)

工人阶级是我国的领导阶级，是推动经济发展和社会进步的中坚力量。改革开放以来特别是近年来,我区工人阶级以坚定的政治立场、奋进的精神状态、博大的全局胸怀和高度负责的主人翁精神,积极投身改革开放和社会主义现代化建设的伟大实践, 在推动社会主义物质文明、政治文明、精神文明建设中,作出了重要贡献,涌现出一批又一批英雄模范人物。在他们身上,集中体现了爱党爱国、忠于职守的崇高思想,克己奉公、勇于奉献的精神境界,艰苦奋斗、务实创新的工作作风,充分展示了当代工人阶级的精神风貌,成为我们建设团结、富裕、文明、和谐内蒙古的强大精神动力。

当前,我区已进入全面建设小康社会、加快推进社会主义现代化建设的新阶段。我们要抓住本世纪头二十年这一重要战略机遇期, 保持我区经济发展有一个较长的快速增长期,顺利实现自治区确定的各项奋斗目标,必须充分发挥全区工人阶级的主力军作用。胡锦涛总书记在与中国工会十四大部分代表座谈时,殷切期望全国广大职工群众要"努力成长为艰苦创业的模范、勤奋学习的模范、增进团结的模范",为新时期工人阶级更好地发挥主力军作用指明了方向。全区工人阶级要充分认识自己所肩负的重大使命,增强历史使命感和责任感,继承和发扬中国工人阶级的优良传统,按照成为"三个模范"的要求,在全面建设小康社会的广阔舞台上,充分发挥聪明才智,努力创造无愧于时代的伟大业绩。

要在落实科学发展观、推动发展上建功立业,努力成为艰苦创业的模

范。加快经济社会发展，全面建设小康社会，是全党全国人民在新世纪新阶段的历史使命，也是新世纪新阶段中国工人运动的时代主题。全区工人阶级要紧紧围绕这一主题，坚持以科学发展观为指导，紧紧抓住发展这个第一要务，积极投身社会主义物质文明、政治文明、精神文明建设，巩固和发展我区的大好来势，努力实现经济社会既快又好地发展。要以解放和发展先进生产力为己任，立足本职、学赶先进、争创一流，踊跃参加各种劳动竞赛、技术革新、发明创造以及合理化建议活动，加速自治区农牧业产业化、新型工业化和城镇化进程。要进一步增强工人阶级主人翁意识，认真行使管理国家、管理经济社会事务的权利，积极参与本单位的民主决策、民主管理和民主监督，不断推进社会主义民主政治建设。要争当先进文化的倡导者、创造者和传播者，带头弘扬爱国主义、集体主义和社会主义精神，积极参加群众性精神文明创建活动，用工人阶级的先进思想、模范行动影响和带动全社会，不断提高社会主义精神文明建设水平。

要适应时代发展要求、不断提高自身素质，努力成为勤奋学习的模范。时代在不断前进，工人阶级的素质也要不断提高。全区工人阶级要认真学习贯彻"三个代表"重要思想，认真学习贯彻党的路线方针政策，用科学理论武装头脑、指导实践，坚定走中国特色社会主义道路的信念。要大力弘扬中华民族的传统美德，不断加强社会公德、职业道德和家庭美德建设，自觉实践"爱国守法、明礼诚信、团结友善、勤俭自强、敬业奉献"的基本道德规范，切实提高思想道德水平。现在，人类社会已经进入知识经济时代，工人阶级必须树立紧跟时代步伐、勇攀时代高峰的雄心壮志，按照实施科教兴国战略、人才强国战略和建设学习型社会的要求，不断提高学习能力、创新能力，争作符合时代要求的知识型、创新型职工。要大力解放思想、更新观念，增强市场意识、竞争意识、创业意识，努力掌握新技能、增强新本领，以优良的创业实绩，展现新时代工人阶级的素质和风采。

要积极投身构建社会主义和谐社会的伟大实践，努力成为增进团结的模范。构建和谐社会，是人类孜孜以求的社会理想，也是建设中国特色社会主义的重要目标。全区工人阶级要切实提高对构建社会主义和谐社会重大意义的认识，倍加珍惜安定团结的政治局面，倍加珍惜工人阶级的团结统一，积极投身到建设和谐内蒙古的伟大实践中来。要识大体、顾大局、守纪律，正确对待改革发展过程中利益关系和利益格局的调整，正确处理个人利益与集体利益、局部利益与全局利益、眼前利益与长远利益的关系，坚定不移地拥护党和政府推进改革发展的方针政策。要积极倡导和促进社会公平与正义，维护和实现劳动关系的和谐与稳定，推动建立健全社会利益协调机制。要正确行使民主权利，依法、有序、规范地参与社会管理，以合理合法的形式表达利益诉求、解决利益矛盾，努力创造团结和谐的社会环境。

全心全意依靠工人阶级，是我们党的一贯方针，也是我们从胜利走向胜利的重要保证。全区各级党委、政府要从增强党的执政基础、巩固党的执政地位的战略高度，始终不渝地坚持全心全意依靠工人阶级的方针不动摇，坚持职工群众的主人翁地位不动摇，坚持充分发挥工人阶级在全面建设小康社会中的主力军作用不动摇。要把发挥工人阶级主力军作用与保证广大职工群众共享经济社会发展成果统一起来，着力解决关系职工群众切身利益的实际问题，切实保障工人阶级和广大劳动群众的经济、政治、文化权益，努力把工人阶级和广大劳动群众的利益实现好、维护好、发展好，把他们的积极性和创造性引导好、保护好、发挥好。要进一步加强和改进工会工作，积极支持工会组织依照法律和章程创造性地开展工作，充分发挥工会组织联系广大职工群众的桥梁和纽带作用，努力开创工会工作的新局面。

劳动模范是民族的精英、国家的脊梁、社会的中坚、人民的楷模，是党和国家的宝贵财富。各级党委、政府和工会组织，要重视、关心和做好劳模工作。要大力宣传劳模的先进事迹，在全社会营造学习劳模、尊重劳模、崇尚劳模、争当劳模的良好氛围，充分发挥劳模的示范引导作用，以劳模的先进思想、高尚情操引领和改善社会风尚。要加快建立知识、技术、管理等生产要素参与分配的机制，使劳模的劳动价值得到充分肯定和实现。要关心爱护劳模，怀着深厚的感情，多为劳模办实事、办好事，使他们在各自的工作岗位上不断创造新业绩。要深入研究劳模工作的新特点和新情况，认真做好培养、评选、服务工作，为劳模的健康成长创造良好条件。

（选自在全区劳动模范和先进工作者表彰大会上的讲话）

切实做好新形势下的民族工作

（2005 年 9 月 21 日）

　　我国是一个统一的多民族国家，民族问题始终是建设中国特色社会主义必须处理好的一个重大问题，民族工作始终是关系党和人民事业发展全局的一项重大工作。胡锦涛总书记指出，正确认识和把握新形势下的民族问题，切实做好民族工作，加快少数民族和民族地区经济社会发展，促进各民族共同繁荣发展，是全面建设小康社会、加快推进社会主义现代化的必然要求，是巩固和发展全国各族人民的大团结、确保党和国家长治久安的必然要求，也是开创中国特色社会主义事业新局面、实现中华民族伟大复兴的必然要求。要求我们一定要把正确处理民族问题作为建设中国特色社会主义的重要内容，把实现各民族共同繁荣发展作为全面建设小康社会的重要目标，把巩固全国各族人民的大团结作为党和人民事业顺利发展的重要保证，高度重视，切实抓紧抓好。

　　内蒙古是我国成立最早的少数民族自治区。内蒙古各族人民具有民族团结的光荣传统，50 年代曾被周恩来总理誉为"模范自治区"。党中央、国务院历来高度关心我区的民族团结进步事业，对内蒙古各族人民始终给予亲切关怀。自治区成立以来，始终坚持党的领导，坚持民族区域自治制度，坚持抓好经济社会发展，坚持加强少数民族干部和人才队伍建设，坚持巩固和发展各民族的大团结，全区民族工作和经济社会发展取得显著成就。近年来，自治区抓住国家实施西部大开发战略等历史机遇，不断完善发展思路，着力加强生态建设和基础设施建设，大力推进农牧业产业化、工业化和城镇化，切实加大改革开放和科技进步力度，进一步巩固发展了自治区政治稳定、经济发展、社会进步、民族团结、边防巩固的大好局面。这些成就，是党的民族政策正确指导的结果，是全区各族人民共同团结奋斗的结果，也是我国民族区域自治制度强大生命力和巨大优越性的具体体现。

进入新世纪新阶段，民族工作面临许多新课题和新挑战。从国际环境看，世界局势正在发生深刻变化，民族宗教矛盾和冲突此起彼伏。国际敌对势力从未放弃利用民族宗教问题对我进行西化、分化的图谋，不仅支持和纵容境内外民族分裂势力对我进行渗透、破坏和颠覆，而且在国际交往中利用民族、宗教和人权等问题牵制我们。内蒙古作为边疆少数民族地区，地处反分裂、反颠覆、反渗透的前沿，维护民族团结、祖国统一、边疆安宁的政治责任十分重大。从国内情况看，由于历史、自然和社会等原因，民族地区经济社会发展总体水平不高，部分群众生产生活比较困难，民族之间、地区之间发展差距较大。随着改革开放和社会主义市场经济的深入发展，随着经济社会结构的深刻变化，民族工作呈现出许多新的特点，处理民族问题的难度随之加大。从我区现状看，虽然经济社会发展成效显著，但总体上仍属于欠发达地区。到 2004 年底，全区人均生产总值刚超过全国平均水平，城镇居民人均可支配收入是全国平均水平的 86.2%，农牧民人均纯收入是全国平均水平的 88.7%，农村牧区仍有近百万人口没有完全解决温饱问题，城镇尚有 70 多万居民生活在低保线下。一些少数民族聚居区，工业基础较弱，市场化程度较低，自主增长能力不强，经济社会发展明显低于全区平均水平。少数民族较为集中的 19 个边境旗市，财政自给率仅为 42%。三个少数民族自治旗，城镇居民人均可支配收入只占全区平均水平的 77.3%。全区各级党委、政府和各族干部群众，要深刻学习领会中央民族工作会议精神，从党和人民事业全局的高度，从建设团结、富裕、文明、和谐内蒙古的高度，充分认识加强民族工作、加快少数民族和民族地区经济社会发展的重大意义，以强烈的政治责任感和历史使命感，重视民族问题，加强民族工作，加快少数民族和民族地区经济社会发展，促进各民族共同发展进步。

从内蒙实际出发，做好民族工作必须牢牢把握"**一个主题**"，正确处理"**四个关系**"，着力加强"**四项工作**"。

　　牢牢把握"一个主题"：就是要按照胡锦涛总书记的要求，始终把各民族共同团结奋斗、共同繁荣发展作为新世纪新阶段民族工作的主题，把各族人民的智慧和力量凝聚到全面建设小康社会上来，凝聚到建设中国特色社会主义上来，凝聚到实现中华民族的伟大复兴上来；牢固树立和全面落实科学发展观，切实抓好发展这个党执政兴国的第一要务，千方百计加快少数民族和民族地区经济社会发展，不断提高各族群众的生活水平。只有这样，才能抓住新形势下正确处理民族问题、切实做好民族工作的根本，才能在全面建设小康社会的历史进程中不断开创民族工作的新局面。

　　正确处理"四个关系"：一是要正确处理全部工作和民族工作的关系。民族区域自治是在国家统一领导下，各少数民族聚居的地方实行区域自治。因此，自治地方的全部工作，都与民族工作密不可分，必须把民族工作放在自治地方的工作全局中来思考与谋划、研究与部署、落实与检查。但同时也要看到，做好民族工作，处理民族问题，有其自身特点和规律，不能因抓其他工作而忽视民族工作，也不能以共性工作代替民族工作，必须在普遍中把握特殊，在共性中突出个性，努力做到各项工作相互促进、共同发展。二是要正确处理整体推进和重点突破的关系。内蒙古地域广阔，510多万少数民族分布于全区各地。做好自治区的民族工作，一定要着眼于生活在这块土地上的所有少数民族，努力实现各民族的共同繁荣发展。在此基础上，必须创新工作思路，坚持"因地制宜、因族举措、分类指导"的方针，根据各民族、各地区的不同实际、不同特点，突出政策措施的针对性和可操作性，重点抓好少数民族相对集中的地区和经济社会发展相对滞后的边境旗市、牧业旗县、三少民族自治旗和民族乡的建设和发展。三是要正确处理经济发展和社会进步的关系。我区少数民族相对集中的地区，经济社会发展都比较滞后；相对于经济发展而言，社会事业欠账更多，已经成为加快发展的重要制约因素。这就要求我们，必须按照科学发展观的要求，在大力推进经济建设的同时，更加重视加快社会发展。四是要正确处理上级扶持和自力更生的关系。加快民族地区发展，既要加大帮助扶持力度，更需要各族干部群众自力更生、艰苦奋斗，最根本的是要培育自我发展能力。

中央已经出台和自治区正在研究制定的一系列有关民族工作的政策法规，都明确提出了支持少数民族和民族地区发展的具体措施，各级要认真抓好落实。同时，要更加着力于转变思想观念、激发内在活力，充分发挥主动性、创造性，努力增强自我发展能力。

着力做好"四项工作"：就是要采取有力措施，着力抓好经济社会发展、促进民族团结与社会和谐、加强人才和干部队伍建设、坚持和完善民族区域自治制度四个方面的工作。

（一）以科学发展观统领全局，千方百计加快经济社会发展。邓小平同志曾经指出："实行民族区域自治，不把经济搞好，那个自治就是空的。"胡锦涛总书记在中央民族工作会议上强调："发展是党执政兴国的第一要务，是解决中国所有问题的关键，也是解决民族地区困难和问题的关键。加快少数民族和民族地区经济社会发展，是各族群众的迫切要求，也是现阶段解决民族问题的根本途径，必须摆到更加突出的战略位置"。从全区发展大局来看，没有少数民族的小康，就没有全区人民的小康；没有少数民族的发展，就没有全区的发展。加快经济社会发展，关键是要以科学发展观统领经济社会发展全局，坚持打基础与促发展并重，充分发挥自身优势，集中各族干部群众的智慧和力量，不断深化改革、扩大开放，真正把各项优惠政策和各方面的扶持帮助转化为自我发展能力，促进经济社会全面协调可持续发展。

要大力发展优势特色产业，切实加快"三化"进程。近年来，我区经济社会呈现出良好势头，其突出特点是优势特色产业正在逐步形成。在这次中央民族工作会议上，国家明确提出扶持民族地区发展优势特色产业，最近国务院又专门召开西部产业发展和结构调整工作会议，强调西部地区要把发展优势特色产业放在重要位置，不断增强西部地区的自我发展能力，实现西部大开发的新突破。各级要切实把握、紧紧抓住这一机遇，从自身实际出发，加大经济结构调整力度，着力培育发展潜力大、市场前景好的优势特色产业。要坚持"三化互动、三力推动"的发展思路，着力推进少数民族聚居地区农牧业产业化、工业化、城镇化建设。要加强农牧业基础地位，调整优化农牧业结构，进一步提高农畜产品加工转化率。要加大对具有资源比较优势产业的扶持力度，优先在民族工作重点地区安排资源开发和深加工项目，做大做强优势特色产业。带动和促进当地经济和社会发展。要完善城镇体系，优化城镇布局，强化综合服务功能，逐步形成以城带乡、以工促农、城乡互动、协调发展的体制和机制。要完善与民族区域自治制度相适应的政策性转移支付制度，逐步加大对困难地区的财政转移支付力度。

要加强生态建设和基础设施建设，进一步夯实发展基础。各级要继续把生态建设作为最大的基础建设来抓，积极争取国家支持，建设好生态重点工程。要把草原生态环境保护与建设放到突出位置，大力推行以草定畜、划区轮牧、禁牧休牧、舍饲圈养等措施，提高生态环境的自我修复能力。把搞好生态环境保护建设与解决好农牧民增收和长远生计问题结合起来，加快实施扶贫移民和生态移民工程，促进生态环境脆弱地区农牧民向城镇和条件较好地区转移，向二、三产业转移。要进一步加大交通、水利、电力、通信、广播电视等基础设施建设力度。对基础设施欠账较多的边境旗市和少数民族自治旗，要优先安排基础设施项目和同少数民族群众生产生活密切相关的中小型公益性项目，努力改变这些地区基础设施薄弱状况。

要加快各项社会事业发展，努力提高人口素质。教育是少数民族和民族地区发展的根本大计。要把全面贯彻党的教育方针与落实党的民族政策结合起来，优先、重点发展民族教育，在帮助少数民族和民族地区实现"两基"目标的同时，加快发展高中教育、职业教育和高等教育。认真落实加快少数民族贫困地区教育事业发展的有关规定和政策措施，切实解决民族教育中的特殊困难和问题，抓好"两免一补"政策的落实，使少数民族贫困家庭的孩子都能完成义务教育。按照建设民族文化大区的要求，加快文化事业和文化产业发展，为各族人民提供丰富的精神文化产品。加强公共卫生设施建设，建立健全医疗卫生服务体系，抓紧实施少数民族贫困家庭医疗救助制度。高度重视少数民族聚居地区地方病、传染病的防治工作。大力发展民族体育事业，积极开展全民健身活动，努力提高各族人民的健康素质。

（二）促进民族团结与社会和谐，巩固发展平等、团结、互助、和谐的社会主义民族关系。维护民族团结，促进民族和谐，最根本的是要提高各族人民的生活水平，使各族人民过上幸福美满生活。目前，我区城乡居民的收入水平同全国相比尚有一定差距，少数民族聚居区的差距更大一些。各地在发展经济的同时，一定要把提高各族人民的生活水平放在突出位置来抓，使改革发展的成果最大程度地惠及各族人民。要认真落实中央关于扶贫工作的总体部署和要求，大力推进兴边富民行动，坚持整村推进，搞好开发式扶贫，特别要加大对少数民族贫困人口的扶持力度。认真实施国务院《扶持人口较少民族发展规划（2005-2010年)》，以改善人口较少民族聚居村基本生产生活条件和提高农牧民收入为重点，加大资金投入和政策倾斜，力争通过五年左右时间，使人口较少民族聚居的行政村基础设施得到明显改善，群众生产生活存在的突出问题得到有效解决，现有贫困人口的温饱问题基本得到解决，经济社会发展基本达到当地中等或以上水平。

要高举民族团结进步的旗帜，进一步巩固发展团结和谐的良好局面。广泛开展民族团结宣传教育活动，深入开展党的民族理论、民族政策和民族法律法规以及民族基本知识教育，尤其要在各族青少年中开展多种形式的民族团结宣传教育活动，使"三个离不开"的思想观念深深扎根于各族青少年心中。进一步做好民族团结进步表彰工作，完善民族团结进步激励机制，在全社会形成自觉维护民族团结的良好氛围。正确处理新形势下影响民族团结的人民内部矛盾，坚持"团结、教育、疏导、化解"的方针，把问题解决在萌芽，把矛盾化解在基层。严格区分两类不同性质的矛盾，坚持具体问题具体分析，是什么问题就按什么问题处理，不能把涉及少数民族成员、群体的一般民事纠纷和刑事案件都归结为民族问题。要加强对各族群众的法制教育，帮助他们自觉运用法律武器维护自己的合法权益。认真贯彻党的宗教政策，依法管理宗教事务，妥善处理涉及民族风俗习惯和宗教信仰的各种矛盾和纠纷。对于极少数蓄意挑拨民族关系、破坏民族团结、制造恶性事件的犯罪分子，要坚决依法打击。要旗帜鲜明地反对和抵制敌对势力打着"民族"、"宗教"和"人权"等旗号进行的西化、分化活动，坚决维护民族团结和边疆安宁。

（三）重视人才资源开发，加强少数民族干部队伍建设。人才是加快少数民族和民族地区经济社会发展的关键因素。要大力实施人才强区战略，培养更多的各类人才。要注意调整和优化人才结构，更多地培养我区经济社会发展急需的企业经营管理人才、专业技术人才和适用技能人才。认真搞好少数民族科技骨干培养工作，每年安排一定数量的少数民族专业人才到高等院校、科研部门和相关企业进修学习或挂职锻炼。要制定更加优惠的政策，创造良好的用人机制和环境，鼓励、支持和吸引各类人才到少数民族地区发展创业。

少数民族干部是党和国家干部队伍的重要组成部分，是党和政府联系少数民族群众的桥梁和纽带，是做好民族工作的重要骨干力量。要把培养、选拔、使用少数民族干部作为管根本、管长远的大事来抓。要注重在实践锻炼中培养干部，对少数民族干部要充分信任，放手使用，敢于给他们交任务、压担子，支持他们开拓创新，大胆开展工作。要通过选送优秀少数民族干部到发达地区、上级机关和艰苦地区挂职锻炼，到国外进修，到高等院校学习深造等途径，使他们进一步开拓视野、增长才干。在公开选拔领导干部、录用国家工作人员等方面，要采取灵活有效措施，拓宽少数民族干部来源，形成有利于优秀少数民族干部脱颖而出的选用机制。要抓好少数民族后备干部队伍建设，注重培养少数民族妇女干部和党外干部。

（四）坚持和完善民族区域自治制度，不断推进民族工作的法制化和规范化。民族区域自治制度是我国的一项基本政治制度，体现了坚持国家的完整统一与少数民族自主管理本民族内部事务的有机统一，体现了党的领导、人民当家作主和依法治国的有机统一。胡锦涛总书记强调指出："民族区域自治，作为党解决民族问题的一条基本经验不容置疑，作为我国的一项基本政治制度不容动摇，作为我国社会主义的一大政治优势不容削弱"。坚持和完善民族区域自治制度，必须全面贯彻落实民族区域自治法。民族区域自治法是国家保障少数民族和民族地区各项权利的基本法律，是民族工作走上法制化、规范化轨道的重要保障。国家正式颁布了《国务院实施〈中华人民共和国民族区域自治法〉若干规定》，这是我国建立健全民族法律法规体系的又一重大成果。各级要认真抓好《民族区域自治法》和《若干规定》的贯彻落实，在各族干部群众中大力开展《民族区域自治法》和相关法规的学习、宣传、教育工作，领导干部要带头学习贯彻，并认真研究解决法律实施过程中出现的新情况、新问题。进一步加强民族立法工作，尽快制定相关条例，健全和完善地方性民族法规体系，充分行使好民族区域自治法赋予的各项自治权利。各级人大要定期检查民族区域自治法的贯彻执行情况，民族工作部门要加强对贯彻落实民族区域自治法行政法规执行情况的监督检查。

做好新形势下的民族工作，必须不断加强和改善党对民族工作的领导，把民族工作的各项任务真正落到实处。

第一，要形成做好民族工作的强大合力。各级党委要把做好民族工作作为加强党的执政能力建设的重要内容，摆上重要议事日程，认真研究解决民族工作中的重大问题。要进一步完善民族工作的领导体制和工作机制，建立健全目标责任制，坚持党政一把手亲自抓，把做好民族工作作为领导干部实绩考核的重要内容，作为干部选拔任用的重要依据，作为人大、政协检查监督的工作重点，努力形成党委统一领导、有关方面各司其职、密切配合、通力协作的工作格局。要进一步加强民族工作部门和民族工作队伍建设，切实帮助民族工作部门解决工作中遇到的实际困难和突出问题。各级统战部门和民族工作部门，要增强责任意识，加强自身建设，认真履行职责，切实发挥好党委、政府做好民族工作的参谋助手作用。

第二，要不断提高各级领导干部驾驭民族工作的能力和水平。在新的历史条件下，民族问题往往表现为经济问题与政治问题交织在一起，现实问题与历史问题交织在一起，民族问题与宗教问题交织在一起，国内问题与国际问题交织在一起，对我们做好民族工作提出了新的更高的要求。各级领导干部要认真学习马克思主义民族理论、党的民族政策、民族法律法规，全面熟悉和掌握新形势下做好民族工作的指导思想、工作原则和主要任务。要及时了解当代和世界民族问题的发展趋向，深入研究在全面建设小康社会、构建和谐社会进程中民族工作面临的新情况、新问题，准确把握现阶段民族问题和民族工作的特点和规律，努力增强做好民族工作的原则性、系统性、预见性和创造性。要根据形势和任务的发展变化，创新工作思路，改进工作方法，丰富工作手段，不断提高凝聚人心、维护团结、加快发展的能力，提高科学执政、民主执政、依法执政的水平，牢牢把握民族工作的主动权。

第三，要切实加强基层基础工作。加强新形势下的民族工作，关键在党组织，重点在抓基层。各级要以正在开展的保持共产党员先进性教育活动为契机，全面推进基层党的思想、组织、作风和制度建设，建立健全常抓不懈的基层党建工作机制，不断扩大党的工作的覆盖面，确保党的各项民族政策全面落实到基层。要大力加强基层领导班子和干部队伍建设，选准配强苏木乡镇党政领导班子和嘎查村党组织负责人，不断增强基层党组织的凝聚力和战斗力，更好地发挥基层党员干部带领各族群众全面建设小康社会的先锋模范作用。

第四，要狠抓各项政策措施的贯彻落实。党和国家制定出台的加强民族工作、加快少数民族和民族地区经济社会发展的一系列政策措施，具有很高的"含金量"和很强的操作性，各级各部门一定要结合实际，努力用好、用足、用活这些政策措施，切实抓好这些政策措施的贯彻落实。各地还要结合制定"十一五"发展规划，做好与国家实施少数民族事业"十一五"规划、扶持人口较少民族发展规划、兴边富民"十一五"规划的衔接工作，切实制定好加强民族工作的专项规划。各级领导干部要大力弘扬求真务实精神，深入群众、深入基层、深入实际，开展调查研究，了解真实情况，集中群众智慧，努力为各族群众做好事、办实事、解难事，以实际行动推动民族工作的深入开展。

（选自在全区民族工作会议上的讲话）

牢牢把握"三个提供、一个发挥"的历史使命

(2006 年 1 月 5 日)

胡锦涛主席指出:"军队要为党巩固执政地位提供重要的力量保证,为维护国家发展的重要战略机遇期提供坚强的安全保障,为维护国家利益提供有力的战略支撑,为维护世界和平与促进共同发展发挥重要作用"。要牢牢把握这"三个提供、一个发挥"的历史使命,切实加强部队各项建设,推动部队建设全面协调持续健康发展。

第一,要坚持把科学发展观作为部队建设的重要指导方针。科学发展观是以胡锦涛同志为总书记的党中央从新世纪新阶段党和国家事业发展全局出发提出的重大战略思想,是指导党和国家各项事业发展的世界观和方法论的集中体现。我军历来以党的旗帜为旗帜,以党的方向为方向,以党的意志为意志,以党的理论为指南。在部队建设中坚持和落实科学发展观,是部队发展进入新阶段的必然选择,是推动部队建设又快又好发展的必由之路。部队各级党委要把贯彻落实科学发展观作为部队建设的重要政治任务来抓,用科学发展观武装广大官兵特别是各级领导干部的头脑,充分认识科学发展观对部队建设的重要指导意义,切实增强学习贯彻的自觉性和坚定性。要按照科学发展观的要求,创新部队建设理念,理清部队发展思路,真正把科学发展观的要求贯穿到部队建设的各个方面。要坚持把提高战斗力作为贯彻落实科学发展观的出发点和落脚点,坚持用"打赢"凝聚思想和意志,以"武备"牵动各项建设,全面提高部队的整体作战能力。各级党委和领导干部要努力提高贯彻落实科学发展观的能力和水平,使贯彻落实科学发展观的成果转化为高举旗帜、听

党指挥的坚定政治信念,转化为促进部队建设协调发展、全面推进、整体提高的科学思路和体制机制,转化为抓思想政治建设、抓军事斗争准备、抓中国特色军事变革、抓依法治军和从严治军的实际行动。

第二,要切实肩负起新世纪新阶段人民军队的历史使命。军委胡锦涛主席提出的"三个提供、一个发挥"的新世纪新阶段人民军队的历史使命,集中反映了党和人民对我军履行职能提出的新要求,各级要结合实际,认真贯彻落实。

一方面,要坚持不懈地抓好部队的思想政治建设。这是确保党对军队绝对领导的必然要求,也是确保部队打得赢、不变质的必然要求。要坚持不懈地用党的创新理论武装官兵,认真学习江泽民同志国防与军队建设思想和胡锦涛主席一系列重要指示精神,坚持党对军队绝对领导的根本原则和制度,教育引导官兵自觉抵制军队"非党化"、"非政治化"等错误思想的侵蚀,进一步强化军魂意识,打牢官兵履行历史使命的思想基础。要深入持久地开展以坚定理想信念和树立正确的世界观、人生观、价值观为核心的思想政治教育,使广大官兵始终保持坚定的政治信念和坚强的革命意志。要进一步抓好党的先进性建设,不断增强各级党组织的创造力、凝聚力、战斗力,充分发挥党委的核心领导作用、党支部的战斗堡垒作用和党员的先锋模范作用。要紧密联系部队建设的新形势和新特点,切实加强和改进思想政治工作,进一步增强思想政治工作的针对性、实效性和主动性。

另一方面,要坚持不懈地做好军事斗争准备。这是新时期国防和军队建设最重要、最现实、最紧迫的战略任务。当今世界,和平、发展、合作是时代的主题,但天下并不太平。霸权主义和强权政治仍然存在,国际恐怖主义、民族分裂主义、宗教极端主义威胁世界和平与地区安全,西方敌对势力对我进行"西化"、"分化"的政治图谋不会改变。我区地处祖国北部边疆,战略地位十分重要。各级党委要充分认识国家安全面临的新形势、新挑战,牢固树立带兵打仗、练兵打仗、随时打仗的思想,坚持不懈地做好军事斗争的准备工作。要积极研究探索新时期治军和练军的特点与规律,进一步加大军事训练力度,抓住影响和制约战斗力生成的关键环节,坚持从难从严从实战需求出发,努力提高训练水平,促进部队战斗力的不断攀升。要全面贯彻"科技强军"战略，认真学习掌握高科技知识和现代战争知识，强化科技练兵工作，努力提高官兵的科技素质，增强部队高技术条件下的防卫作战能力。要切实加强基层基础建设，努力改善部队的训练条件和生活条件，推动基层建设全面过硬和持续健康发展。要坚持依法从严治军，深入开展法制教育和条令条例学习，引导官兵依法履行职责，把战备、训练等各项工作纳入依法管理轨道，不断提高部队的正规化建设水平。要切实抓好国防后备力量建设，完善国防动员体制机制，努力提高民兵预备役部队遂行作战任务能力。

第三，要正确处理经济建设和国防建设的关系。党的十六届五中全会指出，要坚持经济建设与国防建设协调发展的方针，进一步形成经济建设和国防建设相互促进的良好局面。经济建设是国家富强的根基，国防建设是祖国强盛的支柱。我们一定要从战略和全局的高度，切实处理好经济建设和国防建设的关系，按照科学发展观的要求，实现经济建设与国防建设协调发展、相互促进。地方各级党委、政府要把国防和部队建设摆上重要议事日程，全面落实党管武装的各项制度，切实履行好支持、帮助部队搞好建设的义务和责任。驻区各部队要把部队建设融入到社会主义现代化建设全局之中，在做好军事工作的同时，积极参与自治区的改革和建设事业，为驻地的繁荣和发展多做贡献。要从部队实际出发，积极参与扶贫帮困、抢险救灾等急难险重任务，充分发挥生力军和突击队作用。要积极参加社会治安综合治理，努力推进平安内蒙古、和谐内蒙古建设。要广泛参与精神文明创建活动，搞好拥政爱民、军民共建活动，进一步密切军政军民关系，巩固发展军政军民和民族团结的大好局面。

（选自在内蒙古军区党委六届十一次
全体（扩大）会议上的讲话）

坚持走中国特色社会主义
工会发展道路

(2006 年 5 月 24 日)

近年来,全区各级党委按照党中央和中华全国总工会的要求,切实加强对工会工作的领导,积极支持各级工会依照法律和章程独立自主地开展工作, 有力地促进了全区工会工作的发展。各级工会组织牢牢把握全面建设小康社会这个新世纪新阶段工人运动的主题,坚持走中国特色社会主义工会发展道路,贯彻"组织起来,切实维权"的工作方针,围绕中心,服务大局,创造性地开展工作,各项工作取得明显成效,为自治区的改革发展稳定作出了重要贡献。

从全局和战略的高度,充分认识加强和
改进新时期工会工作的重大意义

工会是党领导下的工人阶级群众组织,是党联系职工群众的桥梁和纽带, 是国家政权的重要社会支柱。胡锦涛总书记指出:"我们要坚持以人为本,切实贯彻全心全意依靠工人阶级的方针,无论改革怎么深化,我们社会主义国家的性质不会变,工人阶级的领导地位不会变"。各级要深刻领会胡锦涛总书记的重要指示精神,充分认识加强和改进新时期工会工作的重要性和紧迫性。

加强和改进工会工作, 是贯彻落实科学发展观的必然要求。科学发展观是我们党指导发展的世界观和方法论的集中体现,是全面建设小康社会必须长期坚持的重要指导思想,也是指导新时期工会工作的强大思想武器。科学发展观的第一要义是发展。促进发展必须牢固坚持全心全

意依靠工人阶级的根本指导方针,努力把各族职工群众的意志、智慧和力量凝聚到发展上来。科学发展观的本质是以人为本。坚持以人为本,涵盖了工会的本质属性和社会职能。必须把满足人的需求、促进人的全面发展作为工会工作的第一要求,通过卓有成效的工作,把广大职工群众的经济、政治、文化权益实现好、维护好、发展好,把他们的积极性和创造性引导好、保护好、发挥好,使他们在全面建设小康社会的伟大实践中充分发挥主力军作用。

加强和改进工会工作,是提高党的执政能力、巩固党的执政基础的迫切需要。我们党是工人阶级的政党,工人阶级始终是我们党最坚实、最可靠的阶级基础。工会组织作为党联系职工群众的桥梁和纽带,能否做好职工群众工作,直接影响着党的执政能力的提高和执政基础的巩固。我们党要不断提高驾驭社会主义市场经济的能力,需要工会组织动员广大职工参与改革、推进发展,提高职工队伍素质,努力成为适应社会主义市场经济的现代劳动者;不断提高发展社会主义民主政治的能力,需要工会组织广大职工搞好民主参与、民主监督、民主管理,努力推进基层民主政治建设;不断提高建设社会主义先进文化的能力,需要工会用科学理论武装职工头脑,用中华民族的传统美德陶冶职工情操,使职工成为"四有"新人,用工人阶级的先进思想影响和带动全社会;不断提高构建社会主义和谐社会的能力,需要工会切实维护职工合法权益,协调劳动关系,及时化解矛盾,促进社会和谐发展;不断提高应对国际局势和处理国际事务的能力,需要工会最大限度地把广大职工组织到工会中来,粉碎境内外敌对势力实施"西化"、"分化",破坏我国社会政治稳定的图谋。

加强和改进工会工作,是维护职工合法权益、保持社会稳定的现实需要。随着社会主义市场经济的发展和改革开放的深入,利益关系调整加剧,劳动关系发生深刻变化,各种劳动纠纷和矛盾日益突出。各级工会在维护职工合法权益,协助党和政府参与劳动争议和群体性事件调处,维护职工队伍稳定方面具有独特优势,承担着重要职责。新的形势和任务,迫切要求各级工会组织必须把加强协调劳动关系和参与处理社会利益关系摆到突出位置,建立健全规范有序、公正合理、互利共赢、和谐稳定的社会主义新型劳动关系,维护广大职工和社会各方面的合法权益,促进社会的和谐与稳定。

围绕中心,服务大局,坚持走中国特色社会主义工会发展道路

"十一五"时期,是我区全面建设小康社会的关键时期。在新的历史起点上实现新发展、新跨越,对新时期工会工作提出了新的更高的要求。

(一)要充分发挥广大职工的主力军作用,为实现经济社会又快又好发展建功立业。按照科学发展观的要求,进一步巩固和发展"十五"以来的发展来势,促进经济社会又快又好发展,是当前和今后一个时期全区的中心任务。各级工会组织要紧紧围绕"十一五"规划的目标任务,在服务发展、促进发展上加大工作力度。要按照中华全国总工会提出的"当好主力军、建功'十一五'、和谐奔小康"的要求,组织全区各类企业广泛深入开展劳动竞赛、合理化建议、技术革新、技术练兵等群众性活动,充分调动广大职工投身改革和建设的巨大热情与创造活力。要围绕转变经济增长方式,积极倡导节约型生产方式和消费方式,引导广大职工增强节约意识,从自身做起,从岗位做起,进一步降低消耗、增加产出、减少环境污染,在发展循环经济、开展节能降耗、保护生态环境等方面贡献力量。要围绕自治区重要行业和关键领域中的重点工程、重点项目,以"创建学习型组织、争做知识型职工"活动为载体,积极开展创新能手、创新示范岗、创新班组等创建活动,不断增强职工的学习能力、创新能力、竞争能力、创业能力。要大力开展社会主义荣辱观教育,加强职业道德建设,引导广大职工在社会主义现代化建设中弘扬正气、倡导新风。要充分发挥劳动模范的示范和导向作用,在全区形成劳动光荣、知识崇高、人才宝贵、创造伟大的良好风尚。要引导职工识大体、顾大局,正确对待改革发展中的利益关系调整,做拥护改革、支持改革、推动改革的促进派。

(二)要切实维护职工合法权益,着力推进和谐社会建设。维护职工合法权益,建立和谐稳定的劳动关系,是工会推进和谐社会建设的着力点和切入点。各级工会组织要认真履行职责,切实维护职工的合法权益,积极协助党和政府解决关系职工群众切身利益的实际问题。要在企业推行平等协商集体合同制度,建立和完善工会与企业进行工资集体协商的机制,依法规范各类劳动合同和集体合同。要继续健全以职工代表大会、厂务公

开为基本形式的民主管理制度,不断完善职工参与民主管理形式,切实保障广大职工依法行使民主权利。要协助党和政府做好下岗失业人员再就业工作,落实好再就业的各项政策,充分发挥工会组织在职工培训、职业介绍、就业指导上的作用。要推动社会保障制度的健全和完善,逐步扩大和提高对职工的保障范围和保障水平,坚持实施送温暖工程,努力为困难职工排忧解难。要充分发挥工会在劳动保护监督检查中的作用,加大群众性安全生产检查力度,促进企业劳动安全和卫生条件的改善,参与对重大伤亡事故和严重职业危害问题的处理,切实保障职工的身体健康和生命安全。要建立健全地方和企业劳动争议调解组织,强化工会在调处劳动争议矛盾中的作用,把不稳定因素解决在基层,为构建和谐内蒙古作出积极贡献。

(三)要加强基层基础建设,不断扩大工会工作的覆盖面。健全基层组织网络,创新组织形式,不断扩大工会工作的覆盖面,是工会充分发挥作用的坚实基础。要坚持"哪里有职工,哪里就要建立工会组织"的原则,最广泛地把广大职工组织到工会中来。要根据企业组织形式和职工队伍发展壮大、就业方式多样化的新情况,重点抓好非公有制企业工会的组建和规范工作,积极推进外商投资企业建会工作。要把农民工作为工会组建和维权的重点,引导农民工进城打工入工会、有了困难找工会、维护权益靠工会、提高技能到工会。要完善工会组织体制,调动地方工会、产业工会和基层工会的积极性,发挥职工群众的主体作用,加强基层工会组织建设,激发基层工会活力。要认真总结推广"党建带工建、工建服务党建"的成功经验,把工会组建作为基层党建工作的重要内容,与基层党建工作同部署、同检查、同考核、同表彰。要深入职工群众,关心职工群众,服务职工群众,把工会真正建设成为"职工之家"。

(四)要加大创新力度,不断提高工会工作的能力和水平。在新的历史条件下,工会工作面临许多新情况、新问题。比如,随着党的执政方式的改进、政府职能的转变,工会如何适应社会管理体制的变化,发挥团结动员、联系服务和协同参与的作用;随着产业结构、所有制结构和职工队伍结构的变化,工会工作的领域、内容、对象大大拓宽,工会如何创新工作格局、完善依法维护职工合法权益机制,扩大覆盖面,增强凝聚力;随着经济转轨、社会转轨,职工的劳动就业方式、生活方式和精神文化需求出现了新的变化,工会如何改进工作方式方法、转变运行机制,等等。各级工会要以改革的精神加强自身建设,努力在继承中创新,在创新中发展,适应时代发展进行理论创新,围绕激发活力进行体制创新,针对重点难点进行工作创新,使工会工作更好地体现时代性,把握规律性,富于创造性。要认真研究和把握新形势下工会工作的特点和规律,探索与市场经济体制相适应的工作思路、工作机制、工作方法和工作载体,从过去以办福利、搞活动为主,转变到全面履行各项职责,突出为广大职工群众维护权益、搞好服务上来;从主要靠开会布置、搞检查评比等方式来推动工作,转变到更多地为基层工会和职工群众办实事、做好事、解难事上来,努力增强各级工会组织职工、动员职工、依靠职工、教育职工、服务职工的能力。

进一步加强和改进党对工会工作的领导

党的领导是做好工会工作的根本保证。全区各级党委要切实加强和改进党对工会工作的领导,为工会依照法律和章程独立自主地开展工作提供支持和保证。

要把工会工作纳入重要议事日程。牢固树立全心全意依靠工人阶级的思想,指导工会认真贯彻落实党的路线方针政策,坚定不移地走中国特色社会主义工会发展道路,使工会工作始终保持正确的政治方向。要进一步健全完善党委定期听取工会工作汇报和研究工会工作的制度,积极支持和帮助工会解决工作中的重大问题。要坚持和完善政府联系工会工作制度,各级政府要明确一名领导联系工会工作,每年至少召开一次政府与工会联席会议,及时向工会通报政府的重要工作部署,听取工会反映职工群众的意见和要求,帮助解决涉及职工切身利益和工会工作中的一些实际困难和问题。

要切实加强各级工会领导班子建设。按照干部队伍"四化"方针和德才兼备原则,配备好各级工会领导班子,把政治上可靠、思想上解放、工作上敬业、敢于和善于为职工说话办事、职工群众信得过的优秀干部,选拔充实到工会领导岗位上来。要按照中央和自治区的要求,选好配强盟市、旗县(市区)工会主席。旗县级以上各级党委、人大、政协在提名党委委员、人大常委会委员和政协常委候选人时，都应有工会负责同志。任免调动工会领导班子成员时，要事先与上级工会沟通协调，征求上级工会的意见。各级党委组织部门要把工会干部纳入党政干部培训、交流、使用和管理的规划安排之中。

要努力为工会开展工作创造条件。各级党委、政府要重视和支持工会工作，帮助工会解决工作中遇到的实际问题。要畅通工会民主参与的渠道，支持和鼓励工会及时反映职工的意见和愿望，支持工会组织和工会干部依法履行职责，维护职工合法权益。各级人大、政协要关心和支持工会工作，从执法检查、民主协商和民主监督等方面，为工会工作创造有利条件。各级宣传部门和新闻媒体要加强对工人阶级和工会工作的宣传，努力为工会工作营造良好的社会舆论环境。要重视对工会建设的投入，努力改善办公设施和活动场所，为工会开展工作创造条件。

（选自在全区工会工作会议上的讲话）

全面建设和谐内蒙古

(2006 年 10 月 23 日)

党的十六届六中全会专题研究了构建社会主义和谐社会问题，审议通过了《中共中央关于构建社会主义和谐社会若干重大问题的决定》，对构建社会主义和谐社会作了全面部署。我们要全面准确地学习领会全会精神，从我区实际出发，全面建设和谐内蒙古。

一、把促进科学发展作为构建和谐内蒙古的战略基点，推动经济社会又好又快发展

社会要和谐，首先要发展，而且是又好又快的发展。我们必须把促进科学发展作为构建和谐内蒙古的战略基点，在抓住机遇、加快发展的同时，更加注重发展的全面性、协调性和可持续性。

一是坚持城乡协调发展，努力改变城乡二元结构。要加快以工促农、以城带乡步伐，坚持解决农牧业问题从非农牧产业上找出路、解决农村牧区问题从加快推进城镇化上找出路、解决农牧民问题从减少和转移农牧民上找出路，促进社会主义新农村新牧区建设。大力推进农村牧区综合改革，调整优化农村牧区经济结构，加强现代农牧业建设，发展农牧业产业化经营和农村牧区二、三产业，促进农牧业增效、农牧民增收。贯彻工业反哺农业、城市支持农村和多予少取放活的方针，落实支农惠农政策，加大对农村牧区基础设施和社会事业发展的投入力度，改善农村牧区的生产生活条件。

二是坚持区域协调发展，逐步形成优势互补、区域互动、共同发展的新格局。要把非均衡发展与均衡发展有机统一起来，在继续促进优势地区提高发展质量、创新发展模式、增强发展后劲，充分发挥对全区整体发展带动作用的同时，加快东部盟市发展步伐。目前，我区东部盟市发展已

[821]

呈现良好态势，五盟市发展速度均超过全区平均水平。要巩固发展良好来势，在基础设施、资源配置、产业发展上，加大对东部盟市的扶持力度，推动东部盟市加快发展。东部盟市要抓住国家振兴东北老工业基地的战略机遇，充分发挥比较优势，加快培育和壮大优势特色产业，逐步缩小与优势地区的发展差距。

三是坚持经济社会协调发展，加强社会事业建设。要大力实施科教兴区、人才强区战略，把教育摆在优先发展的位置，建设现代国民教育体系和终身教育体系，保障人民享有良好的受教育机会。进一步明确各级政府提供教育公共服务的职责，努力促进教育公平。坚持公共医疗卫生的公益性质，强化公立医院公共服务职能，深化医疗卫生体制改革，加快建立农村新型合作医疗步伐，逐步建设覆盖城乡居民的基本卫生保障制度。把发展公益性文化事业作为保障人民文化权益的主要途径，坚持把社会效益放在首位，加强公共文化设施建设，完善文化设施网络，积极推进文化事业和文化产业发展，努力建设民族文化大区。

四是坚持人与自然和谐发展，推动资源节约、环境友好型社会建设。要继续把生态建设作为最大的基础建设来抓，坚持优先保护，在加大重点区域治理的同时，积极调整人口和生产力布局，减少人类对大自然的直接索取，着力提高生态自我修复能力。积极探索建立生态建设和保护的长效机制，把生态建设同农村牧区产业结构调整结合起来，大力发展生态建设后续产业。加快转变增长方式，切实提高资源综合开发利用水平，大力发展循环经济。依法淘汰落后工艺和生产能力，从源头上控制环境污染。综合运用政策、法制、机制和管理等手段，切实改变先污染后治理、边治理边污染的状况，努力降低主要污染物排放总量，尽快改善重点区域、重点城市环境质量。

二、把制度建设作为构建和谐内蒙古的根本保证，促进社会公平正义

公平正义是社会和谐的基本条件，制度是社会公平正义的根本保证。要大力加强民主法治建设，从政治上、制度上保证人民政治、经济、文化、社会等方面的权益，调动人民群众建设和谐社会的积极性。

切实保证人民当家作主。坚持党的领导、人民当家作主和依法治国的有机统一，积极稳妥地推进政治体制改革，进一步完善人民代表大会制度、共产党领导的多党合作和政治协商制度、民族区域自治制度。健全民主制度，丰富民主形式，依法实行民主选举、民主决策、民主管理、民主监督，实现社会主义民主政治的制度化、规范化、程序化，保障人民享有广泛的民主权利。充分发挥人大代表、政协委员以及各民主党派、工商联、无党派人士在构建和谐社会中的重要作用，认真落实基层民主制度，完善厂务公开、村务公开、政务公开等公开办事制度。

加快推进依法治区进程。按照国家立法规划，结合自治区实际，加快完善发展民主政治、保障人民权益、推进社会事业、健全社会保障、规范社会组织、加强社会管理等方面的法律法规。全面推进依法行政，加强对权力运行的制约和监督，加强对行政机关、司法机关的监督。坚持司法为民、司法为公，按照建设公正、高效、权威的社会主义司法制度的要求，推进司法体制和工作机制改革，加强司法救助和法律援助，切实发挥司法维护社会公平正义的职能作用。深入开展法制宣传教育，认真落实"五五"普法规划，形成全民自觉学法、守法、用法的良好氛围。

逐步推进基本公共服务均等化。健全公共财政体制，把更多财政资金投向公共服务领域，加大财政在教育、卫生、文化、就业再就业服务、社会保障、生态环境、公共基础设施、社会治安等方面的投入。完善财政管理体制，加大财政转移支付力度，逐步解决部分旗县、苏木乡镇的财政困难，增强其提供公共服务的能力。

深化分配制度改革。坚持按劳分配为主体、多种分配方式并存的分配制度，在经济发展的基础上，更加注重社会公平。着力提高低收入者收入水平，探索农牧民增收减负长效机制，健全最低工资制度，完善工资正常增长机制，逐步提高社会保障标准。加大收入分配调节力度，进一步完善劳动、资本、技术、管理等生产要素按贡献参与分配制度，健全公务员工资制度，实行符合事业单位特点的收入分配制度，规范地区津贴补贴标准，规范国有企业经营管理者收入，严格垄断行业工资总额控制，加强个人所得税征管和调节，促进共同富裕。

三、把培育和谐文化作为构建和谐内蒙古的重要任务，打牢社会和谐的思想道德基础

要按照先进文化的前进方向，以建设社会主义核心价值体系为根本，

[823]

弘扬民族优秀文化,借鉴人类有益文明成果,倡导和谐理念,培育和谐精神,为构建和谐社会提供不竭的精神动力。

要巩固全社会团结奋斗的共同思想基础。牢固坚持马克思主义在意识形态领域的指导地位,深入开展党的基本理论、基本路线、基本纲领和基本经验教育,用马克思主义中国化的最新成果武装全党、教育人民。加强理想信念教育,大力弘扬以爱国主义为核心的民族精神和以改革创新为核心的时代精神,坚定中国特色社会主义的共同理想,把社会主义核心价值体系融入国民教育和精神文明建设全过程、贯穿到现代化建设各个方面,形成建设内蒙古、振兴内蒙古的强大精神动力。积极营造正确的思想舆论环境,新闻出版、广播影视、社会科学和文学艺术创作,要发挥各自优势,唱响主旋律、打好主动仗,使有利于国家富强、民族振兴、社会和谐、人民幸福的思想和精神成为时代最强音。加强对新闻、出版、互联网及新兴媒体的管理,使各类媒体成为促进社会和谐的重要阵地。

要大力培育文明道德风尚。加强社会主义荣辱观教育,积极倡导爱国、敬业、诚信、友善的道德规范。深入开展社会公德、职业道德、家庭美德教育,进一步加强青少年思想道德建设,努力形成知荣辱、讲正气、促和谐的社会风尚,形成男女平等、尊老爱幼、扶贫济困、礼让宽容的人际关系。加强政务诚信、商务诚信、社会诚信建设,形成符合传统美德与时代精神的道德规范和行为规范。坚持不懈地在全体人民中普及科学知识,提倡科学方法,弘扬科学精神,积极开展群众喜闻乐见、丰富多彩、健康向上的文体娱乐活动和休闲文化活动。

要积极开展和谐创建活动。着眼于增强公民、企业、各种组织的社会责任,把和谐创建活动与群众性精神文明创建活动结合起来,努力形成廉洁高效的政务环境、安全稳定的治安环境、诚实守信的市场环境、健康向上的人文环境、安居乐业的生活环境、文明礼貌的社会环境。注重促进人的心理和谐,加强人文关怀和心理疏导,塑造自尊自信、理性平和、积极向上的社会心态。

四、把完善社会管理作为构建和谐内蒙古的内在要求,增进全社会团结和睦

随着改革开放和社会主义市场经济的发展,我国社会结构和利益格局正在发生深刻变化。要适应这种新变化,积极推进社会管理改革创新。

健全党委领导、政府负责、社会协同、公众参与的社会管理格局。作为政府来讲,要树立服务型政府的理念,按照转变职能、强化服务、改进管理、提高效能的要求,以发展社会事业和解决民生问题为重点,继续深化行政管理体制改革,创新公共服务方式,提高公共管理水平。作为社区来讲,要健全新型社区管理和服务体制,把社区建成管理有序、服务完善、文明祥和的社会共同体。作为社会组织来讲,要坚持培育发展和管理监督并重,完善培育扶持和依法管理社会组织的政策,发挥各类社会组织提供服务、反映诉求、规范行为的作用。要健全社会管理机制,统筹兼顾各方面群众的关切,拓宽社情民意表达渠道,形成科学有效的利益协调机制、诉求表达机制、矛盾调处机制、权益保护机制。完善应急管理体制机制,有效提高全社会危机管理和抗风险能力。

全力维护民族团结和边疆安宁。认真贯彻落实党的民族政策,牢牢把握各民族共同团结奋斗、共同繁荣发展的主题,广泛开展民族团结进步教育活动,坚决防范和打击境内外敌对势力的渗透颠覆破坏活动,巩固和发展平等、团结、互助、和谐的社会主义民族关系,使各族人民和睦相处、和衷共济、和谐发展。全面贯彻党的宗教政策,积极引导宗教与社会主义社会相适应,发挥宗教在促进社会和谐方面的积极作用。探索处理新形势下人民内部矛盾的正确途径和有效方法,善于综合运用法律、政策、经济、行政等手段和教育、协商、疏导等办法,努力把矛盾化解在基层、解决在萌芽状态。大力加强社会治安综合治理,完善社会治安防控体系,广泛开展平安创建活动,依法严厉打击各种违法犯罪活动。

最大限度激发社会活力。坚持人民群众是历史创造者的观点,充分发挥人民群众的首创精神,使全社会创造能量充分释放、创新成果不断涌现、创业活动蓬勃开展。坚持发挥生产力作为最活跃最革命因素的决定性作用,进一步深化改革,消除各种限制活力迸发的体制机制障碍。坚持把创新精神贯穿于治国理政的各个环节,保护创新热情,鼓励创新实践,宽容创新挫折,使一切有利于社会进步的创造才能得到充分发挥。

五、把解决群众切身利益问题作为构建和谐内蒙古的重中之重,做好增收富民的各项工作

和谐社会建设的成效如何,老百姓体会最直接、最真切的就是收入增加没有,生活水平提高没有。目前,我区城乡居民收入仍低于全国平均水平,部分群众的生活还很困难。我们必须充分认识增收富民对构建和谐内蒙古的重大意义,正确处理好发展与富民的关系,切实解决好人民群众最关心、最直接、最现实的利益问题。

努力增加城乡居民收入。要把富裕人民作为发展的首要任务,不断提高城乡居民整体收入水平。积极引导各类投资向改善居民生产生活条件的领域倾斜,为居民增收创造基础条件。把大力发展非公有制经济作为提高居民收入的重要途径,认真贯彻落实中央和自治区加快非公有制经济发展的各项政策措施,引导和支持百姓创家业、能人创企业、干部创事业,增加群众的经营性、财产性收入。把政策增收、就业增收、产业增收、社会保障增收有机结合起来,广辟居民增收渠道,促进居民收入来源多元化。

全力抓好就业这个民生之本。2005 年,我区城镇登记失业率比 2000 年上升 0.92 个百分点,就业形势不容乐观。要把扩大就业作为经济社会发展的重要目标,实现经济发展和扩大就业良性互动。继续完善鼓励促进就业的优惠政策措施,大力发展劳动密集型产业,扩大服务业、非公有制经济、中小企业就业容量,着力培育新的就业增长点。充分发挥市场在劳动力资源配置中的基础性作用,强化政府促进就业的职能,引导多渠道就业和多形式灵活就业,发展和谐劳动关系,促进稳定就业和高质量就业。

不断完善社会保障体系。适应人口老龄化、城镇化、就业方式多样化趋势,逐步建立社会保险、社会救助、社会福利、慈善事业相衔接的覆盖城乡居民的社会保障体系。多渠道筹集社会保障基金,逐步加大自治区级社会保险统筹力度。完善城镇职工基本养老和基本医疗、失业、工伤、生育等保险制度,加快建立农民工社会保障制度。积极推动社会保障体系向农村牧区延伸,把更多的农牧民纳入社会保障安全网络。加强助困扶贫工作,认真落实"两项承诺",完善对困难群众的救助制度,发展社会福利事业、残疾人事业、老龄事业和慈善事业,加大对城乡特困人口救助力度。

(选自在自治区党委七届十五次全委会议上的讲话)

新时期统一战线
只能加强不能削弱

(2006 年 10 月 30 日)

深刻认识新世纪新阶段统一战线的重要地位

胡锦涛总书记指出,巩固和壮大统一战线,"是贯彻落实科学发展观、全面建设小康社会的必然要求,是坚持'一国两制'方针、推进祖国统一大业的必然要求,是坚持走和平发展道路、为我国发展争取良好国际环境的必然要求,是加强党的执政能力建设和先进性建设、完成党的执政使命的必然要求"。我们一定要深刻理解和把握这"四个必然要求",从我区经济社会发展全局出发,提高对新世纪新阶段统战工作重要地位的认识。

第一,在加快推进全面建设小康社会进程中,统一战线的任务更加繁重。按照科学发展观的要求,巩固"十五"以来的大好来势,促进经济社会又好又快发展,加快全面小康社会建设步伐,是我区"十一五"发展的中心任务。完成好这一历史任务,必须紧紧依靠全区各族人民的团结奋斗,必须最广泛地凝聚和发挥各方面的智慧和力量。特别是当前, 我们正处于发展机遇期和矛盾凸显期交织的关键时期,社会结构深刻变革,利益关系深刻调整,各种深层次矛盾不断显现。这就需要我们更加精心、更加扎实地做好各方面的工作,更加充分、更加广泛地调动各方面的积极性,更加主动、更加有效地处理和化解各方面的矛盾,把全社会的智慧力量集聚到加快内蒙古发展上来。统一战线作为凝聚人心、汇聚力量的广泛联盟,肩负的任务更加繁重艰巨。

第二,在维护边疆民族地区社会政治稳定中,统一战线的责任更加重大。保持社会政治稳定，是顺利推进我区改革开放和现代化建设的根本保证。当前，国际敌对势力利用所谓"民主"、"人权"、"民族"、"宗教"等问题对我国实施西化、分化图谋，给我国社会政治稳定带来严重影响。我区作为边疆民族地区，历来是反渗透、反颠覆、反分裂的重点地区。统一战线处在反渗透、反颠覆、反分裂的前沿，必须充分发挥对外交往广泛的优势，团结各党派、各团体、各民族、各阶层和各界人士，努力维护社会政治稳定，为我区改革开放和现代化建设创造良好的环境。

第三，在加强党的执政能力和先进性建设中，统一战线的作用更加突出。统一战线作为我们党特殊的群众工作，具有争取人心、凝聚力量的根本职能，能够把各方面力量更加紧密地团结和凝聚在党的周围，有利于巩固党的执政基础。具有求同存异、体谅包容的显著特点，能够通过政治协商、民主监督、参政议政，推进党的决策的科学化、民主化，有利于改善党的执政方式。具有人才荟萃、联系广泛的突出优势，能够广泛吸收各方面人才参加政权建设，有利于丰富党的执政资源。具有协调关系、化解矛盾的社会功能，能够及时消除影响社会稳定的不利因素，增强各方面的团结，有利于改善和优化党的执政环境。我们要充分发挥统一战线广泛联系群众、团结群众的重要作用，不断巩固党的阶级基础、扩大党的群众基础，提高我们党科学执政、民主执政、依法执政的能力和水平。

充分发挥统一战线促进经济社会发展的重要作用

为社会主义经济建设、政治建设、文化建设和社会建设服务，是新世纪新阶段统一战线的基本任务，也是统一战线围绕中心、服务大局的根本出发点和落脚点。全区统战工作要适应新形势、新任务的要求，充分发挥自身优势，努力在促进自治区"四个建设"中出成果、见成效。

（一）坚持把发展作为统一战线成员团结奋斗的第一要务，为促进自治区经济又好又快发展服务。目前，我区经济发展正处在新型工业化和城镇化向纵深拓展，加快经济结构调整和增长方式转变，实现科学发展的关键时期。统战工作要牢牢抓住发展这个党执政兴国的第一要务，更加自觉地贯彻落实科学发展观，为促进自治区又好又快发展贡献力量。要充分发挥统一战线人才智力密集的优势，抓住自治区"十一五"发展中的重大问题,引导和支持广大统一战线成员深入调研,多献务实之策,多建有用之言,多立科学发展之论。要围绕建设创新型国家的任务,鼓励和引导统战成员充分发挥在知识创新、科技创新中的重要作用,不断提高我区自主创新能力。要积极推动民营企业走新型工业化道路,转变发展观念,优化产业结构,提升产业层次,做大做强优势特色产业。积极推动民营企业在更宽的领域和更高的层次上与发达省区市、港澳台及国际间的经济技术交流与合作, 吸引更多的国内外客商来内蒙古投资兴业,促进非公有制经济健康快速发展。要充分发挥统一战线群团众多、联系广泛、机制灵活的优势,通过整合资源,发挥好工商联、商会、光彩会、海联会、侨联、台联、黄埔同学会等组织的作用,为自治区经济发展增添新的活力。要引导统一战线广大成员投身光彩事业、扶贫开发、智力支边和新农村新牧区建设,发展农村牧区生产力,促进农村牧区教育、卫生、文化等社会事业的发展。

(二)坚持完善党领导的多党合作与政治协商制度,为发展社会主义民主政治服务。发展社会主义民主,建设社会主义政治文明,最根本的是坚持党的领导、人民当家作主和依法治国的有机统一,坚定不移地走中国特色社会主义政治发展道路。要认真贯彻落实《中共中央关于进一步加强中国共产党领导的多党合作和政治协商制度的意见》《中共中央关于加强人民政协工作的意见》,大力推进我区多党合作和政治协商的制度化、规范化和程序化。要按照多党合作和政治协商的重要政治准则,支持各党派履行参政党职责,不断完善党委、政府就重大问题向民主党派、工商联通报情况、征求意见的制度,坚持协商于决策之前,不断推进科学决策和民主决策。人民政协要围绕团结和民主两大主题,认真履行政治协商、民主监督、参政议政的职能。要按照中央的要求,积极稳妥地推进政治体制改革,不断丰富民主形式,扩大各党派、各团体、各民族、各阶层和各界人士有序的政治参与。要切实加强党同党外人士的合作共事,认真贯彻执行中央和自治区党委关于党外人士在各级人大、政协中的比例和数量规定,积极培养选拔符合条件的优秀党外人士担任政府、司法机关、高等院校、科研院所的领导职务,并保证他们有职有权。要努力营造宽松稳定、团结和谐的政治环境,进一步畅通和拓宽民主监督渠道,建立健全在知情环节、沟通环节和反馈环节等方面的制度。要科学分析和准确把握社会阶层结构发生的深刻变化,把团结新的社会阶层人士作为统一战线的重要任务和新的着力点,坚持充分尊重、广泛联系、加强团结、热情帮助、积极引导的方针,密切与新的社会阶层人士的联系,正确处理和协调新的社会阶层的利益诉求,建设一支高素质的新的社会阶层代表人士队伍,把新的社会阶层人士更广泛地团结和凝聚在党和政府的周围。

(三)坚持先进文化的前进方向,为促进民族文化大区建设服务。发展先进文化、建设民族文化大区,是自治区党委着眼新世纪发展作出的一项重要战略决策。要充分发挥统一战线成员在先进文化建设中的优势,鼓励和引导他们积极参与民族文化大区建设,大力促进我区文化事业和文化产业的发展。要积极培育和谐文化,有针对性地加强统一战线成员的思想道德建设,坚持以社会主义核心价值体系引领社会思潮,大力宣传马克思主义中国化的最新成果,弘扬以爱国主义为核心的民族精神和以改革创新为核心的时代精神,不断增强广大统战成员对中国共产党领导、社会主义制度、改革开放事业、全面建设小康社会目标的信念和信心。认真开展社会主义荣辱观宣传教育,倡导爱国、敬业、诚信、友善等道德规范,致富思源、富而思进、义利兼顾、诚信守法,形成与社会主义市场经济相适应的价值观念和行为准则,在广大统战成员中形成知荣辱、讲正气、促和谐的风尚。要引导宗教界挖掘宗教文化中的有益内容,促进宗教与社会主义社会相适应。要发挥统一战线成员联系广泛的优势,积极传播优秀民族文化,为把我区建成民族文化大区作出新的贡献。

(四)坚持协调和处理好各方面利益关系,为构建和谐内蒙古服务。内蒙古作为边疆少数民族地区,在和谐社会建设中,统一战线既要全面把握和处理好政党关系、宗教关系、阶层关系、海内外同胞关系,又要突显做好民族工作的重要性,把促进各民族共同团结奋斗、共同繁荣发展摆在更加重要的位置,巩固和发展平等、团结、互助、和谐的社会主义新型民族关系。胡锦涛总书记指出,平等是社会主义民族关系的基石,团结是社会主义民族关系的主线,互助是社会主义民族关系的保障,和谐是社会主义民族关系的本质。我们要正确认识和把握建立社会主义民族关系的根本要求,始终不渝地坚持民族平等,加强民族团结,推动民族互助,促进民族和谐。要认真贯彻党的民族政策，充分发挥民族区域自治制度的优势，加快少数民族和民族地区经济社会发展。要坚持不懈地加强民族团结进步教育，广泛开展民族团结进步表彰活动，切实使"三个离不开"的思想深入人心。要尊重少数民族的宗教信仰和风俗习惯，妥善处理影响民族关系的矛盾和问题，坚决防范和打击境内外敌对势力利用民族问题进行的分裂破坏活动，维护民族团结、边疆稳定。要积极发展民族地区教育、科技、文化事业，加快少数民族人力资源能力建设，努力提高少数民族群众的科学文化素质，建设一支高素质的少数民族干部队伍。

切实加强和改善党对统一战线工作的领导

统一战线工作历来是党的一项十分重要的工作。各级党委要适应新形势、新任务的要求，努力提高领导统一战线工作的能力和水平，不断推动我区统一战线事业实现新的发展。

要把统战工作摆到党委全局工作的重要位置。各级党委要牢固树立统战意识，把统一战线工作摆上重要议事日程，及时了解掌握统一战线工作情况，着力研究解决统一战线工作面临的突出矛盾和困难，为统一战线工作创造良好条件。党政主要领导要带头学习党的统一战线理论，带头贯彻落实统一战线政策，带头参加统一战线的重要活动，带头广交深交党外朋友。党委理论学习中心组要将统战理论和方针政策作为重要学习内容，党校、行政学院要把统战理论和方针政策作为培训干部的必修课程，不断提高各级领导干部和统战干部的统战理论和政策水平。宣传舆论部门要积极宣传党的统一战线理论和方针政策，扩大统一战线的社会影响，在全社会营造了解、关心、支持统战工作的良好氛围。

要着力创新统战工作的体制机制。随着改革开放的深入和社会主义市场经济的发展，统一战线的工作对象增多，工作范围扩大，涉及的领域和部门很多。要适应形势的发展变化，进一步创新统战工作的体制机制，努力形成党委统一领导、统战部牵头协调、各有关部门和人民团体各负其责的体制。统战部作为党委主管统一战线工作的职能部门，要在党委统一领导下，担负起牵头协调和监督检查的职责，加强与相关工作部门的沟通、联系，及时给予工作指导，注重研究解决统一战线工作中的新情况新问题，创造性地开展工作。各有关部门和人民团体要增强统一战线意识，关心和支持统一战线工作，加强同统战部门的沟通和配合，善于在工作中体现统一战线的方法和要求。统战系统各单位要相互配合、各司其职、形成合力，共同做好工作。

要切实加强统战部门自身建设。新的形势和任务，对统战工作提出了新的更高的要求。各级党委要高度重视加强统战部门自身建设，努力提高做好新世纪新阶段统战工作的能力和水平。要认真抓好统战部门领导班子建设，按照政治素质高、工作能力强、具有民主作风、善于处理复杂问题的要求，配好配强统战部门领导班子。要加强统战干部队伍建设，抓好思想政治教育和业务素质培训，关心统战干部的成长进步。要深入开展好"树统战干部形象、建党外人士之家"活动，教育广大统战干部继承和发扬统一战线工作的优良传统，努力建设一支勤奋学习、作风民主、求真务实、团结奉献、开拓创新的统战干部队伍。要高度重视基层统战工作，努力为他们开展工作创造良好的环境和条件。

（选自在全区统战工作会议上的讲话）

大力推进创新型内蒙古建设

(2006 年 12 月 27 日)

　　科学技术是第一生产力,是推动经济社会发展的决定性力量。在人类发展历史上,社会生产力的每一次飞跃与发展,都离不开科学技术的重大发现、重大发明和广泛应用。发轫于上世纪中叶的新科技革命,推动世界范围内生产力、生产方式、生活方式和发展观念发生了深刻变化,引起全球生产要素流动和产业转移加快,经济格局、利益格局和安全格局发生前所未有的重大变化。当今世界,科技发展愈加迅猛,与经济社会的结合愈加紧密,对经济社会发展的影响愈加巨大。科学技术正在以乘数效应推动着社会生产力的发展,成为增强国家综合实力的主要途径,成为国家之间竞争的焦点。实践充分证明,一个国家和地区的现代化,关键是科学技术的现代化。谁在科技进步与创新中占据优势,谁就能把握先机、赢得主动。

　　今年 1 月,党中央、国务院召开了新世纪第一次全国科技大会,胡锦涛总书记在会上作了题为《坚持走中国特色自主创新道路,为建设创新型国家而努力奋斗》的重要讲话。讲话从我国社会主义现代化建设的战略全局出发,深刻分析了当今世界新科技革命带来的机遇和挑战,明确提出了建设创新型国家的奋斗目标,强调建设创新型国家的核心是把增强自主创新能力作为发展科学技术的战略基点,作为调整产业结构、转变经济增长方式的中心环节,作为贯穿现代化建设各个方面的国家战略。这是党中央顺应时代潮流、应对全球挑战、从我国经济社会发展迫切需要出发作出的重大战略决策,是对科学发展观的进一步落实和发展。全国科学技术大会的召开,是我国进入创新型国家建设时期的重要标志,对于推动经济社会和科技发展具有非常重要的意义。

[833]

增强自主创新能力,建设创新型内蒙古,是推动我区经济社会又好又快发展的迫切需要。当前,我区经济社会发展态势良好,但是也面临经济结构不合理、经济增长方式粗放、城乡区域经济社会发展不平衡、人口资源环境不协调等许多突出矛盾和问题。解决存在的矛盾和问题,顺利实现自治区第八次党代会提出的奋斗目标,关键是要充分发挥科技进步与创新的引领和支撑作用,依靠科技进步改造传统产业,发展高新技术产业,推动产业结构优化升级,提升产业核心竞争力,走出一条符合地区实际、具有内蒙古特色的新型工业化道路;依靠科技创新转变经济增长方式,发展循环经济,建设资源节约型和环境友好型社会,促进全面协调可持续发展;依靠科技进步提高基础设施建设水平,提高全民的科技文化素质,增强经济社会发展后劲。近年来,全国各地为了抢占新一轮竞争的制高点,都十分重视科技创新与发展工作,特别是今年全国科技大会以后,纷纷制定和实施新的科技发展战略,努力推动科技事业持续快速发展。面对世界科技发展的大势,面对全国各地加快科技发展的竞争态势,如果我们不努力提高科技进步与创新能力,就会丧失新一轮发展的重要机遇和主动权。全区各级党委、政府和广大干部群众,一定要站在经济社会发展全局和战略的高度,充分认识增强自主创新能力、建设创新型内蒙古的重大意义,坚定信心、奋起直追,促进全区科技事业又好又快发展。

21世纪头20年,是我区经济社会发展的重要战略机遇期,也是我区科技事业发展的重要战略机遇期。我们一定要抓住机遇、应对挑战,突出重点、有所作为,努力在创新型内蒙古建设上取得突破性进展。

(一)努力提高科技对经济社会发展的贡献水平。经济社会与科技的相互渗透与融合,是当代社会发展的重要特征。现在,世界科技进步对经济增长的贡献率,已由上世纪初的5%左右上升到60—70%,发达国家达到80%左右。我国科技对经济增长的贡献率也由改革开放前的13%提高到2005年的39%。近年来,我区以技术跨越带动经济跨越取得显著成效,但科技进步程度和科技对经济社会发展的促进作用还处在较低水平。从科技自身发展看,创新资源不足。全区研究与试验发展经费占GDP的比重低于全国平均水平。全国361个国家认定的技术中心我区只有7个,占1.9%。创新成果不多,专利申请授权量、国内中文期刊科技论文数量、技术市场成交金额也处于全国较低水平。从科技与产业的结合看,我区农牧业科技总体水平与世界先进水平相差 10—15 年,与国内先进水平相差 5 年左右,成果转化普及率仅为 30%。经济普查资料显示,我区六大支柱行业科技投入强度均低于全国平均水平。规模以上工业企业增加值中高技术产业份额仅为 2.86%;高技术产业规模以上企业增加值占全国的比例也比较低。当前和今后一个时期,我区面临着保持较长较快增长周期与提高经济增长质量和效益的双重任务,面临着提升传统产业与发展新兴产业的双重使命,面临着推进经济发展与促进社会和谐的双重要求,必须充分发挥科技第一生产力的作用,大力推进科技创新,加速科技成果转化运用,向科学技术要速度、要质量、要效益,使经济社会发展切实转到依靠科技进步和提高劳动者素质的轨道上来。

(二)努力提高自主知识产权拥有水平。拥有自主知识产权,是一个国家、地区或企业竞争力的核心要素;随着世界科技的不断发展,这一要素的重要性与日俱增。推进自主创新尤其是产业领域的自主创新,必须努力提高自主知识产权的拥有水平。目前,发达国家占有全世界 90% 以上的专利,在国际经济和贸易往来中拥有绝对主导权。缺乏自主知识产权的欠发达国家、地区和企业,处在产业链条的末端和利益分配的底层,付出了大量的资源和环境成本,输出了大量低附加值商品,只能获取少量的市场利润。我国拥有自主知识产权核心技术的企业,约为万分之三,有 99% 的企业没有申请专利,有 60% 的企业没有自己的商标。我区通过多年的培育和引进,提高了一些优势特色产业和重点领域的科技含量,但自主知识产权拥有量仍处于全国较低水平,累计专利申请量、累计国内专利授权量均不到全国的 1%。2005 年我区平均每天申请专利 4 件,同期浙江平均每天申请 149 件,北京 92 件,山东 67 件,广东 61 件,上海 57 件,江苏 48 件。我区自主知识产权存量和增量都明显滞后于经济社会发展。我们一定要牢固树立知识产权观念,高度重视自主知识产权的培育和保护,大力实施专利战略,把科技、专利与资源利用紧密结合起来,努力提高经济发展的核心竞争能力。尤其要在我区煤炭、冶金、农畜产品、生物制药等富集性资源和稀土等垄断性资源的开发利用中,加大基础研究和科技攻关力度,培育和保护自主知识产权,运用高新技术带动产业升级和产业延伸,有效提高资源型产业的技术含量和附加值,真正把资源优势转化为经济优势和效益优势。

(三)努力提高体制创新和对外开放水平。当前,我区科技事业存在创新体制不顺、主体不明、动力不足等问题,严重制约科技创新的发展,必须继续推进科技体制改革,为建设创新型内蒙古提供体制机制保障。一是要建立以企业为主体的技术创新体系。企业是推动技术进步和创新的主体。目前,我区科技人员52%分布在企业,科技经费60%以上由企业筹集,80%左右的科技项目由企业承担。要改进对企业创新的支持方式,促使创新资源向企业倾斜、创新要素向企业集中,增强企业技术创新的内在动力。要挖掘国有大中型企业的创新潜力,发挥民营科技企业技术创新的活力,使企业真正成为科技创新的投入主体、科技创新的活动主体和科技成果的转化主体。二是要建立和完善以高等院校、科研机构为主体的科研创新体系。高等院校、科研机构人才荟萃、智力密集,是科技创新的基础性力量。要依托高等院校和科研机构的科技资源,建立一批高水平的基础科学研究基地、应用技术研发基地和科技人才培养基地。要深化科研机构改革,增强公益型研究机构的自我发展能力,加快应用型技术研发机构向现代企业转制步伐。要积极探索促进技术与资本有机结合的体制机制,建立健全支持科技创新型企业发展的风险投资机制。三是要建立和完善以科技中介组织为纽带的科技服务体系。发达国家科技成果的市场转化率达到70—80%,印度达到50%,我国不到20%,我区转化水平也不高。要重点扶持和培育一批生产力促进中心、科技孵化器、信息咨询中心等科技中介机构,形成网络化、规模化、社会化的科技中介服务体系,建立健全市场化的科技成果转化体系,提高对科技创新和成果转化的服务水平。

自主创新不等于封闭运作。推动创新型内蒙古建设,促进经济发展和科技进步,必须把内蒙古置于国内和国际大格局中进行谋划,全方位开展国内外科技合作与交流,通过走出去、引进来等多种形式,建立更加开放、灵活、务实的科技创新体制,提高科技领域的开放水平。现在,我区正处在大规模资源开发和经济建设阶段,科技和人才等要素需求缺口很大。要充分利用国际国内产业转移的有利时机,高起点承接产业转移,全方位引进资金、设备、技术、管理和人才,力争早日成为要素流入区。尤其要引进能够有力推动我区优势特色产业发展的先进适用技术,加快消化吸收再创新进程,更好地满足新型工业化对科技的需求。要积极参与周边国家和省区的区域经济技术合作,创办合资、合作研究与开发机构,借用"两种资源、两个市场"推动我区科技事业发展。

(四)**努力提高人才强区工作水平**。我区科技人才数量不足,层次不高,结构也不够合理。据统计,2005年全区每万人口拥有科技活动人数16人,占全国的1.5%。我区工业企业设立的近百个科技机构中,平均每个机构拥有博士数量不到1人、硕士不到3人,开展自主创新活动的领军人物稀缺。搞好科技创新,关键在人才。要把科技人才队伍建设作为建设创新型内蒙古的重大战略任务,深入实施科教兴区和人才强区战略,努力造就一支规模适当、结构合理、素质较高、适应建设创新型内蒙古要求的科技人才队伍。要遵循人才成长规律,培养一批有较强创新能力、善于科研攻关的学科带头人、研发专家和专家团队,培养一批产业发展急需的高层次、实用型优秀工程技术人才,培养一批懂经营善管理的科技创业人才和管理人才。要遵循人才流动规律,坚持"不求所有、但求所用",利用国家支持科技人才到西部创业的有利条件,进一步优化人才引进制度和政策,创新人才引进方式,广泛吸引经济、社会发展需要的科技人才。要健全人才评价机制,注重在实践中检验和评价人才。要完善科技人才选用机制,坚持公开、平等、竞争、择优的原则,营造优秀人才脱颖而出、才尽其能的环境。要健全科技人才激励机制,提高技术、管理、劳动等各种要素按贡献参与分配的比例,完善与市场经济体制相适应、与工作业绩相联系的创新激励机制。要加快科技人才市场体系建设,引导科技人才资源合理有序流动,进一步优化科技人才资源配置。

(五)**努力提高创新文化的培育和发展水平**。创新文化是创新的土壤和创新的社会基础,也是创新的精神动力。人类发展的历史表明,任何一个科技创新活跃、经济繁荣的时代,都需要人文创新的引导。建设创新型内蒙古,首先要培育创新意识,倡导创新精神,大力营造勇于创新、尊重创新和激励创新的社会氛围。要发扬民主精神,倡导学术平等,鼓励自由探索,努力在科学技术领域形成百家争鸣、百花齐放,创新活动蓬勃开展、创新成果不断涌现的局面。要发扬宽容美德,倡导体谅风格,鼓励求同存异,弘扬敢为人先、敢冒风险的精神,努力在全社会形成创业光荣、创新可贵、创造无价的价值取向,尊重劳动、尊重知识,尊重人才,尊重创造,使勇于创新者荣,使善于创新者富。要强化创新的团队意识和开放精神,大力提倡团结合作、博采众长、兼容并蓄。要在全社会广泛传播科学知识、科学精神、科学思想、科学方法,进一步形成爱科学、讲科学、学科学、用科学的社会风尚,让一切创新愿望得到尊重,创新活动得到鼓励,创新才能得到发挥,创新成果得到肯定。

大力发展科技事业,既是一项长期而艰巨的战略任务,也是一项十分紧迫的重要工作。各级党委、政府要加强组织领导,狠抓工作落实,推动创新型内蒙古建设深入开展。

一是要把推动科技进步与创新摆到经济社会发展的突出位置。各级领导干部要牢固树立抓经济必须抓科技、抓发展必须抓创新的观念,切实把推动科技进步与创新摆上重要议事日程,经常研究、及时解决科技工作中的重大问题,努力为科技进步与创新营造良好的法治环境、政策环境、市场环境、舆论环境。要充分发挥科教兴区领导小组的职能作用,认真抓好战略规划、分类指导、综合协调、评估监督工作,努力形成党委统一领导、政府统筹实施、部门分工协作、社会共同参与的领导体制和工作机制。要强化党政一把手抓"第一生产力"的责任意识,进一步完善领导干部政绩考核体系,把推进科技进步与创新作为评价领导班子和领导干部落实科学发展观和正确政绩观的重要内容。各级领导干部要主动适应新科技革命对领导工作提出的新要求,带头学习科学知识,带头弘扬科学精神,带头运用科学方法,努力提高推进自主创新的组织领导能力,更加有力地推动经济社会发展与科技进步的有机结合,推动科技成果向现实生产力不断转化。

二是要抓好各项政策措施的贯彻落实。《内蒙古自治区中长期科学和技术发展规划纲要》和《实施〈内蒙古中长期科学和技术发展规划纲要〉的若干政策》等文件,是当前和今后一个时期我区科技进步与创新的重要遵循。各地区各部门一定要认真落实,并抓紧研究制定本地区本部门的科技发展规划和政策措施。要按照规划纲要的要求,进一步完善激励自主创新的政策措施,搞好经济政策、科技政策以及各项科技政策之间的衔接与协调,最大限度地发挥政策的综合效应。要加大对科技发展的投入力度,建立稳定的财政投入增长机制,同时充分发挥市场配置资源的基础性作用,建立以财政投入为引导、以企业投入为主体、以社会投入为补充的多元化投入机制。要改革科技资金使用办法,明确科技进步和创新的主攻方向,把有限的资金投在重要领域和关键部位,切实提高科技资金的使用效益。

三是要形成推动科技进步与创新的整体合力。科技进步与创新工作涉及面广、影响面大,是一项覆盖全社会的系统工程。各地区各部门要牢固树立"一盘棋"的思想,相互配合,群策群力,共同推进。科技部门要认真履行职能,充分发挥和调动科研机构、高等院校、企业以及社会各界的积极性,切实搞好组织协调工作。教育部门要着眼于培养、提高创新能力,大力推进素质教育和创新教育,不断提高各族人民群众的科学文化素质。组织人事部门和高等院校、科研院所要进一步改进人才评价标准,坚持用能力和业绩选拔使用人才,使想干事的人有机会、能干事的人有平台、干成事的人有地位。宣传舆论部门要大力宣传建设创新型内蒙古的重大意义,宣传各行各业推动科技创新的典型经验,宣传做出突出贡献的科技工作者,营造建设创新型内蒙古的良好氛围。各民主党派和工商联要充分发挥智力密集、联系广泛的特点和优势,积极建言献策,为建设创新型内蒙古多作贡献。科协和工会、共青团、妇联等人民团体,要充分发挥桥梁纽带作用,动员全区各族人民群众投身到建设创新型内蒙古的实践中来。

(选自在全区科学技术大会上的讲话)

60年辉煌发展　60年成功启示

(2007年8月8日)

60年前,内蒙古各族人民在中国共产党的领导下,于1947年5月1日成立了我国第一个省级少数民族自治区,为我国确立实施民族区域自治制度提供了范例。60年来,在党中央的正确领导和亲切关怀下,在全国人民的大力支持下,全区各族干部群众团结进取、艰苦奋斗,使内蒙古的面貌发生了历史性的变化。

一是坚持把解放和发展社会生产力作为根本任务,聚精会神搞建设、一心一意谋发展,经济建设取得显著成就。按照中央要求,注重从实际出发,积极探索符合地区实际的发展路子。在科学发展观的指导下,深入实施西部大开发战略,不断深化改革、扩大开放、推进科技进步,坚持既改善发展条件又培育发展主体,既争取外力又启动内力和活力,既加快发展更科学发展,经济结构不断优化,发展方式逐步转变,质量和效益明显提高,发展的协调性和可持续性增强,开始步入又好又快的发展之路。2006年,全区生产总值达到4791.5亿元,人均生产总值达到20053元,进入全国前10位。财政收入712.9亿元,人均地方财政一般预算收入列全国第11位。

二是坚持和完善民族区域自治制度,促进各民族"共同团结奋斗、共同繁荣发展",社会主义民主政治建设扎实推进。全区各族人民在党的领导下,以主人翁姿态积极参与管理国家和地方事务,充分行使宪法和民族区域自治法赋予的权利,不断完善民族区域自治法的配套法规体系。把培养使用少数民族干部作为坚持和完善民族区域自治制度的重要工作来抓,培养建设起一支高素质的少数民族干部队伍。坚持不懈地开展民族团结进步教育,汉族离不开少数民族、少数民族离不开汉族、各少数民族之间也相互离不开的思想日益深入人心,平等、团结、互助、和谐的社会主义民族关系不断巩固发展。

三是坚持社会主义先进文化前进方向,不断繁荣发展民族优秀文化,丰富了各族人民的精神文化生活。 深入开展党的基本理论、基本路线、基本纲领和基本经验教育,用马克思主义中国化的最新成果武装全党、教育人民,各族人民共同团结奋斗的思想基础进一步巩固,科学发展、构建和谐的思想深入人心。大力弘扬以爱国主义为核心的民族精神和以改革创新为核心的时代精神,把社会主义核心价值体系融入国民教育和精神文明建设全过程,形成了建设内蒙古、振兴内蒙古的强大精神动力。积极推进民族文化大区建设,文化基础设施建设进一步加强,文化事业、文化产业长足发展,地区文化形象和民族文化品牌得以提升。

四是坚持以人为本,努力促进人的全面发展和社会全面进步,有力地推动了和谐内蒙古建设。 以解决民生问题为重点,不断改善人民群众的生产生活条件,着力提高城乡居民收入水平。2006 年,全区城乡居民收入分别达到 10358 元和 3342 元,分别居全国第 12 位和 16 位。在做好城镇社保工作的同时,全面推行农村牧区低保制度。高度重视为困难群众办实事、办好事。仅"十五"期间,全区就有 92 万农牧民稳定脱贫,70 多万城镇人口享受到低保补贴,40 多万特困农牧民得到困难补助。大力发展各项社会事业。教育事业长足发展,科技事业成果丰硕,医疗卫生事业不断进步,体育事业得到加强,人民群众的思想道德素质、科学文化素质和健康素质明显提高。

自治区 60 年来取得的巨大成就,是党中央、国务院正确领导的结果,是中央、国家各部门、各兄弟省区市大力支持的结果,是全区各级党组织、广大党员、干部和各族人民共同努力的结果,是党的民族区域自治政策的伟大胜利。

在 60 年的不断探索中,我们深切体会到:只有坚持党的领导,坚持走中国特色社会主义道路,才有内蒙古的繁荣昌盛和各族人民的幸福安康;只有坚持各民族"共同团结奋斗、共同繁荣发展"的主题,坚持和完善民族区域自治制度,才能巩固发展民族团结、边疆安宁的大好局面;只有坚持深入贯彻落实科学发展观，不断解放思想，推动改革开放，努力构建和谐，才能实现又好又快发展。这些经验和体会，既是60年团结奋斗的宝贵财富，也是不断从胜利走向胜利的可靠保证。

当前，我们正处在改革开放和现代化建设的关键时期，面临的发展机遇前所未有，面对的挑战也前所未有。党中央始终对内蒙古各族人民给予亲切关怀，对内蒙古的发展寄予殷切希望。早在1978年，邓小平同志就曾谈到："内蒙古有广大的草原，人口又不多，今后发展起来很可能走进前列。"江泽民同志1999年视察我区时，希望我们"发挥资源优势，提高资源综合开发利用水平，加快把资源优势转化为经济优势，力争使内蒙古成为我们国家下一个世纪经济增长的重要支点。"胡锦涛总书记2003年视察我区时指出："做好内蒙古的各项工作，不仅关系到内蒙古二千三百多万群众的福祉，而且对党和国家工作的全局具有重要意义"，要求我们"因应新形势，把握新机遇，迎接新挑战，把改革开放和现代化建设继续推向前进。"前不久，胡锦涛总书记在中央党校发表了重要讲话，深刻阐述了事关党和国家工作全局的若干重大问题，为我们胜利前进进一步指明了方向。让我们更加紧密地团结在以胡锦涛同志为总书记的党中央周围，坚持以邓小平理论和"三个代表"重要思想为指导，深入贯彻落实科学发展观，因应新形势，把握新机遇，迎接新挑战，把内蒙古的改革开放和现代化建设继续推向前进！

相信在不远的将来，一个综合实力较强、经济结构合理、地区特色鲜明、社会稳定和谐、充满生机活力的内蒙古将崛起在祖国北疆！

(选自在内蒙古自治区成立60周年庆祝大会上的讲话)

做好普法依法治理工作

(2007 年 9 月 17 日)

依法治国,建设社会主义法治国家,是我们党的治国方略。普法依法治理工作是推进依法治国的基础性工程,也是社会主义和谐社会建设的重要组成部分。近年来,内蒙古自治区普法依法治理工作以邓小平理论和"三个代表"重要思想为指导,全面贯彻落实科学发展观,坚持法制教育与法治实践相结合,取得了明显成效。广大干部群众学法、用法、护法的意识不断增强,法律素质明显提高;切实加强民主法治,调节和规范社会关系,维护民族团结和社会公平正义,预防和化解社会矛盾,维护了社会政治稳定,保障了改革开放和经济建设的顺利进行;加快推进依法治区进程,促进了各行各业依法管理,全区各项事业的法治化水平不断提高。

当前,内蒙古自治区正处在全面贯彻落实科学发展观、加快构建和谐内蒙古的关键时期。胡锦涛总书记指出,"构建社会主义和谐社会,必须健全社会主义法制,建设社会主义法治国家,充分发挥法治在促进、实现、保障社会和谐方面的重要作用",强调要"加强法制宣传教育,传播法律知识,弘扬法治精神,增强全社会的法律意识,形成法律面前人人平等、人人自觉守法用法的社会氛围"。我们一定要充分认识做好普法依法治理工作的重要意义,按照胡锦涛总书记的要求,紧紧围绕全面贯彻落实科学发展观和构建社会主义和谐社会,扎实推进普法依法治理工作。

坚持围绕中心、服务大局
切实加强法制宣传普及工作

法制宣传教育是贯彻依法治国方略、建设社会主义法治国家的基础性工作。围绕经济建设中心，服从服务于改革发展稳定大局，是做好法制宣传普及工作的必然要求和重要前提。一是要深入推进宪法和民族区域自治法的学习宣传。宪法是国家的根本大法，要通过深入学习宣传宪法，努力提高全社会的宪法意识和民主法制观念，促进党的领导、人民当家作主和依法治国的有机统一，切实增强干部群众学习、遵守、贯彻、维护宪法的自觉性和坚定性。民族区域自治法是我国重要的法律制度，要通过深入学习民族区域自治法及相关法律法规，充分用好宪法和法律赋予民族自治地方的各项权力，促进各民族"共同团结奋斗、共同繁荣发展"。二是要大力宣传与经济社会发展紧密联系的法律法规。围绕完善社会主义市场经济法律体系，加强契约自由、公平竞争、诚实信用等市场经济基本法律原则和制度的宣传教育，规范市场经济秩序，维护市场经济主体的合法权益，促进经济社会又好又快发展。加强人口、资源、环境和公共卫生等方面法律法规的宣传教育，推进资源节约和环境友好型社会建设。三是要学习宣传和群众生产、生活密切相关的法律法规。宣传安全生产、劳动和社会保障、社会救济方面的法律法规，增强全社会的安全生产意识，保护劳动者的合法权益。宣传知识产权方面的法律法规，培养全社会尊重劳动、尊重知识、尊重人才、尊重创造的观念，形成有利于自主创新的社会氛围。宣传城镇房屋拆迁、农村土地征用和承包流转、国企改制方面的法律法规，切实维护公民的合法权益，预防和减少社会矛盾。要针对关系广大群众切身利益、群众反映强烈、社会危害严重的问题，开展以打击制售假冒伪劣食品、药品、农资为重点的法制宣传教育，以打击规避招标、假招标和违法转包、分包为重点的整顿和规范建筑市场的法制宣传教育，以打击偷税、骗税、非法减免税为重点的税收征管法制宣传教育，以整顿出版物市场、文化娱乐市场、信息网络市场为重点的法制宣传教育，努力维护市场经济的正常秩序。四是要学习宣传维护社会和谐稳定、促进社会公平正义方面的法律法规。加强公民法制宣传教育，增强公民依法行使权利、依法履行义务的观念，自觉用法律规范行为，努力形成遵守法律、崇尚法律、依法办事的社会风尚。加强依法维权、依法信访的宣传教育，教育引导公民依法表达自己的利益诉求，依法解决各种矛盾和纠纷。加强治安和刑事法律法规的宣传教育,预防和减少违法犯罪。加强法律权威和公正司法的宣传教育,促进社会公平正义。要适应经济社会生活多样化特点,积极推动法制宣传工作创新,增强普法教育的渗透力、影响力,提高普法依法治理工作的实效性。

坚持突出重点、抓住关键
全力抓好重点对象的法制学习教育

只有抓好重点对象的法制教育,充分发挥重点对象学法用法的示范带动作用,才能有效促进全民学法用法,推进普法依法治理工作不断深入发展。要推进领导干部学法用法,促使各级领导干部熟悉和掌握履行职责所需要的法律知识,牢固树立在宪法和法律范围内活动的观念,牢固树立国家一切权力属于人民的观念,牢固树立尊重和保障人权的观念,善于运用法律手段管理经济和社会事务,正确行使人民赋予的权力,做到依法执政、依法决策、依法行政、依法管理。要加强公务员法制宣传教育,引导广大公务员牢固树立并自觉践行依法治国、执法为民、公平正义、服务大局、党的领导的理念,提高依法行政和公正司法的能力。要认真做好青少年法制宣传教育,结合青少年思想道德建设,加强对保护青少年权益、预防青少年违法犯罪等法律法规的宣传,不断完善学校、家庭、社会"三位一体"的青少年法制教育格局,预防和减少未成年人犯罪,促进青少年健康成长。要切实抓好企业经营管理人员法制宣传教育,促进企业依法经营、依法管理、依法参与市场竞争、依法维护自身合法权益,为社会主义市场经济健康发展营造良好的法治环境。要进一步加强农牧民法制宣传教育,把提高农牧民法律素质作为建设社会主义新农村新牧区、培育新型农牧民的重要环节来抓,广泛开展基本法律知识宣传,切实提高广大农牧民的法律素质。要大力推进法制宣传教育进机关、进乡村、进社区、进学校、进企业、进单位,在各行各业掀起学法用法热潮。

坚持学用结合、普治并举
提高全社会依法治理水平

坚持学法用法相结合,积极推进依法治理,不仅是普法依法治理的一项基本任务,也是建设社会主义法治国家的客观要求。从内蒙古实际出发,当前和今后一个时期,要突出抓好以下工作:第一,要健全和完善社会主义法律体系。以宪法和国家法律为依据,按照到2010年形成中国特色社会主义法律体系的要求,坚持科学立法、民主立法,完善发展民主政治、保障公民权利、推进社会事业、健全社会保障、规范社会组织、加强社会管理等方面的法律法规。以提高立法质量为核心,围绕自治区经济社会发展的目标任务,努力增强立法工作的针对性,使立法工作在落实科学发展观、构建和谐社会、营造发展环境等方面取得新进展。第二,要全面推进依法行政。深入贯彻落实《行政许可法》和国务院《全面推进依法行政实施纲要》,积极转变政府职能,大力推进依法决策、依法管理和依法服务,努力提高各级政府依法决策、依法行政的能力和水平。第三,要维护司法公正。坚持法律面前人人平等,坚决抵制权力、利益对公正司法的干扰,真正做到实体公正与程序公正并重,不断增强司法的权威性和社会公信力。第四,要加强法律服务工作。全面加强法律服务体系建设,培育和发展良好的法律服务市场,加大司法救助和法律援助工作力度,落实司法为民要求,为人民群众提供方便快捷的法律服务。

做好普法依法治理工作,各级党委、政府担负着重要的领导职责。要充分认识加强普法依法治理工作的必要性和重要性,把这项工作作为社会主义精神文明建设和民主法制建设的重要内容,摆上重要议事日程,切实抓紧抓好。要把普法依法治理工作列入经济社会发展的总体规划,统一安排,统一部署,统一实施,不断健全和完善党委领导、人大监督、政府实施、全社会参与的普法依法治理运行机制。要制定和实施年度工作计划,认真研究问题,及时听取汇报,定期检查工作,加强监督和指导,着力解决普法依法治理工作中的实际困难和问题。要进一步健全和落实普法宣传教育和依法治理工作责任制,明确职责,细化措施,严格奖惩,确保普法依法治理工作取得实效。

（原载《法制日报》）

为建设内蒙古发挥生力军作用

（2007 年 9 月 28 日）

共青团是党领导的先进青年的群众组织，是党的助手和后备军。要按照"党放心、青年满意"的要求，大力加强团干部队伍建设，全面提高团干部综合素质，充分发挥团干部在团员青年中的表率作用。要努力提高思想政治素质，认真学习邓小平理论、"三个代表"重要思想和科学发展观，坚定理想信念，树立世界眼光，培养宏观思维。要努力提高科学文化素质，当今时代，科技进步日新月异，知识更新不断加快，新情况和新问题不断涌现，广大团干部要珍惜时代赋予的机遇，勤奋学习，不断更新完善知识结构，了解和掌握现代经济、政治、文化、科技等各方面知识，熟练掌握外语、计算机等基本技能，做复合型干部。要注重加强自身修养，自觉养成按规律办事、按规矩办事的意识和习惯，珍惜宝贵年华，珍视组织信任，严格要求自己，更好地健康成长。要把学习和实践有机结合起来，不做空头理论家，不做盲目实践者，知行统一，学思结合，努力在实践中求得真知、增长才干。要通过学习和实践，不断总结经验，提高对青年工作规律性的认识和把握。总之，团干部要把自己锤炼成符合时代要求，德才兼备的人才。

随着经济社会的快速发展，不同青年群体的需求也呈现多样化的特点。各级团组织要认真研究新时期青年群体的新情况、新变化，积极探索新形势下共青团工作的新特点、新规律。要围绕中心，找准工作切入点；要服务青年，代表和反映青年的利益；要与时俱进，创新青年工作的有效载体。近些年来，团组织开展的青年岗位建功成才、青年志愿者行动、青年对外文化经贸交流等工作，很有特点，很有成效，要进一步深化和探索。

当前,随着市场化、工业化、城市化的推进,大量的青年由"单位人"变成"社会人",由"农牧民"变为"市民",各级团组织要关注这部分青年群体的工作生活状况,探索做好包括社区在内的新兴领域共青团工作的途径和方法,切实为新兴青年群体办实事、办好事、解难事。在实际工作中,既要善于创新,又要重在落实;既要轰轰烈烈,扩大社会影响,又要脚踏实地,注重工作实效。

各级团组织要按照中央的要求,紧紧围绕自治区党委、政府的工作思路和部署,自觉把共青团工作置于大局中去谋划和发展。要引导广大团员青年进一步认识和了解区情,进一步认识和领会自治区党委、政府为兴区富民作出的一系列部署,进一步认识和把握我区经济社会发展的大好来势,进一步增强"热爱内蒙古,建设内蒙古"的责任感和使命感。自治区第七次党代会以来,在新一届中央领导集体重大创新理论指导下,自治区党委坚持解放思想,实事求是,紧密联系自治区实际,不断完善发展思路,全区经济社会呈现出了又好又快的发展态势。希望全区广大团员青年一定要增强大局意识、责任意识、奉献意识,在各自的岗位上成长成才,抓住机遇,奋发有为,为建设富强、民主、文明、和谐的内蒙古发挥生力军和突击队作用。

(选自在接见团委领导班子时的谈话)

高举旗帜　听党指挥　履行使命

（2008 年 1 月 11 日）

　　党的十七大对国防和军队建设进行了科学筹划和总体部署，中共中央总书记、国家主席、中央军委主席胡锦涛同志接见驻呼和浩特市部队师以上干部时，就加强部队建设作出重要指示。全区部队一定要以饱满的政治热情、高度的负责精神、优良的工作作风，全面落实十七大的总体部署和胡锦涛主席的重要指示，积极适应新形势新任务的要求，扎实推进部队各项建设，努力开创国防和军队现代化建设的新局面。

　　一、增强首位意识，切实打牢部队高举旗帜、听党指挥、履行使命的思想政治基础

　　思想政治建设是我军革命化建设的核心，必须作为军队的根本性和基础性建设抓紧抓好。党的十七大科学回答了党在改革发展关键阶段举什么旗、走什么路、以什么样的精神状态、朝着什么样的发展目标继续前进等重大问题，为国防和军队建设进一步指明了方向。各级要把学习宣传贯彻党的十七大精神作为部队建设的首要政治任务，把广大官兵的思想和行动统一到党的十七大精神上来，把智慧和力量凝聚到实现党的十七大确定的各项任务上来。要坚持用中国特色社会主义理论体系武装官兵的头脑，组织引导广大官兵认真学习、深刻领会党的十七大提出的重大理论观点、重大战略思想、重大工作部署，切实把军心凝聚在中国特色社会主义伟大旗帜下，确保部队建设坚定正确的政治方向。要牢固确立科学发展观的指导地位，引导广大官兵全面系统地学习掌握科学发展观的丰富内涵、精神实质和实践要求，充分认识在国防和军队建设中贯彻落实科学发展观的重要性和紧迫性，进一步增强广大官兵贯彻落实的自

觉性和坚定性，切实把军队的各项建设和工作纳入科学发展的轨道。要着眼构建当代革命军人核心价值观，深入进行军队历史使命、理想信念、战斗精神和社会主义荣辱观教育，大力弘扬听党指挥、服务人民、英勇善战的优良传统。要结合实际，深入开展"坚定中国特色社会主义信念，全面履行我军历史使命"主题教育，切实抓好"四项重大教育"和"四边"思想教育，创新发展先进军营文化、边关文化和哨所文化，不断强化广大官兵的军魂意识、宗旨意识和使命意识。要按照十七大关于党的建设的新要求，大力加强各级党组织的能力建设和先进性建设，加强干部队伍建设，为推进部队建设提供坚强的组织保证。要通过深入系统学习宣传贯彻党的十七大精神，扎实推进部队军事、政治、后勤、装备建设，促进国防和军队建设又好又快发展。

二、增强使命意识，全面提高部队遂行使命任务的能力

胡锦涛主席在接见驻呼和浩特市部队师以上干部时，要求我们下大气力抓好军事斗争准备和边防管控工作，提高部队遂行使命任务能力。当前，国际形势继续发生深刻而复杂的变化，和平、发展、合作仍是当今时代主题，但天下并不太平。霸权主义和强权政治仍然存在，国际恐怖主义、民族分裂主义、宗教极端主义威胁世界和平与地区安全，西方敌对势力对我"西化"、"分化"的政治图谋不会改变。台海局势错综复杂，发生突变恶变的可能性严重存在。内蒙古地处祖国北部边疆，肩负着"外镇北疆、内卫首都"的重大使命，战略地位十分重要。各级党组织和广大指战员一定要充分认识做好新形势下军事斗争准备、提高遂行使命任务能力的极端重要性，扎实抓好军事斗争准备和边防管控工作，切实履行好卫国戍边的神圣使命。要积极适应形势和任务的发展要求，抓好形势战备教育，始终保持高昂的战斗士气和严明的战备秩序。要深入实施科技强军战略，紧贴部队担负任务、作战对手和战场环境，促进机械化和信息化复合发展，积极开展信息化条件下的军事训练，转变战斗力生成模式，增强部队遂行多元化作战任务和非战争军事行动的能力。要围绕军事斗争准备，切实做好政治、后勤、装备等各项工作，抓好国防后备力量建设，完善国防动员体系，提高预备役部队和民兵建设质量。要适应国防和军队建设发展的新要求，积极推进各项改革，加快形成有利于国防和军队建设科学发展的体制机制。

三、增强安全意识,进一步巩固发展边疆安宁的良好局面

安全发展是部队贯彻落实科学发展观的内在要求,是推动部队建设又好又快发展的重要保证。今年国家大事多、要事多,安全稳定工作任务重、责任大。现在北京奥运会日益临近,台海局势处于高危期,境内外各种敌对势力正伺机而动、加紧实施干扰破坏活动,不仅给国家安全带来威胁,也使部队安全稳定工作面临挑战。我们一定要增强忧患意识,牢固树立安全发展理念,把推动安全发展、保持部队稳定作为重大任务,落实到部队建设的各个环节,贯穿到部队建设的全过程。要坚持依法治军、从严治军的方针,组织广大指战员深入开展法制教育,认真学习贯彻新颁发的条令条例,引导官兵依法履行职责,严格依据条令条例教育管理部队,在军事、政治、后勤、装备等各个领域切实加大从严治军力度,从战备、训练、工作、生活等不同环节全面提高依法治军水平。要认真做好以防范重大安全问题为重点的综合治理工作,突出抓好重大活动的安全防范,抓好重要目标、敏感时期的管控工作,加强隐蔽斗争,严格落实防间保密等各项制度和工作措施,坚决杜绝各类安全事故发生。要积极探索市场经济条件下治军带兵的特点和规律,建立健全保持部队安全稳定的长效机制,切实做好抓基层、打基础工作,及时有效地排查和化解影响安全稳定因素,确保部队政治坚定、思想稳定、纪律严明、秩序正规、团结和谐。

四、增强大局意识,为全面建设小康社会贡献力量

胡锦涛主席要求我们,要大力发扬我军拥政爱民的光荣传统,模范执行党的民族政策,进一步巩固军政军民团结和民族团结,为内蒙古的发展和振兴,为全面建设小康社会作出新的贡献。当前,我区正处在全面建设小康社会、构建社会主义和谐社会的关键时期,改革发展稳定的任务十分繁重。军区各部队和广大民兵预备役人员,一定要按照胡锦涛主席的要求,时刻牢记为人民服务的根本宗旨,在做好军事斗争准备的同时,积极支持自治区经济社会发展,充分发挥人民军队在全面建设小康社会、构建社会主义和谐社会中的重要作用。要积极参加生态和基础设施重点工程建设,努力改善经济社会发展和国防建设条件;积极参加社会主义新农村新牧区建设,为统筹城乡和经济社会发展献计出力;积极参

加抢险救灾等急难险重任务,保护国家和人民生命财产安全;积极参加扶贫济困活动,努力为困难群众办实事、做好事、解难事;积极参加社会治安综合治理,配合地方有效防范和严厉打击各种违法犯罪活动;积极参加精神文明创建活动,共同促进社会文明进步。地方各级党委、政府要正确处理经济建设和国防建设的关系,一如既往地关心和支持军队建设,积极创造条件,帮助部队解决实际问题,认真落实拥军优属各项政策措施,形成促进国防和部队建设的整体合力。

（选自在内蒙古军区党委六届十五次全体
（扩大）会议上的讲话）

全力构筑祖国北疆安全稳定屏障

(2008 年 1 月 15 日)

内蒙古是边疆少数民族地区,是祖国的"北大门"、首都的"护城河",历来是敌对势力进行西化、分化的重点地区,反渗透、反颠覆、反分裂斗争尖锐复杂。目前我国正处于改革发展关键阶段,经济体制深刻变革,社会结构深刻变动,利益格局深刻调整,思想观念深刻变化,社会建设和管理面临许多新课题。经过近年来的发展,我区已经站在一个新的历史起点上,正处在人均 GDP 由 3000 美元向 5000 美元迈进的黄金发展期,同时也是社会矛盾凸显期,维护稳定、构建和谐的任务十分繁重。这些新情况、新问题,对做好全区政法工作提出了新的更高的要求。各级一定要从全局和战略的高度,充分认识做好新形势下政法工作的重要意义,进一步增强责任感和使命感,切实加大工作力度,在新的历史起点上,不断开创我区政法事业的新局面。

一、高举旗帜,进一步坚定政法工作的政治方向

党的十七大指出,中国特色社会主义伟大旗帜,是当代中国发展进步的旗帜,是全党全国各族人民团结奋斗的旗帜。胡锦涛总书记强调:"坚持正确政治方向,关系政法工作的成败。"政法部门一定要高举中国特色社会主义伟大旗帜,自觉成为中国特色社会主义伟大旗帜的捍卫者和践行者。为此,必须按照胡锦涛总书记的要求,坚持不懈地深化"四个认识":一是要深化对促进经济社会又好又快发展的认识,进一步增强为发展服务的自觉性和坚定性,更加自觉、更加主动地做好为发展服务的各项工作。二是要深化对坚持立党为公、执政为民的认识,进一步增强为人民服务的自觉性和坚定性,更加自觉、更加主动地做好维护人民权益的各项工作。三是要深化对构建社会主义和谐社会的认识，进一步增强促进社会和谐的自觉性和坚定性，更加自觉、更加主动地做好维护社会公平正义、促进社会和谐稳定的各项工作。四是要深化对全面落实依法治国基本方略的认识，进一步增强建设社会主义法治国家的自觉性和坚定性，更加自觉、更加主动地履行好自己的重要职责。要通过深化对这些重大问题的认识，努力在执法思想、执法实践、执法作风等各方面真正体现中国特色社会主义的正确方向，确保党的路线方针政策和决策部署在政法工作中认真贯彻执行。

二、突出重点，全力构筑祖国北疆安全稳定屏障

推进政法事业全面发展，一定要围绕中心、突出重点，切实抓好事关全局的关键环节。结合我区实际，当前和今后一个时期，要着力在以下三个方面下功夫。

一是要切实维护国家安全特别是政治安全，牢牢把握对敌斗争的主动权。胡锦涛总书记强调："必须把确保国家安全，特别是政治安全，放在全部政法工作更加突出的位置"。要紧紧围绕构筑祖国北疆安全稳定屏障和首都"护城河"的战略目标，深刻认识维护国家安全面临的新形势，及时把握敌情社情变化的新特点，切实加强国家安全力量建设，高度警惕和坚决打击境内外敌对势力的渗透、颠覆和破坏活动。特别要严密防范和严厉打击敌对势力利用民族和宗教问题进行的渗透破坏活动，敌对势力插手人民内部矛盾、利用非政府组织向基层的渗透活动，敌对势力利用互联网进行的文化渗透和煽动闹事活动，敌对势力窃取国家秘密的间谍情报活动，敌对势力针对奥运会进行的捣乱破坏活动，决不允许危害国家安全和社会稳定的人员形成组织，决不允许危害国家安全和社会稳定的活动形成气候，进一步巩固发展我区政治稳定、经济发展、民族团结、社会和谐、边疆安宁的良好局面。

二是要切实加强社会治安综合治理，全力维护社会稳定大局。社会平安是构建和谐社会的基本要求，也是全面建设小康社会的前提和保障。要认真贯彻打防结合、预防为主，专群结合、依靠群众的方针，全面加强社会治安综合治理，扎实推进平安内蒙古建设。罗干、周永康同志来我区视察期间，对我区"草原110"和呼和浩特市网格化巡逻警务机制，给予高度评价,今后要继续总结推广,抓出成效。要根据社会治安形势的变化,准确把握宽严相济的刑事政策,把打击锋芒始终指向严重刑事犯罪分子,重点打击严重暴力犯罪、多发性侵财犯罪、严重影响群众安全感的重大犯罪活动,深入开展打黑除恶斗争,始终保持对犯罪分子的高压态势,保护人民群众的生命财产安全,确保社会大局稳定。要本着什么犯罪突出就重点打击什么犯罪、什么治安问题严重就重点解决什么问题的要求,适时组织各种专项行动,及时解决治安突出问题,始终保持良好的治安秩序。要着眼于从源头上解决影响社会治安的重要问题,把思想认识、工作重点、力量配置、治安措施等落实到构筑治安防控体系上来,推动社会治安综合治理各项措施的落实,最大限度地预防和减少犯罪的发生。

三是要切实维护人民权益,保障社会公平正义。维护人民权益,是党的宗旨要求,也是做好政法工作的根本目的。要坚持以人为本,促进司法公正,把维护好人民权益作为政法工作的根本出发点和落脚点,着力解决人民最关心、最直接、最现实的利益问题,为人民安居乐业提供更加有力的法治保障和法律服务。要综合运用法律、政策、经济、行政等手段和教育、协商、疏导等办法化解社会矛盾纠纷,以定纷止争为目标,努力形成科学有效的利益协调机制、矛盾调处机制、权益保障机制,最大限度地激发社会创造活力,最大限度地增加和谐因素,最大限度地减少不和谐因素。要完善对司法权行使的监督机制,加强对诉讼活动的法律监督,规范司法行为,切实解决执法不严、司法不公问题,保证国家法律的正确实施。要平等保护各类市场主体的合法权益,促进各类市场主体公平竞争,依法调节经济关系,为经济社会又好又快发展创造良好的法制环境。要以改善服务为重点,加强对"社会人"的服务和管理,切实把各种社会组织和社会人纳入到有序管理之中,真正做到服务到位、管理有效。

三、提高素质,全面加强政法队伍建设

胡锦涛总书记指出:"政法战线的全体同志,既是中国特色社会主义事业的建设者,又是中国特色社会主义事业的捍卫者,责任重大,使命光荣。""建设高素质政法队伍,是做好政法工作的组织保证。"近年来,我区各级政法机关认真贯彻中央关于加强政法队伍建设的一系列要求部署,采取有效措施加强队伍建设,政法队伍素质明显提高,战斗力进一步增强,有力促进了政法工作的深入开展。但与新形势、新任务的要求相比,与党和人民的期望相比,还存在许多"不符合"、"不适应"的问题。加强队伍建设是政法工作的永恒主题,必须常抓不懈、常抓常新。要按照党的十七大提出的严格、公正、文明执法的要求,围绕提高广大干警的思想政治素质和业务能力,全面推进我区政法队伍建设,努力造就一支政治坚定、业务精通、作风优良、执法公正的政法干部队伍。

要坚持把思想政治建设摆在首位。组织广大干警深入学习贯彻党的十七大精神,坚持不懈地用中国特色社会主义理论武装头脑,坚决贯彻执行党的路线方针政策,自觉与党中央保持一致,切实打牢听党指挥、对敌斗争、服务人民的思想政治基础,始终做党和人民的忠诚卫士。深入开展学习实践科学发展观活动,不断增强贯彻落实的自觉性和坚定性。深入开展理想信念、职业道德教育,引导广大政法干警牢固树立正确的世界观、人生观、价值观和荣辱观,自觉抵制各种错误思潮和腐朽思想的侵蚀,切实解决好为谁掌权、为谁执法、为谁服务的问题,满腔热情地维护人民权益,不断提高执法公信力。

要大力加强领导班子和干部队伍建设。着力优化班子结构,提高整体素质,选好配强领导班子特别是主要负责人,确保政法机关的领导权始终掌握在忠于党、忠于人民、忠于法律的人手中。认真贯彻执行《法官法》、《检察官法》、《人民警察法》等法律法规,进一步健全完善政法干部队伍建设的规章制度,广泛开展岗位练兵活动,抓好新法律、新知识、新技能培训,不断提高政法干警的业务能力和执法水平。要抓住执法活动中的薄弱环节,采取有效措施,加大治理整顿力度,进一步推进执法规范化建设。要按照科学发展观的要求,以人民群众满意、社会和谐稳定为标准,建立健全体现科学发展观的政法工作实绩考评体系,规范和促进广大干警严格、公正、文明执法。

要进一步落实从严治警和从优待警政策措施。广大政法干警任务繁重,非常辛苦,还经常出生入死、面临危险,对他们既要严格要求又要真心爱护。坚持把从严治警与从优待警统一起来。一方面,要坚持从严治警的方针,对干警严格要求、严格教育、严格管理、严格监督,严肃查处违纪违法问题。另一方面,要坚持从优待警,对广大干警政治上多爱护、工作上多支持、生活上多关心,切实为他们解决实际困难和问题,充分调动广大干警的积极性、主动性和创造性,增强队伍的凝聚力和战斗力。

四、加强领导,为政法事业全面发展提供有力保证

加强和改善党的领导,是做好政法工作的根本保证。各级一定要认真贯彻落实《中共中央关于加强和改进党对政法工作领导的意见》,进一步加强和改善党的领导。

要切实把政法工作摆到更加突出的位置来抓。各级党委要深入研究新形势下政法工作面临的新情况、新问题,有针对性地解决好政法事业发展的重大问题,努力推动政法工作又好又快发展。要全力支持政法机关依法履行职能,保证党的大政方针和决策部署的贯彻落实,保障国家法律的正确实施,要高度重视、切实抓好政法机关党组织建设,充分发挥党组织的领导核心和战斗堡垒作用。按照中央要求,积极稳妥地推进司法体制改革。要切实担负起维护社会稳定的政治责任,把促进改革发展同保持社会稳定有机结合起来,从指导思想、工作部署、物质投入等各个方面落实改革发展稳定协调推进的要求,为政法工作提供有力保障。

要切实维护宪法和法律的权威。各级干部特别是领导干部,要自觉遵守宪法和法律,带头维护宪法和法律的权威,带头依法办事,带头依法行政,努力为司法机关依法开展工作创造良好环境。各级政法机关要从自身做起,自觉按宪法和法律要求履行职责、开展工作,确保司法公正。要在全社会深入开展法制宣传教育,牢固树立社会主义法治理念,不断提高全体公民的法律意识,依法履行法律义务,努力在全社会形成自觉学法守法用法的良好氛围。

要切实加强基层基础工作。进一步加大对基层基础工作的支持和指导力度,坚持工作重心下移,以增强基层实力,激发基层活力为目标,不断完善向基层基础倾斜的政策措施,切实加强公安派出所、人民法庭、司法所、社区警务室等基层政法单位建设,充分发挥其在基层社会稳定中的骨干作用。要深入开展行之有效的基层争先创优和人民满意创建活动,扎实推进创建工作的规范化、制度化,不断扩

大创建活动的覆盖面,努力提高创建工作水平。要健全党组织领导的充满活力的基层群众自治机制,努力把影响社会和谐稳定的因素化解在基层、解决在萌芽状态,使基层真正成为维护社会和谐稳定的第一道稳固防线。

党委政法委是党领导管理政法工作的重要职能部门。要大力加强各级党委政法委建设,进一步充实力量,明确职责任务,理顺工作关系,规范工作制度,使之更好地履行职责。

(选自在全区政法工作暨队伍建设会议上的讲话)

着力抓好"一低"、"一高"两个关键环节

(2008 年 1 月 22 日)

人口问题始终是关系党和国家工作全局的重大问题，人口和计划生育工作始终是关系经济社会全面协调可持续发展的重要工作。加强人口和计划生育工作，统筹解决人口问题，必须坚持以科学发展观为指导，着力转变不适应不符合科学发展观的思想观念，着力解决影响制约人口和计划生育工作科学发展的突出问题，把科学发展观贯彻落实到人口和计划生育工作的各个方面，推动人口和计划生育工作又好又快发展。

科学发展观的第一要义是发展。马克思主义人口理论和我国人口众多的基本国情要求我们，要正确处理好物质资料生产和人类自身生产这两种社会生产之间的关系。既要发展经济，也要控制人口；既要有总量概念，也要有人均意识；既要重视人口的数量，更要提高人口素质。也就是说，一方面要始终坚持以经济建设为中心，千方百计在增加经济总量即扩大"分子"上下功夫；另一方面要始终坚持基本国策不动摇，着力在减少人口数量即缩小"分母"上下功夫。据人口和计生部门测算，国家实行计划生育以来，我区累计少生 870 万人，约计减少社会抚养费 5000 亿元，使全区人均 GDP 提高了 5300 元，为促进自治区经济社会发展作出了重要贡献。但也要清醒地看到，当前我区同全国一样，人口和计划生育工作进入了稳定低生育水平、统筹解决人口问题、促进人的全面发展的新阶段，新形势新任务对人口和计划生育工作提出了新的更高的要求。各级一定要正确把握"两种生产"的辩证关系，把推动国民经济又好又快发展同解

[859]

决人口和计划生育工作面临的突出问题紧密结合起来,努力实现经济发展与人口事业的良性互动。

科学发展观的核心是以人为本。保障和改善民生是以人为本最基本的要求。坚持计划生育基本国策,做好人口和计划生育工作,目的是通过规范"个体人"的生育行为,来保障"全体人"的生存空间需求、生态资源需求。据专家预测,我国 15 岁至 64 岁劳动年龄人口到 2016 年将达到 10.1 亿人,届时我国将面临出生人口、劳动就业、老龄人口、流动人口"四大高峰",对解决劳动就业、社会保障、教育文化、医疗卫生、住房等民生问题将带来严峻挑战。因此,我们必须把做好人口和计划生育工作、稳定低生育水平作为坚持以人为本、保障和改善民生的重要任务,切实抓紧抓好。

科学发展观的基本要求是全面协调可持续。做好人口和计划生育工作,根本目的是促进人口与经济、社会、资源、环境相协调和可持续发展,为现代化建设创造良好的人口环境。自治区第八次党代会把提高协调发展水平和可持续发展水平作为今后一个时期的重要奋斗目标。实现这一目标,必须把降低出生人口、控制人口总量作为当务之急,着力缓解人口增长对经济、社会、资源、环境形成的压力。同时,要全面提高人的思想道德素质、科学文化素质和健康素质,变人口压力为人力资源优势,为经济社会又好又快发展提供持久动力。

科学发展观的根本方法是统筹兼顾。人口和计划生育工作是一项社会系统工程,一定要坚持统筹兼顾,有效整合政策、组织和社会资源,努力形成齐抓共管、综合治理的工作格局。要突出抓好目标、责任、区域、任务四个方面的统筹。目标统筹,就是要明确目标,强化措施,加强宣传,营造氛围,在全社会形成以人的全面发展为中心、稳定低生育水平、统筹解决人口问题的目标共识。责任统筹,就是要落实责任,加大协调,健全领导机构和工作机制,促使各相关部门、社会各方面自觉履行责任,努力构建行政部门、服务机构、自治组织、群众团体等齐抓共管的人口和计划生育管理服务体系。区域统筹,就是要加强区域之间的统筹,建立合作机制,形成计生工作"一盘棋"的格局。任务统筹,就是既要统筹解决好人口的数量、素质、结构、分布等问题,又要统筹解决好人口与经济、社会、资源、环境的协调和可持续发展问题,把妥善解决人口问题作为造福人民的大事、实事抓紧抓好。

在实际工作中,要突出重点,着力抓好"一低"、"一高"两个关键环节。

"一低",就是要坚持把稳定低生育水平作为人口和计划生育工作的首要任务,毫不放松地抓紧抓好。人口数量直接影响人口素质、结构和分布,是统筹解决人口问题的基础。我区同全国一样,低生育水平面临反弹的现实风险。据分析预测,2005 年至 2020 年,我区生育旺盛期妇女人数将出现高峰值,导致出生人口形成新的高峰。与此同时,第一代享受"双独"和部分"单独"政策的独生子女将进入婚育期,政策内生育水平明显提高。据专家预测,这一"双峰叠加"局面要持续十几年。各级一定要提高对新形势下稳定低生育水平重要性、长期性、紧迫性和艰巨性的认识,采取更加切实有效的措施,坚决防止生育率反弹。要切实稳定现行生育政策,加大政策措施落实力度,综合运用法律、行政、教育、经济等多种手段实施综合治理,千方百计稳定低生育水平。我区每年新增人口 60% 以上集中在农村牧区,要坚持把稳定农村牧区低生育水平作为重中之重来抓。要按照全国农村人口和计划生育工作会议要求,把农村人口和计划生育工作纳入建设社会主义新农村总体部署,大力推进计划生育村民自治,加快构建联系群众、服务群众、入户到人的管理服务网络,积极推行计划生育村务公开,切实增强农村人口控制力。要顺应城镇化和人口转移加快的趋势,扎实做好流动人口的计划生育管理与服务工作,建立健全以流入地为主、流出地和流入地协调配合的人口和计划生育工作机制,将流动人口计划生育管理纳入流入地经常性工作范畴,实现与流入地户籍人口同宣传、同管理、同服务、同待遇,严格控制流动人口政策外生育。

"一高",就是要采取有效措施,大力提高出生人口素质。人口素质的提高、人的能力建设是经济社会发展的持久动力,是一个国家和地区竞争力最重要的战略储备。经过长期不懈努力,我区人口素质总体上有了明显提高,但人力资源竞争力仍然是制约自治区"软实力"的关键因素。要牢固树立以人为本、优先投资于人的发展理念,更加注重经济发展与人的全面发展相协调,更加注重把资源配置到与人的全面发展直接相关的领域，全面提高人民群众的科学文化素质和健康素质，切实把经济社会发展转变到依靠科技进步和提高劳动者素质的轨道上来。出生人口素质，关系千家万户幸福和民族的未来。做好人口和计划生育工作，必须把好提高出生人口素质这一重要关口。要全面实施出生缺陷干预工程，大力倡导科学婚检，积极开展婚前、孕前、孕产期、产后服务，努力降低出生缺陷的发生风险和实际发生率。出生人口性别比偏高涉及人民群众切身利益、关系国家长治久安，必须全力抓好防止出生人口性别比升高这一难点。我区出生人口性别比虽然总体上接近正常，但引发性别失衡的隐患大量存在，不可掉以轻心、麻痹大意。要坚持标本兼治、综合治理，严厉打击非法胎儿性别鉴定和选择性别的人工终止妊娠行为，切实保障妇女儿童合法权益，严惩针对妇女儿童违法犯罪，制定完善有利于女孩健康成长的政策措施，有效防止性别比的提高。要积极应对人口老龄化的新趋势，有效化解这一新课题。近年来，我区老龄化趋势发展较快，老年人的经济供养、生活照料、精神安慰等问题日益凸显。要按照"老有所养"的要求，加快养老保障和养老服务体系建设，大力发展老龄服务业，努力构建以居家养老为基础、社区服务为依托、机构照料为补充的养老服务体系，确保老年人能够生活在健康、安全、和谐的社会环境中。要着眼于促进人的全面发展，大力发展教育、卫生、文化等各项社会事业，大力加强人力资源能力建设，努力使经济社会发展建立在人口素质提高、人力资源优势得到充分发挥的基础之上。

做好新时期人口和计划生育工作，加强领导是关键。各级党委、政府要把做好人口和计划生育工作作为推动科学发展、促进社会和谐的重大战略措施，采取有效措施，加强教育引导和组织协调，推动人口和计划生育工作又好又快发展。

一是要强化国策意识。党中央、国务院从我国国情出发，把计划生育确立为基本国策，确立为建设中国特色社会主义的重大战略任务。实践充分证明，实现我国经济社会又好又快发展所面临的重大问题，无不与人口数量、素质、结构、分布密切相关，在人口问题上的任何失误，都会对经济社会发展产生难以逆转的长期影响。良好的人口发展环境，对深入贯彻落实科学发展观越来越重要,在全面建设小康社会中的作用越来越显著,在构建社会主义和谐社会中的地位越来越突出。各级一定要充分认识计划生育基本国策的长期性、战略性、全局性,站在立党为公、执政为民的高度,站在对国家和民族未来负责的高度,坚持计划生育基本国策和稳定现行生育政策不动摇,进一步加大工作力度,切实把这一基本国策落到实处。

二是要转变婚育观念。当前,群众的婚育愿望与现行政策仍有较大差距。不少群众存在"早婚早育、多子多福、传宗接代、男尊女卑"等落后婚育观念,"越穷越生、越生越穷"现象依然存在。要进一步加大宣传教育力度,加强人口和计划生育法律法规和政策知识教育,大力宣传男女平等、计划生育、少生优生、优育优教等科学、文明、进步的婚育观念,努力提高群众的法律意识,引导广大群众依法生育、文明生育。要教育引导广大干部群众牢固树立人与自然和谐、人口与经济社会协调发展的观念,正确处理国家利益和个人利益、长远利益和眼前利益的关系,提高全社会对人口问题重要地位和作用的认识,增强国情意识和国策意识,努力营造有利于人口和计划生育事业健康发展的良好氛围。

三是要把握政策导向。人口和计划生育工作关系人民群众切身利益,必须采取教育引导、经济保障、法律规范、行政指导等措施,不折不扣地落实计划生育政策,引导群众自觉自愿地实行计划生育。要建立和完善政府为主、社会补充的人口和计划生育利益导向机制,顺应人民群众的新期待,进一步做好惠民政策与计划生育奖励优惠政策的衔接工作,多为计生家庭办实事,多让计生家庭得实惠,让计生家庭优先分享改革发展成果。要积极探索长效机制,提高依法行政水平,确保人口和计划生育工作行为合法、执法程序规范、执法过程文明。要把履行职责、依法行政同维护群众合法权益有机统一起来,把以人为本的理念贯穿人口和计划生育工作各个环节,寓加强管理于优质服务中,努力提高人民群众的满意度。

四是要落实领导责任。各级党委、政府要坚持党政一把手"亲自抓、负总责",及时听取汇报、分析形势、解决问题,把人口和计划生育工作纳入经济社会发展总体布局,统筹谋划、协调推进。要严格执行目标管理责任制,落实"一票否决"制,把人口和计划生育工作作为对领导班子和领导干部政绩考核的重要内容,列入重大事项督查范围,确保各项工作落到实处。要进一步完善党政负责、部门配合、群众参与、齐抓共管的工作机制,做到优势互补、资源共享、密切配合,努力形成推动工作的合力。各级人口和计划生育部门要充分发挥职能作用,切实加强自身建设,不断提高做好新形势下人口和计划生育工作的能力和水平,更好地担负起工作重任。

(选自在全区人口和计划生育工作会议上的讲话)

努力办好人民满意教育

(2008年2月26日)

2007年8月31日，胡锦涛总书记在全国优秀教师代表座谈会上发表了重要讲话。讲话从国家未来发展和实现中华民族伟大复兴的战略高度，深刻阐述了教育在推进中国特色社会主义伟大事业中的战略地位，强调必须坚持好、落实好教育优先发展战略方针，对加强教师队伍建设提出了明确要求，对广大教师提出了殷切希望。胡锦涛总书记的重要讲话，为新世纪新阶段教育事业的改革发展指明了方向，对于加快推进社会主义现代化、夺取全面建设小康社会新胜利具有重大的现实意义和深远的历史意义。

近年来，内蒙古自治区党委、政府认真贯彻落实党中央、国务院的各项方针政策，深入实施科教兴区和人才强区战略，坚持优先发展教育，不断加大投入力度，深化各项改革，全区教育事业有了长足发展。基础教育全面巩固提高，全区101个旗县(市区)全部实现"两基"达标。职业教育快速发展，形成了中等高等职业教育相互衔接、与普通教育协调发展的良好格局。高等教育办学层次和水平显著提高，全区现有高等学校37所，比2000年增加近1倍。民族教育优先重点发展，办学条件明显改善，教育质量不断提高。教育事业的快速健康发展，不仅进一步满足了人民日益增长的教育需求，而且向各行各业输送了大批专门人才和数十万高素质劳动者，为自治区经济社会又好又快发展提供了有力的人才和人力资源保证。

教育是民族振兴的基石，是提高人民思想道德素质和科学文化素质的基本途径，是发展科学技术和培养人才的基础工程。大力发展教育事业,是发挥我国人力资源优势、建设创新型国家、加快推进社会主义现代化的必然选择,也是推动内蒙古经济社会又好又快发展、实现"走进前列"战略目标的迫切需要和长远大计。在经济全球化深入发展、科技进步日新月异的时代背景下,教育的基础性、先导性、全局性地位和作用更加突出。我们必须从全局和战略的高度,充分认识加快教育事业发展的重大意义,认真学习贯彻胡锦涛总书记重要讲话精神,深入贯彻落实科学发展观和党的教育方针,大力推动教育事业改革发展,努力办好人民满意的教育。

办好人民满意的教育,必须始终把教育摆在优先发展的战略地位。一是经济社会发展规划优先安排教育发展。把加快教育事业发展作为全面建设小康社会的重要目标,作为最大的发展工程,在制定经济社会发展规划时,优先予以安排;在研究经济社会发展措施时,优先予以保障。二是财政资金优先保障教育投入。近年来,随着我区经济社会的又好又快发展和财政实力的不断增强,自治区不断加大教育投入力度,财政预算内教育经费由 2000 年的 35.55 亿元增加到 2006 年的 117.68 亿元,教师工资和生均公用经费增长幅度居全国前列。在今后的发展中,要进一步强化政府对教育的保障责任,按照建设公共财政的要求,进一步调整优化财政支出结构,保证各级政府教育财政拨款的增长高于财政经常性收入的增长,以更多的财力支持教育事业的发展。三是公共资源优先满足教育和人力资源开发需要。在城镇、农村牧区基础设施建设和图书馆、科技馆、博物馆等公共资源配置上,优先满足教育和人才培养需要,努力从多方面为教育事业发展创造条件。

办好人民满意的教育,必须进一步调整优化教育结构。调整优化教育结构,是加快构建现代教育体系和终身教育体系的需要,是推进教育事业全面协调可持续发展的关键。要把巩固提高"两基"成果作为重中之重,大力加强学校标准化建设,进一步缩小城乡、校际差距,促进义务教育均衡发展。要加快发展高中阶段教育,努力普及民族高中阶段教育,到"十一五"末盟市所在地及有条件的地区率先普及高中阶段教育。要坚持优先重点发展民族教育的方针,大力实施民族教育发展工程,努力满足少数民族群众对优质教育的需要。要适应自治区经济社会又好又快发展对不同层次人才需求日益增长的新形势,加快发展职业教育,健全覆盖城乡的教育培训网络,注重培养学生的创新精神和创业能力。要大力提高高等教育质量,积极推进高等教育由外延扩张为主向内涵发展为主转变,切实加强重点大学、重点学科、重点实验室、高层次人才培养基地建设,不断增强高校的科技创新能力和服务经济社会发展能力。

办好人民满意的教育,必须加快推进教育体制改革和创新。推进体制改革和创新,是教育事业发展的动力和活力所在。要从全区的改革大局出发,统筹谋划经济领域改革、社会领域改革与教育领域改革,努力增强改革措施的协调性,确保教育领域各项改革顺利进行。要继续深化教育管理体制和机制改革,不断巩固和完善基础教育、职业教育、高等教育管理体制,进一步规范政府与市场、政府与学校、学校与社会的关系。要建立健全教育投入体制和办学体制,在不断增加财政投入的同时,鼓励和规范社会力量兴办教育,努力形成以政府为主体、以社会力量为辅助、全社会共同推动教育事业发展的良好局面。要将素质教育贯穿于教育改革的全过程,进一步改革教育教学评估和考试制度,克服重分数、轻德育、片面追求升学率的做法,把立德树人作为教育的根本任务,努力培养德智体美全面发展的社会主义建设者和接班人。

办好人民满意的教育,必须努力促进教育公平。教育公平是社会公平的重要基础。胡锦涛总书记在讲话中指出,要把促进教育公平作为国家基本教育政策,统筹城乡、区域教育,统筹各级各类教育,统筹教育发展的规模、结构、质量。近年来,自治区党委、政府高度重视教育公平问题,采取了一系列政策措施,取得了积极成效。从 2005 年开始,自治区作出并兑现"两项承诺",其中一项就是确保考上大学的学生不能因为家庭困难上不了学。三年来,累计发放助学贷款 2.84 亿元,资助了 4 万余名贫困学生,资助学生占在校生比例的 14.4%。2007 年,自治区把进一步加大教育资助力度列入当年办好的"七件实事",对所有义务教育阶段中小学生全部实行"两免"政策,覆盖 260 万名中小学生。为 56.4 万寄宿制贫困生发放生活补助,资助中等职业在校贫困生 14.3 万人。今年,自治区又明确提出,要扩大教育补助覆盖面,提高补助救助标准,提高高校生均经费标准,扩大特困生贷款贴息补助规模。今后,我们要继续把促进教育公平作为重要民生工程来抓,在认真落实"三个统筹"、不断满足人民日益增长的教育需求的同时,建立健全教育资助长效机制,确保困难家庭、进城务工人员子女平等接受义务教育,确保每个考上高等院校的学生都能上得起学,真正让教育的阳光普照每一个孩子。

办好人民满意的教育,必须全面加强教师队伍建设。百年大计,教育为本;教育大计,教师为本。要高度重视教师培养和培训,加大对师范教育的支持力度,积极推进教师教育创新,努力培养和造就一批骨干教师、教学名师和学科带头人,不断提高教师整体素质和业务水平。要进一步建立健全吸引和鼓励优秀人才从事教育工作的机制,吸引更多优秀人才从事教师职业,特别要鼓励有志青年到农村牧区、边远山区为教育事业发展建功立业。要满腔热情地关心教师、爱护教师,维护教师合法权益,建立教师收入稳步增长机制,千方百计为广大教师排忧解难,使他们政治上有地位、社会上有尊严、经济上有保障,能够安心、用心地投入工作。要大力宣传教育事业发展的丰硕成果和优秀教师的先进事迹,努力在全社会形成尊师重教的良好风尚。教育激励全区广大教师自觉践行胡锦涛总书记的殷切希望,学为人师、行为世范,努力做受学生爱戴、让人民满意的教师,为全区教育事业又好又快发展作出新的贡献。

(原载《中国教育报》)

保民生要做到"五个千方百计"

（2009 年 3 月 16 日）

　　胡锦涛总书记指出,民生连着民心,民心凝聚民力。越是在经济发展遇到困难的时候,越要加大民生工作力度,切实解决好人民群众最关心最直接最现实的利益问题,努力使保增长的过程成为坚持以人为本、保障和改善民生的过程。

　　一是要千方百计抓增收。切实抓好自治区党委、政府出台的促进城乡居民增收《意见》的贯彻落实,认真落实各项增资减负政策措施,着力促进城乡居民收入来源多元化、增收稳定化、分配公平化,确保今年城乡居民收入增幅高于全国平均水平,力争到 2010 年全区城乡居民收入达到全国平均水平。

　　二是要千方百计抓就业。实施更加积极的就业政策,坚持以创业促进就业,充分发挥服务业、劳动密集型产业、中小企业、非公有制经济在吸纳就业中的作用, 有效控制企业裁员和减薪。重点抓好城镇失业人员、就业困难人员和高校毕业生就业工作,加强农牧民转移就业和返乡创业服务,确保全区就业形势稳定。

　　三是要千方百计抓社保。加快建立覆盖城乡居民的社会保障体系,进一步加强社会保障制度建设,逐步扩大社会保障覆盖范围,提高社会保障水平。健全社会救助制度,落实好各项补贴政策,确保群众基本生活不因经济形势变化而下降。

　　四是要千方百计办实事。进一步加大为民办实事力度,着力办好提高城镇居民最低生活保障水平、提高农村牧区最低生活保障标准等"十件实事"和改善农牧民生产生活条件等"十项民生工程"。同时,要进一步加大公共事业投入,把更多的财政资金投向公共服务领域,把更多的公共资源投向公共服务薄弱的农村牧区、贫困地区和困难群体,加快发展教育、卫生等各项社会事业。

五是要千方百计保稳定。发展是硬道理,稳定是硬任务,没有稳定的社会环境,什么事情也干不成。内蒙古近年来的又好又快发展,很大程度得益于我区始终保持了政治稳定、民族团结、边疆安宁、社会和谐的良好局面。在应对危机、攻坚克难过程中,要切实做好矛盾纠纷排查化解工作,努力把各种矛盾和问题解决在基层、化解在萌芽状态;切实加强社会治安综合治理,深入推进平安建设,坚决打击各种刑事犯罪活动和敌对势力的干扰破坏活动,进一步增强人民群众的安全感;切实重视安全发展工作,坚决防范和遏制重特大事故的发生,有效保障人民生命财产安全。

(选自在自治区直属机关传达贯彻全国
"两会"精神干部大会上的讲话)

第十二篇　党的建设

坚持"八个坚持、八个反对" 全面加强和改进党的作风建设

(2001 年 10 月 13 日)

党的十五届六中全会,是在我国进入全面建设小康社会、加快推进社会主义现代化的新的发展阶段召开的一次重要会议。全会专题研究了加强和改进党的作风建设问题,审议通过了《中共中央关于加强和改进党的作风建设的决定》。《决定》以邓小平理论和"三个代表"重要思想为指导,全面分析了进入新世纪我们党面临的新形势、新任务,从加强新时期党的建设、全面推进党的建设新的伟大工程,把建设有中国特色社会主义事业继续推向前进的战略高度,提出了加强和改进党的作风建设的指导思想、主要任务、总体思路和具体措施,是指导我们在新的历史时期大力推进党的作风建设的纲领性文件,党的作风建设因此进入一个整体推进、与时俱进的新阶段。认真学习、深入贯彻党的十五届六中全会精神,是当前和今后一个时期全区各级党组织和广大党员干部的一项重要政治任务。

学习领会全会精神,关键是要理解把握加强和改进党的作风建设的工作重点、指导原则和着力点。加强和改进党的作风建设的工作重点,就是《决定》明确提出的"八个坚持、八个反对"。这"八个坚持、八个反对",是党中央经过大量调查研究和深入分析总结出来的,是当前党在思想作风、学风、工作作风、领导作风和干部生活作风方面要抓紧解决的重点问题。抓住了这"八个坚持、八个反对",就抓住了加强和改进党的作风建设的根本。切实做到这"八个坚持、八个反对",我们党的作风建设就能够提高到一个新的水平。加强和改进党的作风建设的指导原则,就是江泽民

同志提出的在思想认识和工作指导上必须把握好的四个问题,即判断党的作风建设状况,既要有忧患,又要有信心;确定党的作风建设的目标,既要管近期,又要管长远;推进党的作风建设,既要讲继承,又要讲创新;制定党的作风建设的措施,既要靠教育,又要靠制度。加强和改进党的作风建设的着力点,一是坚持领导带头,从领导机关和领导干部抓起,发挥好示范和导向作用;二是着眼人民群众,把保持同人民群众的血肉联系作为加强和改进党的作风建设的核心问题来抓;三是在加强督促检查、层层抓落实上下功夫,抓紧解决党的作风建设上存在的突出问题;四是抓住制度建设,建立健全一套管用的制度和机制,推进作风建设制度化、规范化。我们一定要全面准确地理解和把握党的十五届六中全会的精神实质,把思想和行动统一到江泽民同志重要讲话和中央《决定》精神上来。

多年来,自治区党委高度重视党的作风建设,把作风建设摆到党的建设的突出位置来抓,做了大量工作,取得了明显成效,党的作风的情况和主流是好的。同时,也要清醒地看到,中央《决定》中指出的党的作风建设方面存在的问题,在我区也不同程度地存在,不仅严重破坏党的形象,损害人民的利益,而且已经成为我区改革开放和现代化建设事业发展的严重障碍。中央反复强调,全党同志要居安思危,增强忧患意识,勇于正视党员和干部队伍中存在的问题,并依靠全体党员和人民群众不断加以解决。可以说,现在党风方面存在的问题,比起新中国成立以后的一段时期,比起改革开放初期,都要严重。在这个问题上,我们务必要有强烈的忧患意识。

执政党的党风,关系党的形象,关系人心向背,关系党和国家的生死存亡,是党的创造力、凝聚力、战斗力的重要内容。抓住作风建设,就抓住了新形势下全面推进党的建设的一个十分重要的环节,抓住了提高党的领导水平和执政水平、提高拒腐防变和抵御风险能力的一个十分重要的切入点。马克思主义执政党的最大危险,就是脱离群众。二十世纪最后十年,一些执政多年的政党相继失去政权,原因是多方面的,但其中很重要的一点,就是领导集团内部出现了严重的腐败现象,脱离了人民群众,导致了人心向背的变化。历史和现实一再告诉我们,执政党不注重作风建设,听任不正之风侵蚀党的肌体,损害党群干群关系,就会失去民心,甚至失去政权。党中央在全面分析新世纪党的建设面临的新形势、新任务之后,作出了加强和改进党的作风建设的重大战略决策。全区各级党组织和广大党员干部,一定要从党和国家的前途命运,从推进自治区改革开放和现代化建设事业的战略高度,充分认识新形势下加强和改进党的作风建设的极端重要性,牢固树立越是改革开放,越是发展社会主义市场经济,越要大力加强和改进党的作风建设的观念,切实增强责任感和紧迫感。我们要看到,党的作风方面存在的问题,有着复杂而深刻的思想根源和社会根源,加强党的作风建设任务十分艰巨。但同时也要树立坚定的信念。现在,我们自治区经济发展、民族团结、社会稳定,正处在全面发展的重要时期,我们有科学理论和正确路线的指引,只要全区各级党组织和广大党员共同努力,紧紧依靠各族群众,我们完全有信心把作风建设提高到一个新水平。

坚持党的解放思想、实事求是的思想路线,
加强党的思想作风和学风建设

加强和改进党的作风建设,必须把思想作风建设摆在首位,始终坚持解放思想、实事求是的思想路线。这是我们党顺应时代进步潮流,永葆先进性的根本要求,也是我们认识新事物、适应新形势、完成新任务的根本思想武器。江泽民同志在"七·一"讲话中,要求全党"坚持实践是检验真理的唯一标准,在党的基本路线指导下,一切从实际出发,自觉地把思想认识从那些不合时宜的观念、做法和体制中解放出来,从对马克思主义的错误的和教条式的理解中解放出来,从主观主义和形而上学的桎梏中解放出来。"在十五届六中全会上,江泽民同志再一次强调了这"三个解放"。"三个解放",突出了新形势下解放思想的三个主攻方向,明确了我们在思想方法、思想路线上所要扫清的思想障碍。"从那些不合时宜的观念、做法和体制中解放出来",就是要求我们的一切思想和行动都要与时俱进,跟上时代。任何落后于实践和时代的观念、做法和体制,都不应该成为我们前进的障碍。"从对马克思主义的错误的和教条式的理解中解放出来",就是要求我们正确对待马克思主义,处理好理论与实践、继承与发展的关系,解决好学风问题。"从主观主义和形而上学的桎梏中解放出来",就

是要求我们要改进思想方法和思维方式，坚持马克思主义的世界观、方法论，用辩证唯物主义的方法观察事物、解决问题。

解放思想、实事求是，是我们党的思想路线，也是马列主义、毛泽东思想和邓小平理论的精髓。解放思想与实事求是是统一的整体。邓小平同志早在1980年就明确提出："解放思想，就是使思想和实际相符合，使主观和客观相符合，就是实事求是。"他还指出："今后在一切工作中要真正坚持实事求是，就必须继续坚持解放思想。"党的十一届三中全会以来，我们党坚持解放思想、实事求是的思想路线，冲破长期形成的"左"的思想束缚，冲破各种陈旧观念的束缚，冲破僵化的思维模式的束缚，不断把改革开放和社会主义现代化建设推向前进。从我区来看，改革开放以来出现的一系列重大发展变化，都是与各族干部群众思想的不断解放分不开的。比如，七十年代末和八十年代初，我区干部群众勇敢地冲破"一大二公"的旧体制和平均主义的旧观念，在农村较早地实行了家庭联产承包责任制，在牧区率先实行了草畜双承包责任制，极大地解放了农村牧区的生产力，为后来农牧业的稳定快速发展奠定了基础。再比如，自治区第六次党代会以来，在全区范围内开展的社会主义市场经济理论大学习大讨论活动，极大地拓展了干部群众思想解放的广度和深度，不仅进一步深化了对区情的认识，而且在推进国有企业改革、发展非公有制经济、扩大对外开放等方面取得了很大进展。实践证明，思想解放的程度在一定意义上决定着改革的力度和发展的速度。正如江泽民同志在六中全会讲话中指出的，"解放思想、实事求是，是引导社会前进的强大力量。"面对不断前进的伟大实践，我们更要牢固确立解放思想、实事求是的思想路线，把解放思想、更新观念作为促进自治区经济社会发展的先导工程来抓，以与时俱进的思想观念和奋发有为的精神状态开展工作，不断推动理论创新、制度创新和科技创新，努力开创各项事业发展的新局面。

解放思想、实事求是是一个不断深化的过程，不可能一蹴而就，也不可能一劳永逸。只要实践在不断发展，人们对客观规律的追寻也就不会止步。对于我区来说，当前坚持党的思想路线，关键是要进一步解放思想、更新观念。没有思想上的解放和观念上的更新，发展就没有动力，工作就没有起色，我们确定的奋斗目标就难以实现。全区各级党委、政府和广大干部群众,都要从坚持党的思想路线和促进内蒙古改革、发展、稳定的高度,充分认识进一步解放思想、更新观念的重要性和紧迫性,以敢闯敢试的精神,不断研究新情况,解决新问题,进一步开辟解放思想、更新观念的新境界。

坚持解放思想、实事求是的根本目的,就是要敢于和善于结合内蒙古的实际,抓住机遇,创造性地做好各项工作。目前,摆在我们面前有两大历史性机遇:一是西部大开发战略的全面实施,二是我国即将加入世贸组织。能否抓住机遇、用好机遇、乘势而上,是对各级党委、政府和领导同志的新的考验。机遇意味着竞争。谁的机遇意识强,谁的工作主动,谁就能在竞争中捷足先登,反之就会与大好机遇失之交臂。最近,国内一些专家提出建议,在西部大开发中,建立京包、包兰经济开发轴线,形成呼、包、银(银川)经济带。我们要抓住这一时机,多向国家汇报,全力争取这一条轴线和这一经济带纳入国家宏观规划之中。我区矿产资源特别是煤炭、天然气非常丰富,理所当然地应当争取把内蒙古列入国家"西气东输"、"西电东送"的重要地区。我区有充足的土地、森林、草原等得天独厚的资源优势,同时又是国家向北开放的前沿阵地和首都重要的生态屏障,只要我们充分利用地缘优势,加快边境口岸建设,扩大向周边国家的对外开放,大力发展边境贸易和跨国合作,加快生态建设步伐,完全有可能在国家西部大开发中实现更快的发展。

坚持解放思想,实事求是的思想路线,还要注意克服各种错误思想倾向的干扰。在这次全会上,江泽民同志再次强调了反对党内存在的错误思想倾向问题。他指出,在反"左"和反右的问题上,中央一贯坚持有"左"反"左",有右反右。要警惕右,但主要是防止"左"。他还指出,"左"和右,虽然动机不同,但是有时"左"的东西还可以被右的东西利用,而且"左"与右的危害有时是相通的,都可以搞乱大局。江泽民同志这段话,讲得非常深刻,目的就在于提醒全党同志吸取历史经验,紧密结合实际,提高全面贯彻党的基本理论、基本路线、基本纲领的自觉性和坚定性。在这次全会上,江泽民同志还提出,要在"七·一"讲话对一些重大理论和现实问题进行初步回答的基础上,继续深化对党的工人阶级先锋队和工人阶级先进性、劳动和劳动价值理论以及剥削问题、价值来源问题、阶级问题等的研究。

我们一定要坚持解放思想、实事求是的思想路线,结合自治区改革和建设的实践,进行深入研究,以理论创新促进改革开放和现代化建设事业的发展。

以反对形式主义、官僚主义为重点
加强党的工作作风和领导作风建设

形式主义、官僚主义,是当前我们在工作作风、领导作风上存在的突出问题。我们有些工作上不去,一个重要原因是一些干部身上存在严重的形式主义和官僚主义,工作部署了,没有抓到底,措施提出来了,没有落到实处。对形式主义、官僚主义的实质,江泽民同志一针见血地指出,"形式主义的要害是只图虚名,不务实效,劳民伤财;官僚主义的要害是高高在上,凌驾于群众头上做官当老爷""官僚主义引发形式主义,形式主义助长官僚主义"。这两股歪风,极大地伤害了群众的感情,已经成为影响我们抓工作落实的大敌,必须痛下决心加以解决。

要牢固树立群众观点,提高贯彻党的群众路线的自觉性和坚定性。加强和改进党的作风建设,核心问题就是保持党同人民群众的血肉联系,使我们党始终得到最广大人民的拥护和支持。这是极为重要的政治观点,也是极为重要的政治要求,既总结了我们党 80 年奋斗的基本经验,体现了我们对共产党执政规律、建设社会主义规律的深刻认识,也反映了我们对世界其他政党兴衰规律的思考。我们一定要牢牢把握这一政治观点和政治要求,不断提高贯彻党的群众路线的自觉性和坚定性。要抓住贯彻党的十五届六中全会精神的有利时机,在广大党员干部中深入开展党的群众路线再教育。要把对上级负责与对群众负责统一起来,端正对群众的态度,增强对群众的感情。要密切联系群众,建立健全联系群众的制度,认真执行党政领导机关调查研究制度和群众接待日制度,坚持领导干部特别是主要领导亲自处理人民来信来访制度,实行领导机关干部到基层特别是贫困地区锻炼的制度。要关心群众疾苦,把群众的冷暖时刻放在心上,切实帮助群众解决生产和生活中遇到的实际困难。当前,我区不少地方灾情很重,灾区群众的生产生活遇到了很多实际困难。各级领导干部要深入下去,到村到户,了解各项抗灾救灾措施是否落实到基层,看一看群众的生活安排好没有,还有哪些困难和问题需要我们解决,以良好的作风和帮助群众解决实际问题的扎实工作,赢得人民群众的信赖和拥护。

要改进领导方式和工作方法,倡导真抓实干的工作作风。随着时代的发展,我们党的某些领导方式和领导方法出现了与新形势、新任务不相适应的问题,迫切需要加以改进。今年江泽民同志在安徽考察工作时,向全党提出了进一步改进领导方式和工作方法,努力提高党的领导水平和执政能力的重大课题。这次中央《决定》明确提出,要"下决心精简会议和文件,改进会风和文风。从中央做起,压缩会议费用,控制会议规模,提高会议质量,减少文件简报"。我们要按照中央的要求,认真研究如何进一步改进领导方式和工作方法的问题,采取有效措施,彻底铲除形式主义做法,真正把各级领导干部从文山会海等形式主义的束缚中解脱出来,使他们集中精力去抓好工作落实。要倡导求真务实的工作作风,说实话、办实事,把更多的精力用在深入基层、总结人民群众的实践经验、扎扎实实抓好工作落实上。要正确认识和评价干部政绩,建立科学的考核标准,反对搞华而不实和脱离实际的"形象工程"、"政绩工程",坚决刹住弄虚作假、欺上瞒下的歪风。

要认真执行民主集中制原则,推动决策的民主化、科学化。坚持民主集中制原则,是加强和改进党的作风建设的重要环节,也是解决形式主义、官僚主义问题的有效途径。目前,在一些地区和部门,民主不够和集中不够的问题都不同程度地存在,严重影响了领导班子凝聚力、战斗力的发挥。坚持民主集中制原则,核心问题是要发扬党内民主,充分发挥每个领导成员的积极性、主动性和创造性。要认真执行"集体领导、民主集中、个别酝酿、会议决定"的党委内部议事和决策制度,健全完善党委集体领导和个人分工负责相结合的工作机制。各级党委要总揽全局、协调各方,善于议大事、抓大事,把坚持党的领导、发扬人民民主和严格依法办事统一起来,充分发挥人大、政府、政协以及各人民团体的作用。要坚持个人服从组织、少数服从多数、下级组织服从上级组织、全党服从中央的原则,坚决维护中央权威,切实保证党令政令畅通,决不允许把自己管理的地方、部门和单位,搞成不听党的统一指挥、不受组织约束和群众监督的

"领地",坚决打破地方和部门保护主义。不论哪一级组织,不论什么人,违反和破坏民主集中制原则,违反党的政治纪律,都要受到严肃处理。

要坚持正确的用人导向,把住干部工作这个关口。用什么人,不用什么人,对于端正党的作风至关重要。在这个问题上,江泽民同志精辟地指出:"上级的形式主义、官僚主义催生了下级的形式主义、官僚主义,下级的形式主义、官僚主义则是用来糊弄上级的形式主义、官僚主义的。摆'花架子'的人自然有责任,但是关键还是有人看,有人欣赏,甚至搞这种东西的人还得到提拔。如果没人看,如果搞这套东西的人不但得不到重用,还要严肃处理,他就不敢去搞。"由此可见,解决形式主义、官僚主义问题,加强和改进党的作风建设,首先要解决好用什么人的问题。我们一直讲坚持正确的用人导向,就是要造成这样一种局面,让坚持党的优良作风的干部能够奋发工作,让搞不正之风的人在党内没有市场。要坚决纠正用人上的各种不正之风,真正把那些作风正派、政绩突出、清正廉洁的干部选拔到领导岗位上来。对那些脱离群众、脱离实际、搞形式主义和官僚主义的人,作风飘浮、不干实事、弄虚作假的人,不仅不能提拔使用,而且要严肃批评,直至作出组织处理和纪律处分。

以倡导艰苦奋斗精神为重点,
切实解决干部生活作风方面存在的突出问题

艰苦奋斗是我们党的优良传统,是党团结和带领人民实现国家富强、民族振兴的强大精神力量。发扬艰苦奋斗精神,对于抵御各种腐朽思想侵蚀、保持党和国家政权永不变质,具有重要意义。今年是前苏联解体10周年,许多专家学者在总结其中的教训时指出,苏共之所以失去执政地位,把一个好端端的社会主义国家搞得四分五裂,一个重要原因就是苏共官员大搞特殊化,生活作风腐化。近年来,胡长清、成克杰等高级干部的堕落和这次全会对石兆彬、李嘉廷的处理都充分说明,领导干部的生活作风绝不是小事,干部蜕化变质往往是从生活作风上被打开缺口的。对此,每一位党员干部特别是领导干部都要保持高度警觉,决不能掉以轻心。

要永葆共产党员艰苦奋斗的革命本色。抓党的作风建设,出发点和

落脚点都要归结到始终代表最广大人民的根本利益上来,归结到立党为公、执政为民上来,归结到关心群众疾苦、全心全意为人民服务上来。我区属不发达地区,无论城市还是农村牧区,群众的生活还不富裕。在农村牧区,有120多万人口尚未解决温饱,由于基础设施和生态环境较差等原因,已初步解决温饱的还有200多万人仍不能稳定脱贫;在城镇,一些企业经营困难,下岗失业人员增多,还有相当数量的居民生活在贫困线以下。在这种情况下,保持和发扬艰苦奋斗的精神尤为重要。各级领导干部一定要始终牢记人民群众是我们的衣食父母,我们是人民的公仆,不论职位高低,不论在什么岗位上,都决不能搞特殊化。要发扬不畏艰险、奋力拼搏、克己奉公、甘于奉献的精神,吃苦在前,享受在后。办一切事情都要遵循勤俭节约、艰苦创业的原则,量力而行,精打细算,讲求实效。反对讲排场,比阔气,铺张浪费。

要不断加强思想品德修养。保持和发扬艰苦奋斗的精神,说到底是一个世界观、人生观问题,也是一个个人品德修养问题。广大党员特别是领导干部一定要加强思想道德修养,保持共产党人的高尚情操和革命气节,养成共产党人的高风亮节。现在,我们一些干部道德操守不佳,行为不检点,影响党的形象和威信。党员干部要从生活小节做起,培养积极向上的生活情趣,自重、自省、自警、自励。中华民族历来重视个人的品德修养,古人讲:"修身齐家治国平天下","修身"是第一位的。共产党人有科学的理论武装,有崇高而远大的理想,应该有更高的精神追求。要经常想想参加革命为什么、现在当干部应当做什么、将来身后留点什么的问题,经得起权力、金钱、美色的考验,做到在拜金主义、享乐主义、极端个人主义的侵蚀和影响面前一尘不染,一身正气,以共产党员的高风亮节和人格力量影响和带动群众。

要进一步加大党风廉政建设和反腐败斗争的力度。加强党风廉政建设,开展反腐败斗争,是党的作风建设的重要内容。要坚持不懈地抓好领导干部廉洁自律工作,切实纠正部门和行业不正之风。要进一步加大查处大案要案力度,把查处党员干部违纪违法案件作为反腐败斗争的重要环节,严肃处理发生在党政机关、司法机关、行政执法机关、经济管理部门的违纪违法案件,坚决清除腐败分子。要坚持标本兼治、综合治理的原则,积极推进制度和体制创新,进一步深化行政审批、干部人事、财政等制度改革,努力铲除腐败现象赖以滋生的土壤。要严格执行党风廉政建设责任制,健全责任追究制度,以党风廉政建设和反腐败斗争的实际成果取信于民。

加强领导,确保党的作风建设的各项任务落到实处

加强和改进党的作风建设,关键在于加强领导。各级党组织一定要在加强党的思想建设、组织建设的同时,把党的作风建设放在更加突出的位置,切实抓紧抓好。

第一,抓好领导机关和领导干部的作风建设,带动党风、政风和社会风气的好转。领导带头,对于党的路线方针政策和工作部署的贯彻落实,具有决定性的意义。目前,党的作风建设上存在的一些突出问题,不少是由于领导机关和领导干部对作风建设不重视、抓得不得力造成的,有的则是由于领导机关和领导干部自身作风不正引起的。因此,作风建设,必须从领导机关和领导干部抓起。要求全区各级党政组织做到的,自治区党委、政府要首先做到;要求党员做到的,各级党员领导干部要首先做到。一级抓一级,一级带一级,作出榜样,抓出成效。抓领导班子和领导干部的作风建设,关键是党政"一把手"要发挥好示范作用,既要管好自己,又要管好配偶、子女和身边工作人员,在班子中带头发扬好作风。同时,要对本地区、本部门、本单位的作风建设负总责,进一步增强责任意识,真正抓出成效。党风建设与政风建设密不可分。要坚持党风政风一起抓,认真解决权力运行方面的各种不正之风和腐败现象,以良好的党风政风带动全社会风气的好转。

第二,进一步健全和完善制度,推进作风建设制度化、规范化。抓作风建设,一靠教育,二靠制度。既要加强思想政治建设,提高党员干部发扬党的优良传统和作风的自觉性和坚定性,又要建立健全一套管用的制度和机制,推进作风建设制度化、规范化。近年来,党中央出台了一系列规范党员干部行为的制度和规定,如《党政领导干部选拔任用工作暂行条例》、《中国共产党地方委员会工作条例》、《中国共产党党员领导干部廉洁从政若干准则(试行)》等,自治区党委也相应制定了不少政策规定。对

这些政策规定,我们必须认真地抓好落实。同时,又要适应新形势的需要,紧密结合我区党的作风建设的实际,按照中央的要求,对领导制度和经济、文化、科技、社会等方面的管理制度,以及党内教育、管理、监督制度,积极进行新的探索和完善。当前,自治区有关部门要尽快对精简会议和文件、简化公务接待、严禁用公款吃喝旅游、停止形式主义的达标评比、改进有关会议和领导干部活动的新闻报道等,拿出具体办法和规定,并认真加以实施。

第三,真抓实干,切实解决问题。抓好作风建设,关键要落实到解决实际问题上。如果说了一大套,搞了很多活动,最后没有落实到解决具体问题上,加强和改进党的作风建设就是一句空话。各级党组织和广大党员干部一定要紧紧抓住当前党员干部作风上存在的突出问题,真抓实干,不要在层层表态、层层开会、层层造声势上做文章,而要在层层抓落实、层层抓解决问题上下功夫。对中央《决定》明令禁止的,要立即停止;能够做到的,要马上去办;需要统筹兼顾解决的,要创造条件积极推进。纠正不正之风,要敢于动真格的。要结合党的思想、组织、制度建设一起抓,结合党纪、政纪、法纪建设一起抓,对涉及面广、危害性大、群众反映强烈的问题,要进行专门整治,一个问题一个问题地解决。不敢抓、不敢管、不敢碰硬,好人主义盛行,不可能取得好的效果。对那些作风上有这样那样问题的干部,要严肃批评、限期整改,不改的要果断调整。

（选自在自治区党委六届十四次全委会议上的讲话）

把自治区党委领导班子
建设成为坚强有力的领导集体

(2001 年 12 月 5 日)

　　自治区第七届党委是在新世纪初,我区进入全面建设小康社会、加快推进社会主义现代化建设新的历史阶段产生的,肩负着团结带领全区各族人民实施"十五"计划,加快推进内蒙古改革开放和现代化建设的重要使命。我们新一届党委一定要在党中央的正确领导下,自觉实践"三个代表"的重要思想,不负重托,不辱使命,努力加强自身建设,真正把区党委领导班子建设成为团结带领全区各族人民不断前进的坚强领导集体。

　　第一,把自治区党委建设成为政治坚定、思想解放的领导集体。思想政治建设是党的建设的核心,加强自治区党委班子建设,必须把思想政治建设放在首位。七届党委的每一位成员,都要带头讲学习、讲政治、讲正气,始终保持清醒的头脑,自觉维护党中央的权威。始终坚持党的基本理论、基本路线、基本纲领,在思想上、政治上同党中央保持高度一致。要把内蒙古的各项工作置于党中央的统一领导之下, 置于全国大局之中,确保中央政令在内蒙古畅通无阻。

　　加强思想政治建设,最根本的是坚持解放思想、实事求是的思想路线。在实现第七次党代会确定的今后五年奋斗目标的征程上,我们要继续把解放思想作为先导工程,坚持不懈地抓下去。每一位领导干部都要做解放思想、实事求是的带头人,自觉地把思想认识从那些不合时宜的观念、做法和体制的束缚中解放出来,从对马克思主义的错误的教条式的理解中解放出来,从主观主义和形而上学的桎梏中解放出来。要进一步增强改革意识、开放意识、市场意识和机遇意识,把思考和处理问题的着眼点真正落实到"三个有利于"的原则上,落实到"发展是硬道理"的要求上,以敢想敢干、与时俱进、开拓创新、奋发有为的精神状态,努力开创全区工作的新局面。

第二,把自治区党委建设成为把握中心、善抓大事的领导集体。一心一意、专心致志地把内蒙古的经济建设搞上去,是自治区党委的首要任务,也是全区最大的政治。改革开放以来特别是"九五"时期,我区经济发展步伐不断加快,一些原来经济基础薄弱的地区抓住机遇,实现了超常规发展,但也有一些基础较好的地方没有很快发展起来。经济发展"不进则退","慢进也是退"。我们要认真总结这方面的经验教训,让发展这个硬道理真正"硬"起来。从自治区党委到各盟市、旗县党委,不仅要从思想上,更重要的是在实际工作中进一步强化以经济建设为中心的指导思想。要根据形势的发展,开动脑筋,研究问题,总结经验,把握规律,不断改进领导方式和方法,提高领导经济工作的水平,提高驾驭社会主义市场经济的能力。实施西部大开发战略,没有现成的经验可以借鉴,需要我们不断探索和实践。我国加入世贸组织,对党的执政方式和政府履行职能提出了新的更高的要求。如何适应新形势,加快新发展,唯一的途径就是加强学习。我们这一届党委,新委员比较多,更需要学习、学习、再学习。既学习政治理论和法律法规,又学习现代经济和科技知识,不断充实自己,提高自己,努力提高驾驭市场经济的领导艺术和总揽经济全局的本领。

第三,把自治区党委建设成为民主决策、团结和谐的领导集体。要认真执行"集体领导、民主集中、个别酝酿、会议决定"的党委内部议事和决策制度,凡重大问题和事项的决策,必须充分发扬民主,经过常委会或全委会集体讨论,尤其要注重发挥全委会集体决策的作用。要健全和严肃党内民主生活,积极运用批评和自我批评这个武器,党委每一位成员都要有闻过则喜、从谏如流的胸襟,提倡在党组织内部、同志之间讲不同的意见,听不同的声音,在班子内部真正形成又有集中又有民主,又有纪律又有自由,又有统一意志又有个人心情舒畅、生动活泼的政治局面。要进一步改进领导方式,按照总揽全局、协调各方的原则,把坚持党的领导、发扬人民民主和严格依法办事结合起来,充分发挥人大、政府、政协以及各人民团体的作用。

一个领导集体，最重要的是加强团结。江泽民同志深刻指出："团结出凝聚力,出战斗力,出新的生产力。"党委领导班子成员来自五湖四海,为了建设内蒙古这个共同目标走到一起,彼此之间既是同志,又是战友。要互相尊重,互相支持,互相谅解,把思想统一到"三个代表"的要求上来,统一到党的路线方针政策上来,统一到七次党代会提出的目标任务上来。这是团结的基础,也是搞好团结的前提。从自治区党委到各级党组织都要做到,一切从党和人民的利益出发,一切从自治区两个文明建设的大局出发,自觉做到识大体、顾大局、讲团结。通过自治区党委一班人的团结,带动和促进全区各级领导班子的团结、干部队伍的团结和全区各族人民的大团结。

第四,把自治区党委建设成为坚持宗旨、一心为民的领导集体。党的十五届六中全会提出,加强和改进党的作风建设,核心问题是保持党同人民群众的血肉联系,使我们党始终得到最广大人民群众的拥护和支持。要深入开展马克思主义群众路线的再教育,增强群众观点,端正对群众的态度,增进对群众的感情。要坚持"从群众中来,到群众中去"的领导方法,体察下情,真心实意地拜群众为师,从群众的丰富实践中汲取营养,增长才干,不断提高为人民服务的本领。能不能卓有成效地为群众办实事,是衡量领导干部群众观点强不强、实践"三个代表"要求好不好的重要标准。每一位党委成员都要时刻牢记全心全意为人民服务的宗旨,把为人民谋利益作为全部工作的出发点和落脚点,象江泽民同志要求的那样,"深怀爱民之心,恪守为民之责,善谋富民之策,多办利民之事"。要加快发展经济,千方百计增加城乡居民收入。采取有效措施,做好农村牧区贫困群众的脱贫工作,切实安排好城镇下岗职工的就业和生活,以实际行动赢得广大人民群众的拥护和爱戴。

第五,把自治区党委建设成为清正廉洁、艰苦奋斗的领导集体。清正廉洁,克己奉公,是党的领导干部必须具备的政治素质。要围绕如何为人民掌好权、用好权这个根本问题,经常想一想参加革命为什么、现在当干部做什么、将来身后留什么,带头加强党性锻炼,注重自身的品行修养,以良好风范和人格魅力赢得广大干部群众的信赖和支持。每一位党委成员都要在艰苦奋斗、廉洁奉公方面做出表率,做到清清白白任职、踏踏实实做事、堂堂正正做人。要模范遵守中央关于党员领导干部《廉洁从政若干准则》，遵守党内的各项规定，不徇情枉法，不以权谋私。凡是要求下面做到的，自治区党委领导班子要首先做到；禁止别人做的，自治区党委领导成员坚决不做。我作为党委书记，更要带头做好，同时真诚欢迎大家进行监督。领导成员不仅要管好自己，管好亲属，管好身边工作人员，而且要切实担负起本地区、本部门、本单位的廉政建设责任。按照党中央和中纪委的统一部署，坚持不懈地抓好党风廉政建设，深入持久地开展反腐败斗争。要把反腐倡廉与维护改革、发展和稳定的大局紧密结合起来，为推动自治区的改革开放和经济建设做出更大贡献。

第六，把自治区党委建设成为求真务实、开拓进取的领导集体。自治区第七次党代会提出的今后五年的总体要求、主要任务，大家一致认为实事求是，切实可行。下一步的关键是抓好落实。现在，群众需要的不是宣言和承诺，而是行动和实效。在刚刚结束的中央经济工作会议上，江泽民同志向全党提出，要把明年作为转变作风年、调查研究年。我们一定要按照江泽民同志的指示和党的十五届六中全会提出的"八个坚持、八个反对"的要求，下决心转变工作作风，深入实际，调查研究，坚持真抓实干，把主要精力用在抓落实上。要吃透中央精神，摸准下面实情，结合自治区实际，拿出解决问题的实招。各项工作部署，既要周密规划，又要精心实施，还要加强督促检查。重要工作一定要抓住不放，一抓到底，抓出实效。每一位党委成员都要提高工作效率，看准了的事情，要抓紧决策，快速启动，切忌议而不决，决而不行。要振奋精神，知难而进，以我们的实际行动，倡导扎实工作的风气，树立埋头苦干的形象。

（选自在自治区党委七届一次全委会议上的讲话）

关键是选好人用好人

(2002 年 2 月 4 日)

江泽民同志指出:"马克思主义执政党不仅要有正确的思想路线和政治路线,而且要有正确的组织路线,关键是选好人、用好人。"用什么人不用什么人,对党的作风建设乃至整个党的建设具有重要影响和导向作用。各级党组织一定要以对党和人民高度负责的态度,切实把选人用人这件事关全局的大事抓紧抓好。

一是要树立科学的用人观念,坚持正确的用人导向。把人选准用好,防止和纠正用人上的不正之风,树立科学的用人观念至关重要。邓小平同志曾经指出,选贤任能也是革命。这里的"革命",首先是指选人用人观念上的革命。选拔任用干部,必须认真贯彻任人唯贤的干部路线,树立科学、辩证、全面的识人用人观。要正确认识和处理坚持德才兼备原则与看干部要看主流、看潜力的关系,选拔干部既坚持德才兼备,又不求全责备,既不能重德轻才,更不能重才轻德;要正确认识和处理注重素质与坚持台阶的关系,选拔干部既坚持选人标准,又要不拘一格,看资历但不唯资历,讲台阶但不抠台阶,特别优秀的干部要敢于破格使用;要正确认识和处理搞五湖四海与唯才是举的关系,只要是德才素质优秀的干部,就要敢于大胆使用;要正确认识和处理干部的长处与短处的关系,坚持用人所长,发挥优势,防止用短避长,贻误人才;要正确认识和处理干部素质与工作实绩的关系,全面考察干部的德、能、勤、绩,注重考察工作实绩。树立正确的用人观,还要拓宽选人视野,不仅从党政机关选拔人才,还要注意从国有大中型企业和高等院校、科研院所以及基层和经济建设主战场选拔人才,真正形成各方面人才百舸争流、各显其能的局面。

选准用好一个人，就等于树立一面旗帜，相反，选错用错一个人，就会影响一大批干部的积极性，甚至会影响党的形象。我们选人用人的标准，总的讲就是德才兼备，既要靠得住，又要有本事。江泽民同志强调，领导干部必须遵守党的政治纪律，这对选拔任用干部具有十分重要的指导意义。我们考察干部一定要考察清楚干部遵守党的政治纪律的情况，特别是在重大政治问题上的态度和表现，注意选拔那些政治清醒、信念坚定，善于学习、与时俱进，求真务实、不图虚名，坚持原则、弘扬正气的干部。对那些不顾大局、不守纪律、不讲原则、不求实效、不关心群众疾苦、投机钻营、跑官要官的人，特别是在大是大非问题上、在政治风浪中经受不住考验的干部，不仅不能提拔使用，而且要批评教育和严肃处理。通过坚持正确的用人导向，使各级领导班子树立奋发有为、廉洁奉公、团结高效的形象，增强领导班子的凝聚力和战斗力。

二是要坚持和完善选人用人制度，形成科学的干部选拔任用机制。实践证明，制度问题更带有根本性、全局性、稳定性和长期性。解决好选人用人问题，必须紧紧抓住制度建设这个根本，靠制度和机制保证正确选人用人，防止和纠正选人用人中的不正之风。

形成科学的干部选拔任用机制，首先要贯彻党的民主集中制原则。要坚持"集体领导、民主集中、个别酝酿、会议决定"的决策程序，充分发扬民主，防止个人或少数人说了算。《党政领导干部选拔任用工作暂行条例》是民主集中制原则在干部工作中的具体化和制度化，选拔任用干部必须严格按照《条例》的要求和程序办事。同时，要认真贯彻《深化干部人事制度改革纲要》，在实践中大胆创新，积极推进选人用人制度改革。对已经成熟的好的经验要尽快形成制度，对亟待解决的问题要积极探索有效的解决办法，努力形成既有利于优秀人才脱颖而出、健康成长，又有利于防止和纠正选人用人中不正之风的科学机制。

形成科学的干部选拔任用机制，还要充分发扬民主，走群众路线。干部生活在群众中，工作在群众中，对干部的是非优劣群众最有发言权。要认真落实群众对干部选拔任用工作的知情权、参与权、选择权和监督权，继续完善民主推荐、民主测评、民主评议制度,坚持任前公示制、考察预告制和差额考察制。要扩大考察干部听取意见的范围,不仅要了解干部在本单位的工作表现,而且要了解干部生活圈和社交圈的情况;不仅要了解多数人的意见,而且要注意倾听少数人的意见,确保群众能畅所欲言,说出对干部的真实想法。要重视知情人提供的情况,对重要问题进行深入调查。要通过准确识人,激励那些勤勤恳恳、任劳任怨、不事张扬的人奋发工作,使那些投机钻营、欺上瞒下、夸夸其谈的人在党内没有市场。

三是要进一步完善干部管理监督机制,加大对干部选拔任用工作和领导干部监督的力度。加强监督是防止权力腐败的根本保证。当前,一些地方和单位在选人用人上存在的不正之风,都与缺乏监督有很大关系。因此,各级一定要采取有力措施,切实纠正对干部选拔任用工作和干部任后监督管理乏力的倾向。

要切实加强对干部选拔任用工作的监督。要对干部的推荐提名、考察考核、讨论决定等各个环节实行全过程监督,健全制度,总结经验,不断提高监督的有效性。要进一步贯彻落实中纪委、中组部《关于坚决防止和查处干部选拔任用工作中的不正之风和违纪违法行为的通知》精神,坚决克服有错不纠、有案不查和查处不力的现象。要注意充分发挥群众监督的作用,健全举报制度。凡是群众反映的内容具体、情节严重的问题,都要认真调查核实。要建立健全干部考察工作责任制、用人失误失察追究制,明确干部推荐、考察、决策等各个环节的责任主体和责任内容,切实解决责任不明确和用人失误失察无人负责、无人追究的现象。

要进一步完善对领导干部的监督制度。坚持以教育为主、预防为主、事前监督为主的原则,坚持和完善干部谈话制度、诫勉制度、回复组织函询等行之有效的监督管理制度,把监督贯穿于对领导干部的日常管理之中。加强对领导干部的监督,一定要突出"一把手"这个重点。必须明确,在我们党内,任何人都没有不受监督的特权;加强监督不是对干部不信任和过不去,而是对干部爱护和负责任的表现。各级党组织一定要切实担负起对干部特别是领导干部的监督职责,同时要充分发挥法律、群众、舆论的监督作用。不仅要对干部的工作领域和八小时以内进行监督,而且要对干部的生活作风和八小时以外的情况进行监督,真正做到领导干部的权力行使到哪里,党组织的监督就实行到哪里,使每个干部在任何时候都能够置于有效的监督之下。要切实加大对干部选拔任用工作和领导干部违纪案件的查处力度。对干部贪污贿赂、徇私枉法的案件,对封官许愿、跑官要官、买官卖官和拉票贿选等案件,发现一起严肃查处一起,决不姑息迁就。

(选自在自治区纪委二次全会上的讲话)

向廷·巴特尔同志学习

(2002 年 6 月 19 日)

　　廷·巴特尔同志是老将军、老领导的后代。他主动放弃优越的城市生活条件和多次返城机会，扎根草原 28 年，为改变牧区的落后面貌，为当地牧民群众脱贫致富，无私地奉献出了自己的青春、心血和汗水。他作为一名新时期农村牧区的基层党员干部，以对党的事业的无限忠诚和对人民群众的无限热爱，生动地展示了当代共产党员和党的基层干部的崇高精神风范，为全区广大共产党员和各级干部树立起一面旗帜。他的先进事迹归结到一点，就是忠实实践"三个代表"的要求，为发展先进生产力和先进文化，为维护和实现人民群众的根本利益而不懈努力。实践充分证明，他是我区新时期优秀共产党员的突出代表，是广大基层干部的楷模，是"三个代表"重要思想的模范实践者，是全区各族人民学习的榜样。要动员广大党员和干部群众，深入开展向廷·巴特尔同志学习活动，以廷·巴特尔同志为榜样，为促进自治区的改革开放和现代化建设努力奋斗。

　　向廷·巴特尔同志学习，就要学习他胸怀理想，坚定信念，扎根草原建功立业的人生追求。马克思主义世界观、人生观、价值观和共产主义理想信念，是共产党人的立身之本、精神支柱和力量源泉。廷·巴特尔同志之所以成为新时期我区广大共产党员的楷模，根本就在于他以自己的崇高风范，回答了人为什么活着和应该怎样活着，共产党人应该有什么样的追求和怎样为之奋斗这样一个重大的人生课题。28 年来，他一直无怨无悔地实践着自己的人生追求，把自己的一切无私地奉献给了草原和牧民群众。全区广大党员、干部都要以廷·巴特尔同志为榜样，把胸怀远大理想与立足本职工作统一起来，在兴区富民的实践中实现自己的人生价值。

向廷·巴特尔同志学习，就要学习他热爱人民，服务人民，忠实实践党的根本宗旨的公仆情怀。全心全意为人民服务是我们党的根本宗旨。贯彻"三个代表"的要求，本质就在于坚持执政为民。廷·巴特尔同志从一名下乡知青成长为党的优秀基层干部，精神动力和力量源泉，就在于他对人民群众无限热爱，把实现人民的利益作为自己的毕生追求。长期以来，他满腔热情地为牧民群众解决生产、生活中的实际问题，办了数不清的实事、好事，从而赢得了嘎查群众的充分信任和共同爱戴。全区广大党员、干部特别是各级领导干部，都要向廷·巴特尔同志那样，把实现人民群众的利益作为一切工作的出发点和归宿，深怀爱民之心，恪守为民之责，善谋富民之策，多办利民之事，永远与人民群众心连心，以实际行动树立起新时期共产党员和党的干部的良好形象。

向廷·巴特尔同志学习，就要学习他艰苦奋斗，开拓进取，团结带领群众为改变家乡落后面貌不懈努力的创业精神。艰苦奋斗，开拓进取，是党的优良作风和光荣传统，也是内蒙古各族人民热爱家乡、建设家乡的精神动力。廷·巴特尔同志的成长足迹，就是为改变牧区落后面貌而不懈艰苦奋斗、不断开拓进取的真实写照。全区广大党员和干部，都要学习借鉴廷·巴特尔同志的创业精神，按照江泽民同志"发展要有新思路、改革要有新突破、开放要有新局面"的要求，团结带领广大群众，不断开创我区各项事业的新局面。

向廷·巴特尔同志学习，就要学习他严于律己，清正廉洁，公而忘私的革命本色。清正廉洁，一尘不染，是共产党人的应有本色，也是廷·巴特尔同志的显著特点。他长期担负嘎查领导，在市场经济的浪潮里，始终保持着共产党人的革命本色。20多年来，他没有报销过一笔因公出差的旅差费、招待费，反而自己出资为嘎查和牧民群众补贴了10万多元。广大党员、干部都要以廷·巴特尔同志为榜样，自觉端正党风、政风，始终保持共产党人的蓬勃朝气、昂扬锐气、浩然正气。

廷·巴特尔同志是内蒙古各族干部群众的骄傲，全区广大党员和干部群众都要虚心向他学习。在学习活动中，要以江泽民同志"三个代表"重

[893]

要思想为指导，把学习廷·巴特尔同志先进事迹同做好当前各项工作结合起来；同贯彻六中全会精神、改进干部作风结合起来，按照"八个坚持、八个反对"的要求，进一步加强党的建设和干部队伍建设；同巩固农村牧区"三个代表"学习教育成果结合起来，搞好复查回访，促进农村牧区各项事业的发展。总之，要通过开展向廷·巴特尔同志学习活动，进一步激发全区各族干部群众热爱内蒙古、建设内蒙古、振兴内蒙古的积极性和创造性，把自治区的改革开放和现代化建设不断推向前进。

学习廷·巴特尔同志的先进事迹，是时代的要求，是发展的需要。希望在实现自治区新世纪初奋斗目标的实践中，涌现出更多的廷·巴特尔式的好党员、好干部。

（选自在廷·巴特尔同志先进事迹报告会上的讲话）

把党的十六大精神学习好贯彻好

(2002 年 11 月 13 日)

把党的十六大精神传达好、学习好、宣传好、贯彻好,团结和带领各族干部群众继往开来,与时俱进,开拓创新,全面落实十六大提出的各项任务。是当前和今后一个时期的重大政治任务,重点要把握好以下几个方面。

一、牢牢把握这次大会的灵魂,把用"三个代表"重要思想武装全党、教育人民的任务落到实处

这次大会,将以确立"三个代表"重要思想在全党的指导地位而载入史册。总结我们党领导人民建设中国特色社会主义的生动实践,联系党成立以来的全部历史经验,都充分证明,在当代中国,只有坚持与马列主义、毛泽东思想、邓小平理论一脉相承的"三个代表"重要思想,才能坚持和发展社会主义,才能把建设中国特色社会主义事业不断推向前进。十六大把"三个代表"重要思想确立为党的指导思想,符合时代要求,符合全党和全国人民的愿望,必将为开创中国特色社会主义新局面,实现中华民族伟大复兴奠定政治上、思想上、理论上、实践上的基础。

贯彻落实十六大精神,首先要把握"三个代表"这个灵魂,把用"三个代表"重要思想武装全党、教育人民的任务落到实处,增强贯彻"三个代表"重要思想的自觉性和坚定性。各级要在近两年开展的"三个代表"重要思想学习教育活动的基础上,借十六大的东风,结合正在进行的学习《江泽民同志论建设有中国特色社会主义(专题摘编)》一书,尽快在全区掀起学习"三个代表"重要思想的新高潮,把对"三个代表"重要思想的学习大大推进一步。要按照报告提出的领导干部要"成为勤奋学习、善于思考的模范,解放思想、与时俱进的模范,勇于实践、锐意创新的模范"的要求,切

[895]

实抓好各级领导干部的学习,用领导干部的学习引导和带动广大干部群众的学习,不断把"三个代表"重要思想的学习引向深入。

学习领会"三个代表"重要思想,一定要紧密联系我区改革开放和现代化建设的实际。只有这样,才能学到根本,学有成效,使"三个代表"重要思想真正成为指导我们整个事业发展的强大思想武器。当前的一个紧迫任务,就是要以"三个代表"重要思想为指导,切实增强广大党员干部坚持党的思想路线的自觉性和坚定性,以与时俱进的精神和勇气,推动解放思想向纵深展开,坚决冲破一切妨碍发展的思想观念,坚决改变一切束缚发展的做法和规定,坚决革除一切影响发展的体制弊端。通过进一步解放思想,努力从理论和实践的结合上,在解决本地区、本部门改革与发展的问题上找到新办法,拿出新举措,取得新突破。

二、紧紧围绕全面建设小康社会的奋斗目标,进一步加快经济发展步伐

十六大报告强调指出,要抓住本世纪头二十年这个重要战略机遇期,实现全面建设小康社会的奋斗目标。到 2000 年底,我区同全国人民一道,已经从温饱跨入了小康。但是,我区现在的小康,还是低水平的、不全面的,发展很不平衡,离全面建设小康社会的要求差距很大,与多数省区市相比实现全面建设小康社会目标的困难更多、任务更艰巨。我们一定要按照这次大会提出的奋斗目标,以全面建设小康社会奋斗目标统揽全局,加快推进我区的现代化建设。

推进我区全面建设小康社会的进程,必须坚持把发展特别是经济建设作为第一要务,切实增强工作的责任感和紧迫感。在十六大报告中,江泽民同志突出强调了发展问题,指出"能不能解决好发展问题,直接关系人心向背、事业兴衰"。我们必须清醒地认识到,就纵向来看,我区这些年来发展步伐不算慢,但从横向来看特别是与沿海发达地区相比,我们的差距还很大。形势逼人,不进则退,慢进也是退。党的十六大提出全面建设小康社会的奋斗目标后,全国将会很快出现一个千船竞发、百舸争流的发展态势;一些沿海发达省市在全面建设小康社会的基础上,将会率先基本实现现代化。我们必须百倍努力,坚持能快就不要慢的指导思想,千方百计加快发展步伐。

对于我区来讲,全面建设小康社会,就是要按照报告提出的"发展要有新思路,改革要有新突破,开放要有新局面,各项工作要有新举措"的要求,不断解放和发展生产力。在去年年底召开的自治区第七次党代会上,我们提出要实现"两个高于、一个达到"的近期奋斗目标,充分发挥我区的资源和区位两大优势,抓住西部大开发和加入世贸组织两大机遇,坚持"一条主线",狠抓"两大转变",强化"三大动力",抓好"五个重点",使我区经济能够持续、快速、健康发展。

三、坚持"两手抓,两手都要硬",大力加强社会主义政治文明和精神文明建设

中国特色社会主义事业,是物质文明、政治文明、精神文明协调发展的事业。党的十六大提出建设社会主义政治文明的目标和要求,这在我们党的历史上还是第一次,必将极大地促进我国社会主义民主政治建设,加快推进建设社会主义法治国家的进程。我们必须紧紧围绕党中央确定的政治文明建设的总目标,坚持党的领导、人民当家作主和依法治国的有机统一,进一步坚持和完善社会主义民主。要大力加强社会主义法制建设,加强立法和执法监督,推进依法行政,维护司法公正,提高执法水平。

大力发展社会主义先进文化,建设社会主义精神文明,是全面建设小康社会的重要组成部分。要坚持马克思列宁主义、毛泽东思想、邓小平理论在意识形态领域的指导地位,用"三个代表"重要思想统领社会主义文化建设。要加强思想道德建设,认真贯彻公民道德建设纲要。要大力弘扬和培育民族精神,形成热爱内蒙古、建设内蒙古的强大合力。要切实把科技和教育摆在优先发展的战略地位,加快培养自治区急需的高素质劳动者和各类专门人才。要坚持"二为"方向和"双百"方针,大力实施文化精品工程,抓好新闻出版和广播影视工作。要坚持把社会效益放在首位,努力把发展文化公益事业和发展需要走向市场的文化产业结合起来,积极发展具有内蒙古地区特色的文化事业和文化产业。

坚持稳定压倒一切的方针,正确处理改革发展稳定的关系,是十三届四中全会13年来我们党的一条基本经验。实现十六大确定的全面建设小康社会的目标,基础和前提是必须保持长期稳定和谐的社会环境。要坚持人本思想,加强和改进思想政治工作,满腔热情地解决人民群众工作和生活中的实际问题, 特别要高度重视解决好农村牧区贫困人口和城镇下岗

失业人员的就业和生活问题,打牢社会稳定的基础。要切实加强社会治安综合治理工作,严厉打击各种犯罪行为,严密防范和严厉打击境内外敌对势力阴谋破坏国家安全和民族团结的活动,全力维护边疆安宁。

四、全面推进经济、政治、文化体制改革,努力提高对外开放水平

全面推进、不断深化改革,是十六大报告的一个显著特点。要按照十六大报告提出的进一步完善社会主义市场经济体制的总体要求,毫不动摇地坚持公有制为主体、多种所有制经济共同发展的基本经济制度,毫不动摇地巩固和发展公有制经济,毫不动摇地鼓励、支持和引导非公有制经济发展。要继续调整和完善所有制结构,在探索公有制实现形式、提高国有经济控制力和影响力的同时,积极发展多种所有制经济。要继续大力推进国有经济的战略性调整和国有企业的战略性改组,深化国有企业改革,加快建立现代企业制度。要改革和完善国有资产管理体制,建立和完善国有资产管理、监督、营运体系,确保国有资产保值增值。要继续深化农村牧区改革,完善以家庭承包经营为基础、统分结合的双层经营体制。要进一步改革分配制度,健全和完善社会保障体系。

政治体制改革是社会主义政治制度自我完善和发展必然要求。十六大报告明确提出了政治体制改革的目标和任务,强调要在坚持四项基本原则的前提下,继续积极稳妥推进政治体制改革。我们要认真学习贯彻十六大关于政治体制改革的重要论述,进一步改革和完善党的领导方式和执政方式,加强和改进党的领导体制。要改革和完善决策机制,建立社情民意反映制度、重大事项公示和听证制度,完善专家咨询制度,努力实现决策民主化、科学化。要加强党内民主制度建设,通过发展党内民主推动人民民主的发展。要深化干部人事制度改革,通过扩大民主、完善考核、加强监督和健全机制,努力实现干部人事工作的科学化、民主化、制度化,推进干部能上能下。要积极推进行政管理体制、司法体制改革,推行经营性事业单位企业化管理。要积极稳妥地搞好文化体制改革,增强发展活力,充分发挥文化工作者的积极性、创造性,促进社会主义文化繁荣和人的全面发展。

全方位扩大对外开放,在更大范围、更广领域和更高层次上参与国际国内竞争和合作,是适应我国加入世贸组织新形势的迫切要求,也是内蒙古全面建设小康社会的必然选择。要认真落实江总书记关于"使内蒙古成为我国向北开放的前沿阵地"的重要指示,充分发挥我区毗邻俄、蒙的地缘优势,用足用好国家西部大开发的各项优惠政策,引导外资直接投向我区的生态建设、基础设施建设、国有企业改组改造特别是高新技术产业等领域。要正确处理"引进来"与"走出去"的关系,开发内部资源与利用外部资源的关系,开拓国内市场与开辟国际市场的关系,努力提高对外开放的质量和水平。要大力改善投资环境特别是软环境,进一步改革行政管理方式,减少政府对微观经济活动的干预,尽快把我区建设成为国内外投资者理想的投资地。

五、适应新形势,探索新方法,全面推进党的建设新的伟大工程

贯彻落实好十六大精神,全面建设小康社会,加快推进社会主义现代化,必须毫不放松地加强和改善党的领导,全面推进党的建设新的伟大工程。各级要按照十六大提出党的建设"四个一定要"的总要求,紧密结合自治区党的建设的实际,全面加强和改进党的思想建设、组织建设和作风建设,进一步改进和完善党的建设的方式方法,努力提高我区的党建工作水平。坚持理论联系实际,发扬与时俱进、勇于创新的精神,为不断丰富和发展马克思主义做贡献,为加强党的建设奠定思想理论基础。要坚持党的先进性和纯洁性,坚持执行民主集中制,加强党的执政能力建设,培养和造就一大批高素质的干部队伍,使各级领导干部在全面建设小康社会的伟大实践中不断掌握新知识,积累新经验,增长新本领。要抓好基层党组织建设,不断增强党的阶级基础和群众基础,提高党的凝聚力、号召力和战斗力。要围绕保持党同人民群众血肉联系这一核心问题,深入贯彻"八个坚持、八个反对"的要求,着力解决党的思想作风、学风、工作作风、领导作风和干部生活作风方面的突出问题。要旗帜鲜明、毫不动摇地把反腐败斗争深入开展下去,坚决同各种腐败现象作斗争,以党风廉政建设的实际成果取信于民。

(选自在党的十六大内蒙古代表团全体会议上的讲话)

进一步加强
常委班子自身建设

(2002 年 12 月 23 日)

第一，坚持不懈地抓好思想建设。现在，国内外形势发展变化很快。如何在复杂多变的形势下驾驭工作全局，跟上时代发展步伐，做到与时俱进，惟有加强学习。当前和今后时期，要把全面学习贯彻党的十六大精神作为首要的政治任务来抓，按照胡锦涛总书记十六届一中全会讲话的要求，全面理解和把握十六大的精神实质，不断深化对贯彻"三个代表"重要思想的认识，切实增强贯彻十六大精神，实践"三个代表"的自觉性和坚定性。同时要认真学习现代经济、科技、法律和金融等一切工作需要的新知识，努力使自己的知识水平适应时代发展的需要。各位常委都要把学习作为一种责任、觉悟和境界，高度重视学习问题，从自身的实际出发，有重点地学习相关理论和知识。在学习中，要坚持理论联系实际的学风，从自治区改革发展稳定的大局出发，结合分管工作，有针对性地研究思考工作实践中遇到的重大问题，切实提高学习的实效性。要紧密结合个人的思想实际，不断增强改造主观世界、加强党性锻炼的自觉性，使我们每个常委成员真正成为"三个代表"重要思想的忠实实践者。

第二，进一步加强执政能力建设。党的各方面建设，最终都体现到提高党的执政能力上来。自治区的工作千头万绪，实施正确领导，迫切要求我们不断提高执政能力和水平。各位常委都要不辱使命、不负重托，加强学习、锻炼，在实践中掌握新知识，积累新经验，增长新本领，不断提高科学判断形势的能力、驾驭市场经济的能力、应对复杂局面的能力、依法行政的能力和总揽全局的能力。民族地区经济不发展，其它问题都难以解决。当前,摆在我们面前的第一要务就是全面建设小康社会,工作大局就是全力加快自治区经济社会发展。我们常委班子要始终不渝地坚持以经济建设为中心不动摇,紧紧抓住发展这个第一要务,聚精会神搞建设,一心一意谋发展,千方百计加快自治区的经济社会发展步伐。

第三,努力推进决策的民主化、科学化。调查研究既是党的根本工作方法,也是领导干部的基本功。党的十六大要求,发展要有新思路,改革要有新突破,开放要有新局面,各项工作要有新举措。实现这些要求,不加强调查研究,不熟悉区情,不掌握大量的第一手材料,是不可能做到的。当前,我区改革发展稳定处在关键时期,有很多问题需要寻找破解的办法和措施,同时基层有大量先进经验有待总结和推广。作为自治区党委常委班子成员,一定要经常深入农村牧区、工矿企业和街道学校等基层单位,特别是到那些困难多、矛盾集中、群众意见大的地方去,用解剖麻雀的办法分析、研究存在的问题,及时加以解决。同时,还要定期组织一些政策水平较高、作风正派的干部直接深入到农村牧区和企业之中,倾听群众的呼声和想法,掌握我们听汇报、看材料了解不到的真实情况。报喜不报忧的情况是有的,要注意分辨,不要被虚假的情况所迷惑,做不出正确决策。除自己下去以外,还是要搞一些专题调查,派一些干部下去直接听听群众的反映。要善于总结群众在实践中创造的新鲜做法和经验。

第四,下大力抓好各级领导班子建设。毛泽东同志说过,党委的工作主要是做好两件事,一是出主意,二是用干部。事业的发展是靠人来做的。我们常委班子要认真履行好用干部的职责,坚持管事与管人相结合,切实把各级领导班子和干部队伍建设好。要严格执行《党政领导干部选拔任用工作暂行条例》,积极推进干部人事制度改革,真正建立起公开公平、奖优罚劣、能进能出、能上能下的激励约束机制,努力形成优秀人才脱颖而出、富有生机和活力的用人机制。如果总是论资排辈,这个地方肯定没有活力。要拓宽选人用人视野,加大优秀年轻干部选拔力度,进一步优化各级领导班子的年龄结构和知识结构。要加大力度,把那些熟悉经济、科技、外经外贸和法律等工作的优秀年轻干部充实到各级领导班子,为自治区的改革和建设事业提供坚强有力的组织保证。

第五,保持和发扬艰苦奋斗的优良传统。胡锦涛总书记最近要求全党,要牢记毛泽东同志倡导的"两个务必",大力发扬艰苦奋斗的作风。我们常委班子要认真学习贯彻胡锦涛总书记的重要讲话精神,带头发扬艰苦奋斗的优良作风,带头加强世界观的改造,切实解决好权力观、地位观和利益观的问题。要带头廉洁自律,不仅要管好自己,还要管好身边人员和分管部门、单位,以廉政勤政的良好形象赢得人民群众的信任和支持。作为一个领导干部,威信的丧失比什么都可怕。领导干部自身不正,形象不好,很难去实施领导。金奖银奖不如群众的夸奖,金杯银杯不如群众的口碑。领导干部要有人格力量,要有股正气,要用好的形象赢得群众的信任和支持。

第六,**在狠抓工作落实上下功夫**。现在,我们一些工作之所以效果不理想,并不是决策不正确,而是决策没有真正落到实处。比如这几年,我们一直强调抓好开放环境建设,也出台了不少政策措施,但一些地方和部门出于一己私利不去很好落实,导致出现一些有损内蒙古开放形象的事情发生。在今后的工作中,不仅要重视决策制定,更要抓好决策的贯彻落实。每个常委首先要抓好自己分管范围工作的落实,特别要加大督促检查力度。要通过努力,在全区上下真正形成落实、落实、再落实的良好风气。

(选自在自治区党委常委民主生活会上的讲话)

大力推进新世纪
新阶段党的建设

(2002 年 12 月 29 日)

党的十六大报告指出："在我们这样一个多民族的发展中大国，要把全体人民的意志和力量凝聚起来，全面建设小康社会，加快推进社会主义现代化，必须毫不放松地加强和改善党的领导，全面推进党的建设新的伟大工程。"这个重要判断，是基于我们所面临的国际环境和基本国情得出来的，是基于我们党在新世纪新阶段所担负的艰巨任务得出来的，也是基于我们党的自身状况得出来的。在全国组织工作会议上，胡锦涛总书记把加强和改进党的建设总体部署概括为一个总目标、一个总方针、一个总要求和六项主要任务。

一个总目标是：通过锲而不舍的努力，保证我们党始终是中国工人阶级的先锋队，同时是中国人民和中华民族的先锋队，始终是中国特色社会主义事业的领导核心，始终代表中国先进生产力的发展要求，代表中国先进文化的前进方向，代表中国最广大人民的根本利益。

一个总方针是：党的建设必须按照党的政治路线来进行，围绕党的中心任务来展开，朝着党的建设总目标来加强，不断提高党的创造力、凝聚力和战斗力。

一个总要求是：一定要高举邓小平理论伟大旗帜，全面贯彻"三个代表"重要思想，保证党的路线方针政策全面反映人民的根本利益和时代发展的要求；一定要坚持党要管党、从严治党的方针，进一步解决提高党的领导水平和执政水平、提高拒腐防变和抵御风险的能力这两大历史性课题；一定要准确把握当代中国社会前进的脉搏，改革和完善党的领导方式和执政方式、领导体制和工作制度,使党的工作充满活力;一定要把思想建设、组织建设和作风建设有机结合起来,把制度建设贯穿其中,既立足于做好经常性工作,又抓紧解决存在的突出问题。

六项主要任务是:深入学习贯彻"三个代表"重要思想,提高全党的马克思主义理论水平;加强党的执政能力建设,提高党的领导水平和执政水平;坚持和健全民主集中制,增强党的活力和团结统一;建设高素质的领导干部队伍,形成朝气蓬勃、奋发有为的领导层;切实做好基层党建工作,增强党的阶级基础和扩大党的群众基础;加强和改进党的作风建设,深入开展反腐败斗争。

这一总体部署,全面贯彻"三个代表"重要思想,科学总结我们党加强和改进自身建设的经验,准确把握中国社会前进的方向,深刻揭示了加强和改进党的建设各方面工作的内在联系和本质要求,确定了新世纪新阶段党的建设的根本任务。做好新形势下党的建设和组织工作,必须牢牢把握这一总体部署,围绕全面建设小康社会目标和改革发展稳定大局,把"三个代表"重要思想贯穿于党的建设全过程,全面加强党的思想、组织、作风和制度建设,不断提高党的领导水平和执政能力。从我区党的建设和组织工作的实际出发,特别要着重把握好以下几个方面。

第一,坚持不懈地抓好党的思想建设。党的十六大把"三个代表"重要思想同马克思列宁主义、毛泽东思想、邓小平理论一道确立为我们党的指导思想,这是一个重大的历史性决策,也是一个重大的历史性贡献。十六大明确提出,要在全党掀起学习贯彻"三个代表"重要思想的新高潮,这是一项具有战略意义的重大举措。当前和今后一个时期,加强党的思想建设的首要任务,就是要认真学习贯彻党的十六大精神,用邓小平理论和"三个代表"重要思想武装全党、教育人民,进一步增强广大党员和干部群众贯彻"三个代表"重要思想的自觉性和坚定性。要组织广大党员干部特别是领导干部,认认真真研读文件,系统深入地学习领会,进一步加深对"三个代表"重要思想的时代背景、实践基础、科学内涵和精神实质的理解和认识,牢牢把握关键在坚持与时俱进、核心在坚持党的先进性、本质在坚持执政为民的根本要求。通过深入学习"三个代表"重要思想,使广大党员干部牢固坚持解放思想、实事求是、与时俱进的思想路线,在实践中不断开拓马克思主义理论的新境界。大力弘扬理论联系实际的学风,把贯彻"三个代表"重要思想同全面建设小康社会、加快推进自治区的改革开放和现代化建设事业结合起来,同本地区、本部门的工作实际结合起来,同党员干部改造主观世界的实际结合起来,真正把"三个代表"重要思想作为我们的行动指南、工作动力和检验一切工作成效的根本标准。各级领导干部要带头学习和实践"三个代表"重要思想,努力做勤奋学习、善于思考的模范,解放思想、与时俱进的模范,勇于实践、锐意创新的模范,以自己的模范行动,带动和促进广大干部群众的学习。

第二,大力加强党的执政能力建设。党的十六大把加强执政能力建设作为党的建设的一项重要任务提出来,是党中央从党和国家长治久安的高度,向全党提出的重大课题,是对新形势下党的建设和组织工作提出的新要求。我们党是执政党,党的各项建设,最终要体现到提高党的执政能力上来,体现到巩固党的执政地位上来。加强党的执政能力建设,必须始终不渝地坚持以经济建设为中心不动摇,紧紧抓住发展这个第一要务,聚精会神搞建设,一心一意谋发展。这要作为衡量领导水平和执政能力的首要标准。要采取切实有效的措施,大力加强干部的学习和教育培训工作,大力加强干部的实践锻炼,使各级干部在实践中掌握新知识、积累新经验、增长新本领,不断提高科学判断形势的能力、驾驭市场经济的能力、应对复杂局面的能力、依法执政的能力和总揽全局的能力。

加强执政能力建设,必须突出领导班子和干部队伍建设这个重点。要坚持和贯彻民主集中制原则,进一步完善领导班子的议事和决策机制,不断提高决策的科学化、民主化水平,不断增强领导班子的团结和活力。要把德才兼备、实绩突出、群众公认的优秀干部及时选拔到领导岗位上来,进一步优化领导班子结构。选人用人必须坚持"四化"方针和德才兼备原则,把坚持和实践"三个代表"重要思想作为最重要、最根本的要求。注重考察干部的实际能力,大胆启用那些政治上靠得住、业务上有本事,肯干事、干成事的干部。要大力培养选拔优秀青年干部,切实做好培养妇女干部、少数民族干部和党外干部的工作。对于特别优秀的年轻干部,要破格使用。自治区人大、政府、政协换届在即,明年部分市和旗县换届工作也要进行。要抓住领导班子换届调整的有利时机,进一步优化领导班子的年龄、知识和专业结构,提高整体素质,增强整体功能。各级党委要切实加强对换届工作的领导,充分发扬民主,严格依法办事,做好思想政治工作,严肃纪律、加强监督,确保换届工作圆满完成。

第三,坚持加强党的作风建设。 党的作风是党的形象,是党的性质、宗旨、纲领、路线的重要体现,是党的创造力、战斗力和凝聚力的重要内容。党的十五届六中全会专题研究部署了党的作风建设问题,提出按照"八个坚持、八个反对"的要求,全面推进党的思想作风、学风、工作作风、领导作风和干部生活作风建设。党的十六大又对加强党的作风建设作出了部署。十六大闭幕不久,胡锦涛总书记即率领中央书记处的同志到西柏坡学习考察,重温毛泽东同志在党的七届二中全会上的讲话,再次强调要加强党的作风建设,牢记"两个务必",大力发扬艰苦奋斗的作风,为实现十六大确定的目标和任务开拓进取、团结奋斗。在这次全国组织工作会议上,胡锦涛总书记又明确指出:"当前,很有必要结合新的实际在全党和全社会大力开展艰苦奋斗的教育。"全区各级党组织一定要按照中央的部署和要求,坚持不懈地加强和改进党的作风建设。

加强党的作风建设,核心是保持党同人民群众的血肉联系。按照中央要求,明年要在全区广大党员干部中深入开展一次以立党为公、执政为民为根本目的,发扬艰苦奋斗优良传统和作风的再教育。通过教育,使各级党员干部进一步认识到,我们党的最大政治优势是密切联系群众,党执政后的最大危险是脱离群众。在任何时候、任何情况下,都必须坚持党的群众路线,坚持全心全意为人民服务的宗旨,把实现人民群众的根本利益作为一切工作的出发点和归宿。现在,我区经济社会发展水平总体还比较低,农村牧区还有近100万贫困人口没有解决温饱问题,城镇有近60万困难群众生活在贫困线下。各级党组织要把关心困难群众生产、生活问题作为一件大事来抓。领导干部要经常深入基层、深入群众,尤其要深入到贫困地区、困难企业中去,深入到下岗职工、农村贫困人口、城市贫困居民等困难群众中去,千方百计为他们排忧解难,做到时刻把人民群众的安危冷暖挂在心上,权为民所用,情为民所系,利为民所谋,用实际行动赢得人民群众的拥护和信赖。要提倡求实务实的工作作风,坚决防止和克服形式主义和官僚主义。要把选准用好干部作为改进作风的治本之策，选拔干部要考察清楚干部的作风情况。一定要在党内造成一种局面，让坚持党的优良作风的干部能够奋发工作，让搞不正之风的人在党内没有市场。

第四，切实搞好党的基层组织建设。 目前，我区基层党组织建设面临许多新情况、新问题。比如，农村牧区基层党组织"软、懒、散"和党员老化问题如何解决，城市停产、关闭、破产企业下岗失业党员由谁管理，新经济组织中党的活动如何开展，等等。这些问题能不能得到有效解决，直接关系到党的执政基础的巩固和执政能力的提高。党的基层组织是党的全部工作和战斗力的基础。增强党的阶级基础，扩大党的群众基础，提高党的战斗力，必须从加强党的基层组织建设抓起。要进一步加强农村牧区基层党组织建设。按照中央部署，认真总结近年来开展"三个代表"学习教育活动的成功经验，积极探索让干部经常受教育、让农牧民长期得实惠的有效途径。切实加强以嘎查村党支部为核心的村级组织配套建设，健全党组织领导的充满活力的村民自治机制，在解决一些基层党组织后继乏人、发展农村牧区经济缺乏带头人问题上取得成效。要适应建立现代企业制度的要求，进一步加强和改进国有、集体企业党组织建设，完善国有企业党建工作责任制，充分发挥企业党组织的政治核心作用。切实做好停产、关闭、破产企业党建工作。要坚持分类指导，严格标准，切实加强非公有制企业、城市社区、社会团体和中介组织的党建工作，做好机关、学校、科研院所、文化团体等单位的党建工作，不断扩大党的工作覆盖面。要针对新形势下党员队伍发生的新变化，着眼于保持党的先进性和纯洁性，进一步加强和改进党员教育管理工作。特别要抓好以实践"三个代表"重要思想为主要内容的保持党员先进性教育活动，进一步提高广大党员的素质。

全面推进党的建设新的伟大工程，必须坚持党要管党、从严治党的方针，进一步加强和改善党的领导，以与时俱进、开拓创新的精神，切实加大工作力度，狠抓党的建设和组织工作各项任务的落实。

一是要毫不放松地加强党对组织工作的领导。邓小平同志曾经指出，办好中国的事情，关键在党，关键在人。江泽民同志多次强调，党执政的时间越长，越要抓紧自身建设，越要从严要求党员干部。全区各级党委都要把加强党的建设和组织工作摆上重要位置,切实担负起党要管党的政治责任。党委"一把手"要身体力行,用足够的时间和精力抓党的建设和组织工作,带动和督促党委一班人认真履行职责。要坚持两手抓,既要认真抓好领导班子和干部队伍建设,又要重视抓好基层党组织和党员队伍建设,切实做到"两个轮子"一起转。要建立和完善党委抓党建、书记带头抓党建的责任制,形成各有关部门齐抓共管、一级抓一级的工作格局,保证把党的建设和组织工作的各项任务落到实处。各级党委要充分发挥组织部门的职能作用,支持和帮助组织部门的同志不断提高自身素质,做好本职工作。党委主要领导同志和分管组织工作的同志,要经常听取组织部门的工作汇报,及时加强指导和协调,帮助解决工作中的难题,充分调动组工干部的积极性,始终保持组工干部队伍的生机和活力。

二是要切实加强制度建设。制度建设更带有根本性、全局性、稳定性和长期性。坚持把制度建设贯穿于党的建设的各个方面,用规范化、科学化的制度巩固党建成果,促进党建工作的深入开展,是我们党长期以来加强自身建设的重要经验, 也是今后加强和改进党建工作的努力方向。全区各级党组织要在认真贯彻执行中央和自治区关于党的建设各项规章制度的同时,结合形势发展和各地实际,把各级党组织和广大党员在实践中创造的好经验、好做法用制度确定下来,坚持下去,使党的思想、组织、作风建设与制度建设有机结合、相互促进、有效落实。要适应改革开放和发展社会主义市场经济、坚持依法执政的要求,加强和完善以民主集中制为核心的党的组织制度体系建设,建立健全充分反映党员意愿的党内民主制度和科学决策机制, 完善干部选拔任用和监督管理机制,积极探索新形势下加强党的基层组织建设的长效工作机制,进一步健全和完善从源头上治理腐败的各项制度。通过不断加强和改进制度建设,推动和保障党建工作的顺利进行。

三是要进一步深化干部人事制度改革。深化干部人事制度改革,是政治体制改革的重要环节,也是党的建设的重要任务。搞好这项改革,既要全面落实中央和自治区已经出台的改革措施,加大执行力度,又要注意研究和解决实践中出现的新情况、新问题,不断完善和巩固改革成果。在这次全国组织工作会议上,曾庆红同志在报告中对推进干部人事制度改革作了全面部署,提出了实现"五个新突破"的要求,我们要认真学习领会,坚决贯彻执行。从我区实际出发,当前和今后一个时期,干部人事制度改革要围绕实现干部工作科学化、民主化、制度化的目标,以建立健全干部选拔任用和管理监督机制为重点,着眼于形成择优进入、严格监督、有效激励、正常退出的良好环境,重点抓好党员、干部和群众对干部选拔任用知情权、参与权、选择权和监督权的落实,提高干部考察的准确度和干部评价的科学性,有效防止考察失真、评价失准、用人失误问题的发生;抓好疏通干部"出口"工作,打通干部"下"的通道,完善干部"下"的配套措施,努力解决干部"下"难的问题;抓好党内各项监督制度的落实工作,重点加强对领导干部特别是主要领导干部的监督,加强对人财物管理和使用的监督,切实解决监督不力的问题。特别要抓好人才强国战略在我区的贯彻落实,从改革制度、完善体制、搞好激励保障入手,加大人才培养教育、选拔使用、交流引进力度,努力形成广纳群贤、人尽其才、能上能下、充满活力的用人机制,把优秀人才集聚到兴区富民的各项事业中来。

四是要充分发挥领导干部的表率作用。党建工作能否不断开拓新局面,关键在各级党组织和领导干部。各级领导干部不仅要努力抓好本地区、本部门的党建工作,同时要严格要求自己,自觉做学习和实践"三个代表"重要思想的表率。在这次全国组织工作会议上,胡锦涛总书记对各级领导班子和领导干部如何实践"三个代表"重要思想提出了四条要求,我们一定要悉心学习领会,认真贯彻执行。作为领导干部,凡是要求下级党组织和广大党员做到的,自己首先要做到;凡是禁止别人做的,自己首先带头不做。要不断加强主观世界改造,自觉为民尽责、为党分忧,切实为人民掌好权、用好权,真正成为贯彻"三个代表"重要思想的组织者、推动者和实践者。

(选自在全区组织工作会议上的讲话)

建设团结战斗、务实创新、开明清明的政府领导班子

(2003 年 4 月 4 日)

　　我在湖南从党委到政府主持工作时,给各位副省长讲过两句话。一句话是,各位副省长首先是副省长,然后才是分管副省长。什么意思呢,就是说各位副省长都是政府的重要组成人员,看问题干工作必须站在全局的高度,从政府工作的大局出发,而不能成为分管部门的代言人,否则,就形不成强大的合力。另一句话是,一定要按规律办事、按规矩办事。政府的重要任务是促进生产力发展,所从事的都是具体的经济和社会发展工作。因此,一定要尊重规律,包括自然规律和经济规律,只有这样,才能正确制定和实施决策,避免走弯路。按规矩办事就是要依法行政,严格依照法律法规和规章制度办事,按照党的纪律办事,防止主观随意,这是我们做好工作的前提和保证。

　　自治区政府新班子成员大部分都是新进来的。新班子就要有新气象、新举措、新成效。我讲的新,就是要正确处理继承和发展的关系,在保持政府工作连续性、稳定性的基础上,根据形势和任务的发展变化,按照十六大的要求,与时俱进,开拓创新,在前一届政府工作的基础上,再发展、再创新,不断把政府工作推向前进。要做到这一点,就必须不断加强政府班子的自身建设,提高整体素质,提高执政能力和执政水平,这样才能真正担负起全区 2300 多万人民群众赋予的历史重任。作为自治区政府的重要组成人员,应该说位置高权力大。但必须认识到,位置不代表水平,位置高了不一定水平高了;权力不代表能力,权力大了不代表能力强了。人民群众看领导干部主要是看德和能,不是权和位。领导威信的树立,靠的

是素质和德才。如果自身素质不高,没有相应的德和才,"以其昏昏,使人昭昭",是干不好工作的,也是难以服众的。

一是要把自治区政府班子建设成为团结战斗的班子。团结和战斗是联在一起的,团结是战斗的前提和基础。这里讲的团结并不是要求一团和气,搞消极的庸俗作风,让大家做"谦谦君子",而是在共同目标下的有原则的团结。团结是一种境界,对每个成员来讲,维护班子的团结既是最根本的工作要求,也是衡量每个成员思想境界高不高的重要标志。搞好团结必须严以律己,宽以待人,共同创造良好的工作氛围和工作环境。这样,既有益于工作又有益大家的身心健康。团结的目的是出战斗力、出生产力。一个人的知识和力量毕竟有限,必须依靠大家,集中大家的智慧。政府虽然实行主席负责制,但也要实行民主集中制。只有政府班子高度团结,凝聚起来,才能促进生产力的发展。一定要十分珍惜团结,自觉维护团结。

二是要把自治区政府班子建成务实创新的班子。务实,就是做人要老实,思维要唯实,作风要朴实,工作要扎实。做老实人必须以诚待人,聪明而不狡滑,不要沾染一些官场的习气,尔虞我诈,打小算盘,搞小动作。思维唯实就是不唯书不唯上只唯实,真正做到实事求是。作风朴实、工作扎实就是要办实事、求实效,不搞花架子,不搞形式主义,不搞短期行为,不追求所谓"轰动效应"。创新对政府班子至关重要。我们党的思想路线始终在不断发展完善,毛泽东同志提出实事求是,邓小平同志又提出解放思想、实事求是,江泽民同志又提出解放思想、实事求是、与时俱进。现在,沿海发达地区也提出要进一步解放思想,再创新优势。内蒙古作为内陆边疆少数民族地区,解放思想的任务更艰巨。自治区第七次党代会提出要实行"两个转变",其中一个就是思想观念的转变。做好新形势下的政府工作,必须解放思想、与时俱进、勇于创新。创新要有创新的思维、创业的激情、创造的活力。创新首先是思维要创新,思维要活跃,要有新观念新意识,能够及时吸纳有利于我们事业发展的先进思想和理念,同时要有创业的激情和创造的活力。一个人有激情有活力是事业心和责任感强的表现,四平八稳,怕冒风险,不敢越雷池一步,是干不成事业的。

三是要把自治区政府班子建成开明清明的班子。开明比聪明、精明更重要。聪明、精明不等于开明,只有开明才是大聪明真精明。比如在对外开放问题上就必须开明。开放是一种行动,开明是一种观念。只有让别人发财自己才能发展,如果怕人家发财,担心肥水外流,自己肯定也发展不了。清明就是风气要正、风气要好。政府的政风要清明,不要搞得乌烟瘴气。现在群众对干部有意见,主要是对风气不正有意见。一些部门为了自身利益滥用权力,结果败坏了党和政府的声誉,影响了党群干群关系。作为班子成员,要努力做到"三个好"。一是要有好的精神状态。人民群众把我们推选到这个岗位上,就要全力为人民群众办事造福,不要占着位置不干事,阻碍生产力的发展。二是要树立好的社会形象。领导干部的威信丧失最可怕,"金杯银杯不如群众的口碑,金奖银奖不如群众的夸奖",这对为官之人是最重要的。三是要创造好的工作业绩。既要有干事的愿望,也要有干成事的本领,政府每一个成员都要多干事、多干成事,创造出良好的工作业绩。

(选自在自治区政府新班子组成人员会议上的讲话)

牢牢把握发展
这个党执政兴国的第一要务

(2003年7月4日)

　　党的十六大报告明确指出:"贯彻'三个代表'重要思想,必须把发展作为党执政兴国的第一要务,不断开创现代化建设的新局面"。这一重要思想,是对马克思主义发展观的创新与发展,是对邓小平关于"发展是硬道理"重要论断的创新与发展。

把发展作为党执政兴国的第一要务
是对马克思主义发展理论的创新和发展

　　马克思主义认为,工人阶级作为先进生产力和生产关系的代表,其历史使命和最高利益就是发展社会生产力。作为工人阶级先锋队的马克思主义执政党,我们党始终高度重视解放和发展生产力,并从理论和实践的结合上不断有所发展,有所创新。早在党的第七次全国代表大会上,毛泽东同志就明确指出:中国一切政党的政策及其实践在中国人民中所表现的作用的好坏、大小,归根到底,看它对于中国人民的生产力的发展是否有帮助及其帮助之大小,看它是束缚生产力的,还是解放生产力的。党的十一届三中全会以后, 以邓小平同志为代表的党的第二代领导集体,在认真总结国内外正反两方面经验教训的基础上,深刻指出:社会主义的本质就是解放生产力,发展生产力,消灭剥削,消除两极分化,最终达到共同富裕。之后,邓小平同志又提出了"发展是硬道理"的著名论断,把我们党对社会主义的认识提高到一个新的水平,开辟了马克思主义发展的新境界。党的十三届四中全会以来, 以江泽民同志为核心的党的第三代

[913]

领导集体，继承和发展了邓小平同志的发展观。在党的十四届五中全会闭幕会上，江泽民同志指出："发展是硬道埋。中国解决所有问题的关键要靠自己的发展。"在党的十五届五中全会上，江泽民同志再次重申："发展是硬道理，这是我们必须始终坚持的一个战略思想。"党的十六大把"发展是党执政兴国的第一要务"的重要论断写进报告和《党章》，标志着我们党对共产党执政规律、社会主义建设规律和人类社会发展规律认识的升华，是对邓小平发展观的创新与发展。历史经验告诉我们，这变化那变化，发展才能有变化；这问题那问题，发展是最根本的问题；这关键那关键，发展是解决所有问题的关键。大发展小困难，小发展大困难，不发展最困难。只有经济持续快速健康发展，社会事业才能全面进步，人民生活水平才能不断提高，建设中国特色社会主义事业才能显示出蓬勃生机。离开发展，坚持党的先进性、发挥社会主义制度的优越性和实现民富国强都无从谈起。

内蒙古是边疆少数民族地区，属于欠发达地区，坚持抓第一要务不放松、不动摇，更具有特殊重要的意义。这些年来，我区的经济发展保持了较快增长速度，但与发达地区相比差距很大。2002年，我国东部11个省市人均国内生产总值已经达到2000美元，而我区仅为900美元，不及东部省市的一半。从发展态势看，东部地区在经济总量较大的情况下再造优势，继续保持快速发展，中西部省区市发挥后发优势，奋力追赶。如果我们不加快发展，与发达地区的差距会继续拉大。我区现在的经济总量不大，产业层次不高，处在扩张总量和调整优化产业结构阶段，经济发展的速度效益型特征比较明显。如果没有一定的发展速度，许多问题包括扩大社会就业、增加财政收入、改善人民生活等都不能很好解决。

党的十六大之后，自治区党委按照实现全面建设小康社会的奋斗目标，对全区的发展思路不断进行完善，目的就是想发展得更快、更好一些。在自治区党委七届三次全委会上，我们统一了两个方面的思想认识，一是在近年内全区经济可以实现两位数增长，二是有条件、有优势的地区可以实现跨越式发展。在上次党委中心组读书会上，我们在对区情的认识上有所深化，认识到我区不仅有资源优势和区位优势，还有地广人稀优势和后发优势。在6月初召开的常委会上，我们通过对今年以来经济发展形势的分析,提出今后全区经济应该也能够发展得快一些、好一些。一是西部大开发已实施3年,3年应该初见成效;二是从投入产出看,近3年全区共投入2200多亿元,这些投入都是有效投入,而且有些本身就是产业投入,有投入就应该有产出;三是从世界经济发展的规律看,工业化阶段是一个国家经济快速发展的时期,现在自治区正在大力推进工业化,我区经济也处在快速发展时期;四是从经济发展的微观基础看,我区企业发展态势很好,速度、效益同步增长,结构优化,后劲增强,具备了进一步加快发展的基础。近期,通过几次到盟市调研使我感到,我区经济发展不能仅仅满足于发展速度和人均水平,而要在优化结构、提高效益的基础上,努力把经济总量做大。我区人口不多,但拥有很大的国土面积和丰富的自然资源,理应为国家做出更大的贡献。现在,我区人均GDP排在全国16位,而GDP排在全国24位,这与我们的国土面积和丰富的资源是不对称的。我区经济总量小,即使每年增加10个百分点,也只有部分沿海省份增加1个多百分点得到的增量。邓小平同志提出的"走进前列",江泽民同志提出的"重要支点",都包含了经济总量的概念。没有一定的经济总量,就谈不上"走进前列"和成为"重要支点"。因此,我们不能满足于人均的某些指标,也不能满足于近几年较快的增长速度,必须在提高效益的前提下,尽快做大经济总量。从我区呼、包、鄂等一些发展较快的地区看,把经济总量尽快做大,并不是天方夜谭、可望不可及,只要找准发展路子和工作切入点,充分发挥地区比较优势,完全可以实现超常规、跨越式发展。

胡锦涛同志在"七·一"重要讲话中强调指出:"在我国社会主义初级阶段,我们党作为执政党的根本任务就是发展生产力。""中国共产党人要坚持以兴国为己任、以富民为目标,走适合中国国情的社会主义发展道路,经过长时期的努力,不断使经济更加发展、民主更加健全、科教更加进步、文化更加繁荣、社会更加和谐、人民生活更加殷实,不断促进人的全面发展,不断向党的最终目标前进。"因此,坚持马克思主义发展理论,贯彻"三个代表"重要思想,必须牢固树立抓第一要务不动摇、不放松的思想,坚持以发展为主题,用发展的眼光、发展的思路、发展的办法解决前进中的问题,聚精会神搞建设,一心一意谋发展,集中力量把经济建设搞上去,把各项社会事业搞上去,把人民群众的物质文化生活水平搞上去。只有这样,才是对马克思主义发展观的最好坚持,才是对"三个代表"重要思想的最好贯彻。

切实增强抓第一要务的素质和能力

发展这个第一要务能不能抓好,取决于人,取决于人的素质和能力。自治区党委常委班子作为全区改革开放和现代化建设的领导核心,对能力和素质的要求应该更高。2001年底,自治区第七次党代会产生了新一届党委班子,今年自治区政府班子又进行了换届。应该说,目前自治区党委、政府班子年富力强,结构合理,知识和经验较丰富,具有较强的凝聚力和战斗力,能够胜任领导全区改革开放和现代化建设的重任。但是,与快速发展变化的国内外形势要求相比,与全面建设小康社会的繁重任务相比,我们还必须进一步提高自身的素质和能力。党的十六大提出,各级党委和领导干部在提高领导水平和执政水平过程中,必须不断增强"五种能力",即科学判断形势的能力、驾驭市场经济的能力、应对复杂局面的能力、依法执政的能力和总揽全局的能力。这是我们党在新的历史条件下加强执政能力建设、提高领导水平和执政水平的重点,具有很强的现实针对性和指导性。这"五种能力",涵盖了领导干部能力、素质的方方面面,体现了鲜明的时代特征。各级领导干部要提高领导水平和执政能力,必须身体力行,切实在培养和磨炼"五种能力"上下功夫。这"五种能力"的综合体现,就是抓第一要务的素质和能力。从自治区领导班子建设的实际出发,提高抓第一要务的素质和能力,一定要注意把握以下几个方面:

第一,要勤于学习、善于学习。抓第一要务,必须有扎实的理论功底和丰富的知识水平。提高理论功底和知识水平的唯一途径,就是加强学习。胡锦涛同志在新一届中央政治局第一次集体学习时强调,领导干部要不断加强学习,努力提高执政兴国的本领。在今年"七·一"重要讲话中,要求各级领导机关和领导干部在兴起学习贯彻"三个代表"重要思想新高潮中做好表率,带头学习、带头运用,努力做到学以致用、用以促学、学用相长。我们要按照胡锦涛同志的要求,从自身特点和实际需要出发,明确学习重点,提高学习的针对性和实效性。要把理论学习放在首位,用科学理论武装头脑。当前,全党正在兴起学习贯彻"三个代表"重要思想的新高潮。各级领导班子和领导干部要努力先学一步、学深一些。同时,要结合分管工作,加强现代知识的学习,认真学习一切我们不熟悉而实际工作又迫切需要的新知识,学习和借鉴国内外的先进经验和做法,学习、借鉴人类文明的共同成果,尽可能地拓宽自己的知识面。读书是学习,实践也是学习,而且是更重要的学习。领导干部一定要多深入基层,深入实际,调查研究,体察民情,善于发现和总结人民群众创造的先进做法和新鲜经验,从中汲取营养,不断丰富和完善自己。学习的目的全在于应用。一定要密切联系自治区改革开放和现代化建设的实际,联系各自分管工作的实际,联系自己的思想实际,潜心思考研究事关全局的重大问题,进一步提高用科学理论指导实践、解决问题、推动工作的能力,真正做到在改造客观世界的同时改造主观世界,用改造主观世界的成效来推动客观世界的改造。

第二,要拓宽视野,努力培养和提高战略思维能力。要用宽广的眼界观察事物、审视世界,深入思考研究形势的发展变化给我们带来的机遇和挑战,善于在谋全局中谋一域,善于从战略的高度制定和实施决策。体现在抓第一要务中,就是要把内蒙古的发展放在全国乃至世界的大局之中,准确定位,把握机遇,谋求突破。这几年,我们紧紧抓住西部大开发的机遇,积极争取国债资金和加大转移支付,同时利用国家出台的优惠政策,扩大对内、对外开放,广泛吸引资金、技术和人才,有力地促进了全区的经济社会发展。我区一些盟市快速发展的实践也充分证明了这个问题。呼和浩特市近年来把推进工业化作为首府现代化建设的突破口,2001、2002连续两年工业增速居全国42个中心城市之首,今年上半年仍保持高增速,继续处于全国42个中心城市的领先地位。包头市确定了建设我国西部地区经济强市的目标,做大做强骨干企业,引进和新上一批重点工业企业,发展势头很好。鄂尔多斯市加快资源转化,这几年发展很快,被经济理论界誉为"鄂尔多斯现象"。实践告诉我们,作为一名领导干部,一定要有宽广的眼界,一定要善于从全局和战略的高度思考自身的发展问题,不仅要非常熟悉明了区内情况,而且要比较熟悉地了解区外、国外情况,在大局之中思考和谋划自身的发展全局。

第三,要有创业激情和创新能力。现在,全国上下、全区上下都呈现出你追我赶、奋勇争先的发展态势。如果没有一种危机意识、忧患意识，没有一种不甘落后的创业激情是做不好工作的。在欠发达地区干工作更需要有这么一股劲、一股气，越是困难越要知难而进、攻坚克难。想干、敢干是做好工作的基础，但还必须会干、善干。也就是说，不仅要有创业的激情，还必须有创新的能力。创新的关键是创新理念。思想是行动的先导，没有理念上的创新，其他创新都无从谈起。当前，全区上下正在深入开展解放思想、优化环境学习教育活动，目的就是要通过思想的解放和理念的创新，为经济发展和对外开放营造良好环境。解放思想、创新理念，要求我们必须摒弃那些不合时宜的陈旧思想意识。比如，增强市场意识，就必须破除计划经济条件下的做法和思维定势；增强开放意识，就必须破除封闭思想；增强工业化、城镇化意识，就必须破除小农思想，等等。解放思想、开拓创新不能空对空，一定要注重实践、注重实效，通过努力，切实把我们的思想认识"从那些不合时宜的观念、做法和体制的束缚中解放出来，从对马克思主义的错误的和教条式的理解中解放出来，从主观主义和形而上学的桎梏中解放出来"，切实做到"一切妨碍发展的思想观念都要坚决冲破，一切束缚发展的做法和规定都要坚决改变，一切影响发展的体制弊端都要坚决革除"。

第四，要在牢牢把握经济建设中心的同时，树立和坚持全面协调发展的思想。抓好第一要务，首先要发展经济，这是基础。但同时也要看到，发展是一个整体概念，不仅指经济增长，还包括人的全面发展和社会的全面进步。党的十六大提出，全面建设小康社会，开创中国特色社会主义事业新局面，就是要在党的领导下，发展社会主义市场经济、社会主义民主政治和社会主义先进文化，不断促进社会主义物质文明、政治文明和精神文明的协调发展。我们对此必须深刻领会，全面把握，并切实贯彻到各项工作中去。强调全面协调发展，对我区更具有现实针对性。据自治区有关部门测算，到去年年底，在实现小康的16项综合指标中，我区有7项没有达标，而这7项又多数属于人民生活水平和社会事业方面。自治区第七次党代会提出的"两个高于"的目标，2002年只实现了"一个高于"，提高人民生活水平的目标还没有达到。总结防治非典的经验教训，也使我们更加深刻地认识到，今后在抓好经济建设的同时，必须更加注重经济社会的协调发展,更加牢固树立人本观念,更加注重人的需求和人的全面发展,更好地代表最广大人民的根本利益。

不断改进抓第一要务的领导方式和工作方法

毛泽东同志曾经把工作方法比作过河的桥和船,认为不解决桥和船的问题,过河就是一句空话。邓小平同志多次强调领导方法和工作方法问题,并把它与体制、制度问题联系起来,作为改革所解决的重大问题之一。江泽民同志也强调指出,正确的领导方式和领导方法,是不断开拓前进的执政党必须具备的能力。目前,有些同志常常有"老办法不管用,新办法不会用"的感觉,说明我们的领导方式和工作方法确实需要改进和提高。在社会主义市场经济不断完善、经济全球化不断推进和对外开放进一步扩大的新形势下,各级领导班子和领导干部一定要认真学习研究,大胆实践探索,不断改进抓第一要务的领导方式和工作方法。

一是要学会用市场经济的办法解决发展中的问题。现在,我们搞的是社会主义市场经济,因此必须学会用市场经济的办法解决发展中的困难和问题。据有关资料显示,上海市上世纪九十年代以来投入城市建设的资金达15000亿元。这笔巨额资金,绝大多数并没有来自中央和地方财政,而是来自国内外市场,包括银行贷款、证券市场、土地批租、内外招商、用活公积金和养老金、预算外收费、到海外上市等等。我们在抓第一要务时,一定要认真学习市场经济知识,熟悉市场规则,按照建立社会主义市场经济体制的要求,切实转变政府职能,把主要精力用在搞好公共服务和创造环境上,不能再去直接办企业,而要想方设法激活各类市场主体的积极性和创造性。

二是要严格依法办事。从一定意义说,市场经济就是法治经济。坚持依法办事,是市场经济对执政行为的必然要求。随着依法治国、依法治区进程的加快,依法执政能力已经成为各级领导干部的必备素质。坚持依法执政,关键是要把党的领导、人民当家作主和严格依法办事有机统一起来。每个领导同志都必须坚持这一原则,严格按照法律法规要求的范围、程序、内容和手段来行使执政权力。在学习和工作实践中,特别要加强法律知识的学习和运用,切实把我们的领导方式由主要依靠行政手段办事转变到主要依靠法律法规办事上来。

三是要充分发挥人才在促进发展中的重要作用。人是生产力中最活跃的因素,人力资源是我国的第一资源。今年5月23日,中央政治局专门就加强新世纪新阶段的人才工作进行研究部署,明确提出大力实施人才强国战略和坚持党管人才原则。为了落实好中央的这一重大决策,自治区党委专门召开常委会,认真学习中央政治局会议精神,研究提出了加强我区人才工作的一些想法和意见。领导干部在抓第一要务时,一定要高度重视、充分发挥好人才的重要作用。要进一步增强做好人才工作的紧迫感和责任感,特别是各级领导干部一定要有强烈的人才意识,真正把培养好、吸引好、使用好各类人才作为西部开发和加快发展的一件大事来抓,把防止人才流失放在同治理水土流失同样重要甚至更为重要的位置上来对待。要创造有利于人才成长和发挥作用的良好环境,下决心打破论资排辈、求全责备的陈旧观念,大力营造尊重劳动、尊重知识、尊重人才、尊重创造的良好环境,进一步深化干部人事制度改革,扫除一切阻碍人才成长和发挥作用的体制和机制障碍,真正做到人尽其才、才尽其用。采取更加灵活、务实的人才政策,本着"不求所有,不求所在,但求所用"的原则,吸引更多的国内外人才参与内蒙古的开发建设。

四是要尊重客观规律。规律是客观存在的,是不以人的意志为转移的,违背了它就必然会付出代价、受到惩罚。在去年的全区经济工作会议上,我们提出领导干部抓经济工作必须把握五个规律:一是把握国家经济政策同地区经济增长的规律性联系,善于把本地区本部门的工作放在全国的大局中思考和谋划,在国家宏观政策指导下,寻求加快地方经济发展的机遇;二是把握经济增长的非均衡规律,培育经济发展的增长极,在优势地区和领域率先实现跨越式发展,带活全局;三是把握经济联系日益广泛而深入的规律,善于把本地区的优势同国内外资本、技术、人才、管理优势结合起来,在促进优势互补中加快自我发展;四是把握地区间竞争焦点由政策、区位方面的优势向综合环境优势转移的规律,善于通过改善环境来创造后发优势;五是把握生产关系一定要适应生产力发展要求的规律,善于通过制度创新,从根本上解决经济生活中的深层次矛盾,营造让各方面积极性创造性充分迸发,让创造社会财富的源泉充分涌流的局面。认识和把握这些规律，是一项长期而艰巨的任务，不可能毕其功于一役，我们要继续不断学习和探索。在遵循经济规律的同时，还要顺应和把握自然规律，特别是在生态建设和发展农牧业、水利事业等方面，一定要尊重规律、尊重科学，切不可搞长官意志。当前，我区正面临着难得的发展机遇，西部大开发把广大干部群众的积极性充分调动起来了，广大干部群众热情很高，干劲很足。越是在这种情况下，各级领导干部越要保持清醒的头脑，注意把群众的积极性引导好、保护好、发挥好。要按照客观规律和经济规律办事，千万不能因我们工作上的失误，使广大干部群众加快发展的热情受到伤害。

五是要善于在抓重点中实现工作突破。马克思主义认为，诸多矛盾中有主要矛盾和次要矛盾，同一矛盾中有矛盾的主要方面和次要方面。作为一名领导干部，必须善于正确认识和把握一个时期本地区、本部门工作的主要矛盾和矛盾的主要方面。抓第一要务，也要坚持重点论，善于在重点突破中谋求发展。发达地区的发展历程表明，它们往往是通过培育和壮大优势产业、优势企业来带动地区经济发展的。我区地域广阔，各地自然条件和经济基础差异很大，各行业和企业也有很大差别，如果要求均衡发展、齐头并进，是不现实的，结果可能是谁也发展不好、发展不快。自治区第七次党代会以来，我们以推进"三化"进程为重点，特别是加大了工业重点项目建设力度，取得了明显成效，有力地带动了全区经济社会的全面协调发展。这就告诉我们，抓工作时一定要在统筹兼顾的基础上，善于发现和把握主要矛盾和矛盾的主要方面，明确发展重点，全力支持重点发展，通过重点突破带动全局。

（选自在自治区党委中心组读书会上的发言）

兴起学习贯彻
"三个代表"重要思想新高潮

（2003 年 9 月 25 日）

  党的十六届一中全会在研究部署学习贯彻十六大精神时着重强调，要把学习贯彻"三个代表"重要思想作为学习贯彻十六大精神的中心环节来抓。7 月 1 日，胡锦涛同志在"三个代表"重要思想理论研讨会上发表了重要讲话，以马克思主义的立场、观点和方法对"三个代表"重要思想的理论意义、实践价值、本质要求进行了深刻阐述，对兴起学习贯彻"三个代表"重要思想新高潮作了总动员。9 月 3 日，胡锦涛同志在中央举办的省部级主要领导干部学习贯彻"三个代表"重要思想专题研讨班上再一次发表重要讲话，对"三个代表"重要思想产生的时代背景及其在马克思主义理论发展上的重要地位进行了深刻阐述。这是继"七一"重要讲话之后又一篇深刻阐述"三个代表"重要思想的马克思主义理论文献。

  一、深刻认识兴起学习贯彻"三个代表"重要思想新高潮的重大意义

  学习贯彻"三个代表"重要思想，是关系到我们党在新世纪举什么旗、走什么路的重大政治问题。"三个代表"重要思想同马克思列宁主义、毛泽东思想、邓小平理论是一脉相承又与时俱进的科学体系，是马克思主义在中国发展的最新成果。把"三个代表"重要思想确立为党长期坚持的指导思想，是我们党为更好地适应新形势、完成新任务而作出的一个历史性决策。十六大提出全面建设小康社会的奋斗目标，实现这一目标，必须科学判断和全面把握国际形势的发展变化，必须科学判断和全面把握我国将长期处于社会主义初级阶段的基本国情，必须科学判断和全面把握我们党所处的历史方位和肩负的历史使命。这就要求我们必须始终坚持以反映时代特征和实践要求的科学理论指导实践,并根据实践的新鲜经验不断推进理论创新,使我们党始终坚持先进性,从而不断推进中国特色社会主义事业的发展。在今后的改革和建设进程中,我们还会遇到许多可以预料的和难以预料的新情况、新变化、新问题、新矛盾,所有这些变化和问题,都迫切需要运用"三个代表"重要思想提供的科学理论和科学方法去认识和解决。正像胡锦涛同志指出的那样,兴起学习贯彻"三个代表"重要思想新高潮,关系党和国家工作的全局,关系实现全面建设小康社会的宏伟目标,关系中华民族的伟大复兴,关系中国特色社会主义事业的长远发展。我们必须把思想统一到这四个"关系"上来,从全局和战略的高度,充分认识兴起学习贯彻"三个代表"重要思想新高潮的重大意义。

二、兴起学习贯彻"三个代表"重要思想新高潮,要在学用相长上狠下功夫

胡锦涛同志指出,"学习贯彻'三个代表'重要思想,根本目的就是要推动全党更好地带领人民群众把中国特色社会主义事业推向前进",强调全党同志要"努力做到学以致用、用以促学、学用相长"。

做到学用相长,前提和基础是"真正学懂",通过真学达到真懂。"三个代表"重要思想不只是简单的三句话,而是一个涵盖改革发展稳定、内政外交国防、治党治国治军的完整的科学体系。我们一定要系统学习和领会"三个代表"重要思想的时代背景、实践基础、科学内涵、精神实质和历史地位,在全面、准确理解和把握"三个代表"重要思想的科学体系上下功夫。在此基础上,要重点把握好三个问题。一要真正理解精髓。"三个代表"重要思想的精髓是解放思想、实事求是、与时俱进,这也是学懂"三个代表"重要思想的关键。马克思经典作家从来都强调,世界是发展变化着的世界,马克思主义者的全部理论和工作必须要体现时代性、把握规律性,富于创造性。"三个代表"重要思想是新的历史条件下马克思主义与时俱进的产物。我们学习贯彻"三个代表"重要思想,就要掌握其与时俱进的理论品质,从而进一步增强贯彻党的解放思想、实事求是、与时俱进思想路线的自觉性和坚定性。二要准确把握核心。永远保持党的先进性,是学习贯彻"三个代表"重要思想的核心问题。"三个代表"重要思想进一步发展了邓小平同志提出的"解决中国的事情,关键在党"这一论断,把党的建设的问题和社会主义建设问题结合在一起,揭示了党的先进性与社会发展规律的内在统一,从根本上回答了我们党在长期执政条件下什么是先进性、怎样保持先进性、用什么来检验先进性等建设一个什么样的党,怎样建设党的重大问题。我们一定要深刻理解保持党的先进性这一"三个代表"重要思想的核心内容,自觉地加强和改进党的建设,使党永远站在时代前列,肩负起领导人民不断前进的重任。三要牢牢抓住本质。立党为公、执政为民,是"三个代表"重要思想的本质,也是我们党必须始终恪守的政治立场、执政规律和价值导向。胡锦涛同志语重心长地指出:"只有一心为公,立党才能立得稳;只有一心为民,执政才能执得好。一个马克思主义政党,如果不能顺民意、谋民利、得民心,就会动摇立党之本,削弱执政之基,阻塞力量之源"。我们在学习贯彻"三个代表"重要思想新高潮中,一定要抓住立党为公、执政为民这个本质,树立群众利益无小事的意识,努力思考如何真正做到权为民所用、情为民所系、利为民所谋。

做到学用相长,目的和落脚点是"真心实践",通过真信做到真用。兴起学习贯彻"三个代表"重要思想新高潮,目的就在于运用这个理论来武装头脑、指导实践、推动工作。胡锦涛同志指出:"学习贯彻'三个代表'重要思想,既要对事也要对人。对事,就是要用'三个代表'重要思想来指导工作,推动社会实践。对人,就是要用'三个代表'重要思想来武装头脑,指导自我修养。"这是我们学习贯彻"三个代表"重要思想必须把握的重要原则。具体到我区来说,对事,就是要以"三个代表"重要思想为指导,抓住发展第一要务不放松、不动摇,在事关自治区经济社会发展的重大问题上统一思想、统一行动。一是在"加快发展"的问题上统一思想和行动,努力促进我区经济发展得快一些、好一些,特别是有条件、有优势的地区要努力实现跨越式发展。既不能满足于人均的某些指标,也不能满足于近几年较快的增长速度,必须在优化结构、提高效益的前提下,尽快做大经济总量。二是在"全面和协调发展"的问题上统一思想和行动,不仅要关注经济指标,而且要关注人文指标、资源指标和环境指标,推动经济与社会协调发展、城乡协调发展、地区协调发展、人与自然协调发展。要把经济社会发展的目标和提高人民生活水平的目标统一起来,通过经济发展和社会进步,不断提高和改善人民物质文化生活水平。对人,就是要用"三个代表"重要思想指导主观世界的改造。在兴起学习贯彻"三个代表"重要思想新高潮中,我们一定要把改造客观世界与改造主观世界统一起来,自觉对照"三个代表"的要求,看看自己的理想信念坚定不坚定、党性观念纯洁不纯洁、道德品质高尚不高尚、领导水平适应不适应、人民群众认可不认可,能不能经得起诱惑、经得起考验。要树立正确的世界观、人生观、价值观和权力观、地位观、利益观,坚持正确的、完善不足的、改掉错误的,不断提高自身修养。

三、兴起学习贯彻"三个代表"重要思想新高潮,要切实加强各级领导班子思想政治建设

思想政治建设是领导班子建设的灵魂,也是一个常抓常新的课题。兴起学习贯彻"三个代表"重要思想新高潮,加快推进全面建设小康社会,关键在党、关键在人,关键在各级领导班子。党中央突出抓领导班子思想政治建设,抓住了学习贯彻"三个代表"重要思想和全面建设小康社会的关键环节,具有十分重要的意义。兴起学习贯彻"三个代表"重要思想新高潮,为加强各级领导班子思想政治建设提供了有利时机,指明了正确方向,而加强领导班子思想政治建设,又能有力推动学习贯彻"三个代表"重要思想新高潮的兴起。只有把二者紧密结合起来,各级领导班子思想政治建设才能抓住根本,兴起学习贯彻"三个代表"重要思想新高潮才能更具有针对性,全面建设小康社会才能有坚强的思想政治和组织保证。全区各级党委一定要充分认识加强领导班子思想政治建设的重大意义,总结经验,开拓创新,努力把我区各级领导班子思想政治建设提高到一个新水平。

一是要进一步增强学习贯彻"三个代表"重要思想的自觉性和坚定性。思想理论素质是领导素质的灵魂。只有做到理论上的清醒,才能有政治上的坚定。因此各级领导干部要自觉地把学习贯彻"三个代表"重要思想当作一种神圣职责,一种精神境界,一种终身追求。我们现在对"三个代表"重要思想的学习还是初步的,今后要着重在学习的系统深入上、在联系实际解决问题上下功夫,通过加强理论学习,不断提高思想政治素质,进一步增强政治意识、大局意识和忧患意识。增强政治意识,就是要始终坚持正确的政治立场、政治方向,严守政治纪律,在政治上、思想上、行动上与以胡锦涛同志为总书记的党中央保持高度一致,坚决维护党中央的权威。对事关改革发展稳定大局的苗头性、倾向性问题见之于未萌，防之于未发，不断提高工作的预见性和科学性。增强大局意识，就是要善于从全局的高度来观察和处理问题，识大体，顾大局，正确处理中央与地方、整体与局部的关系，想问题、作决策、办事情，坚持全国一盘棋，坚持在大局下行动。坚决反对有令不行、有禁不止、"上有政策、下有对策"，坚决防止和纠正地方保护主义和分散主义。增强忧患意识，就是要始终保持清醒的头脑，清醒地看到前进道路上的困难和风险，忧党、忧国、忧民，常怀远虑，居安思危，未雨绸缪。立足于把自己的事情办好，珍惜、维护、发展来之不易的大好局面，进一步巩固党的执政地位。

二是要紧紧围绕加快发展加强领导班子思想政治建设。发展是党执政兴国的第一要务，是最大的政治。领导班子思想政治建设必须紧扣发展这个根本任务来进行，用全面建设小康社会的宏伟目标来统一意志、协调行动，把班子每个成员的积极性、创造性和注意力都集中到兴区富民的发展上，做到聚精会神谋发展，团结一致搞建设，把领导班子思想政治建设的成果体现到加快发展的成效中。各级党委、政府要进一步解放思想，更新观念，强化发展意识，按照十六大要求，结合实际，完善发展思路，艰苦奋斗，真抓实干，创造性地开展工作，在加快发展的实践中不断提高领导班子思想政治建设的水平。

三是要努力提高在社会主义市场经济条件下领导现代化建设的能力。我们党是执政党，党的各方面建设，最终都应该体现到提高党的执政能力上来，体现到巩固党的执政地位上来。加强领导班子思想政治建设，必须体现到各级领导班子执政能力和领导水平的提高上来。随着改革的日益深入和开放的日益扩大，各级领导干部都面临许多过去未曾遇到过的新情况、新问题，必须把提高领导干部的执政能力和领导水平作为领导班子思想政治建设的重要任务来抓。提高领导班子的执政能力，准确识人用人，形成正确的用人导向十分关键。要认真贯彻执行《党政领导干部选拔任用工作暂行条例》，坚持标准，扩大民主，严格程序，加强监督，真正把那些德才兼备、靠得住、有本事、肯干事、能干成事的优秀干部特别是优秀年轻干部选拔任用到各级领导班子中来。

四是要切实改进领导班子的作风。加强作风建设，根本是要牢记"两个务必",坚持立党为公、执政为民,把实现、维护和发展人民群众的根本利益作为一切工作的出发点和落脚点。各级领导干部要牢固树立民本意识,把实现人民的长远利益同当前利益结合起来,正确处理解决经济社会发展重大问题与帮助群众解决实际困难的关系,时刻把群众的安危冷暖挂在心上,对涉及群众切身利益和实际困难的事情,尽心竭力去办。要进一步落实责任制,切实加强领导班子的党风廉政建设。要进一步建立健全权力监督制度和机制,"一把手"要带头接受监督。

五是要自觉维护领导班子的团结,认真贯彻民主集中制。团结出凝聚力、出战斗力、出新的生产力。领导班子一旦在团结方面出了问题,则事业难以发展,干部难以成长,损失不可估量。各级领导干部一定要像爱护自己的眼睛一样维护领导班子的团结,自觉做到"注重事业、淡泊名利,心胸坦荡、平等待人,彼此尊重、加强沟通,遵章守纪、接受监督。"加强团结,关键是要认真贯彻执行民主集中制,按照"集体领导、民主集中、个别酝酿、会议决定"的原则,正确处理集体领导与分工负责的关系、"班长"与班子成员的关系,健全领导班子内部的工作分工、议事决策规则和程序,用制度规范领导活动。要坚持民主生活会制度,提高民主生活会质量。班子成员之间要经常交流思想、交换意见,坦诚地开展批评和自我批评,通过谈心交心达到同心,通过理解谅解消除误解,使班子内部始终保持互相信任、互相支持、互相谅解、互相补台的良好氛围。"一把手"在一个地区的领导班子中处于核心地位,起着关键作用。加强领导班子思想政治建设,"一把手"是关键。"一把手"要以坚强的党性、良好的作风、规范的制度和人格魅力抓班子带队伍,从思想、政治、组织、作风、制度等方面把领导班子和干部队伍建设好。"一把手"意味着责任重大,一定要有肩负重任、身受重托的光荣感,奋发进取、为民造福的使命感,切实负起全面领导的责任,真正做到守土有责、恪尽职守。要结合实际创造性开展工作,把对上负责与对下负责统一起来,真抓实干、敢抓敢管,不回避矛盾,不推卸责任,让上级党委放心,让人民群众满意。"一把手"要以身作则,做学习的表率,勤奋工作的表率,团结的表率,发扬优良传统的表率,清正廉洁的表率。要始终保持共产党人的蓬勃朝气、昂扬锐气、浩然正气,以主要领导干部应有的精神和风范来影响和带动班子成员,影响和带动党员干部,

[927]

影响和带动人民群众，共同推进各项事业。

四、加强对兴起学习贯彻"三个代表"重要思想新高潮的组织领导

兴起学习贯彻"三个代表"重要思想新高潮，领导干部是关键。一方面，领导干部要以身作则，自觉用"三个代表"重要思想武装头脑，学在前面，用在前面，切实做到真学、真懂、真信、真用。各级党委(党组)中心组要制定学习计划，加强督查，通过议专题、听报告、搞调研、写心得等多种形式，系统认真组织好各级领导干部"三个代表"重要思想学习，特别是重点抓好县(处)级以上领导干部的学习，并以此推动全党全社会把学习贯彻"三个代表"重要思想新高潮引向深入。

另一方面，领导干部还要切实抓好本地区、本部门基层干部群众的学习教育活动，真正做到一级抓一级，一级促一级。要切实组织好"三个代表"重要思想的宣讲教育。凡有一定文化和阅读能力的党员干部，都要认真学习《"三个代表"重要思想学习纲要》。对文化水平低的党员干部，要进行通俗易懂的讲解。特别要注意抓好新经济组织、离退休人员、下岗人员、流动人口中党员的学习。要重视青年学生的理论武装工作，推动"三个代表"重要思想进教材、进课堂、进学生头脑。要利用基层党校、干校、夜校、社区学校、基层文化阵地等多种平台，充分发挥报刊、广播电视等大众传媒的作用，宣传好"三个代表"重要思想。

（选自在盟市厅局主要领导干部学习贯彻"三个代表"
重要思想专题研讨班上的讲话）

坚持立党为公执政为民
加快我区经济社会发展

(2004 年 6 月 30 日)

在纪念中国共产党建党 83 周年之际,回顾党走过的历程,我们更加深刻地体会到,坚持把立党为公、执政为民作为一切工作的出发点和落脚点,是党带领人民取得胜利的根本保证。当前,全国上下正在深入贯彻党的十六大和十六届三中全会精神,树立和落实科学的发展观和正确的政绩观,为实现全面建设小康社会的宏伟目标而不懈努力。各级党组织和广大党员干部,要不断增强执政为民的宗旨意识和加快发展的紧迫感,切实提高抓第一要务的素质和能力,大力推进全区经济社会发展。

一

我们党 80 多年的光辉历史,就是一部为最广大人民翻身解放、当家作主,为最广大人民谋利益的奋斗史。新民主主义革命时期,中国共产党人在革命中与人民水乳交融、相濡以沫,甚至不惜牺牲自己的生命,领导人民夺取政权,建立了社会主义新中国。社会主义建设中,我们党始终坚持了为人民服务的宗旨。改革开放初期,邓小平同志就指出:"中国共产党员的含意或任务,如果用概括的语言来说,只有两句话:全心全意为人民服务,一切以人民利益作为每一个党员的最高准绳。"世纪之交,江泽民同志站在时代高度,创造性地提出了"三个代表"的重要思想,指出贯彻"三个代表"重要思想,关键在坚持与时俱进,核心在坚持党的先进性,本质在坚持执政为民。以胡锦涛同志为总书记的党中央,坚持以人为本,把在各项工作中是否全面体现立党为公、执政为民作为衡量有没有真正学懂、是不是真心实践"三个代表"重要思想的最重要的标志。党的十六大明确提出,要在本世纪头二十年,集中力量,全面建设惠及十几亿人口的更高水平的小康社会,使经济更加发展、民主更加健全、科教更加进步、文化更加繁荣、社会更加和谐、人民生活更加殷实。全区各级党组织和广大共产党员要按照全面建设小康社会的要求,大力推进自治区改革开放和现代化建设,用实际行动实践立党为公、执政为民宗旨。

二

坚持执政为民,首先要抓好发展这个第一要务。改革开放以来特别是近年来,自治区党委、政府按照党中央、国务院要求,进一步完善发展思路,经济社会发展步伐明显加快。2002 年,全区生产总值增长 12.1%。2003 年增长 16.3%,总量突破 2000 亿元,人均 1055 美元,固定资产投入完成 1208 亿元,增长 68.9%。财政收入完成 257.6 亿元,增长 28.1%。随着经济的快速发展,人民生活水平也明显提高。城镇居民人均可支配收入增长 15.9%,农牧民人均纯收入增长 8.7%。今年上半年,我区经济承接了去年以来的大好来势,继续保持良好的发展态势。1—5 月份,全区生产总值增长 18.7%,财政收入增长 44.4%,城镇居民人均可支配收入增长 19.2%。这一切充分表明,只有切实加快发展,才能更好地坚持执政为民。

当前,我区同全国一样,人均 GDP 超过 1000 美元。国际发展经验表明, 人均 GDP 在 1000—3000 美元是从低收入国家水平向中等收入国家水平迈进的阶段,是极为重要的历史阶段。其突出的特点是,经济可能会保持一个较长时期的持续快速增长,国民整体素质可能会有一个明显提高。但在这个阶段也是矛盾多发时期,如果处置不当,也可能丧失发展机遇,导致经济社会徘徊不前。各级一定要引导好、保护好、发挥好广大干部群众加快发展的积极性,巩固和发展大好来势,防止经济出现大起大落,努力使经济发展保持一个较长的快速增长期。

继续保持经济发展的大好来势,我区面临着良好的发展机遇。除了国家实施西部大开发战略、我国加入世贸组织机遇外,对我区一个现实的机遇就是可以为缓解国民经济"瓶颈"制约作贡献。我区煤炭资源富有,2002 年煤炭产量 1 亿吨,去年 1.5 亿吨,今年达到 2 亿吨,到 2010 年前要达到 5 亿吨。我区电力建设成本比较低,发电成本低,具有很强的竞争力。我区呼伦贝尔市石油资源近期可以形成 100 万吨的生产能力,神华集团煤制油项目经过大量的前期准备,今年正式动工。我国目前处于重化工阶段,出现了煤、电、油、运等瓶颈制约,我区应充分利用自己的资源丰富优势,顺应该阶段全国发展对资源的迫切要求,加快资源转换步伐,做大做强优势特色产业,使我区经济持续快速健康协调发展。

中央提出,本世纪头二十年是我国应当抓住并且可以大有作为的战略机遇期。对我们自治区来讲,2007 年是自治区成立 60 周年,我们应当给人民一份比较满意的答卷。我区的经济发展应该更快更好一些,人民得到的实惠应该更多一些,城乡发展变化应该更大一些。

三

执政为民,必须坚持以人为本,牢固树立和落实科学的发展观。加快内蒙古发展,必须坚持以科学发展观为指导,要把"五个统筹"的要求贯穿到经济社会发展中去。

在大力发展城市经济的同时,要高度重视"三农"问题。"三农"问题是全面达小康的重点、难点。必须统筹城乡协调发展,逐步消除城乡二元结构。工业化和城市化的推进,决不能以牺牲农民利益为代价。要充分发挥工业化、城市化对农牧业和农村牧区经济的带动作用,培育中心城市,增强城市的实力,促进城乡经济共同发展。要认真落实中央和自治区扶持农牧业发展的政策措施,大力调整农牧业结构,积极推进农牧业产业化,促进农牧业增产增效和农牧民增收。

在加快优势地区发展的同时,要高度重视非优势地区的发展。地区经济发展不平衡是经济发展过程中的普遍规律。要坚持重点论,继续鼓励和支持呼、包、鄂等优势地区加快发展,带动全区整体经济的较快增长。同时,要把非均衡发展和协调发展有机统一起来,在鼓励优势地区率先发展的同时,采取适当措施支持非优势地区特别是农牧业比重大、工业化进程较慢地区的发展。非优势地区要从自身实际出发,积极探索加快发展的路子。

在坚持经济建设为中心的同时,要高度重视各项社会事业的发展。2003 年春发生的 SARS 危机,对我区是一次严峻的考验。实践教育我们,在促进经济增长的过程中,我们不仅要关注经济指标,而且要关注人文指标、资源指标、环境指标;在不断扩大经济建设规模的过程中,要按照社会主义文化建设的纲领,解决好科技、教育、文化、卫生等社会事业发展相对滞后的问题。

在积极鼓励一部分地区、一部分人先富起来的同时,要高度重视先富带后富,最后共同富裕。允许先富,但不搞两极分化;允许差别存在,但不能贫富过分悬殊。从体制、机制、政策、税收等方面促进中等收入阶层的扩大。重视就业再就业和社会保障工作,特别要高度关注城乡贫困人口的生活,注意解决好城市帮困和农村牧区扶贫问题。

在加快经济社会发展的同时,要高度重视人口、资源和环境问题。计划生育是我国的基本国策。要继续稳定低生育水平不断提高人口素质。内蒙古是国家重要的生态屏障。近年来,我区的生态建设和生态恢复取得了明显成效,但生态环境仍很脆弱,生态建设的力度、生态保护的力度还要继续加大。要大力发展农区畜牧业,严格控制草原畜牧业,减少草原载畜量。内蒙古是资源富集地区,要采用先进的技术和技术装备,搞好深度加工,提高资源的开发和综合利用水平。

在充分发挥我区自身优势的同时,要高度重视扩大对内对外开放,全面提高对内对外开放水平。要进一步加大招商引资的力度,千方百计吸引国内外资金、技术和人才参与我区的开发与建设。要充分利用口岸优势,大力发展加工贸易和出口贸易。要充分利用地缘优势,不断加大与俄、蒙的经济合作,特别是要在开发境外资源和境外市场上下功夫。要加强与国内发达地区和周边地区的横向联合,谋求共同发展的合作途径。

(原载《内蒙古日报》)

把求真务实的精神和作风
贯彻落实到各项工作中去

(2004 年 8 月 10 日)

　　坚持求真务实,是我们党一贯倡导和发扬的优良作风。以毛泽东同志为主要代表的第一代中国共产党人,坚持和发扬求真务实精神,把马克思主义普遍真理与中国革命具体实际相结合,开创了中国革命和建设的正确道路,创立了中华人民共和国,在一穷二白的基础上取得了社会主义建设的辉煌成就。以邓小平同志为主要代表的第二代中国共产党人,坚持和发扬求真务实精神,从我国社会主义初级阶段的基本国情出发,紧紧抓住"什么是社会主义、怎样建设社会主义"这个根本问题,进行了一系列艰辛探索,开创了建设中国特色社会主义的崭新道路。以江泽民同志为主要代表的第三代中国共产党人,坚持和发扬求真务实精神,高举邓小平理论伟大旗帜,全面贯彻"三个代表"重要思想,开拓了马克思主义的新境界,取得了改革开放和现代化建设的新胜利。在新的历史条件下,以胡锦涛为总书记的党中央再次强调要大力弘扬求真务实精神、大兴求真务实之风,指出:"我们党 80 多年的历程充分表明,求真务实是党的活力之所在,也是党和人民的事业兴旺发达的关键之所在。什么时候求真务实坚持得好,党的组织和党员干部队伍就充满朝气和活力,党和人民的事业就能顺利发展;什么时候求真务实坚持得不好,党的组织和党员干部队伍就缺乏朝气和活力,党和人民的事业就受到挫折。""在全党大力弘扬求真务实精神、大兴求真务实之风,关键是要引导全党同志不断求我国社会主义初级阶段基本国情之真,务坚持长期艰苦奋斗之实;求社会主义建设规律和人类社会发展规律之真,务抓好发展这个党执政兴

[933]

国的第一要务之实;求人民群众的历史地位和作用之真,务发展最广大人民根本利益之实;求共产党执政规律之真,务全面加强和改进党的建设之实。"全区各级党组织和党员领导干部要认真学习领会锦涛同志关于坚持求真务实的重要论述,充分认识大力弘扬求真务实精神的极端重要性,自觉地在各项工作中大力弘扬求真务实精神、大兴求真务实之风。

把求真务实的精神和作风贯彻到加快发展的各项工作中

近几年,我区经济发展已开始步入快车道,2002 年 GDP 增长了12.1%,2003 年达到 16.8%,今年上半年又达到 18.7%。能不能把这种好的发展势头保持下去,在统筹城乡发展、区域发展、经济社会发展、人与自然和谐发展、国内发展和对外开放中,实现一个较长时期和较高质量的快速增长期,对我们各级领导干部是一次严峻挑战和考验。如果把握得好,按目前这样的势头发展五年、七年乃至十年,我区经济总量就会做大,抗风险能力就会增强,经济社会发展就会进入良性循环;如果把握不好,经济社会发展就会出现波折,干部群众的积极性将会受到挫伤。因此,在这样的重要关口,更需要我们以求真务实的精神审时度势、把握全局、扎实工作。

第一,要深入准确地把握区情。发展自己首先要认识自己。自治区第七次党代会以来,我们不断深化对区情的认识,重新审视自治区的发展条件,制定和逐步完善自治区的发展思路。自治区区域范围很大,各地的发展条件和基础有很大差异,各地一定要从自己的实际出发,来研究完善符合当地实际的发展思路、发展重点,切忌盲目跟风,切忌盲目攀比。

第二,要科学敏锐地把握机遇。当前,我们面临的机遇不少,关键看我们怎么去认识和把握。今年以来,自治区党委、政府在分析宏观经济形势时指出,我区除国家实施西部大开发和加入 WTO 的机遇外,还面临国家宏观调控带来的现实而难得的机遇。国家宏观调控是有保有压,是"加强"和"控制"并举。从"加强"来看,国家提出要加强农业生产,加快能源、交通建设,缓解煤、电、油、运的瓶颈制约。这就为我区发挥资源优势,做大做强优势产业,形成优势产业群提供了机遇;从"控制"来看,压缩一些生产规模小、技术层次低、资源消耗大、环境污染重的企业,有利于我区优化产业结构,提升产业层次,增强经济发展后劲。从全国和我区来看,去年人均 GDP 超过 1000 美元,这既是关口也是机遇。这一时期,消费升级、经济结构调整加速,城市化进程加快,为经济快速发展提供了更大的空间。此外,从目前固定资产投入及财政收入占 GDP 的比例来看,我区已经属于国民收入流入区,预示着我区经济将加速发展。我们一定要以求真务实的精神,科学敏锐地把握发展机遇,乘势推动我区经济快速、持续、协调、健康发展。

第三,要自觉地遵循规律。认识规律、把握规律、遵循规律和运用规律,是坚持求真务实的根本要求。规律是客观存在的,不以人的意志为转移,只能顺应、尊重和把握而不能违背。近两年,我区经济发展比较快比较好,一个很重要的原因是我们能够遵循规律,按客观规律办事。比如,我们按照非均衡发展规律的要求,积极支持呼包鄂等优势地区率先发展,不仅使这三个地区成为全区经济的重要增长极,而且通过这三个地区的率先突破,带动其它地区。再比如,对人与自然和谐发展的规律,前些年由于连续干旱,加上过垦、过牧造成草原沙化,付出了很大代价。痛定思痛,在国家支持下,这几年大搞退耕还林还草,搞"围封转移",搞天然林保护,搞畜牧业生产方式的转变,已经初见成效。这些年来,在遵循规律问题上,自治区党委、政府是比较清醒和自觉的。在推进"三化"进程中,我们强调要理性推进工业化,理性推进城镇化。在经济形势趋好时,我们强调要少一些轻浮的喜悦,多一些冷静的审视,做冷静的促进派。现在,自治区经济社会发展的势头很好,各族干部群众的积极性很高。越是在这个时候,越要注意把握规律,按规律办事,减少工作的盲目性。强调遵循规律,并不是要把大家的手脚束缚起来,而是要求学会善于认识和把握规律,只要符合规律的事就坚定去干,不符合规律的事坚决不做。

把求真务实的精神和作风贯彻到党的建设各项工作中

以求真务实精神抓好党的建设,在党的思想、组织、作风和制度建设中体现求真务实,这是大力弘扬求真务实精神的重要内容,也是大兴求真务实之风的根本保证。

在思想政治建设上,要求理论武装之真,务指导实践之实。求理论武装之真,就是要改变那种空谈理论、空喊口号、脱离实际、照本宣科的教条式做法,探索新的历史条件下用科学理论武装广大党员干部的规律和方法,使党的理论、方针、政策切实入脑入心。务指导实践之实,就是要着眼于对实际问题的理论思考,始终用实践第一的观点来分析和处理问题,用科学的理论指导发展中的实践。当前,要坚持不懈地把学习贯彻"三个代表"重要思想新高潮引向深入,把理论学习同我区改革开放和现代化建设的实际有机结合起来,着力抓好武装头脑、指导实践、推动工作三个环节,特别要抓好"执政为民、加快发展"学习教育活动,真正做到学与干、知与行、改造客观世界与改造主观世界的统一。通过学习,使广大党员干部牢固树立马克思主义的世界观、人生观、价值观,树立正确的权力观、地位观、利益观,坚定对建设中国特色社会主义的信念,始终保持共产党人的政治本色;牢固树立科学的发展观和正确的政绩观,增强立党为公、执政为民的意识;牢固树立求真务实的精神和作风,增强按规律办事的意识,使我们的各项工作更好地体现时代性,把握规律性,富于创造性。

在组织建设上,要求领导班子和队伍建设规律之真,务提高领导干部的执政能力之实。求领导班子和队伍建设规律之真,就是要研究班子和队伍建设的内在规律,进一步改革和完善干部选拔任用制度,形成正确的用人导向。务提高领导干部的执政能力之实,就是要注重加强领导干部的执政能力建设,不断提高科学判断形势、驾驭市场经济、应对复杂局面、依法执政和总揽全局的能力。要建立健全科学合理的制度、标准和方法,全面准确地评价干部的工作业绩,把德才兼备、实绩突出、群众公认的优秀干部及时选拔到领导岗位上来,使勤政为民、求真务实的干部得到褒奖和重用,使好大喜功、弄虚作假的干部受到批评和惩戒。要注重考察干部的实际能力,大胆启用那些政治上靠得住、业务上有本事和肯干事、干成事的干部。要以提高执政能力为中心,加强干部的培养和锻炼工作,使各级干部在学习和实践中掌握新知识,积累新经验,增长新本领。

在作风建设上,要求与人民群众保持血肉联系之真,务维护和发展人民根本利益之实。求与人民群众保持血肉联系之真,就是要用唯物史观来武装广大党员干部的思想,探索新形势下密切联系人民群众的方式方法。务发展最广大人民根本利益之实,就是要把维护人民群众的根本利益作为各项工作的出发点和落脚点，竭尽全力为最广大人民谋利益，自觉做到权为民所用，情为民所系，利为民所谋。要经常深入基层、深入群众，特别要深入到农村牧区、灾区和贫困地区、企业生产第一线，特别要到困难大、矛盾多的地方去解决问题，到群众意见大的地方去理顺情绪，尽可能帮助他们排忧解难，用实际行动赢得人民群众的拥护和信赖。狠刹搞脱离实际、劳民伤财的"形象工程"、"政绩工程"，认真解决在征用土地、城镇拆迁、企业下岗职工安置中损害群众利益的问题。要厉行节约，勤俭办一切事情，坚决反对讲排场、比阔气，贪图享乐的奢靡之风。

在制度建设上，要求制度完善之真，务制度落实之实。制度问题更带有根本性、全局性、稳定性和长期性。坚持求真务实，不仅要从思想上强调，而且要从制度上落实，以制度建设和创新予以保证。求制度完善之真，就是要力求使制度规范符合党的建设的实际需要，努力做到党的建设的各项工作都有章可循、有规可依。过去，我们在党的建设方面已经制定了不少制度和规范，如学习制度、调查研究制度、联系群众制度、公开办事制度等，但有些方面仍不够规范和完善，要根据新形势、新任务的发展变化，不断制定新的制度和规范。要增强执行制度的刚性约束，凡是制定的制度规范，都要不折不扣地坚决贯彻执行。要强调在制度面前人人平等，不论职务高低都要受党纪党规的约束，都要做制度和规范的模范执行者，不能允许党内有独立于制度和规范之外的特殊党员。

把求真务实的精神和作风体现到狠抓工作落实中

坚持求真务实，最重要的是见诸实践，付诸行动，取得实效。邓小平同志曾经说过，世界上的事都是干出来的，不干，半点马列主义都没有。以求真务实精神抓好工作落实，关键要把握好以下三点：

一是要保持良好的精神状态。没有好的精神状态，就不会有好的工作状态，抓落实就是一句空话。能否保持一种奋发向上的精神状态、一种团结进取的昂扬斗志、一种坚韧不拔的顽强毅力，这是衡量一个班子、一个集体、一支队伍有没有战斗力的重要标志。一个地区发展的基础和条件固然重要，但精神状态也同等重要。如果不思进取，即使基础和条件好，工作也不会有大的起色。干事业，就得要有一股创业的激情，有那么一股劲和气,干就干实,干就干成。

二是要坚持领导带头。领导干部的职责主要有两条,一是作决策,二是抓落实。从目前情况看,抓决策落实比抓决策制定难度更大。因此,各级领导干部都要把抓工作落实作为履行职责的重要内容,切实增强抓落实的自觉性和责任感。要把领导抓落实和抓领导落实有机结合起来,坚持和完善领导负责制,使各级领导干部在抓落实中亲力亲为,靠前指挥。要切实从文山会海中解脱出来,抽出更多的时间和精力,深入基层、深入群众,抓好决策部署的督促检查,下大力治浮、治懒、治奢、治散。

三是要建立起抓落实的有效机制。"天下大事,必作于细"。抓工作落实是一门艺术,要有科学的态度和正确的方式方法,要建立起一整套抓落实的有效机制。一是量化控制机制,就是要树立量化管理理念,将完成任务的数量、质量意识贯穿于整个工作过程之中,提出完成工作任务的刚性要求,确保保质、保量完成工作任务。二是时效控制机制,就是要牢固树立效率的理念,各项工作都要有明确的时限,什么时间内完成、分几个阶段完成,都要十分明确,说到做到。三是责任控制机制,就是要认真落实目标考核责任,将任务逐级分解到责任领导、责任部门和责任人,同时严格实行检查考评、重大责任追究和表彰激励等制度,使目标、权利、责任相统一,推进抓落实工作向制度化、规范化的方向发展。

(选自在自治区党委中心组读书会上的发言)

坚持科学执政　民主执政　依法执政

(2004 年 12 月 13 日)

一

　　党的十六届四中全会把加强党的执政能力建设作为主题并做出决定。《决定》第一次提出了科学执政、民主执政、依法执政的执政思想,这是一项重大的理论和实践创新。科学执政、民主执政和依法执政,是我们党在总结 55 年来执政治国经验的基础上,对执政理念、执政方略、执政体制和执政方式的最新概括,科学而具体地回答了"怎样执政"这样一个重大而现实的问题。科学执政、民主执政、依法执政的提出,抓住了治国理政的根本,抓住了党的执政能力建设的关键,表明我们党对执政规律的认识达到了一个新的高度,是我们党走向成熟的重要标志。

　　科学是执政的基础前提。科学执政的实质就是用科学的思想、科学的制度和科学的方法领导中国特色的社会主义事业。坚持科学执政,首先要有科学的理论指导。中国共产党作为执政党,在执政实践中,牢固坚持指导思想上的与时俱进, 用发展着的马克思主义指导新的实践。前苏联共产党在勃列日涅夫掌权期间,长期思想僵化、缺乏理论创新。后来,戈尔巴乔夫又走向另一个极端,推行所谓"新思维",搞乱了人们的思想。前苏联共产党在后期较长的执政实践中,失去了正确的理论指导,失去了最广大人民群众的支持,最终失去执政地位。我们在改革和发展中,必须要牢固坚持马列主义、毛泽东思想、邓小平理论和"三个代表"重要思想,用科学理论指导实践。坚持科学执政,必须树立科学的执政理念。胡锦涛同志指出,执政党必须要有科学的执政理念,这就是立党为公、执政为民的理念。人民群众是中国共产党长久执政的基础。必须坚持立党为公、执政为民的宗旨,忠实代表最广大人民的根本利益,把人民的要求转化

[939]

为执政党的执政理念、执政实践,做到为人民掌好权、用好权。坚持科学执政,必须坚持科学的执政体制和执政方式。执政体制具有根本性、基础性和关键性。加强党的执政能力建设,就是要创建有中国特色社会主义执政党的执政体制,使之更能体现党的宗旨、体现市场经济的客观要求、体现民主政治的大趋势,以科学的执政体制优势永葆党的执政青春。执政方式是执政党对国家政权和各项事业的领导方式,实质是党的执政权力通过什么途径和方式来实现的问题。关键是要按照社会主义民主政治的要求,把坚持党的领导、实现人民当家作主和依法治国有机地结合起来,实现党执政方式的科学化、民主化、规范化。

民主是执政的本质所在。民主执政的实质是坚持为人民执政,靠人民执政,以发展党内民主带动人民民主,领导和支持人民当家作主。坚持民主执政,首先要为了人民。这是由党的宗旨决定的执政的根本目的。共产党执政,绝不是为了少数人的利益,也不是仅仅为了保持执政地位。党巩固和坚持执政地位,最终是为了实现全体人民的福祉,为了实现中华民族的伟大复兴。离开人民,党的执政根基就会失去,执政地位就会动摇。我们党执政,就是要通过执掌国家政权来实现人民的意愿,把人民当家作主的权利落到实处。坚持民主执政,必须依靠人民。靠人民执政,是我们党执政的力量源泉。我们党从小到大、由弱到强,直至成为在中国长期执政的党,靠的是人民群众的支持和拥护。在新的历史条件下,我们党要执好政、掌好权,仍然要靠集中人民群众的智慧,组织和动员人民群众团结奋斗。离开人民群众的共同努力奋斗,我们党就不可能实现执政的使命,也不可能巩固执政地位。坚持民主执政,必须接受人民监督。接受人民监督是民主执政的题中之义。十六届四中全会《决定》明确要求"各级党组织和干部都要自觉接受党员和人民群众监督。拓宽和健全监督渠道,把权力运行置于有效的制约和监督之下。"监督权是人民群众民主权利的重要组成部分,也是人民当家作主的实际体现。为了防止少数党员领导干部和国家公职人员滥用公共权力,凌驾于人民之上,保证党始终依照人民的意志行使权力,就必须切实加强人民群众对党组织和党员特别是领导干部的监督。

依法是执政的基本途径。依法执政的实质是坚持依法治国,领导立法,带头守法,保证执法,不断推进国家政治、经济、文化和社会生活的法制化、规范化。坚持依法执政,首先要维护法律的权威。法治社会的主要标志之一是法律的权威性,法是调节社会关系的唯一强制标准。全社会都必须知法守法,任何社会主体都必须在法律框架下活动。党更应该自觉维护宪法和法律的权威,不能允许任何机构和任何个人凌驾于法律之上,以言代法,以权压法。坚持依法执政,就必须合法用权。党的依法执政能力,不仅表现在党自身遵守宪法和法律上,而且还表现在党所领导的国家机关的工作中。现代法治社会中,政党及国家机关的权力,都是人民通过法律途径授予的公共权力。党坚持依法执政,就是要使国家权力机关、行政机关、审判机关、检察机关的各项工作都纳入法制轨道,提高依法办事能力。坚持依法行政,就必须依法治党。执政党掌握大量政治资源,在社会政治体系中处于关键位置,依法执政必先依法治党。一方面是实现党内的法制化,健全和完善各类规章制度、条例条令,实现党务工作的法制化,以内部的法制化管理和法制化建设,带动依法治国和依法行政。另一方面,要理顺党和政府,党和立法机构、司法机构,党和各种社会团体,党和各种经济、社会和文化组织的关系,在依法界定党的权责范围过程中,不断健全和完善相应的法律法规,并通过有关体制的改革和机制的完善,确保法律法规的切实执行。

科学、民主和法制,是人类认识世界和改造世界的重要成果,是社会文明进步的标志。科学执政、民主执政和依法执政,是我们党加强和改进执政方式的重要目标。在实践中坚持科学执政、民主执政、依法执政,不断提高党的执政能力,需要做的工作很多,结合我区实际,突出讲两个问题,一个是领导好发展的问题,一个是构建和谐社会的问题。

二

我们党执政,首要任务就是带领人民推动经济社会发展,不断满足人民群众日益增长的物质文化需要。贯彻好四中全会精神,提高党的执政能力,首先要提高党领导发展的能力。科学发展观是我们党长期艰苦探索的结果, 也是继承和发展党的三代领导核心关于发展的重要思想,从新世纪新阶段党和人民事业发展全局出发提出的重大战略思想。能不能树立和落实科学发展观,是衡量各级领导班子和领导干部执政能力高低的重要标志。不断用科学发展观武装头脑,指导实践,推动工作的过程,就是新世纪新阶段提高党领导发展能力的过程。

一是要在加快发展上下功夫。发展是党执政兴国的第一要务，也是科学发展观的第一要义。只有切实加快发展步伐，才能解决前进中的种种矛盾和问题。我区作为欠发达地区，近年来紧紧抓住西部大开发等战略机遇，不断加大生态建设和基础设施建设力度，积极推进"三化"进程，大力发展优势特色产业，经济社会呈现出良好发展态势，一些重要国民经济指标增长速度位居全国前列，社会各项事业进一步发展，人民生活水平明显提高。但从全国的发展大局中来看，我们的差距还是明显的。解决前进中的矛盾和问题，正确应对各种风险和挑战，唯一的途径就是加快发展。因此，各级领导干部必须认识到，像我区这样的欠发达地区，加快发展是追赶发达地区的必然的理性选择，必须始终坚持"发展是硬道理"、"能快就不要慢"的思想，聚精会神搞建设，一心一意谋发展，努力保持自治区经济发展的大好来势。

二是要在统筹兼顾、协调发展上下功夫。坚持统筹兼顾、协调发展是贯彻科学发展观的根本要求。要按照中央提出的五个统筹要求，结合我区实际，抓好落实。比如，在统筹城乡发展上，必须进一步发挥中心城市作用，做大做强城市经济，同时也要通过农牧业产业化、推进城镇化、转移农村牧区人口等方式，千方百计促进农牧业发展和农牧民增收，走以城带乡、以工促农、城乡互动、协调发展的路子。又比如，在统筹区域发展上，我们既要遵循经济发展非均衡规律，不断推进优势地区跨越式发展，以带动全区整体经济实力的提高。同时要采取得力措施支持欠发达地区加快发展，特别要重视农牧业基础较好，工业基础较弱的东部地区的发展问题。还比如，在统筹人与自然上，必须处理好经济发展与生态环境保护的关系，达到经济发展与生态好转双赢的目的。必须进一步提高资源的综合利用水平，发展循环经济等。

三是要在因地制宜、分类指导上下功夫。内蒙古地域广阔，各地发展基础和发展条件差异很大，必须按照科学发展观的要求，实事求是，因地制宜，分类指导，走符合当地实际的发展路子。当前，全区上下加快发展的热情很高，要千方百计保护好、引导好、发挥好广大干部群众的积极性。同时要着力避免两种倾向，一种是盲目乐观、盲目自信、小富即满、小进即安的倾向。对保持较长的快速增长期理解不够，对提高综合竞争能力认识不足。另一种不顾自身的客观条件,出现盲目攀比、盲目跟进的浮躁、急躁情绪。要引导各地认真分析自身的优势和劣势,从实际出发,既要奋发有为,又量力而行,既要立足当前,又要着眼长远,促进地区经济持续快速健康协调发展。

四是要在完善党领导经济工作的体制、机制和方式上下功夫。四中全会《决定》指出:"党领导经济工作,主要是把握方向,谋划全局,提出战略,制定政策,推动立法,营造良好环境。"这六个方面的任务,集中体现了党领导经济工作主要是把方向、管全局、抓大事,就是通过运用正确的理论、路线、方针、政策和策略,领导制定和实施法律,提出奋斗目标、任务,指导经济社会发展和改革开放。正确认识和处理党委和政府的关系,既着眼于理顺党政关系,又着眼于形成党政合力,从整体上提高党领导经济工作的水平。涉及国民经济和社会发展规划、重大方针政策、工作总体部署以及关系国计民生的重要问题,由党委集体讨论决定,经常性工作由政府及其所属部门按照职责权限决策和管理。按照社会主义市场经济内在要求和运行特点,善于用经济和法律手段管理经济活动。党委要推动政府改革和完善管理经济方式。政府要加快职能转变,真正实现政企分开、政资分开、政事分开,集中精力抓好经济调节、市场监督、社会管理和公共服务。进一步把不该由政府管的事交给企业、社会组织和中介机构,以利于更大程度地发挥市场在资源配置中的基础性作用。

三

构建和谐社会,是中国特色社会主义的重要目标和应有之义,也是巩固党的执政基础、实现党的执政使命的必然要求。古今中外,任何一个国家只有社会和谐稳定,才能实现经济社会发展和人民安居乐业。十六大报告提出,全面建设小康社会,就是使社会更加和谐,努力形成全体人民各尽所能、各得其所而又和谐相处的局面。四中全会《决定》第一次明确提出构建社会主义和谐社会,这既体现了科学发展观的要求,也体现了我们党科学执政、民主执政、依法执政的要求,是进入发展关键时期更好地把握全局、持续推进经济社会发展的战略需要。

提高党的执政能力,必须着力提高处理各种社会利益关系,解决社会矛盾,从根本上维护最广大人民根本利益的能力,这里的利益既包括物质利益,也包括政治、文化利益。因此,推进三个文明建设与构建社会主义和谐社会是一致的。不论是发展社会主义市场经济也好,发展社会主义民主政治和先进文化也好,最终都要落实到社会主义和谐社会这一载体上来。社会主义和谐社会只能在三个文明协调发展中得以实现,构建社会主义和谐社会的过程就是三个文明协调发展的过程。

构建社会主义和谐社会,是一个庞大的社会系统工程,需要做的事情很多,从我区实际出发,要突出做好以下几点。

一是高度重视群众生产生活问题。物质利益是最根本的利益,是其它一切利益的基础。建设社会主义和谐社会,首先要大力发展生产力,增加社会财富,特别是要高度重视群众的生产生活,不断提高他们的物质生活水平,使他们真正享受改革开放带来的成果。近年来,自治区党委高度重视改善人民群众的生产生活,千方百计增加城乡人民的收入。在城市发展中,我们强调不仅要把产业做大、环境建美,同时要让老百姓的腰包鼓起来;在农村牧区工作中,我们始终把增加农牧民收入作为解决"三农"问题的重中之重来抓。经过各级的努力,人民群众的收入水平有了较大的提高,但同全国特别是发达地区相比较,还有相当的差距。这就要求各级党委、政府在做决策、抓工作时,一定要把实现好、维护好、发展好最广大人民的根本利益,特别是把提高人民物质生活水平、让他们得到更多实惠,作为衡量决策正误、工作优劣的重要标准。尤其要关心弱势群体,要采取得力有效的措施,解决农村牧区贫困人口和城镇下岗职工和特困居民以及灾区群众的生产生活问题,让他们真正体会到党和政府的温暖。

二是通过民主和法律的手段协调好各方面利益关系。随着改革开放的深入和市场经济的发展,利益主体和利益关系日益多元化、多样化、复杂化。当前表现最突出的就是人民内部矛盾大量涌现,群体性事件不断增多。这已成为影响社会和谐稳定的重要因素。实践证明,调整不同阶层、不同群体的利益关系,妥善处理好新时期的人民内部矛盾,最大限度地预防和减少群体性事件,靠行政命令是行不通的,必须要充分发扬民主,严格依法办事。充分发扬民主就是要坚持党的群众路线,用民主的态度、民主的方式、民主的办法来解决问题。要注意听取各方面的意见特别是利益受损失群体的意见，真正关心重视他们的切身利益，善于用说服教育、示范引导、提供服务的方法做好群众工作，引导他们正确处理个人利益与集体利益、局部利益与整体利益、当前利益与长远利益的关系。严格依法办事就是坚持用法律、用制度办事，杜绝随意行为。要不断完善社会管理政策法规体系和社会利益协调机制，建立健全党委领导、政府负责、社会协同、公共参与的社会管理格局。要充分发挥党的基层组织、基层政权组织和群众自治组织在协调利益、调解纠纷、化解矛盾方面的作用。要加强法律的宣传教育，引导广大群众正确行使民主权利，以理性合法的形式表达利益要求，解决利益矛盾，自觉维护社会和谐稳定。

三是不断满足人民群众日益增长的精神文化需求。先进文化是和谐社会的重要内容，也是提高执政党凝聚力的精神保证。人类历史证明，文化先进与否，是影响一个民族、国家和地区发展活力强弱、文明进步快慢的重要因素。当前，要结合"热爱内蒙古、建设内蒙古"和"弘扬和培育民族精神、全面建设小康社会"的思想教育活动，充分调动各方面积极因素，进一步激发全社会的创造活力，使一切有利于社会进步的创造愿望得到尊重、创造活动得到支持、创造才能得到发挥、创造成果得到肯定，在全社会形成支持人干事业、鼓励人干事业、保护人干事业的氛围。要进一步解放和发展文化生产力，大力发展文化产业。发展文化产业是市场经济条件下繁荣社会主义文化、满足人民精神文化需求的重要途径。从目前情况看，我区的文化产业在规模结构、市场运作、开发水平等方面，同发达地区相比还有较大差距。要进一步加大体制创新、资源整合和优化配置的力度，加快文化企事业单位的市场化、社会化步伐。要积极开展各种群众性精神文明创建活动，大力发展企业文化、社区文化、校园文化、广场文化等，丰富人民群众的业余文化生活。要进一步加强城乡文化基础设施建设，健全文化设施网络，为自治区文化的繁荣发展提供阵地。

（选自在自治区党委中心组读书会上的发言）

着力构建教育制度监督并重的
惩治和预防腐败体系

(2005 年 1 月 15 日)

    中共中央《建立健全教育、制度、监督并重的惩治和预防腐败体系实施纲要》,明确提出要坚持标本兼治、综合治理、惩防并举、注重预防的方针,建立健全与社会主义市场经济体制相适应的教育、制度、监督并重的惩治和预防腐败体系。这是党中央从巩固党的执政地位的全局出发,在深化对党的执政规律和反腐倡廉工作规律认识的基础上,为做好新形势下的反腐倡廉工作做出的重大战略决策,其核心是要坚持以治本为主,进一步加大预防腐败的力度,从源头上防治腐败。《纲要》的出台,体现了我们党在拒腐防变指导思想上的与时俱进,标志着我们党在反腐倡廉的体制、机制、制度建设方面又迈出了新的一步。当前和今后一个时期,全区党风廉政建设和反腐败工作的重点,就是要认真贯彻落实好《纲要》精神,着力构建教育、制度、监督并重的惩治和预防腐败体系,努力开创反腐倡廉工作新局面。

    第一,坚持施教于先,筑牢拒腐防变的思想道德防线。大量事实说明,放松世界观的改造,背弃理想信念,思想蜕化变质,是一些领导干部堕入腐败深渊、走上违法违纪道路的根本原因。因此,必须把反腐倡廉教育作为防治腐败的基础性工作抓紧抓好。最近,中央决定从今年 1 月开始,用一年半的时间,在全党开展以学习贯彻"三个代表"重要思想为主线,以提高党员思想觉悟为主题,以提高党的执政能力为着眼点,以党要管党、从严治党为方针的保持共产党员先进性教育活动。各级要抓住这个有利时机,把反腐倡廉教育纳入到党员先进性教育活动之中,切实抓好反腐倡廉各项基础性、根本性教育,在广大党员干部特别是领导干部中深入开展理想信念教育,法规纪律教育,世界观、人生观、价值观教育,权力观、利益观、政绩观教育和革命传统教育,使广大领导干部牢记立党为公、执政为民这一本质要求,常修为政之德、常思贪欲之害、常怀律己之心,切实做到勤政为民、廉洁从政。要切实增强教育的针对性和实效性,注意研究和把握容易产生腐败问题的部门、岗位和人员的思想动态,有针对性地进行提醒和教育。要利用正反两方面的典型,加大对党员干部宣传教育的力度。牛玉儒同志的先进事迹在全国引起了强烈反响,要抓住身边这个优秀典型,在全区深入开展向牛玉儒同志学习活动,引导广大党员干部自觉以牛玉儒同志为楷模,做党的好干部、人民的贴心人。要坚持惩治和教育一起抓,利用肖占武等反面典型深入开展警示教育,引导广大党员干部从中吸取教训,切实做到自重、自省、自警、自励。

第二,加强制度建设,充分发挥制度在惩治和预防腐败中的保证作用。制度不健全、不完善、不落实,是滋生腐败的重要原因。必须把制度建设作为防治腐败的重要工程抓紧抓好,真正做到制度建设与反腐倡廉决策相统一,制度建设进程与反腐倡廉进程相适应,制度建设与从政道德建设相结合,党内制度建设与国家法制建设相协调。已经建立的制度要完善和巩固,使之充分发挥作用;缺乏相应配套措施的,要抓紧健全和完善;现实迫切需要但尚未制定的,要及时研究制定。要按照胡锦涛同志提出的要求,抓紧建立健全以下几方面的相关法规制度。一是建立健全从决策到执行全过程的科学决策和民主监督的程序和制度。二是建立健全党委常委会向全委会负责、报告工作和接受监督制度。三是建立健全充分反映党员和党组织意愿的党内民主制度。四是健全巡视制度。五是进一步完善政务公开、厂务公开、村务公开等办事公开制度。六是建立健全有关廉洁从政的法律制度。

第三,强化监督,确保权力的正确行使。监督不到位,是腐败现象易发多发的重要原因。要按照权力制约的特点和决策、执行、监督相协调的要求,把对权力的科学配置与对干部有效监督结合起来,建立健全依法行使权力的制约机制。加强对领导机关、领导干部特别是领导班子主要负责人的监督,认真检查党的路线、方针、政策和决议的执行情况,民主集中制及领导班子议事规则的落实情况，认真落实领导干部重大事项报告、述职述廉、民主评议、谈话诫勉等制度。加强对重点环节和重点部位权力行使的监督。在选人用人上，严格按《党政领导干部选拔任用条例》规定的原则、标准、程序、纪律办事，切实加强对推荐、提名、考察考核、讨论决定等各个环节的监督，坚决防止跑官要官、买官卖官现象的发生，杜绝有问题的干部带"病"上岗、带"病"提职。要加强对管钱管物部门的监督，严格财经纪律和办事程序，坚持收支两条线，进一步规范财政资金和各种专项资金的管理，下大力清理各类"小金库"，坚决禁止违规乱收费、乱摊派和挪用专项资金。要健全国有资本投资决策和项目法人约束机制，完善国有企业法人治理结构，加强对资本运营各个环节的监督，强化金融监管。要把党内监督与党外监督结合起来。认真落实《中国共产党党内监督条例》和《中国共产党纪律处分条例》，建立健全党内监督的各项制度，充分发挥党内民主，畅通民主渠道，保障党员的知情权、参与权、监督权。积极支持和保证人大监督、政府专门机关监督、司法监督、政协民主监督、社会监督，扩大公民有序的政治参与，形成监督合力。要把事前、事中和事后监督结合起来，在不同阶段采取不同的监督措施，确保领导干部的权力运行到哪里，有效监督就实行到哪里，真正形成权力运行的全方位监督格局。

第四，正确处理预防与惩治的关系，切实加大查办案件的力度。惩治和预防，是反腐倡廉相辅相成、相互促进的两个方面。惩治有力，才能增强教育的说服力、制度的约束力和监督的威慑力。必须把严格查处腐败行为，作为防治腐败的重点任务抓紧抓好。各级纪检监察机关要采取更加有力的措施，切实加大案件查办力度，切实纠正一些地方和部门瞒案不报、压案不查、查办不力、处理不严的问题。按照中央要求，当前和今后一个时期，要重点查处发生在领导机关和领导干部中滥用权力、谋取私利的违法违纪案件，严肃查处违反政治纪律的案件，利用审批权、人事权、司法权违纪违法的案件，受贿、行贿、挪用公款的违法案件，失职渎职、严重损害国家利益的案件，以权谋私、严重损害群众利益的案件。在案件查办过程中，不管涉及到哪个部门、什么职务级别的人，都要一查到底，对顶风作案的要依纪依法从严惩处。各级纪检监察机关要切实增强查办案件的敏锐性和主动性,善于寻找案件线索,做到及时发现、及时查处。要通过坚决、严厉地查处各种腐败案件,震慑腐败分子,鼓舞人民群众的斗志。同时,针对案件中暴露出的问题,深入剖析,举一反三,查找深层次的原因和问题,建章立制,堵塞漏洞,发挥好查办案件在治本方面的建设性作用。

第五,以改革统揽预防腐败的各项工作,努力从源头上防治腐败。要通过深化改革、创新制度,注重从源头上预防和解决腐败问题,着力减少腐败现象滋生蔓延的土壤和条件。按照中央要求,坚持社会主义市场经济的改革方向,更大程度地发挥市场在配置资源中的基础性作用;改革和完善党的领导体制和工作机制,提高依法执政水平;推进国家政权机关改革,规范公共权力运作;推进分配制度改革,合理调整国民收入分配格局,处理好效率和公平的关系。从我区实际出发,要进一步加大行政审批制度、财政管理体制、投资体制、干部人事制度"四项改革"的力度。在行政审批制度改革上,要以落实《行政许可法》为重点,凡是可以由市场机制代替的行政审批项目,都要通过市场机制运作。对确需保留的行政审批项目,要建立审批权力的科学分解和相互制约机制,确保权力运行和行政行为的规范、透明与公正。在财政管理体制改革上,要进一步强化预算的约束力,加强专项资金管理,增强资金使用的绩效和安全,规范非税收入的征收与管理,逐步建立和完善公共财政体制。在投资体制改革上,要确立企业的投资主体地位,规范投资的市场化运作,强化对政府投资行为的监督。在干部人事制度改革上,要严格执行《党政领导干部选拔任用工作条例》和《深化干部人事制度改革纲要》,不断扩大群众在干部工作中的知情权、参与权、选择权和监督权,逐步建立和完善与科学发展观、正确政绩观相适应的干部评价考核体系,加大对干部选拔任用工作的监督,坚决防止和克服用人上的不正之风;落实和完善党政领导干部辞职、干部任期、职务与职级相结合等制度;进一步加大干部交流的力度,落实干部交流轮岗等制度,完善干部任职回避制度。要进一步完善建设工程招投标、国有经营性土地使用权出让、产权交易和政府采购"四项制度",努力从制度上、机制上、体制上预防和解决腐败问题。

第六,切实加强领导,把反腐倡廉各项任务落到实处。建立健全惩治和预防腐败体系,推动反腐倡廉工作的深入开展,关键在于加强党的领导。各级党委要切实担负起领导党风廉政建设和反腐败工作的政治责任,把建立健全惩治和预防腐败体系纳入经济社会总体规划,列入党和政府重要议事日程,统一研究,统一部署,统一落实,统一检查。要认真落实党风廉政建设责任制,根据本地区本部门党风廉政建设和反腐败工作的实际,有针对性地提出一个时期的工作目标、任务和措施,明确责任,层层分解。党委主要领导同志要对本地区本部门的党风廉政建设和反腐败工作负总责,班子其他成员也要根据分工,抓好分管部门和单位的反腐倡廉工作。要强化对责任制落实情况的监督和考核,把抓反腐倡廉工作的成效作为评价一个地区、一个部门工作和领导干部政绩的重要内容。要严格责任追究,对那些领导不力、不抓不管致使不正之风长期得不到解决、屡屡出现问题的,必须追究主要领导的责任。要一级抓一级、一级带一级,层层抓落实,把党风廉政建设和反腐败工作的各项任务真正落到实处。

要进一步健全和完善反腐败工作组织协调机制,形成各方面齐抓共管的强大合力。各级纪检监察机关要认真履行组织协调职责,抓好惩治和预防腐败各项工作的落实,为党委总揽反腐倡廉工作当好参谋助手。在工作中要敢于碰硬,严肃执纪,同时要努力适应新形势新任务的要求,不断提高队伍素质,改进工作方式,提高工作水平。各级各部门要立足自身实际,在抓好本部门本系统反腐倡廉工作的同时,充分发挥各自的职能优势,大力支持纪检监察工作。要通过全党全社会的共同努力,真正形成反腐倡廉工作齐抓共管的格局。

(选自在自治区纪委第七次全体(扩大)会议上的讲话)

把党的先进性
体现和落实到各项工作中去

(2005 年 1 月 28 日)

最近,中共中央举行新时期保持共产党员先进性报告会,胡锦涛总书记作了专题报告。报告从全局和战略的高度,充分论述了加强党的先进性建设对提高党的执政能力、巩固党的执政地位的重要意义,提出了"党的先进性建设是关系马克思主义政党生存发展的根本性问题"的重要论断;深刻总结了我们党加强先进性建设的历史经验,反映出我们党对自身建设规律的认识达到了一个新的高度;全面分析了保持党的先进性所面临的形势和任务,科学回答了党的先进性建设的一系列重大理论和实践问题。报告提出的"六个坚持"的要求,构成了新时期共产党员保持先进性的完整体系;强调党员领导干部要发挥带头作用,各级党委要切实加强对先进性教育活动的领导,抓住了搞好先进性教育活动的关键。报告高屋建瓴,内涵丰富,思想深刻,论述精辟,具有很强的思想性和指导性,是一篇马克思主义的重要文献,对加强党的先进性建设,推进建设中国特色社会主义伟大事业,具有极其重要的指导意义。学习领会胡锦涛总书记的重要讲话,主要有以下几点认识和体会。

一、党的先进性建设是我们党生存、发展、壮大的根本性建设

马克思主义认为,马克思主义政党必须由无产阶级和其他革命群众中的先进分子所组成,党的理论、路线、纲领和方针政策必须符合社会发展规律,全体党员必须具备高度的思想觉悟和奉献精神,只有这样,才能始终高举引导和推动社会发展的旗帜,才能始终得到人民群众的拥护和支持。因此,先进性是马克思主义政党存在和发展的根本前提,是党得到最广大人民群众拥护的基本条件，是党的生命所系、力量所在。保持党的先进性，加强党的先进性建设，是我们党的建设中的重大课题。

第一，加强党的先进性建设，是保持我们党先锋队性质的本质要求。先进性是无产阶级政党的本质体现，也是无产阶级政党区别于其他一切政党的本质特征。我们党从一开始就是按照马克思主义先锋队理论建立起来的。毛泽东同志曾经说过："中国共产党是无产阶级的政党。无产阶级里头出了那样一部分比较先进的人，组织成一个政治性质的团体，叫共产党。"无论是革命时期，还是建设和改革时期，党都始终走在工人阶级的前列，走在全体中国人民的前列，走在整个中华民族的前列。党的先锋队性质，决定了我们党必须坚持不懈地加强党的先进性建设，必须始终站在历史和时代潮流的前头。新民主主义革命时期，以毛泽东同志为代表的中国共产党人，明确提出要"建设一个全国范围的、广大群众性的、思想上政治上组织上完全巩固的布尔什维克化的中国共产党"，强调从思想上、政治上建党，创造了在全党通过批评与自我批评进行马克思列宁主义思想教育的整风形式，同时创造性地运用民主集中制原则，制定正确规范党内政治生活、处理党内关系的基本准则和具体制度，形成了理论和实践相结合、密切联系群众、批评与自我批评三大优良作风，成功地开创了党的建设伟大工程，在领导新民主主义革命的实践中坚持和体现了党的先进性。新中国成立后，我们党努力探索执政条件下如何加强党的建设、坚持党的先进性的规律与途径，明确提出要"为更高的共产党员的条件而斗争"，团结带领全国人民恢复和发展国民经济，提出党在过渡时期的总路线，成功地进行了社会主义改造，实现了中国历史上最广泛最深刻的社会变革，在领导人民建立社会主义制度的实践中，以"不但敢于破坏一个旧世界、而且善于建设一个新世界"的伟大成就，坚持和体现了党的先进性。党的十一届三中全会以后，以邓小平同志为核心的党的第二代中央领导集体，重新确立了解放思想、实事求是的思想路线，明确提出要"把我们党建设成为有战斗力的马克思主义政党，成为领导全国人民进行社会主义物质文明和精神文明建设的坚强核心"，确立了党在社会主义初级阶段的基本理论、基本路线、基本纲领，走出了一条建设中国特色社会主义的道路，在开创中国特色社会主义事业新局面的实践中坚持和体现了党的先进性。党的十三届四中全会以来，以江泽民同志为核心的党的第三代中央领导集体，明确提出了"三个代表"重要思想，集中概括了新的历史条件下党的先进性的丰富内涵，在领导改革开放和社会主义现代化建设的实践中坚持和体现了党的先进性。党的十六大以来，以胡锦涛同志为总书记的新一届中央领导集体，明确提出要加强党的执政能力建设，强调牢固树立和全面落实科学发展观，要求全党坚持立党为公、执政为民，牢记"两个务必"，大兴求真务实之风，全面推进党的建设新的伟大工程。胡锦涛总书记语重心长地讲："一个政党过去先进，不等于现在先进；现在先进，不等于永远先进。面向未来，我们党任重道远，担子更重，责任更大。我们必须居安思危，增强忧患意识，坚持用发展的眼光审视和评价自己，以改革的精神加强和完善自己，永不自满，永不懈怠。""要不断把马克思主义中国化推向前进，不断把中国特色社会主义事业推向前进"。这是我们党始终保持先进性的根本要求。

第二，加强党的先进性建设，是实践"三个代表"重要思想的内在要求。"三个代表"重要思想是对马克思列宁主义、毛泽东思想、邓小平理论的继承和发展，反映了当代世界和中国的发展变化对党和国家工作的新要求，是加强和改进党的建设、推进我国社会主义自我完善和发展的强大理论武器。"三个代表"重要思想，抓住了代表中国先进生产力的发展要求、代表中国先进文化的前进方向、代表中国最广大人民的根本利益这个决定党的历史地位的根本性问题，把党的先进性与阶级性、群众性更加紧密地结合起来，把经济、政治、文化三方面的内容和要求更加紧密地统一起来，把对党的成员的要求与对党的路线纲领的要求更加紧密地融合起来，实现了党的指导思想上的又一次与时俱进。实践"三个代表"重要思想，核心是坚持党的先进性。在新的历史条件下，所有共产党员都要立足本职、联系实际，坚定自觉地实践"三个代表"重要思想，在自己的学习、工作和社会实践中全面体现"三个代表"的要求，把共产党人的先进性在社会主义物质文明、政治文明和精神文明建设中充分发挥出来。

第三，加强党的先进性建设，是实现全面建设小康社会宏伟目标的重要保证。全面建设惠及十几亿人口的更高水平的小康社会，是我们党立足我国国情，根据亿万人民的共同意愿提出的宏伟目标，也是我们党必须担负起的历史任务。要完成这一历史任务,机遇与挑战并存、希望与困难同在。从国际看,和平与发展仍然是时代的主题,但局部战争和冲突此起彼伏,恐怖主义等非传统安全威胁明显上升,天下并不太平。经济全球化趋势深入发展,科技进步突飞猛进,区域经济一体化进程加快,世界经济可望保持增长态势,但发展不平衡问题更加突出。国际环境总体上对我国发展有利,但西方敌对势力仍在加紧对我国实施西化、分化图谋,企图从政治、思想、文化等方面对我国进行渗透。从国内看,经过改革开放20多年的发展,我国取得了举世公认的巨大成就。2003年,我国人均国内生产总值突破1000美元,经济社会进入一个关键发展阶段。一些国家和地区的发展进程表明,这个阶段既是"发展机遇期",也是"矛盾多发期"。如果把握得当,就能推动经济社会协调发展,顺利实现工业化和现代化;如果把握不当,就可能徘徊不前,甚至出现社会动荡和倒退。从我区看,近年来全区经济保持了持续快速协调健康发展的良好势头,但经济社会生活中的矛盾不少,全面建设小康社会的任务十分艰巨。能不能抓住和用好本世纪头二十年的重要战略机遇期,科学把握改革发展进程,加快我区经济社会发展步伐,构建社会主义和谐社会,是对各级党组织执政能力的重大考验,也是对各级领导干部和广大党员素质的重要检验。只有切实加强党的先进性建设,同时把先进性充分体现到各项工作中去,实现全面建设小康社会的宏伟目标才有可靠保证。

第四,加强党的先进性建设,是加强党的执政能力建设的一项基础工程。经过80多年的发展,我们党已经从领导人民为夺取全国政权而奋斗的党,成为领导人民掌握全国政权并长期执政的党;已经从受到外部封锁和实行计划经济条件下领导国家建设的党,成为对外开放和发展社会主义市场经济条件下领导国家建设的党。在改革开放和发展社会主义市场经济的环境中,党的先进性面临新的考验。怎样在长期执政条件下确保党的先进性,是党的建设的永恒课题。党的十六届四中全会通过的《决定》,明确提出要加强党的执政能力建设,"通过全党共同努力,使党始终成为立党为公、执政为民的执政党,成为科学执政、民主执政、依法执政的执政党,成为求真务实、开拓创新、勤政高效、清正廉洁的执政党,归根到底成为始终做到'三个代表'、永远保持先进性、经得住各种风浪考验的马克思主义执政党,带领全国各族人民实现国家富强、民族振兴、社会和谐、人民幸福。"这四个"成为",是先进性在党的执政宗旨、执政方略、执政作风方面的体现和要求。提高党的执政能力,必须以提高党员队伍的素质和加强基层党组织建设为基础。从总体上看,我区党员队伍的主流是好的,各级党组织是有战斗力的。以牛玉儒、廷·巴特尔等为代表的广大共产党员,牢记全心全意为人民服务的宗旨,为党和人民的事业不懈努力,体现了"三个代表"重要思想,展现了当代共产党人的时代风采,代表着共产党人的主流。但同时也要看到,在新世纪、新阶段,党员队伍也存在不少同新形势新任务变化"不适应"、同"三个代表"重要思想和全面建设小康社会要求"不符合"的问题,有的还比较突出。主要表现在:一是一些党员理想信念不够坚定,对建设中国特色社会主义信心不足,有的甚至存在"信仰危机"。二是有的党员党的意识、党性观念淡薄,带领群众前进的能力不强,先锋模范作用发挥得不好。个别党员不参加组织生活,不主动缴纳党费,甚至不做组织分配的工作。三是有些党员忘记了共产党员的宗旨,事业心和责任感不强,思想作风不端正,工作作风不扎实,脱离群众的问题比较突出。四是一些党员领导干部思想理论水平不高,科学执政、民主执政、依法执政的能力不强,驾驭复杂局面、解决复杂矛盾的本领不大,素质和能力同所肩负的责任和任务不相适应,有的甚至以权谋私、腐化堕落。五是一些党的基层组织凝聚力、战斗力不强,软弱涣散、不起作用。这些问题如不认真加以克服和解决,就会严重损害党同人民群众的血肉联系,严重影响党的先进性和执政成效。通过开展先进性教育活动,切实解决党员和党组织在思想、组织、作风以及工作方面存在的"不适应"和"不符合"的突出问题,对于提高党的执政能力、巩固党的执政地位、完成党的执政使命,都具有极为重要的意义。我们一定要充分认识保持共产党员先进性的重大意义,充分认识开展先进性教育活动的重要作用,按照党中央的部署和要求,认真搞好这次集中教育活动。

二、时刻牢记、认真践行新时期共产党员保持先进性的基本要求

开展保持共产党员先进性教育活动的目的,就是要让每一个共产党员从思想上明确,在新的历史条件下共产党员保持先进性要达到哪些基本要求,并努力身体力行。在中央举办的新时期保持共产党员先进性专题报告会上,胡锦涛总书记明确提出,在新的历史条件下保持共产党员先进性必须做到"六个坚持",即坚持理想信念,坚定不移地为建设中国特色社会主义而奋斗;坚持勤奋学习,扎扎实实地提高实践"三个代表"重要思想的本领;坚持党的根本宗旨,始终不渝地做到立党为公、执政为民;坚持勤奋工作,兢兢业业地创造一流的工作业绩;坚持遵守党的纪律,身体力行地维护党的团结统一;坚持"两个务必",永葆共产党人的政治本色。这"六个坚持",是新时期共产党员保持先进性的基本要求,也是衡量共产党员是否先进的基本标准。从我区党员队伍的实际出发,贯彻落实好"六个坚持"的要求,关键要把握好以下几点。

(一)要坚定理想信念,以与时俱进的科学理论武装头脑,在思想上保持先进性。保持共产党员思想上的先进性,最重要的是牢固树立坚定正确的理想信念。实现共产主义是共产党人的远大理想和最终奋斗目标,建设好中国特色社会主义是我们的坚定信念。邓小平同志指出:"为什么我们过去能在非常困难的条件下奋斗出来战胜千难万险使革命胜利呢?就是因为我们有理想,有马克思主义信念,有共产主义信念。"坚定理想信念,必须努力学习马克思主义理论,自觉运用马克思主义的立场、观点、方法,认识社会的基本矛盾及其发展的历史趋势,认识人类社会发展的规律,认识社会主义制度的强大生命力和巨大优越性,把理想信念建立在科学理性的基础之上。要把实现党的最高纲领与完成党的现阶段的任务统一起来,从我国现在仍处于并将长期处于社会主义初级阶段的实际出发,从实现共产主义是一个漫长的历史过程的实际出发,既要胸怀崇高理想,坚定走建设中国特色社会主义道路的信念,又要立足当前,脚踏实地地为实现党的现阶段的基本纲领而不懈努力。要把学习实践"三个代表"重要思想放在首位,在真学、真懂、真信、真用上下功夫,自觉地用"三个代表"重要思想武装头脑、指导实践。真学、真懂,就是要进一步加深对"三个代表"重要思想的时代背景、实践基础、科学内涵、历史地位的理解,真正领会其精神实质,从思想理论上保持党的先进性。真信,就是要坚信"三个代表"重要思想的科学性,长期坚持这一指导思想,并以此作为保持党的先进性的根本指针。真用,就是要在实践上见成效,切实提高科学认识和分析形势的能力,把思想认识进一步统一到中央对当前形势的分析判断上来,不断加深对党的基本理论、基本路线、基本纲领、基本经验和各项方针政策的理解和把握,不断增强贯彻执行党的路线方针政策的自觉性和坚定性;提高理论与实际相结合的能力,紧密结合国内外形势的新变化,紧密结合自治区的实际,紧密结合人民群众的利益和愿望,完善发展思路,加大工作力度,全力做好改革发展稳定的各项工作;提高改造主观世界的能力,自觉加强党性修养,牢固树立正确的世界观、人生观、价值观,自觉抵制各种错误思潮和腐朽思想的影响和侵蚀,永葆共产党人的先进性和纯洁性。在加强理论学习的同时,还要认真学习法律、科学、文化、社会、历史等方面的知识,用人类的优秀文明成果充实和提高自己。

(二)要牢记党的宗旨,遵守党的纪律,维护党的团结统一,在政治上保持先进性。始终坚持全心全意为人民服务的根本宗旨,是共产党员保持先进性必须切实解决好的根本问题。牛玉儒同志执政为民、鞠躬尽瘁,用自己的一生履行着共产党人的誓言,是新时期党员领导干部的楷模。廷·巴特尔同志情系群众,长期扎根牧区工作,满腔热情地带领牧民共同致富,是我区农村牧区基层党员干部的榜样。全体党员都要向牛玉儒、廷·巴特尔同志学习,自觉做到与人民群众同呼吸、共命运、心连心。党员领导干部要树立和实践正确的权力观,牢记手中的权力是人民赋予的,只能用来为人民谋利益,而绝不能用来谋私利,始终为人民掌好权、用好权。要牢记群众利益无小事的道理,时刻把群众的安危冷暖挂在心上,努力为群众办实事、解难事、做好事。对群众生产生活面临的困难和问题,要带着深厚的感情去帮助解决,把立党为公、执政为民的要求具体深入地落实到各项工作中去。

党的纪律是全党意志的体现,是党的各级组织和全体党员必须遵守的行为准则。遵守和维护党的纪律,首先必须遵守党的政治纪律,在思想上政治上同党中央保持高度一致,自觉维护中央的权威。要坚持民主集中制的根本组织制度和领导制度,完善重大决策的规则和程序,通过多种渠道和形式广泛集中民智,使决策真正建立在科学、民主的基础之上。要把民主讨论、集体决策与明确分工、落实责任有机统一起来,既防止个人独断专行、搞"一言堂",又防止名为集体负责、实则无人负责的现象,确保领导班子高效、协调运转。要把遵守党的纪律同贯彻依法治国方略结合起来,自觉遵守法律法规,坚决同各种违法违纪行为作斗争,以实际行动维护国家和人民的利益。

(三)要爱岗敬业,充分发挥先锋模范作用,在行动上保持先进性。党的先锋队性质,决定了共产党员在生产、工作、学习和一切社会活动中,必须起带头、骨干和桥梁纽带作用。正像胡锦涛总书记指出的那样:"一名党员的作用,对于党和人民的事业来说,就像一台机器上的螺丝钉。螺丝钉虽小,作用却不可低估。"共产党员大都在一定的岗位上承担着一些具体工作任务。这些看来平凡的工作和任务,都同实现党在现阶段的奋斗目标和党的整个事业紧密联系在一起。共产党员的先锋模范作用发挥得怎样,经常地、大量地反映在本职工作上。每个共产党员,都要把自己的理想和奋斗同党和人民的事业紧密联系起来,同国家的发展和民族的前途紧密联系起来,立足本职,爱岗敬业,奋发进取,干一行、爱一行、钻一行、精一行,努力在平凡岗位做出不平凡的贡献,努力创造无愧于时代、无愧于历史、无愧于人民的一流工作业绩。每一名党员干部都应该明白,党和人民给予我们的权力,既是一个为党、为人民努力工作的舞台和条件,更是一种为党、为人民尽职尽责的责任和义务。在工作中,一定要自觉坚持、认真落实科学发展观和正确政绩观,通过真抓实干,推动经济社会发展,使人民群众得到更多的切实利益。

(四)要牢记"两个务必",永葆共产党人的高尚情操,在作风上保持先进性。谦虚谨慎、艰苦奋斗,是我们党的优良传统和作风。胡锦涛总书记指出:"历史和现实都表明,一个没有谦虚谨慎、艰苦奋斗精神作支撑的民族,是难以自立自强的;一个没有谦虚谨慎、艰苦奋斗精神作支撑的国家,是难以发展进步的;一个没有谦虚谨慎、艰苦奋斗精神作支撑的政党,是难以兴旺发达的。"回顾我们党的历史,过去我们党依靠谦虚谨慎、艰苦奋斗的精神团结人民、教育人民、动员人民,取得了革命和建设的胜利;现在,要实现全面建设小康社会的宏伟目标,同样需要继续发扬谦虚谨慎、艰苦奋斗的优良传统和作风。在改革开放和发展社会主义市场经济的条件下, 全体共产党员都要牢记我国的基本国情和我们党的庄严使命,树立为党和人民长期艰苦奋斗的思想,保持旺盛的革命意志和坚韧的革命品格;牢记全心全意为人民服务的宗旨,通过扎实有效的工作,带领群众百折不挠地创造自己的幸福生活；保持昂扬向上的精神状态，成绩面前不自满，困难面前不退缩，戒骄戒躁、不断进取，勇于开拓、善于创新，扎扎实实地做好各项工作；牢记党和人民的重托和肩负的历史责任，自觉加强党性锻炼，弘扬艰苦朴素的作风，坚持勤俭建国、勤俭办一切事情；大兴求真务实之风，察实情、讲实话、办实事，把主要精力用在抓各项工作落实上。要坚持高尚的精神追求，培育高尚的道德情操，养成良好的生活作风，自觉抵制拜金主义、享乐主义、极端个人主义的侵蚀，自觉防腐倡廉、拒腐防变，始终保持共产党员的高风亮节和高尚人格。

三、把坚持党的先进性体现在促进发展等各项工作中

党的十六大指出："党的先进性是具体的、历史的，必须放到推动当代中国先进生产力和先进文化的发展中去考察，放到维护和实现最广大人民根本利益的奋斗中去考察，归根到底要看党在推动历史前进中的作用"。这一重要论述，要求我们在加强党的先进性建设时，必须同实现党的历史任务紧密联系起来，体现在促进发展等各项工作之中。

近年来，我区广大党员和党组织坚持党的先进性，紧紧抓住发展这个第一要务不动摇、不放松，团结带领各族人民艰苦奋斗、开拓进取，在促进发展上取得明显成效。国民经济保持了持续快速协调健康的良好发展势头，2002 年全区生产总值增长 12.1%；2003 年增长 16.8%，人均生产总值突破 1000 美元；2004 年继续承接了大好来势，生产总值达到 2700 亿元，增长 20%，人均生产总值超过全国平均水平。经济运行呈现五个特点：一是加强和改善宏观调控取得明显成效。全区上下认真贯彻落实国家加强和改善宏观调控的各项政策措施，把调控作为加快发展、科学发展的现实机遇，切实加强农牧业和农村牧区工作，粮食播种面积有所增加，产量突破 300 亿斤，成为历史上第二个高产年。充分发挥自治区的比较优势，大力发展煤炭、电力和交通运输业，既加快了自身发展，又为缓解国家瓶颈制约做出了贡献。运用经济、法律和必要的行政手段，下大力清理开发区，整顿土地市场，关停"五小"企业，有效限制了低水平重复建设，减少了资源浪费和环境污染。二是产业结构进一步优化。2000 年时，我区一产比重较大，是全国超过 20% 的三个省区之一；二产只有 40%，比全国低 9 个百分点。近年来，通过调整，产业结构优化。去年，三次产业比例约为 18：

48:34,第二产业比 2000 年上升 8 个百分点,接近全国平均水平。第一产业比重下降 7 个百分点。农牧业内部结构发生较大变化,畜牧业占大农业的比重达到 43%;农区畜牧业快速发展,牲畜头数已占全区总头数的 67%,新增数量占全区的 90%。第三产业中交通运输业、餐饮业、金融业和旅游业发展较快,来自第三产业的地税收入首次超过工业。三是经济效益不断提高。2004 年,全区工业经济效益综合指数达到 163.84,同比提高 28.75 点。实现利润 123.89 亿元,增长 89.6%。财政收入净增 105.1 亿元,达到 363.1 亿元。城镇居民人均可支配收入达到 8200 元,比上年增加 1187 元;农牧民人均纯收入达到 2670 元,增加 402 元。四是对外开放取得新突破。全年引进区外资金 702 亿元,引进国外资金超过 6 亿美元,外贸进出口总额突破 40 亿美元。"走出去"战略也取得新的进展。五是经济自主增长机制开始形成。主要表现在:(1)市场化程度提高。企业的市场主体地位进一步突出,市场在配置资源中的基础性作用不断增强。(2)发展环境优化。生态建设取得显著成效,基础设施建设力度加大,交通运输通道、电力输出通道建设取得突破。法制、服务、诚信建设加强,经济发展的软环境进一步改善。(3)投资主体多元化。在去年 1800 多亿元的投资中,政府投资、银行贷款所占比重下降,多元化社会投资成为主体。

在肯定当前大好来势的同时,也要清醒地看到存在的矛盾和问题。一是资源开发利用水平不高,延伸加工不够,产业链条不长。特色优势产业的规模、档次和市场竞争力有待进一步提高。二是与生产总值和财政收入相比,城乡居民收入增长较慢,与全国平均水平还有一定差距。去年我区人均 GDP 已超过全国平均水平,但城镇居民人均可支配收入和农牧民人均纯收入仅占全国的 87.2%和 91.1%。三是中小企业发展滞后。在全部工业增加值中,规模以上工业企业占 80%以上,中小企业不足 20%。四是区域发展不平衡的问题日益凸现。呼包鄂三个市人口占全区的 1/4,GDP 和财政收入已超过全区的 50%,东部盟市人口较多,但发展相对滞后。五是社会事业发展滞后于经济建设。六是农村牧区投入不足。在全部固定资产投资中,城镇以上占到绝大多数,农村牧区仅占 5%左右。

今后,我们必须始终不渝地抓好发展这个党执政兴国的第一要务,以科学发展观统揽全局,把坚持党的先进性切实体现和落实到促进发展等各项工作中去。

第一，要把坚持党的先进性体现和落实到发展先进生产力中去。生产力是最活跃最革命的因素，是社会发展的最终决定力量。人类社会的发展，就是先进生产力不断取代落后生产力的历史过程。离开了先进生产力的发展，保持党的先进性就无从谈起。从我区当前实际出发，在发展先进生产力问题上，关键要坚持三点。一要加快发展。先进生产力是在发展中得以实现的。只有坚持发展、加快发展，才能实现先进生产力新的更大的发展，才能缩小与全国发展的差距，实现全面建设小康社会的宏伟目标。要千方百计引导好、保护好、发挥好广大干部群众加快发展的积极性和创造性，牢固树立"发展是硬道理"、"能快就不要慢"的思想，聚精会神搞建设，一心一意谋发展，努力保持当前我区经济社会发展的大好来势。二要科学发展。生产力发展有其自身规律，必须按规律办事，使生产力的发展建立在科学、理性的基础之上。比如，在发展思路上，不仅要强调快增长，更要强调长周期，把发展速度与结构、质量和效益统一起来，切实转变经济增长方式，增强经济发展后劲。再比如，在推进工业化中，要坚持走新型工业化道路，以信息化带动工业化，以工业化促进信息化，走出一条科技含量高、经济效益好、资源消耗低、环境污染少、人力资源得到充分发挥的路子。又比如，在资源的开发利用上，要延伸产业链条，提高资源的综合开发利用水平，做大做强优势特色产业，走集群化发展和循环经济的发展路子。还比如，在发展的动力上，要进一步推进科教兴区和人才强区战略的实施，充分发挥科学技术第一生产力的作用，促进经济社会跨越式发展。三要改革创新。按照发展社会主义市场经济的要求，积极推进经济体制和其他各方面的改革，切实做到一切妨碍发展的思想观念都要坚决冲破，一切束缚发展的做法和规定都要坚决改变，一切影响发展的体制弊端都要坚决革除，为先进生产力的发展排除各种障碍。

第二，要把坚持党的先进性体现和落实到发展民主政治中去。党的十六大把社会主义政治文明建设，同社会主义物质文明、精神文明建设一道，确立为全面建设小康社会、实现社会主义现代化的三大目标。把党的先进性体现和落实到发展民主政治上来，必须坚持科学执政、民主执政、依法执政,把党的领导、人民当家作主、依法治国有机统一起来。要进一步扩大人民民主,通过健全民主制度、丰富民主形式、拓宽民主渠道,保证人民群众充分享有民主选举、民主决策、民主管理、民主监督的政治权利。要大力推进依法治区进程,坚持领导立法、带头守法、保证执法,善于把党的主张经过法定程序变为国家意志。各级党组织和党员干部特别是领导干部,必须牢固树立法制观念,自觉在宪法和法律范围内活动,维护宪法和法律的权威,善于用法律手段解决问题,带动全社会营造知法、守法的良好氛围。要改进和完善党的领导方式和执政方式。党的领导主要是政治、思想和组织领导,要按照总揽全局、协调各方的原则,规范党委与人大、政府、政协及人民团体的关系。要按照中央的部署和要求,积极稳妥地推进政治体制改革,着重加强制度建设,实现社会主义民主政治的制度化、规范化和程序化。

第三,要把坚持党的先进性体现和落实到发展先进文化中去。能否代表先进文化的前进方向,是衡量一个政党是否具备先进性的重要标志。当今世界,各种文化思潮相互激荡,坚持什么样的文化方向,建设什么样的文化,是我们党在新时期面临的一个重大课题。要牢固坚持马列主义、毛泽东思想、邓小平理论和"三个代表"重要思想在意识形态和文化建设中的指导地位,大力推进理论武装、理论创新和理论宣传工作,不断巩固各级党组织和各族人民团结奋斗的共同思想基础,始终把握先进文化前进的正确方向。要切实加强思想道德建设,从尊重人、理解人、关心人入手,加强思想政治工作,引导广大干部群众正确处理个人利益与集体利益、局部利益与整体利益、当前利益与长远利益的关系;大力加强社会公德、职业道德、家庭美德建设,在全社会倡导爱国守法、明礼诚信、团结友善、勤俭自强、敬业奉献的基本道德规范,不断提高公民的思想道德素质。要进一步解放和发展文化生产力,加大体制创新、资源整合和优化配置力度,加快文化企事业单位市场化、社会化步伐,促进文化事业和文化产业的繁荣和发展。要积极推进群众性精神文明创建活动,大力开展文明城市、文明村镇、文明街道、文明社区、文明行业、文明单位、文明家庭创建活动,开展健康向上、丰富多彩和群众喜闻乐见的文体娱乐活动,不断满足人民群众多方面的精神文化需求。

第四，要把坚持党的先进性体现和落实到构建社会主义和谐社会中去。构建和谐社会，是中国特色社会主义的重要目标，也是体现党的先进性的必然要求。要坚持以人为本，全面贯彻尊重劳动、尊重知识、尊重人才、尊重创造的方针，注重竞争与效率，促进公平与正义，提倡谅解与宽容，进一步激发全社会的创造活力，使一切有利于社会进步的创造愿望得到尊重、创造活动得到支持、创造才能得到发挥、创造成果得到肯定，放手让一切劳动、知识、技能、管理和资本的活力竞相迸发，让一切创造社会财富的源泉充分涌流，在全区形成支持人干事业、鼓励人干事业、保护人干事业的氛围。要妥善协调好各种利益关系，注意听取各方面的意见特别是利益受损失群体的意见，多用说服教育、示范引导、提供服务的方法做好群众工作，善于用民主的态度、民主的方式、民主的办法解决利益矛盾。要加强社会管理，不断完善社会管理政策法规体系和社会利益协调机制，建立健全党委领导、政府负责、社会协同、公共参与的社会管理格局。充分发挥党的基层组织、基层政权组织和群众自治组织在协调利益、调解纠纷、化解矛盾方面的作用。要高度重视社会稳定工作，严厉打击各种违法犯罪活动，切实加强社会治安综合治理，为人民群众安居乐业创造稳定和谐的社会环境。

第五，要把坚持党的先进性体现和落实到实现最广大人民根本利益的实践中去。实现好、维护好、发展好最广大人民群众的根本利益，是党的先进性的最高体现。我们在制定政策、推进工作中，必须把实现最广大人民的根本利益作为出发点和落脚点，把人民群众"拥护不拥护、赞成不赞成、高兴不高兴、答应不答应"作为衡量标准，认真解决好事关人民群众切身利益的问题。要高度重视群众的生产生活问题，千方百计增加群众收入。在城市发展中，不仅要把产业做大、环境建美，更要让老百姓的腰包鼓起来；在农村牧区工作中，要始终把增加农牧民收入作为重中之重来抓。要把促进就业放在经济社会发展的突出位置，认真落实就业再就业的各项政策措施，使更多的下岗、待业和富余劳动力实现就业与再就业。要加大社会保障工作力度，逐步扩大覆盖面。要认真总结扶贫工作经验，调整扶贫工作方向和重点，采取有力措施，逐步减少贫困人口，同时要认真探索和建立扶贫帮困的长效机制。

四、领导干部要在先进性教育活动中充分发挥带头作用

党员领导干部带头,为广大党员作出表率,是搞好先进性教育活动的关键。我区第一批开展先进性教育活动的单位,大都是领导机关,党员比例高,领导干部多,肩负的责任重大。因此,更要强调坚持领导带头,充分发挥领导干部的示范和带头作用。

首先,要在保持共产党员先进性上发挥带头作用。在保持共产党员先进性上发挥表率带头作用,是对党员领导干部的基本要求。要严格按照党章的规定,履行好党员义务,行使好党员权利,结合自己的工作、任务和环境,模范践行"三个代表"重要思想,从理想、信念、宗旨和作风等方面,身体力行共产党员的先进性,真正为全体党员作出表率。要始终保持解放思想、实事求是、与时俱进的精神状态,坚持实践标准,尊重实际,尊重规律,把思想认识从不合时宜的观念、做法和体制中解放出来,从对马克思主义的错误的和教条式的理解中解放出来,从主观主义和形而上学的桎梏中解放出来。要牢固坚持党的根本宗旨,不断提高为人民服务的觉悟和本领,始终如一地做到权为民所用、情为民所系、利为民所谋。要加强党性修养,增强慎独意识和自律精神,自重、自醒、自警、自励,模范地遵纪守法,自觉抵御各种腐朽思想的侵蚀。在这方面,牛玉儒同志为我们做出了榜样。全区党员领导干部都要向牛玉儒同志学习,学习他奋发有为、开拓进取的创业精神,学习他勤政为民、鞠躬尽瘁的公仆情怀,学习他坚持原则、顾全大局的坚强党性,学习他克己奉公、清正廉洁的革命本色,做"党的好干部,人民的贴心人",始终保持共产党员的先进性。

其次,要在参加先进性教育活动中发挥带头作用。党员领导干部以普通党员身份带头参加先进性教育活动,既可以给广大党员作出示范,也有利于取得领导教育活动的主动权。在这方面,中央政治局常委班子已经给全党作出了表率。自治区党委常委班子首先要从自身做起,在全区先进性教育活动中发挥好示范带头作用。各级党员干部都要积极行动起来,带头参加理论学习,自觉把学习"三个代表"重要思想同学习邓小平理论、学习党章、学习党的十六大和十六届三中、四中全会精神紧密结合起来,同学习科学发展观紧密结合起来,努力做到全面理解、融会贯通。要带头查摆问题,充分运用"自己找、群众提、上级点、相互帮"的方法,对

照检查自己在思想、工作、作风等方面的情况,深入查找在保持先进性方面存在的差距。要带头开展批评与自我批评,坚持讲党性、讲原则,做到既要勇于进行真诚的自我批评,又要敢于批评错误的思想和行为,还要能够虚心接受别人的批评。要带头搞好整改,坚持有什么问题就解决什么问题,什么问题突出就解决什么问题,根据问题的轻重缓急,认真制定整改措施,切实抓好整改工作。特别要解决好群众反映强烈、通过努力能够解决的突出问题,让群众看到教育的实际效果。

第三,要在认真组织、切实抓好先进性教育活动上发挥带头作用。确保这次教育活动取得实效,达到预期目的,关键在于各级党组织高度重视,切实加强组织领导工作。各级党委(党组)主要负责人要主动承担起第一责任人的责任,既要以身作则、身先士卒,带头参加先进性教育,又要以良好的精神状态、足够的领导精力抓好教育活动的落实。要建立领导责任制,主要领导亲自抓,一级抓一级,层层抓落实,切实做到认识到位、责任到位、措施到位、指导到位。要按照中央规定的方法步骤,高标准、高质量地抓好每一个环节的工作,务求取得实效,坚决防止流于形式和走过场。各级党员领导干部特别是旗县以上领导班子成员,都要结合各自实际,确定联系点,经常进行具体指导,努力使联系点成为教育活动的示范点。要建立督查制度,按照逐级负责的原则,抽调得力干部组成督导组,加强对先进性教育活动的督促检查。要处理好开展先进性教育活动和做好当前工作的关系,坚持统筹兼顾、合理安排,把先进性教育活动的成效体现到促进工作、解决问题上,用推动工作的实际成果来衡量和检验先进性教育活动的成效。要尊重基层的首创精神,积极寻找新的历史条件下做好党员经常性教育管理工作的方法和途径,努力探索使广大党员长期受教育、永葆先进性的长效机制。

（选自在全区保持共产党员先进性教育活动
专题报告会上的讲话）

常委班子要带头搞好先进性建设

(2005 年 4 月 22 日)

在自治区党委常委会开展保持共产党员先进性教育活动专题民主生活会上,各常委对照《党章》和胡锦涛总书记关于新时期保持共产党员先进性的六条要求以及常委班子先进性建设的具体标准,紧密联系个人的思想实际和工作实际,结合各方面对常委班子集体和个人提出的意见、建议,严肃认真地查找了党性党风方面存在的突出问题,深入剖析了产生问题的原因,并有针对性地提出了今后的努力方向。要以此为契机,进一步加强常委班子先进性建设。

在加强思想政治建设方面,要不断加强学习,坚定理想信念,进一步增强贯彻落实"三个代表"重要思想的自觉性和坚定性

思想政治建设是领导班子建设的首要任务和重中之重。大家在发言中普遍感到,我们在班子思想政治建设上存在的差距,主要是理论学习不够深入、系统,运用理论解决实际问题的能力有待提高,保障学习的制度不够健全。解决这些问题,必须在以下几个方面努力。一是要在深入和系统学习上下功夫。要结合实际,深入系统地学习马列主义、毛泽东思想特别是邓小平理论和"三个代表"重要思想,掌握科学理论的思想体系和精神实质,不断加深对党的基本理论、基本路线、基本纲领的理解和把握,不断深化对共产党执政规律、社会主义建设规律、人类社会发展规律的认识。二是要妥善处理工学矛盾。实事求是地讲,各位常委工作都很忙,但工作再忙,也不能忽视学习、放松学习;不仅要积极参加班子的集体学习,还要挤时间搞好自学;不仅要认真学习政治理论,还要努力学习各种现代知识，进一步提高自身的理论素养和工作水平。三是要不断提高运用科学理论解决实际问题的能力。要弘扬理论联系实际的学风，着力研究思考自治区改革发展稳定中的重大问题，使我们的各项决策部署更符合区情、更符合各族人民的利益、更符合时代发展的要求。不仅要联系工作实际，还要联系思想实际，加强党性修养，改造主观世界，坚定理想信念。要增强政治意识、大局意识，在思想上、行动上与以胡锦涛同志为总书记的党中央保持高度一致。

在领导和促进发展方面，要以科学发展观统揽全局，坚持以经济建设为中心，坚定不移地推动发展

对常委班子抓发展中存在的问题和今后的改进措施，大家的发言归结到一点，就是要更加自觉地树立和落实科学发展观。从我区实际出发，落实科学发展观的要求，关键是要坚持发展是硬道理的思想，坚持以经济建设为中心不动摇，抓住和用好战略机遇期，努力保持较长的快速增长期，坚定不移地推动发展，并在加快发展的同时做好统筹协调工作。这就要求我们，必须从全面建设小康社会、加快推进社会主义现代化建设的战略高度，从思想上、体制上、措施上加大工作力度，切实增强落实科学发展观的自觉性和坚定性，进一步完善发展思路，扎扎实实地把科学发展观落实到经济社会发展的各项工作中去，确保经济社会又快又好地发展。在这方面，我们要特别注意以下几点。一是在发展内容上，要研究如何实现全面协调可持续发展问题。在推动经济持续快速发展的同时，更加注重经济与社会的协调，努力解决好经济增长与社会发展、收入分配、扩大就业相对失衡等问题；更加注重区域发展的协调，解决好区域发展不平衡特别是东部地区发展滞后问题；更加注重城乡发展的协调，走以城带乡、以工促农、城乡互动、协调发展的路子；更加注重人与自然的协调，坚持经济社会与人口、资源、环境的统一；更加注重对内搞活与对外开放的协调，进一步深化改革、扩大开放。对这些问题，我们要结合"十一五"规划的制定，认真加以研究解决。二是在方式方法上，要研究如何加强和改进党对经济工作领导问题。按照十六大提出的"把握方向，谋划全局，提出战略，制定政策，推动立法，营造良好环境"

的要求,完善党委领导经济工作的体制和机制,从整体上提高常委班子领导经济工作的水平。常委班子要集中精力研究解决全局性、战略性和前瞻性的重大问题,支持政府加快职能转变,依法履行职责,抓好经济调节、市场监管、社会管理和公共服务工作。三是在工作指导上,要研究如何坚持因地制宜、搞好分类指导问题。要在深入调查研究的基础上,制定和实施更有力度的政策措施,合理确定各地区发展的重点,注意发挥各地区的特色和优势,坚持按客观规律办事,防止和克服盲目乐观、盲目自信与盲目攀比、盲目跟进倾向,努力形成优势互补、相互促进、共同发展的新格局。

在加强和改进党的建设方面,要以领导班子
和干部队伍建设为重点,进一步加大制度建设和改革创新力度

重点研究解决以下几个问题。一是要进一步坚持和完善民主集中制原则。加强党内民主和集中,把民主讨论、集体决策与明确分工、落实责任有机统一起来,确保领导班子高效、协调运转。在改进已有制度的同时,积极探索和建立新的行之有效的制度,不断规范和完善常委会、全委会的职责范围、议事规则和决策程序。进一步拓宽民主渠道,广泛征求各方面的意见和建议,不断提高常委班子科学决策、民主决策、依法决策的能力和水平。二是推进干部工作的科学化、民主化、制度化建设。认真贯彻执行《党政领导干部选拔任用工作条例》,加大干部选拔任用制度等方面的改革力度,坚决杜绝选人用人上的不正之风。树立和落实科学的人才观,加大对各方面人才队伍的培养和建设力度。改进和完善领导干部考核评价指标体系,建立健全综合反映物质文明、政治文明、精神文明与和谐社会建设成果的考核评价体系。三是深入开展党风廉政建设和反腐败斗争。加大反腐倡廉教育力度,筑牢领导干部防腐拒变的思想防线。特别要抓住正反两方面典型开展教育,增强各级干部反腐倡廉的自觉性。不断加强制度建设,进一步推进"四项改革"和"三公开"工作,建立规章,完善人事、财政、资源的管理,探索建立教育、制度、监督并重的惩治和预防腐败体系。进一步强化党风廉政建设和反腐败斗争责任制,健全反腐败组织协调机制,加大案件查办力度,认真解决

一些地区和部门存在的责任不明确、查办不得力、追究不到位的问题。对腐败分子,发现一个,查处一个,绝不姑息,绝不手软。四是切实加强基层党组织建设。以抓好农村牧区、国有企业、党政机关和事业单位基层党组织建设为重点,深入研究解决基层党组织面临的新情况、新问题,按照围绕中心、服务大局、拓宽领域、强化功能的要求,调整组织设置,改进工作方式,创新活动内容。加大新经济组织、新社会组织和城市社区党建工作的力度,不断扩大党的工作覆盖面。

在实践党的宗旨方面,要突出重点,
切实解决好关系人民群众切身利益的实际问题

常委班子和每个成员,都要进一步强化宗旨意识,把实现、维护和发展群众利益作为重中之重和执政之本来抓,务求取得实实在在的成效。在具体工作中,要认真研究解决好以下问题。一是尽快提高城乡居民收入水平。要在经济发展的基础上,调节好收入分配关系,解决好经济增长与城乡居民收入增长不够协调问题,使改革和发展的成果最大限度地惠及广大人民群众。把扩大就业放在更加突出的位置来抓,加强指导,完善政策,强化服务,创造更多的就业岗位,提高劳动者就业和创业能力,使更多的人实现就业再就业。二是做好关心困难群众生产生活工作。重点抓好下岗失业人员、破产关闭企业职工、困难企业离退休人员、城乡贫困人口等弱势群体以及灾区群众的排忧解难工作,妥善处理农村征地、城镇拆迁、企业重组改制和破产过程中损害群众利益的问题,切实维护群众的合法权益。进一步加强社会保障体系建设,做好"两个确保"和"三条保障线"的衔接工作,巩固扩大社会安全保障网络。继续推进扶贫开发工作,完善扶贫思路,改革扶贫机制,增加扶贫投入,帮助更多的困难群众摆脱贫困。三是努力维护和实现社会公平。要把维护社会公平放在重要的位置,深入进行调查研究,找准问题的切入点,加大收入分配调节力度,逐步调整好不同阶层、不同群体的利益关系,促进社会公平、公正、安定、和谐。同时,要从实际出发,既量力而行,又尽力而为,瞻前顾后,不能把胃口吊得过高,不能办超越现实和力所不能及的事情。四是加强社会建设和管理。完善社会管理政策法规体系和社会利益协调机制,建立健

全社会管理格局。加大人民内部矛盾调处力度,认真落实维护稳定工作责任制,努力形成保持社会长治久安的有效机制。

在深化先进性教育方面,要巩固已有成果,
强化整改措施,务求取得实效

目前,常委班子先进性教育活动正处在转段时期。各位常委要在专题组织生活会、民主生活会和互评互议的基础上,继续开展批评与自我批评,找准抓住自身和分管工作中存在的主要问题,制定切实可行的整改措施,为做好整改提高工作打好基础。要坚持边整边改、务求实效的原则,对广大干部群众反映强烈和其它方面的突出问题,要逐项制定整改措施,明确整改时限和责任单位与责任人,一项一项地抓好整改;对一时难以解决的问题,要把具体原因向干部群众解释清楚,并积极创造条件加以解决。在搞好常委班子自身整改工作的同时,要加强对全区先进性教育活动转段和整改工作的指导与督促检查,确保整改提高工作取得实效,使先进性教育活动真正成为群众满意工程。近期,自治区党委将向全区各盟市和直属机关通报自治区党委常委班子保持共产党员先进性教育活动民主生活会情况。在抓好第一批先进性教育活动各项工作的同时,要及早筹划研究搞好全区第二批先进性教育活动问题,努力把我区党的建设特别是党的先进性建设提高到一个新的水平。

(选自在自治区党委常委班子专题民主生活会
结束时的发言)

学习牛玉儒精神
永葆共产党员先进性

(2005 年 7 月 1 日)

在全党深入开展以实践"三个代表"重要思想为主要内容的保持共产党员先进性教育活动之际，我们迎来了中国共产党建党 84 周年。84 年来，我们党之所以团结带领全国各族人民战胜各种风险和考验，不断取得新胜利，最根本的就是党具有与时俱进的理论和实践品质，始终走在时代前列，始终保持了马克思主义政党的先进性。

党的先进性最终靠千千万万共产党员的先进性来体现。在革命和建设的各个历史时期，我们党凝聚了一批又一批优秀分子，他们用自己的模范行动实践着党的先进性要求，推动着党的事业的发展。牛玉儒同志就是其中的杰出代表。在牛玉儒身上，集中体现了共产党员特别是党员领导干部奋发有为、开拓进取，勤政为民、鞠躬尽瘁，坚持原则、顾全大局，克己奉公、清正廉洁的革命精神。他的事迹和精神，生动回答了在新的历史条件下，共产党员如何按照党的要求，始终保持共产党员先进性的重大问题。全区各级党组织和广大共产党员，要把深入学习牛玉儒精神作为先进性教育活动的重要内容，以牛玉儒同志为榜样，争做"党的好干部、人民的贴心人"，永葆共产党员的先进性。

坚定理想信念，把党的先进性体现在实现崇高理想的实践之中

崇高而坚定的理想信念，始终是共产党人保持先进性的精神动力。牛玉儒同志参加工作三十多年来，之所以始终忠于党、忠于人民，以对党和人民高度负责的精神、以饱满的革命热情奋斗不止，直到生命的最后

[971]

一息,关键在于他始终具有坚定的理想信念,始终把为崇高理想而奋斗作为最大的人生追求和精神动力。学习牛玉儒精神,永葆共产党员先进性,首先要牢固树立共产主义远大理想和走中国特色社会主义道路的坚定信念。全区广大共产党员特别是党员领导同志,一定要认真学习马列主义、毛泽东思想、邓小平理论和"三个代表"重要思想,自觉做到真学、真懂、真信、真用,用"三个代表"重要思想武装头脑、指导实践,切实打牢思想理论基础。要坚持用马克思主义的立场、观点、方法来认识社会的基本矛盾及其发展的历史趋势,认识人类社会的发展规律,认识社会主义制度的强大生命力和巨大优越性,把理想信念建立在科学理性的基础之上。要提高科学认识和分析形势的能力,把思想统一到中央对当前形势的分析判断上来,把行动统一到中央的各项决策部署上来,在深刻发展变化的社会环境中,始终保持清醒头脑和正确方向,自觉与以胡锦涛同志为总书记的党中央保持一致,不断增强贯彻党的基本理论、基本路线、基本纲领、基本经验和各项方针政策的自觉性和坚定性。要提高改造主观世界的能力,自觉加强党性修养,牢固树立正确的世界观、人生观、价值观,自觉抵制各种错误思潮和腐朽思想的侵蚀。要对照《党章》和胡锦涛总书记关于新时期保持共产党员先进性的六条基本要求,认真查找和切实解决自身存在的"不适应"、"不符合"的问题。要把实现党的最高纲领和完成党在现阶段的历史任务统一起来,既要胸怀共产主义远大理想,坚定走中国特色社会主义道路信念,又要立足当前,积极投身改革和建设的伟大实践,为实现党在现阶段的基本纲领而不懈努力。

坚持党的宗旨,把党的先进性体现在始终保持同人民群众血肉联系的实践之中

我们党的根基在人民,血脉在人民,力量在人民。加强党的先进性建设,提高党的执政能力,目的是不断密切党同人民群众的血肉联系,实现好、维护好、发展好最广大人民的根本利益。牛玉儒同志把"人民的利益高于天"作为座右铭,把党和人民的事业摆在首位,心里时刻装着群众,做人民群众的贴心人。他用自己的实际行动,诠释了"群众在我们心里的分量有多重,我们在群众心里的分量就有多重"的深刻含义,在

人民群众的心中树起了一座不朽的丰碑。学习牛玉儒精神，永葆共产党员先进性，要求广大共产党员特别是党员领导干部，一定要以党和人民的利益为重，用自己的实际行动践行立党为公、执政为民的宗旨。要牢固树立群众观点，真正把人民群众"拥护不拥护，赞成不赞成，高兴不高兴，答应不答应"作为衡量工作成效的根本标准。要坚持贯彻执行党的群众路线，注重倾听群众呼声，反映群众意愿，集中群众智慧，通过扎实有效的工作，团结带领人民群众创造自己的幸福生活。要始终与人民群众同呼吸、共命运、心连心，牢记群众利益无小事的道理，时刻把群众的安危冷暖挂在心上，为群众诚心诚意办实事，尽心竭力解难事，坚持不懈做好事。对群众生产生活中面临的困难，特别是对弱势群体遇到的实际问题，一定要带着深厚的感情去帮助解决，让群众感受到党和政府的温暖。要认真做好群众工作，帮助广大群众及时了解掌握党和政府的方针政策，引导他们积极支持各项改革和建设，理性合法地表达利益诉求，维护社会的和谐稳定。各级领导干部要树立正确的权力观，自觉做到权为民所用，情为民所系，利为民所谋。要切实转变领导作风和工作作风，深入基层，深入群众，特别要多到困难大、问题多的地方去，多到困难群众中去，努力为基层和广大群众排忧解难。

认真履行职责，把党的先进性体现在
全面建设小康社会的实践之中

党的先锋队性质，决定了共产党员在生产、工作、学习和一切社会活动中，必须起带头、骨干和桥梁纽带作用。牛玉儒同志参加工作以来，十多次变动工作岗位，无论干什么工作，都满怀激情、不怕困难、自我加压、负重前进，为党和人民的事业无私奉献，倾注了毕生精力。目前，我区改革开放和现代化建设正处于关键时期。紧紧把握重要战略机遇期，按照科学发展的要求，抓住机遇、发挥优势，巩固和发展当前的大好来势，保持一个较长的快速增长期，努力实现全面建设小康社会的奋斗目标，是全区的中心工作和各族人民的共同任务。学习牛玉儒精神，永葆共产党员先进性，要求广大共产党员特别是党员领导干部，一定要紧紧围绕自治区的中心和大局，保持奋发有为、开拓进取的创业激情，充分发挥共产党员的先锋模范作用，为全面建设小康社会共同团结奋斗。共产党员大都在一定的岗位上承担着一些具体工作任务，这些看来平凡的工作和任务，都同实现党在现阶段的奋斗目标和党的整个事业紧密联系在一起。正像胡锦涛总书记指出的那样："一名党员的作用，对于党和人民的事业来说，就像一台机器上的螺丝钉。螺丝钉虽小，作用却不可低估。"每个共产党员，都要把个人的人生追求同全面建设小康社会的伟大实践紧密联系起来，立足本职、爱岗敬业，奋发进取、扎实工作，干一行、爱一行、钻一行、精一行，把党的先进性充分体现在本职工作中，为广大群众做出表率，努力在平凡岗位上做出不平凡的贡献，努力创造无愧于时代、无愧于历史、无愧于人民的一流工作业绩。

当前，我区先进性教育活动正在深入推进。各级要把深入开展向牛玉儒同志学习、大力弘扬牛玉儒精神贯穿于先进性教育活动的始终，教育引导广大共产党员以牛玉儒同志为榜样，自觉实践党的先进性要求，永葆共产党人的先进性本色，团结带领各族人民群众，把自治区的改革开放和现代化建设不断推向前进。

（原载《实践》杂志）

认真学习、自觉遵守、切实贯彻、坚决维护党的章程

(2006 年 1 月 22 日)

在最近召开的中纪委六次全会上，胡锦涛总书记发表了重要讲话。胡锦涛总书记的重要讲话，科学分析了当前的国际国内形势，分析了新的历史条件下党风廉政建设和反腐败工作面临的新情况、新问题，要求全党从党和国家事业发展的大局出发，从巩固党的执政地位、完成党的执政使命的战略高度出发，深刻认识反腐倡廉工作的长期性、复杂性、艰巨性，顺应广大干部群众的愿望，坚定不移地把反腐倡廉工作深入持久地开展下去，保证中国特色社会主义事业沿着正确的方向前进。讲话特别强调，"要始终把学习党章、遵守党章、贯彻党章、维护党章作为全党的一项重大任务抓紧抓好"，要求我们一定要坚持以邓小平理论和"三个代表"重要思想为指导，全面贯彻落实科学发展观，紧密联系建设中国特色社会主义的丰富实践，紧密联系当前改革发展稳定工作的具体实际，紧密联系党的建设特别是党风廉政建设和反腐败工作的现实需要，认真学习党章，自觉遵守党章，切实贯彻党章，坚决维护党章，努力促进党的执政能力建设和先进性建设，不断解决好提高党的领导水平和执政水平、提高拒腐防变和抵御风险能力两大历史性课题，更好地团结带领全国各族人民为全面建设小康社会、加快推进社会主义现代化而努力奋斗。全区各级党委、政府和领导同志，一定要认真学习领会中纪委六次全会精神，切实把思想和行动统一到中央要求上来，全面推动党的执政能力建设和先进性建设，加强党风廉政建设和反腐败工作。

[975]

切实提高对学习贯彻党章重大意义的认识

进入新世纪、新阶段,以胡锦涛同志为总书记的党中央把学习、遵守、贯彻、维护党章问题郑重地提到全党面前,意义重大,影响深远。

一是要充分认识到,学习贯彻好党章,是永葆党的先进性的基础建设。党章是我们立党、治党、管党的总章程,在党内具有最高的权威性和最大的约束力。我们党历来高度重视党章,始终把制定和完善党章、学习和贯彻党章作为党的建设的一项基础性工作,坚持不懈地加以推进。改革开放以来,从党的十二大到十六大,都对学习贯彻党章提出了明确要求。在保持共产党员先进性教育活动中,党中央又明确要求把学习贯彻党章贯穿活动的始终。我们党发展壮大的实践也充分证明,能不能真正有效地学习党章、遵守党章、贯彻党章、维护党章,关系到增强党的创造力、凝聚力、战斗力,关系到巩固党的执政地位和保持党的先进性,关系到党的事业兴衰成败和党的生死存亡。只有把党章学习好、遵守好、贯彻好、维护好,才能确保我们党永葆先进性,始终沿着正确的方向前进,始终成为中国特色社会主义事业的领导核心,始终凝聚起全党同志的意志和力量为实现党的理想和目标而共同奋斗。

二是要充分认识到,学习贯彻好党章,是完成党的历史任务的迫切要求。办好中国的事情,关键在党,关键在把党员队伍和干部队伍建设好。我们党在革命和建设各个历史时期取得的一个又一个胜利,都是靠用党章凝聚起来的千千万万党员团结带领广大人民群众不懈奋斗实现的。时代和实践的发展,给我们党赋予了新使命,也给学习贯彻党章提出了新要求。现在,我们已经圆满完成了"十五"计划,经济社会发展进入了一个新的历史阶段。在新的历史起点上,全面实施"十一五"规划,努力实现又快又好发展,加快推进全面建设小康社会进程,迫切要求我们必须用党章来统一全党的思想和行动,把党章的要求贯彻到党的全部执政活动中去,充分调动广大党员的积极性和创造性,以党员的先锋模范作用,把各族人民的意志和力量凝聚到发展先进生产力、发展社会主义民主政治、发展先进文化、构建社会主义和谐社会的伟大实践上来。

三是要充分认识到,学习贯彻好党章,是坚持从严治党、推进反腐倡廉的需要。深入开展党风廉政建设和反腐败工作,是党的建设新的伟大工程的重要组成部分,是推进社会主义现代化建设的重要保证。近年来,自治区各级党委和纪律检查机关认真贯彻党要管党、从严治党的方针,认真落实党中央和中纪委关于反腐倡廉的一系列决策部署,毫不放松地加强党风廉政建设,毫不手软地开展反腐败斗争,反腐倡廉工作取得重大进展。但同时必须清醒地看到,胡锦涛总书记讲话中指出的"四个仍然"的问题,即违纪违法案件在一些地方和部门仍然呈多发态势,损害群众利益的问题仍然比较突出,党内不正之风仍然比较严重,反腐倡廉工作仍然存在薄弱环节,在我区也同样存在,有的还比较严重。产生这些问题的原因,主要是一些党组织和党员忽视了党章学习,不能严格按照党章办事,甚至违背和破坏党章要求。分析我区肖占武、税玉江腐败案件,都是由于党章意识淡薄,丧失党员基本条件,最终走上违法犯罪道路。我们一定要通过学习贯彻党章,牢固确立党章在党要管党、从严治党中的重要地位和作用,进一步增强党的意识,严明党的纪律,推动党风廉政建设和反腐败工作深入开展。

切实把党章要求落到实处

党章是统一全党思想、规范全党行为的总章程。学习、遵守、贯彻、维护党章,关键在于把党章要求真正体现在党员的思想和行动上。胡锦涛总书记对新时期学习贯彻党章提出了"六个进一步"的要求。从我区实际出发,贯彻落实好这些要求,必须突出抓好以下三点。

第一,以党章为根本准则,坚持正确的政治方向。坚定正确的政治方向,是加强党的建设的首要问题。党章对党的性质和宗旨、党的路线和纲领、党的指导思想和奋斗目标都作了明确规定,集中表达了我们党的理论基础和政治主张,集中体现了我们党的整体意志和共同理想,为全党统一思想、统一行动提供了根本准则。学习贯彻好党章,首先要教育引导广大党员和领导干部始终坚持党的根本准则,牢牢把握政治方向。崇高的理想和坚定的信念,是推动党和人民事业不断前进的力量源泉。把握正确的政治方向,必须解决好理想和信念问题。理想信念是思想和行动的"总开关"、"总闸门",理想的滑坡是最致命的滑坡,信念的动摇是最危险的动摇。个别党员干部之所以堕落为腐败分子,根本原因是放松了世界观改造,背弃理想信念,思想蜕化变质。在新的历史条件下,广大党员、干部在树立正确的理想信念方面面临新的严峻考验,需要作出艰苦的努力。必须明确,越是深化改革、扩大开放,越是发展社会主义市场经济,越要加强对广大党员、干部的理想信念教育,激励全党同志在日益复杂的环境中进一步坚定理想信念。要深入推动邓小平理论和"三个代表"重要思想学习教育活动,帮助广大党员、干部掌握辩证唯物主义和历史唯物主义强大思想武器,善于从人类社会发展规律的高度来认识和把握当今世界的发展变化,通过认识规律保持清醒头脑,通过把握规律辨明前进方向,任何时候、任何情况下都要确保在理想信念上不犹疑、不含糊、不动摇。要把实现党的最高纲领与完成党的现阶段的任务统一起来,既要胸怀崇高理想,坚定走建设中国特色社会主义道路的信念,又要立足当前,脚踏实地地为实现党在现阶段的基本纲领而不懈努力。要结合实际,教育引导广大党员、干部,认真贯彻党的十六届五中全会精神,按照科学发展观和"十一五"规划的要求,立足本职岗位,创造一流业绩,以实际行动为党和人民的事业贡献力量。

第二,以党章为根本依据,认真落实从严治党的要求。党章对党内政治、组织生活的重大原则问题提出了明确要求,作出了具体规定,是坚持从严治党的根本依据,各级要认真学习贯彻,切实把这些要求和规定落到实处。

一是要大力加强制度建设。落实党章要求,归根到底要靠制度来保证。要适应新的形势和任务的要求,着力加强以党章为核心的党内法规制度体系建设,提高制度建设的质量和水平,做到用制度管权、用制度管事、用制度管人,推进党的建设和党内生活的制度化、规范化,推进党风廉政建设和反腐败工作的制度化、规范化。要增强制度建设的科学性,深入研究社会主义市场经济条件下党的建设和反腐倡廉工作的特点和规律,注意把那些经过实践检验的成功做法上升为法规制度,把那些通过查处和解剖案例得出的规律性认识运用于法规制度,保证所制定的各项法规制度行得通、做得到。要增强制度建设的系统性,加强整体规划和统筹协调,真正发挥法规制度的整体合力。要维护制度的权威性,加强制度的学习、宣传和教育,抓好制度落实的监督检查,加大对违规行为的查处力度,切实做到令行禁止、违者必究,真正使党内法规制度成为全体党员共同遵守的行为准则。

二是要严格党的各项纪律。党的纪律是党的各级组织和全体党员必须遵守的行为规则，党组织必须严格执行和维护党的纪律，党员必须自觉接受党的纪律的约束。要把严格遵守和执行党的政治纪律作为最首要、最核心的问题来抓，教育引导广大党员在思想上政治上自觉同党中央保持高度一致，不折不扣地贯彻执行党的路线方针政策，确保中央政令畅通，自觉维护中央权威，决不允许在群众中散布违背党的理论和路线方针政策的意见，决不允许公开发表同中央的决定相违背的言论，决不允许对中央的决策部署阳奉阴违，决不允许以任何形式泄露党和国家的秘密，决不允许传播政治谣言。要坚持民主集中制原则，把扩大党内民主与维护党的集中统一起来，既充分调动广大党员推进党内民主建设的积极性和主动性，营造党内不同意见平等讨论的环境，防止个人独断专行；又加强民主基础上的集中，统一思想认识，保持步调一致，防止出现软弱涣散、好人主义和无人负责的问题，切实把全党的意志、智慧、力量凝聚起来。要加大执行纪律的监督检查力度，对违反党的纪律的要严肃批评教育，对屡教不改的要作出组织处理，对造成严重后果的要按党纪国法予以惩处。

三是要进一步强化制约监督。失去制约的权力必然导致腐败。党章对党的领导机关和党员领导干部接受监督的内容、方式、程序都作了明确规定。要认真落实党章规定和《中国共产党党内监督条例（试行）》等重要党内法规，不断完善监督制度，加大监督力度。在工作重点上，要切实抓好对关键岗位、关键领域、关键环节和关键时机的监督制约工作，重点防范权力失控、决策失误、行为失范。关键岗位，主要是各级领导干部特别是"一把手"和掌握"实权"的领导干部；关键领域，主要是"三机关一部门"，特别是掌握资源开发、重大项目审批和决定重大工程招投标的部门；关键环节，主要是干部选拔任用、财政资金使用、国有资产运营、金融资本运作、土地使用权出让、行政审批权运用等环节；关键时机，主要是班子换届和人事调整期间。在监督机制上，要科学合理地配置权力，建立健全结构合理、配置科学、程序严密、制约有效的权力运行机制，最大限度地减少权力"寻租"机会。在监督程序上，要前移监督关口，加强事前监督和事中监督，发现党员、干部有犯错误的苗头，通过打招呼、诫勉谈话、召开民主

[979]

生活会等形式,早作提醒,及时纠正。在监督方式上,要把党内监督与人大监督、政府专门机关监督、政协民主监督、司法监督、群众监督、舆论监督等结合起来,使各种监督形式紧密结合,各方面监督力量有效配合,进一步拓宽监督渠道,提高监督实效。

第三,以党章为根本标准,不断加强党性修养。党章对党员的权利和义务以及党员领导干部应该具备的基本条件提出了明确要求。要通过学习贯彻党章,教育引导广大党员加强党性修养,在推动党和人民事业发展中充分发挥先锋模范作用。要增强党的宗旨意识。我们党的根基在人民、血脉在人民、力量在人民。能不能坚持全心全意为人民服务的根本宗旨,是衡量一名党员是否合格的根本标尺。要通过学习贯彻党章,使广大党员、干部牢固树立公仆意识和群众观点,倾听群众呼声,反映群众意愿,集中群众智慧,努力使我们制定和实施的各项方针政策措施更好地体现群众利益;牢固树立"群众利益无小事"的思想,时刻把群众的安危冷暖挂在心上,为群众诚心诚意办实事,尽心竭力解难事,坚持不懈做好事,让人民群众切实感受到党和政府的温暖;牢固树立科学发展观和正确政绩观,把对党负责与对人民负责统一起来,大兴求真务实之风,坚决反对形式主义和官僚主义,真正做到权为民所用、情为民所系、利为民所谋。

要进一步加强道德修养。党员、干部的道德修养,不仅关系个人品行,而且关系党的整体形象。从近年来查处的一些案件看,腐败分子走上违法犯罪道路,大都是从道德、品质上出问题开始的。要教育引导党员特别是领导干部自觉加强道德修养,常修为政之德,常思贪欲之害,常怀律己之心,牢固树立马克思主义世界观、人生观、价值观和正确的权力观、地位观、利益观,模范遵守社会公德、职业道德、家庭美德。要坚持高尚的精神追求,培养良好的生活作风和情趣,自觉抵制拜金主义、享乐主义、极端个人主义等腐朽思想的侵蚀,永远保持共产党人的蓬勃朝气、昂扬锐气、浩然正气。要以"吾日三省吾身"的精神,不断加强自身修养,严格要求自己,永葆共产党人的高风亮节,以公道正派的形象影响和带动群众。要加强对党员、干部特别是领导干部的管理,不仅要注意他们在工作中的表现,还要注意他们的品德修养。在选拔任用干部时,要既重能力又重德行,既重政绩又重政德,特别要重视干部在群众中的口碑,真正使品德端正的人受到褒奖和重用，使品德低下的人受到批评和教育，广泛形成讲道德、重修养、尚清廉的良好风气。

纪律检查机关要创造性地履行好党章赋予的各项职责

按照党章规定的"三项主要任务"和"五项经常性工作"，维护党的纪律，实行党内监督，是纪律检查机关的重要职责。各级纪检机关要根据不断发展变化的新形势，全面、认真地履行党章赋予的职责，坚决查处违反党章的行为，切实在学习党章、遵守党章、贯彻党章、维护党章中发挥好职能作用。

一是要围绕推动贯彻落实科学发展观加强纪律检查工作。要把推动贯彻落实科学发展观作为党风廉政建设的重要内容，按照党的十六届五中全会的要求，围绕加强宏观调控、转变经济增长方式、增强自主创新能力、节约能源资源和保护环境等一系列重大政策和措施，切实履行监督检查职能，坚决防止和纠正违背科学发展观的错误行为。教育引导广大党员、干部特别是领导干部牢固树立科学发展观，增强以科学发展观指导各项工作的自觉性、坚定性，支持、保护各级领导干部谋划发展、勇于实践的积极性、创造性。

二是要围绕贯彻落实《实施纲要》加强纪律检查工作。各级纪律检查机关要按照《实施纲要》的要求，坚持标本兼治、综合治理、惩防并举、注重预防的方针，正确处理坚决惩治腐败和有效预防腐败的关系，正确处理抓好重点工作和全面履行职能的关系，正确处理履行自身职责和发挥好其他部门作用的关系，推动党风廉政建设和反腐败工作深入开展。要加强对党员领导干部的反腐倡廉教育，深入开展理想信念和从政道德教育、党的优良传统和作风教育、党纪法规教育、示范警示教育，筑牢廉洁从政的思想防线。要切实加大案件查办力度，严肃查处违反党的纪律的行为，严肃查办领导干部滥用权力、谋取私利、贪污贿赂、失职渎职等方面的案件。对于腐败分子，发现一个查处一个，决不手软。要认真开展治理商业贿赂专项工作，坚决纠正不正当交易行为，依法查处商业贿赂案件。坚持以改革统揽预防腐败的各项工作，深入推进行政管理体制、干部人事制度、司法体制、行政审批制度、财政税收体制、投资体制、金融体制和工作机制等方面的改革，建立健全有利于防范腐败的体制机制。进一步加强

[981]

巡视工作，加强对领导班子特别是主要负责同志的监督。要重视巡视成果的运用。要进一步加强巡视队伍建设。

三是要围绕解决损害群众利益的突出问题加强纪律检查工作。要把解决损害群众利益的突出问题作为党风政风建设的工作重点，认真开展专项治理活动，加强对党员、干部实践党的宗旨、维护群众利益情况的监督检查。要严肃查处教育乱收费、医药购销和医疗服务中的不正之风，继续纠正征收征用土地、城镇房屋拆迁、企业重组改制和破产中损害群众利益以及拖欠工程款和农民工工资问题。加强对安全生产的监督检查，维护群众的生命财产安全。要在积极解决关系群众切身利益问题的同时，注意查处这些问题背后的违纪违法行为，及时提出完善规章制度、改进工作的意见和建议，真正做到纠建并举、综合治理，以实实在在的工作成效取信于民。

各级纪律检查委员会作为维护党章的重要职能部门，要带头学习贯彻党章，以深入开展保持共产党员先进性教育活动为契机，进一步加强思想、组织和作风建设。要增强政治意识和大局意识，认真抓好纪检机关领导班子和干部队伍建设，认真开展"做党的忠诚卫士、当群众的贴心人"主题实践活动，使广大纪检干部自觉做到为民、务实、清廉，树立可亲、可信、可敬形象。要适应形势和任务的发展需要，切实加强政治理论和业务学习，积极探索做好新形势下纪检工作的方法和途径，提高依法执纪、依法办案的能力，提高协助党委加强党风建设和组织协调反腐败工作的能力。广大纪检干部要模范遵守党章和各项法律法规，严格执行工作纪律特别是办案纪律和保密纪律，自觉接受党组织、广大党员和人民群众的监督。

各级党委要高度重视纪律检查工作，认真落实党风廉政建设责任制，切实加强对纪律检查工作的领导，及时研究解决工作中遇到的重大问题，坚决支持纪律检查机关依照党章开展工作，始终做他们的坚强后盾。要关心和重视纪检干部队伍建设，在政治上信任重用他们，在工作上支持帮助他们，在生活上关心爱护他们，为他们充分发挥作用创造良好的环境和条件。要继续坚持党委统一领导、党政齐抓共管、纪委组织协调、部门各负其责、依靠群众支持参与的反腐倡廉领导体制和工作机制，努力形成反腐倡廉工作齐抓共管的有效格局。

（选自在自治区纪委第八次全体(扩大)会议上的讲话）

围绕新农村新牧区建设
创造性开展"双链双推"活动

(2006 年 8 月)

建设社会主义新农村,是党中央着眼全局作出的重大战略决策。贯彻落实好这一重大决策,必须进一步加强和改善党的领导,不断增强基层党组织的创造力、凝聚力和战斗力。为此,内蒙古自治区党委在认真总结基层党组织和广大党员创造的好做法、好经验的基础上,在全区广泛开展了以党员"三结合"致富链(一名党员联系一个富裕户,帮扶一个贫困户)、县乡村三级干部服务链和推进农村牧区中心工作、推进基层组织建设为主要内容的"双链双推"活动,为加强新时期基层党的建设、推进新农村建设提供了重要载体和手段。

围绕新农村建设主题,丰富"双链双推"活动内涵。当前,我国农村已进入全面建设社会主义新农村的历史阶段。"双链双推"活动必须紧紧围绕新农村建设的伟大实践,不断丰富活动内容,创新活动形式,推动新农村建设的深入开展。为此,我们要紧紧围绕建设社会主义新农村新牧区这一主题,抓住党员带头致富、带领群众共同致富和干部深入基层服务群众两个着力点,充分发挥农村牧区党员和县乡村三级干部的作用,积极创新农村牧区基层组织建设的内容和形式,为农村牧区全面建设小康社会提供有力的组织保证。同时,把开展党员"三结合"致富链活动与开展三级干部服务链活动有机统一起来,把推进农村牧区中心工作与推进农村牧区基层党组织建设紧密结合起来,"两手抓、两推进",使党员干部受教育、农牧民群众得实惠。

抓好结链环节,务求"双链双推"活动取得实效。开展"双链双推"活动

[983]

的目的,就是要通过"链条"这一形式,把龙头企业、市场、专业经济合作组织、资金、技术、信息和党组织、党员、各级干部、致富能手以及群众链接起来,最大限度地整合农村牧区的各种资源和生产要素,促进农村牧区生产发展和农牧民生活宽裕。为此,一要组织党员积极参加致富链活动,带领群众共同致富。根据具体情况,确定"结链"的形式和内容,在群众自愿的前提下,组成帮扶小组、产业小组、专业合作社、专业协会、公共事务服务小组等,明确党员在"三结合"致富链活动中的任务,对他们开展工作给予支持,认真开展无职党员设岗定责和"双培双带"活动,把"岗"设在"链"上,通过"链"来开展"双培双带"活动,进一步增强党员设岗定责和"双培双带"活动的针对性、实效性。二要组织各级干部加入服务链,服务新农村新牧区建设。县乡村三级干部要深入农村牧区、深入农牧民群众中,为农牧民生产生活搞好服务。在组织形式上,要坚持从实际出发,可以组织全年性或阶段性的农村牧区中心工作服务队、专业工作服务队、农牧业产业化服务队,还可以把干部组织到各类农牧业专业协会或合作组织里,为农牧民提供服务。加强县、乡党委对有关部门的协调,共同研究确定各类干部在服务链活动中的职责、任务和要求,并加强督促检查,认真抓好落实。

强化保障机制,形成多方联动开展"双链双推"的工作格局。一是强化旗县和苏木乡镇党委的领导责任。旗县党委书记是第一责任人,要带领党委一班人,切实履行好开展"双链双推"活动的职责。苏木乡镇党委要结合党委换届和机构改革,进一步改进领导方式和工作作风,在抓好自身创建工作的同时,加强对嘎查村党组织工作的具体指导。自治区、盟(市)两级要加强宏观指导和政策引导,加大督促检查力度,推动工作落实。二是充分发挥嘎查村党组织的作用。要大力加强嘎查村党组织领导班子建设,特别是选好配强党支部书记,有条件的地方推行书记、村主任"一肩挑"和"两委"成员交叉任职。嘎查村党组织要加强对农牧民党员的培养和教育工作,帮助党员尽快成为致富能手和产业带头人、政策明白人,把致富能手和产业带头人、政策明白人培养成党员。适应农村改革发展的要求,进一步探索实践"支部+协会"的党组织设置形式,在各类产业链上、合作组织上、党员集中的企业建立党组织,扩大党的工作的覆盖面和影响力。三是有关部门认真履行职责,形成推动工作的合力。农林牧部门要充分发挥职能作用,为农牧民搞好服务;财政部门对经济合作组织和行业协会要给予必要的资金支持;工商、质检、公安等行政执法部门要切实维护农牧民的切身利益。认真落实定点包扶制度,保持工作的连续性和稳定性。四是加大宣传工作力度,不断增强党员、干部服务群众的意识和群众参与活动的积极性,为"双链双推"活动的深入开展营造良好的舆论氛围。

（原载《领导科学》）

不做庸官　不做昏官
不 做 贪 官

(2006 年 11 月 23 日)

　　代表们选举我们为"两委"委员,赋予我们的不仅是权力,更多的是责任、是义务、是奉献。封建士大夫阶层尚有"当官不为民作主,不如回家卖红薯"的理念,作为党员领导干部,作为人民公仆,党和人民把我们放在这么重要的岗位上,如果不为内蒙古各族人民办实事、做好事,就是失职,就会愧对人民、愧对时代、愧对历史。当我们从领导岗位上退下来时,要扪心自问:这些年在内蒙古从政期间,是否贻误了时机,是否影响了发展,是否对得起党员称号,是否对得起老百姓,是否对得起自己的良心。刚到内蒙古时,我曾经说过:我到内蒙古,不是来做客、不是来做官,而是来做人、来做事。也曾许诺:从到内蒙古的第一天起,就把自己置于党组织和人民群众的监督之下。五年多后的今天,我将继续恪守自己的表态和承诺。

　　新一届"两委"委员和每一个党员领导干部,都要切实在思想上解决好参加革命是为什么、现在当干部应该做什么、将来身后留点什么的问题,正确认识和处理奉献精神和利益原则、党的事业和个人价值、全局利益和局部利益的关系,自觉做到:

　　(一)一定要坚持党的思想路线,注重学习、勤于思考、勇于探索、敢于创新,以与时俱进的思想观念和奋发有为的精神状态做好工作,坚决反对因循守旧、不思进取,不能为了保"官位",前怕狼后怕虎,顾虑重重,无所作为。要为了人民的利益,敢担风险、敢于负责,不做庸官。

（二）一定要坚持求真务实的精神，密切联系群众，虚心向群众学习、向实践学习，认真履行职责，坚持科学态度，做到清醒、静心、实干，讲实话、办实事、求实效、重实绩，以实际行动取信于民、造福于民，坚决反对盲目从事、弄虚作假、以其昏昏、使人昭昭，不做昏官。

（三）一定要坚持清正廉洁，自觉做到执政为民、廉洁从政，堂堂正正做人，干干净净做事，淡泊名利，不跑官要官，不买官卖官，以坚定不移的态度、坚强有力的工作和坚持不懈的努力，进一步推进党风廉政建设和反腐败工作，坚决反对以权谋私、损公肥私、假公济私，不做贪官。

（选自在自治区第八次党代会闭幕会上的讲话）

努力创造无愧于时代
无愧于人民的业绩

（2006 年 11 月 23 日）

刚刚闭幕的中共内蒙古自治区第八次代表大会，选举产生了中共内蒙古自治区第八届委员会。自治区党委八届一次全委会议，选举产生了八届自治区党委常务委员会委员和书记、副书记，通过了自治区纪律检查委员会第一次全体会议关于选举结果的报告。这是全区广大共产党员对我们的信任，是全体代表、委员对我们的信任。

自治区八届党委任期的五年，是我区全面建设小康社会、加快推进现代化建设的关键时期。自治区八次党代会提出了新阶段加快推进我区现代化的奋斗目标、主要任务和战略措施。大会指出，今后五年要立足科学发展，坚持"三化"互动，着力增收富民，促进社会和谐，推动经济社会又好又快发展。要着力提高"两个水平"、保持"两个高于"、确保"两个实现"，使一个综合实力较强、经济结构合理、地区特色鲜明、社会稳定和谐、充满生机活力的内蒙古崛起在祖国北疆。新一届自治区党委班子责任重大。我们要认真履行职责，十分珍惜党和人民对我们的信任和重托，十分珍惜时代给我们提供的机会和舞台，十分珍惜我区经济社会发展的大好来势，努力创造无愧于时代、无愧于人民的业绩。

要坚持用发展着的马克思主义武装头脑、指导实践，始终保持思想上政治上的清醒和坚定。理论上的成熟是思想上政治上成熟的基础，理论上的清醒是思想上政治上清醒的前提，理论上的坚定是思想上政治上坚定的保证。我们必须坚持不懈地用发展着的马克思主义武装头脑、指导实践，认真学习马列主义、毛泽东思想、邓小平理论和"三个代表"重要思想，认真学习十六大以来党中央提出的一系列重大理论创新成果。坚持理论联系实际，坚持学以致用，不断提高运用马克思主义立场、观点和方法研究新情况、解决新问题的能力。要进一步增强政治意识，坚持正确的政治立场和政治方向，提高政治敏锐性、政治鉴别力和政治坚定性，严格遵守党的政治纪律，在思想上政治上同以胡锦涛同志为总书记的党中央保持高度一致，坚决维护中央权威，确保中央政令畅通。要进一步增强大局意识，提高战略思维能力，善于从全局高度认识和处理问题，自觉把内蒙古的发展置于党和国家的大局中来思考谋划。要进一步增强责任意识，本着对党和人民高度负责的精神，牢记使命，恪尽职守，奋发有为，切实担负起促一方发展、保一方平安、富一方人民的政治责任。

要全面贯彻落实科学发展观，着力推动经济社会又好又快发展。科学发展观是指导发展的世界观和方法论，是必须长期坚持的指导方针。自治区八届党委领导集体，要进一步增强全面贯彻落实科学发展观的自觉性和坚定性，切实把科学发展观体现在具体措施上、落实到实际工作中，不断提高领导科学发展的能力和水平。要凝聚全区各级党组织、广大党员、干部群众的智慧和力量，聚精会神搞建设，一心一意谋发展，始终突出发展这个主题、抓好发展这个第一要务，牢牢把握、切实用好重要战略机遇期。要切实转变发展观念，创新发展模式，提高发展质量，落实"五个统筹"，促进协调发展；转变增长方式，提高可持续发展水平。要把贯彻落实科学发展观的成效作为检验工作政绩的重要标准，使各项工作切实符合规律，切实经得起实践、历史和人民的检验。

要坚持贯彻民主集中制原则，努力提高科学执政、民主执政、依法执政水平。民主集中制是党的根本组织制度和领导制度，是坚持科学执政、民主执政、依法执政的重要保证。这次全国省区市党委换届，减少了副书记职数，增加了党委委员和候补委员名额，就是为了更好地发挥常委会和全委会集体领导的作用。我们要积极适应领导班子配备改革的新情况、新变化，进一步完善集体领导体制，更加认真地贯彻民主集中制原则，更好地坚持科学执政、民主执政、依法执政。要坚持科学执政，继续加强对党自身建设规律的探索和认识，不断提高以科学的思想、科学的制度、科学的方法领导改革开放和现代化建设的本领。要坚持民主执政，进一步贯彻全心全意为人民服务的宗旨,坚持为人民执政、靠人民执政,发展党内民主,发展社会主义民主政治,充分调动广大党员、人民群众的积极性、主动性、创造性。要坚持依法执政,贯彻依法治国的基本方略,加快推进依法治区进程,增强法制观念,严格依法办事,不断推进各项治区理政活动的制度化、法制化。

要坚持讲党性、讲原则,自觉维护班子的团结和谐。团结就是大局,团结就是力量,团结就是胜利。新一届党委领导集体要保持和发扬自治区党委班子团结和谐的好传统,切实以党和人民的事业为重,以内蒙古的大局为重,在坚持党性原则的基础上,倍加珍视团结、悉心维护团结、自觉加强团结。要健全党内民主生活,勇于开展批评与自我批评,坚持真理、修正错误、沟通思想、化解矛盾。领导班子成员之间要相互尊重、相互信任,每个成员都要正确对待自己、正确对待同志、正确对待组织。每个同志都要有容人容事的雅量,有相互谅解、坦诚相见的气度,有闻过则喜、广纳百川的胸襟,自觉做到严于律己、宽以待人,在合作共事中加深了解,在相互支持中增进团结。通过自治区党委一班人的团结,带动和促进全区各级领导班子的团结、干部队伍的团结和全区各族人民的大团结。

要带头实践党的宗旨,切实做到为民、务实、清廉。我们党的最大政治优势是密切联系群众。一定要按照胡锦涛总书记提出的为民、务实、清廉的要求,努力在以下三个方面身体力行、做好表率。一是要做联系群众的表率。牢记全心全意为人民服务的宗旨,坚持权为民所用、情为民所系、利为民所谋,经常深入群众、深入实际、深入基层,认真调查研究和解决问题。一定要深怀爱民之心,恪守为民之责,多办利民之事,着力解决好人民群众最直接、最关心、最现实的利益问题,重点解决好群众反映强烈的就业难、看病难、上学难等突出问题,解决好农村牧区、城镇贫困人口等困难、弱势群体的生产生活问题,并健全制度、长期坚持,以实际行动实现好维护好发展好各族人民的根本利益。二是要做求真务实的表率。牢固树立为党和人民长期艰苦奋斗的思想,保持党的优良传统,发扬脚踏实地、埋头苦干的工作作风,讲实话、办实事、求实效。要真抓实干,狠抓落实,认准的事,就要扎实认真地去抓,一个问题一个问题去解决,一个环节一个环节去落实,切实做到有布置、有措施、有结果。三是要做清正廉洁的表率。始终牢记"两个务必"和"八个坚持、八个反对"的要求,带头实践社会主义荣辱观,常修为政之德,常思贪欲之害,常怀律己之心,做到自重、自省、自警、自励。要严格遵守廉洁自律各项规定,严格要求自己,管好配偶、子女和身边工作人员,正确行使权力,带头抵制和反对一切消极腐败现象,在各族干部群众中树立起廉洁自律的良好形象,以优良的党风促政风带民风。

（选自在自治区党委八届一次全委会议上的讲话）

把乌兰夫同志的革命思想和
精神继承好发扬好

(2006 年 12 月 23 日)

今天,我们怀着崇敬的心情,纪念久经考验的共产主义战士、党和国家优秀的领导人、杰出的无产阶级革命家、卓越的民族工作领导人乌兰夫同志诞辰 100 周年,追忆和缅怀他的丰功伟绩,学习他伟大的革命精神、崇高的人格情操和对党对人民无限忠诚的赤子情怀,激励全区各族人民把内蒙古的民族团结进步事业不断推向前进。

乌兰夫同志是建党初期投身革命的老一辈无产阶级革命家,在他波澜壮阔的一生中,为中国的革命和建设事业,为内蒙古各族人民的解放和自治区的成立与发展,作出了卓越的贡献,建立了不朽的功勋。

乌兰夫同志出生在内蒙古土默特左旗一个蒙古族农民家庭。早在青少年时期,他就接受进步思想,积极参加反帝爱国学生运动。1923年,乌兰夫同志加入中国共产主义青年团,建立了第一个由蒙古族青年组成的团支部。1925 年加入中国共产党,建立了我们党历史上第一个由少数民族党员组成的党支部。1929 年,乌兰夫同志根据革命斗争的需要,组织领导中共蒙西革命斗争,积极开展地下工作,播撒革命火种,使土默川成为内蒙古革命的发祥地。"九一八"事变后,乌兰夫同志积极响应我们党抗日救国的号召,组织领导了著名的百灵庙军事暴动,拉开了蒙古民族武装抗日的序幕,被毛泽东同志誉为"可贵的草原抗日第一枪"。

抗日战争胜利后,在党中央的领导下,乌兰夫同志致力于内蒙古自治运动。当时,内蒙古的斗争形势极为复杂,一些反动势力大搞所谓的"独立自治"和"独立建国"。乌兰夫同志遵照党的指示,凭着坚定的革命意志、高超的斗争艺术,成功瓦解了反动势力独立自治的企图。1946年和1947年,乌兰夫同志先后组织召开了在内蒙古革命史上具有重大意义的"四·三"会议和"五·一"大会,使处于四分五裂的内蒙古实现了在祖国大家庭里的统一自治,成功缔造了我国第一个省级少数民族自治区,为全面解决新中国民族问题积累了带有开创性的成功经验。

自治区成立后,为改变内蒙古经济社会落后的状况,乌兰夫同志坚持党的实事求是的思想路线,坚持从内蒙古的实际出发,提出了一系列促进经济社会发展的思路和措施。对牧业生产,坚持"牧场归公、自由放牧","千条万条发展牲畜第一条";对半农半牧区,提出以牧为主,保护草场,禁止开荒;对农业区,组织兴修水利,扩大耕地面积,开展劳动互助,救济灾荒,发放贷款用于农民购买生产资料。在自治区经济建设布局上,乌兰夫同志坚持按客观规律办事,提出了"东林西铁、南粮北牧"的战略构想,组织实施了一大批建设工程。这些政策措施,有力推动了内蒙古经济的恢复和发展。在三年困难时期,内蒙古顾全大局,调出大批粮食和物资支援国家,并收养了上海等地的3000多名孤儿。在强调抓好经济建设的同时,乌兰夫同志非常重视民族地区的社会事业发展。在中央支持和各地支援下,大力发展各级各类教育,派出大批医务人员到牧区消灭传染病,很快扭转了少数民族群众受疾病折磨、人口负增长的状况。

调任中央工作后,乌兰夫同志仍一如既往地关心内蒙古的发展、牵挂各族人民的利益,通过各种途径给我们指导和鼓励。1987年8月,乌兰夫同志率中央代表团,全程参加了内蒙古自治区成立40周年庆祝活动,多次发表重要讲话和谈话,对自治区的改革发展稳定提出殷切期望和明确要求。

乌兰夫同志一生致力于马克思主义民族理论的学习研究和实践探索,丰富和发展了党的民族区域自治制度。他把维护国家统一、加强民族团结作为观察和处理民族问题的根本原则,始终不渝地坚持各民族宜合不宜分,合则共获其利、分则同受其害的道理,教育干部群众"要像爱护自己的眼睛一样,爱护祖国的统一和各民族的团结",嘱咐我们"巩固祖国统一,加强民族团结,这个主题在内蒙古任何时候都不能变"。他把推动民族地区经济社会发展作为贯彻执行党的民族区域自治政策的根本着力点,反复告诫我们:"实行民族区域自治,为解决民族问题创造了基本条件,但这不是民族问题的最后解决,彻底解决民族问题,必须以高度发达的经济文化事业为基础"。在乌兰夫同志和自治区党委、政府的领导下,经过"一五"时期的努力,内蒙古基本摆脱了极端贫困的状态,建成了初步繁荣的"模范自治区"。他把坚持实事求是、一切从实际出发作为做好民族工作的根本思想路线,强调要"以马克思主义和毛泽东思想的'矢'射内蒙古实际的'的',要创造性地工作,要踏出一条符合内蒙古实际的路子",根据不同历史时期的情况和特点,先后制定了"慎重稳进"、"三不两利"和"稳长宽"等一系列符合民族地区实际的政策措施,圆满完成了民主改革、社会主义改造历史任务。他把建立健全民族法制作为实行民族区域自治的根本保障,认为"在民族问题上确立完备而健全的社会主义法制,不仅是当务之急,而且是久安之计",参与领导制定了全国民族区域自治实施纲要,亲自主持制定了《中华人民共和国民族区域自治法》,为完善社会主义政治体制、促进民族地区发展提供了强有力的法制保证。

百年沧桑,英名永垂。乌兰夫同志的一生是为了追求真理百折不挠、顽强奋斗的一生,是为了党和国家的事业披肝沥胆、呕心沥血的一生,是为了各族人民的幸福与自由鞠躬尽瘁、死而后已的一生。他给我们留下的宝贵精神财富,就像一座丰碑,永远矗立在内蒙古各族人民心中。我们纪念乌兰夫同志,就是要学习他胸怀共产主义崇高理想,对党和人民无限忠诚的政治操守,坚定不移地走中国特色社会主义道路,不断开创内蒙古社会主义现代化建设的新局面;就是要学习他坚持理论联系实际的马克思主义学风,创造性地贯彻执行党的路线方针政策,坚定不移地坚持解放思想、实事求是、与时俱进的思想路线,使内蒙古的工作更好地体现时代性、把握规律性、富于创造性;就是要学习他坚持运用马克思主义民族观观察、处理和解决民族问题,坚定不移地坚持和完善民族区域自治制度,进一步巩固和发展内蒙古各民族共同团结奋斗、共同繁荣发展的政治局面;就是要学习他联系群众、一心为民,始终与人民群众心连心的革命本色,坚定不移地实践立党为公、执政为民的根本宗旨,全心全意为各族人民谋利益。

建设富强民主文明和谐内蒙古,是乌兰夫同志的最大心愿,也是历史赋予我们的神圣使命。我们要更加紧密地团结在以胡锦涛同志为总书记的党中央周围,坚持共同团结奋斗、共同繁荣发展的新时期民族工作主题,继承和弘扬乌兰夫同志的宝贵思想和革命精神,因应新形势,把握新机遇,迎接新挑战,把内蒙古的民族团结进步事业和现代化建设继续推向前进!

(选自在乌兰夫同志诞辰100周年纪念座谈会上的讲话)

[995]

着力解决领导班子作风建设中的突出问题

(2007 年 9 月)

　　胡锦涛总书记在中央纪委第七次全会上的重要讲话，站在党和人民事业兴衰成败的战略高度，从全面建设小康社会、构建社会主义和谐社会的全局出发，深入分析了当前党风廉政建设和反腐败斗争的形势，明确了反腐倡廉工作的任务，向全党郑重提出全面加强新形势下领导干部作风建设，在领导干部中大力倡导八个方面的良好风气，具有极强的现实针对性和指导性。全区各级党组织和领导干部一定要认真学习领会，切实把思想统一到胡锦涛总书记重要讲话精神上来。

　　近年来，全区各级党组织认真贯彻落实中央关于加强党的作风建设的一系列部署和要求，不断加强和改进党的作风建设，有力地促进了各项事业的发展。但也必须清醒地看到，胡锦涛总书记指出的领导干部作风上存在的八个方面的问题，在我区领导干部中都不同程度地存在，有的还比较突出。全区各级党组织和领导干部，一定要按照胡锦涛总书记倡导的八个方面的良好风气，紧密结合实际，进一步加强思想作风、学风、工作作风、领导作风、生活作风建设。

　　一是要进一步加强领导干部的思想作风建设。思想作风是干部思想道德、精神境界、理想信念的集中体现，是党的作风建设的灵魂。加强领导干部的思想作风建设，首先要坚定理想信念。崇高的理想信念，始终是共产党人保持先进性的精神动力。近年来，一些党员干部之所以蜕变为腐败分子，表面上看是经济问题，实质上是理想信念出了问题。各级领导干部要自觉加强思想建设，善于运用马克思主义的立场、观点、方法来认识客观世界，善于从人类社会发展规律的高度来认识和把握当今世界的发展变化，任何时候任何情况下都不忘"老祖宗"、不丢"主心骨"，在理想信念上不犹疑、不含糊、不动摇。要加强理想信念教育与实践锻炼的结合，自觉地把理想信念落实到全面建设小康社会、构建社会主义和谐社会的实践之中。

加强思想作风建设，必须始终不渝地坚持实事求是的思想路线。近年来，我们注重坚持实事求是、从实际出发，不断完善发展思路、强化工作措施，有力地推动了全区经济社会发展。自治区第八次党代会确定的今后一个时期的总体要求和奋斗目标，是坚持实事求是思想路线的成果；贯彻落实好八次党代会精神，同样必须坚持实事求是的思想路线。各级领导干部要正确认识和科学判断国内外发展大势，运用世界眼光和战略思维，在普遍联系中把握自身发展的大局，在不断发展变化的形势中找准工作的切入点，使我们的思想和行动更加符合客观实际。要善于结合实际创造性地开展工作，既坚定不移地贯彻落实党的路线方针政策，自觉与党中央保持高度一致，又善于做好"结合"的文章，努力走出一条切合实际、又好又快的发展路子。

二是要进一步加强领导干部的学风建设。解决学风问题，一定要勤于学习、善于学习。毛泽东同志在延安时就曾讲过，延安没有政治恐慌，没有经济恐慌，有的是"本领恐慌"。目前，我们干部队伍中存在"知识恐慌"和"本领恐慌"的不在少数。面对新的形势和任务，领导干部如果不抓紧学习、不抓好学习，不在学习和工作中不断提高自己，就难以完成肩负的领导责任，甚至难以在这个时代立足。那种认为不学习照样能够干工作、不愿意用心学习的想法，那种满足于一知半解、浅尝辄止的态度，那种借口工作忙不去学习或者敷衍了事的做法，那种把学习当做装点门面而不是用来推动工作的现象，都是十分错误的、十分有害的。各级领导干部一定要充分认识加强学习的重要性，切实增强学习的主动性，牢固树立终身学习的思想，努力在建设学习型政党和学习型社会中走在前列。

加强学风建设，必须增强工作中的理论自觉和理论指导。要深入系统地学习马列主义、毛泽东思想，学习邓小平理论和"三个代表"重要思想，学习科学发展观、构建社会主义和谐社会、加强党的执政能力和先进性建设等马克思主义创新成果，真正学懂弄通，掌握精神实质，提高理论素养。同时，要从领导工作的实际需要出发，本着缺什么、补什么的原则，认真学习现代经济、法律、科技、管理等知识。要坚持理论联系实际的学风，紧密联系自治区改革发展稳定的实际，联系本地区本部门的实际，认真思考解决现实中的重大问题，把学习体会和成果转化为谋划发展的思路、促进工作的措施、领导工作的本领，转化为推动党的执政能力建设和先进性建设的能力，努力做到学以致用、用有所成。

三是要进一步加强领导干部的工作作风建设。良好的工作作风，是推动事业发展的重要保证。在中央纪委全会上，胡锦涛总书记再次强调，各级领导干部要心系群众、服务人民，始终保持党同人民群众的血肉联系。各级领导干部一定要强化宗旨意识，大力发扬密切联系群众的优良作风，切实做到发展为了人民、发展依靠人民、发展成果由人民共享。要在思想上相信群众，牢固树立马克思主义的群众观点，做到在任何时候任何情况下与人民群众同呼吸共命运心连心的立场不能变，全心全意为人民服务的宗旨不能忘，坚信人民群众是真正英雄的历史唯物主义观点不能丢。要在感情上贴近群众，真正把人民群众当主人、当亲人、当老师，经常深入到基层和群众中，了解实情、体察疾苦、汲取智慧、获得力量。要在工作上依靠群众，坚持从群众中来、到群众中去，把群众的愿望和要求作为决策的根本依据，为群众诚心诚意办实事，尽心竭力解难事，坚持不懈做好事，全心全意为各族人民谋利益。

加强工作作风建设，必须大力弘扬求真务实精神。毛泽东同志曾经告诫全党，要老老实实地办事，在世界上要办成几件事，没有老实态度是根本不行的。邓小平同志强调指出，世界上的事都是干出来的，不干，半点马列主义都没有。总的看，我区广大干部抓落实是好的。比如，我们在开发利用资源的同时不断加强资源勘探工作，较好地摸清了资源底数；在抓公路建设的同时积极开展铁路建设，逐步完善了运输体系；在抓电源点建设的同时积极进行电网建设，实现了发电、送电和用电的有效衔接；在推进煤转电的同时大力进行煤制油、煤化工开发，广辟煤炭资源转化利用途径，等等。但也有一些工作落实不够，比如服务业发展问题、非公有制经济和中小企业发展问题、城乡居民增收问题等，虽然也在抓，但成效不够明显。面对新的形势和任务，各级领导干部一定要大力弘扬求真务实精神，大兴求真务实之风，把心思用在干事业上，把精力投到抓落实中，在真抓实干、务求实效上下功夫。定下来的事情要雷厉风行、抓紧实施，部署了的工作要督促检查、一抓到底，重要环节要身先士卒、靠前指挥。尤其是对制约发展的薄弱环节，要加大力度、狠抓落实，不断把我区的各项建设事业推向前进。

四是要进一步加强领导干部的领导作风建设。领导作风是领导干部政治态度、思想品质、工作状况的重要表现。良好的领导作风不仅有利于提高领导干部的公信力和影响力，而且有利于增强领导班子的创造力、凝聚力和战斗力，保证各项决策部署的科学制定和有效落实。要积极适应领导班子配备改革的新要求，全面推进领导作风建设，努力把各级领导班子建设成为政治坚定、务实高效、团结和谐、奋发有为的领导集体。要把坚持和完善民主集中制作为领导作风建设的首要任务来抓。民主集中制是党的根本组织制度和领导制度，也是科学执政、民主执政、依法执政的重要保证。各级领导干部要自觉与党中央保持高度一致，坚决维护中央权威和大政方针的统一性和严肃性，坚决防止有令不行、有禁不止。要认真贯彻执行民主集中制的各项规定，严格按照领导班子内部议事和决策机制办事。班子主要领导要带头发扬民主，善于听取各种意见包括不同意见，善于调动大家的积极性，充分发挥班子的整体合力。

加强领导作风建设，必须正确对待和使用权力。近年来，我区基本建设、资源配置、财政支出的规模不断扩大，在一定程度上增加了权钱交易、官商勾结的机率。每一个领导干部都要正确认识、对待和使用好手中的权力，常修为政之德，常思贪欲之害，常怀律己之心。要自觉遵守党纪国法，严格执行领导干部廉洁从政各项规定，堂堂正正地做人，干干净净地做事。

五是要进一步加强领导干部的生活作风建设。生活作风是领导干部思想觉悟、道德素养、知识水平、人格品质的综合体现。执政党领导干部的生活作风和生活情操，不仅关系到个人的品行和形象，而且关系到党在群众中的威信和形象。看一个领导干部素质如何，不仅要看其决策能力和组织能力，还要看其生活方面的所作所为，不仅要关注八小时以内的工作状态，而且要关注八小时以外的生活细节。领导干部生活正派、情操高尚，就能有效抵御各种腐朽思想侵蚀；生活作风不检点、不正派，在道德情操上打开了缺口、出现了滑坡，就很难保持清正廉洁。大量腐败案例证明，追求低级趣味，社会生活庸俗，往往是一个人私欲膨胀、以权谋私、腐化堕落的开始。随着市场经济的不断发展和对外开放的日益扩大，人们价值取向、思维模式和生活方式复杂多样，来自各方面的侵蚀和诱惑增多，领导干活生活作风建设面临严峻考验。各级领导干部一定要自觉加强思想道德修养，讲操守、重品行，模范遵守社会公德、职业道德、家庭美德，积极追求健康向上的生活情趣，努力净化个人的"生活圈"、"交际圈"和"娱乐圈"，切实过好名利关、金钱关、美色关、远离灯红酒绿、声色犬马，摆脱各种低级趣味，养成健康理性的生活方式，努力塑造高尚灵魂。尤其要检点生活的方方面面，关注作风的细枝末节，勿以恶小而为之，勿以善小而不为，始终保持共产党员的政治本色。

加强生活作风建设，必须发扬艰苦奋斗的优良传统。艰苦奋斗是中华民族的传统美德，是我们党的传家宝。经过近年来的发展，自治区的综合经济实力显著增强，财政状况明显好转。在这种情况下，一些领导干部逐渐淡化了"过紧日子"的思想，开始出现大手大脚、铺张浪费、讲排场的现象。各级领导干部一定要牢记"两个务必"的要求，带头发扬艰苦奋斗、勤俭节约的精神，带头抵制拜金主义、享乐主义和奢靡之风。今年自治区将庆祝成立60周年，各级一定要按照"隆重热烈、规模适度、节俭务实"的原则，既要把各项活动办得隆重热烈，更要实实在在地为各族群众解决一些实际问题和困难，坚决防止形式主义、铺张浪费、劳民伤财现象的发生。

加强领导干部作风建设，各级党委担负着重要领导责任。要把领导干部作风建设作为党的作风建设的重点工作来抓，列入党的建设的重要议事日程，周密制订计划，精心组织领导，落实制度保障，加强督促检查。要按照党风廉政建设责任制的要求，明确抓领导干部作风建设的具体责任，及时发现和解决苗头性、倾向性问题。要把领导干部作风建设作为各级中心组学习和党员干部培训的重要内容，打牢领导干部加强和改进作风建设的思想基础。要加强对领导干部特别是主要领导干部的监督，运用批评和自我批评的方法，开展积极健康的思想斗争。要抓住正确行使权力这个关键，针对当前反腐倡廉方面存在的突出问题，从经济、政治、文化、社会等各个方面拓展从源头上防治腐败工作领域，建立健全结构合理、配置科学、程序严密、制约有效的权力运行机制，使决策权、执行权、监督权既相互制约又相互协调，有效防止滥用权力现象的发生。要认真贯彻落实以党章为核心的党内各项规章制度，促进领导干部带头学习制度、严格执行制度、自觉维护制度，坚持用制度规范自己的行为。要拓宽监督渠道，把党内监督与人大监督、政府专门机关监督、政协民主监督、司法监督、群众监督、舆论监督等结合起来，努力增强监督效果。

（原载《省委书记谈作风建设》）

把思想和行动统一到
党 的 十 七 大 精 神 上 来

(2007 年 10 月 20 日)

一

党的十七大是在我国改革发展关键阶段召开的一次十分重要的大会。认真学习、宣传、贯彻落实好十七大精神,对于统一全区广大干部群众思想,凝聚各族人民力量,进一步开创我区改革开放和现代化建设新局面,必将产生重大而深远的影响。我们一定要深刻理解大会精神,切实把各族干部群众的思想和行动统一到十七大精神上来,把智慧和力量凝聚到全面建设小康社会、构建和谐内蒙古的实践之中。

党的十七大精神,集中体现在胡锦涛同志代表十六届中央委员会所作的报告中。在学习宣传中,要紧紧围绕报告提出的一系列重大理论观点、重大战略思想和重大工作部署,用报告精神武装广大党员和干部群众的头脑。一是要深刻理解十七大报告的主题。报告鲜明回答了在我国改革发展关键阶段我们党举什么旗、走什么路、以什么样的精神状态、朝着什么目标前进的重大问题。要深刻理解中国特色社会主义伟大旗帜,是当代中国发展进步的旗帜,是全党全国各族人民团结奋斗的旗帜,深入贯彻落实科学发展观,继续解放思想,坚持改革开放,推动科学发展,促进社会和谐,为夺取全面建设小康社会新胜利而奋斗。二是要深刻理解改革开放以来的宝贵经验和十六大以来新一届中央领导集体的重大理论和实践创新成果。报告指出,改革开放是决定当代中国命运的关键抉择,是发展中国特色社会主义、实现中华民族伟大复兴的必由之路;只有社会主义才能救中国,只有改革开放才能发展中国、发展社会主义、发展马克思主义。强调改革开放以来我们取得一切成绩和进步的根本原因，归结起来就是开辟了中国特色社会主义道路，形成了中国特色社会主义理论体系。党的十六大以来，以胡锦涛同志为总书记的党中央，继续推进中国特色社会主义事业，开拓了马克思主义中国化的新境界，开创了中国特色社会主义事业的新局面。要通过认真学习，深刻领会中国特色社会主义理论的形成和发展过程，深刻领会十六大以来取得的巨大成就，进一步坚定走中国特色社会主义道路的信心和决心。三是要深刻理解科学发展观的丰富内涵和实践要求。科学发展观是十六大以来党的理论创新的核心成果。报告指出，科学发展观的第一要义是发展，核心是以人为本，基本要求是全面协调可持续，根本方法是统筹兼顾。同时，要求我们始终坚持"一个中心、两个基本点"的基本路线，积极构建社会主义和谐社会，继续深化改革开放，切实加强和改进党的建设，确保科学发展观落到实处。要引导广大干部群众不断深化对科学发展观的认识，进一步增强贯彻落实的自觉性和坚定性。四是要深刻理解全面建设小康社会的奋斗目标和重大工作部署。报告顺应形势和任务的发展变化，进一步完善了到 2020 年的奋斗目标，延伸和发展了十六大对全面建设小康社会的基本要求，为实现全面建设小康社会目标进一步指明了方向。在全面建设小康社会奋斗目标的引领下，报告对社会主义经济、政治、文化和社会建设进一步作了部署。我们要按照报告的要求和部署，进一步加大工作力度，把内蒙古的改革开放和现代化建设继续推向前进。五是要深刻理解全面推进党的建设新的伟大工程的重要任务。报告强调，必须以改革创新精神加强党的自身建设，把党的执政能力建设和先进性建设作为主线，着力做好各个方面的工作，认真落实"四个一定要"的要求，为推进新时期党的建设指明了方向。

学习贯彻十七大精神，一定要发扬理论联系实际的马克思主义学风，紧密联系本地区、本部门、本单位的实际，进一步完善发展思路，强化工作措施。各级领导干部要带头学习贯彻十七大精神，从理论与实践的结合上不断加深对十七大精神的理解，努力提高运用科学理论分析和解决问题的能力，更好地担负起团结带领各族人民开创改革开放和现代化建设新局面的历史重任。

[1003]

二

今后五年是全面建设小康社会的关键时期。我们要以党的十七大和自治区成立 60 周年为新的起点，更加自觉地坚持以科学发展观统领全局，紧紧抓住、切实用好重要战略机遇期，把握发展规律，创新发展理念，转变发展方式，破解发展难题，提高发展质量和效益，努力夺取全面建设小康社会的新胜利。

（一）着力提高发展的协调性和可持续性，推动国民经济又好又快发展。报告强调，促进国民经济又好又快发展，关键要在转变经济发展方式、完善社会主义市场经济体制方面取得重大进展。加快转变经济发展方式，推动产业结构优化升级，是贯彻落实科学发展观的基本要求，也是实现我区经济又好又快发展的迫切需要。去年底召开的自治区第八次党代会，把提高协调发展和可持续发展水平确定为"十一五"时期的重要奋斗目标。这一目标，与科学发展观的要求是一致的，必须坚定不移地抓下去。提高协调发展水平，必须着力调整优化经济结构，不断增强发展的全面性和协调性。在产业结构调整上，要优化三次产业结构，在深入推进新型工业化的同时，大力发展现代农牧业和服务业。要调整优化产业内部结构，努力促进产业多元、产业延伸和产业升级，进一步做大做强优势特色产业。在投资结构调整上，要认真贯彻落实国家宏观调控政策措施，进一步加大化工、装备制造、农畜产品加工、高新技术和非资源型加工业投入力度，加大生态和基础设施建设、社会事业投入力度。在所有制结构调整上，要放宽领域、落实政策、营造环境，促进非公有制经济快速健康发展。在生产力布局结构调整上，要积极促进产业集中和要素集聚，不断提高集约化发展水平。要更加注重推动城乡、区域协调发展，切实加强新农村新牧区建设，支持东部盟市加快发展。要切实加强经济发展的薄弱环节，加快推进服务业、建筑业、非公有制经济、中小企业发展，不断培育和创造新的发展优势。提高可持续发展水平，必须着力转变经济发展方式，不断增强发展的稳定性和可持续性。要切实加强节能减排工作，大力发展循环经济，不断提高资源综合开发利用水平。继续加强生态环境保护和建设，着力建设生态文明，实现改善生态和促进发展互动双赢。要切实加强自主创新能力建设,加快技术创新步伐。

完善社会主义市场经济体制,对于解决经济发展中的深层次矛盾和问题,充分发挥市场在资源配置中的基础性作用。破除影响科学发展的体制机制障碍,增强经济发展的动力和活力,具有十分重要的意义。"十五"以来,自治区下大力启动经济发展的内力和活力,经济自主发展机制开始形成。今后要更加自觉地推进改革开放,着力构建充满活力、富有效率、更加开放、有利于科学发展的体制机制。要坚持社会主义市场经济改革方向,继续深化行政管理体制改革、国有企业改革、农村牧区综合配套改革、财税金融体制改革,从制度上更好地发挥市场配置资源的基础性作用。加快推进统一开放竞争有序的现代市场体系建设,积极发展各类生产要素市场。要大力实施互利共赢开放战略,积极参与国内外经济技术合作,不断拓展对外开放的广度和深度,提高开放型经济水平。

(二)着力保障和发展人民民主,推动社会主义民主政治建设。报告强调,人民民主是社会主义的生命。发展社会主义民主政治是我们党始终不渝的奋斗目标。要充分认识发展社会主义民主政治的重要意义,按照报告的部署和要求,扎实推进我区民主政治建设,为全面落实科学发展观、加快推进全面建设小康社会提供坚强的政治保障。

要坚持党的领导、人民当家作主、依法治国的有机统一,不断推进社会主义政治制度自我完善和发展。继续扩大公民有序政治参与,健全民主制度,丰富民主形式,拓宽民主渠道,依法实行民主选举、民主决策、民主管理、民主监督,保障人民的知情权、参与权、表达权、监督权。坚持和完善人民代表大会制度、共产党领导的多党合作和政治协商制度,保证人民代表大会及其常务委员会依法履行职能,保证人民政协切实发挥政治协商、民主监督和参政议政作用。要巩固和发展最广泛的爱国统一战线,充分发挥其团结各界、凝聚人心、促进发展的积极作用。加强同民主党派合作共事,支持民主党派和无党派人士更好地履行参政议政、民主监督职能。坚持和完善民族区域自治制度,促进各民族共同团结奋斗、共同繁荣发展。进一步发展基层民主,健全基层自治组织和民主管理制度,保障人民享有更多更切实的民主权利。要深入贯彻依法治国方略,切实保障公民合法权益,维护社会公平正义。要强化政府社会管理和公共服务职能,形成权责一致、分工合理、决策科学、执行顺畅、监督有力的行政管理体制。完善制约和监督机制,坚持用制度管权、管事、管人,建立健全决策权、执行权、监督权既相互制约又相互协调的权力结构和运行机制。

(三)着力提高文化软实力,推动社会主义文化大发展大繁荣。报告对加强社会主义文化建设提出了新的更高要求。各级要把文化建设放在更加重要的战略地位,大力推动民族文化大区建设,更好地满足人民群众的精神文化需求。

要努力建设社会主义核心价值体系,坚持不懈地用马克思主义中国化最新成果武装全党、教育人民,用中国特色社会主义共同理想凝聚力量,用以爱国主义为核心的民族精神和以改革创新为核心的时代精神鼓舞斗志,用社会主义荣辱观引领风尚,巩固全区各族人民团结奋斗的共同思想基础。要大力建设和谐文化,统筹推进城乡、区域文化协调发展,加强网络文化建设和管理,加强社会公德、职业道德、家庭美德、个人品德建设,广泛开展群众性精神文明创建活动,努力培育文明风尚,不断提高公民的思想道德素质和社会文明程度。要大力弘扬优秀民族文化,开发利用好民族文化丰厚资源,推出更多反映人民主体地位和现实生活、群众喜闻乐见的优秀精神文化产品。努力推进文化创新,深化文化体制改革,充分调动广大文化工作者的积极性和创造性,使全社会文化创造活力充分释放。大力发展文化产业,加快发展具有民族和地区特色的文化产业。

(四)着力保障和改善民生,加快推进和谐内蒙古建设。报告明确提出,要以改善民生为重点推进社会建设,努力使全体人民学有所教、劳有所得、病有所医、老有所养、住有所居。近年来,自治区高度重视民生,明确提出把解决群众切身利益问题作为构建和谐内蒙古的重中之重,下大力做好富民惠民工作,取得了一定成效。"十五"以来,自治区在改善民生方面累计投入 370 多亿元,提出并实施了"两项承诺"、"七件实事"、"十项民生工程",使改革发展成果不断惠及各族人民。今后,要在推动经济又好又快发展的基础上,更加注重以改善民生为重点的社会建设,着力保障和改善民生,努力形成全体人民各尽其能、各得其所而又和谐相处的生动局面。

要千方百计做好增收富民工作,积极探索、逐步建立收入增长与经济增长良性互动机制,深化收入分配制度改革,促进城乡居民收入来源多元化、增收稳定化、分配公平化。要坚持教育的公益性、公平性,加大财政对教育事业的投入,优化教育结构,促进义务教育均衡发展,提高群众的受教育水平。要把扩大就业作为最大的民生工程来抓,认真落实、不断完善促进创业和就业的各项政策措施,提高全社会的就业水平。要加快建立和不断完善覆盖城乡居民的社会保障体系,提高人民群众的社会保障水平。认真解决困难群体的生产生活问题,让各族群众切实感受到党和政府的关怀与温暖,充分享受到改革发展的实际成果。要加快推进医疗卫生体制改革,建设覆盖城乡居民的公共卫生服务体系、医疗服务体系,为群众提供安全、有效、方便、价廉的医疗卫生服务。要加强社会管理工作,促进全社会和睦相处、和谐发展。

三

贯彻落实好十七大精神,夺取全面建设小康社会新胜利,必须以改革创新精神全面推进党的建设新的伟大工程。要按照报告提出的"六个着力"的要求,全面加强党的思想建设、组织建设、作风建设、制度建设和反腐倡廉建设,努力把我区党的建设提高到一个新水平。

要大力加强党的思想政治建设,深入学习贯彻中国特色社会主义理论体系,开展深入学习实践科学发展观活动,使广大党员干部真正成为实践社会主义核心价值体系的模范,做共产主义远大理想和中国特色社会主义共同理想的坚定信仰者、科学发展观的忠实执行者、社会主义荣辱观的自觉实践者、社会和谐的积极促进者。要按照科学执政、民主执政、依法执政的要求,切实加强领导班子建设,提高执政能力和领导水平,把各级领导班子建设成为坚定贯彻党的理论和路线方针政策,善于领导科学发展的坚强领导集体。要严格按照中央要求,扎实做好地方人大、政府、政协换届工作。进一步深化干部人事制度改革,大力实施人才强区战略,努力造就高素质的干部队伍和人才队伍。巩固和发展先进性教育活动成果,全面加强基层组织建设,充分发挥基层党组织推动发展、服务群众、凝聚人心、促进和谐的作用。积极推进党内民主建设,尊重党员主体地位,保障党员民主权利,推进党务公开,以扩大党内民主带动人民民主,以增进党内和谐促进社会和谐。坚持立党为公、执政为民,坚持群众路线和求真务实作风,切实加强党的作风建设。要充分认识反腐败斗争的长期性、复杂性、艰巨性,坚持标本兼治、综合治理、注重预防的方针,扎实推进惩治和预防腐败体系建设。在坚决惩治腐败的同时,更加注重治本,更加注重预防,更加注重制度建设。全体党员特别是领导干部都要讲党性、重品行、作表率,以优良的党风促政风带民风。

(选自在党的十七大内蒙古代表团全体会议上的讲话)

把反腐倡廉建设
摆在更加突出的位置

(2008 年 1 月 29 日)

一、认真学习领会胡锦涛总书记重要讲话精神,充分认识新形势下加强反腐倡廉建设的重大意义

胡锦涛总书记在中纪委十七届二次全会上的讲话中, 系统回顾了我们党开展党风廉政建设和反腐败斗争的历程和新一届中央领导集体抓反腐倡廉工作的思路及重点,强调要深刻总结党风廉政建设和反腐败斗争的实践经验, 深刻认识加强反腐倡廉建设的重要性和紧迫性。我们一定要按照胡锦涛总书记的要求,从全局和战略的高度,充分认识加强反腐倡廉建设的重大意义。

一是要从我们党治国理政重要实践经验的高度,充分认识加强反腐倡廉建设的重大意义。我们党历来高度重视反腐倡廉工作,特别是在革命、建设、改革的重大历史关头和关键发展阶段,更是高度自觉地把反腐倡廉工作摆在非常重要的位置。新中国成立前夕, 毛泽东同志郑重要求全党牢记"两个务必"、不要在"糖衣炮弹"面前打败仗。改革开放初期,邓小平同志郑重提出, 执政党的党风问题是有关党的生死存亡的问题,是关系国家会不会改变面貌的问题, 在整个改革开放过程中都要反对腐败。党的十三届四中全会以后,江泽民同志郑重提出,治国必先治党、治党务必从严,并把提高拒腐防变和抵御风险能力作为党必须解决好的两大历史性课题之一。党的十六大以来, 胡锦涛总书记先后六次在中纪委全会上发表重要讲话,强调要坚持立党为公、执政为民,党的优良作风是党始终立于不败之地的重要保证,要切实把作风建设作为关系党的形

[1009]

象、关系人心向背的大事来抓，建立健全惩治和预防腐败体系，加大从源头上防治腐败工作力度，使全党同志真正做到为民、务实、清廉。党的十七大第一次把反腐倡廉建设同思想建设、组织建设、作风建设、制度建设一起确定为党的建设的基本任务，这是我们党从提高党的执政能力、保持和发展党的先进性的全局高度作出的重大决策。党的历史经验充分表明，我们党对马克思主义政党取得执政地位尤其是在长期执政条件下必须抓好反腐倡廉工作的认识是十分清醒的、态度是一以贯之的，对改革开放和发展社会主义市场经济新形势下党内可能出现的问题特别是可能遇到的风险的认识是十分清醒的、态度是一以贯之的，对反腐败斗争的长期性、复杂性、艰巨性的认识是十分清醒的、态度是一以贯之的，对抓好反腐倡廉工作对保证党和国家事业健康发展、巩固党的执政地位和保持党的先进性的重大意义的认识也是十分清醒的、态度也是一以贯之的。我们必须牢记和坚持党的历史经验，充分认识加强反腐倡廉建设的重要性，不断增强做好工作的责任感和紧迫感。

二是要从胡锦涛总书记提出的"三个必然要求"的高度，充分认识加强反腐倡廉建设的重大意义。胡锦涛总书记在讲话中指出，加强反腐倡廉建设是发展中国特色社会主义的必然要求，是推进党的建设新的伟大工程的必然要求，是适应反腐败斗争形势发展的必然要求。这"三个必然要求"，高度概括了做好新时期反腐倡廉工作的重要性和紧迫性，我们要认真学习领会。

要充分认识到，我们建设的中国特色社会主义伟大事业，是引领我们党、我们国家、我们民族发展进步的伟大事业。各种腐败现象和不正之风，严重影响经济社会又好又快发展、社会主义民主政治有序推进、社会主义精神文明建设和先进文化发展、社会主义和谐社会建设、党的先进性建设和执政能力建设，如果不坚决防范和惩治腐败，任凭腐败现象滋生蔓延，最终将导致经济衰退、政治动荡、文化颓废、社会混乱的状况，失去人民群众的支持，到那时党心民心就无法凝聚，全面建设小康社会奋斗目标就无法实现，中国特色社会主义也就无从发展。只有坚定不移地加强反腐倡廉建设，坚决遏制和克服各种消极腐败现象，才能在新的历史起点上把中国特色社会主义事业不断推向前进。

要充分认识到,我们党要站在时代前列不断开创事业发展新局面,必须以改革创新精神加强自身建设,始终成为中国特色社会主义事业的坚强领导核心。党的建设新的伟大工程是一个有机整体,思想建设、组织建设、作风建设、制度建设和反腐倡廉建设相互推动、相互促进,反腐倡廉建设对党的建设全局尤为紧要。胡锦涛总书记把反腐倡廉建设的作用概括为四个"有利于",即有利于党员干部坚定理想信念,增强党性修养,更好地促进党的思想建设;有利于树立正确的用人导向,建设团结奋进的领导班子和高素质党员、干部队伍,更好地促进党的组织建设;有利于党员干部保持奋发进取的精神和清正廉洁的作风,保持同人民群众的血肉联系,更好地促进党的作风建设;有利于健全以民主集中制为核心的党内各项制度,增强党内制度法规的权威性和实效性,更好地促进党的制度建设。只有坚定不移地加强反腐倡廉建设,才能更好地推进党的建设新的伟大工程。

要充分认识到,我们党领导的改革开放既给党注入巨大活力,也使党面临许多前所未有的新课题新考验。反腐败就是一个很重要的新课题新考验。十六大以来,我们党着眼于提高党的执政能力、保持和发展党的先进性,坚持把党风廉政建设和反腐败斗争纳入党和国家工作大局中来谋划、来部署,取得了明显成效。但也必须看到,腐败现象在一些部门和领域多发的状况仍未改变,反腐倡廉建设面临不少新情况新问题。胡锦涛总书记指出,一个长期执政的政党,要始终保持清正廉洁、经受住各种消极腐败现象的考验是很不容易的,需要付出十分艰辛的努力。在和平建设时期,如果说有什么东西能够对党造成致命伤害的话,腐败就是很突出的一个。要求全党必须始终从保持党的纯洁性和先进性的高度深刻认识反腐倡廉建设的重要性和紧迫性,坚定不移地加强反腐倡廉建设,确保党始终经受住长期执政的考验、改革开放的考验、发展社会主义市场经济的考验,确保党始终保持同人民群众的血肉联系。

三是要从促进和保障我区改革开放和现代化建设的高度,充分认识加强反腐倡廉建设的重大意义。当前,我区同全国一样,已经站在新的历史起点上。认真贯彻落实党的十七大精神,夺取全面建设小康社会新胜利,进一步开创改革开放和现代化建设新局面,迫切需要加强反腐倡廉建设,为各项事业顺利发展提供坚强有力的政治保障。

近年来,全区各级党委和纪检监察机关认真贯彻中央关于反腐倡廉的一系列决策部署,坚持党的反腐倡廉战略方针,积极构建惩治和预防腐败体系,狠抓党风廉政建设责任制的落实,切实解决领导干部作风建设方面存在的突出问题,扎实开展纠风专项治理,有效整治损害群众利益的不正之风,继续保持查办违纪违法案件的强劲势头,有力推进反腐治本抓源头工作,有力地促进和保障了各项事业的发展。但必须清醒看到,胡锦涛总书记指出的反腐倡廉建设面临的"四个方面"的新情况新问题,在我区也不同程度地存在。特别是近年来,随着经济社会的较快发展,我区固定资产投资、财政支出和资源配置大幅增加,这一方面有力推动了经济社会发展,另一方面也增加了腐败现象发生的机率。在新的历史条件下,如果党员、干部的思想防线不牢,意志不坚定,就很容易受到腐败病毒的侵蚀、跌入腐败的泥坑。因此,反腐倡廉建设必须常抓不懈,一刻也不能放松。

总之,我们一定要按照胡锦涛总书记重要讲话的要求,充分认识加强新时期反腐倡廉建设的重要性和紧迫性,坚持反腐倡廉常抓不懈,坚持拒腐防变警钟长鸣,以更加坚定的信心、更加积极的态度、更加有力的措施,不断把党风廉政建设和反腐败斗争引向深入。

二、突出重点,深入扎实地推进我区反腐倡廉建设

党的十七大指出,要以完善惩治和预防腐败体系为重点加强反腐倡廉建设。胡锦涛总书记在中纪委十七届二次全会上强调,要注意把握和体现改革创新、惩防并举、统筹推进、重在建设的基本要求,坚持加强思想道德建设与加强制度建设相结合、严肃查办大案要案与切实解决损害群众切身利益的问题相结合、廉政建设与勤政建设相结合、加强对干部的监督与发挥干部主观能动性相结合,号召全党把反腐倡廉建设摆在更加突出的位置,更加坚决地惩治腐败,更加有效地预防腐败。各级要深入学习贯彻党的十七大和胡锦涛总书记重要讲话精神,突出工作重点,抓好关键环节,深入推进我区反腐倡廉建设。

(一)加强反腐倡廉教育,筑牢拒腐防变的思想道德防线。腐败行为的发生,首先是思想道德防线出了问题。加强反腐倡廉建设,必须把加强思想道德建设作为第一道防线,切实增强广大党员、干部的拒腐防变能力。

一是要着力抓好理想信念教育。理想信念是思想和行动的"总开关"。理想滑坡、信念动摇,是一些领导干部坠入腐败深渊、走上违纪违法道路的根本原因。要深入进行党的基本理论、基本路线、基本纲领、基本经验教育,深入进行马克思主义中国化最新理论成果的教育,深入进行社会主义核心价值体系教育,打牢广大党员、干部廉洁从政的思想政治基础。要把学习和遵守党章作为重要教育内容,以树立正确权力观为重点,深入进行理想信念、党风党纪、廉洁从政教育,把广大党员、干部的思想统一到党章上来,自觉按党章办事。要改进教育方式方法,善于运用正反两方面的典型和现代科技手段,增强教育的说服力和感染力,提高教育的针对性和实效性。

二是要切实抓好政治纪律教育。党的纪律是党的各级组织和全体党员必须遵守的行为准则。遵守党的纪律,首要的是遵守党的政治纪律。各级党组织要按照胡锦涛总书记的要求,高度重视、认真抓好党的政治纪律教育,切实做到六个"决不允许",即决不允许在群众中散布违背党的理论和路线方针政策的意见,决不允许公开发表同中央的决定相违背的言论,决不允许对中央的决策部署阳奉阴违,决不允许编造、传播政治谣言及丑化党和国家形象的言论,决不允许以任何形式泄露党和国家的秘密,决不允许参与各种非法组织和非法活动,坚决维护党的集中统一,始终同党中央保持高度一致,坚决维护中央权威,切实保证政令畅通。党的各级组织要加强对党员遵守政治纪律的教育和监督检查,加大执行纪律力度,确保纪律严明。

三是要坚持抓好艰苦奋斗教育。艰苦奋斗是党的政治本色和优良传统。近年来,随着自治区经济实力和财政实力的不断增强,一些领导干部"过紧日子"的思想有所淡化,大手大脚、铺张浪费、讲排场、比阔气等现象有所抬头,严重影响党同人民群众的联系。各级党组织要把艰苦奋斗思想教育作为反腐倡廉教育的重要内容,教育引导广大党员、干部特别是各级领导干部时刻牢记全心全意为人民服务的宗旨,时刻牢记社会主义初级阶段的国情、区情,带头发扬艰苦奋斗、勤俭节约的优良作风,带头抵制拜金主义、享乐主义和奢靡之风。要坚持深入基层、深入群众,倾听群众呼声,关心群众疾苦,特别是要关心那些生产生活遇到困难的群众,千方百计帮助他们解决实际困难。通过扎实有效的工作,实实在在地为群众谋利益。

(二)加强制度建设,充分发挥制度对防治腐败的治本作用。防治腐败,既要通过教育引导使人自觉为善,又要通过制度约束使人不能为恶。制度不完善、管理有漏洞是滋生腐败的重要原因。各级党组织要认真研究和把握社会主义市场经济条件下反腐倡廉的特点和规律,围绕规范领导干部从政行为,健全完善、严格执行党的各项制度,努力形成用制度管权、管人、管事的有效机制。

首先,要着力抓好已有制度的贯彻落实。据中纪委统计,改革开放以来,全国省(部)级以上机关共制定党风廉政方面的法律法规及其他规范性文件3000多项。但在实际工作中,有法不依、有章不循、落实不够、执行不力问题仍然大量存在。各级要充分认识落实好党的各项制度的重要性和紧迫性,切实维护党的法规制度的权威性,加强制度的学习、宣传和教育,加强对制度执行情况的监督检查,严肃查处规避、违反、破坏制度的行为,切实做到令行禁止、违者必究。

同时,要适应新形势新任务的要求,进一步推进制度的健全、完善工作。要针对腐败案件易发多发的领域和环节,深入推进干部人事制度、行政审批制度、财政体制、投资体制等改革,建立健全相关制度,最大限度地减少以权谋私、权钱交易的体制机制漏洞。要从制度上充分发挥市场在资源配置中的基础性作用,凡是应该由市场机制解决的事情都应用市场机制解决,凡是应该由社会组织承担的事情都应让社会组织去承担,切实减少和规范行政审批,减少政府对微观经济运行的干预。要充分发挥党内民主和人民民主在反腐倡廉建设中的重要作用,认真贯彻党员权利保障条例,尊重党员主体地位,推进党务公开,努力使广大党员更多、更好地了解和参与党内事务。要推进决策科学化、民主化,推进政务公开、厂务公开、村务公开,实行公开办事制度,增强决策透明度和公众参与度。要丰富民主形式,拓宽民主渠道,扩大公民有序政治参与,充分保障人民的知情权、参与权、表达权、监督权。

（三）加强监督，保证权力正确行使和规范运行。不受监督的权力，必然导致腐败。现在，有些干部特别是领导干部不愿意接受组织和群众的监督，甚至一听到监督就认为是给自己出难题、挑毛病、找茬子，认为是和自己过不去，持反感和排斥态度，这种认识是错误的，也是十分有害的。加强对权力运行的监督，一是要突出重点。切实抓好对关键领域、关键岗位、关键环节和关键时机的监督制约工作。关键领域，主要是党政机关、行政执法机关、司法机关和经济管理部门，特别是掌握资源开发、重大项目审批和决定重大工程招投标的部门；关键岗位，主要是各级领导干部特别是主要领导干部和掌握"实权"的干部；关键环节，主要是干部选拔任用、财政资金使用、国有资产运营、金融资本运作、土地使用权出让、行政审批权运用等环节；关键时机，主要是班子换届和人事调整。二是要健全机制。严格执行党内监督各项制度，健全质询、问责、经济责任审计、引咎辞职、罢免等制度。要按照结构合理、配置科学、程序严密、制约有效的原则，建立健全决策权、执行权、监督权既相互制约又相互协调的权力结构和运行机制，保证权力高效运行和正确行使。三是要拓展范围。坚持监督关口前移，加强事前监督和事中监督，发现苗头性、倾向性问题要主动提醒、早打招呼，使干部尽量不犯错误或少犯错误。四是要改进方式。把党内监督与人大监督、政府专门机关监督、政协民主监督、司法监督、群众监督、舆论监督等紧密结合起来，拓宽监督渠道，增强监督合力，提高监督实效。进一步加强纪检监察派驻机构统一管理工作。坚持和完善巡视制度，不断提高巡视工作水平，充分发挥巡视监督作用。

（四）加强案件查办工作，认真解决损害群众利益问题。党员领导干部违纪违法案件危害严重、影响恶劣，必须严肃查处，以达到惩前毖后、以儆效尤的目的。要重点查办发生在领导机关和领导干部中的案件，严厉查办官商勾结、权钱交易、权色交易和严重侵害群众利益的案件，严肃查办以各种手段侵吞国有资产的案件。要深入开展治理商业贿赂专项工作，既要严厉惩处受贿行为，又要严厉惩处行贿行为。要切实加大对腐败分子的经济处罚和赃款赃物追缴力度，加大对腐败分子的追逃力度。要注重总结查办案件工作经验，搞好对重大典型案件的剖析研究，针对暴露出的问题，举一反三，吸取教训，堵塞漏洞，做到查处一起重大案件、教育一批干部、完善一套制度。

损害群众利益问题直接影响群众生产生活，社会影响很坏，必须下大气力加以解决，让广大群众切实感受到反腐倡廉建设的实际成果。要牢固树立群众观点和公仆意识，坚持以人为本，着力解决人民群众最关心、最直接、最现实的利益问题，真正做到发展为了人民、发展依靠人民、发展成果由人民共享。要坚持纠建并举、综合治理，以解决好群众关注、反映强烈的问题为重点，认真开展专项治理工作，重点解决物价上涨、环境保护、食品药品质量、安全生产、征地拆迁等方面群众反映强烈的问题，加强对社保基金、住房公积金、扶贫救灾专项资金的监管，认真治理教育乱收费、医药购销和医疗服务中的不正之风，坚决纠正和查处侵害进城务工人员利益问题。要建立健全维护群众权益机制，拓宽社情民意表达渠道，认真排查化解由损害群众利益问题引发的矛盾纠纷。对发生严重损害群众利益行为的地方和单位，要严肃追究有关人员特别是领导干部的责任。

（五）加强廉政勤政建设，始终保持和发扬党的优良作风。胡锦涛总书记指出："廉政和勤政是对干部的基本要求，也是加强反腐倡廉建设要达到的两个相互联系的重要目标。"在推进反腐倡廉建设中，我们既要毫不放松地抓好廉政建设，又要持之以恒地抓好勤政建设。

一是切实加强廉洁自律工作。要教育引导广大党员干部讲党性、重品行、作表率，认真遵守中央关于廉洁自律的有关规定，自觉做到自重、自省、自警、自励，时刻警惕权力、金钱、美色的诱惑，自觉防止权力滥用。要坚持民主集中制原则，严格党内民主生活，认真开展批评与自我批评，加强党内生活的原则性，切实执行好领导干部廉洁从政各项规定，着力解决存在的突出问题。各级领导干部在规范好自己行为的同时，要教育和管理好亲属和身边工作人员。要坚持高标准、严要求，发现苗头性问题及时提醒，防止小错酿成大错。

二是大力弘扬勤政务实高效的工作作风。要围绕提高广大干部贯彻落实党的理论和路线方针政策的能力和水平，提高推动科学发展、促进社会和谐的能力和水平，提高依法行政、依法办事的能力和水平，提高为人民服务的能力和水平，增强对党和人民事业的责任心，增强机遇意识、发展意识、大局意识、责任意识、忧患意识,高度负责地承担和履行自己的职责。要大兴求真务实之风,教育引导广大干部诚实做人、踏实做事、勤奋敬业,不断提高工作效率和服务水平。要围绕提高行政效率、经济效益、工作质量等问题,加强效能检查,促进勤政高效。

三是充分发挥广大干部的主观能动性。加强反腐倡廉建设,并不是把干部的手脚束缚起来,使人谨小慎微、畏首畏尾,而是要求大家坚持党的解放思想、实事求是、与时俱进的思想路线,坚持按规律办事,按规矩办事,更好地发挥主观能动性,更好地开创工作新局面。要支持广大干部锐意改革、大胆创新,创造性地开展工作。鼓励广大干部敢于直面困难、正视矛盾、知难而进,努力打开工作局面。要完善干部考核和激励机制,提高干部选拔任用公信度,形成正确的政绩导向和用人导向,把广大干部建功立业的工作热情和内在动力充分调动起来,使他们自觉为党和人民努力工作。要关心爱护干部,特别要格外关注在条件艰苦、工作困难地方努力工作的干部,格外关注埋头苦干、默默奉献、注重打基础的干部。

三、切实加强党的领导,为推进反腐倡廉建设提供坚强有力的政治保证

坚持和加强党的领导是做好反腐倡廉工作的根本政治保证。各级党委要进一步增强反腐倡廉建设的责任主体意识,切实担负起全面领导反腐倡廉建设的政治责任,不断加强和改进党对反腐倡廉建设的领导。

要把反腐倡廉建设摆到更加突出位置。充分认识新形势下推进反腐倡廉建设的极端重要性,认真分析研究反腐败工作面临的新情况新问题,围绕容易滋生腐败的重点领域、关键环节和社会普遍关注的热点难点问题, 及时提出有针对性的思路和办法。认真贯彻惩治和预防腐败体系实施纲要,把反腐倡廉建设纳入经济社会发展总体规划,寓于各项改革和重要措施之中,同经济、政治、文化、社会建设和党的建设一起研究、一起部署、一起落实。坚持和完善反腐败领导体制和工作机制,发挥好纪检、监察、司法、审计等专门机关作用,进一步拓宽人民群众参与渠道,坚持正确的舆论导向,努力形成反腐倡廉的工作合力。

要切实抓好反腐倡廉建设各项工作落实。建立健全体现科学发展观和正确政绩观要求的干部考评体系,把反腐倡廉建设纳入对领导班子和领导干部的考核范围。坚持和完善党风廉政建设责任制，明确任务和责任，强化督促检查，确保落实到位。党委主要领导要对本地区本部门的反腐倡廉建设负总责，管住班子、带好队伍，做到重要工作亲自部署、重大问题亲自过问、重点环节亲自协调、重点案件亲自督办。领导班子其他成员要抓好各自职责范围内的反腐倡廉建设。各级各部门各单位都要从自身职责范围和工作特点出发，采取有效措施，努力提高反腐倡廉工作的针对性和实效性。

要积极支持纪检监察机关履行职责。各级党委要加强对纪律检查工作的领导，经常听取纪委的工作汇报，及时研究解决重大问题，旗帜鲜明地支持纪委行使职权。加强和改进行政监察工作，充分发挥监察机关的职能作用。要进一步加强预防腐败机构建设。高度重视纪检干部队伍建设，对纪检干部既要严格要求，又要积极培养使用，切实做到政治上信任、工作上支持、生活上关心。广大纪检干部一定要按照胡锦涛总书记提出的"加强学习，增强党性，严于律己，谦虚谨慎"的要求，着力提高政治素质和业务素质，模范遵守党的纪律和国家法律法规，自觉接受组织和群众监督，以过硬的素质、优良的作风、奋发有为的精神状态，履行好党和人民赋予的神圣职责。

（选自在自治区纪委八届三次全体会议上的讲话）

新起点　　新举措　　新进展

(2008 年 4 月 8 日)

　　新的政府领导班子新人多，八位副主席，五位是新当选的，一位是新进政府工作一年多的，两位是上届班子里的。进一步做好政府工作，要立足新起点，探索新举措，取得新进展。

　　新起点，就是新班子要站在新起点上开展工作。去年 11 月，胡锦涛总书记考察我区时指出，我国发展正站在新的历史起点上，内蒙古发展同样站在新的历史起点上。在全区经济工作会议上，我们分析这个新起点，提出了"三个新"，即初步奠定了科学发展的新基础，开始形成了科学发展的新机制，逐步完善了科学发展的新思路。新班子在新起点上开展工作，一定要在以往工作的基础上有新的发展。

　　新举措，就是新的政府领导班子要从新起点出发，坚持继承以往和发展将来相统一，努力探索和实践新的工作举措。具体说，在四个方面要有新举措：

　　第一，要坚持以党的理论创新成果武装头脑，在进一步解放思想上有新举措。党的十六大以来，以胡锦涛同志为总书记的党中央，坚持以马列主义、毛泽东思想、邓小平理论和"三个代表"重要思想为指导，根据新的形势和任务的要求，提出了科学发展观、构建社会主义和谐社会等重大战略思想。党的十七大用中国特色社会主义理论体系对这些理论创新成果进行了科学概括和深入阐述。贯彻落实党的十七大精神，必须坚持以中国特色社会主义理论体系为指导，坚持用党的理论创新成果武装头脑，推动新一轮思想解放。现在，全国各地都在采取更大举措，进一步推动思想解放。广东省改革开放一直走在全国前列，思想本来就很解放，还强调要进一步解放思想。对于我们来说,如何进一步解放思想,用新的眼光和视野来重新认识内蒙古,把内蒙古发展置于全国大格局中来谋划,迫切需要新举措。这几年,内蒙古抓住西部大开发等历史机遇,实现了又好又快发展,已经进入西部地区发展前列。在未来的发展中,我们不仅要向西看,更要向东看,要顺应经济全球化深入发展的新形势,紧紧把握国内外发展大局,跳出内蒙古来看内蒙古,不能就内蒙古来论内蒙古,和发达地区对比寻找差距,和发达地区搞合作提升发展水平,在这方面要切实拿出新举措。

第二,要坚持以科学发展观为指导,在推动又好又快发展上有新举措。科学发展观是对党的三代中央领导集体关于发展重要思想的继承和发展,是同马列主义、毛泽东思想、邓小平理论和"三个代表"重要思想既一脉相承又与时俱进的科学理论,是我国经济社会发展的重要指导方针。内蒙古近几年的又好又快发展得益于科学发展观的指导,在今后的发展中必须坚持以科学发展观为指导。在新的历史起点上,如何按照科学发展观的新要求,切实把握发展规律、创新发展理念、转变发展方式、破解发展难题,提高发展质量和效益,实现又好又快发展,是重大而紧迫的课题。在贯彻落实科学发展观、推动又好又快发展上,我们曾提出过"三个发展",即统筹兼顾协调发展、遵循规律持续发展、以人为本和谐发展,在自治区第八次党代会上提出了"提高协调发展和可持续发展'两个水平'",去年又进一步提出实现"七个转变",这些都体现了科学发展观的内涵和要求,提出了贯彻落实科学发展观的题目和努力方向,关键要有新的举措来落实。

第三,要坚持改革开放,在深化改革、扩大开放上有新举措。今年是改革开放30周年。中央已下发通知,要隆重召开改革开放30周年纪念大会,胡锦涛总书记将发表重要讲话,全国还将推出一批重大典型。中央隆重纪念改革开放30周年,目的就是要坚定不移地继续推进改革开放。实行改革开放以来,我们党确立了"一个中心、两个基本点"的基本路线,坚持改革开放是"两个基本点"之一,是坚持党的基本路线的根本要求。在改革开放30周年之际,我们一定要以更大的力度、更新的举措来推进改革开放。要重点在"东联"、"北开"、"西出"上下功夫,努力在加强与东部沿海发达省市联合上提升发展水平,在扩大与俄蒙经济技术合作上提升开放水平,在构筑西出欧洲的经贸合作大通道上拓展发展空间。

第四,要坚持以人为本,在构建和谐内蒙古上有新举措。胡锦涛总书记2003年考察我区时就指出,做好内蒙古的各项工作,不仅关系到内蒙古二千三百多万各族群众的福祉,而且对党和国家工作全局具有重要意义。内蒙古是边疆民族地区,保持安定团结、稳定和谐的良好局面对党和国家工作全局具有重大意义。不久前,西藏一些地方发生打、砸、抢、烧严重暴力犯罪事件,造成严重危害。"民族"、"宗教"等问题,一直是西方敌对势力对我国实施"西化"、"分化"图谋的重要手段。内蒙古作为国家重要的安全屏障,一定要把实现人民幸福、民族团结、社会稳定、边疆安宁作为一件大事切实抓紧抓好,坚决维护民族团结、边疆稳定、社会和谐的大好局面。

新进展,就是要深入贯彻落实党的十七大精神,在实现自治区第八次党代会提出的目标任务上取得新进展。一是要在努力提高协调发展和可持续发展水平上取得新进展,二是要在提高内蒙古在全国的综合竞争力上取得新进展,三是要在加快实现全面建设小康社会奋斗目标上取得新进展。全面建设小康社会是党和国家到2020年坚定不移的奋斗目标,党的十七大顺应各族人民过上美好生活新期待的要求,对全面建设小康社会提出了新的更高要求。目前,一些发达省市已经率先全面建成小康社会,正朝着率先基本实现现代化的目标迈进。我区实现全面建设小康社会奋斗目标,任务艰巨,一定要锲而不舍地努力奋斗,不断取得新的阶段性进展。

(选自在自治区政府新班子组成人员会议上的讲话)

努力成为中国特色社会主义的
坚定信仰者和忠实实践者

(2008 年 8 月 19 日)

中国共产党是用共产主义远大理想和中国特色社会主义共同理想凝聚起来的马克思主义政党。胡锦涛总书记在抗震救灾先进基层党组织和优秀共产党员代表座谈会上指出,理想信念坚贞不渝是我们党的强大政治优势,必须坚持正确的理想信念,始终把教育全党坚定不移地为发展中国特色社会主义而奋斗作为党的建设的根本任务。我们一定要按照胡锦涛总书记的要求,始终把坚定理想信念体现到为实现党的基本路线和基本纲领而奋斗的实践中,体现到努力做好本职工作上,体现到关键时刻、危难关头豁得出来、冲得上去的行动上。

要进一步增强高举中国特色社会主义伟大旗帜的自觉性和坚定性。中国特色社会主义伟大旗帜,是当代中国发展进步的旗帜,是全党全国各族人民团结奋斗的旗帜。抗震救灾斗争有力证明, 社会主义制度具有巨大的优越性,能够集中力量办大事、团结各方渡难关。我们要倍加珍惜、长期坚持和不断完善党历经艰辛开创的中国特色社会主义道路和中国特色社会主义理论体系,不为任何风险所惧,不被任何干扰所惑,奋力开拓中国特色社会主义更加广阔的发展前景。要坚持用发展着的马克思主义武装头脑、指导实践,使思想和行动更加符合客观实际、更加符合国情区情和时代发展要求、更加符合人民群众的愿望和利益,切实把坚定的理想信念转化为研究解决问题的实际能力,转化为推动科学发展、促进社会和谐的过硬本领,转化为增强党性修养、提高思想觉悟的自觉行动,始终成为中国特色社会主义共同理想的坚定信仰者和忠实实践者。

要进一步增强与党中央保持高度一致的自觉性和坚定性。维护中央的权威，是全党和全国人民的最高利益所在。与党中央保持高度一致，是对共产党员最重要的政治要求。在今后的前进道路上，无论遇到什么风险和挑战，我们都必须在思想上、政治上和行动上始终与党中央保持高度一致，确保中央政令畅通，坚决维护党的集中统一，坚决维护以胡锦涛同志为总书记的党中央的权威。要加强对党的方针政策的学习研究，紧密结合内蒙古实际，认真贯彻中央精神，因地制宜创造性地开展工作，切实做好"结合"这篇大文章。要切实加强各级领导班子自身建设，认真贯彻民主集中制原则，坚决遵守党的政治纪律，在任何复杂的情况下，始终保持正确的政治方向和清醒的政治头脑。

要进一步增强贯彻落实科学发展观的自觉性和坚定性。科学发展观是我国经济社会发展的重要指导方针，是发展中国特色社会主义必须坚持和贯彻的重大战略思想。按照中央要求，从四季度起全党将全面开展深入学习实践科学发展观活动。各级各部门要按照中央统一部署，认真组织好、开展好深入学习实践科学发展观活动，推动广大党员、干部特别是领导干部树立符合科学发展的思想观念，提高领导科学发展的能力素质，促进解决制约科学发展的突出问题，构建有利于科学发展的体制机制，真正做到干部受教育、发展上水平、群众得实惠。要坚持以科学发展观为指导，深入贯彻落实党的十七大和自治区第八次党代会精神，着力创新发展理念，转变经济发展方式，提高协调发展水平和可持续发展水平，不断推动经济社会又好又快发展。

要进一步增强践行党的执政为民宗旨的自觉性和坚定性。全心全意为人民服务是党的根本宗旨，是党的全部价值所在。在这次抗震救灾斗争中，我们党始终把人民利益放在高于一切的位置，把以人为本作为最高准则，再次生动诠释了立党为公、执政为民的执政理念。要用抗震救灾斗争先进事迹和先进人物教育广大党员、干部特别是领导干部，继承优良传统、牢记根本宗旨、心系人民群众，切实做到权为民所用、情为民所系、利为民所谋。广大党员、干部要始终做到全心全意为人民服务，关心群众疾苦，倾听群众呼声，千方百计为群众排忧解难，带头发扬艰苦奋斗精神，切实做到吃苦在前、享受在后，自觉践行党的性质宗旨，努力创造经得起实践、人民和历史检验的实绩。

（选自在自治区党委中心组专题学习会上的讲话）

切实抓好开展深入学习实践科学发展观活动这项重大政治任务

(2008 年 10 月 7 日)

在全党开展深入学习实践科学发展观活动,是党的十七大作出的战略决策,是用中国特色社会主义理论体系武装全党的重大举措,必须把这项工作作为当前和今后一个时期全党的重大政治任务,切实抓紧抓好,务求见到实效。

一、切实提高对开展深入学习实践科学发展观活动重大意义的认识

胡锦涛总书记在全党深入学习实践科学发展观活动动员大会暨省部级主要领导干部专题研讨班上明确指出,深入学习实践科学发展观,是在深刻变化的国际环境中推动我国发展的迫切需要,是落实实现全面建设小康社会奋斗目标新要求的迫切需要,是以改革创新精神全面推进党的建设新的伟大工程的迫切需要。这三个"迫切需要"的重要论断,立意深远,论述精辟,进一步深化了对学习实践科学发展观重大意义的认识。我们一定要认真学习领会胡锦涛总书记三个"迫切需要"重要论断的深刻内涵,充分认识开展学习实践活动的重大意义。

(一)要放眼国内外深刻变化的新形势,充分认识开展学习实践活动的重大意义。当今世界正处在大变革大调整之中,我国发展既面临着前所未有的机遇,也面对着前所未有的挑战。一方面,和平与发展仍然是时代主题,世界多极化不可逆转,经济全球化深入发展,科技革命加速推进,全球和区域合作方兴未艾,国际文化交流空前扩大,国际安全合作日趋加强,国与国相互依存日益紧密,发展中国家在世界舞台上的作用和影响迅速上升,国际力量对比朝着有利于维护世界和平的方向发展,世界和平与发展的大局总体稳定。我国的国际地位和国际影响力不断提升,国际社会日益看重我国并广泛希望加强同我国的经济技术合作,国际环境中对我国发展有利的因素不断增加。现实情况表明,我国发展的重要战略机遇期仍然存在,我们必须抓住机遇,努力实现又好又快发展。另一方面,国际环境中不稳定不确定因素增多,我国发展的外部条件复杂多变,我们面临的挑战是严峻的、长期的,必须居安思危、妥善应对。随着我国经济持续较快发展和对外开放不断扩大,我国同世界的关系发生了历史性变化,我国发展对世界发展的作用和影响不断提高,国际环境发展变化对我国发展的作用和影响也不断增大。国际环境的这些深刻复杂变化,我国发展同外部环境这种日趋紧密的联系,是当今我们党治国理政必须牢牢把握的一个重要特点。我们要通过深入学习实践科学发展观,全面分析和准确把握世界发展大势,树立世界眼光,加强战略思维,不断提高统筹国内国际两个大局的能力,不断提高把握发展机遇、应对风险挑战的能力,始终牢牢掌握科学发展的主动权。

经过30年的改革开放和社会主义现代化建设,我国的经济实力、综合国力、人民生活水平都得到了显著提高,我国发展形势总的是好的,但也面临不少突出矛盾和问题,主要是:城乡、区域、经济社会发展不平衡,经济发展方式粗放,经济结构不合理,农业稳定发展、农民持续增收任务艰巨,自主创新能力特别是企业核心竞争力不强,人口资源环境约束加大,节能减排形势严峻,物价上涨压力增大,资本市场波动较大,煤电油运保障供应难度加大,部分行业和企业经营困难,劳动就业、社会保障、收入分配、教育卫生、居民住房、安全生产、司法和社会治安等方面关系群众切身利益的问题仍然较多,部分低收入群众生活比较困难,一些地方群体性事件时有发生,一些地区民族分裂势力活动猖獗,等等。如果我们不抓紧采取措施解决这些突出矛盾和问题,必将对我国经济社会发展特别是长远发展产生重大影响。我们要通过深入学习实践科学发展观,不断解放和发展社会生产力,努力促进速度和结构质量效益相统一、经济发展与人口资源环境相协调,着力推动经济社会又好又快发展,让广大人民共享改革发展成果。

(二)要立足我区科学发展的新任务,充分认识开展学习实践活动的重大意义。近年来,在科学发展观的指导下,我区经济社会发展经历了由加快发展到又快又好发展再到又好又快发展三个阶段，初步奠定了科学发展的新基础，开始形成了科学发展的新机制，逐步完善了科学发展的新思路，同全国一样，已经站在一个新的历史起点上。对我区近年来的持续快速协调健康发展，全区广大干部群众深有体会，来我区视察指导工作的中央领导给予充分肯定。在看到成绩的同时，我们也必须清醒地认识到，用科学发展观的新要求、高标准来衡量，我区新起点的水平还不够高，推动科学发展任重道远。从发展这个第一要义看，我区既面临进一步做大经济总量的艰巨任务，也面临进一步提高质量和效益的艰巨任务，产业结构、需求结构、所有制结构、企业组织结构不够合理，经济的外向度不高等问题急需解决；从以人为本这个核心看，我区城乡居民收入与沿海发达地区还有较大差距，劳动就业、社会保障、收入分配、教育卫生等方面仍需加强，保障和改善民生长效机制有待建立；从全面协调可持续这个基本要求看，我区城乡、区域发展不平衡、不协调问题仍很突出，民主法制、精神文明建设和社会建设领域还存在一些亟待加强和改进的问题；从统筹兼顾这个根本方法看，推进"五个统筹"还需付出长期而艰苦的努力。近年来的发展实践告诉我们，我区经济社会又好又快发展的大好来势，是全面贯彻落实科学发展观的结果；进一步保持和发展这一大好来势，必须更加坚定和自觉地全面贯彻落实科学发展观。要把开展学习实践活动，作为提高科学发展水平、推动经济社会又好又快发展的重要机遇，从新的历史起点出发，不断开创我区科学发展的新局面。

（三）要围绕提高领导科学发展能力的新要求，充分认识开展学习实践活动的重大意义。我们党是中国特色社会主义事业的领导核心。建设和发展中国特色社会主义，要靠党的先进性来引领，要靠党的执政能力来推进。科学发展观丰富了党的执政理念，赋予了党的先进性新的时代内涵，对提高党的执政能力提出了新的更高的要求。近年来，在推进科学发展的实践中，我区各级党组织和广大党员、干部的思想观念、精神状态发生了深刻变化，整体素质明显提高。但同时也要看到，与领导科学发展的要求相比，我区党组织和领导干部的执政能力与新形势新任务的要求还不完全适应、不完全符合，一些党员、干部的思想观念、能力素质与党的先进性要求还不完全适应、不完全符合，一些基层党组织的管理手段和创新能力与经济社会发展任务还不完全适应、不完全符合,一些地方的党组织、领导班子、领导干部党性党风党纪方面还存在这样那样的问题。党的十七大对党的建设作出总体部署,提出以党的执政能力建设和先进性建设为主线,努力把党建设成为立党为公、执政为民,求真务实、改革创新,艰苦奋斗、清正廉洁,富有活力、团结和谐的马克思主义执政党。开展学习实践活动,既是对全区各级领导班子和广大党员、领导干部政治素质和工作水平的一次大检验、大考试,更是对各级领导班子和领导干部执政能力和领导水平的一次大促进、大提高。要通过开展学习实践活动,全面推进党的思想建设、组织建设、作风建设、制度建设和反腐倡廉建设,把提高党的执政能力、保持党的先进性体现到领导科学发展、促进社会和谐上来,落实到引领社会发展进步、更好地代表和实现最广大人民的根本利益上来,使党的各项建设和工作更加符合科学发展观的要求,为推动科学发展提供可靠的政治和组织保证。

二、扎实有效地推进我区深入学习实践科学发展观活动

按照中央要求,结合自治区实际,我区开展深入学习实践科学发展观活动总的要求是:全面贯彻党的十七大精神,高举中国特色社会主义伟大旗帜,以邓小平理论和"三个代表"重要思想为指导,围绕"科学发展、构建和谐、富民强区"的主题,按照党员干部受教育、科学发展上水平、人民群众得实惠的要求,组织广大党员、干部特别是领导班子和领导干部深入学习实践科学发展观,进一步解放思想、实事求是、改革创新,着力转变不适应、不符合科学发展要求的思想观念,着力解决影响和制约科学发展的突出问题以及党员干部党性党风党纪方面群众反映强烈的突出问题,着力构建有利于科学发展的体制机制,进一步提高领导科学发展、促进社会和谐的能力,进一步把全社会的发展积极性引导到科学发展上来,进一步开创科学发展的新局面。在具体工作中各地区各部门各单位要按照中央部署,紧密结合各自实际,突出重点、抓住关键,努力在四个方面下功夫、求实效。

第一,要在武装头脑、解放思想上下功夫、求实效。确保学习实践活动取得实效,确保推动科学发展达到新的水平,首先要真正学懂弄通科学发展观,用科学发展观武装头脑、统一思想,切实打牢贯彻落实科学发展观的思想基础。在学习实践活动中,要组织广大党员、干部深入学习贯彻党的十七大精神,认真学习领会毛泽东、邓小平、江泽民同志关于科学发展和党的十六大以来我们党关于科学发展的一系列重要观点,认真总结和学习改革开放30年的宝贵经验,系统掌握科学发展观所体现的马克思主义立场、观点、方法,全面、准确、系统地理解和把握科学发展观的科学内涵、精神实质、根本要求,进一步提高思想认识,增强贯彻落实科学发展观的自觉性和坚定性。

要把开展解放思想大讨论作为用科学发展观武装头脑的重要内容,努力在解放思想中统一思想,形成促进科学发展的思想共识。结合自治区实际,要紧扣"为什么发展、为谁发展、怎样发展、如何保证发展"等重大问题,围绕制约提高"两个水平"(协调发展水平和可持续发展水平)、实现"两个转变"(资源优势向经济优势转变、区位优势向开放优势转变)、建设"两个屏障"(祖国北疆安全稳定屏障和生态屏障)的思想障碍,不断把解放思想引向深入。在推进解放思想中,各地区各部门各单位都要紧密联系实际,找准制约发展的思想障碍和突出问题,有的放矢地开展解放思想大讨论。就全区来说,要切实在"五个方面找差距、谋突破":一是要在转变发展方式上找差距,努力实现结构调整、产业升级的新突破;二是要在增强发展的协调性上找差距,努力实现城乡、区域、经济社会协调发展的新突破;三是要在提高发展的可持续性上找差距,努力实现生产发展、生活富裕、生态良好"三生"互动的新突破;四是要在坚持以人为本上找差距,努力实现增收富民、改善民生的新突破;五是要在加强党的执政能力建设、保持党的先进性上找差距,努力实现领导科学发展能力和水平的新突破。通过解放思想大讨论,切实克服不适应、不符合科学发展要求的思想观念,努力形成谋划科学发展的正确思路,领导科学发展的实际能力,促进科学发展的现实举措,推动科学发展的良好精神状态。

第二,要在突出实践特色、促进科学发展上下功夫、求实效。突出实践特色,是搞好这次学习实践活动的一条重要原则。要把开展学习实践活动与贯彻落实党的十七大精神和中央的一系列重大决策部署紧密结合起来, 与贯彻落实自治区第八次党代会确定的目标任务紧密结合起来,切实解决影响自治区实现更长时间、更高水平、更好质量发展的突出

问题,更好地推动自治区经济社会又好又快发展。具体来讲,要认真解决好"三个始终坚持"的问题:

一是要始终坚持把发展是硬道理的战略思想贯穿于科学发展的全过程。科学发展观的第一要义是发展,发展是解决一切问题的"总钥匙"。离开了发展这个主题,科学发展观就成了无源之水、无本之木,深入贯彻落实科学发展观也成了无的放矢。胡锦涛总书记明确指出,改革开放以来特别是近年来,内蒙古经济社会取得巨大成就的根本原因,是始终坚持发展是硬道理的战略思想不动摇。我区这几年虽然有长足发展和进步,但还存在许多突出矛盾和问题,面临不少风险和挑战。要长期保持又好又快发展的良好态势,实现全面建设小康社会奋斗目标,必须牢固树立发展是硬道理的战略思想,坚持不懈地抓好发展第一要务。要教育引导广大党员、干部正确认识国情、区情,着力增强贯彻党的基本理论、基本路线、基本纲领的自觉性和坚定性,始终扭住经济建设中心不放松、不动摇,聚精会神搞建设、一心一意谋发展,不断把我区改革开放和现代化建设推向前进。

二是要始终坚持把提高协调发展水平和可持续发展水平作为实现科学发展的中心任务。科学发展观所要求的发展,必须是以人为本、全面协调可持续的科学发展,必须是各方面事业有机统一、社会成员团结和睦的和谐发展。不但关注发展的规模和速度,更注重发展质量和效益的提升;不但关注社会财富的创造和涌流,更注重社会利益的分配和调整;不但关注经济实力的增长,更注重经济、政治、文化、社会以及生态等各方面的均衡发展;不但关注开发和利用自然为人类造福,更注重人与自然的和谐发展;不但关注群众基本需求的满足,更注重生活质量的提高和人的全面发展。提高协调发展水平和可持续发展水平,是自治区第八次党代会确定的主要奋斗目标。提高我区科学发展水平,关键要在提高协调发展水平和可持续发展水平上下功夫。要通过学习实践活动,在全区牢固确立协调发展和可持续发展的鲜明导向,切实把广大干部群众发展的积极性引导到科学发展上来,在科学发展观的指导下,着力把握发展规律、创新发展理念、转变发展方式、破解发展难题,提高发展质量和效益,努力实现以人为本、全面协调可持续的科学发展。

三是要始终坚持把提高人民生活水平和质量作为科学发展的根本目的。科学发展观的核心是以人为本,推动科学发展的根本目的是为了造福人民。开展学习实践活动,是顺应人民群众新期盼、满足人民群众新需要的过程,是着力解决人民群众最关心、最直接、最现实的利益问题的过程,是为民谋利、造福人民、实现人的全面发展的过程。目前,我区城乡居民收入还低于全国平均水平,农村牧区还有 100 多万贫困人口,城镇还有 70 多万低收入群众,人民群众享受到的发展成果与他们的期盼还有很大差距。近期,自治区党委、政府通过调研,将专题研究促进城乡居民增收的政策和意见。尤其是要加大对中低收入群体和弱势群体增收扶持力度,充分发挥公共财政促进中低收入群体和弱势群体增加收入的职能作用。积极鼓励和扶持以创业带动就业。建立健全职工工资正常增长机制和社会保障制度。千方百计促进农牧民增收。努力实现经济发展与城乡居民收入同步增长,确保全区城镇居民人均可支配收入和农牧民人均纯收入增长快于全国平均增速,力争到 2010 年全区城乡居民收入和农牧民人均纯收入达到全国平均水平。同时,要高度重视、妥善解决物价上涨给困难群众带来的生产生活问题,高度重视、妥善解决食品安全、安全生产等领域存在的问题,切实维护人民群众的切身利益。

第三,要在改革创新、完善体制机制上下功夫、求实效。改革创新是推动各项事业发展的强大动力。改革开放以来,我区经济社会每一个大的发展进步,都是坚持改革创新的结果。在新的历史起点上推进科学发展,必须一以贯之地推进改革创新,进一步建立和完善符合科学发展观要求的体制机制。各级要把改革创新贯穿于学习调研、分析检查、整改落实的各个阶段,以改革创新精神推动科学发展实践,用改革创新办法破解科学发展难题,靠改革创新思路构建科学发展的长效机制。

要善于把改革创新成果及时转化为构建有利于科学发展的体制机制,把解决现实问题与建立长效机制结合起来。针对管理体制和工作机制中与科学发展不相适应的地方,努力从制度上寻找解决问题的途径和办法,及时将实践中的成功做法和成熟经验上升为制度,切实加大重点领域和关键环节改革攻坚力度,加快构建充满活力、富有效率、更加开放、有利于科学发展的体制机制。要着眼于新形势下推动科学发展的实际需要,建立健全经济社会发展综合评价、科技创新、产业发展、城市规划、土地供给、环保约束、财税分配、民生保障、舆论引导、干部实绩考核等方面的体制机制。要完善落实制度的工作机制和配套措施,加强相关制度的协调衔接,确保制度的有效贯彻执行。

第四,要在增强本领、提高素质上下功夫、求实效。党员干部是贯彻落实科学发展观的骨干力量,领导班子和领导干部是贯彻落实科学发展观的关键所在。领导干部有没有牢固树立科学发展的理念,具备不具备谋划和推动科学发展的实际能力,在很大程度上决定一个地区、部门、单位贯彻落实科学发展观的工作成效。全面深入贯彻落实科学发展观,必须造就一支自觉实践科学发展观,有能力推动科学发展的党员干部队伍。要抓住开展学习实践活动这一重要契机,以提高领导科学发展能力为重点,着力提高广大党员干部的整体素质。要坚持改造客观世界与改造主观世界相结合、理论学习与实际运用相结合,在深入理解和把握科学发展观精神实质的基础上,自觉运用科学发展观检验工作成效、总结经验得失,以科学发展观分析现实情况、查找突出问题,以科学发展观规划未来发展、完善体制机制,着力提高各级党组织、领导班子和领导干部贯彻落实科学发展观的本领,努力把各级党组织建设成为贯彻落实科学发展观的坚强堡垒,把干部队伍建设成为贯彻落实科学发展观的骨干力量,为推动科学发展提供坚强的组织保证。同时,要充分发挥人民群众在推动科学发展中的主体作用,切实把科学发展观普及到人民群众中去,使人民群众真正明白科学发展观的要求是什么、贯彻落实科学发展观能带来什么、推动科学发展应该做什么,使人民群众从内心深处更加拥护科学发展、更加主动投身科学发展,最大限度地凝聚人民群众的智慧和力量,最大限度地把全社会的发展积极性引导到科学发展上来,形成推动科学发展的强大合力。

三、加强对深入开展学习实践科学发展观活动的组织领导

开展深入学习实践科学发展观活动,是全党政治生活中的一件大事。各级党组织一定要认真谋划,精心组织,加强领导,确保学习实践活动取得扎扎实实的成效。

第一,要高度重视,建立健全领导体制和工作机制。各级党委(党组)

要切实担负起本地区本部门本单位学习实践活动的领导责任，把学习实践活动摆上重要议事日程，抓紧建立完善领导体制和工作机制。要明确党委（党组）主要负责同志是开展学习实践活动的第一责任人，分管领导是直接责任人，一级抓一级，层层抓落实，确保认识到位、措施到位、工作到位。要坚持把深入学习、提高认识贯穿始终，把解放思想、改革创新贯穿始终，把解决问题、完善制度贯穿始终，把依靠群众、发扬民主贯穿始终，把领导带头、典型示范贯穿始终，扎实有序地推进各项工作。要加强对学习实践活动的督促检查，坚持正面教育为主，确保学习实践活动始终沿着正确的方向顺利发展。

第二，要领导带头，切实发挥表率作用。这次学习实践活动的重点是旗县以上领导班子和党员领导干部，开展学习实践活动必须始终把握这一重点。领导干部要在认真负责抓好本地区本部门本单位学习实践活动的同时，带头学习、深入学习，带头调查研究，带头坚持解放思想、实事求是，带头分析检查，带头整改落实，始终以良好的精神状态和求真务实的作风投入学习实践活动。要在学习调研、征求意见和认真开好专题民主生活会的基础上，切实找准存在问题，明确努力方向和重点。同时，要敢于坚持原则，以无私无畏的精神面对和处理各种问题，理直气壮肯定对的、坚持好的，坚定不移纠正错的、调整偏的，努力形成民主、团结、务实、创新的良好氛围。要切实做好联系点工作，努力把联系点建成科学发展的示范点。要把开展学习实践活动与讲党性、重品行、作表率结合起来，充分发挥领导班子和领导干部的示范带头作用，更好地带动基层党组织和广大党员干部积极投身学习实践活动。

第三，要发动群众，坚持走群众路线。人民群众是科学发展的受益者，也是科学发展的实践者和推动者。开展学习实践活动，必须坚持党的群众路线，紧紧依靠群众、充分相信群众、广泛发动群众，切实做到请群众参与，让群众知情；请群众监督，让群众检验；请群众评价，让群众满意，努力使学习实践活动成为群众关心、群众支持的民心工程。学习调研阶段，要广泛征求各方面的意见和建议，做到问计于民、求智于民。分析检查阶段，要坚持开门纳谏，组织群众分析评议检查报告，认真吸取群众意见，真正汇集和体现民意。整改落实阶段，要自觉接受群众监督，下功夫办成几件群众迫切希望的实事,做到取信于民。学习实践活动结束时,要及时向党员群众通报有关情况,开展满意度测评,做到学习实践活动搞得好不好,关键要由党员和群众说了算,努力使学习实践科学发展观的过程成为扩大党内民主、发展人民民主的过程。

第四,要分类指导,注重解决问题。中央和自治区的活动意见,对这次学习实践活动提出了总的要求,具体到一个地方、一个部门、一个单位,必须结合实际,很好地体现针对性和操作性。要针对盟市、旗县等不同地区,机关、学校、企事业单位、农村牧区、街道社区等不同行业,党员领导干部、普通党员等不同层面,分别提出学习实践活动的具体要求。要注意从各自的思想实际、工作实际和发展实际出发,确定好活动的实践载体和具体目标,制定既能充分体现中央精神又符合自身实际且切实可行的方案。查找和解决突出问题,要坚持从实际出发,明确哪些问题已具备条件,在学习实践活动期间可以解决;哪些问题难度较大,需要较长时间才能解决。解决问题要突出重点,坚持什么问题突出就着力解决什么问题,多为人民群众办看得见、摸得着、能够促进科学发展的事情。

第五,要统筹兼顾,协调推进各方面工作。今明两年是全面实现"十一五"发展目标和衔接"十二五"发展的关键时期,各方面的任务十分繁重。要正确处理好开展学习实践活动和做好当前各项工作的关系,坚持统筹兼顾、合理安排,把开展好学习实践活动作为党员干部受教育、科学发展上水平、人民群众得实惠的重要机遇和强大动力,切实做到两手抓、两不误、两促进。要紧紧围绕改革发展稳定的中心任务来安排部署学习实践活动,以改革发展稳定的实际成效推动活动的深入开展,切实把广大党员干部的积极性和创造性引导到推动科学发展、促进社会和谐、实现富民强区的实践中来。这次学习实践活动,涉及各行各业、各条战线,政策性强,覆盖面广,要求很高,任务很重。要注意各个环节之间的相互衔接,坚持时间服从质量,有条不紊地抓好每一环节的工作,以每个环节的高质量保证整个活动的高质量。

(选自在全区深入学习实践科学发展观活动动员
电视电话会议上的讲话)

常委班子要在学习
实践活动中发挥表率作用

(2008 年 10 月 21 日)

自治区开展第一批深入学习实践科学发展观活动以来，经过专题研讨班学习和自学，自治区常委班子进一步深化了对中央决定在全党开展深入学习实践活动重大意义的认识，深化了对科学发展观科学内涵、精神实质和根本要求的认识，为深入开展学习实践活动奠定了很好的思想基础。下一步，常委班子更要继续带头搞好学习实践活动，努力做学习实践科学发展观的表率。

第一，要全面深入地理解和把握科学发展观的科学内涵、精神实质和根本要求。贯彻落实好科学发展观，首先要深入学习领会、深刻理解把握科学发展观的精髓。科学发展观是我们党坚持以邓小平理论和"三个代表"重要思想为指导，立足我国基本国情、深入分析我国发展阶段性特征、认真总结我国发展实践、准确把握世界发展趋势、借鉴国外发展经验、适应新的发展要求提出来的。科学发展观站在历史和时代的高度，在回答了"什么是社会主义、怎样建设社会主义"，"建设什么样的党、怎样建设党"的问题上，又创造性地回答了"实现什么样的发展、怎样发展"的问题，坚持和发展了党的基本理论、基本路线、基本纲领、基本经验，进一步深化了对共产党执政规律、社会主义建设规律、人类社会发展规律的认识，深化了我们党对发展目的、发展理念、发展方式、发展动力的认识，是马克思主义关于发展的世界观和方法论的集中体现。要通过学习，深刻理解科学发展观的第一要义是发展，真正认识到只有坚持以发展为主题，用发展的眼光、发展的思路、发展的办法解决前进中的问题,才能从根本上把握人民的愿望,把握社会主义现代化建设的本质,把握我们党执政兴国的关键。要通过学习,深刻理解科学发展观的核心是以人为本,真正认识到只有坚持从人民的根本利益出发谋发展、促发展,着力解决人民群众最关心、最直接、最现实的利益问题,不断满足人民日益增长的物质文化需要,才能真正实现科学发展的目的,使我们的所有决策和全部工作更好地满足人民需要,实现人民的根本利益。要通过学习,深刻理解科学发展观的基本要求是全面协调可持续,真正认识到只有按照中国特色社会主义总体布局的要求,把经济建设、政治建设、文化建设和社会建设作为统一的任务来把握,作为统一的工作来部署,作为统一的目标来落实,牢固确立协调发展和可持续发展的鲜明导向,才能更好地提高发展的质量和效益,实现经济社会又好又快发展。要通过学习,深刻理解科学发展观的根本方法是统筹兼顾,真正认识到只有妥善处理关系经济社会发展全局的重大问题,实现经济社会各要素的良性互动,才能切实掌握科学发展的主动权。总之,要通过深入学习领会科学发展观,着力提高常委班子贯彻落实科学发展观的自觉性和坚定性,进一步把科学发展观转化为推动科学发展的坚强意志、谋划科学发展的正确思路、领导科学发展的实际能力、促进科学发展的政策措施,转化为与人民群众同呼吸、共命运、心连心的真挚情感,转化为增强党性修养、提高思想觉悟的自觉行动。

第二,要在学习实践活动中充分发挥带头表率作用。党员干部是贯彻落实科学发展观的骨干力量,领导班子和领导干部是贯彻落实科学发展观的关键所在。自治区党委常委班子作为全区改革开放和现代化建设的领导核心,有没有牢固的科学发展理念、具备不具备谋划和推动科学发展的能力、水平,直接决定全区科学发展的实际成效。在这次学习实践活动中,我们不仅肩负着重要的组织领导责任,而且必须在活动的每个步骤、每个环节上以身作则、率先垂范,为全区各级党组织和广大党员干部作出表率。这里,我想提两点希望。一是希望大家带头学习,把提高对科学发展观的理解和认识贯穿始终。搞好这次学习实践活动,深入学习、提高认识是基础。检验学习实践活动的成效如何,首先要看用科学发展观武装头脑是否下了真功夫,看对推动科学发展的重要性和紧迫性的理解和把握是否有了新提高。要按照中央要求，带头认真学习规定内容，坚持发扬理论联系实际的马克思主义学风，坚持改造主观世界与改造客观世界相统一，紧密联系自治区工作实际和个人思想实际，力求学深学透，切实打牢领导和推动科学发展的思想基础。二是希望大家带头实践，把推动科学发展观的落实工作贯穿始终。近年来，全区上下在深入贯彻落实科学发展观方面进行了积极探索，取得了很大成效，但也存在诸多不容忽视的矛盾和问题。要带头深入基层、深入群众，总结实践经验，及时发现和研究新情况新问题，努力探寻解决问题的对策措施。要紧扣"为什么发展、为谁发展、怎样发展、如何保证发展"等重大问题，围绕制约提高"两个水平"、实现"两个转变"、建设"两个屏障"的思想障碍，努力在"五个方面找差距、谋突破"，在解放思想中统一思想、推动工作。要着眼于更好地贯彻落实科学发展观，认真开展批评和自我批评，认真查找班子和个人存在的突出问题，认真分析产生问题的原因，把分析检查的着眼点放在寻求共识、总结经验、明确方向上，努力做到既沟通思想又增进团结、既帮助同志又教育自己、既总结过去又谋划未来。要坚持边学边改、边查边改，制定切实可行的整改方案，完善促进科学发展的体制机制，认真负责地抓好落实。作为党委主要负责人，我诚恳地希望大家多提意见，自觉接受大家监督，认真搞好整改。

第三，要确保学习实践活动和当前工作"两不误、两促进"。今年是全面贯彻落实党的十七大精神的第一年，也是我区推进"十一五"发展的关键一年，改革发展稳定的任务十分繁重。去年下半年以来，国际金融市场出现动荡，高油价、高粮价造成全球通货膨胀压力增大，世界经济增长总体放缓，近一段时间美国金融市场又发生一系列重大事件，对国际金融市场形成严重冲击。复杂多变的国际形势，使我国经济平稳较快发展的不确定不稳定因素增多。我们必须充分认识保持今年经济平稳较快发展的艰巨性，按照自治区党委的工作部署，肯定成绩、增强信心，正视问题、理性应对，顾全大局、多做贡献，更加坚定自觉、积极主动地做好各项工作，找准服务全国大局和促进自身发展的结合点，切实把这几年来之不易的大好来势不断保持和发展下去，以推动科学发展的实际行动和成果为国家发展大局多作贡献。要正确处理好开展学习实践活动同做好当前工作的关系，把学习实践活动作为推动工作的重要机遇和强大动力，真正做到"两不误、两促进"，把学习实践活动的成效体现到科学发展、构建和谐、富民强区的各项工作中来，用改革发展的实际成果来衡量和检验学习实践活动的具体成效。

（选自在自治区党委中心组集体学习会上的总结讲话）

努力推动党校工作再上新台阶

(2008 年 11 月 27 日)

前不久,党中央颁布了《中国共产党党校工作条例》。为了贯彻落实好《条例》,党中央专门召开全国党校工作会议,就做好新形势下党校工作作了全面部署。我们要认真贯彻落实《条例》和全国党校工作会议精神,推动我区党校工作再上新台阶。

一、要在做好党校工作重大意义的认识上有新提高

胡锦涛总书记指出,一个政党、一个国家能不能不断培养出大批优秀的高素质领导人才,关系着这个政党、这个国家的前途命运。党的十七大适应我国改革发展进入关键阶段的新形势,立足全面建设小康社会的新实践,对社会主义经济建设、政治建设、文化建设、社会建设、生态文明建设和党的建设作出全面部署。完成党的十七大确定的各项任务,在继续解放思想上迈出新步伐、在坚持改革开放上实现新突破、在推动科学发展上取得新进展、在促进社会和谐上见到新成效,关键在于建设一支高素质干部队伍,特别是培养造就一大批善于治党治国治军的高素质领导人才。

党校承担着大规模培训领导干部、大幅度提高领导干部素质的重要责任。长期以来,党校紧密围绕党在各个历史时期的中心任务,以教育培训领导干部为己任,为革命、建设、改革事业不断从胜利走向胜利培养了大批领导骨干,作出了重要贡献。面对国际国内不断发展变化的新形势,要紧紧抓住、切实用好重要战略机遇期,积极应对前所未有的严峻挑战,不断开创各项事业发展的新局面,必须加大干部培养工作力度,大力培养造就一支政治上靠得住、工作上有本事、作风上过得硬、人民群众信得过、善于治国理政的干部队伍。

改革开放以来,我区干部队伍整体素质明显提高,有力促进了党的路线方针政策的贯彻落实,推动了自治区改革开放和现代化建设。在这个过程中,全区各级党校坚持围绕中心、服务大局,大力加强干部培训轮训工作,为推进干部队伍革命化、年轻化、知识化、专业化作出了重要贡献。但也要清醒看到,我区干部队伍中还存在不少与新形势新任务新要求不适应不符合的问题。胡锦涛总书记指出的"四个不够"、"四个不强"的问题,在我区干部队伍中也不同程度地存在着。解决这些问题,必须充分发挥党校培训轮训领导干部的主渠道作用,提高各级领导干部履行职责所必需的知识和本领。我们一定要深刻认识做好新形势下党校工作的重大意义,切实把党校工作放到党和国家工作大局、放到自治区改革开放和现代化建设全局中去认识、去把握、去部署、去推进,扎扎实实把党校工作和党校事业推向前进。

二、要在充分发挥党校重要作用上有新进步

胡锦涛总书记在全国党校工作会议上,明确提出要以改革创新精神全面推进党校工作,充分发挥党校培训轮训领导干部的主渠道作用、理论武装工作的重要阵地作用、理论创新的生力军作用、学习型政党的积极推动作用、党性锻炼的熔炉作用。各级党校一定要认真学习贯彻胡锦涛总书记"五个重要作用"的新要求,按照实事求是、与时俱进、艰苦奋斗、执政为民的办学方针,坚持改革创新,突出办学特色,提高办学质量,更好地发挥党校在党和国家事业发展中的重要作用。

一是大力促进高素质干部队伍建设。要根据党的十七大提出的实现全面建设小康社会奋斗目标的新要求,根据党的建设对领导干部素质提出的新要求,不断提高干部培训轮训工作的科学性、针对性和实效性。要按照分类别、分层次的原则,着眼于提高领导干部的领导素质和执政能力,教育和引导领导干部以掌握马克思主义中国化最新成果为重点夯实理论基础,以把握时代特征和国际经济政治形势为重点拓展世界眼光,以强化大局意识和应对复杂局面为重点培养战略思维,以坚定理想信念、增强宗旨意识、改进作风为重点增强党性修养,努力使经过党校培训轮训的领导干部在马克思主义理论素质、现代科学文化知识水平方面有新的提高,统筹国内国际两个大局的能力,推动科学发展、促进社会和谐的能力,总揽全局、应对复杂局面的能力,治党管党、解决自身问题的能力方面有新的增强。特别要结合开展深入学习实践科学发展观活动,切实抓好科学发展观的学习、教育、实践工作,使各级领导干部真正把科学发展观转化为谋划科学发展的正确思路、促进科学发展的政策措施、保证科学发展的体制机制,不断提高用科学发展观指导实践、推动工作的能力和水平。

二是大力促进党的理论武装工作。要坚持把用马克思主义理论教育培训领导干部作为教学的首要任务,以马克思主义理论特别是中国特色社会主义理论体系为主课,在培训内容、教学布局上突出邓小平理论、"三个代表"重要思想和科学发展观的学习教育,把党的十七大确立的重大理论观点、重大战略思想、重大工作部署作为理论武装的重点内容,使中国特色社会主义理论体系系统进教材、生动进课堂、扎实进头脑,切实做到真学、真懂、真信、真用。要把党的路线方针政策作为教学的重要内容,帮助领导干部学习掌握党在改革发展稳定、内政外交国防、治党治国治军等方面的方针政策,提高贯彻执行党的路线方针政策的水平。要切实抓好提高领导干部理论和业务素质的知识教育,尤其要适应工业化、信息化、城镇化、市场化、国际化发展的需要,加强领导经济社会发展迫切需要知识的学习,全面提高领导干部履职的能力和水平。

三是大力促进领导干部加强党性锻炼。胡锦涛总书记强调,党校不仅是领导干部加强理论学习的重要阵地,而且是党员干部增强党性锻炼的熔炉。各级党校要把丰富知识、提高能力与增强党性很好地结合起来,把党性教育放在更加重要的位置,特别要强化世界观、人生观、价值观教育,理想信念教育,道德情操教育,拒腐防变教育,使领导干部始终保持清醒政治头脑和高尚道德情操,始终保持共产党人的政治本色。要教育引导领导干部切实增强贯彻落实中国特色社会主义理论体系的自觉性和坚定性,增强贯彻落实党的基本理论、基本路线、基本纲领、基本经验的自觉性和坚定性,更加自觉地用中国特色社会主义理论体系指导客观世界和主观世界改造,真正成为中国特色社会主义共同理想的坚定信仰者和忠实实践者。要引导和帮助领导干部把学习培训与自我改造统一起来,自觉学习实践社会主义核心价值体系,坚持讲党性、重品行、做表率,坚持常修为政之德、常思贪欲之害、常怀律己之心,坚持自重、自省、自警、自励,按照毛泽东同志倡导的那样,做一个高尚的人,一个纯粹的人,一个有道德的人,一个脱离了低级趣味的人,一个有益于人民的人。

三、要在提高党校办学水平上有新成效

胡锦涛总书记在同全国党校工作会议代表座谈时,殷切期望各级党校牢固树立大局意识、党的意识、创新意识、勤俭意识、纪律意识,切实推动党校工作不断迈上新台阶。总书记提出的这"五种意识",是党校工作的根本要求、根本原则、不竭动力、政治优势和重要方针,是党校的办学之魂、治校之道、立校之本、强校之基。各级党校一定要把这"五种意识"落实到党校工作的各个方面、各个环节,推动党校工作不断取得新成效。

一是要坚持围绕中心、服务大局。要自觉把党校工作放到党和国家工作大局和党的建设全局中去认识、去把握,密切联系发展这个党执政兴国的第一要务去开展、去深化,紧密结合继续解放思想、坚持改革开放、推动科学发展、促进社会和谐的实践去改进、去创新,坚持为改革开放和社会主义现代化建设服务,为党的建设新的伟大工程服务。无论制订教学和科研规划、确定教学和科研任务,还是设置教学和科研内容、创新教学和科研方法,都要紧紧围绕中心、服务大局。要把中国特色社会主义理论体系研究摆到中心位置,大力加强对共产党执政规律、社会主义建设规律、人类社会发展规律的研究,加强对改革开放 30 年伟大进程和宝贵经验的研究,加强对推动经济社会又好又快发展重大问题的研究,努力作出有根据、有分量、有新意的论述和回答。要坚持发扬理论联系实际的学风,以改革开放和社会主义现代化建设的实际问题、以我们正在做的事情为中心,着眼于马克思主义中国化最新成果的运用,着眼于对实际问题的理论思考,着眼于新的实践和发展,加强对重大理论和实践问题特别是全局性、战略性、前瞻性问题的研究,加强对人民群众关注的社会热点、难点问题的研究,努力在党委和政府决策中发挥思想库作用。要紧扣"科学发展、构建和谐、富民强区"的主题,紧紧围绕提高"两个水平"、实现"两个转变"、建设"两大屏障",谋求"五个突破",深入推动解放思想活动,努力为促进自治区经济社会又好又快发展作出更大贡献。

二是要坚持正确的办学方向。党校是党直接兴办的学校，党校的一切工作必须坚持和贯彻党校姓党、忠诚于党的根本原则，必须以党的旗帜为旗帜、以党的意志为意志。不管形势和任务怎样变化，党校姓党的原则绝不能变，忠诚于党的立场绝不能变。要在思想上、政治上、行动上始终同党中央保持高度一致，真正做到高举中国特色社会主义伟大旗帜、坚持中国特色社会主义道路和中国特色社会主义理论体系，坚定地、创造性地把党的理论和路线方针政策贯彻落实到党校工作之中。要以坚持和维护党的执政地位为根本着力点，以宣传党的创新理论和路线方针政策、提高领导干部素质能力为根本任务，始终做到思想上清醒、政治上坚定。要把党校姓党的原则贯穿到党校工作的各个方面，教学、科研、管理、队伍建设都要按照党的原则、制度、规矩办事。

三是要坚持从严治校、从严治教。从严治校、从严治教是从严治党方针在党校工作中的具体体现。各级党校必须坚决贯彻和认真落实从严治校、从严治教的方针，切实加强党校管理工作。要严肃党的政治纪律，决不为错误思想和错误观点提供讲坛。要坚持讲政治、讲原则，自觉处理好学术研究和理论宣传的关系，切实做到科学探索无禁区、党校讲课有纪律，绝不允许在党校讲坛上和社会上公开发表违背党的理论和路线方针政策、违背中央决定决议的错误观点。对违反政治纪律的人员，要及时提醒、及时批评、及时纠正。各级党校要坚持以学员为本，关注学员学习需求，激发学员学习动力，提高服务质量和水平，同时要严肃校规校纪，加强学员管理。领导干部不论什么级别，到党校参加学习培训都是普通学员，都要自觉遵守校规校纪，不允许有任何特殊和例外。要健全管理、考核等规章制度，坚持以管促学、以学促管，推动形成良好校风。要坚持解放思想，把改革创新精神体现在教学、科研、管理等各项工作中，积极推进党校工作科学化、规范化、制度化，努力使党校工作体现时代性、把握规律性、富于创造性。要着力推动党校教育培训模式创新、方法创新、管理创新、体制创新，不断增强教育培训的针对性、实效性和吸引力、感染力。要大力加强人才队伍建设，通过多种途径和方式，全面提高教师队伍素质，努力培养造就一批马克思主义理论家、教育家。要大力发扬谦虚谨慎、艰苦奋斗的优良传统，牢固树立勤俭办学、节俭办事的良好风气，始终保持顽强拼搏、奋发有为的精神风貌。

四、要在加强和改进对党校工作领导上有新举措

各级党委要继续发扬重视党校工作的好传统,从全局和战略的高度充分认识党校的地位和作用,采取有效措施,切实加强和改进对党校工作的领导。要把党校工作纳入党委整体工作部署和党的建设总体安排,列入重要议事日程,定期研究并及时解决党校工作中的重要问题。要严格按照《中国共产党党校工作条例》指导党校工作,加强对《条例》执行情况的监督检查。各级党委主要负责同志要经常过问党校工作,加强调查研究和工作指导;分管负责同志要认真履行职责,做到时间和精力到位。要建立健全党政负责同志到党校讲课、作报告、同学员座谈的制度。要逐步加大经费投入,把党校工作所需经费列入各级政府年度财政预算,并随着财政收入的增长逐步增加,努力改善党校学员和教职员工的学习、工作和生活条件。要推动和加强党校与其它干部教育培训机构的交流合作,有效整合和利用好干部教育培训资源,努力构建分工明确、优势互补、特色鲜明、充满活力、富有效率的干部教育培训格局。

(选自在全区党校工作会议上的讲话)

领导干部要争当
六个方面的表率

（2009 年 2 月 11 日）

　　在中纪委十七届三次全会上，胡锦涛总书记向全党郑重提出加强领导干部党性修养、树立和弘扬优良作风问题，强调加强领导干部党性修养、树立和弘扬优良作风，是党的执政能力建设和先进性建设的重要内容，是贯彻落实科学发展观的重要保证；要求领导干部把加强党性修养、始终保持共产党人政治本色、发扬党的光荣传统和优良作风作为改造主观世界的终生课题。我们一定要深刻认识加强领导干部党性修养、树立和弘扬优良作风的重大意义，切实把这项重大政治任务抓紧抓好。

　　领导干部的作风问题，说到底是党性问题。党性是作风的内在根据，作风是党性的外在表现，作风和党性相互影响、相互作用。党性纯洁则作风端正，党性不纯则作风不正。通过加强党性修养来树立和弘扬良好作风，是我们党的一贯要求和优良传统。早在延安时期，毛泽东同志在起草《中共中央关于加强调查研究的决定》时就指出："粗枝大叶、自以为是的主观主义作风，就是党性不纯的第一个表现；而实事求是，理论与实际密切联系，则是一个党性坚强的党员的起码态度"。进入改革开放新时期，邓小平同志针对新形势下党员干部中出现的一些问题，深刻指出："党和政府愈是实行各项经济改革和对外开放政策，就愈要高度重视、身体力行共产主义思想道德，每个干部都要把党性放在第一位。"江泽民同志指出："共产党员增强党性，是保持党的先进性必不可少的重要条件。"党的十六大以来，党中央要求全体党员学习党章、遵守党章、贯彻党章、维护党章，对加强新时期党员干部的党性修养提出了明确要求。正是由于坚持不懈地加强党员党性修养,我们党才能始终保持良好的作风,始终保持旺盛的生机和活力。

现在,我们面临的世情国情党情发生了深刻变化,领导干部在加强党性修养、树立和弘扬优良作风方面经受着重大考验。总的看,我区领导干部党性是强的、作风是好的,能够团结带领广大干部群众认真贯彻落实中央的路线方针政策,积极推进改革发展稳定各项工作。但是,也要清醒地看到,一些领导干部党性不强、作风不正的问题仍然突出。胡锦涛总书记指出的宗旨意识不强、理论和实际脱节、责任心和事业心不强、政绩观不正确、个人主义严重、纪律观念淡薄等问题在我区一些领导干部身上同样存在。当前,我区正处在科学发展的关键时期,面临着应对国际金融危机严峻挑战、保持经济平稳较快发展的艰巨任务。如果领导干部党性修养、作风建设上存在的问题得不到解决,各项工作部署就难以贯彻落实,科学发展、构建和谐、富民强区的目标就难以顺利实现。

我们党的干部标准是德才兼备、以德为先,"德"的核心就是党性。全区各级领导干部一定要自觉遵行社会主义核心价值体系,坚持理论和实践、继承光荣传统和弘扬时代精神、改造客观世界和改造主观世界、加强个人修养和接受教育监督相统一,坚持不懈地加强党性修养和党性锻炼,努力成为政治坚定、作风优良、纪律严明、勤政为民、恪尽职守、清正廉洁的领导干部,在领导改革开放和现代化建设中,更好地发挥表率带头作用。

一是增强宗旨意识,做立党为公、执政为民的表率。领导干部为党和人民事业奋斗,最根本的就是要为实现最广大人民的根本利益奋斗。能不能坚持全心全意为人民服务的根本宗旨,是检验领导干部党性是否坚强、作风是否优良的首要标准。各级领导干部一定要牢固树立宗旨意识,把实现好、维护好、发展好最广大人民根本利益作为一切工作的出发点和落脚点,坚持权为民所用、情为民所系、利为民所谋,正确行使人民赋予的权力,把人民的愿望和要求作为决策的根本依据,把人民最关心最直接最现实的利益问题放在工作首位,切实做到发展为了人民、发展依靠人民、发展成果由人民共享。密切联系群众还是脱离群众,不仅是态度问题、感情问题,更是政治立场、政治本色问题。要牢固树立群众观点和公仆意识,把群众呼声作为第一信号,把群众需要作为第一选择,把群众满意作为第一标准,坚持问政于民、问需于民、问计于民,多办顺民意、解民忧、增民利的实事。特别是在当前经济发展、群众生产生活困难增多的情况下,领导干部更要把群众的安危冷暖挂在心上,认真解决好民生问题,认真落实今年党委、政府承诺的为民办的"十件实事"和"十项民生工程"。坚持人民利益高于一切,是共产党员处理利益问题的根本原则,也是领导干部加强党性修养的基本要求。面对社会上各种利益诱惑,领导干部要牢固树立正确的利益观,时刻以人民利益为重,坚持把实现个人追求与实现党的奋斗目标、人民利益紧密联系起来,正确看待个人利益,正确看待个人得失,正确把握利益关系,多想想为党和人民事业而牺牲的英烈们,多想想那些至今衣食住行仍然有不少困难的群众,多想想那些为党和人民任劳任怨辛勤工作的模范人物,不为私心所扰,不为名利所累,不为物欲所惑,淡泊名利、克己奉公,努力实践共产党人高尚的人生价值。

二是提高实践能力,做学以致用、推动工作的表率。衡量领导干部理论水平高低,不仅要看掌握了多少理论知识,而且要看能不能把所掌握的理论运用到实践中去。各级领导干部一定要把提高理论素养、增强实践能力作为加强党性修养的重要内容,坚持理论联系实际,努力在用科学发展观武装头脑、指导实践、推动工作上下功夫。要牢固树立马克思主义实践观点,把科学发展观的要求与改革发展稳定的实践紧密结合起来,认真研究解决影响改革发展稳定的深层次矛盾和问题、影响群众生产生活的矛盾和问题,不断提高领导科学发展的能力。当前,要紧密结合深入学习实践科学发展观活动,在加强理论武装的同时,紧扣自治区"科学发展、构建和谐、富民强区"的主题,紧紧围绕提高"两个水平"、实现"两个转变"、建设"两个屏障"和"五个方面找差距、谋突破"的要求,努力把学习实践成果转化为继续解放思想、坚持改革开放,推动科学发展、促进社会和谐的实际能力。特别要把学习实践活动与应对国际金融危机、保持经济平稳较快发展紧密结合起来,认真贯彻落实中央宏观调控政策措施,全力以赴保增长、扩内需、调结构、惠民生,把扩大内需、促进经济增长的政策效应发挥好,把危机中蕴含的发展机遇把握好,把各方面发展的积极性和创造性调动好,努力推动经济社会又好又快发展。

三是增强责任意识，做敢于担当、敢于负责的表率。领导就是责任，责任重于泰山。我们工作中出现这样那样的问题，发生这样那样的事故，往往与一些领导干部责任意识不强、工作不负责任直接相关。各级领导干部一定要牢记肩负的重任和使命，牢记党和人民的重托，切实增强责任意识，认真履行党和人民赋予的职责，真正把心思用到干事业上，把精力放在办实事上，把功夫下到抓落实上。遇到急难险重工作，发生重大群体性事件，领导干部要亲临一线、靠前指挥，查清原委、掌握政策、讲究方法，既要维护群众合法权益又要加强对群众的思想教育，既要坚持依法处理又要积极疏导化解群众情绪，努力把问题解决在基层、解决在萌芽状态，决不能消极观望、逃避责任、贻误时机、激化矛盾。现在，我区正处在工业化快速推进阶段，安全生产、安全发展责任重大。要切实把人民生命财产安全放在突出位置，对容易发生事故的行业、部位、环节，要经常督促检查，及时消除隐患。对玩忽职守、造成严重后果的，要依法依纪严肃处理。

四是树立正确的政绩观，做求真务实、真抓实干的表率。锦涛总书记指出："秉持什么样的政绩观，是衡量领导干部能否正确对待群众、正确对待组织、正确对待自己的试金石，也是领导干部党性修养的重要体现。"实践证明，没有正确的政绩观，不仅科学发展无从谈起，而且还会劳民伤财、贻害子孙。近年来，自治区反复强调，内蒙古底子较薄、基础较弱，既经不起"折腾"，也交不起"学费"，必须坚持求真务实的科学态度，自觉按规律办事、按规矩办事。在领导发展过程中，各级领导干部一定要把发展的基点定位在好字优先、好为基础、又好又快上，正确处理速度和结构质量效益的关系，正确处理经济发展和人口资源环境的关系，科学理性地推动经济社会发展；一定要坚持从实际出发，因地制宜、因时制宜，不搞主观臆断、违背规律的"拍脑袋"决策，不搞脱离实际的盲目攀比，不提哗众取宠的空洞口号；一定要真抓实干、埋头苦干，察实情、讲实话，鼓实劲、出实招，办实事，求实效，努力创造经得起实践、人民、历史检验的实绩。各级领导干部尤其是中青年干部要牢固树立和坚持正确的事业观、工作观、政绩观，认认真真学习、老老实实做人、干干净净做事，坚持大处着眼、小处着手，从自己做起，从身边做起，从点滴做起，在为党和人民干事创业中培养群众感情、锻炼成长成才。

五是坚持"两个务必",做谦虚谨慎、艰苦奋斗的表率。我们党是崇尚艰苦奋斗、充满忧患意识的马克思主义政党。新中国成立前夕,毛泽东同志就向全党发出"两个务必"的号召,要求全党同志务必继续保持谦虚谨慎、不骄不躁的作风,务必继续保持艰苦奋斗的作风。当前,在经济发展困难和矛盾增多的情况下,坚持"两个务必"更具有特殊重要意义。各级领导干部一定要增强忧患意识,既要把可能遇到的困难和风险估计得更充分一些、把应对措施准备得更周密一些,又要注重从日益变化的形势中捕捉和把握发展机遇、在逆境中发现和培育有利因素,坚持做到清醒、静心、实干。要牢记基本国情、基本区情,无论经济发展到什么水平、物质条件改善到什么程度,艰苦奋斗的好传统都不能丢。要树立过紧日子的思想,勤俭办一切事业,带头执行中央有关精简经费开支的要求,带头反对铺张浪费和大手大脚,带头抵制享乐主义和奢靡之风,真正把有限的资金和资源用在刀刃上,用在发展经济和改善民生上,以优良作风带领广大干部群众迎难而上、共克时艰。

六是增强纪律观念,做遵章守纪、清正廉洁的表率。纪律严明、清正廉洁,是我们党的政治优势,也是保证党的路线方针政策贯彻执行的前提条件。越是推进改革开放,越是发展社会主义市场经济,越是遇到困难和风险,越要自觉遵守和维护党的纪律。要严格遵守党的政治纪律,坚决维护党的章程和党内政治生活准则,自觉同党中央在思想上、政治上保持高度一致,坚持中国特色社会主义道路和中国特色社会主义理论体系不动摇,坚持党的基本路线、基本纲领、基本经验不动摇,坚持改革开放不动摇,保证中央政令畅通。要严格遵守党的组织纪律,坚持民主集中制,自觉维护党的组织原则,坚持任人唯贤,坚决纠正用人上的不正之风,坚决反对拉帮结派、搞团团伙伙。要严格遵守党的经济工作纪律,严格执行党的经济工作方针政策,严格按照规章制度办事,不能超越职权插手具体建设项目,更不能利用职权贪污受贿、以权谋私、搞权钱交易。要严格遵守党的群众工作纪律,绝不允许侵犯群众权益,绝不允许欺压群众。要自觉遵守领导干部廉洁从政各项纪律,严格要求自己,严格要求配偶、子女和身边工作人员,以清正廉洁的良好形象取信于民。

加强领导干部党性修养,离不开领导干部个人的努力,也离不开党组织的教育培养,离不开党组织的严格要求、严格管理和严格监督。各级党组织要高度重视,有力举措,切实把加强领导干部党性修养、树立和弘扬优良作风重大政治任务落到实处。

要把加强领导干部党性修养、树立和弘扬优良作风作为深入学习实践科学发展观活动的重要内容来抓。开展学习实践科学发展观活动,领导干部是重点。在学习实践活动中,要不断提高领导干部的思想水平和领导能力,不断改进领导干部的领导方式和工作方法。要认真查找在党性修养方面存在的突出问题,切实抓好整改,促进领导干部增强党性、改进作风。要通过坚强的党性和良好的作风,推动转变不适应不符合科学发展观要求的思想观念,解决影响和制约科学发展的突出问题以及党性党风党纪方面存在的突出问题,构建有利于科学发展的体制机制,真正做到党员干部受教育、科学发展上水平、人民群众得实惠,为贯彻落实科学发展观提供有力保证。

要把加强领导干部党性修养、树立和弘扬优良作风作为坚持党要管党、从严治党的重要工作来做。各级党组织要把对领导干部的教育、培养、管理工作放到更加突出位置,针对领导干部党性党风党纪方面出现的新情况新问题,健全党内生活制度,开展批评和自我批评,形成民主团结、相互促进、奋发向上的组织氛围。要推进各方面体制机制创新,形成有利于领导干部加强党性修养和作风养成的制度环境,促使领导干部把外在环境压力转化为内在修养动力,自觉加强党性修养和作风养成。要深化干部人事制度改革,完善干部考核评价体系,按照科学发展观的要求选干部、配班子、建队伍、聚人才,从教育培训、培养锻炼、选拔任用、考核评价、作风要求、纪律规定等各方面,制定科学衡量领导干部党性修养和作风养成的具体要求。

要充分发挥纪委在加强领导干部党性修养、树立和弘扬优良作风中的重要作用。各级纪委要按照党章赋予的职责,以完善党内监督、保障党员权利、严格执行纪律为重点,协助党委抓好加强领导干部党性修养、树立和弘扬优良作风工作。要通过大力加强领导干部党性党风党纪教育,促进领导干部提高党性修养水平,筑牢拒腐防变的思想道德防线。要完善党内监督制度,以制度规范党性修养和作风养成的途径和方式,把加强党性修养和作风养成的原则和要求落到实处。要通过认真贯彻党员权利保障条例,坚决保护坚持党性、坚持原则的同志,营造敢于坚持党性、坚持原则的良好氛围。要通过严格执行党的纪律,严肃查处违纪违法案件,确保领导干部队伍纯洁。各级纪检监察机关要结合"做党的忠诚卫士、当群众的贴心人"主题实践活动,带头培养坚强党性和良好作风,不断提高履行职责的能力和水平。

(选自在自治区纪委八届四次全体会议上的讲话)

领导干部要自觉
践行"五慎"要求

（2009 年 2 月 12 日）

近年来，我区经济社会发展取得令人瞩目的成就，这充分说明，我区干部队伍总体是好的。但徐国元等腐败案件反映出，消极腐败现象在一些地方、部门和领域仍然易发多发，反腐倡廉形势严峻、任务繁重。在年初召开的中纪委十七届三次全会上，胡锦涛总书记分析指出的当前消极腐败现象的四个方面新情况、新问题，在我区也不同程度地存在。我们必须充分认识反腐败斗争的长期性、复杂性、艰巨性，毫不动摇地加强党风廉政建设和反腐败斗争，把反腐倡廉建设放在更加突出的位置，旗帜鲜明地反对腐败。

在中纪委十七届三次全会上，胡锦涛总书记向全党郑重提出加强领导干部党性修养、树立和弘扬优良作风问题。全区各级领导干部一定要认真学习、深刻领会胡锦涛总书记重要讲话精神，自觉加强党性修养和党性锻炼，努力成为政治坚定、作风优良、纪律严明、勤政为民、恪尽职守、清正廉洁的领导干部。吸取徐国元腐败案件的教训，领导干部在加强党性修养和党性锻炼过程中，要切实做到"五慎"。

一是要慎权，牢固树立正确的权力观。邓小平同志曾经告诫领导干部说："我们拿到这个权以后，就必须谨慎"。如何正确认识和对待手中的权力，把自己的能力素质很好地体现到行使职权的过程中，做到既尽职尽责、尽心尽力，又正确用权、依法用权，是每个领导干部必须认真对待的重大原则问题，也是检验领导干部党性强弱、官德好坏的试金石。从徐国元腐败案可以看出，领导干部的权力观一旦发生扭曲，就会私欲膨胀，置党纪国法于脑后，身不由己地跌入腐败的深渊。每个领导干部都要时刻牢记：我们的权力是党和人民赋予的，只能用来为人民谋利益；权力是一把"双刃剑"，用权为公可以造福人民，以权谋私必然身败名裂；权力越大，责任越大，预防腐败的警惕性就应当越高。要牢固树立正确的权力观，真正解决权从何来、为谁用权、怎样用权的问题，始终以党和人民的事业为最高追求，把权力作为报效党和人民的责任和义务，决不能把权力变成牟取私利的工具。要倍加珍惜党和人民赋予的权力，倍加珍惜党和人民的信任，倍加珍惜为党和人民干事创业的机会，切实做到权为民所用、情为民所系、利为民所谋。

　　二是要慎欲，始终坚持正确的利益观。面对发展社会主义市场经济过程中出现的各种利益诱惑，面对社会上各种腐朽落后观念的渗透和影响，能不能坚持正确的利益观，对领导干部是一个非常现实的考验。共产党人是历史唯物论者，不讳言利益，不否认社会成员有个人利益、个人抱负、个人追求。领导干部也有制度和政策规定范围内的正当利益。对于领导干部的正当利益，组织上应当考虑、照顾、维护。但是，作为共产党员特别是领导干部，处理利益问题的根本原则是始终坚持人民利益高于一切。如果领导干部把个人利益凌驾于人民利益之上，个人主义恶性膨胀，没有不犯错误的，没有不走到邪路上去的。领导干部一定要在思想上切实解决好参加革命为什么、现在当干部应该做什么、将来身后留点什么的问题，时刻以人民利益为重，在工作中、生活上多想想为党和人民事业而牺牲的英烈们，多想想那些至今衣食住行仍然有不少困难的群众，多比比那些为党和人民任劳任怨辛勤工作的模范人物，不为私心所扰、不为名利所累、不为物欲所惑，始终做到淡泊名利、克己奉公。

　　三是要慎独，时刻保持高尚的道德操守。刘少奇同志在《论共产党员的修养》一书中指出，"一个经过认真修养的共产党员，即使他在独立工作，无人监督，有做各种坏事的可能的时候，他能够'慎独'，不做任何坏事。"江泽民同志也强调："现在有些干部职务升了，权力大了，直接监督他的人少了，利用他、为他抬轿子的人多了，在这个时候能否做到慎独尤为重要。"不自重自爱、不自警自省，背弃道德操守，放松主观世界改造，是徐国元走向犯罪的一个重要原因。领导干部一定要把慎独作为一种情操、一种修养、一种自律、一种坦荡来对待，越是在监督薄弱、无人注意时，越是在"八小时"之外，越是在接触"污染源"的情况下，越要保持清醒头脑，越要自重自爱、自警自省。要自觉做到台下台上一个样、人前人后一个样、有监督无监督一个样，守得住清贫、耐得住寂寞、经得住诱惑、稳得住心神，时刻保持共产党人的高风亮节。

四是要慎微，注重把握小节、防微杜渐。古人警训说："不虑于微，始贻大患；不防于小，终累大德。"马克思主义认为，任何事物都是从量变到质变。作为领导干部，吃点、喝点、拿点、收点，绝不是小事。徐国元违法乱纪，也是从操守不严、品行失端开始的。各级领导干部一定要高度警惕"小节"方面潜移默化的腐蚀作用，防微杜渐，"不以恶小而为之，不以善小而不为"，对自己高标准、严要求，坚决防止因小节不保而酿成大错。要培养健康向上的生活情趣，把自己的兴趣、爱好与官德修养结合起来，始终保持高尚的精神追求，自觉抵制低俗腐朽之风，努力做一个高尚的、脱离低级趣味的人。

五是要慎交，切实净化生活圈、交际圈。近朱者赤，近墨者黑。周恩来总理曾经说过："情义只有建立在人民的利益之上，才是伟大的崇高的。"对于领导干部而言，树立正确的交友观，自觉净化生活圈、社交圈，不只是个人私事，而是为官从政必须把握好的重要原则。现实生活中，领导干部身处各种人情世故的交汇处，身处各种贿赂犯罪的指向点，稍有放松和懈怠，就可能在人情世故的纠缠中、在形形色色的诱惑和糖衣炮弹的进攻中，丧失原则，滑向腐败的泥潭。徐国元与那些别有用心的"朋友"称兄道弟，搞权钱交易，最终栽倒在"朋友"设置的陷阱里。作为一名领导干部，一定要严格交友的原则，纯洁交友的动机，升华交友的境界，时刻警惕别有用心的人搞所谓的"感情投资"和形形色色的"官场公关"。要择善而交，多交普通百姓朋友，多交先进模范朋友，多交学识高、品行好的朋友。在社会交往中，要减少应酬，往来有度，不离原则，把更多的时间和精力花在学习上、用在工作上。要切实加强对配偶、子女和身边工作人员的教育、提醒和约束，防止不法分子从他们身上打开缺口。

（选自在全区领导干部警示教育大会上的讲话）

努力使学习实践活动
成为党和人民满意工程

（2009 年 3 月 17 日）

　　我区第一批深入学习实践科学发展观活动紧紧围绕中央提出的"党员干部受教育、科学发展上水平、人民群众得实惠"的总体要求和自治区确定的"科学发展、构建和谐、富民强区"的主题目标，紧密联系国内外经济形势的发展变化和自身工作实际，扎实推进各个阶段、各个环节的工作，达到了预期目的，收到了明显成效。

　　一是在深化对科学发展观的认识上有了新提高。在系统学习培训的基础上，各参学单位坚持理论联系实际的马克思主义学风，抓住自治区提高"两个水平"、实现"两个转变"、建设"两个屏障"等重大问题，联系自身工作实际和党员干部思想实际，深入进行调查研究，广泛征求各方面意见，认真开展解放思想大讨论，进一步加深了对科学发展观科学内涵、精神实质、根本要求的理解和认识，形成了"五个方面找差距、谋突破"的思想共识，即在转变发展方式上找差距，实现结构调整、产业升级的新突破；在增强发展的协调性上找差距，实现城乡、区域、经济社会协调发展的新突破；在提高发展的可持续性上找差距，实现生产发展、生活富裕、生态良好"三生"统一的新突破；在坚持以人为本上找差距，实现增收富民、改善民生的新突破；在加强党的执政能力建设、保持党的先进性上找差距，实现提高领导科学发展能力和水平的新突破，为学习实践活动的深入开展和各项事业的发展进步打下了牢固的思想基础。

　　二是在解决影响科学发展的突出问题上取得新成效。认真查找和解决影响科学发展、群众反映强烈的突出问题，进一步理清了科学发展的思路,明确了科学发展的重点。坚持把应对国际金融危机、保持经济平稳较快增长作为首要任务,认真贯彻落实中央决策部署,及时采取一系列行之有效的措施,全力以赴保增长、扩内需、调结构、惠民生。在全国经济下行压力较大的情况下,我区经济继续保持近年来平稳较快发展的态势,去年经济增长率达到 17.2%,连续 7 年全国领先。人均 GDP4638 美元,由全国第 10 位前移至第 8 位。城镇居民人均可支配收入由全国第 10 位前移至第 9 位,农牧民人均纯收入由第 15 位前移至第 14 位。今年经济运行平稳开局,工业经济止跌回升,1—2 月规模以上工业增加值增长 19.6%,财政收入增长 36.5%,重点项目建设进展顺利,整体经济发展的基本面没有改变。保障和改善民生力度加大,去年落实资金 210 多亿元,兑现了"八件实事",实施了"十项民生工程",使 1100 多万城乡居民从中受益;今年计划投入 300 多亿元,着力办好"十件实事"、实施"十项民生工程"。深入开展"进万村走千居"走访慰问活动,发放春节前一次性困难补贴,开展社会治安治理"冬季风暴"行动,集中办了一批人民群众看得见、摸得着、得实惠的实事好事。

三是在建立健全促进科学发展体制机制上迈出新步伐。把解决突出问题与建立长效机制结合起来,努力在健全完善保障科学发展体制机制上下功夫。自治区党委、政府就全区经济社会发展和党的建设的重大问题,先后制定出台了《关于进一步推进农村牧区改革发展的实施意见》、《关于促进城乡居民增收的意见》、《全区工业经济指导意见》、《关于进一步加强领导班子日常管理工作意见》等政策性文件,并在完善矿产资源及土地管理制度、促进中小企业和非公经济发展、深化文化体制改革、改善城乡消费环境等方面提出了改革方向和实施要求。到目前为止,各参学单位修改、废止 37 个文件和规章制度,建立新的规章制度 34 项,取消各类行政事业收费 108 项。

四是在提高领导科学发展能力上取得新进步。在这次学习实践活动中,广大党员干部受到了一次系统的科学发展观理论和实践教育,各级领导干部自觉运用科学发展观总结经验得失、分析现实情况、谋划未来发展的意识和能力明显增强。各级领导班子认真解决党性党风党纪方面群众反映强烈的突出问题,结合开展"保增长、惠民生,进百县、促落实"活动,上下联动、切实整改,在促进科学发展,加强领导干部党性修养、树立和弘扬良好作风上取得积极成效。

总结我区第一批学习实践活动和第二批试点工作,主要有以下几点体会:第一,必须把深化学习认识贯穿始终。深入学习、提高认识,是搞好学习实践活动的基础。只有坚持把深化学习、提高认识贯穿到每个阶段、每个步骤、每个环节,在学习中推动实践,在实践中深化学习,才能使科学发展观在党员干部头脑中牢固扎根,不断增强贯彻落实的自觉性和坚定性。第二,必须把突出实践特色贯穿始终。实践特色是这次活动的显著特点。必须在活动的整体部署上贯穿实践要求,在载体设计上突出实践特色,在解决问题上强化实践举措,在推动发展上体现实际成效,学习实践活动才能扎实推进、不走过场。第三,必须把边学边改、边查边改贯穿始终。无论是学习调研、分析检查还是整改落实,都必须把查找和解决突出问题作为搞好活动的关键,坚持从实际出发,什么问题突出就着力解决什么问题,能够及时整改的及时整改。只有这样,学习实践活动才能取信于民、见到实效。第四,必须把充分发扬民主贯穿始终。学习实践成效如何,人民群众感受最真切、判断最准确。必须坚持走群众路线,充分发扬民主,切实做到请群众参与、让群众知情,请群众监督、让群众检验,请群众评价、让群众满意,真正使学习实践活动成为扩大党内民主、发扬人民民主的过程。第五,必须把领导带头贯穿始终。学习实践活动的重点是领导班子和党员领导干部。中央政治局常委会为全党的学习实践活动作出了表率。自治区党委常委会在抓第一批学习实践活动时,首先搞好自身的学习实践活动。各参学单位党委(党组)高度重视,既保证时间、更注重质量,始终以良好的精神状态和求真务实的作风投入学习实践活动。实践证明,只有领导带头、班子先行,才能有效地影响和带动全局,促进学习实践活动的深入开展。这五个"贯穿始终",既是第一批学习实践活动的成功经验,也是开展第二批学习实践活动必须坚持的重要原则。

在充分肯定第一批学习实践活动取得成效和经验的同时,必须清醒地看到存在的问题与不足:有的党员干部理论学习不够扎实,有的领导班子分析检查报告查找问题不够深入、整改措施不够具体,有的单位边查边改、集中整改力度不大、成效不够明显,有的单位对下属单位的学习实践活动抓得不够紧,等等。还要看到,实施好学习实践活动制定的整改落实方案,把查找的突出问题切实解决好,还有大量工作要做。更要看到,贯彻落实科学发展观是一个长期的过程,不可能毕其功于一役,必须坚持不懈地抓下去。

根据中央统一部署,全区第二批学习实践活动就要开始,主要在盟市旗县机关、国有企业、高等学校开展。要认真贯彻落实中央决策部署和自治区党委关于搞好第二批学习实践活动的安排和要求,紧密结合实际,扎扎实实搞好学习实践活动。

一、充分认识搞好第二批学习实践活动的重大意义

与第一批学习实践活动相比,参加第二批学习实践活动的单位多、人数多、领域多、范围广,参学党员的从业状况、职业构成、活动方式和思想状况差异较大,而且正值应对国际金融危机、保持经济平稳较快发展的关键时期。这些都给我们搞好第二批学习实践活动带来了一定难度、提出了更高要求。参加第二批学习实践活动的各级党组织和广大党员干部,一定要深刻认识开展学习实践活动的重大意义,切实增强责任感和紧迫感。

一是从贯彻党的十七大提出的用科学发展观武装全党的重大战略任务看,搞好第二批学习实践活动意义重大。在全党开展深入学习实践科学发展观活动,更好地用中国特色社会主义理论体系武装全党,是党的十七大提出的重大战略任务。近年来,全区各级党组织按照党的十七大的要求,坚持用中国特色社会主义理论体系武装党员干部头脑,广大党员干部在学习实践科学发展观方面认识不断深化、行动更加自觉。但也必须看到,一些党员干部对科学发展观的认识还存在一些偏差,贯彻落实的自觉性和坚定性不够强。参加第二批学习实践活动的广大党员干部肩负着把党的路线方针政策贯彻落实到基层,转化为人民群众自觉行动的重要职责,是学习、宣传、贯彻科学发展观的重要力量。这一层级对科学发展观的认识水平和理解程度,直接影响着科学发展观的广泛普及和深入贯彻。扎实搞好第二批学习实践活动,能够进一步推进用科学发展观武装广大党员干部的头脑,推进中国特色社会主义理论体系的广泛普及,使科学发展观更好地贯彻落实到基层和人民群众中。

二是从完成保增长、保民生、保稳定的艰巨任务看,搞好第二批学习实践活动意义重大。保增长、保民生、保稳定,是当前贯彻落实科学发展最为紧迫而艰巨的任务。目前,国际金融危机仍在蔓延、尚未见底,宏观经济环境中的不确定不稳定因素大量存在。今年是新中国成立60周年,重大活动多、敏感节点多。在这一非常时期,保持经济平稳较快发展、促进社会和谐稳定,困难多、任务重,意义重大。参加第二批学习实践活动的单位,在推动我区科学发展、完成保增长保民生保稳定任务全局中担负着重要职责。盟市、旗县在党和国家工作全局中处于承上启下的重要地位,是国家经济发展、社会安定和政权稳固的重要基础。中央的各项方针政策能不能落到实处,科学发展观能不能得到全面贯彻,盟市、旗县发挥着重要作用。国有企业是国民经济的重要支柱,是地区经济发展的重要力量。能不能战胜前进中的困难和挑战,直接关系经济发展全局,关系广大企业职工的切身利益。高等学校是思想、文化、科技资源的聚集地,是培养中国特色社会主义合格建设者和可靠接班人的重要阵地。能不能推进自身的科学发展,直接关系科教兴区战略和人才强区战略的实施。扎实搞好第二批学习实践活动,能够进一步把广大党员干部的思想和行动统一到中央对当前形势的分析判断和作出的决策部署上来,增强攻坚克难的信心,提高化危为机的本领,更加有效地做好保增长、保民生、保稳定的各项工作。

三是从落实加强党性修养和作风建设的重大政治任务看,搞好第二批学习实践活动意义重大。在今年初召开的中纪委十七届三次全会上,胡锦涛总书记向全党郑重提出加强新时期党性修养和作风建设问题,要求各级领导干部把加强党性修养、树立和弘扬良好作风作为重大政治任务切实抓紧抓好。参加第二批学习实践活动的党员干部大多处于改革发展稳定第一线,直接面对基层、面对人民群众。这些同志的党性和作风状况,直接关系党和政府在人民群众中的形象。总的看,我区盟市旗县、国有企业、高等学校的领导班子和党员干部队伍作风是好的,但也存在许多不容忽视的问题。比如,有的基层党组织工作基础比较薄弱,凝聚力、战斗力不够强,个别党员干部的思想观念、能力素质与党的先进性要求还不完全符合,在党性党风党纪方面还存在这样那样的问题。扎实搞好第二批学习实践活动,对于解决好党员干部党性党风党纪方面群众反映强烈的突出问题,加强这一层级党的建设,以坚强的党性和优良的作风保证科学发展观的贯彻落实,必将起到重要的推动作用。

二、认真扎实地开展好第二批学习实践活动

中央《关于开展第二批学习实践科学发展观活动的指导意见》和习近平、李源潮同志的重要讲话,对第二批学习实践活动的指导思想、目标定位、主要原则、方法步骤、组织领导作出全面部署,自治区第二批学习实践活动工作方案也提出明确要求。我们一定要认真贯彻落实,扎扎实实地做好每个阶段、每个步骤、每个环节的工作,确保学习实践活动取得实效。

党员干部受教育、科学发展上水平、人民群众得实惠,是中央对整个学习实践活动的总体要求。去年,胡锦涛总书记在陕西安塞县调研指导学习实践活动时指出,党员干部受教育是基础,科学发展上水平是核心,人民群众得实惠是目的。这一重要论述,为我们搞好学习实践活动指明了方向。第二批学习实践活动一定要更加突出这一要求,努力做到学习教育更加注重联系实际、分析检查更加注重推动实践、整改落实更加注重解决问题、活动组织更加注重群众和社会参与,努力使学习实践活动成为党和人民满意工程。

第一,要紧扣"党员干部受教育"这个基础,不断深化党员干部对科学发展观的理解和认识。检验学习实践活动成效,首先要看用科学发展观武装头脑是否下了真功夫,看对推动科学发展的重要性和紧迫性的理解和把握是否有了新提高。要组织广大党员干部认真学习中央规定的必读书目,学习党的十六大以来我们党理论创新的重要成果,学习改革开放30年的宝贵经验,学习胡锦涛总书记重要讲话和中央指示精神,全面、系统、深刻地理解和把握科学发展观的科学内涵、精神实质、根本要求,理解和把握科学发展观的理论渊源、实践依据、群众基础,努力在学懂弄通上下功夫,自觉用科学发展观武装头脑,切实打牢贯彻落实的思想基础。

开展学习实践活动,不仅要提高党员干部的理论水平,而且要增强联系实际、学以致用的能力,真正做到用科学发展观武装头脑、指导实践、推动工作。要在搞好学习培训的基础上,紧紧围绕自治区提出的"科学发展、构建和谐、富民强区"的活动主题,紧密结合本地区、本单位的实际,抓住当前保持经济平稳较快发展、维护社会和谐稳定这一首要任务,认真组织开展学习讨论和调查研究。要深入基层、深入群众,认真查找中央保增长、保民生、保稳定和改进作风等一系列决策部署和自治区相关政策措施的落实情况,认真查找影响和制约本地区、本单位科学发展的突出问题,切实找准问题、弄清原因、强化措施、推动落实。要把开展解放思想大讨论作为党员干部受教育的重要环节来抓,紧密联系当前国内外经济形势、社会稳定形势、本地区本单位发展实际和党员干部的思想实际,引导大家切实把思想认识从那些不符合科学发展观要求的观念、做法和体制机制的束缚中解放出来,进一步开阔眼界、开阔思路、开阔胸襟,在"是不是科学发展、能不能科学发展、怎样科学发展"等重大问题上进一步统一思想、形成共识。

第二,要紧扣"科学发展上水平"这个核心,认真解决影响和制约科学发展的突出问题。开展学习实践科学发展观活动,核心是要通过解决影响和制约科学发展的突出问题不断推进科学发展。各参学单位都要把解决突出问题作为突出实践特色的关键环节来抓,着力在解决突出问题上下功夫,在推动各项工作上下功夫,在完善有利于科学发展的体制机制上下功夫。要在分析找准问题的基础上,坚持边学边改、边查边改和集中整改相结合,有什么问题就解决什么问题,什么问题突出就着力解决什么问题。盟市、旗县要进一步明确发展思路,完善发展规划,转变发展方式,着力破解制约科学发展的突出问题,努力推动经济社会又好又快发展。国有企业要进一步创新发展思路,着力提高推动科学发展的能力和水平,努力在化危为机中争创企业发展新优势。高等学校要围绕办好符合社会发展需要、人民满意高校的目标,着力解决在深化教育改革、提高办学质量、培养高素质创新型人才等方面存在的突出问题,进一步为自治区的改革开放和现代化建设培养高素质人才。要把解决现实问题与建立长效机制结合起来,切实加大重点领域和关键环节改革攻坚力度,及时将学习实践活动中的成功做法和成熟经验上升为制度,加快构建充满活力、富有效率、更加开放、有利于科学发展的体制机制。

要把应对国际金融危机冲击、推动国民经济又好又快发展和保持社会和谐稳定,作为学习实践活动最大的实践、最重要的实际、最需要取得的实效,贯穿于学习实践活动的全过程。受国际金融危机的影响,去年我区经济发展呈现"前高后低"态势,今年虽然实现平稳开局,但仍然喜忧参半。现在看,这场危机何时"见底"、"见底"后呈现什么走势,还很难完全作出准确判断。各参学单位要组织广大党员干部认真贯彻落实中央保增长、保民生、保稳定一系列方针政策和自治区的安排部署,进一步统一思想、坚定信心,扎实有效地做好应对危机、促进发展、维护稳定各项工作,以保增长、保民生、保稳定的实际成效来检验学习实践活动的成果。

第三,要紧扣"人民群众得实惠"这个目的,切实做好保障和改善民生工作。开展学习实践科学发展观活动,根本目的是让科学发展成果充分惠及广大人民群众。这几年,我区在保障和改善民生方面下了很大功夫,取得明显成效,但仍存在城乡居民收入与经济发展不协调、群众享有的基本公共服务不充分、保障和改善民生长效机制不完善等问题。在学习实践活动中,各参学单位要把保障和改善民生作为学习贯彻科学发展观的出发点和落脚点,坚持立足当前办实事与着眼长远建机制相结合,切实办好提高收入水平、促进就业创业、完善社会保障体系、改善住房条件、满足就学就医需求等群众迫切希望办的实事好事。要紧密结合本地区、本单位实际,认真组织实施好自治区提出的"十件实事"和"十项民生工程",同时要因地制宜地确定和办好本地区、本单位的实事好事,努力使学习贯彻科学发展观的过程成为不断为民解忧、谋利、增福祉的过程。要着眼于人民群众长期得实惠,把问政于民、问需于民、问计于民经常化、制度化,形成满足群众合理愿望、保障群众合法利益的长效机制。

人民群众得实惠,不仅要体现在解决人民群众反映强烈的问题、办好群众迫切希望办的实事好事上,还要体现在解决党员干部党性党风党纪方面存在的突出问题、进一步改进作风和服务群众上。要认真贯彻落实中央关于加强党性修养和作风建设的各项要求,切实解决好党员干部党性党风党纪方面群众反映强烈的突出问题,努力在改进作风上取得新成效。要严格遵守党的政治纪律,切实维护党的团结统一,自觉同党中央在思想上政治上行动上保持高度一致,保证中央政令畅通。要以良好的精神状态应对危机和挑战,始终保持蓬勃向上、开拓进取的朝气和不畏艰险、敢做善成的勇气。要大力弘扬求真务实作风,重实际、说实话、出实招、

[1061]

办实事、求实效,真正把精力用在抓落实上。要大力弘扬艰苦奋斗的作风,树立过紧日子的思想,勤俭办一切事业,坚决反对铺张浪费和大手大脚,坚决抵制享乐主义和奢靡之风。在学习实践活动的组织实施上,要更加注重讲成本、重实效,防止文山会海,反对形式主义。

三、切实加强对第二批学习实践活动的组织领导

各级党委(党组)要把抓好第二批学习实践活动作为今年党建工作的重要任务,加强组织领导,周密安排部署,务求学习实践活动取得实效。

一是要强化领导责任。党委(党组)要切实担负起本地区、本单位学习实践活动的领导责任,把学习实践活动摆上重要议事日程,主要负责同志要认真履行第一责任人的职责。各地区、各单位都要成立学习实践活动领导小组并组建精干高效的工作机构,领导小组组长由各单位主要负责人担任,领导小组在同级党委(党组)领导和上级学习实践活动领导小组指导下开展工作。要建立领导干部联系点制度,特别要注意在党组织力量比较薄弱的单位和经营比较困难的企业建立联系点。党员领导干部要充分发挥示范带头作用,带头深入学习,带头调查研究,带头解放思想,带头分析检查,带头整改落实,切实为广大党员干部作出表率。要加强对学习实践活动的指导检查,自治区向各盟市、国有企业和高等学校派出指导检查组,各盟市向旗县(市、区)、所属国有企业派出指导检查组,认真搞好对学习实践活动的政策指导和督促检查。

二是要坚持分类指导。参加第二批学习实践活动的单位类型多样、情况差异较大,必须坚持从实际出发,加强分类指导。要把握不同类型单位特点和所处地区的不同情况,有针对性地提出学习实践活动的具体目标任务;要区别领导班子、党员领导干部和普通党员的不同职责,有针对性地提出具体要求;要针对不同行业、不同群体党员的特点,精心组织学习,设计实践载体;要根据不同单位的实际,对学习实践活动的具体步骤、具体时间作出灵活安排。要突出重点、抓住难点,着力抓好县处级以上领导班子和党员领导干部的学习实践活动,有针对性地组织好生产经营困难、停产关闭破产企业中党员,高等学校毕业生党员,离退休职工中的党员和流动党员参加学习实践活动。要注意吸收本单位党外领导干部、专家学者参与学习实践活动。

三是要坚持走群众路线。与第一批学习实践活动相比，第二批参学单位更加贴近基层和群众，广大群众参与更直接、更广泛。各参学单位要把引导群众参与和接受群众监督贯穿于学习实践活动全过程，坚持"开门"搞活动，充分调动群众参与的积极性，切实增强群众参与的广泛性，着力提高群众参与的有效性。要通过引导群众积极广泛参与，努力使学习实践活动成为用科学发展观宣传、组织、教育群众的过程。

四是要坚持统筹兼顾。在学习实践活动的组织领导上，要找准搞好学习实践活动与做好当前保增长、保民生、保稳定工作的结合点，努力做到两手抓、两不误、两促进。要注意统筹安排、协调推进学习实践活动各个阶段、各个方面的工作，正确处理加强理论武装和突出实践特色的关系，改造主观世界和改造客观世界的关系，抓好县处级以上领导干部这个重点和组织好广大党员干部参加活动的关系，解决当前问题和建立长效机制的关系，确保学习实践活动扎实推进、取得实效。

五是要营造良好氛围。各级党委宣传部门、学习实践活动领导小组和新闻单位要突出活动主题，把握正确导向，切实搞好学习实践活动的宣传报道工作。要充分运用报刊、广播、电视、互联网等媒体，在全社会大力宣传科学发展观的科学内涵、精神实质和根本要求，宣传开展学习实践活动的重大意义、指导思想、目标要求和主要原则，及时报道学习实践活动的进展情况、成功经验和实际效果。要采取群众喜闻乐见的形式，认真总结和宣传学习实践科学发展观的先进典型，注重用身边事教育身边人，切实增强宣传工作的吸引力和感召力。

（选自在全区深入学习实践科学发展观活动
第一批总结暨第二批动员会议上的讲话）

深化学习实践活动
要在五个方面下功夫

(2009 年 5 月 11 日)

在第二批学习实践活动中,我选择呼和浩特市赛罕区作为联系点,主要有两方面考虑。一方面,呼和浩特市是自治区首府,是自治区领导机关所在地,是自治区的窗口和形象,在自治区科学发展全局中居于重要位置。作为首府,呼和浩特市理所当然是自治区的政治、文化、教育和科技中心,同时也必须是自治区的经济中心。呼和浩特市无论在协调发展和可持续发展方面,无论在产业发展、城市建设、城乡居民生活和社会文明进步方面,无论是硬实力还是软实力,都应当在自治区科学发展中起表率、示范和导向作用。自治区党委、政府对首府的科学发展非常重视、高度关注,也大力支持。我到内蒙古工作后,第一次到自治区政府走访时提出过四点希望,其中一点就是要支持首府发展。这几年,我在呼和浩特市调研次数最多、看的最多、提的要求也最多,因为对呼和浩特市看得重,提的要求也高,给呼和浩特市的压力也很大。另一方面,赛罕区有三个明显特点:一是赛罕区既是城区又是农村。赛罕区原来是呼和浩特市郊区。城市郊区有其特殊性,既可以说是城区,也可以说是农村,既不完全是城市,又不完全是农村。一般来说,城市郊区发展有两种可能性:一种是围城,就是郊区把城市围在中心,限制了城市的发展;一种是延城,就是郊区通过性质和功能的转变,把自身的发展融入城市,是城市的延伸和扩展。现在,呼和浩特市通过城乡布局和区划调整,原来的郊区变为现在的赛罕区,并把它作为一个市区来对待,从体制上解决了城市郊区的发展矛盾。城市郊区的建设和发展,必须把城市和农村的优势结合起来,既接受城市的辐射和转移，又为城市的建设服务。二是赛罕区是呼和浩特市新的发展区域。呼和浩特市城区拓展方向主要在赛罕区，新区就要有新的规划、新的起点，就要形成新的亮点和新的增长点。这几年，赛罕区新区建设已形成规模，具备了很好的发展条件。三是赛罕区是自治区高等院校和高职教育的集中区。这一点与长沙的岳麓区相似，有条件建设成为高素质人才培养基地、高科技孵化基地和高品位城区。

近年来，赛罕区委、政府认真贯彻落实科学发展观，经济社会实现了又好又快发展，财政收入连续多年名列呼和浩特市第一位、连续四年名列全区旗县(市、区)第四位。城乡协调有了好的起步。城区规模拓展，城市化水平提高，城市基础设施逐步完善，城市产业发展特别是服务业发展表现突出，去年服务业增加值 161 亿元，人均 2 万多元，排在全区前列。新农村建设扎实推进，农村基础设施改善，农村生产力和农业产业化经营水平提高，特别是蔬菜产业和奶牛养殖业已形成一定规模。经济社会协调发展有了好的起步，教育、文化、卫生事业长足发展，从幼儿园到小学到中学到高等院校和高职教育体系完备，公共卫生服务体系健全，农村所有乡镇都有规范的卫生院。人与自然协调有了好的起步，生态环境建设、大气污染治理和节能减排成效显著。改革发展成果不断惠及人民群众，去年城镇居民人均可支配收入 20875 元，农民人均纯收入 8498 元，分别比呼包鄂平均水平高 644 元和 1440 元，为群众办了很多实事，解决了不少难事。总的看，赛罕区发展后劲比较足，发展潜力和希望很大。

但同时也要看到，赛罕区工业发展仍然是薄弱环节，二产只占到生产总值的 23%。过去赛罕区基本没有工业基础，经过这几年努力，逐步培育起了石化、电力、硅业、卷烟四个主导产业。中石油 500 万吨炼油项目已经具备开工条件，将来还可以继续搞芳烃、烯烃的综合开发利用。光伏产业等高新技术产业发展来势很好，神州硅业 1500 吨多晶硅项目建成投产，3000 吨项目正在加快建设，后面还要搞切片、光伏材料发电，风机制造项目建设积极推进，工业发展很有后劲。现在，赛罕区三二一的产业结构是不正常的。三二一结构是进入后工业化阶段的发展结果，工业化没完成不可能实现真正意义上的三二一结构。之所以出现这种结构，是因为赛罕区工业不发达，二产比重小，不是产业结构已经优化了。如果赛罕区二产比重能够占到 50% 左右,经济总量就能够进一步做大。去年,赛罕区人均生产总值只有 4 万元,呼包鄂三市是 7 万元、超过 1 万美元,鄂尔多斯市是 10 万元、达到 1.4 万美元。如果赛罕区人均生产总值达到 10 万元,总量就是 500 多亿元。赛罕区经济总量不大、人均水平不高,主要原因是工业没有搞上去。推进工业化,对任何国家、任何地区都是不可回避的,想跨越是不可能的。赛罕区只有补上工业化的欠账,才能真正实现从工业社会向现代社会的跨越。开展深入学习实践科学发展观活动以来,赛罕区抓得紧、抓得实,有了良好开局,已经初见成效。在准备阶段做到了"四早"、"四到位",在学习上既抓广度又抓深度,在调研上提出六个方面的课题,符合赛罕区实际。学习实践活动指导思想明确,活动载体很有地区特点,各项工作开展得比较扎实。

去年 10 月,胡锦涛总书记在深入学习实践科学发展观活动联系点陕西安塞县调研时指出,搞好学习实践活动,"党员干部受教育是基础,科学发展上水平是核心,人民群众得实惠是目的"。这三句话,是搞好学习实践活动的总体要求,是学习实践活动取得实效的重要标志。我们一定要深刻领会胡总书记重要指示精神,牢牢把握"三句话"的总体要求,努力使学习实践活动成为党和人民满意工程。结合旗县(市、区)实际,落实好胡总书记要求,搞好第二批学习实践活动,要着力在以下五个方面下功夫。

第一,要着力在提高认识上下功夫。旗县(市、区)党员干部处在改革发展稳定第一线,担负着把党的理论和路线方针政策贯彻落实到基层,转化为人民群众自觉行动的重要职责,在推动科学发展、促进社会和谐中处于重要地位。对开展深入学习实践科学发展观活动的认识水平如何,直接影响学习实践活动能否取得实际成效,影响本地区科学发展水平的提高。当前,国际金融危机仍在蔓延,经济社会发展面临严峻挑战,不确定、不稳定因素大量存在,推动科学发展的任务繁重而艰巨。扎实搞好学习实践活动,有利于广大党员干部进一步把科学发展观转化为应对危机挑战、推动科学发展的坚强意志、正确思路、政策措施和实际能力;有利于把党员干部的思想和行动进一步统一到中央保增长、保民生、保稳定的各项决策部署上来,努力化解发展中的困难和问题,努力抢抓发展中蕴含的现实机遇,实现经济社会又好又快发展;有利于进一步加强基层党员干部特别是党员领导干部党性修养和作风养成,进一步保持和发展党的先进性,密切党同人民群众的血肉联系,形成团结一致、共克时艰的强大合力。广大党员干部特别是领导干部,要切实提高对开展深入学习实践科学发展观活动重大意义的认识,高度重视、切实抓好学习实践活动,真正把学习实践活动作为提升科学发展水平的重要机遇,扎扎实实把学习实践活动引向深入。

第二,要着力在武装头脑上下功夫。胡锦涛总书记指出,通过这次学习实践活动,使科学发展观在广大党员、干部头脑中扎下根,真正成为推动经济社会发展的牢固理念,才是管长远、管根本的。检验学习实践活动是否取得成效,首先要看党员干部在用科学发展观武装头脑上是否下了真功夫,看党员干部对科学发展观的理解和把握是否达到了新高度,看党员干部推动科学发展的能力是否有了新提高。旗县(市、区)党员干部平时工作非常繁忙,面临的实际问题较多,迫切需要提高理论政策水平,以更好地指导工作实践。在学习实践活动中,要始终重视抓好理论武装工作,使广大党员干部全面深刻地理解和把握科学发展观的科学内涵、精神实质、根本要求,理解和把握科学发展观的理论渊源、实践根据、群众基础,努力在学通弄懂上下功夫,切实打牢贯彻落实的思想基础。要组织广大党员干部认真学习中央应对金融危机、促进经济平稳较快发展的一系列决策部署,提高贯彻科学发展观的能力和水平。要把开展解放思想大讨论作为深化理论武装、统一思想认识的重要抓手,使广大党员干部特别是领导干部进一步开阔眼界、开阔思路、开阔胸襟,努力破除不符合科学发展观的思想观念,进一步理清发展思路、明确努力方向,在事关本地区科学发展的重大问题上形成共识。

第三,要着力在推进科学发展上下功夫。突出实践特色是这次学习实践活动的重要原则和最大特点。近年来,赛罕区坚持以科学发展观为指导,经济社会实现了超常规、跨越式发展,进入全区旗县(市、区)第一梯队。但也要看到,用科学发展观的高标准来审视,既存在发展不充分的问题,也存在发展不协调的问题。产业规模较小、层次较低,新型工业化水平有待进一步提高;城乡二元结构明显,农村生产生活条件需要进一步改善;社会事业相对滞后,城市建设和管理水平有待进一步提高,公共服务能力和水平与首府城市要求和人民群众期盼还有一定差距。关于今后发展,你们提出的目标明确、任务艰巨。在推进科学发展进程中,既要立足当前,把应对金融危机、促进经济平稳较快发展作为学习实践科学发展观最大的实际、最重要的实践、最需要取得的成效来抓,认真落实中央保增长、保民生、保稳定的各项决策部署,采取有力措施,着力化解经济运行中的困难和问题,千方百计保持经济平稳较快发展;更要着眼长远,下大力转变经济发展方式,调整优化经济结构,着力提高协调发展水平和可持续发展水平。要以推进产业、城乡、经济社会、人与自然协调发展为重点,努力促进经济社会又好又快发展。在推进产业协调上,要着力打造具有现代都市特色的高端产业和高效农牧业,加快形成以光伏产业等高新技术产业、风机制造等先进制造业和金融、物流等现代服务业为主的现代产业体系,争创产业发展新优势。在推进城乡协调上,要着力打造高品味的现代都市新区和高标准的社会主义新农村,加快推进城乡一体化进程,争创城乡协调发展新优势。在推进经济社会协调上,要充分发挥自治区政治中心和高教高职、科研院所集中的优势,大力提高经济社会发展软实力,大力发展各项社会事业,进一步完善公共服务,提高全社会的文明程度,争创社会发展新优势。在推进人与自然协调发展上,要以生态文明理念谋划、推进城乡生态环境保护和建设,着力建设高品质的宜居城区,争创生态环境新优势。

　　第四,要着力在改善民生上下功夫。民生连着民心,民心凝聚民力。开展学习实践科学发展观活动,根本目的是让科学发展成果充分惠及广大人民群众。这几年,赛罕区在保障和改善民生方面下了很大功夫,在自治区率先实行了农村最低生活保障制度,率先实行了"城中村"改造、失地农民养老和医疗保险统筹,率先建成了社区示范区。赛罕区作为自治区政治、文化的中心区域,必须把改善民生的标竿放到与人均 GDP 相近的发达城市水平上,更加关注人民群众生活水平的提高和人的全面发展。你们在学习实践活动中明确提出,要努力实现"三个新提高",即实现城乡居民生活水平新提高、人的素质新提高、社会保障水平新提高,充分体现了以人为本的执政理念,要下大力认真落实。要随着经济社会的发展,把更多的财力用于解决群众上学难、看病难、出行难、住房难等热点难点问题,进一步健全和完善公共服务体系,使城乡群众都能享受到良好的公共服务。要广开增收渠道,进一步提高城乡居民特别是低收入群众的收入水平。要实施更加积极的就业政策,坚持以创业带动就业,广辟就业空间,千方百计做好就业工作。要进一步加强社会保障体系建设,逐步扩大保障范围、提高保障标准,努力使更多的困难群众享受到社会保障服务。特别要下大力解决好涉及群众切身利益的突出问题。赛罕区地处首府城区拓展的重点区域,随着城建规模的扩大和企业用地的增加,由城中村改造、建设征地拆迁、安置失地农民引发的矛盾和问题比较突出。要在教育群众合法、理性维护自身权益的同时,坚决纠正损害群众利益的行为,切实保障群众合法权益,努力实现发展与和谐双赢。

第五,要着力在认真分析查找问题、切实搞好整改上下功夫。经过前一段的努力,赛罕区的学习实践活动已经实现良好开局,为后几个阶段学习实践活动的开展打下了良好基础。要继续加强领导,精心组织实施,善始善终地抓好各阶段各环节的工作,以每个环节的高质量保证整个活动的高质量。目前,第二批学习实践活动即将从学习调研阶段转入分析检查阶段。分析检查阶段是学习实践活动从思想层面进入实践层面的重要阶段,也是承上启下的关键阶段。要切实抓好分析检查阶段的学习实践活动,认真开好领导班子专题民主生活会,下功夫起草好领导班子学习贯彻科学发展观情况分析检查报告,找准影响科学发展和党风党纪方面的突出问题,组织搞好评议工作。要坚持边学边改、边查边改,把解决问题贯穿学习实践活动的每个阶段、每个环节。党员领导干部是贯彻落实科学发展观的骨干力量和关键所在,要切实发挥表率带头作用。要坚持走群众路线,努力做到请群众参与、让群众知情,请群众监督、让群众检验,请群众评价、让群众满意,真正使学习实践活动成为扩大党内民主、发展人民民主的过程。要正确处理开展学习实践活动与做好当前工作的关系,坚持统筹兼顾,切实做到两手抓、两不误、两促进。

（选自在第二批深入开展学习实践科学发展观活动
联系点呼和浩特市赛罕区调研时的讲话）

着力提高党的建设科学化水平

（2009 年 9 月 26 日）

党的十六大以来，我区认真贯彻落实中央加强党的建设的各项决策部署，坚持围绕中心、服务大局，以加强党的执政能力建设和先进性建设为主线，以改革创新精神全面推进党的建设新的伟大工程，取得了显著成绩，为促进自治区经济社会又好又快发展提供了坚强的思想、政治、组织和作风保证。但我们也必须清醒看到，当前党的建设当中也存在着不少问题，有些问题还比较突出。站在新的起点，面对新的形势、新的机遇、新的挑战，进一步开创内蒙古改革开放和现代化建设新局面，我们必须深入贯彻落实党的十七届四中全会精神。特别是全会审议通过的《中共中央关于加强和改进新形势下党的建设若干重大问题的决定》，切实解决好我区党的建设存在的"不适应"、"不符合"的问题，全面推进我区党的建设新的伟大工程。

一、大力推进学习型政党建设

重视学习、勤于学习、善于学习，是我们党不断成长、发展和自我完善的动力和源泉。建设学习型政党，是以胡锦涛同志为总书记的党中央对全党提出的一项重大战略任务。各级党组织必须高度重视，切实抓紧抓好。

一是要坚持用发展着的马克思主义武装头脑。党的领导最主要的是思想和政治领导。只有思想先进、理论成熟，才能更好地指导实践、推动工作。要毫不动摇地坚持马克思主义的指导地位。各级领导干部要带头深入学习马克思列宁主义、毛泽东思想、邓小平理论、"三个代表"重要思想和科学发展观，系统掌握中国特色社会主义理论体系。要重视抓好年轻党员干部的理论学习,提高坚持马克思主义指导思想的自觉性和坚定性,确保马克思主义代代相传。要坚持用发展着的马克思主义指导新的实践。组织全区党员、干部深入学习、系统掌握中国特色社会主义理论体系,以科学发展观学习教育为重点,结合正在开展的学习实践活动,既按要求搞好集中学习教育,更要坚持落实科学发展观的经常化、制度化。要大力推进马克思主义大众化。理论工作者和宣传工作者要下大力抓好马克思主义特别是马克思主义中国化成果的宣传普及,充分发挥科学理论教育引导群众的重要作用。

二是要深入开展社会主义核心价值体系学习教育。在全党深入开展社会主义核心价值体系学习教育,充分表明我们党坚守和发展壮大社会主义意识形态的决心。全区各级党组织和广大党员、干部特别是领导干部,一定要把社会主义核心价值体系学习教育作为重要任务,以扎实有效的党内学习教育引领和带动全社会的学习教育。要把理想信念教育作为学习践行社会主义核心价值体系的重中之重,教育引导党员着力增强贯彻党的基本理论、基本路线、基本纲领、基本经验的自觉性和坚定性,增强走中国特色社会主义道路、为党和人民事业不懈奋斗的自觉性和坚定性,做共产主义远大理想和中国特色社会主义共同理想的坚定信仰者;引导党员、干部增强党的意识、宗旨意识、执政意识、大局意识、责任意识,做到为党分忧、为国尽责、为民奉献;引导党员、干部增强政治敏锐性和政治鉴别力,筑牢思想防线,坚决抵制各种错误思想影响。

三是要认真学习掌握现代化建设的必备知识。当今社会是正在发生巨大变革的时代,人类社会拥有的知识总量迅速增长。当前我国正处于发展的关键期、改革的攻坚期、矛盾的凸显期,各种新知识、新事物层出不穷,需要我们去了解、去认识;新情况、新问题不断涌现,需要我们去把握、去解决。总的来看,我区各级领导班子和干部队伍的素质与现代化建设的要求是适应的,但也要看到,一些干部的思想观念、能力素质与实践科学发展观的要求不相适应、不相符合。我们要切实增强学习的紧迫感和责任感,常思能力不足,常怀"本领恐慌",常找学习差距,越是在发展的关键时期,越是在工作繁重的时候,越要把读书学习抓得紧而又紧、实而又实。要在全区营造崇尚学习的浓厚氛围,积极向书本学习、向实践学习、向群众学习,优化知识结构,提高综合素质,增强创新能力。要组织党员、干部重点学习马克思主义理论,学习党的路线方针政策和国家法律法规,学习党的历史,同时广泛学习现代化建设所需要的经济、政治、文化、科技、社会和国际等各方面知识。要加强对学习的指导和服务,加强理论宣讲队伍建设,完善和落实党委(党组)中心组学习制度。要充分发挥党校、行政学院、干部学院和国民教育体系在建设学习型党组织中的重要作用。

四是要大力弘扬马克思主义的优良学风。推进学习型政党建设,必须坚持理论联系实际,学以致用、用以促学。要坚持以我们正在做的事情为中心,着眼于马克思主义的运用、着眼于对实际问题的理论思考、着眼于新的实践和新的发展,特别是要深深扎根于内蒙古这块充满创业激情、创新活力的热土之中,深入开展调查研究,从各族人民的丰富实践中汲取思想养分,对各族人民的实践创造和鲜活经验进行系统总结,不断深化理论认识、丰富理论概括。要把学习理论同正在深入开展的学习实践科学发展观活动结合起来,同研究解决本地区本部门深化重点领域和关键环节改革的重大问题结合起来,同研究解决人民群众最关心、最直接、最现实的利益问题结合起来,同研究解决党的建设中存在的突出问题结合起来,使科学理论真正成为正确决策和指导工作的思想武器,真正把学习收获转化为领导发展的实际本领、谋划发展的工作思路、促进发展的政策措施、推动发展的良好作风,把学习成果体现到推进经济社会各项事业又好又快发展上来。当前,尤其要把所学知识转化为研究解决影响保增长、保民生、保稳定的深层次矛盾和问题的能力,为应对危机、保持经济平稳较快发展、加快经济转型升级增添思想动力,为全面建设惠及全区各族人民的小康社会提供理论支撑。

二、大力推进党内民主建设

党内民主是党的生命。发展党内民主,既是加强党的建设的重要内容,也是加强党的建设的重要条件。推进我区改革开放和现代化建设,推进党的建设新的伟大工程,必须加强党内民主建设,凝聚全区各级党组织和广大党员的智慧和力量,充分调动和发挥各级党组织和广大党员的积极性、主动性、创造性。

　　要切实坚持和完善以民主集中制为重点的党内民主制度。全会决定以坚持和健全民主集中制为核心，以完善党的领导体制、党内选举制度、民主决策机制为重点，进一步明确了坚持完善民主集中制的制度和规定，我们一定要全面贯彻落实。同时，要紧密结合实际，抓住重点和难点，积极稳妥地细化和完善。当前和今后一个时期，要以改革创新精神，切实在以下几个方面积极探索、取得成效。一是在充分发挥党代表作用方面，要建立健全代表提案制度和代表参与重大决策、参加重要干部推荐和民主评议、列席党委有关会议、视察调研、评议质询、联系党员群众等具体制度和办法，扩大党代表大会代表对提名候选人的参与，改进候选人提名方式。二是在完善党代表大会制度和党内选举制度方面，要继续抓好党代表大会常任制、"公推直选"基层党组织负责人试点工作。三是在完善党内民主决策机制方面，完善党内选举办法，改进和规范选举程序和投票方法，改进候选人介绍办法。党的任何组织和任何个人不得以任何方式妨碍选举人按照规定自主行使选举权。完善地方党委全委会讨论决定重大问题和任用重要干部票决制，健全党委常委会向全委会定期报告工作并接受监督制度，完善集体领导与个人分工负责相结合制度，建立健全决策失误责任追究制度和纠错改正机制。通过实践探索和制度创新，切实推进党内民主进程。

　　要努力实现好、发挥好党员的主体地位和民主权利。各级领导干部要认真学习领会《党章》《党员权利保障条例》、党的十七大报告和全会《决定》有关尊重党员主体地位、保障党员民主权利的规定和要求，切实树立以党员为本的理念，强化党内民主意识，努力改变领导方式、工作方式，进一步提高党员对党内事务的参与度。要推进党务公开，进一步完善工作机制，健全完善党内情况通报、重大决策征求意见、党务信息发布、党内事务听证、党员定期评议基层党组织领导班子成员等制度，努力拓宽党员表达意愿的渠道。要开展党员权利和义务教育，增强广大党员主体意识、民主意识，提高民主素质和议事能力。

　　要坚决维护党的集中统一。推进党内民主建设，必须坚持民主基础上的集中和集中指导下的民主相结合，坚决维护党的集中统一。要坚持党的领导、人民当家作主、依法治国的有机统一，改革和完善党的领导方式和执政方式，提高党的领导水平和执政水平。要使全体党员时刻把党和人民放在心中最高位置，坚持党员个人服从党的组织、少数服从多数、下级组织服从上级组织、全党各个组织和全体党员服从党的全国代表大会和中央委员会，其中最重要的是坚持全党服从中央。全区各级党组织和广大党员，在维护党的集中统一方面必须立场坚定、头脑清醒，自觉地与党中央在思想上政治上行动上保持高度一致，严守党的纪律特别是政治纪律，保证中央政令畅通。

三、大力推进领导班子和干部队伍建设

政治路线确定之后，干部就是决定的因素。建设一支善于治党治国的高素质执政骨干队伍，是党和人民事业不断取得胜利的根本保证。加强各级领导班子建设，推进干部人事制度改革，建设高素质干部队伍，必须抓好以下环节。

第一，着力提高各级领导班子和领导干部推动科学发展、促进社会和谐的能力。要围绕抓好发展这个第一要务，大力提高领导班子和领导干部运用科学发展观干事创业水平，着力培养谋划发展、统筹发展、优化发展、推动发展的能力。要围绕维护稳定这个第一责任，重点提高领导班子和领导干部群众工作、公共服务、社会管理、维护稳定的本领，注重增强应急管理、舆论引导、新兴媒体运用、做好民族宗教工作的能力。要优化领导班子配备，增强班子整体功能，特别是要选好配强党政正职领导干部。要突出抓好旗县(市区)委书记队伍建设，严把选任关口，保持相对稳定，多渠道解决职级待遇，充分调动旗县(市区)委书记建功立业的积极性。建立领导班子定期务虚制度，加强对本地区本部门重大问题研究。健全符合科学发展观要求的领导班子和领导干部考核评价机制，进一步规范考核内容，改进考核办法，增强考核评价的科学性和完整性。要强化考核结果运用，引导各级领导干部树立正确政绩观，立足本职干事创业，做出经得起实践、人民、历史检验的实绩。

第二，进一步健全和完善选人用人机制。深化干部人事制度改革，形成充满活力的选人用人机制，是培养造就高素质干部队伍的关键。要坚持德才兼备、以德为先用人标准。《决定》指出："把干部的德放在首位，是保持马克思主义执政党先进性和纯洁性的根本要求和重要保证。"选拔

任用干部必须既要看才、更要看德。要把坚定理想信念、坚持执政为民、坚守清正廉洁作为考察干部"德"的重要内容，积极探索"以德为先"考察干部的新途径，切实把"以德为先"用人标准落到实处。要坚持民主、公开、竞争、择优原则。着力扩大选人用人民主，从提名推荐、考察测评、决定任用到公示监督，都要把扩大民主作为重要取向，努力完善相应程序和办法，切实提高选人用人的公信度。积极推行竞争性选拔干部方式，进一步加大干部公开选拔、竞争上岗工作力度，完善差额推荐、差额考察、差额酝酿、差额表决的选举办法，通过公平竞争实现干部任用择优。要坚持严格要求与关心爱护干部相结合。进一步健全干部管理制度，加强对干部日常的考核和监督，加大干部奖惩、责任追究力度，完善干部谈心谈话制度，管理干部要向管理思想延伸。要坚持正确用人导向，让能干事者有机会、干成事者有舞台，不让老实人吃亏，不让投机钻营者得利。扩大干部工作信息公开，健全干部选拔任用监督机制和干部选拔任用责任追究制度。加强对干部的关心关怀，通过实行职务与职级并行、职级与工资挂钩等工资福利倾斜政策，让那些长期工作在基层一线和艰苦地区的干部工作舒心、苦有所得。

第三，切实抓好优秀年轻干部和人才队伍建设。加大对优秀年轻干部的培养锻炼和选拔使用力度。着重加强对年轻干部的政治思想教育，坚定理想信念，加强党性修养。突出抓好年轻干部的实践锻炼，有计划安排他们到艰苦地区、复杂环境、关键岗位砥砺品质、锻炼作风、增长才干。建立健全来自基层一线党政领导干部培养选拔链，大力选拔经过艰苦复杂环境磨练、重大任务考验、实践证明优秀、有培养前途的年轻干部，扎实抓好后备干部队伍建设。加强女干部、少数民族干部、党外干部培养选拔，合理使用各方面、各年龄段干部。采取有效措施，切实解决领导干部任职年龄层层递减问题。坚持党管人才原则，创新人才工作体制机制，着眼于我区经济社会发展需要，加强科技创新人才、文化创新人才、高技能人才、城市应用开发人才和农村牧区实用人才的培养引进。

四、大力推进基层党的建设

党的基层组织是党执政的组织基础，是党的凝聚力和战斗力的源泉。特别是在社会矛盾日益增多、改革发展任务日益繁重的新形势下，做好抓基层打基础工作,充分发挥基层党组织和广大党员的战斗堡垒和先锋模范作用,比以往任何时候都更加重要、更为紧迫。

一是要抓好党员队伍建设基础工程。党的先进性要由广大党员来体现,党的全部工作要靠广大党员来落实,抓不好党员队伍建设这个基础,党的意志就无法实现,党的工作就无法落实。要围绕发挥党员的先锋模范作用,切实抓好党员教育和管理工作。着力加强理想信念、党员意识和党员义务教育,不断提高党员的思想政治素质,切实解决一些党员荣誉感和责任感不强、履行义务和遵守党规自觉性不高的问题。着力加强党员队伍管理,认真落实党员管理规定和党员党性定期分析、民主评议党员制度,教育帮助后进党员,及时处置不合格党员,健全流动党员管理服务机制,切实解决党内组织生活不严肃、党员先进性不强、党的队伍不纯问题。要围绕壮大党员队伍和党的力量,进一步做好发展党员工作。重视做好在工人、农牧民中发展党员工作,重视在高学历和高职称人员、高技能人才中培养发展优秀青年入党,不断优化党员队伍结构。要围绕增强基层党组织的凝聚力和亲和力,建立健全激励、关怀、帮扶机制,加强对党员的关心爱护,做好生活困难党员帮扶工作,激励广大党员更好地发挥先锋模范作用。

二是要创新基层组织设置和活动方式。党的基层组织处在党的工作第一线,提高党的战斗力必须从党的基层组织抓起。要进一步扩大党组织和党的工作覆盖面,着力抓好新经济组织和新社会组织党的建设,实现党的组织和党的工作对经济社会发展所有领域的广泛覆盖。要坚持分类指导,大力推进各领域基层党组织活动方式创新。农村牧区、国有企业、街道社区、机关、事业单位基层党组织,以及非公有制经济和新社会组织中的党组织,都要从各自实际出发,找准开展活动、发挥作用的着力点,并通过开展以创建先进基层党组织、争当优秀党员为主要内容的争先创优活动,不断增强党的基层组织的活力和战斗力。要整合城乡党建资源,打破城乡分离、条块分割的组织设置,打破各成体系、封闭运行的组织活动模式,探索建立城乡一体基层党建新机制,构建城乡统筹基层党建新格局。

三是要加大对基层党组织建设的领导和支持力度。各级党委(党组)

要切实重视和支持基层党组织建设,认真研究解决基层党组织建设中的突出问题。要认真抓好基层党组织带头人队伍建设,拓宽选人用人渠道,进一步总结推广"公推直选"基层党组织负责人和选聘高校毕业生到嘎查村、社区任职的做法,切实选好配强嘎查村、街道社区党组织负责人。强化激励措施,完善从嘎查村、社区优秀基层干部中考录公务员的办法,健全基本报酬正常增长和社会保障机制。加大对基层组织建设的投入,通过财政转移支付、党费补充等建立稳定规范的基层党建工作经费保障制度。2010 年底前,全部完成嘎查村级组织活动场所、农村牧区党员干部现代远程教育网络一体化建设任务。特别要加大对边远、困难地区基层党组织的支持力度,确保组织活动正常开展。

五、大力推进党风廉政建设

执政党的党风,关系党的形象,关系党和人民事业成败。必须把加强党风廉政建设作为重大政治任务来抓,以优良党风促政风带民风,形成凝聚党心民心的强大力量。

要坚持不懈地加强思想教育和党性修养。干部作风问题说到底是党性问题。要把加强党员干部党性修养作为党风廉政建设的基础,深入开展党性党风党纪教育和"讲党性、重品行、做表率"活动,教育引导党员、干部牢固树立马克思主义世界观、人生观、价值观,牢固树立正确的权力观、地位观、利益观,增强宗旨意识、廉洁自律意识,强化遵守党纪国法观念,打牢党性根基,筑牢拒腐防变思想防线。要严格党内组织生活,认真落实民主生活会制度、领导干部双重组织生活制度和党员党性定期分析制度,通过积极健康的党内组织生活,形成有利于党性修养的良好环境。要强化监督约束,把党性修养作为考核领导班子和领导干部思想政治建设的重要内容,把党性强不强、作风正不正、工作实不实作为考核评价干部的重要标准,促使各级领导班子和领导干部进一步加强党性修养。

要大力弘扬"四个大兴"的优良作风。《决定》针对当前领导班子、领导干部作风方面存在的突出问题,明确提出在全党大兴密切联系群众之风、大兴求真务实之风、大兴艰苦奋斗之风、大兴批评与自我批评之风。各级党委和领导干部要按照"四个大兴"的要求,对照检查党风建设工作中存在的突出问题和薄弱环节,组织进行集中整改,什么问题突出就集中解决什么问题,哪个环节薄弱就着力加强哪个环节,确保"四个大兴"取得实实在在的效果。要坚持"开门整风"的方法,结合正在开展的深入学习实践科学发展观活动,发动群众参与,听取群众意见,接受群众监督。要建立完善相应制度、措施和办法,使作风建设制度化、长效化。近年来,围绕加强和改进党的作风建设,全区各级党组织都制定了许多相应的制度和办法,对推动党风建设起到了很好作用。要按照四中全会《决定》要求,进一步修改完善相关制度和办法,努力形成完备的制度约束体系,加强对制度落实情况的监督检查,努力提高制度的约束力和执行力。

要深入开展反腐败斗争。充分认识反腐败斗争的长期性、复杂性、艰巨性,把反腐倡廉建设放在更加突出位置,坚持标本兼治、综合治理、惩防并举、注重预防的方针,严格执行党风廉政建设责任制,在坚决惩治腐败的同时加大教育、监督、改革、制度创新力度,更有效地预防腐败,不断取得反腐败斗争新成效。要加强廉洁从政教育和领导干部廉洁自律。深入开展党性党风党纪教育,把廉政教育列入干部教育培训规划,有针对性地开展示范教育、警示教育、岗位廉政教育,改进教育方式,提高教育实效。要严格遵守廉洁自律各项规定,严格要求自己和配偶子女、身边工作人员,完善党员领导干部报告个人有关事项制度。要加大查办违纪违法案件工作力度,始终保持对腐败分子严厉打击的高压态势,严肃查办发生在领导机关和领导干部中滥用职权、贪污贿赂、腐化堕落、失职渎职案件,严肃查办商业贿赂案件和严重侵害群众利益案件,严肃查办群体性事件和重大责任事故背后的腐败案件。加强工程建设、房地产开发、土地管理和矿产资源开发、国有资产管理、金融、司法等领域专项治理。要健全权力运行制约和监督机制,重点加强对各级领导干部特别是主要领导干部的监督,建立健全决策权、执行权、监督权既相互制约又相互协调的权力结构和运行机制,推进权力运行程序化和公开透明。加强和改进巡视工作。推进反腐倡廉制度创新,坚持用制度管权、管事、管人,深化重要领域和关键环节改革,最大限度地减少体制障碍和制度漏洞,完善防治腐败体制机制,提高反腐倡廉制度化、法制化水平,形成反腐倡廉长效机制。

加强和改进新形势下党的建设,是我区各级党组织的重要政治任务。

各级党组织要全面贯彻十七大关于党的建设的总体部署和四中全会《决定》精神,切实加强对党建工作的领导,认真落实党建工作责任制,建立健全党委统一领导、部门齐抓共管、一级抓一级、层层抓落实的工作格局,确保党的建设各项部署落到实处。各级党组织书记要切实履行抓党建第一责任人的责任,进一步树立"抓好党建是本职、不抓党建是失职、抓不好党建是不称职"的理念,用足够的时间和精力抓好党的建设工作。要充分发挥党建工作领导小组的职能作用,加强部门间的协调配合,增强党建工作整体合力。要加强党建工作的调查研究,认真研究新情况、解决新问题、总结新经验,推进党建工作理论创新,为加强和改进新形势下党的建设提供科学指导。

（选自在自治区党委八届十一次全委会议上的讲话）

眷恋内蒙古　感谢内蒙古
祝愿内蒙古

（2009 年 11 月 30 日）

　　2001 年 8 月，中央决定我到内蒙古工作，至今已 8 年零 3 个月 18 天。这 8 年多，是我人生经历中最难忘怀的时光。在将要告别的时候，内心感慨万千，难以平静。

　　深深地眷恋内蒙古。内蒙古是我们党领导下成立最早的少数民族自治区。这里有较好的发展基础，有优良的光荣传统，早在 20 世纪 50 年代就被周恩来总理誉为"模范自治区"。中央几代领导集体对内蒙古的发展始终寄予厚望。邓小平同志期望内蒙古"走进前列"，江泽民同志希望内蒙古成为我国经济增长的"重要支点"，胡锦涛同志要求内蒙古建设成为"两个屏障"。这些期望和要求，对我们既是巨大的鼓舞和鞭策，更是重大的使命和责任。在全国竞相发展的大背景下，尽快缩小同全国和发达地区的差距，在服务全国大局中推动科学发展、实现富民强区，是全区各族人民的热切期盼。我深知责任重大，努力和大家一道发展振兴内蒙古。现在回过头来看，这 8 年 3 个多月过得很充实，感到很欣慰。在党中央的正确领导下，在全区各族干部群众的共同努力下，我们不断完善发展思路，大力推进结构调整和"三化"进程，推进生态建设和基础设施建设，推进改革开放和科技进步，推进和谐平安内蒙古建设，努力提高协调发展水平和可持续发展水平，取得了科学发展、和谐发展的可喜成效，正朝着中央期望、人民期盼的目标扎实迈进。今天的内蒙古大地，到处呈现出发展振兴、团结和谐的繁荣景象。目睹这些发展变化，作为在内蒙古工作的一员，深感自豪、由衷眷恋。

[1080]

真诚地感谢内蒙古。 首先要感谢党中央的正确领导和亲切关怀。党的十六大、十七大闭幕后，胡锦涛总书记到地方视察都首先来到内蒙古，为内蒙古的发展指明了前进方向，给内蒙古各族人民以巨大关怀和鼓舞。党的十六届中央政治局九位常委、十七届六位政治局常委先后深入内蒙古考察指导工作。所有这些，都充分表明以胡锦涛同志为总书记的党中央对边疆民族地区内蒙古的关心关怀。

内蒙古的发展，凝结着自治区各大领导班子以及全区各级干部的心血和汗水，熔铸了全区广大党员和各族人民的集体智慧和辛勤劳动。8年多来，与大家相识、相处、相知、相助，其缘份之贵、感情之深，令人难以忘怀。内蒙古各族人民勤劳智慧、朴实豁达、和睦相处；内蒙古各级干部精神振奋、求真务实、思干思进；内蒙古各级党组织和广大党员对党忠诚、坚强有力、奋发进取，在这样的群体和环境中工作感到很荣幸、很舒心。这些年来，我从内蒙古各族人民中学到了许多新的知识，比如生态建设，比如草原畜牧业发展，比如生产力布局调整，比如加强民族团结，等等，都是在内蒙古补的课。在内蒙古工作的8年多时间，是我人生道路上非常愉快的一段里程，也将是我一生中永远值得回味的经历，我从心底感谢内蒙古各族干部群众对我的信任、关心和支持。我将倍加珍视在内蒙古工作的这段美好时光，倍加珍视内蒙古各族人民给我的教益和帮助，倍加珍视与同志们建立的深情厚谊。

衷心地祝愿内蒙古。 内蒙古地域辽阔、美丽富饶，发展潜力无限；内蒙古各族人民亲密无间、朝气蓬勃，创业活力无穷。在过去的8年中，自治区各大班子和全区上下都全力支持我的工作，共同为发展振兴内蒙古不懈努力。衷心希望自治区各大班子、各地区、各部门的同志，一定要在党中央的正确领导下，全力支持胡春华同志的工作，在自治区党委、政府的领导下，把内蒙古的各项工作做得更好。

我们的事业是面向未来的事业，必须继往开来、与时俱进。实践在前进中发展，事业在开拓中前进，自治区在过去工作中形成的思路、制定的措施也必须有所发展、有所创新、有所前进。希望同志们坚持党的思想路线，解放思想，实事求是，与时俱进，根据发展变化了的客观实际，不断开拓进取。

我坚信,在以胡锦涛同志为总书记的党中央领导下,以胡春华同志为"班长"的自治区党委一班人,一定能够团结带领全区广大党员和各族干部群众,高举中国特色社会主义伟大旗帜,坚持以邓小平理论和"三个代表"重要思想为指导,深入贯彻落实科学发展观,因应新形势、把握新机遇、迎接新挑战,把自治区的改革开放和现代化建设继续推向前进。

祝愿内蒙古的明天更加美好!

后　记

　　我在地方党委、政府工作了二十六年，前十八年在湖南，后八年多在内蒙古。在湖南工作期间，整理出版了《湖湘十八载》一书，通过一些文稿记录了三湘大地的发展变化和我本人对三湘儿女的深切情感。《相约草原》一书，主要收录了我在内蒙古工作期间的所思所想，以期对这一阶段的工作加以总结，为同志们总结过去、开创未来留下一些相关资料。其中，难免有不妥甚至错误的地方，敬请读者同志们批评指正。

　　在编辑本书过程中，自治区党委办公厅相关领导和综合一处的同志们积极配合，做了大量的具体工作，在此深表感谢！

储　波

2011 年 3 月

责任编辑:茅友生

版式设计:刘　芳

图书在版编目(CIP)数据

相约草原/储波 -北京:人民出版社,2011.4

ISBN 978－7－01－009401－4

Ⅰ.①相…　Ⅱ①储．…　Ⅲ.①社会科学-文集　Ⅳ.①C53

中国版本图书馆 CIP 数据核字(2010)第 213056 号

相 约 草 原

XIANGYUE CAOYUAN

储　波

人民出版社 出版发行

(100706　北京朝阳门内大街 166 号)

北京中科印刷有限公司印刷　新华书店经销

2011 年 4 月第 1 版　2011 年 4 月北京第 1 次印刷

开本:787 毫米×1092 毫米 1/16　印张:70

字数:1180 千字

ISBN 978－7－01－009401－4　定价:198.00 元

邮购地址 100706　北京朝阳门内大街 166 号

人民东方图书销售中心　电话 (010)65250042　65289539